2022 미래지도

일러두기

본 도서의 핵심 기업에 사용된 용어는 다음과 같습니다.
yoy(year-of-year, year-on-year, 전년 대비 동기)
PER(Price Earning Ratio, 주가수익비율 : 주가를 주당순이익으로 나눈 주가의 수익성 지표)
PBR(Price Book Value Ratio, 주당순자산비율 : 주가를 주당순자산가치로 나눈 값)
ROE(Return on Equity, 자기자본이익률 : 투입한 자기자본이 얼마만큼의 이익을 냈는지를 나타내는 지표)

ETF부터 미국주식까지 유망 테마주 종합 투자 전망

2022 미래지도

이상우 지음

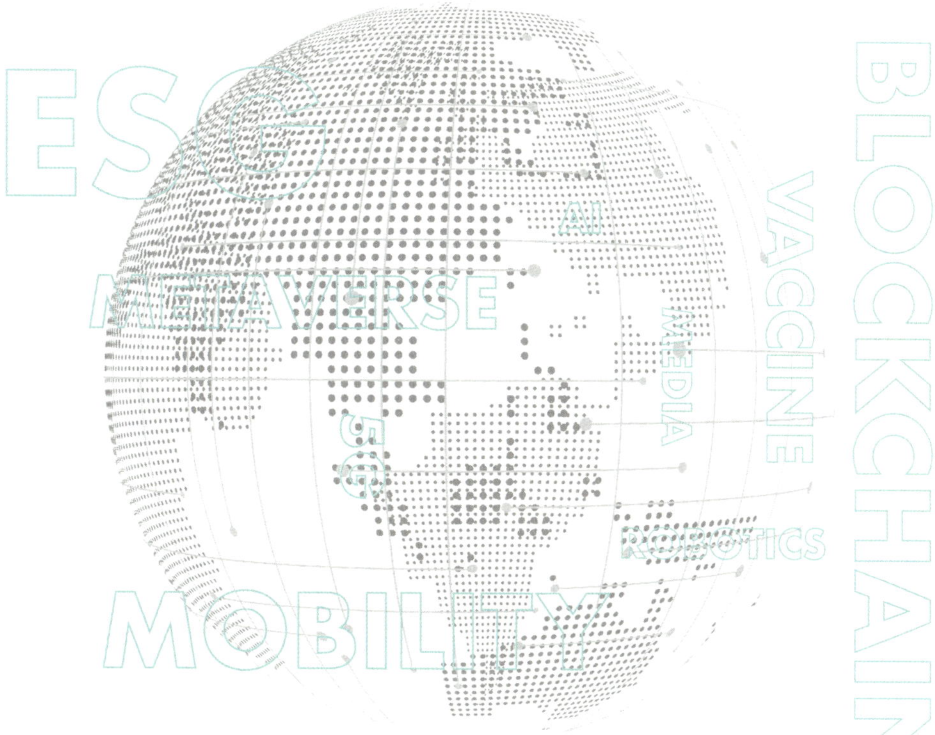

여의도책방

서문

2022년 성장 테마를 잡아라

'성장'과 '혁신'이 전 세계 자금을 빨아들이고 있다는 건 그리 놀라운 일이 아니다. 인기 종목에 쏠림이 심하다 보니 지금의 현상이 버블처럼 보인다는 우려의 목소리도 들린다. 그렇다면 잠시 냉정하게 질문해볼 필요가 있다. 어느 정도 우려가 되는 흔들림이 시장에 찾아왔다고 하자. 그 흔들림 직후에는 성장과 혁신을 대체할 새로운 투자 대상이 갑자기 등장할까? 자금의 성격이 순간 바뀌면서 성장과 혁신을 버리고, 우량자산군으로 쏠림이 나타날까?

절대 그렇지 않다. 이미 전 세계적으로 구조적 저성장이 고착화되었고, 이는 신흥국도 예외가 아니다. 거의 모든 국가의 인구가 줄고 있고, 노령화도 급속히 진행되고 있다. 이처럼 성장의 뼈대가 되는 소비와 생산이 줄 수밖에 없는 상황 속에서 어떻게 계속 성장할 수 있을까? 결론은 다시 원점으로 돌아가는 수밖에 없다. 바로 지금 우리가 마주하고 있는 현실이 그 답이 되어줄 것이다. 글로벌 자금은 혁신과 성장이 존재하는 테마를 계속 찾아내 투자를 늘릴 것이다. 정부도 다르지 않다. 이미 한국을 포함해 각국의 정부는 테마형 ETF를 추종하기라도 하듯 성장 테마에 속한 사업을 지원하기 바쁘다. 성장률을 조금이라도 더 끌어올리기 위해 성장 테마로 투입되는 정부 예산은 계속 급증할 것이다.

최근 미국 주식에 투자하는 국내 투자자들이 급증하는 현상이나, 미국 주식 비중을 계속 늘리는 연기금이나 사실 본질은 '미국'에 있지 않다. 그들은 미국에 있는 '성장'과 '혁신'을 본 것이다. 이 본질을 누구보다 잘 아는 미국 운용사들은 성장과 혁신을 다양한 형태로 조합해 수많은 테마 ETF를 만들어 자금을 지속적으로 빨아들인다.

그렇다면 2022년 투자처를 고민하는 투자자들은 어떤 함의를 발견해야 할까? 전 세계 자금이 쏠리고, 정부 정책이 함께 따라붙으며, 다양한 형태로 트래픽이 증가하고 지속적으로 성장하는 동시에, 커지는 시장이 해마다 숫자로 검증되는 곳이 필요하다. 이 조건들을 한데 만족시키는 테마를 반드시 알아야 성공적인 투자를 할 수 있다.

『2022 미래지도』는 앞선 질문에 답을 해나가는 과정이다. 이 책은 미국과 한국의 성장 섹터를 한눈에 조망할 수 있도록 기획되었다. 원고가 마무리되고도 출간 결정을 머뭇거리게 했을 만큼 방대하고 실전적이며, 구체적이다. 그동안은 투자자가 개별적으로 확인해야 했던 성장 섹터 선정, 향후 시장 규모, 성장 근거, 비즈니스 구조, 밸류체인, 관련 국내 기업부터 글로벌 기업은 물론 관련 ETF까지 이 책에서 총망라하고 있기 때문이다.

여기서 잠시 테마라는 단어를 바로잡을 필요가 있다. 유독 한국 주식시장에서는 '테마'라는 단어가 기업의 펀더멘털이나 업황과 상관없는 단순 '관련주' 정도로 치부되는 것이 사실이지만 본래 테마란 그런 좁은 의미가 아니다. 테마는 전문 투자기관이 앞으로 주도할 산업이나 섹터, 세부 영역을 자세히 분석해 장기적 관점에서 가장 성과가 좋을 것으로 판단되는 투자 대상을 의미하거나, 남들보다 빠르게 시장의 변화를 포착해 기회를 선점하는 투자 아이디어를 뜻한다. 전 세계 1위 자산운용사이자 각종 ETF를 만드는 블랙록도 같은 맥락에서 테마를 정의하고 있다.

> "테마 투자는 단순히 특정 영역이나 기업에 집중하는 것이 아니라 분석을 토대로 장기적 추세, 산업 전반의 구조적 변화에 주목하는 전략이다. 특별히 블랙록은 다섯 가지 메가트렌드를 테마 투자의 철학적 기반으로 삼고 있다. 급속한 도시화, 기후 변화 및 자원 부족, 경제력의 변화, 인구 및 사회적 변화, 그리고 이 모든 변화를 촉진하는 기술 혁신, 즉 이러한 글로벌 메가트렌드는 여러 산업에 구조적 변화를 불러오면서 기업의 수익 구조도 바꾸고 있다."

이처럼 테마란 메가트렌드를 촉발하는 요인이자, 메가트렌드가 불러온 결과들에서 찾아낸 기회다. 이러한 상호관계 때문에 각 정부의 정책 방향은 물론 국내외 주요 기업의 동향과 수익구조, 새로 형성된 밸류체인 등 수많은 데이터를 분석해야 한다. 그리고 그

분석에 기반해 테마의 영역을 재구성하는 과정이 필요하다. 이 책은 개인 투자자들이 하기 어려운 과정을 대신하면서 크게 네 가지 측면에서 투자자의 필요를 채우고자 했다.

첫째로, 블랙록이 언급한 5가지 메가트렌드와 지속가능한 성장성을 중심으로 35개 테마를 선별했다. 각 테마별로 왜 성장하는지, 어느 정도의 속도로 시장이 확대되는지, 어떤 밸류체인이 형성되었고, 수익구조는 무엇인지 세부적으로 소개한다. 따라서 성장 근거가 탄탄히 뒷받침되는 성장 테마 풀Pool을 이 책 하나로 얻을 수 있다. 독자들에게 익숙한 성장주, 성장섹터, 주도주는 앞으로 수년간 이 책의 35가지 테마에서 크게 벗어나지 않을 것이다.

둘째로, 35개 테마마다 밸류체인을 구성했고, 해당 밸류체인에 포함되는 국내 기업, 미국 기업, 미국 ETF를 마인드맵으로 담았다. 즉, 35개 테마는 글로벌 밸류체인이 형성되었거나 형성되고 있는 실제 성장 사업들이다. 그만큼 해당 테마를 타깃팅하는 글로벌 자금의 유입이 많아질 수밖에 없다. 따라서 테마별 주요 글로벌 기업과 미국 ETF의 흐름을 같이 살피는 독자라면 국내 기관투자자의 자금이 향후 어디로 향할지 충분히 가늠할 수 있다. 시장의 관심과 수급을 좀 더 빠르게, 더 높은 확률로 확인한다는 것은 투자자에게 매우 큰 이점이므로 독자는 이 부분을 적극적으로 활용하길 권하고 싶다.

셋째로, 미국 주식에 투자하는 독자들에게도 이 책은 그간 출간된 적 없는 테마별 밸류체인과 각 기업을 제공한다는 면에서 실전 활용도가 높으리라 기대한다. 그동안은 성장 테마 관련 서적, 미국 기업 관련 서적, ETF 관련 서적을 따로 구비해 테마별로 내용을 꿰어 맞춰야 했다면, 이 책은 그런 부지런한 투자자의 시간과 에너지를 크게 덜어줄 것이다.

넷째로, 부록으로 담은 '테마 맵 지도'에서는 35개 테마를 정부 정책에 따라 디지털 뉴딜, 그린 뉴딜, K-반도체, K-콘텐츠, K-바이오/헬스케어로 묶었다. 향후 정부가 육성 정책을 발표할 때마다 관련 테마와 실제 수혜 기업군을 신속하게 체크할 수 있다.

『2022 미래지도』를 100% 활용하기 위해서는 본문의 구성에 대해서도 간단히 언급할 필요가 있을 것 같다. 본문에서는 먼저 해당 테마가 주목받을 이유를 설명하고, 개괄적인 이해와 성장의 근거, 글로벌 동향을 중심으로 소개했다. 그다음 테마의 핵심 개념과, 사업 구조를 직관적으로 이해할 수 있도록 다양한 도표와 삽화, 그래프를 많이 담았다.

테마에 대한 이해를 쌓은 후에는, 마인드맵으로 구성한 테마별 밸류체인을 통해 큰 그림을 눈에 익히고, 각 영역에 속한 국내기업, 글로벌 기업, ETF를 확인할 수 있도록 배치했다. 마지막으로 국내외 핵심 기업을 선별해 투자 포인트를 제시했다.

개인 투자자들이 기업에 먼저 집중하는 관행과 달리 『2022 미래지도』에서는 테마에 대한 이해, 성장성 분석, 밸류체인, 그리고 경쟁력 있는 기업 소개 순서로 배치했다. 단순히 순서상의 배열이 아니라 다양한 투자전략 중에서도 이미 검증된, 효과적인 방법이기 때문이다. 이 책을 활용하면서 독자들이 그 순서와 과정에 익숙해진다면 약간의 과장을 더해 상위 10%에 근접한 내공을 갖추지 않을까 감히 자부해본다.

『2022 미래지도』는 2022년 투자에 바로 활용할 수 있는 실전서지만, 이 35가지 테마는 2030년까지 유효한 중장기 성장 키워드기도 하다. 방대한 자료와 씨름하면서 원고에 애정이 깃든 마음은 차치하더라도, 『2022 미래지도』가 장기투자의 관점에서도 2030년까지 유용한 테마 바이블이 되기를 기대해본다.

CONTENTS

메타버스 · VR · AR · XR

1 메타버스 내 디지털 자산, 암호화폐, NFT의 거래가 증가하며 새로운 플랫폼으로 고속 성장
2 정부는 2025년까지 메타버스, 블록체인 등 핵심 유망 분야에 2.6조 원 집중 투자 예정
3 메타버스는 게임, 콘텐츠, 업무 플랫폼, 교육, 의료, 제조 등 산업 전 분야로 적용되면서 성장 중
4 메타버스 구현을 위한 AR(증강현실), VR(가상현실) 기술 및 관련 디바이스 산업도 급성장 추세

관련 키워드 AR(증강현실) VR(가상현실) XR(가상융합기술) 디지털 트윈(Digital Twin) MZ세대 HMD

한동안 대기업 CEO, 정치인과 자주 등장했던 섹터 키워드는 ESG였다. 2021년, 그 단어를 대체하는 단어가 등장했다. 바로 메타버스다. 국내외 주요 기업의 CEO부터 정치인, 연예인, 명품, 콘서트, 신입사원 교육에 이르기까지 메타버스 공간을 활용한 이벤트가 필수 아이템이 되었다.

하지만 메타버스는 단순한 유행이 아니다. 코로나19를 겪으면서 비대면 서비스의 증가와 XR, 5G 등 가상 생태계를 구성하는 기술 산업이 주목받으며 메타버스 관련 산업은 급성장했다. 사람들은 코로나19 상황에서도 비대면 문화와 가상의 공간을 통해 경제가 돌아가는 현실을 경험하면서, 자연스레 메타버스의 필요성과 경제적 가치를 인정하게 되었다.

대중과 투자자에게 메타버스가 갑작스레 부각된 것은 사실이나, 이미 빅테크 기업을 중심으로 관련 사업들은 진행 중이었다. 준비된 기업은 코로나19를 기점으로 사용자 수가 급증했고, 이를 목격한 기업들은 경쟁적으로 사업에 속도를 내고 있다. 주요국 역시 메타버스가 수반하는 경제적 효과에 수긍하면서 관련 정책을 쏟아내고 있다.

정부도 나선 메타버스 경제

한국 정부의 투자 규모를 보면 메타버스 성장 속도를 파악할 수 있다. 정부는 2020년 추가경정예산안에서 디지털 뉴딜 부문에 메타버스 관련 1,000억 원의 예산을 편성했다.

추가로 2022년 예산안에서는 8,000억 원으로 올려 2년 사이 8배 확대되었다. 2025년까지 전체 2.6조 원이 투입되는 상당한 규모의 사업이다.

또한 과학기술정보통신부는 2021년 5월 '메타버스 얼라이언스'를 출범했는데, 여기에는 삼성전자, 카카오, 네이버 등 약 500개 국내 기업이 참여해 메타버스 성장 동력을 위해 초대형 연합군을 준비한 상태다. 한국은 K팝, 게임, 웹툰, 드라마, ICT 기술 등 메타버스와 융합해 시너지 창출이 용이한 분야에서 세계적 우위에 있기 때문에, 메타버스 시장이 커질수록 투자 기회도 많다. 암호화폐 결제와 NFT 거래 역시 메타버스 플랫폼에서 급증하며 무서운 확장성을 그대로 보여주고 있다.

미국은 국방부와 보건복지부를 중심으로 XR(가상융합기술) 지원에 초점을 두고 있고, 영국은 실감경제 개념을 도입해 타 산업과의 시너지 창출을 위한 정책을 수립했다. 중국은 VR 및 메타버스 산업 가속화, 주요 산업과의 융합을 핵심과제로 내세우며 관련 기업을 지원하고 있다.

시장 선점을 위한 국내외 기업의 경쟁

플랫폼 비즈니스처럼 메타버스 시장에서도 잠재 유저를 먼저 끌어당기는 기업이 주도권을 이어갈 수 있다. 글로벌 공룡 기업들이 메타버스 플랫폼을 선점하기 위해 혈투를 벌이고 있는 이유다. 페이스북(메타) CEO 마크 저커버그는 2021년을 기점으로 향후 5년 내 메타버스 기업으로 전환하겠다고 선언했다. 준비는 거의 끝났다는 말이다. 비전으로 들리는 그의 선언은 경쟁 기업들에게 다른 의미를 전달한다. 2~3년 내로 준비되지 않는다면 승산이 없으므로 자신들의 협력 파트너가 되거나, 혹은 무리한 경쟁을 해야 한다는 점을 표명한 셈이다.

메타버스를 구현하는 반도체와 AR·VR디바이스도 주목해야 한다. 현재 플랫폼 산업이 크게 성장하기까지는 15년 단위로 변화한 디바이스의 혁신이 배경에 있었다. 메타버스 플랫폼이 이용자의 일상에서 원활하게 구현되기 위해서는 스마트폰과 또 다른 기술, 디바이스가 필요하다. 메타가 메타버스 플랫폼과 별도로 오큘러스 퀘스트라는 디바이스를 출시한 것도 이런 이유에서다. 2021년 상반기 기준으로 오큘러스는 이미 AR·VR·XR 기기 부문 75% 점유율을 기록했다.

메타버스 시장 전망

: 2030년까지 10배 성장한 1,700조 시장 규모로 예상된다.

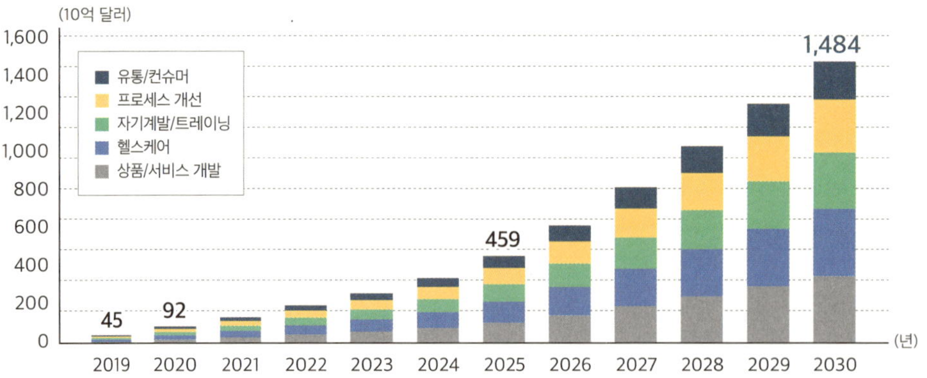

출처: PwC

AR·VR·XR 시장 전망

: 성장이 가장 빠른 XR분야로 각 정부의 지원도 집중된다.

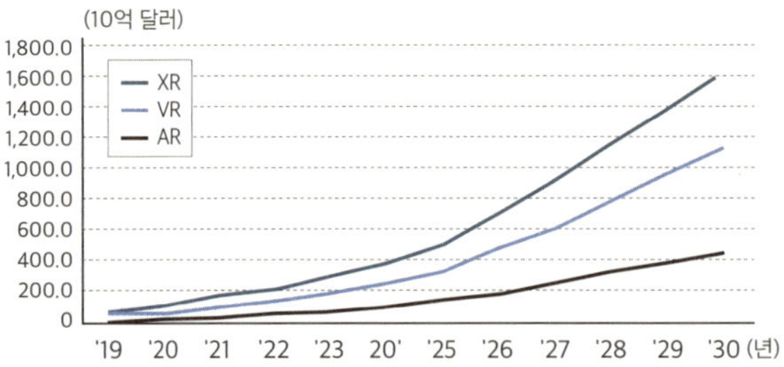

출처: PwC

메타버스 응용시장의 비율(2025년 전망)

: 헬스케어, 제품개발, 교육이 상위 3개 분야다.

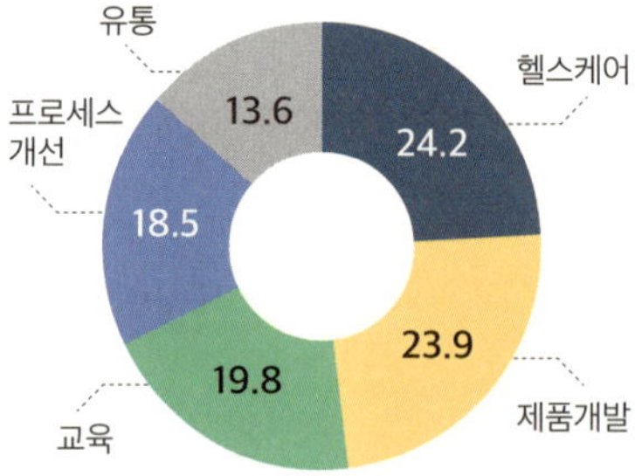

출처: PwC

메타버스 유형 4가지

: 메타버스가 구현되는 방식은 크게 4가지지만, 서로 융합된 상태로 구현되는 추세다.

	증강현실 AR	라이프로깅 Lifelogging	거울세계 Mirror World	가상세계 Virtual World
정의	일상의 환경에 가상의 사물 및 인터페이스 등을 겹쳐 놓음으로써 만들어지는 혼합현실	신체, 감정, 경험 등의 일상 정보를 기록/저장하고 가상의 공간에서 재현하는 활동	실제 세계를 재현하되 추가정보를 더해 확장한 가상세계	정치·경제·사회·문화등 특정 분야의 세계를 디지털 기술로 확장시켜 그와 유사하거나, 대안으로 구축한 세계
활용 분야	차량용 HUD, 스마트 팩토리	소셜미디어, 웨어러블 디바이스	지도기반 서비스	온라인 멀티플레이어 게임
대표 사례	이케아 플레이스, 포켓몬고, 제페토	메타360, 웨어러블기기, 트레이닝 클럽(나이키)	구글어스, 에어비앤비, 업랜드	로블록스, 포트나이트, 제페토

출처: ASF, NIA

메타버스를 구성하는 핵심 산업

: 메타버스는 자체로 존재할 수 없고, 기존 산업이 융합되어 만들어진다.

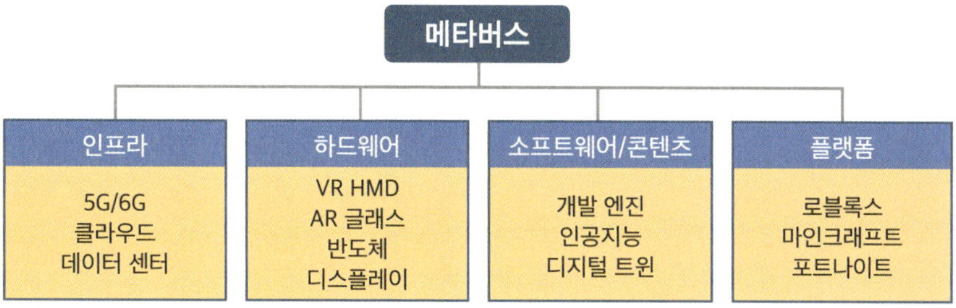

출처: 메리츠증권

메타버스를 구성하는 주요 기술 항목

: 메타버스를 구현하는 핵심 기술 5가지는 다음과 같다.

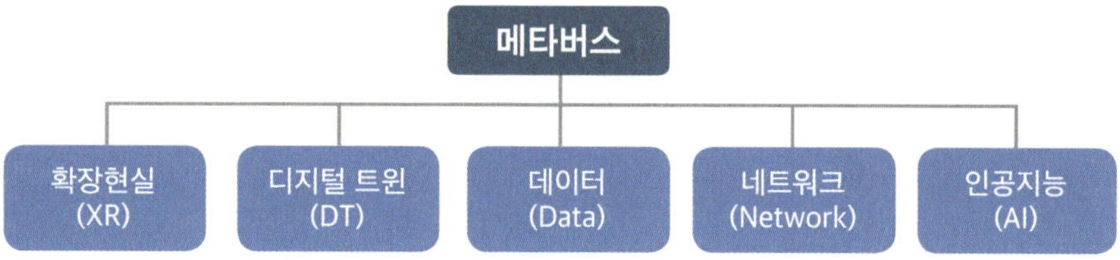

출처: 과학기술정보통신부

메타버스 생태계의 수익 구조

: 핵심 플레이어는 플랫폼, 개발자, 이용자로 단순화시킬 수 있다.

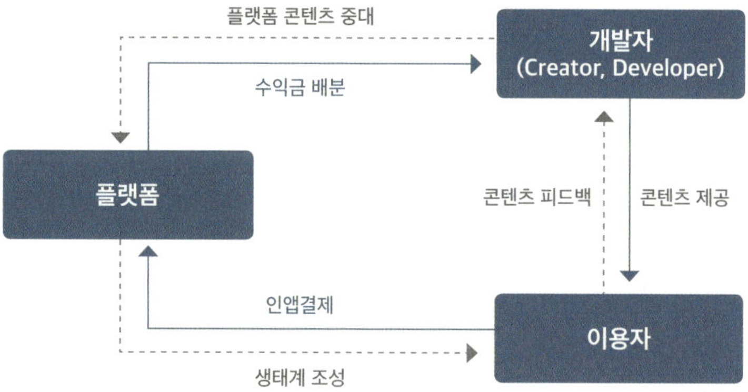

출처: KB증권

메타버스 생태계의 주요 당사자
: 서로 역할을 넘나들 수 있도록 오픈된 생태계다.

플랫폼	**메타버스 생태계를 구축 및 관리** • 개발자가 콘텐츠를 만들 수 있는 환경 제공 • 플랫폼은 이용자를 관리하면서도 자율성을 부여해 자발적 참여 유도 • 개발자와 이용자 사이에서 결제 및 가상체계를 구축 Ex) 로블록스의 로북스(Robux), 포트나이트의 브이벅(V-buck)
개발자	**콘텐츠 생산에 참여하고 보상 획득** • 메타버스 생태계 내 이용자들의 참여를 유도하는 콘텐츠 제공 • 과거 개발자의 역할은 게임사에서 직접 수행했으나 최근에는 이용자가 개발자로 참여하여 플랫폼 내에서 직접 콘텐츠를 판매 • 개발자가 많아질수록 콘텐츠는 증가하고 새로운 이용자를 유입시킬 수 있기에 규모의 경제효과도 기대
이용자	**생태계 및 공동체를 조성** • 메타버스 내에서 이용자들끼리 소통하면서 하나의 공동체를 형성하고, 콘텐츠 소비, 구독, 인앱 결제(In App Purchase)가 이루어짐 • 연예인, 게임, 공연 등의 콘텐츠를 기반으로 공감대를 형성한 유저들끼리 공동체와 같은 문화적, 정서적 집단을 형성 • 게임 내 콘텐츠를 SNS으로 공유, 2차 콘텐츠를 생산하면서 바이럴 효과 발생

출처: KB증권

실제 메타버스 플랫폼(앱) 내 주요 당사자 역할
: 당사자 하나가 또 다른 역할에 자유로이 참여할 수 있다.

앱	기업	개발자	콘텐츠	주요 지표
로블록스	로블록스	이용자 콘텐츠 생산 주도	게임 콘텐츠 중심	2020년 DAU 3,260만 명
포트나이트	에픽게임즈	이용자, 플랫폼 공동생산	게임 콘텐츠 중심	글로벌 가입자 3.5억 명
제페토	네이버	이용자, 플랫폼 공동생산	소통+K-pop 콘텐츠 중심	글로벌 가입자 2억 명
유니버스	엔씨소프트	플랫폼 콘텐츠 생산 주도	K-pop 콘텐츠 중심	사전 예약 가입자 500만 명
위버스	하이브	플랫폼 콘텐츠 생산 주도	K-pop 콘텐츠 중심	앱 다운로드 2,500만 건 이상

출처: KB증권

메타버스를 구성하는 핵심 산업의 수익원
: 성장 사이클 차기 주자는 하드웨어 부문 AR/VR 디바이스가 유력하다.

	수익원	기업 및 서비스
인프라	5G망, 클라우드, 솔루션 이용료	통신사, 클라우드 서비스 기업, 데이터 센터기업, 반도체기업 (아마존, 구글 등)
하드웨어	AR/VR 등 메타버스 구현 디바이스, 관련 부품 판매	메타 오큘러스, 애플 AR 글래스, MS 홀로렌즈, 구글 글래스
소프트웨어 /콘텐츠	라이선스 사용료, 플랫폼/서비스 구축료, 솔루션 이용료, 게임 및 엔터테인먼트 등 콘텐츠 사용료	유니티 소프트웨어, 에픽게임즈
플랫폼	광고, 아이템 거래 수수료, 오프라인 브랜드 입점, 자체 화폐 거래 수수료 등	로블록스, 포트나이트, 이프랜드, 호라이즌, 제페토

출처: 메리츠증권

각 산업과 요소가 융합되어 메타버스로 확장
: AR/VR 기술은 이용자의 접촉점을 확장시켜 메타버스 성장을 가속화시킬 것이다.

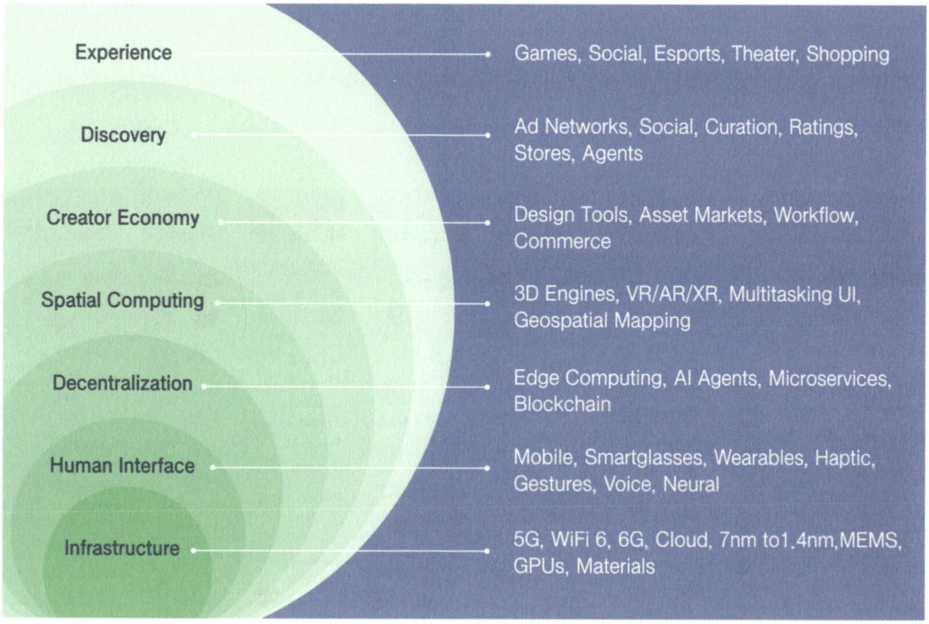

출처: Building the Betaverse, Jon Radoff

VR과 AR 시장의 시장 잠재력 비교

: 단기로는 VR시장이, 중장기로는 AR 시장의 성장에 주목해야 한다.

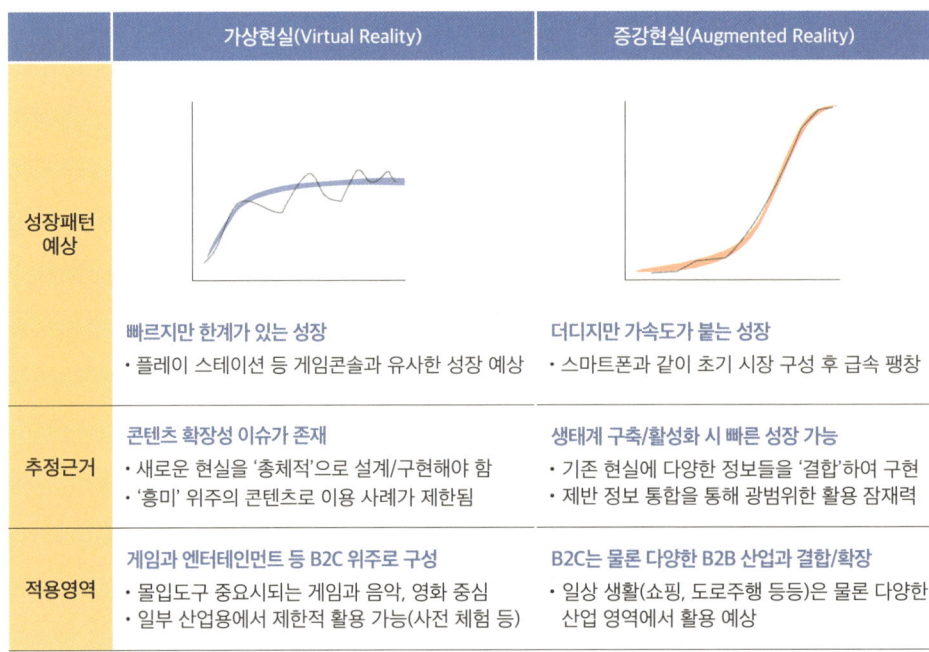

	가상현실(Virtual Reality)	증강현실(Augmented Reality)
성장패턴 예상	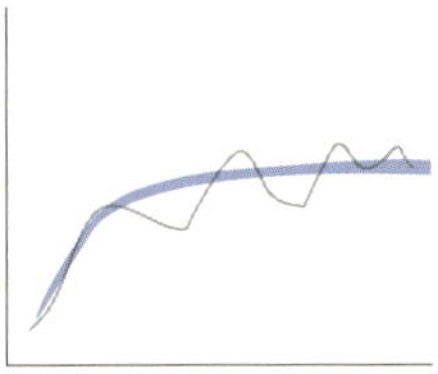 **빠르지만 한계가 있는 성장** • 플레이 스테이션 등 게임콘솔과 유사한 성장 예상	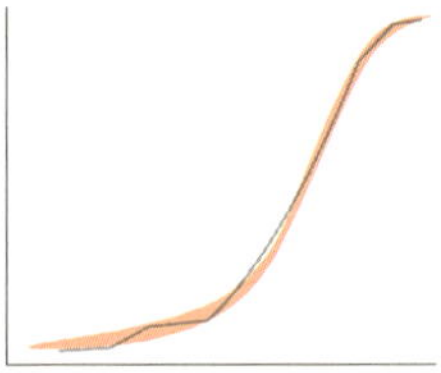 **더디지만 가속도가 붙는 성장** • 스마트폰과 같이 초기 시장 구성 후 급속 팽창
추정근거	**콘텐츠 확장성 이슈가 존재** • 새로운 현실을 '총체적'으로 설계/구현해야 함 • '흥미' 위주의 콘텐츠로 이용 사례가 제한됨	**생태계 구축/활성화 시 빠른 성장 가능** • 기존 현실에 다양한 정보들을 '결합'하여 구현 • 제반 정보 통합을 통해 광범위한 활용 잠재력
적용영역	**게임과 엔터테인먼트 등 B2C 위주로 구성** • 몰입도구 중요시되는 게임과 음악, 영화 중심 • 일부 산업용에서 제한적 활용 가능(사전 체험 등)	**B2C는 물론 다양한 B2B 산업과 결합/확장** • 일상 생활(쇼핑, 도로주행 등등)은 물론 다양한 산업 영역에서 활용 예상

출처: 테크월드, KTB투자증권

메타버스 시장의 7가지 영역

: 각 영역은 편의상 구분될 뿐 현실에서는 기업이 보유한 기술과 신사업 계획에 따라 자유롭게 참여할 수 있다.

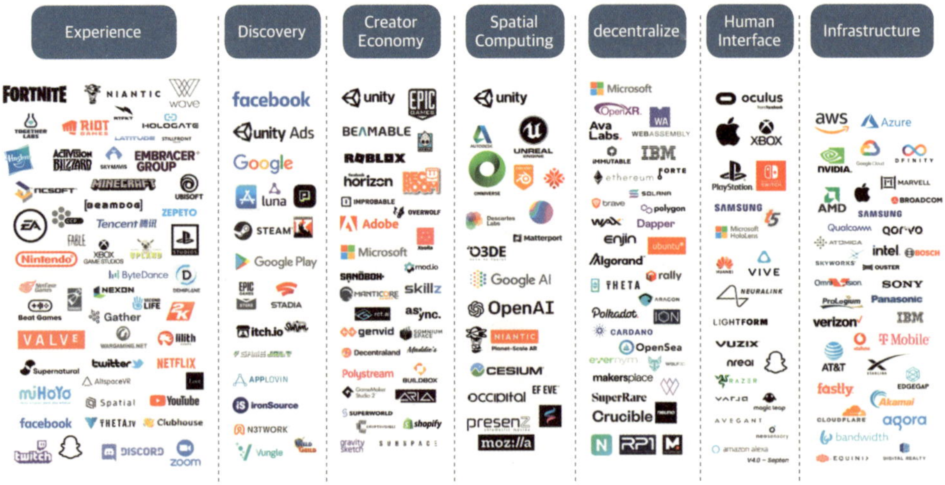

출처: Building the Metaverse, Jon Radoff

가상경제의 발전 단계

: 가상경제 2.0은 블록체인, 암호화폐, NFT, 그래픽 기술, 거래 플랫폼이 전제 조건이며, 디지털 파일의 자산화 및 거래, 현실화폐와의 교환이 특징이다.

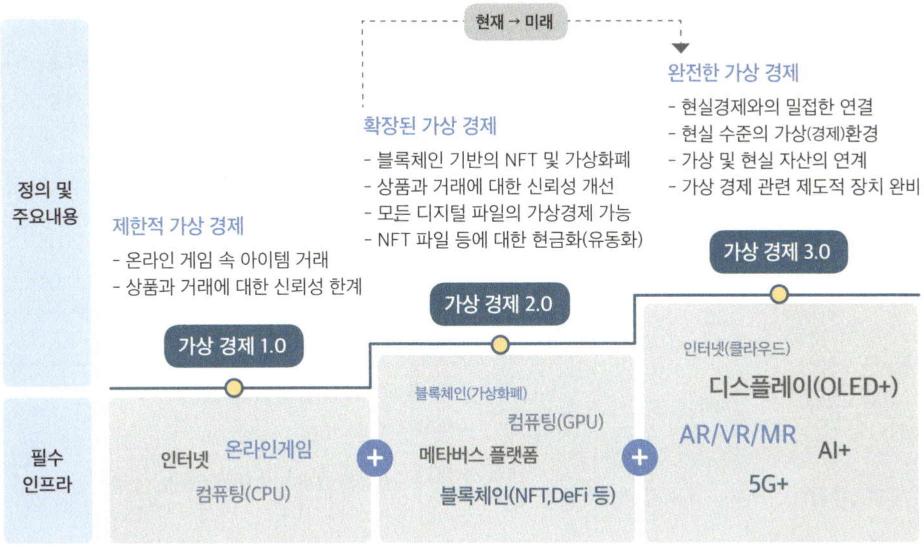

출처: 하나금융경영연구소

현재는 가상경제 2.0 단계

: 가상경제 2.0 단계에서는 다양한 디지털 자산과 콘텐츠가 메타버스 플랫폼으로 유입되면서 시장 전체 파이를 급 성장시킨다.

출처: 하나금융경영연구소

메타버스와 접목된 분야와 주요 이벤트 예시

: 메타버스는 점차 일상으로 침투해 있다. 효율성과 비용면에서도 기존 온·오프라인 방식을 대체. 콘텐츠 소비의 핵심층인 MZ 세대가 메타버스 확장을 가속화할 것이다.

	메타버스 플랫폼 + 접목 서비스	내용
교육	세컨드라이프를 통한 홀로코스트 박물관	메타버스 교육 활용의 대표 사례로, 전쟁 당시 상황에 대한 간접 경험의 기회를 제공, 추모회 등 공감에 기반한 학습 환경 조성
엔터테인먼트	제페토를 통한 블랙핑크 공연	제페토 아바타 버전 'Ice Cream' 퍼포먼스 비디오 공개, 조회 수 1억 회 이상
	포트나이트를 통한 BTS 공연	〈다이너마이트〉 뮤직비디오 (Choreography ver.) 최초 공개, 15일 만에 조회수 3억 뷰 돌파
홍보·마케팅	제페토를 통한 구찌 빌라 론칭	옷, 가방, 액세서리 제품 60여 종 전시. 아바타는 여기서 피팅과 구매가 가능
일상생활	가구 배치 앱 이케아 플레이스	이케아 제품을 실제 비율과 동일하게 3D로 구현. 실제 공간에 가구를 배치해 볼 수 있는 증강현실(AR) 서비스
생산·제조	삼성중공업의 VR 실습 시스템	삼성중공업은 실습 기회 확보가 어렵고 실습의 효과도 낮은 선박 도장 업무에 가상 현실 교육훈련 시스템을 도입하고, 도장작업 기능인력 육성을 위한 시간 및 비용절감

출처: 기사 정리

테마 밸류 체인

- 메타버스
  - 소프트웨어
    - AI
      - 알체라
      - 바이브컴퍼니
      - 이노뎁
      - 셀바스AI
      - 이스트소프트
      - 딥노이드
    - VFX
      - 덱스터
      - 위지윅스튜디오
      - 자이언트스텝
      - 엔피
      - NEW
    - AR/VR/XR
      - 맥스트
      - LX세미콘
      - 에이트원
      - 롯데정보통신
  - 하드웨어
    - AR/VR/XR 기기
      - 이랜텍
      - LG유플러스
      - 가온미디어
      - 제이씨현시스템
    - 카메라, 반도체, 센싱 및 기타 부품
      - 뉴프렉스
      - LG이노텍
      - 덕우전자
      - 동운아나텍
      - 칩스앤미디어
      - 옵티시스
      - 이즈미디어
      - 삼성전자
      - LG디스플레이
      - 인텔리안테크
    - AR/VR/XR 디스플레이
      - 동아엘텍
      - 선익시스템
      - APS홀딩스
      - LG디스플레이
  - 플랫폼
    - NAVER
    - 엔씨소프트
    - SK텔레콤
    - 한컴MDS
    - 다날
    - 핑거
    - 한글과컴퓨터
    - 플래티어
  - 콘텐츠
    - 게임
      - 와이제이엠게임즈
      - 펄어비스
      - 넵튠
      - 드래곤플라이
      - 위메이드
      - 게임빌
      - 엔씨소프트
      - 카카오게임즈
      - 컴투스
      - 넷마블
      - 미투온
      - 애니플러스
    - 엔터테인먼트
      - 하이브
      - 에스엠
      - 와이지엔터테인먼트
      - JYP Ent.
      - 제이콘텐트리
      - 아프리카TV
      - 바른손
      - 지니뮤직
      - 위지윅스튜디오
      - 드림어스컴퍼니
      - 큐브엔터
      - 디어유
    - 교육
      - 청담러닝
      - 씨엠에스에듀
  - 관련 사업, 기술, 제품, 투자, 협약 등 부각
    - 코세스
    - 주연테크
    - 에스코넥
    - 인트로메딕
    - 엠씨넥스
    - 엠게임
    - 아이엠
    - 제이엠티
    - 한빛소프트
    - 비케이탑스
    - 비덴트
    - 아톤

글로벌 주요 기업 및 ETF

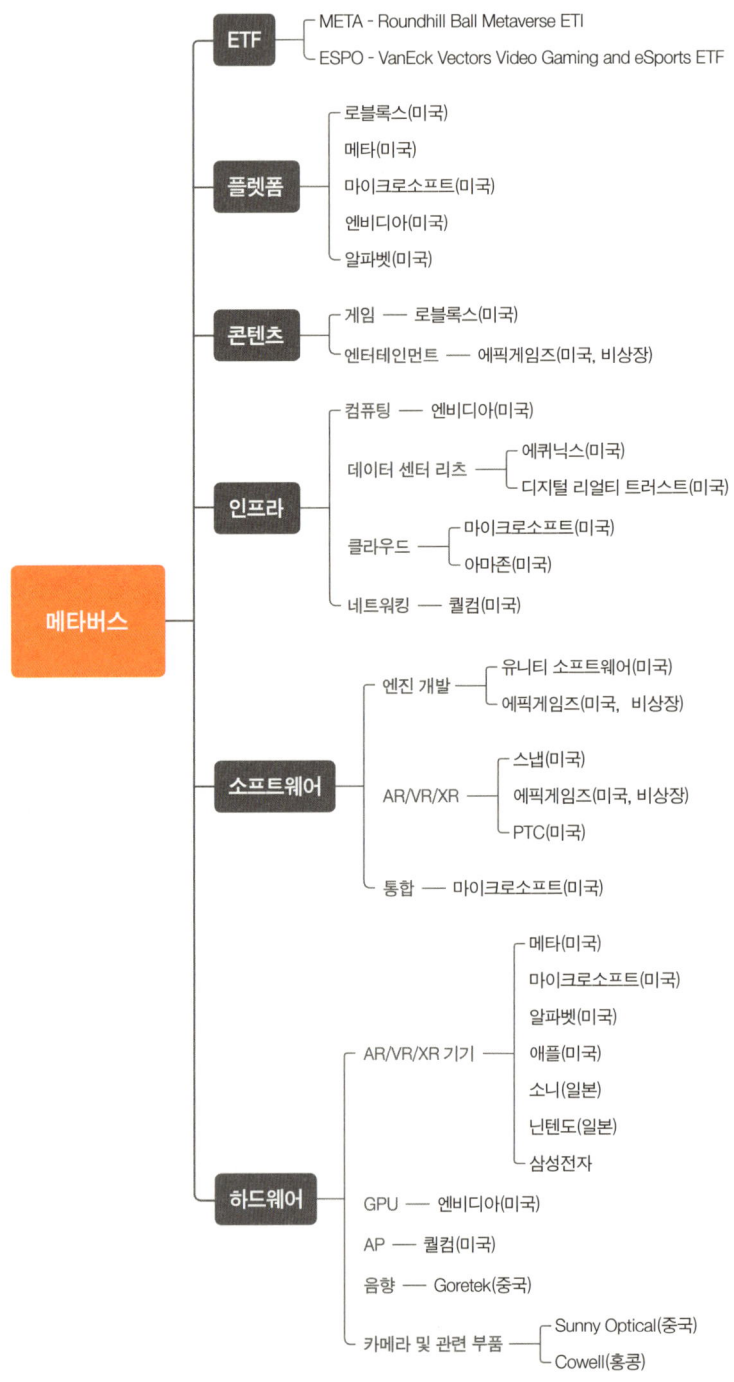

- 메타버스
  - ETF
    - META - Roundhill Ball Metaverse ETI
    - ESPO - VanEck Vectors Video Gaming and eSports ETF
  - 플렛폼
    - 로블록스(미국)
    - 메타(미국)
    - 마이크로소프트(미국)
    - 엔비디아(미국)
    - 알파벳(미국)
  - 콘텐츠
    - 게임 — 로블록스(미국)
    - 엔터테인먼트 — 에픽게임즈(미국, 비상장)
  - 인프라
    - 컴퓨팅 — 엔비디아(미국)
    - 데이터 센터 리츠
      - 에퀴닉스(미국)
      - 디지털 리얼티 트러스트(미국)
    - 클라우드
      - 마이크로소프트(미국)
      - 아마존(미국)
    - 네트워킹 — 퀄컴(미국)
  - 소프트웨어
    - 엔진 개발
      - 유니티 소프트웨어(미국)
      - 에픽게임즈(미국, 비상장)
    - AR/VR/XR
      - 스냅(미국)
      - 에픽게임즈(미국, 비상장)
      - PTC(미국)
    - 통합 — 마이크로소프트(미국)
  - 하드웨어
    - AR/VR/XR 기기
      - 메타(미국)
      - 마이크로소프트(미국)
      - 알파벳(미국)
      - 애플(미국)
      - 소니(일본)
      - 닌텐도(일본)
      - 삼성전자
    - GPU — 엔비디아(미국)
    - AP — 퀄컴(미국)
    - 음향 — Goretek(중국)
    - 카메라 및 관련 부품
      - Sunny Optical(중국)
      - Cowell(홍콩)

해외 대표 기업

메타

시가총액	1,200조 원

	2021년	2022년(전망)
매출액	약 134조 원	약 160조 원
영업이익	52조 원	약 61조 원

- 향후 5년 내 메타버스 플랫폼 기업으로의 전환 선언
- 기업 인수를 통해 자체 VR기기인 Quest2 출시하는 등 빅테크 중 가상현실을 기반으로 한 메타버스에 가장 적극적으로 투자
- 차세대 컴퓨팅 플랫폼으로 VR 강조, 향후 메타버스를 통한 광고, 커머스, 디지털 굿즈 등 비즈니스 강조

유니티 소프트웨어

시가총액	41조 원

	2021년	2022년(전망)
매출액	약 1.2조 원	약 1.5조 원
영업이익	-690억 원	약 -320억 원

- 지속적인 M&A 를 통한 메타버스 기술 확보
- 메타버스 테크놀로지(Metaverse Technologies), IDV(Interactive Data Visualization), 파섹(Parsec) 인수
- 최근 M&A로 3D 모델링, 실사 텍스처 렌더링, 원격 소프트웨어 등 메타버스 핵심 유망 기술 확보
- 결과적으로 유니티가 메타버스 최고의 기술주로 성장할 것이라는 시장 기대감 증가

로블록스

시가총액	55조 원

	2021년	2022년(전망)
매출액	약 2.7조 원	약 3.2조 원
영업이익	3,900억 원	약 4,000억 원

- 글로벌 1위 메타버스 플랫폼. 800만 명의 게임 크리에이터와, 5,000만 개 이상의 게임이 상존
- 게임, SNS, VR 기능이 전부 구현 되는 진화된 메타버스 플랫폼. 모든 거래는 자체 가상화폐이자 달러 환전이 가능한 로벅스 활용
- 유튜브와 유사한 선순환 구조: 콘텐츠 증가 → 유저 증가 → 매출 증가 → 개발자 수익 증가 및 개발자 유입 → 콘텐츠 증가

자이언트스텝

VFX　XR Live　버추얼 휴먼 빈센트　실감형 콘텐츠　리얼타임 콘텐츠

시가총액	7,100억 원

주요 주주	하승봉 외 11인 53%, NAVER 7%
총 매출액 중	VFX(광고, 영상) 80%

- 광고VFX가 전체 매출의 90%에 달하는 주력 사업
- 메타버스 콘텐츠 제작의 필수 도구인 리얼타임엔진(실시간 렌더링 제공)은 자이언트스텝의 드라이브를 거는 성장축이자 강점으로 국내 최고 수준(2019년 매출 비중 7%, 20년 25%로 빠르게 증가)
- 동사의 VFX 기술을 바탕으로 AR/VR/XR, 홀로그램 등의 실감형 콘텐츠 제작
- 버추얼 스튜디오인 A.I-One 스튜디오를 보유, 실시간 송출까지 가능해 네이버 나우의 실시간 비대면 XR 라이브 쇼를 운영(국내 최초 XR Live 상용화)
- 에스엠엔터테인먼트와 유료 XR Live 콘서트 비욘드 라이브(Beyond LIVE) 진행, 걸그룹 에스파 제작 참여, 국내 유일 AI 기반 리얼타임 버추얼 휴먼 빈센트 구현, 실제인물과 가상 캐릭터가 함께 공연하는 콘텐츠 제작 및 실시간 송출

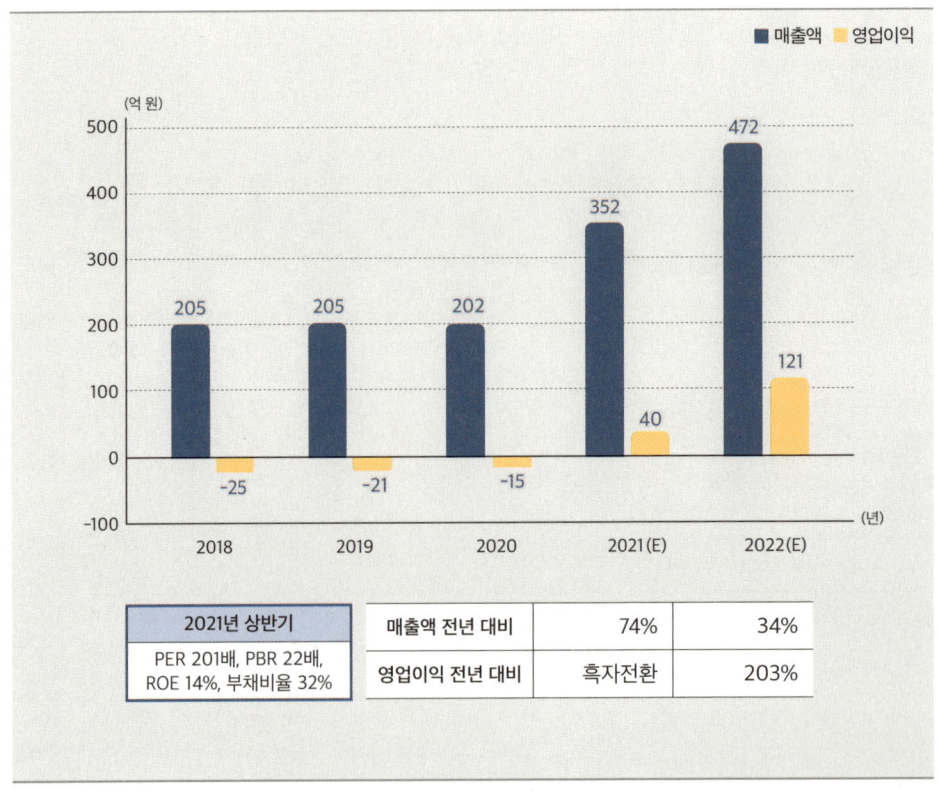

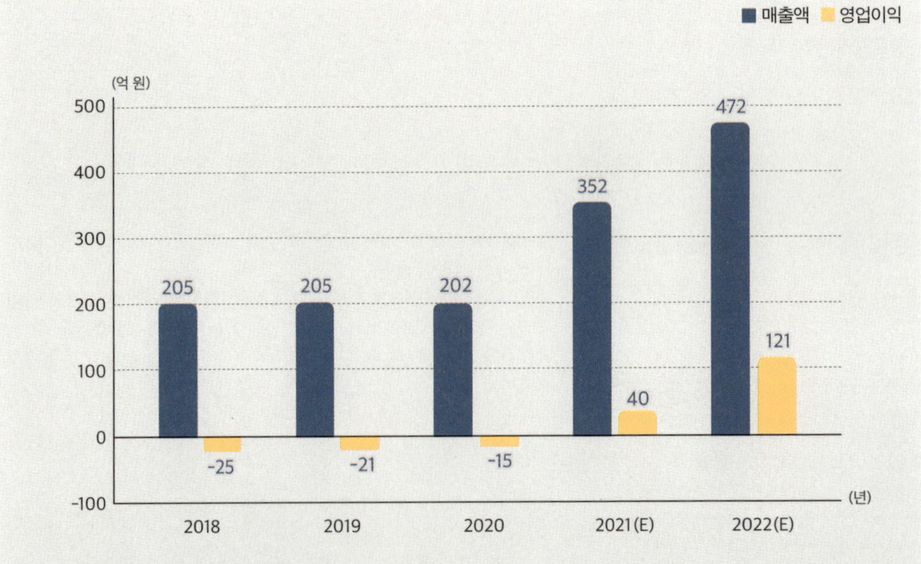

2021년 상반기
PER 201배, PBR 22배, ROE 14%, 부채비율 32%

매출액 전년 대비	74%	34%
영업이익 전년 대비	흑자전환	203%

*2021.09. 기준

위지윅스튜디오

VFX | XR 스테이지 | 승리호

시가총액	5,900억 원

주요 주주	박인규 외 2인 25%, 컴투스 13%
총 매출액 중	콘텐츠 제작 60%, 전시행사 등 22%, VFX 및 뉴미디어 23%

- <승리호>를 통해 세계적으로 인정받은 CG/VFX 기술을 기반으로 영화, 드라마 등의 영상기술 제작, 뉴미디어 콘텐츠 제작 서비스 제공
- 와이지엔터테인먼트, 네이버의 합작사 와이엔컬쳐앤스페이스와 함께 스튜디오 공동 개발 사업 참여. 메타버스 콘텐츠 제작을 위한 시너지 기대
- 2021 CES 온라인 개최를 위한 XR 가상 공간 제공
- 메타버스 제작 플랫폼 XR 스테이지 오픈
- AR 전문기업 시어스랩에 지분 투자, 가상 및 혼합현실 콘텐츠 제작 밸류체인 확대로 성장 가속화

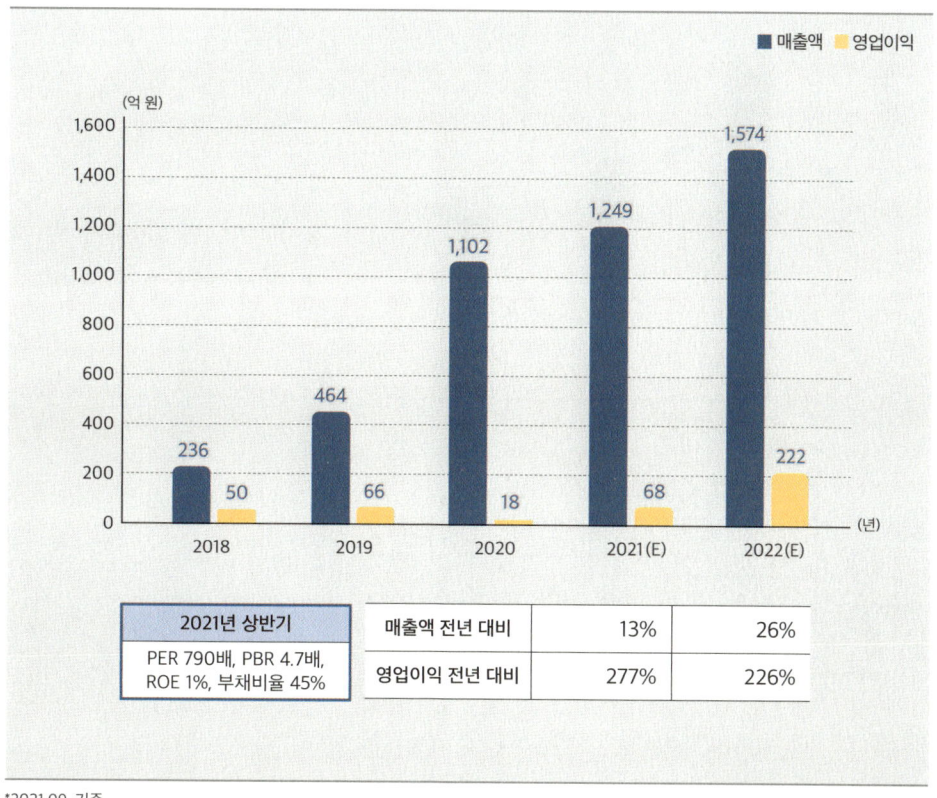

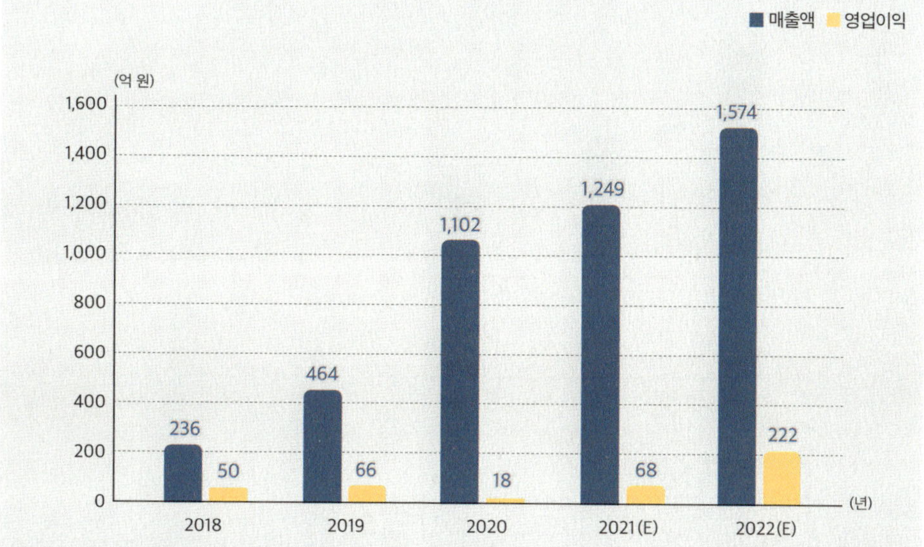

2021년 상반기
PER 790배, PBR 4.7배, ROE 1%, 부채비율 45%

매출액 전년 대비	13%	26%
영업이익 전년 대비	277%	226%

*2021.09. 기준

선익시스템

OLED 장비 | OLED 증착 | 마이크로 OLED

시가총액	2,200억 원

주요 주주	동아엘텍 49%, 자사주 4%
총 매출액 중	증착장비(OLED) 95%

- 중소형 패널 OLED 및 마이크로 OLED 소재 증착 장비 전문 기업
- 주요 고객사는 삼성디스플레이, LG디스플레이 등 패널사와 머크퍼포먼스머티리얼즈, SFC 등 OLED 소재사
- 마이크로 OLED 패널의 주 사용처는 AR/VR 시장. 최근 메타버스에 대한 시장의 관심이 높아지며 AR/VR 시장 성장으로 동사 실질적 수혜 기대
- 2021년 산업통상자원부의 디스플레이 분야 '소부장 으뜸기업'으로 선정

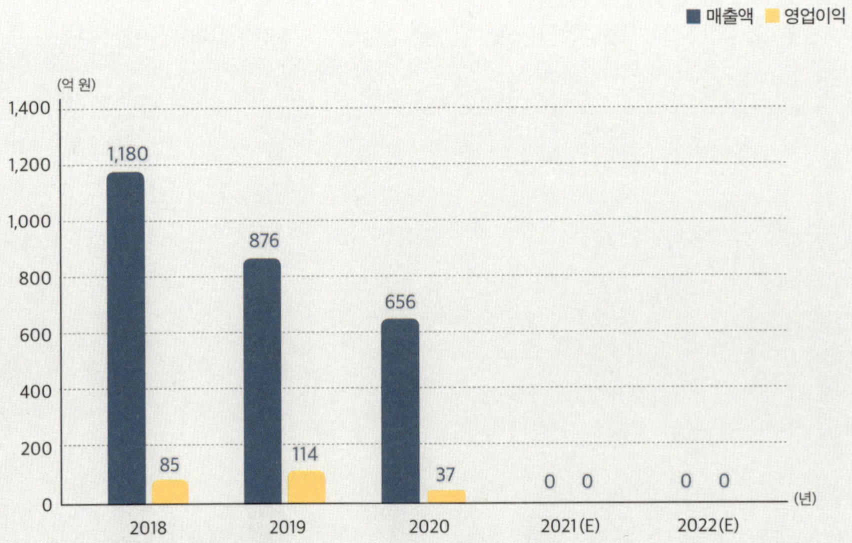

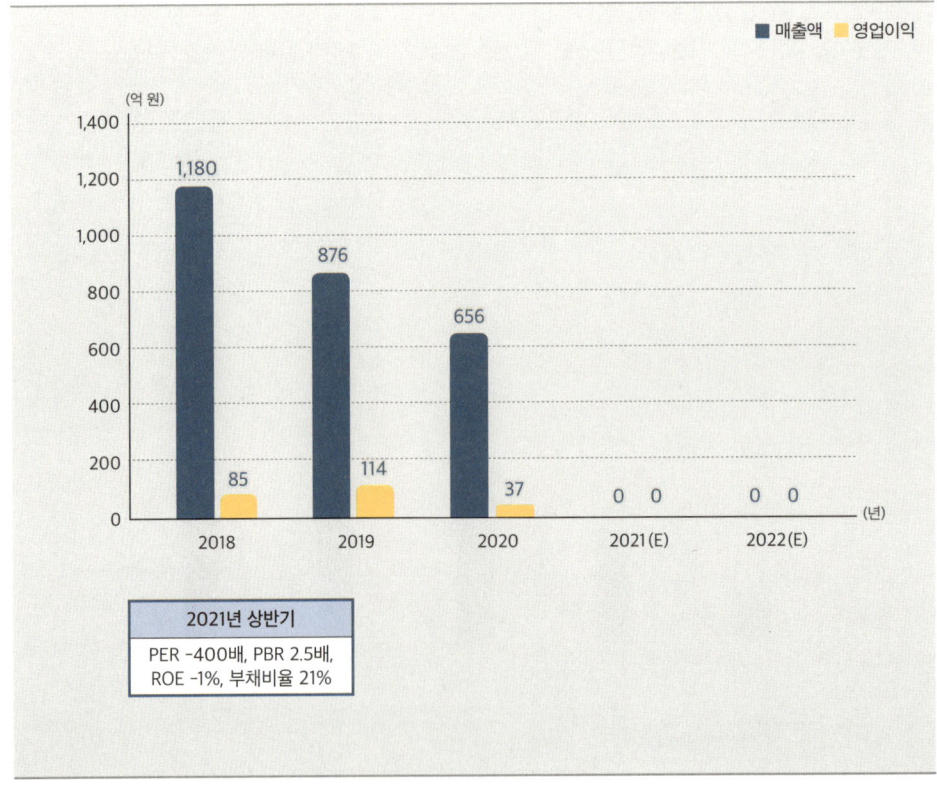

2021년 상반기
PER -400배, PBR 2.5배, ROE -1%, 부채비율 21%

*2021.09. 기준

에이트원

가상훈련 | 시뮬레이션

시가총액	1,200억 원

주요 주주	케이씨인베스트먼트 외 4인 16%
주 매출처	XR 가상훈련 시스템 100%

- AR, VR, XR 콘텐츠 및 솔루션, 가상훈련 시스템 서비스 전문 기업
- 글로벌 VR 기업 피코 인터렉티브, 오큘러스 등과 협업 네트워크
- 자회사 통해 메타버스 플랫폼 '모임(MOIM)' 출시 예정

최근 실적 및 주요 재무지표

	2019년	2020년
매출액	131억 원	106억 원
영업이익	-13억 원	6억 원

	2021년 상반기	
매출액	38억 원	PER -14배, PBR 4.0배, ROE -25%, 부채비율 110%
이익	-19억 원	

이노뎁

CCTV | 영상인식 AI

시가총액	1,700억 원

주요 주주	이성진 외 8인 39%
주 매출처	영상인식 70%, 데이터 플랫폼 27%

- 국내 최초 VMS 전문기업, 국내 점유율 1위
- SKT, ADT 캡스와 AI 기반 지능형 영상분석 솔루션 사업화 협약
- 정부가 투자하는 메타버스 부문(디지털 트윈, 스마트 시티) 기술 보유
- 마이크로소프트의 메타버스 관련 사업 파트너사로 협업

최근 실적 및 주요 재무지표

	2019년	2020년
매출액	608억 원	667억 원
영업이익	29억 원	56억 원

	2021년 상반기	
매출액	280억 원	PER 26배, PBR 2.9배, ROE 23%, 부채비율 40%
이익	-13억 원	

맥스트

AR엔진 | AR솔루션 | AR개발 플랫폼 | 맥스버스

시가총액	4,600억 원

주요 주주	박재완 외 7인 34%, 한나금융투자 6%
주 매출처	AR솔루션80%, AR개발 플랫폼 20%

- 자체 개발한 AR엔진을 바탕으로 AR솔루션, AR개발 플랫폼 서비스 제공
- 가상공간 맵핑기술, 가상 플랫폼 구현기술 고도화(경쟁사 대비 차별화된 기술 보유)
- 현대차와 AR 매뉴얼, Last Mile 프로젝트 등 AR기술 활용 사업 분야 지속적인 협업 중

최근 실적 및 주요 재무지표

	2019년	2020년
매출액	12억 원	20억 원
영업이익	-17억 원	-25억 원

	2021년 상반기	
매출액	7억 원	PER 148배, PBR 38배, ROE 20%, 부채비율 73%
이익	-12억 원	

한컴MDS

가상교육 및 가상회의 | XR판도라

시가총액	1,800억 원

주요 주주	한글과컴퓨터 외 1인 32%, 자사주 6%
주 매출처	임베디드 개발 솔루션 36%,

- 국내 1위 임베디드 솔루션 전문기업
- AI, IoT, AR/VR, 빅데이터, 클라우드 등 미래 성장산업으로 대표되는 솔루션을 제공
- 자회사인 한컴인텔리전스가 메타버스 플랫폼 개발사인 프론티스의 지분 55%를 인수, 메타버스 사업 본격화 (XR 판도라, XR 라이프트윈)

최근 실적 및 주요 재무지표

	2019년	2020년	2021년(전망)
매출액	1,549억 원	1,466억 원	1,682억 원(yoy 14%)
영업이익	44억 원	40억 원	92억 원(yoy 130%)

	2021년 상반기	
매출액	802억 원	PER 20배, PBR 1.3배, ROE 7%, 부채비율 46%
이익	47억 원	

LX세미콘

3D 센싱 | 시스템반도체

시가총액	1.8조 원	주요 주주	엘엑스홀딩스 33%
		주 매출처	System IC 100%

- 디스플레이 패널 구동용 핵심부품 System IC 생산
- 마이크로소프트와 메타버스 관련 3D 센싱 기술 협력, 동사의 ToF(Time of Flight, 비행시간측정) 센싱을 홀로렌즈(HoloLens) 기기 등에 채택할 전망
- 중장기적으로는 애저(Azure) 클라우드 기반 자율주행 ADAS(첨단 운전자 지원 시스템)에 적용될 가능성도 있음

최근 실적 및 주요 재무지표

	2019년	2020년	2021년(전망)
매출액	8,671억 원	11,619억 원	18,374억 원(yoy 58%)
영업이익	473억 원	942억 원	3,114억(yoy 230%)

	2021년 상반기	
매출액	8,549억 원	PER 7.2배, PBR 2.5배, ROE 40%, 부채비율 45%
이익	1,548억 원	

뉴프렉스

연성인쇄회로기판(FPCB)

시가총액	720억 원	주요 주주	임우현 외 2인 31%
		주 매출처	FPCB 100%

- 연성인쇄회로기판(FPCB)을 생산하는 전문기업
- VR기기 시장 75%를 점유한 오큘러스 지향 FPCB 납품
- 2021년 오큘러스 지향 매출은 전년 대비 128% 증가,
- 2022년에는 53% 증가 예상(22년 전체 매출 중 오큘러스향 매출은 22% 전망)

최근 실적 및 주요 재무지표

	2019년	2020년	2021년(전망)
매출액	1,283억 원	1,486억 원	1,616억 원(yoy 8%)
영업이익	-100억 원	-98억 원	10억 원(흑자전환)

	2021년 상반기	
매출액	645억 원	PER -64배, PBR 1.2배, ROE -10%, 부채비율 247%
이익	-35억 원	

기업	시총	내용
NAVER	66조 원	• 네이버의 제페토는 2018년 등장한 메타버스 커뮤니케이션 플랫폼 이후 아이템 생산 및 거래, 게임, 가상화폐 거래, 친목, 마케팅, 콘서트 등 광범위한 메타버스 플랫폼으로 확장 • 글로벌 인기 지식재산권(IP)이 공식 입점한 글로벌리 가장 큰 버추얼 마켓 • 2021년 기준 가입자 2억명을 돌파, 주 사용층은 1020세대 (디지털 네이티브인 Z세대의 놀이터로 자리매김) • 구찌, 디올, 디즈니, 삼성전자, 현대차, BGF 리테일, BTS, 블랙핑크, 대권주자, 야구단 등 다양한 기업과 셀럽의 제페토 입점 증가
SK텔레콤	21조 원	메타버스 플랫폼 이프랜드 출시
하이브	10.7조 원	BTS, 세븐틴, TXT 등이 소속된 종합 기획사. 팬덤 플랫폼 위버스, 아티스트 아바타 캐릭터 공개 등 메타버스와 성장 시너지
위메이드	1.4조 원	메타버스 전문개발사 프렌클리에 투자 등 메타버스 플랫폼 구축을 미래주력사업으로 추진
와이지 엔터테인먼트	1조 원	메타버스에 최적화된 아티스트와 IP(지식재산권)를 보유, 메타버스 공간을 활용한 비즈니스 확대
알체라	4,500억 원	자사 홈페이지 통해 메타버스와 직접적 사업모델 없다고 게시했으나 영상인식 AI 기술은 제페토에 적용됨
덱스터	3,200억 원	메타버스 기반 실감형 영상 공동개발투자, VFX 기술력 및 콘텐츠 제작 역량과 함께 시너지 전망
청담러닝	2,100억 원	교육용 메타버스 플랫폼 출시 임박
바이브컴퍼니	2,000억 원	AI Analytics 및 AI Assistant 기술을 통한 메타버스 플랫폼 구축 지원, AR/XR/VR 관련 7개 파트너사와 메타버스 협력 체계 구축

국내 메타버스 ETF 현황

운용사	운용방법	주요 구성 종목
KODEX K-메타버스액티브 ETF	액티브	펄어비스, 하이브, 위메이드, LG이노텍, 아프리카TV, 에스엠, NAVER, 크래프톤
TIGER Fn 메타버스	패시브	LG이노텍, LG디스플레이, NAVER, 엔씨소프트, 카카오, 펄어비스, 하이브, 에스엠
KBSTAR iSelect 메타버스	패시브	NAVER, 엔씨소프트, 카카오, 하이브, LG이노텍, 펄어비스, 카카오게임즈, 위메이드
HANARO Fn K-메타버스MZ	액티브	펄어비스, LG이노텍, 하이브, NAVER, 엔씨소프트, LG디스플레이, 넷마블, LG유플러스

핵심 키워드

AR(Augmented Reality, 증강현실)
실제 환경을 배경으로 가상의 사물이나 정보를 합성해 해당 환경에 존재하는 것처럼 보이도록 하는 기술이다. 대표적인 예로 '이케아 플레이스'가 있다.

VR(Virtual Reality, 가상현실)
가상에 실제와 유사한 환경, 상황을 구현한 것, 혹은 그 기술 자체를 의미한다.

XR(eXtended Reality)
AR(Augmented Reality, 증강현실), VR(Virtual Reality, 가상현실), MR(Mixed Reality, 혼합현실), HR(Hologram, 홀로그램) 등을 망라하는 기술로 확장현실을 말한다.

메타버스(Metaverse)
가상, 초월을 의미하는 메타(Meta)와 현실세계를 의미하는 유니버스(Universe)의 합성어로, 현실을 초월한 가상의 세계를 지칭하는 개념이다. 하지만, 개념이 모호하므로 주요 기업들의 진행하고 있는 사업의 실체와 그들의 정의를 통해 이해하는 것이 좋다.
예를 들어 1) 메타는 메타버스를 '커뮤니티', 2) 스페이셜은 '나라 혹은 도시', 3) 마이크로소프트는 '디지털트윈'이라고 개념을 소개한다.
메타, 스페이셜, 마이크로소프트가 준비 중인 메타버스 플랫폼은 업무와 실생활에서 사용할 수 있는 협력 툴이라는 공통점이 있다.

가상 경제(Virtual Economy)
암호화폐, NFT 거래 등 가상 세계의 경제현상을 포괄하는 의미이다. 증가하는 디지털 자산의 생산과 소비, 관련 플랫폼의 안정화, 꾸준한 참여자 유입 등으로 가상경제 규모는 급격히 팽창하면서 진화되고 있다.

디지털 트윈(Digital Twin)
실제 사물이나 환경을 가상세계에 똑같이 구현해 다양한 가정, 변수를 투입하고 시뮬레이션해서 미래의 형태가 예측되도록 하는 기술이다. 구글 어스(Google Earth)가 대표적이다.

MZ세대
밀레니얼(M)세대와 Z세대를 아우르는 말로 간단히 2030 세대로 이해할 수 있다. 일반적으로 소비와 미래 트랜드를 주도하는 세대로 인식된다. 따라서 기업은 특정 문화와 신제품에 대한 MZ세대의 수요와 반응, 그들의 피드백, 니즈를 파악하면서 사업 전략을 구상한다. 암호화폐 투자, NFT 거래, 플랫폼에 머무는 시간과 익숙함, 가상 공간을 통한 커뮤니티 욕구 등 MZ세대에서 보여지는 특성은 메타버스 시장의 성장을 가속화하고 있다.

HMD(Head Mounted Display)
AR, VR, XR을 이용자 개인에게 구현 시켜주는 웨어러블 기기를 칭한다. 머리에 착용하는 디스플레이라는 의미에서 붙여진 이름이다.

VFX(시각효과) · CG(컴퓨터그래픽)

1 OTT 플랫폼 기업의 경쟁 심화로 신규 콘텐츠 및 대작 콘텐츠 확보를 위한 투자 확대는 VFX 산업의 본격적인 성장 모멘텀
2 VFX 산업의 큰 축인 실감형 콘텐츠는 메타버스 플랫폼의 시장 확대와 함께 동반 성장이 확실한 영역
3 정부는 '뉴딜 문화콘텐츠산업 성장 전략'을 통해 VFX 기반 실감형 콘텐츠 개발과 투자 확대 예정

관련 키워드 실감형 콘텐츠 리얼타임 엔진 OTT 포스트 프로덕션

VFXVisual Effects(시각효과)는 현실에서는 촬영이 어려운 장면이지만, 다양한 기술을 활용해 사실적인 환경이나 캐릭터로 구현해내는 과정이다. VFX는 영화에서 먼저 시작되었지만 현재는 광고부터 게임, OTT 드라마, AR, VR, 메타버스 플랫폼 등 해당 기술에 대한 수요가 광범위하게 확산되고 있다.

VFX가 속한 산업은 크게 광고 콘텐츠(광고), 디지털 콘텐츠(영상), 실감형 콘텐츠(리얼타임 버추얼 캐릭터, 리얼타임 렌더링 솔루션, 메타버스 융합) 시장으로 나눌 수 있다. 이 가운데 디지털 콘텐츠와 실감형 콘텐츠는 개인 디바이스가 다양화, 첨단화되면서 VFX 시장 성장에 촉매로 상호작용하고 있다.

OTT 콘텐츠 경쟁은 VFX 산업의 수혜

VFX가 접목된 디지털 콘텐츠 시장의 성장은 유튜브와 글로벌 OTT 플랫폼에서 쉽게 확인할 수 있다. 넷플릭스의 경우 제일 먼저 국내 시장에 진출하면서, 〈킹덤〉, 〈스위트 홈〉, 〈승리호〉 등 한국 오리지널 콘텐츠를 제작해 전 세계적 흥행에 성공한 바 있다. 즉, VFX는 영화나 드라마 등 전통적인 매출 이외에도 글로벌 OTT 플랫폼의 오리지널 콘텐츠 제작을 통해서도 관련 기업의 수익을 극대화하고 있다. 그만큼 글로벌 OTT 사업자들의 오리지널 콘텐츠 확보 경쟁은 치열해지고 있다. 이에 따라 OTT 전용 지향 블록버스터 영화 및 드라마 제

작이 증가하고 있어 향후 VFX/CG 사업의 탄탄한 수요와 성장을 견인할 것으로 예상된다.

메타버스 공간을 더 재밌게, 실감나게 만들다

실감형 콘텐츠를 이용하면 이용자는 현실 느낌의 콘텐츠 속에서 실시간으로 커뮤니케이션에 참여할 수 있다. 게임 개발에 활용되던 리얼타임 엔진이 활용되기 시작했기 때문이다. 더욱이 실사 촬영에 가까운 그래픽이 실시간으로 접목되는 혁신과 제작자와 소비자 간의 실시간 소통은 메타버스 공간에서 필수적인 환경이므로 메타버스 시장의 성장과 궤를 같이할 수밖에 없다. 이런 점을 감안할 때 세계 실감형 콘텐츠 시장은 2023년까지 연평균 56.1%의 고속 성장을 이어갈 것으로 전망되고 있다.

정부는 2020년 9월 '디지털 뉴딜 문화콘텐츠산업 전략 보고회'를 개최해 차세대 성장동력으로 주목받고 있는 콘텐츠 산업의 대응전략과 과제를 제시하는 '뉴딜 문화콘텐츠산업 성장 전략'을 발표했다. 해당 자료에 따르면 정부는 차세대 콘텐츠 시장인 실감형 콘텐츠 개발 및 투자를 확대하기로 했는데, 이는 VFX 기반 실감형 콘텐츠 시장을 정부차원에서 집중 육성하겠다는 강한 의지로 볼 수 있다.

글로벌 디지털 콘텐츠 시장규모 전망

: 2023년까지 연평균 9.7% 성장이 예상된다.

(단위: 10억 달러)

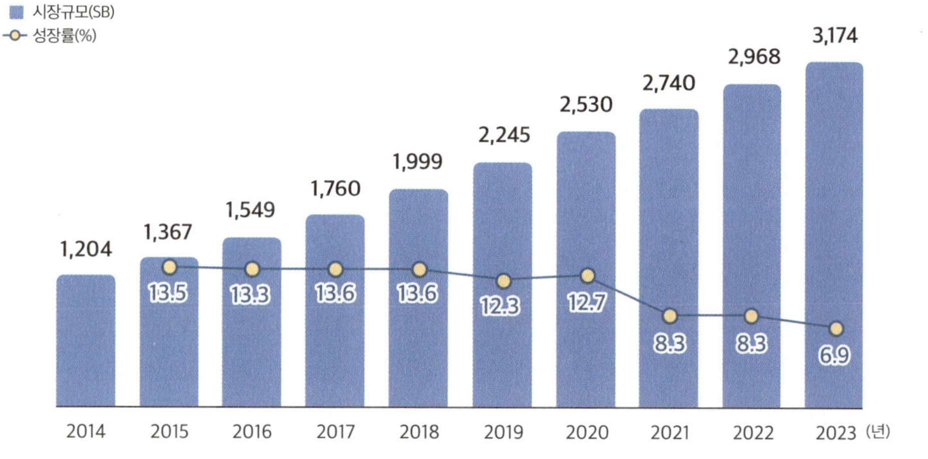

출처: 정보통신산업진흥원

글로벌 디지털 콘텐츠 분야별 연평균 성장률 전망

: 실감형 콘텐츠 성장률이 압도적으로 높다.

(단위: 10억 달러)

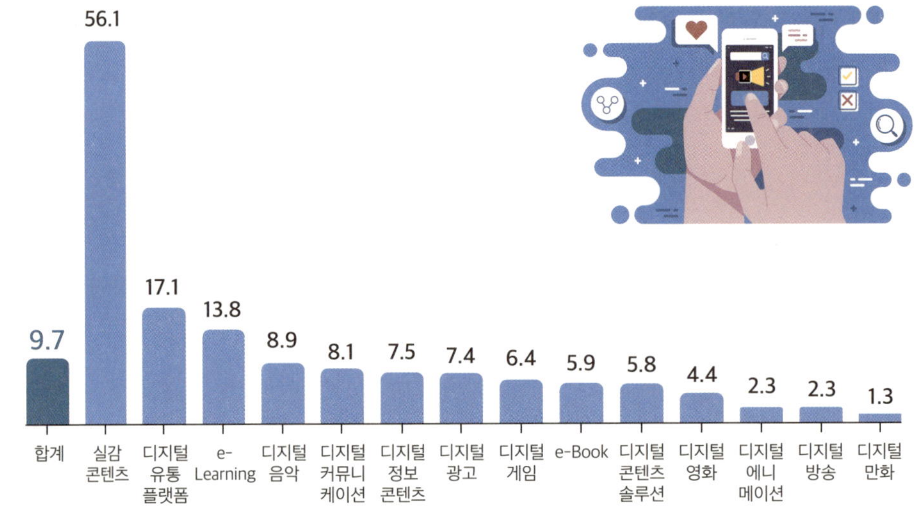

출처: 정보통신산업진흥원

국내 주요 작품 VFX 투자 규모

: 디즈니, 넷플릭스 등의 OTT 플랫폼 기업은 물론 메타버스 플랫폼 기업의 VFX 및 리얼타임 솔루션 수요 증가로 VFX 제작비 규모와 비중은 증가할 전망이다.

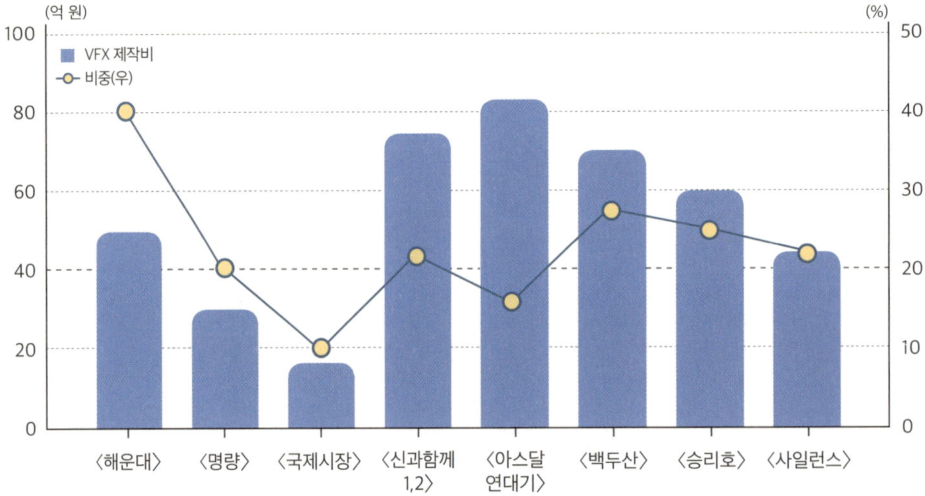

출처: 키움증권

국내외 주요 OTT 콘텐츠 투자 계획

: OTT 시장에서 이용자수를 유지하고, 늘리기 위해서는 웰메이드 오리지널 콘텐츠가 관건이다. VFX 산업의 가치가 지속적으로 부각될 수 있는 유리한 상황이다.

기업	OTT 서비스	투자 계획
SK텔레콤	웨이브(Wavve)	• 2025년까지 총 1조 원 규모 투자 • 제작 전문 인력 확보하고 콘텐츠 기획·개발 전담하는 스튜디오 설립
KT	시즌(Seezn)	• 2023년까지 3년간 최소 4,000억 원 이상 투자 • 원천 IP 1,000 개 이상, 오리지널 드라마 콘텐츠 100 개 이상 확보 목표 • 미디어 컨트롤타워 'KT 스튜디오지니' 설립
CJ ENM	티빙(Tving)	• 2023년까지 총 4,000억 원 규모 투자 • 오리지널 시리즈 제작 확대 및 네이버플러스 멤버십 연계 강화
Netflix	Netflix	• 2021년 총 5,500억 원 규모 투자 • 콘텐츠 스튜디오 2곳 설립 및 신인 작가 & 제작자 발굴 • 영화, 드라마, 시트콤, 코미디 등 13편 오리지널 라인업 공개

출처: 언론보도, 키움증권

실감형 콘텐츠의 핵심 기술 리얼타임엔진(Real-Time Engine)

: VFX의 확장과 적용을 자유롭게 해주는 리얼타임엔진은 VFX 산업의 성장 엔진과 같은 역할을 할 것이다.

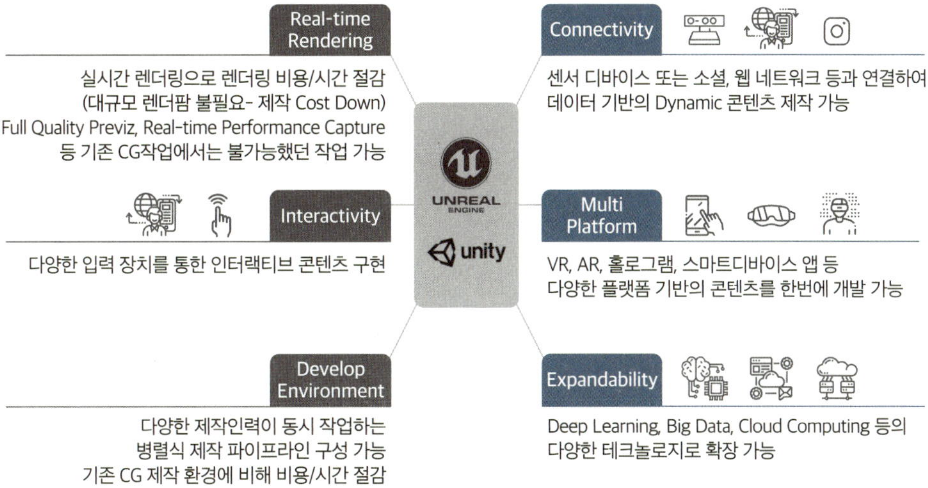

출처: 자이언트스텝

국내 대표 기업

기업	대표작 및 주요 고객사
자이언트스텝	버추얼 휴먼 <빈센트>, XR Live 콘서트 <비욘드 라이브(Beyond Live)>, 넷플릭스, 삼성전자, 현대차그룹
위지윅스튜디오	<뮬란>, <신과 함께>, <안시성>, <시신령>, <프라이멀>, <승리호>
덱스터	<신과 함께>, <기생충>, <백두산>, <승리호>, <모가디슈>
NEW	<인질>, <반도>, <창궐>, <안시성>, <독전>, <부산행>
모팩(비상장)	<역도산>, <맨발의 꿈>, <해운대>, <명량>, <별에서 온 그대>
포스크리에이티브파티(비상장)	<설국열차>, <대호>, <암살>, <옥자>, <강철비>, <반도>
디지털아이디어 (비상장)	<부산행>, <루카: 더비기닝>, <싱크홀>, <백두산>, <승리호>, <반도>
매드맨포스트(비상장)	<범죄도시>, <남산의 부장들>, <킹덤>, <마약왕>, <터널>
코코아비전 (비상장)	<사냥의 시간>, <신의 한 수>, <돈>, <국제시장>

해외 대표 기업

유니티 소프트웨어 unity

시가총액	41조 원

	2021년	2022년(전망)
매출액	약 1.2조 원	약 1.5조 원
영업이익	-690억 원	약 -320억 원

- 글로벌 1위 게임엔진(리얼타임 엔진) 기업
- 유니티 소프트웨어의 게임엔진은 게임 이외에도 전방산업(3D, 건축, 엔지니어링, 자동차, 조선, 운송, 제조, 영화, 애니메이션 등)에서 폭넓게 활용됨
- 지속적인 M&A 를 통해 VFX와 메타버스 융합 기술 확보
- 메타버스 테크놀로지(Metaverse Technologies), IDV(Interactive Data Visualization), 파섹(Parsec) 인수
- 최근 M&A로 3D 모델링, 실사 텍스처 렌더링, 원격 소프트웨어 등 VFX 및 메타버스 적용 유망 기술 확보
- VFX와 게임엔진의 융합 원천 기술로 메타버스 시대에서도 최고의 기술주로 성장할 것이라는 시장 기대감 증가

자이언트스텝

VFX | XR Live | 버추얼 휴먼 빈센트 | 실감형 콘텐츠 | 리얼타임 엔진

시가총액	7,100억 원

주요 주주	하승봉 외 11인 53%, NAVER 7%
총 매출액 중	VFX(광고, 영상) 80%

- 광고VFX가 전체 매출의 90%에 달하는 주력 사업
- 메타버스 콘텐츠 제작의 필수 도구인 리얼타임엔진(실시간 렌더링 제공)은 자이언트스텝의 드라이브를 거는 성장축이자 강점으로 국내 최고 수준(2019년 매출 비중 7%, 20년 25%로 빠르게 증가)
- 동사의 VFX 기술을 바탕으로 AR/VR/XR, 홀로그램 등의 실감형 콘텐츠 제작
- 버추얼 스튜디오인 A.I-One 스튜디오를 보유, 실시간 송출까지 가능해 네이버 나우의 실시간 비대면 XR 라이브 쇼를 운영(국내 최초 XR Live 상용화)
- 에스엠엔터테인먼트와 유료 XR Live 콘서트 비욘드 라이브(Beyond LIVE) 진행, 걸그룹 에스파 제작 참여, 국내 유일 AI 기반 리얼타임 버추얼 휴먼 빈센트 구현, 실제인물과 가상 캐릭터가 함께 공연하는 콘텐츠 제작 및 실시간 송출

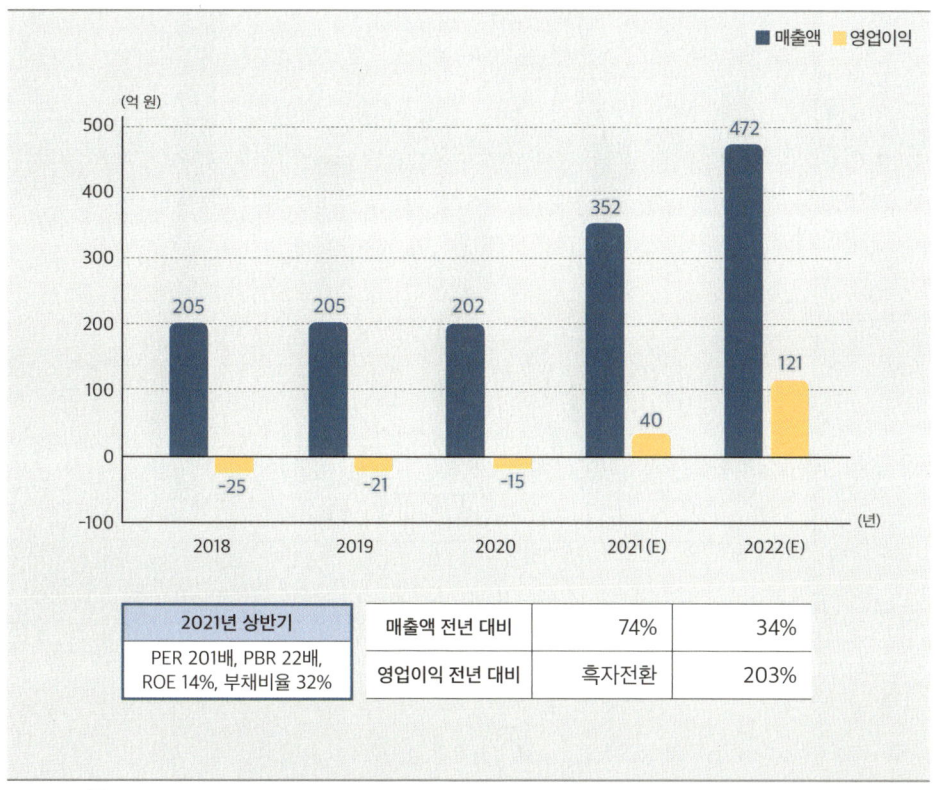

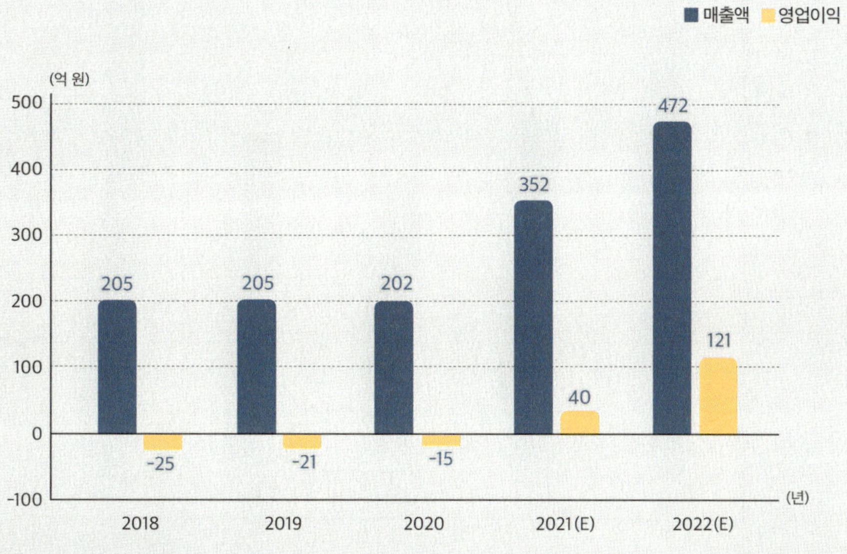

2021년 상반기
PER 201배, PBR 22배, ROE 14%, 부채비율 32%

매출액 전년 대비	74%	34%
영업이익 전년 대비	흑자전환	203%

*2021.09. 기준

덱스터

기생충 | 모가디슈 | 넷플릭스 파트너십

시가총액	3,300억 원

주요 주주	김용화 외 2인 21%, CJ ENM 6%
총 매출액 중	VFX 제작 등의 용역 90%

- 독보적 퀄리티의 VFX 기술, 국내 최대 VFX 스튜디오, VFX 음향 보정 기술 보유
- 넷플릭스와 VFX 영상 및 음향 보정 등 후반 공정에 대한 장기 계약 및 파트너십 체결
- 크레마월드와이드 인수, 메타버스 기반 실감형 영상 공동 개발 투자 등 기존 콘텐츠 제작 역량과 VFX 기술력이 접합된 시너지 확대
- VFX 관련 수주 증가와 프로젝트 별 마진 개선
- 버추얼 스튜디오 완공 시 기존 프로세스보다 30% 원가 절감 가능

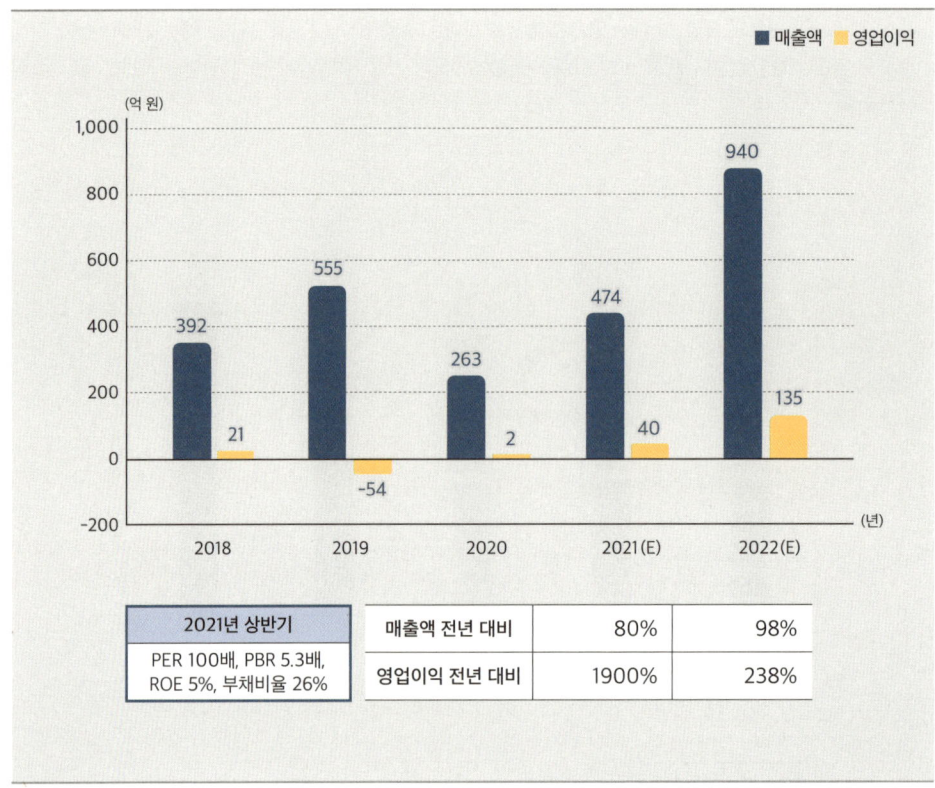

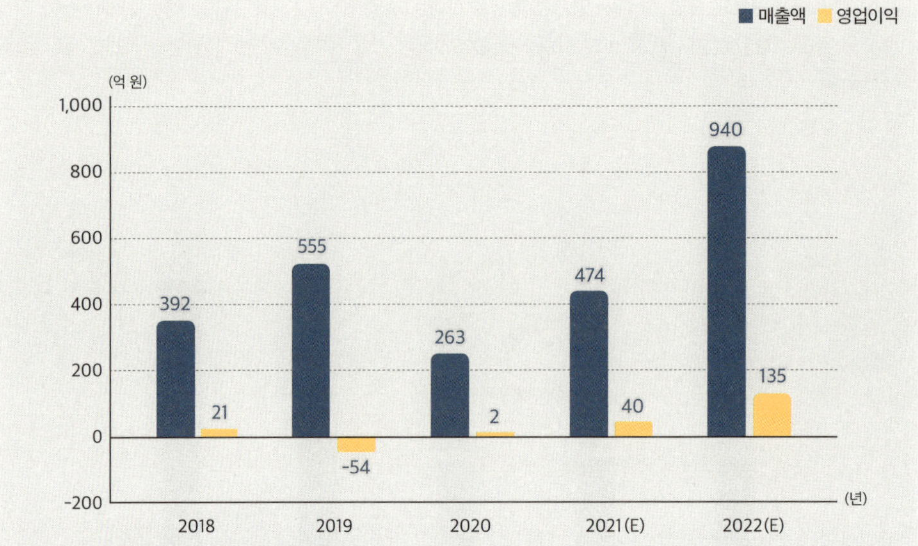

2021년 상반기
PER 100배, PBR 5.3배, ROE 5%, 부채비율 26%

매출액 전년 대비	80%	98%
영업이익 전년 대비	1900%	238%

*2021.09. 기준

위지윅스튜디오

VFX XR 스테이지 승리호

시가총액	5,900억 원

주요 주주	박인규 외 2인 25%, 컴투스 13%
총 매출액 중	콘텐츠 제작 60%, 전시행사 등 22%, VFX 및 뉴미디어 23%

- <승리호>를 통해 세계적으로 인정받은 CG/VFX 기술을 기반으로 영화, 드라마 등의 영상기술 제작, 뉴미디어 콘텐츠 제작 서비스 제공
- 와이지엔터테인먼트, 네이버의 합작사 와이엔컬쳐앤스페이스와 함께 스튜디오 공동 개발 사업 참여. 메타버스 콘텐츠 제작을 위한 시너지 기대
- 2021 CES 온라인 개최를 위한 XR 가상 공간 제공
- 메타버스 제작 플랫폼 XR 스테이지 오픈
- AR 전문기업 시어스랩에 지분 투자, 가상 및 혼합현실 콘텐츠 제작 밸류체인 확대로 성장 가속화

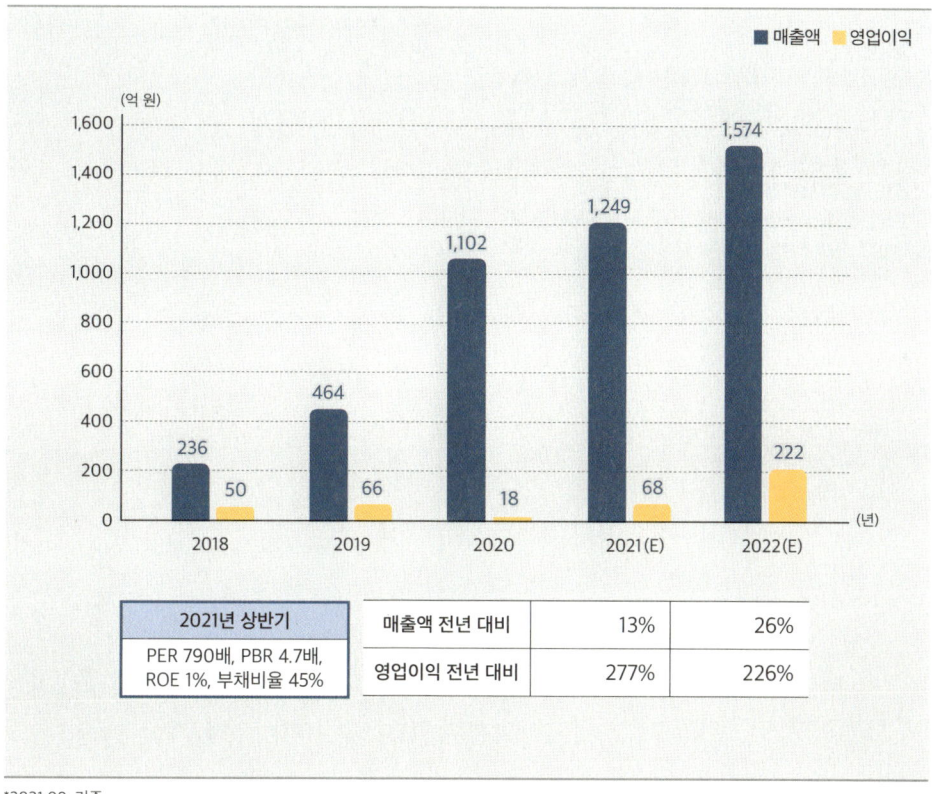

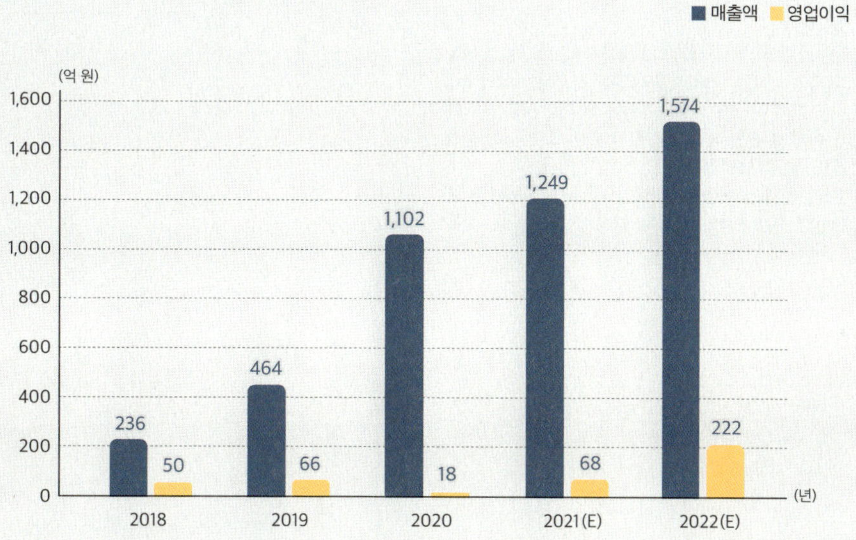

2021년 상반기
PER 790배, PBR 4.7배, ROE 1%, 부채비율 45%

매출액 전년 대비	13%	26%
영업이익 전년 대비	277%	226%

*2021.09. 기준

핵심 키워드

실감형 콘텐츠

다양한 센서를 이용해서 사람의 제스처, 모션, 음성 등 사람의 행위를 인식하고 분석하는 기술을 활용해 가상의 디지털 콘텐츠를 실제의 물체처럼 조작할 수 있게 만든 디지털 콘텐츠를 뜻한다.

실감형 콘텐츠 시장은 VR, AR, MR을 모두 포괄한 정보통신기술(ICT)을 기반으로 인간의 오감을 극대화하여 실제와 유사한 경험을 제공하는 차세대 콘텐츠 시장이다.

중소벤처기업부의 2020년 ICT R&D 중장기 기술 로드맵 자료에 의하면 실감형 영상 콘텐츠, 인터랙션 콘텐츠, 감성 콘텐츠, 콘텐츠 유통/서비스 시장 등의 세부시장을 갖고 있다.5G 이용자 확대, AR, VR 등의 실감형 콘텐츠 확산, 리얼타임 엔진 적용을 통한 확장성은 스마트폰 이후의 트랜드를 이끌 원동력으로 인식되고 있다.

리얼타임 엔진

게임엔진, 3D 리얼타임 렌더링 엔진이라고도 불리는데, 본래 게임 제작을 위해 개발되었다. 최근에는 메타버스 열풍과 함께 메타버스에서 현실에 가까운 환경이나 캐릭터, 버추얼 휴먼 등을 구축하기 위해 그 기술이 활용되면서 관심이 높아졌다.

게임엔진은 3D와 관련 된 전방산업에도 활용도가 높다. 자율주행 시뮬레이션, 자동차 설계, 건축, 엔지니어링, 조선, 제조 등 그 범위도 점차 넓어지고 있다.

OTT(Over The Top)

온라인을 통해 영화나 드라마 등의 미디어 콘텐츠를 제공하는 서비스를 의미한다. OTT 혹은 '온라인 동영상 서비스'로 혼용되며, 해외 기업 가운데 가장 대표적인 서비스로 넷플릭스와 디즈니플러스가 있다.

포스트 프로덕션

영화 제작 단계에서 후반작업이라 불리는 단계로, 촬영된 영상이나 필요에 따라 작업된 VFX/CG 결과물을 바탕으로 영상을 완성시키는 과정이다. 이 과정에서 편집, 합성, 색보정, 음향, 시각적 특수효과 등을 입히는데 VFX는 포스트 프로덕션 단계에 속한다. 만일 기업이 버추얼 프로덕션 스튜디오를 소유하고 있다면, 프리 프로덕션 과정에 참여할 수 있는 영역이 확대되기 때문에 VFX 원스톱 서비스가 가능해지고, 마진율도 크게 올라간다.

블록체인(암호화폐)

1 글로벌 추세를 따라 국내 정부도 디지털시대의 핵심 기술 및 미래산업으로 블록체인을 본격적으로 육성하기 시작
2 부동산, 미술, 게임, 메타버스, 자동차 등 실물경제에서 화폐로 사용되는 범용성 확대
3 비자(Visa), 마스터카드(MasterCard), 페이팔(Paypal) 등 글로벌 결제기업은 가상화폐로 결제 가능한 서비스 준비 및 론칭
4 대체자산, 결제수단을 넘어 각 산업의 생산/유통/소비에 관한 전 단계는 물론이고, 국가의 공공행정 분야에도 활용

관련 키워드 디파이 스마트 컨트랙트 프롭테크 분산신원증명

4차 산업혁명에서 빼놓을 수 없는 기술 중 하나가 바로 블록체인이다. 방대한 거래정보를 모든 참여자가 동일하게 기록하고 보관한다는 것이 블록체인의 핵심 기술인데, 이런 특징 때문에 사실상 위조 및 변조가 불가능하다. 블록체인은 수많은 데이터가 생성되고 왕래하게 되는 4차 산업혁명 시대에 보안성, 탈중개성, 거래의 신속성을 담보해주는 기술로 주목받으며 다양한 산업에 빠르게 적용되며 융합되고 있다.

가상화폐는 블록체인 기술을 기반으로 하는 대표적 사례지만, 빠르게 늘어나는 적용 분야를 감안하면 매우 단편적인 예시라고 보아야 한다. 실제로 주요국 정부와 민간 기업마다 공공서비스, 행정, 콘텐츠, 금융, 물류, 의료, 저작권, 계약 등 산업과 분야의 범주를 넘어 일상에까지 적용을 시도하고 있으며, 그에 따른 혁신 서비스가 나타나고 있다.

이미 시작된 정책 훈풍

국내 정부도 공공 분야의 디지털화, 효율화를 위해 민관 공동사업을 이행하며 예산을 투입하고 있다. 국회에도 제도적 기틀을 마련하기 위해 관련 법안이 지속적으로 발의되고 있지만, 속도감 있는 육성 정책을 위해 정부는 이미 예산을 편성, 집행하고 있다. 그 예

로 2020년, '데이터 경제를 위한 블록체인 기술개발' 사업에 1,133억 원(2021년~2025년)이 편성됐는데, 해당 사업은 네 가지 전략 분야에 초점을 두고 있다.

1. 완전탈중앙화 고성능 합의 기술
2. 스마트 컨트랙트 보안 기술
3. 개인정보 처리 및 신원 관리를 위한 블록체인 기술
4. 데이터 주권 보장 블록체인 데이터 관리 기술

해외 주요기업 동향

최근 글로벌 기업을 보면 결제 시스템 분야에서 블록체인 기술을 가장 적극적으로 활용하고 있다. 비자는 전 세계 은행에 가상자산을 구매, 보관, 거래할 수 있는 '크립토 응용 프로그래밍 인터페이스'를 출시했고, 전세계 7,000만 개 이상의 비자 가맹점에서 암호화폐로 결제가 가능한 카드를 출시했다. 스퀘어는 암호화폐와 법정화폐 간의 실시간 환전 시스템은 물론, 가맹점의 POS 단말기를 통해 암호화폐로 결제가 가능한 시스템을 구축했다. 마스터카드는 최초로 중앙은행 디지털화폐CBDC를 활용한 선불카드를 출시하면서 주요 글로벌 기업들은 기존 결제 네트워크를 디지털 화폐 결제로 확장하고 있는 추세다.

미래 시장 규모

글로벌 블록체인 시장은 향후 2030년까지 연 평균 27%의 성장세를 보일 것으로 전망된다. 최근 주요 기업들의 블록체인 분야 투자가 급증하는 추세에서 성장율은 더 가파르게 진행될 것으로 보인다. 특히 기술적용이 광범위하고 활발한 블록체인 IoT 시장은 2026년까지 연 평균 91%의 성장이 예측되고 있다.

글로벌 블록체인 시장 규모

: 향후 블록체인을 영위하는 기업의 매출 규모는 매년 27%씩 성장할 전망이다.

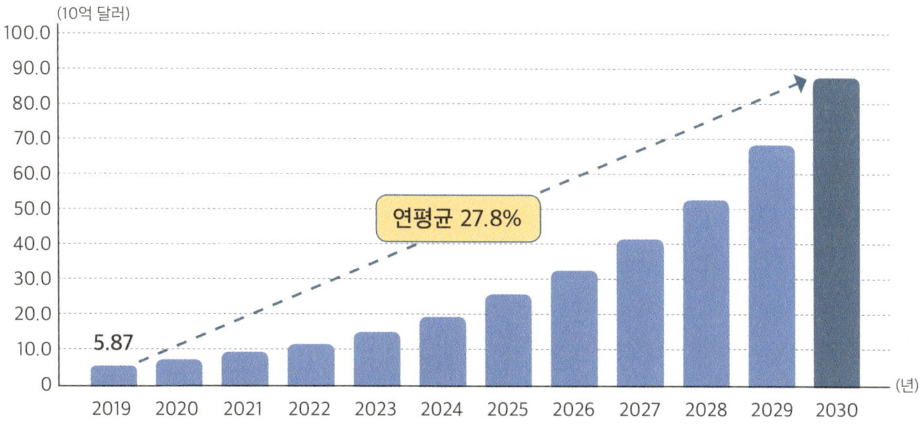

출처: Next Move Strategy Consulting

글로벌 블록체인 IoT 시장 규모

: 블록체인 기술은 IoT 분야와 활발하게 융합되며 급성장할 예정이다.

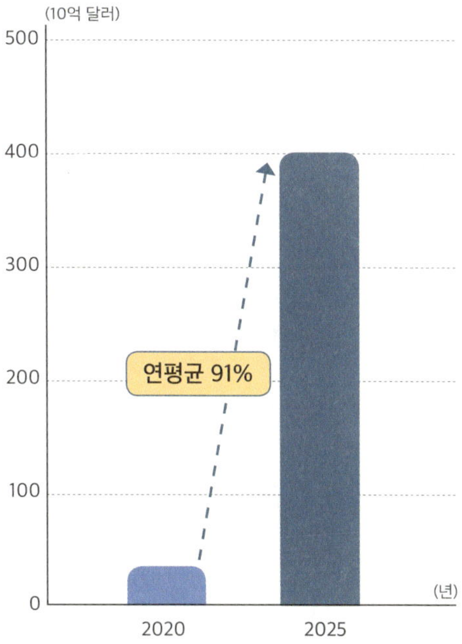

출처: Markets and Markets

중앙집중형 원장 구조 Vs. 분산 원장 구조

: 모든 분야의 중앙집중형 메커니즘이 블록체인으로 인해 탈 중앙화되는 변화가 핵심이다.

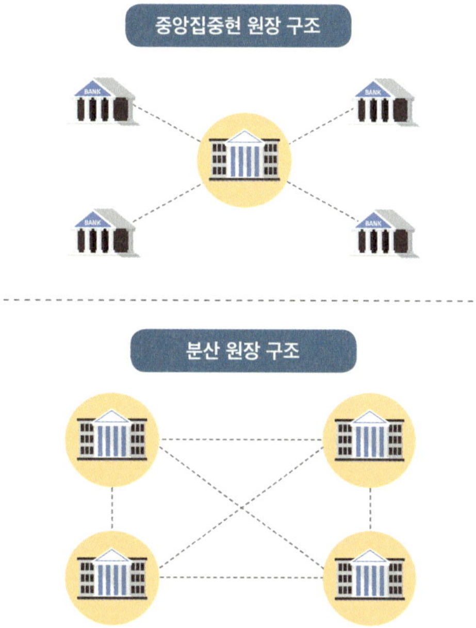

출처: 키움증권

블록체인 기술의 주요 특징

: 공유원장의 구조적 장점에서 부가가치가 파생되고, 다양한 분야로 적용될 수 있다.

공유 원장	정보를 네트워크 내에서 공유함으로써 중앙 집중 시스템에서 문제가 될 수 있는 '단일 장애점(Single Point of failure)' 위험에 유연한 대처 가능
합의 과정	네트워크 구성원들 간의 합의과정을 통해 정보에 대한 신뢰성 및 투명성 항상
정보 추적	블록체인 시스템에서는 거래내역이 시간 순으로 블록에 기록, 저장되므로 전체 거래 히스토리 추적 가능
정보 불변성	분산 원장 기술로 네트워크 구성원들이 동일한 정보를 공유하므로 임의로 정보 변경이 불가
결제 완결성	블록체인을 통해 완료된 거래는 취소 불가능
스마트 계약	'If this, then that' 조건문에 기반한 블록체인 코딩을 통해 거래 중개자 없이도 자동적인 계약 집행 가능

출처: PwC, 과학기술정책연구원

블록체인 세대별 진화 과정

: 블록체인의 구조와 장점은 단순하게 이해하고, 본격화된 적용과 융합, 그로 인해 등장하는 새로운 비즈니스에 주목해야 한다.

	블록체인 1.0	블록체인 2.0	블록체인 3.0
목적	밸류체인 내 작동 안정성과 효율성 개선	밸류체인 내 서비스 확장	신규 비즈니스 모델 기반 서비스 및 신사업 진행
특징	블록체인 개념 검증 (PoC)	프로세스 혁신 & 블록체인 기술 접목	· 유관산업 및 이종산업 간 연계된 융합 생태계 혹은 종합 플랫폼 · 블록체인+융합기술의 광범위한 확장/적용/수익화
적용 기술	· 분산 거래장부 (Distributed Ledger) · P2P · 공증	· 스마트 컨트랙션 · 토큰화 (Tokenization) · 암호화폐 지갑(Cryptocurrency Wallets) · 분산신원증명(DID)	· 블록체인 기술 + AI + IoT + 메타버스 등 다양한 첨단 기술 연계
적용 산업	· 금융/보험 · 물류/유통	· 정부/공공 · 제조/에너지 · 리테일/소매 · 의료/제약	· 전산업에 확대 적용 · NFT, CBDC/디지털화폐, DeFi, DID 등
서비스 예시	· 물류추적 및 정품인증 · 정보위·변조방지 · 계약관리 · 서류간소화및자동화	· 협력사 계약관리 및 지불 결제 자동화 · 디지털 증거 관리 플랫폼 · 유통 이력추적 및 고객 정보 공유 플랫폼 · 환자 의료 데이터 공유 및 관리	· OpenSea(NFT 거래 플랫폼, 마켓 플레이스) · AAVE(가상화폐 예치 및 대출) · 블록체인 활용 모바일 공무원증, 신분증 · 바하마 Sand Dollar

출처: 미디어 종합

블록체인 관련 기업에 투자하는 ETF(BLCN)의 종목 편입 및 기업 평가 기준

: R&D 규모, 개발 및 활용처, 특허, 혁신성 등 무형자산의 가치가 중요하다.

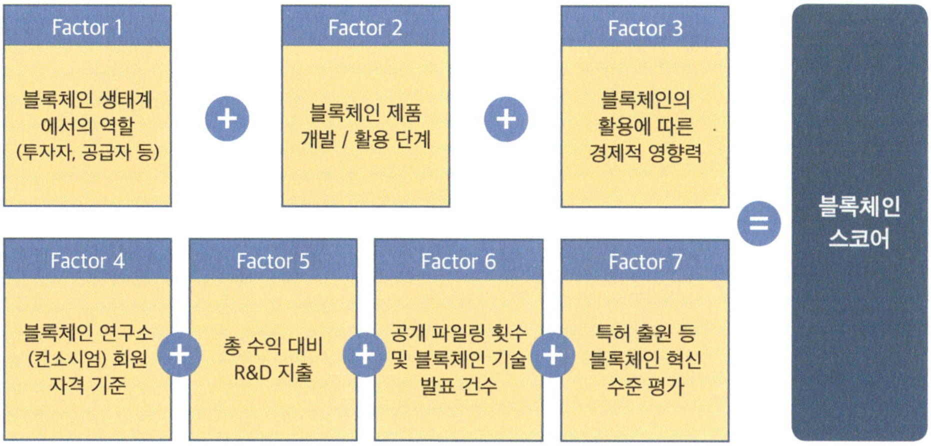

출처: NASDAQ

IT 전문 시장조사 & 컨설팅 기업 Gartner가 발표한 미래 전략 기술 트랜드

: 2017년 이후 블록체인 기술은 '미래 전략 기술 트랜드'에 줄곧 포함되었고, 2020년부터는 다양한 실생활에 적용되고 있다.

구분	2017년	2018년	2019년	2020년
1	인공지능과 고급 머신러닝	인공지능 강화 시스템	자율 사물	초자동화
2	지능형 앱	지능형 앱, 분석	증강 분석	다중 경험
3	지능형 사물	지능형 사물	인공지능 주도 개발	전문성의 민주화
4	가상현실 및 증강현실	디지털 트윈	디지털 트윈	인간 증강
5	디지털 트윈	클라우드에서 엣지로	자율권을 가진 엣지	투명성 및 추적성
6	**블록체인과 분산 장부**	대화형 플랫폼	몰입 경험	자율권을 가진 엣지
7	대화형 시스템	몰입 경험	**블록체인**	분산형 클라우드
8	메시 앱 및 서비스 아키텍쳐	**블록체인**	스마트 공간	자율 사물
9	디지털 기술 플랫폼	이벤트 기반 모델	디지털 윤리와 개인정보보호	**실용적 블록체인**

출처: Gartner

국내 블록체인 관련 기업의 주력사업 분포도

: 다양한 분야에서 블록체인 기술이 적용됨에 따라 응용 및 시스템 개발 중심으로 사업이 발전하고 있다.

*2020년 12월 기준 (단위: %)

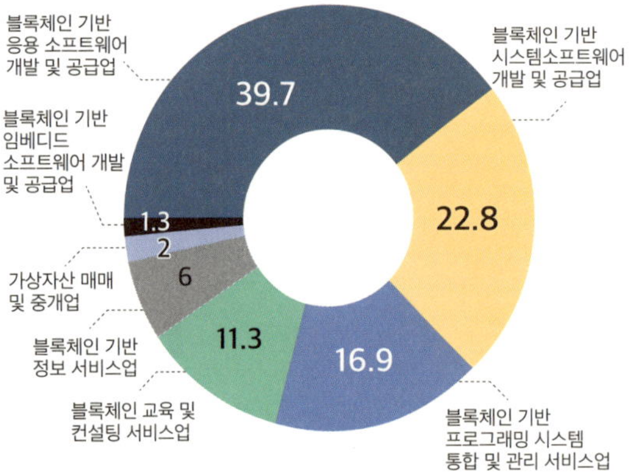

출처: 과학기술정보통신부, 정보통신산업진흥원

국내 블록체인 관련 기업의 주요 고객

: 정부 및 공공기관 역시 블록체인을 조기 도입해 행정 투명성, 효율성을 추구하고 있다.

*2020년 12월 기준, 복수응답

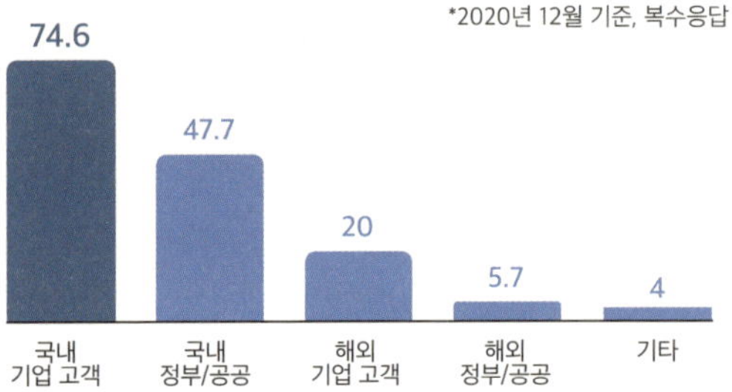

출처: 과학기술정보통신부, 정보통신산업진흥원

국내 블록체인 관련 기업의 사업 시작 연도

: 암호화폐 붐이 일었던 2017년 직후 블록체인 관련 비즈니스가 다수 등장했다.

*2020년 12월 기준

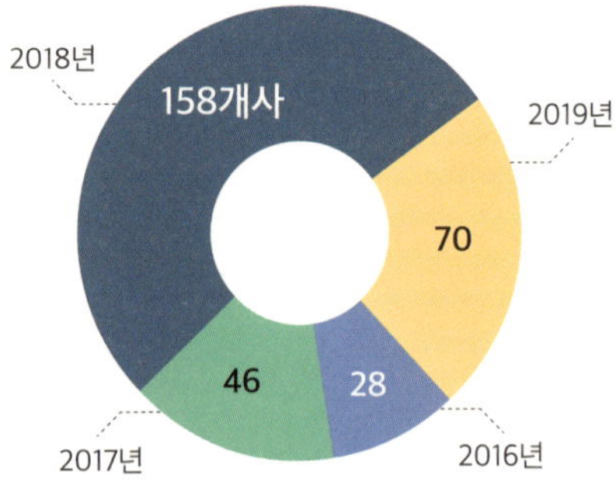

출처: 과학기술정보통신부, 정보통신산업진흥원

국내 블록체인 관련 기업 규모별 비중

: 향후 기술을 보유한 중소기업과 자금력 있는 대기업 간 M&A가 활발할 전망이다.

*2020년 12월 기준 (단위: %)

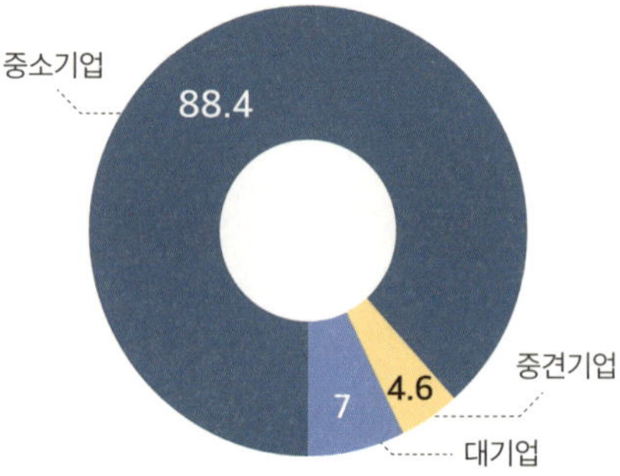

출처: 과학기술정보통신부, 정보통신산업진흥원

블록체인 기술 및 서비스 주요 수요처

: 금융/투자/결제 분야에서 블록체인 기술 적용과 융합은 필수다.

*2020년 12월 기준, 복수응답

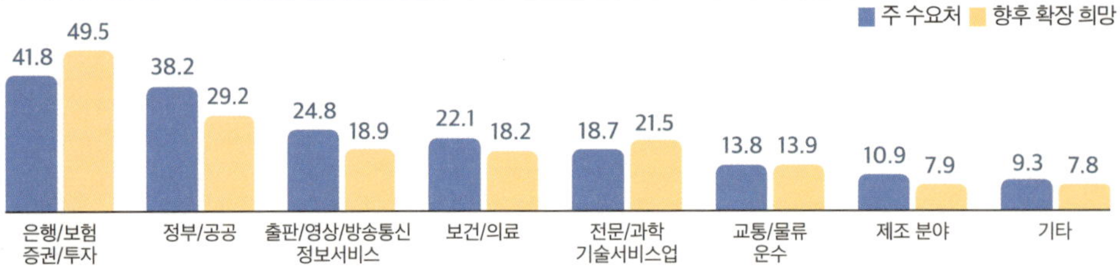

출처: 과학기술정보통신부, 정보통신산업진흥원

블록체인 활용 분야

: 블록체인 기술은 전 산업에 걸쳐 응용될 수 있고 융합도 수월하다.

금융

잠재적 활용처

- 무역금융
- 결제
- 체결 및 청산

진행 중인 프로젝트

- R3 consortium of banks
- Nasdaq linq

기술 & 커뮤니케이션

잠재적 활용처

- 사물인터넷(IOT)
- 지적재산권 및 NFT

진행 중인 프로젝트

- Microsoft partnership with R3
- IBM, Samsung

소비재 / 산업재

잠재적 활용처

- 소매 결제
- 공급망 관리
- 전자서명
- 위변조 보안

진행 중인 프로젝트

- DocuSign and Visa
- IBM, Walmart

헬스케어

잠재적 활용처

- 의료기록 보관 및 전송
- 의료기록 보호

진행 중인 프로젝트

- Factom/HealthNautica
- Philips Blockchain Lab

운송

잠재적 활용처

- 자율주행
- 자율 정비
- 운송 관리

진행 중인 프로젝트

- Arcade City

공공부문

잠재적 활용처

- 정부 자산 관리
- 전자 투표
- 공공 인증

진행 중인 프로젝트

- Factom Pilot with Honduras Government

출처: 모건스탠리

테마 밸류 체인

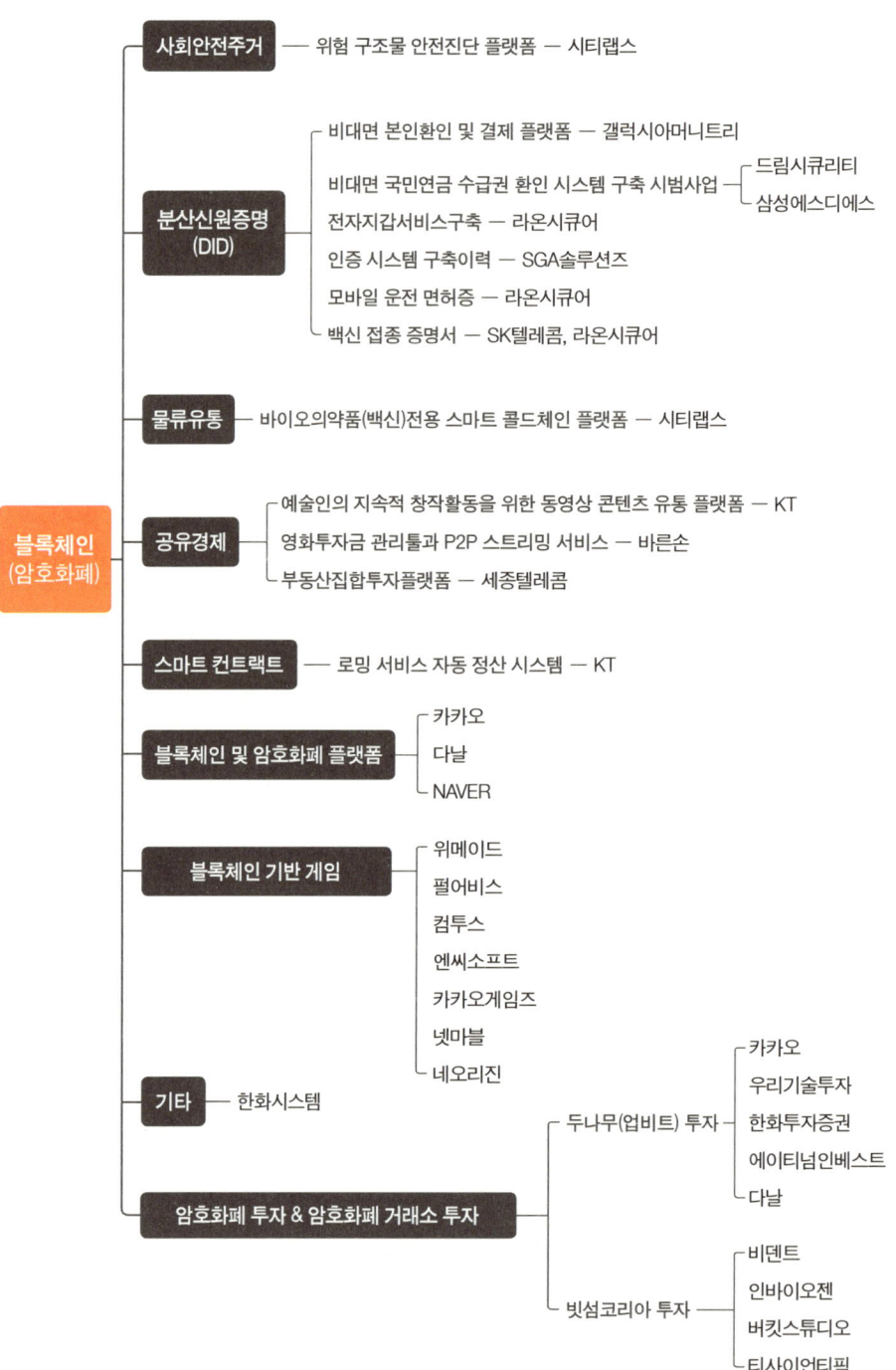

- 블록체인 (암호화폐)
  - 사회안전주거 — 위험 구조물 안전진단 플랫폼 — 시티랩스
  - 분산신원증명 (DID)
    - 비대면 본인확인 및 결제 플랫폼 — 갤럭시아머니트리
    - 비대면 국민연금 수급권 확인 시스템 구축 시범사업
      - 드림시큐리티
      - 삼성에스디에스
    - 전자지갑서비스구축 — 라온시큐어
    - 인증 시스템 구축이력 — SGA솔루션즈
    - 모바일 운전 면허증 — 라온시큐어
    - 백신 접종 증명서 — SK텔레콤, 라온시큐어
  - 물류유통 — 바이오의약품(백신)전용 스마트 콜드체인 플랫폼 — 시티랩스
  - 공유경제
    - 예술인의 지속적 창작활동을 위한 동영상 콘텐츠 유통 플랫폼 — KT
    - 영화투자금 관리툴과 P2P 스트리밍 서비스 — 바른손
    - 부동산집합투자플랫폼 — 세종텔레콤
  - 스마트 컨트랙트 — 로밍 서비스 자동 정산 시스템 — KT
  - 블록체인 및 암호화폐 플랫폼
    - 카카오
    - 다날
    - NAVER
  - 블록체인 기반 게임
    - 위메이드
    - 펄어비스
    - 컴투스
    - 엔씨소프트
    - 카카오게임즈
    - 넷마블
    - 네오리진
  - 기타 — 한화시스템
  - 암호화폐 투자 & 암호화폐 거래소 투자
    - 두나무(업비트) 투자
      - 카카오
      - 우리기술투자
      - 한화투자증권
      - 에이티넘인베스트
      - 다날
    - 빗썸코리아 투자
      - 비덴트
      - 인바이오젠
      - 버킷스튜디오
      - 티사이언티픽

글로벌 주요 기업 및 ETF

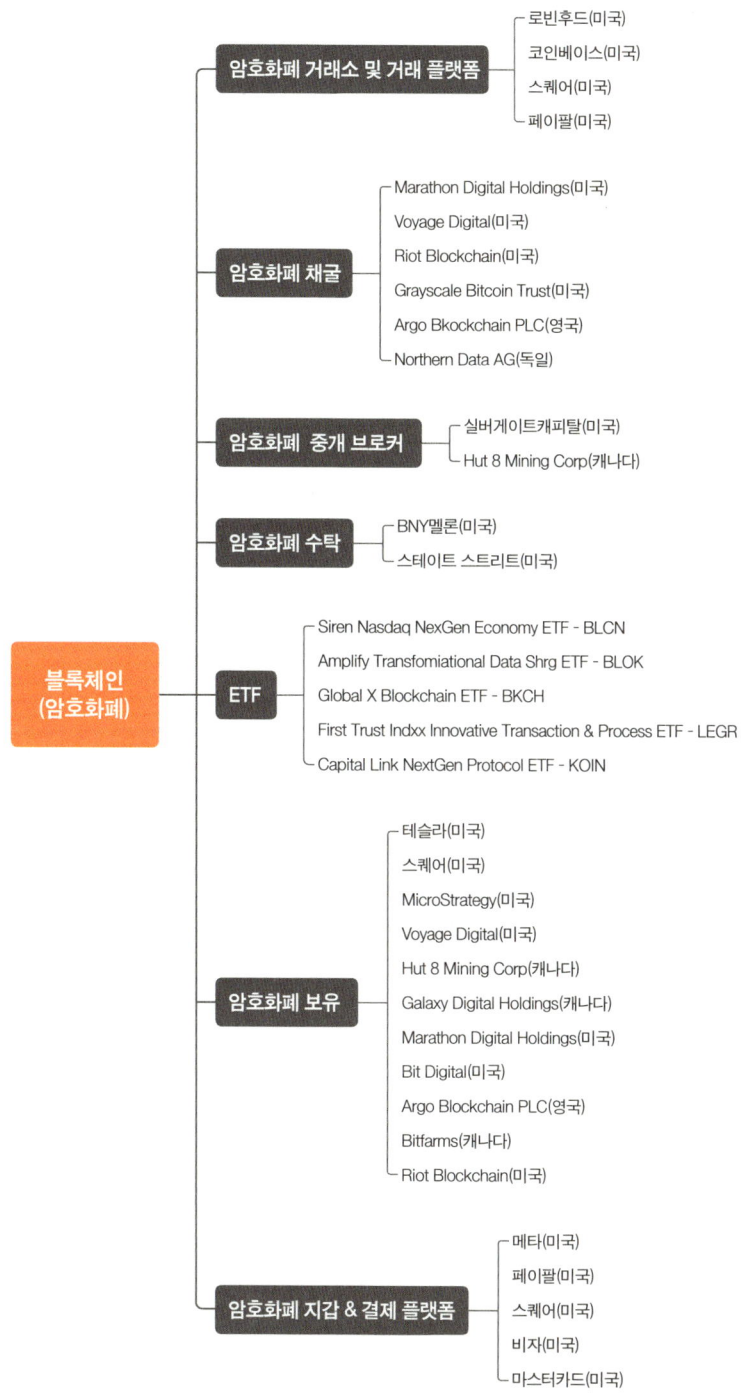

- 블록체인 (암호화폐)
  - 암호화폐 거래소 및 거래 플랫폼
    - 로빈후드(미국)
    - 코인베이스(미국)
    - 스퀘어(미국)
    - 페이팔(미국)
  - 암호화폐 채굴
    - Marathon Digital Holdings(미국)
    - Voyage Digital(미국)
    - Riot Blockchain(미국)
    - Grayscale Bitcoin Trust(미국)
    - Argo Bkockchain PLC(영국)
    - Northern Data AG(독일)
  - 암호화폐 중개 브로커
    - 실버게이트캐피탈(미국)
    - Hut 8 Mining Corp(캐나다)
  - 암호화폐 수탁
    - BNY멜론(미국)
    - 스테이트 스트리트(미국)
  - ETF
    - Siren Nasdaq NexGen Economy ETF - BLCN
    - Amplify Transfomiational Data Shrg ETF - BLOK
    - Global X Blockchain ETF - BKCH
    - First Trust Indxx Innovative Transaction & Process ETF - LEGR
    - Capital Link NextGen Protocol ETF - KOIN
  - 암호화폐 보유
    - 테슬라(미국)
    - 스퀘어(미국)
    - MicroStrategy(미국)
    - Voyage Digital(미국)
    - Hut 8 Mining Corp(캐나다)
    - Galaxy Digital Holdings(캐나다)
    - Marathon Digital Holdings(미국)
    - Bit Digital(미국)
    - Argo Blockchain PLC(영국)
    - Bitfarms(캐나다)
    - Riot Blockchain(미국)
  - 암호화폐 지갑 & 결제 플랫폼
    - 메타(미국)
    - 페이팔(미국)
    - 스퀘어(미국)
    - 비자(미국)
    - 마스터카드(미국)

해외 대표 기업

코인베이스 coinbase

시가총액	58조 원

	2021년	2022년(전망)
매출액	약 8조 원	약 7조 원
순이익	약 3조 4,000억 원	약 1조 5,000억 원

- 미국 최대 암호화폐 거래소이자 암호화폐 거래소 최초로 2021년 4월 나스닥 상장
- 블록체인 기술 및 암호화폐 테마 성장에 힘입어 대표 기업으로 부각
- 2021년 1분기 기준, 총 이용자는 560만 명, 월간 거래 이용자(MTUs)는 610만 명
- 매출 대부분은 암호화폐 거래 중개를 통한 수수료에서 창출되며, 부가 사업으로 암호화폐 수탁, 스테이킹, 시장 분석 부문도 영위(수탁 서비스 이용 기관 투자자는 2018년 28%에서 2020년 62%로 확대)
- 2020년부터 꾸준한 분기 순익 흑자를 기록해온 흑자기업으로 비즈니스 특성상 고정비가 일정 수준을 넘지 않음. 2016년부터 시장을 선점하여 마케팅 효과에 의존하지 않음에도 지속적으로 고객 유입

페이팔 홀딩스 PayPal

시가총액	402조 원

	2021년	2022년(전망)
매출액	약 29조 5,000억 원	약 36조 7,000억 원
순이익	약 4조 8,000억 원	약 5조 8,000억 원

- 약 4억 개 이상의 활성화 계좌를 보유한 글로벌 1위 디지털, 모바일 결제 플랫폼 기업
- 결제 대금/환전/이체 수수료, 이자에서 발생하는 수익구조로 디지털 결제 침투율이 급성장함에 따라 지속적인 성장세 이어질 전망
- 2021년 4월, 암호화폐 거래 및 결제 서비스를 출시, 궁극적으로 암호화폐 환전이 필요 없는 결제 생태계 구축(이용자는 보유한 암호화폐를 사용 → 법정화폐로 자동 환전 → 가맹점은 법정화폐로 정산받는 구조)
- 2,700만 개의 가맹점을 보유하고, 4억 명의 사용자를 보유한 가운데 M&A를 통해 오프라인 가맹점도 확장해 나감에 따라 암호화폐 거래/결제를 연계한 서비스는 이용자의 락인(Lock-in) 효과를 강화할 전망

핵심 기업 소개

두나무 (비상장)

업비트 | 암호화폐 거래소 | 증권플러스 | 루니버스 | 블록체인 | NFT

시가총액	45조 원	주요 주주	송치형 25% / 김형년 13% / 케이큐브1호 벤처투자조합 11% / 카카오 7.7% / 우리기술투자 7.6% / 에이티넘고성장기업 투자조합 6.6%

2020년 상반기
ROE 24%, 부채비율 488%

- 국내 암호화폐 거래소 1위 업비트 운영(2021년 8월 기준 점유율 83%)
- 업비트 거래량은 국내 1위, 세계 2위(2021년 8월 기준)
- 암호화폐 열풍, 거래대금 급증으로 인한 폭발적 실적 성장
- 특정금융정보법상 '가상자산 사업자'신고를 가장 먼저 이행
- 전 금융감독원 부국장을 업비트투자자보호센터장으로 영입(2021년 7월)
- 두나무 자회사 람다 256은 블록체인 플랫폼 루니버스 2.0 공개
- 루니버스 통해 NFT를 발행하고, NFT 분할 소유 가능한 서비스 제공
- NFT와 콘텐츠 접목을 위해 서울옥션블루, JYP엔터테인먼트과 업무협약 체결
- 두나무는 JYP 구주 인수, JYP는 공동 사업에 필요한 콘텐츠 제공
- 관계사를 포함한 카카오의 두나무 보유 지분은 21%로 향후 시너지를 위한 사업 연계 기대

*2021.09. 기준

삼성에스디에스

디지털 전환 | 클라우드 | AI | 빅데이터 | 블록체인 | 비즈니스 솔루션

시가총액	12.9조 원	주요 주주	삼성전자 외 10인 56% / 국민연금공단 6%
		총 매출액 중	비즈니스 솔루션 12%, 클라우드 31%, 물류 56%

- 국내 IT서비스 시장 1위 기업
- 자체 개발 블록체인, AI/애널리틱스, 클라우드, 인텔리전트 팩토리, 리테일 매장 혁신, 엔터프라이즈 모빌리티, IoT, ERP 등 비즈니스 솔루션 제공
- 20년 DJSI(Dow Jones Sustainability Indices) 지수에 신규 편입
- 관계사를 넘어 타 기업향 클라우드 사업 확대(금융 클라우드, R&D 클라우드)
- 디지털 물류 플랫폼 확대하여 풀필먼트로 확장
- 2021년 블록체인 정부사업 참여
- 블록체인을 활용한 의약품 유통관리, 보험금 청구 서비스 출시
- 블록체인 기반 국민연금 수급권 확인시스템 구축

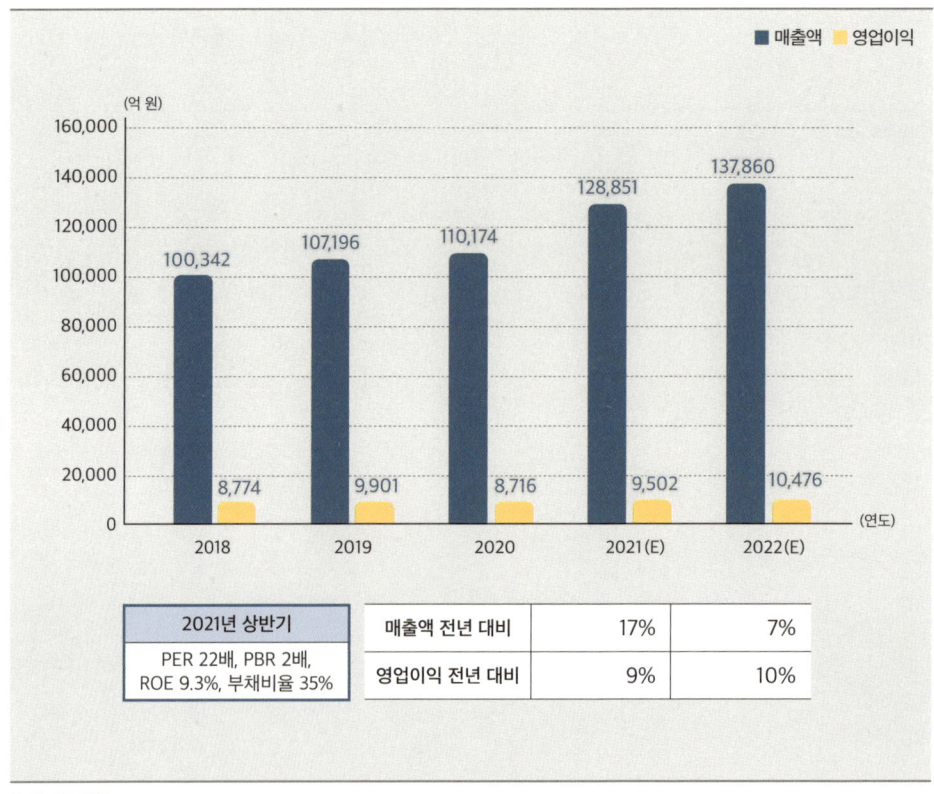

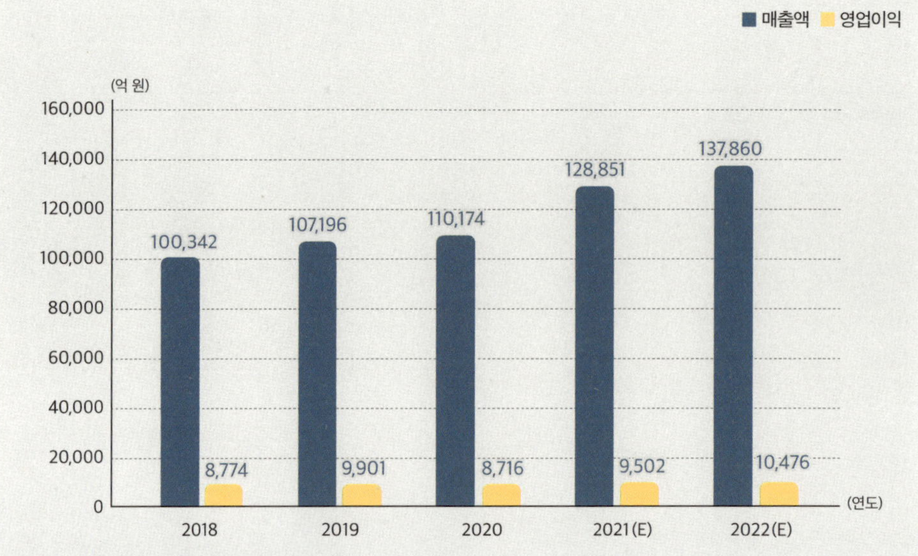

2021년 상반기
PER 22배, PBR 2배, ROE 9.3%, 부채비율 35%

매출액 전년 대비	17%	7%
영업이익 전년 대비	9%	10%

*2021.09. 기준

세종텔레콤

BaaS / 나눔공유경제 / 의료마이데이터 / 부산 블록체인 규제 자유특구

시가총액	3,600억 원	주요 주주	세종투자 외 1인 42%
		주 매출처	통신 및 인터넷 74%, 전기공사 26%

- 국내외 종합 통신서비스 제공
- 블록체인과 부동산 집합투자 플랫폼 연계
- 블록체인 플랫폼 '블루브릭' 으로 공공, 금융, 콘텐츠, 커머스, 바이오, 물류 등 광범위한 분야에서 새로운 비즈니스 모델 구축 중

최근 실적 및 주요 재무지표

	2019년	2020년
매출액	2,696억 원	2,800억 원
영업이익	-98억 원	11억 원

	2021년 상반기	
매출액	1,413억 원	PER 5.4배, PBR 1.1배, ROE 22%, 부채비율 31%
이익	-72억 원	

갤럭시아머니트리

효성그룹 / 블록체인 기반 NFT/STO 발행 / 결제 플랫폼

시가총액	2,500억 원	주요 주주	효성아이티엑스 외 3인 59%
		주 매출처	전자결제 65%, O2O 사업 30%

- 휴대폰 소액 결제, O2O, 전자 결제대행 서비스
- 자회사 갤럭시아메타버스를 통한 가상화폐 및 NFT 사업 확장 계획
- 스테이블코인(XTL) 출시 이력
- 디지털 화폐 플랫폼 머니트리 보유
- 효성그룹의 미래 먹거리를 위한 핵심 계열사 역할
- 2021년 블록체인 정부사업 참여

최근 실적 및 주요 재무지표

	2019년	2020년
매출액	856억 원	812억 원
영업이익	87억 원	77억 원

	2021년 상반기	
매출액	483억 원	PER 419배, PBR 3.1배, ROE 1%, 부채비율 184%
이익	24억 원	

다날

페이코인 | 삼성페이 | 휴대폰 결제 | PG | 블록체인 | NFT | 메타버스

시가총액	4,300억 원

주요 주주	박성찬 외 3인 17%
주 매출처	커머스(결제) 82%, 디지털 콘텐츠 7%

- PG 국내 점유율 1위
- 삼성페이 휴대폰 결제 독점
- 국내 암호화폐 결제 플랫폼 선점
- 페이코인은 국내 대표 상용화 암호화폐로 글로벌 진출 추진
- 자회사 통한 메타버스 기반 가상자산, NFT 플랫폼 출시 예정

최근 실적 및 주요 재무지표

	2019년	2020년
매출액	1,912억 원	2,294억 원
영업이익	109억 원	150억 원

	2021년 상반기	
매출액	1,340억	PER 11.4배, PBR 1.6배, ROE 15%, 부채비율 138%
이익	51억 원	

라온시큐어

IT통합보안 | 생체인증 | FIDO | 분산신원증명(DID)

시가총액	1,800억 원

주요 주주	이순형 외 6인 19%
주 매출처	모바일 및 PC 보안 60%, 통합접근관리 12%

- 모바일 환경 필수 보안 솔루션 4종을 모두 확보한 국내 유일 기업, 해당 서비스 고객사만 500개 이상
- DID 기반 모바일 공무원증을 발급
- 금융결제원과 제휴로 은행권 공동 DID 서비스 구축
- 2021년 블록체인 정부사업 참여

최근 실적 및 주요 재무지표

	2019년	2020년
매출액	304억 원	372억 원
영업이익	21억 원	-35억 원

	2021년 상반기	
매출액	167억 원	PER -22배, PBR 6.6배, ROE -36%, 부채비율 35%
이익	-25억	

드림시큐리티

PKI인증 / 생체인증 / 모바일 보안 / 블록체인 인증 / 분산신원증명(DID)

시가총액	2,700억 원

주요 주주	범진규 외 7인 37%
주 매출처	렌탈 82%, 보안 솔루션 18%

- PKI 기반의 보안 및 인증 솔루션을 제공
- 2021년 블록체인 정부사업 참여
- 블록체인 기반 국민연금 수급권 확인시스템 구축

최근 실적 및 주요 재무지표

	2019년	2020년
매출액	288억 원	1,584억 원
영업이익	18억 원	131억 원

	2021년 상반기	
매출액	944억 원	PER 45배, PBR 3.8배, ROE 9%, 부채비율 144%
이익	64억 원	

비덴트

방송장비 / 디스플레이 / 빗썸 / 암호화폐 / 블록체인

시가총액	4,900억 원

주요 주주	인바이오젠 외 1인 19%
주 매출처	디스플레이 81%

- 방송용 디스플레이 전문기업
- 방송용 모니터 국내 시장 90% 점유
- 빗썸 2대 주주

최근 실적 및 주요 재무지표

	2019년	2020년
매출액	187억 원	107억 원
영업이익	-18억 원	-65억 원

	2021년 상반기	
매출액	61억 원	PER 23배, PBR 1.4배, ROE 35%, 부채비율 30%
이익	-3억 원	

암호화폐 거래소 지분 보유 기업(자회사를 통한 투자 포함)

주주	구분	지분투자 현황 (21년 2월 기준)	비고
카카오	두나무(업비트) 투자	7.7%	
우리기술투자		7.6%	2015년부터 두나무 지분을 56억 원에 인수
한화투자증권		6.1%	21년 2월 퀄컴으로부터 583억 원에 인수
에이티넘고성장기업투자조합 (에이티넘인베스트)		6.6%	에이티넘인베스트가 투자조합 지분 11.3% 보유
케이큐브1호 벤처투자조합 (다날)		11.1%	다날 자회사 다날엔터가 투자조합 지분 4.33% 보유
비덴트	빗썸코리아 투자	10.2%	자회사를 통한 순환출자식 투자
인바이오젠	비덴트 투자	13.4%	
버킷스튜디오	인바이오젠 투자	32.4%	
티사이언티픽	빗썸코리아 투자	8.2%	

출처: 각사 감사보고서

핵심 키워드

가상화폐
게임머니와 같은 디지털 형태로 특정 영역에서만 화폐처럼 쓰인다.

암호화폐
비트코인과 같이 비교적 제한 없이 지급결제 수단으로 사용 가능하다.

가상자산
암호화폐의 결제 기능보다 자산 가치를 강조하는 용어다.

블록체인
일종의 전자 장부로 서로의 거래 내역이 블록(장부)에 담기고 이 블록들을 체인처럼 연결해 참여자들이 공동으로 기록 및 보관하는 기술을 뜻한다. 이런 특징 때문에 공공거래장부로 불리기도 한다. 장부가 특정 주체나 중앙에 보관되지 않고(탈중앙화), 모든 참여자가 동일한 장부를 갖게 되므로 해킹과 위조나 변조로부터 안전할 뿐만 아니라, 신뢰성과 효율성을 얻을 수 있다.

노드(Node)
블록체인은 중앙 집중형 서버 한 곳에 중요 기록을 보관하거나 관리하지 않고, 참여자 개개인의 서버 전체가 동일한 장부(기록)을 보유한다. 이때, 개개인의 서버, 참여자를 노드라고 한다. 각각의 노드는 블록체인을 컴퓨터에 저장하면서, 동시다발적으로 원본을 유지한다.

디파이(DeFi)
블록체인 기술은 위·변조를 사실상 불가능하게 하므로 거래 상호간 신뢰를 위해 필요했던 중개자, 혹은 중앙 시스템이 불필요하다. 이로써 투명하고 안전한 거래가 P2P로 가능한 것인데, 특히 탈중앙화된 금융을 특정할 때 사용됨. 은행전산 시스템 대신 블록체인 네트워크를 사용하는 것과 법정화폐 대신 암호화폐를 사용하는 것이 그 예가 될 수 있다.

스마트 컨트랙트(Smart Contract)
계약 조건, 프로세스를 미리 로직으로 설정하고, 그 조건이 거래 당사자에 의해 충족이 되면 자동으로 계약이 실행되는 블록체인 기반 기술이다.

프롭테크
부동산(property)과 기술(technology)의 합성어로, 부동산에 블록체인, 인공지능, 가상현실 등 첨단 기술이 결합된 신산업을 의미한다. 잘 알려진 직방, 다방이 대표적인 프롭테크 기업이다.

분산신원증명(DID)
블록체인에 개인의 신원 정보, 자격, 인증 등을 저장하는 기술로, 신원 증명이 필요한 다양한 일상과 장소에서 적극 적용되고 있다.

스테이블코인(Stable Coin)
기존 암호화폐가 가격 변동성이 매우 높아 통화로써 사용되기 어려운 단점이 있다. 이에 반해 스테이블코인은 미국 달러와 같은 법정 화폐와 1대1 교환 가치가 정해져 있어 가격 변동성이 낮고, 지불 수단으로 활용되기 용이하다.

NFT(Non-Fungible Token)

1 세계 최대 NFT 마켓 오픈시, 세계적 경매회사 소더비, 패션 명품 기업 루이비통 등 NFT 거래 및 성장 본격화
2 암호화폐, CBDC와 마찬가지로 블록체인 기술을 활용
3 예술품, 음악, 미디어, 게임, 부동산 등 다양한 자산을 대상으로 개별 가치와 소유권을 보증하는 토큰으로 재탄생
4 메타버스 내 디지털 자산의 보유 및 거래 수단으로 자리잡으며 메타버스와 함께 고속 성장 예상

관련 키워드 민팅(Minting) 코인 토큰 이더리움

메타버스가 뜨거운 관심을 받으면서 NFT가 함께 주목받고 있다. 이름 그대로 대체 불가능 토큰Non-Fungible Token의 약자인데, '대체 불가능한' 부분에서 기존 암호화폐와 크게 구분된다. 특정 암호화폐는 시간에 따라 가격 변화가 있지만, 동일 시간에는 전부 동일한 가격이다. 즉, A가 가진 코인(토큰) 1개와 B가 가진 코인 1개는 종류만 같다면 맞교환 할 수 있다. 반면 NFT는 각각의 토큰이 담고 있는 자산의 내용과, 가격, 가치, 소유권이 모두 다르다. 때문에 단순 맞교환이 이루어질 수 없다. NFT 명칭에는 그 특성(대체불가능)을 그대로 내포하고 있다.

향후 메타버스 공간은 물론 자산으로서 가치가 있는 모든 것이 NFT를 통해 유동화(토큰화)될 수 있고, 원본에 대한 소유권 인정, 분할 소유, 안전한 저장, 편리한 거래가 가능해진다. 이런 혁신성 때문에 최근에는 콘텐츠, 미디어, 예술품, 게임, 메타버스 공간의 가상자산, 패션, 스포츠, 경매, 금융, 수집품 등 매우 다양한 분야에 접목되고 있다.

사이클 상 NFT의 현재

IT 리서치 및 시장조사 전문기관 가트너Gartner는 향후 2~10년간 비즈니스와 일상에 중대한 영향을 미칠 25가지 획기적 기술 목록에 NFT를 추가했다. 가트너는 디지털 아티스

트 비플Beeple의 NFT 작품이 780억 원에 팔린 사례를 들면서, NFT를 활용한 디지털 저작물 판매는 이제 막 시작된 새로운 수익 모델이라고 평했다. 즉, NFT를 단순한 기술 차원의 시도가 아니라 완전히 새로운 디지털 생태계와 비즈니스 모델의 지속적인 등장을 암시한 것이다. 실제로 가트너는 자체 보고서에서 NFT 기술은 현재 하이프 사이클(기술의 생명주기를 5단계로 표현) 상에서, 두번째 단계인 업계의 관심을 가장 많이 받는 시기에 있다며 성장의 초입 단계로 보고 있다.

급증하는 NFT 거래

실제 거래를 기반으로 NFT 시장은 달아오르고 있다. 일론 머스크의 아내 그라임스는 NFT 기술이 적용된 디지털 그림을 NFT로 만들어 약 65억 원에 판매해 NFT에 대한 대중의 관심을 모았다. 경매 시장의 양대 산맥인 크리스티와 소더비도 NFT를 통한 희귀 작품 경매로 막대한 수익을 올리고 있다. 특히 크리스티가 진행한 경매에서 NFT 작품 〈매일: 첫 5,000일〉은 약 780억 원에 낙찰되었다. 트위터 창업자 잭 도시Jack Dorsey는 자신의 첫 트위터를 NFT 경매에 내놓았고 이는 약 30억 원에 낙찰됐다. 게임 속 가상의 부동산(랜드)도 NFT로 거래되었다. NFT 게임 엑시인피니티에 등장하는 구역이 약 17억 원에 거래되기도 했다.

글로벌 결제서비스 기업 비자VISA 역시 NFT를 구매하면서 본격적인 사업화를 시작했다. 스포츠와 연예계 스타들은 물론 패션 명품 기업도 NFT 발행에 적극적이다. 스포츠 분야에서 대표적인 것이 'NBA 톱숏'으로 NBA 리그 명장면을 NFT 형태의 디지털 카드로 판매하고 있다.

NFT 거래가 활성화되면서 2021년 8월, 한 달 동안의 NFT 거래대금은 3.5조 원으로 7월 대비 910% 폭증했다. 그중 97%는 NFT 마켓플레이스 오픈시OpenSea에서 거래되었다. 오픈시는 세계 최대 NFT 거래 장터로 이더리움 블록체인 기반인 NFT를 개인끼리 거래P2P 할 수 있다. 이미 거래가 급증하기 시작한 NFT 시장은 2030년 약 1,000조 원 규모의 시장으로 성장할 것이라는 전망이 나오기도 했다.

NFT는 블록체인 기술을 기반으로 하고, 메타버스 공간에서도 반드시 필요하므로 관련 기업들은 블록체인, CBDC, NFT, 블록체인 분야에서 중복되는 경우가 많다. 관련 기업을 포괄적으로 묶어서 봐야 하는 이유다.

NFT 시장규모

: 현재 NFT 시장은 다양한 분야와 융합되면서 형성 중이다.

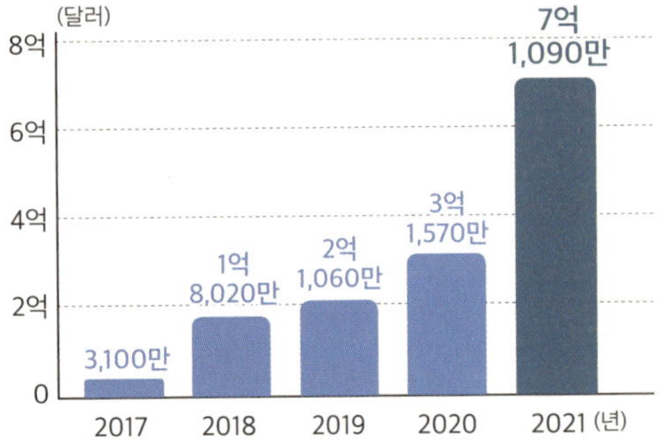

출처: NonFungible.com

분야별 NFT 거래금액

: 메타버스, 예술, 게임 분야에서 거래가 급증하고 있다.

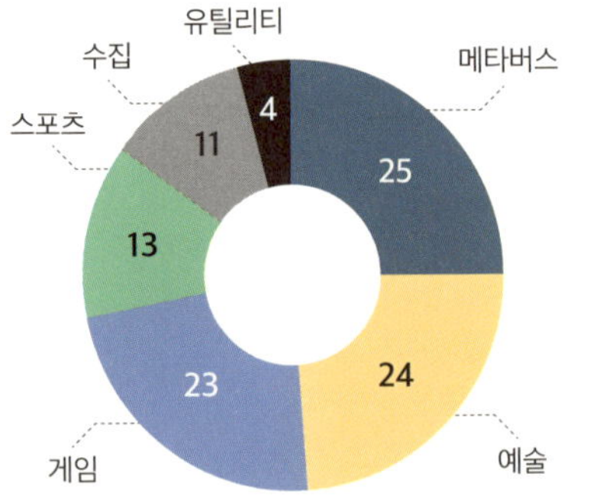

*2020년 기준

출처: NonFungible.com

글로벌 1위 NFT 마켓플레이스 오픈시 거래대금 증가 추이

: 2021년 기준, 전체 NFT 거래의 97%는 오픈시에서 체결되고 있다.

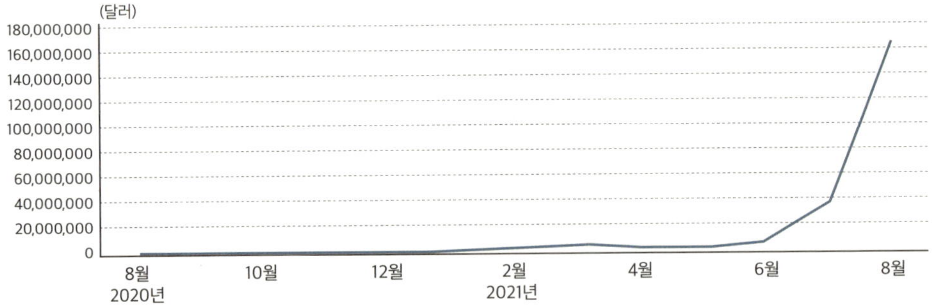

출처: DappRadar

암호화폐와 NFT 구분

: 단순 거래 목적이던 토큰은 이제 다양한 자산의 소유권을 담는 형태로 진화하고 있다.

거래용 코인	플랫폼 코인	유틸리티 토큰	증권형 토큰	대체 불가능 토큰
거래를 주목적	블록체인 플래폼 용	독립적인 블록체인 웹서비스에서 사용	실물 자산 유동화	개별 토큰마다 독자적 가치 보유
• Bitcoin • Ripple • Bitcoin Cash • Litecoin • Dash • Monero • Tether • USDC • Terra	• Etherium • Binance Coin • Cardano • Polkadot • NEM • EOS • Tron • Qtum	• OmiseGO • Steem • Status • Augur • Power Ledger • Enigma • MediBloc	• Overstock • tZERO • Blockchain Capital • MERJ Exchange • AspenCoin • Tokensoft • Curzio	• Flow • Enjin Coin • Decentraland • WAX • RedFOX Labs • The Sandbox • NFTX • Ultra

출처: 신한금융투자

NFT 네 가지 장점

: NFT의 장점의 핵심은 위조불가, 진품 및 소유권에 대한 안정성이다.

위조하기 어려움	추적하기 쉬움	부분에 대한 소유권 인정	순환증가
복제가 어렵기 때문에 희소성을 더 잘 보장할 수 있고, 위조품으로 인해 가치가 무너지지 않도록 보장	블록체인의 데이터는 공개적이고 투명하여 누구나 NFT의 출처, 발행 시간/횟수, 소유자 내역 및 기타 정보를 볼 수 있음	부분에 대한 소유권을 인정해, 토큰을 1/n과 같은 형태로 나눠서 구매(거래) 할 수 있음	게임을 예로 들면, 아이템이 NFT로 만들어지면 플레이어는 아이템의 진정한 소유권을 얻게 되고 NFT 경매 시장에서 자유롭게 거래 가능

출처: Medium.com

NFT 마켓플레이스 거래 상위 플랫폼

: 거래 규모는 오픈시, 블록체인은 이더리움 기반 NFT가 대부분을 차지하고 있다.

TOP NFT MARKETPLACES

Project	Opensea	Foundation	Rarible	Super Rare	Bakery Swap	AirNFTs	Tresureland	Atomic Market
Sale value (last 30d)	$48.5M	$11.9M	$9.8M	$2M	$3.1M	$1.5M	$0.75M	$7.7M
User (last 30d)	22.8k	7.5k	21.2k	0.7k	1.6k	11.5k	3.6k	419k
Blockchain								WAX
Trading fee	2.5%	N/A	2.5%	3%	5%	2.5%	2%	2%
Token			RARI	SUPR	BAKE	AIRT	TRSR	

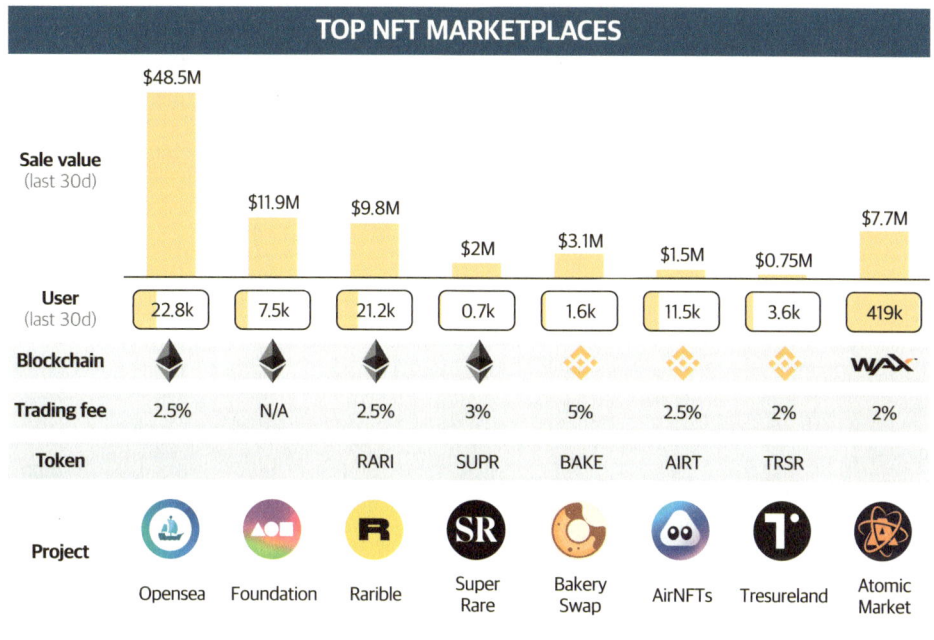

출처: KyrosVentures

오픈시, 라리블에서의 NFT 거래 규모 증가세

: 2020년 9월부터 NFT 거래가 급증하기 시작해 1년 사이 187배 증가했다. 2021년은 NFT 성장의 원년이 될 것이다.

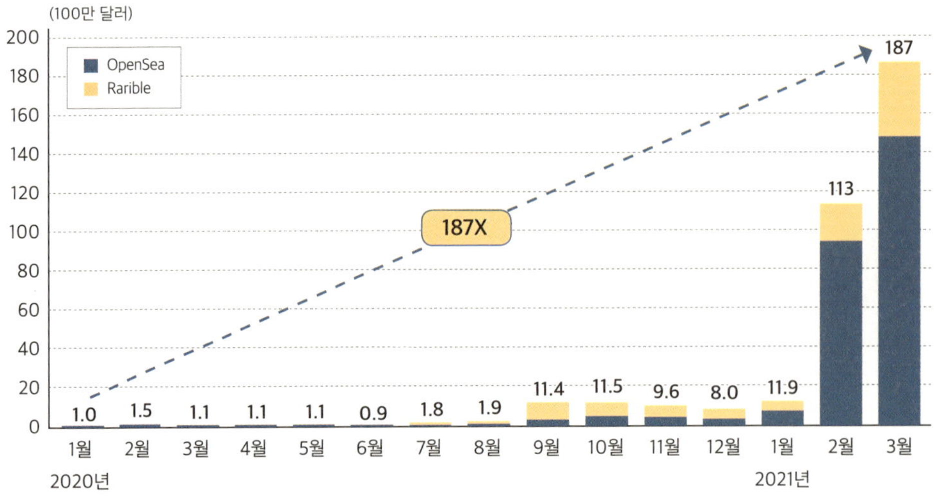

출처: Dune Analytics

예술품 NFT의 거래 규모 증가세

: 2020년 1월부터 2021년 3월 기준까지 1,280배 증가했다. 셀러브리티의 소장품부터 기존 고미술품까지 활발한 거래가 이루어지고 있다.

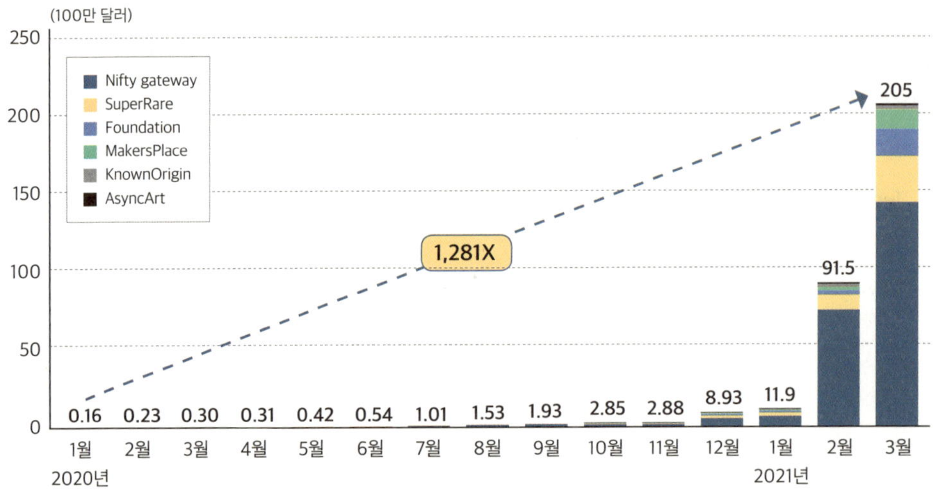

출처: Dune Analytics

기존 산업과 NFT가 융합된 비즈니스 현황(비상장 포함)

분야	기업명	NFT 관련 비즈니스
스포츠	NBA	NBA Top Shot
	MLB	MLB Champions, MLB Topps
	Formula 1	F1 Delta Time
패션	NIKE	CryptoKicks
	BREITLING	NFT, 이더리움 시스템으로 정품인증
	Adidas	스포츠스타 NFT 카드 발행
	LVMH	명품 진위를 증명하는 AURA 출시
엔터테인먼트	Turner Sports	Blocklete Games
	Warner Music Group	블록체인 기반 게임업체 Dapper Labs 투자
	Dolphin Entertainment	NFT 기술 접목 콘텐츠 사업부 신설
테크, 지갑, 인프라	AMD	Robotcache BGA와 파트너십
	Microsoft	Azure Heroes
	IBM	NFT 지원 커스텀 블록체인
	HTC	Exodus 1
게임 및 메타버스	Ubisoft	Rabbid Tokens
	CAPCOM	Street Fighters
	ATARI	Atari Token
	Upland	가상의 부동산 시장 게임 서비스(UPX)
	Decentraland	가상 공간 토지 소유권 거래(MANA)
	The Sandbox	가상공간의 아이템 거래(SAND)
예술품, 수집품 경매	슈퍼레어	NFT 아트 거래, 경매
	소더비	NFT 아트 거래, 경매
	크리스티	NFT 아트 거래, 경매
	타쿵아트	NFT 아트 거래, 경매
	오리엔탈 컬처 홀딩	NFT 아트 거래, 경매

출처: 헥슬란트, 기사 정리

대체 가능 토큰과 대체 불가능 토큰(NFT)의 구분

: 코인은 대체 가능 토큰이지만, 미술품과 같이 특정 자산만의 고유한 특징과 가치, 소유권을 담게 되면 대체 불가능 토큰(NFT)이 된다.

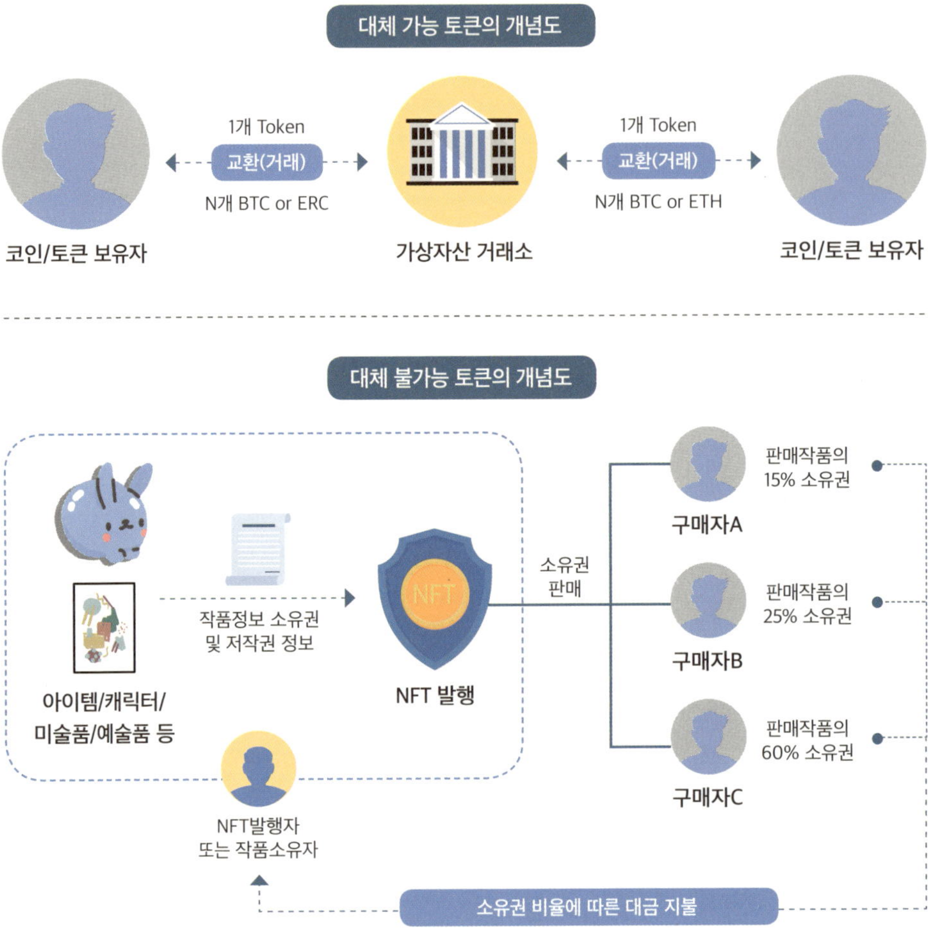

출처: KISA

테마 밸류 체인

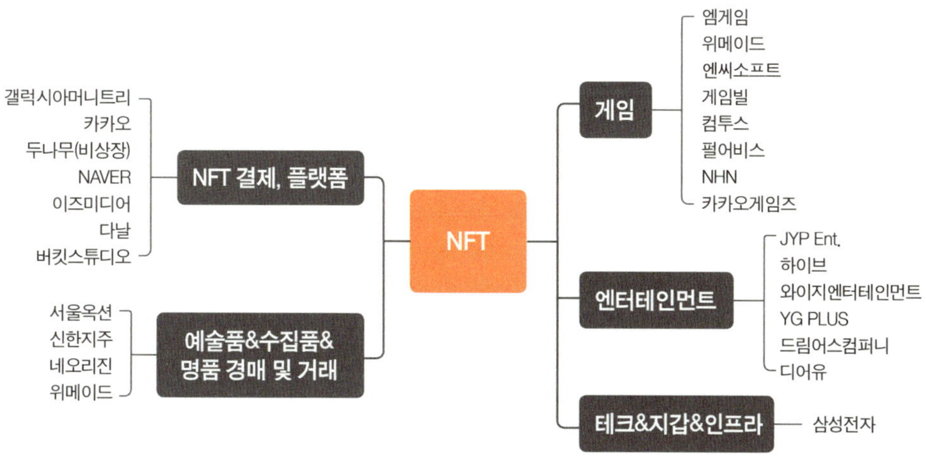

글로벌 주요 기업 및 ETF

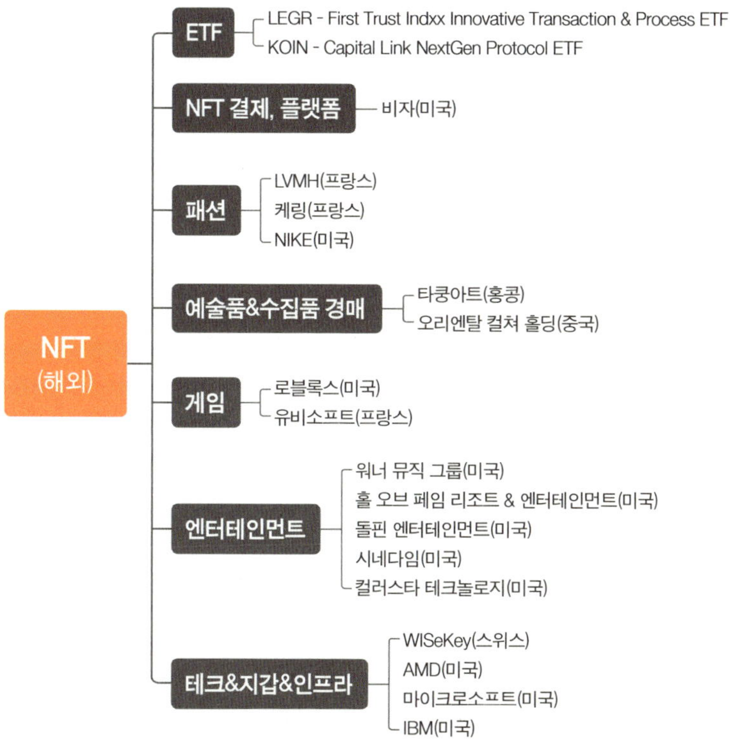

해외 대표 기업

와이즈키

시가총액	1,005억 원

	2021년
매출액	250억 원
영업이익	-230억원

- 스위스에 본사를 둔 사이버 보안 기업으로 AWS, 마이크로소프트, IBM 등을 포함한 3,500개 기업과 보안 분야 파트너
- 블록체인, AI, 사물인터넷(IoT), 블록체인, NFT 등 관련 생태계 구축 중
- 자체 구축한 와이즈아트(WISeART) 플랫폼 출시 및 인앱 구축. 이를 통해 고가 예술품 및 수집품을 NFT로 거래, 진품 인증, 경매 서비스 제공
- 와이즈아트 플랫폼 인앱 운영으로 NFT 거래 대중화 및 거래수수료 수익 모델 구축
- 캐스퍼랩스(CasperLabs)와 파트너십 체결, 광범위한 NFT 인프라 구축 서비스 제공
- 이더리움 기반 NFT 인프라를 서비스하는 폴리곤(Polygon), 고가 자산의 토큰화 서비스를 제공하는 NFT 전문 기업 GDGC와 협력하여 NFT 경매 사업 진행
- NFT 거래용 보안 기술 제공으로 NFT 거래의 안정화 서비스 제공

핵심 기업 소개

카카오

그라운드X　NFT 발행　NFT 지갑　NFT 경매

시가총액	50조 원

주요 주주	김범수 외 65인 24%, 국민연금 8%, MAXIMO PTE 6%, BlackRock 5%
주 매출처	플랫폼 53%, 콘텐츠 46%

- 자회사 그라운드X의 자체 암호화폐 '클레이' 발행, 클레이와 NFT를 보관할 수 있는 지갑 '클립' 출시
- NFT 기반 디지털 아트 구매 서비스 '클립 드롭스' 출시
- 자체 암호화폐 발행부터 NFT 지갑, NFT 자산 거래 플랫폼까지 전방위 생태계 구축

최근 실적 및 주요 재무지표

	2019년	2020년	2021년(전망)
매출액	30,701억 원	41,568억 원	59,496억 원(yoy 43%)
영업이익	2,068억 원	4,559억 원	8,133억 원(yoy 78%)

	2021년 상반기	
매출액	26,102억 원	PER 59배, PBR 7.6배, ROE 14%, 부채비율 61%
이익	3,201억 원	

NAVER

블록체인 플랫폼 / 비트맥스 월렛 / 링크 / NFT 발행

시가총액	67조 원	주요 주주	국민연금 10%, 자사주 9%, BlackRock 5%
		주 매출처	플랫폼 52%, 커머스 20%, 핀테크 12%

- 블록체인 개발 플랫폼 '라인 블록체인 디벨로퍼스' 및 암호화폐 지갑 '비트맥스 월렛' 출시
- 메타버스 플랫폼 제페토, 더 샌드박스와 협업해 NFT 발행
- 계열사 라인테크플러스 통해 일본에서도 NFT 발행

최근 실적 및 주요 재무지표

	2019년	2020년	2021년(전망)
매출액	43,562억 원	53,041억 원	67,888억 원(yoy 28%)
영업이익	11,550억 원	12,153억 원	13,488억 원(yoy 11%)

	2021년 상반기	
매출액	31,626억 원	PER 3.9배, PBR 2.5배, ROE 107%, 부채비율 36%
이익	6,244억 원	

서울옥션

미술품 경매 / 예술품 NFT 거래

시가총액	3,200억 원	주요 주주	이호재 외 11인 35%, 자사주 6%
		주 매출처	미술품 판매 57%, 경매/중개 33%

- 국내 1위 미술품 경매/중개 기업
- 미술품 양도세 개정, 재테크 수단 부각 등 호황
- 두나무와 NFT 사업 파트너십, 공동 사업 진행
- 신한은행과 미술품 등 실물 자산 디지털화 및 소유권 분할 판매하는 플랫폼(SOTWO) 출시
- 관계사 XXBLUE 통해 수집품 재거래 플랫폼 출시

최근 실적 및 주요 재무지표

	2019년	2020년	2021년(전망)
매출액	451억 원	289억 원	881억 원(yoy 204%)
영업이익	-46억 원	-4억 원	214억 원(흑자전환)

	2021년 상반기	
매출액	423억 원	PER 18배, PBR 3.5배, ROE 23%, 부채비율 132%
이익	103억 원	

위메이드

미르 4 | 게임 IP | NFT 게임 아이템

시가총액	1.9조 원	주요 주주	박관호 외 1인 44%, 국민연금 7%,
		주 매출처	라이선스 43%, 게임 40%

- 온라인 게임 개발 및 퍼블리싱이 주된 사업
- 21년 2분기 블록체인 및 NFT 관련 신사업 매출 발생
- 블록체인 전문 자회사 위메이드트리의 '위믹스 월렛'과 '위믹스 덱스'를 통해 NFT 아이템 거래 서비스를, '위믹스 옥션'을 통해 NFT 경매 서비스 제공
- 빗썸 대주주 비덴트에 전략적 제휴목적 800억 원 투자

최근 실적 및 주요 재무지표

	2019년	2020년	2021년(전망)
매출액	1,136억 원	1,262억 원	3,076억 원(yoy 143%)
영업이익	-93억 원	-128억 원	1,108억 원(흑자전환)

	2021년 상반기	
매출액	1,449억 원	PER 28배, PBR 7.5배, ROE 30%, 부채비율 40%
이익	544억 원	

JYP Ent.

스트레이 키즈 | 니쥬 | 걸그룹

시가총액	1.4조 원	주요 주주	박진영 외 3인 15%, 자사주 6%, KB자산운용 5%, JF Asset Management 6%, 국민연금 6%
		주 매출처	음반/음원 51%, 매니지먼트 13%

- 음반/원원 제작 판매, 소속 연예인 매니지먼트
- 두나무 365억 원 투자, K팝 기반 NFT 플랫폼 사업을 위한 합작법인 설립
- 제페토, 디어유 지분 투자 등 NFT 활용 자체 플랫폼 확보 노력

최근 실적 및 주요 재무지표

	2019년	2020년	2021년(전망)
매출액	1,554억 원	1,444억 원	1,733억 원(yoy 20%)
영업이익	435억 원	441억 원	577억 원(yoy 30%)

	2021년 상반기	
매출액	729억 원	PER 32배, PBR 6.0배, ROE 21%, 부채비율 25%
이익	234억 원	

갤럭시아머니트리

효성그룹 NFT 발행 결제 플랫폼

시가총액	2,500억 원	주요 주주	효성아이티엑스 외 3인 59%
		주 매출처	전자결제 65%, O2O 사업 30%

- 휴대폰 소액 결제, O2O, 전자 결제대행 서비스
- 자회사 갤럭시아메타버스를 통한 NFT 사업 확장
- 스테이블코인(XTL) 출시
- 디지털 화폐 플랫폼 머니트리 보유
- 효성그룹의 미래 성장동력 위한 핵심 계열사

최근 실적 및 주요 재무지표

	2019년	2020년
매출액	856억 원	812억 원
영업이익	87억 원	77억 원

	2021년 상반기	
매출액	483억 원	PER 419배, PBR 3.1배, ROE 1%, 부채비율 184%
이익	24억 원	

다날

페이코인 삼성페이

시가총액	4,300억 원	주요 주주	박성찬 외 3인 17%
		주 매출처	커머스(결제) 82%, 디지털 콘텐츠 7%

- 전자지급결제업 국내 점유율 1위
- 자체 발행 페이코인으로 NFT 구매 서비스 제공
- 자회사 통한 메타버스 기반 가상자산, NFT 플랫폼 출시 예정
- 자회사 다날 핀테크, NFT 사업 위해 위메이드와 전략적 업무협약

최근 실적 및 주요 재무지표

	2019년	2020년
매출액	1,912억 원	2,294억 원
영업이익	109억 원	150억 원

	2021년 상반기	
매출액	1,340억	PER 11.4배, PBR 1.6배, ROE 15%, 부채비율 138%
이익	51억 원	

이즈미디어

카메라모듈 | 자율주행

시가총액	1,500억 원

주요 주주	티피에이리테일 12%, 밸류1호투자조합 12%, 엘에이1호투자조합 11%
주 매출처	카메라모듈 검사장비 95%

- 카메라모듈 조립 및 검사 장비가 주요 제품
- NFT 플랫폼 사업 진출을 위해 메타 라이브를 만든 랜디 주커버그 영입에 성공
- NFT 플랫폼 개발을 위해 메타랩,그라운드X, 그린박스 포스, 볼트 글로벌 캐피탈 등 다양한 기업과 업무협약 체결

최근 실적 및 주요 재무지표

	2019년	2020년	2021년(전망)
매출액	671억 원	220억 원	601억 원(yoy 173%)
영업이익	-26억 원	-146억 원	-12억 원(적자축소)

	2021년 상반기	
매출액	202억 원	PER -123배, PBR 8.3배, ROE -6%, 부채비율 264%
이익	-39억 원	

버킷스튜디오

라이브커머스 | 빗썸 | 빗썸라이브

시가총액	1,100억 원

주요 주주	이니셜1호투자조합 외 2인 40%
주 매출처	디지털비즈 48%, 상품유통 23%

- 디지털비즈(문자)와 콘텐츠 유통 중심 서비스
- 빗썸과 함께 라이브커머스 플랫폼 빗썸라이브 오픈
- 빗썸라이브를 통해 NFT, 메타버스, 블록체인, 커머스, 결제를 모두 아우르는 서비스 론칭

최근 실적 및 주요 재무지표

	2019년	2020년
매출액	176억 원	233억 원
영업이익	8억 원	4억 원

	2021년 상반기	
매출액	143억 원	PER 18배, PBR 1.1배, ROE 7%, 부채비율 138%
이익	-6억 원	

핵심 키워드

민팅(Minting)

민트(mint)는 화폐를 주조, 발행한다는 뜻이다. 즉, 디지털 저작물을 이더리움 블록체인을 거쳐서 NFT화 하는 것을 의미한다.

코인

암호화폐는 코인과 토큰으로 발행된다. 코인과 토큰을 구분하는 큰 기준은 독자적인 블록체인 네트워크(메인넷)를 보유했느냐 여부이다. 독자적인 네트워크란 다소 복잡한 개념이 혼재하므로 하나의 독자적인 생태계로 이해해도 무방하다. 비트코인, 이더리움 같이 독립적인 블록체인 네트워크를 구축해 그 생태계 안에서 통용되는 가상화폐는 코인이라고 부른다. 기술적인 차이를 떠나 코인의 궁극적 목적은 화폐와 같이 사용되는 것으로 현재에도 거래와 지불, 결제 수단으로 대부분 활용되고 있다.

토큰

코인보다는 넓은 의미의 가상자산으로 특정 목적이나 역할을 위해 발행되고 거래된다. 기술적으로는 코인과 달리 자체 블록체인 네트워크가 없이 여러 블록체인 네트워크에서 두루 통용된다. 토큰은 특정 자산의 권리와 소유, 가치를 개별적으로 부여하면서 자산화될 수 있다. 이것이 바로 NFT로 개별 자산의 특징과 가치가 모두 달라 토큰끼리 단순 1:1 대체, 혹은 교환이 불가능하다. 즉, 코인이 거래와 지불 수단에 가까운 반면, 토큰은 그에 더해 권리와 소유권, 자산의 특징이 담겨질 수 있다.

이더리움

블록체인 플랫폼이자, 암호화폐 이름이다. 암호화폐로써 이더리움은 비트코인과 함께 전 세계 암호화폐 시총 상위 TOP2이다. 하지만 비트코인이 결제나 거래의 기능에 집중하는 반면, 이더리움은 블록체인 기술을 활용해 다양한 어플리케이션(DAPP)을 개발하고 NFT를 발행할 수 있는 플랫폼으로도 많이 사용되고 있다. 이러한 이유로 NFT 대다수는 이더리움 기반으로 발행되고 있다.

ERC(Ethereum Request for Comment)

이더리움의 요구사항을 위한 표준 규격으로 이더리움 플랫폼을 이용해 가상자산을 발행할 때는 이 규격을 지켜야 한다. 보통 대체 가능한 토큰 발행 시 ERC-20 규격을 사용하며, ERC-20은 동등한 가치로 구매, 판매, 교환할 수 있다. 누가 토큰을 보유하고 있는지에 상관없이 같은 토큰 가치를 가진다. 흔히 알고 있는 코인은 이 규격을 따른다.

반면, 대체불가능한 NFT를 발행 할 때는 ERC-721 규격을 사용한다. 예술품, 골동품, 캐릭터, 미디어 등을 NFT로 자산화 할 때 이 규격으로 토큰을 생성한다.

전기차 · 2차전지

1 글로벌 탄소중립 목표 달성을 위한 주요 선진국 및 완성차 기업들의 전방위적 산업 지원
1 글로벌 신차 생산 중 전기차 생산 비중이 가파르게 증가할 전망
1 배터리를 잡는 자가 승리한다! 전기차에서 가장 중요한 부품은 배터리(원가의 약 40%)

핵심 키워드 양극재 음극재 전해질 분리막 하이니켈 전고체 배터리 충전 인프라 배터리 리사이클링

파리기후협약을 필두로 미국, 유럽, 중국을 포함한 글로벌 주요국들이 시행 중인 탄소중립 목표 달성을 위해, 주요 완성차 기업들은 이산화탄소를 배출하는 내연기관차 생산을 점차 줄이고 친환경으로 대표되는 2차전지를 탑재한 전기차 생산을 가파르게 늘려가고 있다.

주요국 정책 집중

탄소배출량 제로를 목표로Net-zero 주요국들은 빠르게 온실가스 감축 목표를 발표하고 이를 위한 행보를 밟아가고 있다. 미국은 2025년까지 2005년 대비 온실가스를 28% 감축하겠다 발표했고 유럽연합은 1990년 대비 2030년에 최소 40% 감축 그리고 한국, 중국, 일본 등 세계 경제를 이끄는 핵심 경제 블럭들도 비슷한 목표를 설정하고 있다.

주요 완성차 기업들의 빠른 친환경차로의 전환

정부 정책에 맞춰 완성차 기업들은 적극적으로 전기차 라인업을 늘려가고 있다. BMW는 2025년까지 신차 판매 중 전기차 비중을 최대 25%까지 늘리겠다고 발표했고 포드는 2026년까지 유럽 신차 판매 전량을 전기차로 변경하겠다고 발표했다. 현대차 제네시스는 2030년부터 친환경차로만 신차를 출시하겠다 발표했으며 GM, 폭스바겐 등 대다수 완성

차 업체들도 비슷한 행보를 이어가고 있다.

그동안은 정부의 막대한 지원금에 의한 다소 강제적인 산업 성장을 유도했으나 이젠 전기차 구매 수요가 자연스레 증가하고 있고 전기차 및 배터리 제조 비용이 낮아지면서 향후 폭발적인 전기차 시장 성장이 전망된다.

주목! 배터리 + 충전 인프라 + 배터리 리사이클링

이에 전기차 생산 원가의 40%를 차지하며 성능을 좌우하는 배터리의 성장성 또한 기하급수적으로 증가할 전망이다. 특히 한국의 배터리 주요 3사가 글로벌 최상위 배터리 메이커로 자리매김할 수 있을 만한 실력임을 고려한다면, 한국산 배터리가 향후 5년이 아닌 10년 또는 그 이상 전 세계 무대에서 실력 행사를 제대로 보여줄 전망이다.

또한 배터리는 아직 충전 시간이 만족할 만큼 빠르지 못하고 충전소 인프라가 매우 부족하기에 전기차 수요 증가와 더불어 배터리 충전 인프라가 빠르게 구축될 전망이다. 글로벌 충전 네트워크는 2040년까지 2억 9,000만 개 충전기 규모로 성장 전망이며 이에 약 5,900억 달러의 투자 필요할 만큼 크게 확대될 것으로 전망한다.

마지막으로, 배터리는 수명이 제한되어 있어 폐배터리를 관리할 인프라도 중요하다. 특히 배터리를 구성하는 핵심 소재들의 가격이 크게 치솟고 있기에 폐배터리에서 소재를 추출하여 재활용하는 리사이클링 산업도 크게 성장할 것으로 분석된다.

글로벌 전기차 판매 추이 전망

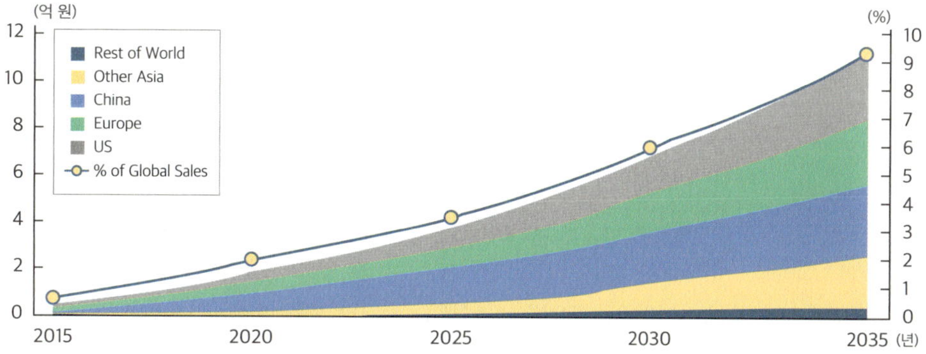

출처: Wood Mackenzie, Product Markets Service

글로벌 전체 신차 판매량 중 전기차 및 하이브리드 비중 전망

(단위: %)

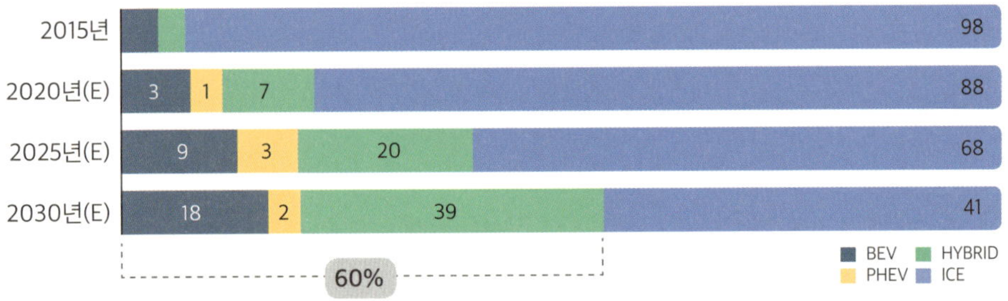

출처: JP Morgan, Current EV

2차전지의 발전 과정

: 니켈전지 → 리튬이온 활용 전지 → 전고체 배터리(삼성SDI, 씨아이에스), 실리콘 음극재(한솔케미칼, 대주전자재료, 동진쎄미켐) 채용 배터리 및 그리고 나트륨이온 배터리

구분	1900~1950년대	1950~1990년대	1990년대~현재	미래
개시	납축전지 →	니켈계 전지 →	리튬 이온 전지 →	차세대 전지
수요	자동차, 산업기기	휴대용 전자기기, 전동공구, 하이브리드 차	휴대전화 태블릿 노트북 전기차(xEV)	모바일기기, 초소형 전자기기, 전기차(xEV)
요구 기능	상시 전원 공급	이동성	고용량, 경량화, 소형화	안정성, 초소형화, 플렉서블, 고용량, 장수명

출처: LG경제연구소

리튬이온 배터리와 차세대 배터리로 불리는 전고체 배터리

: 현재의 리튬이온은 양극을 이동할 경우, 전해질을 통하지만 화재 위험이 높다는 단점이 있다. 이를 위한 대안이면서 (안정성 ↑) 성능 향상시킬 수 있는 전고체 배터리를 개발 중에 있다.

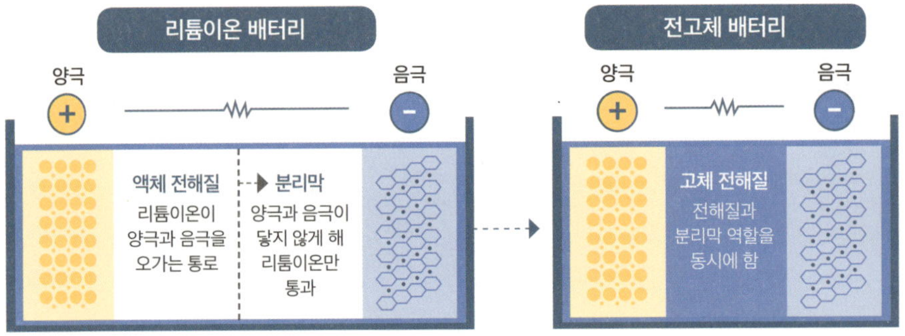

*양극: 리튬이온이 원천, 배터리 용량과 전압 결정.
음극: 리튬이온을 저장했다 방출하여 전류가 흐르게 함.

출처: 삼성SDI

전기차용 2차전지 구성

: 배터리 셀, 모듈 및 팩으로 구성되어 있다.

구분	정의	형태
배터리 셀	• 전기 에너지를 충전 및 방전할 수 있는 전지의 기본 단위 • 양·음극 등을 알루미늄 can 및 파우치에 넣은 형태	
배터리 모듈	• cell을 외부 충격 과열 진동 등으로부터 보호하기 위해 일정한 개수로 묶어 프레임에 넣은 조립체	
배터리 팩	• 전기 자동차에 장착 되는 최종 형태 • 냉각 시스템 BMS(Battery Manangement System), 보호 회로 등을 장착함	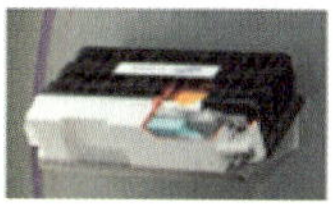

출처: Medium.com

전기차용 2차전지의 대표적 형태 3가지

: 원통형(LG에너지솔루션, 파나소닉), 각형(삼성SDI, CATL), 파우치형(LG에너지솔루션, SK이노베이션)

구분	정의	배터리 공급사	완성차 업체
원통형	**장점** • 공정 난이도가 낮고 제작 비용이 낮음 • 기술 축척이 오래되어 안정성이 높음 • 대량 생산 용이 **단점** • 표준화된 사이즈로 제작해 다양한 디자인으로 제작이 불가 • 충/방전 반복시 성능 저하가 발생해 수명이 짧음	파나소닉, LG 에너지 솔루션 등	테슬라, Chery 등
각형	**장점** • 공정 난이도가 낮고 제작 비용이 낮음 • 알루미늄 캔 외장 소재 사용 및 안전 장치를 탑재해 안정성이 높음 • 대량 생산 용이 **단점** • 경량화 소량화가 어려워 디자인에 유연성이 낮음 • 충/반전 반복시 성능 저하가 발생해 수명이 짧음 • 저출력, 저밀도 • 열 방출이 힘들어 특수 냉각 처리 필요	CATL, 파나소닉, 삼성 SDI 등	토요타, BMW, 아우디, 포드, 폭스바겐 등
파우치 형	**장점** • 소량화, 경량화가 가능해 다양한 디자인으로 제작 가능 • 셀내부 빈공간을 최소화해 고용량, 고밀도 배터리 제작가능 • 충/방전을 반복해도 급격한 성능 저하가 없음 **단점** • 다른 폼팩터에 비해 안전 장치가 부족 • 공정 난이도가 높아 개발이 어려우며 비용이 높음	LG 에너지 솔루션, SK 이노베이션 등	현대 기아차, 메르세데스, 르노, 볼보 등

출처: NH투자증권

글로벌 전기차용 배터리 수요 전망

: 2022년을 기준으로 배터리 수요가 공급량을 초과할 전망이며, 본격적인 시장 폭발 단계이다. 또한 2024년을 기준으로 전기차 가격이 내연기관차 가격보다 저렴해지는 단계에 진입할 것이다.

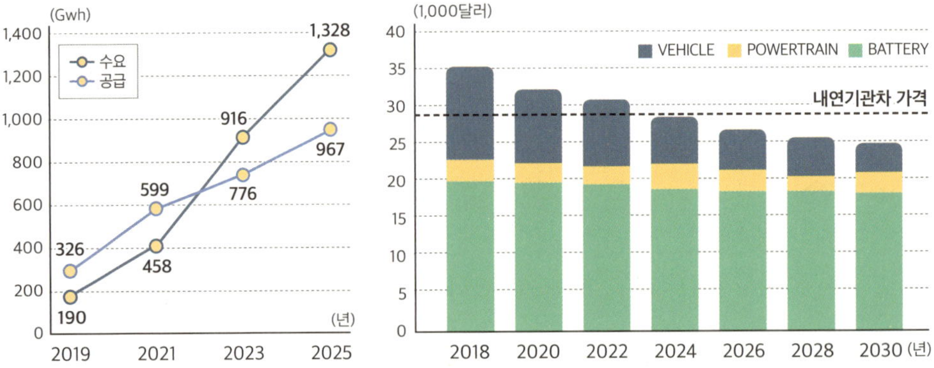

출처: SNE리서치, Ourworlddata.org, 미래에셋자산운용

2차전지 생산 공정

: 전극 공정(티에스아이, 씨아이에스) → 조립 공정(나인테크, 필옵틱스, 하나기술) → 충방전 공정(원익피앤이, 에이프로) → 검사 및 조립(이노메트리, 브이원텍)

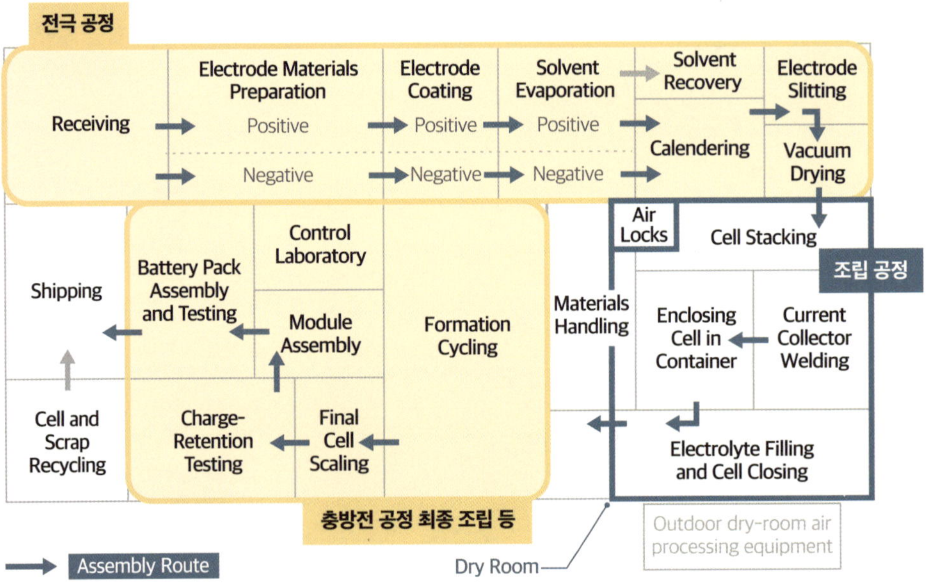

출처: 한국투자증권

전기차의 구조

: 내연기관차에서 매우 중요한 엔진이 전기차에는 없으며 배터리의 힘을 통한 모터가 이를 대신한다. 또한 차량 경량화를 위한 재료로 구성되어 있다.

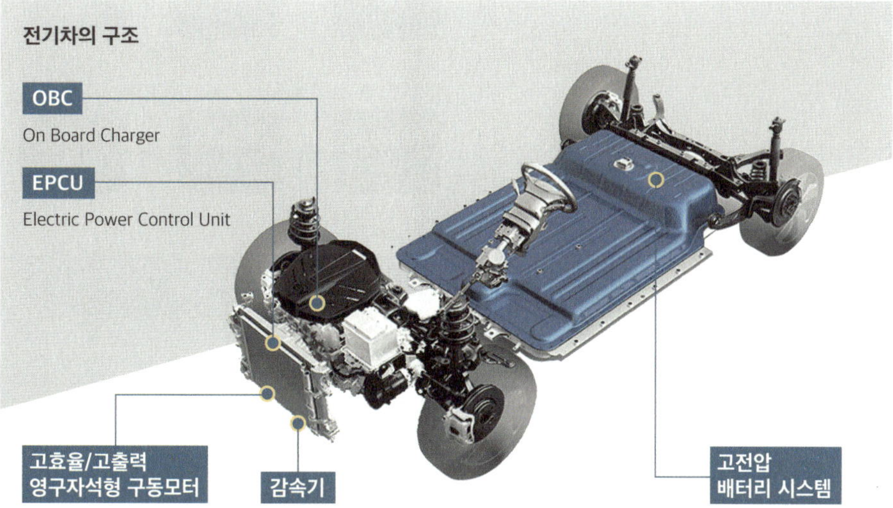

출처: 현대차

현대차그룹의 야심작, 전기차 전용 플랫폼 E-GMP

: 현대 코나아이, 기아 EV6 및 향후 제네시스 전기차 등 범 현대차그룹 전기차를 생산하기 위한 현대차그룹 전동화 전략 핵심 기술이 집약되어 있다.

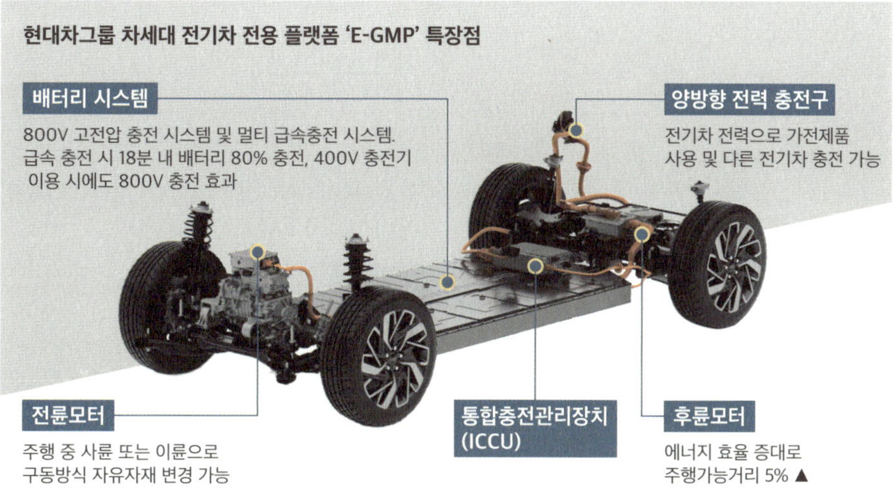

출처: 현대차, 조선일보

세계 전기차 배터리 재활용 시장 규모

: 2019년 1조 6,000억 원 시장에서 2030년 약 20조 원 시장으로 약 11.5배 성장할 전망이다. (영화테크, 에코프로, SK네트웍스, 인선이엔티 등)

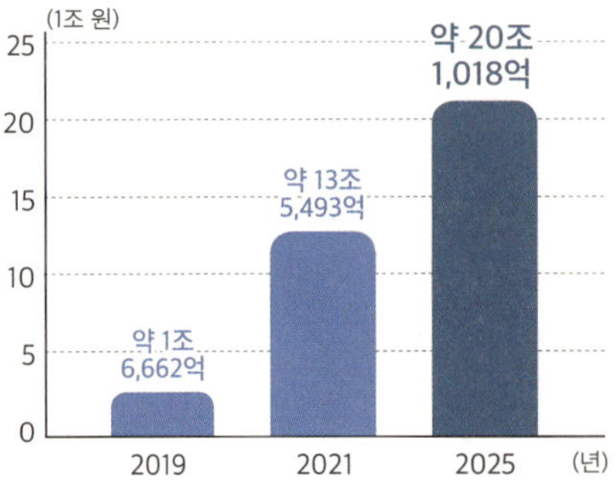

출처: 마켓앤마켓, HMG 저널

전기차 폐배터리 재사용 과정

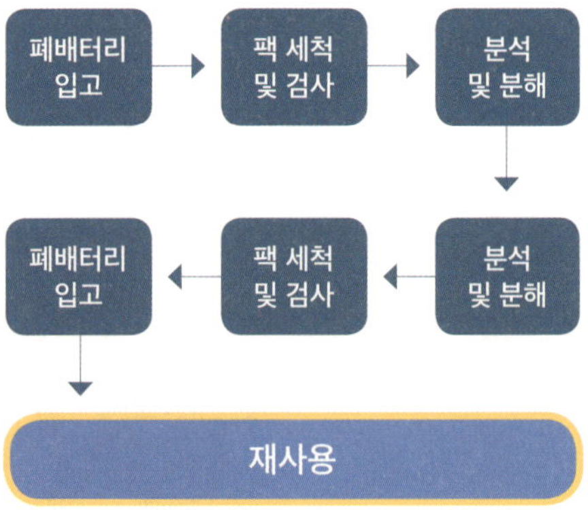

출처: KDB산업은행, 케이프투자증권

향후 10년간 폐배터리 발생량 전망

: 내년 2,916개에서 2030년 약 6만 7,210개로 약 22배 성장할 전망이다.

(단위: 개)

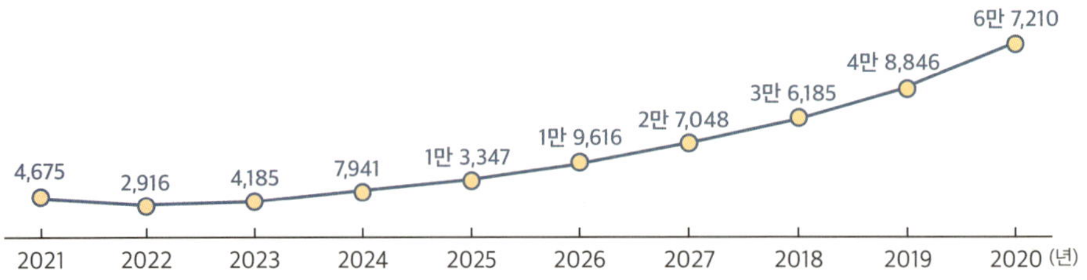

출처: 산업부, 정책뉴스

전기차 배터리 충전속도에 따른 분류

: 현재 대다수 설치되어 있는 완속충전기에서 점차 급속충전기로 발전할 전망이다. 또한, 전기차 내부의 OBC 부품 수요도 증가할 전망이다(OBC: 만도, 영화테크, 대우부품).

구분	급속충전기	완속충전기
공급용량	50kW	3~7kW
충전시간	15~30분	4~5시간
설치 장소	고속도로 휴게소, 공공기관 등 외부 장소	주택이나 아파트
사용 요금 (100km 당)	2,700원	1,100원

출처: argonne national laboratory, 한국투자증권

테마 밸류 체인

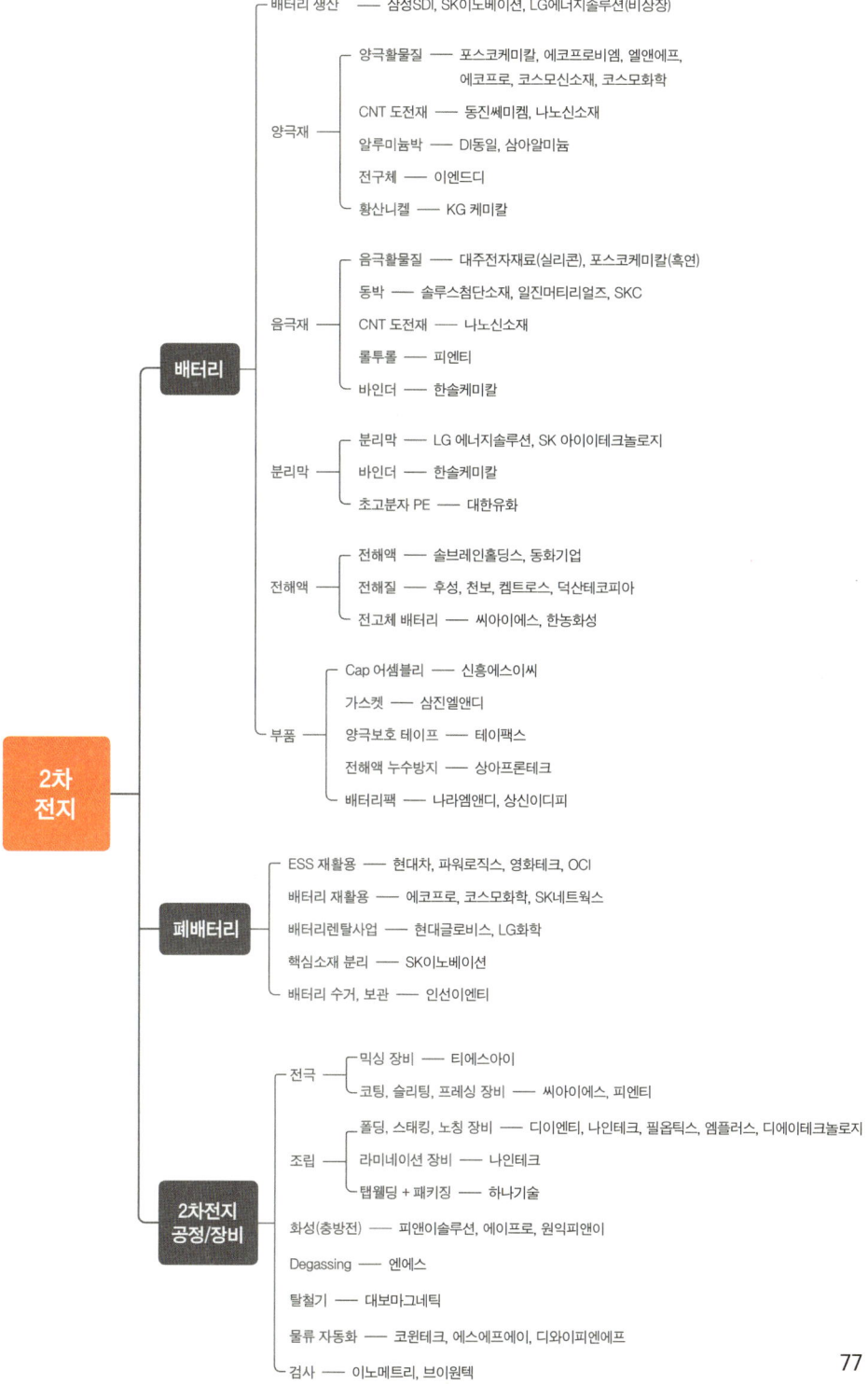

- **2차 전지**
  - **배터리**
    - 배터리 생산 — 삼성SDI, SK이노베이션, LG에너지솔루션(비상장)
    - 양극재
      - 양극활물질 — 포스코케미칼, 에코프로비엠, 엘앤에프, 에코프로, 코스모신소재, 코스모화학
      - CNT 도전재 — 동진쎄미켐, 나노신소재
      - 알루미늄박 — DI동일, 삼아알미늄
      - 전구체 — 이엔드디
      - 황산니켈 — KG 케미칼
    - 음극재
      - 음극활물질 — 대주전자재료(실리콘), 포스코케미칼(흑연)
      - 동박 — 솔루스첨단소재, 일진머티리얼즈, SKC
      - CNT 도전재 — 나노신소재
      - 롤투롤 — 피엔티
      - 바인더 — 한솔케미칼
    - 분리막
      - 분리막 — LG 에너지솔루션, SK 아이이테크놀로지
      - 바인더 — 한솔케미칼
      - 초고분자 PE — 대한유화
    - 전해액
      - 전해액 — 솔브레인홀딩스, 동화기업
      - 전해질 — 후성, 천보, 켐트로스, 덕산테코피아
      - 전고체 배터리 — 씨아이에스, 한농화성
    - 부품
      - Cap 어셈블리 — 신흥에스이씨
      - 가스켓 — 삼진엘앤디
      - 양극보호 테이프 — 테이팩스
      - 전해액 누수방지 — 상아프론테크
      - 배터리팩 — 나라엠앤디, 상신이디피
  - **폐배터리**
    - ESS 재활용 — 현대차, 파워로직스, 영화테크, OCI
    - 배터리 재활용 — 에코프로, 코스모화학, SK네트웍스
    - 배터리렌탈사업 — 현대글로비스, LG화학
    - 핵심소재 분리 — SK이노베이션
    - 배터리 수거, 보관 — 인선이엔티
  - **2차전지 공정/장비**
    - 전극
      - 믹싱 장비 — 티에스아이
      - 코팅, 슬리팅, 프레싱 장비 — 씨아이에스, 피엔티
    - 조립
      - 폴딩, 스태킹, 노칭 장비 — 디이엔티, 나인테크, 필옵틱스, 엠플러스, 디에이테크놀로지
      - 라미네이션 장비 — 나인테크
      - 탭웰딩 + 패키징 — 하나기술
    - 화성(충방전) — 피앤이솔루션, 에이프로, 원익피앤이
    - Degassing — 엔에스
    - 탈철기 — 대보마그네틱
    - 물류 자동화 — 코윈테크, 에스에프에이, 디와이피엔에프
    - 검사 — 이노메트리, 브이원텍

테마 밸류 체인

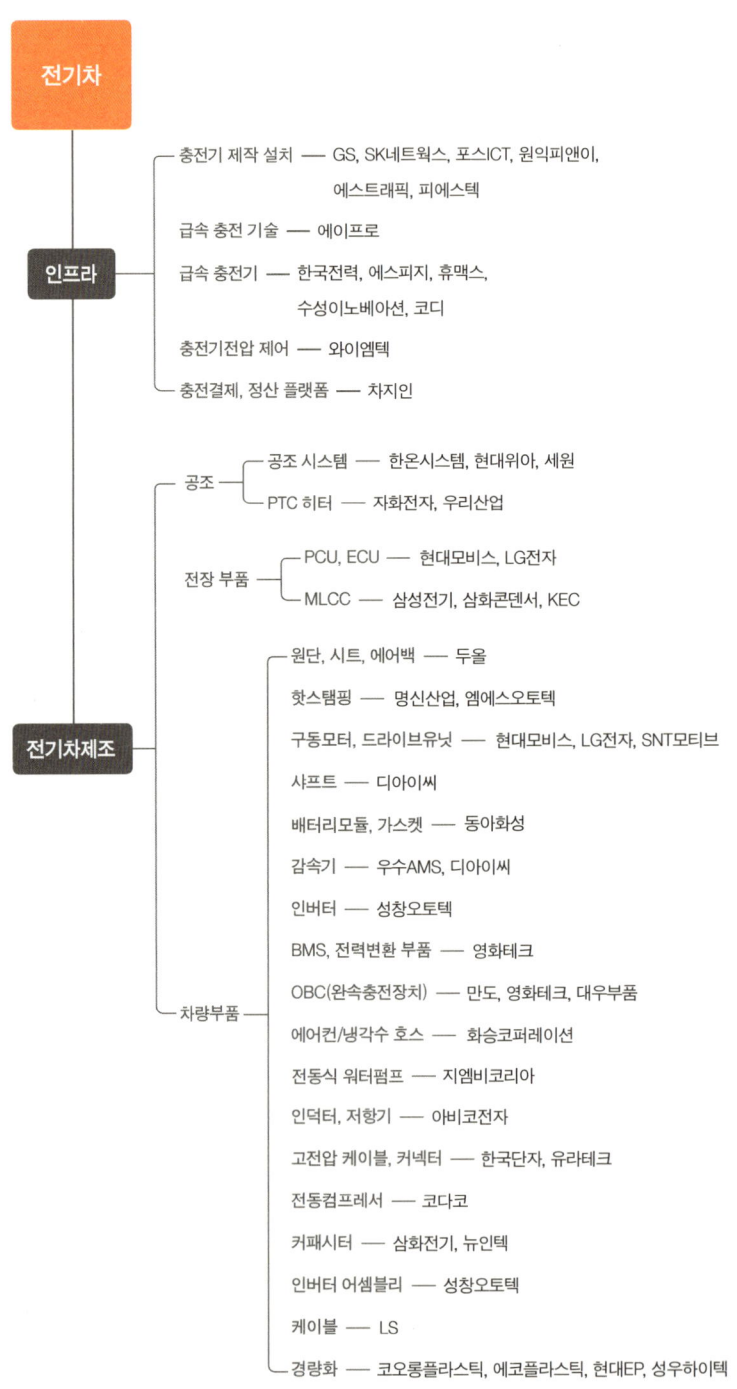

- **전기차**
  - **인프라**
    - 충전기 제작 설치 — GS, SK네트웍스, 포스ICT, 원익피앤이, 에스트래픽, 피에스텍
    - 급속 충전 기술 — 에이프로
    - 급속 충전기 — 한국전력, 에스피지, 휴맥스, 수성이노베아션, 코디
    - 충전기전압 제어 — 와이엠텍
    - 충전결제, 정산 플랫폼 — 차지인
  - **전기차제조**
    - 공조
      - 공조 시스템 — 한온시스템, 현대위아, 세원
      - PTC 히터 — 자화전자, 우리산업
    - 전장 부품
      - PCU, ECU — 현대모비스, LG전자
      - MLCC — 삼성전기, 삼화콘덴서, KEC
    - 차량부품
      - 원단, 시트, 에어백 — 두올
      - 핫스탬핑 — 명신산업, 엠에스오토텍
      - 구동모터, 드라이브유닛 — 현대모비스, LG전자, SNT모티브
      - 샤프트 — 디아이씨
      - 배터리모듈, 가스켓 — 동아화성
      - 감속기 — 우수AMS, 디아이씨
      - 인버터 — 성창오토텍
      - BMS, 전력변환 부품 — 영화테크
      - OBC(완속충전장치) — 만도, 영화테크, 대우부품
      - 에어컨/냉각수 호스 — 화승코퍼레이션
      - 전동식 워터펌프 — 지엠비코리아
      - 인덕터, 저항기 — 아비코전자
      - 고전압 케이블, 커넥터 — 한국단자, 유라테크
      - 전동컴프레서 — 코다코
      - 커패시터 — 삼화전기, 뉴인텍
      - 인버터 어셈블리 — 성창오토텍
      - 케이블 — LS
      - 경량화 — 코오롱플라스틱, 에코플라스틱, 현대EP, 성우하이텍

글로벌 주요 기업 및 ETF

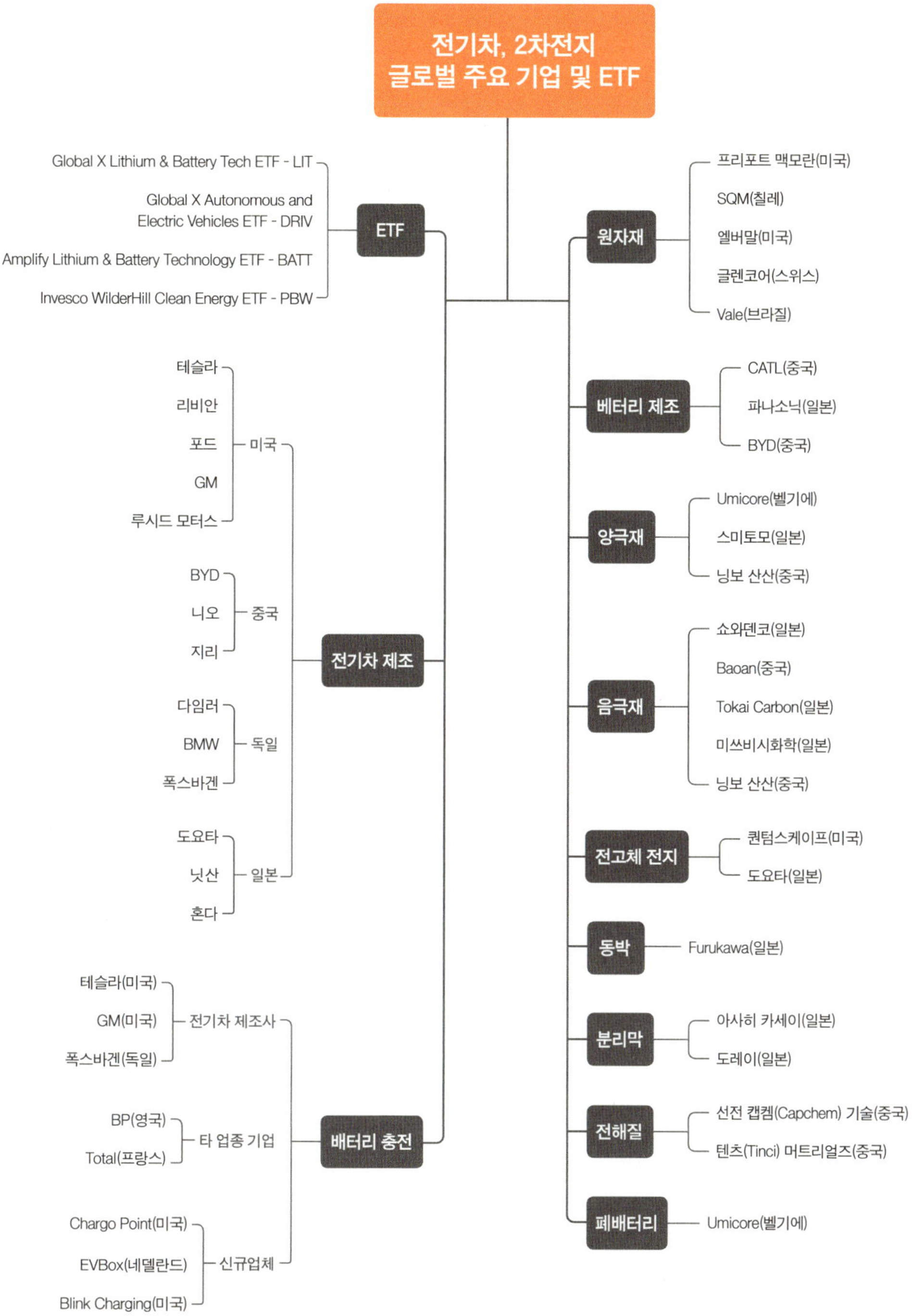

국내 대표 Big Match

LG화학		CATL
화학제품, 배터리	주 사업	배터리 제조, 관리
52조 원	시가총액	202조 원
49조 원 ~ 50조 원	2022년 매출(전망)	18조 원
3.4조원	2022년 순이익(전망)	
글로벌 배터리 사용량 2위 테슬라, 폭스바겐, GM, 현대차 등	코멘트	글로벌 배터리 사용량 1위 테슬라, 폭스바겐, 현대차 등

해외 대표 Big Match

HYUNDAI		TESLA
완성차 제조 (내연기관 + 전기차 + 수소차)	주 사업	완성차 제조 (전기차) 및 탄소배출권 거래
45조 원	시가총액	850조 원
125조 원	2022년 매출(전망)	78조 원
7.4조 원	2022년 순이익(전망)	7.7조 원
대량 생산 능력에서 타의 추종을 불허함 내연기관 + 친환경차 모두 커버하는 글로벌 대표	코멘트	글로벌 전기차 트렌드를 선도하기에 높은 프리미엄 밸류 부여

핵심 기업 소개

LG화학

배터리 세계 2위 | 2022년경 자회사 분사 | 배터리 리콜 | 화학제품 수요 증가

시가총액	50.6조 원

주요 주주	LG외 3인 33% / 국민연금공단 7%
총 매출액 중	석유화학 44% / 전지사업 43%

- 국내 대표 화학기업이자 배터리 사업 자회사 LG에너지솔루션의 지분 100%를 보유
- 테슬라, 폭스바겐, 르노, GM, 포드, 현대, 기아차 등에 전기차 배터리를 공급
- 특히 테슬라 모델Y, 폭스바겐 ID.4, 포드 머스탱 마하-E 등 판매 호조로 성장
- 글로벌 전기차 배터리 사용량 2위(약 24%) 매월 발표되는 순위에 주목
- 또한 동사의 배터리가 적용되는 전기차 라인업의 확대 이슈 체크
- 2022년 초 분사 예정인 LG에너지솔루션의 자체 자금조달에 따른 LG화학 지분 희석 우려
- 동사의 배터리가 적용된 전기차의 리콜 이슈에 민감하게 반응
- 글로벌 경제 정상화에 따른 화학제품 수요 증가로 석유화학에서도 높은 이익창출 기대
- 글로벌 1위 생산 자랑하는 ABS 가격 및 스프레드 그리고 에틸렌 생산능력 추이 체크

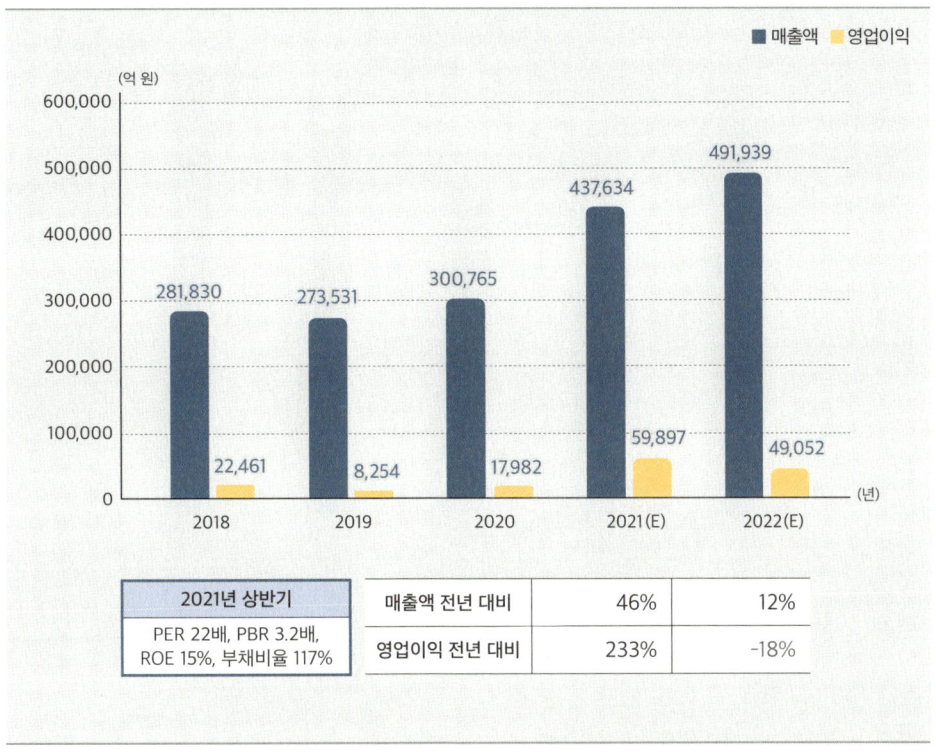

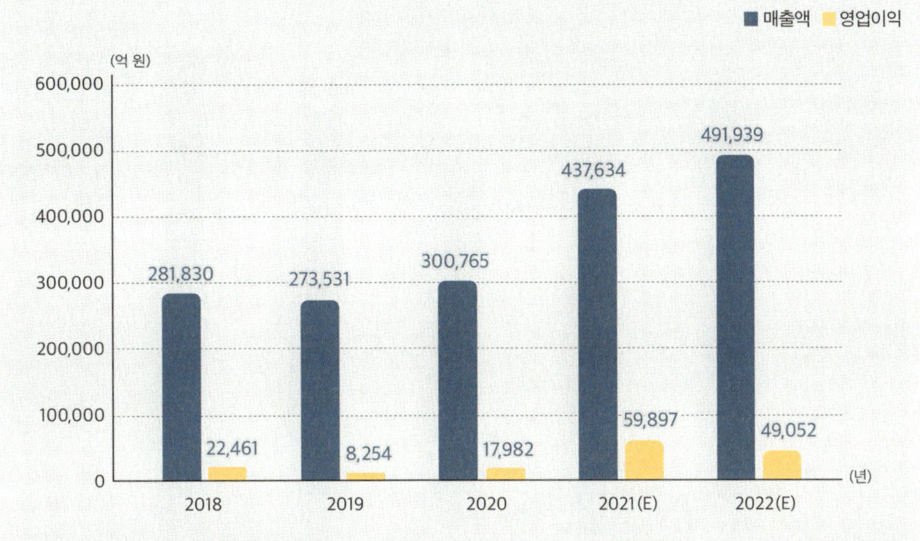

2021년 상반기
PER 22배, PBR 3.2배, ROE 15%, 부채비율 117%

매출액 전년 대비	46%	12%
영업이익 전년 대비	233%	-18%

*2021.09. 기준

삼성SDI

배터리 세계 5~6위권 | 신형 배터리 Gen5 | 미국에 시설투자

시가총액	51.5조 원

주요 주주	삼성전자 외 5인 20% / 국민연금공단 8% / 블랙록 펀드 5%
총 매출액 중	에너지솔루션 80% / 전자재료 20%

- 소형전지, 전기차 배터리 및 ESS를 생산하는 에너지솔루션 사업부. 매출 비중 약 80%
- 반도체 및 디스플레이 소재 및 전자재료를 생산하는 전자재료 사업부. 매출 비중 약 20%
- 폭스바겐, 아우디, BMW, 볼보 등 다수의 유럽 완성차 기업들에 전기차 배터리 납품
- 특히 피아트 500, 아우디 E-트론 EV 등의 판매 호조로 성장
- 배터리 분야에 그간 다소 보수적인 투자를 벗어나, 미국에 대규모 생산시설 확충 전망
- 글로벌 전기차 배터리 사용량 6위(약 5%) 매월 발표되는 순위에 주목
- 국내 배터리 경쟁사 LG와 SK의 배터리 사업부 분사 이슈에도 동사는 해당 이슈가 없음
- 또한 동사의 배터리가 적용되는 전기차 라인업의 확대 이슈 체크

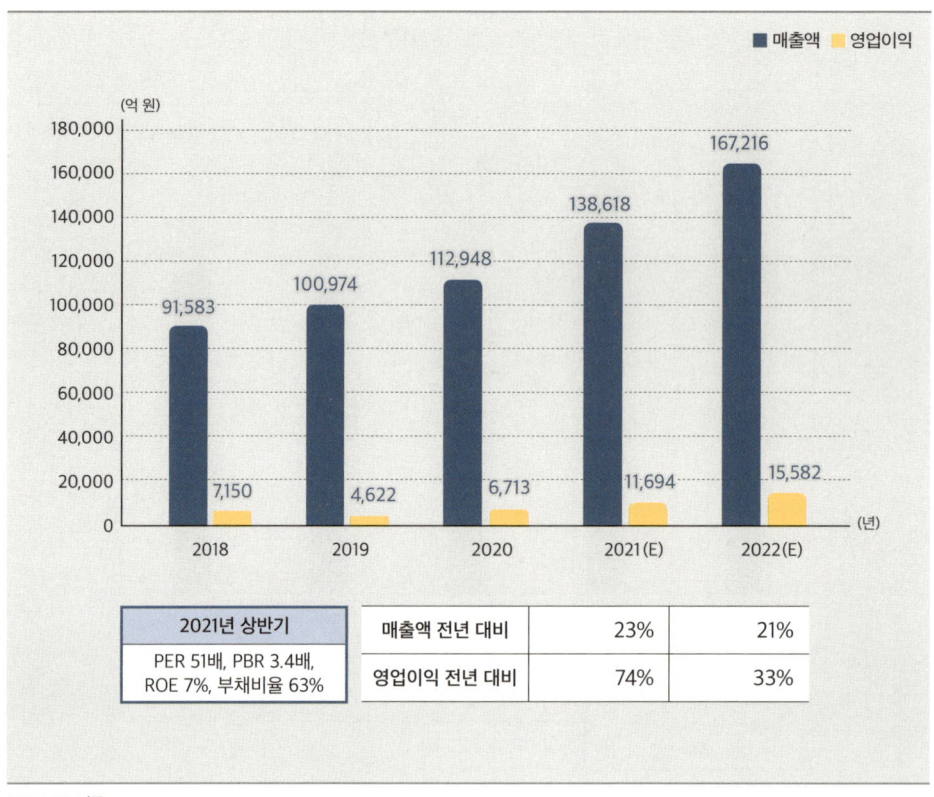

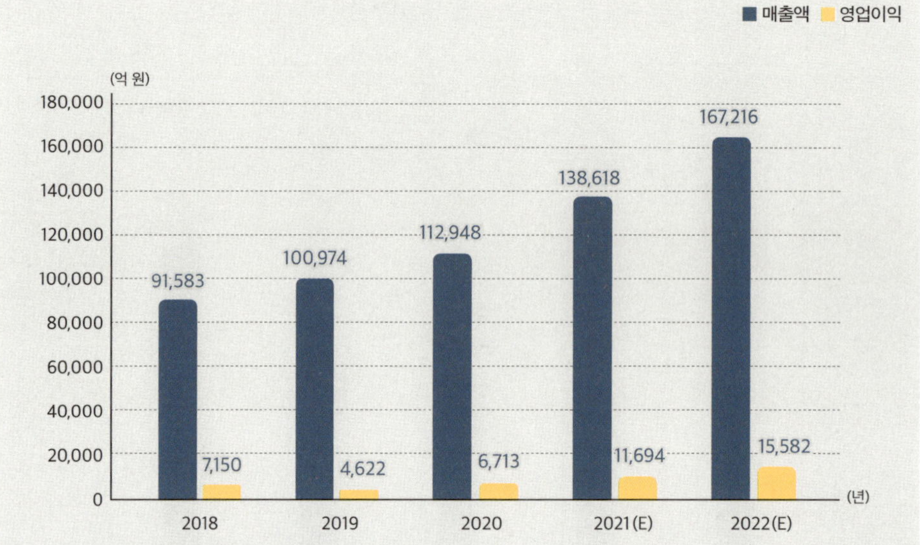

2021년 상반기
PER 51배, PBR 3.4배, ROE 7%, 부채비율 63%

매출액 전년 대비	23%	21%
영업이익 전년 대비	74%	33%

*2021.09. 기준

SK이노베이션

배터리 세계 5~6위권 | 국내 제 1의 정유회사 | 미국과 중국에 대규모 | 배터리 분사

시가총액	22.8조 원

주요 주주	SK외 6인 33% / 국민연금공단 8%
총 매출액 중	석유사업 63% / 화학사업 22% / 윤활유사업 7% / 배터리사업 5%

- 원유를 활용한 정제 및 윤활유 사업을 주로 진행하며 신성장 동력인 배터리에 적극 투자
- 글로벌 석화제품 수요가 정상화되지 못해 아직 정제마진은 BEP에 미달하여 실적 부진
- 글로벌 전기차 배터리 사용량 5위(약 5%). 매월 발표되는 순위에 주목
- 특히 기아 니로 EV, 현대 아이오닉5, 코나 일렉트릭 등 판매로 성장세
- 또한 동사의 배터리가 적용되는 전기차 라인업의 확대 이슈 체크
- 배터리 분야에 조단위 공격적 투자 단행. 배터리 수주잔고 글로벌 3위(130조 원)
- 미국 조지아주 1,2공장 완공 및 포드와의 합작사 '블루오벌 SK' 의 행보 기대
- 또한 중국에 기존 3개의 공장 외에 1개 더 신설 중
- LG와 비슷하게 배터리 사업부 물적분할 이슈로 SK이노베이션의 향후 지분 희석 우려

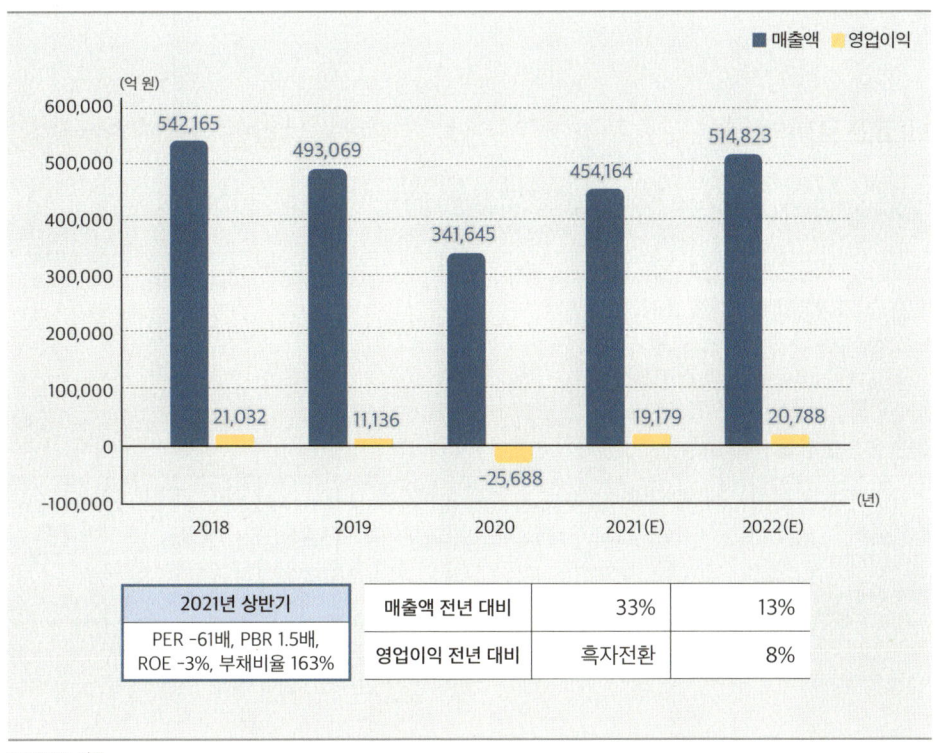

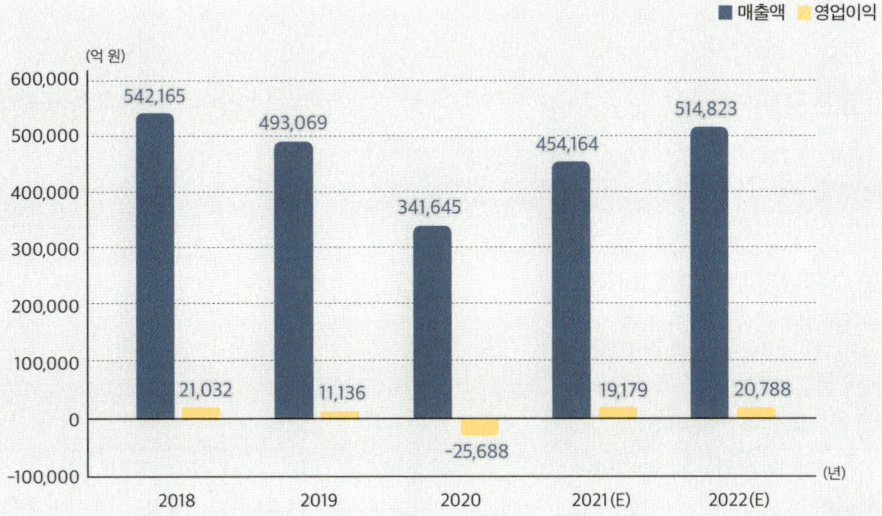

2021년 상반기
PER -61배, PBR 1.5배, ROE -3%, 부채비율 163%

매출액 전년 대비	33%	13%
영업이익 전년 대비	흑자전환	8%

*2021.09. 기준

에코프로

배터리 + 친환경 | 에코프로비엠 + 에코프로에이치엔

시가총액	18,200억 원	주요 주주	이동채 외 9인 18%, 삼성자산운용 6%

- 2차전지용 양극활물질 및 전구체를 제조
- 자회사 에코프로비엠 지분 48% 보유한 지주회사격
- 자회사 에코프로에이치엔을 통해 유해물질 저감장치 제조하는 환경사업 영위

최근 실적 및 주요 재무지표

	2019년	2020년	2021년(전망)
매출액	7,023억 원	9,468억 원	14,030억 원(yoy 48%)
영업이익	478억 원	824억 원	1,355억 원(yoy 64%)

	2021년 상반기	
매출액	5,700억 원	PER 6배, PBR 2.9배, ROE 61%, 부채비율 141%
이익	492억 원	

에코프로비엠

배터리 양극재 국내 NO.1 | 하이니켈양산

시가총액	65,100억 원	주요 주주	이동채 외 9인 18%, 삼성자산운용 6%
		주 매출처	양극활물질 및 전구체 100%

- 국내 대표 배터리 양극재 제조 기업(NCA + NCM)
- 고성능 구현 가능한 하이니켈 양극재 생산
- 삼성SDI, SK이노베이션 등에 납품

최근 실적 및 주요 재무지표

	2019년	2020년	2021년(전망)
매출액	6,161억 원	8,547억 원	13,753억 원(yoy 61%)
영업이익	371억 원	548억 원	1,195억 원(yoy 118%)

	2021년 상반기	
매출액	5,736억 원	PER 69배, PBR 9.6배, ROE 16%, 부채비율 106%
이익	468억 원	

포스코케미칼

배터리 양극재 + 음극재 | 포스코 그룹의 전폭 지원

시가총액	116,582억 원

주요 주주	포스코 외 4인 62%, 국민연금공단 5%
주 매출처	에너지소재 44%, 라임화성 31%

- 국내 유일 배터리 양극재 + 음극재 생산 기업
- 포스코 그룹 차원의 적극적 투자 집중
- 아직 절반 이상 매출은 철강산업과 관련되며, 글로벌 경기 정상화에 따른 철강 전방산업 호조에 수혜

최근 실적 및 주요 재무지표

	2019년	2020년	2021년(전망)
매출액	14,838억 원	15,662억 원	19,996억 원(yoy 27%)
영업이익	19,899억 원	603억 원	1,462억 원(yoy 142%)

	2021년 상반기	
매출액	9,472억 원	PER 82배, PBR 5.3배, ROE 8%, 부채비율 47%
이익	697억 원	

일진머티리얼즈

음극재 동박 | 유럽 및 미국 공장 신설 | 구리가격 중요

시가총액	33,615억 원

주요 주주	허재명 외 2인 53%, 국민연금공단 5%
주 매출처	일렉포일 90%

- 배터리 음극재 핵심 요소인 일렉포일(동박) 생산
- 국내 대표 PEF 운용사 스틱인베스트, 동사에 1조 투자
- 배터리 수요 급증하는 미국 및 유럽에 동박공장 신설

최근 실적 및 주요 재무지표

	2019년	2020년	2021년(전망)
매출액	5,502억 원	5,369억 원	7,162억 원(yoy 33%)
영업이익	469억 원	509억 원	884억 원(yoy 73%)

	2021년 상반기	
매출액	3,091억 원	PER 45배, PBR 5.5배, ROE 12%, 부채비율 28%
이익	351억 원	

SKC

화학 + 동박 쌍끌이 성장

시가총액	54,720억 원	주요 주주	SK외 4인 41%, 국민연금공단 10%
		주 매출처	PET 필름 38%, POD 30%, 동박 17%

- PO 등의 화학제품 및 일반 산업재에 쓰이는 PET 필름 생산
- 성장산업으로 배터리 음극재 동박 생산. 기업가치 할증 요인

최근 실적 및 주요 재무지표

	2019년	2020년	2021년(전망)
매출액	23,611억 원	27,022억 원	33,624억 원(yoy 24%)
영업이익	1,398억 원	1,908억 원	4,453억 원(yoy 133%)

	2021년 상반기	
매출액	16,118억 원	PER 27배, PBR 2.6배, ROE 10%, 부채비율 182%
이익	2,168억 원	

솔루스첨단소재

신 성장동력 3가지 확보

시가총액	18,323억 원	주요 주주	스카이레이크 53%
		주 매출처	전지박(동박) 65%, OLED 및 기타 34%

- 배터리 동박 및 OLED 유기물질 생산
- OLED 유기물질 핵심 소재인 ETL 시장에서 두각.
- 2021년 말, 바이오 분야 분사 후 성장동력으로 키울 계획

최근 실적 및 주요 재무지표

	2019년	2020년	2021년(전망)
매출액	700억 원	2,902억 원	4,254억 원(yoy 46%)
영업이익	102억 원	304억 원	332억 원(yoy 9%)

	2021년 상반기	
매출액	1,810억 원	PER 93배, PBR 7.3배, ROE 8%, 부채비율 72%
이익	24억 원	

엘앤에프

배터리 양극재 | 국내 배터리 3사 | 테슬라

시가총액	38,106억 원	주요 주주	새로닉스 외 14인 25%
		주 매출처	배터리 양극재 100%

- 전기차 배터리용 양극재 NCM 타입 생산
- 국내 대표 배터리 생산 3사 및 테슬라에 납품
- 글로벌 전기차 생태계 선도하는 대표 기업과 밀접

최근 실적 및 주요 재무지표

	2019년	2020년	2021년(전망)
매출액	3,133억 원	3,561억 원	10,443억 원(yoy 193%)
영업이익	-77억 원	15억 원	296억 원(yoy 1,873%)

	2021년 상반기	
매출액	3,499억 원	PER 235배, PBR 6.0배, ROE 4%, 부채비율 273%
이익	24억 원	

천보

배터리 리튬염 | 생산량 폭증

시가총액	23,050억 원	주요 주주	이상율 외 14인 56%
		주 매출처	배터리 리튬염 62%, LCD 첨가제 29%

- 배터리 전해액에서 리튬이온 이동을 돕는 리튬염 생산
- 배터리의 성능 및 안정성 향상에 매우 중요한 역할
- 리튬염 생산량, 2020년 대비 2026년에 약 10배 성장 전망

최근 실적 및 주요 재무지표

	2019년	2020년	2021년(전망)
매출액	1,353억 원	1,555억 원	2,551억 원(yoy 64%)
영업이익	272억 원	301억 원	469억 원(yoy 55%)

	2021년 상반기	
매출액	1,095억 원	PER 56배, PBR 8.7배, ROE 17%, 부채비율 18%
이익	191억 원	

원익피앤이

배터리 충전 인프라

시가총액	4,846억 원

주요 주주	원익홀딩스 외 1인 35%
주 매출처	2차전지 포메이션 장비 92%

- 배터리 충전 인프라, 전원공급장치 등 생산
- 자회사 피앤이시스템즈(지분 60%)를 통해 전기차 충전기사업 영위

최근 실적 및 주요 재무지표

	2019년	2020년	2021년(전망)
매출액	1,472억 원	1,277억 원	1,907억 원(yoy 49%)
영업이익	178억 원	206억 원	266억 원(yoy 29%)

	2021년 상반기	
매출액	971억 원	PER 19배, PBR 3.7배, ROE 21%, 부채비율 71%
이익	90억 원	

핵심 키워드

2차전지 리튬이온 전지
액체 겔 타입의 전해질을 통해 리튬이온이 양극과 음극을 오가며 충전과 방전이 이뤄진다. 이때 리튬이온이 전해질을 타고 움직이는 속도가 전지의 출력을 좌우한다.
- 충전하면 리튬이온이 음극에 저장
- 배터리를 사용하게되면 방전되면서 리튬이온이 음극 → 양극으로 이동하면서 에너지 방출
- 모든 리튬이온이 방출되어 양극으로 이동되면 방전이 됨
- 다시 재충전하면 리튬이온이 양극 → 음극으로 이동되며 에너지가 저장됨

양극재
알루미늄판에 리튬을 도포해 + 극 역할을 한다.
리튬이온을 생성하는 역할을 하기에 2차전지 성능에 있어 핵심이다. 출력을 좌우하며 배터리 원가에서도 비중이 가장 높다. 주요 원재료로 리튬, 코발트, 알루미늄, 망간 등이 사용되며 어떤 원재료를 사용했는지에 따라 NCM, NCA, LCO, LFP 등으로 2차전지를 분류하게 된다.

음극재
동박(구리)위에 흑연을 씌웠는데 이것이 -극 역할을 한다. 배터리 성능 강화 및 충전 용량 향상하는 역할도 한다. 실리콘, 흑연 등으로 동박을 씌워 성능을 향상시켰다.

분리막
양극과 음극의 접촉을 차단해 전기적 쇼트를 막는 역할을 한다. 배터리 안정성에 기여한다. 습식과 건식 타입이 있으며 SK아이이테크놀로지는 습식 분리막 세계 1위 기업이다.

전해액
리튬 이온이 원활하게 이동하도록 돕는 매개체다.

CNT(탄소나노튜브) 도전재
배터리 양극, 음극 내 전자 이동을 촉진시키는 역할을 한다. 전극에 소량만 사용되지만 리튬 2차전지 성능 향상에 매우 중요한 역할로, 양극재, 음극재의 에너지 밀도 개선을 극대화시킨다. 기존 카본블랙 대신 CNT 사용 시, 사용량을 1/5 수준으로 줄여주며 고가의 바인더 사용량도 줄일 수 있는 장점이 있다. 음극재에서는 실리콘 음극재의 팽창을 잡아주는 보완재 역할도 담당한다.

바인더
전극을 물리적으로 안정화시켜주는 역할이다. 도전재를 집전체에 정착시켜주는 일종의 접착제 역할이다. 배터리 원가의 2%밖에 안되지만 최근 배터리 화재사고로 배터리 안정성이 화두가 되고 있기에 바인더의 역할은 더욱 부각될 전망이다.

ESS(Energy Storage System)
에너지 저장 시스템. 태양광 등 발전소에서 불규칙적으로 생산된 전력을 저장해둔 후, 전력이 부족할 때 송전해주는 저장장치다. 일종의 대용량 배터리라고 생각하면 된다. 전력사용 급증에 따른 대규모 정전사고, 신재생에너지 보급 확산 등 다양한 환경 변화에 따른 전력 불확실성에 대비하기 위한 니즈가 증가하고 있어 ESS 수요는 증가하는 추세다.

2차전지 충전기
빠르게 증가하는 글로벌 전기차량 대비 충전시설의 과부족으로 세계 각국이 전기차 충전기 설치를 확대하는 중이다. 미국은 최근 전기차 충전소 건설 비용으로 75억 달러를 책정했고 유럽연합은 2020년 22만 개 수준의 공공 전기차 충전소를 2029년까지 300만 개로 확대할 계획을 밝혔다. 또한 기존 내연기관차의 주유 시간 대비 오래 걸리는 배터리 충전시간을 단축시키고자 급속 충전 기술 및 인프라 확충 니즈가 대두되고 있다.

PTC 히터
내연기관이 없는 전기, 수소차의 고전압 전력을 활용해 실내 난방을 하는 장치다. 겨울철 전기, 수소차의 유일한 난방 시스템이다. 운전자가 설정한 난방 온도에 맞춰 실내 온도를 유지해야 하기에 높은 기술력이 요구된다.

ECU
자동차에 장착된 수많은 센서와 장치들을 총괄하여 컨트롤하는 전자제어장치다.

핫스탬핑
950도의 고온으로 가열된 철강소재를 금형에 넣고 프레스로 성형한 뒤 금형 내에서 급속 냉각시키는 공법으로 만들며, 가볍고 강도가 높은 차체를 만들 수 있다. 전기차의 경우 배터리 무게와 전장부품 비율 상승으로 차량 무게가 늘어나고 있는데 주행거리 확보 또한 중요하기에 차량 경량화를 위한 핫스탬핑 부품 적용률이 높아지고 있다.

가스켓(Gasket)
배터리팩의 다양한 접합부를 밀봉하는 데 쓰이는 고무제품을 뜻한다.

BMS(Battery Management System)
전기차 센서에서 감지한 배터리 정보를 입력 받아 상황을 판단하고 적절한 배터리 상태를 유지하기 위해 제어하는 시스템이다. 배터리 잔존 용량 측정, 셀 충전 용량의 밸런싱, 배터리 온도 관리, 성능 진단 경보 등의 역할을 한다.

OBC(On Board Charger)
차 내부에 탑재되는 충전기라는 의미이며, 일반적인 배터리 충전소가 적용하고 있는 AC(교류)전원을 공급받으면 이를 적절한 수준의 DC(직류)전원으로 변환해주는 역할을 한다. 차량의 배터리를 더 빠르게 충전할 수 있게 돕는다.

엔터테인먼트·미디어 콘텐츠·웹툰

1 초고속 인터넷 및 스마트폰 대중화 환경에서 OTT 플랫폼이 다양한 장점으로 글로벌 콘텐츠 업계를 뒤흔들고 있음
2 네이버와 카카오가 한국, 일본 및 글로벌 웹툰 시장을 선도하고 있으며, 웹툰 IP의 OSMU 활성화에 주목
3 중국 한한령, 코로나19 악재를 유튜브 및 팬 플랫폼으로 이겨낸 엔터테인먼트 업종은 포스트 코로나에서 오프라인 공연으로 레벨업 될 전망

핵심 키워드 OTT 넷플릭스 디즈니 플러스 카카오 웹툰 네이버 웹툰 위버스 디어유 OSMU

OTT로 집중되는 미디어 콘텐츠 시장

초고속 인터넷, 스마트폰의 대중화 그리고 5G 통신 적용 등으로 전 세계 미디어 시장에서 OTTOver The Top 플랫폼이 급성장하고 있다. 과거엔 미디어를 시청할 수 있는 매체가 집 안에 있는 TV였기 때문에 항상 가구 단위로 시청해야 했고 개인의 채널 선택권은 드물었다. 그러나 기술 발전이 시청 환경의 변화 및 콘텐츠 니즈를 변화시켰다. 이제 미디어 시청자는 개인이 원하는 콘텐츠를 원하는 시간에 어디서든 편한 곳에서 시청할 수 있게 되었다.

OTT만의 여러 장점이 있는데, OTT 콘텐츠는 시리즈 전체가 동시에 업데이트되기에 다음 회를 기다릴 필요 없이 첫 회부터 마지막 회까지 몰아볼 수 있다. 콘텐츠의 처음, 중간 등에서 불필요한 광고를 시청해야 하는 피로감이 없는 점도 강점이다. 그리고 진일보된 콘텐츠 스트리밍 기술, 콘텐츠 추천 알고리즘 등 시청자가 OTT 서비스에 만족할 수 있는 기술의 발전은 OTT가 글로벌 무대에서 빠르게 성장할 수 있는 중요한 원동력이 되었다.

이에 그간 공중파 및 케이블 TV와 협력했던 콘텐츠 제작, 배급사들은 빠르게 OTT 플랫폼과 협업하는 방향으로 이동하고 있다. 이와 같은 환경 변화에 발빠르게 넷플릭스, 디즈니+, 애플+ 등 OTT를 공급하는 글로벌 플랫폼 기업들은 국내에서도 영향력을 펼치고

있다. 해외 자본의 국내 진입을 부정적으로 볼 수도 있으나 넷플릭스를 통해 글로벌 무대에서 히트를 기록한 〈킹덤〉, 〈오징어 게임〉 등의 사례를 본다면, 오히려 국내 콘텐츠 기업들이 전 세계로 쉽게 나갈 수 있는 기회의 장점도 분명하다고 판단한다. 한국 콘텐츠는 이미 글로벌 무대에서 검증된 작품성과 흥행력을 기반으로 하기에 국내 드라마·영화 콘텐츠의 가치가 연일 상승하고 있다.

해외 OTT에 맞서 국내 OTT 업체 역시 수천억 원 대의 드라마 콘텐츠 투자를 집행해 OTT 플랫폼 간 경쟁 본격화에 참여하고 있다. 웨이브는 5년간 1조 원, 티빙은 3년간 4,000억 원, 카카오TV는 3년간 3,000억 원, 쿠팡플레이는 1년간 1,000억 원을 투자한다고 발표했다. 국내외 OTT 기업들의 콘텐츠 경쟁 심화는 콘텐츠 제작 마진 상승, 제작비 지원 비율(리쿱율) 상승으로 콘텐츠 산업 전반에 활력을 불어넣을 전망이다. 보스턴 컨설팅 그룹에 따르면 글로벌 OTT 시장은 2019년 102조 원에서 2022년 154조 원으로 약 50% 급성장할 전망인데 이런 상승세는 더욱 지속될 것으로 분석되고 있다.

IP로 OSMU 활성화 가능한 웹툰

웹툰은 웹web과 카툰cartoon의 합성어이며 영어권에선 디지털 코믹스란 용어로 불리고 있다. PC 및 모바일 전용으로 제작된 만화로 10분 이내 짧은 시간에 소비할 수 있는 특징이 있다. 웹툰은 현재 스마트폰 대중화에 편승하며 급속도로 성장하고 있다. 시간과 장소에 구애받지 않고 간편하고 가볍게 즐길 수 있고 연재 방식, 스마트폰 최적화 화면 비율, 스크롤 읽기 등 방식으로 인기를 얻게 되었다.

네이버와 카카오가 해외업체 통합, 플랫폼 개편 등으로 글로벌 시장 강화를 추진하고 있는데 놀라운 것은 전통적인 만화 강국 일본에서 한국 웹툰이 인기를 끌고 있다는 점이다. 2020년 기준으로 카카오의 '픽코마', 네이버의 '라인망가' 등 한국 기업의 일본 디지털 만화 시장 점유율이 70%를 돌파하는 기염을 토하고 있고 글로벌 시장을 호령하는 콘텐츠 기업들이 포진되어 있는 북미 시장에서도 한국 기업들이 적극적인 인수 합병 등으로 기세를 펴고 있다.

웹툰 시장은 웹툰 자체로만 고성장을 거두는 것뿐 아니라 웹툰 IP를 기반으로 OSMUOne Source Multi Use가 활성화되고 있다. 넷플릭스와 같은 OTT에서 웹툰 콘텐츠가 미디어 형태로 제작되고 있고, 다수의 인기 웹툰 속 주인공들을 하나로 통합시켜 스토리를 전개해 이를 다양한 장르로 확장해 해당 유니버스를 중심으로 콘텐츠가 또다시 파생되는 변화를 이어가고 있다.

엔터테인먼트 산업 - 팬 플랫폼 활성화 및 포스트 코로나에 따른 공연 매출 회복

엔터테인먼트 산업은 2016년 한국의 사드THAAD 배치 후 중국이 한국 콘텐츠를 대상으로 가한 한한령으로 인해 중국 내 한류 열풍이 주춤해져 중국 관련 매출이 크게 위축되었으며, 코로나 여파로 엔터테인먼트 산업 총 매출의 약 30%를 차지하는 오프라인 공연이 진행되지 못하며 매출에 심각한 타격을 받게 되었다. 하지만 한국 엔터테인먼트 산업은 세계 3대 엔터테인먼트 시장인 중국 매출도를 과감히 줄이고 중국을 제외한 글로벌 무대에서 뛰어난 성과를 보이고 있는 방탄소년단, 블랙핑크 등의 아티스트를 필두로 유튜브 등 플랫폼을 통해 재차 도약의 발판을 마련하고 있다.

각 엔터테인먼트 회사는 좋아하는 것에는 시간과 돈을 아끼지 않고 소통을 중요시하는 MZ세대 특성에 적극 대응한 팬 플랫폼을 운영하며 매출 회복 및 장기간 성장 동력을 갖추게 되었다. 포스트 코로나에 오프라인 공연이 재개된다면 엔터테인먼트 산업은 한층 더 레벨 업된 모습을 보여줄 전망이다.

글로벌 주요 OTT들의 가입자 현황

: 넷플릭스의 공고했던 1위 자리를 후발 주자인 아마존 프라임과 디즈니 플러스가 공격적인 인수합병 등으로 격차를 줄여가고 있다.

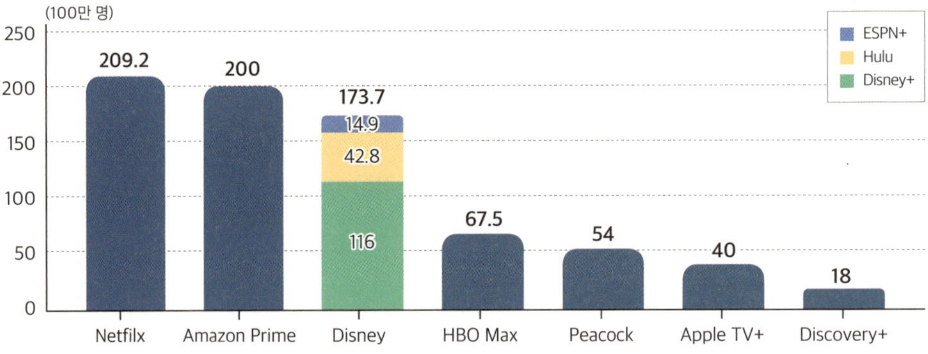

글로벌 주요 OTT들의 진출 시점, 콘텐츠 인프라 및 핵심 콘텐츠

서비스명	진출시점	콘텐츠 인프라	핵심 콘텐츠
넷플릭스	2007년	독립 스튜디오	〈하우스 오브 카드〉, 〈나르코스〉, 〈기묘한이야기〉, 〈위쳐〉, 〈오징어게임〉
디즈니 플러스	2019년	픽사, 마블, 21세기 폭스	〈스타워즈〉, 〈심슨가족〉, 〈마블 시리즈〉, 〈어벤져스 시리즈〉, 〈워킹데드〉
아마존 프라임	2006년	MGM 영화사	〈알파하우스〉, 〈반지의 제왕〉, 〈에반게리온〉
애플 TV 플러스	2011년	스카이댄스	〈The Morning show〉, 〈Amazing stories〉
HBO 맥스	2020년	워너 브라더스	〈DC 시리즈〉, 〈해리포터〉, 〈왕좌의 게임〉, 〈프렌즈〉
피콕	2020년	유니버셜 스튜디오	〈쥬라기 월드〉, 〈분노의 질주〉, 〈미니언즈〉, 〈베이사이드 얄개들〉
파라마운트 플러스	2021년	파라마운트 영화사	〈대부〉, 〈스타트렉〉, 〈미션 임파서블〉, 〈클로버필드〉

글로벌 OTT 시장 규모

: 넷플릭스를 필두로 아마존 프라임, 디즈니 플러스, HBO, 애플 TV 등의 후발주자 진입으로 2019년 대비 2024년까지 연평균 13%씩 성장할 전망이다.

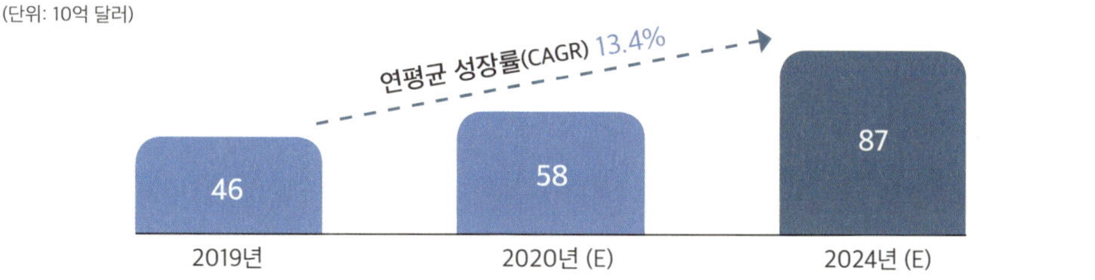

*구독형과 단편구매형 집계 유튜브, 메타 등 광고형은 제외.

출처: PwC Global Entertainment & Media Outlook

글로벌 디지털 만화 시장 전망

: 디지털 만화로 진화되면서 스마트 기기를 통한 웹툰 서비스가 급속도로 성장 중이다. 일본을 필두로 글로벌 웹툰 시장은 2018년 이후 연평균 4% 이상 지속적으로 성장할 전망이다.

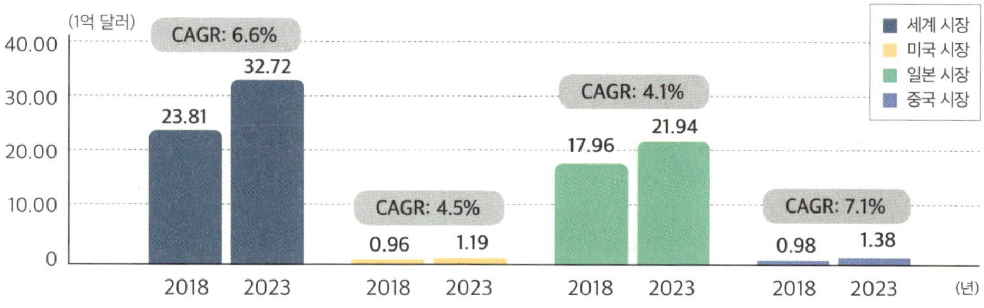

웹툰 플랫폼 생태계 개념도

: 웹에서 앱으로 생태계가 전환되어 웹툰 앱을 통해 콘텐츠를 이용하는 형태다. 복합적인 맞춤형 플랫폼으로 진화되어 앱에서 유료 결제로 수익을 창출하는 형태다.

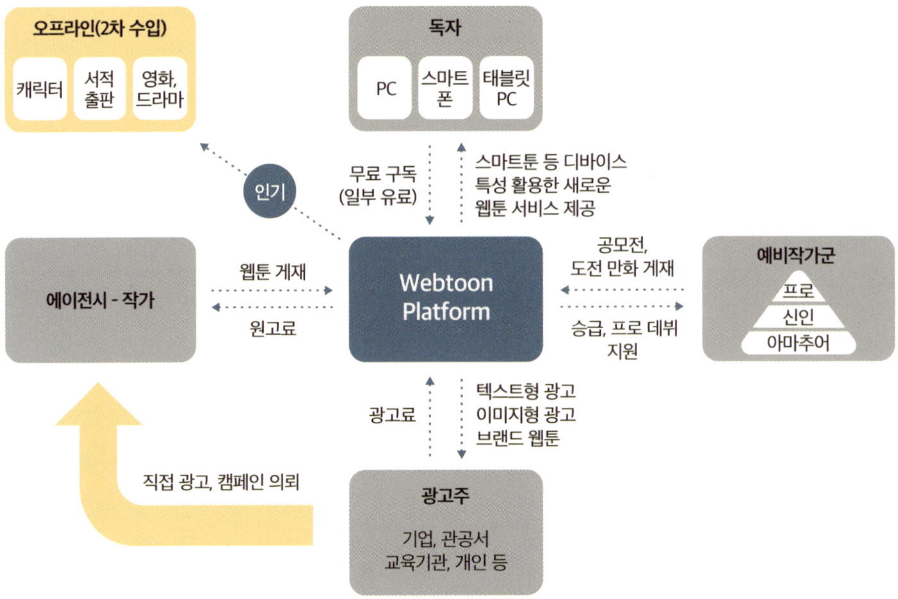

출처: 한국콘텐츠진흥원

글로벌 주요 OTT들의 진출 시점, 콘텐츠 인프라 및 핵심 콘텐츠

	V-Live	위버스	유니버스	버블(리슨)
운영사	위버스 컴퍼니 (네이버에서 양수)	위버스 컴퍼니	엔씨소프트	디어유 (SM 자회사)
서비스 시작	2015년 8월	2019년 6월	2021년 1월	2020년 2월
이용자 수	누적 다운로드 1억 건 (2020년 말), MAU 약 3,000만 명	누적 다운로드 1,700만 건(2020년 말), MAU 약 530만 명	누적 다운로드 1,000만 건(2021년 6월), MAU 약 330만 명	유료 구독자 수 120만 명 (2021년 2분기)
해외 이용자	약 85%	약 80%	약 80%	약 68%
주요 참가사	주요 K-POP 엔터사	와이지, UMG 등	CJ ENM	JYP 등 17개 사
주요 서비스 및 콘텐츠	실시간 방송, 유료 콘텐츠	팬/아티스트 전용 게시판, 자체 콘텐츠 및 유료 콘텐츠	팬/아티스트 전용 게시판, 오리지널 영상/라디오, AI 음성통화/아바타	팬/아티스트 전용 게시판, 익명 그룹 채팅
유료 구독 상품	팬십(위버스로 이전 통합 중)	팬클럽, Behind 이용권	플랫폼 멤버십, 프라이빗 메세지&콜	팬클럽, 버블
특징	글로벌 최대 팬 플랫폼	트위터와 유사한 포스팅 구조 아티스트와 대화가 무료	팬덤 활동을 앱내 재화로 보상	기존 온라인 팬카페 형태 재현 버블 서비스 타사에도 제공 중

출처: 언론, 각사, 하이투자증권

한국 엔터테인먼트 사의 팬 플랫폼을 통한 팬덤 수익화 구조 도식화

: 팬은 아티스트와 무료로 소통하고 콘텐츠를 소비하며 아티스트는 팬의 충성도를 강화시킬 수 있는 중요한 매개체다. 플랫폼 내에 다양한 수익 모델이 존재한다.

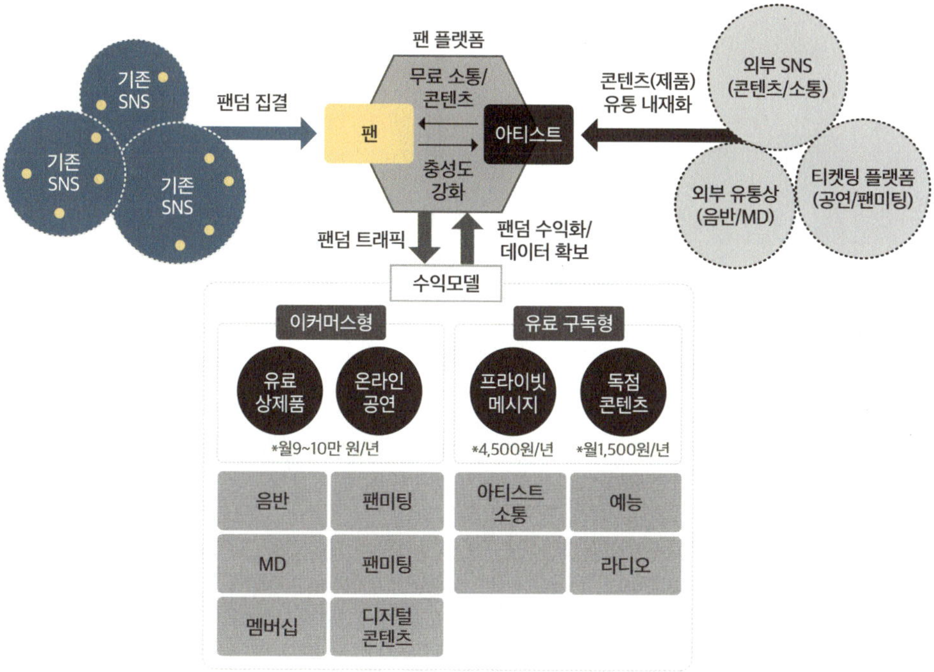

출처: 하이투자증권

엔터테인먼트 4사의 합산 점유율 변화 추이

: SM과 하이브의 양강 체제가 더욱 굳건해지고 있다는 것을 확인할 수 있다.

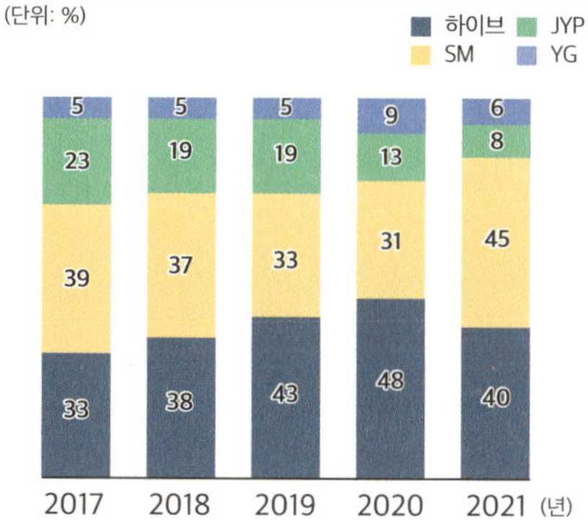

*2021년은 1~7월 누적

출처: 가온차트, 유진투자증권

한국 엔터 대표 4사의 주요 아티스트 라인업

: 하이브(방탄소년단 등), SM(NCT, EXO, 동방신기, 에스파 등), 와이지엔터(블랙핑크 등), JYP 엔터테인먼트(트와이스, 스트레이 키즈 등)의 핵심 아티스트 라인업이 있다.

하이브	방탄소년단, 세븐틴, 뉴이스트, TXT, Enhypen,
에스엠 엔터테인먼트	NCT, NCT Dream, EXO, 샤이니, 슈퍼주니어, 동방신기, 에스파, 소녀시대, 레드벨벳
와이지 엔터테인먼트	블랙핑크, 빅뱅, 트레저, 위너, 아이콘, 악동뮤지션
JYP.Ent	트와이스, 스트레이 키즈, ITZY, NiziU, Day6, 2PM

글로벌 라이브 공연 산업 매출액 추이

: 완만한 성장을 이어오다 2020년 코로나19 여파로 큰 타격을 받았지만, 글로벌 백신 접종률 증대 및 위드 코로나 정책으로 공연 산업은 빠르게 코로나 이전으로 성장할 전망이다.

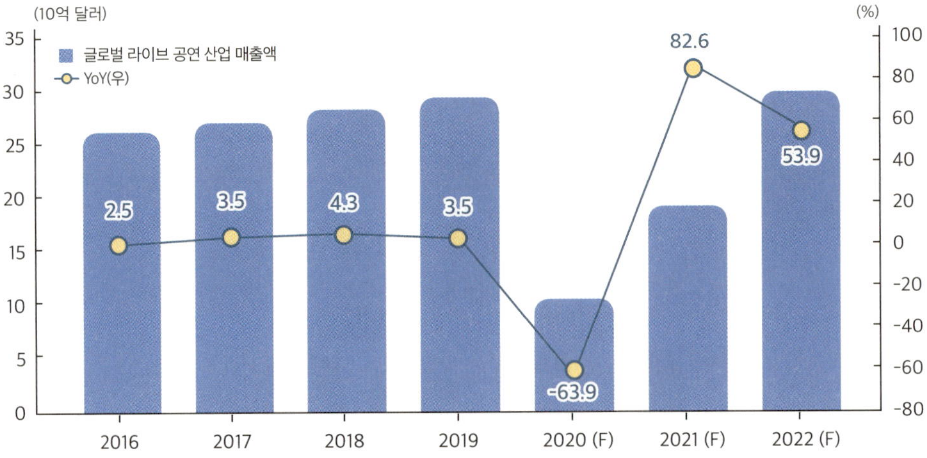

출처: Sratista, 케이프투자증권 리서치본부

테마 밸류 체인

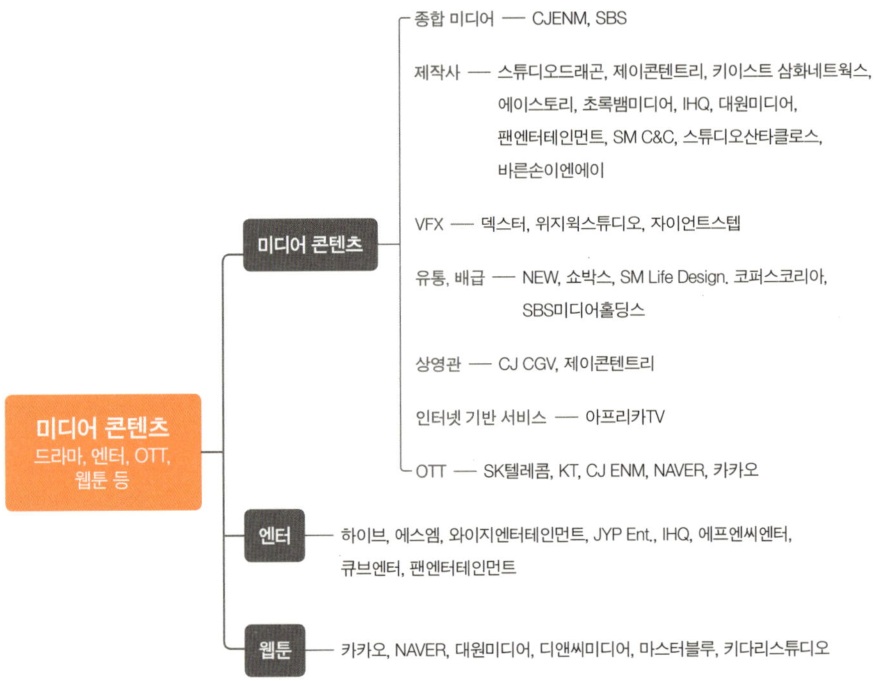

글로벌 주요 기업 및 ETF

해외 대표 기업

넷플릭스

NETFLIX

시가총액	332조 원	
	2021년	2022년(전망)
매출액	약 34.9조 원	약 40.1조 원 전망
영업이익	약 5.5조 원	약 6.9조 원 전망

- 글로벌 OTT 시장을 선도하는 1위 사업자. 2021년 2분기 기준 글로벌 가입자 약 2억 900만 명
- 타 OTT 대거 진입에 따른 경쟁 심화 우려감이 있으나 콘텐츠 제작 환경 및 지원 정책의 장점 지속 부각될 것
- 애플의 아이폰 어플 내 외부 결제 링크 허용 이슈로 결제 수단 접근성 확보로 인한 수혜 전망
- 대표 오리지널 IP <기묘한 이야기>를 활용, 모바일 게임 출시로 게임 사업 본격 진출

월트 디즈니

The Walt Disney Company

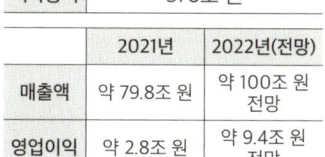

시가총액	378조 원	
	2021년	2022년(전망)
매출액	약 79.8조 원	약 100조 원 전망
영업이익	약 2.8조 원	약 9.4조 원 전망

- 영화 제작 및 배급 사업과 디즈니 채널, 테마파크 등을 소유 및 운영하는 세계 최대의 엔터테인먼트 기업
- 디즈니 플러스라는 브랜드로 OTT 사업에 진출하며 한국에는 2021년 11월 공식 진출
- 디즈니, 마블, 픽사, 스타워즈 등의 오리지널 콘텐츠 보유로 넷플릭스의 아성에 도전할 플랫폼으로 꼽힘
- 코로나19 여파에도 테마파크에서 의미 있는 성적을 거두면서 컨택트와 언택트 모두에서 성장세 지속 전망

CJ ENM

TvN | CJ몰 | 하이브 | OTT | 티빙 | 스튜디오드래곤

시가총액	3.7조 원

주요 주주	CJ 외 5인 42%
총 매출액 중	미디어 49%, 커머스 40%

- 방송채널 및 콘텐츠 제작을 하는 미디어, 커머스, 영화, 음악 등 사업 영위
- 국내 OTT 플랫폼 티빙 운영 및 드라마 사업의 스튜디오드래곤이 2017년에 분사함
- BTS의 소속사인 하이브와 합작사 설립
- 약 80~90%의 매출은 미디어와 커머스 분야에서 발생
- 넷플릭스가 잠식한 한국 OTT 시장의 보완재로 TvN 예능 및 CJ가 보유한 영화 다수 보유한 티빙의 전략 기대 (2021년 10월 기준 유료가입자 약 170만 명 수준)
- 또한 티빙은 네이버 멤버십과의 제휴, 네이버 IP 활용한 콘텐츠 영상화, 독점 스포츠 라인업 확대 등으로 스트리밍 플랫폼으로서의 가치 확대될 것

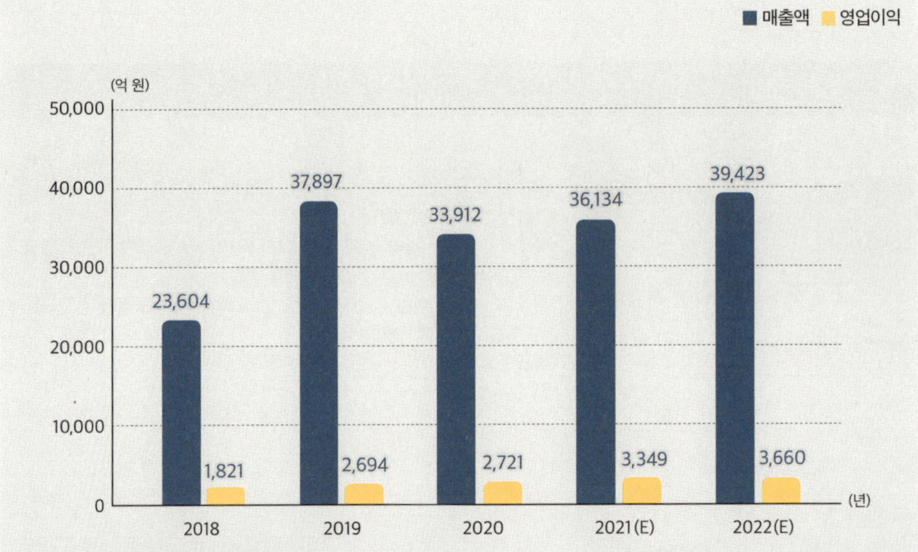

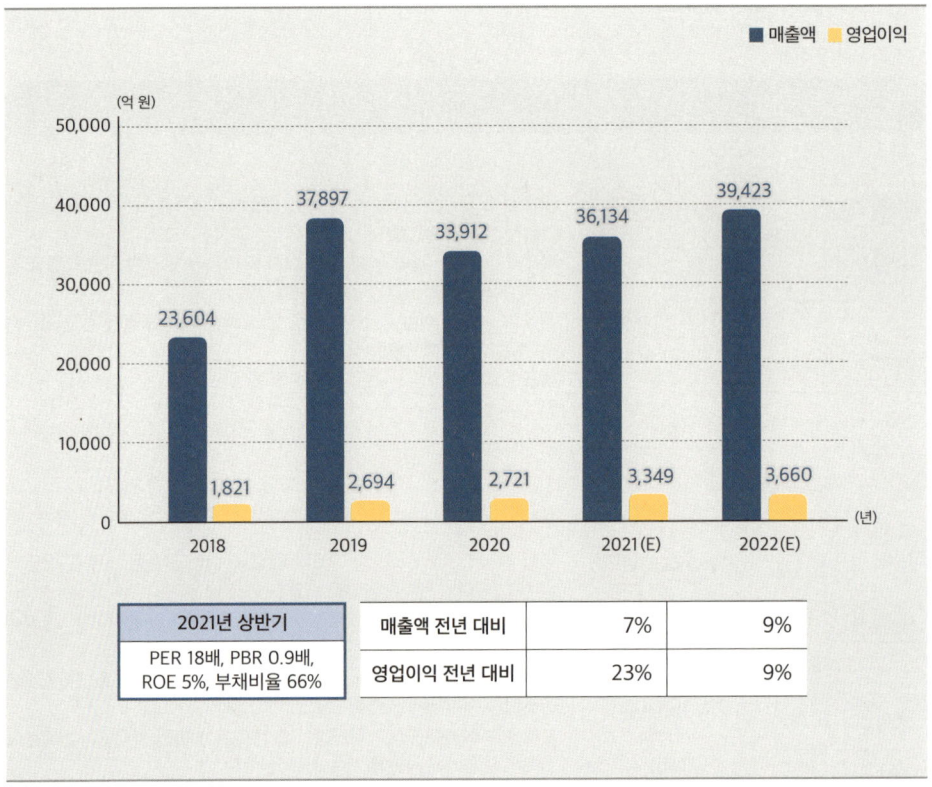

2021년 상반기
PER 18배, PBR 0.9배, ROE 5%, 부채비율 66%

매출액 전년 대비	7%	9%
영업이익 전년 대비	23%	9%

*2021.09. 기준

스튜디오드래곤

CJ ENM | 넷플릭스 | iQiYi | 티빙 | 킹덤 | 더 킹: 영원의 군주

시가총액	2.7조 원

주요 주주	CJ ENM 외 3인 56%, 네이버 6%
총 매출액 중	드라마 판매 58%, 드라마 편성 32%

- 드라마 콘텐츠를 기획, 제작하여 미디어 플랫폼에 배급하는 국내 최대 규모 회사
- CJ ENM의 드라마 사업본부가 물적분할되어 설립된 회사
- 넷플릭스, 디즈니 플러스 등의 한국향 콘텐츠 증가에 수혜 전망
- 2022년에 넷플릭스 및 iQiYi향 오리지널 대작 작품들의 편성 구성
- 국내 대표 OTT인 티빙 오리지널 콘텐츠의 절반 가량을 동사가 제작. 다수 OTT에 콘텐츠 배급
- 드라마 외에 웹툰, 영화, 소설 등의 IP를 활용한 다양한 포맷의 드라마 제작 계획

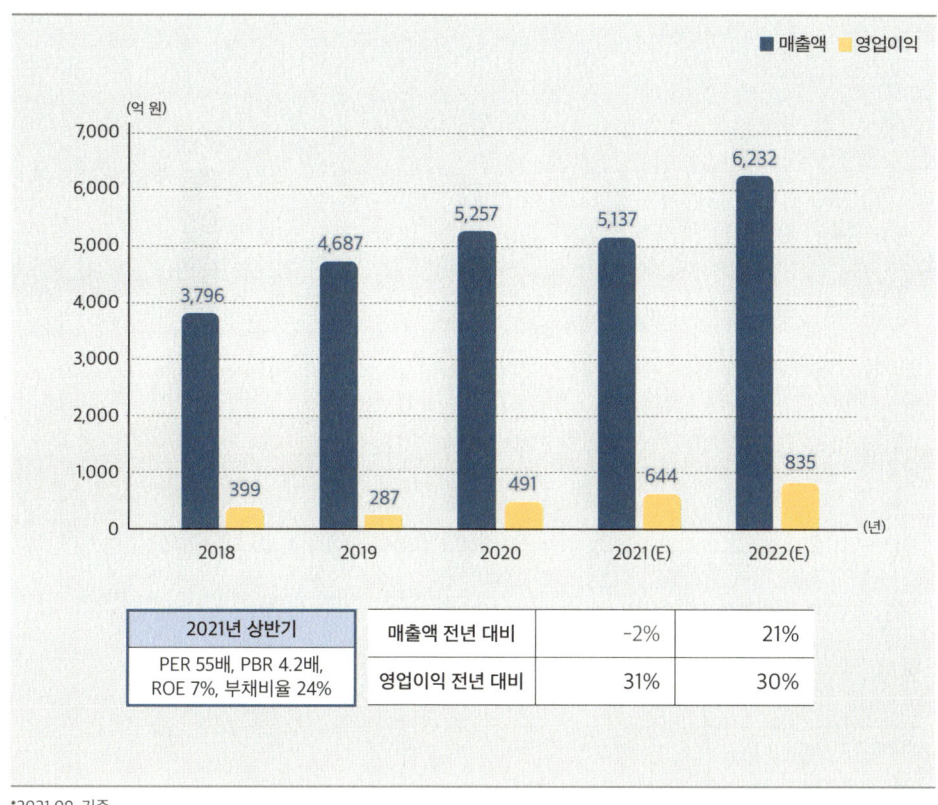

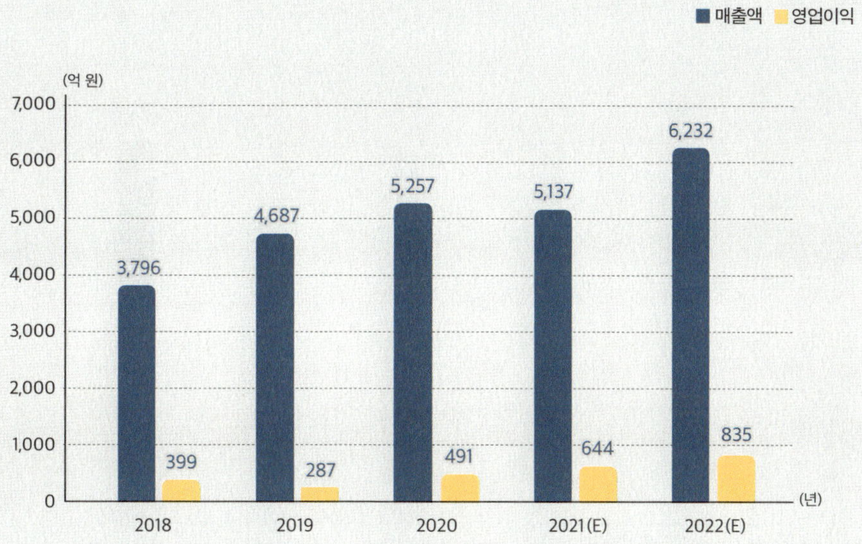

2021년 상반기
PER 55배, PBR 4.2배, ROE 7%, 부채비율 24%

매출액 전년 대비	-2%	21%
영업이익 전년 대비	31%	30%

*2021.09. 기준

하이브

BTS · V-live · 위버스 · 이타카 홀딩스 · 저스틴 비버 · 아리아나 그란데

시가총액	10.9조 원	주요 주주	방시혁 외 6인 35%, 넷마블 19%, 국민연금공단 6%
		총 매출액 중	앨범매출 35%, 콘텐츠매출 28%, MD 및 라이센싱매출 25%

- 글로벌 인기 그룹 BTS를 보유한 대형 엔터테인먼트 기업
- 영상, MD, 라이선싱, 캐릭터, 소설, 웹툰 등 다양한 형태로 간접 매출 확대
- 2021년 초, YG와의 연합 구축, V-Live 양수, 이타카 홀딩스 인수 등으로 위버스 성장에 집중
- 코로나로 인한 콘서트 부재 속에서도 팬 플랫폼 위버스를 통한 매출 급성장 이어감
- 이타카 홀딩스 합병 후, 글로벌 1, 2위 음악 시장인 미국, 일본에서의 영향력 확대 전망
- 2022년 이후 미국, 일본에서 현지 보이 그룹 데뷔 모멘텀 기대

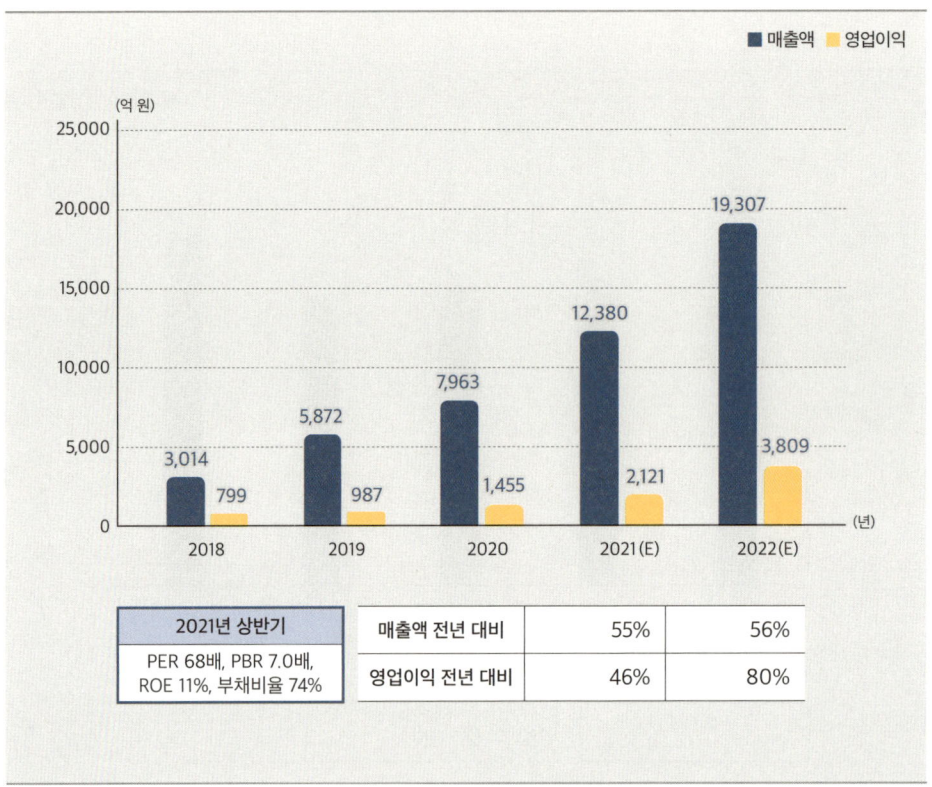

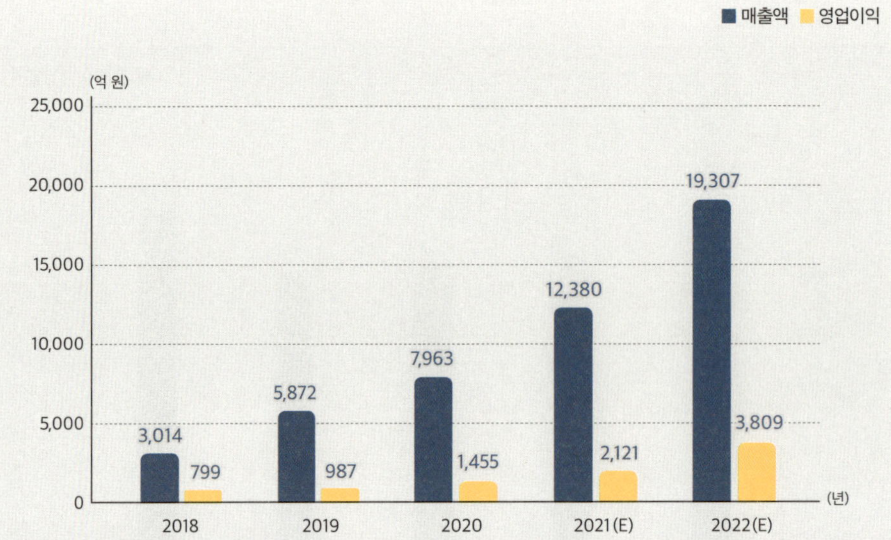

2021년 상반기
PER 68배, PBR 7.0배, ROE 11%, 부채비율 74%

매출액 전년 대비	55%	56%
영업이익 전년 대비	46%	80%

*2021.09. 기준

SBS

지상파 방송 | 자회사 IPO | OTT 웨이브

시가총액	10,532억 원

주요 주주	SBS미디어홀딩스 36%, 국민연금 11%
주 매출처	프로그램판매 48%, TV광고판매 46%

- 지상파 TV방송 사업자. 프로그램 판매, 광고사업 영위
- SBS 그룹 내 드라마 제작 위한 투자 및 편성 담당
- 유연 편성 전략으로 기업가치 급성장. 2022년 매각 옵션 이슈

최근 실적 및 주요 재무지표

	2019년	2020년	2021년(전망)
매출액	8,177억 원	8,603억 원	10,106억 원(yoy 17%)
영업이익	126억 원	691억 원	1,998억 원(yoy 189%)

	2021년 상반기	
매출액	4,757억 원	PER 6.4배, PBR 1.4배, ROE 27%, 부채비율 98%
이익	939억 원	

제이콘텐트리

SKY캐슬 | D.P | 넷플릭스 | 메가박스

시가총액	9,808억 원

주요 주주	중앙홀딩스 외 2인 45%, 국민연금 10%
주 매출처	방송 76%, 영화 21%

- 드라마, 영화 콘텐츠 제작 및 유통
- 자회사 메가박스중앙을 통해 영화관 메가박스 운영
- 넷플릭스 지향 콘텐츠 〈D.P〉에 이어 2022년에도 기대작 라인업 구축

최근 실적 및 주요 재무지표

	2019년	2020년	2021년(전망)
매출액	5,302억 원	3,639억 원	5,073억 원(yoy 39%)
영업이익	338억 원	-568억 원	-238억 원(적자 축소)

	2021년 상반기	
매출액	2,610억 원	PER -18배, PBR 4.3배, ROE -24%, 부채비율 183%
이익	-246억 원	

키이스트

에스엠 | OTT 넷플릭스

시가총액	2,732억 원

주요 주주	에스엠스튜디오 외 3인 30%
주 매출처	매니지먼트 53%, 드라마제작 46%

- 연예 매니지먼트 및 콘텐츠 제작 사업
- 에스엠의 피인수 및 디어유 성장 및 상장 모멘텀 수혜
- 동사 보유 드라마 라인업의 글로벌 OTT 지향 수출 기대

최근 실적 및 주요 재무지표

	2019년	2020년	2021년(전망)
매출액	394억 원	481억 원	425억 원(yoy -11%)
영업이익	21억 원	17억 원	20억 원(yoy 17%)

	2021년 상반기	
매출액	191억 원	PER 39배, PBR 5.9배, ROE 14%, 부채비율 45%
이익	-1억 원	

아프리카TV

1인 미디어 | 별풍선 | 퀵뷰 | 오픈스튜디오

시가총액	17,150억 원

주요 주주	쎄인트인터내셔널 외 5인 25%
주 매출처	뉴미디어 플랫폼 80%

- 국내 제 1의 1인 미디어 플랫폼 운영
- 온갖 악재에도 스트리머와 유저 간의 기부경제 공고화
- 광고 매출 증가 및 비중 확대로 기업가치 상향 진행 중

최근 실적 및 주요 재무지표

	2019년	2020년	2021년(전망)
매출액	1,665억 원	1,966억 원	2,693억 원(yoy 37%)
영업이익	372억 원	504억 원	880억 원(yoy 74%)

	2021년 상반기	
매출액	1,259억 원	PER 24배, PBR 7.7배, ROE 40%, 부채비율 92%
이익	411억 원	

에이스토리

넷플릭스 · CJ ENM · 킹덤 · 시그널 · 지리산

시가총액	3,779억 원

주요 주주	이에스프로덕션 외 1인 25%, CJ ENM 10%
주 매출처	저작권 53%, 드라마저작물 46%

- 드라마 콘텐츠 기획 및 제작해 방송국과 OTT 플랫폼 대상으로 공급
- 방송국과 OTT로부터 방영권, 해외판권 수령 및 PPL과 OST 음원 등 통해 수익 창출
- 넷플릭스 <킹덤>으로 유명하며 2021년 <지리산> 방영

최근 실적 및 주요 재무지표

	2019년	2020년
매출액	282억 원	221억 원
영업이익	-11억 원	-9억 원

	2021년 상반기	
매출액	415억 원	PER N/A, PBR 6.7배, ROE N/A, 부채비율 113%
이익	53억 원	

덱스터

VFX · 넷플릭스 · 오징어 게임 · 메타버스

시가총액	4,311억 원

주요 주주	김용화 외 2인 21%, CJ ENM 6%
주 매출처	VFX 제작 등의 용역 98%

- 영화, 방송용 VFX 제공. 영화 신과함께, 백두산 등 자체 콘텐츠 제작
- 넷플릭스 포스트 파트너 프로그램에 등록. 장기적인 매출 확대 기대
- 메타버스 생태계에서의 VFX 기술 수요 증가에 수혜

최근 실적 및 주요 재무지표

	2019년	2020년	2021년(전망)
매출액	555억 원	263억 원	474억 원(yoy 80%)
영업이익	-54억 원	2억 원	40억 원(yoy 1900%)

	2021년 상반기	
매출액	140억 원	PER 130배, PBR 7.0배, ROE 5%, 부채비율 26%
이익	-4억 원	

NEW

디즈니플러스 메타버스

시가총액	3,418억 원

주요 주주	김우택 외 2인 36%
주 매출처	영화방송콘텐츠 74%, 뮤직콘텐츠 14%

- 영화 배급사로 〈반도〉, 〈살아있다〉 등 투자, 제작
- 한국 진출하는 디즈니플러스와 장기 콘텐츠 공급 계약
- VFX 사업을 하는 자회사를 통한 메타버스 관련 모멘텀

최근 실적 및 주요 재무지표

	2019년	2020년	2021년(전망)
매출액	1,492억 원	1,404억 원	1,670억 원(yoy 18%)
영업이익	-81억 원	-38억 원	24억 원(흑자 전환)

	2021년 상반기	
매출액	596억 원	PER 220배, PBR 3.1배, ROE 1%, 부채비율 180%
이익	-44억 원	

쇼박스

영화 배급사 오징어 게임

시가총액	4,426억 원

주요 주주	오리온홀딩스 외 1인 57%
주 매출처	내수 영화 83%, 수출 영화 9%

- 국내 한국영화 배급 점유율 4위권의 투자 배급사
- 대표작으로 〈내부자들〉, 〈터널〉, 〈도둑들〉, 〈암살〉 등
- 〈오징어 게임〉 제작사에 투자. 시즌 2 기대감

최근 실적 및 주요 재무지표

	2019년	2020년
매출액	787억 원	468억 원
영업이익	19억 원	-20억 원

	2021년 상반기	
매출액	43억 원	PER -52배, PBR 2.1배, ROE -4%, 부채비율 14%
이익	-23억 원	

CJ CGV

CGV · 위드 코로나 · 신흥 시장

시가총액	11,214억 원	주요 주주	CJ 35%
		주 매출처	티켓판매 64%, 매점판매 10%

- 국내 대표 영화관 CGV 운영
- 코로나 시기에 대대적 비용 감축
- 한국 및 신흥시장의 코로나19 확산세 진정세로 영업 점진적 회복 기대

최근 실적 및 주요 재무지표

	2019년	2020년	2021년(전망)
매출액	19,423억 원	5,834억 원	9,315억 원(yoy 59%)
영업이익	1,220억 원	-3,887억 원	-1,316 억 원(적자 축소)

	2021년 상반기	
매출액	3,342억 원	PER -4배, PBR 5.5배, ROE -159%, 부채비율 910%
이익	-1,201억 원	

JYP 엔터테인먼트

박진영 · 트와이스 · 스트레이 키즈 · 디어유 · NFT

시가총액	14,572억 원	주요 주주	박진영 외 3인 15%, 국민연금 7%
		주 매출처	음반/음원 56%, 광고 7%

- 음악 콘텐츠, 아티스트 매니지먼트 등 사업 영위
- 스트레이키즈 및 미국 팬덤 확인한 트와이스의 지속 성장 기대
- 팬 플랫폼 디어유 투자 및 NFT 플랫폼 사업 추진 계획

최근 실적 및 주요 재무지표

	2019년	2020년	2021년(전망)
매출액	1,554억 원	1,444억 원	1,727억 원(yoy 19%)
영업이익	435억 원	441억 원	565억 원(yoy 28%)

	2021년 상반기	
매출액	729억 원	PER 35배, PBR 6.2배, ROE 20%, 부채비율 25%
이익	234억 원	

에스엠 엔터테인먼트

이수만 | 디어유 | 소녀시대 | EXO | NCT | 지분 매각

시가총액	17,735억 원	주요 주주	이수만 외 7인 19%, 국민연금 5%
		주 매출처	엔터테인먼트 89%

- NCT, 소녀시대, 레드벨벳, EXO 등 아티스트 보유
- 팬 플랫폼 디어유의 성장 및 증시 상장 기대
- 지속적인 대주주 지분 매각 및 인수합병 모멘텀

최근 실적 및 주요 재무지표

	2019년	2020년	2021년(전망)
매출액	6,578억 원	5,799억 원	7,273억 원(yoy 25%)
영업이익	404억 원	65억 원	830억 원(yoy 1176%)

	2021년 상반기	
매출액	3,406억 원	PER 36배, PBR 3.5배, ROE 10%, 부채비율 71%
이익	429억 원	

와이지 엔터테인먼트

양현석 | 빅뱅 | 블랙핑크 | YG PLUS

시가총액	11,028억 원	주요 주주	양현석 외 4인 20%, 네이버 9%
		주 매출처	상품, 기타제품 43%, 음악서비스 14%

- 전 세계에서 매출 발생하는 엔터테인먼트 기업
- 빅뱅, 블랙핑크, 악동뮤지션 등 아티스트 보유
- 블랙핑크의 위버스 입점 및 자회사 YG PLUS 성장 모멘텀 기대

최근 실적 및 주요 재무지표

	2019년	2020년	2021년(전망)
매출액	2,536억 원	2,553억 원	3,966억 원(yoy 55%)
영업이익	54억 원	107억 원	453억 원(yoy 323%)

	2021년 상반기	
매출액	1,807억 원	PER 48배, PBR 2.8배, ROE 6%, 부채비율 30%
이익	200억 원	

대원미디어

애니원 | 닌텐도

시가총액	4,006억 원	주요 주주	정욱 외 4인 36%
		주 매출처	창작 애니메이션 및 캐릭터 99%

- 만화 및 애니메이션 콘텐츠 창작 및 유통
- 다양한 닌텐도 게임기와 소프트웨어 국내 유통
- 카카오엔터와 웹툰 분야 긴밀한 협력

최근 실적 및 주요 재무지표

	2019년	2020년	2021년(전망)
매출액	1,915억 원	2,662억 원	2,815억 원(yoy 5%)
영업이익	37억 원	72억 원	165억 원(yoy 129%)

	2021년 상반기	
매출액	1,412억 원	PER 39배, PBR 5.2배, ROE 9%, 부채비율 35%
이익	79억 원	

디앤씨미디어

나 혼자만 레벨업 | 카카오페이지 | 픽코마

시가총액	4,812억 원	주요 주주	신현호 외 1인 46%, 카카오페이지 23%
		주 매출처	웹툰 58%, 웹소설 40%

- 웹 소설 제작 및 웹툰 런칭. 업계 최대 작가 풀 보유
- 2대 주주 카카오페이지와 픽코마 플랫폼 영향력 확대 시 동사의 수익 증가 수혜
- 웹소설, 웹툰 IP 활용 2차 저작물 제작하는 OSMU 전략 확대

최근 실적 및 주요 재무지표

	2019년	2020년	2021년(전망)
매출액	421억 원	577억 원	711억 원(yoy 23%)
영업이익	79억 원	131억 원	176억 원(yoy 34%)

	2021년 상반기	
매출액	331억 원	PER 32배, PBR 7.1배, ROE 24%, 부채비율 20%
이익	80억 원	

SK텔레콤

OTT 웨이브 · 유니버설

시가총액	217,982억 원

주요 주주	SK 외 4인 30%, 국민연금 10%
주 매출처	무선통신사업 64%

- 국내 압도적 점유율의 무선통신 사업자
- IPTV와 독립 OTT인 웨이브 운영 중이며 NBC 유니버설과 콘텐츠 상호 공급 제휴
- 2025년까지 1조 원 투자로 웨이브 OTT 향(向) 오리지널 콘텐츠 리스트 확장시킨다는 목표

최근 실적 및 주요 재무지표

	2019년	2020년	2021년(전망)
매출액	177,407억 원	186,247억 원	195,468억 원(yoy 5%)
영업이익	11,082억 원	13,493억 원	15,301억 원(yoy 13%)

	2021년 상반기	
매출액	95,988억 원	PER 8.5배, PBR 0.8배, ROE 10%, 부채비율 89%
이익	7,854억 원	

카카오

카카오TV · 카카오엔터 · 픽코마

시가총액	521,073억 원

주요 주주	김범수 외 65인 24%, 국민연금 7%
주 매출처	플랫폼 55%, 콘텐츠 44%

- 카카오톡을 통한 플랫폼 확장으로 다양한 사업 진출
- 카카오엔터, 2023년까지 OTT향 오리지널 콘텐츠 제작에 총 3,000억 원 투자 계획
- 웹툰 콘텐츠 제공하는 카카오엔터 지분 68% 및 일본 픽코마 지분 100% 보유

최근 실적 및 주요 재무지표

	2019년	2020년	2021년(전망)
매출액	30,701억 원	41,568억 원	59,914억 원(yoy 44%)
영업이익	2,068억 원	4,559억 원	7,949억 원(yoy 74%)

	2021년 상반기	
매출액	26,102억 원	PER 57배, PBR 6.8배, ROE 13%, 부채비율 61%
이익	3,201억 원	

네이버

네이버 웹툰 | 라인 망가 | OTT 티빙 | 왓패드 인수

시가총액	627,486억 원	주요 주주	국민연금 9%, 블랙록 펀드 5%
		주 매출처	서치플랫폼 49%, 커머스 21%

- 네이버 포털 기반 커머스, 핀테크 등 다양한 사업 영위
- 웹툰 콘텐츠 제공하는 네이버웹툰, 라인 망가 및 미국, 유럽에서 WEBTOON 브랜드 운영
- CJ ENM, JTBC와 국내 OTT 티빙 투자

최근 실적 및 주요 재무지표

	2019년	2020년	2021년(전망)
매출액	43,562억 원	53,041억 원	67,823억 원(yoy 27%)
영업이익	11,550억 원	12,153억 원	13,496억 원(yoy 11%)

	2021년 상반기	
매출액	31,626억 원	PER 3.7배, PBR 2.4배, ROE 107%, 부채비율 36%
이익	6,244억 원	

KT

올레TV | OTT 시즌 | 스튜디오지니 | 디즈니플러스

시가총액	81,989억 원	주요 주주	국민연금공단 12%
		주 매출처	ICT 75%, 금융 15%

- 올레TV, OTT 시즌, 스카이라이프 소유한 국내 유료방송시장 1위 업체
- 콘텐츠 자회사 스튜디오지니를 통해 약 4,000억 원 투자 의지
- 디즈니플러스와의 제휴로 인한 시너지 기대

최근 실적 및 주요 재무지표

	2019년	2020년	2021년(전망)
매출액	243,421억 원	239,167억 원	246,201억 원(yoy 3%)
영업이익	11,596억 원	11,841억 원	15,177억 원(yoy 28%)

	2021년 상반기	
매출액	120,570억 원	PER 8.2배, PBR 0.5배, ROE 6%, 부채비율 117%
이익	9,201억 원	

핵심 키워드

VFX

시각적 특수효과(Visual effects). 특수영상이나 시각효과를 뜻한다. 영화나 애니메이션, 그림 등에 적용되는 영상제작 기법 중 현장에서 촬영하기 어려울 때 사용하는 기법이다. 미국 할리우드의 자국 영화 시상식인 아카데미 영화제에선 시각효과상을 따로 선정해 시상하기도 한다.

OTT

오버 더 톱(Over The Top) 서비스. 전파나 케이블이 아닌 인터넷을 통해 영상 콘텐츠를 볼 수 있는 형태를 뜻한다. 초고속 인터넷의 발달 및 보급으로 고화질 영상을 언제든 즐길 수 있게 되면서 산업이 부각되었다.

지상파 및 케이블 TV와 달리, 콘텐츠 시청자가 본인의 시간 및 취향에 맞는 콘텐츠를 취사 선택할 수 있다는 장점이 있다. 대표적으로 넷플릭스가 세계 시장을 선도하고 있으 후발주자인 아마존 프라임과 디즈니 플러스가 뒤따르는 있는 형태다.

국내에선 웨이브, 티빙, 쿠팡 플레이 등이 사업을 진행 중이며 글로벌 주요 미디어 콘텐츠 업체들이 OTT 지향 오리지널 자체 콘텐츠 확보를 위한 막대한 투자 집행 진행 중이다.

전자 결제 · 사이버 보안

1 비대면 일상화, 현금을 대체하는 온라인 결제, 이커머스와 O2O 서비스 등의 확산으로 결제서비스는 성장 섹터로 전환
2 2020년을 기점으로 결제의 온라인화 가속화되면서 본격적인 성장세. 위드 코로나 및 경기 회복 과정에서도 소비 여력 개선에 따른 추가 성장 모멘텀 기대
3 플랫폼 기업의 결제 시장 진출은 결제 정보를 빅데이터화하고 이를 기반으로 금융과 연계한 자체 생태계 구축이 목표
4 온라인 결제, 클라우드, 빅데이터, 언택트 환경 등 사이버 공간이 일상화됨에 따라 사이버 보안 산업도 동반 성장

관련 키워드 VAN PG O2O BNPL 마이데이터

사라지는 현금 결제

코로나19로 인한 언택트 환경은 전세계로 하여금 캐시리스cashless 사회를 앞당기는 계기가 되었다. 사람들은 오프라인 소비를 줄이는 대신 온라인 쇼핑과 음식 배달 등으로 소비를 대체했기 때문이다. 주목할 점은 코로나19 백신과 치료제 등으로 경제 봉쇄가 풀리는 추세에서도 온라인 중심의 소비 패턴이 지속되고 있다는 점이다. 이는 온라인 소비가 오프라인대비 편리성이 높아 이를 경험한 소비자들은 다시 오프라인 소비로 돌아가기 쉽지 않기 때문이다. 소비 패턴에 더해 이커머스 시장의 성장, 확산되는 O2O 서비스, 대형 플랫폼 기업의 결제 서비스도 이런 상황을 반영해 컨설팅회사인 베인앤드컴퍼니Bain & Company는 2025년까지 전 세계 디지털 결제 채택율을 기존 57%에서 67%로 상향조정했다.

결제의 새로운 트렌드: O2O

단순히 생각하면 온라인 결제 시장은 온라인 소비가 늘어난 만큼만 성장할 것으로 생각하기 쉽다. 하지만 실제로는 온라인 소비는 물론 오프라인 소비 영역까지 온라인으로 결제가 가능해지면서 그 성장세는 더욱 가파르다. 바로 O2OOn-line to Off-line(온라인이 오프라

인으로 이동) 결제를 통해서다. 스마트폰 애플리케이션을 통해 음식을 주문하고, 택시를 호출하며, 숙박을 예약하는 등 온라인에서 결제하고 오프라인에서 재화나 서비스를 제공받는 형태가 모두 O2O 결제다. 온라인과 오프라인을 연결/융합하는 O2O 결제는 스마트폰 앱에서 바로 사용할 수 있기 때문에 모바일 결제로 분류된다. 이런 O2O 결제는 소비자들의 편의성을 극대화한다. 편리성이 이용자를 끌어들이는 유인이라면, 판매자 입장에서는 비용 절감과 마케팅 효과가 O2O 결제를 도입하는 큰 유인이 된다. 이용자는 미리 구입할 내용을 선택하고, 결제하는 만큼 오프라인 판매자의 인력을 아낄 수 있고, O2O 결제가 키오스크 기능까지 대체하므로 키오스크 설치, 관리, 유지 등의 비용도 절감할 수 있다. 특히 O2O 결제 플랫폼을 통한 마케팅은 이용자, 서비스 공급자, 판매자 모두에게 시너지를 창출하므로 참여자 모두에게 좋은 유인이 된다.

밸류체인을 넘어 플랫폼을 통한 자체 생태계로 진화 중

결제서비스의 밸류체인에는 VAN(부가가치통신망) 업체와 PG(전자결제대행) 업체가 빠질 수 없다. 통상 오프라인 카드 결제가 많아지면 VAN사의 수혜로, 온라인 결제가 많아지면 PG사와 온라인 VAN사의 수혜로 이해할 수 있다. 최근에는 간편결제, O2O결제, 모바일 결제, 후불 중심으로 성장세가 강하므로 이를 포괄하는 온라인 결제 서비스의 진화에 더욱 주목할 필요가 있다.

또한 네이버페이, 카카오페이 등 거대 플랫폼 기업의 결제사업 진출이 본격화되면서 전자결제 사업을 내재화하는 움직임도 있다. 따라서 향후 경쟁 구도와 인수합병 추이도 염두에 둘 필요가 있다. 거대 플랫폼 기업이 결제 사업으로 지향하는 바는 확실하다. 금융자산에 대한 고객 데이터를 확보하고 이를 기반으로 금융을 통합하는 거대 생태계 구축이 바로 그 목표다. 중국 알리바바의 알리페이가 대표적으로 성공한 모델이다. 미국의 페이팔PayPal과 스퀘어Square 역시 비슷한 전략으로 자체 생태계를 구축하고 있다. 이 기업들이 성장기업으로 주목받은 큰 이유이므로 플랫폼 기업의 결제 사업에도 지속적인 관심을 가져야 한다.

사이버 보안

개인 디바이스로 간편화되는 결제와 디지털 자산의 확산, 개인정보와 기업의 빅데이터를 저장하는 클라우드 이용 확대, 디지털 환경의 일상화 등은 사이버 보안 시장의 성장으로 이어지고 있다. 글로벌 조사업체 그랜뷰리서치Grandview Research에 따르면 사이버 보안 시장은 2020년 1,671억 달러에서 2027년 3,264억 달러로 7년간 연평균 10%의 성장률을 보일 것으로 전망하고 있다. 즉, 미래 성장의 큰 테두리로 언급되는 디지털 전환, 4차 산업혁명이 성장할 수 있도록 안정과 질서를 책임지는 분야다.

전세계 비현금 결제 시장 전망

: 2019년부터 2023년까지 연평균 12% 성장할 전망이다.

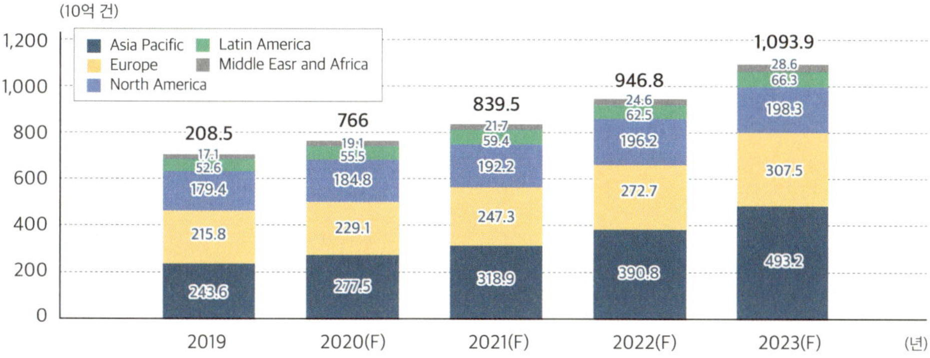

출처: Capgemini World Payments Report

글로벌 전자상거래 시장 전망

: 14년부터 23년까지 연평균 17% 성장 전망

(단위: 조 달러)

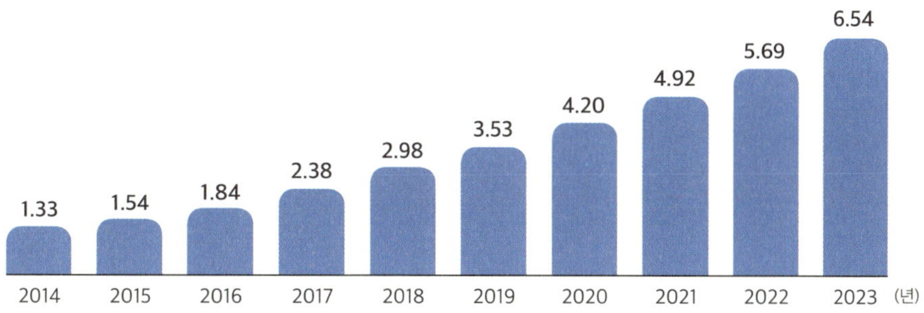

출처: Cold Brew Labs

오프라인과 온라인 결제 프로세스 비교

: 온라인 결제가 구조적으로 증가하는 상황은 부가가치통신망(VAN)보다 전자결제대행(PG) 부문에 유리하다.

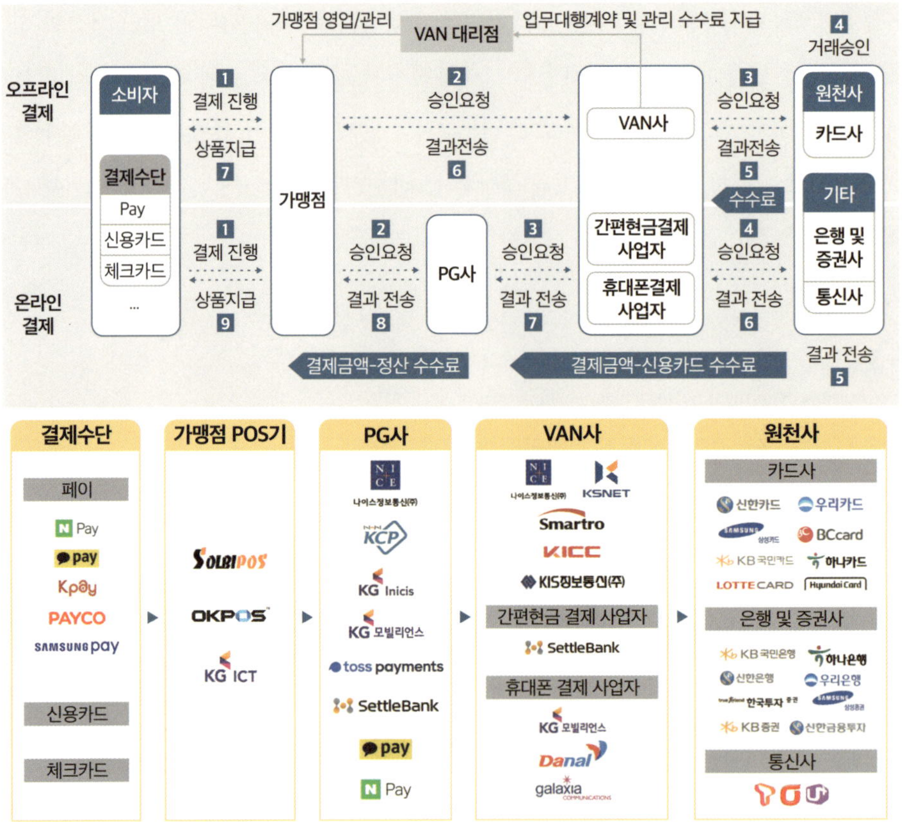

출처: 삼성증권

오프라인, 온라인, 간편 결제 프로세스 비교

: 간편 결제 프로세스가 가장 복잡해 보이지만, 이용자 입장에서는 가장 단순한 프로세스를 거치므로 빠르게 확산되고 있다.

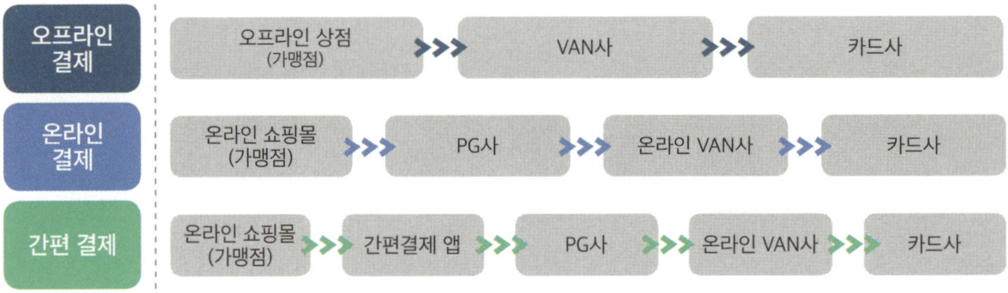

주요 국내 기업의 밸류체인별 사업 현황

: 온라인 결제 시장의 성장에 대응해 기업들은 2010년부터 PG사업에 착수하고 있다.

기업	결제수단 (페이)	가맹 점 (POS 기기)	VAN 사업	PG사업	간편현금 휴대폰결제 사업
NHN한국사이버결제	O	O	O	O	
나이스정보통신	O	O	O	O	
KG이니시스	O	O	O	O	
KG모빌리언스				O	휴대폰결제
세틀뱅크				O	간편현금결제
네이버	O			O	
카카오	O			O	O

출처: 각 기업 사업현황

신용카드 이용 시 일반 온라인 결제와 간편결제 비교

: 간편결제는 비밀번호 등 인증 수단을 1회 거치는 것만으로 결제가 가능해진다.

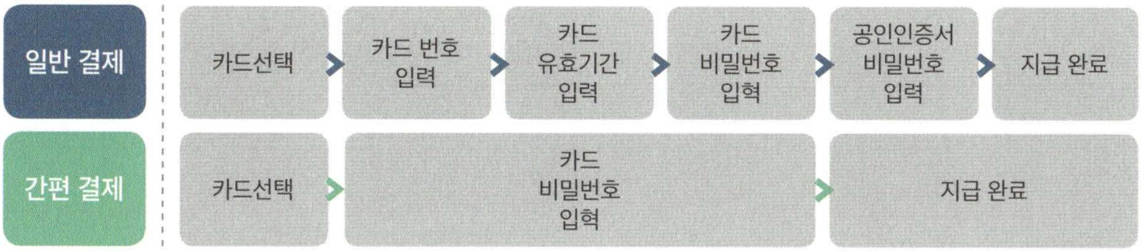

출처: 한국은행

앤트그룹(알리페이 운영)의 비즈니스 모델

: 국내외 대형 플랫폼의 결제서비스 진출 및 향후 방향성은 앤트그룹의 사업 모델에서 그 힌트를 찾을 수 있다.

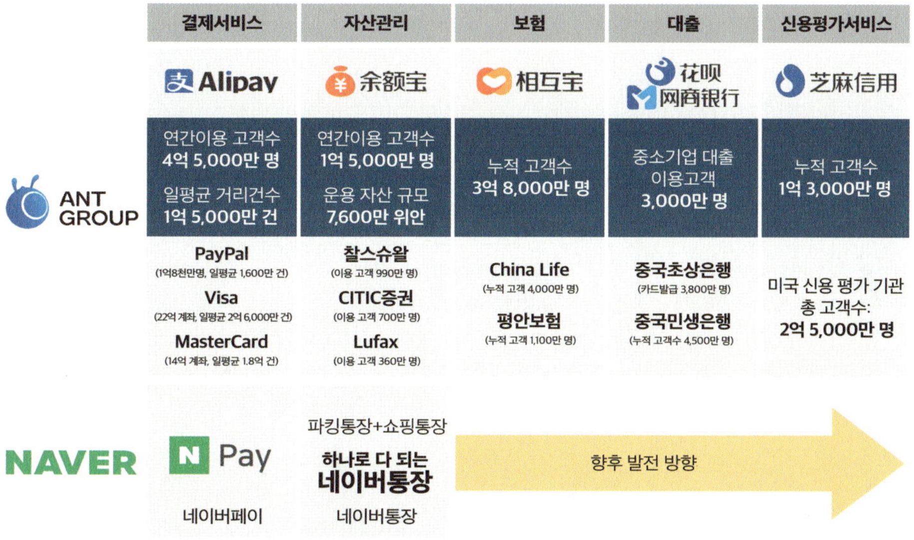

출처: 언론보도, 삼성증권

카카오 그룹의 생태계

: 카카오 계열사가 만든 생태계는 상호 시너지는 물론, 앤트그룹의 비즈니스 모델을 어렵지 않게 구축할 수 있다.

분야	계열사	내용
신규고객 유치	카카오	카카오프렌드 캐릭터를 카카오뱅크 앱, 체크카드 등에 사용해 고객 친밀감 및 신뢰 강화
		카카오톡을 활용한 회원가입, 카카오톡 친구목록 기반 모임통장 출시
빅데이터 수집/분석/활용	카카오모빌리티	택시호출 이용 데이터 확보 여신 금리/한도 설정, 신용평가 및 상품, 서비스, 제휴 프로모션 개발에 활용
	카카오커머스	구매내역, 고객성향 등 소비 패턴과 인기상품 데이터 확보 여신 금리/한도 설정, 신용평가 및 상품, 서비스, 제휴 프로모션 개발에 활용
	카카오페이	카카오뱅크 & 카카오페이 데이터 제휴 양사 간 신용평가 모델 개발 및 고도화
비즈니스 시너지	카카오	카카오톡 친구목록, 대화창을 사용하여 빠르고 간편한 이체/송금 서비스 구현
	카카오모빌리티	카카오T앱 내 T포인트 충전수단으로 카카오뱅크 계좌만 이용 가능 파트너십을 통한 트래픽/거래량 증가
테크	카카오	카카오 i 오픈빌더 기반 AI 챗봇 구축 AI 챗봇이 고객 문의사항의 50% 이상 대응

출처: 신한금융투자

빅테크 기업의 금융 플랫폼 수익 창출 구조

: 이용자는 간편결제 → 금융 플랫폼 → 금융 데이터 플랫폼으로 순차적으로 유입/이동하면서 기업에 데이터를 제공한다. 기업은 각 단계에서 수익을 창출한다.

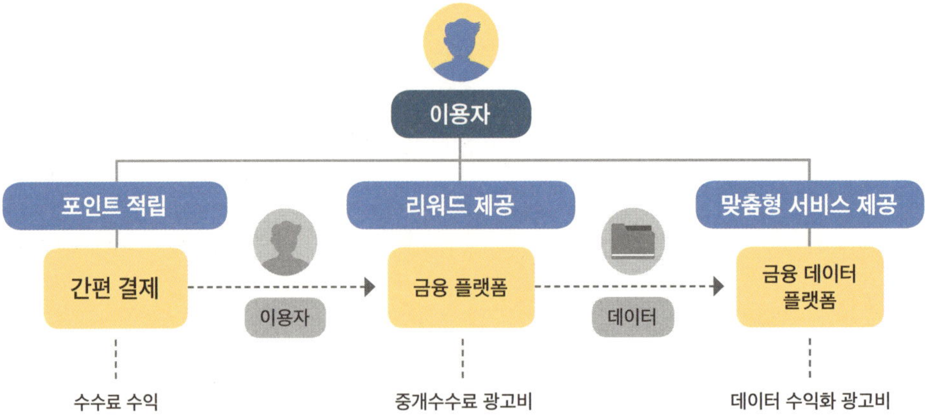

출처: 신영증권

카카오 O2O 플랫폼 전략

: O2O 결제로 축적되는 구매 패턴 등의 빅데이터는 플랫폼 기업에게 기회 요인이다. 이로 인해 플랫폼 기업들은 O2O 결제 서비스를 경쟁적으로 확산시킬 전망이다.

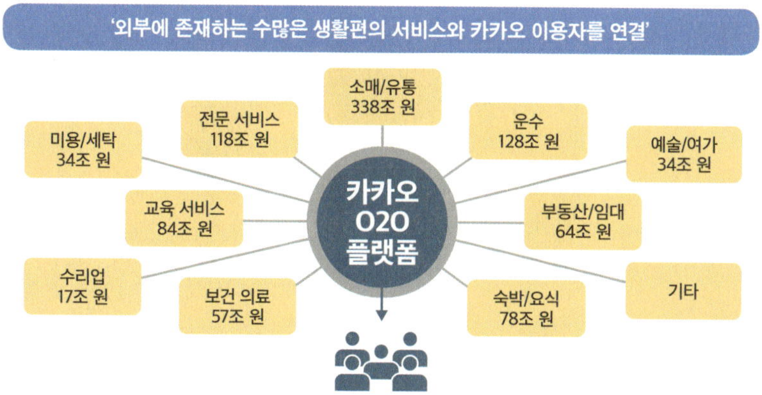

출처: KT경제경영연구소

무이자 할부 후불결제시스템(BNPL, Buy Now Pay Later)의 구조

: 신용카드 없이 신용 결제할 수 있는 BNPL 결제 서비스는 최근 미국, 유럽에서 MZ세대를 중심으로 이용자가 급증하고 있다. 네이버와 카카오 등 국내기업도 시범적으로 서비스 중이다.

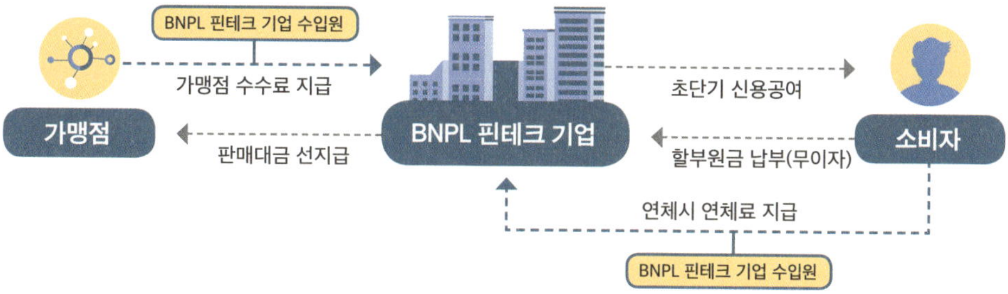

출처: 삼성증권

사이버 보안 시장 규모 전망(2019년~2027년)

: 2027년까지 연간 10% 성장률을 보이며 성장할 전망이다.

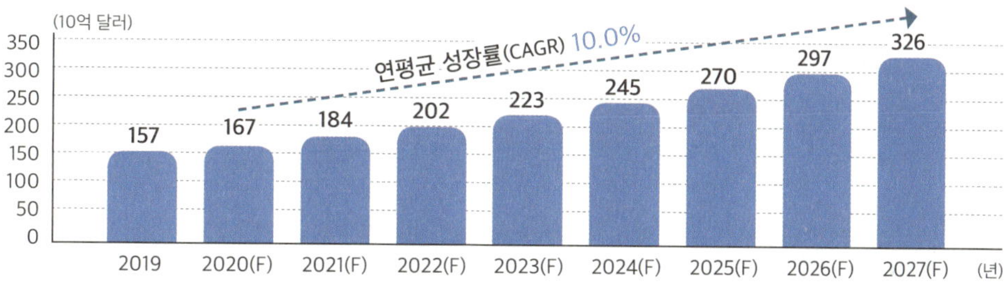

출처: Grandviewresearch

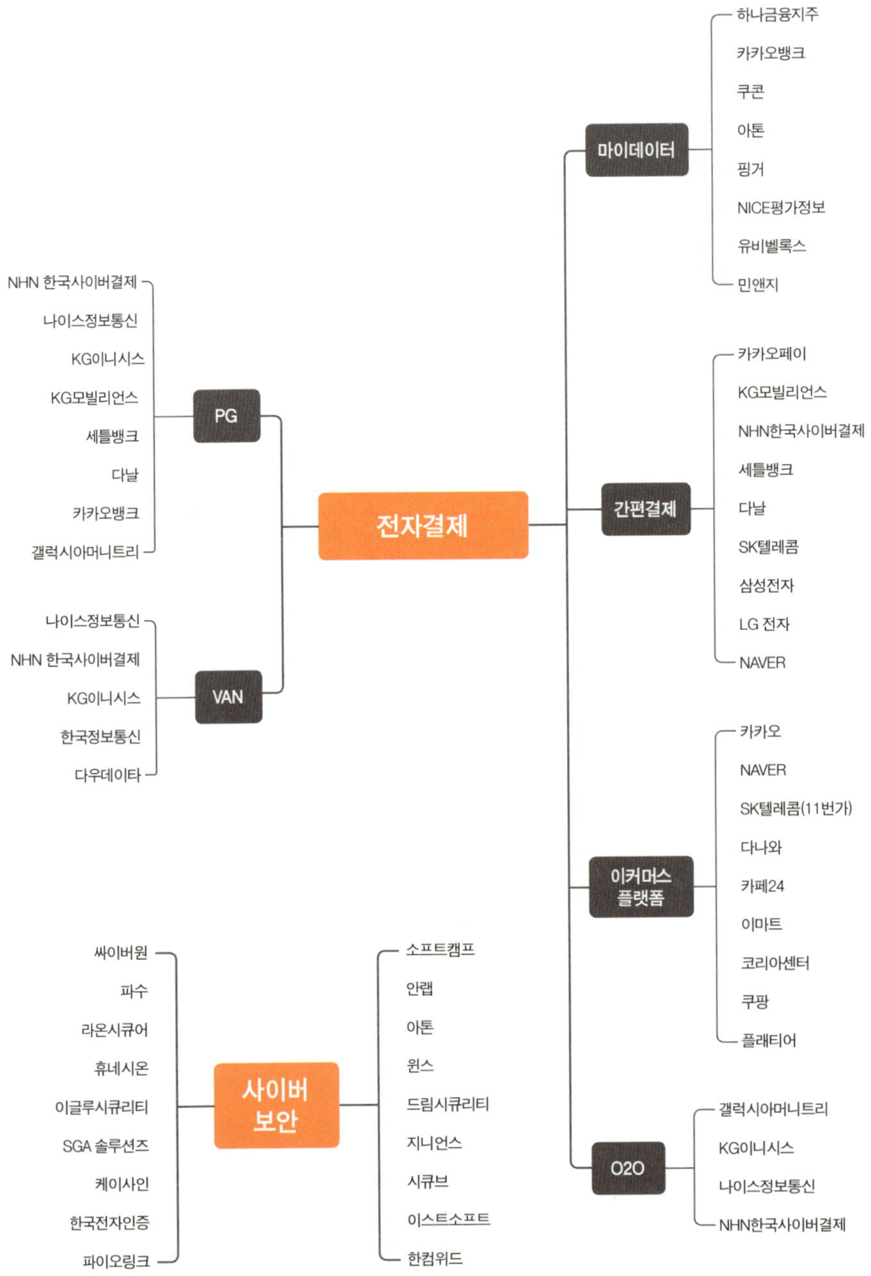
하나금융지주
카카오뱅크
쿠콘
아톤
핑거
NICE평가정보
유비벨록스
민앤지
마이데이터
NHN 한국사이버결제
나이스정보통신
KG이니시스
KG모빌리언스
세틀뱅크
다날
카카오뱅크
갤럭시아머니트리
PG
전자결제
카카오페이
KG모빌리언스
NHN한국사이버결제
세틀뱅크
다날
SK텔레콤
삼성전자
LG 전자
NAVER
간편결제
나이스정보통신
NHN 한국사이버결제
KG이니시스
한국정보통신
다우데이타
VAN
카카오
NAVER
SK텔레콤(11번가)
다나와
카페24
이마트
코리아센터
쿠팡
플래티어
이커머스
플랫폼
싸이버원
파수
라온시큐어
휴네시온
이글루시큐리티
SGA 솔루션즈
케이사인
한국전자인증
파이오링크
사이버
보안
소프트캠프
안랩
아톤
윈스
드림시큐리티
지니언스
시큐브
이스트소프트
한컴위드
갤럭시아머니트리
KG이니시스
나이스정보통신
NHN한국사이버결제
O2O

글로벌 주요 기업 및 ETF

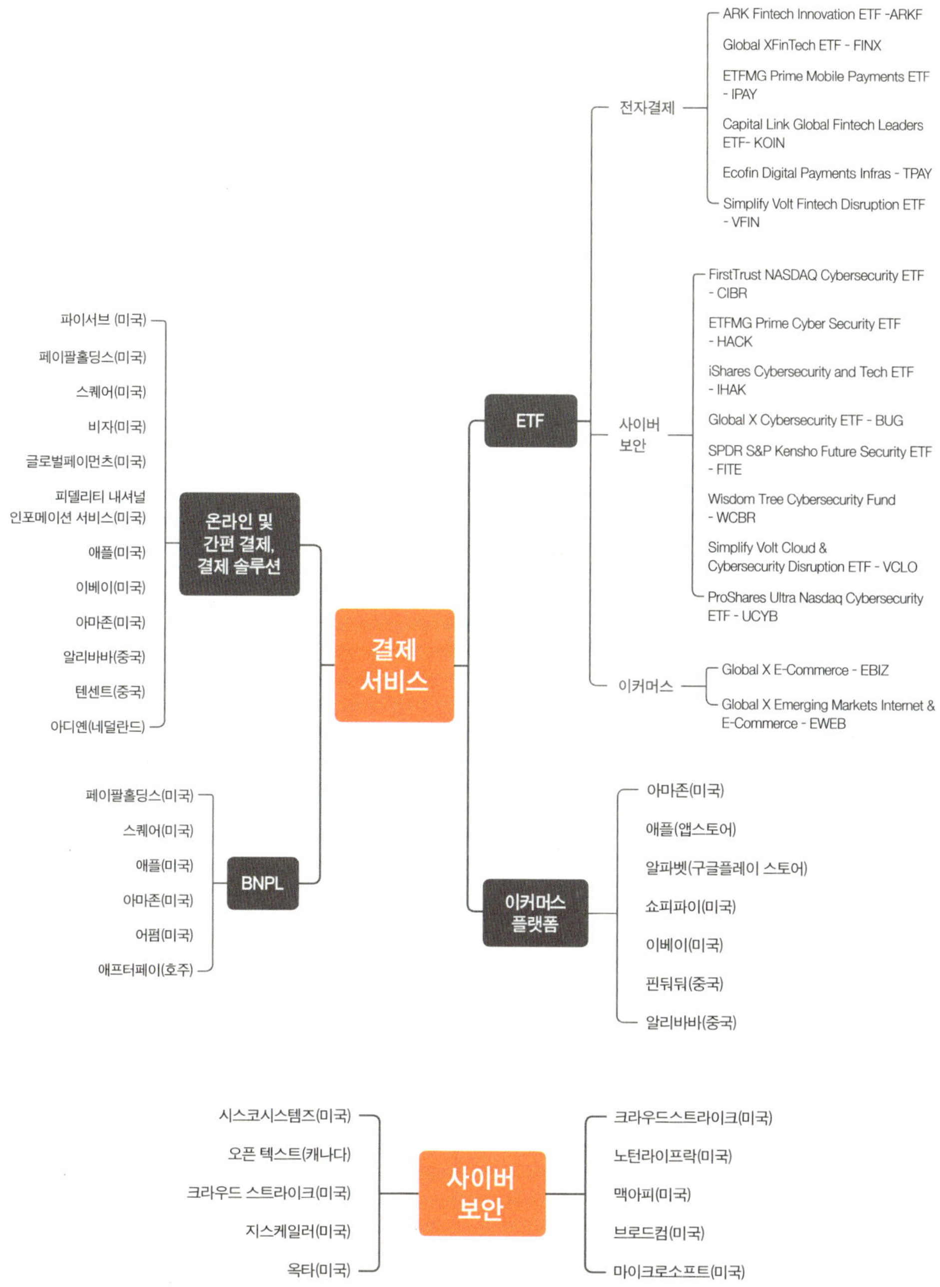

해외 대표 기업

페이팔 홀딩스 PayPal

시가총액	402조 원

	2021년	2022년(전망)
매출액	약 29조 5,000억 원	약 36조 7,000억 원
영업이익	약 4조 8,000억 원	약 5조 8,000억 원

- 약 4억 개 이상의 활성화 계좌를 보유한 글로벌 1위 디지털, 모바일 결제 플랫폼 기업
- 결제 대금/환전/이체 수수료, 이자에서 발생하는 수익구조로 디지털 결제 침투율이 급성장함에 따라 지속적인 성장세 전망
- 2,700만 개의 가맹점을 보유, 4억 명의 사용자를 보유한 가운데 M&A를 통해 오프라인 가맹점도 확장
- BNPL, 암호화폐 거래, 암호화폐 활용 결제, 공과금 결제, QR코드 결제, 수표 현금화 등 다양한 신규 서비스를 론칭하며 사업 영역 확대 지속

스퀘어 Square

시가총액	144조 원

	2021년	2022년(전망)
매출액	약 22조 7,000억 원	약 24조 4,000억 원
영업이익	약 1조 7,000억 원	약 2조 2,000억 원

- 중소형 가맹점 대상으로 POS기기 등 결제 솔루션과 비즈니스 솔루션을 하나의 채널로 통합, 제공하면서 급성장(가맹점 결제 전반을 장악)
- 2013년 P2P 송금앱 Cash app 출시, 이후 해당 앱을 통해 가맹점 영역(B2B)과 소비자 영역(B2C)을 잇는 '2-Ecosystems'라는 독자적인 결제 생태계를 구축. 비트코인 거래 및 투자 기능 추가로 플랫폼 유용성,거래대금, 활용시간 증가
- 결제 생태계 내 가맹점과 소비자의 빅데이터 축적, 이를 이용한 금융 솔루션 및 서비스 제공, 결과적으로 두 주체를 동시에 락인(Lock-in)하게 되어 거래대금 증가로 이어지는 선순환 구조
- 최근 O2O 등 오프라인에서 온라인으로 결제 생태계 확장하며 플랫폼 강화

핵심 기업 소개

NAVER

N페이 · N쇼핑 · 스마트스토어 · 네이버클라우드 · 제페토 · 웹툰

시가총액	65.7조 원

주요 주주	국민연금 9.9%, 자사주 9%, BlackRock 5%
총 매출액 중	서치플랫폼 52%, 커머스 20%, 핀테크 12%

- 국내 이커머스 시장 거래액 기준 점유율 1위(2021년)
- 국민 80% 이상이 사용하는 네이버 포털을 활용, 쇼핑에서 결제까지 원스톱으로 이어지는 생태계 보유
- 이커머스 페이 결제액 연간 26조 원(카카오페이는 5.6조 원, 2020년 기준)
- 커머스/콘텐츠-결제-금융까지 이어지는 밸류체인과 폭넓은 구독서비스. 해당 결제액은 네이퍼페이 결제액 증가로 이어지는 선순환 구조
- 네이버플러스멤버십은 2020년 6월 출시 이후 12월까지 가입자 250만 명, 2021년에는 600만 명 기대 → 향후 커머스 데이터를 활용한 금융 서비스 성장 기대
- 자회사 네이버파이낸셜을 통해 결제, 예금, 대출, 보험 등으로 영역 확대
- 송금 제외 결제액 비율이 높아 송금 위주의 타 결제사 대비 높은 멀티플 적용
- 일본 및 아세안 지역에서도 라인파이낸셜을 통한 결제 영역 확대

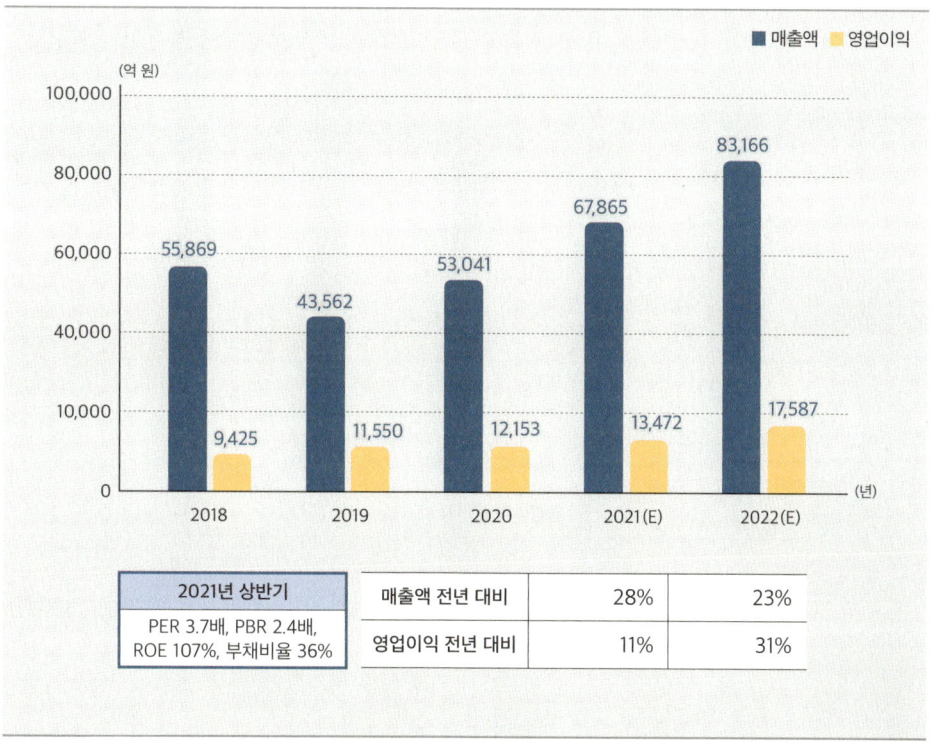

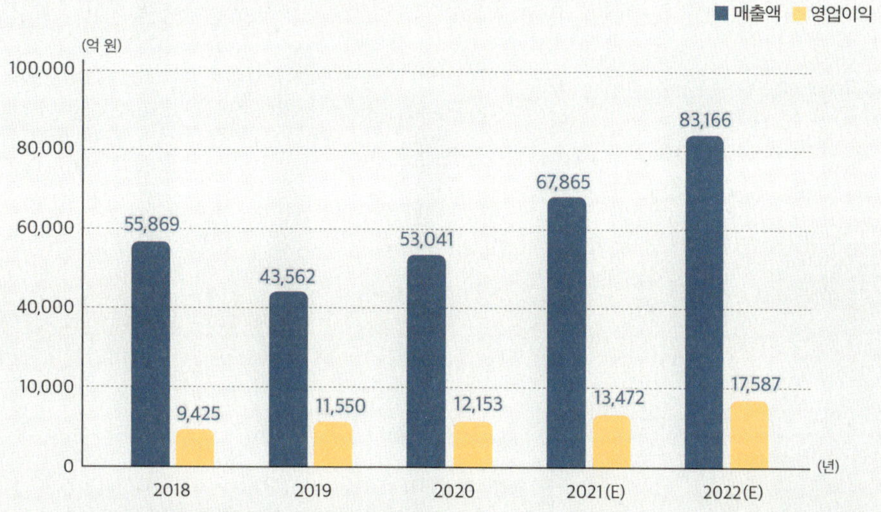

2021년 상반기
PER 3.7배, PBR 2.4배, ROE 107%, 부채비율 36%

매출액 전년 대비	28%	23%
영업이익 전년 대비	11%	31%

*2021.09. 기준

카카오

카카오페이 | 비즈보드 | 그라운드X

시가총액	57조 원	주요 주주	김범수 외 65인 24%, 국민연금 8%,
		총 매출액 중	플랫폼 53%, 콘텐츠 46%

- 자회사 카카오페이의 2021년 총 거래액(GMV)은 100조 원 이상으로 전망. 송금 포함한 거래액 기준 국내 1위 (거래액 중 80%는 송금 관련)
- 월간활성이용자수(MAU)는 약 2,000만 명(2021년 기준) 수준으로 급성장
- 2020년부터 은행, 카드사, 보험사, 증권사 등 금융사 상품 판매 시작, 2021년부터 본격적인 수익화 전망
- 카카오페이 비즈니스 모델인 플랫폼 생태계가 형성 되면 매출과 영업이익이 'J 커브' 형태로 급증 기대
- 월간활성이용자가 국내 인구 90%인 카카오톡 플랫폼을 활용한 결제, 송금, 투자, 자산관리 등 생활금융 플랫폼 구축이 수월하고 빠름

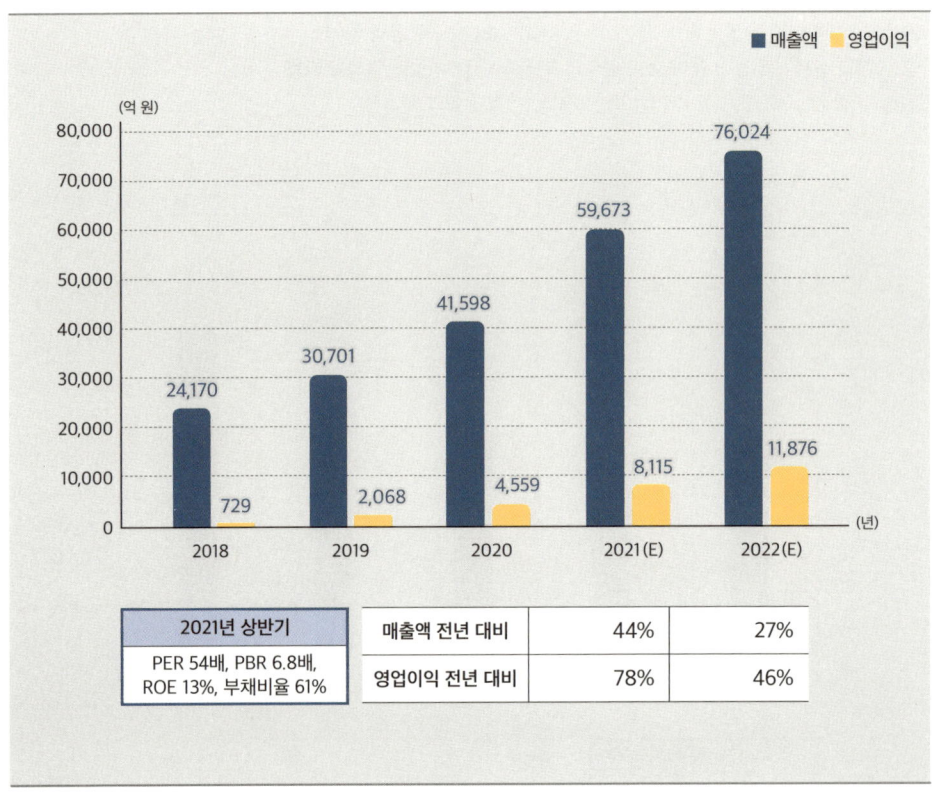

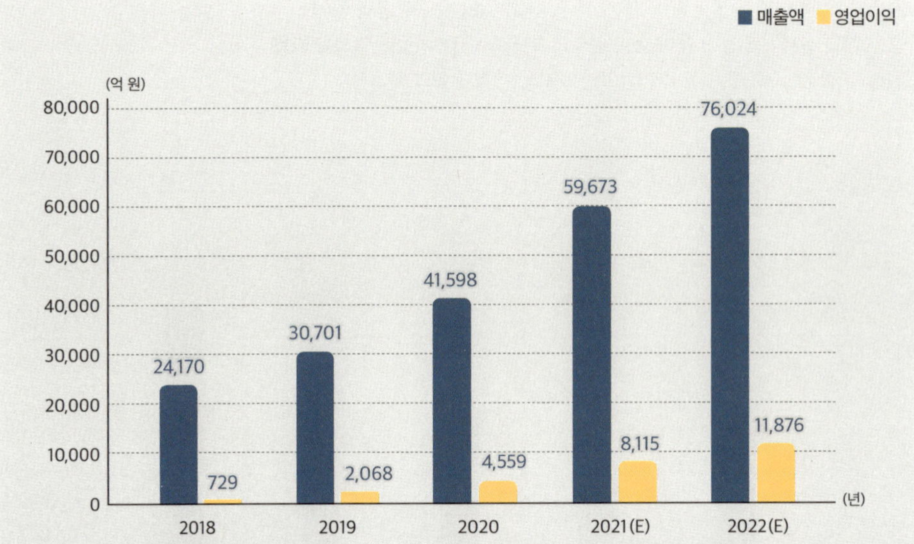

2021년 상반기
PER 54배, PBR 6.8배, ROE 13%, 부채비율 61%

매출액 전년 대비	44%	27%
영업이익 전년 대비	78%	46%

*2021.09. 기준

NHN한국사이버결제

PAYCO　페이코 오더　PG

시가총액	1.2조 원	주요 주주	NHN PAYCO 외 3인 41%, Lazard Asset Management LLC 외 15인 5%
		총 매출액 중	PG 88%, 오프라인 VAN 6%, 온라인 VAN 4%

- 전자결제대행(PG) 사업 및 온, 오프라인 부가가치통신망(VAN) 사업 전문
- 신사업 O2O 서비스 '페이코 오더'의 가맹점 증가(2020년 말 1만 3,000개 → 2021년 말 7만 1,000개 이상 증가 예상)
- 구글 플레이스토어, 글로벌 콘텐츠 스트리밍 업체 등 신규 고객사 추가 예정
- 국내 전자결제대행(PG) 시장 내 독보적인 글로벌 레퍼런스(애플, 테슬라, 에프메스 등) 기반으로 해외 가맹점 거래액 증가 예상
- 모회사가 운영하는 간편결제 PAYCO의 거래액 증가 추세는 해당 금액을 PG와 VAN 사업으로 받아 처리하는 동사의 수혜. 코로나 이후 소비 증가에 따른 실적 증가세 지속 기대

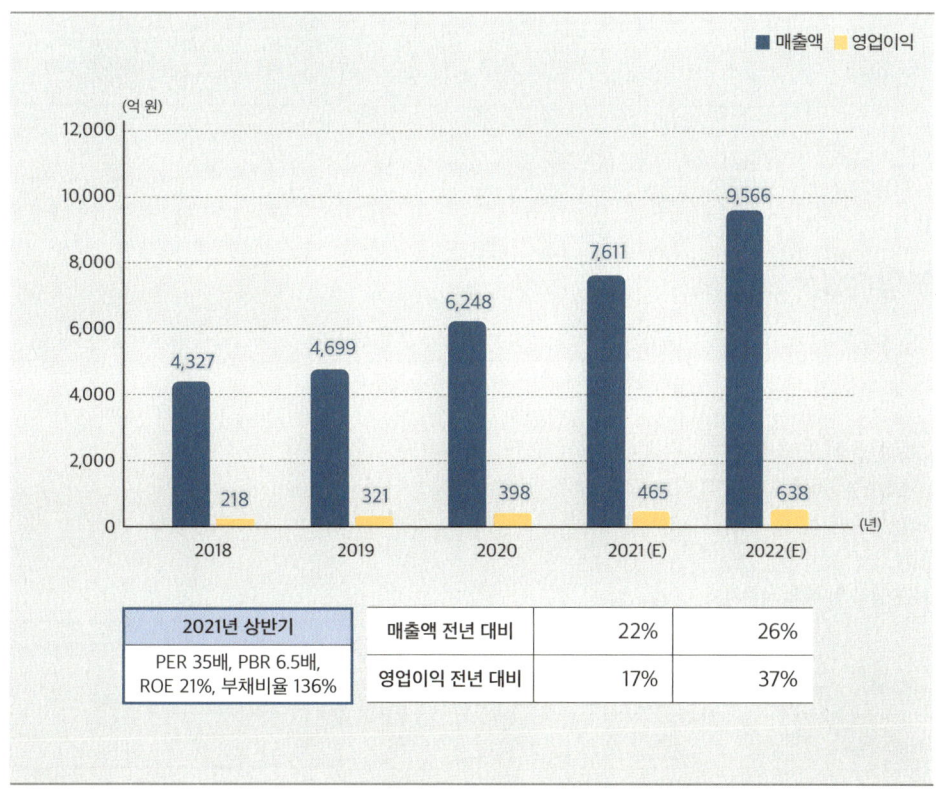

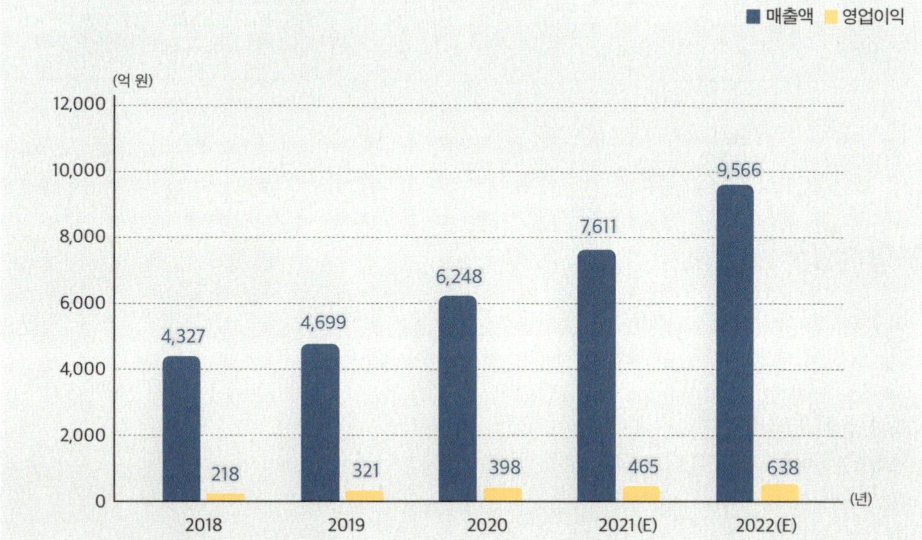

2021년 상반기
PER 35배, PBR 6.5배, ROE 21%, 부채비율 136%

매출액 전년 대비	22%	26%
영업이익 전년 대비	17%	37%

*2021.09. 기준

KG이니시스

PG　O2O

시가총액	4,900억 원

주요 주주	KG케미칼 외 6인 41%, LSV Asset Management 5%
주 매출처	전자상거래 및 유통 91%

- 국내 전자결제대행(PG) 1위
- 전자결제대행(PG), 간편결제, 부가가치통신망(VAN), 휴대폰 결제, O2O 결제 등 결제 전 영역에 걸쳐 사업을 영위
- O2O 결제 고객사 확보에 유리한 레퍼런스 보유
- 삼성물산과 해외 이커머스 진출 합작법인 설립

최근 실적 및 주요 재무지표

	2019년	2020년	2021년(전망)
매출액	7,476억 원	8,102억 원	9,634억 원(yoy 19%)
영업이익	822억 원	980억 원	1,163억 원(yoy 18%)

	2021년 상반기	
매출액	4,915억 원	PER 7.0배, PBR 1.2배, ROE 20%, 부채비율 180%
이익	536억 원	

나이스정보통신

VAN　POS기기　O2O

시가총액	3,400억 원

주요 주주	NICE홀딩스 외 1인 42%, Fidelity Management and Research Company LLC 9%
주 매출처	중개수수료 59%, 조회 수수료 37%

- 국내 VAN 시장 점유율 1위
- POS단말, VAN, PG 사업 수직계열화 강점
- 배달의 민족, 쿠팡 등 대형 고객사를 보유한 자회사 NICE페이먼츠를 통해 PG, O2O사업 강화

최근 실적 및 주요 재무지표

	2019년	2020년	2021년(전망)
매출액	4,523억 원	5,193억 원	6,439억 원(yoy 24%)
영업이익	356억 원	367억 원	428억 원(yoy 16%)

	2021년 상반기	
매출액	3,233억 원	PER 10배, PBR 1.1배, ROE 13%, 부채비율 191%
이익	207억 원	

세틀뱅크

간편현금결제 | 지역화폐

시가총액	2,900억 원

주요 주주	민앤지 외 2인 39%, 자사주 6%
주 매출처	간편현금결제 47%, 가상계좌 28%, PG 19%

- 간편현금결제 서비스 국내 최초 출시 및 국내 점유율 97%로 압도적 1위 기업
- 지역화폐 발행 규모 증가에 따라 코나아이와 동사만 제공하는 해당 사업 부문 매출 성장 기대

최근 실적 및 주요 재무지표

	2019년	2020년	2021년(전망)
매출액	656억 원	781억 원	1,034억 원(yoy 32%)
영업이익	134억 원	107억 원	180억 원(yoy 68%)

	2021년 상반기	
매출액	494억 원	PER 15배, PBR 2.0배, ROE 15%, 부채비율 77%
이익	80억 원	

다날

페이코인 | 삼성페이 | 휴대폰 결제 | PG | 블록체인 | NFT | 메타버스

시가총액	4,300억 원

주요 주주	박성찬 외 3인 17%
주 매출처	커머스(결제) 82%, 디지털 콘텐츠 7%

- 휴대폰 결제와 PG 사업 전문
- 경쟁사 KG모빌리언스와 휴대폰 결제 시장 80%를 과점
- 블록체인 사업을 영위하는 계열사(페이프로토콜(PayProtocol), 다날핀테크) 설립으로 암호화폐로 영역 확대

최근 실적 및 주요 재무지표

	2019년	2020년
매출액	1,912억 원	2,294억 원
영업이익	109억 원	150억 원

	2021년 상반기	
매출액	1,340억	PER 11배, PBR 1.6배, ROE 15%, 부채비율 138%
이익	51억 원	

KG모빌리언스

휴대폰 결제 | 스룩페이

시가총액	3,600억 원	주요 주주	KG이니시스 외 4인 50%
		주 매출처	Payment 사업 92%

- KG이니시스의 자회사로 휴대폰 소액결제와 PG를 주력 사업으로 영위
- 경쟁사인 다날과 휴대폰 결제 시장 80%를 과점
- PG사인 KG올앳과의 합병으로 균형잡힌 매출 포트폴리오 구축
- 자회사 스룩의 스룩페이를 통해 가파른 성장세를 보이는 SNS쇼핑 부문 적극 공략

최근 실적 및 주요 재무지표

	2019년	2020년
매출액	1,912억 원	2,690억 원
영업이익	348억 원	457억 원

	2021년 상반기	
매출액	1,543억 원	PER 11배, PBR 1.4배, ROE 13%, 부채비율 66%
이익	254억 원	

카카오뱅크

인터넷 전문은행 | MZ세대

시가총액	33.5조 원	주요 주주	카카오 27%,한국투자밸류자산운용 외 1인 27%, 국민은행 8%

- 2021년 8월 기준 월간활성사용자수(MAU)는 1,300만 명으로 국내 은행업계 1위
- 글로벌 인터넷 은행 중 가장 빨리 손익분기점 도달, 순이익 시현(2020년, 당기순익 1,136억)
- 신용카드, 주식계좌, 대출 서비스를 펀드, 보험, 자산관리 등으로 영역 확장하며 카카오페이와 시너지 창출, 마이데이터 사업 진출

최근 실적 및 주요 재무지표

	2019년	2020년
매출액	6,649억 원	8,042억 원
영업이익	133억 원	1,226억 원

	2021년 상반기	
매출액	4,785억 원	PER 133배, PBR 5.7배, ROE 5%, 부채비율 928%
이익	1,338억 원	

갤럭시아머니트리

결제 플랫폼 NFT

시가총액	2,500억 원		주요 주주	효성아이티엑스 외 3인 59%
			주 매출처	전자결제 65%, O2O 사업 30%

- 전자결제, O2O 사업을 영위하는 결제 플랫폼 기업
- 21년 상반기 본업인 PG, O2O 사업 부문 최고 매출 달성
- NFT 등 신사업을 통한 도약 기대

최근 실적 및 주요 재무지표

	2019년	2020년
매출액	856억 원	812억 원
영업이익	87억 원	77억 원

	2021년 상반기	
매출액	483억 원	PER 419배, PBR 3.1배, ROE 1%, 부채비율 184%
이익	24억 원	

드림시큐리티

모바일 보안 생체인증 분산신원증명(DID)

시가총액	2,700억 원		주요 주주	범진규 외 7인 37%
			주 매출처	렌탈 82%, 보안 솔루션 18%

- PKI 기반의 보안 및 인증솔루션을 제공
- 2021년 블록체인 정부사업 참여
- 공공기관, 금융기관, 일반기업 대상으로 다양한 보안 서비스 제공

최근 실적 및 주요 재무지표

	2019년	2020년
매출액	288억 원	1,584억 원
영업이익	18억 원	131억 원

	2021년 상반기	
매출액	944억 원	PER 45배, PBR 3.8배, ROE 9%, 부채비율 144%
이익	64억 원	

안랩

디도스 V3 백신

시가총액	6,800억 원	주요 주주	안철수 외 2인 28%, 자사주 13%, GO ETF Solutions LLP 5%
		주 매출처	보안 제품 66%, 보안 서비스 17%

- V3 백신으로 유명한 국내 대표 보안기업
- 국내 시장점유율 1위 디도스 대응 솔루션 제공
- 보안 컨설팅, 솔루션, 관제, 클라우드 등 보안 생태계 전반에서 자체 기술과 서비스를 제공하는 국내 유일 기업

최근 실적 및 주요 재무지표

	2019년	2020년
매출액	1,670억 원	1,782억 원
영업이익	184억 원	200억 원

	2021년 상반기	
매출액	898억 원	PER 19배, PBR 2.6배, ROE 16%, 부채비율 33%
이익	82억 원	

핵심 키워드

VAN(Value Added Network)
VAN사는 가맹점(상점)과 카드사 간의 네트워크망(VAN)을 제공, 카드 사용에 수반되는 승인을 중계한다. 카드사를 대신해서 전표 매입 업무를 대행해줄 뿐만 아니라 오프라인 가맹점을 모집, 단말기(POS) 설치, 관리를 전담한다. 즉, 카드사는 VAN사를 통해서 결제망을 제공받는 동시에 가맹점 관리를 같이 위탁한다. 이처럼 카드사에 제공하는 서비스에 대해 VAN사는 카드사로부터 수수료를 받는다. (PG사, 카드사는 가맹점으로부터 수수료를 받음) 가맹점 입장에서도 VAN사의 네트워크가 있기 때문에 고객이 어떤 카드를 제시해도 결제 승인이 가능한 것이다. 가맹점의 형태에 따라 온라인 VAN과 오프라인 VAN으로 구분된다.

PG(Payment Gateway)
PG사는 온라인 결제 과정에만 존재하는 전자결제대행사이다. 카드사와 직접 계약이 어려운 중소규모 가맹점을 대신해서 카드사와 대표 가맹 계약을 맺고 카드 결제/정산 서비스를 대행해준다. 온라인 결제가 늘면서 PG수수료 역시 성장하고 있다.

O2O(On-line to Off-line)
온라인과 오프라인을 연결해 전자상거래, 마케팅, 결제 부문에서 시너지를 내는 것을 의미한다. 스마트폰의 확산으로 소비자는 사실상 온라인 상태에 항상 대기하는 잠재 고객이라고 할 수 있는데, 스마트폰(온라인)으로 음식을 배달하거나, 택시를 호출하는 행위가 바로 O2O 결제이다. O2O 서비스의 확산으로 오프라인 시장이 점차 온라인으로 대체되고 있다.

BNPL(Buy Now Pay Later)
후불결제서비스로 일종의 할부 구매와 비슷하다. 이용자가 신용으로 제품을 구매하면, 후불 결제사들은 소비자 대신 구매 대금을 가맹점에 지불하고, 이용자는 일정 기간 동안 나누어 상환하는 구조다. 신용카드 할부와 비슷해 보이지만 두 가지 큰 차이가 있다. 1) BNPL은 단순히 앱 다운만으로 바로 이용 가능한 간편결제라는 것(신용 등급 조회가 필요치 않아 접근성이 높음), 2) BNPL은 무이자가 기본이라는 점이다. 최근 2030세대를 중심으로 빠르게 성장하고 있다.

마이데이터
은행, 카드사, 보험사 등으로 흩어져 있는 금융데이터의 주인을 금융회사가 아니라 개인으로 정의하는 개념이다. 마이데이터 허용으로 개인은 여러 곳에 흩어진 자신의 금융정보를 한곳에서 편리하게 관리할 수 있다.

자율주행

1 자율주행차의 가장 큰 목적 중 하나는 인간의 실수를 줄이기 위한 것. 이를 통해 사회적 비용 감축 및 삶의 질 향상 추구
2 자율주행 핵심 기술로 카메라, 레이더, 라이더 등 센서 및 ECU(제어장치) 등의 ADAS(운전자 지원 시스템) 부각. 추후 V2X(차량사물통신) 기술로 발전 이어갈 것
3 자율주행 시장의 패권을 차지하기 위해 글로벌 완성차 기업뿐 아니라 빅테크 기업들도 시장에 진입

핵심 키워드 커넥티드 카(스마트카) ADAS 카메라 레이더 라이더 V2X 로보택시 무인 운송

한 나라의 성장이 대도심 권역으로 집중되면서 점차 교통사고, 교통혼잡에 따른 비용이 급증하고 있다. 이에 완성차 기업들은 ADAS 및 각종 센서 등 첨단 기술을 자동차에 적용하고 있다. 더 나아가 사람이 직접 운전하지 않게끔 도와 여가시간을 누리게 하고, 교통약자의 이동성 개선 등을 꾀할 기술에 이르기까지 연구를 이어가고 있다. 전 세계 첨단 기술을 주도하는 빅테크 기업들까지 자율주행 시장에 뛰어들면서, 산업의 경쟁 강도가 치열해지고 있다. 자율주행차는 기존 자동차 산업 패러다임을 변화시키고, 자율주행 택배 배송, 24시간 무인 운송, 로보 택시 등 다양한 산업으로 파급효과를 미칠 것으로 전망된다.

자율주행이란?

운전자의 조작 없이 자동차 스스로 주변 환경을 인식하고 위험을 판단해 주행경로를 계획해주어 운전자 운행조작을 최소화하며, 스스로 안전주행이 가능한 인간 친화형 자동차를 의미한다. 눈, 발, 손의 사용 유무에 따라 레벨 0부터 5단계까지 5~6개 단계로 구분되는데(관련 업계마다 1단계 가량 차이) 레벨 4~5단계는 우리가 흔히 떠올리는 완전 자율주행차이다. 자율주행차의 가장 큰 목적 중 하나는 인간의 실수를 줄이는 데 있다. 역사적으로 신기술의 도입은 교통사고 사망자 수를 지속적으로 줄여왔기 때문이다.

자율주행차가 상용화되면 교통혼잡도 감소, 오염배출량 감소, 개인 여가시간 증가, 음주 및 졸음 운전 등 인간 실수 감소 등의 장점을 얻을 수 있다. 현재 실생활에서 쓰이고 있는 ADAS 기술, 즉 운전자 지원 시스템은 완전 자율주행으로 가기 위한 초, 중반 단계 기술이며 그 후엔 자동차가 주변 자동차, 사물과 끊임없이 정보를 주고받으며 소통하는 커넥티드 카(스마트카)로 발전할 것이다.

자율주행 핵심 기술 - ADAS, V2X

운전자 지원 시스템이라고도 불리는 ADAS는 차량이 스스로 운전 중 발생하는 상황을 인지해 차량을 제어하는 기술이다. 이를 위해 차량 내 수많은 카메라와 센서가 쉬지 않고 상황을 판단하고 있다. ADAS 적용을 통한 충돌 사고 경감 효과가 매우 큰 만큼, 국가별로 ADAS 관련 제품 장착을 의무화해 안전 규제를 강화하고 있다. 글로벌 완성차 업체들이 앞다퉈 ADAS 장착에 나서면서 ADAS 시장은 급성장할 것으로 예상된다. 이후 첨단 기술 트렌드는 차량사물통신으로 알려진 V2XVehicle to Everything으로 이어지는데 이는 자율주행 및 커넥티드 카 환경의 핵심 기술이다. 자율주행 센서와 카메라만으로 완벽한 자율주행 구현에 한계를 갖기에 차량과 차량 간 통신(V2V), 차량과 사물 간 통신(V2I)을 구현하는 V2X 기술이 각광받을 것이다. 그 밖에 핵심 기술과 기기인 센서류(차량용 카메라, 레이더, 라이더), 전자제어 장치인 ECU, 고정밀 지도 등이 성능 발전을 이뤄내며 완전 자율주행으로 가는 길을 빠르게 견인할 전망이다.

자율주행 산업의 전망

현재 자율주행 구현 수준은 '제한적 자율주행' 단계인 2단계로 볼 수 있다. 아직은 ADAS 기술의 도움을 받고 있으며 제한된 특정 조건 이외엔 운전자의 운전 개입이 반드시 필요하다. 자율주행 선도 기업들은 100% 자율주행이 가능한 무인자동차 개발 및 부분 자율주행 자동차 개발 등 두 갈래로 나누어 개발 중이며 테슬라의 경우 오토파일럿 등 신경망 기반 완전자율주행 서비스를 구독 형태로 제공하는 새로운 수익 창출원을 구상하고 있다.

글로벌 시장조사업체인 AMRAllied Market Research은 자율주행자동차 시장규모를 2019년 542억 달러에서 2026년 5,560억 달러 규모로 연평균 39.5% 성장을 전망했다. 맥킨지 컨설팅은 2040년에 자율주행차 판매 약 9,000억 달러, 관련 모빌리티 서비스 시장 약 1조 1,000억 달러로 전망하며 산업이 급속도로 확장될 것으로 전망했다. 자율주행차 기술개발은 미국의 빅3인 GM, 포드, 테슬라가 주도하는 가운데 현대차, 도요타, 폭스바겐, 다임러 등이 뒤를 쫓고 있고 글로벌 빅테크 기업인 아마존, 구글(웨이모), 마이크로소프트 및 엔비디아 등 굵직한 기업들이 대규모로 뛰어들어 자신들의 파이를 가져가기 위한 혈투를 벌일 전망이다.

글로벌 자율주행 시장 규모 전망

: 2025년을 기점으로 급속도로 성장할 전망이다. 특히 완전 자율주행으로 지칭할 수 있는 레벨 4단계는 2035년경 크게 부상할 전망이다.

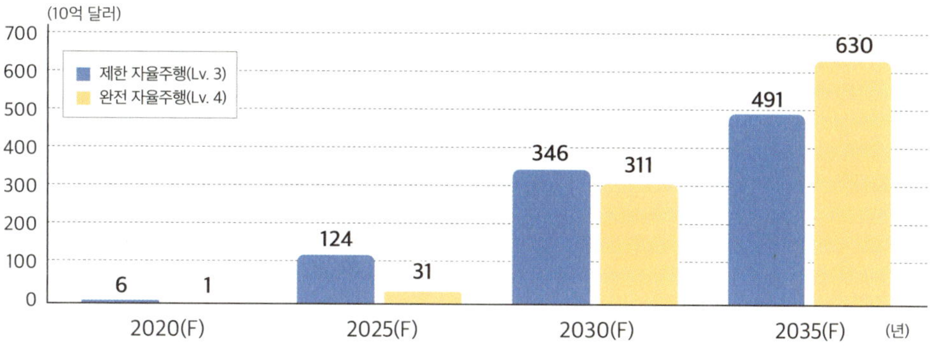

출처: 한국과학기술연구원, 대신증권

자율주행차 발전단계

: 현재는 부분 및 조건부 자율 단계이며 2025년 정도에는 자율주행이 가능한 환경 조건이 대폭 확대될 전망이다. 완전 자율주행은 2035년부터 개화될 것으로 추정된다.

	부분 자율	조건부 자율	고도 자율	완전 자율
	현재	2020년	2025년	2035년
정의	**운전자**: 주행 **시스템**: 조향 및 가속, 감속 기능 복합되어 특정 주행 모드 수행	**시스템**: 주행 **운전자**: 시스템의 개입 요청에 적절히 대응 항상 차량 제어를 위한 준비 자세	**시스템**: 주행 운전자가 개입 요청에 적절히 대응 못하는 경우에도 시스템 주행가능	모든 조건에서 시스템이 상시 운전
주요 기능	· 차간 거리유지 + 차선 유지 · 자동 주차	· 고속도로 자율 주행 · 기상상황 제외한 자율 주행	· 특정 구간 및 기상 상황 제외한 자율 주행	· 자율 주행 · 무인 운송

자율주행 차량의 구성

: GPS, 전후방 카메라, 고해상도 정밀 지도, 라이다 및 레이더 등 다수의 첨단 장비로 구성된다.

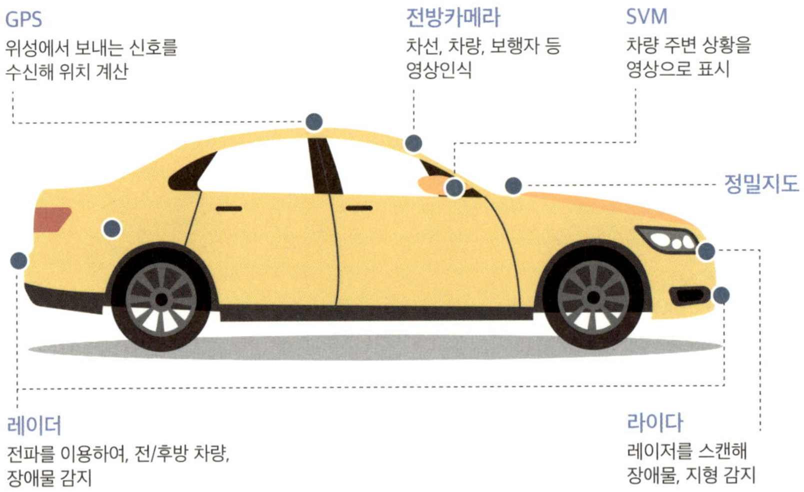

출처: 현대모비스, 키움증권리서치

자율주행 기능(레벨 분류)

: 현재는 2단계 정도이며 레벨 4 및 5부터 우리가 흔히 생각하는 의미의 자율주행이 가능할 것으로 분류된다.

단계	구분	내용
Level 0	비자동화	자율 주행 기능이 없는 일반 자동차
Level 1	운전자 지원 기능	자동브레이크, 자동 속도조절 등 운전 보조기능 탑재
		간단한 조향이나 제동을 도와주는 단계
Level 2	부분적 자율 주행	운전 중 2가지 이상의 자동화 기능 작동
		속도와 방향을 스스로 제어하는 단계
		운전자의 상시 감독 필요
Level 3	조건부 자율 주행	차량 내 인공지능에 의한 제한적 자율주행 가능
		교통신호와 도로 흐름을 인식하는 단계
		다만, 특정 상황에 따라 운전자의 개입이 반드시 필요
Level 4	고급 자율 주행	시내 주행을 포함한 도로 환경에서 주행 시 모니터링 필요
		자동차 스스로 입력된 목적지까지 이동 구간 탐색 및 주행
Level 5	완전 자율 주행	모든 환경에서 운전자 개입 없이 완벽한 자율 주행 구현

자율주행차의 핵심 기기

: 센서류(카메라, 레이더, 라이더), HD맵, GPS, ECU, 스마트 액츄에이터, V2X 통신 기기 등을 통해 자율주행을 구현할 수 있다.

자율주행기술	주요 기기	내용
주행환경 인식	카메라, 레이더, 라이더	센서를 사용하여 장애물, 도로표식, 교통신호 등 인식
위치인식 및 맵핑	HD맵, 고정밀 위성측위기기	HD맵, GPS, 센서 융합을 통해 차량의 절대/상대 위치 추정
판단	ECU, ADAS, D CU	인지 신호들을 효율적으로 처리해 차량의 행동 지시
제어	스마트 액츄 에이터	지시된 행동을 추종하기 위해 조향, 가감속 등 제어
인터렉션	HVI, V2X 통신	차량과 운전자, 차량과 주행환경이 서로 정보 교환

글로벌 ADAS 시장 규모 전망

: 자율주행 시스템을 이루기 위해 ADAS 장비들의 빠른 성능 향상과 투자가 이뤄지고 있다. 주요 완성차 기업들은 2022년 하반기부터 신차에 ADAS를 기본사양으로 탑재할 계획이다.

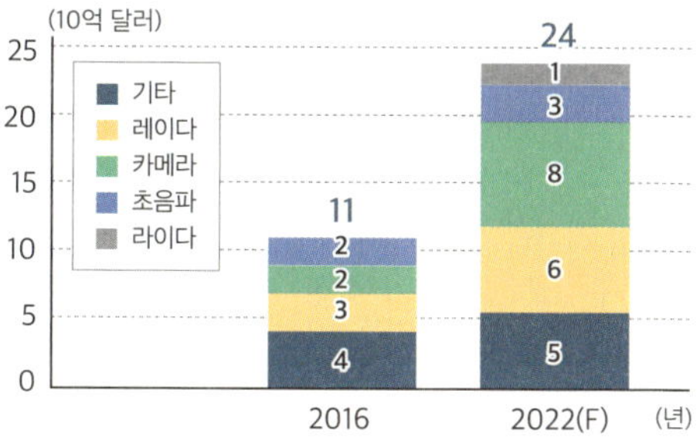

출처: 포스코경영연구소, 대신증권

자율주행 단계별 글로벌 차량 보급 전망

: 2030년부터 진정한 자율주행 단계의 차량이 보급될 전망이며 2040년경에는 자율주행 차량의 2/3 이상이 레벨 3~5단계 차량으로 구성될 전망이다.

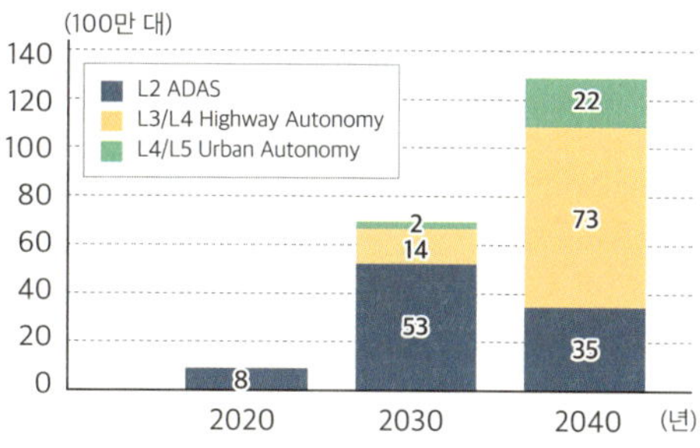

출처: 키움증권 리서치

글로벌 커넥티드 카 시장 규모 및 전망

: 커넥티드 카의 완성형은 인포테인먼트뿐 아니라 자동차 스스로 도로 정보를 감지해 운전자에게 알려주고 운전자가 운전에 개입하지 않는 자율주행차 개념까지 포함한다.

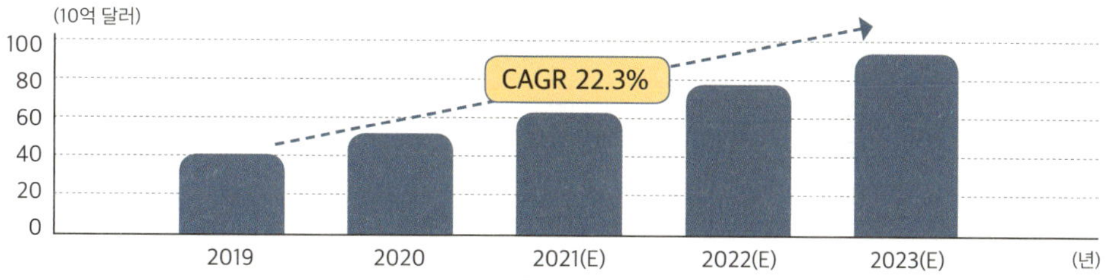

출처: M&M, 키움증권 리서치

테마 밸류 체인

- 자율주행
  - 완성차 — 현대차, 기아
  - 첨단 기술
    - ADAS — 현대모비스, 만도 LG전자, 모트렉스, 모바일어플라이언스, 대성엘텍
    - 알고리즘 — 코리아에프티, 유니퀘스트
    - 임베디드S/W — 한컴 MDS, 유비벨록스
    - S/W 플랫폼 — 오비고
    - AI 시스템 — 아이에이
    - 인포테인먼트 시스템 — 인포뱅크, 남성
    - 통신
      - 통신 솔루션 — 현대오토에버, 라닉스, 켐트로닉스
      - 무선 통신 — 유니트론텍
      - 통신 모듈 — KT, SK텔레콤, LG이노텍
  - 차량 부품
    - 반도체
      - AP 칩 — 텔레칩스
      - 영상처리 IP — 칩스앤미디어
    - 카메라
      - CMOS센서 — 픽셀플러스
      - 모듈 — 엠씨넥스, LG 이노텍, 캠시스, 앤씨앤
      - 검사장비 — 하이비젼시스템
      - 렌즈 — 옵트론텍, 세코닉스
    - 라이다 — 만도, 에이테크솔루션, 유진로봇, 큐에스아이, 엘엠에스
    - MLCC — 삼성전기
    - 블랙박스 — 팅크웨어, THE MIDONG
    - 플랫폼 — 현대오토에버
    - 센서 — 아이쓰리시스템, 트루윈
    - 크루즈 컨트롤 커버 — 삼보모터스

글로벌 주요 기업 및 ETF

글로벌 주요 기업 동향

글로벌 주요 기업들의 자율주행 산업 동향 및 핵심 파트너

기업	동향 내용	핵심 파트너
GM	2025년부터 로보택시 상용화	혼다, Lyft, MS
	2025년 배송 시스템 완전 자율주행 및 자동화 추진	
웨이모(구글)	미국 애리조나에서 완전 자율주행차 제한적 시범 운행 중	닛산, 르노, 다임러
아마존	미국 샌프란시스코에서 승차공유 자율주행 시범 운행. 현재는 안정성 문제로 보류 중	구글, 테슬라, 도요타, 리비안
	2030년 라스트마일 서비스용 카고제트(Cargo Jets) 개발 중	
	2030년 무인 드론 프라임에어(Prime Air) 상용화 계획	
인텔	2025년 자율주행용 반도체 생산 발표	Valeo, BMW, 도요타
테슬라	FSD 자율주행 구독서비스 출시 지연 및 상용화 임박 언급	BYD
	FSD 베타, 일부 사용자들에게 릴리즈	
포드	2022년 자율주행차 사업부 출범 예정	Argo AI, 바이두, 구글, 보쉬
현대차	2023년 부분 자율주행 택시 상용화	Aptiv, Motional
	2028년 도심항공모빌리티(UAM) 8인승 드론택시 상용화 계획	
폭스바겐	2025년 중국에서 플라잉 택시(Flying Taxi) 출시 계획	Argo AI, MS
다임러	2023년 내 구글과 인공지능 주행 기술 개발	Toro Robotics, 구글, 엔비디아
	2030년 내 자율주행 트럭 레벨 4 상용화	
아우디	2023년 내 자율주행 부문 160억 달러 투자	화웨이, 엔비디아, 폭스바겐
볼보	2022년 내 개인용 자율주행차 출시	디디추싱, 구글, 엔비디아
도요타	2024년 완전 자율주행차 출시 예정	Aurora, 아마존
혼다	일본 자율주행 차량공유 실증 시험 예정	Auto X
애플	2024년 자율주행 상용화	아직 없음
MS	2025년 애저(Azure) 활용 독자적 자율주행 솔루션 대규모 상용화	도요타, 바이두, 에릭슨, GM
바이두	2023년 내 중국 100개 도시 자율주행용 스마트 도로 구축	지리차

핵심 기업 소개

현대차

글로벌 굴지의 완성차 기업 | 아이오닉5 | 로보택시 | G90 자율주행차

시가총액	44조 원	주요 주주	현대모비스 외 6인 29%, 국민연금공단 8%
		총 매출액 중	차량 79%, 금융 15%

- 글로벌 완성차 5위, 전기차 5위, 수소차 1위 기업
- 미국 자율주행 기술 회사 앱티브와 JV 설립. 2조 3,000억 원 규모 투자 결정
- 미국 차량 공유업체 2위 리프트와 레벨 4 수준의 완전 자율주행 기반 로보택시 사업 추진
- 인수한 로봇 전문업체 보스턴다이나믹스와 자율주행 센서 분야 기술 협력
- 이르면 2023년경, 리프트가 미국에서 아이오닉5 기반 로보택시 사업 상용화 예정
- 2021년 말, 신형 G90이 자율주행 레벨 3단계 적용 예정

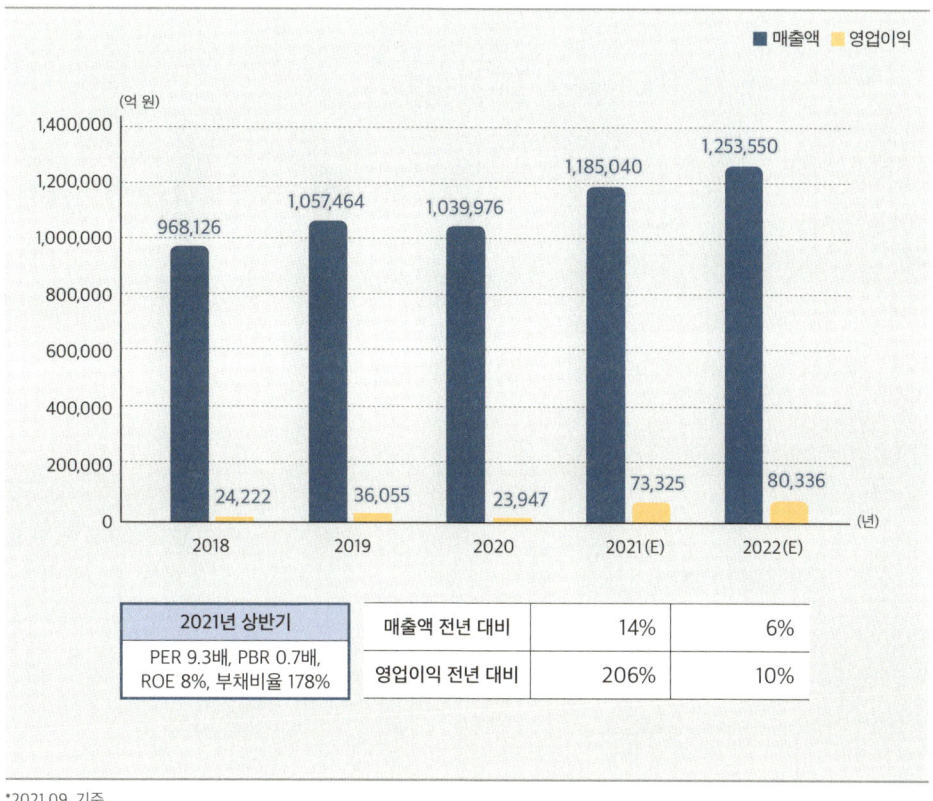

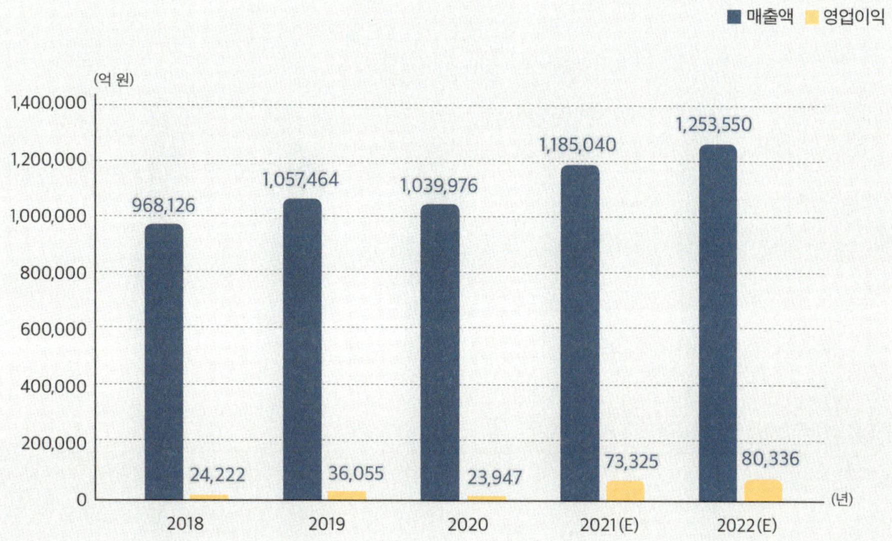

2021년 상반기
PER 9.3배, PBR 0.7배, ROE 8%, 부채비율 178%

매출액 전년 대비	14%	6%
영업이익 전년 대비	206%	10%

*2021.09. 기준

만도

자동차 부품 | 현대차그룹 | 전기차 | 자율주행차 | ADAS

시가총액	2.8조 원	주요 주주	한라홀딩스 외 4인 30%, 국민연금공단 8%
		총 매출액 중	차량 부품(제동, 조향, 현가). 한국 53%, 중국 23%, 미국 15%

- 국내 대표 자동차 부품 모듈 기업. 대표적으로 브레이크, 스티어링, 서스펜션 등
- ADAS를 비롯 선행 첨단 안전 전자장비 기술들 자체 보유 중. 총 매출의 약 15%
- 현대차 고급차종에 ADAS를 납품 중이며 쌍용차 납품 이후 글로벌 업체까지 진출 계획
- 라이다 및 4D 이미징 레이더 등 개발로 자율주행 레벨 4 이후의 센서 경쟁력 확보 계획
- 10년 이상 소요될 자율주행 레벨 4~5 상용화 이전까지 ADAS의 침투율은 지속 확대될 전망
- 현대차그룹에 쏠렸던 매출처의 다변화 및 전기차, 자율주행차향 매출 향상으로 전망 고무적

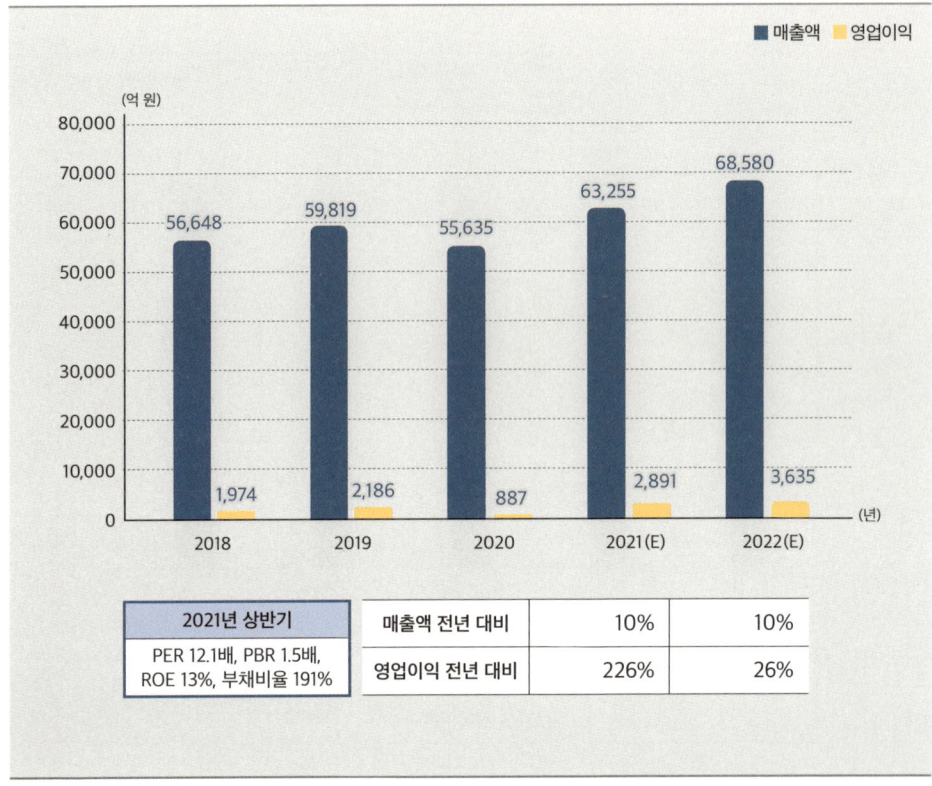

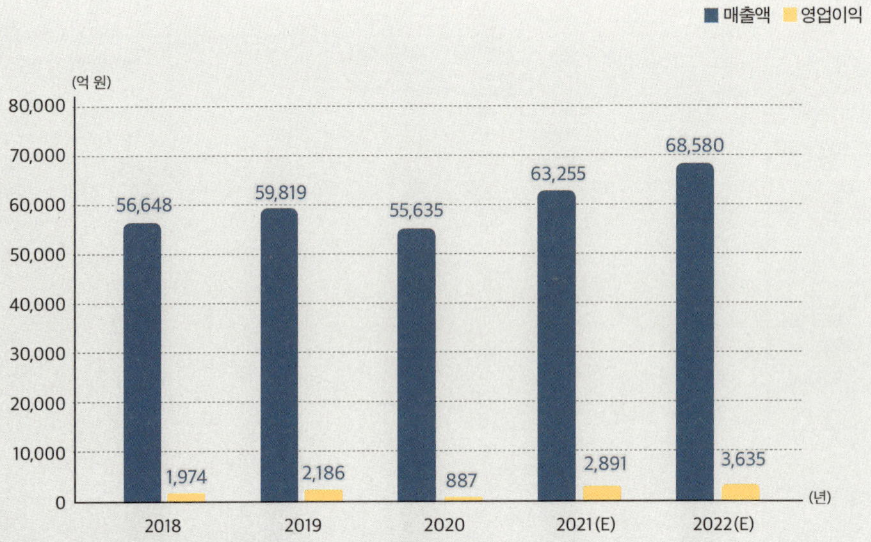

2021년 상반기
PER 12.1배, PBR 1.5배, ROE 13%, 부채비율 191%

매출액 전년 대비	10%	10%
영업이익 전년 대비	226%	26%

*2021.09. 기준

엠씨넥스

카메라 모듈 | ADAS용 카메라 | 프리미엄 스마트폰 | 메타버스 | 3D 센싱

시가총액	7,600억 원

주요 주주	민동욱 외 6인 28%
총 매출액 중	카메라 모듈 중 휴대폰용 83%, 자동차용 15%

- 국내 대표 카메라 부품 업체
- 모바일용 매출 약 77%, 차량용 매출 약 23%이며 차량용 비중 점차 증가 중
- 차량용 카메라 국내 1위, 글로벌 5위권. 손익분기점 넘어선 것으로 평가
- 자율주행 관련 라이다, 미러리스 카메라 등 기술 개발 중
- 주요 스마트폰 고객사들의 프리미엄급 신제품 출시에 수혜
- 메타버스 시장의 핵심인 3D 센싱 모듈 관련 모멘텀 주목

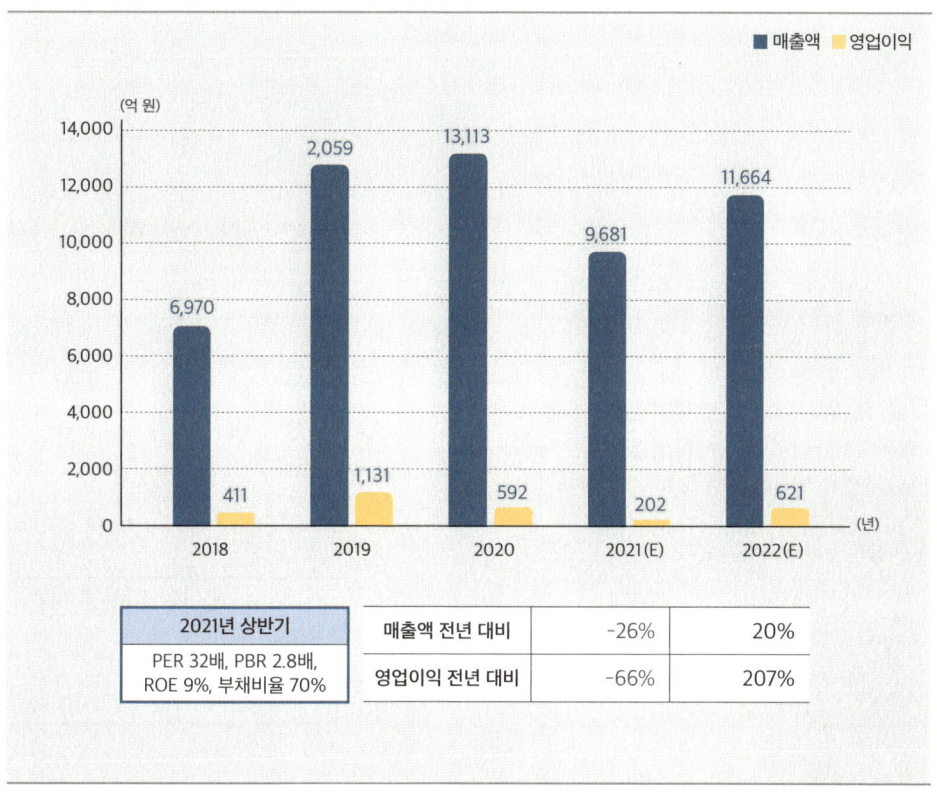

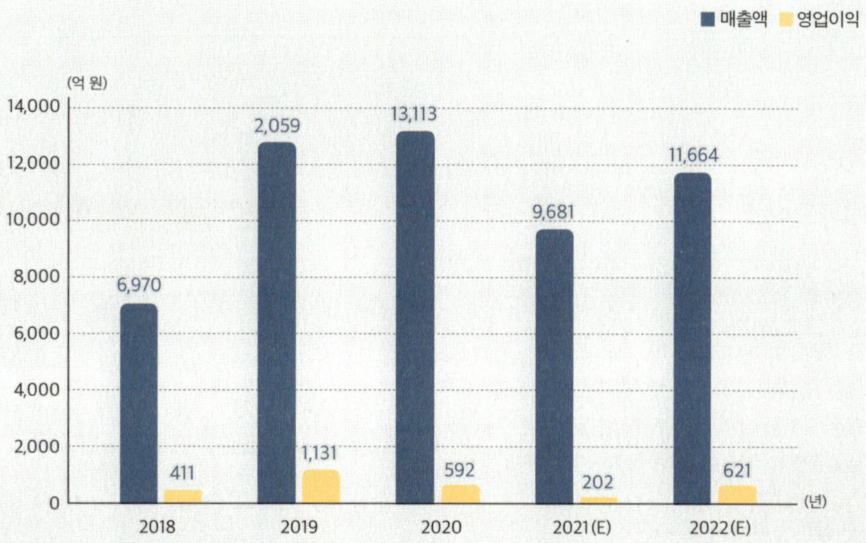

2021년 상반기
PER 32배, PBR 2.8배, ROE 9%, 부채비율 70%

매출액 전년 대비	-26%	20%
영업이익 전년 대비	-66%	207%

*2021.09. 기준

기아

완성차 쌍울EV 니로EV EV6

시가총액	340,911억 원	주요 주주	현대차 외 5인 35%, 국민연금공단 8%
		주 매출처	RV 59%, 승용차 21%

- 현대자동차 그룹의 자동차 제조 및 판매 업체
- 전기차 쏘울EV, 니로EV에 자율주행 기술 적용
- 미국 자율주행업체 오로라에 전략투자. 기술 협력

최근 실적 및 주요 재무지표

	2019년	2020년	2021년(전망)
매출액	581,460억 원	591,681억 원	713,921억 원(yoy 20%)
영업이익	20,097억 원	20,665억 원	53,724억 원(yoy 160%)

	2021년 상반기	
매출액	349,212억 원	PER 7.2배, PBR 1.0배, ROE 14%, 부채비율 97%
이익	25,636억 원	

현대모비스

ADAS 센서 벨로다인 라이다

시가총액	253,572억 원	주요 주주	기아 외 7인 31%, 국민연금공단 10%
		주 매출처	모듈 및 부품제조 81%, A/S 19%

- 그룹 내 R&D 주체이자 스마트카 솔루션 총괄
- 다수의 핵심 ADAS 부품 양산 및 센서 기술 내재화 계획
- 벨로다인에 지분투자하여 라이다 양산 기술 협력

최근 실적 및 주요 재무지표

	2019년	2020년	2021년(전망)
매출액	380,488억 원	366,265억 원	420,188억 원(yoy 14%)
영업이익	23,593억 원	18,303억 원	23,597억 원(yoy 29%)

	2021년 상반기	
매출액	201,009억 원	PER 9.5배, PBR 0.7배, ROE 7%, 부채비율 44%
이익	10,540억 원	

현대오토에버

현대차그룹의 두뇌 · 모빌리티 소프트웨어 · 클라우드 · 구독형 사업

시가총액	29,618억 원	주요 주주	현대차 외 5인 75%
		주 매출처	IT시스템 운영 및 관리 56%

- 그룹사를 통해 모빌리티 소프트웨어 플랫폼 구축
- 차량과 도로간 쌍방향 통신 가능한 C-ITS 사업 운영
- 플랫폼, 클라우드 등으로 구독형 사업 단계적 전환

최근 실적 및 주요 재무지표

	2019년	2020년	2021년(전망)
매출액	15,718억 원	15,626억 원	20,184억 원(yoy 29%)
영업이익	802억 원	868억 원	1,232억 원(yoy 42%)

	2021년 상반기	
매출액	8,713억 원	PER 32배, PBR 3.8배, ROE 13%, 부채비율 57%
이익	451억 원	

모바일어플라이언스

ADAS · 현대모비스 · 벤츠 · 빅데이터 · 딥러닝

시가총액	1,315억 원	주요 주주	이재신 17%
		주 매출처	제품 매출 94%

- 딥러닝, 빅데이터, 5G 통신 기반 자율주행 기술 보유
- 핵심 고객으로 현대모비스, BMW, 아우디, 벤츠와 거래
- 네비게이션, ADAS, HUD, 블랙박스 등 제조

최근 실적 및 주요 재무지표

	2019년	2020년
매출액	448억 원	416억 원
영업이익	-8억 원	26억 원

	2021년 상반기	
매출액	173억 원	PER 59배, PBR 3.2배, ROE 6%, 부채비율 80%
이익	6억 원	

켐트로닉스

디스플레이용 화학제품 | 무선충전 | RSU

시가총액	3,841억 원	주요 주주	김보균 외 10인 28%
		주 매출처	화학재료 56%, 무선충전 43%

- 자율주행 관련 통신시스템 소형기지국 RSU 제조
- 디스플레이 산업에 쓰이는 각종 화학제품 생산
- 스마트폰 및 각종 IT 기기에 무선충전 기술 적용

최근 실적 및 주요 재무지표

	2019년	2020년
매출액	4,035억 원	5,300억 원
영업이익	263억 원	221억 원

	2021년 상반기	
매출액	2,716억 원	PER 12배, PBR 2.9배, ROE 26%, 부채비율 237%
이익	181억 원	

칩스앤미디어

비디오 IP | NXP | 인텔 | 모빌아이

시가총액	1,446억 원	주요 주주	텔레칩스 외 2인 37%
		주 매출처	로열티 50%, 라이선스 43%

- 국내 유일 반도체 IP 기업. 비디오 IP에 특화
- 글로벌 자율주행차 반도체 1위 NXP에 부품 공급
- 인텔 자회사 모빌아이에 설계 자산 공급

최근 실적 및 주요 재무지표

	2019년	2020년	2021년(전망)
매출액	161억 원	154억 원	184억 원(yoy 19%)
영업이익	36억 원	24억 원	48억 원(yoy 100%)

	2021년 상반기	
매출액	73억 원	PER 27배, PBR 4.4배, ROE 7%, 부채비율 20%
이익	7억 원	

텔레칩스

반도체 팹리스 | AVN용 AP | MCU 국산화

시가총액	2,141억 원

주요 주주	이장규 외 2인 22%
주 매출처	디지털 미디어 프로세서 87%

- 자동차 AVN(오디오·비디오·내비게이션)용 반도체 AP칩 제조
- 현대차, 기아에 적용되는 AVN용 AP 점유율 약 80%
- 차량용 반도체 성장 및 MCU 국산화 이슈에 수혜

최근 실적 및 주요 재무지표

	2019년	2020년	2021년(전망)
매출액	1,322억 원	1,007억 원	1,235억 원(yoy 22%)
영업이익	76억 원	-85억 원	44억 원(흑자전환)

	2021년 상반기	
매출액	550억 원	PER 53배, PBR 1.9배, ROE 4%, 부채비율 94%
이익	-5억 원	

캠시스

갤럭시 카메라 모듈 | 차량용 카메라 | 전기차 쎄보

시가총액	1,536억 원

주요 주주	권현진 외 1인 17%
주 매출처	스마트폰 카메라 모듈 96%

- 삼성 스마트폰 향(向) 전,후면 카메라 모듈 제조
- 차량용 카메라 시스템 FVCS 개발 중
- 신성장동력으로 초소형 전기차 쎄보에 집중

최근 실적 및 주요 재무지표

	2019년	2020년
매출액	6,848억 원	8,669억 원
영업이익	160억 원	114억 원

	2021년 상반기	
매출액	2,493억 원	PER -6배, PBR 1.8배, ROE -23%, 부채비율 163%
이익	-159억 원	

앤씨앤

블랙박스 | 일본 수출 | 넥스트칩

시가총액	943억 원	주요 주주	김경수 외 3인 45%
		주 매출처	차량용 블랙박스 89%

- 영상보안장비 특화 멀티미디어 팹리스 반도체 설계
- 차량용 블랙박스 3배 증설. 국내 및 일본 수출에 총력
- 자회사 넥스트칩, 2022년경 코스닥 상장 계획

최근 실적 및 주요 재무지표

	2019년	2020년	2021년(전망)
매출액	785억 원	878억 원	1,304억 원(yoy 48%)
영업이익	-116억 원	-119억 원	3억 원(흑자전환)

	2021년 상반기	
매출액	539억 원	PER 454배, PBR 4.4배, ROE -50%, 부채비율 410%
이익	-98억 원	

핵심 기업 소개 (핵심 사업)

기업명	시가 총액(억)	핵심 사업 내용
아이에이	3,021	자율주행용 ADAS 핵심기술인 '카메라 기반 인공지능 시스템 개발' 국책 과제 참여
하이비전시스템	2,532	자회사 퓨런티어, 글로벌 자동차 부품 회사에 자율주행 카메라모듈 캘리브레이션 장비 공급
모트렉스	2,457	오디오, 비디오, 네비게이션 시스템 등을 주로 생산. HUD, ADAS 등 다양한 인포테인먼트 사업 진행
오비고	2,261	스마트카 소프트웨어 플랫폼을 르노-닛산 얼라이언스 등 완성차 업체에 공급
옵트론텍	1,911	자율주행 레벨 4에 적용될 수 있는 카메라 렌즈 개발. 라이다에 들어가는 필수 광학 부품도 신규 사업 추진
한컴MDS	1,800	임베디드OS를 포함한 자율주행 및 ADAS, V2X 등으로 대표되는 스마트 자동차 S/W 개발 솔루션 제공
유진로봇	1,303	자율주행기술에 적용되는 3D 스캐닝 라이다 'YRL3 시리즈' 등 개발·생산
삼보모터스	1,206	자율주행차의 차간 거리 조정 등 핵심 역할을 수행하는 SCC COVER(크루즈 콘크롤 커버) 개발
남성	1,093	차량 내 오디어 제어와 관련한 카플레이 기능에 대해 애플 인증을 앞두고 있음
대성엘텍	1,019	ADAS 시스템 및 AVM 제품군인 FCWS(전방추돌방지시스템), LDWS(차선이탈방지시스템) 등 개발.
인포뱅크	921	차량용 인포테인먼트 솔루션 및 서비스 사업 영위. 현대차그룹에 스마트카 임베디드 소프트웨어 공급
라닉스	919	지능형 교통시스템의 핵심기술인 DSRC(단거리 전용통신) 솔루션 및 자율주행 핵심 기술 V2X 솔루션 개발
유니트론텍	825	국책과제인 'AI기반 자율주행 컴퓨팅 모듈 개발 및 서비스 실증 사업' 수행
THE MIDONG	260	자체 보유한 영상인식 및 처리 기술을 기반으로 ADAS 블랙박스 출시

핵심 키워드

ADAS
Advanced Driver Assistance Systems. 첨단 운전자 보조 시스템을 뜻한다. 운전 중 발생할 수 있는 수많은 상황 가운데 일부를 차량 스스로 인지하고 상황을 판단, 기계장치를 제어하는 기술을 뜻한다. 차량 내 카메라와 센서를 통해 사람과 차량, 장애물 등을 미리 식별하고 브레이크, 핸들 조향장치를 활용해 사고를 방지하는 장치다. 복잡한 차량 제어 프로세스에서 운전자를 돕고 보완하며, 궁극으로는 자율주행 기술을 완성하기 위해 개발했다.

V2X
Vehicle to Everything. 차량이 도로를 주행하면서 도로 인프라 및 다른 차량과 지속적으로 상호통신해 교통 정보, 차량접근, 추돌가능성 등 각종 유용한 정보를 교환하도록 돕는 기술이다. 자율주행 및 커넥티드 카 환경의 핵심기술이다.

카메라
가시광을 통해 대상 물체에 대한 형태인식 정보를 제공한다. 차선, 표시판, 신호등 등의 정보를 판독 가능. 비교적 먼 거리를 볼 수 있으며 기타 센서에 비교하여 가격이 저렴하지만 기상악화, 안개, 불순물 등 외부 장애물이 있을 시 인식이 어렵다는 단점이 있다.

레이다
Radar. 전자파를 발사해 돌아오는 전파의 소요시간과 주파수를 측정, 주변 사물과의 거리 및 속도를 탐지한다. 유효 감지 거리가 라이다보다 약 2배 이상 긴 200미터다. 주변 차량의 속도 또한 상대적으로 쉽게 감지하는 장점이 있지만 주변 차량들의 주행속도를 감지하는 데 라이다보다 성능이 낮다.

라이다
LiDAR. 고출력의 펄스 레이저를 사용하여 거리 정보를 획득한다. 실시간으로 주변 환경에 대한 3차원 데이터를 수집함으로써 도심과 같이 수많은 물체들이 존재하고 활동하는 환경에서 중요하다. 다만, 가격이 비싸고 레이저가 눈, 비 등에 반사가 될 수 있어 기후 조건에 취약하다.

임베디드 S/W
Embedded Software. 자율주행차에 설치된 마이크로프로세서에 미리 정해진 특정 기능을 수행하는 소프트웨어를 내장한 것이다.

인포테인먼트 시스템
Infotainment system. 운송수단에 불과했던 자동차 내에서 보다 편리하고 인간 친화적인 첨단 기능들을 구현한 시스템을 뜻한다. 차량 탑승자에게 필요한 정보와 재미를 동시에 주는 자동차 환경을 뜻하며 네비게이션, 카오디오 등이 여기에 포함한다.

OTA
Over-The-Air. 와이파이 등을 이용하여 무선으로 자율주행차에 세팅된 펌웨어를 업데이트하는 기술이다. 차량의 유무선 통신 제어기가 OTA 서버로부터 데이터를 다운받아 업데이트를 진행힌디. 테슬라가 타 OEM 대비 자율주행에서 독자적 행보로 공격적인 개발이 가능했던 배경 중 하나다. 테슬라의 원천 경쟁력. OTA를 통한 콘텐츠 업데이트로 구독 기반 비즈니스 모델을 구축하는 것을 뜻한다.

수소차

1 글로벌 주요국의 동시다발적인 탄소중립 계획에 따른 지원책으로 수소 산업이 가파른 성장을 보이고 있음
2 2050년, 글로벌 수소시장 규모는 약 3,000조 원, 글로벌 에너지 중 약 18%가 수소로 만들어질 전망
3 글로벌 1위 수소연료전지차 점유율을 확보한 현대차를 필두로 다수의 대기업들이 공격적인 수소 산업 전략을 내놓고 있음

핵심 키워드 수소연료전지차 | 수소충전소 | 각 그룹별 수소 밸류체인 | 부생 수소 | 그린 수소

글로벌 탄소중립 정책이 강화되며 신재생에너지에서 태양광 및 풍력에 이어 이제 수소가 주목할 에너지원으로 최근 빠르게 주목받고 있다. 국제에너지기구IEA 보고서에 따르면 2050년 탄소중립 시대엔 글로벌 수소 시장 규모가 무려 3,000조 원에 달할 전망이며 전 세계 에너지 중 약 18%가 수소로 만들어질 것으로 전망할 만큼 주력 에너지원으로 부상할 전망이다.

주요국 정책 지원

친환경 정책에 가장 앞서 있는 유럽연합은 2050년 탄소중립 대륙을 선언하며 2035년부터 내연기관차 판매를 금지하고, 수소차 충전소의 국가 의무화 제도를 발표했다. 2021년 발표한 'Fit for 55'를 통한 강력한 탄소 배출 규제책을 실시하고 있다. 또한 미국은 2030년 미국 내 신차 판매의 절반을 탄소 배출 제로 차량으로 전환하겠다 밝혔다. 2021년 하반기에 제기된 조 바이든의 인프라 부양안에 교통 부문에서 수소 허브 건설이 예정되면서 연방정부의 수소산업 투자가 본격화될 전망이다.

아시아는 수소 정책에 가장 앞서 있다. 한국은 현재 글로벌 수소차 점유율 약 50%를 차지하며 퍼스트 무버first mover로서의 명확한 행보를 밟고 있다. 대기업으로 이뤄진 수소기업협의체가 출범시켜 2030년까지 43조 원을 투자하겠다 밝혔다. 정부는 2040년까지의 수

소경제 로드맵을 발표하며 이를 적극적으로 지원하고 있다. 2022년에는 수소발전 의무화 제도가 시행되면서 연료전지 산업이 본격 확대될 것에 주목해야 한다.

중국은 상하이를 수소차 시범지역으로 지정했고 중국 최대 석유업체 시노펙은 중국 전역에 1,000여 개의 수소차 충전소를 건설하겠다 밝혔다. 또한 2022년 베이징 동계올림픽을 중국 수소차 굴기의 원년으로 삼고 계획을 진행하고 있다. 일본은 한국에 이어 수소연료전지차 글로벌 2위(약 40% 점유율)를 차지하고 있고 미국에 수소연료전지 모듈 생산라인 구축, 중국과 수소연료전지 개발 합작사 설립 등 타국과의 협력을 강화하며 한국을 빠르게 뒤쫓고 있다.

원유 사업으로 대표되는 중동마저 수소 산업에 뛰어들고 있다. 사우디는 2030년까지 3,700조 원을 투자하는 '비전 2030' 프로젝트를 진행 중이며 신도시 '네옴'을 건설하며 막대한 투자를 단행할 계획이다. 아랍에미리트UAE는 '국영 지주회사 + 석유기업 + 국부펀드'가 독일, 일본과 협력해 수소 개발 프로젝트에 뛰어들었다.

수소 사업의 분류

수소 밸류체인은 크게 생산→저장, 운송→활용 등으로 나눠볼 수 있다. 생산 단계에선 그레이 수소에서 청정수소(그린, 블루)로 패러다임을 전환시킬 것이고 저장, 운송 단계에선 고압 기체수소에서 저압, 고효율 및 액화, 액상 수소로 다양화시킬 전망이다. 또한 활용 단계에선 다양한 모빌리티에 적용하고 연료전지, 건설기계, 수소혼소발전 등으로 다각화하여 발전할 전망이다. 현재 수소는 주로 산업용으로 쓰이고 있으나 2050년이 되면 전체 수요처의 1/3은 운송 분야, 1/3은 발전 및 건물 등에 활용될 전망이다.

운송 분야에서의 고속 성장 기대

운송 분야에선 승용차, 트럭, 버스 그리고 선박 등에서 수소가 좋은 효율을 낼 전망인데 이 중 승용차와 트럭 분야의 성장이 가파른 모습이다. 2019년부터 본격 양산된 수소 승용차에서 현대차가 글로벌 약 50%, 일본차가 40%를 차지할 만큼 산업 성장 초기에 매우 좋은 기회를 잡았고 현대차가 세계에서 유일하게 수소 트럭 엑시언트를 양산하며 유럽에서 괄목할 만한 성적을 내고 있다.

해외 조사기관 포춘 비즈니스 인사이트에 따르면 수소연료전지차 시장은 2020년부터 2027년까지 연평균 성장률 56.7%로 2027년 2,481억 달러(약 295조 원) 규모로 성장할 것으로 전망된다. 또한 수소위원회에 따르면 수소경제 규모는 빠르게 확대되어 2050년에 이르면 수소는 최종 에너지 소비량의 18%를 차지하고, 4억 대의 승용차와 2,000만 대의 상용차가 활용될 것으로 전망된다. 이는 전 세계 자동차 시장의 약 20%에 해당하는 비중이다. 지역별로는 수소차 인프라 구축에 적극 나서고 있는 아시아·태평양 지역이 수소차 시장의 핵심 플레이어로 꼽혔으며, 여기에 수소차 강자인 현대자동차나 도요타가 해당 지역에 위치하고 있어 시너지 효과가 기대되고 있다.

2050년 글로벌 수소경제 전망

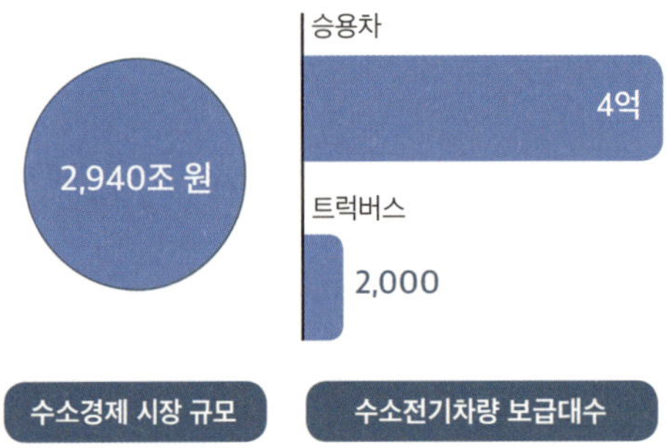

출처: 매킨지

2050년 글로벌 수소 수요처

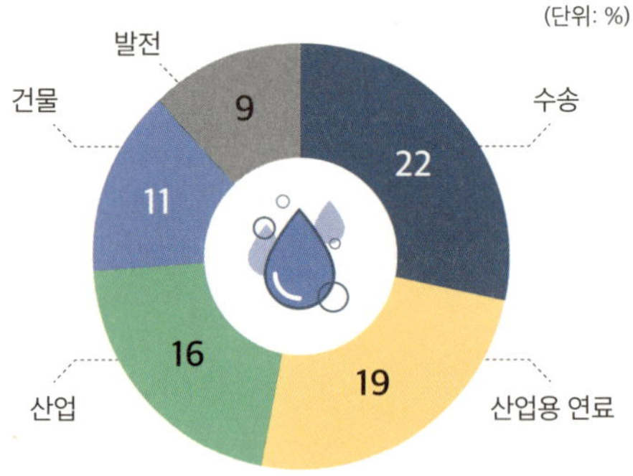

출처: 매킨지

국내 수소 사용량 및 2050년 전망

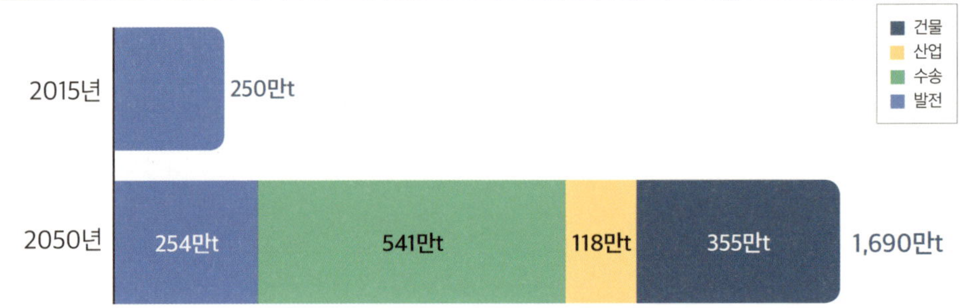

*2050년은 연간 최종에너지 수요의 21% 규모

출처: 매킨지

수소에너지의 장점

: 다양한 에너지원 방식으로 생산 및 이용 가능하며 고압탱크에 저장, 탱크 및 파이프라인을 통해 운송해 화석연료와 달리 유해한 부산물이 없다.

구분	장점
생산	· 수소는 다양한 에너지원 및 방식으로 생산 가능
소비	· 연료전지를 통해 가정용, 산업용, 수송용 등 모든 소비부분에서 수소 이용 가능 · 사용과정에서 전력과 열 모두 이용 가능
저장 및 운반	· 수소는 액화 압축시켜 고압탱크에 저장 가능 · 탱크 및 파이프라인 통해 운송
효율성	· 발전소로부터 전기에너지 이용 효율 35% 수준 대비 · 수소에너지를 이용한 연료전지의 효율은 80% 수준
친환경성	· 화삭연료와 달리 유해한 부산물 없음 · 수소 생산과정에서 신재생에너지로부터 얻은 전력 활용시 CO2 배출양 제로 가능

수소자동차와 전기자동차의 장단점 비교

: 수소차는 상대적으로 전기차 대비 주행거리가 길고, 충전시간이 짧으며, 출력 대비 차체 무게가 가벼우며 고출력 구현에 유리하다. 다만 별도의 충전 저장시설이 필요하다.

	수소자동차	전기차
주행거리	전기자동차보다 오래 달림	배터리 효율이 늘어 격차가 줄고 있음
충전시간	몇 분 이내 연료 보충 가능	현재 수십분 소요. 고효율 '슈퍼커패시터' 실용화되면 차이 없음
충전소	별도의 저장시설이 필요	전원만 있으면 어디서든 충전
무게	출력대비 무게가 가벼움	출력 대비 다소 무거움
성능	열용량이 커 고출력 구현에 유리	구조가 단순해 승용차 등에 적합
경제성	수소 생산과 저장비용이 큼	전기 요금만 부담

수소에너지의 가치 사슬(밸류체인)

수소 생산→저장 및 운송→수소충전소→상용차, 가정용, 발전용, 산업용으로 활용한다.

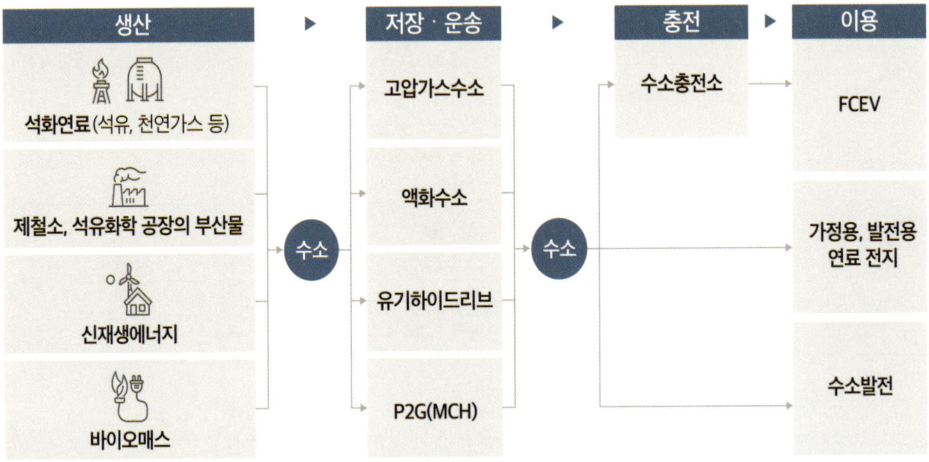

수소의 종류

: 회색수소(그레이수소→부생수소, 개질(추출)수소), 블루수소 그리고 그린수소로 이뤄져 있으며 궁극적으로 한국은 2040년까지 그린수소 비중을 70%까지 올릴 계획이다.

	그린수소 Green Hydrogen	회색수소 Grey Hydrogen	블루수소 Blue Hydrogen
생산방법	태양광 풍력 등 재생에너지로 생산한 전기로 물을 분해해 수소 추출	**1 부생수소** 석유화학 공정이나 철강등을 만드는 과장에서 부산물로 나오는 수소 **2 추출수소** 천연가스를 고온 고압의 수증기로 분해해 수소 생산	회색 수소에 탄소 포집 저장(CCS) 기술 적용
온실가스 배출량	없음	수소 1kg 생산 시 이산화탄소(CO_2) 5-10kg 배출	소량의 이산화탄소 배출

글로벌 수소 소비량 추이 전망

: 산업 태동기인 2020년엔 10EJ(17억 배럴) 정도 소비되었으나 2030년 이후 글로벌 주요 수소 플레이어들의 효율적 생산 및 수요 증가가 전망되어 소비량은 큰 폭으로 증가할 전망이다.

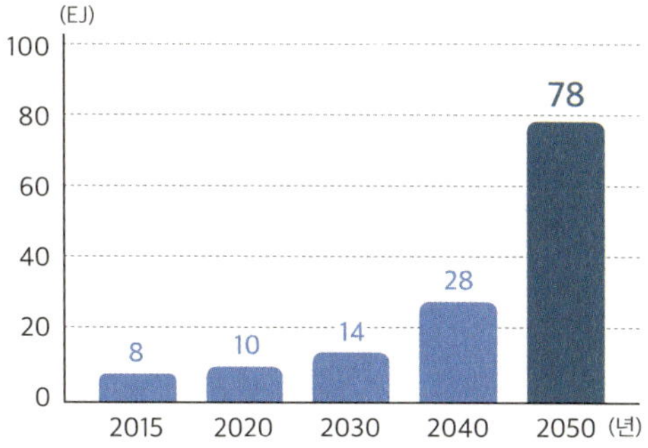

*1EJ: 석유 1.7배럴=288Twh

출처: 맥킨지, KB증권

한국 수소 수요 추이 전망

: 2020년 2,900만 톤에 불과하지만 정책 집중 및 현대차를 대표로 주요 대기업들의 공격적 수소 산업 진입에 따라 2030년 이후 수소 수요는 폭발적으로 증가할 전망이다.

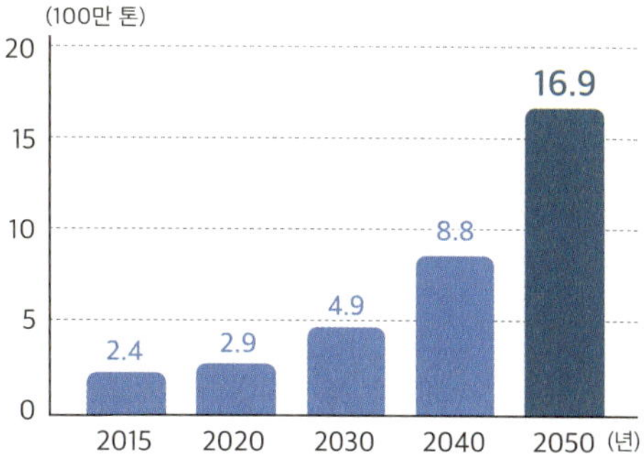

출처: 맥킨지, KB증권

2040년까지의 국내 수소경제 활성화 로드맵

: 수소경제 준비기(2018년~2022년)→수소경제 확산기(2023년~2030년)→ 수소경제 글로벌 선도기(2031년~2040년)

모빌리티	자동차	2018년 2,000대→ 2040년 620만 대로 확대 및 세계 점유율 1위 달성
	대중교통	2040년 수소택시 8만 대, 수소버스 4만 대, 수소트럭 3만 대 보급
	충전소	2018년 14개 → 2022년 310개 → 2040년 1,200개 구축
연료 전지	발전용	2040년까지 발전용 수소연료전지
	가정·건물용	2040년까지 2.1GW(약 94만 가구) 보급
인프라	생산	2018년 13만 톤 → 2040년 526만 톤 이상으로 확대
	저장운송	수소 액화·액상저장 기술 개발, 전국 파이프라인 공급망 구축

출처: 산업부, 정책뉴스

2022년 이후, 국내 수소충전소 구축 중장기 목표

: 2022년 약 300개에서 2030년에 2배 증가한 약 600개 그리고 2040년엔 이에 2배 증가한 1,200개 구축하는 것이 목표다.

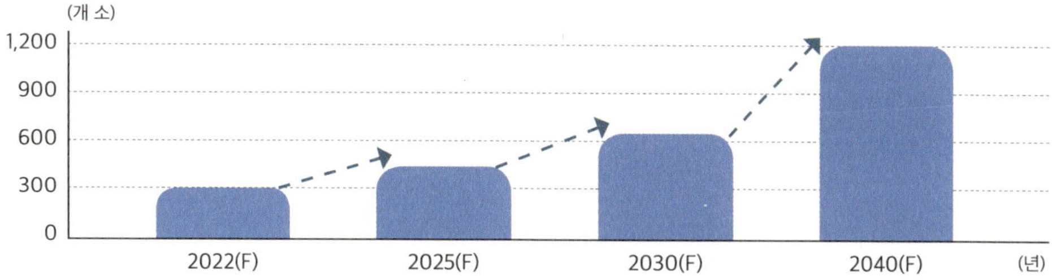

출처: 환경부, 신한금융투자

수소충전소 수소 공급 방식

중앙 공급은 부생수소 방식이며 대규모 생산지역에서 수소를 튜브 트레일러를 이송하여 사용하는 충전소다. 현지 공급은 개질수소 방식으로 이뤄져 있다.

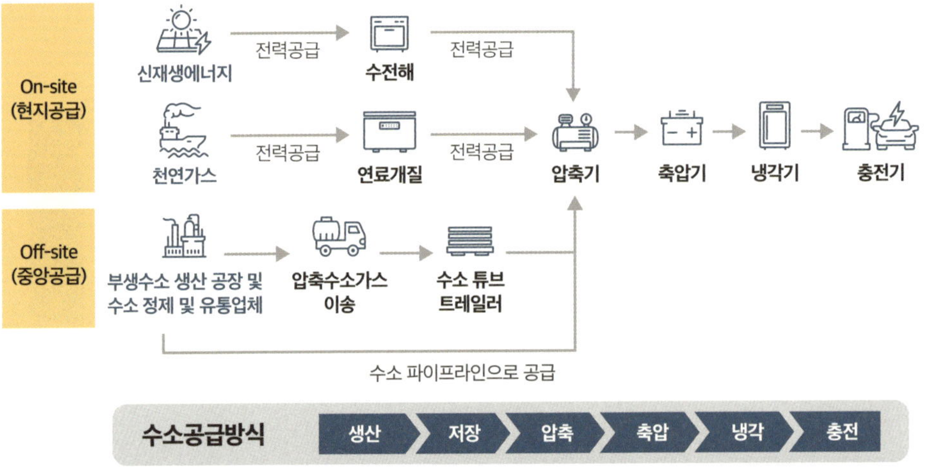

출처: 한국수소산업협회

수소연료전기차(수소차)의 주요 부품

연료전지시스템, 고전압 배터리, 구동 모터 및 수소 저장 시스템으로 구성되어 있다.

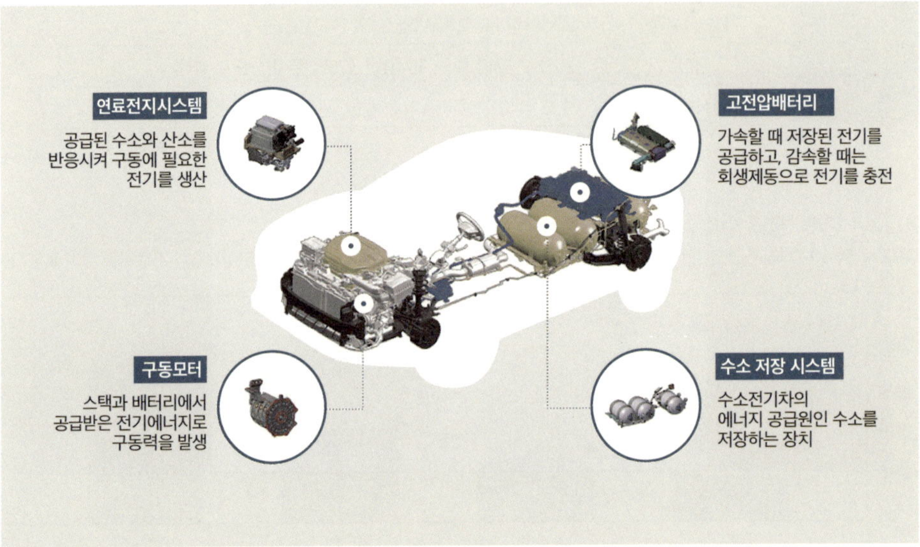

출처: 현대차

글로벌 수소차 보급 전망

: 주요국 수소연료전지차의 폭발적인 보급 확대 시기는 2025년~2030년이 될 전망이다.

(단위: 대)

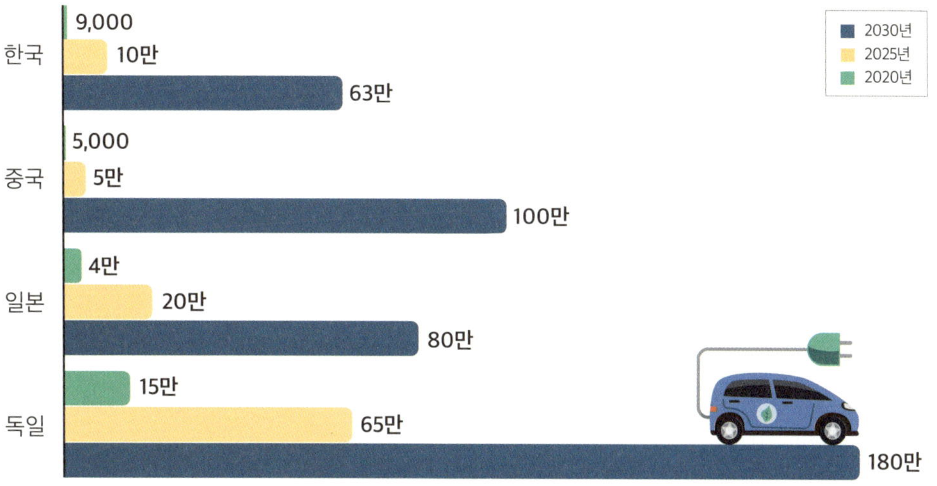

출처: 각 국 정부 발표내용 취합

국내 대표 그룹별 수소 사업 현황

그룹	기업	수소 사업 현황
현대차 그룹	현대차	• 2021년, 미국 수소전기트럭 '엑시언트' 수출 예정 • 2023년부터 수소트럭용 수소연료전지 시스템 공급 • 수소연료전지 사업 관련 독자 브랜드 'HTWO' 런칭 • 수소연료전지차 투자, 2020년 3천억 원에서 2030년 7조 6,000억 원으로 공격 투자 • 2030년, 70만 기의 수소연료전지를 글로벌 시장에서 판매할 계획
	현대모비스	• 2022년까지 수소연료전지 시스템. 종합 생산능력 4만 대로 확대
	현대글로비스	• 2020년 10월, 한국조선해양과 액화수소운반선 개발 성공
	현대위아	• 2023년, 수소차용 공기압축기, 수소저장탱크 양산 목표
	현대제철	• 현재 연간 3,500톤 규모 수소 생산중인데 최대 3만 7,200톤까지 확대할 계획
	현대로템	• 2023년 말까지 수소트램 실증 운행 계획
한화	한화솔루션	• 그린수소 생산 위한 수전해 기술에 300억 원 투자 • 2020년 12월, 평창군과 수소 290톤 규모 수전해 및 수소충전소 구축 MOU 체결
	한화에너지	• 2,550억 원 투입하여 부생수소 연료전지 발전소 준공
	한화파워시스템	• 한국가스공사에 패키지형 수소충전 시스템 공급

그룹	기업	수소 사업 현황
두산	두산퓨얼셀	• 서산 산업단지에 세계 최대 규모 연료전지 발전소 설립 • 연료전지 생산능력, 2020년 말 90MW에서 2023년 초 275MW로 확장
	두산중공업	• 2022년, 경남 창원에 수소액화플랜트 준공. 2023년 상업운전 돌입
현대 중공업	현대오일뱅크	• 수소 충전소 공격적 구축. 2022년 10개 → 2030년 180개 → 2040년 300개 목표 • 2030년까지 수소 생산, 운송, 저장 등 수소 밸류체인 구축 계획 • 사우디 아람코와 LPG 이용 블루수소 생산 MOU 체결
효성	효성화학	• 화학 공장에서 부생수소 생산
	린데수소에너지	• 액화수소 1만 3,000톤 생산 예정
	효성첨단소재	• 전주에 2028년까지 약 1조 원 투자하여 연 2.4만 톤의 탄소섬유 생산 계획 • 2021년 3월, 수소 운송용 탱크 생산하는 한화첨단소재와 탄소섬유 공급계약 체결
	효성하이드로젠	• 전국 30곳에 수소충전소 건립 예정
SK	SK E&S	• 2023년부터 연 3만 톤 규모 액화수소 생산설비 건설. 수도권에 수소 공급 • 2025년부터 연 25만 톤 규모 블루수소 생산하여 SK 주유소에 유통, 공급 • 2021년 초, 미국 수소 기업 플러그파워 지분 인수 • 2021년 6월, 미국 그린수소 생산업체 모놀리스 지분 일부 취득
	SK	• 2025년까지 수소에 18조 5,000억 원 투자 계획
	SK가스	• LNG 냉각기술 활용해 액화 기술 개발(하이리움 산업과 MOU 체결)
	SK이노베이션	• SK에너지, 인천석유화학이 부생수소 생산 및 공급
	SK건설	• 미국 1위 발전용 연료전지 업체 블룸 에너지와 조인트벤처 설립 • 구미 공장 본격 가동. 2021년 연료전지 50MW 생산에서 2027년 400MW로 증설
삼성	삼성물산	• LNG 복합화력 및 저장 시설, 신재생 에너지 등 중심으로 친환경 사업 확대
	삼성엔지니어링	• 수소 생산, 추출, 탄소 포집, 저장 및 플라스틱 재활용 기술 확보 전략
포스코	포스코	• 2025년까지 부생수소 생산능력 연 7만 톤으로 확대 • 2030년까지 블루수소 50만 톤까지 생산 • 2040년까지 그린수소 200만 톤 생산체제 구축, 2050년에 수소 500만 톤 생산 목표
GS	GS칼텍스	• 액화수소 플랜트, 충전소 및 수소 추출설비 구축
롯데	롯데케미칼	• 2030년까지 연 60만 톤의 청정수소 생산 계획 • 롯데그룹이 확보한 물류, 유통 인프라를 통해 수소 유통 계획 • 수소생산 산업 투자 적극 확대(2025년까지 2조 원 투자에서 2030년에 4조 4,000억 원 투자)
코오롱	코오롱인더스트리	• 수소차에 들어가는 수소연료전지 핵심부품인 수분제어장치 공급 시작
공기업	한국가스공사	• 2022년 수소 47만 톤 공급에서 2030년 173만 톤, 2040년 345만 톤 공급 계획 • 액화수소 메가스테이션 운영 계획 • 현재 국내 LNG 유통 인프라(저장, 배관) 보유 장점으로 국내 유통 선도 목표

테마 밸류 체인

- 수소차
  - 차량 제조
    - 수소 완성차 — 현대차, 기아
    - 수소 지게차 — 현대건설기계
    - (기타) 수소 선박 — 한국조선해양
    - 경량화 — 코오롱플라스틱, 에코플라스틱, 현대EP, 성우하이텍
  - 운전장치
    - 공기압축기 — 뉴로스
    - 막가습기 — 유니크, 코오롱인더
    - 수소재순환(워터트랩) — 세종공업
    - 센서 — 세종공업
    - PTC, COD 히터 — 우리산업, 자화전자
    - 워터펌프 — 지엠비코리아, 대우부품
    - 감속기 — 우수AMS
    - 에어 쿨러 — 한온시스템
    - 모듈 — 현대차
    - 기타공조 — 성창오토텍, 세원
    - TMS모듈 — 인지컨트롤스
  - 전장장치
    - 모터 — S&T 모티브
    - 전력변환 — 현대모비스
    - 고전압 컨버터 — 현대모비스, 만도, 영화테크, 삼화전자
  - 수소연료전지
    - 막전극접합체(MEA) — 상아프론테크, 코오롱인더, 현대모비스, 비나텍
    - 가스확산층(GDL) — 효성첨단소재, 엔바이오니아, 평화오일씰(비상장)
    - 분리막 — 코오롱머티리얼, 상아프론테크, 시노펙스
    - 금속분리판 — 현대제철, 세종공업
    - 가스켓 — 동아화성, 피에프에스
    - 스택 가스켓 — 평화산업, 평화홀딩스
    - 온도압력센서 — 세종공업
    - 통합 모듈 — 현대모비스
    - 열관리부품 — 한온시스템
    - 콘덴서(커패시터) — 뉴인텍
    - 콘덴서용 필름 — 성문전자
    - End Plate — 대원강업
    - 인클로져, 매니폴드 — 동양피스톤
    - 밸브 — 한온시스템, 디케이락, 모토닉
    - 고압용기 — 현대위아, 일진다이아, 롯데케미칼
    - 탱크 및 모듈 — 일진하이솔루스
    - 발전용 전지 — 두산퓨얼셀, 에스퓨얼셀
    - 건물용 전지 — 에스퓨얼셀
    - 가정용 전지 — STX중공업

테마 밸류 체인

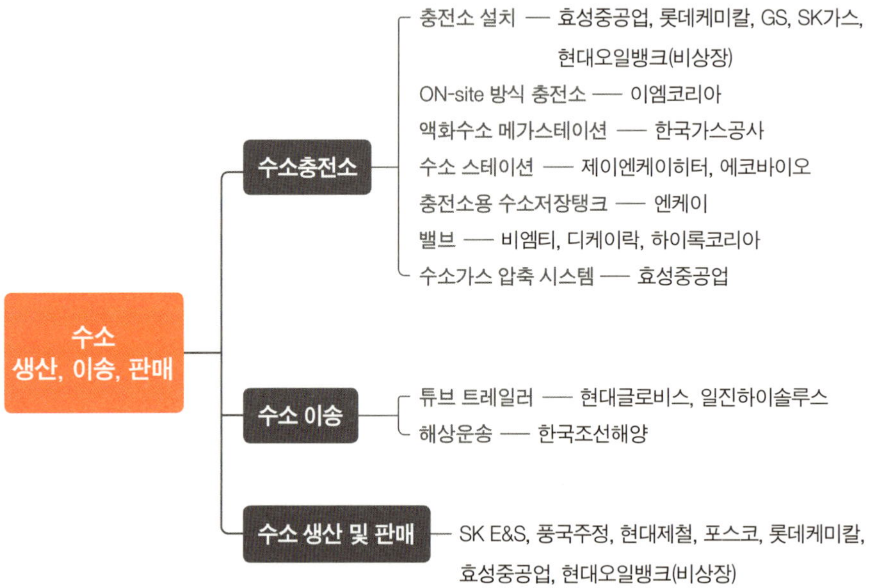

글로벌 주요 기업 및 ETF

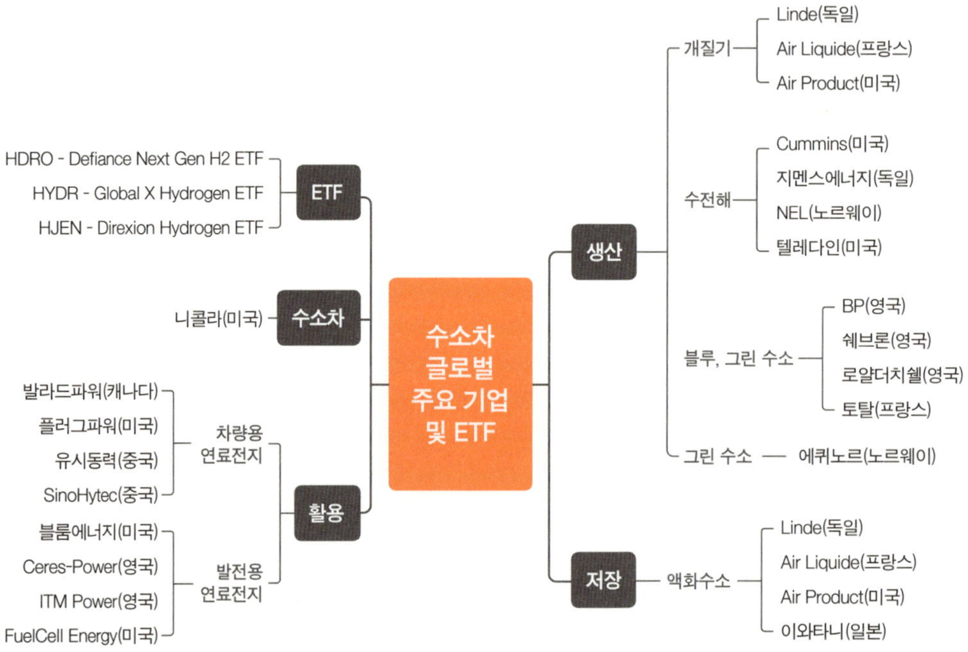

해외 대표 기업

플러그 파워

시가총액	17.5조 원

	2021년	2022년(전망)
매출액	약 5,800억 원	약 8,790억 원
순이익	약 -2,730억 원 적자	약 -1,450억 원 적자

- 수소 사업 내, 차량용 연료전지, 수전해 핵심 설비인 전해조, 수소충전소 건설 등 다수의 수소 핵심기술 보유
- 수소 생산부터 사용하는 애플리케이션까지 전 수소 밸류체인 수직계열화를 이룬 유일한 수소회사
- 미국에 그린수소 네트워크 구축
- 아마존, 월마트 등 글로벌 유통기업에 독점적으로 수소 지게차를 공급하면서 미국 수소 지게차 시장 독점
- SK E&S, 2021년 1월에 동사의 지분 10% 투자

린드(린데)

시가총액	187조 원

	2021년	2022년(전망)
매출액	약 34조 원	약 36조 원
순이익	약 7.9조 원	약 8.7조 원

- 세계 제1의 산업용 가스 제조 및 유통 회사. 미국, 독일, 아일랜드계의 다국적 화학 회사
- 수소경제 관련 글로벌 CEO 협의체 수소위원회의 회원. 수소경제와 관련된 모든 사업과 연관
- 수소차 관련하여 현대차(독일 수소 모빌리티 네트워크 H2에 지분 투자한 공통점), 삼성전자(반도체 산업용 가스), 효성(JV 린데수소에너지 설립)과 파트너십을 맺음

핵심 기업 소개

현대차

세계 상위권 완성차 | 전기차 E-GMP | 수소차 세계 1위 | 3년 연속 노사 분규 없음

시가총액	45조 원	주요 주주	현대모비스 외 6인 29%, 국민연금공단 8%
		총 매출액 중	완성차 81%, 금융 14%

- 국내 제1위 및 세계 4위권의 자동차 완성차 업체
- 2021년 상반기의 차량용 반도체 공급난은 점차 완화되며 생산량 정상화될 전망
- 전기차 생산 전용 플랫폼 E-GMP로 대량생산 효율성 향상
- 수소차 전용 독자 브랜드 HTWO 런칭
- 수소연료전치자에 2020년 3,000억 원에서 2030년 7조 6,000억 원 투자 발표
- 향후 6년간 미래 모빌리티 부문에 약 23조 5,000억 원 투자계획 발표
- 내연기관차 이외에도 전동화, 자율주행, 수소, UAM, 로보틱스, 모빌리티서비스, 플랫폼 등 다수의 미래 성장 동력에 대한 투자 활발히 이어가고 있음
- 현대차 노사, 3년 연속 무분규 임금협상 타결

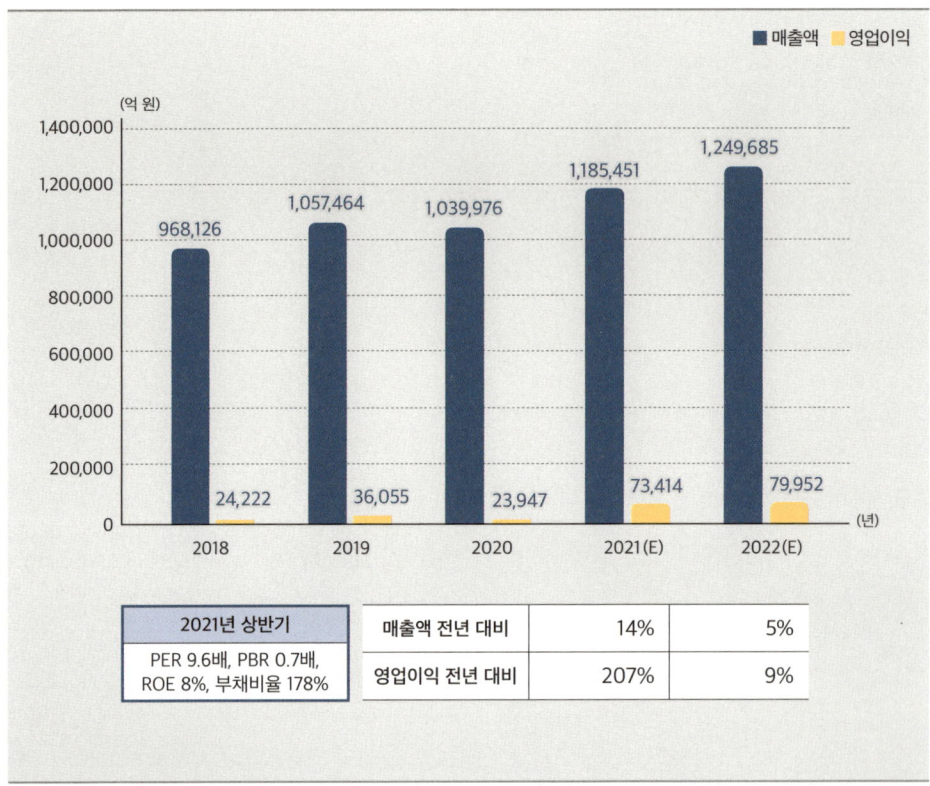

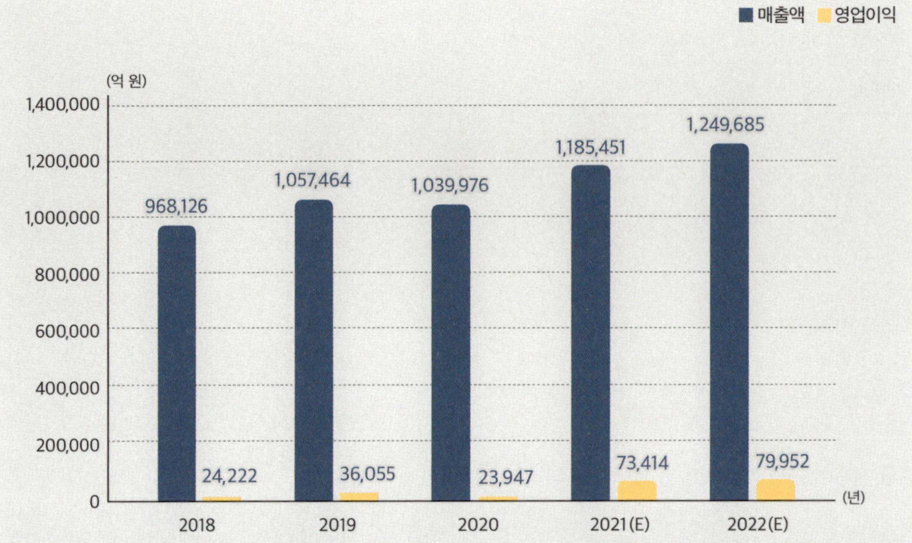

2021년 상반기
PER 9.6배, PBR 0.7배, ROE 8%, 부채비율 178%

매출액 전년 대비	14%	5%
영업이익 전년 대비	207%	9%

*2021.09. 기준

코오롱인더

멤브레인 수소 막전극접합체 타이어코드 아라미드

시가총액	2.3조 원	주요 주주	코오롱 외 9인 35% / 국민연금공단 8%
		총 매출액 중	산업자재 44%, 화학소재 19%, 패션 18%

- 탄화수소계 멤브레인막 국산화 대표 기업
- 또한, 수소연료전지의 핵심 부품인 막전극접합체 기술 보유
- 수소 소재로 수분제어장치와 PEM 보유
- 2022년 9월까지 PET 타이어코드 1만 9,200톤 베트남 증설 계획
- 2022년 초부터 글로벌 차량용 반도체 공급 차질 완화되면 타이어 수요 증가될 전망
- 2023년 4분기, 아라미드 7,500톤 추가 증설로 5G, 전기차 향(向) 수요에 적극 대응
- 2021년부터 4개의 핵심사업부가 모두 턴어라운드 중

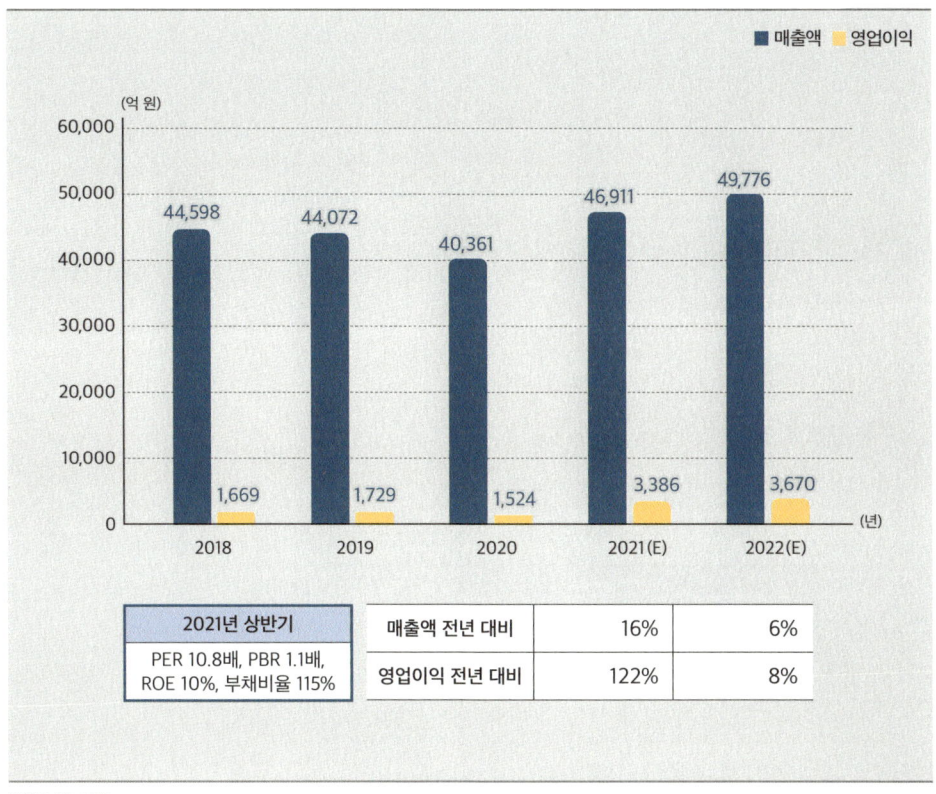

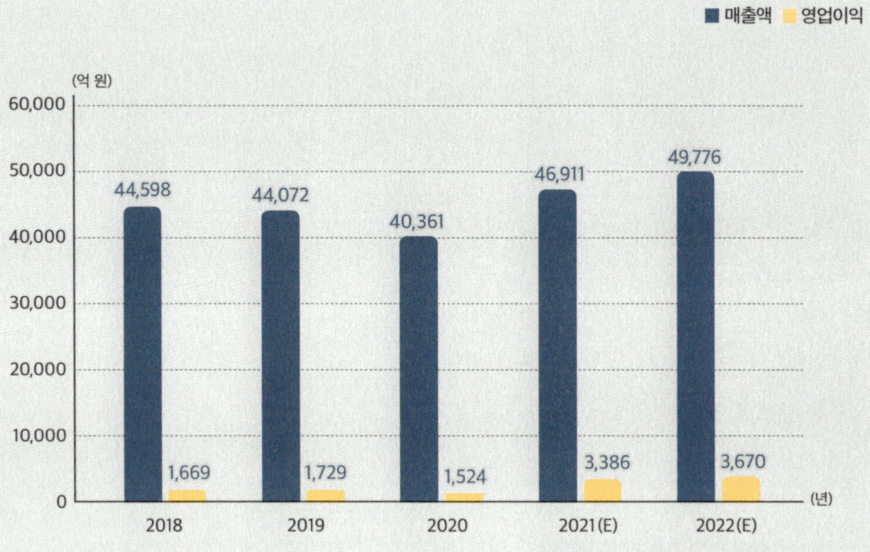

2021년 상반기
PER 10.8배, PBR 1.1배, ROE 10%, 부채비율 115%

매출액 전년 대비	16%	6%
영업이익 전년 대비	122%	8%

*2021.09. 기준

두산퓨얼셀

수소연료전지 국내 1위 | HPS 도입 수혜 | Tri-Gen

시가총액	3.4조 원

주요 주주	두산중공업 외 16인 38% / 국민연금공단 6%
총 매출액 중	연료전지 주기기 95%, 장기 유지보수 서비스 5%

- 국내 발전용 연료전지 시장 점유율 1위
- 저온 인산형 타입의 발전용 수소연료전지, 국내 유일 생산
- 연료전지 발전소에 대한 장기유지보수 서비스 제공
- 연료전지 주요 부품인 개질기를 활용해 수소충전소 사업 향후 확장 기대
- 내년, 국내 HPS(수소발전 의무화제도) 도입으로 연 400MW의 시장 기대
- 수소충전소 on-site 방식에 적용될 수 있는 Tri-Gen, 내년부터 설치 본격화
- 2025년부터 선박용 연료전지 상업화 목표

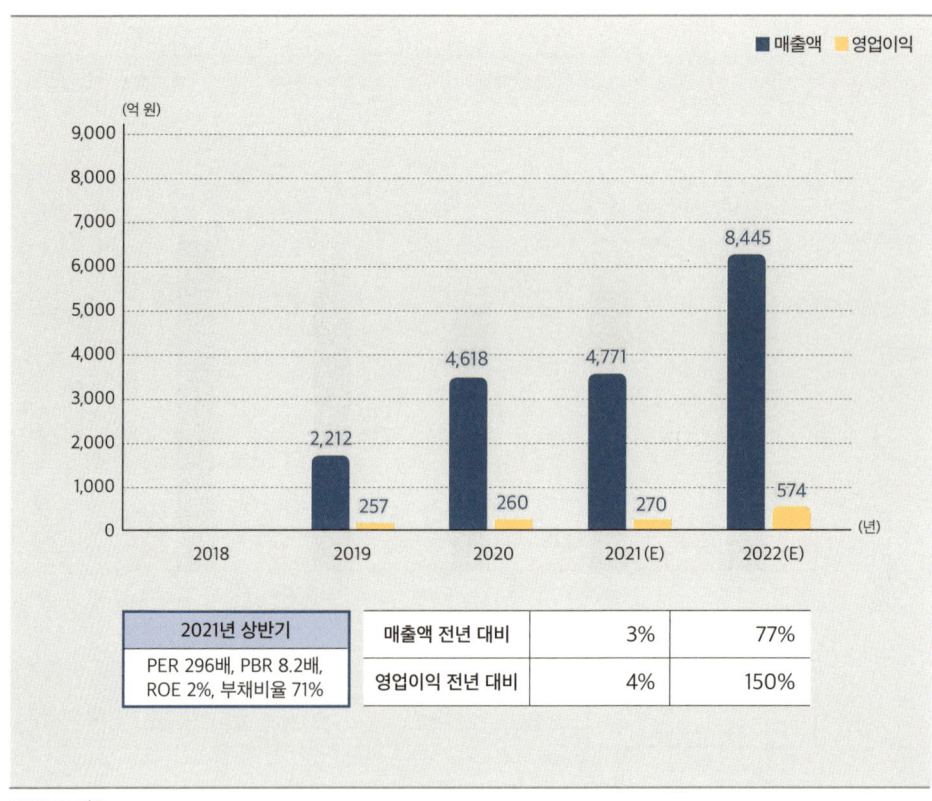

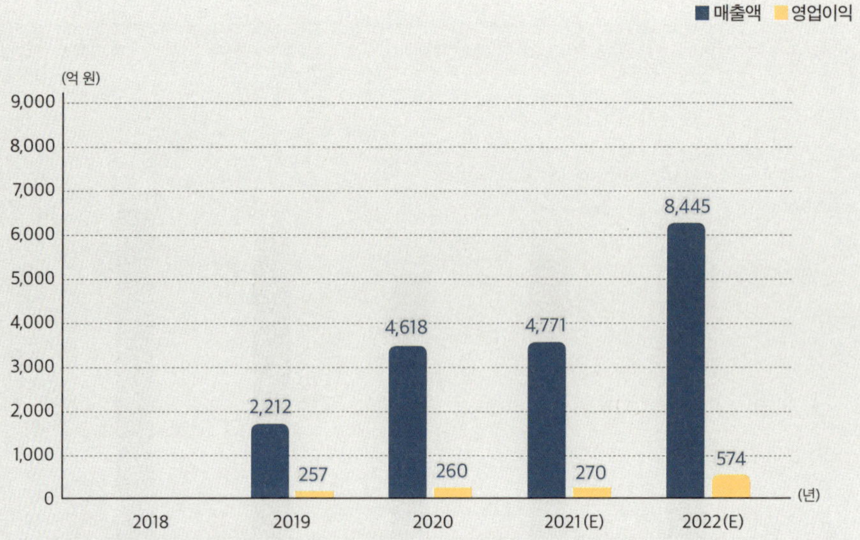

2021년 상반기
PER 296배, PBR 8.2배, ROE 2%, 부채비율 71%

매출액 전년 대비	3%	77%
영업이익 전년 대비	4%	150%

*2021.09. 기준

우리산업

PTC 히터 | 수소차 | 전기차 | 테슬라

시가총액	2,132억 원	주요 주주	우리산업홀딩스 39%
		주 매출처	HVAC 액츄에이터 19%, PTC 히터 17%

- 자동차 공조장치 관련 부품 생산
- 현대 수소차에 PTC 히터 독점 공급
- 테슬라에도 히터를 공급하면서 전기차 모멘텀도 확보

최근 실적 및 주요 재무지표

	2019년	2020년
매출액	3,188억 원	2,890억 원
영업이익	141억 원	103억 원

	2021년 상반기	
매출액	1,461억 원	PER 22.5배, PBR 1.8배, ROE 8%, 부채비율 106%
이익	42억 원	

한온시스템

공조 분야 강자 | 친환경 매출 증가 | 지분 매각 이슈

시가총액	86,476억 원	주요 주주	한앤코오토홀딩스 50%, 한국타이어앤테크놀로지 19%
		주 매출처	공조제품 100%(아시아, 유럽, 미주 순)

- 자동차 공조 부품을 굴지의 완성차 업체에 납품
- 친환경向 매출이 증가되며 손익 개선이 시작될 전망
- 최대주주의 지분 매각 목전. M&A 프리미엄 기대

최근 실적 및 주요 재무지표

	2019년	2020년	2021년(전망)
매출액	71,542억 원	68,728억 원	77,967억 원(yoy 13%)
영업이익	4,838억 원	3,158억 원	5,026억 원(yoy 59%)

	2021년 상반기	
매출액	37,211억 원	PER 24배, PBR 3.7배, ROE 16%, 부채비율 226%
이익	1,944억 원	

우수AMS

변속기 감속기

시가총액	2,091억 원

주요 주주	다담하모니 제1호 12%, 에이치엔엑스 5%
주 매출처	6속 DIFF-CASE 40%

- 자동차 조향, 구동부품 등을 주로 생산
- 수소 산업에선 변속기, 감속기용 BRKT 등 생산, 판매
- 범현대가 3세 정대선 사장으로 시작되는 순환출자 구조에 포함

최근 실적 및 주요 재무지표

	2019년	2020년
매출액	2,529억 원	2,287억 원
영업이익	29억 원	-61억 원

	2021년 상반기	
매출액	1,601억	PER -149배, PBR 2.5배, ROE -1%, 부채비율 190%
이익	23억	

세종공업

머플러 컨버터 온도압력센서 금속분리판

시가총액	3,130억 원

주요 주주	에스제이원 외 3인 43%
주 매출처	소음기, 컨버터 88%

- 국내 제1의 배기가스 정화기 생산 기업
- 수소차 온도압력센서를 제조
- 수소차 금속분리판 공급 시작으로 수소 지향 매출 증가될 것

최근 실적 및 주요 재무지표

	2019년	2020년
매출액	12,217억 원	11,828억 원
영업이익	132억 원	-62억 원

	2021년 상반기	
매출액	7,905억 원	PER 22배, PBR 0.6배, ROE 3%, 부채비율 191%
이익	167억 원	

상아프론테크

수소차 | 멤브레인 분리막 | 미세먼지

시가총액	10,992억 원

주요 주주	이상원 외 20인 43%, 국민연금공단 7%
주 매출처	2차전지 19%, 반도체 16%

- 산업 전반에 쓰이는 엔지니어링 플라스틱 사업 영위
- 수소연료전지 멤브레인 분리막 생산. 진입장벽 높음
- 차후 수소 PEM 수전해 설비에도 핵심소재 납품 기대

최근 실적 및 주요 재무지표

	2019년	2020년	2021년(전망)
매출액	1,862억 원	1,533억 원	1,928억 원(yoy 25%)
영업이익	149억 원	74억 원	152억 원(yoy 105%)

	2021년 상반기	
매출액	866억 원	PER 94배, PBR 6.6배, ROE 7%, 부채비율 96%
이익	62억 원	

일진하이솔루스

넥쏘 | 수소 연료탱크 | 매연저감장치

시가총액	30,176억 원

주요 주주	일진다이아몬드 59%
주 매출처	넥쏘 수소용기 64%, 매연저감장치 13%

- 수소 연료탱크 및 매연저감장치 제조
- 현대차 넥쏘에 고압 수소용기 독점공급
- 수소 이송용 튜브 트레일러 사업 진출 계획

최근 실적 및 주요 재무지표

	2019년	2020년	2021년(전망)
매출액	919억 원	1,135억 원	1,755억 원(yoy 54%)
영업이익	126억 원	151억 원	269억 원(yoy 78%)

	2021년 상반기	
매출액	183억 원	PER 116배, PBR 9.3배, ROE 12%, 부채비율 44%
이익	6억 원	

핵심 키워드

COD 히터

수소차의 전기 생산의 부산물로 생성되는 물이 겨울철에 얼지 않도록 관리하고 차를 운행하지 않을 때 수소전지 스택 내부에 남은 물과 산소를 제거하는 데 필요한 장치다.

워터 펌프

전기모터를 구동하여 냉각수를 순환시키기 위해 사용되는 부품으로 배터리, 연료전지의 냉각에 필요하다.

TMS 모듈

수소전기차의 온도를 제어하는 모듈이다.

막전극접합체(MEA)

수소연료전지에서 산소와 수소의 화학적 반응을 이끌어내 전기에너지로 변환시키는 역할을 하는 필름 형태의 접합체다. 고분자 전해질막과 전극, 분리막으로 이루어져 있다. 이중 전해질막과 전극을 일체화시킨 것이며 MEA의 구성과 성능이 연료전지의 핵심일 만큼 중요하다.

가스확산층(GDL)

수소연료전지 원가의 약 20% 비중을 차지하고 있다. 분리판으로부터 공급되는 가스를 촉매로 환산하는 역할을 한다. 높은 가스 확산성, 높은 배수성, 높은 도전성이 필요하며 탄소섬유를 사용한다.

금속분리판

수소연료전지 원가의 약 18% 비중을 차지한다 수소와 공기는 분리판 양면에 있는 유로를 통해 각 전극 내부에 공급. 반응 가스의 공급, 분리뿐 아니라 전기전도, 물 배출, 내부 열관리 등 역할 수행. 스테인리스강을 주로 사용한다.

가스켓

수소연료전지 원가의 약 10% 비중. 각 단위 셀에 반응기체 및 냉각수의 기밀성을 확보하기 위해 고무 가스켓을 사용한다.

온도압력센서

수소 공급 라인 압력을 모니터링하는 기능으로 하나의 패키지에 일체화 하여 원가 및 중량 저감이 가능하다.

열관리 부품

수소연료전지 스택은 출력을 일으키는 만큼 에너지로 열을 방출한다. 이에 부동액 또는 증류수를 연료전지 스택으로 순환시켜 약 60도~70도의 온도를 유지시키는 냉각 장치다.

End plate

수소연료전지 스택 내부에 있는 수십 개의 전지판을 서로 연결시켜 주는 부품 장치다. 단위 전지들의 적층물인 스택을 일정한 압력으로 지지해주는 역할로 스택에 가해주는 일정하고 균일한 압력은 스택 내부의 접촉 저항을 줄이고, 공급되는 가스의 누설 및 전극의 균열을 방지하는 중요한 역할을 한다.

인클로저

스택을 감싸 외부 충격으로부터 보호하는 역할을 한다.

Off-site 방식

수소 중앙 공급 방식이고 부생수소 방식이라 불린다. 대규모 생산지역에서 수소를 튜브 트레일러를 활용하여 이송하거나 수소 파이프라인을 활용해 사용하는 수소 충전소다.

매니폴드
수소와 산소가 이동하는 경로. 방수 및 방진 역할도 담당한다.

On-site 방식
현지 공급 방식이라 불리며 개질수소 방식이라 불린다. 신재생에너지로부터 얻은 전력을 수전해하여 공급하거나 LPG에서 얻은 전력을 연료 개질을 통해 수소로 변환해 공급한다.

수소 스테이션
수소연료전지차에 수소를 공급하는 인프라 중 하나다. 수소 생산, 저장 및 충전 등 기술이 포함되어 있다. 수소스테이션 관련 장비제조업(제조 설비, 압축기, 저장용기, 충전기 등)→수소스테이션 건설업(설계용역, 건설용역)→수소스테이션 사업자 등의 밸류체인을 갖추고 있다.

튜브 트레일러
수소를 생산지에서 압축, 저장 후 충전소로 운송하는 수소 물류의 동맥 같은 핵심 장비다. 트레일러가 충전소에 도착하면 바퀴가 달린 튜브 트레일러만 충전소에 설치되고 운송 동력원인 차량은 다시 생산지로 돌아가는 방식이다. 이후 트레일러 내부에 보관된 수소는 충전소 압축 패키지를 거쳐 수소 차량의 연료로 충전된다.
현대글로비스에 이어 2021년 8월, 일진하이솔루스가 2025년 10억 달러 규모 튜브 트레일러 시장을 선점하겠다고 발표했다.

반도체

1 코로나19 이후 반도체 수요 예측에 실패한 반도체 공급난 지속 현상은 폭증하는 수요로 2022년에도 이어질 것
2 미국의 중국 반도체 굴기 제재 및 공급난 해소 목적의 강력한 산업 지원책 환경에서 인텔이 파운드리 산업 재진입 천명
3 글로벌 반도체 공룡들의 천문학적인 시설투자 전쟁 및 DDR5, EUV, 후공정 패키징 기술 도입으로 산업의 가파른 추가 성장 전망

핵심 키워드 미국 반도체 굴기 | 슈퍼 사이클 | 미세공정 | 시설투자 | DDR5 | EUV | 패키징

코로나19 사태 후 침체됐던 글로벌 경제가 가파르게 회복되고 있지만 이로 인한 반도체 수요를 반도체 제조 기업들이 예측하지 못하면서 글로벌 반도체 부족현상은 PC 시장, 자동차를 포함한 다른 산업까지 확산됐고 이런 공급난은 2022년까지도 이어질 전망이다. 코로나19 이전의 기본적인 반도체 수요에 대응하기 벅찬 상황에서 전기차 수요 증가, 데이터센터 시설투자 증가, 4차 산업혁명 주요 기술 수요 증가는 반도체 부족 현상을 더욱 심화시키고 있다. 이에 삼성전자, TSMC를 필두로 글로벌 반도체 공룡들은 2022년 이후 천문학적인 시설투자를 천명하며 반도체 패권을 놓고 첨예한 전쟁을 펼칠 전망이다.

2021년 3분기 이후 반도체 수요 감소 전망이 대두되며 메모리 D램 및 낸드플래시 가격이 조정을 받았지만 한국 반도체 수출량이 매월마다 증가하고 있는데 이는 그만큼 수요가 견고하게 뒷받침되고 있다는 뜻이며 코로나19 이후에도 언택트 산업의 성장은 지속될 수밖에 없다는 점을 고려한다면 5년~10년 간의 장기적인 관점에서의 슈퍼 사이클 조기 종료를 논하는 것은 이르다는 분석이다.

미국 반도체 굴기

조 바이든 대통령 취임 후, 미국은 글로벌 반도체 부족 및 중국 반도체 굴기 전략을 제재하기 위해 글로벌 반도체 공급망 조사를 실시했고 삼성전자, 인텔, TSMC, 애플 등 글로벌 IT 공룡 기업들의 CEO들과 공급망 관련 회의를 진행했다. 세제 혜택 등 파격적인 조건을 제시하며 미국 기업의 리쇼어링Reshoring(기업이 해외로 진출했다가 다시 본국으로 돌아오는 것) 및 해외 반도체 기업들의 미국 시설투자를 유도하고 있는 중이다. 중국의 경제 성장이 지속되는 한 이같은 미국의 기조는 오랜 기간 이어질 전망이다. 이에 자본과 규모를 앞세워 수단 방법을 가리지 않던 중국의 추격에서 한숨 돌리면서 한국 반도체 산업이 반사이익을 얻고 있다. 과거 미국이 일본 반도체 기업을 제재할 때 삼성전자가 점유율을 크게 확대했던 이력을 이번 사이클에 다시 재현할 필요가 있다.

반도체 공룡들의 천문학적인 시설투자 전쟁

삼성그룹이 반도체와 바이오 등 그룹의 전략 산업 육성을 위해 2021년~2023년까지 총 240조 원을 투자하기로 했고 이 중 반도체에 80%인 200조 원을 투자하기로 했다. 반도체 전략 사업의 산업 주도권을 확보하고 인수합병을 통한 신규 시장 진출에 총력을 다할 전망이다. 아직 10%대 중후반 점유율에 머물러 있는 파운드리 시장에서 고객사 다변화 및 3나노미터 공정 양산으로 TSMC와의 격차를 좁힐 것으로 예상한다. 또한 D램에서도 EUV(극자외선) 공정을 적용하며 10나노 극초반 공정의 승기를 잡을 계획이다. 또한 낸드에서는 더블 스태킹 기술을 필두로 200단 고지를 먼저 밟으며 기술 초격차를 유지할 전망이다.

파운드리 분야의 압도적 1위인 TSMC는 2023년까지 116조 원을 투자하여 파운드리 생산 능력을 확대하겠다고 발표했고, 미세공정 경쟁에서 중대한 타이밍을 놓친 글로벌 반도체 매출 1위 인텔은 파운드리 산업 재진출을 발표하며 2030년까지 최대 110조 원을 투자해 유럽 지역에 반도체 공장 2개를 지을 계획을 밝혔다. 미국 애리조나, 뉴멕시코 공장 확대와 함께 2025년까지 파운드리에서 TSMC와 삼성전자를 뛰어넘겠다는 포부를 밝힌 만큼 향후 추가적인 시설투자 계획이 발표될 전망이다.

반도체 산업을 선도할 트렌드

현재 D램 반도체 DDR4보다 2배 가량 속도가 빠른 DDR5가 2022년부터 양산 체제에 진입할 전망이다. 이를 지원하는 CPU가 출시되며 글로벌 데이터센터 신규 증설 및 교체 수요가 증가될 전망이다. 또한 삼성전자와 TSMC의 공격적인 EUV 도입으로 3나노미터 양산 경쟁이 치열할 것으로 예상된다. 삼성전자는 D램 10나노 초반 공정에도 EUV를 적용하며 후발 주자와의 격차를 더 벌릴 계획이다. 또한 그간 전공정 대비 중요도에서 밀렸던 후공정의 패키징 공정 개선을 통한 반도체 성능을 꾀할 것으로 분석한다.

글로벌 반도체 수요 전망

: 2015년~2020년 기간엔 연평균 4%의 성장률을 보였으나 2021년 이후 더욱 가파른 속도로 2025년까지 연평균 9%의 성장률을 보일 전망

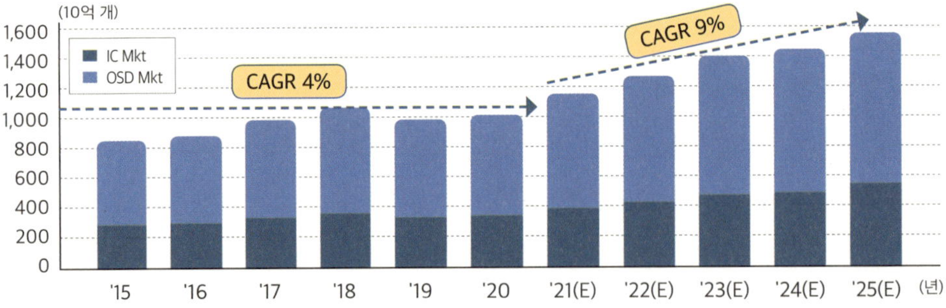

출처: IC Insights

삼성전자의 시설투자 전망

: 주요 반도체 제품 모두, 2018년 ~ 2020년의 시설투자 금액 대비 2021년 ~ 2023년에 큰 폭의 시설투자를 단행할 계획(D램 14%, 낸드 27%, 파운드리 84%)

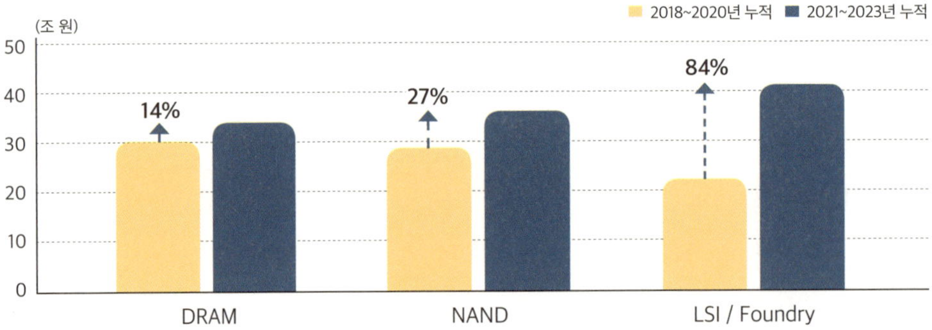

출처: 키움증권 리서치센터

반도체란?

: 전기나 열이 잘 흐르는 도체, 이와 반대로 전기나 열이 흐르지 않는 물질인 부도체의 성격을 모두 갖고 있다. 특정 조건에서만 전기가 통하는 물질로 필요에 따라 전류를 조절한다.

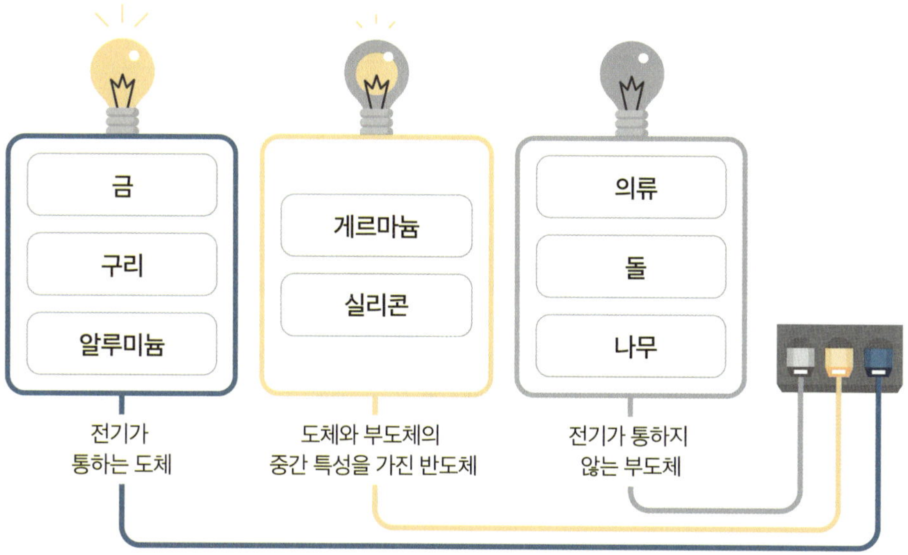

출처: 미디어 SK

반도체 제품의 분류

: 개별소자(다이오드, 트랜지스터)와 집적회로(IC)로 구분된다. 집적회로에는 우리에게 익숙한 D램, 낸드의 메모리 및 시스템반도체로 구분된다.

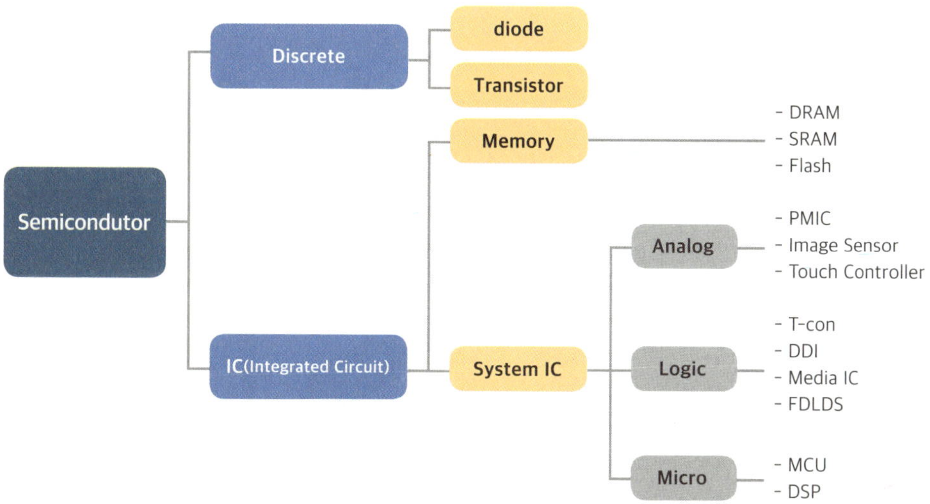

D램의 주 사용처

: 구조가 간단해 집적이 용이하고 대용량 임시기억장치로 사용된다.

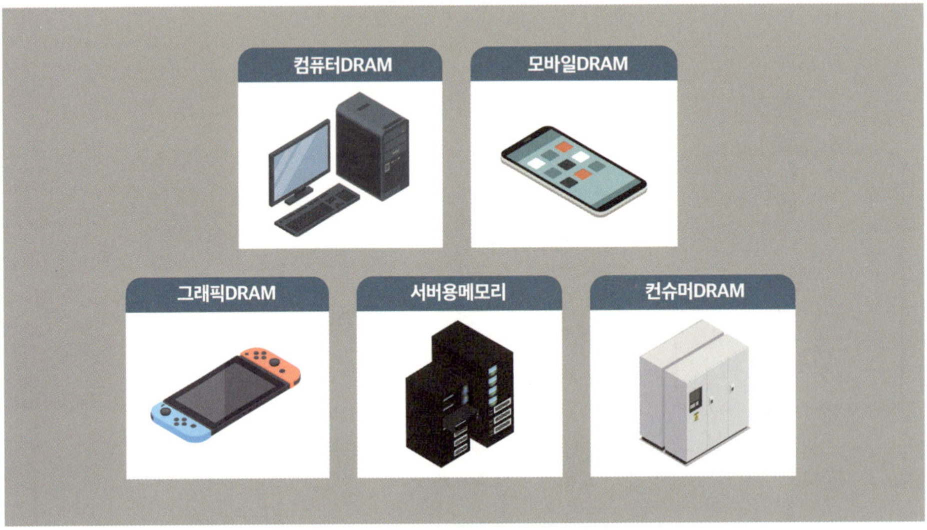

출처: 미디어 SK

낸드플래시의 주 사용처

: 전원이 없는 상태에서도 데이터를 계속 저장할 수 있으며 데이터를 자유롭게 저장, 삭제할 수 있는 플래시메모리의 주된 형태다.

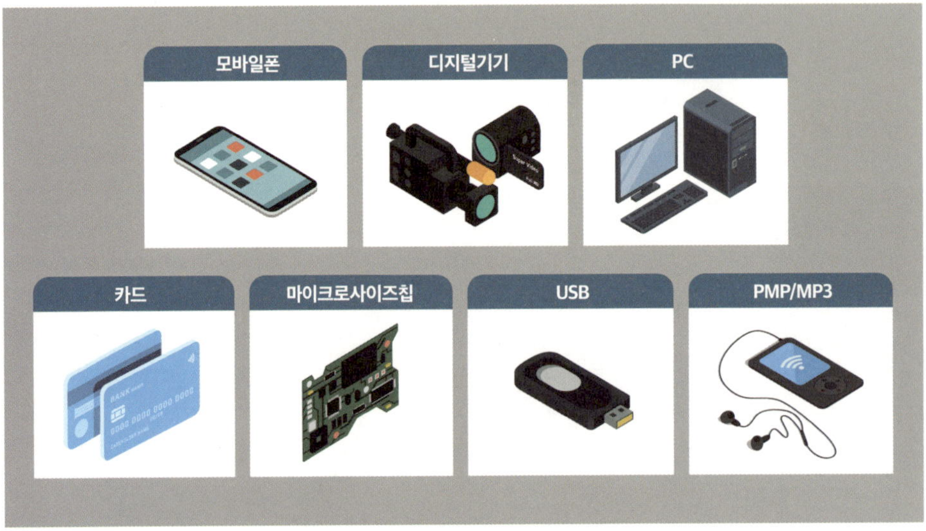

출처: 미디어 SK

D램과 낸드플래시의 차이

: D램은 데이터 저장 시 매우 짧은 초단기 저장이 가능하나 낸드플래시는 최소 1년에서 10년 이상 저장 가능하다. 또한 전원 차단 시 D램은 데이터가 소멸되나 낸드는 계속 존재한다.

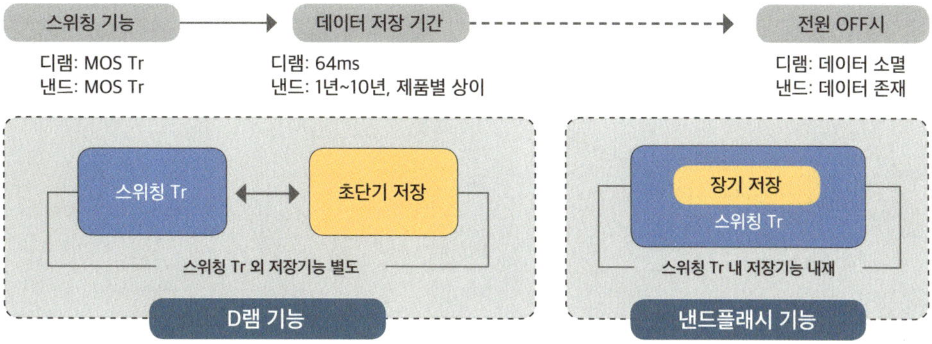

출처: SK하이닉스 뉴스룸

메모리와 비메모리(시스템반도체) 비교

: 메모리가 소품종 대량 생산인 반면 비메모리는 다품종 소량 생산을 한다. 또한 업황 민감도 측면에서 비메모리는 메모리 대비 낮다. 대만 TSMC, 엔비디아, 인텔 등이 시장을 선도하고 있다.

메모리	vs	비메모리
낮음	브랜드 가치	높음
소품종 대량 생산(Commodity)	생산방식	다품종 소량생산
제품간 차별화가 크지 않음	기술력	기술력과 IP 차이 극심
높은 경기 민감도, 가격 민감도	민감도	메모리 대비 낮은 민감도
삼성전자, SK 하이닉스, Micron	대표 기업	엔비디아, 인텔, AMD 등

출처: SK하이닉스 뉴스룸

시스템반도체의 구분

: 큰 틀에서는 설계 전문회사(팹리스), 생산 전문회사(파운드리) 그리고 종합 반도체 회사로 나눌 수 있고 추가로 칩리스, EDA 등으로 구분된다.

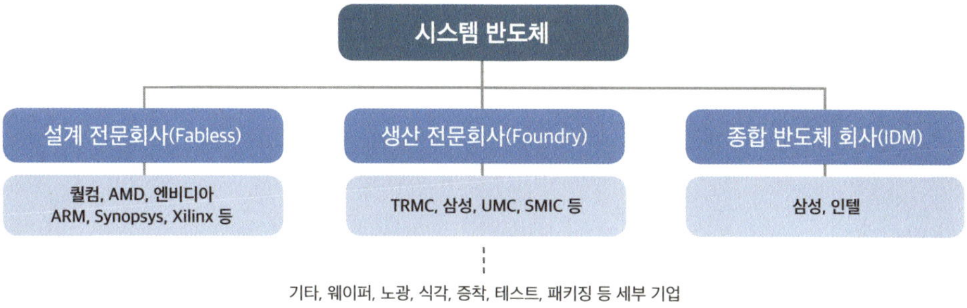

메모리와 시스템반도체 시장 규모 전망

: 우리에겐 D램, 낸드플래시 등 삼성전자와 SK하이닉스가 글로벌 시장을 호령하는 만큼 메모리 반도체 시장이 클 것으로 생각하나, 실제론 시스템반도체의 규모가 배 이상 크다.

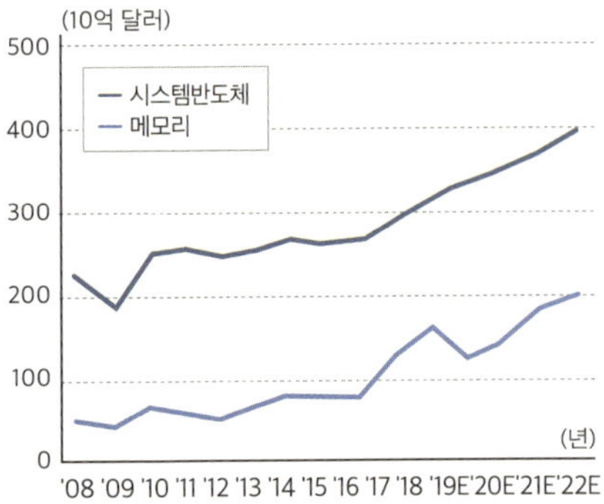

반도체의 생태계

: 기본적으로 회로 설계 → 웨이퍼 생산 → 후공정에서 패키징 및 테스트 → 판매 및 유통의 단계를 거치며 각 기업의 업무 범위에 따라 참가하는 범위가 다르다.

삼성전자, TSMC, 인텔 기술 로드맵

: 파운드리 절대 강자 TSMC는 5나노미터 공정부터 EUV를 사용한 반면, 후발주자 삼성전자는 7나노미터부터 EUV를 사용한다. 또한 3나노미터부터 TSMC보다 먼저 GAA FET(전계 효과 트랜지스터의 한 종류로, 채널의 네 면이 모두 게이트로 둘러 싸인 구조)을 적용할 계획이다.

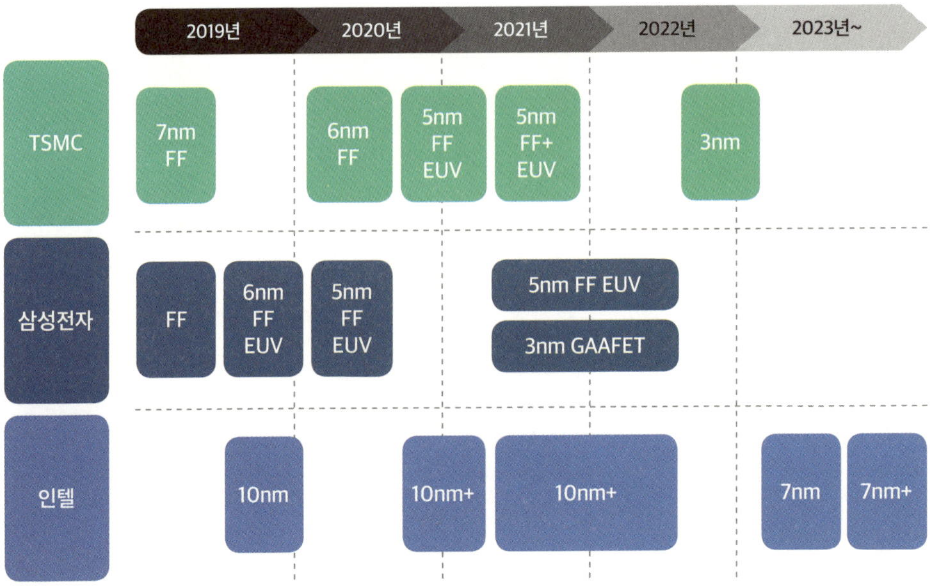

출처: 신한금융투자

글로벌 D램 핵심 플레이어들의 미세공정 로드맵

: 글로벌 D램 1위 삼성전자(M/S 43%)와 2위 SK하이닉스(M/S 28%)는 10나노미터 초반~15나노미터 영역인데 반해 3위 마이크론(M/S 22%)가 10나노미터 극초반에 먼저 도달할 전망이다.

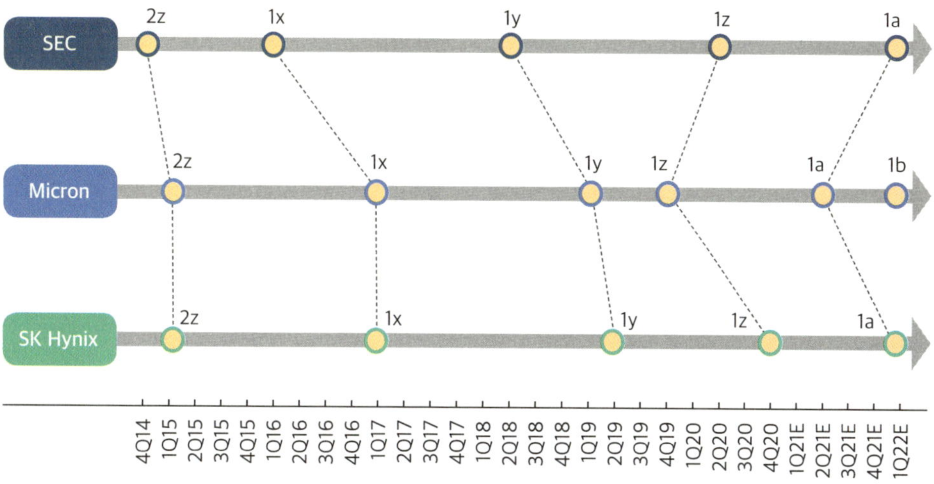

출처: 삼성증권 추정

글로벌 낸드 핵심 플레이어들의 미세공정 로드맵

: 글로벌 낸드 1위 삼성전자(M/S 34%), 2위 키옥시아(도시바, M/S 18%) 및 4위 SK하이닉스가 현재 176단 3D 낸드를 생산하며, 6위 마이크론이 단수는 가장 앞서 있다.

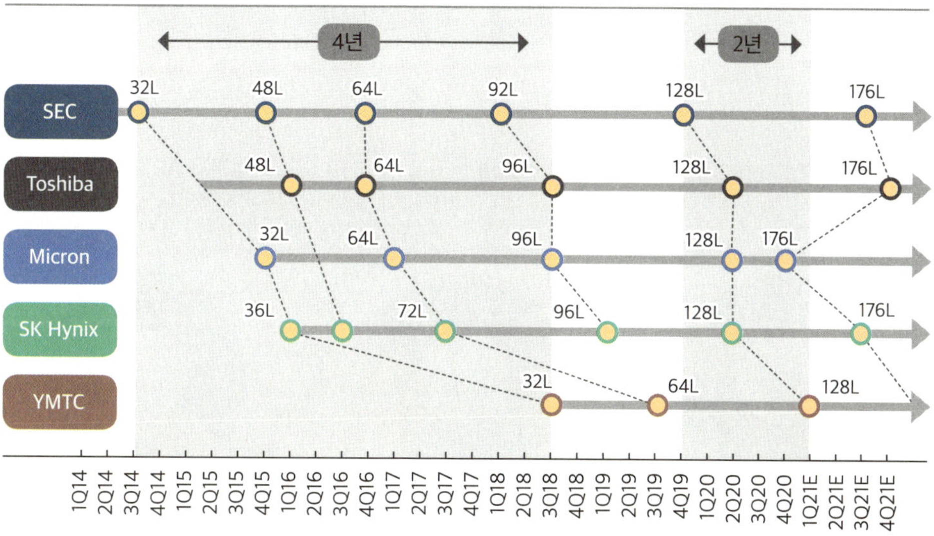

출처: 삼성증권 추정

메모리 반도체
: D램(2021년 2분기)

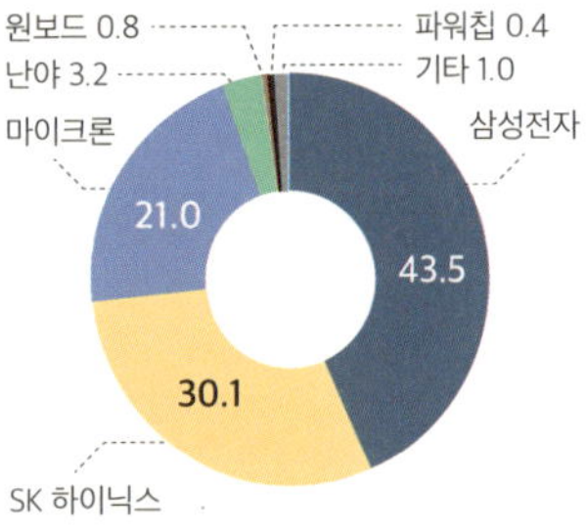

(단위: %)

메모리 반도체
: 낸드(2021년 1분기)

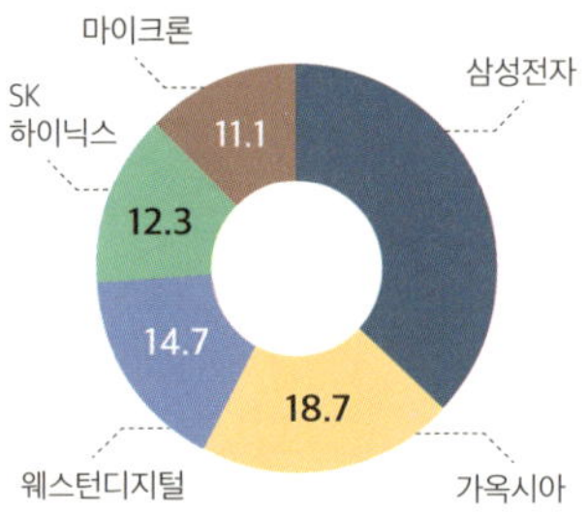

(단위: %) 출처: 트렌드포스

시스템 반도체
: 파운드리(2021년 1분기)

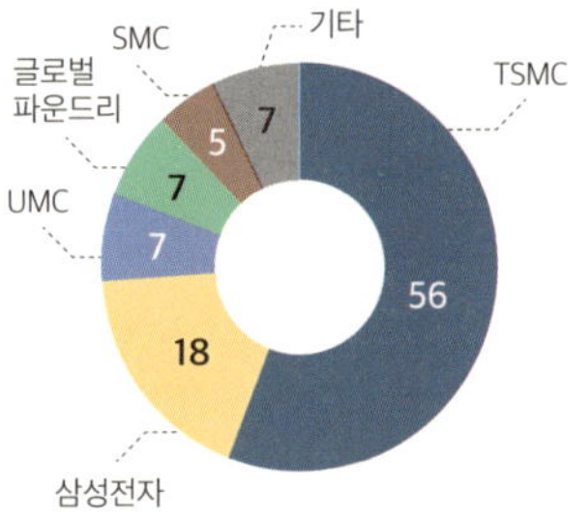

(단위: %) 출처: 트렌드포스

전력관리 반도체
(2019년)

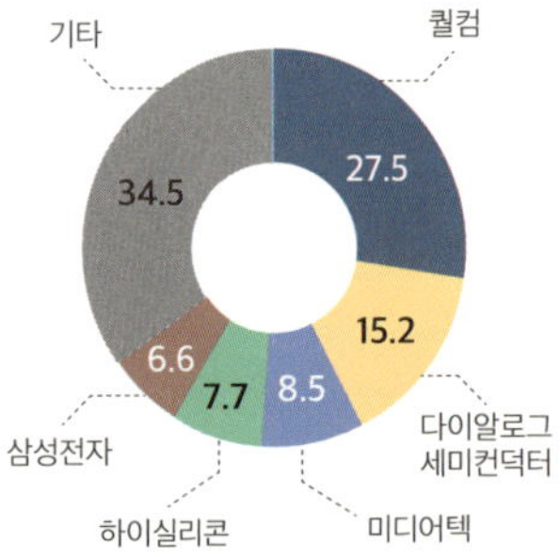

(단위: %) 출처: 옴디아

글로벌 반도체 모든 분야 합산 매출액 순위

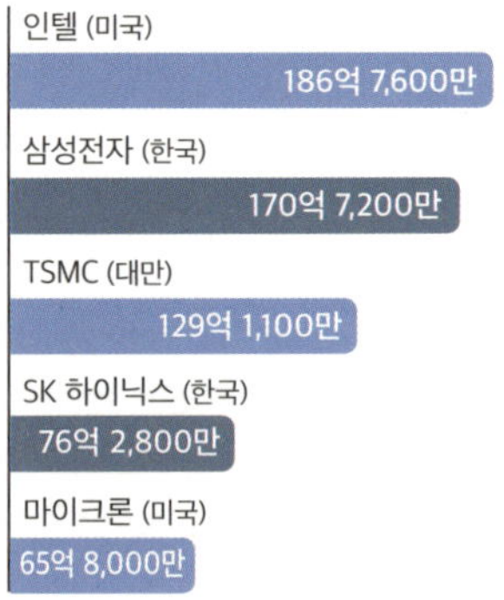

(단위: 달러) 출처: IC인사이츠

이미지 센서
(2020년)

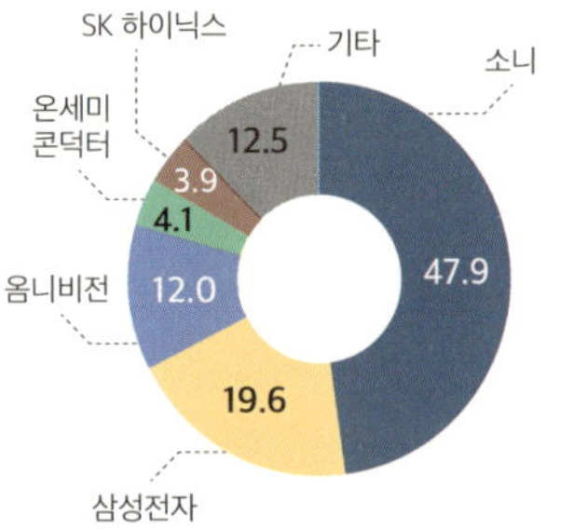

(단위: %) 출처: 옴디아

시스템 반도체
: 팹리스(2020년)

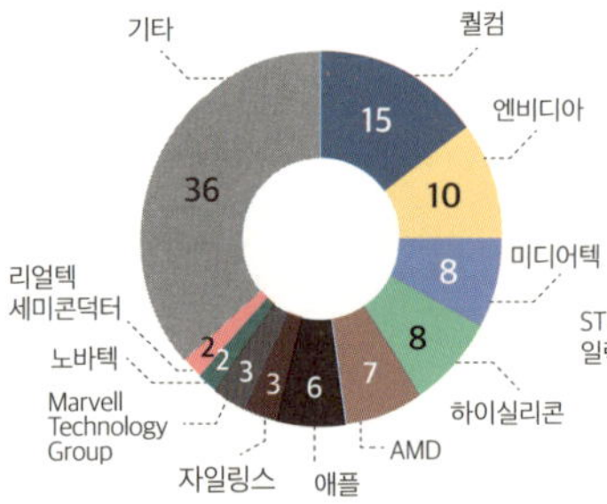

(단위: %) 출처: OMDIA, IBK투자증권

차량용 반도체
(2020년)

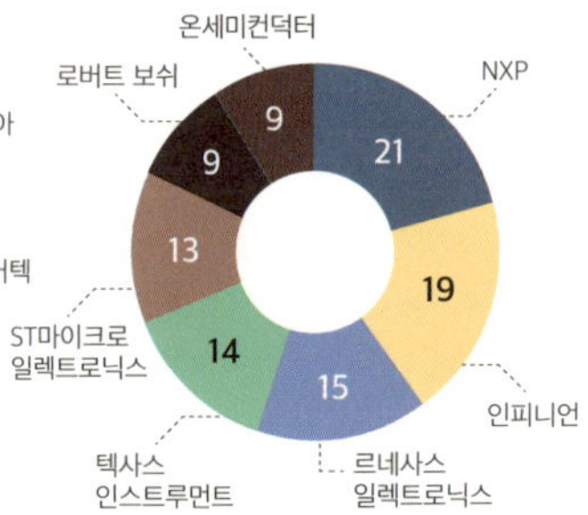

(단위: %) 출처: IHS 마킷

스마트폰용 AP
(2021년 1분기)

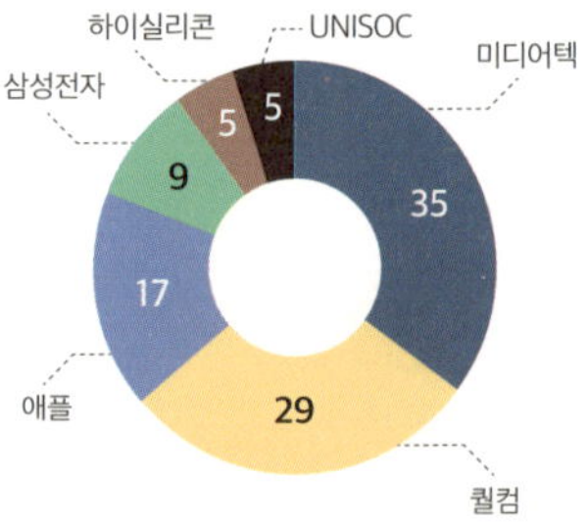

(단위: %)

글로벌 D램 핵심 플레이어들의 미세공정 로드맵

국가	정책
미국	• 미국 반도체 산업 지원법(CHIPS for America Act) • 2024년까지 투자비 40% 세액공제 • 인프라 및 연구개발 지원 위한 500억 달러 확보
유럽연합	• 글로벌 반도체 생산량 점유율 20% 목표 • 인텔, 유럽에 신규 공장 2기 건설 예정 • 반도체 기업 투자비 20~40% 보조금 지급
중국	• 2025년 반도체 자급률 70% 목표 • 2030년까지 장비, 원자재, 소모품 무관세
대만	• 반도체 연구개발 투자비 최대 15% 세액공제 • 보조금 위해 900만 달러 규모 기금 조성 • AI 반도체 제조공정 관련 R&D 프로젝트 시행

글로벌 파운드리 핵심 기업들의 설비 투자 추이 및 전망

* 코로나19가 발발한 2020년을 기점으로 시스템반도체가 적용되는 제품들의 수요가 급증
* 차량용반도체 공급 부족 등 정확한 수요 예측이 어려워 공급 병목 현상이 발생
* 급증하는 수요 대응 및 공급 부족 현상 해소를 위해 글로벌 파운드리 기업들은 공격적인 시설투자를 통해 시장 점유율 확보에 총력을 다할 것
* 연간 투자 금액만 본다면 삼성전자는 TSMC와 맞먹는 대규모 투자를 집행
* 파운드리 사업 재진출을 선언한 인텔이 빠르게 시설투자를 늘려갈 전망

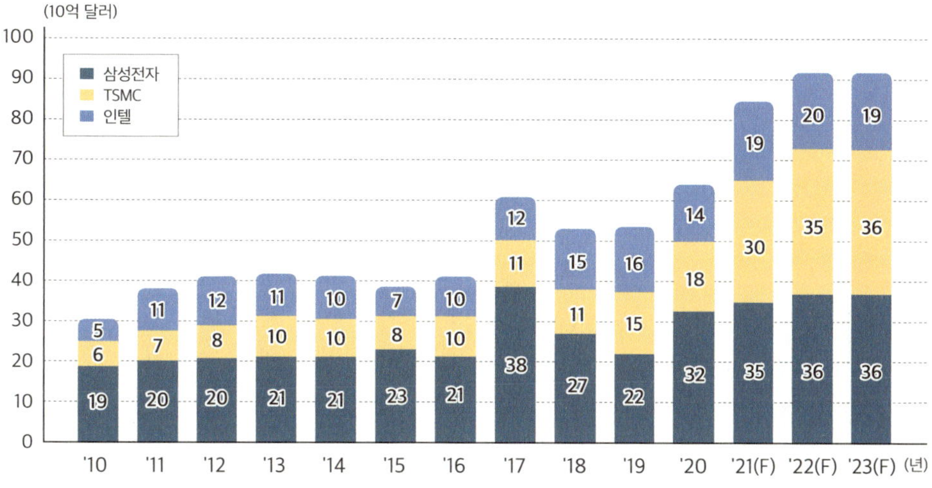

출처: 미디어 SK

D램 주요 제품별 가격 전망

(단위: 달러)

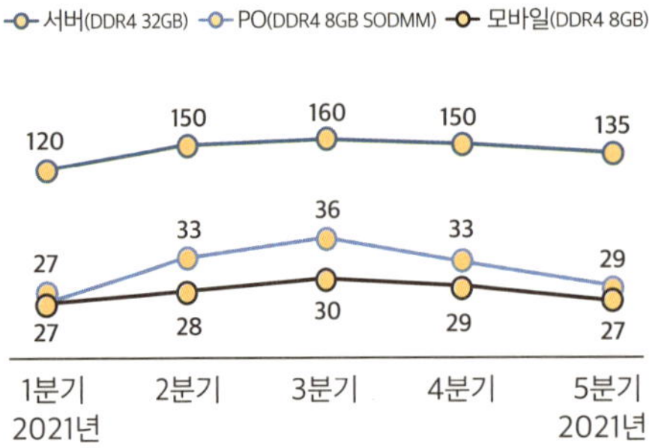

출처: 미디어 SK

D램 및 낸드, 2021년 4분기 가격 변화 전망

	주요 제품	2021년 3분기	2021년 4분기
D램	PC	3~8% ↑	5~10% ↓
	서버	5~10% ↑	0~5% ↓
	모바일	5~15% ↑	0
	그래픽	10~15% ↑	0~5% ↓
	전체 평균	3~8% ↑	3~8% ↓
낸드	클라이언트 SSD	3~8% ↑	3~8% ↓
	엔터프라이즈 SSD	13~18% ↑	0~5% ↑
	eMMC	0~5% ↑	5~10% ↓
	3D 낸드 웨이퍼	3~8% ↑	10~15% ↓
	전체 평균	5~10% ↑	0~5% ↓

삼성전자 반도체 Fab 현황

제품	라인	위치	2021년 월 웨이퍼 생산량
DRAM	13 라인	화성	35,000
	15 라인	화성	180,000
	17 라인	화성	130,000
	P1L	평택	95,000
	P2L	평택	70,000
NAND	12 라인	화성	100,000
	16 라인	화성	10,000
	시안 1	중국	110,000
	시안 2	중국	90,000
	P1L	평택	170,000
	P2L	평택	40,000
비메모리	S1	기흥	70,000
	S2	오스틴	95,000
	S3	화성	65,000
	S4	화성	25,000
	S5	화성	20,000
	V1	화성	40,000
	V2	평택	10,000

SK하이닉스 반도체 Fab 현황

제품	라인	위치	2021년 월 웨이퍼 생산량
DRAM	M10	이천	15,000
	M14	이천	155,000
	M16	이천	20,000
	Wuxi	우시	170,000
NAND	M11 - 1	청주	40,000
	M11 - 2	청주	50,000
	M14	이천	30,000
	M15	청주	75,000

TSMC 반도체 Fab 현황

라인	웨이퍼 사이즈	위치	2021년 월 웨이퍼 생산량
Fab 2	6인치	대만	95,000
Fab 3	8인치	대만	100,000
Fab 5	8인치	대만	55,000
Fab 6	8인치	대만	180,000
Fab 8	8인치	대만	95,000
Wafer Tech	8인치	미국	36,000
Fab 10	8인치	중국	120,000
Fab 11	8인치	싱가포르	40,000
Fab 12	300mm	대만	180,000
Fab 14	300mm	대만	200,000
Fab 15	300mm	대만	120,000
Fab 16	300mm	중국	60,000
Fab 18	300mm	대만	240,000
Fab 19	300mm	미국	30,000

제조 공정 요약 - 전공정

공정	공정 설명	장비, 소재
웨이퍼 제작	자연에서 채취한 모래에서 실리콘을 추출해 실리콘 기둥인 잉곳 제조 후 절단하여 원판(웨이퍼)를 만듦. 불순물이 함유된 규소를 고순도 규소로 정제. 이를 베어 웨이퍼(bare wafer)라 부르며 삼성전자와 SK하이닉스 같은 회사가 베어 웨이퍼를 구매함	8인치 웨이퍼, 12인치 웨이퍼
회로 설계/ 마스크 제작	거대한 도면에 CAD 프로그램을 통해 전자회로 패턴 설계. 도면 검사를 마친 회로는 포토마스크라는 유리판에 옮겨짐. 쿼츠 → 블랭크 마스크 → 포토 마스크 순서로 제작. 회로 패턴이 그대로 담긴 사진용 원판 구실을 하게 됨(포토마스크는 필름, 웨이퍼는 인화지 개념)	쿼츠, 블랭크 마스크, 포토 마스크
산화	불순물로부터 웨이퍼를 보호하기 위해 800~1,200도의 고온에서 웨이퍼 위에 산소나 수증기를 뿌려 얇은 실리콘 산화막을 형성. 반도체는 제조과정에서 눈에 보이지 않는 미세한 오염물질에도 치명적 영향을 받기 때문	RTP(Rapid Thermal Processing), 건식 산화, 습식 산화
감광/노광	감광: 웨이퍼에 빛에 민감한 물질인 감광액을 골고루 바르는 작업. 회로가 그려진 마스크를 감광액을 바른 웨이퍼 위에 놓음. 마스크 설계 도면은 약 50~100m 정도 크기인데 이를 축소해 유리판에 옮긴 것이 마스크. 이 감광액은 자외선과 같은 강한 빛을 쏘이면 화학 결합이 끊어져 눈 녹듯 사라짐 노광: 사진을 찍듯이 웨이퍼에 빛으로 마스크에 그려진 회로 패턴을 옮기는 작업. 반도체 공장에서 쓰는 수백억 원짜리 카메라로 비유. 반도체의 생산성을 좌우하는 매우 중요한 공정. 회로를 그리는 선폭이 얇을수록 웨이퍼 한 장에서 나오는 반도체의 양이 늘어나기 때문. D램 10나노미터 초반 및 시스템반도체 7나노미터~5나노미터 이하에 주력으로 쓰이는 EUV의 경우 1,500억 ~ 2,000억 원 가량	감광액(포토 레지스트), 노광기, EUV, 펠리클
식각	부식액으로 필요한 회로만 남기고 깎아냄. 감광액이 덮인 산화막 부분은 부식액이 닿지 못함. 산화막 부분만 남아 회로 모양 형성. 화학액으로 깎아내거나 가스로 제거	건식 식각, 습식 식각, 불화수소, 무수불산, Electorde, Ring
확산/ 이온주입	순수한 실리콘으로만 구성된 웨이퍼는 전기가 통하지 않는 부도체이기에 실리콘 웨이퍼에 반도체 이온(불순물)을 주입해 전류를 흐르게 하는 전도성 부여함. 이 불순물을 미세한 가스 입자로 만들어 포토/식각을 통해 노출된 부위에 원하는 깊이만큼 넣어주면 웨이퍼가 비로소 반도체 성질을 갖게 됨. 확산 공정을 거치면 웨이퍼에 그려진 선은 전기가 통하는 회로로 변신	Diffuse
증착	손톱만 한 반도체 위에 미세한 회로가 수없이 놓이면서 회로 간 전기 간섭 현상이 일어날 수 있기에 전기 간섭에서 회로를 보호하기 위한 공정. 여러 개별소자가 무수히 연결된 집적회로(IC)를 만들기 위해서 여러 층을 쌓아 올리는 작업. 웨이퍼 위에 박막을 입히고 포토/식각 공정을 수백 번 반복. 진공 챔버 속에 금속, 화합물을 가열, 증발시켜 그 증기를 물체 표면에 얇은 막으로 입힘	LPCVD, PECVD, ALD, 스퍼터, 전구체(Precursor), High-K
CMP/세정	CMP: 미세한 회로를 쌓아 올리는 과정에서 발생된 높낮이 차이를 평탄화하는 작업 세정: 웨이퍼 및 진공 챔버에 남아 있는 잔여물, 파티클 등을 제거	CMP, Slurry, 삼불화질소(NF3), 세정액, 불산, Scrubber, Chiller
금속 배선	반도체 회로 패턴을 따라 전기길을 연결. 구리, 알루미늄, 텅스텐 등 금속이 쓰임	
EDS	웨이퍼 상에 있는 다이(Die)의 양품, 불량품 여부 판단 후 솎아냄	

제조 공정 요약 - 후공정

공정	공정 설명		장비, 소재
테스트	웨이퍼 테스트	웨이퍼 상 있는 칩들의 특성과 품질을 테스트를 통해 확인하고 검증	Probe card, STF 기판
		칩들에 전류와 신호를 인가하거나 읽어야 하며 웨이퍼와 테스트 장비간 전기적 연결이 있어야 함	
		EPM(Electrical Parameter Monitoring, 전기적 데이터 확인) → 웨이퍼 번인 → 테스트 → 리페어 → 테스트 순으로 진행	
	번인 테스트	제품에 전압과 온도로 스트레스를 가하는 테스트	테스트 핸들러, 번인 소터, 번인 소켓
	파이널 테스트	패키징이 완료된 제품에 가하는 테스트	IC Test 소켓, 핀
		번인에서 신뢰성 테스트를 거친 뒤 코어 공정과 스피드 공정을 거침	
		코어 공정: 칩 내부가 잘 만들어졌는지 테스트. 셀, 회로 등 테스트하여 동작 문제여부 판단	
		스피드 공정: 신뢰성, 코어에서 통과하더라도 스피드(속도)가 요구레벨에 부합하는지 테스트	
	모듈 테스트	모듈화된 D램, SSD에 대한 테스트. PCB와 칩의 연관관계 점검	
		상온에서 직류 전류, 기능 테스트 진행 후 실제 고객 환경에서의 칩 동작 실장 테스트	
어셈블리 (Assembly) 및 패키징	백그라인딩	원판에서 회로가 없는 뒷면을 갈아 얇게 만드는 공정	
		두께를 줄이는 역할을 넘어 칩의 적층이나 집적도 향상에 기여	
		테이프 접합(Tape Lamination) → 백그라인딩(Back Grinding) → 웨이퍼 장착(Wafer mounting)	
	다이싱	얇게 만든 웨이퍼를 개별 칩으로 분리하는 공정	
		웨이퍼 두께가 얇아지면 성능 향상 및 패키징 과정 시 단차 낮출 수 있음	
		웨이퍼 두께에 따라 블레이드 다이싱, 레이저 다이싱, 플라즈마 다이싱을 활용	
	본딩	양품으로 선별된 개별 칩을 기판에 붙이고 칩과 기판을 전기적으로 연결	Wire Bonding
	패키징	반도체를 충격이나 습기로부터 보호하기 위해 보호막을 두르고 외부 단자와 칩을 연결하는 기술	WLP, PLP, 리드프레임, 솔더볼

테마 밸류 체인

- 반도체 전공정
  - 웨이퍼 — SK 실트론(비상장)
  - 산화 — RTP — AP시스템, 원익IPS
  - 감광, 노광
    - 블랭크 마스크 — 에스앤에스텍
    - PR Coater — 코디엠, 세메스(비상장)
    - PR Striper — 피에스케이, DMS
    - 감광액 — 동진쎄미켐
    - PR 재료 — 이엔에프테크놀로지
    - 펠리클 — 에프에스티, 에스앤에스텍
  - 식각
    - 건식 식각장비 — 에이피티씨, 세메스(비상장)
    - 습식 식각장비 — DMS
    - 쿼츠웨어 — 원익 QnC
    - 실리콘 링 — 티씨케이, 하나머티리얼즈
    - Electode, Ring — 하나머티리얼즈, 월덱스
    - 식각액(습식 식각) — 솔브레인, 이엔에프테크놀로지
    - 식각액원재료 — 원익머티리얼즈
    - 무수불산 — 후성
    - 삼불화질소 — SK 머티리얼즈
  - 확산 — Diffuser — AP시스템, 원익IPS
  - 증착
    - LPCVD — 주성엔지니어링, 원익IPS, 유진테크, 테스
    - PECVD — 원익IPS, 테스, 주성엔지니어링
    - ALD — 원익IPS, 테스, 주성엔지니어링
    - PEALD — 유진테크
    - CVD용 히터 — 미코
    - 전구체 — 디엔에프, 한솔케미칼, 오션브릿지
  - 세정
    - 세정 장비 — 케이씨텍, DMS, 제우스, 코디엠, 디바이스이엔지, 세메스(비상장)
    - CMP 장비 — 케이씨텍
    - CMP Slurry — 케이씨텍, 솔브레인, SKC, 삼성SDI, 오션브릿지
    - 고순도특수가스설비 — 한양이엔지
    - 진공 장비 — 엘오티베큠
    - Dry Cleaning — 테스, 피에스케이
    - Scrubber — 유니셈, GST
    - Chiller — 유니셈, GST, 에프에스티
    - 세정용 플라스마 부품 — 뉴파워플라즈마
  - 기타
    - 클린룸 — 신성이엔지, 성도이엔지, 원방테크
    - CCSS — 씨앤지하이테크, 오션브릿지, 에스티아이, 한양이엔지
    - Refurbish — 러셀, 서플러스글로벌
    - 계측장비 — 오로스테크놀로지
    - 원자현미경 — 파크시스템스
    - 디자인하우스 — 에이디테크놀로지, 코아시아
    - 웨이퍼 이송장비 — 싸이맥스
    - 가스 배관설비 — 원익홀딩스
    - 공정 부품세정, 코팅 — 코미코

테마 밸류 체인

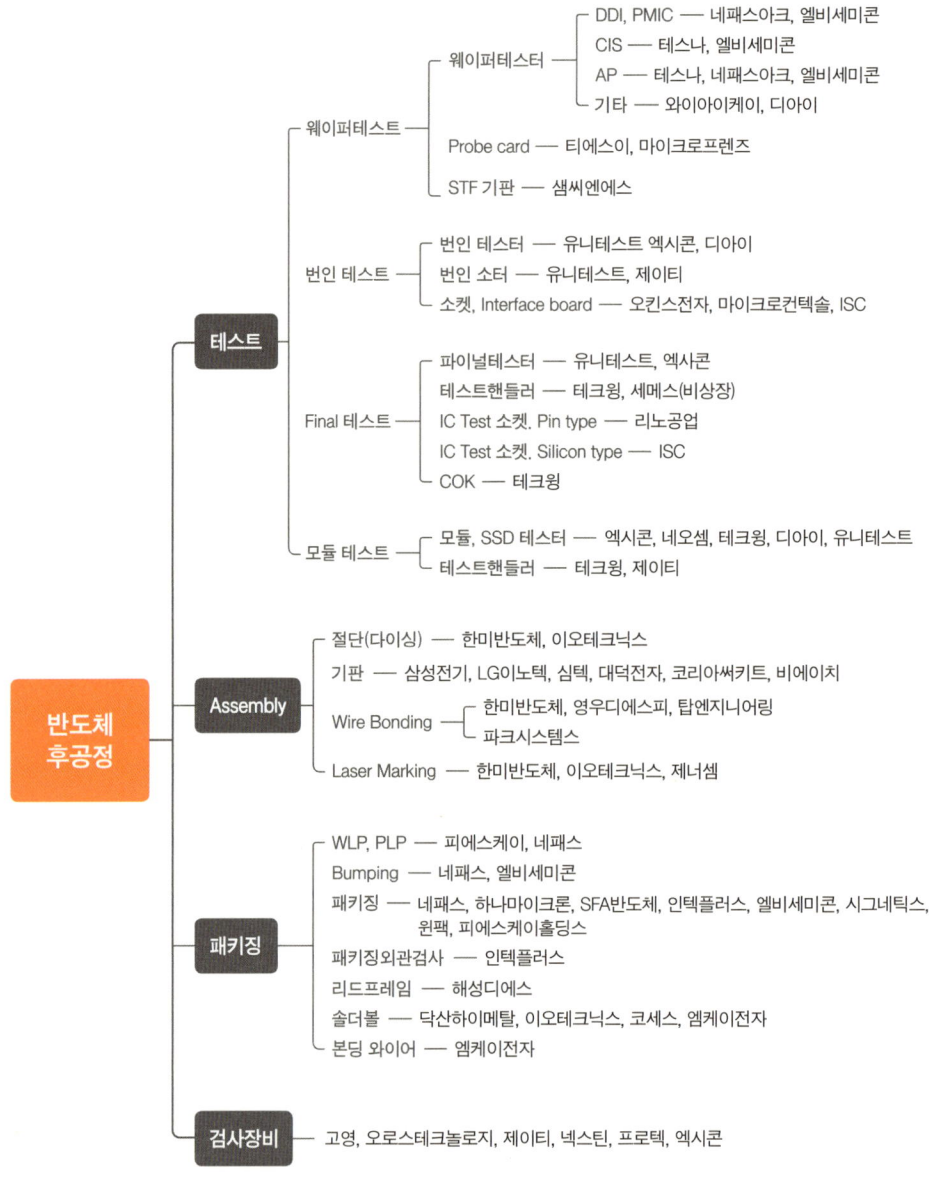

- 반도체 후공정
  - 테스트
    - 웨이퍼테스트
      - 웨이퍼테스터
        - DDI, PMIC — 네패스아크, 엘비세미콘
        - CIS — 테스나, 엘비세미콘
        - AP — 테스나, 네패스아크, 엘비세미콘
        - 기타 — 와이아이케이, 디아이
      - Probe card — 티에스이, 마이크로프랜즈
      - STF 기판 — 샘씨엔에스
    - 번인 테스트
      - 번인 테스터 — 유니테스트 엑시콘, 디아이
      - 번인 소터 — 유니테스트, 제이티
      - 소켓, Interface board — 오킨스전자, 마이크로컨텍솔, ISC
    - Final 테스트
      - 파이널테스터 — 유니테스트, 엑사콘
      - 테스트핸들러 — 테크윙, 세메스(비상장)
      - IC Test 소켓. Pin type — 리노공업
      - IC Test 소켓. Silicon type — ISC
      - COK — 테크윙
    - 모듈 테스트
      - 모듈, SSD 테스터 — 엑시콘, 네오셈, 테크윙, 디아이, 유니테스트
      - 테스트핸들러 — 테크윙, 제이티
  - Assembly
    - 절단(다이싱) — 한미반도체, 이오테크닉스
    - 기판 — 삼성전기, LG이노텍, 심텍, 대덕전자, 코리아써키트, 비에이치
    - Wire Bonding
      - 한미반도체, 영우디에스피, 탑엔지니어링
      - 파크시스템스
    - Laser Marking — 한미반도체, 이오테크닉스, 제너셈
  - 패키징
    - WLP, PLP — 피에스케이, 네패스
    - Bumping — 네패스, 엘비세미콘
    - 패키징 — 네패스, 하나마이크론, SFA반도체, 인텍플러스, 엘비세미콘, 시그네틱스, 윈팩, 피에스케이홀딩스
    - 패키징외관검사 — 인텍플러스
    - 리드프레임 — 해성디에스
    - 솔더볼 — 덕산하이메탈, 이오테크닉스, 코세스, 엠케이전자
    - 본딩 와이어 — 엠케이전자
  - 검사장비 — 고영, 오로스테크놀로지, 제이티, 넥스틴, 프로텍, 엑시콘

- 기타
  - 시스템반도체 파운드리 — DB하이텍
  - 시스템반도체 팹리스 — LX세미콘
  - 전력반도체 — 예스티

글로벌 주요 기업 및 ETF

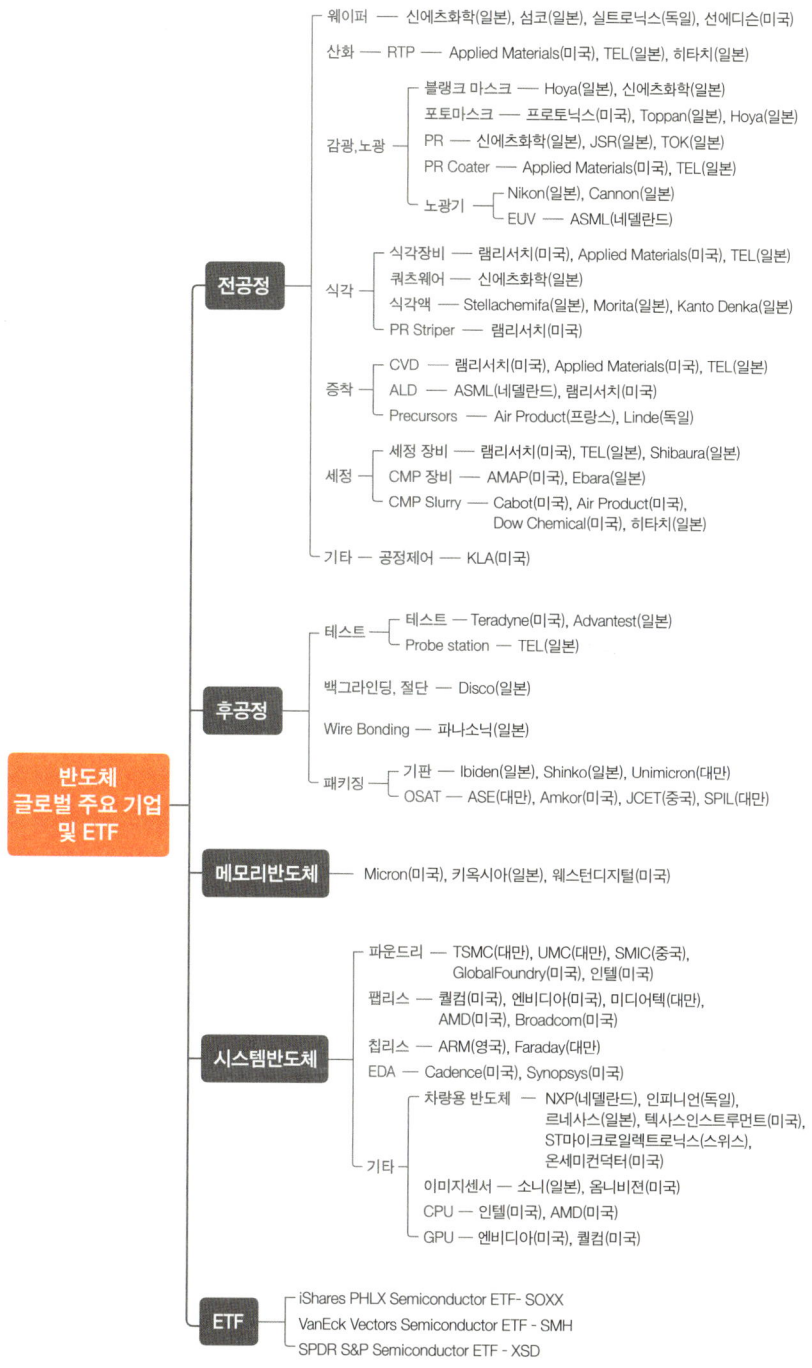

- **반도체 글로벌 주요 기업 및 ETF**
  - **전공정**
    - 웨이퍼 — 신에츠화학(일본), 섬코(일본), 실트로닉스(독일), 선에디슨(미국)
    - 산화 — RTP — Applied Materials(미국), TEL(일본), 히타치(일본)
    - 감광,노광
      - 블랭크 마스크 — Hoya(일본), 신에츠화학(일본)
      - 포토마스크 — 프로토닉스(미국), Toppan(일본), Hoya(일본)
      - PR — 신에츠화학(일본), JSR(일본), TOK(일본)
      - PR Coater — Applied Materials(미국), TEL(일본)
      - 노광기
        - Nikon(일본), Cannon(일본)
        - EUV — ASML(네덜란드)
    - 식각
      - 식각장비 — 램리서치(미국), Applied Materials(미국), TEL(일본)
      - 쿼츠웨어 — 신에츠화학(일본)
      - 식각액 — Stellachemifa(일본), Morita(일본), Kanto Denka(일본)
      - PR Striper — 램리서치(미국)
    - 증착
      - CVD — 램리서치(미국), Applied Materials(미국), TEL(일본)
      - ALD — ASML(네덜란드), 램리서치(미국)
      - Precursors — Air Product(프랑스), Linde(독일)
    - 세정
      - 세정 장비 — 램리서치(미국), TEL(일본), Shibaura(일본)
      - CMP 장비 — AMAP(미국), Ebara(일본)
      - CMP Slurry — Cabot(미국), Air Product(미국), Dow Chemical(미국), 히타치(일본)
    - 기타 — 공정제어 — KLA(미국)
  - **후공정**
    - 테스트
      - 테스트 — Teradyne(미국), Advantest(일본)
      - Probe station — TEL(일본)
    - 백그라인딩, 절단 — Disco(일본)
    - Wire Bonding — 파나소닉(일본)
    - 패키징
      - 기판 — Ibiden(일본), Shinko(일본), Unimicron(대만)
      - OSAT — ASE(대만), Amkor(미국), JCET(중국), SPIL(대만)
  - **메모리반도체** — Micron(미국), 키옥시아(일본), 웨스턴디지털(미국)
  - **시스템반도체**
    - 파운드리 — TSMC(대만), UMC(대만), SMIC(중국), GlobalFoundry(미국), 인텔(미국)
    - 팹리스 — 퀄컴(미국), 엔비디아(미국), 미디어텍(대만), AMD(미국), Broadcom(미국)
    - 칩리스 — ARM(영국), Faraday(대만)
    - EDA — Cadence(미국), Synopsys(미국)
    - 기타
      - 차량용 반도체 — NXP(네덜란드), 인피니언(독일), 르네사스(일본), 텍사스인스트루먼트(미국), ST마이크로일렉트로닉스(스위스), 온세미컨덕터(미국)
      - 이미지센서 — 소니(일본), 옴니비젼(미국)
      - CPU — 인텔(미국), AMD(미국)
      - GPU — 엔비디아(미국), 퀄컴(미국)
  - **ETF**
    - iShares PHLX Semiconductor ETF- SOXX
    - VanEck Vectors Semiconductor ETF - SMH
    - SPDR S&P Semiconductor ETF - XSD

해외 대표 기업

TSMC

시가총액	634조 원

	2021년	2022년(전망)
매출액	약 67.4조 원	약 78.2조 원
순이익	약 24.9조 원	약 28.9조 원

- 글로벌 반도체 파운드리 1위 사업자(점유율 56%)
- 굴지의 팹리스 업체들 다수가 TSMC에 위탁 생산 계약(애플, 퀄컴, 브로드컴, TI, NXP, AMD, 엔비디아 등)
- 다수의 EUV를 통한 5나노미터, 3나노미터 공정으로 최첨단 고성능 시스템 반도체 생산 트렌드를 선도
- 2022년 약 41조 원, 2023년 약 42조 원의 사상 최대 시설투자 집행으로 파운드리 과반수 점유율 공고 전망

인텔

시가총액	259조 원

	2021년	2022년(전망)
매출액	약 86.4조 원	약 86.3조 원
순이익	약 19.6조 원	약 19.7조 원

- 컴퓨터 중앙처리장치(CPU) 압도적 1위 기업. 개인용 PC 및 데이터센터 수요에 민감
- 재택근무 증가, PC 교체주기 단축, 새로운 OS 출시 등으로 PC 수요 증가에 따른 CPU 매출 상승 전망
- 재진출한 파운드리 사업은 미국뿐 아니라 유럽에도 대규모 투자 계획. 아직은 10나노미터 초반 공정 진입 전망
- 반도체 첨단 패키징, 사물인터넷 및 자율주행(자회사 모빌아이) 등 사업 다각화 중

마이크론

시가총액	100조 원

	2021년	2022년(전망)
매출액	약 32.6조 원	약 42.5조 원
순이익	약 6.7조 원	약 14.6조 원

- 메모리 반도체 D램 세계 3위(점유율 21%) 및 낸드플래시 세계 5위(점유율 11%) 기업
- 삼성전자, SK하이닉스보다 앞선 미세공정 기술 발표. D램은 1 알파 나노, 낸드는 176단 개발 완료
- 삼성전자 및 SK하이닉스의 공격적인 시설투자 증액 대비 시설투자 로드맵은 다소 미진
- 경쟁사 대비 뒤늦은 EUV 장비 도입(2024년 계획), 단기간 급증할 비용(cost) 및 최근 미세공정의 수율 확보 우려

어플라이드 머티리얼즈

시가총액	152조 원

	2021년	2022년(전망)
매출액	약 27.5조 원	약 30.8조 원
순이익	약 7.1조 원	약 8.5조 원

- 글로벌 반도체 장비 1위 공급사. 증착, 열처리, 이온 주입, 평탄화 장비 등에서 더욱 강점
- 계측 및 검사 장비 시장 점유율도 확대하며 종합 반도체 장비 기업의 지위 공고화 중
- 메모리 반도체 및 파운드리 선도 기업들의 공격적 시설투자 증설에 최대 수혜
- D램에서도 3D 구조로의 변화 양상 및 파운드리의 GAA FET으로의 변경 등으로 공정 장비 수요 급증 전망

ASML

시가총액	404조 원

	2021년	2022년(전망)
매출액	26.2조 원	약 30.2조 원
순이익	약 7.7조 원	약 9.4조 원

- 반도체 미세공정 구현에 가장 중요한 노광 장비 제조. 1대에 약 1,500억 원 ~2,000억 원의 EUV 제작
- 매우 비싼 호가를 자랑함에도 여전히 공급이 글로벌 수요를 따라가지 못하는 상황. 향후 더욱 심화될 것
- EUV 장비의 기술적 고난도에 따라 독점 체계가 깨질 확률은 거의 없다는 판단. 경쟁사 캐논, 니콘 도태
- 글로벌 반도체 시장 선도하는 삼성전자, TSMC의 지속적인 EUV 구매 및 인텔, 마이크론, SK하이닉스도 구매

삼성전자

반도체 | 파운드리 | 갤럭시 스마트폰 | 프리미엄 TV

시가총액	460조 원	주요 주주	삼성생명 외 17인 21%, 국민연금공단 9%
		총 매출액 중	IM 부문 44%, 반도체 29%, CE 부문 19%

- 글로벌 1위 D램, 낸드플래시, 스마트폰 판매량, TV 판매 및 2위권의 파운드리 기업
- 주요 제품 점유율: D램 43%, 낸드 33%, 파운드리 18%, AP 9%, 전력반도체 6%, 이미지센서 19%
- 2021년~2023년 사상 최대 반도체 시설투자 집행을 통한 반도체 산업 지배력 강화 전략
- 파운드리 절대강자 TSMC의 시설투자 계획 및 첨단 미세공정 로드맵에 맞먹는 수준으로 도약
- PC, 서버, 프리미엄 스마트폰, 사물인터넷 등에서의 수요 증가로 반도체 업황 상승 사이클 이어갈 전망

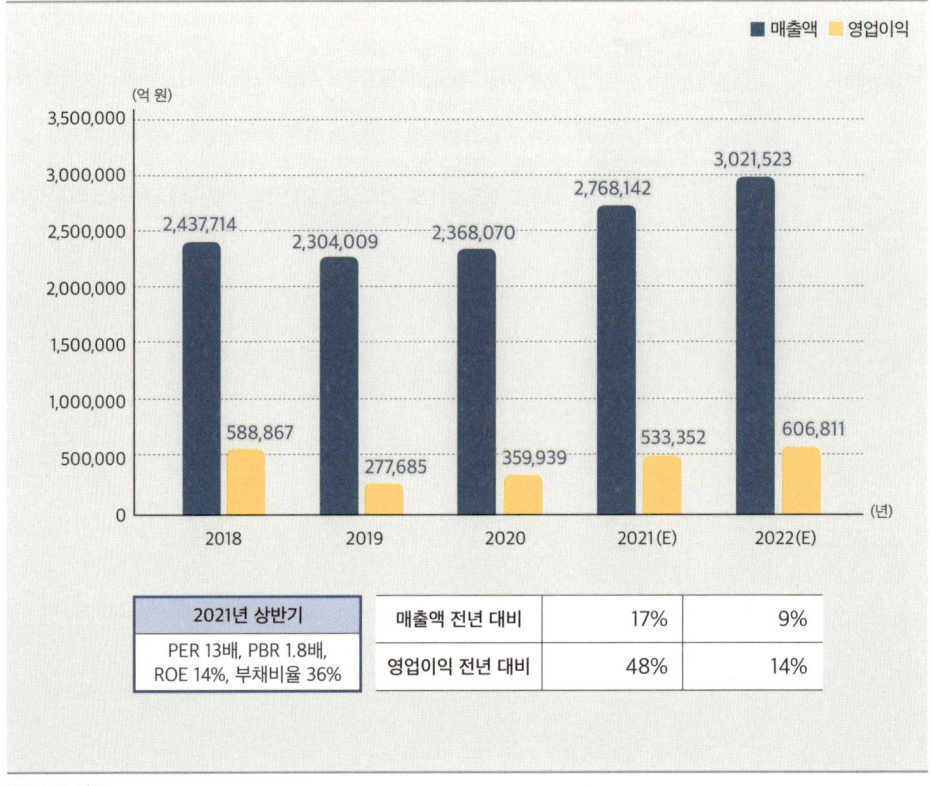

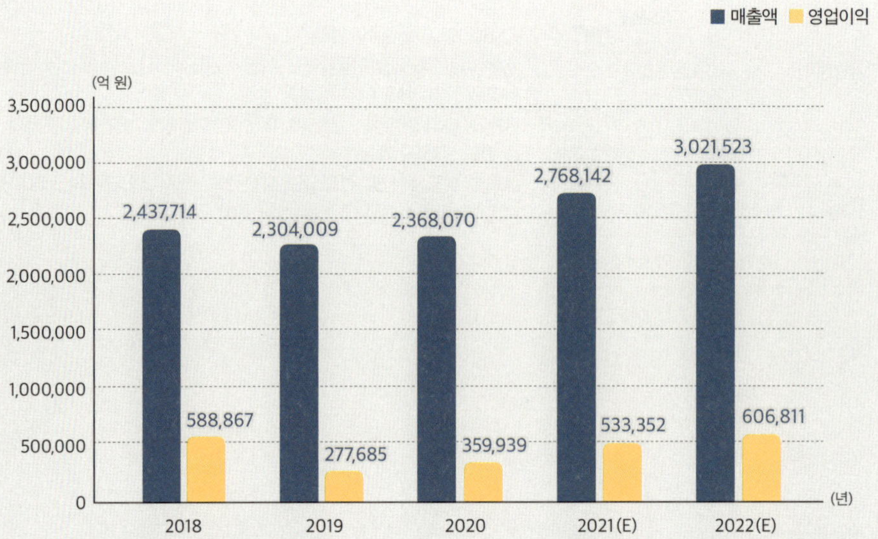

2021년 상반기
PER 13배, PBR 1.8배, ROE 14%, 부채비율 36%

매출액 전년 대비	17%	9%
영업이익 전년 대비	48%	14%

*2021.09. 기준

SK하이닉스

반도체 인텔 인수 기업용 SSD 키옥시아

시가총액	75조 원

주요 주주	SK텔레콤 외 9인 20%, 국민연금공단 10%
총 매출액 중	반도체 100%

- 글로벌 반도체 대표 기업. D램 점유율 30%로 2위권, 낸드 점유율 11%로 4위권
- 인텔의 낸드 사업부 10조 원 인수로 낸드 시장에서 점유율 확대
- 인텔의 기업용 SSD는 글로벌 선두권. 빅데이터 시대를 맞아 기업용 시장 공략 시너지
- 낸드 시장, 6자 구도에서 4자로 재편되며 공급구조 과점화 전망. 키옥시아 지분 가치 상승 가능성 주목
- 메모리 반도체보다 2배 이상 시장 규모가 크고 수요가 급증한 시스템반도체 분야 진출이 늦은 단점
- 삼성전자, TSMC보다는 늦었지만 EUV 장비 구매를 통해 첨단 미세공정 경쟁 진입

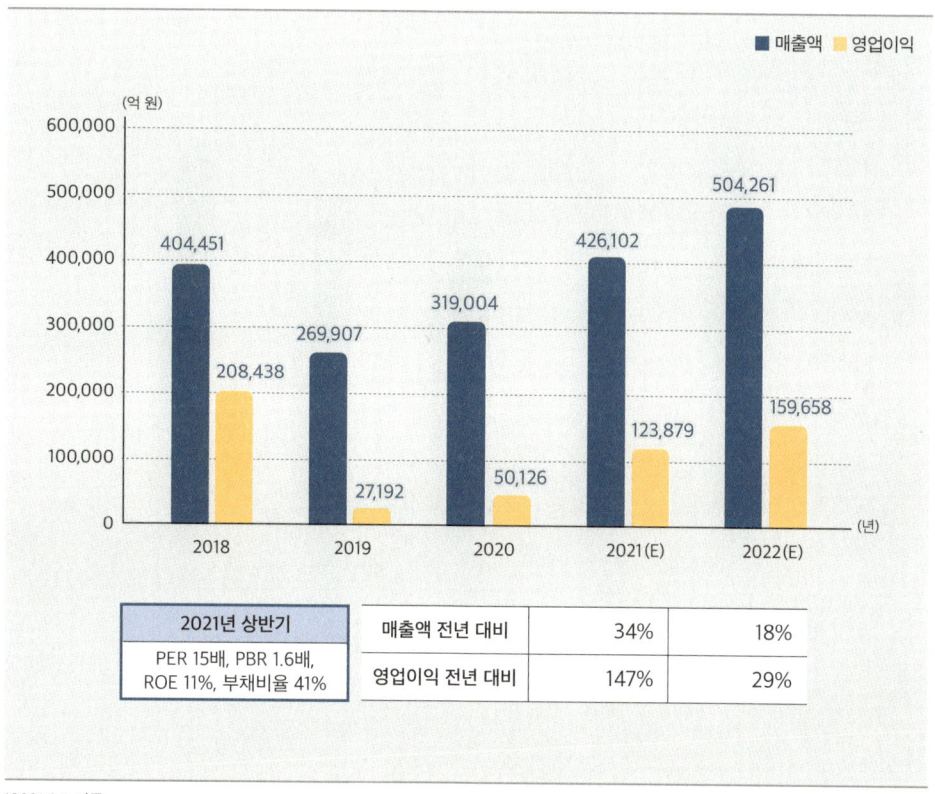

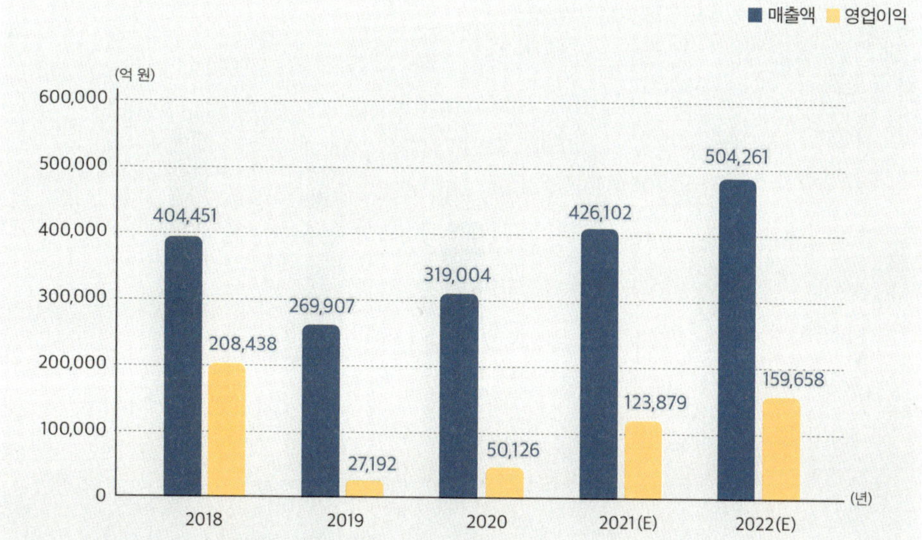

2021년 상반기
PER 15배, PBR 1.6배, ROE 11%, 부채비율 41%

매출액 전년 대비	34%	18%
영업이익 전년 대비	147%	29%

*2021.09. 기준

원익IPS

반도체 증착, 식각 | 삼성전자 | 삼성디스플레이 | CVD | 낸드 더블 스태킹

시가총액	2조 원

주요 주주	원익홀딩스 외 3인 33%, 삼성전자 외 1인 7%
총 매출액 중	반도체/디스플레이 장비 94%

- 삼성전자 D램, 낸드, 파운드리에 반도체 장비 공급. 2022년 장비 국산화 성공 전망
- 삼성전자와 삼성디스플레이가 동사의 지분을 3.77%로 동일하게 보유
- ALD, CVD 등 증착 장비 중 PECVD는 D램, 낸드, 파운드리에 모두 적용 가능한 핵심 장비
- 삼성전자의 사상 최대 시설투자 증액 이슈에 최대 수혜 전망
- 낸드플래시의 더블 스태킹 공정에서도 수혜 전망
- 삼성디스플레이 및 중화권 디스플레이 기업들의 OLED 전환 과정에서 동사의 식각 장비 수요 증가 전망

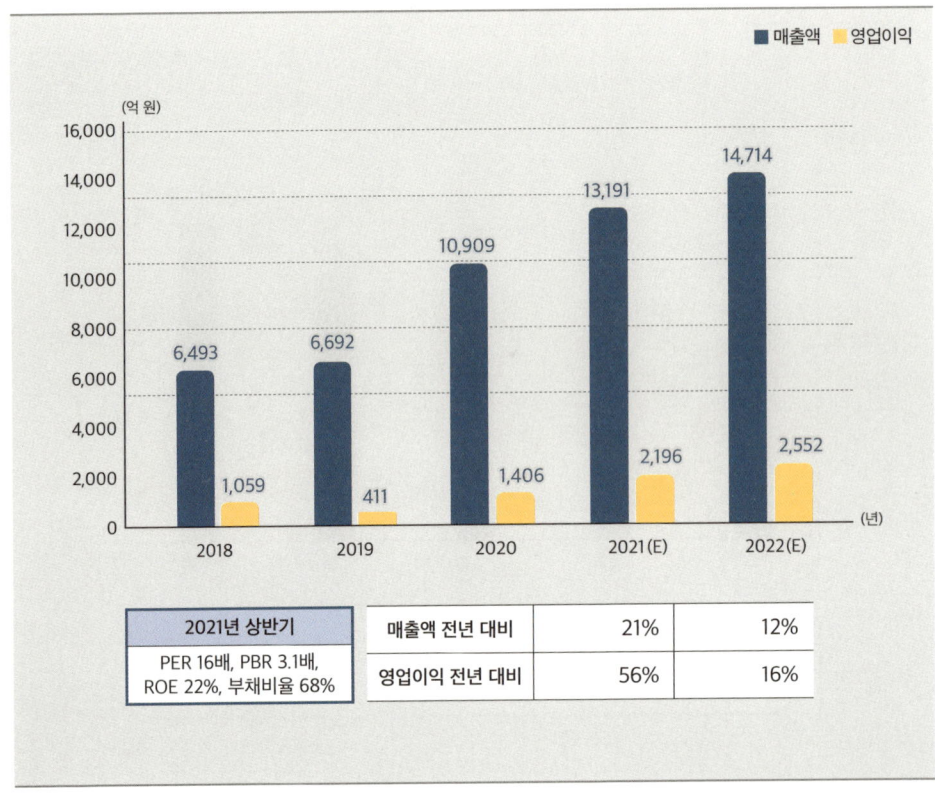

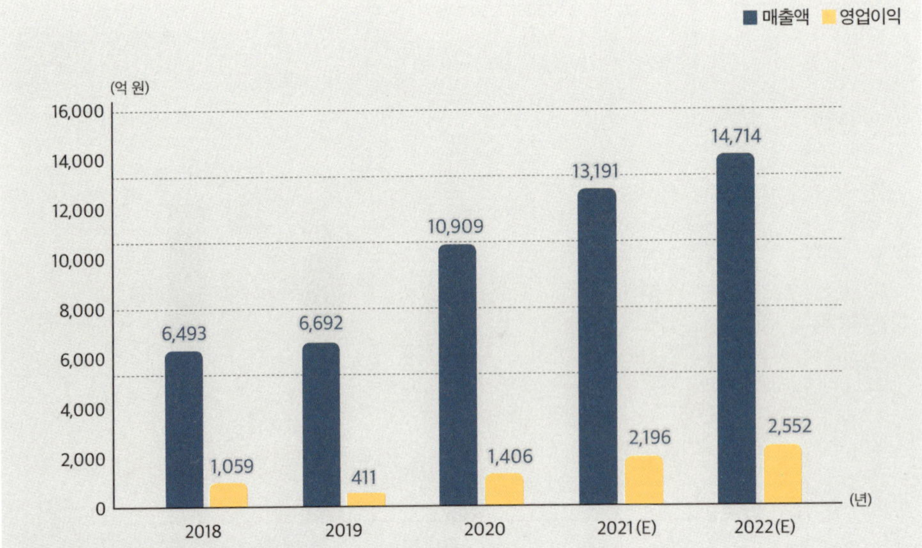

2021년 상반기
PER 16배, PBR 3.1배, ROE 22%, 부채비율 68%

매출액 전년 대비	21%	12%
영업이익 전년 대비	56%	16%

*2021.09. 기준

AP시스템

RTP ELA OLED

시가총액	3,772억 원

주요 주주	APS홀딩스 외 3인 20%
주 매출처	반도체, 디스플레이 장비 100%

- 반도체 열처리 및 OLED ELA, 봉지장비 제조
- 반도체 시설투자 확대에 따른 RTP 장비 수요 증가
- OLED 패널 대면적화, 공정 단순화로 동사 경쟁력 강화 전망

최근 실적 및 주요 재무지표

	2019년	2020년	2021년(전망)
매출액	4,621억 원	5,918억 원	6,008억 원(yoy 1%)
영업이익	284억 원	463억 원	605억 원(yoy 30%)

	2021년 상반기	
매출액	2,585억 원	PER 9.4배, PBR 2.2배, ROE 26%, 부채비율 137%
이익	285억 원	

동진쎄미켐

반도체 감광액 음극재 도전재 노스볼트

시가총액	15,913억 원

주요 주주	동진홀딩스 외 4인 35%
주 매출처	감광액 50%, 화학제품 40%

- 반도체 감광액 및 다수 화학제품 생산
- EUV용 감광액 국산화 추진으로 미세공정화에 수혜
- 2차전지 음극재 CNT 도전재 및 독자 개발 음극재 동시 공급 전망

최근 실적 및 주요 재무지표

	2019년	2020년
매출액	8,753억 원	9,378억 원
영업이익	1,049억 원	1,263억 원

	2021년 상반기	
매출액	5,263억 원	PER 19배, PBR 3.0배, ROE 16%, 부채비율 112%
이익	570억 원	

테스

CVD | 파운드리 시설투자

시가총액	5,505억 원

주요 주주	주숭일 외 8인 29%
주 매출처	반도체, 디스플레이 장비 88%

- 반도체 CVD, 식각 장비 및 디스플레이 장비 제조
- 메모리 및 파운드리에도 적용 가능한 PECVD 장비 매출 증가 전망
- 삼성전자 반도체 대규모 시설투자에 동반 수혜 주목

최근 실적 및 주요 재무지표

	2019년	2020년	2021년(전망)
매출액	1,784억 원	2,460억 원	3,760억 원(yoy 52%)
영업이익	117억 원	317억 원	693억 원(yoy 118%)

	2021년 상반기	
매출액	2,581억 원	PER 9.0배, PBR 1.8배, ROE 23%, 부채비율 18%
이익	553억 원	

한솔케미칼

반도체 | 퀀텀닷 | 실리콘 음극재 | 2차전지 | 전구체

시가총액	40,750억 원

주요 주주	조동혁 외 7인 15%, 국민연금공단 13%
주 매출처	전자소재 28%, 정밀화학 27%

- 반도체 전구체, 퀀텀닷 소재, 2차전지 바인더 등 제조
- 메모리, 파운드리, 퀀텀닷, 2차전지 모든 사업부 전망 호조
- 2차전지 실리콘 음극재 투자로 기업가치 레벨업 전망

최근 실적 및 주요 재무지표

	2019년	2020년	2021년(전망)
매출액	5,443억 원	6,193억 원	7,800억 원(yoy 25%)
영업이익	1,112억 원	1,519억 원	2,176억 원(yoy 43%)

	2021년 상반기	
매출액	3,643억 원	PER 24배, PBR 5.7배, ROE 26%, 부채비율 60%
이익	1,061억 원	

솔브레인

식각액 | 전해액 | 파운드리

시가총액	21,959억 원	주요 주주	정지완 외 8인 46%, 국민연금공단 5%
		주 매출처	반도체 62%, 2차전지 17%

- 반도체, 디스플레이, 2차전지 전해액 등 생산
- 삼성전자 파운드리 GAAFET 공정 도입에 수혜 전망
- 전기차 시장 성장으로 2차전지 셀 업체에 전해액 공급

최근 실적 및 주요 재무지표

	2020년	2021년(전망)
매출액	4,701억 원	10,146억 원(yoy 115%)
영업이익	1,040억 원	2,097억 원(yoy 101%)

	2021년 상반기	
매출액	4,827억 원	PER 13배, PBR 3.4배, ROE 28%, 부채비율 23%
이익	936억 원	

피에스케이

식각 | PR Strip | 파운드리 | 패키징

시가총액	5,544억 원	주요 주주	피에스케이홀딩스 외 12인 32%
		주 매출처	반도체 공정장비 73%

- 반도체 식각. PR Strip 글로벌 1위
- 글로벌 파운드리 대규모 증설이 주가 상승 견인
- 패키징 고도화 트렌드로 추가 성장 전망

최근 실적 및 주요 재무지표

	2019년	2020년	2021년(전망)
매출액	1,546억 원	2,657억 원	3,637억 원(yoy 37%)
영업이익	169억 원	316억 원	741억 원(yoy 134%)

	2021년 상반기	
매출액	2,213억 원	PER 9.3배, PBR 2.0배, ROE 24%, 부채비율 25%
이익	566억 원	

테스나

이미지센서 | 테스트 | 모바일 AP

시가총액	6,767억 원

주요 주주	에이아이트리 19%, 국민연금공단 11%
주 매출처	웨이퍼 테스트 92%

- 견조한 수요 예상되는 이미지센서 테스트 강자
- 2021년에 이미지센서, 2022년엔 모바일 AP 관련 매출 확대 전망
- 투자 결정된 신규 장비들, 2022년 1분기부터 본격 가동

최근 실적 및 주요 재무지표

	2019년	2020년	2021년(전망)
매출액	968억 원	1,325억 원	1,940억 원(yoy 46%)
영업이익	242억 원	306억 원	446억 원(yoy 45%)

	2021년 상반기	
매출액	872억 원	PER 22배, PBR 2.9배, ROE 14%, 부채비율 95%
이익	181억 원	

이오테크닉스

레이저 마킹 | ELA | 절단 장비 | 미세공정 | 패키징

시가총액	13,588억 원

주요 주주	성규동 외 10인 31%, 국민연금공단 7%
주 매출처	레이저마커 및 응용기기 100%

- 반도체 및 디스플레이 레이저 응용 장비 제조
- 전공정 및 파운드리의 미세공정 경쟁에 동사 성장 확대
- 멀티 칩 패키징의 진화가 중장기 실적 전망에 긍정적

최근 실적 및 주요 재무지표

	2019년	2020년	2021년(전망)
매출액	2,065억 원	3,251억 원	4,088억 원(yoy 25%)
영업이익	71억 원	385억 원	827억 원(yoy 114%)

	2021년 상반기	
매출액	1,975억 원	PER 19배, PBR 2.8배, ROE 15%, 부채비율 17%
이익	455억 원	

네패스

WLP · PLP · DDI · 네패스아크

시가총액	7,633억 원

주요 주주	이병구 외 7인 25%
주 매출처	반도체 패키징 84%

- 반도체 WLP, PLP 등 패키징 기술 선도
- 패키징, DDI, PMIC 및 자회사 네패스아크, 네패스라웨 체크 필요
- 주요 모멘텀인 FO(팬아웃)-PLP 사업 호조 여부 중요

최근 실적 및 주요 재무지표

	2019년	2020년	2021년(전망)
매출액	3,563억 원	3,436억 원	4,116억 원(yoy 19%)
영업이익	616억 원	-36억 원	73억 원(흑자전환)

	2021년 상반기	
매출액	1,893억 원	PER -89배, PBR 3.7배, ROE -4%, 부채비율 185%
이익	-71억 원	

유니테스트

반도체 테스트 · 태양광 EPC · DDR5

시가총액	5,114억 원

주요 주주	김종현 외 7인 20%, VIP자산운용 6%
주 매출처	태양광 60%, 반도체 검사장비 37%

- 반도체 테스트 및 태양광 사업 영위
- 2022년 D램 규격 DDR5로의 변화에 실적 상향 기대
- 해외 고객사로의 수주 확대 활성화가 중요

최근 실적 및 주요 재무지표

	2019년	2020년	2021년(전망)
매출액	1,983억 원	1,235억 원	1,177억 원(yoy -4%)
영업이익	300억 원	27억 원	32억 원(yoy 18%)

	2021년 상반기	
매출액	546억 원	PER 116배, PBR 3.2배, ROE 2%, 부채비율 31%
이익	-53억 원	

리노공업

테스트 소켓 | 핀, 포고 타입 | 미세공정

시가총액	27,756억 원

주요 주주	이채윤 34%, Wasatch 7%
주 매출처	IC Test 소켓 59%, 리노핀 32%

- 국내 반도체 검사용 테스트 소켓, 핀 분야 강자
- 파운드리용으로 쓰이는 포고타입 소켓 수요 증가 전망
- 미세공정 심화 트렌드에 동사 테스트 제품 수요 증가

최근 실적 및 주요 재무지표

	2019년	2020년	2021년(전망)
매출액	1,703억 원	2,013억 원	2,685억 원(yoy 33%)
영업이익	641억 원	779억 원	1,104억 원(yoy 41%)

	2021년 상반기	
매출액	1,471억 원	PER 30배, PBR 6.9배, ROE 24%, 부채비율 15%
이익	623억 원	

테크윙

테스트 핸들러 | COK | 해외매출 비중 80%

시가총액	4,168억 원

주요 주주	나윤성 외 3인 12%, 국민연금공단 8%
주 매출처	테스트핸들러 48%, COK 25%

- 반도체 후공정 테스트 핸들러 제조
- 해외 고객사 매출 비중 80%. 고객사 다변화 강점
- 메모리, 비메모리 구분 없이 안정적 수주 지속

최근 실적 및 주요 재무지표

	2019년	2020년	2021년(전망)
매출액	1,869억 원	2,282억 원	3,009억 원(yoy 31%)
영업이익	244억 원	379억 원	553억 원(yoy 46%)

	2021년 상반기	
매출액	1,219억 원	PER 9.1배, PBR 1.6배, ROE 20%, 부채비율 119%
이익	178억 원	

한미반도체

Vision Placement / 차폐 장비 / 마이크로 쏘 / 국산화

시가총액	15,926억 원

주요 주주	곽동신 외 10인 56%
주 매출처	반도체 레이저 장비 100%

- 반도체 후공정 검사 제품 Vision Placement 제조
- 반도체 차폐(EMI 실드) 장비 매출 지속 호조
- 패키지 절단 장비 마이크로 쏘 국산화 성공

최근 실적 및 주요 재무지표

	2019년	2020년	2021년(전망)
매출액	1,204억 원	2,574억 원	3,820억 원(yoy 48%)
영업이익	137억 원	666억 원	1,178억 원(yoy 77%)

	2021년 상반기	
매출액	1,798억 원	PER 17배, PBR 4.8배, ROE 32%, 부채비율 28%
이익	557억 원	

심텍

PCB / DDR5 / 비메모리 / 증설

시가총액	9,285억 원

주요 주주	심텍홀딩스 외 8인 33%
주 매출처	패키징용 기판 78%

- 메모리 반도체용 PCB 기판 제조
- 비메모리 모듈로의 사업 다각화 성공
- 또한 DDR5 전환 수혜 및 증설 이슈로 기업가치 상향 전망

최근 실적 및 주요 재무지표

	2019년	2020년	2021년(전망)
매출액	10,002억 원	12,014억 원	13,208억 원(yoy 10%)
영업이익	-179 억 원	897억 원	1,333억 원(yoy 48%)

	2021년 상반기	
매출액	6,078억 원	PER 11배, PBR 2.6배, ROE 25%, 부채비율 166%
이익	465억 원	

하나마이크론

패키징 | Ring | Electrode | 테스팅 | 범핑 | 하나머티리얼즈

시가총액	5,493억 원

주요 주주	최창호 외 8인 22%
주 매출처	반도체 패키징 48%, 실리콘부품 37%

- 후공정 패키징 및 실리콘 부품 제조
- 테스팅, 범핑, 자회사 하나머티리얼즈 성장에 주목
- 삼성전자 낙수효과 및 SK하이닉스 향(向) 위탁계약 호재

최근 실적 및 주요 재무지표

	2019년	2020년	2021년(전망)
매출액	4,982억 원	5,395억 원	6,498억 원(yoy 20%)
영업이익	453억 원	510억 원	935억 원(yoy 83%)

	2021년 상반기	
매출액	2,976억 원	PER 22배, PBR 3.3배, ROE 15%, 부채비율 188%
이익	428억 원	

DB하이텍

파운드리 | 8인치 웨이퍼 | PMIC | DDI

시가총액	24,242억 원

주요 주주	DB Inc 외 5인 17%, 국민연금공단 13%
주 매출처	파운드리 95%

- 8인치 웨이퍼가 주력인 세계 10위권 파운드리 기업
- 글로벌 8인치 웨이퍼 수요 폭증에 장기 수혜 전망
- 전력반도체, OLED DDI 등 수요 증가 이어질 전망

최근 실적 및 주요 재무지표

	2019년	2020년	2021년(전망)
매출액	8,074억 원	9,359억 원	11,312억 원(yoy 21%)
영업이익	1,813억 원	2,393억 원	3,327억 원(yoy 39%)

	2021년 상반기	
매출액	5,184억 원	PER 9.5배, PBR 2.4배, ROE 29%, 부채비율 40%
이익	1,420억 원	

LX세미콘

팹리스 | 디스플레이 DDI | ToF

시가총액	16,622억 원	주요 주주	LX홀딩스 외 2인 33%
		주 매출처	시스템 IC 100%

- 디스플레이 DDI 주력 생산하는 팹리스 기업
- 언택트 트렌드로 DDI 품귀현상 이슈에 수혜
- 마이크로소프트와 3D ToF 센싱 솔루션 개발 중

최근 실적 및 주요 재무지표

	2019년	2020년	2021년(전망)
매출액	8,671억 원	11,619억 원	18,345억 원(yoy 58%)
영업이익	473억 원	942억 원	3,182억 원(yoy 237%)

	2021년 상반기	
매출액	8,549억 원	PER 6.4배, PBR 2.2배, ROE 40%, 부채비율 45%
이익	1,548억 원	

고영

3D 검사장비 | SPI | AOI | 스마트팩토리 | 의료용 로봇

시가총액	13,697억 원	주요 주주	고영홀딩스 외 11인 20%
		주 매출처	3D 정밀측정 검사기 100%

- 반도체 3D 검사장비 제조(SPI, AOI)
- 글로벌 반도체 기업들의 시설투자 확대에 수혜
- 스마트팩토리 및 의료용 로봇의 구조적 성장 기대

최근 실적 및 주요 재무지표

	2019년	2020년	2021년(전망)
매출액	2,221억 원	1,795억 원	2,541억 원(yoy 41%)
영업이익	333억 원	158억 원	443억 원(yoy 180%)

	2021년 상반기	
매출액	1,260억 원	PER 33배, PBR 4.8배, ROE 15%, 부채비율 26%
이익	209억 원	

티씨케이

SiC 링 | 3D 낸드 | 소송 이슈

시가총액	13,952억 원	주요 주주	Tokai Carbon 44%
		주 매출처	Solid SiC류 83%

- 반도체 노광에 쓰이는 고순도 카바이드 제조
- 3D 낸드의 고단화 경쟁에 동사 SiC링 수요 증가
- 2021년 하반기의 특허 소송 이슈로 성장률 일부 희석 우려

최근 실적 및 주요 재무지표

	2019년	2020년	2021년(전망)
매출액	1,714억 원	2,282억 원	2,705억 원(yoy 18%)
영업이익	592억 원	803억 원	1,030억 원(yoy 28%)

	2021년 상반기	
매출액	1,292억 원	PER 17배, PBR 4.1배, ROE 26%, 부채비율 11%
이익	498억 원	

에스에프에이

물류 자동화

시가총액	13,609억 원	주요 주주	디와이홀딩스 외 7인 43%, 삼성디스플레이 10%
		주 매출처	시스템솔루션 45%, 장비솔루션 39%

- 반도체, 디스플레이 물류 자동화 장비 주력
- 2차전지 및 일반 제조업 공장의 물류도 대응 가능
- 삼성전자 미국 파운드리 진출 시 동사 수혜 전망

최근 실적 및 주요 재무지표

	2019년	2020년	2021년(전망)
매출액	15,777억 원	15,512억 원	15,556억 원(yoy 0%)
영업이익	2,142억 원	1,673억 원	1,775억 원(yoy 6%)

	2021년 상반기	
매출액	7,199억 원	PER 11배, PBR 1.2배, ROE 10%, 부채비율 38%
이익	754억 원	

SFA반도체

패키징 솔루션 | 삼성전자 시설투자

시가총액	10,509억 원	주요 주주	에스에프에이 외 3인 55%
		주 매출처	메모리 84%, 비메모리 14%

- 삼성전자, SK하이닉스 등에 후공정 패키징 솔루션 제공
- 반도체의 고집적화, 경박단소화 트렌드에 수혜 전망
- 삼성전자 대규모 시설투자에 긍정적

최근 실적 및 주요 재무지표

	2019년	2020년
매출액	5,889억 원	5,731억 원
영업이익	391억 원	343억 원

	2021년 상반기	
매출액	2,923억 원	PER 42배, PBR 3.4배, ROE 8%, 부채비율 62%
이익	311억 원	

하나머티리얼즈

식각 | Electrode | Ring | 도쿄일렉트론

시가총액	10,161억 원	주요 주주	하나마이크론 외 6인 45%
		주 매출처	실리콘 식각 부품 100%

- 반도체 식각에 쓰이는 Electrode, ring 제조
- 2대 주주 도쿄일렉트론 및 어플라이드 머티리얼즈 향(向) 매출 확대
- 신제품 및 신규 고객사 확대로 중장기 성장 동력 확보

최근 실적 및 주요 재무지표

	2019년	2020년	2021년(전망)
매출액	1,548억 원	2,007억 원	2,612억 원(yoy 30%)
영업이익	409억 원	531억 원	766억 원(yoy 44%)

	2021년 상반기	
매출액	1,191억 원	PER 16배, PBR 4.1배, ROE 28%, 부채비율 79%
이익	345억 원	

유진테크

LPCVD | ALD | SK하이닉스

시가총액	9,579억 원	주요 주주	엄평용 외 14인 37%, 국민연금공단 6%
		주 매출처	LPCVD 외 장비 92%

- 반도체 증착 장비인 LPCVD를 주력으로 제조
- 최선 선호되는 ALD 장비 매출 확대 중
- SK하이닉스 매출 의존도 높기에 다변화 필요

최근 실적 및 주요 재무지표

	2019년	2020년	2021년(전망)
매출액	2,055억 원	2,026억 원	3,673억 원(yoy 81%)
영업이익	238억 원	223억 원	906억 원(yoy 306%)

	2021년 상반기	
매출액	1,537억 원	PER 13배, PBR 3.1배, ROE 26%, 부채비율 22%
이익	370억 원	

코미코

세정 | 코팅 | 식각 | 비메모리

시가총액	7,676억 원	주요 주주	미코 38%
		주 매출처	코팅제품 56%, 세정제품 34%

- 국내 세정, 코팅 시장 점유율 1위
- 반도체 식각 공정의 파이가 커지는 트렌드에 수혜
- 비메모리 업체향 매출 증가로 2022년 실적 긍정 전망

최근 실적 및 주요 재무지표

	2019년	2020년	2021년(전망)
매출액	1,735억 원	2,008억 원	2,535억 원(yoy 26%)
영업이익	345억 원	356억 원	577억 원(yoy 62%)

	2021년 상반기	
매출액	1,241억 원	PER 18배, PBR 3.8배, ROE 23%, 부채비율 76%
이익	301억 원	

에스앤에스텍

블랭크마스크 | 펠리클 | EUV

시가총액	6,854억 원	주요 주주	정수홍 외 3인 21%, 삼성전자 8%
		주 매출처	블랭크마스크 100%

- 반도체 블랭크마스크, 펠리클 제조
- 삼성전자의 EUV 공정 펠리클 적용 확대에 수혜
- 삼성전자, SK하이닉스의 EUV 도입 증가될 수록 동사 매출 확대 기회

최근 실적 및 주요 재무지표

	2019년	2020년	2021년(전망)
매출액	845억 원	874억 원	1,009억 원(yoy 15%)
영업이익	111억 원	110억 원	131억 원(yoy 19%)

	2021년 상반기	
매출액	472억 원	PER 64배, PBR 3.7배, ROE 6%, 부채비율 13%
이익	59억 원	

원익QnC

쿼츠 | 모멘티브 | 미세공정 수혜

시가총액	6,296억 원	주요 주주	원익홀딩스 외 2인 40%, 국민연금공단 7%
		주 매출처	쿼츠 88%, 세정 11%

- 반도체 웨이퍼 보호 시 사용되는 쿼츠 생산
- D램 양산 및 낸드 고단화 진행에 쿼츠 수요 급증
- 연결 자회사 모멘티브의 빠른 실적 정상화 기대

최근 실적 및 주요 재무지표

	2019년	2020년	2021년(전망)
매출액	2,631억 원	5,256억 원	6,064억 원(yoy 15%)
영업이익	274억 원	412억 원	835억 원(yoy 102%)

	2021년 상반기	
매출액	3,029억 원	PER 10배, PBR 2.1배, ROE 22%, 부채비율 123%
이익	444억 원	

에프에스티

펠리클 칠러 TSMC 삼성전자 파운드리

시가총액	5,831억 원	주요 주주	장명식 외 2인 24%, 삼성전자 7%
		주 매출처	칠러 및 펠리클 63%, 재료 33%

- 반도체 펠리클 및 칠러 제조
- TSMC의 EUV용 펠리클 사용으로 EUV 시장 개화할 것
- 삼성전자가 지분 보유 중. 파운드리 투자에 수혜 전망

최근 실적 및 주요 재무지표

	2019년	2020년	2021년(전망)
매출액	1,257억 원	1,662억 원	1,874억 원(yoy 12%)
영업이익	189억 원	248억 원	310억 원(yoy 25%)

	2021년 상반기	
매출액	1,107억 원	PER 15배, PBR 2.5배, ROE 21%, 부채비율 53%
이익	192억 원	

핵심 키워드

다이
Die라고 쓴다. 웨이퍼 한 장에서 여러 개의 집적회로가 생산되는데 웨이퍼는 절단을 통해 각각 한 개의 집적회로가 포함된 여러 개의 집적회로 조각으로 나뉜다. 이를 다이라 부른다.

IC
Integrated Circuit. 트랜지스터, 레지스터, 커패시터 등 여러 종류의 반도체 소자가 한 조각의 게르마늄 또는 실리콘 조각 위에 구현된 형태다.

웨이퍼
반도체 소자를 만드는 데 사용되는 재료로, 실리콘을 정제하여 결정을 만든 후 얇게 잘라낸 것이다.

포토마스크
석영 유리판에 회로를 묘화한(본떠 그린) 회로도 원판이다.

펠리클
마스크 위에 덮어씌워져 대기 중의 오염물질 분자로부터 노광 마스크를 보호한다.

PR
Photo Resist. 빛을 받아 반도체 회로를 새기는 노광 공정용 특수 고분자 물질이다. 빛을 가했을 때 빛에 노출된 부분이 사라지는 포지티브(positive) 형, 반대로 노출된 부분이 남아 있는 네거티브(negative) 형으로 분류된다.

EUV
Extreme Ultra Violet. 극자외선을 활용한 차세대 노광 장비다.

CVD
Chemical Vapor Deposition. 가스의 화학 반응을 이용하여 증착하는 공정이다. 플라즈마 상태를 이용하여 증착하는 PECVD 및 LPCVD, MOCVD 등으로 구분한다.

CMP
Chemical Mechanical Polishing. 웨이퍼를 평탄화 시키기 위한 화학적, 기계적 연마 장비를 뜻한다.

Chiller
반도체 공정 중 주로 식각 공정에서 공정 챔버 내의 온도 조건을 안정적으로 제어하는 온도 조절 장비다.

CCSS
Central Chemical Supply System. 화학물질 중앙공급 장치다. 초정밀 화학물질 공급 및 블렌딩 기능을 수행. 패턴을 형성하는 각 전공정 단계에 필요한 케미컬 혹은 가스가 CCSS를 통해서 챔버 내부로 주입되고 공정이 완료된 후에 스크러버 등을 통해 후처리 된다.

전구체
Precursor. 패턴 형성의 기초가 되는 소재로 전기적 특성, 화학적 안정성 등이 중요한 요소로 꼽히는 증착 공정 소재다.

리퍼비시
Refurbish. 기존 반도체 생산 장비를 개조, 재구성해 기능과 성능을 새롭게 만드는 작업을 뜻한다.

OSAT
Outsourced Assembly and Test. 반도체 공정 중 후공정을 외주로 수행하는 업체들을 뜻한다.

DDI
Display Driver IC. 디스플레이 패널을 구성하는 픽셀을 구동하는데 쓰이는 반도체다.

PMIC
Power Management IC. 전력반도체라는 뜻으로 다른 반도체 칩에 필요한 전압을 복합적으로 제어하는 데 쓰인다.

다이싱
Dicing. 웨이퍼 절단 방식으로 하나로 단일 방향으로 절단하는 방식이다.

Probe card
웨이퍼 상태에서 웨이퍼 내에 제작된 칩의 전기적 동작 상태를 검사하기 위해 가는 선 형태의 프로브 핀(Probe pin)을 일정한 규격으로 회로기판에 부착한 카드다. 웨이퍼와 테스트 장비의 중간 매개체다.

STS 기판
probe card에 들어가는 부품으로 테스트 신호를 웨이퍼에 전달 및 MEMS Pin의 지지체 역할을 수행한다.

테스트 핸들러
반도체 후공정 검사장비에 들어가는 자동화 장비다. 각 디바이스를 테스트 할 수 있게 이송하고 테스트가 완료된 디바이스를 등급별로 분류해주는 역할을 한다. 또한 반도체 제품이 실제로 사용될 때 다양한 온도에서 제대로 작동하는지 검증하기 위해 온도 조건을 설정해주는 역할을 한다.

Wire Bonding
열, 압력, 진동을 이용하여 금속 와이어로 칩과 기판 또는 리드프레임을 전기적으로 연결해주는 방식으로 와이어링을 위한 물질로 금이나 구리가 활용된다.

WLP
Wafer Level Package. 반도체 칩과 PCB를 연결시켜주는 기판을 사용하지 않고 패키징 업체에서 직접 기판을 제작하는 방식을 뜻한다. 패키지 두께 감소 및 수율 확보 시 원가절감이 가능하다.

PLP
Panel Level Package. WLP가 몰딩된 웨이퍼를 기반으로 하는 기술인 반면 PLP는 PCB 타입의 패널 기반기술이다. 적층 및 집적화에 중점을 두었다. PLP는 네모난 기판을 이용하기 때문에 칩 절단 시 원형 웨이퍼를 사용할 때보다 버리는 면적이 훨씬 적은 것이 장점이다.

리드 프레임
칩과 외부회로와의 접속을 위한 지지대다.

ESG

1 탄소중립, 지속가능경영 및 투명한 지배구조 강화 필요성이 제기되며 ESG 개념이 중요하게 부상
2 고성장만 추구했던 글로벌 기업들의 성장 과정에서 환경오염, 인권침해, 분식회계, 도덕적 해이가 문제로 드러남
3 2030년경 글로벌 ESG 투자규모는 100~130조 달러로 천문학적으로 성장할 전망이며, 글로벌 투자자산의 약 95%가 ESG 추구

핵심 키워드 환경(Environment) 사회(Social) 지배구조(Governance) 탄소중립 연기금 ETF 투자

그간 환경을 도외시하고 성장만 갈구하던 글로벌 경제는 점차 악화되는 기후로 인해 큰 피해를 입고 있다. 늦었지만 2050년 탄소배출 제로라는 목표를 세워 철저히 관리를 하기 시작했다. 이미 1972년 유엔 환경계획기구가 설립되고 1991년 스웨덴이 세계 최초로 탄소세를 제정한 후 1997년에 교토의정서가 국제협약으로 채택되었다. 그럼에도 범지구적인 환경보호 공감대가 이뤄지지 못하다 보니, 주요국들은 2015년에 파리기후변화협약, 2021년 기후정상회의를 통해 더욱 강력한 규제를 실행하고 있다. 이 과정에서 환경뿐 아니라 지속가능한 경영 및 투명한 지배구조의 필요성도 제기되면서 이를 한데 묶은 ESG라는 개념이 글로벌 표준으로 부상하게 되었다.

ESG란?

Environment(환경), Social(사회), Governance(지배구조)의 약자로, 기업의 비非 재무적 성과를 측정하는 지표를 통칭하는 용어다. 재무제표나 현금흐름과 같은 금전적 이익 외에 기업의 지속가능성과 사회적 영향까지 고려해 투자 대상을 선정하겠다고 등장한 기준이다. CSR, CSV에서 한 걸음 더 진전한 개념이 ESG다.

ESG가 중요한 이유

ESG를 구성하는 항목들은 당장 수면 위로 드러나는 회계적 수치로 책정할 수 없다 보니 글로벌 주요 기업들은 오로지 표면적인 수익, 외형 확장에만 집중하면서 매우 중요한 것들을 놓치고 있었다. 19세기 석유, 철강, 해운 등 기간산업을 중심으로 글로벌 경제가 빠르게 성장하면서 빈번한 독과점, 탈법, 비윤리적 경영이 만연해졌고 일명 악덕기업가들이 다수 출현하게 되었다.

1984년 인도에 진출한 미국 유니온 카바이드 화학공장에서 유독가스가 누출되어 1만 6,000명이 사망하는 사건이 있었는데 이는 안전장치, 경보기 및 재해처리 시스템이 작동하지 않아 인재로 발생한 사건이었다. 또한 미국 엑손모빌의 유조선이 암초에 부딪혀 좌초되어 4만 톤의 원유가 알래스카 해안을 뒤덮어 해양 생태계가 파괴된 사건도 있었다. 점차 뜨거워지는 지구 온도를 인식하는 흐름과 맥을 같이해 환경을 고려한 경영이 반드시 필요하다는 것을 전 세계가 공감하게 되었다. 앞으로도 그렇지 못한 기업들은 파산하거나 성장 동력을 잃어갈 것이다.

1996년 나이키의 축구공이 파키스탄의 아동 노동에 의해 제조되고 있다는 것이 밝혀진 후 나이키 불매운동이 일어났고 메타의 고객정보 유출, 한국 택배기사의 과로사, 기업 오너의 갑질 및 폭행 등 이슈는 기업의 지속가능한 경영에서 사회적 문제가 점점 더 중요해지고 있음을 보여준다.

2000년대 초반 미국 엔론, 월드컴과 같은 거대 기업들의 분식회계 및 부패 스캔들, 삼성바이오로직스의 회계 부정, 기업 오너의 세금 포탈, 상장 기업이 대형 악재를 공시하기 전에 대주주의 주식 선행 매도 사례 등을 고려해보면 지배구조 역시 기업 경영의 핵심이라고 판단할 수 있다.

ESG의 전망

ESG는 포스트 코로나 시대에 글로벌 경제 질서를 지배할 새 키워드가 될 것이다. 미국과 중국이 천문학적인 글로벌 ESG 자금을 둘러싸고 양보 없는 기싸움을 펼칠 전망이다. 환경과 사회적 책임, 지배구조 개선을 강조하는 ESG 패러다임 이면에는 거대 자본의 머니게임이 맞물려 있다. 글로벌 ESG 투자 규모는 2016년 대비 2020년에 약 55% 성장했고

10년 후인 2030년에는 투자 규모가 무려 100~130조 달러로 급팽창할 전망인데 이 시기에는 글로벌 투자자산의 약 95%가 ESG의 각 요소를 고려하게 될 것이다. 한국은 2030년부터 모든 코스피 기업들의 ESG 정보 공시가 의무화된다. 국민연금은 자산의 상당수를 ESG 기업에 투자 중이다.

글로벌 ESG 투자자산 추이

: 2012년 13조 달러에서 2030년에 130조 달러로 약 10배 가량 성장할 전망이다.

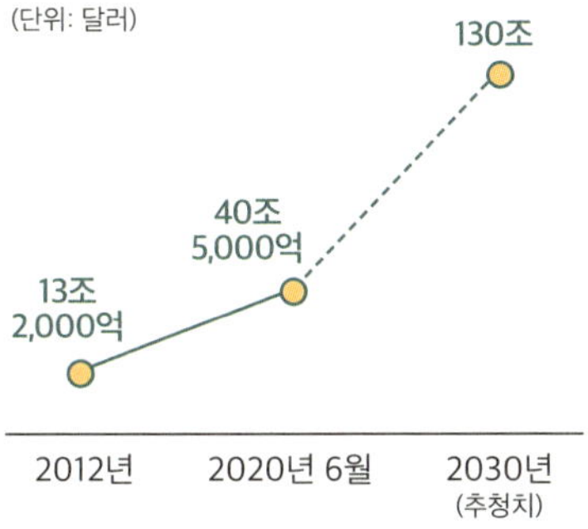

출처: GSLA, Deutsche Bank, NH투자증권

국민연금이 주도하는 국내 ESG 투자

: 2018년 이후 국민연금은 본격적으로 ESG의 각 요소와 관련된 기업에 투자를 시작했다.

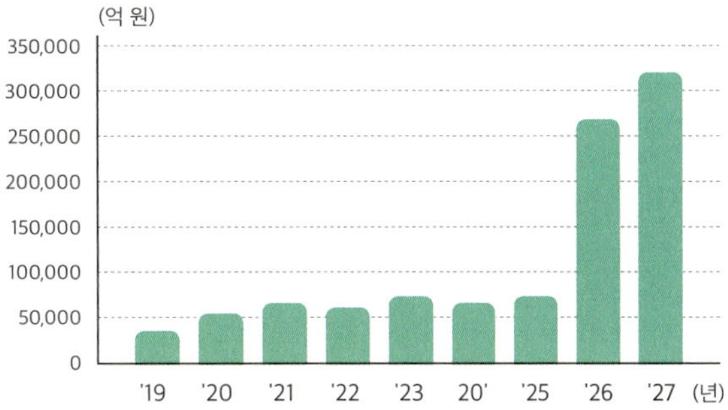

출처: 국민연금, 유진투자증권

ESG의 역사

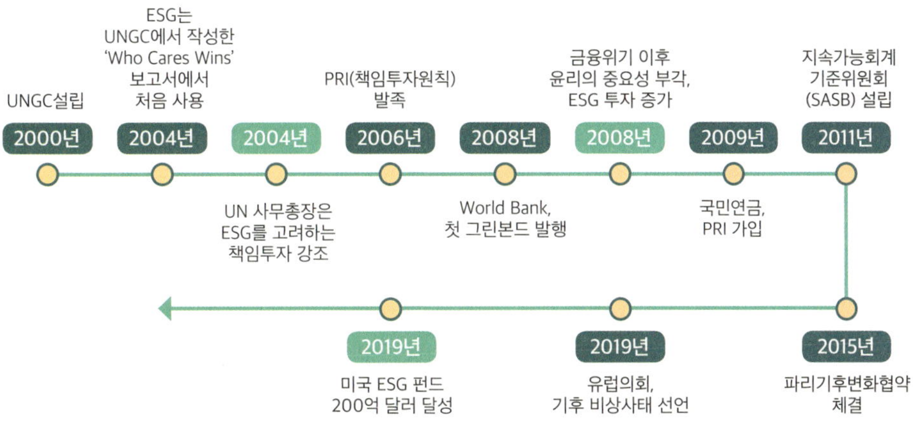

출처: 흥국투자증권

ESG의 세부 요소

: 환경(Environment), 사회(Social), 지배구조(Governance)의 3가지 핵심 요소 및 기타 하부 요소들로 구성된다.

E

Environment
환경

- 기후변화 및 탄소배출
- 자원 및 폐기물 관리
- 에너지 효율
- 환경오염·환경규제
- 생태계 및 생물 다양성
- 책임 있는 구매·조달

S

Social
사회

- 고객만족
- 지역사회 관계
- 데이터보호·프라이버시
- 공급망 관리
- 인권, 성별 및 다양성
- 근로자 안전 등

G

Governance
지배구조

- 이사회 및 감사위원회 구성
- 기업윤리
- 뇌물 및 반부패
- 컴플라이언스
- 로비 및 정치기부
- 공정경쟁 등

출처: 삼성 KPMG

ESG가 기업에 중요한 이유 4가지

중요한 이유	내용
ESG 요소 강화하는 규제	• 기업의 ESG 정보공시 의무 강화(기업 지배구조 보고서 의무화 등) • 2050년 탄소배출 넷제로(Ner zero) 달성을 위한 탄소감축 규제 강화 및 기업의 준수 노력
투자자의 ESG 요구 증대	• 기업지배구조 개선 등을 도모하는 스튜어드십 코드 강화 • 연기금과 자산운용사 등의 책임투자 ESG 투자 전략 활용 확대
기업평가에 ESG 반영	• 글로벌 신용평가사, ESG 요소를 신용 평가에 적극 반영 • ESG 채권 발행
고객의 ESG 요구 증대	• 공급망 관리와 협력업체 선정의 주요 요소로 부각되는 ESG • MZ세대 중심의 고객 ESG 요구 증대 • 착한 기업 이미지 등 브랜드 이미지 구축 중요성 증대

출처: 기사 정리

ESG는 기업의 지속가능 경영을 나타내는 척도

: 높은 ESG 평가는 기업의 장기적인 안정적 성과에 도움을 줄 것으로 전망한다.

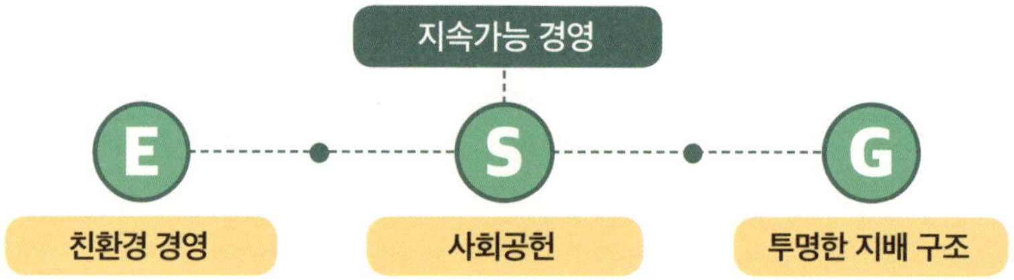

ESG에서 높은 평가를 받은 기업은 장기적으로 안정적인 성과를 기대할 수 있다.

출처: 시사 포인트

ESG 글로벌 헤게모니 쟁탈전

: 미국, 중국, 유럽 등 글로벌 경제 선진국들의 탄소중립 목표를 위한 공격적인 친환경 투자가 이뤄지고 있다.

구분	미국	중국	유럽(EU)	한국
탄소 중립 (발표 시점)	2050년 탄소중립 (2020년 7월)	2060년 탄소중립 (2020년 11월)	2050년 탄소중립 (2019년 12월)	2050년 탄소중립 (2020년 10월)
친환경 투자	10년 간 1.7조 달러 (약 1,870조 원)	30년 간 100조 위안 (약 1.7경 원)	10년 간 1조 유로 (약 1,300조 원)	2025년까지 73.4조 원
연평균 투자	187조 원	560조 원	130조 원	14.7조 원
esg 펀드 규모	1,790억 달러 (약200조 원)	1,280억 위안 (약 21조 원)	1조 유로 (약 1,300조 원)	1.3조 원

*중국 투자액은 보스턴컨설팅그룹(BCG) 추정.

출처: 각 국 정부, NH투자증권

글로벌 ESG 펀드 수 추이

: 탄소중립을 가장 먼저 외치며 트렌드를 선도한 유럽의 펀드가 대다수를 차지한다. 미국 및 기타 지역의 투자자금도 점차 ESG 펀드로 유입되기에 신생 펀드가 증가하고 있다.

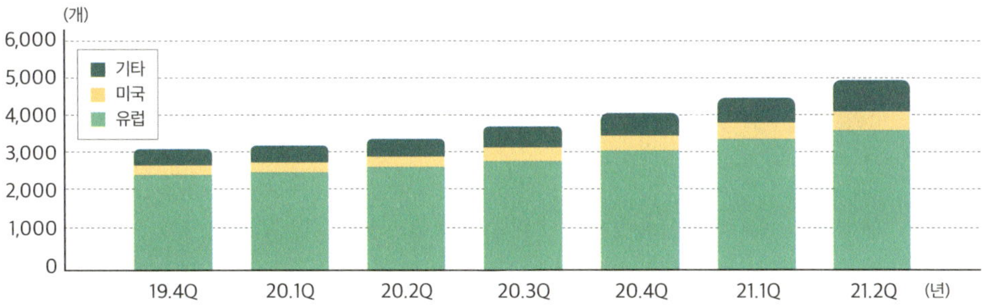

출처: 모닝스타, 신영증권 리서치센터

미국 ESG 펀드로의 자금 흐름 추이

: 2020년 코로나19 이후, 미국에서는 ESG 대체 투자 수요가 폭발적으로 증가했다. 바이러스 위기로 기업의 지속가능한 경영에 대한 필요성이 부각됐기 때문이다.

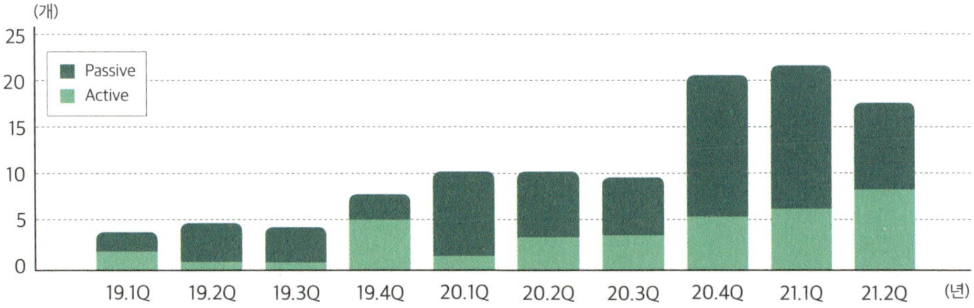

출처: 모닝스타, 신영증권 리서치센터

미국과 유럽이 ESG를 강조하는 이유는 중국 견제 때문

E 환경	• 중국은 전 세계에서 가장 많은 탄소를 배출하는 나라 • 2019년 글로벌 배출 온실가스 중 27%로 1위
S 사회	• 신장 위구르족에 대한 노예 노동 • 대만, 홍콩 탄압
G 지배구조	• 중국은 공산당이 지배하는 국영기업이 활개치는 나라 • 공산당의 알리바바, 디디추싱, 텐센트 등 빅테크 기업들 억압 • 시진핑의 공동부유 선언. 게임, 엔터, 교육 등 전방위적 규제

한국에서 제기될 ESG 주요 이슈

E 환경	저탄소 사회로의 전환, 환경규제 법제화, RE100(100% 재생에너지 전력 사용)
S 사회	일감 몰아주기 규제 강화, 여성 등기임원 의무화 준비, 산업재해 이슈
G 지배구조	주주행동주의 강화, 지배구조 규제 강화, ESG 정보공시 확대

2020년 미국 ETF 수익률 TOP 5

: ESG와 관련된 펀드가 연간 ETF 수익률 1~3위를 석권. 확연히 바뀐 자산시장 트렌드

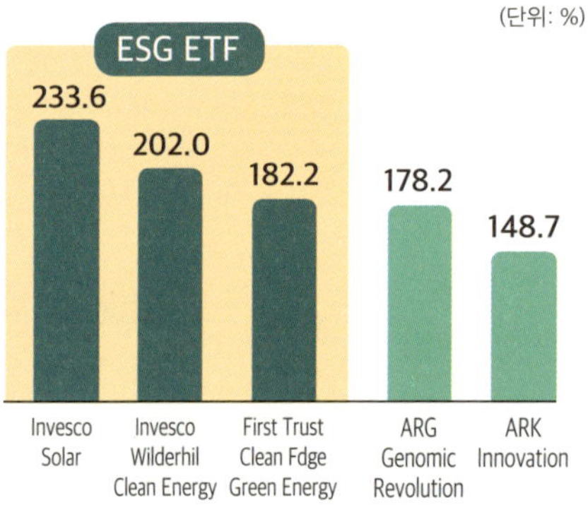

출처: 블룸버그, 유진투자증권

ESG 글로벌 헤게모니 쟁탈전

: 미국, 중국, 유럽 등 글로벌 경제 선진국들의 탄소중립 목표를 위한 공격적인 친환경 투자

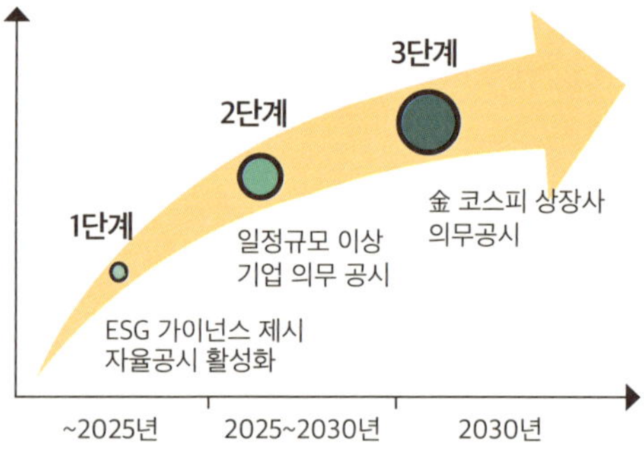

출처: 금융위원회, 한화투자증권 리서치센터

국내 주요 기업들의 ESG 활동

기업	주요 활동
삼성	금융 5개사, 탈석탄 선언. 석탄화력발전 관련 신규 사업 중단 삼성전자, 지속가능 경영사무국 신설 삼성엔지니어링, CCUS 중심의 기술투자 실행 목표
SK	SK의 2021년 임원 인사 키워드 'ESG 경영 완성' ESG를 기업경영의 새로운 축으로 ESG 전담 조직 신설 환경사업위원회 및 거버넌스위원회 설립 계열 8개사 'RE100'(100% 재생에너지 전력 사용)가입 SK디앤디, 풍력발전 EPC 및 운영 참여
LG	LG전자 탄소중립 2030 계획 발표 LG화학 2050 탄소중립 성장 목표 수립 구광모 회장, 유엔 SDGs협회가 발표한 2020 글로벌 지속가능리더 100에 선정

현대차	수소경제 진입 선언, 2025년까지 60조 원 투자 ESG 경영 강조 및 ESG 채권 발행 그룹 비전으로 '인류, 미래, 나눔' 의 화두 제시 현대건설, 수소 연료전지 발전소, 해상풍력, 조류발전, 오염토 정화 사업
롯데	화학부문, 친환경 매출 6조 원 목표 재활용품 판매 100톤까지 확대 롯데지주, 롯데글로벌로지스 등 ESG 채권 발행
한화	한화 비인도적 무기인 분산탄 사업 매각 한화건설 , 풍력/수소 등 친환경 에너지 확대 한화생명 등 6개 금융사의 탈 석탄 금융 선언
포스코	2050 탄소중립 공동 선언문 서명 2050년까지 수소 생산 500만 톤 체제 구축 목표 글로벌 철강회사 최초로 5년 만기 5억 달러 규모 ESG 채권 발행
GS	디지털/친환경 경영으로 신사업 발굴 주유소 40여 곳에 전기차 충전기 설치 GS건설, 자회사 이니마를 통해 국내외 수처리 관련 사업 확대
현대중공업	IPO 조달 자금으로 친환경 사업 1조 원 투자 해상 풍력발전 사업 참여
신세계	친환경 건축물 인증제 참여
KT	이사회 환경경영위원회 통해 전사적 전략 추진 ICT 활용 에너지 절감, 온실가스 35% 절감 목표 주주참여 확대 및 이사회 역할 강화
한진	대한항공, 이사회 ESG 위원회 신설
카카오	IT 업계 최초, 환경경영 시스템 국제 표준 ISO 14001 인증 획득
네이버	ESG 보고서 발간 5억 달러 규모 ESG 채권 발행 4인의 사외이사로 구성된 ESG 위원회 및 CFO 산하 ESG 전담조직 신설
KB금융지주	ESG위원회 설치, 탈 석탄 금융 선언 2030년까지 ESG 상품, 투자, 대출 금액을 50조 원까지 확대 블랙록이 KB금융지주 지분을 늘려 실질적 2대 주주로 올라섬
신한지주	ESG추진위원회 설립. 성과 공시. 모니터링 체계 구축 자산 포트폴리오의 탄소 배출량을 2030년 38%, 2040년 69%까지 감축 계획 2030년까지 녹색산업 20조 원 투자
하나금융지주	ESG 경영 TFT 및 뉴딜금융지원협의회 신설
우리금융지주	2000억 원대 ESG 채권을 신종자본증권 형태로 발행 계획 한국기업평가로부터 지속가능금융 중 최고 등급(ST1) 부여 받음 지속가능 경영 보고서 발간

국내외 연기금의 ESG 투자 동향, 정책

기관명	2020년 운용자산규모	2020년 수익률	주요 ESG 투자전략	특징
네덜란드 ABP&APG	780조 원	6.60%	네거티브 스크리닝 포지티브 스크리닝	지속 성장 위한 투자
노르웨이 GPFG	1,350조 원	10.90%	네거티브 스크리닝 지속가능성 테마 투자	파슬 프리 캠페인
미국 CalPERS	544조 원	21.30%	기업관여 및 주주활동	포커스리스트 Climate 100+
캐나다 CPPIB	576조 원	20.40%	기업관여 및 주주활동 지속가능성 테마 투자	그린본드 발행
일본 GPIF	1,973조 원	25.10%	포지티브 스크리닝 지속가능성 테마 투자	우수통합보고서 발전통합보고서 ESG인덱스 투자

* 네거티브 스크리닝(Negative/Exclusionary Screening)
ESG 기준에 부합하지 않는 산업, 기업을 포트폴리오에서 제외하는 방법
* 포지티브 스크리닝(Positive/Best-in-Class Screening)
업종별 ESG 평가결과가 우수한 섹터, 기업, 프로젝트를 선별
* 지속가능성 테마 투자(Sustainability Theme Investing)
지속가능성에 특화된 테마(청정에너지, 녹색기술, 지속가능 농업, 기후변화)의 자산, 기업들에 투자하는 방식
* 기업관여 및 주주활동(Corporate Engegement and Shareholder Action)
책임투자 기준에 맞는 기업경영을 위해 주주권한을 활용하여 적극적인 영향력을 행사하는 방식

연기금	주요 ESG 투자 정책
국민연금	2018년 8월, 스튜어드십 코드 도입 기금운용위원회 'ESG 투자 비중 확대와 평가 강화' 의결 ESG채권 투자를 위한 용역 발주 진행 2022년 ESG 투자를 기금 자산의 약 50% 확대(주식, 채권)
사학연금	2019년 12월 스튜어드십 코드 도입 ESG 주식뿐만 아니라 인프라 펀드를 통해 재생에너지 및 녹색 채권을 통해 전기차 구매 서포트 등
공무원연금	2020년 2월 스튜어드십 코드 도입 주식과 채권 위탁 운용사 선정 시 ESG 요소 고려 탄소공개 프로젝트(CDP)에 가입해 탈 석탄 투자와 신재생에너지 투자 및 ESG 채권 투자
우정사업부	2018년말 스튜어드십 코드 도입 수탁자책임활동에 관한 사항을 심의 의결하기 위해 수탁자책임위원회를 설치 및 운영

글로벌 주요 기업 및 ETF

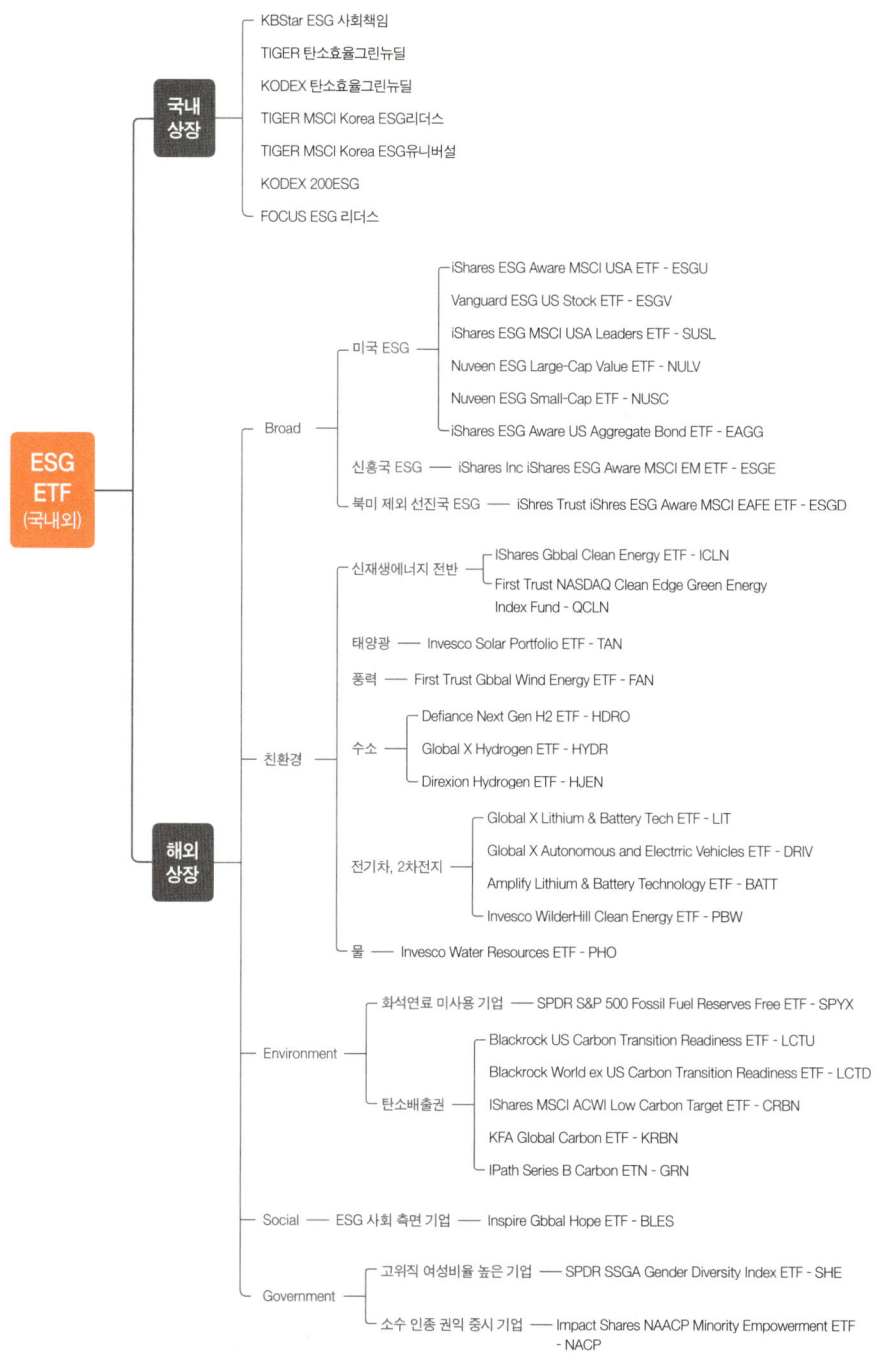

- ESG ETF (국내외)
  - 국내 상장
    - KBStar ESG 사회책임
    - TIGER 탄소효율그린뉴딜
    - KODEX 탄소효율그린뉴딜
    - TIGER MSCI Korea ESG리더스
    - TIGER MSCI Korea ESG유니버설
    - KODEX 200ESG
    - FOCUS ESG 리더스
  - 해외 상장
    - Broad
      - 미국 ESG
        - iShares ESG Aware MSCI USA ETF - ESGU
        - Vanguard ESG US Stock ETF - ESGV
        - iShares ESG MSCI USA Leaders ETF - SUSL
        - Nuveen ESG Large-Cap Value ETF - NULV
        - Nuveen ESG Small-Cap ETF - NUSC
        - iShares ESG Aware US Aggregate Bond ETF - EAGG
      - 신흥국 ESG
        - iShares Inc iShares ESG Aware MSCI EM ETF - ESGE
      - 북미 제외 선진국 ESG
        - iShres Trust iShres ESG Aware MSCI EAFE ETF - ESGD
    - 친환경
      - 신재생에너지 전반
        - IShares Gbbal Clean Energy ETF - ICLN
        - First Trust NASDAQ Clean Edge Green Energy Index Fund - QCLN
      - 태양광
        - Invesco Solar Portfolio ETF - TAN
      - 풍력
        - First Trust Gbbal Wind Energy ETF - FAN
      - 수소
        - Defiance Next Gen H2 ETF - HDRO
        - Global X Hydrogen ETF - HYDR
        - Direxion Hydrogen ETF - HJEN
      - 전기차, 2차전지
        - Global X Lithium & Battery Tech ETF - LIT
        - Global X Autonomous and Electric Vehicles ETF - DRIV
        - Amplify Lithium & Battery Technology ETF - BATT
        - Invesco WilderHill Clean Energy ETF - PBW
      - 물
        - Invesco Water Resources ETF - PHO
    - Environment
      - 화석연료 미사용 기업
        - SPDR S&P 500 Fossil Fuel Reserves Free ETF - SPYX
      - 탄소배출권
        - Blackrock US Carbon Transition Readiness ETF - LCTU
        - Blackrock World ex US Carbon Transition Readiness ETF - LCTD
        - IShares MSCI ACWI Low Carbon Target ETF - CRBN
        - KFA Global Carbon ETF - KRBN
        - IPath Series B Carbon ETN - GRN
    - Social
      - ESG 사회 측면 기업
        - Inspire Gbbal Hope ETF - BLES
    - Government
      - 고위직 여성비율 높은 기업
        - SPDR SSGA Gender Diversity Index ETF - SHE
      - 소수 인종 권익 중시 기업
        - Impact Shares NAACP Minority Empowerment ETF - NACP

태양광

1 신재생 에너지원 중 가장 LCOE(Levelized Cost of Electricity , 균등화 발전비용)가 크게 하락해 그리드 패리티 달성, 글로벌 태양광 이용률 점차 확대
2 미국의 중국 신장 위구르 인권 제재로 인해 신장 지역의 폴리실리콘 수출 규제로 인한 한국 및 미국 기업들의 반사 수혜
3 미국, 중국, 유럽연합 및 한국 등 전 세계적인 태양광 지원책으로 2050년, 글로벌 전체 에너지원 중 36%를 태양광이 창출할 전망

핵심 키워드 중국 폴리실리콘 제재 | 그리드 패리티 | LCOE 하락 | 페로브스카이트 | 재생에너지 3020

지구온난화 문제를 해결하기 위해 국제사회는 교토의정서, 파리기후변화협약 등을 채택하며 적극 노력하고 있으며 최근엔 탄소배출 제로를 목표로 하는 탄소중립 사회로 전환하기 위해 신재생에너지 확산을 중점으로 하는 정책을 추진하고 있다. 그동안 경제성장에만 집중해 환경 문제를 도외시했던 국가들까지 이미 한계치에 다다른 환경 문제에 경각심을 갖고 미래 세대를 위한 지구적 차원의 대응에 힘을 쓰고 있다. 국제사회는 적도원칙, 탄소중립, 이산화탄소를 배출하지 않음Carbon Negative, 탄소국경세, RE 100Renewable Energy(기업이 사용하는 전력 100%를 재생에너지로 충당하겠다는 캠페인), ESG 등 친환경 정책을 펼치며 신재생에너지 성장을 지원하고 있는데 그중 태양광 산업 발전에 중국과 미국이 앞장서서 경쟁을 펼치고 있다. 이에 한국도 공격적 지원을 이어갈 전망이다.

태양광, 진정한 신재생에너지

태양광은 지구상에서 가장 풍부하고 고갈 염려가 없는 청정에너지원으로 공해와 환경오염이 상대적으로 적고 무인화가 용이한 장점이 있다. 2010년대에 중국의 공격적 증설로 업황이 침체되기도 했으나 기술의 발전으로 태양광 LCOE(균등화 발전비용)은 지난 10년간 무려 84%나 하락하며, 신재생 에너지원 중 가장 큰 하락폭을 기록하며 화석원료 발전

원가와 신재생에너지 발전원가가 같아지는 그리드 패리티를 달성, 태양광 이용률이 점차 확대되고 있다.

주요국의 공격적 지원

태양광 산업 1위인 중국이 탈 탄소정책을 발표하면서 2021년에 태양전지의 원재료인 폴리실리콘 수요가 급증하게 되었고 이를 따라잡기 위한 미국도 강력한 태양광 성장 정책을 집중시키고 있다. 중국의 국가주석인 시진핑은 2020년 UN 총회 연설에서 2060년까지 탄소중립 제로를 선언하며 14차 5개년 계획을 통해 2020년 연간 40GW 였던 발전량을 2025년까지 연간 70GW까지 늘리겠다는 공격적 행보를 발표했다.

이에 미국은 중국 태양광 산업을 따라잡기 위해 폴리실리콘 생산 메카인 중국 신장 위구르 자치구 내 위구르족에 대한 인권 탄압 문제를 제기하며 제제를 가하고 있는데 2021년 6월엔 중국 신장에 위치한 태양광 폴리실리콘 업체 5곳에 미국 수입금지 조치를 결정하기도 했다. 미국 내에선 2035년까지 미국 전체 전력 공급의 최대 40% 그리고 2050년까지는 45%를 태양광으로 채우겠다는 계획으로 태양광 산업 확대를 위한 법안 발의 및 다수의 신규 태양광 프로젝트들을 진행하고 있다.

EU 태양광 설치량의 38%를 차지하는 독일도 역시나 태양광 산업 확장에 힘을 쓰고 있으며, 세계 최저 수준의 태양광 발전단가를 바탕으로 대규모 태양광 프로젝트가 개발되고 있는 중동시장이 차세대 시장으로 부상해 이 지역 수요를 잡기 위한 기업 간 경쟁이 치열해질 전망이다. 한국은 2025년까지 약 11조 원을 그린에너지에 투자, 2040년까지 재생에너지 비율을 현재 7% 수준에서 35%까지 늘리는 에너지기본계획 발표 그리고 2025년까지 약 1,900억 원을 투자해 고효율 태양전기 개발 지원을 하는 등 주요국들의 태양광 산업 성장에 맥을 같이 하기 위한 투자 계획을 세우고 있다.

태양광 산업 전망

각 국가별 태양광 보급 확대 정책 및 글로벌 기업들의 RE100 달성을 위한 재생에너지 전력구매계약PPA, power purchase agreement 수요 확대에 기인해 태양광 산업은 2020년대 이후 2050년까지 강력한 성장을 이룰 전망이다. 영국 에너지컨설팅 회사인 우드 맥킨지

Wood Mackenzie에 따르면 2020년 글로벌 코로나19에도 불구하고 태양광 시장은 전년 대비 22% 성장했다고 발표했다. BNE는 2050년이 되면 글로벌 전체 에너지원 중 태양광이 36%를 차지할 것으로 전망했다. 또한 CPIA에 따르면 2020년 글로벌 태양광 연간 설치량 130GW 대비, 2025년까지 연간 최대 260GW까지 설치가 늘면서 막대한 성장을 이룰 것으로 전망하고 있다. 발전원가가 같아지는 그리드 패리티를 이룬 태양광 산업이 2050년 글로벌 탄소중립 모멘텀에서 가장 강한 성장을 보일 전망이기에 산업 및 관련 핵심 종목에 주목할 필요가 있다.

글로벌 태양광 설치 수요 전망

: 2020년 118GW였던 수요는 2023년에 215GW로 약 82% 가까이 고속 성장할 전망이다.

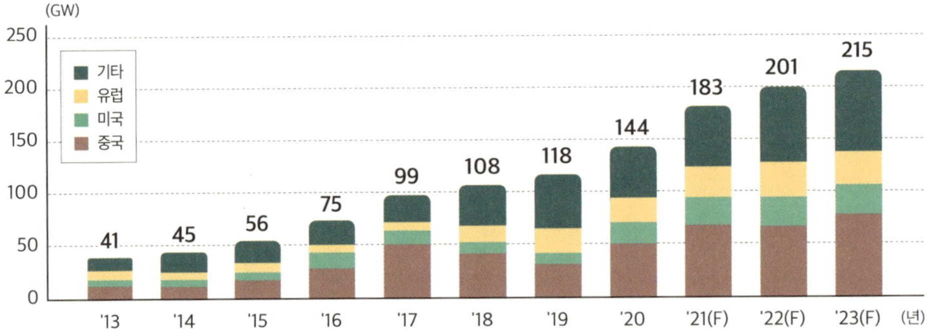

출처: BNEF, 신한금융투자

주요 에너지원들의 2050년까지의 비중 전망

: 태양광 에너지의 비중은 2050년, 36%까지 확대될 전망이다.

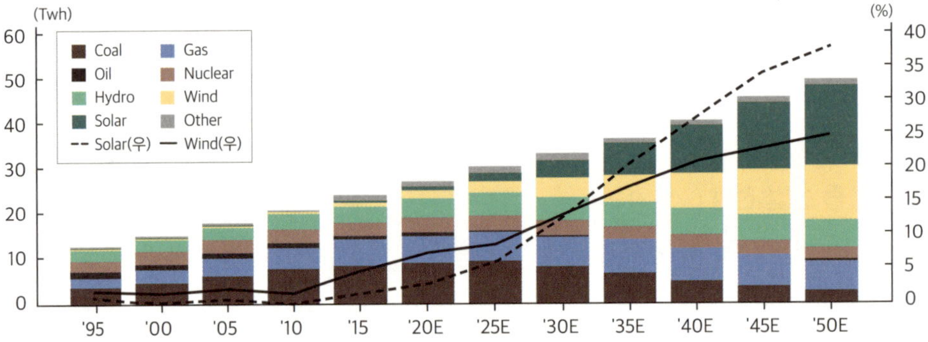

출처: BNEF, Mckinsey, sk증권

태양전지의 원리

: 전지가 빛에너지를 받으면 전자가 에너지를 받아 자유전자가 됨(광전효과) → PN 접합 원리에 따라 전자는 N형 반도체쪽으로 이동(전류) → 인버터를 통해 교류전기로 변환

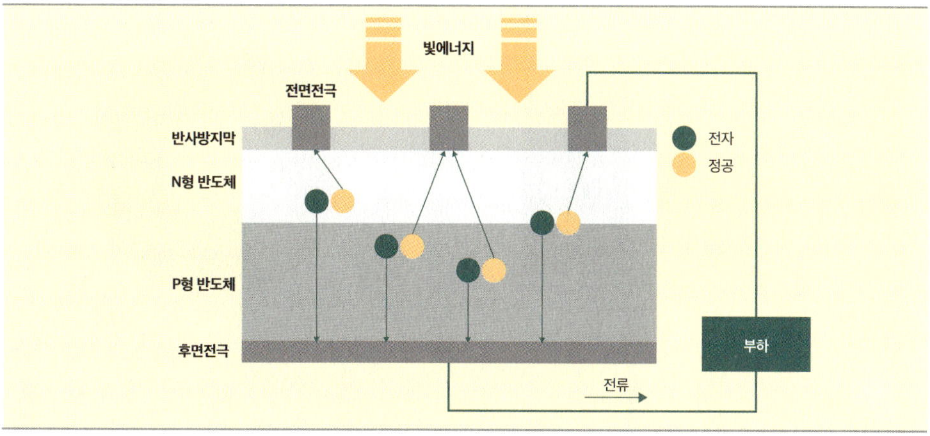

태양광 에너지원 중 이산화탄소 배출이 낮음

: 자연에서 무한하게 얻을 수 있으면서 국제사회의 친환경 테마 부상으로 태양광 수요가 증가할 예정이다.

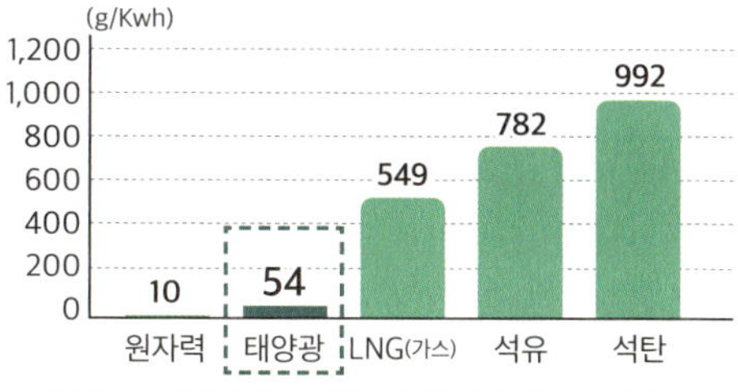

출처: 국제원자력기구, SK증권

태양광 밸류 체인에서의 중국 비중

: 태양광 핵심 밸츄 체인인 폴리실리콘, 웨이퍼, 셀, 모듈 등 거의 모든 분야에서 중국은 세계 압도적 1위를 차지하고 있다. 중국 행보에 관심을 가질 수밖에 없는 이유다.

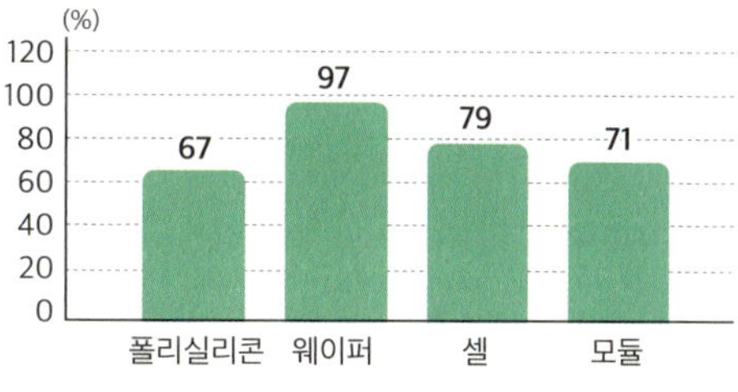

중국 태양광 신규 발전설비 추이

: 기존 연 평균 40GW였던 태양광 신규 설비는 14차 5개년 계획기간(2021년 ~ 2025년) 동안 연 평균 70~90GW로 2배 이상 폭발적으로 증대될 전망이다.

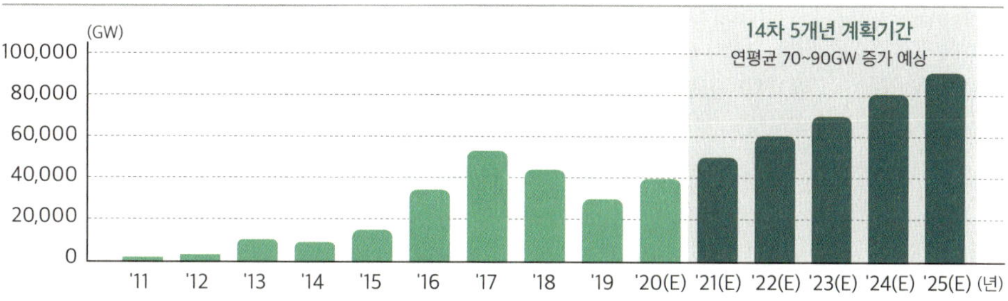

출처: IRENA, 언론 보도, 유안타증권 글로벌투자정보센터

미국 태양광 에너지 현황 및 전망

: 중국에 차세대 성장 동력 경쟁에서 뒤처지지 않기 위해, 미국은 중국 신장 위구르 지역 인권 문제도 거론하며 태양광 산업에 공격적 투자를 이어갈 전망이다.

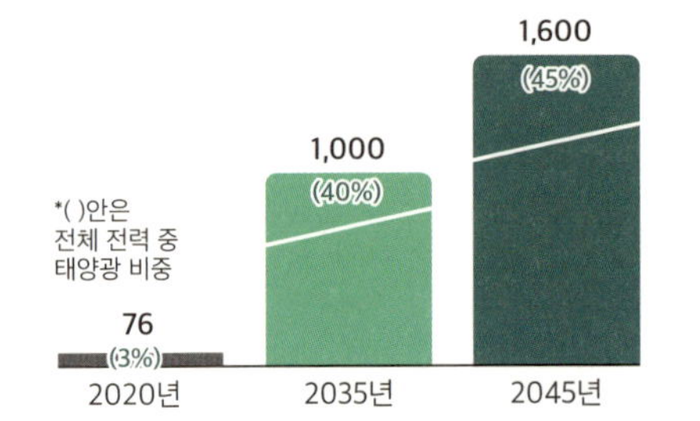

(단위: GW) 출처: 미국 에너지부(DOE)

태양광 모듈의 원가 구성

: 셀이 약 57%로 가장 많은 원가를 차지하고 있고 태양광 글라스, 프레임, EVA 필름 순서로 이어진다.

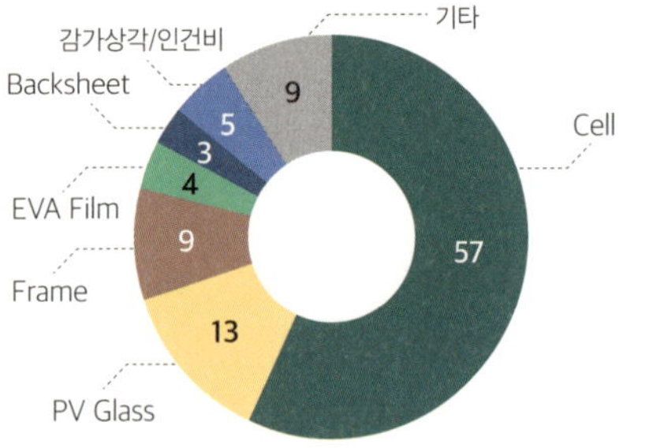

(단위: %)

세계 태양광 발전 LCOE(균등화 발전 비용)

: 지속적인 기술 개발 및 공급 과잉에 따른 경쟁력 저하 기업들의 이탈로 태양광 발전 균등화 발전비용이 매년 지속적으로 하락하고 있다. 그리드 패리티를 이룬 태양광의 지속 성장을 기대할 수 있다.

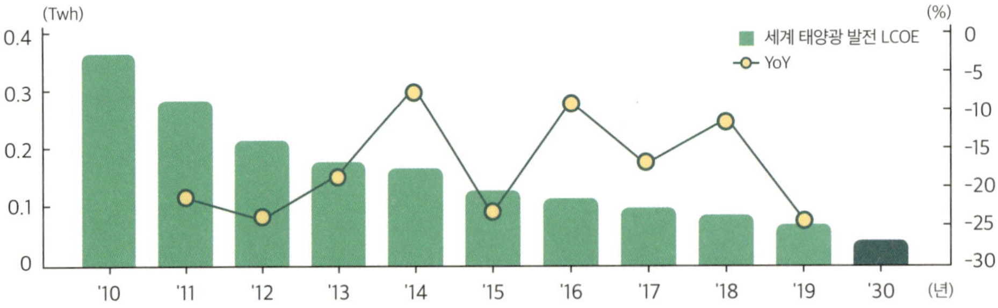

출처: IRENA, Energy Intelligence, 유안타증권 글로벌투자정보센터

한국 정부의 재생에너지 3020 정책

: 정책에 의해 국내 신재생에너지 보급량은 2017년 15.1GW에서 2030년 63.8GW로 약 322% 증가할 전망이며, 그 중 태양광의 비중이 38%에서 57%로 크게 확대될 전망이다.

(단위: %)

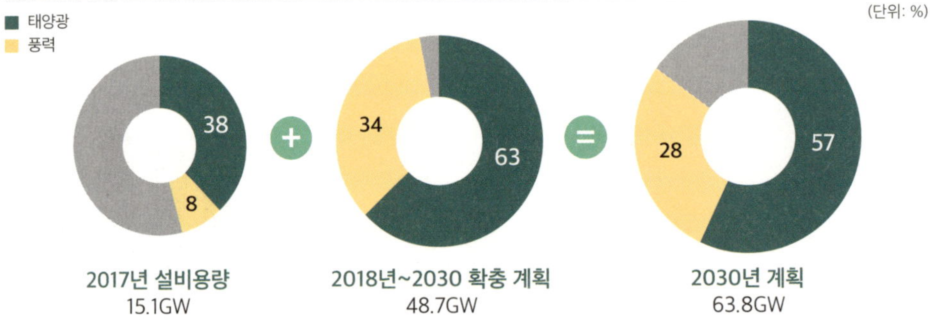

차세대 태양광 셀, 페로브스카이트

: 차세대 태양전지의 강력한 후보 물질이며, 육방면체의 특별한 구조를 가진 반도체 물질이다. 저렴하고 신속한 합성이 가능하며, 빛을 전기로 바꾸거나 반대로 바꾸는 특성을 지닌다.

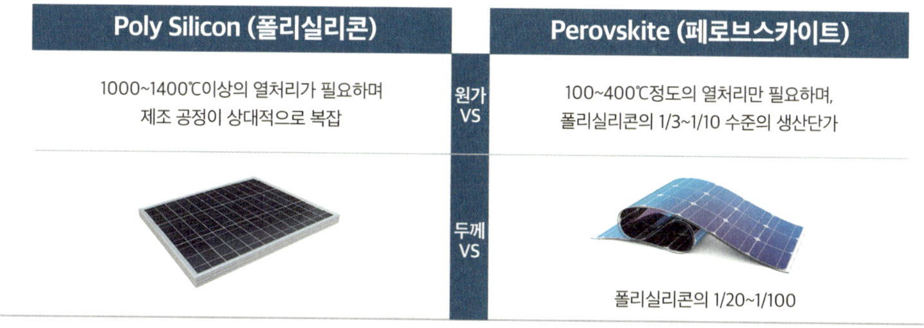

출처: 미디어 SK

페로브스카이트 태양전지의 적용

: 건물 옥상, 스마트폰, 전기차, 건설현장, 의류, 가구, 창문 등 다방면에 활용 가능하다.

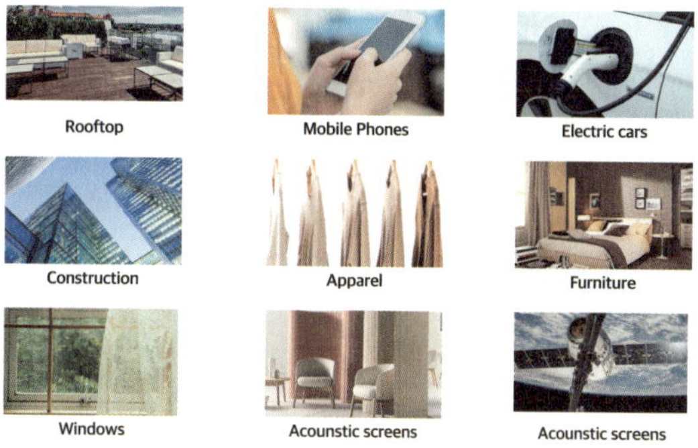

출처: 미디어 SK

태양광 밸류 체인

: 폴리실리콘(태양광 원재료 가공) → 잉곳(폴리실리콘을 녹여 결정으로 만든 것·원통형 덩어리) → 웨이퍼(원판·얇은 판) → 셀(태양전지) → 모듈(태양전지를 모아놓은 패널) → 발전소 개발(발전 시스템)로 구성

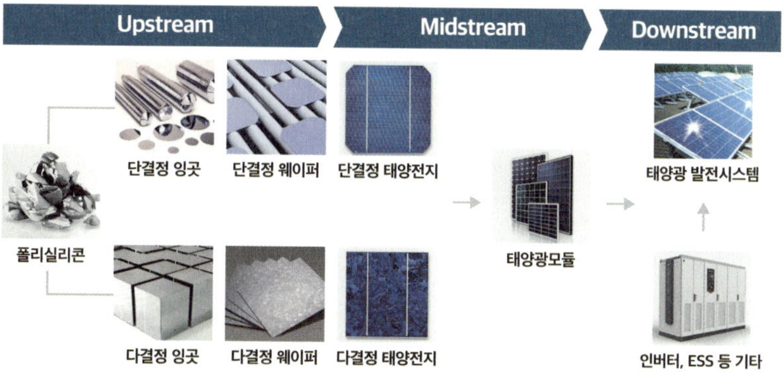

테마 밸류 체인과 글로벌 주요 기업 및 ETF

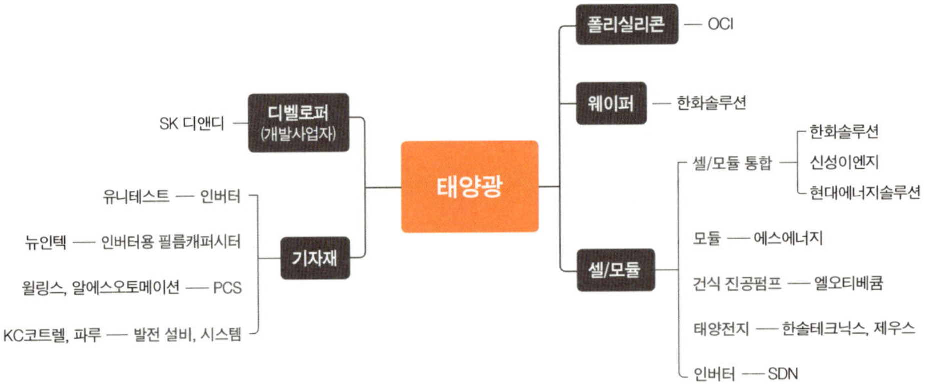

태양광
디벨로퍼
(개발사업자)
SK 디앤디
기자재
유니테스트 — 인버터
뉴인텍 — 인버터용 필름캐퍼시터
윌링스, 알에스오토메이션 — PCS
KC코트렐, 파루 — 발전 설비, 시스템
폴리실리콘
OCI
웨이퍼
한화솔루션
셀/모듈
셀/모듈 통합
한화솔루션
신성이엔지
현대에너지솔루션
모듈 — 에스에너지
건식 진공펌프 — 엘오티베큠
태양전지 — 한솔테크닉스, 제우스
인버터 — SDN

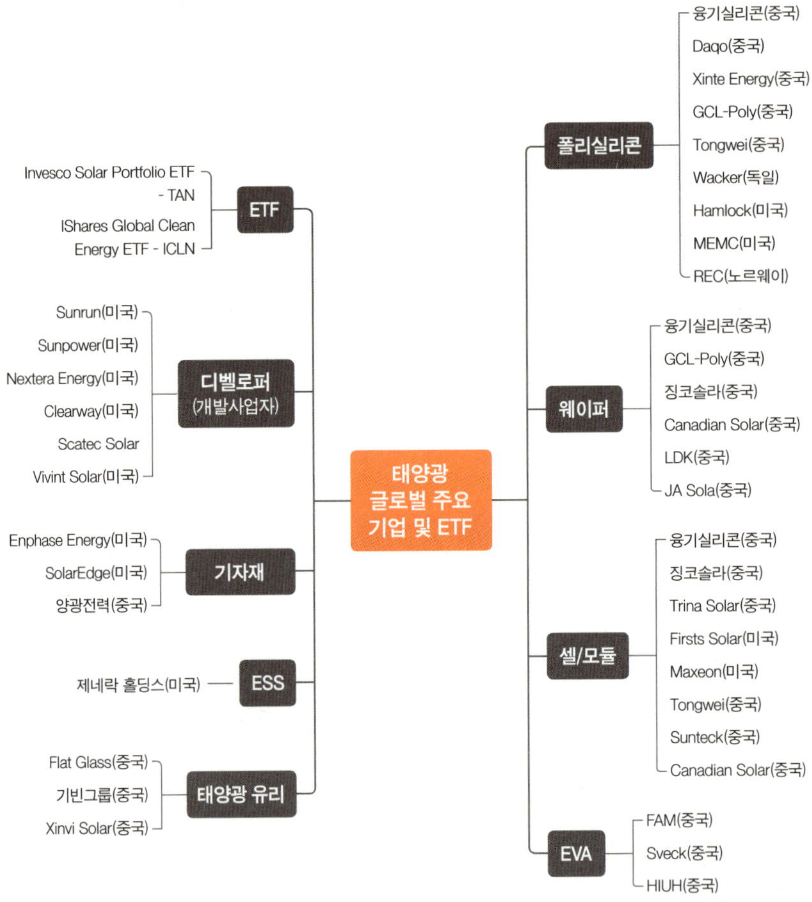

태양광
글로벌 주요
기업 및 ETF
ETF
Invesco Solar Portfolio ETF
- TAN
IShares Global Clean
Energy ETF - ICLN
디벨로퍼
(개발사업자)
Sunrun(미국)
Sunpower(미국)
Nextera Energy(미국)
Clearway(미국)
Scatec Solar
Vivint Solar(미국)
기자재
Enphase Energy(미국)
SolarEdge(미국)
양광전력(중국)
ESS
제네락 홀딩스(미국)
태양광 유리
Flat Glass(중국)
기빈그룹(중국)
Xinvi Solar(중국)
폴리실리콘
융기실리콘(중국)
Daqo(중국)
Xinte Energy(중국)
GCL-Poly(중국)
Tongwei(중국)
Wacker(독일)
Hamlock(미국)
MEMC(미국)
REC(노르웨이)
웨이퍼
융기실리콘(중국)
GCL-Poly(중국)
징코솔라(중국)
Canadian Solar(중국)
LDK(중국)
JA Sola(중국)
셀/모듈
융기실리콘(중국)
징코솔라(중국)
Trina Solar(중국)
Firsts Solar(미국)
Maxeon(미국)
Tongwei(중국)
Sunteck(중국)
Canadian Solar(중국)
EVA
FAM(중국)
Sveck(중국)
HIUH(중국)

해외 대표 기업

융기실리콘

시가총액	84조 원

	2021년	2022년(전망)
매출액	약 16.4조 원	약 19.8조 원
순이익	약 2.2조 원	약 2.7조 원

- 글로벌 1위 태양광 단결정 실리콘 제조업체. 추가 증설로 업계 지위를 더욱 공고히 할 전망
- 제품별 매출 비중, 태양광 모듈 66%, 웨이퍼 및 잉곳 29%. 해외 매출 비중은 39%로 글로벌 매출 다각화 중
- 2021년 3월, 수소 자회사 설립으로 수소에너지 사업 본격 진출. 큰 성장을 보일 수전해 사업 진행
- 글로벌 온실가스 감축 위한 에너지 및 발전구조 전환 추세 속, 태양광 시장 성장의 최대 수혜주로 부각

캐내디언 솔라

시가총액	2.6조 원

	2021년	2022년(전망)
매출액	약 6.6조 원	약 7.5조 원
순이익	약 1,334억 원	약 2,726억 원

- 세계 최대 태양광 모듈 생산. 24개국에 자회사 보유. 160개국에 고객 보유 및 17개의 제조공장 보유
- 2018년, 양면이 유리로 된(Glass to Glass, G2G) 양면 모듈을 중국에서 본격 상용화 시작
- 사모펀드 회사인 윈델캐피탈(Windel Capital)과 협력하여 영국에서 1.4기가와트(GW) 규모의 태양광 프로젝트를 개발할 예정

퍼스트 솔라

시가총액	11조 원

	2021년	2022년(전망)
매출액	약 3.4조 원	약 3.2조 원
순이익	약 5,200억 원	약 3,000억 원

- 미국 최대 태양광 모듈 제조사. 박막 반도체 기술로 태양열 모듈을 설계, 제조 및 판매
- 중국산 폴리실리콘을 사용하지 않고 카드뮴 텔루라이드를 재료로 박막 모듈 생산
- 또한, 동사의 모듈 생산기지가 미국, 베트남, 말레이시아에 있기에 미국의 중국 신장 위구르 제재로 인한 피해가 없다는 분석. 오히려 미국의 중국 제재의 최대 수혜로 평가
- 2021년 6월, 미국 오하이오주에 약 7,600억 원 투입, 미국 내 생산능력 2배 이상 확장 계획
- 완공 시, 연간 모듈 생산능력은 3.3GW로 미국 최대 규모이자 중국 다음의 글로벌 최대 태양광 제조시설 전망

핵심 기업 소개

OCI

폴리실리콘 | 2차전지 음극재 | 중국 태양광 규제 | 미중 갈등

시가총액	3조 원

주요 주주	이화영 외 30인 22%, 국민연금공단 11%
총 매출액 중	태양광 소재 38%, 카본 케미컬 38%

- 폴리실리콘 분야 생산능력 기준 세계 3대 제조 업체
- 태양광 사업, 관리 및 운영 등 업무 영역 전반을 담당하는 솔루션 제공
- 말레이시아 공장에서 태양광 폴리실리콘 생산
- 포스코케미칼과의 JV 설립. 2차전지 음극재 소재사업 진출로 성장성 프리미엄 기대
- ESG 흐름으로 점차 중국산 태양광 소재 사용 규제
- 중국 신장의 폴리실리콘 출하 감소는 폴리실리콘 가격에 우호적일 것
- 반도체용 폴리실리콘 판매 확대로 반도체 수요 상승 사이클에도 수혜
- 2021년, 최근 10년 내 사상 최대 영업이익 달성할 전망. 본격 업사이클 진입

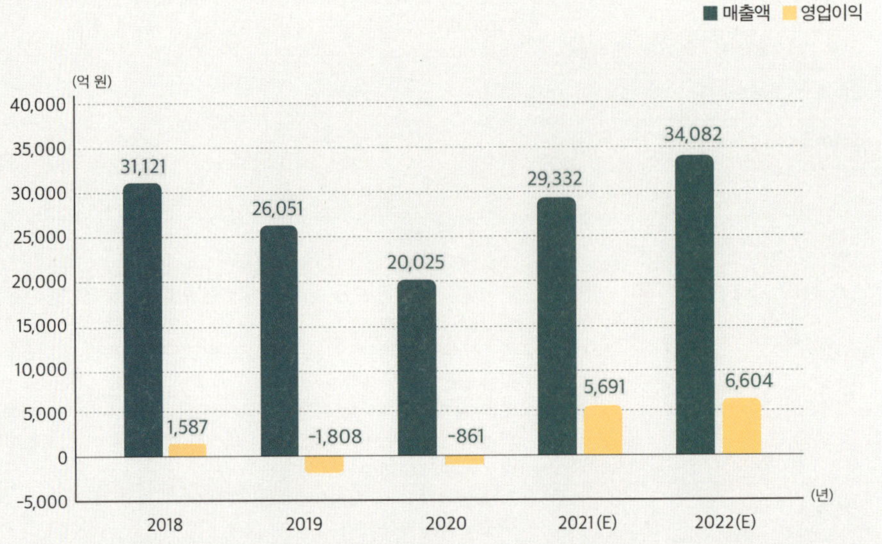

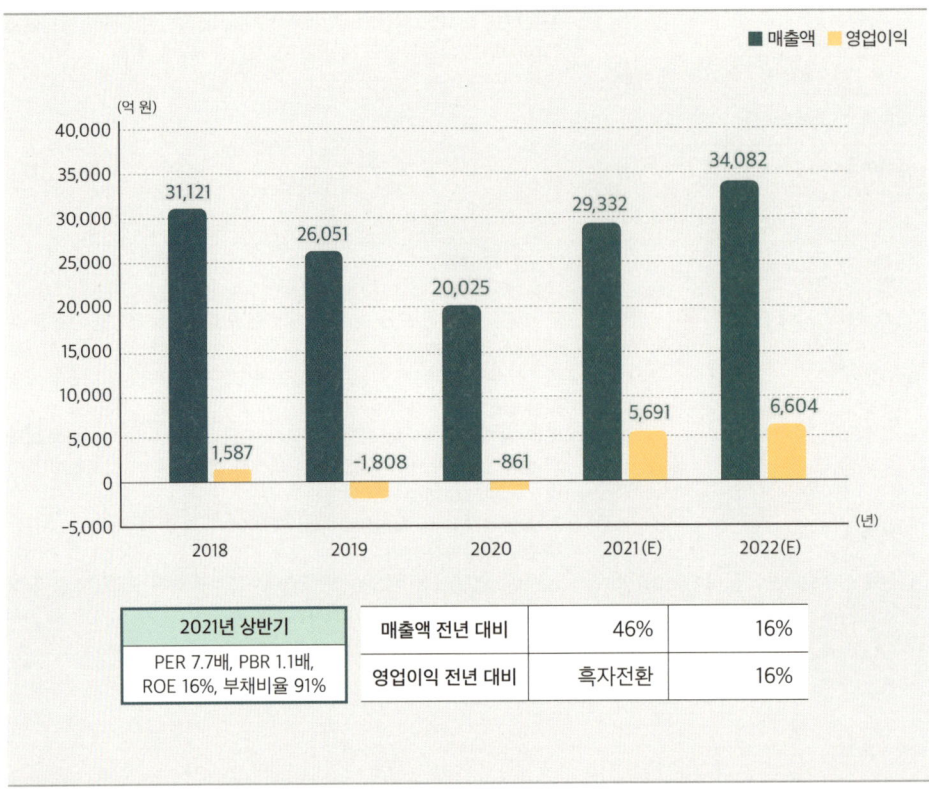

2021년 상반기
PER 7.7배, PBR 1.1배, ROE 16%, 부채비율 91%

매출액 전년 대비	46%	16%
영업이익 전년 대비	흑자전환	16%

*2021.09. 기준

한화솔루션

태양광 | 페로브스카이트 | 수소 수전해 | 풍력 진출 | PE | PVC

시가총액	8조 원

주요 주주	한화 외 3인 36%, 국민연금공단 8.9%
총 매출액 중	태양광 47%, 가성소다 및 PVC 19%

- PE, PVC 등 화학제품 및 태양광과 수소 사업을 영위하는 종합화학기업
- 미국 주거용 태양광 및 미국 상업용 태양광 모두 점유율 1위
- 차세대 태양전지로 알려진 페로브스카이트 연구개발
- 중국 중심 경쟁 심화된 폴리실리콘 시장을 넘어 태양광 에너지 솔루션으로 사업 확대 방향
- 태양광 발전 및 저장 사업(한화큐셀), 수소 수전해기술 개발(한화케미칼), 수소 저장용기(한화첨단소재), 수소 충전소 사업(한화종합화학) 등 친환경 종합 포트폴리오 구축
- 1조 원 투자로 RES프랑스 인수하여 풍력 분야에도 진출 시작

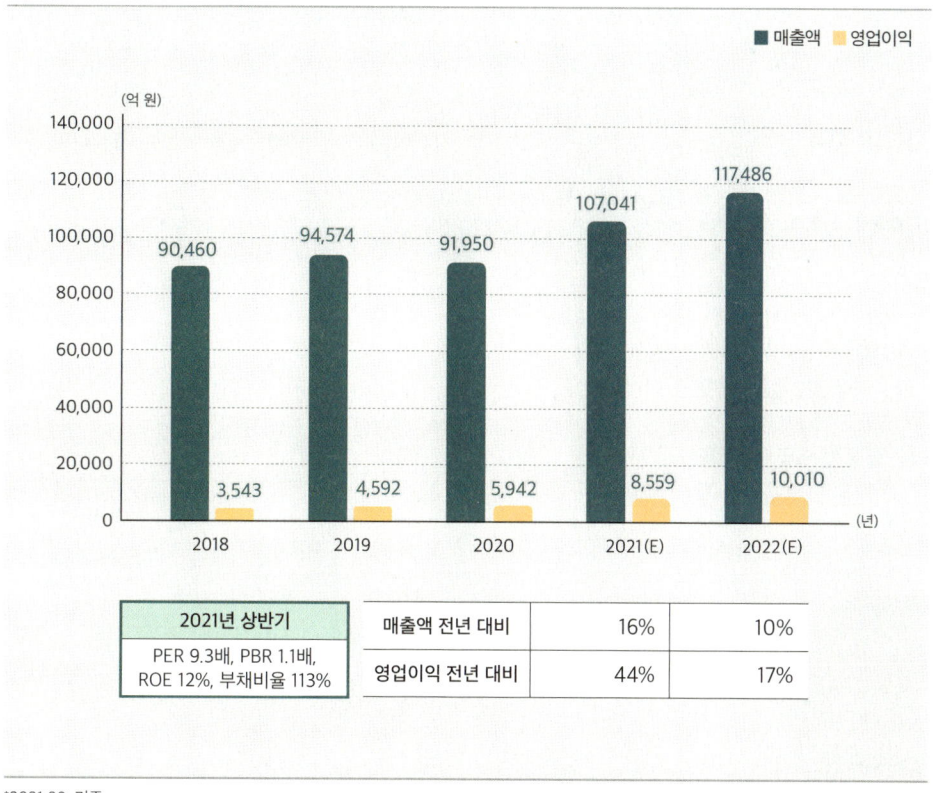

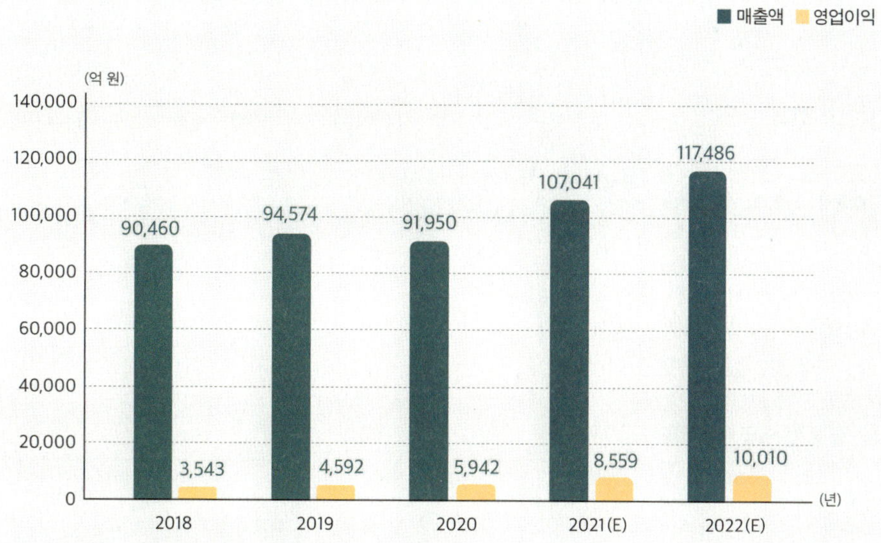

2021년 상반기
PER 9.3배, PBR 1.1배, ROE 12%, 부채비율 113%

매출액 전년 대비	16%	10%
영업이익 전년 대비	44%	17%

*2021.09. 기준

현대에너지솔루션

태양광 셀 | 모듈 | 수상 태양광 | 기존 대비 2배 증설

시가총액	3,058억 원	주요 주주	한국조선해양 53%
		주 매출처	태양광 모듈 89%, 제어시스템 10%

- 태양광 셀, 모듈 제작 및 태양광 솔루션 제공
- 육상 외에 수상 태양광 패널 수주. 신성장동력 확보
- 2020년, 750MW 증설로 기존 대비 2배 CAPA 증가

최근 실적 및 주요 재무지표

	2019년	2020년	2021년(전망)
매출액	4,461억 원	3,944억 원	4,900억 원(yoy 24%)
영업이익	221억 원	88억 원	200억 원(yoy 127%)

	2021년 상반기	
매출액	2,364억 원	PER 21배, PBR 0.9배, ROE 4%, 부채비율 66%
이익	45억 원	

SK디앤디

부동산 디벨로퍼 | 태양광 | 풍력발전 국내 민간 중 1위

시가총액	8,454억 원	주요 주주	SK가스 외 1인 34%
		주 매출처	부동산 개발 93%, ESS 3%

- 부동산 이외 신재생에너지 디벨로퍼로 성장 추구
- 150MW 규모 당진 태양광 발전사업 순항
- 군위 풍력단지 착공. 풍력발전 국내 민간 중 1위 전망

최근 실적 및 주요 재무지표

	2019년	2020년	2021년(전망)
매출액	4,547억 원	6,998억 원	5,946억 원(yoy -15%)
영업이익	823억 원	1,398억 원	693억 원(yoy -50%)

	2021년 상반기	
매출액	3,480억 원	PER 10.9배, PBR 1.5배, ROE 15%, 부채비율 215%
이익	273억 원	

신성이엔지

클린룸 | 태양광 | 반도체 | 바이오 진출 | 음압병동

시가총액	5,171억 원	주요 주주	이지선 외 19인 21%
		주 매출처	IT 분야 클린룸 72%, 태양광 관련 27%

- 반도체·디스플레이·태양광용 클린룸 설비 제조
- 프레스티지바이오에 클린룸 설치. 바이오 진출 시작
- 코로나 이동형 음압병동 MCM 설치로 추가 매출처 확보

최근 실적 및 주요 재무지표

	2019년	2020년
매출액	4,028억 원	4,824억 원
영업이익	72억 원	185억 원

	2021년 상반기	
매출액	1,747억 원	PER -21배, PBR 2.8배, ROE -15%, 부채비율 121%
이익	-68억 원	

에스에너지

태양광 모듈 | 시스템 | 에스퓨얼셀 | 수소

시가총액	846억 원	주요 주주	홍성민 외 4인 16%
		주 매출처	태양광발전소 공사 63%, 태양광 모듈 34%

- 태양광 모듈 및 추적식 발전 시스템 생산
- 한국, 미국, 일본 등에서 지속적인 수주 확보
- 자회사로 수소연료전지 기업 에스퓨얼셀 보유

최근 실적 및 주요 재무지표

	2019년	2020년
매출액	2,169억 원	2,548억 원
영업이익	10억 원	-59억 원

	2021년 상반기	
매출액	1,015억	PER -3배, PBR 0.7배, ROE -20%, 부채비율 159%
이익	6억 원	

윌링스

인버터 | 전기차 충전기 사업

시가총액	1,123억 원	주요 주주	안강순 외 2인 59%, 제이엑스파트너스 8%
		주 매출처	유도가열 인버터 45%, 전력변환장치 30%

- 태양광 전력변환장치 및 유도가열 인버터 개발·제조
- 새만금 육상태양광 사업 연이은 수주 성공
- 중속 전기차 충전기 상용화 계획

최근 실적 및 주요 재무지표

	2019년	2020년
매출액	429억 원	632억 원
영업이익	35억 원	-1억 원

	2021년 상반기	
매출액	118억 원	PER -19배, PBR 1.9배, ROE -9%, 부채비율 33%
이익	-36억 원	

SDN

태양광 발전소 | 선박 엔진 | 이낙연

시가총액	1,327억 원	주요 주주	최기혁 외 13인 11%
		주 매출처	태양광 74%, 선박엔진 26%

- 태양광 모듈, 발전소, 선박 엔진 생산
- 불가리아에 동유럽 최대규모 태양광발전소 건설
- 이낙연 전 더불어민주당 대표 관련주로 엮여 거래

최근 실적 및 주요 재무지표

	2019년	2020년
매출액	650억 원	800억 원
영업이익	30억 원	2억 원

	2021년 상반기	
매출액	383억 원	PER 102배, PBR 1.7배, ROE 1%, 부채비율 114%
이익	6억 원	

핵심 키워드

폴리실리콘
태양전지의 핵심 소재로 모래 등에 있는 규소를 정제해 만든다. 반도체용 실리콘보다는 순도가 상대적으로 낮다. 단결정이 다결정 대비 전력효율이 2% 이상 높다.

잉곳
고순도 실리콘을 녹여 얇은 웨이퍼로 잘라내기 위해 결정성 덩어리로 만든 것이다.

웨이퍼
잉곳을 얇은 막 형태로 자른 태양전지 기판이다. 반도체 기판에 비해 순도는 낮다.

태양광 셀
태양광 발전을 위한 가장 기본이 되는 단위로, 2차전지에서 배터리셀이라고 볼 수 있다. 전기를 일으키는 최소 단위다. 태양전지 셀에 빛을 쏘이면 직류전기가 생산되는데, 우리가 전자제품에 바로 사용할 수 없기 때문에 태양광 인버터를 통해 상용전원(220V~, 60Hz)으로 변환하게 된다.

태양광 모듈
태양전지 셀 약 60개~72개가 모여서 만든 패널로 전기를 꺼내는 최소 단위를 뜻한다.

인버터
집전판에서 직류 형태로 저장된 발전 전력을 교류로 변환시켜 전기 형태로 변환하는 장치다. 태양광 원가의 약 13%를 차지한다.

PCS
Power Conditioning System의 약자로, 전기의 성격을 바꿔주는 전력변환 장치다. 전기 변환뿐 아니라 주파수, 전압 등을 조정하는 역할도 하는데 용도에 따라 다양한 성능과 구조 등을 포함한다. 태양광에 설치되는 인버터는 직류를 교류로만 바꿔줄 수 있는 단방향 PCS이고 ESS시스템에 설치되는 PCS는 직류-교류 양방향으로 변환할 수 있는 PCS다.

그리드 패리티(Grid Parity)
기존 화석에너지와 발전 단가가 같아지는 구간이다. 재생에너지가 비용적인 면에서 경제성과 경쟁력을 갖는 시점을 의미한다.

RE 100
Renewable Energy 100%. 기업 활동에 필요한 전력의 100%를 재생에너지 전력으로 대체하겠다는 선언으로, 해당 기업은 2050년까지 기존 소비 전력을 재생에너지 전력으로 단계적 전환해야 한다.

REC, 재생에너지 공급 인증서
Renewable Energy Certificate. 대규모 발전 사업자는 일정 비율 이상을 태양광이나 풍력 등 신재생에너지로 공급해야 한다. 신재생에너지 발전사업자의 REC를 구매하는 방식으로 기준치를 맞춘다. 발전 방식의 REC 가중치가 높을 수록 신재생에너지 사업자 수익성이 좋아진다.

LCOE
Levelized Cost Of Electricity. 발전설비 운영 기간에 발생하는 연료비, 초기 자본 투자비, 자본비용, 유지관리 등 모든 비용을 숫자로 나타낸 값이다. 화석연료 발전을 통해 전력을 구입하는 가격보다 작거나 같아지는 지점을 뜻한다.

풍력

1 육상 풍력의 단점을 보완하고 높은 효율을 낼 수 있는 해상 풍력 시대 개화
2 풍력발전기의 대형화 추세 및 해상풍력의 수소 수전해 발전에 대응하기 위한 밸류체인 기업들의 적극적 CAPEX(Capital expenditures, 미래의 이윤 창출, 가치의 취득을 위해 지출된 투자 과정에서의 비용으로 자본적 지출이라고 부른다) 전망
3 미국, 중국, EU 및 한국 등 전 세계적인 풍력 지원책으로 2050년경에는 글로벌 전체 에너지원 중 상당한 비중을 풍력이 창출할 전망

핵심 키워드 해상풍력 | 풍력발전기 대형화 | 수소 수전해 발전 | 지속적인 자본적 지출(CAPEX)

전 세계가 화석연료에 대한 자원고갈 문제와 함께, 폭염·폭설·태풍 등 지구온난화 문제에 직면해 있다. 인류 존속의 마지노선까지 도달하지 않게 하기 위해 인류 역사상 처음으로 전 세계가 2050년 탄소배출 제로라는 목표를 세워 관련 사업을 정해진 시간 내에 육성하고자 정책을 펼치고 있다. 코로나19로 인한 최악의 경제 위기임에도 불구하고 그린 산업에 대한 지원을 집중할 수밖에 없는 상황이다. 다양한 신재생에너지원들이 관심을 받고 있는 가운데, 기술발전 덕분에 규모의 경제를 달성해 주요 제품의 생산단가가 하락하고 있는 풍력에 대한 관심도 높아지고 있다. 태양광 산업처럼 풍력도 미국과 중국이 공격적인 정책을 펼치는 와중 유럽이 해상풍력으로 치고 나가는 상황이며 한국도 그린뉴딜 정책을 통해 선진국의 행보에 맞춰가고 있다.

높은 효율 보여주는 해상 풍력 시대 개화

수력발전을 제외하면 발전단가가 가장 저렴해 경제적 효율이 뛰어난 산업이다. 풍력산업이 지속 발전하며 풍력 터빈 크기가 상승해야 더 나은 효율을 낼 수 있다는 결론이 나오자, 터빈 크기를 확대하고 풍력 단지를 대형화하는 데 육상보다 용이한 해상풍력이 주목받게 되었다. 육상풍력의 단점인 설치 구역 한정, 주민 반발, 운반의 어려움, 낮은 송전

망 접근성, 전파 방해, 시계視界 등의 단점을 보완할 수 있는 해상풍력은 터빈의 대형화, 대형 발전단지 구축 및 육지보다 강한 풍속의 장점을 더해 전 세계적으로 각광받고 있다. 국제 재생에너지 기구에 따르면 해상풍력발전 설치 용량은 2019년~2030년 사이 연평균 20%의 고성장이 전망되는데, 한국의 경우 바람의 질이 유럽에 비해 좋지 못하고 동일한 단위 발전 출력 비교 시, 원전보다 설치 비용이 비싸 이를 상쇄할 수 있는 기술적 보완이 진행되어야 한다. 해상풍력은 수소 수전해 시설 발전에도 맞물리기에 더욱 놓쳐서는 안 되는 시장이다.

풍력발전기의 대형화

풍력발전기는 같은 면적에 같은 바람이 불어온다면 대형의 풍력발전기를 설치할수록 더 많은 바람을 전기에너지로 전환할 수 있다는 원리로 움직인다. 해상은 육상보다 풍속, 풍향이 우호적이고 설치 및 운영상 제약도 적기에 대형화에 유리하다. 글로벌 풍력 기업들의 신규 해상풍력 제품은 14MW급 이상의 초대형 터빈을 채용하고 있는데 기존 육상 풍력 대비 2배 이상 크다. 이를 생산하기 위해서는 터빈 및 부품 기업들의 적극적인 CAPEX(자본적 지출) 투자가 필수적이며 여기에서 투자의 기회가 창출될 것이다.

주요국의 공격적 지원

코로나19를 계기로 유럽의 그린 리커버리 플랜Green Recovery Plan, 녹색 수소Green Hydrogen, 미국과 중국의 탄소 제로 플랜Zero Carbon Emission Plan, 한국의 그린뉴딜Green New Deal과 같이 국가적 정책 과제가 친환경에너지 중심으로 변화하면서 다시금 풍력이 도약할 수 있는 기회가 마련되고 있다. 풍력 Top3 시장은 중국, 미국, 독일로 전 세계 풍력발전 용량의 61%를 차지하고 있으며, 라틴 아메리카, 중동 등이 새롭게 떠오르며 활발히 진출을 시도하고 있다.

미국은 2030년까지 30GW의 해상 풍력 터빈 설치, 이를 장려하기 위한 투자세액 공제 등을 내세워 세계 최대 해상풍력 시장을 이루고자 하며, 유럽연합은 2020년 기준 2GW에 불과한 해상풍력 용량을 2030년 60GW, 2050년 300GW라는 엄청난 용량으로 성장시키려는 계획을 갖고 있다. 영국은 2030년까지 국가 전력의 40%를 해상풍력으로 조달하려는 계획도 세우고 있다. 독일은 풍력 프로젝트에 대한 허가 절차를 간소화시켰다. 현재 북해, 대서양, 발트해 및 남유럽 해역에 해상풍력 클러스터가 형성되고 있다.

글로벌 누적 풍력발전 설비 1위인 중국은 2027년까지 전 세계 신규 설치량의 43%를 설치할 전망이다. 민간 중심의 해상풍력 발전을 이어오던 일본은 정부 주도로 바꾸며 강력한 지원 드라이브를 계획하고 있다. 이에 한국도 그린뉴딜 정책 하에 서남해, 충남, 인천 등 다수의 해상풍력 단지 건설을 추진하고 있고 글로벌 1위 풍력 터빈 업체 오스테드와 협력하며 성장을 꾀하고 있다. 이와 같은 전 세계적인 풍력 발전 성장책에 국제에너지기구는 2050년에 전세계 발전 용량의 25%~30%를 풍력이 차지할 것으로 예상했다.

글로벌 풍력 발전 설치량 전망

: 코로나19가 발발한 2020년을 기점으로 탄소중립 목표로 인해 풍력발전 수요가 본격적으로 증가할 예정이다.

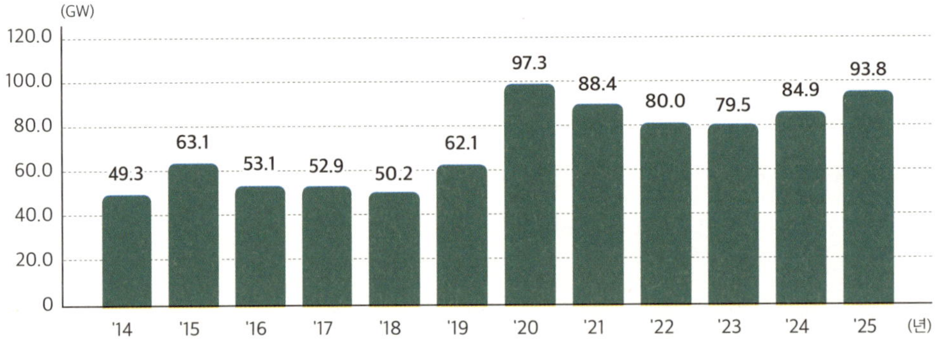

출처: BNEF, NH투자증권 리서치본부

해상풍력발전 성장률 전망

: 주요국의 정책 지원 및 본격적인 기술 발전을 이룰 2025년 이후, 고속 성장할 전망이다.

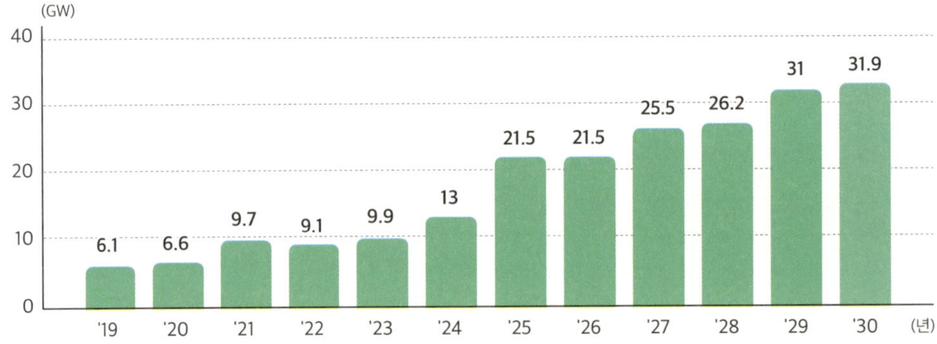

출처: 세계풍력발전협회(GWFC)

풍력발전의 원리

: 바람의 에너지를 전기 에너지로 바꿔주는 장치로 풍력 발전기의 날개를 회전시켜 이때 생긴 날개의 회전력으로 전기를 생산한다. 환경 오염을 발생시키지 않는 청정에너지에 해당한다.

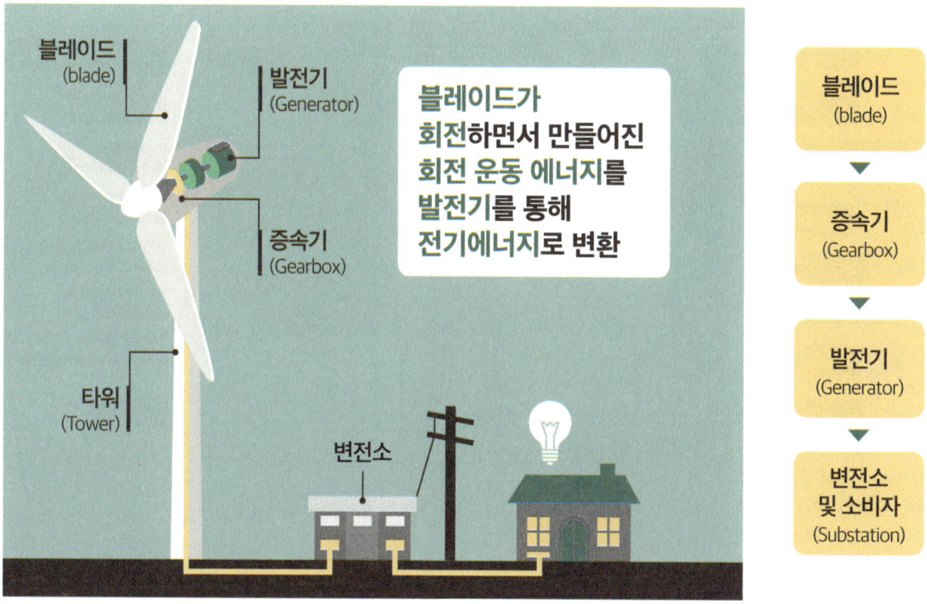

출처: 포스코 뉴스룸

풍력 베어링의 특징

: 풍력 타워 날개의 경사각을 바람 세기에 따라 조절해주는 피치 베어링 및 바람이 불어오는 방향으로 로터축을 제어해주는 요 베어링으로 구성되어 있다. 1개의 풍력발전 터빈에 3개의 피치 베어링과 1개의 요 베어링이 필요하다.

출처: 씨에스베어링, 하이투자증권

풍력타워의 형태

: 블레이드, 발전기, 증속기, 피치, 요, 샤프트, 기어박스, 타워 등으로 구성된다.

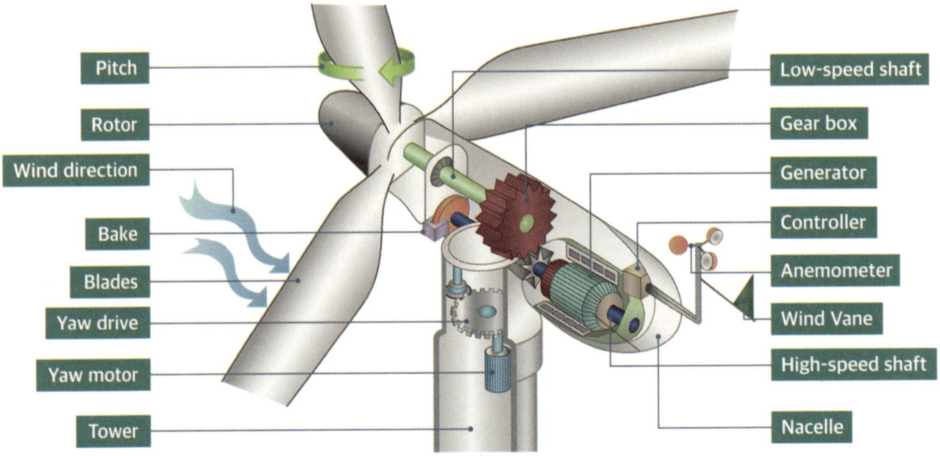

출처: "Onshore and Offshore Wind Energy; An Introduction", Lynn P

글로벌 풍력 터빈 점유율(설치 용량 기준)

: 베스타스, 골드윈드, GE 및 지멘스 가메사의 4파전 경쟁이 치열하다.

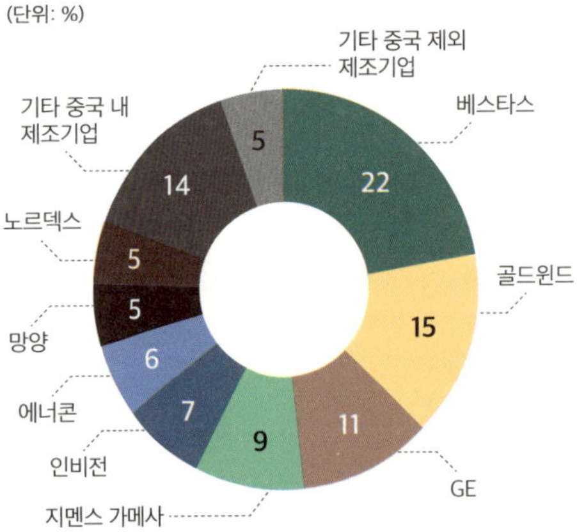

*2020년 3월 기준

출처: BNEF

풍력 에너지의 LCOE, 점차 낮아지는 중

: 풍력 발전소의 초기투자비, 자본비용 및 기타 운영비 등을 고려해 추정한 전력 생산비용. 풍력 터빈 크기의 추세적 상승이 균등화 발전비용(LCOE) 하락에 결정적 역할을 할 것이다.

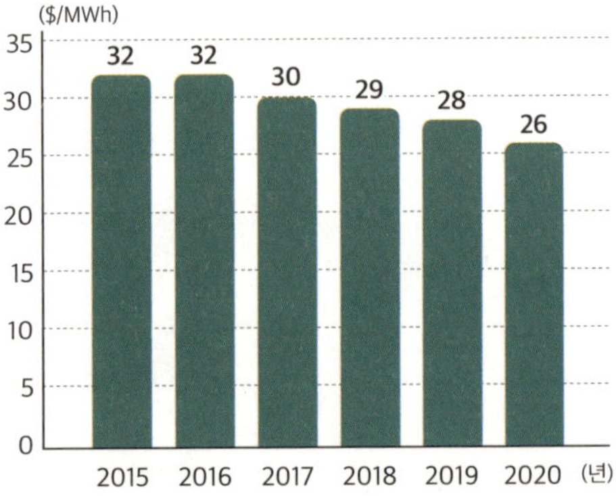

출처: GWEC, Lazard, SK증권

육상풍력과 해상풍력의 차이점

: 해상풍력은 육상풍력 대비 높은 성장성을 인정받아 투자, 펀딩 요건이 높다. 상대적으로 전류효율이 높고 주민 반발이 적으며 발전단지를 대형화시킬 수 있는 장점이 있다.

	육상	해상
투자	낮음	높음
펀딩요건	낮음	매우 높음
시장 참여자	많음	제한적, 적음
전류 효율	낮음	높음
기술	성숙	미성숙
리스크	산정 가능한 수준	높음
민원 처리 측면	쉬운 편	어려운 편
발전 잠재력	제한적	높음
계통 연계	쉬움	전제조건다수
서비스 요건	낮음	복잡함

자료: 『해상 풍력 유지 보수 전략』(2020, 오정배 허종철, 강기원 공저)

중국 연안 지역의 해상풍력 발전 신규설치 목표

: 글로벌 해상풍력 발전의 25%~30% 가량을 차지하는 중국은 동부 연안에 적극적으로 해상풍력 발전기를 설치해 태양광과 같이 글로벌 1위로 도약하려는 행보를 보이고 있다.

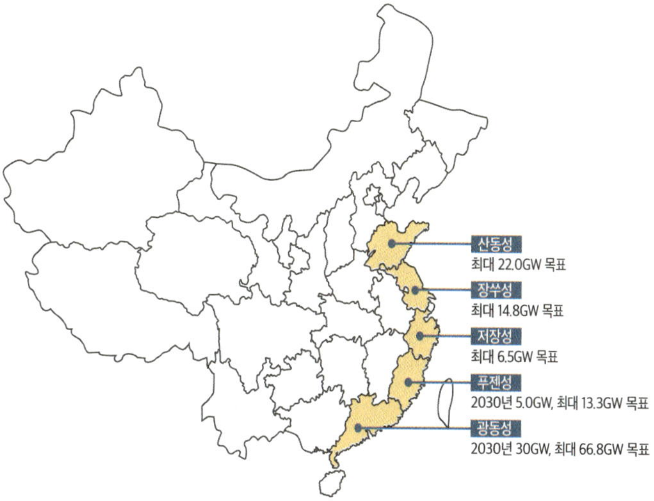

출처: 중국에너지국, 중국풍력산업협회, KB증권

글로벌 해상풍력 설치 용량

: 2019년까지 유럽이 독점하던 해상풍력 시장에 기존의 중국을 비롯한 아시아 국가들이 진입하고 있고, 미국이 공격적인 시장 확대 전략을 취할 전망이다.

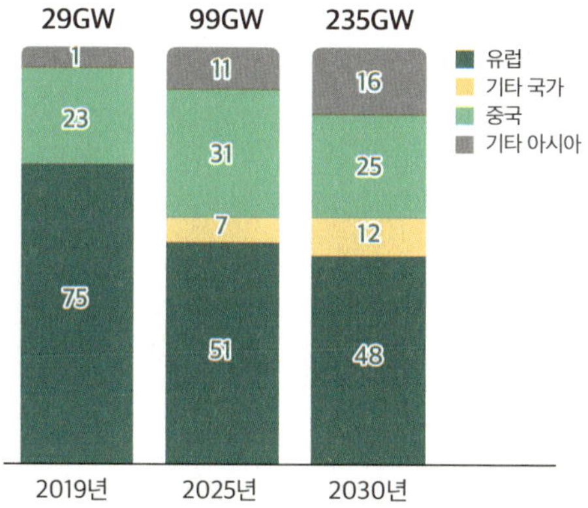

(단위: %)

출처: 세계풍력에너지협회(GWEC)

해상풍력발전 부품별 비용 구조

: 하부구조물, 나셀 조립, 케이블링 등의 비용이 가장 높다. 하부구조물을 담당하는 삼강엠엔티, 케이블의 LS 등이 주목받을 전망이다.

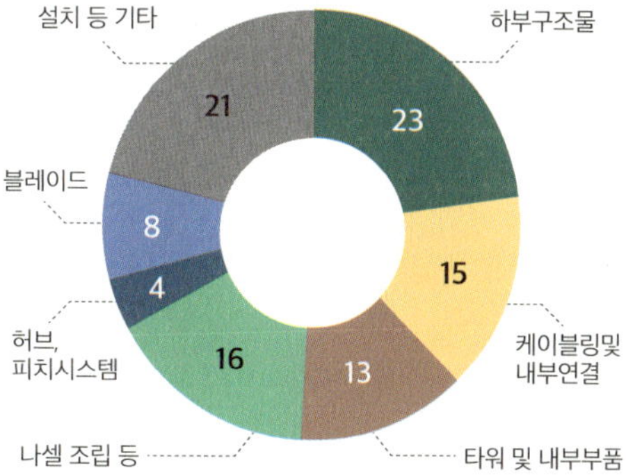

출처: 삼강엠엔티, SK증권

해상풍력 발전기의 종류

: 고정식과 부유식으로 나눌 수 있다. 부유식의 경우 수심이 깊은 해상에 설치되어 민원이 발생하지 않고 대단지로 조성 가능하며 심해의 풍부한 바람 자원을 활용할 수 있다.

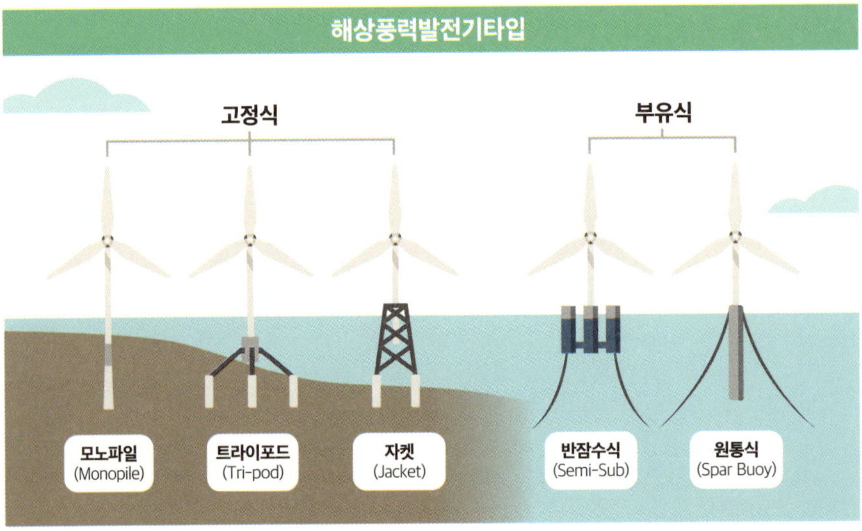

출처: 포스코

해상 풍력 터빈 크기 변화 추이

: 풍력발전기는 같은 면적에 같은 바람이 불어온다면 대형의 풍력발전기를 설치할수록 더 많은 바람을 전기에너지로 전환할 수 있다. 이에 대형화가 용이한 해상풍력에 주목해야 한다.

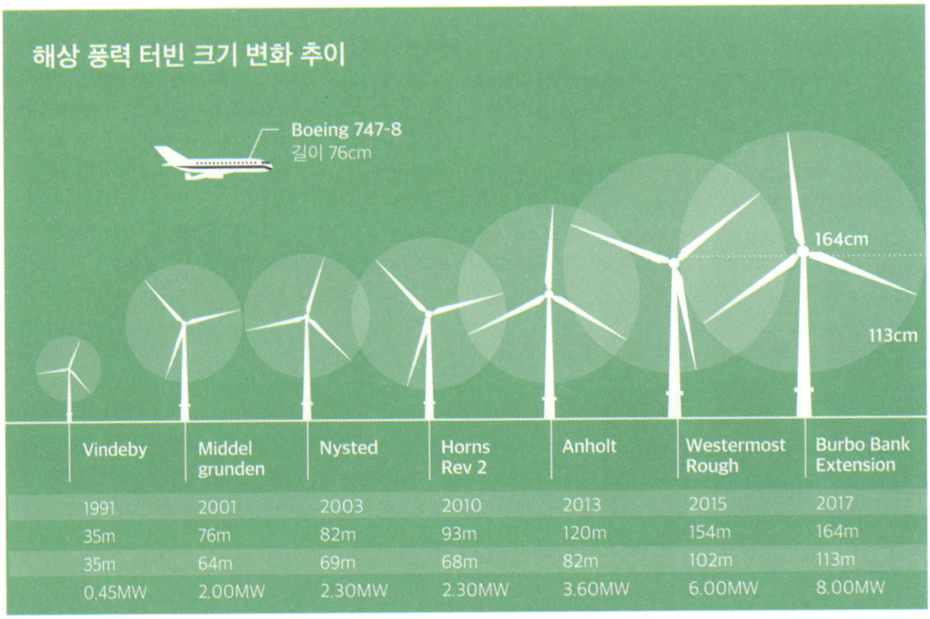

출처: Open Ocean

글로벌 주요 기업 및 ETF

풍력 글로벌 주요 기업 및 ETF

- **ETF**
  - First Trust Global Wind Energy ETF - FAN
  - IShares Global Clean Energy ETF- ICLN
- **디벨로퍼**
  - Orsted(덴마크)
  - RWE(독일)
  - SSE(영국)
  - Northland Power(캐나다)
  - Lampell(UAE)
  - NextEra Energy(미국)
- **발전 시스템**
  - 베스타스(덴마크)
  - GE Energy(미국)
  - Enercon(독일)
  - Nordex(독일)
  - Goldwind(중국)
  - Senvion(독일)
  - United Power(미국)
- **터빈**
  - 베스타스(덴마크)
  - 지멘스 가멘사(스페인)
  - Goldwind(중국)
  - Dongfang Electric(중국)
  - Ming Yang Smart Energy(중국)
  - Nordex(독일)
  - Enercon(독일)
- **타워**
  - 트리니티(미국)
  - Titan Wind Energy(중국
  - Gestamp(스페인)
  - 천순풍력에너지(중국)
- **부품**
  - 블레이드
    - TPI Composites(미국)
    - Toray(일본)
    - Weihai guangwei(중국)
    - LM Wind Power(덴마크)
  - 케이블
    - Prysmian(이탈리아)
    - 동방케이블(중국)
    - VNKT(덴마크)
    - Nexans(프랑스)
    - 강소충천테크놀로지(중국)
    - 강소형통광전자(중국)

테마 밸류 체인

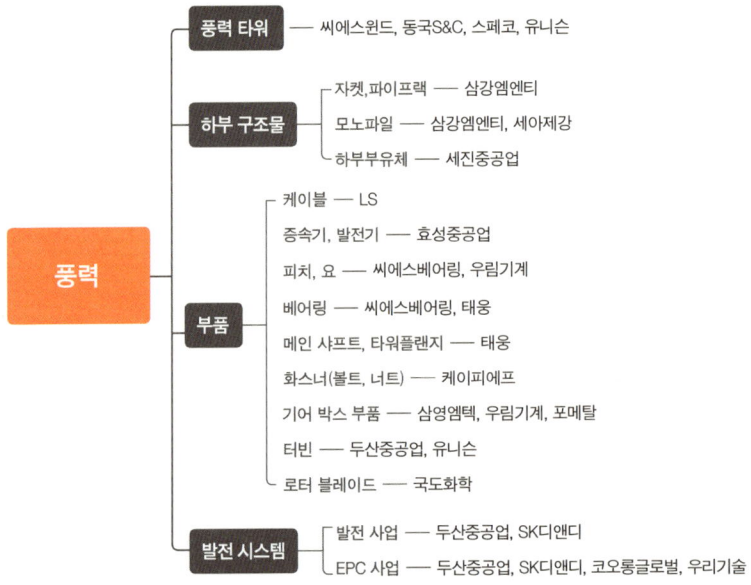

- 풍력
  - 풍력 타워 — 씨에스윈드, 동국S&C, 스페코, 유니슨
  - 하부 구조물
    - 자켓,파이프랙 — 삼강엠엔티
    - 모노파일 — 삼강엠엔티, 세아제강
    - 하부부유체 — 세진중공업
  - 부품
    - 케이블 — LS
    - 증속기, 발전기 — 효성중공업
    - 피치, 요 — 씨에스베어링, 우림기계
    - 베어링 — 씨에스베어링, 태웅
    - 메인 샤프트, 타워플랜지 — 태웅
    - 화스너(볼트, 너트) — 케이피에프
    - 기어 박스 부품 — 삼영엠텍, 우림기계, 포메탈
    - 터빈 — 두산중공업, 유니슨
    - 로터 블레이드 — 국도화학
  - 발전 시스템
    - 발전 사업 — 두산중공업, SK디앤디
    - EPC 사업 — 두산중공업, SK디앤디, 코오롱글로벌, 우리기술

해외 대표 기업

베스타스 Vestas

시가총액	44조 원

	2021년	2022년(전망)
매출액	약 22.3조 원	약 23.5조 원
순이익	약 1.0조 원	약 1.3조 원

- 세계 최대 풍력 터빈 제조업체. 점유율은 약 16%
- 사업별 매출 비중은 풍력 터빈 제조 및 판매 85%, 풍력 터빈 유지관리 서비스 15%
- 2020년 12월, 일본 미쓰비시 중공업과 합작회사 설립해 본격적인 해상풍력 터빈 사업 영위
- 육상뿐 아니라 해상풍력 시장에서도 1위를 차지하려는 계획

지멘스 SIEMENS Gamesa

시가총액	22조 원

	2021년	2022년(전망)
매출액	약 14.2조 원	약 15조 원
순이익	약 317억 원	약 3,740억 원 (흑자전환)

- 세계 풍력 터빈 제조 2위 기업인 동시에 해상풍력 분야 글로벌 리더 지위
- 사업별 매출 비중은 풍력 터빈 제조 및 판매 85%, 풍력 터빈 유지관리 서비스 15%
- 해상풍력에 쓰이는 풍력 터빈이 대형화되는 추세에 막강한 기술력 보유
- 글로벌 풍력터빈 평균 용량 약 3MW 대비, 동사는 4MW급 이상의 터빈 판매량이 전체의 67%를 기록

씨에스윈드

풍력타워 글로벌 1위 | 베스타스 | GE | 미국 | 유럽

시가총액	3조 원

주요 주주	김성권 외 24인 43%, 국민연금공단 10%
총 매출액 중	풍력타워 96%

- 풍력발전 타워 전문 제조사(글로벌 점유율 1위)
- 글로벌 주요 글로벌 풍력터빈 업체와의 전략적인 관계 구축을 통한 장기적인 공급계약
- 2021년 7월, 유럽 해상풍력 및 하부구조물 생산업체 인수로 경쟁력 확대
- 고성장 전망되는 해상풍력은 여러 형태의 하부구조물 필요하며 해당 수요를 공략
- 미국의 육상풍력 타워시장 진출 및 해상풍력 타워 건설 논의. 미국의 공격적 산업 성장에 수혜 전망
- 동사만 대만 현지에 풍력타워 공장 보유. 대만의 2025년 15GW 풍력타워 설치 전량 수주 가능성 높음
- 2020년 중국 엔비전(Envision)에 타워 납품하며 중국의 해상풍력 패권 전략에도 수혜를 누릴 전망

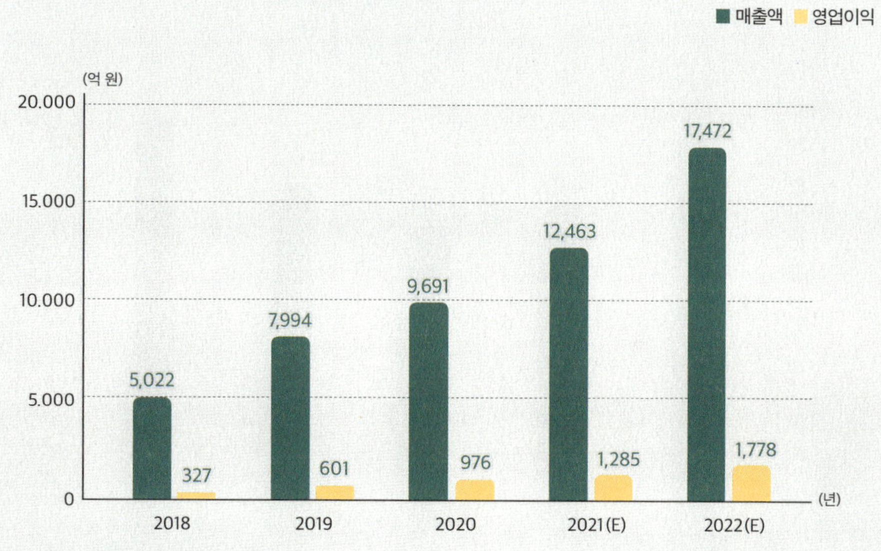

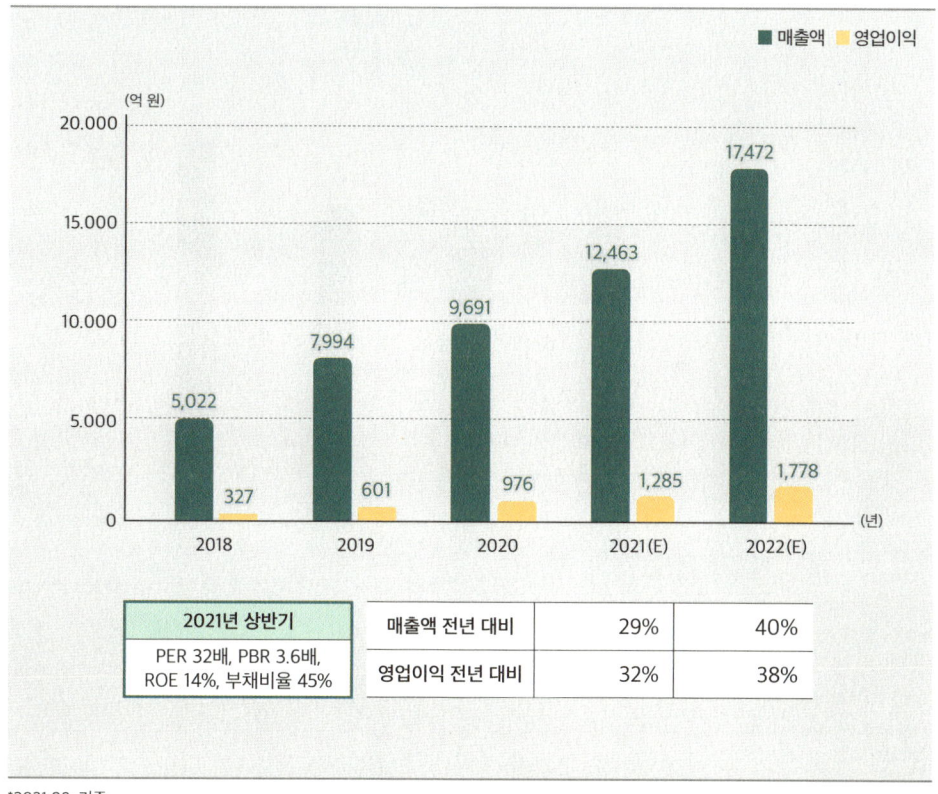

2021년 상반기
PER 32배, PBR 3.6배, ROE 14%, 부채비율 45%

매출액 전년 대비	29%	40%
영업이익 전년 대비	32%	38%

*2021.09. 기준

씨에스베어링

풍력 베어링 | GE | 지멘스 가메사 | 베스타스 | 해상풍력

시가총액	2,300억 원	주요 주주	씨에스윈드 외 1인 49%
		총 매출액 중	풍력 베어링 99%

- 풍력발전기의 핵심 부품인 피치 베어링과 요 베어링 등 개발·생산
- 고객사 비중은 2020년 기준 GE 95%, 지멘스 가메사 3%, 두산중공업 2% 수준
- 동사의 GE 내 베어링 점유율, 2019년 37% → 2021년 45%로 증가 예상
- GE의 초대형 터빈 설치 본격화로 2021년 하반기부터 해상풍력 베어링 매출 증가될 전망
- 해상 풍력용 베어링은 육상 대비 4~5배 가격 높아 이익률 개선 가능
- 원가 경쟁력이 좋은 베트남 공장에서 생산비중을 늘리고 있음
- 2021년 베트남 법인 가동률 증가, 지멘스로의 신규 매출, 2022년 베스타스 향(向) 신규 매출 기대

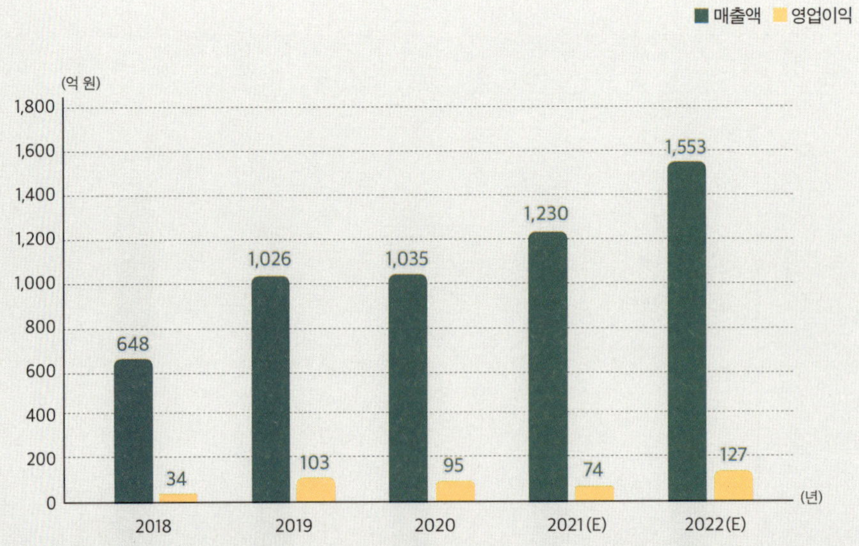

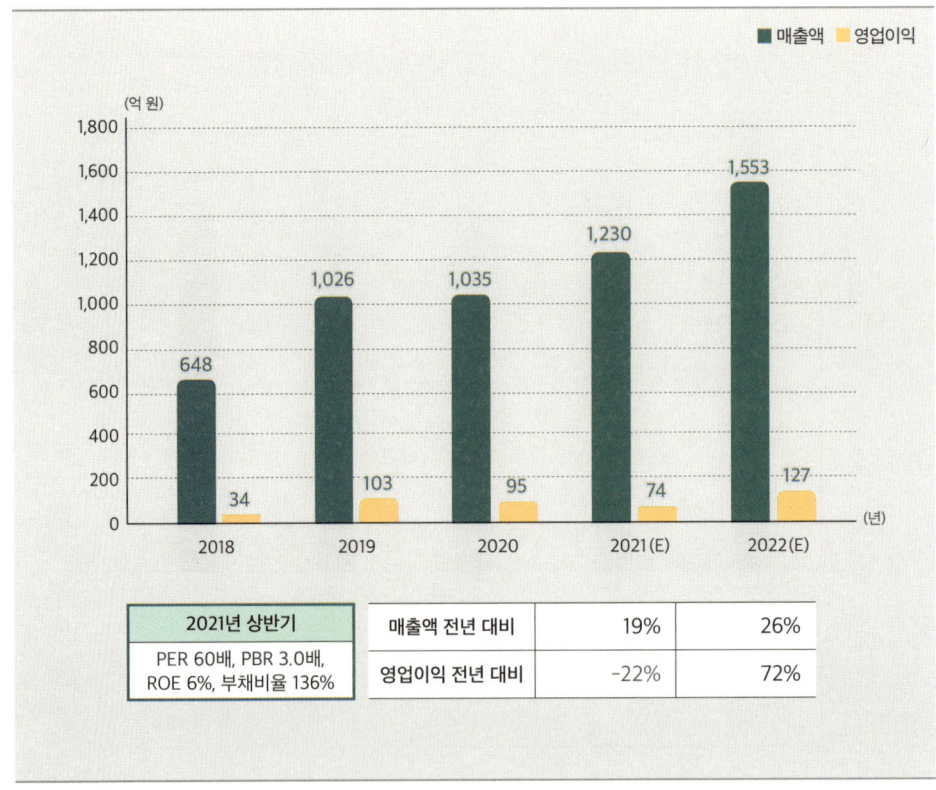

2021년 상반기
PER 60배, PBR 3.0배, ROE 6%, 부채비율 136%

매출액 전년 대비	19%	26%
영업이익 전년 대비	-22%	72%

*2021.09. 기준

삼강엠앤티

풍력발전 하부구조물 | 아시아 및 미국 해상풍력 | 초대형 컨테이너선 수리

시가총액	7,300억 원

주요 주주	송무석 외 4인 39%
총 매출액 중	선박용 블록 및 해양플랜트 65%, 후육 강관 24%

- 해상풍력발전 하부구조물에 주요 자재로 사용되는 후육강관 등 생산
- 국내 유일 VLCC 급 및 초대형 컨테이너선 선박 수리가 가능한 업체
- 초대형 컨테이너선 등이 수용 가능한 플로팅 독(Floating Dock, 전장 430M 급 도킹 가능)을 보유
- 글로벌 경제 정상화에 따른 조선업종 시황 호조세에 수혜받을 전망
- 동사는 해상풍력발전기가 거센 파도에 견딜 수 있도록 단단한 구조물 제조 가능한 기술 보유
- 아시아 해상풍력 하부구조물 절대 강자이자 미국 해상풍력 본격 개화에 수혜받을 전망
- 수심이 깊은 미국 서해안 4.GW 해상풍력 단지 조성 계획에 고정식, 부유식 개발 공존될 것. 동사의 강점 분야

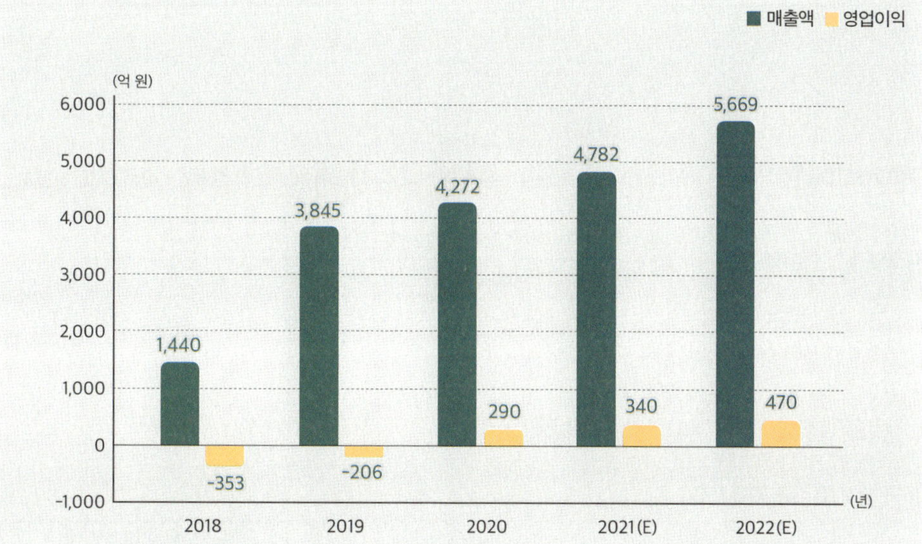

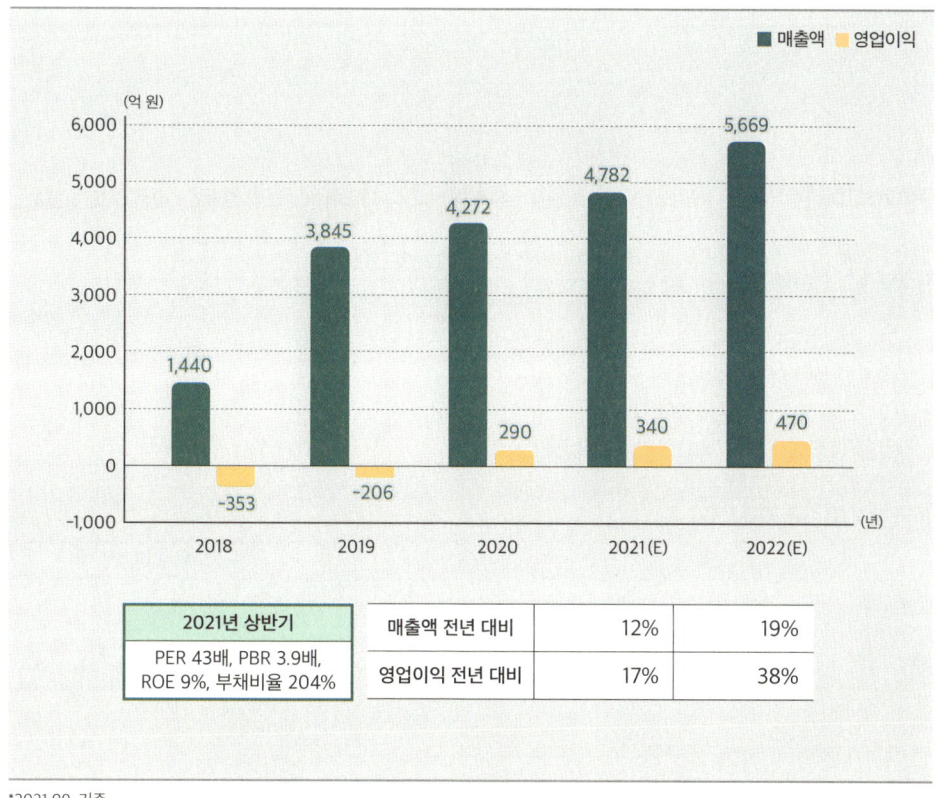

2021년 상반기
PER 43배, PBR 3.9배, ROE 9%, 부채비율 204%

매출액 전년 대비	12%	19%
영업이익 전년 대비	17%	38%

*2021.09. 기준

두산중공업

두산인프라코어 · 원자력 · CCUS · 해상풍력 단지

시가총액	107,845억 원	주요 주주	두산 외 33인 40%
		주 매출처	건설기계 62%, 터빈, 담수처리 등 30%

- 원자력 플랜트, 풍력 터빈, 건설기계 등 사업
- 국내 최초 해상풍력단지 건설 외 국내외 다수 프로젝트에 공급
- 탈원전 리스크 해소 기대 및 영국 CCUS 시장 공략 전망

최근 실적 및 주요 재무지표

	2019년	2020년
매출액	156,597억 원	151,324억 원
영업이익	10,769억 원	1,541억 원

	2021년 상반기	
매출액	69,053억 원	PER -56배, PBR 2.5배, ROE -4%, 부채비율 224%
이익	6267억 원	

케이피에프

풍력 화스너 · 서남해 해상풍력 진출 · 미국 GE · 유럽

시가총액	789억 원	주요 주주	송현홀딩스 외 3인 36%
		주 매출처	화스너(볼트, 너트, 단조) 96%

- 국내 유일 풍력 화스너 생산설비 구축
- 국내는 서남해 해상풍력 사업에 참여
- 미국 GE향 화스너 공급 및 유럽 풍력시장 진출 공략

최근 실적 및 주요 재무지표

	2019년	2020년
매출액	3,763억 원	3,348억 원
영업이익	163억 원	22억 원

	2021년 상반기	
매출액	1,877억 원	PER -51배, PBR 0.5배, ROE -1%, 부채비율 184%
이익	20억 원	

효성

지주사(수소, 스판덱스, 타이어코드) | 해상풍력발전 시스템 | ATM

시가총액	25,391억 원

주요 주주	조현준 외 13인 55%, 국민연금 10%
주 매출처	지주사 수익 68%, 금융 자동화기기 23%

- 효성그룹 계열의 지주회사
- 풍력발전 증속기, 발전기, 제어기, 타워 생산
- 해상용 풍력발전 시스템 자체 개발

최근 실적 및 주요 재무지표

	2019년	2020년	2021년(전망)
매출액	31,756억 원	27,826억 원	34,755억 원(yoy 24%)
영업이익	2,021억 원	1,388억 원	6,794억 원(yoy 389%)

	2021년 상반기	
매출액	16,337억 원	PER 5.2배, PBR 0.9배, ROE 20%, 부채비율 73%
이익	3,186억 원	

동국S&C

컬러강판 | 풍력 타워 | 풍력단지 건설 | 풍력 | 미국향 수출 90%

시가총액	3,594억 원

주요 주주	동국산업 50%
주 매출처	철강 강판 등 53%, 풍력타워 22%

- 풍력발전 타워 생산 및 풍력단지 건설
- GE, 베스타스, 노르덱스 등 주요 기업들에 매출
- 컬러인쇄강판으로 수익성, 풍력으로 성장성 확보 전망

최근 실적 및 주요 재무지표

	2019년	2020년	2021년(전망)
매출액	3,178억 원	2,947억 원	3,560억 원(yoy 20%)
영업이익	142억 원	107억 원	233억 원(yoy 117%)

	2021년 상반기	
매출액	1,976억 원	PER 24배, PBR 1.2배, ROE 1%, 부채비율 51%
이익	116억 원	

세진중공업

현대중공업 · 울산 해상풍력단지

시가총액	3,468억 원

주요 주주	윤지원 외 4인 59%
주 매출처	조선 선실 55%, 선체 43%

- 해상 풍력용 부유식 하부체와 변전설비 제조. 현대중공업 향(向)
- 울산 해상풍력단지 공급망에 포함
- 글로벌 경제 정상화에 따른 조선업 호조에 수혜

최근 실적 및 주요 재무지표

	2019년	2020년	2021년(전망)
매출액	2,959억 원	2,856억 원	2,910억 원(yoy 2%)
영업이익	94억 원	12억 원	248억 원(yoy 1,966%)

	2021년 상반기	
매출액	1,201억 원	PER 12배, PBR 1.9배, ROE 17%, 부채비율 156%
이익	111억 원	

삼영엠텍

풍력발전 · 원전 터빈 · 지진 테마

시가총액	728억 원

주요 주주	강문식 외 5인 23%
주 매출처	플랜트 기자재 37%, 선박엔진 구조재 37%

- 풍력발전 기어박스, 증속기 핵심부품 생산
- 원전 터빈관련 부품을 두산중공업에 공급
- 지진 발생 시 교각 낙교 방지하는 사업 영위

최근 실적 및 주요 재무지표

	2019년	2020년
매출액	698억 원	680억 원
영업이익	31억 원	9억 원

	2021년 상반기	
매출액	382억 원	PER 14배, PBR 0.8배, ROE 6%, 부채비율 41%
이익	9억 원	

DMS

OLED | 풍력발전기 | 호남 풍력발전단지 | 미용의료기기

시가총액	1,887억 원	주요 주주	박용석 외 3인 20%
		주 매출처	디스플레이 FPD 92%

- 2020년 7월, 중형급 풍력발전기 개발
- 호남 풍력발전단지 지분 30% 보유
- OLED 업황 호조에 수혜 및 미용기기업체 '비올' 지분 인수

최근 실적 및 주요 재무지표

	2019년	2020년
매출액	1,962억 원	2,269억 원
영업이익	227억 원	338억 원

	2021년 상반기	
매출액	1,006 원 억	PER 4.2배, PBR 0.7배, ROE 20%, 부채비율 45%
이익	123억 원	

유니슨

풍력 EPC | 부유식 해상풍력

시가총액	3,594억 원	주요 주주	아네모이 외 2인 12%
		주 매출처	풍력발전사업 100%

- 국내 핵심 풍력 EPC 기업(시스템, 타워, 단지 건설)
- 2MW, 4MW급 풍력발전기 플랫폼 보유
- 부유식 해상풍력발전 기술 개발로 성장성 확대 전망

최근 실적 및 주요 재무지표

	2019년	2020년
매출액	759억 원	802억 원
영업이익	-138억 원	-117억 원

	2021년 상반기	
매출액	990억 원	PER -39배, PBR 6배, ROE -15%, 부채비율 233%
이익	59억 원	

스페코

재생아스콘 방위산업 풍력타워 지멘스 가메사

시가총액	1,039억 원

주요 주주	김종섭 33%
주 매출처	풍력타워(멕시코) 52%, 플랜트 32%

- 재생아스콘 플랜트부문 설비 생산업체
- 건설장비 분야와 방위산업 분야의 사업을 영위
- 지멘스가메사에 풍력타워 공급

최근 실적 및 주요 재무지표

	2019년	2020년
매출액	747억 원	788억 원
영업이익	66억 원	120억 원

	2021년 상반기	
매출액	307억 원	PER 19배, PBR 2.4배, ROE 14%, 부채비율 71%
이익	33억 원	

핵심 키워드

피치(Pitch) 베어링
블레이드와 로터를 연결하고 지지하는 역할을 한다. 바람 세기에 따라 날개의 경사각 조절로 출력을 능동적으로 제어한다. 변화하는 풍력에 대응하여 최적의 출력을 나타내야 하기 때문에 정밀 성형 공정 및 가공 기술이 필수적으로 요구된다.

요(Yaw) 베어링
고정된 타워와 회전하는 나셀을 연결하고 지지하는 기어타입의 핵심 부품이다. 풍력 로터축을 항상 바람이 불어오는 방향에 맞게 제어해야 한다. 조직의 균일성 및 오차설계 등 제품의 요구 특성이 까다로우며, 기어 가공 기술은 물론 고주파 열처리 등에 의한 표면 강화 기술이 요구된다.

나셀
수평축 풍력발전기에서 발전기가 받는 공기의 흐름을 조정하기 위한 덮개로 상부에 동력 전달 장치와 그 밖의 장치가 내장되어 있다.

타워
풍력발전기를 지지해주는 구조물이다.

블레이드
바람에너지를 회전 운동에너지로 변환시켜 풍력발전 시스템의 용량과 제어방식을 결정하는 중요한 장치다.

허브 시스템
날개 또는 날개 조립 부품을 로터축에 설치하는 고정 부품이다.

메인 샤프트(주축)
블레이드의 회전 운동에너지를 증속기 또는 발전기에 전달한다.

기어박스(증속기)
주축의 저속회전을 발전용 고속회전으로 변환해 날개에서 발생한 회전력을 발전기에서 요구되는 회전수로 변속하여 발전기로 회전시키는 장치다.

발전기
증속기로부터 전달받은 기계에너지를 전기에너지로 전환하는 장치다.

화스너(Fastener)
건설, 중장비, 배관, 풍력 등의 분야에 시설물과 구조물에 연결부를 고정하는 제품으로, 볼트, 나사 등 부속품을 통칭하는 용어를 뜻한다.

탄소배출권

1 기후변화 문제 해결을 위해 탄소의 비용화가 가속화될 전망
2 유럽연합의 탄소국경세와 그와 유사한 미국의 정책으로 글로벌 탄소배출권 시장 활성화될 것
3 국내 기업들의 탄소배출 유상비중 확대, 주요국의 세금 부과 이슈로 탄소배출권 가격 우상향 전망

핵심 키워드 탄소국경세 탄소배출권 거래제 탄소중립

국제사회는 지구온난화의 원인인 온실가스의 배출을 억제하기 위해 1994년 UN협약을 발표했고 이후 2005년부터 교토의정서를 거쳐 2008년 유럽 탄소배출권 거래 시장이 탄생했다. 전 세계적으로 2015년엔 파리기후변화협정을 채택했고 최근 기후정상회의, 유럽에서는 핏 포 55Fit for 55(기후변화 대응을 위한 12개 항목을 담은 입법 패키지) 등을 통해 2050년 탄소중립이란 목표를 향한 행보에 박차를 가하고 있다. 탄소중립이란 배출되는 탄소와 흡수하는 탄소의 양이 일치하는 상태를 뜻하는데, 탄소중립을 가속화시키기 위한 여러 수단 중, 탄소에 가격을 매기는 방식이 기후 변화 문제를 해결하기 위한 가장 효율적인 방법으로 평가받게 되면서 탄소배출권 시장이 빠르게 발전하고 있다. 동시에 배출권 가격이 우상향하고 있다.

탄소 배출이 돈으로 연결되는 탄소경제 본격화

탄소 경제가 본격화하면서, 이를 자국에 더 유리하게 이용하려는 국가 간 경쟁이 가열되고 있다. 탄소 가격이 올라갈수록 탄소 배출 기업들은 온실가스 배출을 줄이기 위해 실제적인 투자 결정을 내려야 한다. 2020년 유럽에서만 해도 기업들이 당장 탄소배출권을 사야 할 정도로 급한 상황은 아니었지만 유럽 국가들이 온실가스 감축 목표를 기존보다 더 높게 설정하면서 상황이 급변했다. 탄소배출권 보유 기업은 팔지 않으려 하는데 매수

하고자 하는 수요가 많아지면서 배출권 가격이 상승하기 시작했다.

유럽연합은 세계 최초로 탄소 국경세 도입을 공식화했는데 탄소 배출량이 많은 나라에서 만든 상품을 수입해올 때 추가 세금을 내게 한 일종의 징벌적 관세다. 유럽연합 역내 생산품보다 직간접 탄소배출이 많은 수입제품에 대해 비용을 부과해 탄소 배출 감축을 유도하고 있다. 미국 민주당도 최근 친환경 예산안을 마련하면서 유럽연합의의 탄소 국경세와 유사한 오염 유발국 수입세를 제안했다.

유럽연합과 미국의 정책은 탄소 경제가 본격 성장하는 계기가 될 전망인데 배출권 거래 제도에 이어 탄소세까지 등장하면서, 대부분의 상품 제조 원가에 탄소배출 비용이 새로운 항목으로 등장하게 되어 각 기업들의 경영에 원가 부담이 더해지게 됐기 때문이다. 탄소 중립은 지구의 지속가능한 성장을 보장하지만 당장은 탄소 비용 부담에 따른 사회비용 상승과 기업들의 가격경쟁력을 약화시킬 수 있다. 이에 유럽연합과 미국은 모든 국가와 기업들이 공평하게 이행하지 않으면 무임승차자들이 혜택을 볼 수 있기에 이를 원천 차단하고자 할 것이다.

탄소국경세는 정당성과 명분을 갖춘 무역장벽으로 저탄소 경제체제의 중심제도로 자리잡을 것으로 판단된다. 탄소집약적 산업들은 비용증가로 채산성 유지가 어렵게 될 것이며 특히 탄소배출권 가격에 따라 기업가치가 크게 영향을 받을 수 있다.

가치가 지속 우상향될 전망의 탄소배출권

탄소배출권은 온실가스를 배출할 수 있는 권리인데 할당받은 양보다 온실가스를 적게 배출한 기업은 남는 배출권을 이월하거나 시장에 팔 수 있다. 현재 한국 탄소배출권 거래제는 2015년에 개설되어 현재 3기가 시작되어 2025년까지 진행되고 있다. 연간 누적 거래대금은 2015년 139억 원에서 2020년엔 6,200억 원으로 무려 45배가 증가하며 큰 성장을 보이고 있다. 기업들의 탄소배출 할당량 중 유상 비중이 기존 3%에서 10%로 상향되었기에 각 기업은 더 많은 배출권을 구매해야 하며 탄소배출권은 무료 할당량이 매년 꾸준히 감소하기 때문에 가격은 지속 상승할 전망이다.

또한 현재 유럽과 국내의 탄소배출권 가격이 크게 벌어져 있는 점도 가격 상승을 견인할 것이다. 또한 유럽연합의 탄소국경세가 2026년에 본격 시작되고 미국도 2024년부터 탄소 배출이 높은 철강, 알루미늄 등 품목이 50% 함유된 제품에 탄소국경조정부담금 부과를 시작한다면 탄소배출권 가격은 더 가파르게 상승할 전망이다.

국내 탄소배출권 시장, 연간 누적 거래대금

: 2015년 139억 원 대비 2020년 무려 45배 가파른 성장세로 이번 거래제 3기엔 거래대금이 더욱 증가할 전망이다.

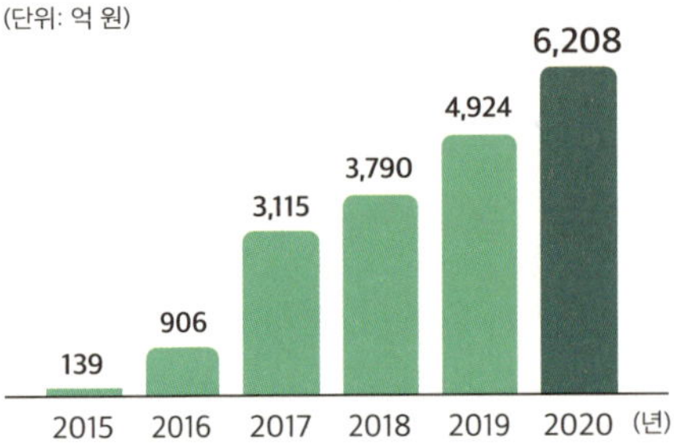

출처: 한국거래소

탄소배출권 가격 전망

: 글로벌 이산화탄소 배출량 1위~3위인 중국, 미국, 유럽연합 모두 2019년 대비 2030년에 탄소배출권 가격은 폭등할 전망이다.

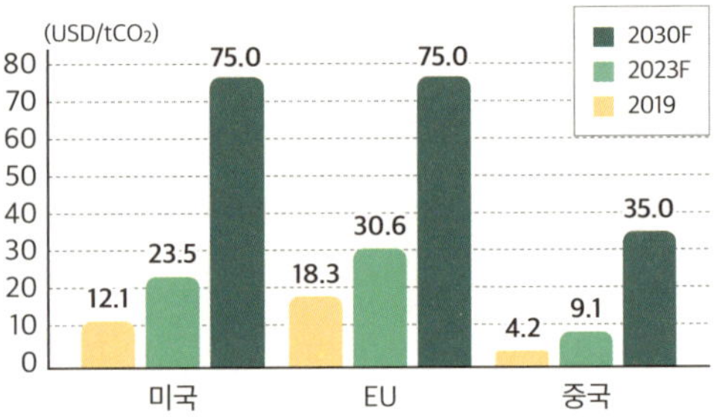

출처: EY한영

주요 국가의 탄소중립 추진계획

: 2050년~2060년 탄소중립을 궁극적 목표로 설정하고, 중간 기간마다 온실가스 감축 이행도를 체크하며 진행하는 중이다. 현 추진계획 대비 향후 감축 강도가 더 강해질 수도 있다.

	계획	탄소 완전중립 목표
미국	2030년 풍력발전 등 2배 확대. 2035년 발전부문 탄소중립 파리기후협약 재가입 2025년까지 2005년 레벨 대비 28% 감축	2050년
중국	2030년까지 2005년 레벨 대비 GDP당 온실가스 배출량 65% 감축	2060년
유럽연합	2030년까지 1990년 레벨 대비 55% 감축	2050년
한국	2030년까지 2017년 레벨 대비 25% 감축	2050년

주요 기업들의 탄소중립 추진 계획

: 글로벌 대표 에너지 기업들뿐 아니라 주요 IT, 플랫폼 기업들도 탄소중립 흐름에 동참하고 있다. 시간이 지날수록 거의 모든 산업에서 이와 같은 흐름에 참여할 전망이다.

BP	2050년까지 탄소배출 제로 달성
엑슨 모빌	2050년까지 탄소배출 제로 달성
토탈	2050년까지 탄소강도 60% 또는 그 이상 감소
아마존	2025년까지 에너지 사용의 100%를 신재생에너지로 조달. 2040년 탄소중립 계획
애플	2030년까지 모든 비즈니스와 서플라이 체인에서 탄소중립 달성 선언
페이스북	2030년까지 모든 밸류체인에서 사용되는 에너지 탈탄소화 계획
구글	2030년까지 탈탄소로 전기 공급, 24시간 탈탄소 에너지로 운영하는 탄소중립 목표

탄소배출권 거래제도

: 국가가 기업별로 탄소배출량을 미리 나눠준 뒤 할당량보다 배출량이 많으면 탄소배출권 거래소에서 배출권을 사야 하는 제도다. 반대로 남은 배출권을 거래소에서 팔 수도 있다.

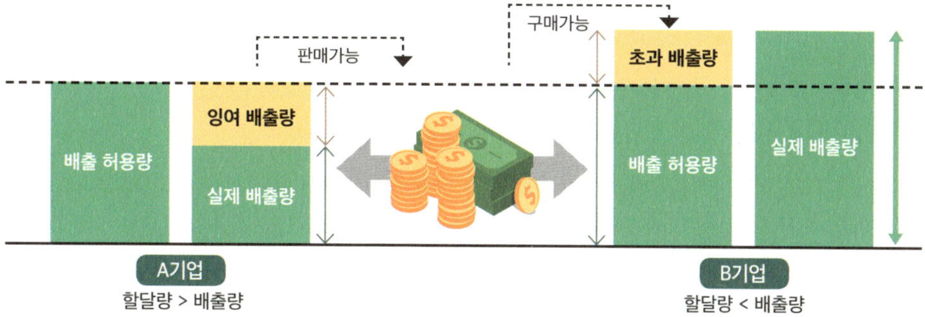

글로벌 기후변화 대응 및 EU 탄소배출권 가격

: 2020년 3월, 전세계 코로나19 발발 및 2021년 미국 조 바이든 정부의 파리기후변화협정 재가입 후 가파른 상승세를 보이는 중이다.

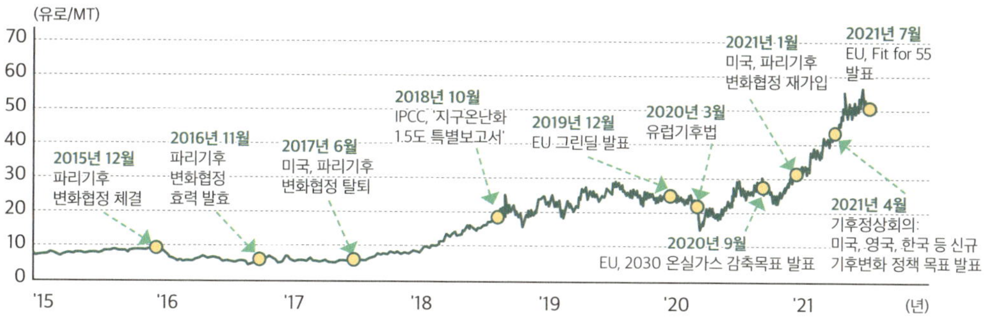

출처: Bloomberg, KTB투자증권

세계 탄소 배출량 예측

: 지구 온도 상승폭이 예상한 목표에 가까워질수록 탄소 배출량을 극도로 억제해야 하지만, 현실적으로 파리기후협약 최대 목표 달성치 도달을 위한 배출량에 주목할 전망이다.

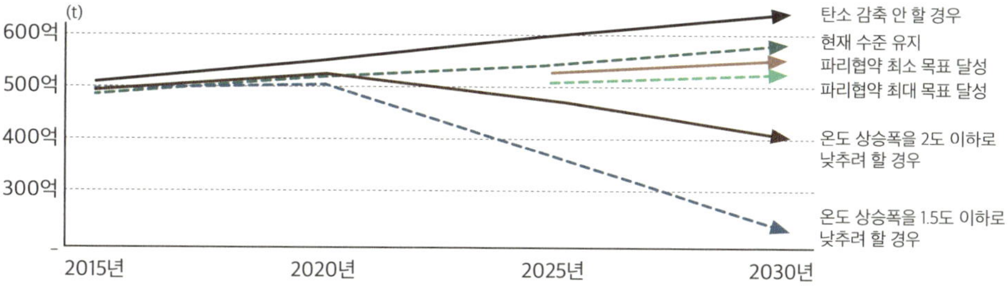

*온도 상승폭은 산업화 이전 대비 2100년 지구 평균 온도 상승폭.

출처: 유엔

탄소배출권 가격 결정 요인

: 공급 및 수요단에서 다양한 결정 요인을 통해 탄소배출권 가격에 영향을 미친다. 배출권 수요 증가 요인에 의해 장기적인 탄소배출권 가격 상승이 전망된다.

	결정 요인	가격에 미치는 영향
공급	할당량 증가	-
	CDM 증가	-
	업체들의 설비 가동률	+ or -
	배출권 이월 한도 제한 등의 제도적 요건 강화	+
수요	NDC 성향 등 탈탄소 행보 가속화	+
	기업들의 개별적 탄소 저감 활동	-
	경제 성장	+
	급격한 기온 변화	+
	석유 및 천연가스 등 연료 가격 상승	+

출처: 김재원(2013), "탄소배출권 현황 및 가격변동 요인 고찰"

탄소가격제 유형 4가지

: 대표적으로 탄소배출권 거래제(ETS) 및 탄소세 시행에 주력할 것이다.

구분	내용
배출권거래제 (ETS)	이산화탄소 등 온실가스를 배출할 수 있는 권리를 상품처럼 매매하는 제도
탄소세 (Carbon tax)	화석 연료에 함유된 탄소 성분을 과세 표준으로 삼아 화석 연료 생산 및 이용에 부과되는 조세
상쇄 매커니즘 (offset mechanism)	프로젝트 결과물로 발생한 배출량 감축분을 제3자의 검증을 거쳐 크레딧으로 인정받은 후 배출권이 필요한 기업에 판매하는 제도
결과 기반 기후 재원 (Result-based Climate Finance)	사전에 설정된 감축 목표를 달성할 경우 자금 지원을 받는 구조

출처: CPLC, 메리츠증권 리서치센터

EU의 탄소국경세 시스템 작동 체계

: CBAM 시행으로 글로벌 국가들의 탄소규제 가속화되며 탄소배출권 시장 확대될 전망이다. 2023년부터 전환기간을 거쳐 2026년 이후 본격적으로 과세될 전망이다.

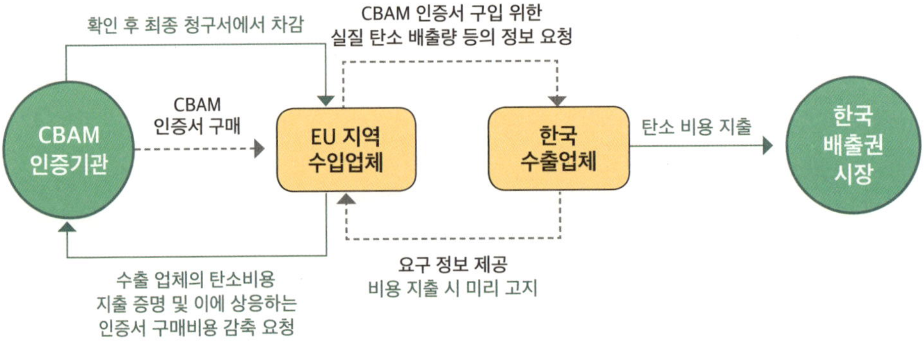

출처: EU, KTB투자증권

탄소세 VS 배출권거래제

	탄소세	배출권거래제
경제적 효율성	온실가스 감축을 달성하는 데 발생하는 총 저감비용을 줄이는 데 효과적	
기술개발 촉진	온실가스 감축과 관련된 신기술 도입 등 저감기술 개발 촉진	
정책 효과	저탄소 산업, 공정채택 유도	
적용성	모든 분야의 탄소 배출에 대해 적용 가능	기업(배출권자) 중심 적용 가정, 상업(건물), 수송부문 및 산업 부문 중소규모 사업장에 적용 어려움
형평성 및 배출자 부담	세수 환원 방법에 의해 결정 세수 활용방법에 따라 배출자 부담 변화	배출권의 할당방법과 경매수입의 환원 방법에 의해 참여자의 부담 변화
탄소가격 형평성 확보	세율의 적정수준 결정이 어려워 형평성 확보가 어려움	시장 메커니즘에 의한 가격 형성으로 형평성 확보 용이
최종배출량 확실성	불확실성 존재(에너지 수요 및 연료가격에 민감)	확실성 존재
정책 수용성	세수 활용방법에 따라 배출자 부담의 차이가 클 수 있기에 특정 배출자들의 반대가 있을 수 있음 타 조세정책과의 조화 필요	배출권의 할당 방법과 전체 온실가스 감축 목표량의 수준에 대한 의견 수렴이 어렵기 때문에 정책 도입에 대한 산업계의 반대가 있을 수 있음
국제 연계	정부 간 협약을 통해서만 이루어질 수 있음	배출권거래제를 도입한 타 국가들과 연계 가능
저항성	국민, 기업을 포함한 모든 주체의 저항 이슈 존재	기업(산업계) 저항 존재

출처: 환경부

지구 온도 상승 1.5도씨 이내로 제한해야 하는 이유

: 인류의 안전을 위한 최소한의 온도 상승 선으로 산업혁명 시기 대비 1.5도씨 이내의 온도로 제한해야 한다. 따라서 글로벌 탄소중립 목표 달성을 위한 행보는 더욱 가속화될 전망이다.

구분	1.5℃	2℃
생태계 및 인간계	높은 위험	매우 높은 위험
산호 소멸	70~80%	99%이상
북극 해방 완전소멸 빈도	100년에 한번 (복원 가능)	10년에 한번 (복원 어려움)
	인류의 안전을 위한 최소한의 선	**감당할 수 없는 자연재해 발생**

출처: 한화저널

글로벌 에너지 패러다임 전환의 장기적 변화

: 탄소 배출 감축에 대한 글로벌 공감대가 실천으로 실행되면서, 2010년 이후 그린(Green)으로 대표되는 신재생에너지의 사용 비중이 급격히 늘어나는 중이다.

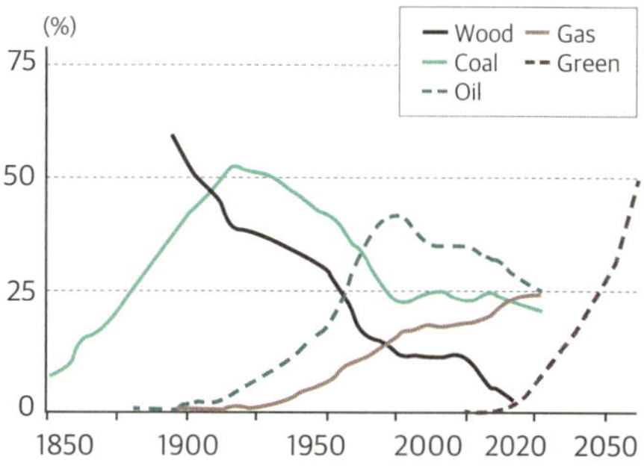

출처: IEA, 신한금융투자

테마 밸류 체인

- **탄소배출권** (국내외)
  - **탄소배출권**
    - 휴켐스
    - 후성
    - KC코트렐
    - KC그린홀딩스
    - 에코바이오
    - 신성이엔지
    - 이건산업
    - 이건홀딩스
    - SGC에너지
  - **온실가스 감축**
    - 촉매
      - 켐트로스
      - 에코프로
    - 감축사업
      - 한솔홈데코
      - 클라우드에어
      - 에코프로에이치엔
    - CCUS
      - 그린케미칼
      - KC 코트렐
      - 유니드
      - 태경비케이
    - 차량 배기가스 정화 — 세종공업
    - 자원화 기술 — 에스코넥
  - **해외 기업**
    - Valero Energy(미국)
    - 테슬라(미국)
  - **ETF**
    - Blackrock US Carbon Transition Readiness ETF - LCTU
    - Blackrock World ex US Carbon Transition Readiness ETF - LCTD
    - IShares MSCI ACWI Low Carbon Target ETF - CRBN
    - KFA Global Carbon ETF - KRBN
    - IPath Series B Carbon ETN - GRN

해외 대표 기업

테슬라

시가총액	856조 원

	2021년	2022년(전망)
매출액	약 58.5조 원	약 79.8조 원
순이익	약 4.6조 원	약 7.8조 원

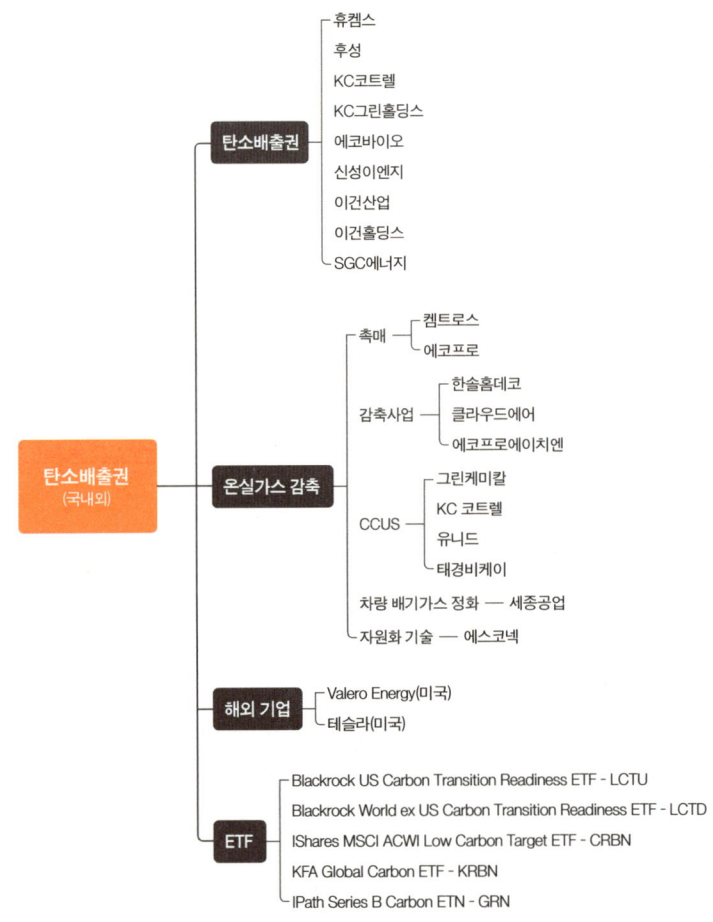

- 글로벌 전기차 업계를 선도하는 완성차 기업
- 전기차는 탄소 배출을 하지 않기에 탄소배출권 판매로 수익 창출
- 2020년, 테슬라는 탄소배출권 판매로 약 1조 8,600억 원의 매출 기록
- 기존의 글로벌 완성차들의 전기차 시장 진출로 테슬라의 탄소배출권 판매는 점차 줄어들 전망
- 탄소배출권 판매 없이도 흑자를 낼 수 있다는 점을 증명하는 것이 테슬라의 과제

휴켐스

DNT | MNB | 초안 | 탄소배출권 1위 | 높은 영업이익률

시가총액	1.1조 원

주요 주주	태광실업 외 2인 43%, 농협경제지주 8%, 국민연금공단 8%
총 매출액 중	DNT 및 MNB 69%, 질산 및 초안 27%, 탄소배출권 3%

- 질산을 토대로 DNT, MNB, 초안을 생산하며 국내 최대규모 탄소배출권 판매도 영위
- DNT와 MNB의 경우 국내 시장을 독점하는 등 강력한 시장지배력 확보
- 질산 공장에 탄소 저감설비를 부착해 탄소배출권을 인정받고 있음
- UN으로부터 100만 톤 규모의 CER 인증을 얻어 탄소배출권 대장주로 부각
- 동사의 탄소배출권 청정개발체제는 연간 160만 톤으로 국내 최대 규모
- 탄소배출권 사업의 약 60%~70%에 이르는 높은 영업이익률 주목
- 질산 2~5공장에 저감장치 설치 및 2023년 6공장 증설로 탄소배출권 이익 추가 증가 기대

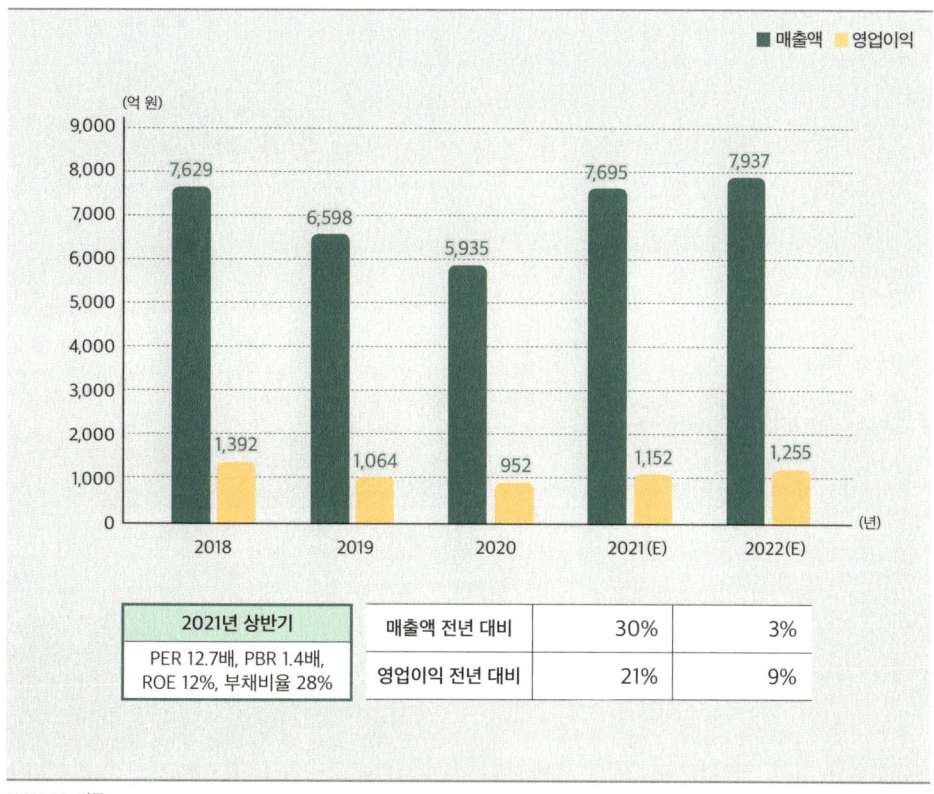

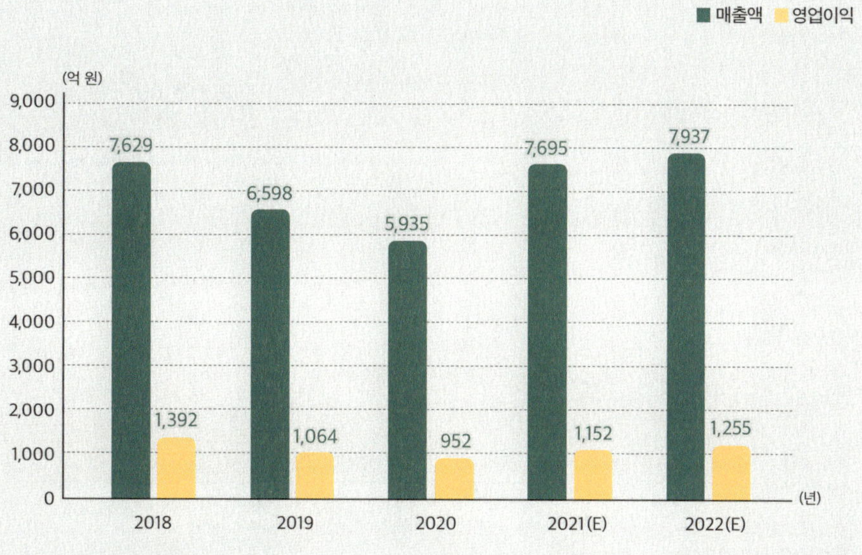

2021년 상반기
PER 12.7배, PBR 1.4배, ROE 12%, 부채비율 28%

매출액 전년 대비	30%	3%
영업이익 전년 대비	21%	9%

*2021.09. 기준

에코프로에이치엔

친환경 토탈 솔루션 | 유해가스 | 미세먼지 제거 | 탄소배출권 신사업 진출

시가총액	1.5조 원	주요 주주	이동채 외 10인 19%, 국민연금공단 5%
		총 매출액 중	온실가스 감축 36%, 클린룸 필터 32%, 미세먼지 저감 30%

- 국내 유일의 친환경 토탈 솔루션 전문 기업
- 온실가스, 유해가스 저감장치, 대기환경 플랜트 제조 사업 영위
- 클린룸 케미컬 필터: IT 공정 클린룸 내부의 유해가스 제거
- 미세먼지 저감 솔루션: 중후장대 산업에서 발생하는 미세먼지 원인 제거
- 온실가스 감축 솔루션: IT 산업에서 발생하는 온실가스 분해
- 최근, CDM사업(탄소배출권 사업)으로의 신사업 진출
- 개도국 기업의 질산 생산과정에서 배출되는 N2O를 저감시키는 사업 추진
- 2022년부터 이를 위한 설비 투자 집행 전망

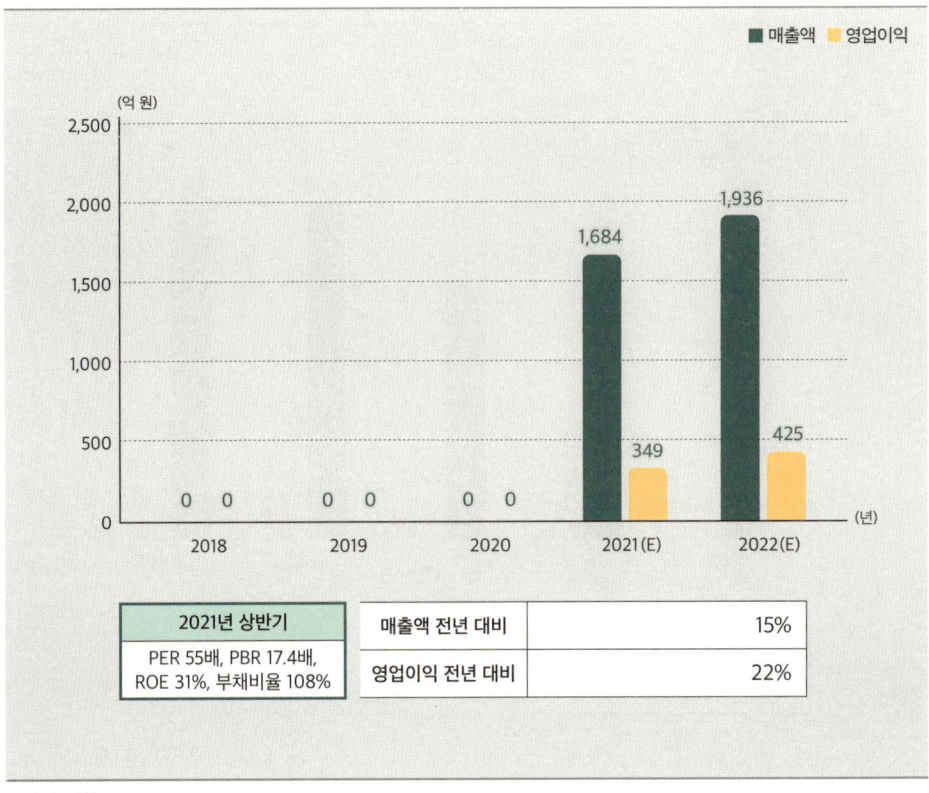

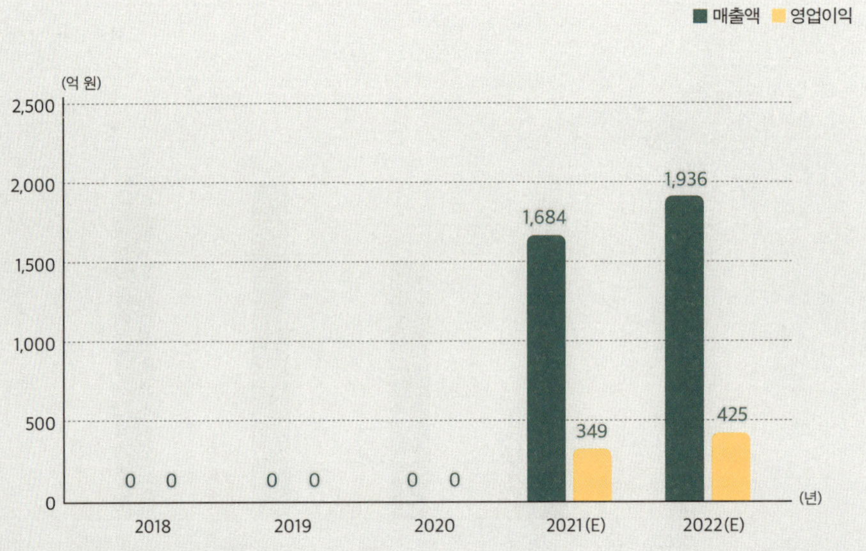

2021년 상반기
PER 55배, PBR 17.4배, ROE 31%, 부채비율 108%

매출액 전년 대비	15%
영업이익 전년 대비	22%

*2021.09. 기준

후성

냉매가스 | 반도체 식각공정 가스 | 2차전지 전해질 | 탄소배출권

시가총액	1.8조 원

주요 주주	김용민 외 13인 49%, 국민연금공단 7%
총 매출액 중	냉매가스 98%, 2차전지 소재 13%, 기타 조정 -11%

- 불소 화합물(냉매가스, 반도체용 특수가스, 2차전지 전해질 소재) 제조
- 2차전지 배터리 수요 급증으로 전해질 소재의 국내 및 중국 판매 상승
- 중국의 환경규제 강화로 중국 기업의 전해질 LiPF6 증설 차질에 반사 수혜 전망
- 반도체 업황 호조로 전공정 소재인 C4F6 및 WF6 수요 증가
- 냉매가스 제조 과정에서 발생하는 온실가스를 감축할 수 있는 저감장치 보유
- 일본 스미토모 사와 탄소배출권 판매 계약

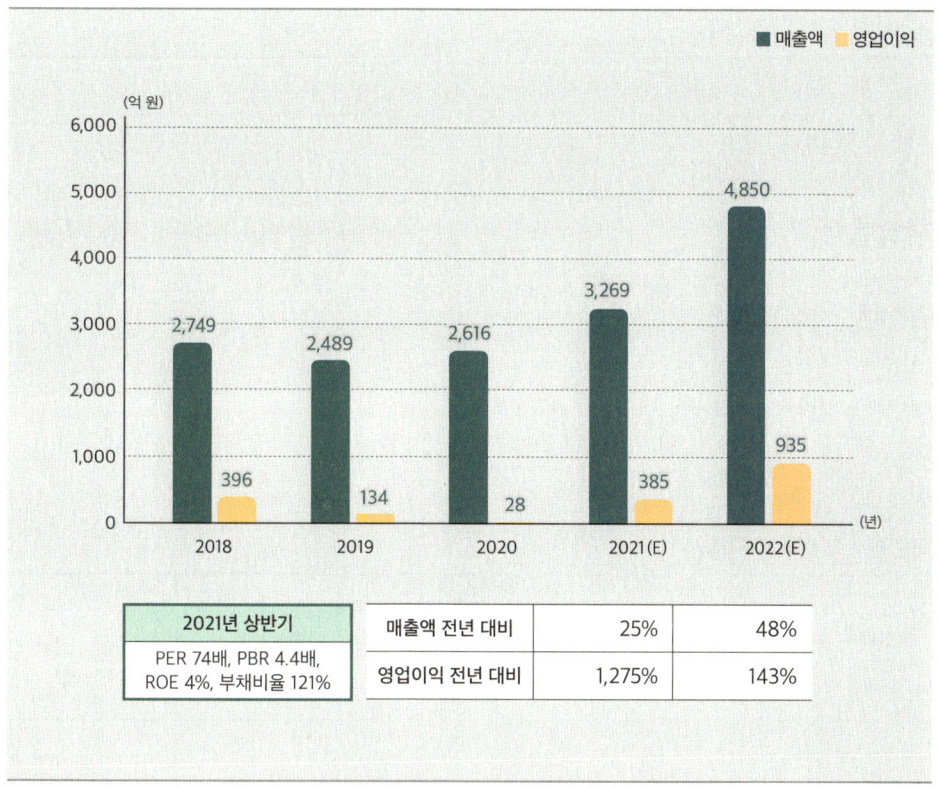

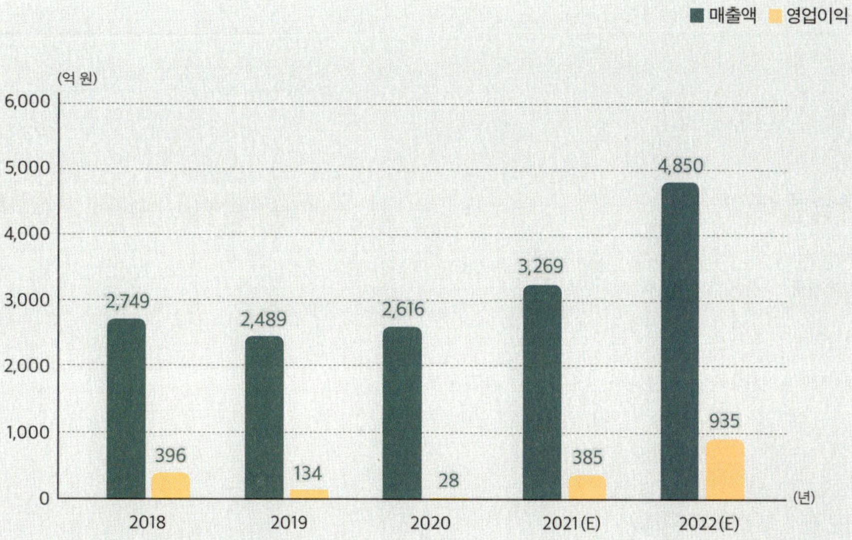

2021년 상반기
PER 74배, PBR 4.4배, ROE 4%, 부채비율 121%

매출액 전년 대비	25%	48%
영업이익 전년 대비	1,275%	143%

*2021.09. 기준

KC코트렐

환경오염 방지 | 탄소 포집

시가총액	1,457억 원	주요 주주	KC그린홀딩스 34%
		주 매출처	환경플랜트 100%

- 환경오염 방지에 필요한 기계 및 태양광 사업 영위
- CO_2 포집 후 제거하는 집진설비 국내 최초 국산화
- 탈황설비, 집진설비로 탄소배출권 획득

최근 실적 및 주요 재무지표

	2019년	2020년
매출액	3,006억 원	3,279억 원
영업이익	85억 원	-447억 원

	2021년 상반기	
매출액	1,420억 원	PER -2배, PBR 4.3배, ROE -99%, 부채비율 1085%
이익	23억 원	

한솔홈데코

MDF(목재 합판) | 마루 | 온실가스 감축

시가총액	1,575억 원	주요 주주	한솔홀딩스 외 1인 23%
		주 매출처	목재 보드(MDF) 52%, 마루 25%

- 뉴질랜드 조림 사업에 진출해 탄소배출권 임대 판매
- 익산 폐목재 스팀 활용 온실가스 감축 사업 인증 받음
- 탄소배출권 시장 확대에 따른 수혜 전망

최근 실적 및 주요 재무지표

	2019년	2020년
매출액	2,639억 원	2,532억 원
영업이익	-17억 원	29억 원

	2021년 상반기	
매출액	1,233억 원	PER 129배, PBR 1.0배, ROE 1%, 부채비율 92%
이익	60억 원	

에코바이오

친환경 바이오 | 수소 스테이션 | 바이오가스 자원화

시가총액	1,048억 원	주요 주주	송효순 외 3인 39%
		주 매출처	신재생에너지 기반시설 건설, 관리 96%

- 바이오 황을 친환경 바이오 제품으로 생산
- 상암 수소 스테이션 운영
- 바이오가스 자원화 사업을 통한 탄소배출권 판매

최근 실적 및 주요 재무지표

	2019년	2020년
매출액	173억 원	182억 원
영업이익	10억 원	15억 원

	2021년 상반기	
매출액	72억 원	PER 16.1배, PBR 1.5배, ROE 9%, 부채비율 36%
이익	9억 원	

유니드

칼륨 세계 1위 | PVC | 인프라 | 건설 | MDF

시가총액	13,024억 원	주요 주주	유니드글로벌상사 25%, 이화영 9%
		주 매출처	화학제품 41%, 해외사업부 38%

- 탄소포집 흡수제인 칼륨계 세계 점유율 1위(30%)
- CCUS 흡수제가 탄산칼륨계로 전환 중. 최대 수혜
- 건설에 쓰이는 PVC 및 가구에 쓰이는 목재합판 생산

최근 실적 및 주요 재무지표

	2019년	2020년	2021년(전망)
매출액	8,752억 원	8,905억 원	10,417억(yoy 17%)
영업이익	848억 원	962억 원	1,800억 원(yoy 87%)

	2021년 상반기	
매출액	5,309억 원	PER 6.3배, PBR 0.7배, ROE 20%, 부채비율 31%
이익	992억 원	

이건산업

마루바닥재 | 합판, 강화 마루 | 해외 조림사업

시가총액	1,594억 원	주요 주주	박승준 외 4인 35%
		주 매출처	목재 합판 91%

- 합판, 원목, 제재목 등의 목재 생산업체
- 마루바닥재 산업에서 동사의 강점인 합판마루, 강화마루 분야 성장
- 솔로몬군도의 해외법인 조림사업으로 온실가스 배출권 확보 및 리스 사업 영위

최근 실적 및 주요 재무지표

	2019년	2020년	2021년(전망)
매출액	2,797억 원	2,569억 원	2,729억 원(yoy 6%)
영업이익	96억 원	58억 원	350억 원(yoy 503%)

	2021년 상반기	
매출액	1,344억 원	PER 6.4배, PBR 0.7배, ROE 6%, 부채비율 115%
이익	228억 원	

클라우드에어

LED 패키지 | 이산화탄소 저감 기술 | 정치테마주

시가총액	947억 원	주요 주주	김병진 외 2인 16%
		주 매출처	LED 제품 96%

- LED 패키지 제조 및 판매
- 대학과의 협력으로 이산화탄소 저감 기술 계약
- 정치테마주로 엮이며 주가 변동성 심화

최근 실적 및 주요 재무지표

	2019년	2020년
매출액	135억 원	136억 원
영업이익	-1억 원	-10억 원

	2021년 상반기	
매출액	82억 원	PER -18배, PBR 1.3배, ROE -6%, 부채비율 5%
이익	11억 원	

핵심 키워드

탄소배출권

6대 온실가스(이산화탄소, 메테인, 아산화질소, 과불화탄소, 수소불화탄소, 육불화황) 감축 의무가 있는 국가에 배출할 수 있는 할당량을 부여한 후 이들 국가 간에 할당된 배출권 거래를 허용하는 제도다. 국가가 배출권을 각 기업에 할당하기 때문에 일반적으로 기업 사이에서 거래가 발생한다. 탄소배출 감축 설비 등이 부족한 기업은 탄소배출권을 시장에서 구입해야 한다. 반면 탄소배출 저감장치 설치, 공장 가동률 감소 등으로 잉여 배출권이 발생한 기업은 이를 팔아 수익을 얻을 수 있다.

탄소배출권거래제

온실가스를 배출할 수 있는 권리를 상품처럼 매매하는 제도를 지칭한다. 글로벌 탄소시장은 국가 간 거래, 국내 기업간 거래 등 다양한 형태로 운용되고 있으며, 한국을 비롯한 유럽연합, 미국, 중국, 뉴질랜드 등에서 탄소배출권 거래제를 시행하고 있다. 국제협약 및 개별 국가의 법을 통해 온실가스를 배출할 수 있는 권리는 양적으로 제한되어 있다. 특정 기업이 배출권 미만으로 온실가스를 배출하면 여유분 만큼의 배출권을 다른 기업에 팔 수 있고, 배출권을 초과한 기업은 초과분을 다른 기업으로부터 매입하는 것이 허용된다. 배출권이 배출량에 비해 부족한 기업은 배출권 매입으로 과징금 부과를 피할 수 있으며, 배출권을 매도한 기업은 매각 수익을 향유할 수 있다.

탄소국경세

유럽연합 내 생산 제품과 수입품 간의 탄소 가격 공평성 확보 및 탄소 누출 방지를 위한 목적으로 신설되었다. 국내외 친환경 생산에 투자하려는 인센티브를 약화시키는 탄소배출권 거래제의 대안이 된다. 원칙적으로 유럽연합에 포함되지 않은 모든 국가가 해당된다. 2023년에 전환기간을 거쳐 2026년부터 전면 도입될 전망이다. 수입업체가 사전에 연간 수입량을 신고하고 해당되는 탄소 배출분만큼 CBAM 인증서를 구매해야 한다. 매년 신고를 통해 인증서를 구매해야 하며, 이월은 불가능. 수출업체가 자국에서 탄소배출권 거래제를 통해 탄소 가격을 이미 지불한 경우, 수입 업체가 해당 가격에 상응하는 만큼의 비용 감면 요청 가능하다.

CCUS(탄소 포집 및 저장)

1 CCUS: 화석연료를 사용하는 산업에서 발생하는 이산화탄소가 공기로 방출되는 것을 막고 지하에 저장하거나 재활용하는 기술
2 글로벌 탄소배출 저감을 목표로 CCUS 기술이 최근 관심받기 시작함
3 탄소 배출이 점차 심각한 비용 부담을 야기하면 이에 비례하여 CCUS 산업이 급성장할 전망

핵심 키워드 탄소 포집 / 탄소 저장 / CCS / CCU / EOR

2005년 발효된 교토의정서와 2015년에 체결된 파리기후변화협약 그리고 2021년에 유럽연합에서 진행된 핏 포 55Fit for 55(기후변화 대응을 위한 12개 항목을 담은 입법 패키지)를 통해 전 세계는 2050년 탄소 중립을 목표로 함께 협력하면서도 치열한 경쟁을 시작하게 되었다. 발생하던 탄소를 줄이는 방법으로는 탄소 자체를 발생시키지 않기 위해 신재생에너지를 사용하는 접근이 먼저 이뤄졌지만 기대만큼 빠른 성과를 보여주진 못하고 있으며 산업구조상 어쩔 수 없이 화석연료를 사용해야 하는 산업의 경우엔 적절한 방법을 찾지 못했다. 그중 CCUS 기술이 최근 관심을 받기 시작했다.

CCUS(Carbon Capture & Utilization & Storage)란?

화석연료를 사용하는 발전소, 제철소, 시멘트 공장 등에서 나오는 배기가스에서 배출되는 이산화탄소가 공기 중으로 방출되는 것을 막고(고농도로 포집) 압축, 수송 과정을 통해 땅이나 바닷속에 저장하거나 필요한 곳에 재활용하는 기술을 말한다. 국제에너지기구IEA는 탄소배출을 제로로 만들 수 있는 유일한 기술이라고 언급했다. 테슬라의 CEO 일론 머스크는 최고의 CCUS 기술에 1억 달러를 기부하겠다고 할 정도로 최근 관심이 집중되고 있는 분야다. ESG 경영을 뒷받침하는 기술 가운데 첨단으로 분류된다.

CCUS는 에너지 전환의 브릿지 기술로서 탄소 감축과정의 과도기에서 큰 역할을 담당

할 것으로 전망된다. CCUS를 활용하면 탄소배출이 많은 기업들은 상대적으로 저렴한 가격에 CCUS를 통해 탄소 배출을 저감할 수 있고 시멘트, 장거리 항공 등 탄소 감축이 어려운 산업에서도 대응을 할 수 있게 해준다. 또한 천연가스 개질을 통한 수소 생산 시 발생하는 탄소포집을 통해 블루 수소를 완성할 수 있는 장점이 있다.

주요국 및 기업들의 행보

기술 난도가 높고 상용화까지 불확실성 역시 높다 보니 국내에선 기초연구 단계에 머물러 있다. 그러나 2017년 이후 미국, 유럽뿐 아니라 호주, 중국, 중동, 뉴질랜드 등에서 신규 CCUS 설비 계획을 발표하고 있다. 최근 CCUS 신규 설비를 시작한 16개 프로젝트들은 도합 270억 달러의 투자금을 유치하면서 2010년~2017년 도합 CCUS 합산 투자액의 2배를 넘어선 가파른 행보를 보이고 있다.

CCUS는 코로나19가 확산된 2020년에도 투자가 정상적으로 이뤄지고 있는데, 영국, 미국, 호주, 노르웨이 등이 선두권에서 활발한 투자를 집행하고 있다. 또한 엑손 모빌, 로얄더치쉘 등 글로벌 오일 메이저들이 CCUS 기술을 선도하며 미래를 위한 선투자를 진행하고 있다. 탄소포집 비용은 주요국들의 R&D 투자 지원 및 기업들의 규모의 경제 확보로 빠르게 하락하여 기술 채용 기업들 숫자가 급속도로 늘어날 것으로 전망한다.

전망

국제에너지기구는 2070년에 전 세계가 저감시킬 탄소의 약 15%가 CCUS 기술을 통해 이뤄질 것으로 전망했고 2050년까지 전 세계가 감축해야 하는 탄소의 약 41%를(발전 분야는 제외) CCUS가 해결해줄 것으로 전망하고 있다. 지금은 각 기업들이 별도로 CCUS 기술 채용에 선뜻 나서지 못하고 있으나 탄소 배출이 비용 부담이 되는 속도가 빨라지고 있기에 결국 산업계의 CCUS 채용 속도는 글로벌 탄소배출 규제 강화 및 그로 인한 탄소 배출 비용이 더 높아짐에 따라 빨라질 것으로 전망한다. 특히 탄소 배출이 상대적으로 많은 철강 및 시멘트 업계는 CCUS 기술 개발을 중장기 전략으로 천명하고 있다. 이는 해당 산업 분야를 탄소로부터 구원할 거의 유일한 해결책으로 평가받고 있다.

글로벌 탄소포집 연관 시장 전망

: 2022년 7.4조 원 대비 2026년에는 29.7조 원으로 약 4배 성장할 전망이다.

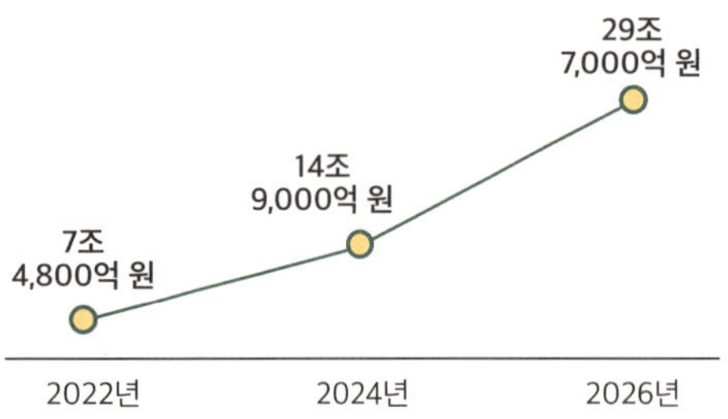

출처: 인더스트리 아크

CCUS를 통한 이산화탄소 제거량

: 저감 및 포집이 거의 전무했던 2020년 대비, 2050년에는 연간 76억 톤 정도 포집할 전망이다.

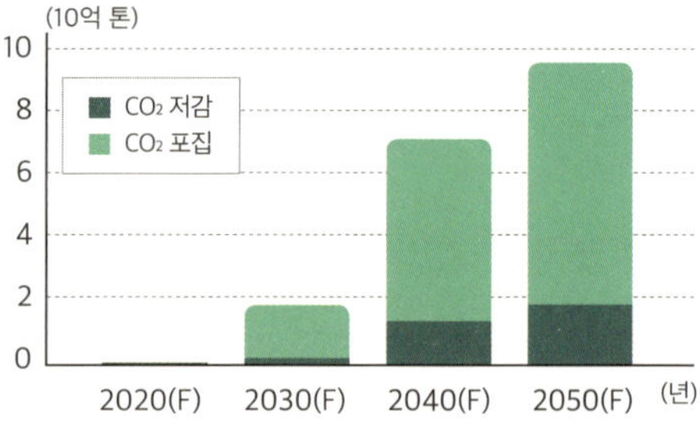

출처: IEA

CCUS의 개념도

: 이산화탄소 배출→포집(습식, 건식, 분리막포집)→전환 활용(연료, 화학제품, 건설소재 등) 또는 그대로 사용(공업용, 식음료용, 농업용)→저장(해상 또는 육상)

구분	배출	포집	활용(전환)	활용(비전환)	저장
설명	발전, 산업 공정에서 온실가스 배출 (=배출가스)	배출가스에서 이산화탄소를 선택적으로 포집	이산화탄소를 산업 원료 및 제품으로 활용		이산화탄소를 지하 지층에 주입해 저장
방법		1)습식포집 2)건식포집 3)분리막포집	1)화학전환 2)생물전환 3)광물화	전환하지 않고 그대로 사용	1)해상 저장 2)육상 저장
용도			1)연료(수소 등) 2)화학제품 3)건설소재	1)공업용 2)식음료용 3)농업용	

출처: 정부 관계부처 합동(이산화탄소 포집 활용(CCU) 기술 혁신 로드맵(안)), KTB투자증권

주요 글로벌 산업별 이산화탄소 포집량 전망

: 제철, 화학, 시멘트, 석탄, 천연가스 등 산업에서 이산화탄소가 다량 발생하며 이 영역에서 CCUS 산업 니즈가 빠르게 대두될 것이다.

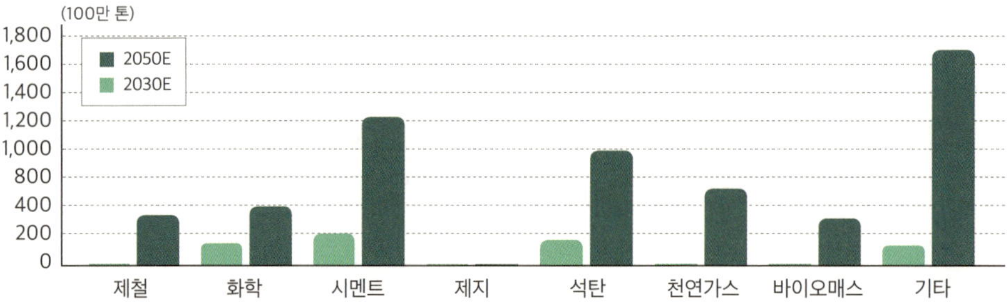

출처: IEA, 메리츠증권 리서치센터

CCS와 CCU의 개념도

: CCS는 포집된 이산화탄소를 영구 저장하는 방식이며 CCU는 이산화탄소를 별도의 용도로 활용하거나 화학반응을 통해 재활용하는 방식이다.

탄소 포집 · 활용 · 저장 개념도

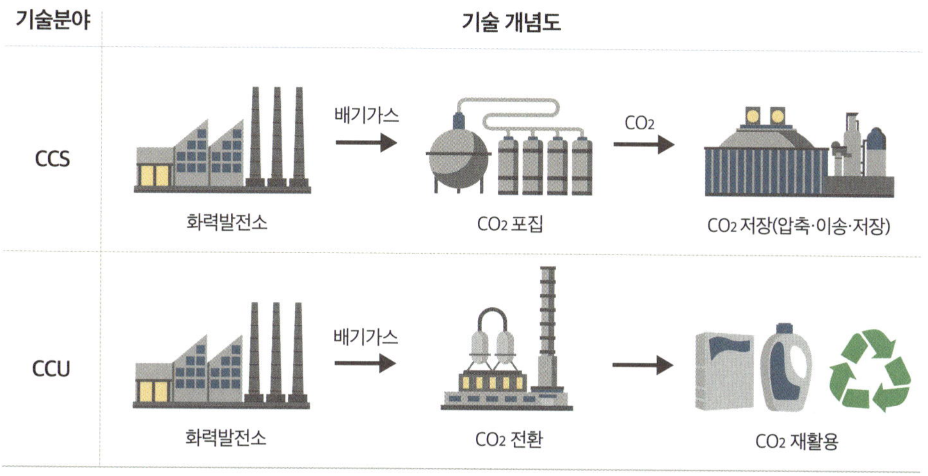

출처: CCU 기술 개발 국내외 기술 동향(한국전력공사 전력연구원, 2016년)

EOR 방식(Enhanced Oil Recovery. 석유회수증진)

: 원유를 채굴할 때 처음보다 압력이 하락해 채굴량이 감소하면 물이나 가스를 주입해 생산량을 증대시키며 이 과정에서 이산화탄소를 봉인시킬 수 있다.

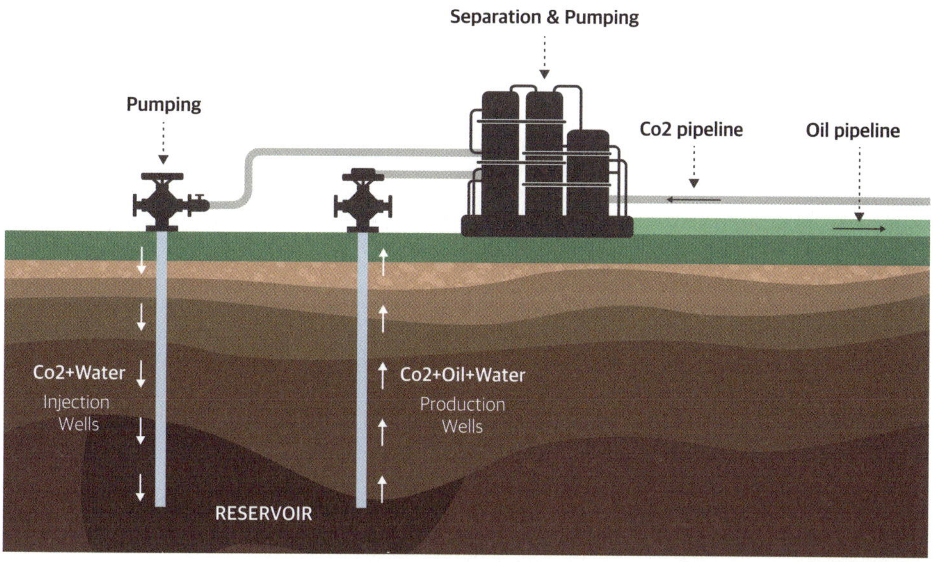

출처: KAPSARC

CCUS 밸류체인

: 산업 환경에서 배출되는 이산화탄소를 분리시킨 후 압축 및 정화 과정을 거친다. 이후 파이프라인이나 배를 통해 땅이나 바닷속에 저장하거나 재활용하는 과정을 진행한다.

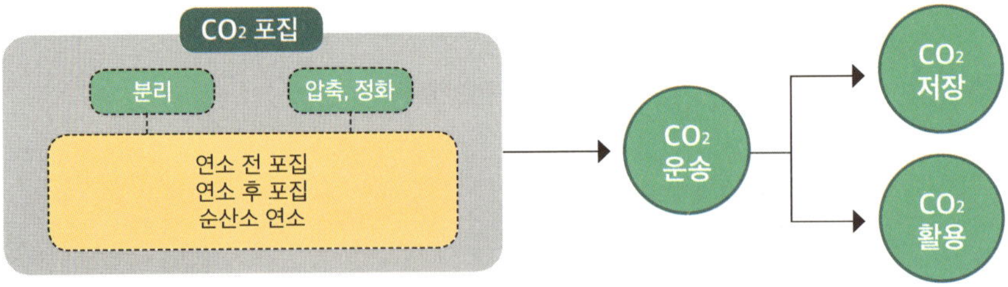

주요국 및 국내 대표 기업들의 CCUS 관련 추진 현황 및 전망

북미	2020년 말 기준, 18개의 CCS프로젝트 상업 운영 중. 이산화탄소 처리용량은 연간 약 2,600만 톤 규모
	2030년까지 19개 프로젝트가 추가로 개발될 예정. 처리규모 연간 약 4,000만 톤 수준
	미국의 CCUS 시설이 포집하고 있는 탄소는 전 세계 포집 용량의 약 2/3(연 25메가톤)
유럽	2020년 말 노르웨이 2개 지역에서 지중저장 프로젝트 상업운영 중
	2030년까지 노르웨이와 영국, 아일랜드 등 총 11개의 프로젝트 개발 예정
중국	석유, 가스 국유기업 시노펙, 기존 유전, 가스전에 100만 톤급 CCUS 프로젝트 추진 계획
	2021년 6월, 국가발전개혁위원회가 전국 CCUS 사업 관련 운영 및 건설 현황 보고 지시
	2020년 말 기준, 중국은 총 35개의 CCUS 사업 운영 중. 아직 규모는 작지만 점차 확대 중
일본	2023년까지 상업적 규모의 CCUS 기술 확립 계획
한국	2021년 4월, CCUS 기술 개발과 상용화 확산 위한 민관협동 'K-CCUS' 추진단 발족
	보령화력의 탄소포집 실증 플랜트, 하루 180톤 가량의 이산화탄소 포집기술 실증
	화동화력의 10MW급 실증 플랜트, 하루 150톤 가량의 실증 완료
	2050년부터 CCS는 동해가전을 활용해 연간 40만 톤씩 총 1,200만 톤의 이산화탄소 지중 저장
	서해 군산분지 대염수층에 대규모 저장을 목표로 범정부적인 실증 프로젝트 진행 중
	포항에서 해상 이산화탄소 지중저장 실증에 성공함. 세계 3번째 해상실증 완료
SK E&S	2025년부터 호주 바로사-깔디따 해상가스전 활용 시 발생하는 이산화탄소를 CCS를 통해 포집, 제거
포스코	CCUS나 수소환원제철과 같은 혁신적인 기술개발로 철강 생산과정에서 탄소 발생하지 않겠다 밝힘
롯데 케미칼	여수1공장에 CCU 설비설치 해연 6만 톤의 이산화탄소 포집을 위한 실증연구 진행
삼성 엔지니어링	2021년 6월, 미국 에너지 기술기업 베이커휴즈와 CCUS 및 수소사업 협력 위한 업무협약 체결
한국지역 난방공사	2023년까지 1MW급 도심형 컴팩트 CCUS 실증 추진 예정

테마 밸류 체인

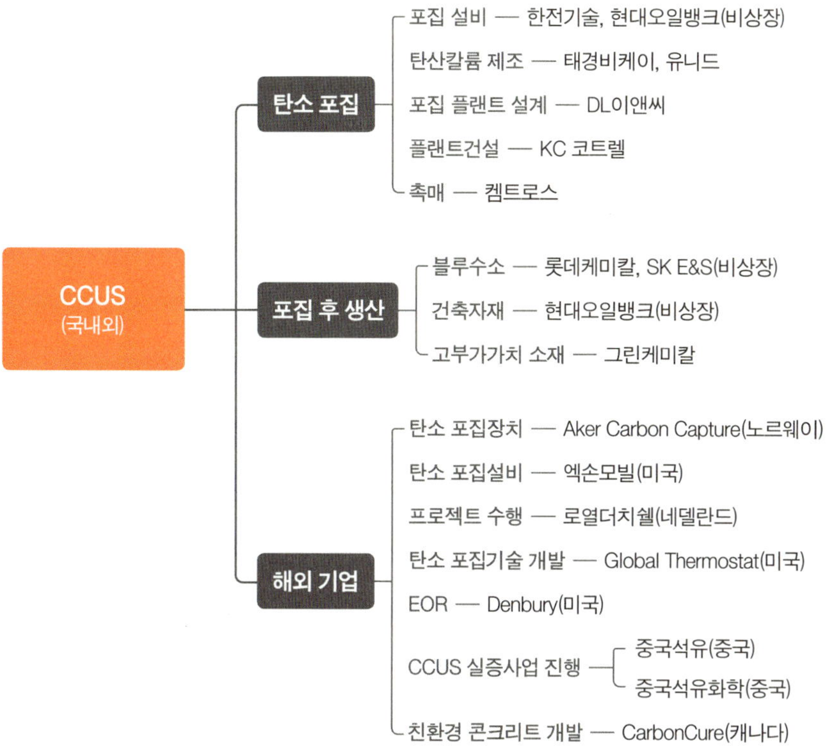

해외 대표 기업

Aker Carbon Capture

시가총액	약 1.5조 원

	2021년	2022년(전망)
매출액	약 545억 원	약 1,276억 원
순이익	약 -116억 원 적자	약 -150억 원 적자

- 20년 이상의 업력을 보유한 탄소포집 장치 제조 및 설치 기업
- 글로벌 유일의 순수한 탄소포집 기업
- 마이크로소프트와 오스테드(Orsted) 등 다수의 주요 기업과 협업 중
- 기존 CCUS는 높은 비용으로 인해 자본력을 갖춘 대기업 위주로 파일럿 프로젝트 성격의 설치 이뤄졌음
- 유럽연합의 탄소국경조정세의 도입으로 CCUS의 상대적 매력도 높아질 전망
- 2023년부터 시행되는 탄소국경조정세 및 미국의 뒤 행보가 매출 성장을 견인할 전망
- 노르웨이 오슬로 증권거래소에 상장되어 있음

핵심 기업 소개

유니드

칼륨 세계 1위 | PVC | 인프라 | 건설 | 목재 합판(MDF)

시가총액	13,024억 원	주요 주주	유니드글로벌상사 25%, 이화영 9%
		주 매출처	화학제품 41%, 해외사업부 38%

- 탄소포집 흡수제인 칼륨계 세계 점유율 1위(30%)
- CCUS 흡수제가 탄산칼륨계로 전환 중. 최대 수혜
- 건설에 쓰이는 PVC 및 가구에 쓰이는 목재 합판 생산

최근 실적 및 주요 재무지표

	2019년	2020년	2021년(전망)
매출액	8,752억 원	8,905억 원	10,417억(yoy 17%)
영업이익	848억 원	962억 원	1,800억 원(yoy 87%)

	2021년 상반기	
매출액	5,309억 원	PER 6.3배, PBR 0.7배, ROE 20%, 부채비율 31%
이익	992억 원	

KC코트렐

환경오염 방지 | 탄소 포집

시가총액	1,457억 원	주요 주주	KC그린홀딩스 34%
		주 매출처	환경플랜트 100%

- 환경오염 방지에 필요한 기계 및 태양광 사업 영위
- CO_2 포집 후 제거하는 집진설비 국내 최초 국산화
- 화동화력 건식 탄소포집 프로젝트에서 플랜트 건설

최근 실적 및 주요 재무지표

	2019년	2020년
매출액	3,006억 원	3,279억 원
영업이익	85억 원	-447억 원

	2021년 상반기	
매출액	1,420억 원	PER -2배, PBR 4.3배, ROE -99%, 부채비율 1085%
이익	23억 원	

그린케미칼

계면활성제 | 탄소 포집 및 전환 기술

시가총액	2,832억 원	주요 주주	건덕상사 외 3인 59%
		주 매출처	계면활성제 및 화학제품 95%

- 산화에틸렌(EO)를 주원료로 화학제품 제조, 판매
- 계면활성제 매출이 대다수 차지
- CO_2 포집 및 고부가가치 소재로의 전환 기술 보유

최근 실적 및 주요 재무지표

	2019년	2020년
매출액	2,319억 원	2,424억 원
영업이익	78억 원	147억 원

	2021년 상반기	
매출액	1,263억	PER 26.5배, PBR 2.4배, ROE 9%, 부채비율 69%
이익	74억 원	

켐트로스

2차전지 | 전해액 | 첨가제 | CCU 기술

시가총액	2,895억 원	주요 주주	이동훈 외 3인 29%
		주 매출처	PCB용 실리콘 22%, 2차전지 첨가제 16%

- 2차전지 전해액 첨가제 및 PCB용 실리콘 생산
- CCUS 촉매 상용화 기술 개발 주관사
- CO_2를 에틸렌 카보네이트로 전환하는 CCU 기술 보유

최근 실적 및 주요 재무지표

	2019년	2020년
매출액	438억 원	435억 원
영업이익	26억 원	13억 원

	2021년 상반기	
매출액	224억 원	PER 37배, PBR 3.4배, ROE 9%, 부채비율 49%
이익	22억 원	

DL이앤씨

국내 주택건설 호황 | CO_2 포집 플랜트

시가총액	27,780억 원

주요 주주	DL 외 5인 23%, 국민연금공단 13%
주 매출처	주택사업 62%, 토목 및 플랜트 38%

- e편한세상, ACRO 브랜드 보유한 건설 기업
- 이산화탄소 포집 플랜트 기본설계 수행
- 현재 일 3,000톤의 이산화탄소 포집 가능한 기본설계 능력 확보

최근 실적 및 주요 재무지표

	2021년(전망)	2022년(전망)
매출액	7.8조 원	8.6조 원
영업이익	8,800억 원	9,600억 원

	2021년 상반기	
매출액	3.6조 원	PER 5.4배, PBR 0.7배, ROE 10%, 부채비율 100%
이익	4,288억 원	

한국전력기술

원전 | 대선주자 공약 | CO_2 포집설비 설계 | 뉴딜정책

시가총액	19,034억 원

주요 주주	한국전력공사 65%, 국민연금공단 5%
주 매출처	원자력 설계 63%, 에너지신사업 18%

- 원자력발전소 설계 및 엔지니어링
- 원전 설계 기술 활용한 뉴딜정책 연계 사업 개발
- 보령화력, 화동화력 건,습식 CO^2 포집설비 설계

최근 실적 및 주요 재무지표

	2019년	2020년	2021년(전망)
매출액	4,486억 원	4,317억 원	3,113억 원(yoy -28%)
영업이익	441억 원	296억 원	-88억 원(적자전환)

	2021년 상반기	
매출액	1,555억 원	PER -200배, PBR 3.9배, ROE -2%, 부채비율 39%
이익	5억 원	

핵심 키워드

CCU

Carbon Capture & Utilization. 포집된 이산화탄소를 별도의 용도로 활용하거나 화학반응을 통해 새로운 물질로 전환하는 기술을 뜻한다. 이산화탄소 판매를 통해 CCUS 비용을 상쇄할 수 있는 기회를 제공한다. EOR 역시 CCU 기술의 한 종류다. 주로 탄산염 생산, 콘크리트 보강, 알루미늄 광석 처리, 조류 배양, 액체 연료, 폴리머, 요소 비료 생산 등을 이어갈 수 있다. CCUS 기술의 초점이 CCS(영구 저장) 에서 CCU(상업적 활용)으로 이동함에 따라 CCUS 기술의 경제성이 재평가받고 있다.

EOR

Enhanced Oil Recovery. 석유회수증진을 뜻한다. 원유를 채굴할수록 압력이 낮아져 채굴이 어려워지는 문제를 지층에 이산화탄소를 주입해 압력을 높임으로써 해결하는 과정이다. 이산화탄소를 봉인하면서 석유 생산량도 증가시킬 수 있음. 현재 가동중인 CCUS 대다수 시설은 이산화탄소를 정유 기업에 판매하는 것으로 매출 창출이 가능하다. 1972년 미국에서 활용된 방식인데 현재 포집된 탄소는 EOR 외에 상업성을 가진 대규모 이산화탄소 방법은 없다.

CCS

Carbon Capture & Storage. 포집된 이산화탄소를 압축하고 이동하기 편한 액체 상태로 변화시킨 후 파이프라인이나 배를 이용해 땅이나 바닷속에 저장하는 기술이다. 영구 저장하는 형태이기에 특별한 수익은 발생하지 않는다. 오히려 대규모 저장소를 탐사, 개발하는 비용에 더해 저장된 이산화탄소가 다시 배출되지 않게 관리해야 하기에 추가 비용이 발생하게 된다. 지하에 주입된 탄소의 누출이나 지진 등을 방지할 수 있는 CCS 기술의 안전성 강화가 필요하다.

SMR(소형 원자로)

1 글로벌 탄소중립 실현의 더딘 진행 속도로 안정성 강화한 SMR 필요성 대두
2 SMR은 기존 대형 원전 대비 다양한 장점을 가지고 있기에 설치 수요 증가할 전망
3 영국, 동유럽 국가들, 미국, 러시아, 일본 등 다양한 국가들이 SMR 개발 진행 중이며 한국도 글로벌 기술과의 격차를 빠르게 좁히기 위한 행보 추진 중

핵심 키워드 탄소중립 저비용 안전성 범용성 그린수소 생산에 활용

기후변화 위기가 고조되는 지금, 세계적으로 2050년 탄소중립이란 목표를 세우며 신재생에너지 발전을 장려하고 있다. 하지만 막대한 자금 지원이 필요하기에 생각보다 발전 속도는 더딘 상황이다. 원자력 시설을 더 늘릴 수도 있지만 체르노빌과 후쿠시마 사례는 전 세계에 큰 피해를 주었던 만큼 논란의 대상이 되기도 한다.

이에 탄소중립을 실현할 수 있으면서 안전성을 강화한 SMRSmall Modular Reactor, 즉 소형 모듈 원자로가 대안으로 떠오르게 되었다. 지금까지는 경제성 문제로 상용화 노력이 부족했지만 세계적으로 '탄소중립'이란 공동의 목표가 생기면서 전 세계 에너지 시장의 '게임 체인저'로 부상하고 있다. 석탄화력발전소를 실질적으로 대체할 수 있는 사실상 유일한 청정 에너지원이란 점에서 공감대를 얻고 있다. 조 바이든 미국 대통령도 탄소중립 실현을 위한 수단으로 SMR을 지목해 관심을 끌었다.

SMR이란?

원자로와 증기발생기 등을 하나의 용기에 담은 규모가 300MW(메가와트) 이하인 소규모 원전을 말한다. 한국형 원전으로 유명한 APR-1400의 전기 출력이 1400MW인 것을 고려한다면 SMR은 약 6분의 1 수준에 불과하다. 원자로 출력은 작지만 이를 묶어서 니즈가

있는 곳에 필요한 용량만큼 공급하도록 원전 규모를 만드는 것이다. SMR은 고압의 전력을 수용할 수 있는 송전망이 충분치 않거나 분산형 전력원으로 소규모 전력을 공급하는 데 활용하기 위해 개발되었는데, 친환경 에너지원이란 장점에 원전이 야기할 수 있는 사고를 원천적으로 차단시키기 위한 목적을 이룰 수 있다.

SMR의 특징

SMR은 기존 대형 원전에 비해 5가지 핵심 장점 덕에 주목받고 있다. 상대적으로 초기 건설 비용이 대형 원전 대비 적게 들어간다. SMR은 건설 기간이 대형 원전 5년에 비해 2년으로 짧다. 원자력은 위험하다는 인식이 있을 뿐만 아니라 실제 사고가 났을 때 큰 피해가 우려되지만 SMR은 안전하다는 점 역시 큰 장점이다. SMR은 이동 및 설치가 자유로워 범용성이 높고 떠오르는 차세대 신재생에너지인 그린수소를 생산하는 데 활용 가능한 장점도 보유하고 있다. 단, 대형 원전 대비 초기 건설비는 저렴한 반면 건설 단가는 크게 증가한다는 단점이 있고 단위 용량 기준으로 기존 원전보다 경제성이 낮으며 사용 후 핵연료 처리 방법은 대형 원전과 마찬가지로 여전히 풀기 어렵다는 것은 SMR이 해결해야 할 문제점이다.

전망 및 주요국의 행보

영국 국립원자력연구소는 2035년까지 전 세계에서 65~85GW(1GW는 원전 1기 설비용량)의 SMR 건설이 추진될 것으로 전망하고 있다. 설비 규모는 원전 85기 수준이며 시장 규모는 390조 원~620조 원으로 막대하게 성장할 전망이다. 2035년까지 가지 않더라도 유럽연합의 강력한 탄소중립 정책 영향으로 체코와 폴란드 등 동유럽 국가를 중심으로 100조 원대의 시장이 열렸다. 이 시장의 패권을 잡기 위해 한국뿐 아니라 수많은 국가에서 약 70기 이상의 SMR이 개발되고 있다.

미국은 차세대 원자로 기술과 SMR 개발에 향후 7년간 32억 달러를 투자할 예정이다. 러시아는 부유식 원자력발전소를 운영 중에 있다. 아르헨티나는 2023년까지 25MW급 SMR 개발을 완료할 계획이며 중국은 내년에 고온 가스냉각 SMR 프로토타입 가동에 들어갈 전망이다. 영국은 5년간 2억 파운드를 투자해 최대 16기의 SMR을 건설하겠다는 로드맵을 내놓았다. 일본도 2040년까지 SMR 상용화를 목표로 개발에 나설 계획이다.

한국은 이미 2012년에 원자력위원회에서 표준설계 인가를 받은 스마트로 SMR 기술이 있다. 그러나 정부 정책으로 인해 글로벌 선두로 치고 나갈 기회를 놓쳤지만 재차 SMR에 집중하며 2028년까지 4,000억 원을 투자해 혁신형 SMR 개발 목표를 설정했다. 다만 선진국과 실질적인 투자금의 차이는 크다. 현재 선진국들은 SMR 개발을 위해 수십조 원을 투자하고 있는 상황이다. 이미 선진국들이 수년 전부터 개발이 시작된 만큼 국내에서는 다소 늦은 것이 아니냐는 지적도 나오기에 기술격차를 빠르게 좁힐 행보가 중요한 국면이다.

2035년, SMR 예상 설치 규모

: 글로벌 패권을 쥐고 있는 중국, 미국, 러시아 등이 SMR 시장에서 앞장서 있다.

(단위: MW)

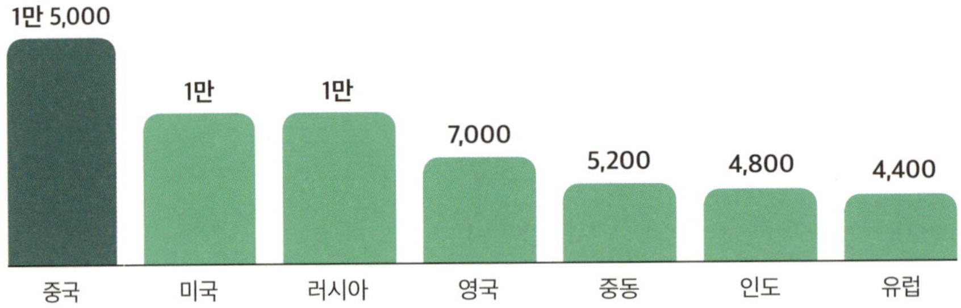

출처: 한국원자력연구원

글로벌 SMR 개발 동향

: 미국 뉴스케일(NuScale)이 기술성과 사업성 측면에서 가장 앞서 있다고 평가된다.

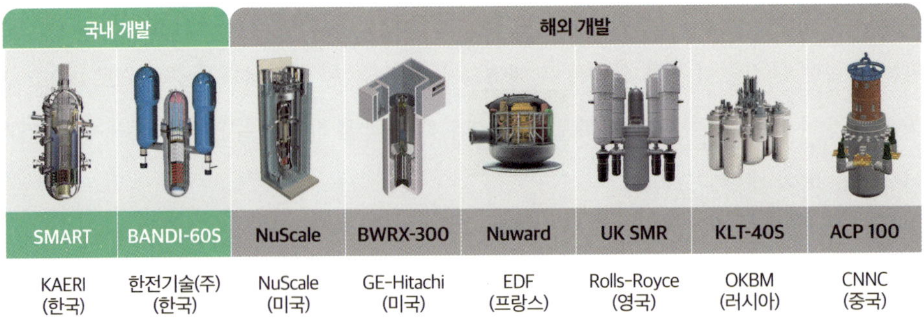

출처: 한국수력원자력

현재 대형 원전과 SMR(SMART)의 구조 비교

: 대형 원전 대비 출력은 낮은 대신, 부품수가 1% 수준으로 적게 들어가고 중대사고가 날 확률이 매우 낮으며 건설 공기를 절반으로 낮춰 건설비용을 획기적으로 줄일 수 있다.

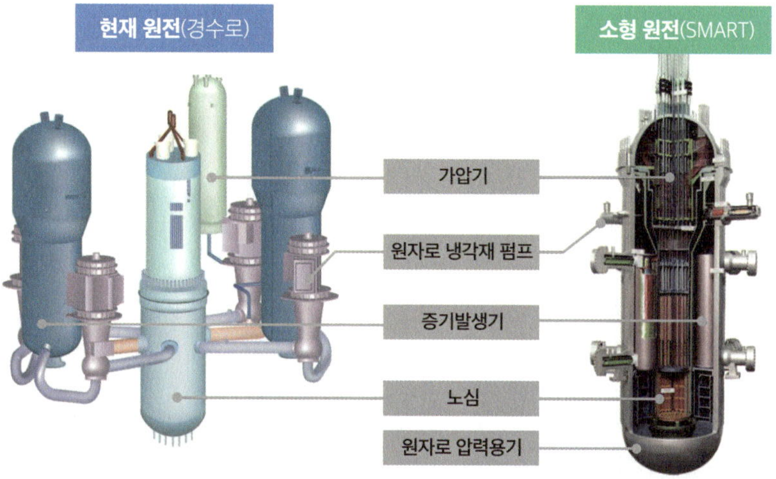

대형 원전	구분	혁신형 SMR
1,200~1,600MW	노심출력	100~300MW
100만 개	부품 수	1만 개(모듈)
100만 년에 한 번	중대사고 확률	10억 년에 한 번
반경 16km	비상 대피 구역	반경 300m
48개월	건설공기	24개월
10조 원(2기 기준)	건설 비용	1조 원

출처: 한국원자력연구원

SMR의 유형

: 개발 속도는 소듐냉각고속로와 납냉각고속로, 고온가스로 등 세 가지가 빠르다.

종류	작동 방식	출구온도	특징
소듐 냉각 고속로(SFR)	고속 중성자 핵분열	500~550도	전기 생산, 사용후 핵연료 재처리
고온가스 냉각로(VHTR)	열중성자 핵분열	800 ~1,000도	전기 및 수소 생산
납냉각 고속로(LFR)	고속 중성자 핵분열	480 ~570도	전기 생산 사용후 핵연료 재처리
가스냉각 고속로(GFR)	고속 중성자 핵분열	850도	전기 및 수소 생산 사용후 핵연료 재처리
용융염 원자로(MSR)	열.고속 중성자 핵분열	700 ~800도	전기 및 수소 생산

출처: 한국원자력연구원

SMR의 특징. 추가 내용

: 대형 원전과 다르게 일체형으로 제작되며 별도 격납 건물이 불필요하다. 방사능 누출 위험이 낮고 해안이 아닌 내륙에도 건설 가능한 것도 장점이다.

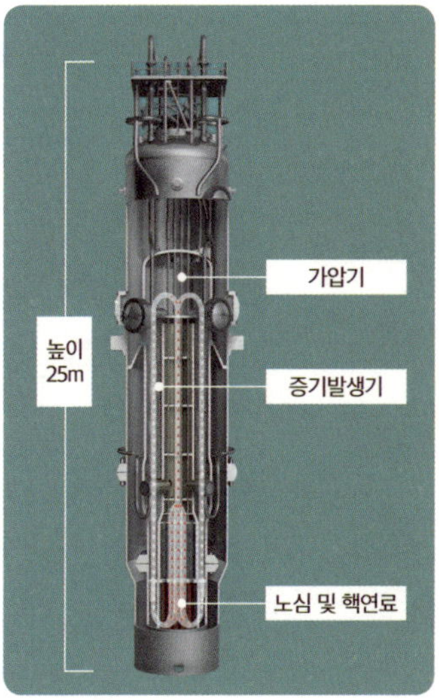

소형원전(SMR) 특징

발전용량 300MW급 이하
(대형원전 1000~1400MW)

일체형
(대형 원전은 원자로 증기 발생기, 가압기 등 분리)

크기
폭 4.6m, 높이 25m로 별도 격납 건물 불필요

1기당 건설 비용
약 1조원 (대형 원전 4조~5조원)

안전성
원자로 모듈을 냉각 수조에 잠기게 해 유사시 방사능 누출 위험 낮음

개발국가
미국, 한국, 러시아, 중국, 프랑스 등

SMR을 통한 에너지 활용

: SMR 원자로에 나온 열의 90%는 전기 생산에 사용하고 담수 플랜트에도 활용할 수 있다. 또한 고온수전해와 연결해 안정적으로 그린수소를 생산할 수 있다.

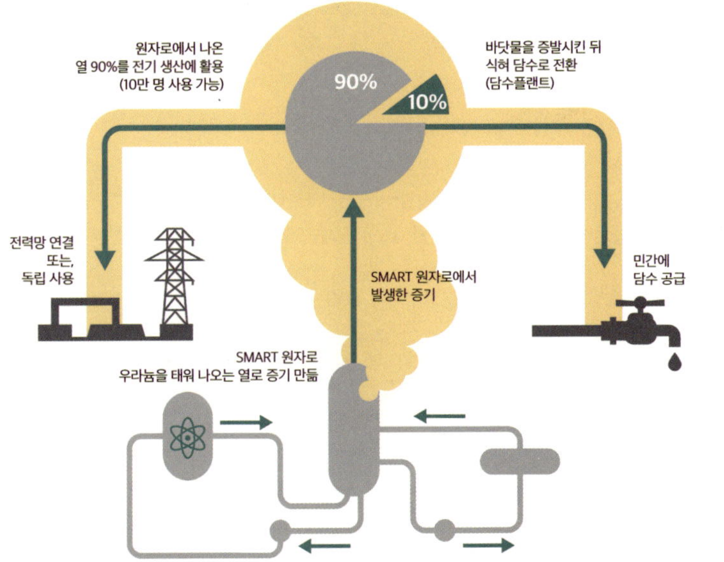

한국형 SMR인 SMART와 화석연료 플랜트와의 발전단가 비교

: 대형 원전보다는 발전단가가 다소 높지만 유연탄, LNG, Oil 플랜트 대비 강점이 있다.

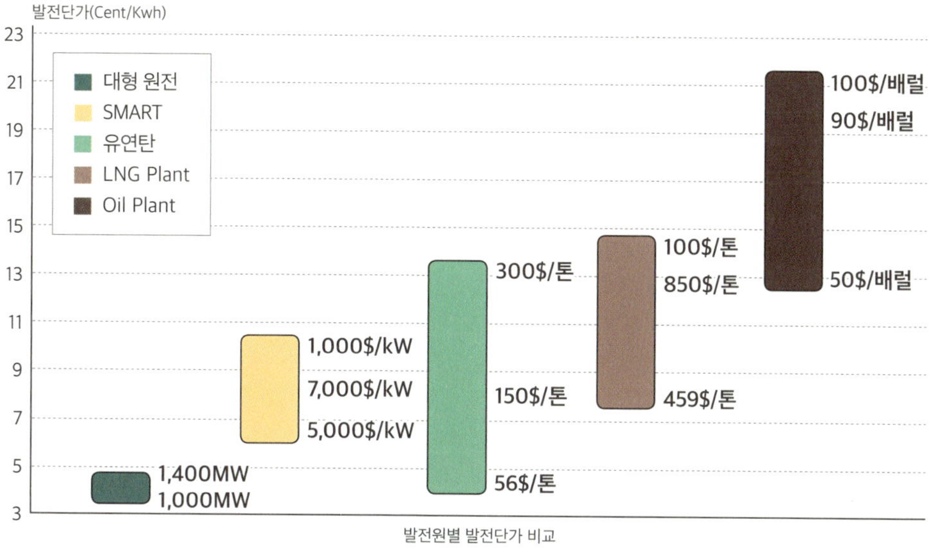

출처: 한국원자력연구원

세계 주요국의 원자력 정책 현황

중국	• 탄소중립 달성을 위한 핵심 수단으로 완전 개발을 강조(리커창 총리) • 2025년까지 원자로 20기 신규 건설(제14차 5개년 계획)
미국	• 원전을 청정 에너지 전환을 위한 수단으로 활용 계획(조 바이든 대통령 공약) • 소형 모듈 원전(SMR)등에 3조 6,000억 원 투자 계획 발표 • 버지니아 서리 원전 1·2호기 수명을 기존 60년 → 80년으로 연장
일본	• 안전성이 확인된 원전을 탄소중립 정책 수단에 포함(가토 가쓰노부 관방장관) • 닛키 홀딩스가 SMR 사업에 참여
프랑스	• 원전을 미래 국가 전력 공급의 핵심으로 인정(에마뉘엘 마크롱 대통령) • 기존 원전 수명 연장(40년 → 50년)·2050년 탄소 중립 달성 시 원전 발전 비율 50%
영국	• 원전이 탄소 중립에 기여한다고 인정(보리스 존슨 총리) • 2050년까지 SMR 16기 건설 계획 발표

출처: 전국 경제인연합회 취합

SMR의 대표적인 장점 5가지

SMR의 장점	내용
적은 비용	• 초기비용이 적게 듦. 개발도상국 입장에서 대형원전 대비 경제적으로 접근 가능
	• 총 투자비 측면, 예산규모에 맞춰 모듈 개수를 선택할 수 있음
	• 핵연료 재장전 및 운송에 필요한 인프라 및 인력 최소화 가능
	• SMR은 원자로를 공장 내에서 조립해 건설현장에서의 작업을 줄일 수 있어 건설비 적게 소요
빠른 건설시간	• 소소형원자로를 땅속에 묻거나 바다 또는 냉각수조 안에 설치하는 방법 등으로 사고에 대비한 별도의 건설, 안전대책 관련 비용 적은 것도 장점
	• 대형 원전의 핵심 기기인 원자로, 증기발생기, 냉각재 펌프, 가압기 등이 하나의 용기에 일체화됨
	• 모듈화를 통해 공장에서 조립해 현장에 설치하기에 공사기간을 획기적으로 줄임
	• 원자로를 비롯한 기자재의 크기가 작아 공장에서 제작 후 건설현장에서 조립 가능
	• 완공까지 5년 이상 걸리는 대형원전 대비 SMR은 약 2년 정도로 줄일 수 있음
안전성	• 대형원전의 경우 배관이 따로 연결되어 있어 사고 발생 시, 연결부위에서 방사능 유출될 수 있음
	• SMR은 하나의 압력용기에 들어가 있기에 사고 발생되어도 방사능 유출 위험 현저히 낮음
	• 중저준위 폐기물을 양산하는 붕산을 감속재로 쓰지 못하도록 기술표준이 정해져 있음
	• 원자로 출력이 작아 안전여유도를 높게 잡을 수 있고 자연순환이나 공기를 이용한 냉각 가능
	• 기존 대형원전의 취약점이라고 볼 수 있는 지속적인 냉각수 공급이 필요없음
	• 시스템 자체가 작기에 다양한 방식으로 활용하여 사고 시 환경으로 누출되는 방사능 억제
	• SMR의 안전성 기준은 10억 년에 1회 노심 손상. 사고가 날 확률이 10억 년 중 한 번이라는 의미
설치 범용성	• 완공 후 SMR의 이동배치 등 다양한 활용 가능
	• 중소도시, 산업단지, 오지 등 수요지 인근 설치 가능
	• 대규모 송전망 추가 건설에 따른 환경파괴 최소화
그린수소 생산	• SMR로 전기 생산뿐 아니라 물에서 수소를 뽑아낼 수 있음
	• VHTR(고온가스로)를 활용해 섭씨 600~800도에 달하는 증기를 이용해 효율적으로 수소 생산 가능

해외 대표 기업

뉴스케일파워

- SMR 원자로 설계 및 판매 기업. 격납고, 백업 전원이 필요 없는 조립식 원전 개발 중
- SMR을 모듈화를 이용하여 용량 측면에서 소형 원전의 한계를 극복했다는 평가
- 19개국에 560개가 넘는 특허를 내며 전 세계에서 SMR 연구에 가장 적극적인 기업
- 동사가 개발한 SMR은 모듈 1대당 50MW 전력 생산 가능하며 이를 12개로 묶어 600MW로 키울 수 있음
- 2020년 8월, SMR 최초로 미국 원자력규제위원회(NRC)의 설계인증 심시 최종 통과
- 미국 아이다호주에 총 462MW 규모 SMR 설치 추진. 2023년 착공 후 2029년 완공 목표
- 우크라이나 국영 원자력공사와 MOU 체결하여 유럽 SMR 시장 진출 위한 교두보 확보
- 2020년 7월, 두산중공업이 약 500억원 규모로 동사 지분을 투자. 협력하여 SMR 모델 시제품 개발 중
- 삼성물산, GS에너지의 투자 받음
- 미국 나스닥 증시 상장 준비 중

테마 밸류 체인

- SMR
  - ETF — GLOBAL X URANIUM ETF - URA
  - 해외
    - 개발사
      - 뉴스케일파워(미국)
      - 테라파워(미국)
      - X-Energy(미국)
      - 오클로파워(미국)
      - 웨스팅하우스(미국)
      - GE-히타치(미국)
      - BWXT(미국)
      - ARC(미국)
      - 롤스로이스(영국)
      - 시보그(덴마크)
      - 스타코어뉴클리어(캐나다)
      - 프라마톰(프랑스)
    - 제조사
      - BWXT(미국)
      - 프라마톰(프랑스)
      - 미쓰비시중공업(일본)
      - 이시카와지마중공업(일본)
  - 일괄 생산시스템 — 두산중공업
  - 원전 설계 — 한전기술, 대우조선해양, 일진파워, 비에이치아이
  - 원전 정비 — 한전산업, 한전KPS
  - 원전 기자재
    - 전기공사 — 일진파워
    - 계측기 — 우진, 오르비텍
    - 계측제어설비 — 우리기술
    - 전동 액츄에이터, 감속기 — 에너토크
    - 철골 구조물 — 보성파워텍
    - 실리콘 방화재 — HRS
    - 차단기 — 바츠로테크
    - 폐액 처리장치 — 바츠로테크
    - 전동기 제어반 — 서전기전
    - 복수기 — SNT에너지
    - 원전폐기물용 특수강 — 대창솔루션

핵심 기업 소개

두산중공업

두산인프라코어 | SMR | CCUS | 해상풍력 단지 | 뉴스케일파워 | X-Energy

시가총액	10.4조 원

주요 주주	두산 외 33인 40%
총 매출액 중	건설기계 62%, 터빈, 담수처리 등 30%

- 원자력 플랜트, 풍력 터빈, 건설기계 등 사업
- 국내 최초 해상풍력단지 건설 외 국내외 다수 프로젝트에 공급
- 탈원전 리스크 해소 기대 및 영국 CCUS 시장 공략 전망
- 원전 설비의 소재부터 최종 제품 제작까지 모든 공정 처리 가능한 일괄 생산 시스템 보유
- 2020년, 미국 SMR 기업 뉴스케일파워에 500억 원 지분투자. SMR 모델 시제품 개발
- 현재 국내 주기기 공급업체로 SMR 개발에 참여
- 고온가스로 SMR 개발 중인 미국 X-Energy와 설계 용역 계약 맺음

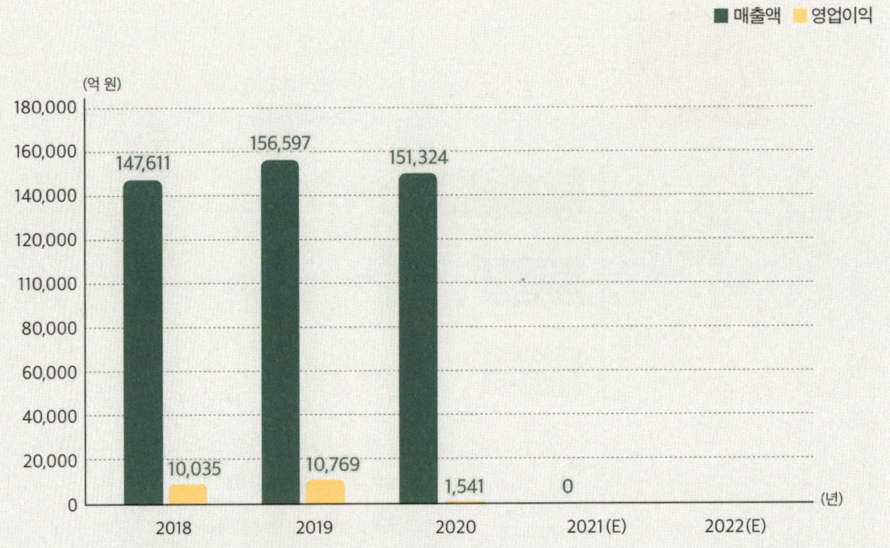

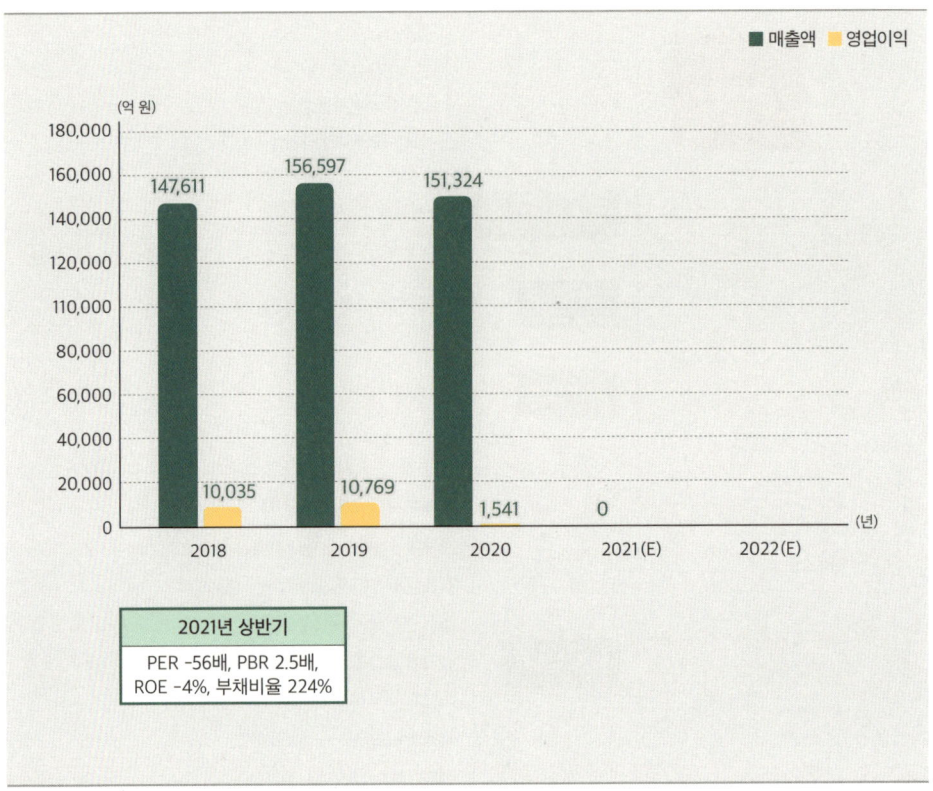

2021년 상반기
PER -56배, PBR 2.5배, ROE -4%, 부채비율 224%

*2021.09. 기준

한전기술

원전 | 대선주자 공약 | CO_2 포집설비 설계 | 뉴딜정책

시가총액	1.9조 원

주요 주주	한국전력공사 65%, 국민연금공단 5%
총 매출액 중	원자력 설계 63%, 에너지신사업 18%

- 원자력발전소 설계 및 엔지니어링
- 세계에서 유일하게 원자로계통 설계 및 원전 종합설계 수행
- 원전 설계 기술 활용한 뉴딜정책 연계 사업 개발
- 보령화력, 화동화력 건,습식 CO_2 포집설비 설계
- 한수원, 한전KPS와 함께 체코 원전 수주팀에 합류하여 원전 수주 경쟁 중
- 대우조선해양과 해양용 SMR 개발 진행 중
- 221억원 규모 혁신형 SMR 계통 및 종합 설계 용역 제공계약 체결

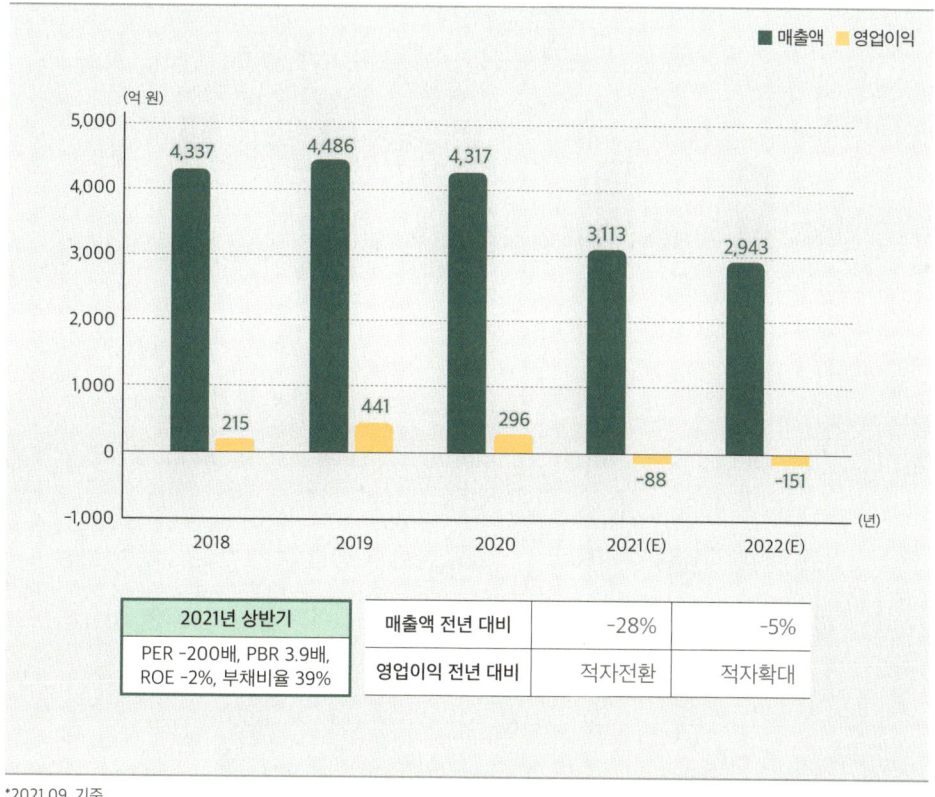

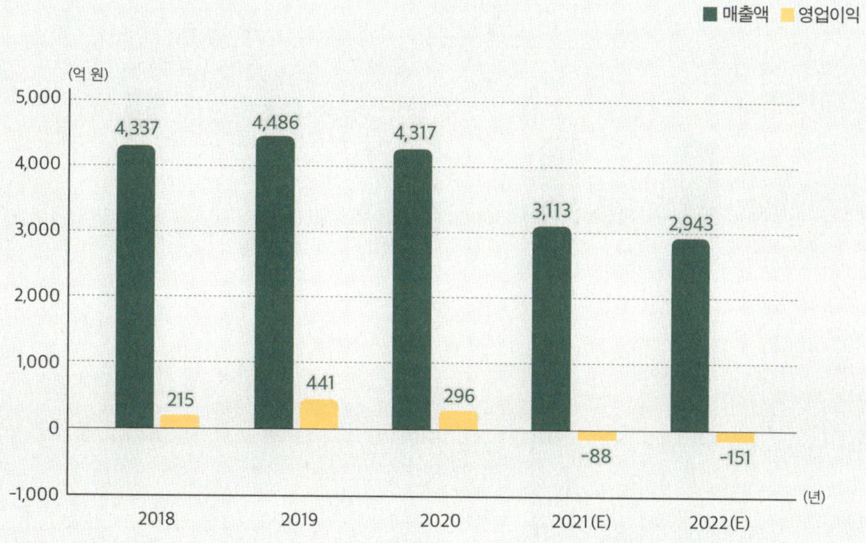

2021년 상반기
PER -200배, PBR 3.9배, ROE -2%, 부채비율 39%

매출액 전년 대비	-28%	-5%
영업이익 전년 대비	적자전환	적자확대

*2021.09. 기준

한전KPS

원전 정비 | UAE 원전

시가총액	1.7조 원

주요 주주	한국전력공사 51%, 국민연금공단 10%
총 매출액 중	화력 35%, 원자력/양수 33%

- 발전 설비에 대한 정비를 주 사업으로 영위
- 한수원, 한전기술과 함께 체코 원전 수주팀에 합류하여 원전 수주 경쟁 중
- 2021년 2분기부터 UAE 바라카 원전 상업운전, 매년 1기씩 추가됨
- 미국, 유럽 등 기존 원전 상업운전 연장 움직임에 수혜 전망
- 국내 탈원전 리스크에서 벗어나 탄소중립을 위한 원전 정책 변화에 기대
- 고성하이 1호기, 신서천 1호기 가동 시작, 2021년 10월에 고성하이 2호기 그리고 2022년 3월 신한울 1호기 가동 예정으로 정비 대상이 되는 발전소의 용량 증가될 것

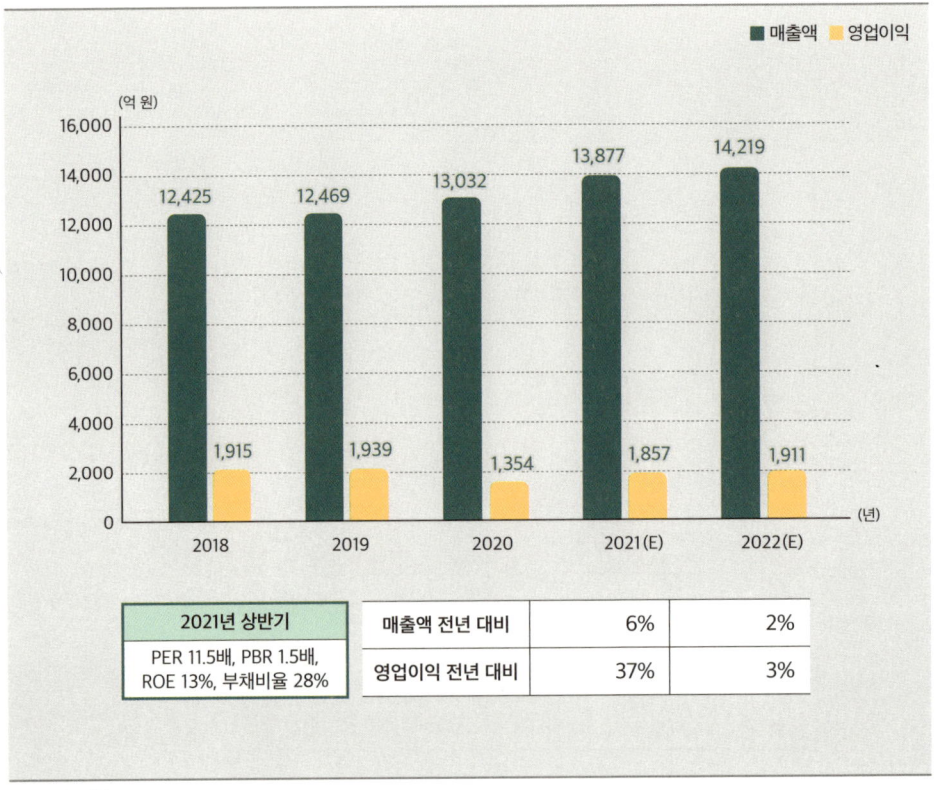

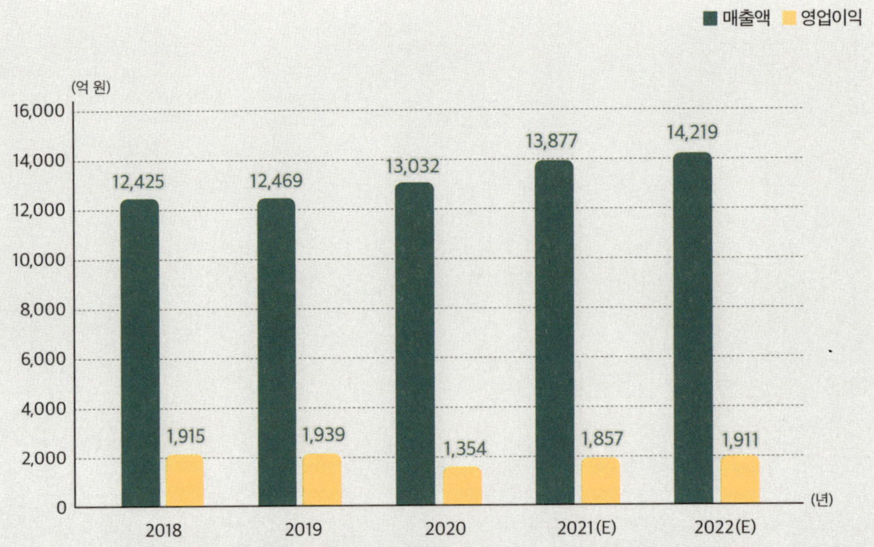

2021년 상반기
PER 11.5배, PBR 1.5배, ROE 13%, 부채비율 28%

매출액 전년 대비	6%	2%
영업이익 전년 대비	37%	3%

*2021.09. 기준

한전산업

원전 시운전 | 정비 | 스마트그리드

시가총액	4,499억 원	주요 주주	한국자유총연맹 31%, 한전 29%
		주 매출처	발전사업 93%

- 원전 부대설비, 발전기 등의 시운전, 정비 사업
- 2009년 이후, 인도, 칠레, 태국 등에 기술인력 파견
- 스마트그리드 보급 사업(지능형 전력량계 등)도 영위

최근 실적 및 주요 재무지표

	2019년	2020년
매출액	2,896억 원	3,293억 원
영업이익	210억 원	190억 원

	2021년 상반기	
매출액	1,603억 원	PER 41배, PBR 4.7배, ROE 11%, 부채비율 91%
이익	144억 원	

대우조선해양

대표 조선사 | LNG 선박 | 해양용 SMR | 매각 이슈

시가총액	31,704억 원	주요 주주	한국산업은행 외 3인 56%, 하나은행 8%
		주 매출처	선박 82%, 해양 특수선 18%

- 종합 선박 및 해양 특수선 제작하는 국내 대표 조선사
- 고부가가치인 LNG 선박 지속 수주 중
- 한전기술과 해양용 SMR 개발 진행

최근 실적 및 주요 재무지표

	2019년	2020년	2021년(전망)
매출액	83,587억 원	70,302억 원	47,628억 원(yoy -32%)
영업이익	2,928억 원	1,534억 원	-11,247억 원(적자전환)

	2021년 상반기	
매출액	21,712억 원	PER -2배, PBR 1.1배, ROE -36%, 부채비율 273%
이익	-12,203억 원	

일진파워

원전 경상정비 | 한국형 SMR 개발 | 터빈 사업 | 삼중수소 기술

시가총액	1,907억 원

주요 주주	이광섭 외 5인 36%
주 매출처	경상정비 55%, 화공/플랜트 36%

- 발전 경상정비, 원전 기자재 제조
- 한국형 SMR을 포스코, 대우와 함께 설계 및 개발
- 핵융합 핵심 원료인 삼중수소 취급 기술 보유

최근 실적 및 주요 재무지표

	2019년	2020년
매출액	1,828억 원	1,680억 원
영업이익	144억 원	131억 원

	2021년 상반기	
매출액	880억 원	PER 13배, PBR 1.6배, ROE 12%, 부채비율 56%
이익	107억 원	

우진

계측기 | 정부 SMR 과제 참여

시가총액	1,646억 원

주요 주주	이재원 외 13인 36%
주 매출처	원자력계측기 41%, 온도센서 27%

- 산업용 및 원전용 계측기 제조
- 산자부의 SMR 개발 과제에 참여하여 계측기 개발
- 가동 원전의 교체용 예비품, 국내 독점 공급

최근 실적 및 주요 재무지표

	2019년	2020년
매출액	889억 원	898억 원
영업이익	-20억 원	11억 원

	2021년 상반기	
매출액	477억 원	PER 5.8배, PBR 1.2배, ROE 24%, 부채비율 44%
이익	29억 원	

에너토크

원전 전동 액츄에이터 / 감속기

시가총액	883억 원

주요 주주	서부전기 외 5인 21%, 삼호개발 5%
주 매출처	액츄에이터 및 감속기 100%

- 산업 현장에 쓰이는 액츄에이터, 감속기 판매
- 원전에 사용되는 전동 액츄에이터 생산
- 국내 16개 대리점 및 미국, 중동 등에 대리점 운영

최근 실적 및 주요 재무지표

	2019년	2020년
매출액	235억 원	229억 원
영업이익	2억 원	4억 원

	2021년 상반기	
매출액	95억 원	PER 92배, PBR 3.2배, ROE 0%, 부채비율 13%
이익	1억 원	

비에이치아이

HRSG / 사용 후 핵연료 / LNG 발전설비

시가총액	1,167억 원

주요 주주	박은미 외 6인 56%
주 매출처	HRSG 64%, 보일러 22%

- HRSG(배열회수보일러) 등 발전용 설비 생산
- 사용 후 핵연료의 수송, 저장 기술 보유
- 일본 업체와 LNG 복합화력 발전설비 공급 계약

최근 실적 및 주요 재무지표

	2019년	2020년
매출액	2,229억 원	2,434억 원
영업이익	-125억 원	113억 원

	2021년 상반기	
매출액	1,185억 원	PER -18배, PBR 1.6배, ROE -10%, 부채비율 339%
이익	-95억 원	

오르비텍

원전 방사선 관리 | 아스트

시가총액	1,758억 원	주요 주주	성진홀딩스 15%
		주 매출처	원자력 기술용역 60%

- 원전 방사선 관리, 계측 및 폐기물 규제해제 사업
- 모회사 아스트와 연계하여 항공사업 영위
- 한수원으로부터 국내 24기 원전 대상 점검, 관리 용역 낙찰

최근 실적 및 주요 재무지표

	2019년	2020년
매출액	749억 원	534억 원
영업이익	41억 원	-72억 원

	2021년 상반기	
매출액	406억 원	PER -14배, PBR 3.6배, ROE -22%, 부채비율 114%
이익	57억 원	

보성파워텍

원전 철골 구조물 | 스마트그리드

시가총액	1,955억 원	주요 주주	임도수 외 3인 14%
		주 매출처	변압기

- 변전소 철골, 송배선 자재 등 제작, 판매
- 원전에서 사용되는 철골 구조물 등 생산
- 발전용 기자재 사업으로 스마트그리드 사업도 영위

최근 실적 및 주요 재무지표

	2019년	2020년
매출액	1,117억 원	821억 원
영업이익	-11억 원	23억 원

	2021년 상반기	
매출액	296억 원	PER -418배, PBR 2.9배, ROE 0%, 부채비율 26%
이익	3억 원	

서전기전

수배전반 | 원전 기술 Q-Class | 스마트그리드

시가총액	1,363억 원	주요 주주	홍춘근 외 1인 45%
		주 매출처	수배전반 97%

- 고압, 저압 수배전반 제조 및 판매
- 원자력 발전 기술 최고등급 Q-class 인증
- 수배전반으로 스마트그리드 사업 영위

최근 실적 및 주요 재무지표

	2019년	2020년
매출액	611억 원	614억 원
영업이익	11억 원	30억 원

	2021년 상반기	
매출액	311억 원	PER 9배, PBR 1.5배, ROE 18%, 부채비율 32%
이익	15억 원	

AI(인공지능)·로보틱스

1 온라인 플랫폼, 금융, 스마트 팩토리, 자율주행, 빅데이터 등 인공지능이 필요한 산업의 확산과 함께 구조적 수요 증가
2 AI 산업은 2021년 572억 달러에서 2026년 2,280억 달러로 연평균 31%의 급성장이 기대되는 시장
3 언택트 제조 환경, 생산성 확대 추구, 생활 편의성 지향으로 로보틱스 시장은 2026년까지 연평균 20% 성장 전망

핵심 키워드 빅데이터 머신러닝 딥러닝 알고리즘 스마트 팩토리 로보틱스

코로나19 공급망 이슈는 AI와 로보틱스의 수요로 연결

인공지능AI, Artificial Intelligence이란 인간의 학습력, 추론력, 지각력, 이해력 등을 컴퓨터 프로그램으로 실현하는 기술이다. 이런 인공지능을 형성하기 위해서는 방대한 데이터가 있어야 한다. 4차 산업혁명의 한 축으로 인공지능에 대한 중요성은 보편적으로 인정되었으나, 코로나19를 겪으면서 인공지능과 로봇에 대한 관심과 필요성은 더 부각되었다. 코로나19처럼 인력이 제한되는 상황이 다시 발생하더라도 정상적인 생산과 관리를 통해 공급에 문제가 없도록 하기 위해 인공지능과 로봇에 대한 니즈가 늘었기 때문이다. 코로나19로 해외 공장 폐쇄와 국경 차단 등의 사태가 발생하고, 이로 인한 공급망 마비는 주요 산업과 경제에 심각한 타격을 줬을 뿐만 아니라, 생필품 부족 현상도 초래했다.

글로벌 제조 기업과 선진국은 공급 혼란을 막기 위해 생산 기지를 주요 소비국인 선진국으로 다시 가져오기 시작했다. 이보다 앞서 미중 무역 분쟁과 브렉시트를 겪으며 일부 선진국이 탈세계화 기조로 돌아섰는데, 이미 이때부터 자국의 경제와 일자리를 위해 제조업 공장을 자국으로 복귀시키기 시작했다.

문제는 높은 인건비다. 기업들은 인건비 상승분을 상쇄하고, 마진율 하락을 최소화하기 위해 자동화 로봇과 인공지능을 적극적으로 도입하고 있다. 이 점에서 구조적 수요가

중장기 성장을 이끌 것으로 예상된다.

AI를 통한 글로벌 기업의 혁신

최근 몇 년간 의미 있는 발전을 보인 인공지능과 로보틱스 기술은 단순 흥미 수준이 아니다. 개인의 실행활에 도움이 되고, 제조 기업의 생산비용과 시간을 줄여주어 혁신 기술을 지닌 기업이 시장을 선점할 수 있게 해준다. 플랫폼 기업에게는 AI 알고리즘을 통해 고객을 플랫폼으로 유입시키고, 지갑을 열게 하고, 더 오래 머물게 한다. 유튜브와 넷플릭스의 추천 알고리즘이 대표적인 예다.

금융 서비스 산업에서도 인공지능의 역할이 커지고 있다. 전체 AI 투자 중 금융 분야에서 투자하는 비중은 25%를 차지한다. 글로벌 투자은행 골드만삭스는 2017년 AI를 도입해 주식 투자 트레이더 600명을 2명으로 줄였다. 블랙록, 피델리티, 슈로더를 포함해 대부분의 금융 서비스 업계가 AI를 적극 도입하는 추세로 투자, 자산관리, 시장분석, 리스크 평가(대출) 등의 업무에서 인력을 대체하고 있다.

자동차 제조기업들의 자율주행 기술에서도 인공지능은 핵심적인 역할을 한다. 헬스케어 산업 역시 인공지능과 로봇의 도입이 빠르게 상용화되는 분야다. 신약개발에서도 빅데이터와 인공지능을 활용해 개발 기간과 비용을 대폭 줄이는 사례가 많아졌다.

'한국판 뉴딜 2.0' 에서 자주 등장하는 키워드

AI 및 로보틱스 분야의 성장성을 주시한 정부는 2025년까지 총 220조 원을 투자하는 '한국판 뉴딜 2.0'에서 5G·AI기반 지능형 정부, 스마트 공장, 스마트 시티, 스마트 물류, 신개념PIM 인공지능반도체, 첨단분야 인력양성 등 다양한 세부과제를 통해 인공지능 분야를 지원하고 육성하고 있다.

글로벌 AI 시장 전망

: 2026년까지 연평균 각각 31% 성장할 전망이다.

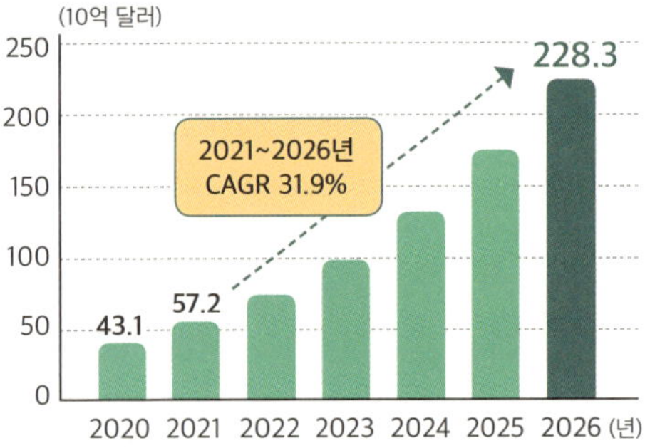

출처: GAI

글로벌 로보틱스 시장 전망

: 2026년까지 연평균 각각 20% 성장할 전망이다.

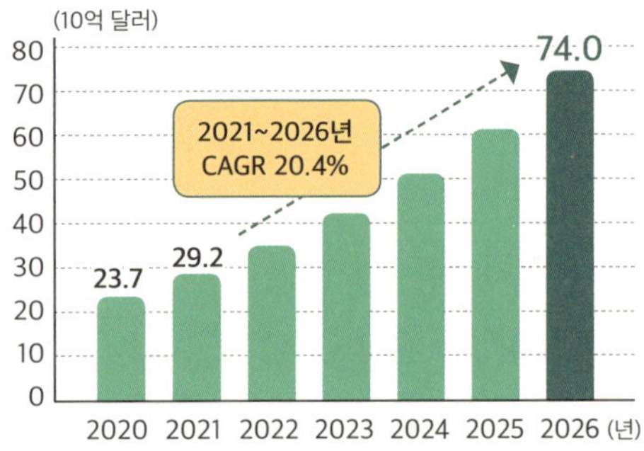

출처: Mordor Intelligence

데이터 발생량 증가 추이

: 현대 사회는 대부분 활동이 온라인으로 이루어진다. 이는 데이터 발생의 증가를 의미한다. 인공지능은 증가하는 데이터에 맞춰 진화하면서 부가가치를 창출한다. 즉, 데이터 발생 증가와 인공지능 수요는 정의 관계다.

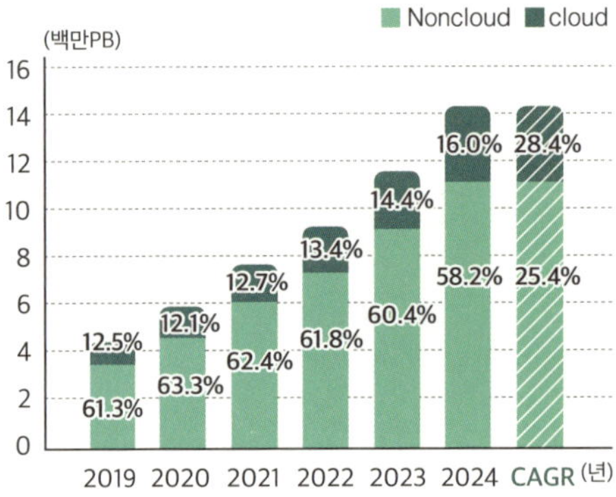

출처: IDC

인공지능, 머신러닝, 딥러닝의 범주

: 인공지능 범주에 머신러닝과 딥러닝이 포함된다. 딥러닝은 머신러닝보다 더욱 세부적인 범주에 속한다.

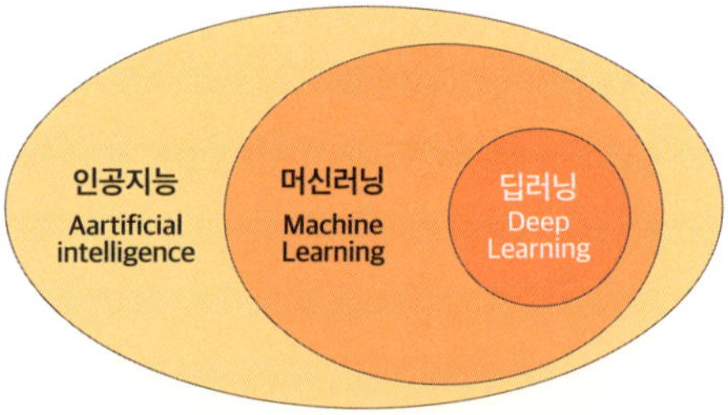

	머신러닝	딥러닝
데이터 필요량	많음	더 많음
데이터 의존도	많음	더 많음
학습기간	비교적 짧음	간편

헬스케어와 인공지능이 융합된 시장 전망

: 성장산업인 헬스케어에서 인공지능 기술은 빠르게 수용되는 추세다.

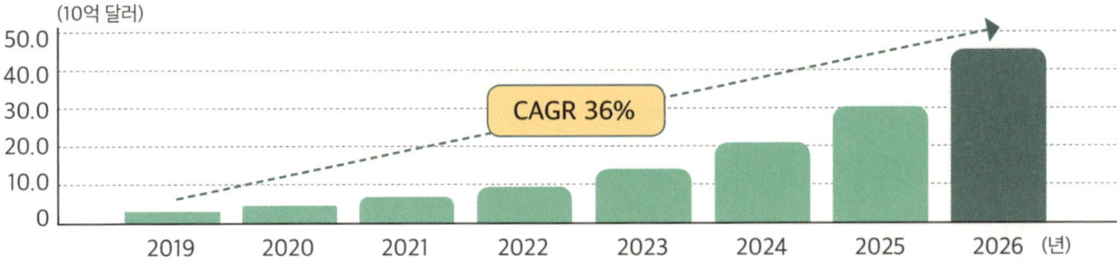

출처: Market and Market

향후 헬스케어 산업에 혁신을 가져올 기술 설문 조사

: 실제로 코로나 백신이 예상보다 빨리 상용화된 데에는 인공지능 알고리즘을 통한 mRNA 백신 설계 및 백신의 서열 확정에 있다.

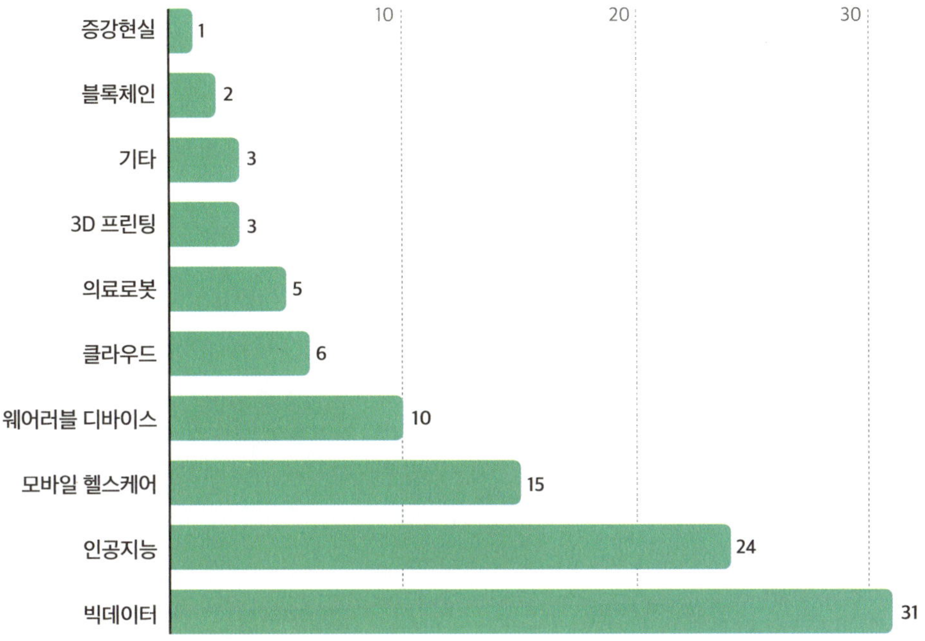

출처: 프로스트&설리반

머신러닝의 종류와 특징

: 딥러닝은 더욱 정교해진 머신러닝의 한 종류로 볼 수 있다. 산업에 따라 활용되는 인공지능 수준은 다르지만 점차 강화학습과 딥러닝을 통한 경쟁력 다툼이 활발해질 것으로 예상된다.

	지도 학습	비지도 학습	강화 학습	딥러닝
특징	• 문제와 정답을 알려주고 학습 • 과거 데이터를 기반으로 추후 결과를 예측하는 데 주로 사용되는 알고리즘 • 3가지 중 가장 기본적인 방식	• 특정한 답이 정해져 있지 않으므로 인공지능이 스스로 데이터 간의 관계와 공통점, 규칙을 파악해 분류 • 주로 기존에 몰랐던 새로운 특징을 추출하거나 공통 그룹으로 자동 분류하는 등의 목적으로 활용	• 강화 학습은 상황별 행동에 대한 보상을 피드백 받아 최상의 결과를 얻기위해 많은 학습을 반복, 알고리즘 수정, 강화	• 기존 머신러닝보다 더 우수한 결과물 및 정확도 증가 • 음성, 이미지 같이 세분화된 데이터 분류 가능 한 알고리즘
적용	스팸 필터링, 신용카드 사기 거래 탐지, 보험금 청구 가능성 확인, 차량 번호판 인식 등	고객 데이터 그룹화, 고객별 연관성 식별, 관심사에 따른 분류 및 추천	게임, 자율주행, 지능형 로봇, 주식 트레이딩, 대출 심사, 챗봇 등	얼굴/음성인식, 딥페이크, 사물인터넷, 자율주행, 메타버스, 신약개발 등

테마 밸류 체인

AI
(인공지능)
빅데이터 분석
및 AI 솔루션
위세아이텍
솔트룩스
씨이랩
바이브컴퍼니
더존비즈온
데이타솔루션
셀바스AI
엑셈
솔본
오픈베이스
엠로
소프트센
이스트소프트
라온피플
삼성에스디에스
한화시스템
음석인식/분석
미디어젠
플리토
이스트소프트
영상인식/분석
알체라
씨이랩
링크제니시스
이스트소프트
라온피플
인프라 및 기기
SK하이닉스
삼성전자
가온미디어
드림어스컴퍼니
알에프세미
매커스
삼성에스디에스
솔트룩스
대동
TYM
AI & 플랫폼 융합
NAVER
카카오
삼성에스디에스
바이브컴퍼니
SK텔레콤
KT
의료/제약
뷰노
신테카바이오
제이엘케이
셀바스AI
딥노이드
라이프시맨틱스
채용
원티드랩
보안
이노뎁

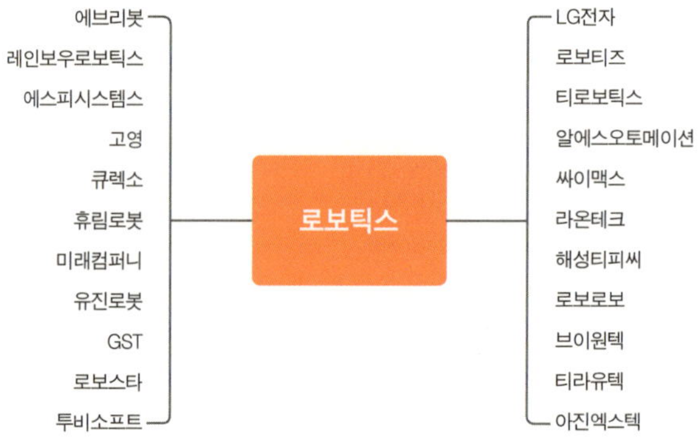
로보틱스
에브리봇
레인보우로보틱스
에스피시스템스
고영
큐렉소
휴림로봇
미래컴퍼니
유진로봇
GST
로보스타
투비소프트
LG전자
로보티즈
티로보틱스
알에스오토메이션
싸이맥스
라온테크
해성티피씨
로보로보
브이원텍
티라유텍
아진엑스텍

글로벌 주요 기업 및 ETF

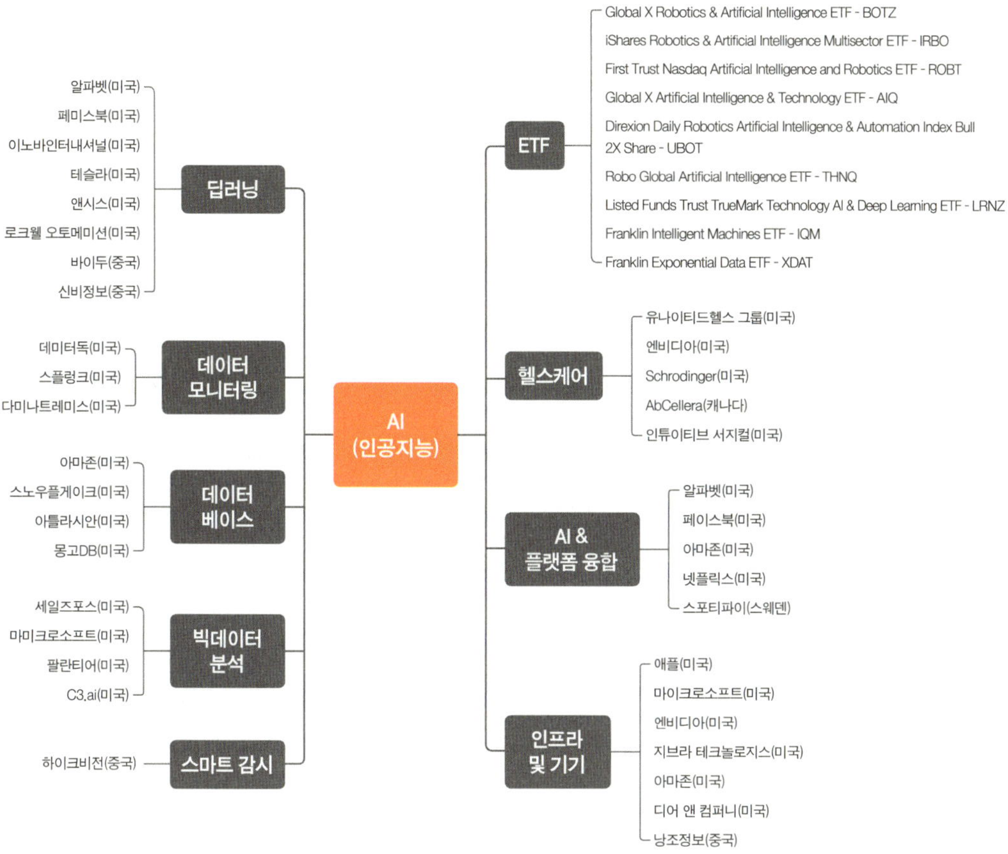

AI (인공지능)
딥러닝
알파벳(미국)
페이스북(미국)
이노바인터내셔널(미국)
테슬라(미국)
앤시스(미국)
로크웰 오토메이션(미국)
바이두(중국)
신비정보(중국)
데이터 모니터링
데이터독(미국)
스플렁크(미국)
다이나트레이스(미국)
데이터 베이스
아마존(미국)
스노우플레이크(미국)
아틀라시안(미국)
몽고DB(미국)
빅데이터 분석
세일즈포스(미국)
마이크로소프트(미국)
팔란티어(미국)
C3.ai(미국)
스마트 감시
하이크비전(중국)
ETF
Global X Robotics & Artificial Intelligence ETF - BOTZ
iShares Robotics & Artificial Intelligence Multisector ETF - IRBO
First Trust Nasdaq Artificial Intelligence and Robotics ETF - ROBT
Global X Artificial Intelligence & Technology ETF - AIQ
Direxion Daily Robotics Artificial Intelligence & Automation Index Bull 2X Share - UBOT
Robo Global Artificial Intelligence ETF - THNQ
Listed Funds Trust TrueMark Technology AI & Deep Learning ETF - LRNZ
Franklin Intelligent Machines ETF - IQM
Franklin Exponential Data ETF - XDAT
헬스케어
유나이티드헬스 그룹(미국)
엔비디아(미국)
Schrodinger(미국)
AbCellera(캐나다)
인튜이티브 서지컬(미국)
AI & 플랫폼 융합
알파벳(미국)
페이스북(미국)
아마존(미국)
넷플릭스(미국)
스포티파이(스웨덴)
인프라 및 기기
애플(미국)
마이크로소프트(미국)
엔비디아(미국)
지브라 테크놀로지스(미국)
아마존(미국)
디어 앤 컴퍼니(미국)
낭조정보(중국)

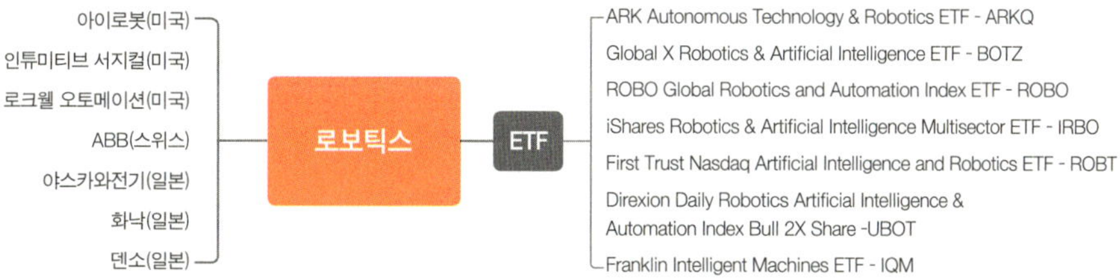

로보틱스
아이로봇(미국)
인튜이티브 서지컬(미국)
로크웰 오토메이션(미국)
ABB(스위스)
야스카와전기(일본)
화낙(일본)
덴소(일본)
ETF
ARK Autonomous Technology & Robotics ETF - ARKQ
Global X Robotics & Artificial Intelligence ETF - BOTZ
ROBO Global Robotics and Automation Index ETF - ROBO
iShares Robotics & Artificial Intelligence Multisector ETF - IRBO
First Trust Nasdaq Artificial Intelligence and Robotics ETF - ROBT
Direxion Daily Robotics Artificial Intelligence & Automation Index Bull 2X Share -UBOT
Franklin Intelligent Machines ETF - IQM

해외 대표 기업

마이크로소프트 Microsoft

시가총액	2,620조 원

	2021년	2022년(전망)
매출액	약 195조 원	약 221조 원
영업이익	약 81조 원	약 91조 원

- 자연어처리 AI 모델 글로벌 1위, AI 특허 보유 글로벌 1위
- CEO인 사티아 나델라(Satya Narayana Nadella)는 회사 전체의 슬로건을 2014년 '클라우드 First'에서 2016년부터 '인공지능 First'로 내세우며 인공지능 사업에 대한 강한 의지 표명(OS, 클라우드, MS office 등 주력 사업에 AI 융합)
- AI를 통한 유기적 매출 시너지 창출 구조: AI개발(깃허브) → 클라우드 애저 인프라에 탑재 → 오피스/다이나믹스/게임 등 소비자에게 판매(AI 사업 매출 비중 증가 지속: 애저 33%, 오피스 23%)
- 애저에서 인식 서비스(Cognitive Service) 제공(이미지, 자연어, 음성, 필터링 등 4가지 부문 인공지능 API로 관련 분야 기업의 AI 도입을 지원)
- AI가 개발자 대신 코드를 만들어주는 코파일럿(Copilot) 출시
- 헬스케어 특화 AI 음성인식 기업 '뉘앙스(Nuance)' 인수. 이는 MS 사상 두 번째로 큰 M&A로 기록

알파벳 Alphabet

시가총액	2,070조 원

	2021년	2022년(전망)
매출액	약 233조 원	약 272조 원
순이익	약 74조 원	약 90조 원

- CEO 순다르 피차이(Sundar Pichai)는 2016년 전사적으로 'AI First'라는 비전 제시. 디지털 광고 시장의 지배자에서 인공지능의 지배자로 변화 중
- 글로벌 디지털 광고 점유율 1위의 배경에는 회사의 인공지능 기술이 핵심 역할
- 광고를 포함, 클라우드, 유튜브, 헬스케어, 자율주행 등 다양한 사업부를 유기적으로 연결, 서비스 개선/혁신, 지속적인 성장 동력을 만들어온 것은 AI 기술
- 구글 벤처, 캐피털 G(capital)와 별개로 AI 관련 기업에만 투자하는 내부 펀드 2개 출시
- 인공지능 전담 부서 구글브레인(Google Brain)은 그룹의 AI 관련 핵심 역할 담당(머신러닝 및 딥러닝을 위한 전용 TPU, 유튜브 추천 알고리즘, 웨이모 자율주행 시스템 등)

삼성에스디에스

인공지능 플랫폼 | 브라이틱스

시가총액	12.9조 원

주요 주주	삼성전자 외 10인 56% / 국민연금공단 6%
총 매출액 중	비즈니스 솔루션 12%, 클라우드 31%, 물류 56%

- AI, 클라우드, 블록체인 등 IT 기술 기반으로 제조, 금융, 물류, 리테일 등의 비즈니스 영역에 솔루션을 제공하는 B2B 기업
- 방대한 데이터를 빠르게 수집·분석하고 분석 모델을 기반으로 해결책을 제시하는 AI 플랫폼 브라이틱스(Brightics) AI 출시
- 머신러닝 기반 데이터 분석, 자연어처리(NLP) 등 AI 기술 등을 통합, 전문인력이 아니어도 AI 기술을 도입할 수 있도록 직관적인 플랫폼 제공
- 브라이틱스 활용처: 1) 데이터와 알고리즘을 통해 제조, 마케팅, 물류, 보안, IoT 헬스케어 등의 서비스. 2) 대화형 AI 엔진을 통해 문장관계를 추론, 최적의 답변 제공. 3) 딥러닝 기술 기반 영상분석을 통해 이미지 특징 파악. 해당 비즈니스에 적합한 특성 추출, 업종별 최적화 이미지 제공

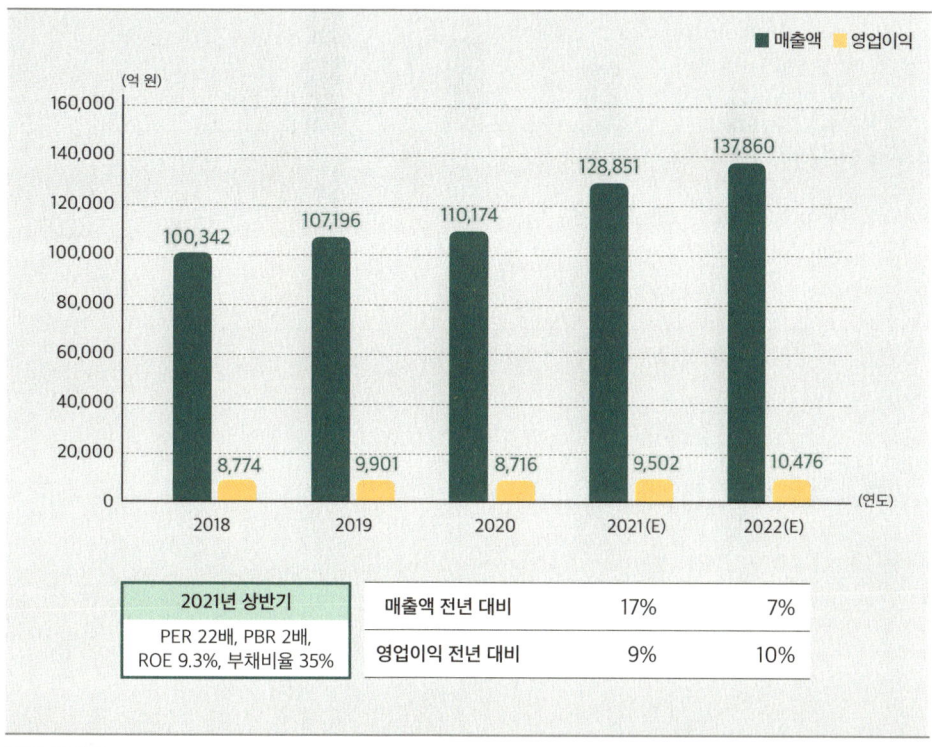

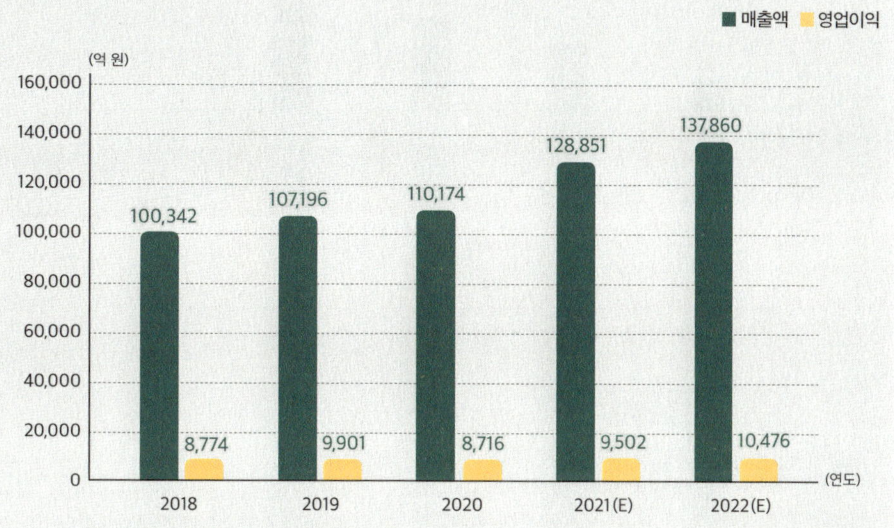

2021년 상반기
PER 22배, PBR 2배, ROE 9.3%, 부채비율 35%

매출액 전년 대비	17%	7%
영업이익 전년 대비	9%	10%

*2021.09. 기준

알체라

영상인식 AI | 제페토 | 메타버스 | 스노우

시가총액	4,100억 원	주요 주주	스노우 외 2인 38%
		총 매출액 중	DATA 39%, ACS 29%, FACE 21%

- 영상인식 인공지능 솔루션 전문 기업 (네이버 자회사 스노우가 최대주주)
- 미국 국제표준기술연구소(NIST)에서 개최한 얼굴인식 벤더 테스트(FRVT)에서 국내 기업 1위
- AI 기술을 기반의 주력 사업: 1) 얼굴인식 AI 2) 이상상황 감지 AI 3) 데이터 사업
- 영상인식 AI 솔루션은 성장 초기 단계로 주요 레퍼런스(인천공항, 외교부, 신한카드, 네이버 제페토, 한국전력 등)를 보유한 동사는 본격적인 시장 성장과 함께 직접적인 수혜 기대

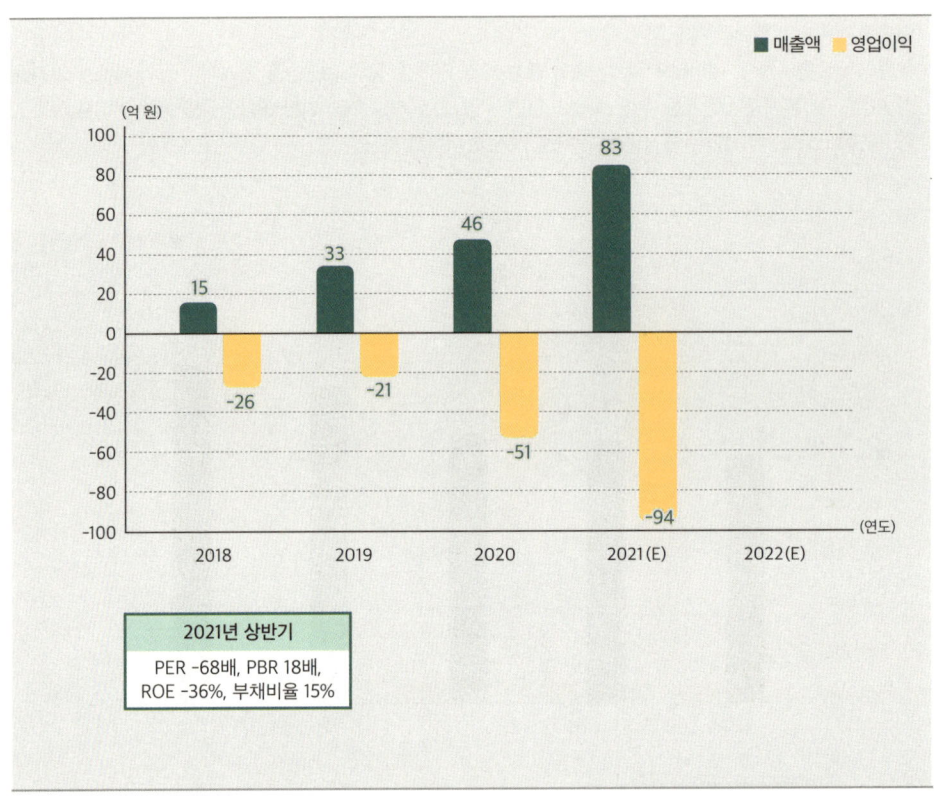

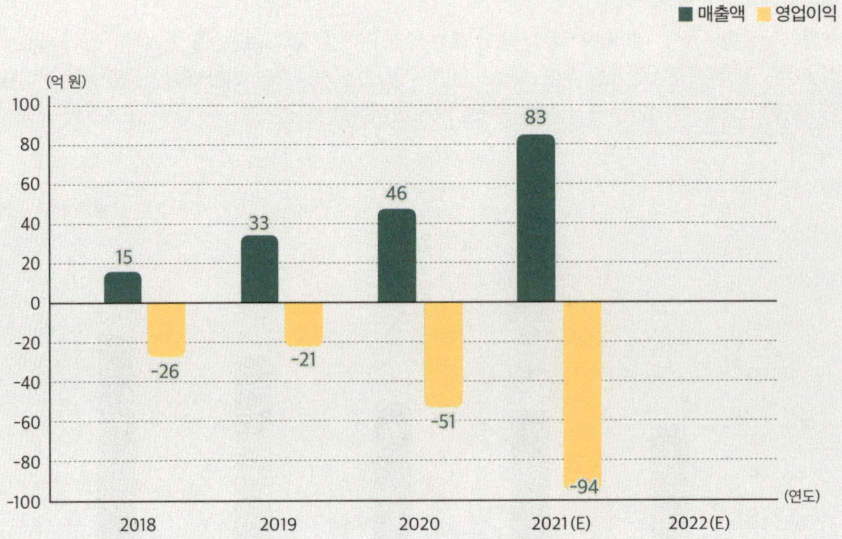

2021년 상반기
PER -68배, PBR 18배, ROE -36%, 부채비율 15%

바이브컴퍼니

AI 플랫폼 | 소피아 | 디지털 트윈 | 메타버스

시가총액	1,900억 원	주요 주주	김경서 외 18인 40%, 카카오 9%
		총 매출액 중	서비스 AI Solver 69%, 써비스 썸트렌드 25%

- 'SOFIA 플랫폼'을 기반으로 AI Analytics 및 AI Assistant 개발해 사업화
- 비정형 데이터 분석/처리 기술 기반 민관 협력 메타버스 플랫폼 구축 중
- 20년 업력(다음커뮤니케이션 분사 후 설립)을 보유한 국내 AI 및 빅데이터 1위 기업(2016년 세계 최초 AI Report 개발)
- 디지털 트윈이 본격화되면서 동사의 B2G 향(向) 매출비중이 기존의 50%대에서 최근 70% 선으로 급격히 증가
- AI 테크핀 기업 '퀀딧(지분 65.58%)을 통한 ATS 서비스 준비(ATS 는 AI 알고리즘 기반으로 자동매매시스템 도입, 주식/가상자산 영역까지 확장 가능)

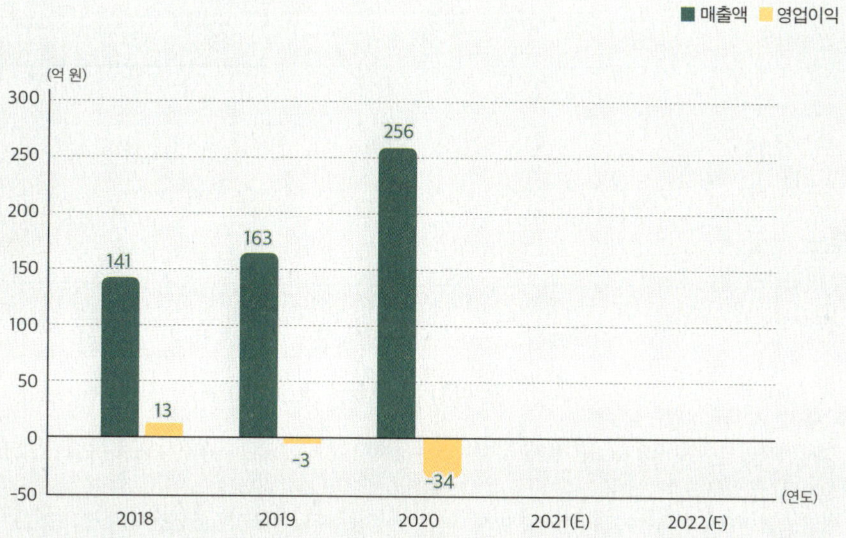

2021년 상반기
PER N/A, PBR 4.8배, ROE N/A%, 부채비율 144%

솔트룩스

AI Suite | 빅데이터 | 챗봇 | AI 상담

시가총액	1,300억 원

주요 주주	이경일 외 7인 17%
주 매출처	AI Suite 38%, 빅데이터 Suite 41%

- 인공지능, 빅데이터 기반 소프트웨어 개발 및 클라우드 사업을 20년간 영위해온 전문 기업
- 동사의 핵심 원천 기술은 1) 대화형 인공지능 2) 머신러닝 기반 빅데이터 증강분석 기술
- 국내 최다 AI 특허
- 삼성전자, 행정안전부, 우리은행 등 폭넓은 고객사, 실적 성장을 동반한 AI 사업

최근 실적 및 주요 재무지표

	2019년	2020년
매출액	184억 원	217억 원
영업이익	0억 원	4억 원

	2021년 상반기	
매출액	87억 원	PER 123배, PBR 2.7배, ROE N/A, 부채비율 9%
이익	-37억 원	

뷰노

AI 의료기기

시가총액	2,300억 원

주요 주주	이예하 외 12인 34%, 녹십자홀딩스 6%
주 매출처	Med-DeepASR 42%, Med-CXR 16%

- 국내 1호 AI 의료기기를 상용화
- 자체 딥러닝 엔진 VUNO Net을 기반으로 데이터 수집부터 전처리, 모델 구축까지 의료 AI 솔루션(영상, 병리, 음성 등) 및 상용화 역량 보유
- 의료 영상 판독 시간 49% 감축, 정확도 95% 이상으로 향상, 폐질환/뇌질환 등 영상 진단 결과 값 1분 내 도출

최근 실적 및 주요 재무지표

	2019년	2020년
매출액	2억 원	13억 원
영업이익	-60억 원	-97억 원

	2021년 상반기	
매출액	7억 원	PER N/A, PBR 7.9배, ROE N/A, 부채비율 28%
이익	-88억 원	

라온피플

AI 머신비전 / AI 바우처 사업

시가총액	2,100억 원

주요 주주	이석중 외 4인 44%, 플래티넘 기술투자 10%, 국민연금 5%
주 매출처	AI 머신비전 56%, 카메라 검사 솔루션 32%

- AI 비전 기술 기반 통합 솔루션 공급 업체
- 시각(카메라+영상 인식 알고리즘)을 부여하는 머신비전과 AI 를 융합한 영상 분석 솔루션 제공. 현대자동차 계열사와 외관 검사용 AI 솔루션 계약. 향후 친환경차로 영역 확대 기대
- 2년 연속 정부 AI 바우처 사업 수행

최근 실적 및 주요 재무지표

	2019년	2020년
매출액	308억 원	150억 원
영업이익	82억 원	-46억 원

	2021년 상반기	
매출액	93억 원	PER -59배, PBR 4.5배, ROE -7%, 부채비율 8%
이익	-28억 원	

이스트소프트

AI 앵커 / AI 커머스 / 알툴즈 / 줌인터넷

시가총액	1,300억 원

주요 주주	김장중 외 11인 26%, 자사주 10%
주 매출처	보안 및 소프트웨어 39%, 게임 28%, 포털 23%

- 국민 대표 유틸리티 소프트웨어 '알툴즈'를 서비스. 기업, 정부, 개인 등 3,000만 명 이상의 고객 보유
- 2017년 AI Plus Lab 설립, 과기부 AI 대회 3위(2020년 6월)
- 총 100억 원 규모의 디지털 뉴딜 AI사업 수주 등 우수한 AI 역량 보유

최근 실적 및 주요 재무지표

	2019년	2020년	2021년(전망)
매출액	689억 원	836억 원	994억 원(yoy 19%)
영업이익	-28억 원	59억 원	97억 원(yoy 64%)

	2021년 상반기	
매출액	435억 원	PER 20배, PBR 2.1배, ROE 17%, 부채비율 91%
이익	46억 원	

원티드랩

원티드 | AI 채용

시가총액	2,500억 원	주요 주주	이복기 외 5인 29%, 에이티넘인베스트먼트 외 4인 14%
		주 매출처	채용 플랫폼 91%

- 수시 채용 / 직무 중심 시대에 최적화된 AI 매칭 채용 플랫폼(합격률 ↑, 채용 비용/기간 ↓)
- 경영환경 불확실성, 스타트업 생태계 커지면서 동사의 수혜 지속

최근 실적 및 주요 재무지표

	2019년	2020년	2021년(전망)
매출액	84억 원	147억 원	311억 원(yoy 111%)
영업이익	-59억 원	-52억 원	54억 원(흑자전환)

	2021년 상반기	
매출액	57억 원	PER 28배, PBR 26배, ROE -22%, 부채비율 359%
이익	4억 원	

씨이랩

AI 영상분석 | 엔비디아 파트너

시가총액	1,700억 원	주요 주주	이우영 외 4인 52%, 남현우 외 2인 5%
		주 매출처	어플라이언스 57%, AI 용역 24%

- 대용량 영상 데이터 분석 및 실시간 데이터 분석 가능한 AI 영상 분석 전문 기업
- 국내 최초 엔비디아 파트너사. 동사의 GPU 관리 솔루션 '우유니'는 엔비디아 GPU에 탑재되어 판매
- 우유니는 GPU 효율을 극대화 시키므로 AI 딥러닝, 메타버스 등의 컴퓨팅 환경에 필수

최근 실적 및 주요 재무지표

	2019년	2020년
매출액	71억 원	112억 원
영업이익	3억 원	7억 원

	2021년 상반기	
매출액	21억 원	PER 927배, PBR 5.8배, ROE 1%, 부채비율 14%
이익	-19억 원	

신테카바이오

AI 신약 개발

시가총액	1,400억 원

주요 주주	정종선 외 7인 20%
주 매출처	유전체 정밀의료 서비스 56%, 신약 후보물질 발굴 42%

- AI, 유전체 빅데이터, 슈퍼컴퓨터를 활용한 AI 헬스케어 플랫폼 개발 기업
- AI 헬스케어 플랫폼 기술은 1) 신약개발 과정에서 후보물질을 효율적으로 발굴 가능 2) 임상 단계에서 최적의 환자군을 선별/임상 진행 3) 환자 맞춤형 정밀 의료 지원 기능을 수행

최근 실적 및 주요 재무지표

	2019년	2020년
매출액	5억 원	6억 원
영업이익	-52억 원	-71억 원

	2021년 상반기	
매출액	2억 원	PER -31배, PBR 5.7배, ROE -17%, 부채비율 11%
이익	-38억 원	

로보스타

LG 공장자동화 제조용 로봇

시가총액	2,100억 원

주요 주주	LG전자 외 1인 33%
주 매출처	제조용 로봇 74%

- 공장 자동화에 특화된 산업용로봇 전문 기업
- LG전자가 최대주주로(33% 지분) LG그룹향 매출 지속 증가세(전체 매출 중 약 50%)
- LG그룹의 공격적인 투자 확대 및 증설 계획에 따라(LG에너지솔루션, LG이노텍, LG디스플레이 등) 안정적인 실적 성장 전망

최근 실적 및 주요 재무지표

	2019년	2020년
매출액	1,772억 원	1,339억 원
영업이익	-69억 원	-120억 원

	2021년 상반기	
매출액	742억 원	PER -28배, PBR 3.2배, ROE -10%, 부채비율 60%
이익	-14억 원	

에브리봇

로봇 청소기

시가총액	1,400억 원

주요 주주	정우철 외 5인 35%, 스마트앤그로스 외 1인 13%
주 매출처	로봇청소기 69%

- 로봇 청소기 국내 시장점유율 1위 기업
- 세계 최초 듀얼스핀 보급형 청소기 로봇 출시
- 온라인 커머스 아마존 입점(미국, 프랑스, 일본, 인도 등)으로 해외 진출 가속화 및 매출 증가
- IoT/AI를 융합한 스마트홈 영역으로 확장 중

최근 실적 및 주요 재무지표

	2019년	2020년	2021년(전망)
매출액	162억 원	492억 원	622억 원(yoy 26%)
영업이익	16억 원	130억 원	166억 원(yoy 27%)

	2021년 상반기	
매출액	216억 원	PER 8.7배, PBR 10배, ROE 42%, 부채비율 128%
이익	41억 원	

핵심 키워드

빅데이터
전통적인 데이터 처리 방식으로는 감당하기 어려운 대용량의 복잡한 데이터 그룹을 뜻한다. 인공지능을 탄생시키고, 학습시키며, 작동하게 하는 근간이 바로 이 빅데이터다. 인간과 기업의 모든 활동이 데이터로 남는 현재 4차 산업혁명 사회에서 데이터는 핵심 자산이다. 누가 더 많은 데이터를 가지고, 어떻게 활용하느냐에 따라 산업의 주도권이 바뀔 것이다. 따라서 모든 산업에서 기업마다 데이터를 가공하고, 인공지능으로 활용하는 기술에 몰두하고 있다. 지금처럼 데이터가 가치를 갖게 된 것은 그것을 활용해 기업에 경쟁력을 제공해주는 인공지능이 발달했기 때문이다.

머신러닝
인간이 경험과 시행착오를 통해 지식을 얻듯이 컴퓨터에 많은 데이터를 주고, 패턴을 찾아내게 하는 등의 방식으로 학습시켜 인간의 지적 능력을 구현하는 기술이다. 경험적 데이터가 누적되면서 예측 기능과 스스로 성능을 향상시키는 시스템을 갖추게 된다.

딥러닝
머신러닝 범주에 포함되나 기존의 전통적인 머신러닝(지도, 비지도, 강화 학습)보다 진보된 성과와 결과물을 가져오는 방식이다. 즉 특정분야에서 목적에 맞게 특화된 AI 형태로 학습할 데이터를 인간이 직접 입력하지 않아도 기계 스스로 중요한 패턴과 규칙을 학습하고, 이를 토대로 사람처럼 예측, 의사 결정을 수행하는 기술이다. 이를 위해 사람의 뇌(신경망)를 모방한 구조를 가지고 데이터를 처리하며, 머신러닝보다 방대한 양질의 데이터를 필요로 한다.

알고리즘
어떤 문제의 해결을 위해, 입력된 자료(데이터)를 토대로 원하는 결과를 유도하기 위한 규칙이나 절차의 집합체이다. 즉, 인공지능이 주어진 데이터를 바탕으로(머신러닝이든 딥러닝이든) 학습하고, 분류하며, 결과물을 창출하느냐를 가이드해주는 기본 메커니즘 틀이라고 할 수 있다. 유튜브에서 추천되는 영상과 쇼핑몰의 추천 상품은 일상에서 쉽게 접할 수 있는 알고리즘의 결과다.

스마트 팩토리
생산과정이 모두 연결되고, 로봇이 스스로 데이터를 축적, 학습하면서 비용 절감과 생산성을 향상하는 공장이다. 공장 자동화는 각 공정별로 최적화가 이루어지지만, 스마트 팩토리는 공정을 유기적으로 연계, 각 기기가 해당 공정의 효율화에 적합한 판단을 하고, 실행한다는 면에서 차이가 있다.

로보틱스
로봇공학을 의미하는 로보틱스는 로봇의 설계, 제조, 응용을 포함하는데, 사용처에 따라 단순 산업용 로봇과 스스로 환경을 인식하고 행동하는 지능형 로봇으로 구분된다. 최근에는 4차 산업혁명과 기업간 기술 경쟁이 심화되면서 로보틱스와 인공지능의 융합은 필수적인 환경이 되었다.

클라우드

1 인공지능(AI), 빅데이터, 5G, 사물인터넷, 메타버스의 중요성이 커지면서 클라우드는 4차 산업의 기초 인프라로 부각
2 정부는 2020년 '데이터 경제와 인공지능 시대를 대비한 클라우드 산업 발전 전략'을 통해 클라우드 산업 발전 전략과 목표를 설정
3 2021년 '디지털 뉴딜 2.0' 에서 메타버스, 클라우드, 블록체인을 아우르는 초연결 신산업 육성 과제를 신설
4 빅데이터 활용 및 트래픽 급증에 따른 기업의 효율적 대응을 위해 클라우드 전환은 기업의 필수 선택

핵심 키워드 IaaS PaaS SaaS DaaS BPaaS 엣지 클라우드 하이브리드 클라우드 CDN 트래픽

클라우드 컴퓨팅은 인터넷 서버를 통해 데이터 분석, 처리, 관리, 저장 등이 가능하도록 제공하는 서비스다. 클라우드 서비스는 제공하는 영역에 따라 IaaSInfra as a Service(인프라형 서비스), PaaSPlatform as a Service(플랫폼형 서비스), SaaSSoftware as a Service(소프트웨어형 서비스)로 구분할 수 있다. 단순 하드웨어 수준의 자원을 제공하는 IaaS에서 응용 소프트웨어까지 제공하는 SaaS로 갈수록 제공되는 서비스 영역도 넓어진다. 기업이 클라우드를 활용하지 않고 자체적으로 데이터센터를 비롯한 IT 인프라를 모두 구축하는 경우를 온프레미스On-Premises, 클라우드를 활용하는 경우는 오프프레미스Off-Premises로 분류한다. 기업이 IT 인프라를 자체적으로 구축해야 할 이유가 없다면, 비용과 효율성 측면에서 클라우드를 활용하는 오프프레미스 방식이 훨씬 유리하다.

기업의 생존과 경쟁력 유지를 위한 필수 선택지

특히 글로벌 디지털화, 데이터 트래픽의 급속한 증가는 기존 온프레미스 방식을 따르던 기업들로 하여금 서버 증축과 전산 관리 등에 투입되는 비용, 인력, 시간의 부담을 가중시켰고, 그로 인해 본연의 사업에서 경쟁력을 잃는 상황을 초래했다. 기업이 살아남기

위해, 혁신적인 서비스, 혹은 제품을 더 빠르게 제공하면서 경쟁력을 유지하기 위해서는 클라우드 전환이 필수가 된 것이다.

실제로 글로벌 기업들의 클라우드 전환율은 계속 확대되고 있고, 정부와 같은 공공 부문에서도 정책적으로 클라우드 전환에 속도를 내고 있다. 클라우드 서비스 세계 점유율 1위인 아마존웹서비스AWS의 매출액은 3년간(2018년~2020년) 연평균 37%의 성장률을 보였고, 2020년 기준으로 아마존 전체 매출에서 클라우드 사업은 11%를 차지할 만큼 성장했다. 이처럼 클라우드 서비스를 제공하는 기업은 호실적을 이어가고 있고, 전체 시장도 동반해서 급성장하고 있다. 가트너Gartner는 클라우드 서비스 시장 규모를 2020년 2,700억 달러에서 2022년 3,975억 달러로 2년 사이 1.5배 가량 성장할 것으로 내다보고 있다.

정부도 클라우드 산업을 뉴딜 정책에 포함시키고 집중적으로 육성하기 시작했다. 2021년 7월 디지털 뉴딜 1년 차를 맞아 발표한 '디지털 뉴딜 2.0'에서 메타버스, 클라우드, 블록체인 등으로 대표되는 초연결 신산업 육성 과제를 추가했다. 해당 정책으로 2022년부터 공공수요가 높은 클라우드 서비스 개발과 민간 클라우드 전환에 정부지원이 투입될 예정이다.

클라우드로 전환할 수 밖에 없는 두 가지 이유: 경제성, 빅데이터

클라우드 시장의 빠른 성장세는 크게 두 가지 요인이 크게 작용했는데, 앞으로의 성장을 설명할 이유이기도 하다. 첫째는, 경제적인 유인으로 기업이 자체 데이터센터를 구축할 경우 발생하는 대규모 투자지출을 클라우드 서비스 이용을 통해 피할 수 있으며, 향후 사용량이 급증/급감하는 변화에도 빠르게 대응할 수 있다. 둘째는, 빅데이터 활용의 보편화이다. 빅데이터 분석을 위해서는 고사양의 컴퓨팅과 소프트웨어 플랫폼이 필요한데, 기업이 이를 직접 구비하려면 막대한 비용과 시간이 소모된다. 그러나 클라우드 서비스를 활용하면 기업이 필요한 시기에 컴퓨팅 자원들을 신속하고, 저렴한 비용에 활용할 수 있다.

글로벌 클라우드 시장 규모

: 2018년을 기점으로 연평균 20% 수준의 고속 성장을 유지하고 있다.

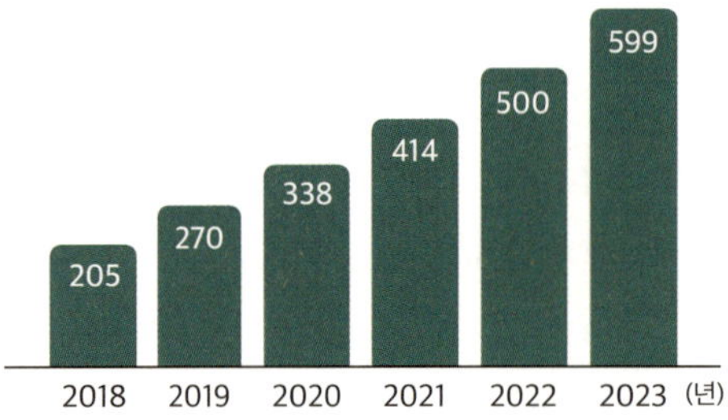

(단위: 1조 원) 출처: IDC

국내 클라우드 시장 규모

: 국내 클라우드 시장은 최근 급성장하기 시작해 향후 가속화될 전망이다.

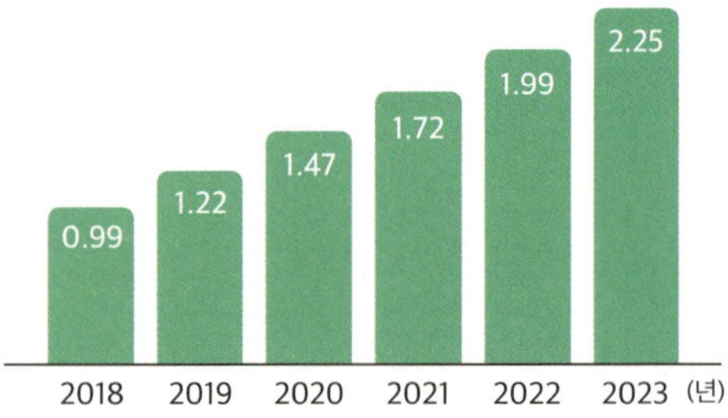

(단위: 1조 원) 출처: IDC

글로벌 클라우드 스트리밍 시장 규모

: 실시간 영상, 게임에 사용되는 클라우드 스트리밍도 가파른 성장을 이어가고 있다.

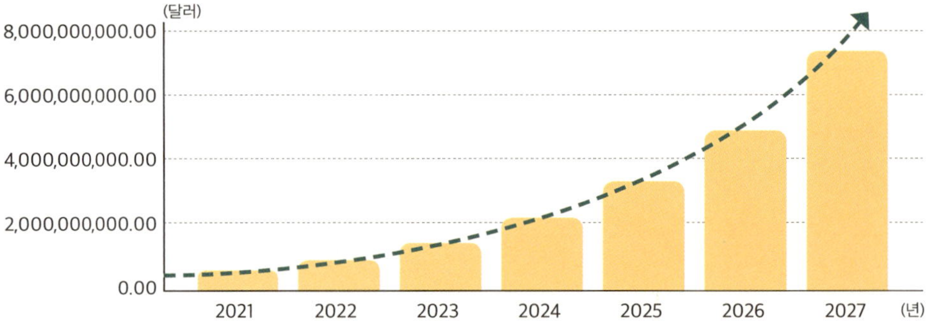

출처: Grand View Research

글로벌 데이터 사용량 전망

: 2030년까지 모바일 데이터 트래픽(EB/월간)은 약 8배 증가할 전망이다.

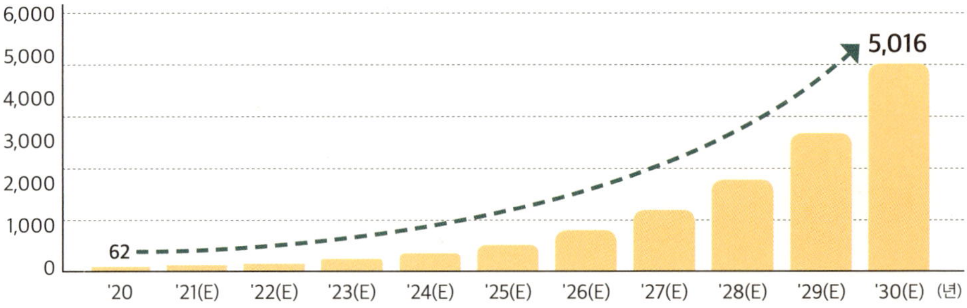

*단위는 Exabytes(EB, 10^{18}) ≒ 10억 Gigabytes(GB, 10^{9}) 출처: ITU, Cisco, IBK 투자증권

클라우드 서비스의 종류별 세부 사항

: 왼쪽에서 오른쪽으로 갈수록 클라우드 서비스 영역이 확대된다.

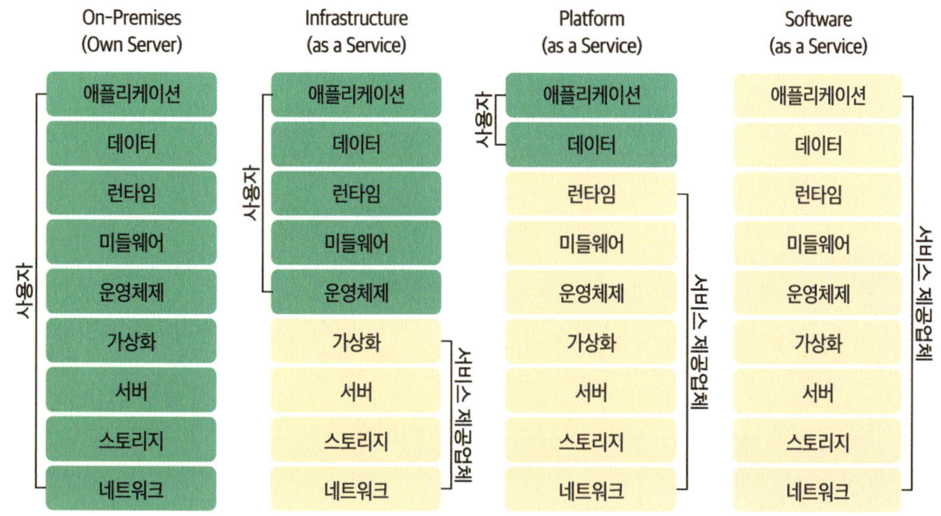

출처: Amazon, Red hat

클라우드 서비스 유형 분류

: 서비스의 범주 및 개방 여부에 따라 다음과 같이 구분할 수 있다.

서비스 유형		세부 내용
IT 자원 유형	IaaS (인프라 서비스)	• 스토리지·서버 등 컴퓨팅 인프라 구축에 필요한 가상 하드웨어 자원 제공 • 자체 인프라 구축에 부담을 느끼는 중소기업이 주요 대상
	PaaS (플랫폼 서비스)	• 프로그램이나 애플리케이션을 개발하는 데 필요한 툴이나 프레임워크 등 제공 • 고가의 장비나 개발 툴을 구매하지 않고 소프트웨어 개발 가능
	SaaS (소프트웨어 서비스)	• 소프트웨어나 애플리케이션을 앤드유저에 제공 • 사용자는 소프트웨어를 직접 구매해 자신의 단말기에 설치하는 대신 웹 접속을 통한 임대 형태로 사용
서비스 개방 여부	퍼블릭	• 사용 대상에 제한을 두지 않으며 공개적으로 서비스 제공 • 초기 투자 비용이 없어 경제적이나 서비스 제공자에 대한 의존도가 큼
	프라이빗	• 단일 고객에게 클라우드 서비스 제공 • 대규모의 투자 비용이 소요되지만 데이터 및 인프라에 대한 통제권이 크기 때문에 보안에 강점이 있음
	하이브리드	• 퍼블릭 클라우드 서비스와 프라이빗 클라우드 서비스를 혼용하는 방식 • 시스템 자원을 효율적으로 사용하면서도 비용절감 가능

출처: 정보통신산업 진흥원

글로벌 클라우드 서비스 부문별 성장율(YoY)

: DaaS의 성장율이 비교적 높지만, 전체 클라우드 시장에서는 0.7% 규모에 불과하다.

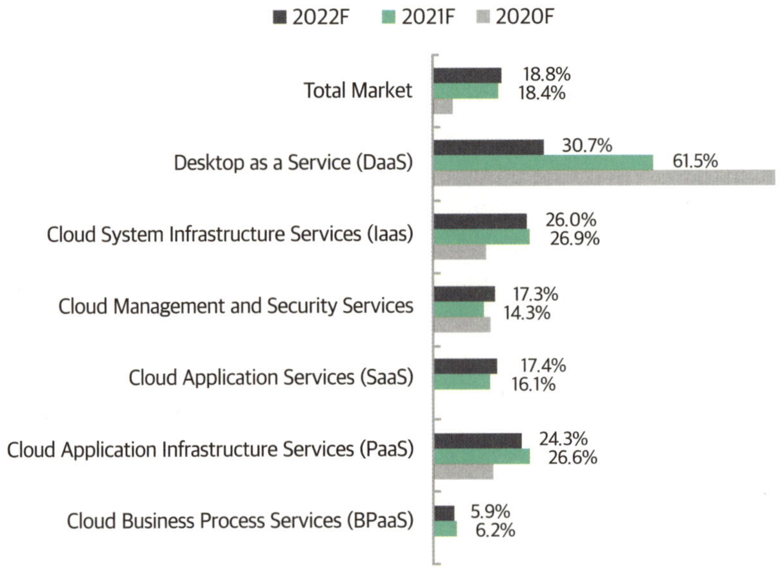

출처: Gartner

기업의 클라우드 전환 이유

: 가장 큰 이유는 기업 본연의 비즈니스(개발)에 집중하기 위해서이다

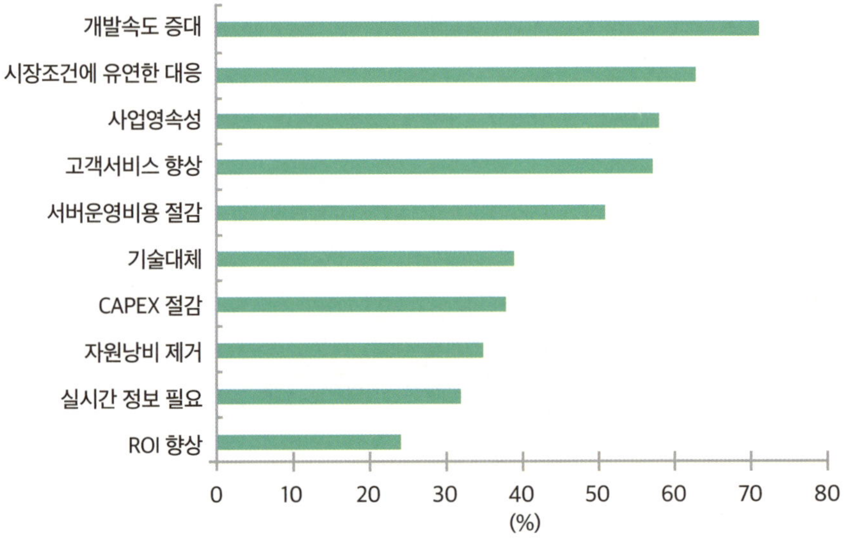

출처: IDG

글로벌 클라우드 서비스 부문별 시장 규모

: DaaS 0.6%, IaaS 21%, 관리/보안 5%, SaaS 38%, PaaS 18%, BPaaS 15%(2022년 기준)

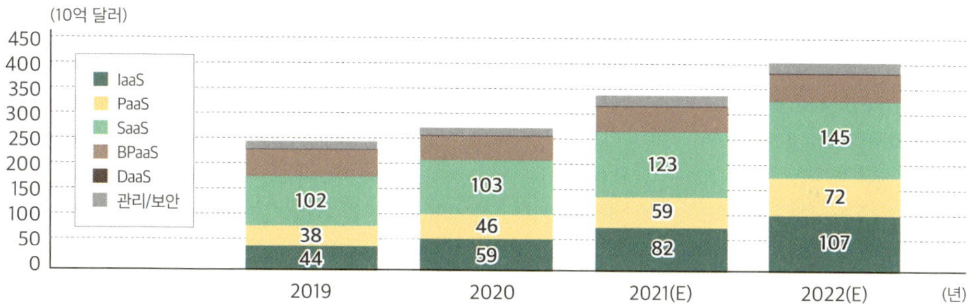

출처: Gartner

클라우드 서비스의 특징

: 클라우드는 기업의 생산성, 효율성, 비용절감, 빠른 혁신을 가능하게 한다.

구분	내용
접속용이성	• 시간과 장소에 상관없이 인터넷을 통해 클라우드 서비스 이용 가능 • 클라우드에 대한 표준화된 접속을 통해 다양한 기기로 서비스 이용
유연성	• 클라우드 서비스 공급자는 갑작스러운 이용량 증가나 이용자 수 변화에 신속하고 유연하게 대응할 수 있기 때문에 중단없이 서비스를 이용할 수 있음
주문형 셀프서비스	• 이용자는 서비스 제공자와 직접적 상호작용을 거치지 않고, 자율적으로 자신이 원하는 클라우드 서비스를 이용 가능
가상화 & 분산처리	• 하나의 서버를 여러 대처럼 사용하거나 여러 대의 서버를 하나로 묶어 운영하는 가상화 기술을 접목해 컴퓨팅 자원의 사용성을 최적화 • 방대한 작업을 여러 서버에 분산 처리함으로써 시스템 과부하 최소화
사용량 기반 과금제	• 이용자는 서비스 사용량에 대해서만 비용을 지불 • 개인이 전기사용량에 따라 과금하는 방식과 유사함

출처: KDB산업은행

글로벌 클라우드 기업 시장 점유율(2021년 기준)

: 아마존, 마이크로소프트, 구글이 시장을 과점하고 있다.

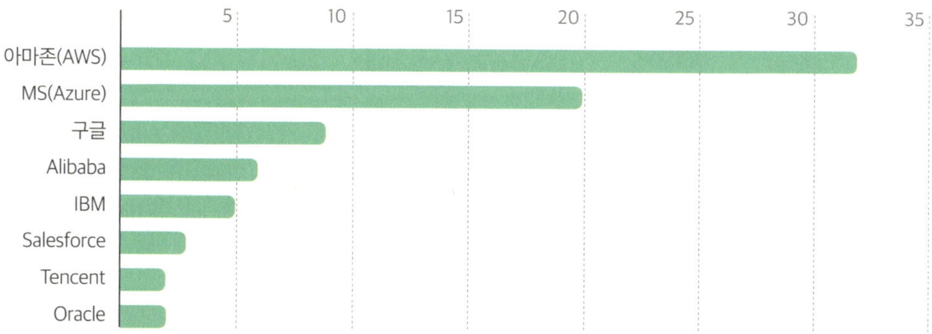

출처: Synergy Research Group

테마 밸류 체인

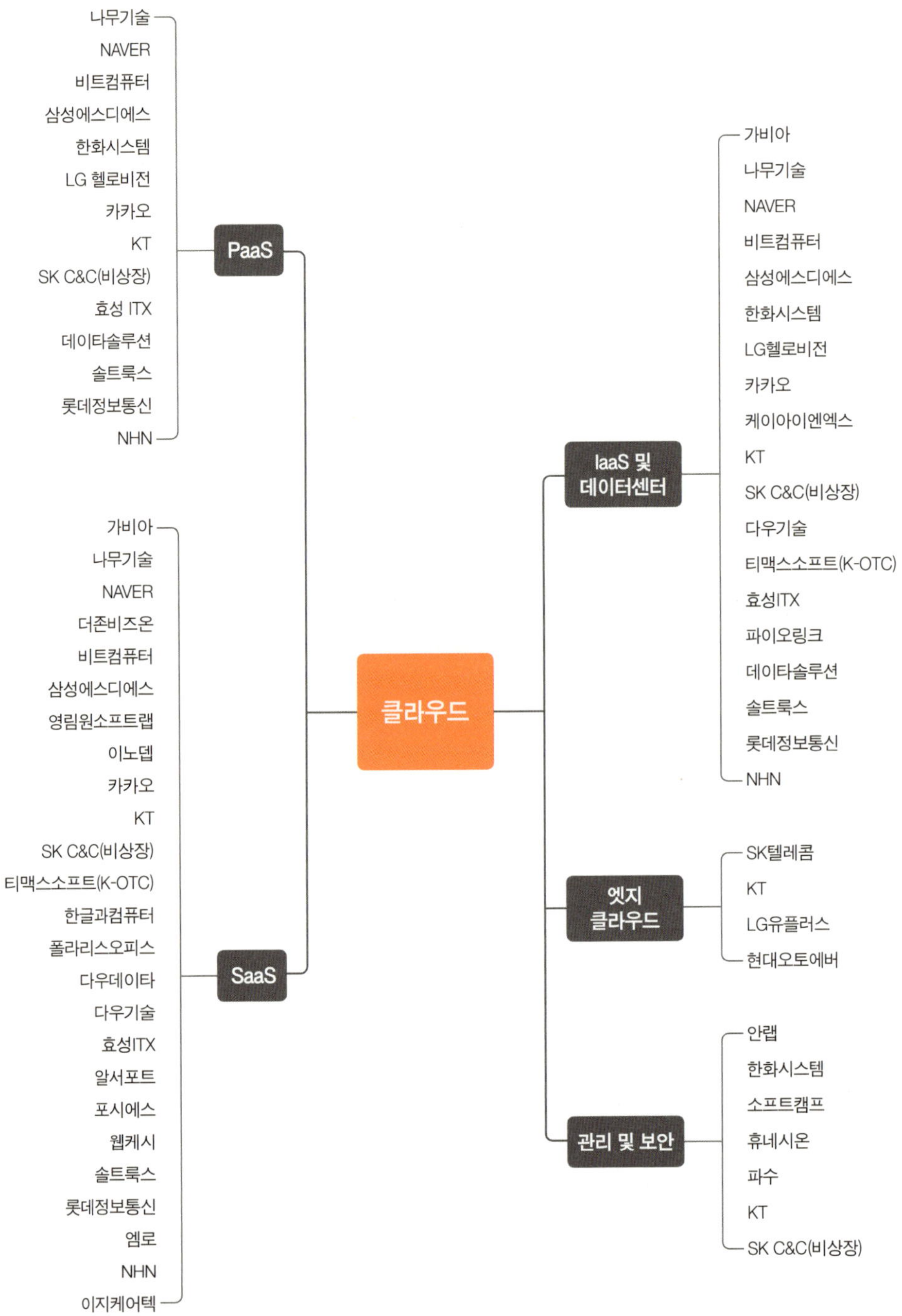
클라우드
PaaS
나무기술
NAVER
비트컴퓨터
삼성에스디에스
한화시스템
LG 헬로비전
카카오
KT
SK C&C(비상장)
효성 ITX
데이타솔루션
솔트룩스
롯데정보통신
NHN
SaaS
가비아
나무기술
NAVER
더존비즈온
비트컴퓨터
삼성에스디에스
영림원소프트랩
이노뎁
카카오
KT
SK C&C(비상장)
티맥스소프트(K-OTC)
한글과컴퓨터
폴라리스오피스
다우데이타
다우기술
효성ITX
알서포트
포시에스
웹케시
솔트룩스
롯데정보통신
엠로
NHN
이지케어텍
IaaS 및 데이터센터
가비아
나무기술
NAVER
비트컴퓨터
삼성에스디에스
한화시스템
LG헬로비전
카카오
케이아이엔엑스
KT
SK C&C(비상장)
다우기술
티맥스소프트(K-OTC)
효성ITX
파이오링크
데이타솔루션
솔트룩스
롯데정보통신
NHN
엣지 클라우드
SK텔레콤
KT
LG유플러스
현대오토에버
관리 및 보안
안랩
한화시스템
소프트캠프
휴네시온
파수
KT
SK C&C(비상장)

글로벌 주요 기업 및 ETF

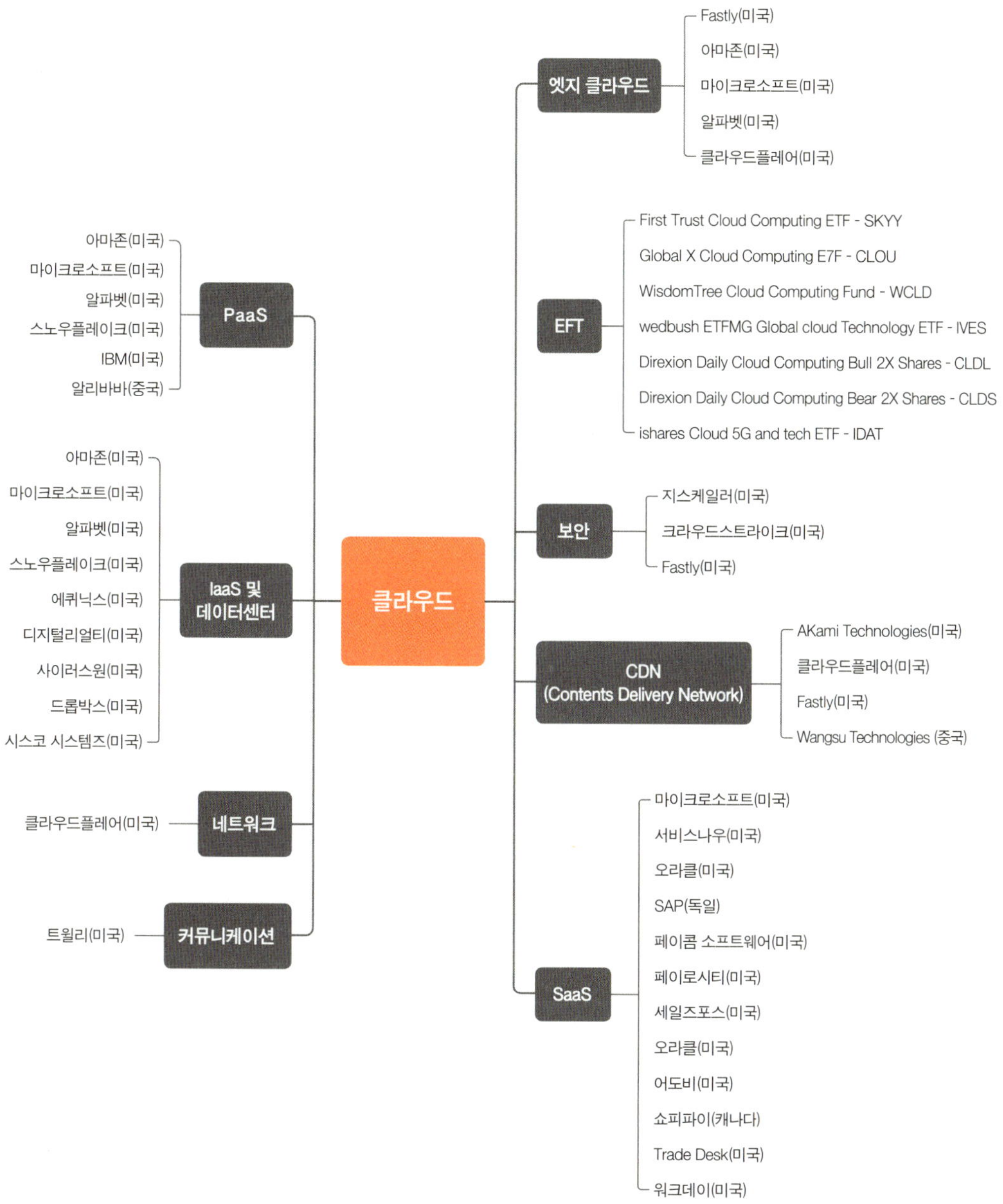

해외 대표 기업

아마존

시가총액	2,040조 원

	2021년	2022년(전망)
매출액	약 554조 원	약 658조 원
영업이익	약 35조 원	약 50조 원

- 클라우드 부문 글로벌 시장 점유율 1위
- 클라우드 서비스인 AWS(Amazon Web Service, 아마존웹서비스)는 전체 매출에서 10% 수준이지만 전사 영업이익의 절반 가량을 창출하는 핵심 사업
- 컴퓨팅 인프라 전체를 아마존웹서비스를 통해 운영하는 기업이 늘면서 장기(long-term) 계약도 늘어
- 아마존 클라우드 데이터 웨어하우스인 '레드시프트'는 타사 대비 쿼리 속도가 10배 빠른 하드웨어 가속 캐시(cache) 기능 출시
- 내셔널하키리그(The National Hockey League), PGA투어(The PGA Tour)의 인프라 공급자로 선정되면서 점유율 지속 확장

마이크로소프트

시가총액	2,620조 원

	2021년	2022년(전망)
매출액	약 195조 원	약 221조 원
영업이익	약 81조 원	약 91조 원

- 클라우드 부문 글로벌 시장 점유율 2위
- 클라우드 서비스 애저(Azure)와 AI를 전략적으로 융합한 서비스 확대, 해당 매출 증가 지속
- 클라우드 사업은 기존의 레거시(윈도우, 서버) 대비 현재 마진이 낮지만, 고객 당 매출이 증가함에 따라 영업 레버리지 발생 OPM 개선 중
- 커머셜 클라우드 매출 32%(YoY) 성장, 전체 매출의 41% 차지
- 하이브리드 클라우드 강점, 아마존과 구글보다 앞서 공략. 5G 도입과 함께 엣지 클라우드 서비스 제공하면서 초저지연 수요에 대비하고, 상위 통신사를 고객사로 선정

핵심 기업 소개

NAVER

네이버클라우드 제페토

시가총액	65.7조 원	주요 주주	국민연금 9.9%, 자사주 9%, BlackRock 5%
		총 매출액 중	서치플랫폼 52%, 커머스 20%, 핀테크 12%

- 국내 최대 규모의 클라우드와 글로벌 메타버스 플랫폼 제페토 보유
- 기존 클라우드 사업을 진행하던 자회사 네이버비즈니스플랫폼(NBP)을 네이버클라우드로 사명 변경. 모바일/웹서비스, 게임, 미디어, 금융 등 모든 분야에서 활용
- 기업용 스토리지 기반의 IaaS 및 개발 관리를 위한 PaaS, 네이버웍스 등의 SaaS 라인업을 확대
- 세종시에 아시아 최대 규모(8.8만 평)의 제2데이터센터(각세종)을 2022년 완공 예정

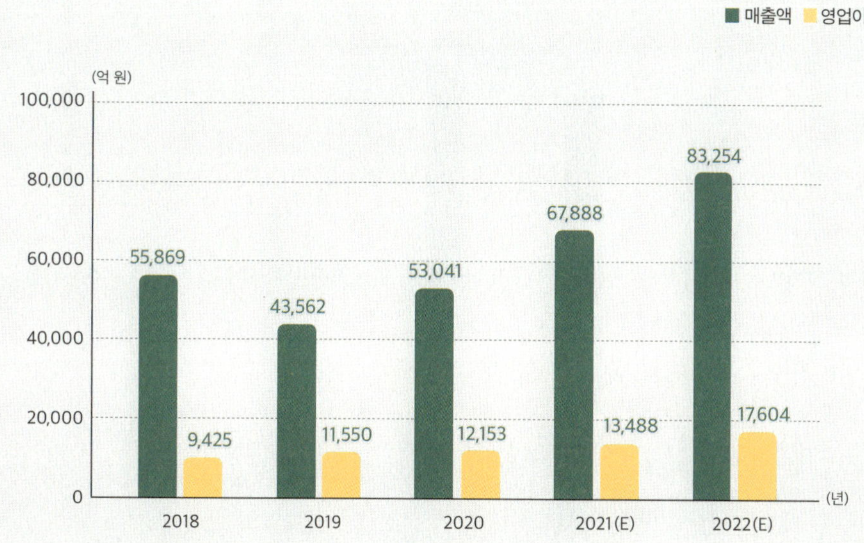

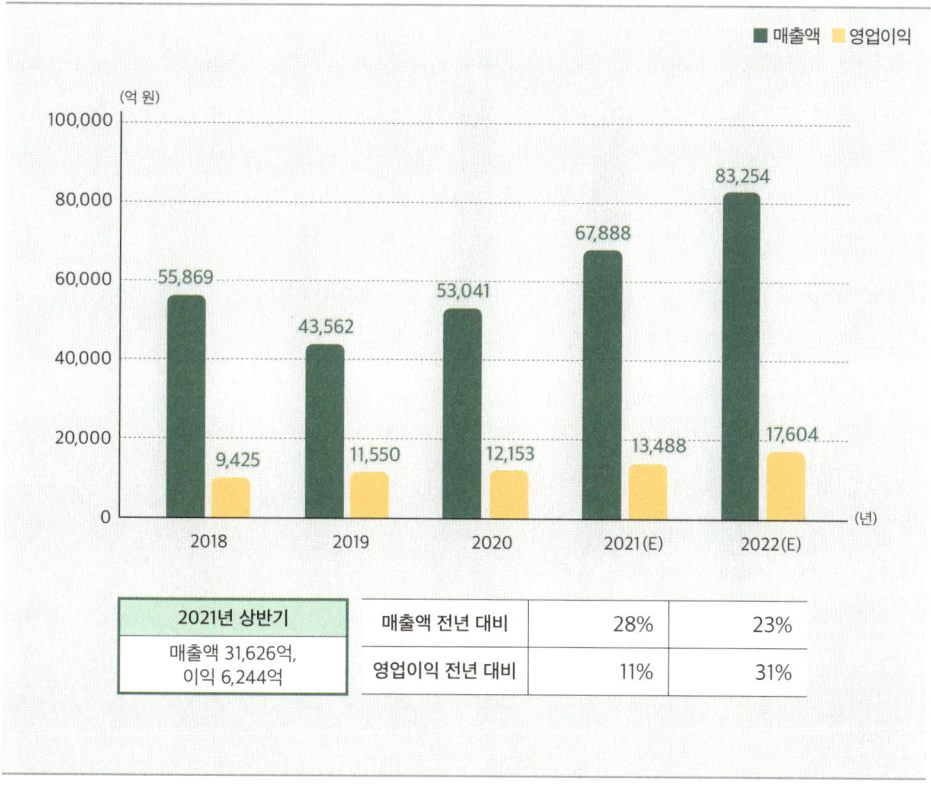

2021년 상반기
매출액 31,626억, 이익 6,244억

매출액 전년 대비	28%	23%
영업이익 전년 대비	11%	31%

*2021.09. 기준

케이아이엔엑스

데이터센터(IDC) 클라우드허브

시가총액	2,300억 원	주요 주주	가비아 외 5인 40%
		총 매출액 중	IDC/솔루션/CDN 87%, IX 12%

- 데이터센터, CDN(콘텐츠 전송 네트워크), 클라우드 솔루션 제공 전문 기업
- 데이터센터 사업은 재택근무, 컨텐츠/데이터 트래픽 증가와 함께 구조적 성장 지속 전망
- 데이터 저장 수요 증가로 기존 7개 IDC에 추가로 과천 데이터센터 설립 예정
- 디지털 뉴딜 정책으로 공공부문의 민간 클라우드 활용에 따른 수혜 기대

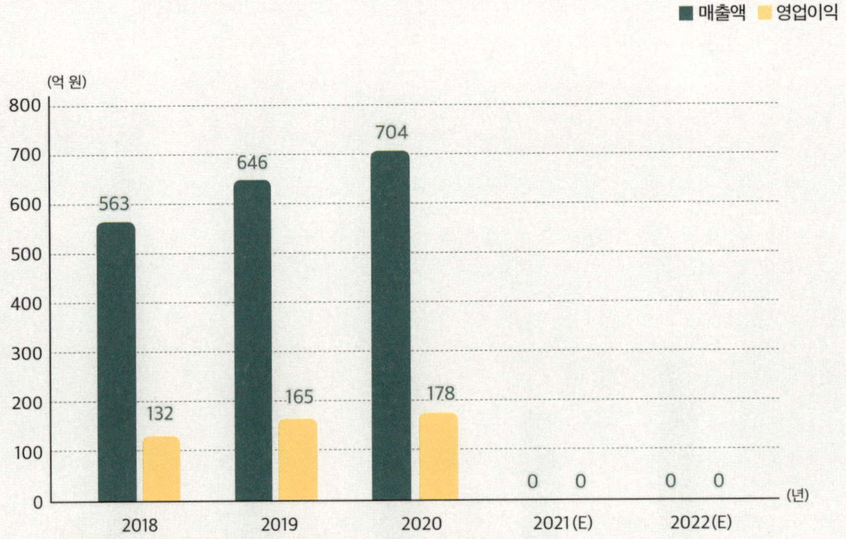

2021년 상반기
매출액 396억 원 이익 90억 원

*2021.09. 기준

한글과컴퓨터

한컴오피스 | 두레이 | 우주사업(한컴인스페이스)

시가총액	5,800억 원

주요 주주	한컴위드 외 7인 31%, 자사주 4.9%
총 매출액 중	SW 부문 58%, 제조 부문 41%

- NHN의 스마트워크 SaaS 플랫폼인 '두레이'를 기반으로 클라우드 사업 강화를 위해 NHN과 전략적 제휴
- 오피스와 두레이를 결합한 서비스를 B2G와 B2C 형태로 공급, 판가를 인상하고, 구독형 클라우드 사업 모델 구축 → 2021년 하반기부터 매출 증가 기대
- NHN 두레이는 13개 공공기관, 일반기업 3,000여 곳을 고객사로 확보
- 글로벌 SaaS 사업 운영과 투자 경험이 많은 김연수 대표가 동사를 클라우드 기업으로 전환시키면서 기업의 Re-Rating 가시화

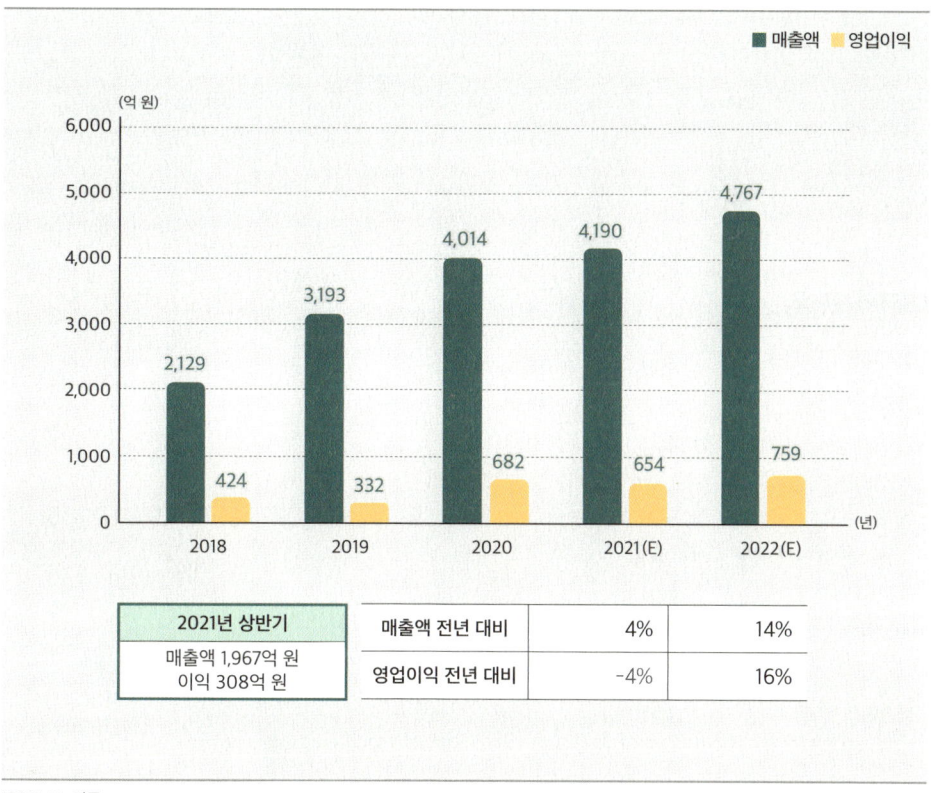

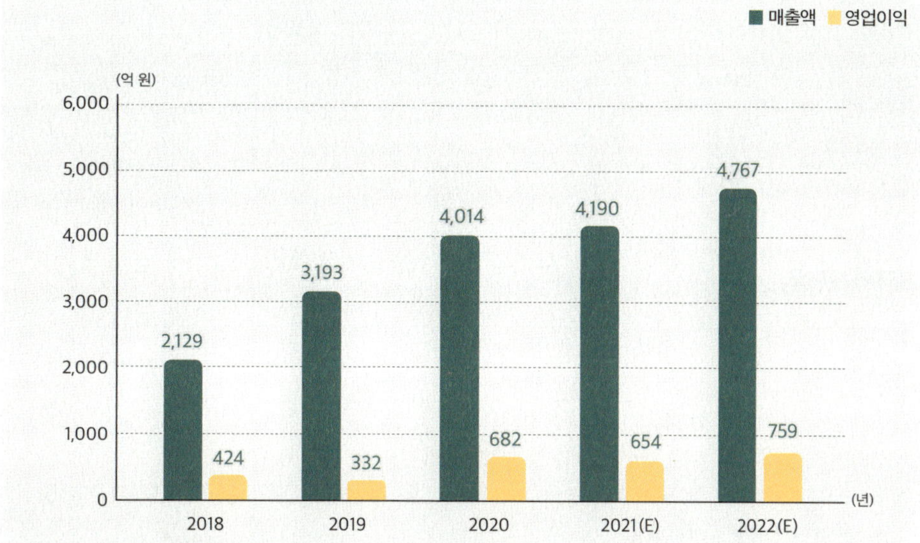

2021년 상반기
매출액 1,967억 원 이익 308억 원

매출액 전년 대비	4%	14%
영업이익 전년 대비	-4%	16%

*2021.09. 기준

나무기술

칵테일 클라우드 | 가상화(VDI) | 스마트시티

시가총액	950억 원

주요 주주	이수병 외 6인 27%
주 매출처	클라우드 관련 상품 78%

- 가상화 및 클라우드 플랫폼(칵테일 클라우드는 하이브리드 클라우드 모델을 모두 통합하는 All-In-One 플랫폼) 국내 1위 기업
- 반도체 수율 개선을 위한 MSA 프로젝트, 코로나 변이 바이러스 추적 빅데이터 시스템, 은행 AI 클라우드 플랫폼 구축 등 중요 프로젝트 수주 지속
- 급성장하는 클라우드 플랫폼 시장 개화로 본격적인 성장 구간 진입

최근 실적 및 주요 재무지표

	2019년	2020년
매출액	847억 원	1,001억 원
영업이익	41억 원	-25억 원

	2021년 상반기	
매출액	384억 원	PER -504배, PBR 3.1배, ROE -1%, 부채비율 85%
이익	11억 원	

더존비즈온

위하고 | ERP | 회계프로그램

시가총액	3.2조 원

주요 주주	김용우 외 14인 35%
주 매출처	제품 50%, 유지보수 22%

- 2011년 클라우드 사업을 위한 핵심 거점 'D-클라우드 센터' 선도적으로 구축
- 회계프로그램, 비즈니스 플랫폼(위하고), ERP, IFRS 솔루션 등 Saas 분야 국내 시장 점유율 1위
- 정부의 K-비대면 바우처 사업 수혜

최근 실적 및 주요 재무지표

	2019년	2020년	2021년(전망)
매출액	2,627억 원	3,065억 원	3,304억 원(yoy 7%)
영업이익	668억 원	767원 억	837억 원(yoy 9%)

	2021년 상반기	
매출액	1,564억 원	PER 47배, PBR 6.9배, ROE 15%, 부채비율 95%
이익	379억 원	

삼성에스디에스

디지털 전환 | 스마트팩토리 | 디지털 뉴딜

시가총액	12.8조 원	주요 주주	삼성전자 56%, 국민연금 6%
		주 매출처	물류BPO 51%, IT서비스 48%

- 국내외 17개 데이터센터 구축. 2022년 고성능 데이터센터(동탄) 추가로 완공
- 보안에 민감한 금융, 공공 클라우드 부문에 경쟁 우위
- 디지털 뉴딜 사업으로 2025년까지 공공기관 100% 클라우드 전환에 따른 수혜 기대
- 스마트팩토리, 스마트 물류체계 구축 등 다양한 정부 사업 참여 확대

최근 실적 및 주요 재무지표

	2019년	2020년	2021년(전망)
매출액	107,196억 원	110,174억 원	128,851억 원(yoy 17%)
영업이익	9,901억 원	8,716억 원	9,502억 원(yoy 9%)

	2021년 상반기	
매출액	63,122억 원	PER 18배, PBR 1.7배, ROE 10%, 부채비율 40%
이익	4,418억 원	

솔트룩스

AI 클라우드 | 빅데이터

시가총액	1,400억 원	주요 주주	이경일 외 7인 17%
		주 매출처	플랫폼 55%, 클라우드 35%

- 인공지능, 빅데이터 기반 소프트웨어 개발 및 클라우드 사업 영위
- 20년간 AI와 빅데이터 사업만 진행해오며 업계 최다 지적재산권과 최고 수준 기술 보유
- 국내 최초 AI 클라우드 서비스 상용화

최근 실적 및 주요 재무지표

	2019년	2020년
매출액	184억 원	217억 원
영업이익	0억 원	4억 원

	2021년 상반기	
매출액	87억 원	PER 123배, PBR 2.7배, ROE 1%, 부채비율 9%
이익	-37억 원	

롯데정보통신

데이터센터 | 스마트팩토리 | 디지털 뉴딜

시가총액	5,700억 원	주요 주주	롯데지주 64%, 국민연금 12%
		주 매출처	SI부문 81%, SM부문 18%

- 롯데 그룹의 IT 시스템 서비스 기업으로 디지털 전환 로드맵을 실행, 데이터센터 4곳 운영
- 정부의 디지털 뉴딜 사업 중 데이터댐, 스마트의료, 스마트스쿨, 스마트그린, SOC디지털화, 친환경 모빌리티 사업에 참여 기회 예상
- 특히 데이터레이크 구축 경험으로 데이터댐 관련 사업 참여가 우선적으로 가시화될 예정

최근 실적 및 주요 재무지표

	2019년	2020년	2021년(전망)
매출액	8,457억 원	8,495억 원	9,721억 원(yoy 14%)
영업이익	411억 원	388억 원	500억 원(yoy 29%)

	2021년 상반기	
매출액	4,553억 원	PER 12배, PBR 1.2배, ROE 10%, 부채비율 42%
이익	232억 원	

효성ITX

컨택센터 | 디지털 뉴딜

시가총액	2,300억 원	주요 주주	조현준 외 1인 68%
		주 매출처	컨텍센터서비스 65%, IT서비스 27%

- 소비자 상담 업무를 지원하는 컨택센터 아웃소싱 전문 기업
- 클라우드 컨택센터 솔루션 출시 및 관련 특허
- '한국판 뉴딜 공공데이터 청년인턴십 사업' 수주 등 향후 디지털 뉴딜 사업에 참여가 확대될 것으로 기대

최근 실적 및 주요 재무지표

	2019년	2020년
매출액	3,882억 원	4,841억 원
영업이익	130억 원	168억 원

	2021년 상반기	
매출액	2,229억 원	PER 21배, PBR 3.8배, ROE 22%, 부채비율 169%
이익	93억 원	

기업	시총	사업 내용
카카오	53조 원	카카오엔터프라이즈 설립으로 AI와 클라우드 등 기업용 소프트웨어 사업 시작. 2023년까지 자체 데이터센터 구축 예정
KT	8.4조 원	금융 클라우드, 공공 클라우드, 물류/제조 클라우드, 클라우드 보안 등 클라우드 생태계를 모두 아우르는 서비스 제공
현대오토에버	2.8조 원	현대차 그룹의 IT 아웃소싱 담당. 클라우드와 차량 연동, UAM, 자율주행, 정밀지도 등 구독형 사업 구축에 집중
NHN	1.3조 원	20년 4분기부터 분기별 200억 원대 클라우드 매출 발생. 공공 클라우드 시장 확대되는 2025년까지 클라우드 사업부의 고성장 가능
다우기술	1.1조 원	클라우드형 다우오피스 제공, 자체 데이터센터 운영, 키움증권 등 그룹사 내 데이터센터 수요 지속
안랩	7,000억 원	클라우드 컨설팅/구축, 클라우드 운영, 클라우드 보안을 체계화한 통합 서비스 제공. 클라우드 보안에 강점을 보임
웹케시	4,400억 원	기존 ERP 서비스의 클라우드형 서비스 전환, 정부의 비대면 바우처 지원사업 등으로 실적 성장 지속
이지케어텍	2,500억 원	클라우드 EMR 출시, LG전자와 협업으로 클라우드 기반 원격진료 솔루션 출시
가비아	1,800억 원	IaaS형 G클라우드, SaaS형 그룹웨어 서비스 제공. 공공부문 클라우드 시장 진출 본격화
비트컴퓨터	1,700억 원	30년 이상 EMR(전자의무기록) 개발 및 공급. 비대면 환경 속에 클라우드 EMR 출시로 성장세 유지
엠로	1,900억 원	국내 SCM시장 1위 기업, 대기업 점유율은 80%. SCM솔루션 클라우드 전환 및 비대면 환경으로 수요 지속
영림원소프트랩	870억 원	국내 최초 클라우드 ERP 출시 및 해외 시장 진출 중. 스마트팩토리용 ERP 솔루션 수요증대
데이타솔루션	810억 원	데이터(빅데이터 솔루션 등), 인프라(클라우드 포털 솔루션 등), 서비스(ICT 컨설팅과 IoT 기반 서비스) 등 3개 사업 영위
파수	800억 원	클라우드 보안에 특화된 서비스 제공, AWS 기반 '랩소디 클라우드(Wrapsody Cloud)' 서비스 출시

핵심 키워드

IaaS(Infrastructure as a Service)
CPU, 메모리, 스토리지, 네트워크, 서버 등의 하드웨어 자원을 제공하는 서비스다. 가장 기본적인 컴퓨팅 인프라 자원을 제공하는 서비스로 이용자는 데이터센터 구축 없이 필요에 따라 탄력적인 시스템 운용이 가능하다. 아마존의 AWS(Amazon Web Service), 마이크로소프트의 애저(Azure), 구글의 GCP(Google Cloud Platform) 등이 대표적이다.

PaaS(Platform as a Service)
IaaS 서비스에 추가로 운영체제(OS), 소프트웨어 개발 플랫폼, 데이터 분석 도구까지 제공하는 서비스다. 소프트웨어 개발자를 위한 다양한 API(Application Programming Interface)가 제공되므로 사용자(기업)는 소프트웨어 개발에 집중할 수 있다. 즉, 사용자 입장에서 원하는 애플리케이션과 데이터만 자체적으로 가져와 투입하면 된다. 통상 IaaS 사업자가 PaaS도 함께 제공한다.

SaaS(Software as a Service)
PaaS 서비스에 응용 소프트웨어(애플리케이션)까지 제공하는 서비스다. 설치 없이 온라인에서 바로 이용하기 때문에 시스템 구축/개발 비용과 시간을 단축할 수 있다. 기업뿐 아니라 일반 소비자가 일상에서 접할 수 있는 서비스로 메일, 오피스365(Office365), 네이버 클라우드 등이 대표적이다.

DaaS(Desktop as a Service)
클라우드 서버자원을 기반으로 가상의 데스크톱과 데이터 저장 공간을 제공하는 서비스다. DaaS 사용자는 시간, 장소, 접속 단말의 제약 없이 가상의 데스트톱 환경에 접속해 업무처리가 가능하다. 코로나19로 재택근무가 늘면서 함께 성장했다.

BPaaS(Business Process as a Service)
고객에게 비즈니스 프로세스까지 구축해주는 서비스다. 새로운 비즈니스 플랫폼을 구축하거나 유지할 필요가 없어 비용과 시간을 줄여주므로 많은 기업이 이용하는 추세다.

멀티 클라우드
클라우드 사업자를 2~3개 병행해서 사용하는 기술을 뜻한다.

하이브리드 클라우드
기업 전용 클라우드와 공용 클라우드를 병행해 사용하는 기술을 뜻한다.

엣지 클라우드
스마트폰과 같이 클라우드에 접속하는 기기가 급증하면 대역폭 부족과 긴 지연 시간 문제가 발생할 수 있다. 이를 해결하기 위해 소규모 컴퓨팅 사이트를 여러 개 두고 분산해서 처리하는 방식을 의미하는데, 5G 기지국에 개별 클라우드를 탑재해 사용하는 방식이 대표적이다. 가상현실, 자율주행 등이 보편화될 경우 자연히 늘어나는 빅데이터 처리에 필수적이다. 엣지 클라우드는 초저지연시간이 필수적인 자율주행, 스마트 공장, 스마트 유통 등 4차 산업혁명의 최전선에서 도입이 예상되는데, 그 기술이 가져오는 혁신으로 클라우드 중에서도 특히 부각되는 기술이다.

CDN(Contents Delivery Network)
영상처럼 용량이 큰 데이터를 효율적으로 전송하기 위한 기술로 서버와 이용자 중간에 있는 데이터센터에 임시 서버(캐시)를 설치해 데이터를 분산시키는 원리다.

트래픽
서버에 전송되는 모든 통신, 데이터의 양을 뜻한다.

우주 · UAM(도심항공교통)

1 정부는 2021년 '한국형 도심항공교통(K-UAM) 기술 로드맵'을 발표하며, UAM 상용화를 본격적으로 준비
2 최근 우주여행이 현실화되면서 우주관련 산업이 부각. 특히 저궤도 위성을 활용한 인터넷 통신은 6G 시대 필수 인프라로 표준화되는 추세. 자율주행차, 자율운항 선박, 자율비행, 무인 UAM 등 스마트모빌리티 분야는 물론 4차 산업혁명 기술의 현실 속 개화를 위해 초저지연 통신을 가능케하는 저궤도 위성의 수요는 지속적으로 증가할 전망. 따라서 우주산업에서도 특히 그 성장세가 뚜렷한 저궤도 위성 부문에 주목

관련 키워드 지구 궤도 저궤도위성(LEO) 정지궤도위성 스페이스 클럽 재사용 로켓

제프 베조스와 일론 머스크가 공들이는 사업

아마존 창업자 제프 베조스와 테슬라 창업자 일론 머스크는 그들이 창업한 기업으로도 유명하지만 우주산업에 대한 통 큰 투자로도 잘 알려져 있다. 제프 베조스는 블루오리진을, 일론 머스크는 스페이스엑스를, 버진그룹은 버진갤럭틱을 설립해 우주여행 사업을 추진해왔는데, 모두 시범 우주여행을 성공적으로 마쳤다. 미국의 민간 우주여행사 버진갤럭틱은 최초로 우주 관광 면허를 취득했고, 2022년 내 우주 관광 서비스를 시작할 계획이다.

우주산업은 우주여행뿐 아니라, 통신 서비스, 지구관측, 자원개발, 자율운행, 우주태양광 발전 등 그 범위가 넓다. 과거에는 위성 발사에 사용되는 로켓이 일회용에 그치고 비용도 컸지만, 로켓 재활용이 가능해지면서 상업적 이용이 한층 수월해졌다.

한편 우주산업에서 주목해야 할 키워드는 저궤도 위성이다. 대표적인 예로 스페이스X는 스타링크라는 우주 인터넷망 구축을 위해 최근 2년간 1,700개에 달하는 저궤도 위성을 발사했고, 현재 12개국에서 약 10만 명의 가입자가 위성을 활용한 인터넷 서비스를 받고 있다. 아프리카 오지나 히말라야 정상에서도 인터넷을 활용할 수 있는 길이 열린 것이다. 전 세계 인터넷 보급율이 60%임을 감안하면 저궤도 통신 위성은 인터넷이 연결되지 못

한 곳을 중심으로 충분한 수요가 남아 있다고 할 수 있다. 또한 6G 시대에는 통신 영역 확장을 위해 저궤도 위성 통신 도입이 필수이다. 상용화를 앞둔 자율주행차, 자율운항 선박, UAM 등의 모빌리티 기술은 주변 네트워크와 대규모 데이터를 빠르고 지속적으로 전송해야 하는 만큼 인터넷 음영지역이 있으면 안 되기 때문이다. 2020년 기준으로 전 세계 우주산업 규모는 3,713억 달러지만 2040년에는 약 1조 달러까지 성장할 것으로 전망된다.

정부와 주요기업의 UAMUrban Air Mobility(도심항공교통) 로드맵 발표

정부가 특정 영역을 육성하기 위해 로드맵을 발표하면 머지않아 섹터가 되고, 산업이 되는 경우가 많았다. 도심항공교통(일명 UAM)도 그럴 가능성이 크다. 정부는 2021년 '한국형 도심항공교통K-UAM 기술 로드맵'을 발표했는데, 그 안에는 교통수단으로 UAM을 활용하기 위한 기술 확보 전략을 담고 있다. 로드맵에서 정한 UAM 상용화 목표는 2025년 초기 단계 진입, 2030년 성장기, 2035년에는 성숙기에 도달하는 것이다.

민간 기업도 UAM 로드맵 발표 대열에 합세했다. 한국항공우주와 한화시스템이 각각 미래성장전략을 발표하면서 UAM 개발 계획을 제시했다. 한국항공우주는 2025년까지 자동 이착륙, 자율 주행, 고효율 저소음 기술 등 UAM 개발을 위한 핵심기술을 확보하고, 2028년까지 지상 시험 평가 등을 거쳐 2029년에는 전기추진 수직 이착륙 비행체를 개발하겠다는 계획이다. 또한 UAM, 독자위성 플랫폼 등 미래사업에 2025년까지 2,300억 원의 R&D 투자를 진행할 예정이다.

한화시스템의 UAM 개발은 속도가 더욱 빠르게 진행되고 있다. UAM 기체 개발이 상당부문 진행되었고, 2025년에는 UAM 상용 서비스가 가능하다고 밝혔다. 이는 UAM 개발을 선도하고 있는 조비Joby Aviation(2024년 상용서비스 계획)나 아처Archer(2025년)와도 차이가 나지 않는다. 한화시스템은 2023년까지 4,500억 원을 투자해 UAM 관련 업체 지분 투자, 인프라서비스 솔루션 및 기체개발 등을 진행할 예정이다.

현대차 역시 UAM 사업부를 신설하고 관련 사업을 본격화했는데, 이에 앞서 서울시와 UAM 실현 및 생태계 구축을 위한 MOU를 체결했다. 서울시와의 업무협약에는 UAM 이착륙장 수립을 위한 연구과제, 한국형 UAM 로드맵 및 'K-UAM 그랜드 챌린지' 실증 사업 등이 포함되어 있다. 이 밖에도 현대차는 인천국제공항공사, 현대건설, KT 등과 UAM 사업을 위한 파트너십을 체결했고, 기술 표준화를 위해 항공안전기술원과 협력하고 있다.

우주산업 글로벌 시장 전망

: 2030년까지 연평균 11.5% 성장할 전망이다.

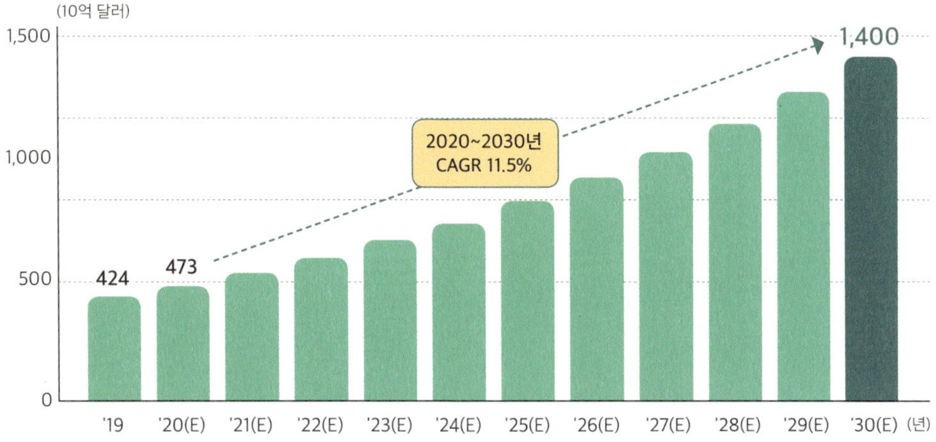

출처: BoA

UAM 글로벌 시장 전망

: 2040년까지 연평균 30% 성장할 전망이다.

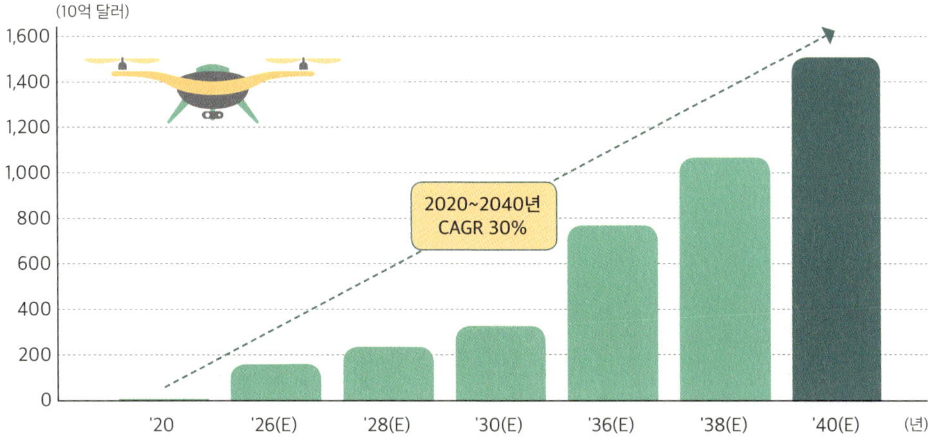

출처: 모건스탠리

우주 로켓 발사비용 전망

: 최근 로켓 재활용이 가능해지면서 우주산업의 상업화도 더욱 가속화되고 있다.

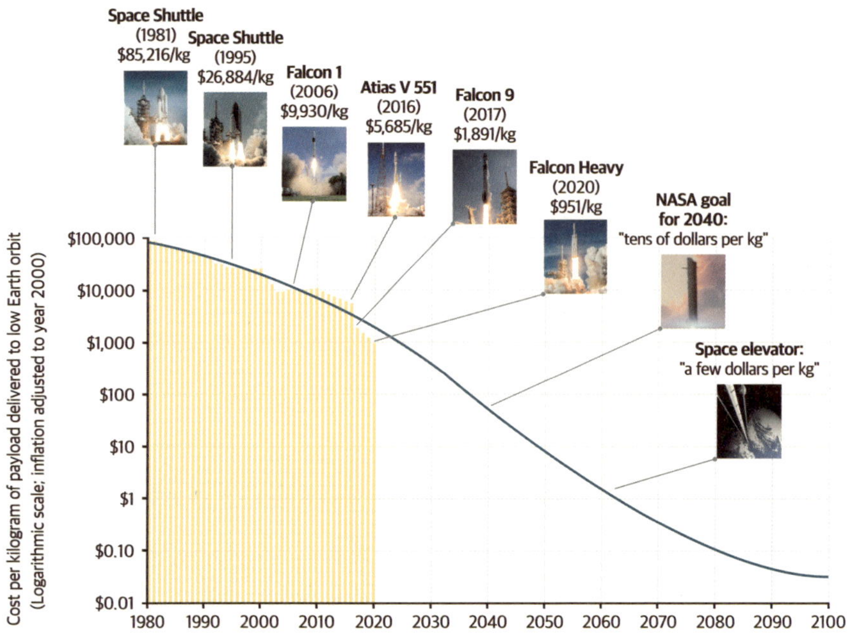

출처: FutureTimeline.net

전 세계 우주 경제 분야별 매출액 추이와 전망

: 우주산업은 인공위성을 우주로 쏘아 올리는 로켓부터, 인공위성과, 인공위성을 활용하는 각종 통신 장비와 응용 기기 및 서비스까지 매우 포괄적이다.

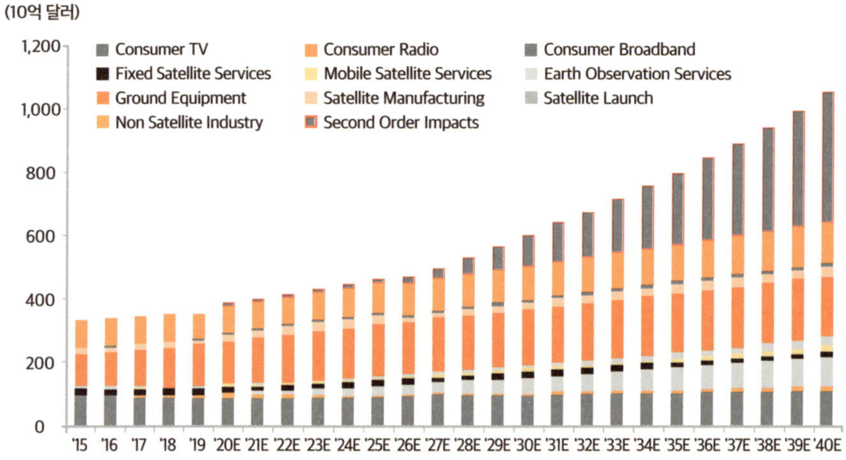

출처: 모건 스탠리

궤도별 인공위성 구분 및 특징

: 향후 이동통신 서비스는 사물인터넷(IoT), 자율주행, UAM 등 4차 산업혁명의 대표적인 기술이 요구하는 통신 속도와 전송량, 저지연 환경으로 인해 6G 기반의 인프라가 필요하다. 6G는 2030년 정도에 상용화될 전망인데, 이때 필수적인 것이 저궤도 위성으로 최근 저궤도 위성이 급증하는 이유이기도 하다.

구분	저궤도(LEO)	중궤도(MEO)	정지궤도(GEO)
위성고도(km)	200~2,000	2,000~36,000	36,000
커버면적(km)	500	1,060	13,000
주요 업무	초고속 통신, 첩보, 지구관찰	위치정보, 항법	통신, 기상, 항법
대표 사업자	스페이스X, 아마존, 원웹 등	SES 네트웍스	Inmarsat, NASA 등
통신지연율(ms)	25	140	500
위성 수	3,330	140	560

출처: UCS

궤도별 지구 커버 면적 비교

: 지구를 커버하는 면적은 가장 높은 고도에 위치한 정지궤도(GEO), 중간에 위치한 중궤도(MEO), 낮은 곳에 있는 저궤도(LEO) 순이다. 따라서 저궤도 위성을 활용할 땐 위성의 수가 많을 수밖에 없고, 좁은 커버영역을 다수의 위성이 그물망처럼 나누어 맡게 된다.

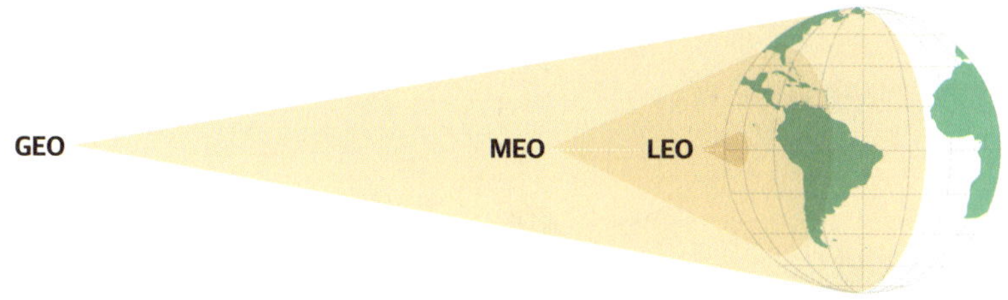

출처: Statista

저궤도 위성 통신 인터넷 원리

: 다수의 저궤도 위성을 활용해 전체를 커버하는 그물망 방식이다.

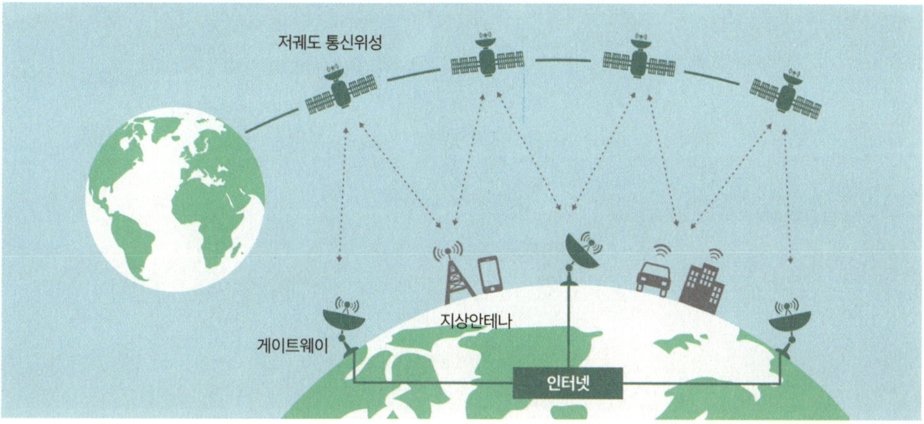

출처: The Economist

저궤도 인공위성이 형성하는 그물망

: 다수의 저궤도 위성을 활용해 전체를 커버하는 그물망 방식이다.

저궤도 위성 통신 인터넷 원리

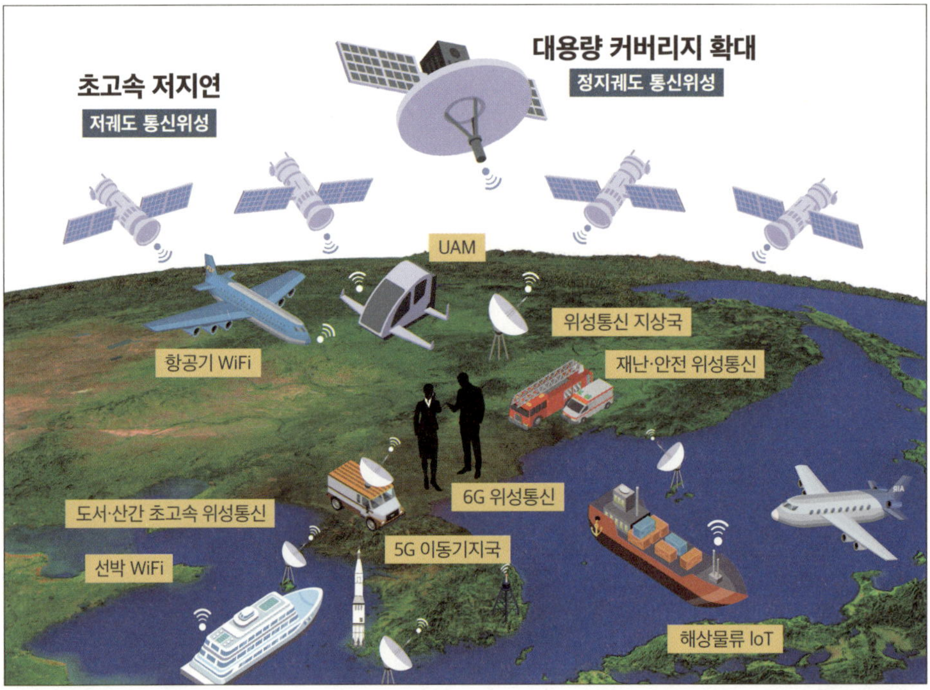

출처: 과학기술정보통신부

6G 시대, 위성통신이 본격화되는 출발점

: 6G 시대에는 지상 이동통신과 공중 위성통신이 결합해 통신 서비스 패러다임이 크게 변화될 것으로 예상된다.

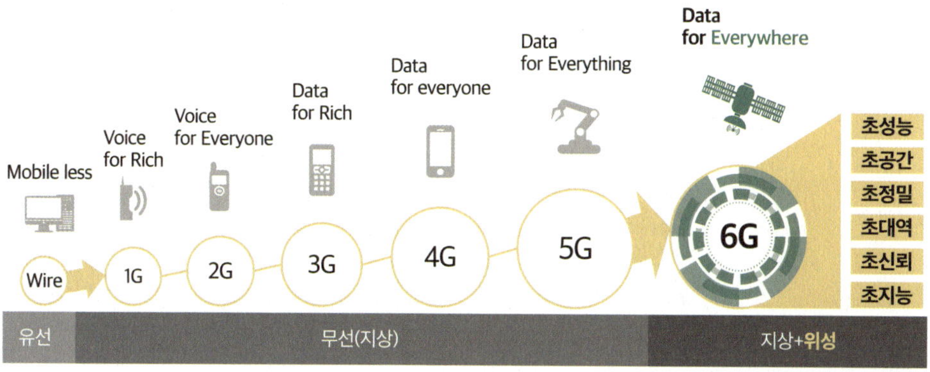

출처: 과학기술정보통신부

지구 궤도 내 운용되는 인공위성 추이

: 저궤도 위성을 활용한 통신 서비스 수요가 4차 산업혁명과 맞물리면서 크게 증가했다. 이에 따라 운용되는 저궤도 인공위성도 함께 급증하는 추세다.

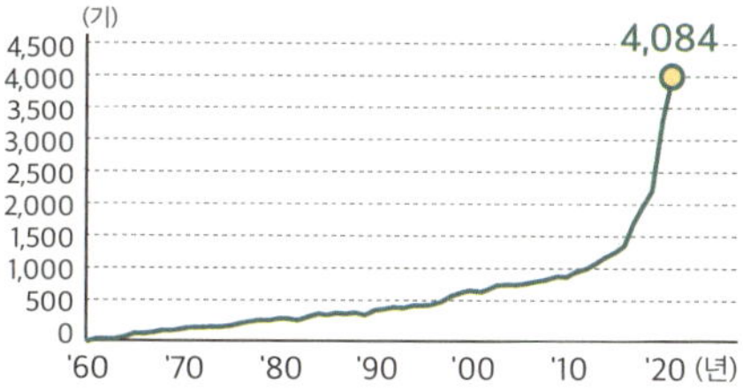

출처: UCS

스페이스 X, 블루 오리진, 버진 갤럭틱 3사의 주요특징

구분	스페이스 X	블루 오리진	버진 갤럭틱
발사체	Falcon9 (Crew Dragon)	New Shepard	VMS Eve/ VSS Unity
발사 시점	2021.09.15	2021.07.20	2021.07.11
재사용 여부	○	○	○
고도	575km	약 106km	약 86km
궤도	궤도	준궤도	준궤도
비행시간	3일	약 10분	약 10분
좌석 가격	-	2,800만 달러 (약 321억 원)	25만 달러 (약 2.8억 원)

출처: 유진투자증권

저궤도 위성 통신 주요 기업의 특징(단위: 기, km, kg, Gbps, ms)

: 저궤도 통신위성은 지상과 가깝기 때문에 전파 왕복시간이 빠른데, 이는 통신 지연시간이 짧아지는 것으로 이동통신 서비스에 큰 이점으로 작용한다.

구분	Space X	OneWeb	Telesat	Amazon
프로젝트명	Starlink	OneWeb	Lightspeed	Kuiper
서비스 개시 시기	2020	2022	2023	2026
목표 위성 수	12,000	648	298	3,236
발사 위성 수	1,740	288	0(Test 제외)	0
운용 높이	550	1,200	745~1,000	
위성 무게	227	150	100	
주파수 대역	Ku&Ka	Ku&Ka	Ka	
최대 전송 속도	21.36	9.97	38.68	
지연 시간	40	25	10-15	

출처: 각 사

스페이스 X, 블루 오리진, 버진 갤럭틱 3사의 비행 궤도 비교

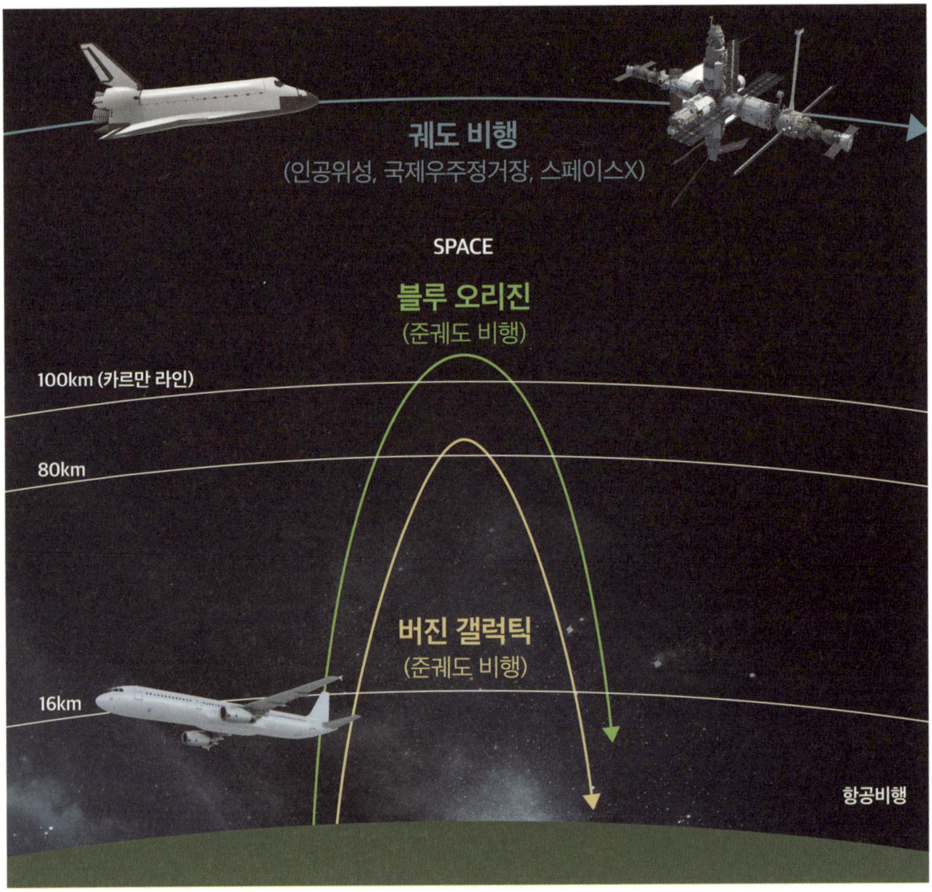

출처: 각 사

전세계 부자들의 우주산업 투자

순위	이름	Net worth (bn USD)	나이	국가	관련기업	우주투자
1	제프 베조스	177	57	US	Amazon	블루오리진 소유
2	일론 머스크	151	49	US	Tesla, Space X	Space X 소유
5	마크 저커버그	97	36	US	Meta	
8	래리 페이지	91.5	48	US	Google	Google 은 Space X에 약 10억 달러 투자(2016)
9	세르게이 브린	89	47	US		
15	마화텅	65.8	49	China	Tencent	Moon Express(달 탐사 기업)사를 비롯한 여러 스타트업에 투자
166	리카르도 샐리너스	12.9	65	Mexico	Retail, media	원엡에 투자
574	피터 틸	4.9	53	US	Meta	파운더스 펀드 운영하며 약 2,000만 달러를 Space X에 투자
589	리처드 브랜슨	4.8	70	UK	Virgin	Virgin Galactic 소유

출처: Forbes

K-UAM 시기별 시장 변화 형태

: 정부가 발표한 UAM 로드맵에는 2025년부터 점진적인 상용화 단계에 돌입하는 것을 목표로 하고 있다.

	초기 1단계(2025~)	성장기 2단계(2030~)	성숙기 3단계(2035~)
기체	속도 150km/h	속도 240km/h	속도 300km/h
	거리 100km	거리 200km	거리 300km
	배터리 300Wh/kg	배터리 450Wh/kg	배터리 680Wh/kg
	유인조종	원격조종	자율비행
항행/교통	유인교통관리	자동화+유인 교통관리	완전자동화 교통관리
	Fixed Corridor	Mixed Corridor	Mixed Corridor
	5대 운용	8대 운용	16대 운용
버티포트	버티포트 4개	버티포트 24개	버티포트 52개
	이착륙장 4개	이착륙장 24개	이착륙장 104개
	계류장 16개	계류장 120개	계류장 624개

출처: 국토교통부

K-UAM 시기별 시장 변화 형태

추진전략	중점기술				
	1. 기체·부품	2. 항행·교통	3. 인프라	4. 서비스	5. 핵심 기술
1. 안전성을 확보하는 관리 기술 개발 • 승객, 기체 안전성 확보 • 안전운항 지원 • 통신, 항법, 감시, 정보 (CNSi)	• 고신뢰성 기체 설계제작 기술 • 승객 운항 안전성 확보 기술 • 기체 안전장치 설계 기술 • 기체 및 소재 부품 인증 시험 평가 기술	• 공역설계 스케줄링 관리 기술 • 운항 위험도 저감관리 기술 • 다중 상대 항법통신 기술 • 협력적, 비 협력적 감시기술 • CNSi 보안 기술	• 버티포트 상용통신 기술 • 버티포트 통신 사이버 보안 기술	• 3차원 정밀 지도 구축 기술	-
2. 수용성을 증대하는 친화 기술 확보 • 저소음, 친환경 구현 • 안정적 이용을 보장하는 친화 기술	• 전기추진 기술	-	• 버티포트 에너지 최적화 기술 • 버티포트 구축 기술 • 버티포트 스마트 시티	• 승객, 화물 운송 관리 기술 • 지능형 예방 정비 기술 • 도심 기상, 장애물 정보 수집분석 기술	• 소음진종 저감 프룹로터 기술 • 소음진동 제어 기술
3. 경제성을 향상하는 상용 기술 마련 • 기체 양산기술 및 핵심 부품 • 운용 시간과 효율을 극대화하는 서비스 기술	• 기체 경량화 제작 기술 • 친환경, 초경량, 고성능 동력추진원	-	• 스마트 보안 및 안전 기술 • 자동화 운용기술 • 고전압, 신뢰 충전 기술	• 조종사 업무 저감기술	-
4. 지속가능성을 이끄는 기초기술·생태계 구축 • 장기적 관점의 기초기술 • 기초체력 확보를 위한 인력양성	-	-		• 종사자 자격제도 수립 • 종사자 인력양성 체계	• 자율비행 조종 기술 • 기체 탑재 통신 기술 • 자율항법 기술 • 상황인지 및 충돌회피 기술
5. 상호발전을 유도하는 기술교류 확대 • 타 산업과 교류 활성화 • 국제협력 강화	• UAM 산업과 연관된 타 분야와 부품 또는 기술 교류, 상호활용 • 미 FAA, NASA, EU EASA 등 해외 주요 기관과의 기술 교류				

출처: 국토교통부

누리호 개발 참여 주요 산업체(비 상장사 포함)

누리호 개발 참여 주요 산업체

자료: 한국항공우주연구원

분야	항목	참여 업체
체계종합	체계총조립	한국항공우주산업(KAI)
	지상제어시스템, 하니스, 시험장치, 설계등	유콘시스템, 카프마이크로, 우레아텍, 한양이엔지, 제이투제이코리아
유도제어·전자	구동장치시스템, 추력기시스템등	스페이스솔루션, 한화에어로스페이스
	GPS수신기시스템	넵코어스
	전자탑재시스템	단암시스템즈, 기가알에프, 시스코어
	임무제어시스템	한화
구조체	탱크, 동체	한국항공우주산업(KAI), 두원중공업, 에스앤케이항공, 이노컴, 한국화이바, 데크항공
	가속.역추진모터, 페어링, 파이로분리, 설계.시험등	한화, 한국화이바, 제이투제이코리아, 브이엠브이테크
추진기관·엔진	엔진총조립	한화에어로스페이스
	터보펌프	한화에어로스페이스, 에스엔에이치
	연소기.가스발생기	비츠로넥스텍, 네오스펙
	추진기관공급계 (밸브류, 점화기 등)	한화에어로스페이스, 비츠로넥스텍, 네오스펙, 하이록코리아, 스페이스솔루션, 한화, 심양화학
	배관조합체	한화에어로스페이스
	계측시스템	이앤이
열·공력	열제어.화재안전등	한양이엔지, 지브이엔지니어링, 에너베스
시험설비	설비구축	한화, 한화에어로스페이스, 현대로템, 한양이엔지, 비츠로넥스텍, 이엠코리아, 신성이엔지
	토목.건축	한진중공업, 계룡건설, 동일건설, 대우산업개발
발사대	설비구축	현대중공업, 한양이엔지, 제넥, 건창산기
	토목.건축	영만종합건설, 대선이앤씨, 유한티유

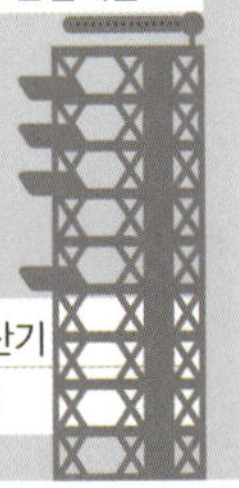

출처: 한국항공우주연구원

테마 밸류 체인

인텔리안테크
한화시스템
STX엔진
KMH
휴니드
머큐리
휴맥스
홈캐스트
디엠티
위성통신
파인디지털
인포마크
모바일어플라이언스
EMW
위성항법
위성활용 서비스 및 장비
쎄트렉아이
KCI
한양이엔지
지상국 및 시험시설
신성이엔지
하이록코리아
한양이엔지
한국조선해양
두산중공업
현대중공업
발사대 및 시험시설
지상장비
우주
위성체 제작
LIG 넥스원
한국항공우주
쎄트렉아이
한화시스템
써니전자
아이쓰리시스템
AP위성
뷰웍스
발사체 제작
한국항공우주
켄코아에어로스페이스
한화에어로스페이스
한화
코텍
퍼스텍
하이록코리아
한양이엔지
현대로템
이엠코리아

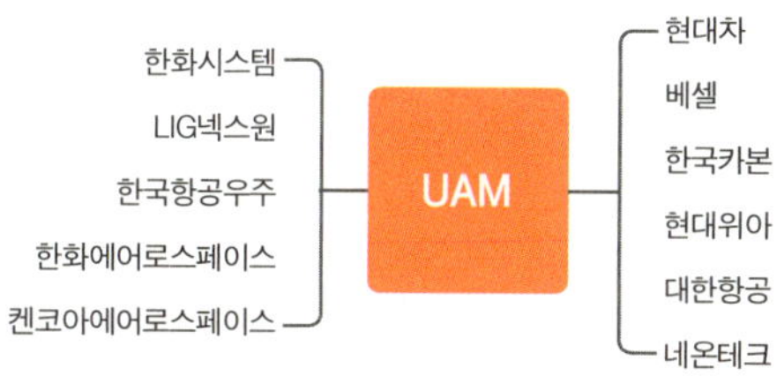

한화시스템
LIG넥스원
한국항공우주
한화에어로스페이스
켄코아에어로스페이스
UAM
현대차
베셀
한국카본
현대위아
대한항공
네온테크

글로벌 주요 기업 및 ETF

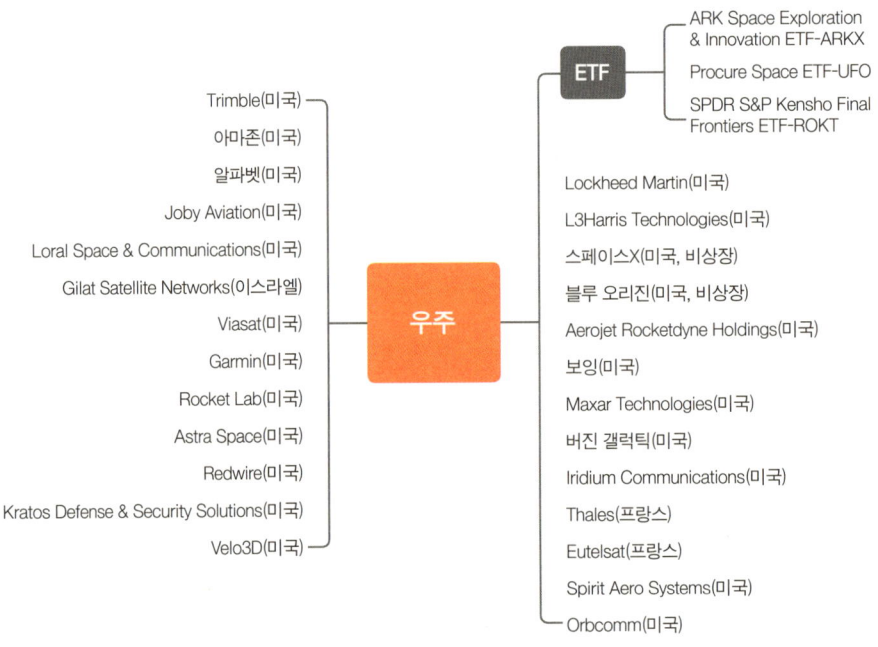

우주

- Trimble(미국)
- 아마존(미국)
- 알파벳(미국)
- Joby Aviation(미국)
- Loral Space & Communications(미국)
- Gilat Satellite Networks(이스라엘)
- Viasat(미국)
- Garmin(미국)
- Rocket Lab(미국)
- Astra Space(미국)
- Redwire(미국)
- Kratos Defense & Security Solutions(미국)
- Velo3D(미국)

ETF

- ARK Space Exploration & Innovation ETF-ARKX
- Procure Space ETF-UFO
- SPDR S&P Kensho Final Frontiers ETF-ROKT

- Lockheed Martin(미국)
- L3Harris Technologies(미국)
- 스페이스X(미국, 비상장)
- 블루 오리진(미국, 비상장)
- Aerojet Rocketdyne Holdings(미국)
- 보잉(미국)
- Maxar Technologies(미국)
- 버진 갤럭틱(미국)
- Iridium Communications(미국)
- Thales(프랑스)
- Eutelsat(프랑스)
- Spirit Aero Systems(미국)
- Orbcomm(미국)

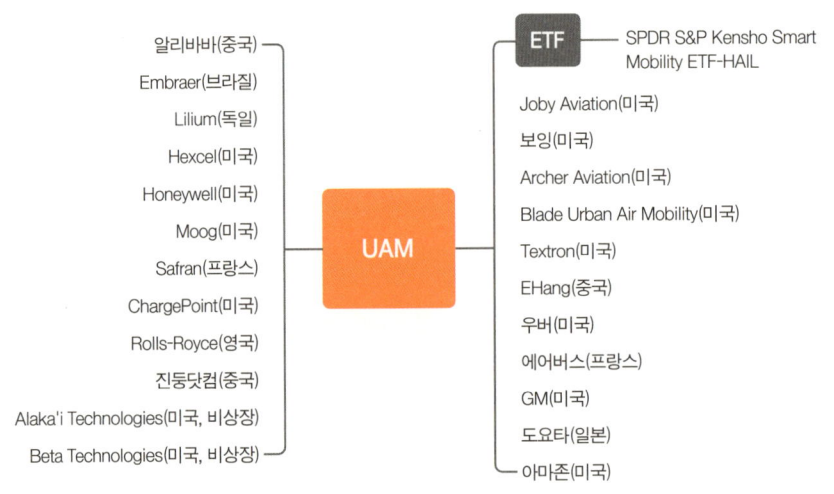

UAM

- 알리바바(중국)
- Embraer(브라질)
- Lilium(독일)
- Hexcel(미국)
- Honeywell(미국)
- Moog(미국)
- Safran(프랑스)
- ChargePoint(미국)
- Rolls-Royce(영국)
- 진둥닷컴(중국)
- Alaka'i Technologies(미국, 비상장)
- Beta Technologies(미국, 비상장)

ETF

- SPDR S&P Kensho Smart Mobility ETF-HAIL

- Joby Aviation(미국)
- 보잉(미국)
- Archer Aviation(미국)
- Blade Urban Air Mobility(미국)
- Textron(미국)
- EHang(중국)
- 우버(미국)
- 에어버스(프랑스)
- GM(미국)
- 도요타(일본)
- 아마존(미국)

해외 대표 기업

스페이스 X (비상장)

- 일론 머스크 테슬라 최고경영자가 세운 우주개발 기업으로 2021년 9월 일반인 4명을 태운 우주선으로 3일간 지구 궤도를 도는 우주여행에 성공. 우주 탐사에서 가장 앞선 기업
- 앞서 우주여행에 성공한 버진갤럭틱(고도 86km), 블루 오리진(고도 100km)은 준궤도에 잠시 진입했다가 하강하는 포물선 형태의 비행인 반면 스페이스 X는 실제 궤도인 고도 575km 상공에서 3일간 궤도를 따라 지구를 돌다가 복귀하는 실제적 의미의 우주여행(고도 575km은 저궤도층으로 국제우주 정거장과 허블 우주 망원경 궤도보다 높은 수준)
- 동사는 우주산업 가운데 핵심 성장 사업인 위성 인터넷 서비스에서도 경쟁사 대비 가장 앞서 있음. 2021년 기준으로 14개국 10만여 명의 가입자에게 1,750여 개의 자체 위성으로 위성 인터넷 '스타링크' 베타 서비스 제공 중

조비 에비에이션

- 2020년 UBER 의 UAM 사업부를 인수함과 동시에 우버(UBER)로부터 투자 유치
- 2024년부터 3개 도시에서 시작될 우버에어(Uber Air) 서비스에 독점적으로 기체 납품 기대
- 2020년 도요타로부터 $394M 규모의 투자금을 지원받고, 기체 양산 기술 공유를 위해 전략적 파트너십 체결
- NASA 와 긴밀한 관계를 유지해오며, 최근 차세대 항공기 실증 사업을 지원하는 미 정부 사업인 AAM National Challenge의 첫 비행 업체로 선정
- UAM은 신생산업으로 상용화를 위한 정부의 승인 과정을 준비 중. 따라서 정식 사업 승인을 받은 기업이 없고, 승인 후 매출이 발생하는 시기는 2024~2026년으로 예상(동사는 NASA와 미 공군의 지원으로 본격적인 매출 발생 시기까지 개발과 사업 확장을 지속할 수 있는 여력을 보장받음)
- 향후 예상 매출은 2024년 1.3억 달러, 2025년 7.2억 달러, 2026년 20억 달러(2023년에 FAA의 형식 증명이 발행될 것으로 예상. 이후 2024년에 초기시장에서 서비스를 본격화하고, 2026년까지 3개 도시에서 서비스를 구축해 본격적으로 매출을 발생시킬 계획)

한화시스템

원웹 | 방산사업 | UAM | 위성통신 안테나 | 저궤도위성

시가총액	3조 원

주요 주주	한화에어로스페이스 외 7인 59%, 한화시스템우리사주 7%, 국민연금 5%
총 매출액 중	방산 69%, ICT 28%

- 전자광학, 지휘통제/통신, 레이더 등 첨단 방산 분야를 대상으로 하는 방산부문과 첨단 정보 시스템 구축과 운영, 데이터센터 서비스를 제공하는 ICT 부문 2가지 사업을 영위
- 위성인터넷 기업 원웹에 지분투자, 이를 통해 저궤도위성사업 주파수 확보 등 국내 우주산업 선도
- 위성과 지상을 연결하는 안테나를 자회사 통해 개발 중(전자식과 기계식 안테나 모두 개발)
- 2023년까지 독자 통신위성을 쏘아 올려 2025년 정식 서비스를 제공을 목표
- UAM 기체 제작업체인 오버에어의 전환사채 3,000만 달러 취득, 신성장 산업인 UAM, 차세대 안테나, 인공위성에 과감한 투자와 신사업 가시화
- 기존 사업부(방산, ICT)의 안정적인 성장과 AI, 블록체인, 데이터센터, 태양광 등의 투자로 그룹 내 ICT 성장산업을 담당

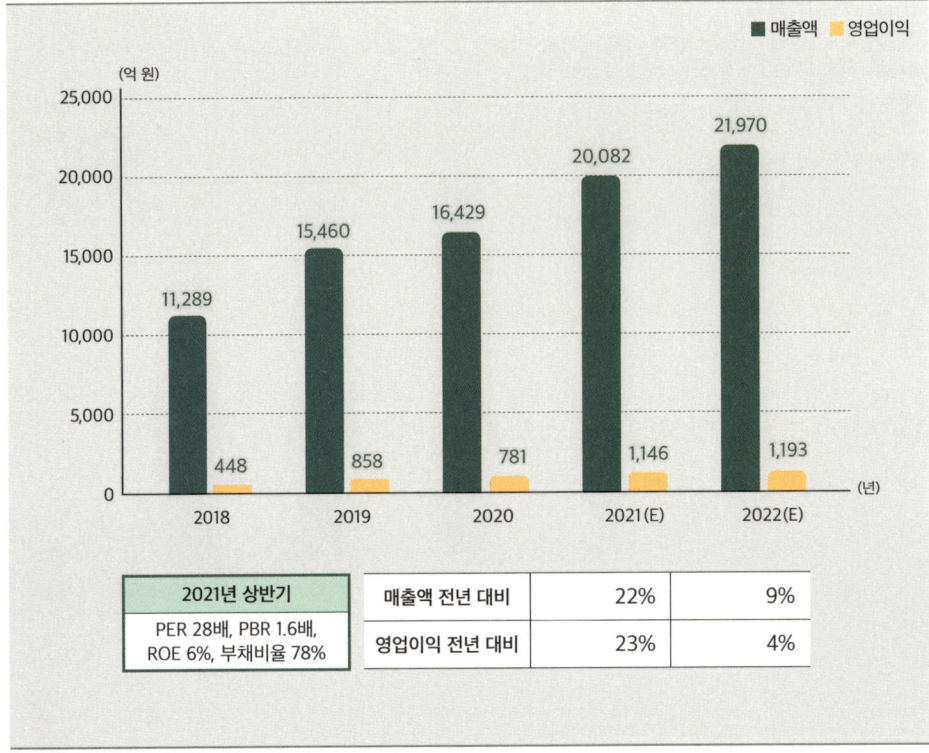

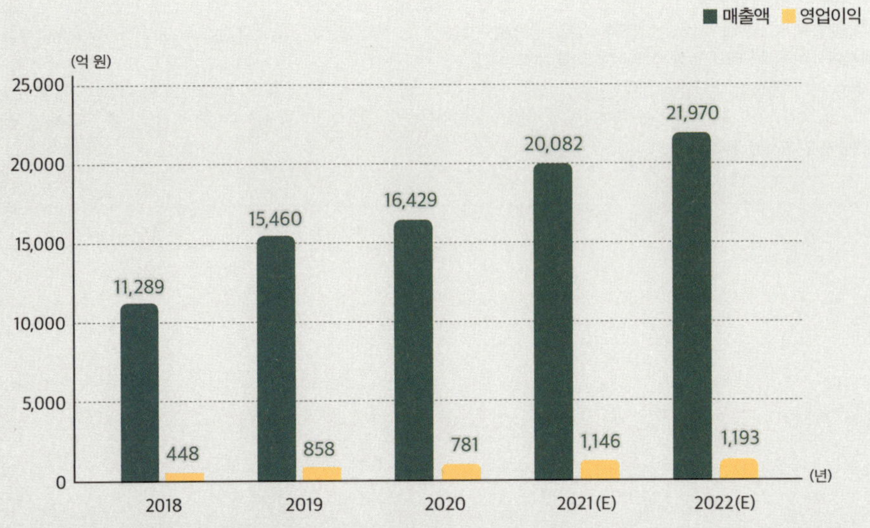

2021년 상반기
PER 28배, PBR 1.6배, ROE 6%, 부채비율 78%

매출액 전년 대비	22%	9%
영업이익 전년 대비	23%	4%

*2021.09. 기준

인텔리안테크

위성통신 안테나 | 해상용 VSAT 세계 1위

시가총액	6,500억 원

주요 주주	성상엽 외 5인 32%
총 매출액 중	위성통신 안테나 74%

- 위성통신 안테나 전문기업으로 해상용 위성통신 안테나 글로벌 시장점유율 1위
- 저궤도 위성통신용 수신 안테나 VSAT로 저궤도 위성사업 본격화
- 원웹향 VSAT 공급. 원웹은 영국, 알래스카, 북유럽, 그린란드 등 북위 50도 이상 지역의 저궤도 위성 통신망 서비스를 준비중으로 2022년까지 648기의 위성을 쏘아 올리고 서비스 지역을 확대할 예정. 이에 대한 수주 증가 및 동사의 직접적인 수혜 전망
- 6G 기술의 필수 인프라인 저궤도 위성의 수요 증가로 저궤도위성 인터넷사업자인 원웹, SES, Telesat, Iridium, Amazon 등의 수주가 지속 확대될 것으로 예상
- 저궤도 위성 안테나는 기술과 가격 경쟁력을 모두 가지고 양산하는 것이 필수. 이러한 진입장벽을 감안할 때 저궤도 위성 터미널 안테나 시장에서 현재 경쟁사가 전무한 상황

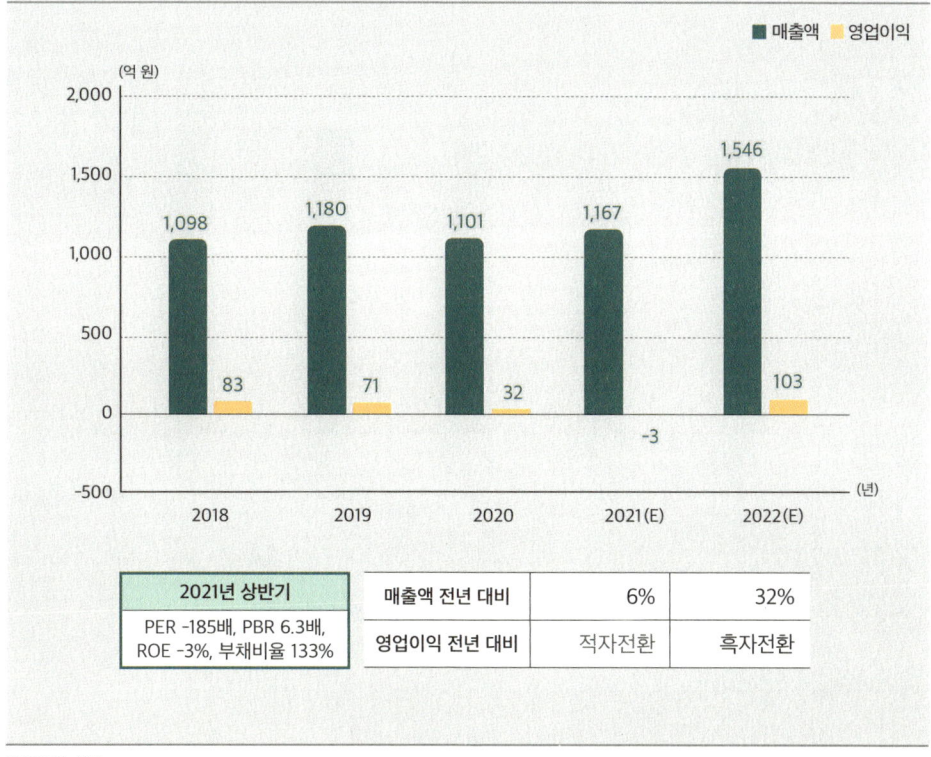

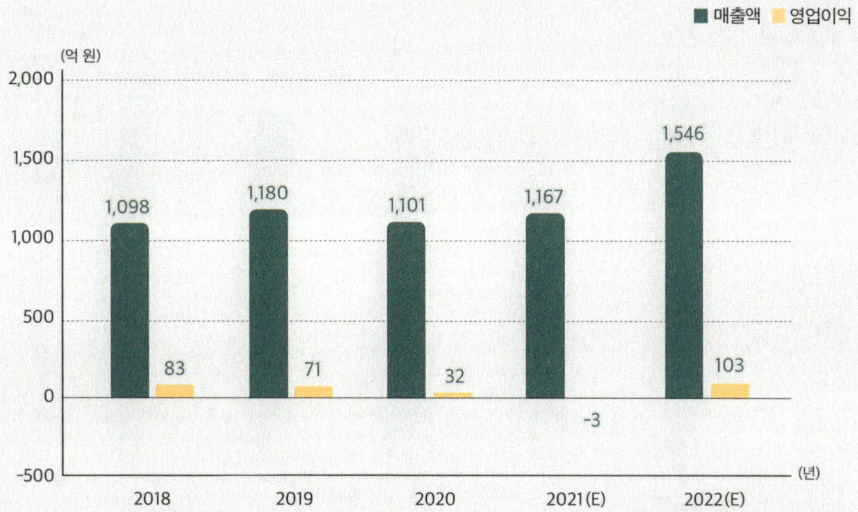

2021년 상반기
PER -185배, PBR 6.3배, ROE -3%, 부채비율 133%

매출액 전년 대비	6%	32%
영업이익 전년 대비	적자전환	흑자전환

*2021.09. 기준

쎄트렉아이

위성시스템 | 위성영상 분석 | 한화에어로스페이스 | 방산사업

시가총액	4,100억 원

주요 주주	한화에어로스페이스 외 5인 35%
총 매출액 중	위성사업 91%

- 지구 관측 중소형 위성 시스템과 위성 탑재체, 지상체 등을 제조하는 우주 사업 영위. 주력제품은 1,000kg 이하의 중소형 저궤도 위성
- 국내 유일 위성 시스템 독자 설계, 제작, 시험, 운용 기술력을 보유
- 30cm급 세계 최고 해상도의 지구 관측 소형 위성 SpaceEye-T(약 1억 달러) 출시 예정. 경쟁사 제품 대비 1/3 수준 가격, 낮은 무게, 동일 수준 해상도로 가성비 확보. 환경 감시, 재해 대응, 온실 가스 모니터링, 재생에너지 발전 시설 모니터링 등 지구 관측 위성의 수요 증가로 동사의 신제품 수혜도 커질 전망
- 2021년 4월 한화에어로스페이스가 동사의 최대주주가 되면서 우주항공 사업에 강점을 보유한 한화에어로스페이스, 한화시스템과 기술 협업 시너지 예상

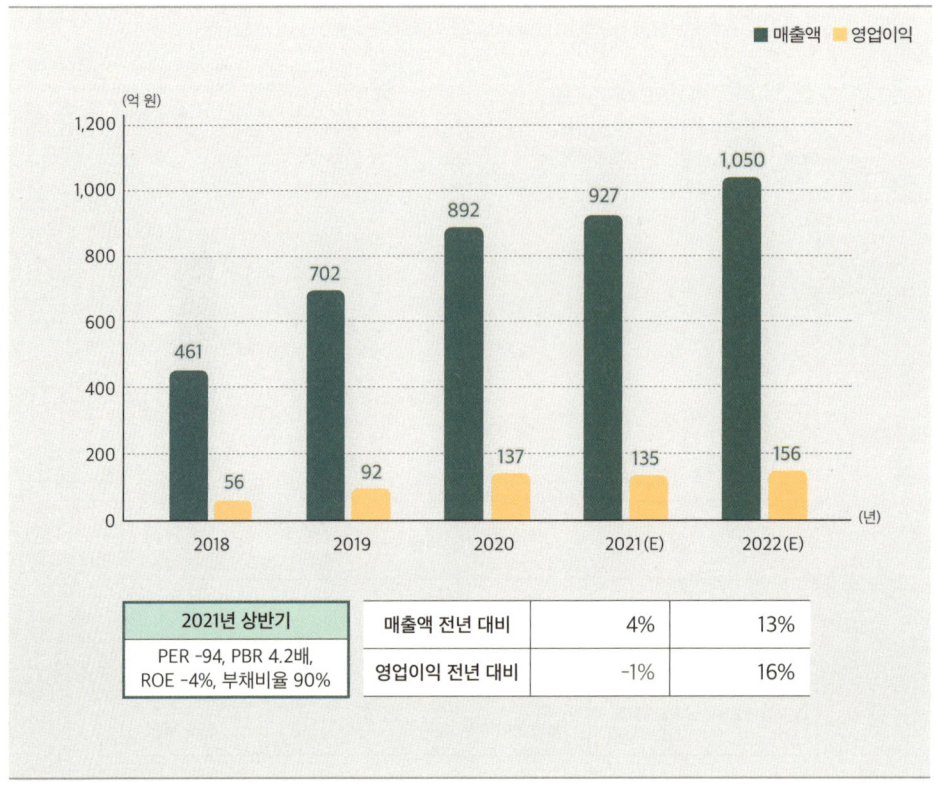

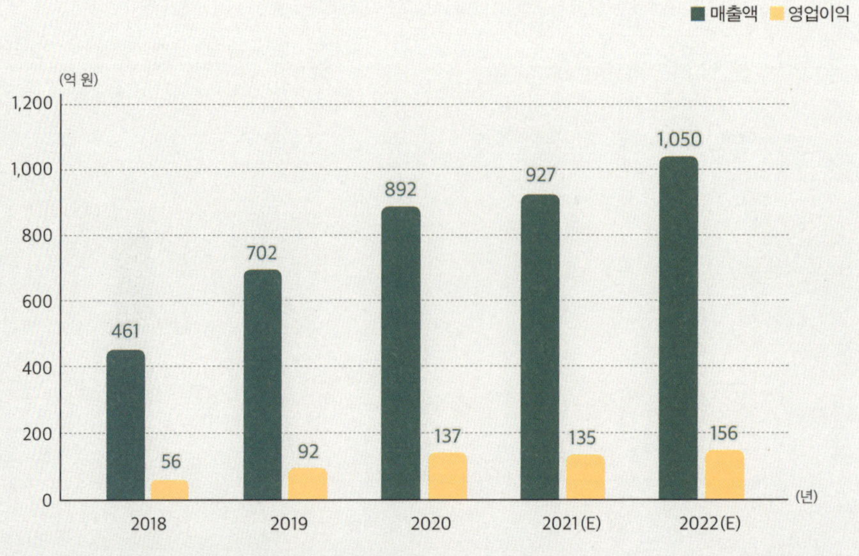

2021년 상반기
PER -94, PBR 4.2배, ROE -4%, 부채비율 90%

매출액 전년 대비	4%	13%
영업이익 전년 대비	-1%	16%

*2021.09. 기준

한국항공우주

KAI · 훈련기 T-50 · 위성체 · 발사체 · 방산사업 · UAM

시가총액	2조 8,000억 원

주요 주주	한국수출입은행 26%, 국민연금 7%
주 매출처	방산 및 완제기 수출 66%, 기체부품 등 24%

- 우주산업과 관련 핵심기술 보유한 국내 최고의 항공우주 기업
- 초소형·군정찰·다목적·중형위성 등의 설계/제작/시험 능력을 보유하고, 위성 발사체 총조립과 핵심구조물 제작 능력까지 보유
- 중장기 성장동력 발표에서 '위성 및 우주발사체'를 5대 신규 미래사업에 포함시킴
- 스페이스X와 차세대중형위성 4호 발사체 계약
- 2025년까지 국내 위성개발사업을 주도하고, 한국형 발사체의 양산을 계획, 2023년 이후에는 지상국/탑재체의 역량을 확보, 서비스 분야까지 진출할 예정

최근 실적 및 주요 재무지표

	2019년	2020년	2021년(전망)
매출액	31,102억 원	28,251억 원	27,394억 원(yoy -3%)
영업이익	2,756억 원	1,395억 원	1,160억 원(yoy -16%)

	2021년 상반기	
매출액	13,202억 원	PER 32배, PBR 2.2배, ROE 7%, 부채비율 357%
이익	684억 원	

한화에어로스페이스

우주발사체 · 누리호 · k9 · 방산사업 · 항공엔진 · UAM

시가총액	2조 2,000억 원

주요 주주	한화 외 3인 33%, 국민연금 12%
주 매출처	방산사업 47%, 항공엔진 24%, 시큐리티 9%

- 한화그룹의 우주산업 컨트롤타워
- 한국형 발사체 누리호 엔진 제작, 향후 저궤도위성의 발사 등에 지속 사용 예정
- 위성운영 및 서비스제공업체인 쎄트렉아이와 안테나, 탐색기 등을 제작하는 한화시스템의 모회사

최근 실적 및 주요 재무지표

	2019년	2020년	2021년(전망)
매출액	52,641억 원	53,214억 원	62,964억 원(yoy 18%)
영업이익	1,652억 원	2,439억 원	3,723억 원(yoy 52%)

	2021년 상반기	
매출액	28,989억 원	PER 8.2배, PBR 0.6배, ROE 9%, 부채비율 191%
이익	1,985억 원	

켄코아에어로스페이스

우주항공원소재 | 우주발사체 | UAM

시가총액	1,400억 원	주요 주주	LEE KENNETH MINKYU 30%, 라로슈 11%
		주 매출처	항공기 및 발사체 부품 24%, 항공기 부품 32%, 우주항공원소재 32%

- 우주/항공 소재, 기체부품, 우주발사체 부품 등의 생산을 전문으로 영위하며 국내외 항공우주 기업을 대상으로 납품
- 최대 거래처는 보잉의 기체부품 공급업체인 스피리트 에어로시스템스(Spirit Aerosystem)이며, 록히드 마틴, 블루 오리진, Space-X 등 미국 주요 항공우주기업과 거래

최근 실적 및 주요 재무지표

	2019년	2020년
매출액	463억 원	316억 원
영업이익	10억 원	-74억 원

	2021년 상반기	
매출액	241억 원	PER -13배, PBR 5.6배, ROE -33%, 부채비율 218%
이익	-46억 원	

제노코

방산사업 | 위성탑재체 | EGSE | 위성지상국

시가총액	1,800억 원	주요 주주	유태삼 외 2인 43%, 유태삼 29%, 안동명 8%
		주 매출처	EGSE/점검장비 46%, 방산부품 43%, 위상지상국 및 위성탑재체 6%

- 군전술정보통신체계 사업의 핵심 부품인 비접촉식 광전케이블, 소형무장헬기, 대한민국 차세대 전투기(KF-X) 사업의 항공전자장비 등의 방위사업을 전문으로 영위
- 차세대 중형위성에 탑재되는 위성탑재체 부품 생산, 위성운용국, 전기지상지원장비(EGSE), 위성지상국 등의 항공 우주산업 관련 부품을 생산
- 주요 고객은 한화시스템, 한국항공우주, 에어버스 등의 민간기업이고, 정부 주도의 우주개발사업에도 참여

최근 실적 및 주요 재무지표

	2019년	2020년	2021년(전망)
매출액	301억 원	341억 원	521억 원(yoy 52%)
영업이익	-10억 원	25억 원	61억 원(yoy 144%)

	2021년 상반기	
매출액	251억 원	PER 37배, PBR 4.1배, ROE 21%, 부채비율 63%
이익	29억 원	

LIG넥스원

유도무기 | 위성항법시스템 | UAM

시가총액	1조 원	주요 주주	엘아이지 외 14인 47%, 국민연금 14%
		주 매출처	PGM 49%, ISR 29%, AEW 11%

- 동사의 감시정찰(ISR) 분야와 지휘통제/통신(C4I) 분야에서 위성 관련 부품을 생산 중
- 차기 군위성통신-II 사업, 한국형 위성항법 시스템 사업, 정지궤도 공공 복합 위성 개발사업에 참여 중
- 한국형 위성항법 시스템은 정지궤도 위성 3기, 경사궤도 위성 5기 등 총 8기의 위성을 발사해 한반도 초정밀 시스템 구축 목표(우주개발분야 국내 최대 규모의 연구개발비 투입)
- 현대차와 UAM 협력, UAM 관련 국책과제 참여

최근 실적 및 주요 재무지표

	2019년	2020년	2021년(전망)
매출액	14,527억 원	16,003억 원	18,449억 원(yoy 15%)
영업이익	181억 원	637억 원	937억 원(yoy 47%)

	2021년 상반기	
매출액	7,904억 원	PER 13배, PBR 1.4배, ROE 11%, 부채비율 298%
이익	416억 원	

AP위성

위성통신 | 위성통신 단말기 | 위성체

시가총액	1,800억 원	주요 주주	류장수 외 11인 48%, 자사주 5%
		주 매출처	위성단말기 49%, 위성제조 47%

- 위성통신 단말기와 인공위성 본체, 탑재체, 지원장비(위성 운용 지상장비) 등의 개발/제조를 주요 사업으로 영위
- 위성 본체 체계 설계 기술, 표준 탑재컴퓨터, 데이터저장 및 처리장치, 지상장비 등 부분품 국산화 기술부터 플랫폼 설계기술까지 보유
- 군정찰위성사업 탑재체 수주, 달 탐사선 본체 전장품 수주, 소형위성 본체/탑재체/지상국 개발 운영 사업 등 정부 주도 인공위성 사업 대부분에 수주 받은 경험

최근 실적 및 주요 재무지표

	2019년	2020년
매출액	457억 원	454억 원
영업이익	71억 원	44억 원

	2021년 상반기	
매출액	117억 원	PER -90배, PBR 3.2배, ROE -3%, 부채비율 40%
이익	-17억 원	

현대차

UAM | UAM 이착륙장 | UAM 플랫폼

시가총액	45조 원	주요 주주	현대모비스 외 6인 29%,국민연금 8%
		주 매출처	총 매출액 중, 완성차 81%, 금융 14%

- UAM 사업부 신설 및 사업 본격화
- 서울시와 UAM 실현 및 생태계 구축을 위한 MOU를 체결(UAM 이착륙장 수립을 위한 연구과제, 한국형 UAM 로드맵 및 'K-UAM 그랜드 챌린지' 실증 사업 등이 포함)
- 미국 항공우주국 '나사(NASA)'와 첨단항공모빌리티 캠페인에 UAM 핵심 협력사로 참여. 인천국제공항공사, 현대건설, KT 등과 UAM 파트너십
- 2028년 UAM 전용 자체 플랫폼을 활용한 승객/화물용 UAM 기체 출시 목표

최근 실적 및 주요 재무지표

	2019년	2020년	2021년(전망)
매출액	1,057,464억 원	1,039,976억 원	1,174,256억 원(yoy 12%)
영업이익	36,055억 원	23,947억 원	71,032억 원(yoy 196%)

	2021년 상반기	
매출액	577,170억 원	PER 9.6배, PBR 0.7배, ROE 8%, 부채비율 178%
이익	35,426억 원	

베셀

디스플레이 인라인 시스템 | 자율비행 개인항공기 | UAM

시가총액	530억 원	주요 주주	서기만 외 3인 28%, 한국증권금융 5%
		주 매출처	디스플레이 인라인 시스템 93%

- 자회사 베셀에어로스페이스(지분 71%)를 통해 정부가 추진하는 자율비행 개인항공기(OPPAV) 국책사업에 한국항공우주(KAI), 현대차와 함께 참여
- 동사는 자회사와 함께 해당 국책과제에서 시제기와 지상장비 제작을 담당. 이후 UAM 시장이 성장함에 따라 국책 사업 레퍼런스 및 경량 항공기 양산 경험을 바탕으로 핵심 수혜기업으로 기대

최근 실적 및 주요 재무지표

	2019년	2020년
매출액	423억 원	708억 원
영업이익	-73억 원	-15억 원

	2021년 상반기	
매출액	133억 원	PER -15배, PBR 3.7배, ROE -23%, 부채비율 351%
이익	-60억 원	

핵심 키워드

지구 궤도(Earth Orbit)

중력과 같은 구심력에 의해 타원운동을 하는 물체의 이동 경로를 궤도라 하는데, 지구 궤도는 지상을 기준으로 고도에 따라 저궤도(200~2,000km), 정지궤도(36,000km), 중궤도(2,000km~ 36,000km), 고궤도(36,000km~)로 분류한다.

저궤도위성(Low Earth Orbit, LEO)

저궤도위성은 저궤도(200~2,000km)에서 지구를 공전하는 위성으로 인공위성의 약 77.5%가 저궤도 인공위성이다. 관측 위성과 통신 위성이 여기에 속한다. 지구와 가깝기 때문에 중력의 영향을 많이 받아 위성의 공전 속도가 매우 빠르다. 높이에 따른 차이가 있지만 약 90분에 지구를 한 바퀴 돈다. 빠른 속도와 우주 입자선의 영향을 많이 받아 평균 수명은 3~7년 정도로 정지궤도위성(평균 12~20년)에 비해 짧고, 지구를 커버하는 면적도 상대적으로 좁은 단점이 있다. 하지만 최근 저궤도위성을 기반으로 글로벌 초고속 인터넷망을 구축하는 스페이스X의 스타링크와 원웹이 4차 산업혁명 시대 다양한 영역과 맞물려 활용성이 부각되었고, 이로 인해 저궤도위성 시장이 다시 주목받고 있다.

정지궤도위성(Geostationary Earth Orbit, GEO)

정지궤도위성은 지구 궤도 약 3만 6,000km에서 지구를 공전하는 위성으로 가장 큰 특징은 위성의 공전주기와 지구의 자전주기가 같다는 것이다. 따라서 지구에서 보았을 때 항상 정지해 있는 것처럼 보인다. 커버면적도 넓은 편인데, 1개의 위성이 지구 표면의 1/3 면적을 커버하므로 주로 통신, 방송, 기상관측용으로 활용된다. 비중으로는 전체 인공위성의 약 16.7%를 차지한다. 커버면적이 넓은 반면 거리가 멀기 때문에 통신 지연시간이 길다는 단점이 있다. 이로 인해 통신용은 케이블 통신으로 대체되면서 현재의 인터넷 시장을 케이블 방식이 잠식하게 됐다. 하지만 저궤도 위성통신의 등장으로 이러한 통신시장의 판도에도 새로운 변화가 불고 있는 상황이다.

스페이스 클럽(Elite Club of Space-Faring Nations)

인공위성, 발사장, 발사체 등 우주개발에 필요한 3요소를 갖춘 독자적인 우주 기술을 보유한 국가를 뜻한다. 대한민국은 전 세계에서 11번째로 스페이스 클럽에 가입했다.

재사용 로켓

우주산업의 성장에 있어 분기점 역할을 한 것이 바로 '재사용 로켓'이다. 우주산업의 성장을 가로막는 가장 큰 난제가 로켓 발사 비용이기 때문이다. 매번 발사할 때마다 완전히 새로운 로켓을 만들어야 하기 때문에 막대한 고정비용이 발생한다. 이 부분이 우주관련 사업의 진입장벽을 높게 만든 주요 원인이었다. 하지만 2015 년 스페이스X 의 재사용 로켓이 등장하면서 우주산업은 새로운 전환점을 맞이했고, 현재까지 높은 재사용 성공률과 발사 횟수를 기록하며 발사 비용을 혁신적으로 감축 시키고 있다.

우주산업 장벽이 낮아지면서 가장 큰 수혜를 받을 것으로 기대되는 영역은 1) 통신위성을 저궤도에 올려 글로벌 초고속 인터넷망을 구축하는 저궤도 통신위성과 2) 위성영상의 활용도가 높아지는 추세를 감안해 관측위성 시장으로 추릴 수 있다.

게임

1 아케이드 게임, PC 온라인 게임의 시대 이후 스마트폰 성능 및 통신 기술 발달에 맞물려 모바일 게임이 산업의 주류로 대두
2 무리한 과금 모델을 고수하기보단 메타버스, NFT, AR/VR 등 새로운 기술, 플랫폼과의 합작을 통한 성장 돌파구를 찾고 있음
3 정부 규제 강화, 낮은 저작권 인식 등으로 불확실성이 많은 중국향 매출을 줄이고 미국, 유럽 맞춤형 전략을 통한 신성장 전략 수립 필요

핵심 키워드 신작 출시 일정 | 클라우드 게임 | 메타버스 | NFT | IP

컴퓨터 성능 및 인터넷, 통신 기술의 발달과 함께 성장한 게임 시장

컴퓨터 성능의 발전과 함께 성장해온 글로벌 게임 산업은 2010년 이후 빠르게 대중화된 스마트폰의 출현으로 더욱 가파르게 성장하고 있다. 한국은 1980~1990년대 오락실로 대표되는 아케이드 게임이 대중화되어 인기를 얻다가 1990년대 후반부터 2000년대에 들어서 PC 성능 및 인터넷 인프라의 본격 확장 이후 스타크래프트, 디아블로2, WoW, 리니지 등으로 대표되는 온라인 게임의 전성시대가 시작되었다. 이 시기 엔씨소프트, 넥슨, NHN 등의 게임사들이 큰 이익을 창출하기 시작했다. 2000년대 후반에 출시된 스마트폰의 성능 발전과 보급 대수가 유의미해진 2012년 이후, 게임 시장에는 모바일 게임을 전문적으로 개발하는 회사들이 대거 등장하면서 온라인 게임의 아성을 위협했다. 2018년을 기점으로 글로벌 게임 시장에서 모바일 게임의 점유율은 PC와 컨솔을 압도적으로 누르며 절반 이상의 과점 체제를 갖추게 되었다.

이용 편의성, 하이엔드급 스마트폰의 보급 및 5G 통신 인프라 확장을 통해 모바일 게임 시장은 더욱 점유율을 높여가며 게임 시장의 주력이 될 것이며 초저지연Ultra low latency이 가능해짐에 따라 클라우드 게임, VR/AR을 활용한 게임이 새롭게 자리 잡을 전망이다.

Pay to Win 과금 모델로 누적된 피로. 새로운 기술, 플랫폼과의 합작으로 돌파구 마련

한국 게임사들이 빠르게 성장할 수 있었던 주 과금 체계인 현금으로 구매하는 행위Pay to Win 즉, 확률형 뽑기 아이템 스타일의 성장에 한계가 찾아왔고 이를 고수하는 게임들은 게이머들의 선택을 받지 못하게 되었다. 이에 게임사들은 다양한 과금 체계에 대한 고민뿐 아니라 식상한 형식의 게임에서 벗어나 새로운 자극을 줄 수 있는 콘텐츠로 미래 성장의 고민을 이어가고 있다.

다양한 신기술, 플랫폼 중 게임사들은 메타버스, NFT 등과의 접목을 시도하고 있다. 넷마블은 지분 100%를 출자한 '메타버스 엔터테인먼트'를 설립했고 펄어비스는 메타버스를 적용한 게임 '도깨비'를 선보이며 신선한 행보를 보여주었다. 또한 위메이드는 신작 '미르4'에 NFT 기술을 적용해 스팀에서 눈에 띄는 인기를 얻었으며 메타버스와 연계된 컨텐츠 관련 기업에 3,500억 원을 투자했다.

중국 매출 비중을 줄일 필요가 있는 한국 게임 산업

게임을 즐길 주 연령층 인구가 많은 중국은 글로벌 게임 시장 2위를 차지하는 매우 큰 시장일 뿐 아니라 게임 스타일도 한국과 비슷하다 보니 한국 게임 수출의 약 40%를 차지할 만큼 영향력이 크다. 하지만 당국의 게임 규제 강화와 낮은 저작권 인식 문제로 중국 게임 시장의 매력도는 점차 떨어지고 있다. 이에 국내 게임사들은 시장 편중, 판호 발급(서비스 허가권 발급)의 어려움 및 불확실한 변수로 인한 위험도 증가 등을 이유로 중국 진출을 재고하며 세계 1위 시장인 미국 및 유럽 시장에 맞춘 진출 전략을 세우고 있다.

게임 콘텐츠를 선호하는 장르 및 플랫폼이 다른 해외 시장에서 성과를 내는게 쉽진 않았지만, 2010년대 후반 크래프톤의 배틀그라운드가 전 세계에서 선풍적인 인기를 끌었다. 2021년에 데브시스터즈의 '쿠키런:킹덤'이 미국 시장에서 큰 성공을 거둔 점은 한국 게임사들에 자신감과 영감을 주었다. MMORPG에 편중된 게임 장르의 해외 맞춤형 다변화, 한국의 강점인 모바일 게임 개발 능력 강화 및 과하지 않으면서 장기적 매출을 창출할 수 있는 지역 맞춤형 정교한 과금 체계 등을 적용한다면 중국 매출 의존도를 낮춰가면서 한국 게임사들이 한 단계 더욱 도약할 수 있는 전기를 마련할 수 있을 전망이다.

글로벌 게임 시장 전망

: 모바일, 콘솔 게임의 가파른 성장세가 성장을 견인할 전망이며, 블록체인, NFT 그리고 메타버스 등의 새로운 기술 및 플랫폼과의 결합이 성장세를 가속화시킬 전망이다.

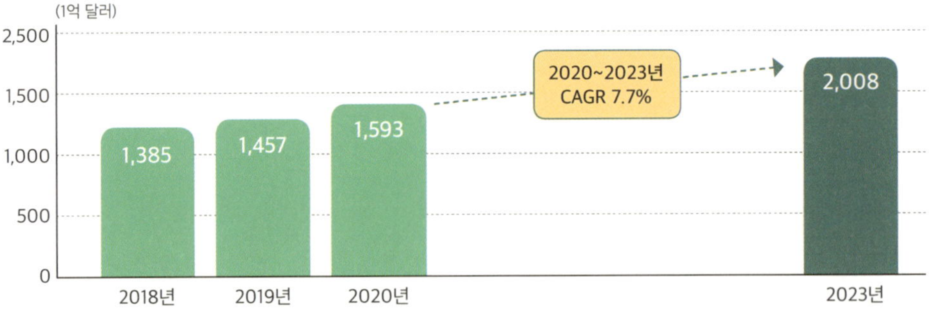

출처: Newzoo, SK증권

주요 게임 플랫폼들의 글로벌 게임 시장 점유율 변화

: 스마트폰 하드웨어 성능의 비약적인 발전 및 3G에서 4G에 이은 5G로의 통신 인프라 발전을 통해, 모바일 게임 플랫폼이 글로벌 시장의 과반수를 차지한다.

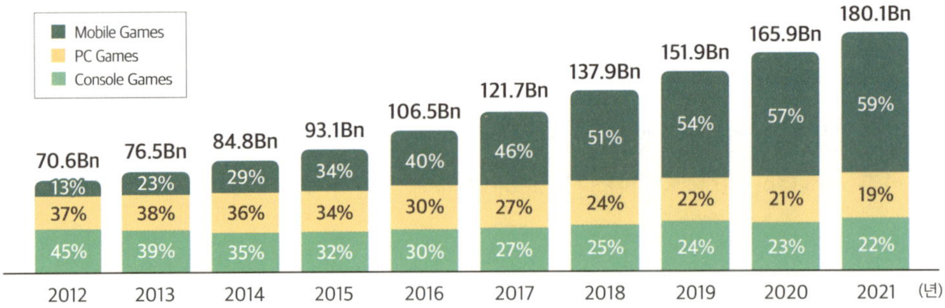

(단위: 달러)

출처: NEWZOO

게임의 플랫폼 유형별 분류

: 유저들이 이용하는 플랫폼의 종류에 따라 온라인, 패키지, 모바일, 콘솔 및 아케이드 게임으로 분류할 수 있다.

구분	내용
온라인 게임	통신망 네트워크를 통해 서버에 접속하여 타인과 함께 진행
패키지 게임	CD 등 저장매체에 콘텐츠가 수록되어 유통되거나 온라인 게임 유통망을 통해 개인이 다운로드해 진행
모바일 게임	스마트폰 등 모바일 기기를 이용. 애플리케이션을 다운받아 이용
콘솔 게임	TV나 모니터에 게임 전용 기기(플레이스테이션, Xbox, 닌텐도, 스위치 등)를 연결해 이용
아케이드 게임	오락실과 같은 게임장에서 이용

출처: 『게임 디자인 레벨업 가이드』(한빛미디어)

주요 게임 장르 구분

: 액션, 어드벤처, RPG, 슈팅, 시뮬레이션 및 퍼즐 게임 등으로 구분할 수 있으며 국내 대형 게임사들은 주로 MMORPG 장르에서 두각을 나타내며 성장해왔다.

구분	내용
액션 게임	* 버튼 조작에 의해 캐릭터를 움직이는 게임(대전액션, 러닝액션, 잠입액션 등)
	* 많은 변형이 있으며, 다양한 장르와 결합(액션 RPG, 액션 어드벤처 등)
어드벤처 게임	* 커맨드의 선택이나 압력에 의해 스토리를 진행하는 형식. 주인공 캐릭터, 인벤토리 관리, 스토리, 퀴즈풀기 등의 요소
	* 주인공 캐릭터. 인벤토리 관리, 스토리, 퀴즈풀기 등의 요소
RPG	* 플레이어들이 가상환경에서 각각의 캐릭터 역할을 수행하며 스토리를 진행
	* 대표적인 RPG 게임으로는 리니지, 메이플 스토리, 검은사막, 디아블로 등이 있음
슈팅게임	* 액션게임의 세부 장르로, 단순하게 총이나 포를 쏘는 빠른 진행의 게임
	* 시점에 따라 FPS(First-Person Shooting, 1인칭 슈팅게임), TPE(Third Person Shooting, 3인칭 슈팅게임)
시뮬레이션 게임	* 현실 상황을 게임으로 표현, 세계를 만들고 관리하는데 초점을 두고 플레이
	* 비행시뮬레이션, 육성시뮬레이션, 전략시뮬레이션, 건설&경영시뮬레이션 등이 있음
퍼즐 게임	* 어떠한 규칙 내에서 정해진 행위를 통해 주어진 조건을 클리어하는게임
	* 테트리스, 블레이드, 애니팡 등

출처: 『게임 디자인 레벨업 가이드』(한빛미디어)

온라인 게임 산업의 비즈니스 모델

: 개발사는 퍼블리셔에 개발한 게임을 공급하면 퍼블리셔는 이에 로열티를 지급하고, 퍼블리셔를 통해 게임은 게임포털, 플랫폼에서 홍보되고 판매된다. PC방, 개인 사용자 및 해외 퍼블리셔 등은 퍼블리셔와 계약을 통해 해당 게임을 이용하거나 IP를 구매하게 된다.

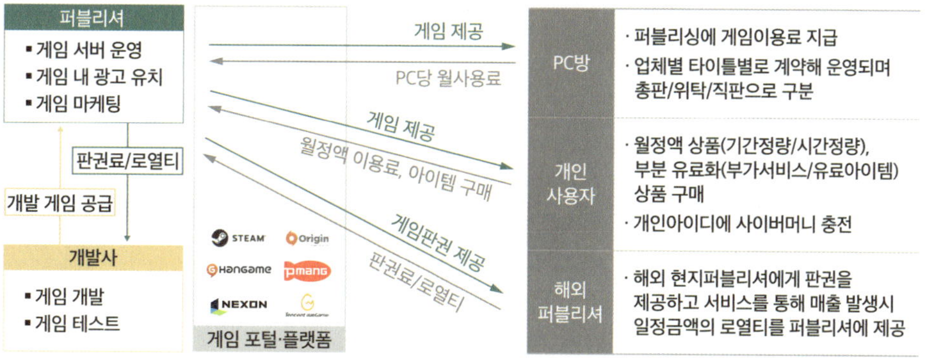

출처: 삼정KPMG 경제연구원

게임 업체별 비용 구조

: 대체적으로 인건비 비중이 30%~50% 수준으로 가장 크게 차지하며 인건비 비중 변동에 따라 수익성도 변했다. 최근 업계 연봉 인상 릴레이가 이어지면서 비용 부담이 가중되고 있다.

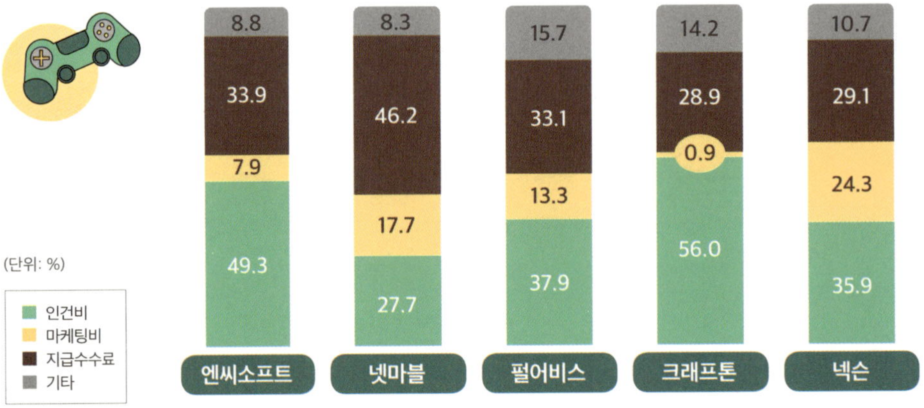

출처: 메리츠증권

글로벌 게임 시장 지역별 점유율(2021년 기준)

: 아시아가 과반수 차지하고 있지만 중국의 게임 규제가 심해지고 판호 발급의 불확실성 장기화로 인해 미국, 유럽 지역으로 돌파구를 마련하는 것이 중요하다.

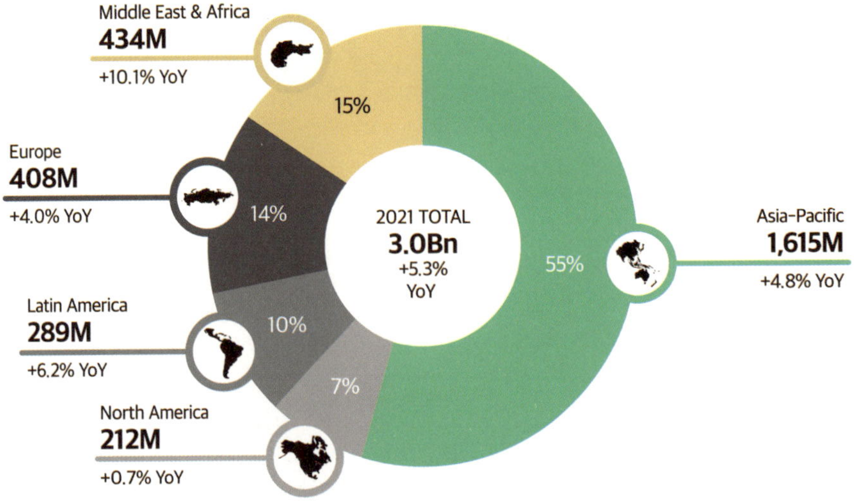

출처: NEWZOO

테마 밸류 체인

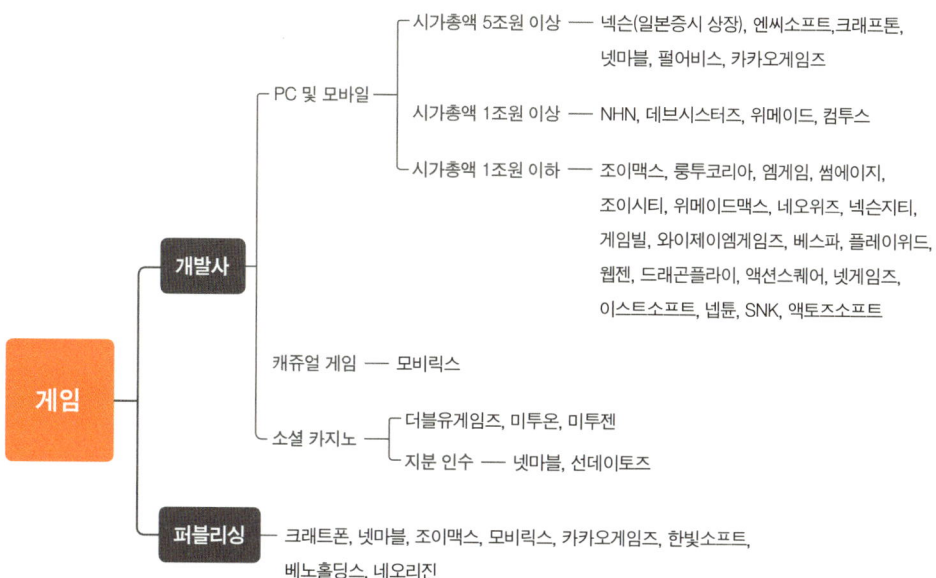

- **게임**
  - **개발사**
    - PC 및 모바일
      - 시가총액 5조원 이상 — 넥슨(일본증시 상장), 엔씨소프트,크래프톤, 넷마블, 펄어비스, 카카오게임즈
      - 시가총액 1조원 이상 — NHN, 데브시스터즈, 위메이드, 컴투스
      - 시가총액 1조원 이하 — 조이맥스, 룽투코리아, 엠게임, 썸에이지, 조이시티, 위메이드맥스, 네오위즈, 넥슨지티, 게임빌, 와이제이엠게임즈, 베스파, 플레이위드, 웹젠, 드래곤플라이, 액션스퀘어, 넷게임즈, 이스트소프트, 넵튠, SNK, 액토즈소프트
    - 캐쥬얼 게임 — 모비릭스
    - 소셜 카지노
      - 더블유게임즈, 미투온, 미투젠
      - 지분 인수 — 넷마블, 선데이토즈
  - **퍼블리싱** — 크래프톤, 넷마블, 조이맥스, 모비릭스, 카카오게임즈, 한빛소프트, 베노홀딩스, 네오리진

글로벌 주요 기업 및 ETF

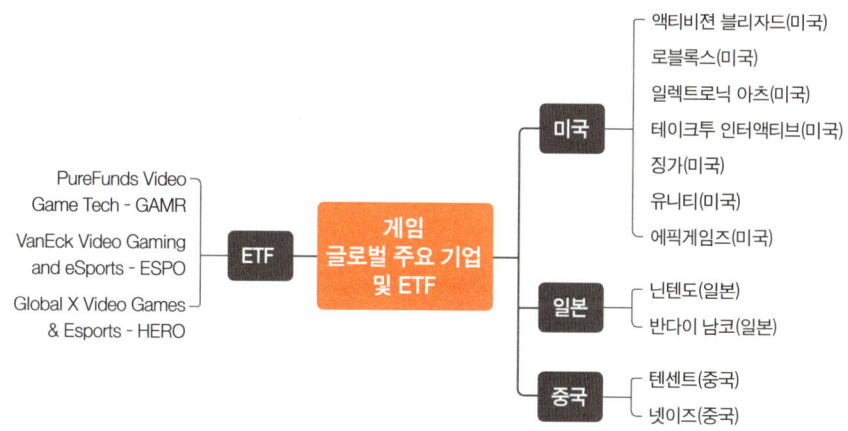

- **게임 글로벌 주요 기업 및 ETF**
  - **ETF**
    - PureFunds Video Game Tech - GAMR
    - VanEck Video Gaming and eSports - ESPO
    - Global X Video Games & Esports - HERO
  - **미국**
    - 액티비전 블리자드(미국)
    - 로블록스(미국)
    - 일렉트로닉 아츠(미국)
    - 테이크투 인터액티브(미국)
    - 징가(미국)
    - 유니티(미국)
    - 에픽게임즈(미국)
  - **일본**
    - 닌텐도(일본)
    - 반다이 남코(일본)
  - **중국**
    - 텐센트(중국)
    - 넷이즈(중국)

해외 대표 기업

텐센트

시가총액	738조 원

	2021년	2022년(전망)
매출액	약 107조 원	약 128조 원
순이익	약 25.6조 원	약 31.5조 원

- 게임을 비롯해 위챗, 핀테크, 클라우드 등 IT 서비스 분야에서 전방위적인 영향력을 행사하는 글로벌 굴지의 기업
- 회사가 보유한 다양하고 대규모의 투자 포트폴리오 및 콘텐츠를 기반으로 메타버스에서 신 성장동력 갖출 것
- 중국 정부의 게임 규제에 우려감 있으나 텐센트 로컬 게임 매출 중 미성년자 이용자 비중은 매우 낮은 수준
- 주요 광고주인 온라인 교육 분야의 중국 규제 압박으로 광고비 지출 감소에 따른 동사 매출액 감소 요인

액티비전 블리자드

시가총액	71조 원

	2021년	2022년(전망)
매출액	약 10.5조 원	약 11.4조 원
순이익	약 3.5조 원	약 4.0조 원

- 디아블로, 워크래프트, WoW, 오버워치 및 콜오브듀티 등 세계적인 히트 게임 보유한 개발사
- 2007년, 액티비전이 블리자드 모회사 비벤디 게임즈 인수 후 현재의 사명으로 변경
- 사업부문은 액티비전, 블리자드, 킹 디지털로 구성
- 2021년, 직장 내 성추문 이슈로 주가와 신작 출시 일정 등이 타격을 받았으나 재차 정상 일정으로 돌아설 것
- 오버워치2 및 디아블로4, 디아블로 임모탈 등 대형 IP를 기반으로 한 신작 게임 출시 기대감

일렉트로닉 아츠

시가총액	46조 원

	2021년	2022년(전망)
매출액	약 6.6조 원	약 8.9조 원
순이익	약 0.9조 원	약 1.0조 원

- 피파, 배틀필드로 유명한 글로벌 게임 회사. 스포츠 장르 게임에서 오랜 역사와 함께 두각
- F1 등 레이싱 게임에 강점 있는 코드마스터 및 모바일 게임에 강점 있는 글루모바일 등 연달아 인수
- 피파와 NFL 이외의 스포츠 장르를 강화함
- 배틀필드 신작, 신규 모바일 게임 및 신작 PGA 투어 골프 등 기대되며 3년 내 모바일 결제액 20억 달러 달성 목표

핵심 기업 소개

엔씨소프트

리니지 | 블레이드 앤 소울 | 유니버스 | Pay to Win

시가총액	13조 원	주요 주주	김택진 외 8인 12%, 넷마블 8%, 국민연금 8%
		총 매출액 중	모바일게임 70%, 로열티 10%

- 리니지의 성공으로 장기간 성장한 국내 대표 게임회사
- 대표작: 리니지, 리니지2, 아이온, 블레이드앤소울, 길드워, 프로야구H2
- 게임 업종 트렌드에 맞춰 모바일 매출이 총 매출의 약 70%에 육박
- 과도한 확률형 뽑기 시스템 적용 일변도에서 탈피하기 위한 행보 필요
- 사업 다변화 측면에서 추진하는 글로벌 팬덤 플랫폼 유니버스의 성장성 기대
- 2022년, 오랫동안 준비해 온 프로젝트 TL 기대

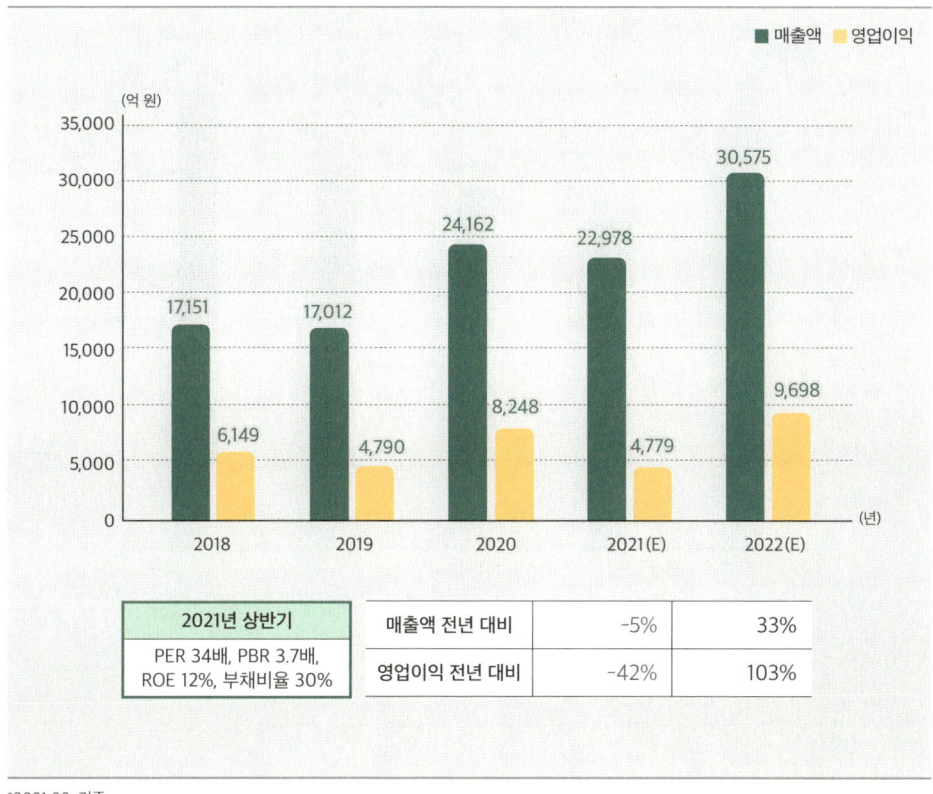

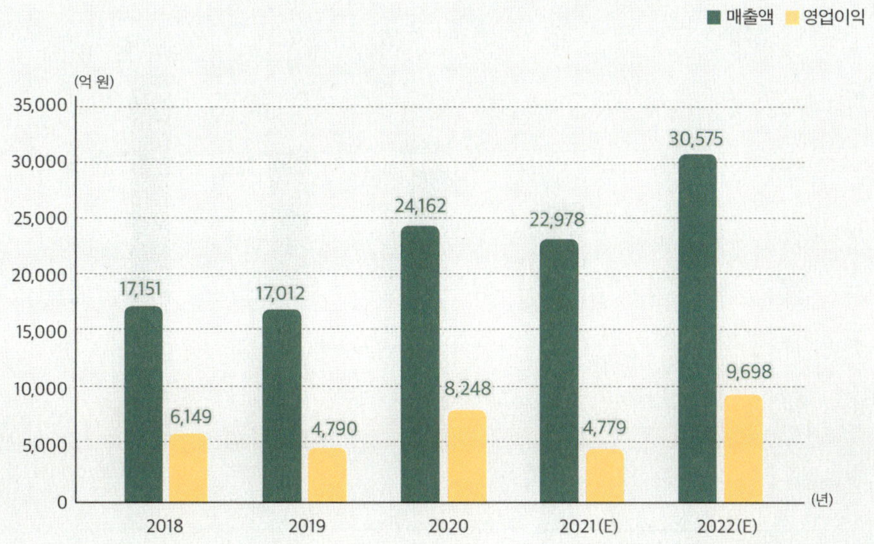

2021년 상반기
PER 34배, PBR 3.7배, ROE 12%, 부채비율 30%

매출액 전년 대비	-5%	33%
영업이익 전년 대비	-42%	103%

*2021.09. 기준

넷마블

세븐나이츠 | 리니지2 레볼루션 | 하이브 | 엔씨소프트 | 카카오뱅크 | 스핀엑스

시가총액	10조 원	주요 주주	방준혁 외 12인 24%, CJ ENM 21%
		총 매출액 중	모바일 93%

- 다양한 타사 IP들을 활용해 모바일 게임 위주로 개발 및 퍼블리싱 사업 영위
- 대표작: 세븐나이츠, 리니지2 레볼루션, 일곱개의 대죄
- 약 70%의 매출을 해외에서 거두고 있으나 자체 IP 활용 게임이 아니기에 수익성은 낮음
- 하이브, 코웨이, 엔씨소프트, 카카오뱅크 등 굵직한 성장 기업들에 지분 투자 중
- 세계 3위권 카지노게임사 스핀엑스 게임즈 인수로 게임 포트폴리오 다각화 시도
- 게임 산업과의 시너지 측면에서 자회사 메타버스 엔터테인먼트 설립

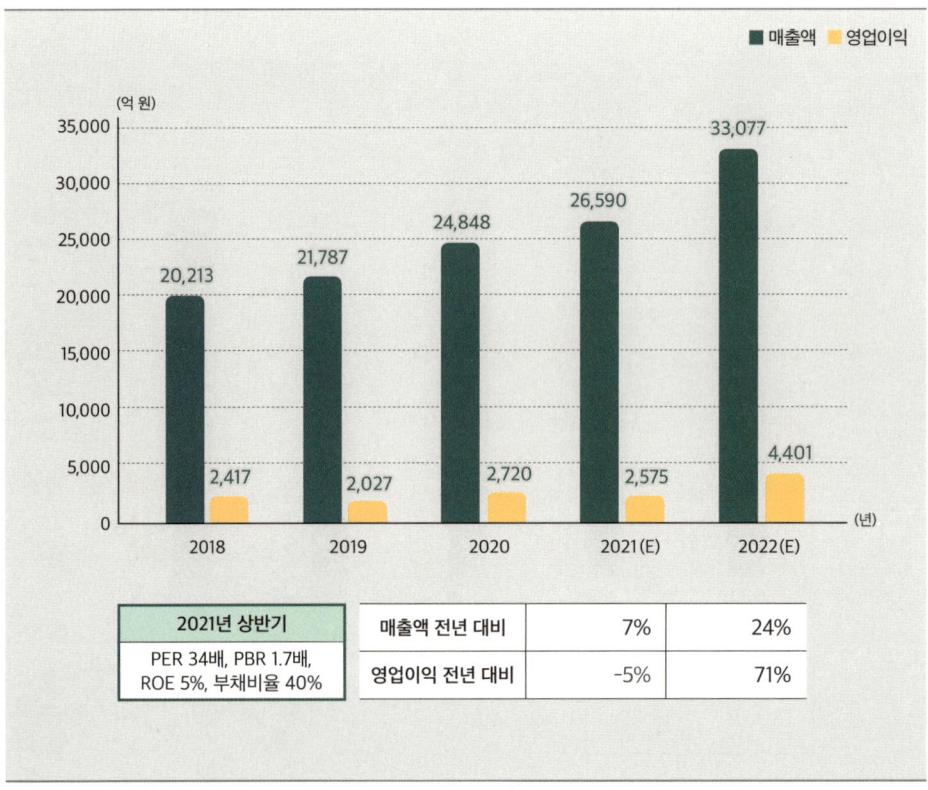

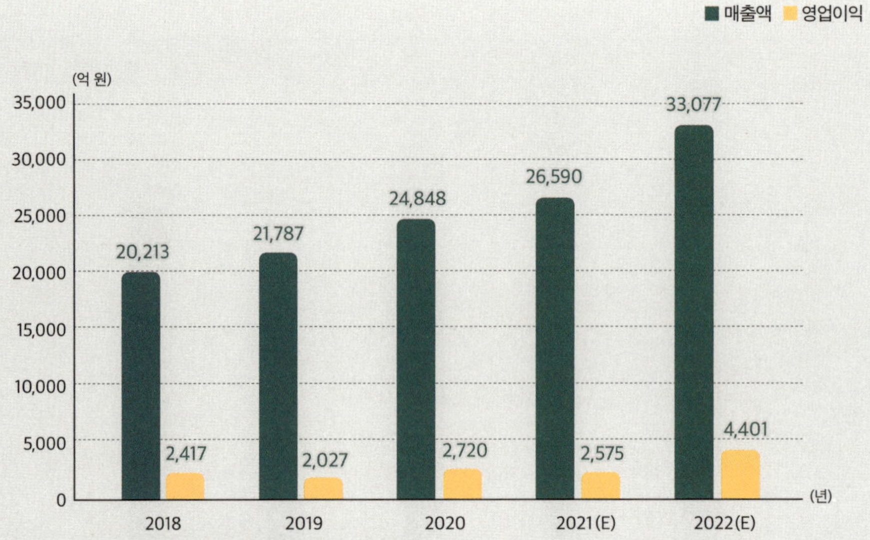

2021년 상반기
PER 34배, PBR 1.7배, ROE 5%, 부채비율 40%

매출액 전년 대비	7%	24%
영업이익 전년 대비	-5%	71%

*2021.09. 기준

크래프톤

배틀그라운드

시가총액	23조 원

주요 주주	장병규 외 11인 24%, Image Frame 인베스트 13%, 국민연금 5%
총 매출액 중	게임 100%

- 세계적으로 성공한 배틀그라운드를 보유한 게임 개발 및 퍼블리싱 기업
- 매출 대부분 배틀그라운드에 쏠려 있어 골프킹, 볼링킹 등 포트폴리오 다변화 시도 중
- 해외 수출 비중이 총 매출의 약 90%에 육박. 북미, 유럽, 중국 및 인도 시장 공략 중
- 게임에 규제를 가하고 있는 중국 향(向) 매출 비중이 높기에 매출처 다변화 필요
- 2021년 하반기, 배틀그라운드 뉴스테이트 출시 기대감
- 배틀그라운드 IP를 활용한 미디어, 컨텐츠 사업으로의 확장 가능성 기대

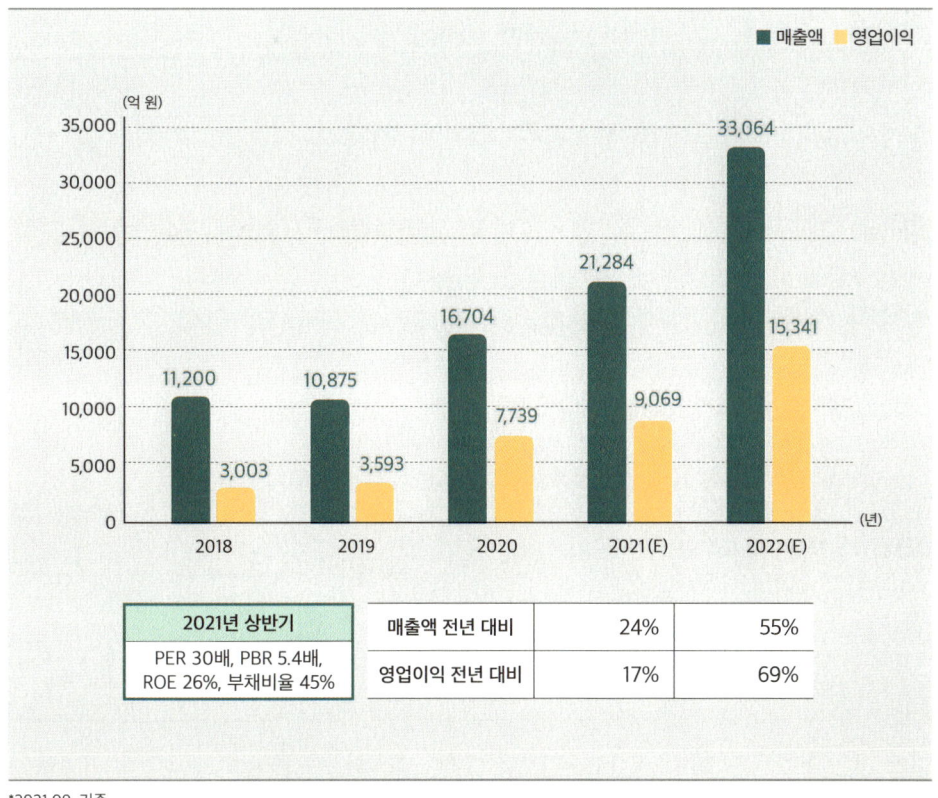

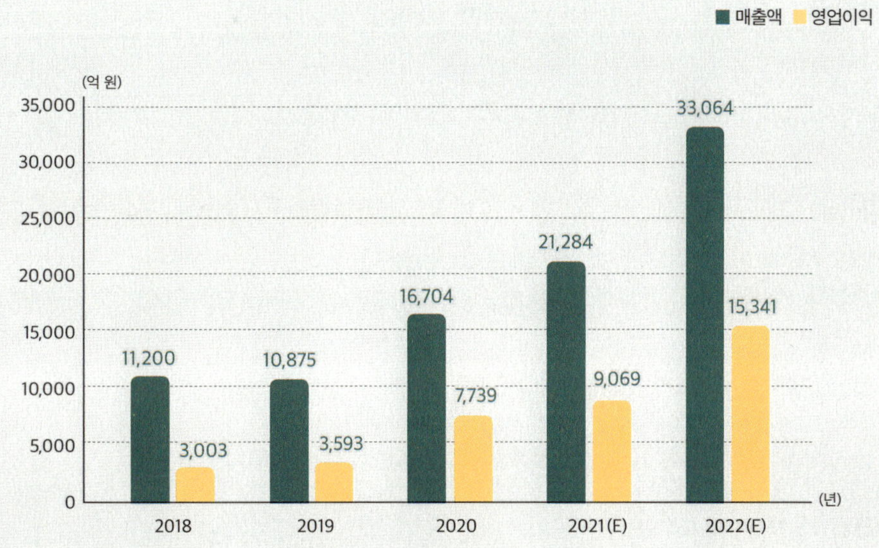

2021년 상반기
PER 30배, PBR 5.4배, ROE 26%, 부채비율 45%

매출액 전년 대비	24%	55%
영업이익 전년 대비	17%	69%

*2021.09. 기준

펄어비스

검은사막 도깨비 메타버스

시가총액	63,440억 원

주요 주주	김대일 외 14인 50%
주 매출처	온라인 게임 58%, 모바일 30%

- 대표작 검은사막 개발 및 퍼블리싱 사업 영위
- 검은사막 중국 판호 발급으로 중국 본격 진출
- 메타버스와 접목한 신작 도깨비 기대감

최근 실적 및 주요 재무지표

	2019년	2020년	2021년(전망)
매출액	5,359억 원	4,888억 원	4,017억 원(yoy -17%)
영업이익	1,506억 원	1,573억 원	421억 원(yoy -73%)

	2021년 상반기	
매출액	1,894억 원	PER 120배, PBR 8.5배, ROE 7%, 부채비율 49%
이익	71억 원	

NHN

라인 쯔무쯔무 라인팝 페이코 클라우드

시가총액	14,243억 원

주요 주주	이준호 외 21인 47%, 국민연금 8%
주 매출처	결제 및 광고 40%, 게임 26%

- 게임 및 간편결제 페이코 등 사업 영위
- 게임 산업 성장은 다소 정체되어 있으며 비게임 분야 성장 부각 중
- 신사업인 클라우드 분야에서 장기 성장 동력 찾을 것

최근 실적 및 주요 재무지표

	2019년	2020년	2021년(전망)
매출액	14,886억 원	16,752억 원	19,053억 원(yoy 13%)
영업이익	867억 원	1,022억 원	1,099억 원(yoy 7%)

	2021년 상반기	
매출액	9,216억 원	PER 21배, PBR 0.7배, ROE 4%, 부채비율 38%
이익	530억 원	

넥슨

메이플스토리 카트라이더 던전앤파이터

시가총액	183,884억 원

주요 주주	NXP Corp 46%
주 매출처	PC게임 66%, 모바일 33%

- 메이플스토리, 카트라이더, 바람의 나라 등으로 유명한 국내 대표 게임회사. 일본 증시에 상장
- 중국의 게임규제 강화로 던전앤파이터 매출 감소 우려
- 신사업으로 가상자산 및 엔터테인먼트 분야 진출

최근 실적 및 주요 재무지표

	2019년	2020년	2021년(전망)
매출액	25,550억 원	30,123억 원	28,773억 원(yoy -4%)
영업이익	11,890억 원	5,779억 원	9,320억 원(yoy 61%)

	2021년 상반기	
매출액	14,836억	PER 42배, PBR 2.3배, ROE 8%, 부채비율 20%
이익	5,653억	

위메이드

미르의 전설 블록체인 NFT 빗썸 비덴트

시가총액	43,268억 원

주요 주주	박관호 외 1인 45%
주 매출처	RPG 및 액션 게임 56%, 라이선스 25%

- 대표작 미르의 전설 개발한 게임사
- 신작 미르4에 블록체인과 NFT 기술 적용
- 가상화폐 거래소 빗썸 최대주주 비덴트에 800억 원 투자

최근 실적 및 주요 재무지표

	2019년	2020년	2021년(전망)
매출액	1,136억 원	1,262억 원	3,080억 원(yoy 144%)
영업이익	-93억 원	-128억 원	1,114억 원(흑자전환)

	2021년 상반기	
매출액	1,449억 원	PER 50배, PBR 13배, ROE 29%, 부채비율 40%
이익	544억 원	

카카오게임즈

오딘 · 퍼블리싱 · 배틀그라운드

시가총액	53,028억 원

주요 주주	카카오 외 14인 50%
주 매출처	모바일 게임 55%, PC 27%

- 배틀그라운드, 검은사막 등 모바일 게임 퍼블리싱
- 2021년 출시작 오딘의 성공으로 기업가치 레벨 업
- 골프게임 및 일본에서 히트한 우마무스메 성적 기대

최근 실적 및 주요 재무지표

	2019년	2020년	2021년(전망)
매출액	3,910억 원	4,955억 원	9,967억 원(yoy 101%)
영업이익	350억 원	665억 원	1,586억 원(yoy 138%)

	2021년 상반기	
매출액	2,596억 원	PER 36배, PBR 4.3배, ROE 12%, 부채비율 65%
이익	237억 원	

컴투스

서머너즈워 · 게임빌 · 메타버스

시가총액	15,041억 원

주요 주주	게임빌 외 6인 29%
주 매출처	모바일 게임 96%

- 게임빌의 자회사이며 서머너즈워 IP를 보유
- 연이은 신작 게임 흥행의 아쉬움을 타 산업과의 시너지 효과로 탈피 노력
- 위지윅스튜디오, 데브시스터즈, 케이뱅크 등에 지분 투자하며 종합 투자회사로의 행보

최근 실적 및 주요 재무지표

	2019년	2020년	2021년(전망)
매출액	4,693억 원	5,090억 원	5,486억 원(yoy 7%)
영업이익	1,260억 원	1,141억 원	771억 원(yoy -32%)

	2021년 상반기	
매출액	2,696억 원	PER 18배, PBR 1.2배, ROE 8%, 부채비율 10%
이익	287억 원	

네오위즈

피망 맞고 스컬 블레스 네오플라이 가상화폐

시가총액	5,101억 원

주요 주주	나성균 외 14인 37%
주 매출처	게임 98%

- 게임포털 피망 운영하며 국내, 일본 중심 사업 영위
- 스컬의 성공 이후 블레스 언리쉬드 흥행 장기화 관건
- 소셜카지노 사업 체결 및 자회사 통해 가상화폐 사업 진출

최근 실적 및 주요 재무지표

	2019년	2020년	2021년(전망)
매출액	2,545억 원	2,896억 원	2,933억 원(yoy 1%)
영업이익	326억 원	603억 원	543억 원(yoy -10%)

	2021년 상반기	
매출액	1,303억 원	PER 8.2배, PBR 1.0배, ROE 14%, 부채비율 15%
이익	186억 원	

데브시스터즈

쿠키런 오븐스매쉬

시가총액	13,462억 원

주요 주주	이지훈 외 11인 25%, 컴투스 14%
주 매출처	모바일 게임 99%

- 글로벌 IP로 부상한 쿠키런을 보유한 게임사
- 해외 매출 비중이 점차 증가중이며 유럽 지역 기대
- 주력 차기작 오븐스매쉬의 스팀 및 모바일 성과 기대

최근 실적 및 주요 재무지표

	2019년	2020년	2021년(전망)
매출액	376억 원	705억 원	3,969억 원(yoy 463%)
영업이익	-222억 원	-61억 원	901억 원(흑자전환)

	2021년 상반기	
매출액	2,012억 원	PER 18배, PBR 8.2배, ROE 57%, 부채비율 45%
이익	432억 원	

더블유게임즈

더블유카지노 DDI

시가총액	11,888억 원	주요 주주	김가람 외 6인 43%, 국민연금 7%
		주 매출처	모바일 게임 74%, PC 26%

- 페이스북 기반 소셜카지노게임 더블유카지노 운영
- 지속적인 현금 창출 가능하나 성장의 한계점 뚜렷
- 보유한 현금으로 활발한 M&A를 통한 돌파구 전략

최근 실적 및 주요 재무지표

	2019년	2020년	2021년(전망)
매출액	5,138억 원	6,582억 원	6,632억 원(yoy 1%)
영업이익	1,546억 원	1,942억 원	2,083억 원(yoy 7%)

	2021년 상반기	
매출액	3,225억 원	PER 8.6배, PBR 1.3배, ROE 18%, 부채비율 9%
이익	993억 원	

핵심 키워드

퍼블리싱
게임 개발 및 서비스를 독자적으로 수행하기에 재무적으로 넉넉치 않거나 개발 인력 외에 마케팅 팀이나 사업팀이 없는 개발사의 경우, 마케팅을 해 줄 수 있는 퍼블리셔와 협력하게 되며 이와 같은 부분을 퍼블리싱이라 한다.

IP
intellectual property. 엔씨소프트의 리니지나 넥슨의 던전앤파이터 등 히트를 기록한 게임 컨텐츠의 지적재산권을 의미한다. 인기 IP를 타사에 빌려주는 대신 부가 비용 없이 로열티 수입을 얻을 수 있고 IP를 활용한 웹툰, 영화, 서적 및 캐릭터를 활용한 피규어 등 다양한 방면으로 부가 수입을 창출할 수 있다. 인기 IP를 보유한 게임사들의 실적을 분석해보면 IP에서 나오는 로열티 수입이 높은 비중을 차지한다.

MMORPG
Multiplayer Online Role Playing Game. RPG의 일종으로 온라인 공간에서 다수의 플레이어가 동시에 즐기는 RPG 게임이다. 한국산 대형 게임들의 대다수는 MMORPG 장르를 택하고 있다. 대표적으로 엔씨소프트의 리니지를 꼽을 수 있으며 해외에서는 블리자드의 월드 오브 워크래프트 등이 공전의 히트를 기록했다.

소셜 카지노
모바일로 슬롯머신, 룰렛, 포커 등 카지노 게임을 제공하는 서비스다. 국내에선 무료 게임만 할 수 있으나 미국 등 해외에서는 현금을 게임머니로 바꿔 베팅할 수 있다. 주 이용층은 40대 이상 성인이며 코로나19 이후 오프라인 카지노에 갈 수 없는 상황이 장기화되자 해당 이용층이 소셜 카지노를 이용하게 되어 업황이 성장했다. 단, 초기 진입 비용이 크기에 이미 기반이 갖춰진 기업을 인수 합병하는 형태가 활발하게 진행되고 있다.

CBDC(중앙은행 디지털화폐)

1 메타의 리브라, 중국의 디지털 위안화, 코로나로 인한 비대면 문화 및 금융 포용력 이슈는 CBDC에 대한 필요성을 부각
2 한국, 미국, 중국을 포함한 주요국 중앙은행 86%가 CBDC 발행 및 검토를 위한 과정에 돌입
3 CBDC는 민간 블록체인 생태계를 활용할 가능성이 높아 관련 S/W 산업에 수혜 전망
4 중국 베이징올림픽(2022년 2월)에 맞춰 세계 최초로 CBDC 도입을 공식 선언하면서 실현될 가능성이 큼

관련 키워드 디지털 위안화(DCEP) 디지털 지갑 핫월렛 콜드월렛 금융포용

암호화폐 투자와 결제가 활성화되면서 각국 중앙은행의 CBDC 도입을 위한 준비 과정에도 가속도가 붙었다. CBDCCentral Bank Digital Currency는 디지털 화폐의 한 종류로 중앙은행이 전자/디지털 형태로 발행하는 화폐다. 통상 디지털 화폐는 암호화폐(비트코인 등), 스테이블코인(리브라 등), CBDC로 구분되는데, CBDC가 이들과 다른 가장 큰 차이점은 중앙은행이 발행하는 법정통화로서 실물 화폐와 1:1 동일하게 교환된다는 점이다. 따라서 가치의 변동 위험이 없고, 화폐의 공신력 역시 보존된다. 3가지 모두 블록체인 기술을 근간으로 한 디지털 화폐지만, 탈중앙화 구조(암호화폐, 스테이블 코인)와 중앙화된 구조CBDC라는 구분에서 대척점에 있기도 하다. 그럼에도 양자는 각각 발전과 혁신을 이어가면서 향후 10년간 공생할 것으로 전망되어 CBDC 역시 빼놓을 수 없는 성장 테마로 봐야 한다.

CBDC 논의에 불을 지핀 배경

메타의 리브라 발행 발표 각국 중앙은행과 금융 당국은 민간 디지털 화폐 출시로 인해 기축통화는 물론 그동안 유지되어 온 금융시스템의 안정을 훼손할 수 있다는 현실적 우려를 하기 시작했다. 화폐통제권 상실에 대한 경계감을 체감한 주요국들은 이후 경쟁적으로 CBDC 발행을 추진하면서 관련 연구와 검토를 진행하게 되었다.

디지털 위안화DCEP 발행에 속도를 내는 중국 중국은 이미 여러 지역에서 디지털 위안화 시범 사용을 성공적으로 마쳤다. 이런 움직임은 오랫동안 달러에 준하는 기축통화로 위안화의 위상을 끌어올리려는 시도의 일환으로 달러보다 먼저 디지털 화폐 위안화를 보급하려는 전략이 스며 있다. 경쟁적인 통화패권 다툼이 CBDC 발행으로 심화될 수 있는 만큼, 주변국가 역시 서두를 수밖에 없는 상황이다.

코로나로 인한 비대면 문화 코로나19 이후 증가한 비대면 활동, 전자 상거래, 배달 주문 등 디지털 거래가 급증하면서 현금 사용이 크게 줄었다. 재난지원금 등의 정책이 시행되면서 신속한 지급과 효율성이 중요하다는 인식도 CBDC 논의를 앞당긴 요인 중 하나다.

CBDC가 불러올 변화

CBDC는 먼저 중앙은행의 통화정책에 직접적인 영향을 주게 된다. 현행 체계에서는 '중앙은행 → 시중은행 → 민간'의 경로로 통화가 공급되지만, CBDC를 발행한 중앙은행은 '중앙은행 → 민간'으로 바로 유동성을 공급할 수 있기 때문에 통화정책의 유효성이 증가한다.

정부 차원에서는 자금의 흐름을 면밀히 추적할 수 있기 때문에 탈세나 자금세탁, 테러자금 등 불법 자금을 미연에 방지할 수 있고, 지하경제를 양성화하면서 세수창출을 기대할 수 있다. 또한 제도권 금융에서 소외된 저소득 가계와 기업에 대해 국가가 직접적인 금융 포용 정책을 시행해 소비와 수요를 일으키고, 경제 성장의 동력으로 삼을 수 있다. 한편, 법정화폐와 1대1 교환을 담보하는 스테이블코인은 CBDC와 개념적으로 동일하기 때문에 CBDC에 의해 대체될 가능성이 매우 커진다.

산업 측면에서는 CBDC의 비영리성으로 거래 비용이 저렴해지면서 기존 금융업계로 하여금 수수료 인하와 서비스 개선 압박으로 이어질 수 있다. 또한 CBDC를 통한 상거래가 활발해질수록 직불형 카드와 신용카드를 대체하게 되므로 관련 기업들 역시 피해를 입을 수 있다. 반대로 블록체인 기술과 통합 결제 플랫폼, 온/오프라인 결제 네트워크를 보유하고 자본력이 있는 기업은 CBDC 시스템 구축부터 유통, 관련 소프트웨어 개발/공급/관리에 이르기까지 사업의 기회가 있으므로 수혜를 받을 수 있다.

CBDC 플랫폼 시나리오

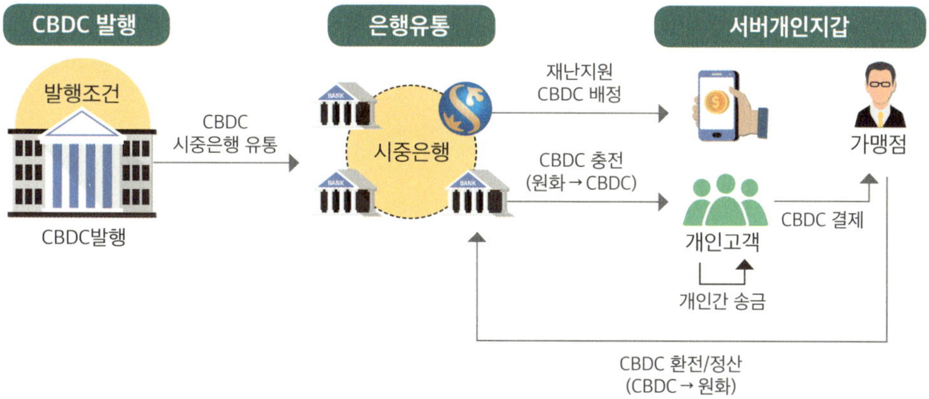

출처: 신한은행

중국 디지털위안화(DCEP) 발행과 유통 구조

: 발행은 중앙은행이 하고, 중개 역할로 시중 상업은행이 참여하는 형태다.

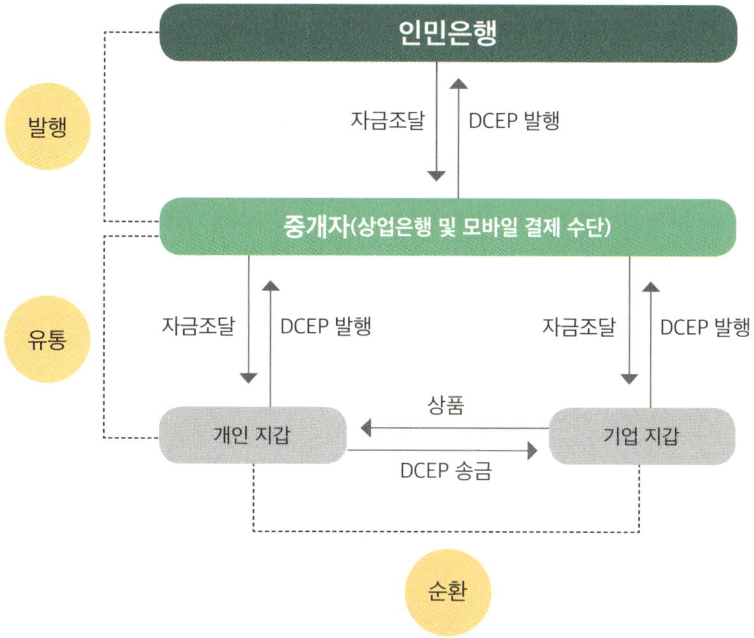

출처: Ye Shi and Shucheng Zhou, 키움증권

디지털 화폐 비교

: 현금을 블록체인 기술로 업그레이드 한 것이 CBDC라고 쉽게 생각하면 된다.

	CBDC	암호화폐	스테이블코인
발행기관	중앙은행	민간(탈중앙화)	민간(탈중앙화)
기반기술	블록체인	블록체인	블록체인
교환가치	액면가 고정 (법정화폐와 1대1)	수요와 공급에 따라 시장에서 가격 형성	액면가 고정 (법정화폐와 1대1)
가격 변동성	없음(중앙은행이 통제)	매우 높음	낮음
결제수단	가능	매우 제한적	제한적
향후 경로	각국 중앙은행의 전반적인 도입 시도 및 적용 증가	CBDC의 화폐/결제 기능 표준화로 영향 불가피	CBDC의 화폐/결제 기능 표준화로 영향 불가피

CBDC 기회요인 Vs. 위협요인

: 글로벌 중앙은행은 위협요인은 제한적인 반면 기회요인은 상당할 것으로 인식되고 있다.

	기회요인	위협요인
화폐발행	현금 발권 및 관리비용 감소	화폐 주조 및 유통 산업 위축
산업영향	• 결제과정의 단순화로 거래 비용 감소, 처리 속도 증가(효율성 증대) • CBD시스템, 보안, 통합 결제 플랫폼,S/W, 블록체인 기술을 모두 융합할 수 있는 일부 기업 수혜 • CBDC는 스마트폰과 같은 휴대용 디바이스를 전자 지갑으로 활용이 가능해 기존 간편 결제나 결제앱 없이 바로 결제 가능	• 시중은행 예금이 중앙은행으로 이동할 가능성(CBDC는 예금보다 안전자산) • 은행 예금 감소는 민간 부문 신용 대출을 축소시킬 우려 • 카드사, 간편 결제, 금융, 은행, 단순 핀테크 산업은 이용자 감소로 인한 매출 감소
통화정책	• 시중은행을 거치지 않고 민간으로 직접 유동성 공급이 가능해 즉각적이고 신축적인 정책 효과가 가능 • 유동성 경로 추적이 가능해 구체적인 통화정책 가능	약소국은 자국 통화주권 약화 가능성
익명성	• 금융거래 투명성 증가 • 지하경제의 양성화 기여 및 조세 추적을 통한 세수 창출(CBDC 특성상 모든 거래 내역이 블록체인에 기록, 자금 추적이 쉬움)	개인정보 침해 리스크(거래내역이 블록체인에 남게 되어 중안은행은 모든 내역을 살펴볼 수 있음)

현행 Vs. CBDC 송금 거래 비교

: CBDC를 통한 송금은 은행의 정산과정이 필요 없어 수수료를 낮추고 시간을 줄일 것으로 기대된다.

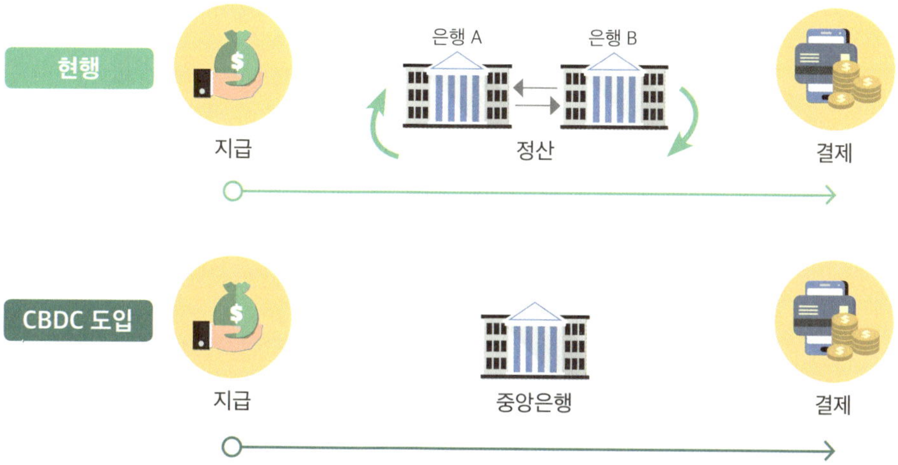

출처: 신한금융투자

CBDC 관련 연구 참여 중인 중앙은행

: 2021년 기준 86%의 중앙은행이 참여하고 있는 만큼 CBDC 도입은 보편적 추세다.

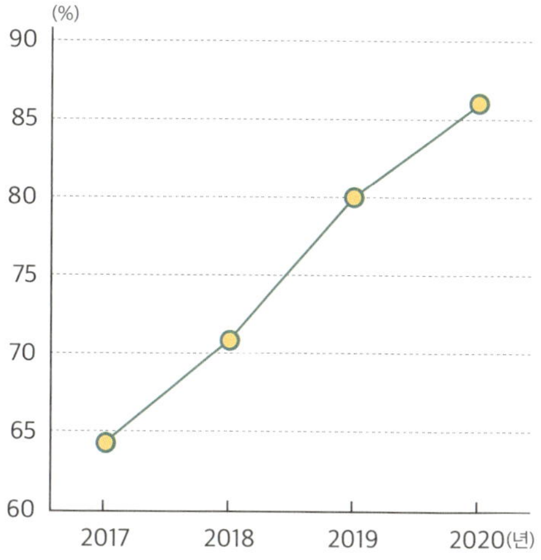

출처: BIS, 키움증권 리서치센터

국가별 CBDC 관련 연구 및 시범 사업의 수

: 개발도상국도 금융포용 효과를 목적으로 활발히 참여하고 있다.

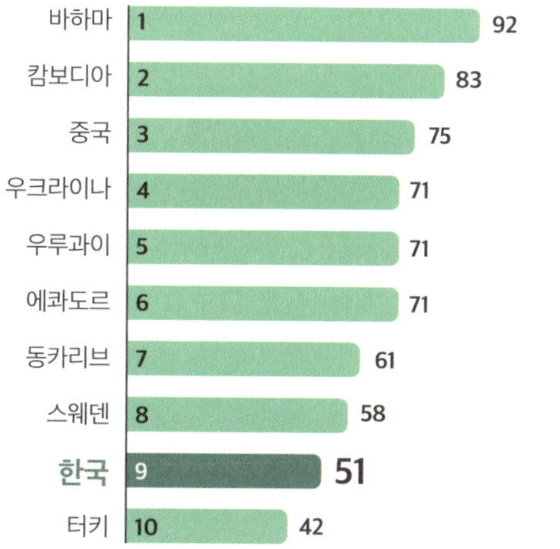

출처: BIS, PwC

국내 주요 기업과 시중 은행의 CBDC 준비 현황

기업 및 시중은행	현황
네이버, 라인	• 각국의 정책과 금융 환경에 맞는 플랫폼 제공을 위해 주요 아시아 국가 중앙은행과 CBDC 플랫폼 구축 논의를 시작 • 글로벌 블록체인 결제 플랫폼 서비스 기업 누리플렉스와 중남미 및 아프리카를 포함한 지역의 CBDC 플랫폼 사업을 위한 MOU 체결 • 한국은행의 CBDC 파일럿 사업인 모의실험 사업자에 입찰 참여 이력 • CBDC에 최적화된 '라인 파이낸셜 블록체인(LINE Financial Blockchain) 플랫폼'에 오픈소스 공개 • EY한영, 삼성SDS와 함께 CBDC 업무 프로세스 분석 및 외부 컨설팅 단계 준비 • 분산원장 기술력 외에도 라인페이, 라인뱅크를 운영한 경험과 암호화폐 링크를 발행해 빗썸에 상장 • 블록체인 개발 플랫폼 '라인 블록체인 디벨로퍼스' 및 라인 메신저와 연동되는 임호화폐 지갑 비트맥스 월렛 출시
카카오뱅크, 카카오페이, 카카오, 그라운드X	• CBDC 플랫폼 구축 기술 확보 • 한국은행의 CBDC 파일럿 사업인 모의실험 사업자로 국내기업 중 유일하게 선정, 그라운드X를 비롯해 카카오뱅크, 카카오페이 등 카카오 계열사 다수 참여 • 블록체인 플랫폼 클레이튼을 개발한 카카오 자회사 그라운드X는 한국은행의 CBDC 사업 진행을 위해 이더리움 기반 개발사 컨센시스와 기술 협력(컨센시스는 프라이빗 블록체인을 활용해 싱가포르, 호주, 태국 등 주요국의 CBDC 사업을 주도적으로 진행 중) • 블록체인 전문 자회사 그라운드X는 블록체인 플랫폼 클레이튼을 기반으로 자체 개발한 암호화폐 클레이를 발행, 동시에 해당 클레이와 NFT를 보관, 전송, 결제할 수 있는 암호화폐 지갑 클립을 출시, 블록체인 서비스 대중화 기대
SK C&C	• 블록체인 서비스 플랫폼 '루니버스' 운영사인 람다256과 블록체인 엔터프라이즈 시장 확대를 위한 사업 및 기술 협력 추진 MOU를 체결 • '제로페이'를 서비스하는 한국간편결제진흥원과 손잡고 한국은행 CBDC 모의실험 입찰 참여 이력
삼성전자, 삼성SDS (에스코어)	• 한국은행의 CBDC 모의실험 사업자로 선정된 카카오 계열 그라운드X 컨소시엄에 기술자문으로 참여 • 갤럭시 스마트폰에서 CBDC 구현, 오프라인 환경에서의 결제 테스트 등
신한은행	• 디지털 자산 수탁 서비스를 제공하는 한국디지털자산수탁(KDAC)에 지분투자 및 공동 연구개발 진행 • LG CNS와 함께 CBDC 시범 플랫폼 완성
우리은행	• 카카오 블록체인 계열사 그라운드X와 업무협약, 디지털 자산 수탁 서비스 관련 사업성 검토 개시

출처: 기사 정리

테마 밸류 체인

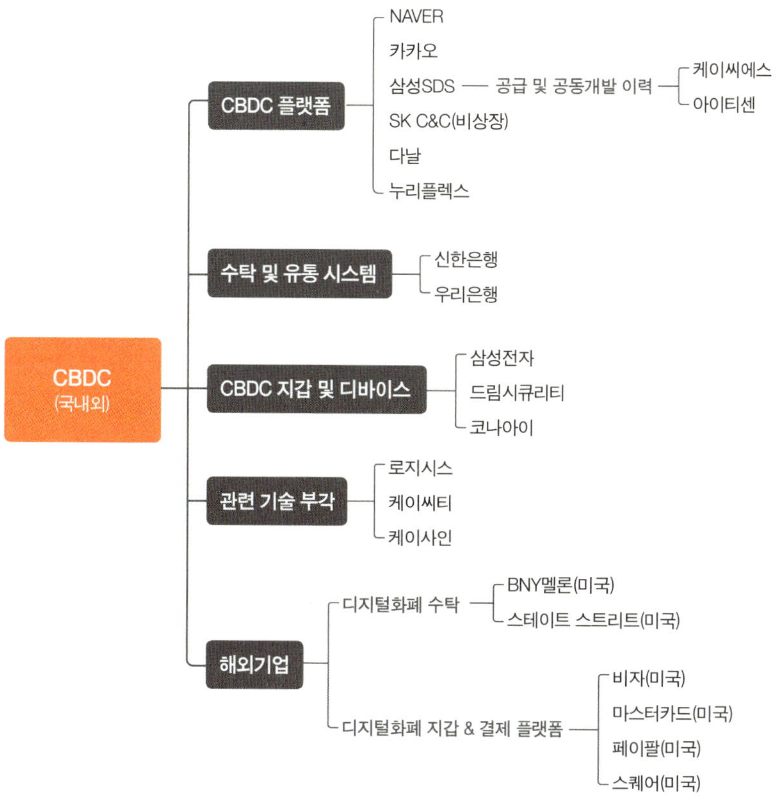

해외 대표 기업

비자

VISA

시가총액	564조 원

	2021년	2022년(전망)
매출액	약 28조 원	약 33조 원
순이익	약 14조 원	약 18조 원

- 세계 최대 전자 결제 업체로, 오래된 업력만큼 고객의 카드사용 내역을 빅데이터화 시킨 무형자산을 보유
- 암호화폐 및 디지털 지갑 관련 40개 사와의 제휴를 통한 네트워크, CBDC 기술 관련 특허 출원
- 암호화폐는 자산 측면의 비즈니스로, 디지털화폐는 결제 측면의 비즈니스로 투 트랙(Two-track) 전략
- 비자 크리덴셜(Visa credential)을 통해 암호화폐 거래 네트워크 구축
- 은행에게 암호화폐 거래 지원 솔루션을 제공함으로써 암호화폐 네트워크를 지속적으로 확장
- 암호화폐의 법정화폐 전환과 대중적 사용을 위해서는 전세계 7,000만 개 가맹점과 관련 기술을 보유한 동사의 역할이 필수적
- 기존 네트워크 인프라 등 경쟁우위 요소로 CBDC 생태계를 선점하기 위한 전략

핵심 기업 소개

카카오

그라운드X / 한은 CBDC 사업 참여 / 클레이튼

시가총액	57조 원

주요 주주	김범수 외 65인 24%, 국민연금 8%, MAXIMO PTE 6%, BlackRock 5%
주 매출처	플랫폼 53%, 콘텐츠 46%

- 플랫폼 기반으로 커머스, 결제, 은행, 블록체인, 엔터테인먼트, 게임 등 사업 확대하며 고성장
- 블록체인 자회사 그라운드X의 자체 암호화폐 클레이 발행, 클레이와 NFT를 보관할 수 있는 지갑 '클립' 출시
- 한은의 CBDC 모의실험 사업에 입찰, 네이버, SK C&C와 함께 경합 후 최종 선정

최근 실적 및 주요 재무지표

	2019년	2020년	2021년(전망)
매출액	30,701억 원	41,568억 원	59,496억 원(yoy 43%)
영업이익	2,068억 원	4,559억 원	8,133억 원(yoy 78%)

	2021년 상반기	
매출액	26,102억 원	PER 59배, PBR 7.6배, ROE 14%, 부채비율 61%
이익	3,201억 원	

NAVER

블록체인 플랫폼 / 비트맥스 월렛 / 링크

시가총액	67조 원

주요 주주	국민연금 10%, 자사주 9%, BlackRock 5%
주 매출처	플랫폼 52%, 커머스 20%, 핀테크 12%

- 국내 1위 포털 서비스 기반으로 결제, 콘텐츠, 클라우드, IT 인프라 서비스 등으로 고성장
- 자회사 라인을 통해 CBDC에 최적화된 '라인 파이낸셜 블록체인(LINE Financial Blockchain)' 플랫폼 및 오픈소스 공개
- 블록체인 개발 플랫폼 '라인 블록체인 디벨로퍼스' 및 암호화폐 지갑 '비트맥스 월렛' 출시

최근 실적 및 주요 재무지표

	2019년	2020년	2021년(전망)
매출액	43,562억 원	53,041억 원	67,888억 원(yoy 28%)
영업이익	11,550억 원	12,153억 원	13,488억 원(yoy 11%)

	2021년 상반기	
매출액	31,626억 원	PER 4.06, PBR 2.5배, ROE 107%, 부채비율 36%
이익	6,244억 원	

삼성에스디에스

디지털 전환 | 클라우드 | 디지털화폐 | 에스코어

시가총액	12.9조 원

주요 주주	삼성전자 외 10인 56%, 국민연금공단 6%
주 매출처	물류 56%, 클라우드 31%, 비즈니스 솔루션 12%,

- 한국은행의 CBDC 모의실험 사업자로 선정된 카카오 그라운드X 컨소시엄에 자회사 에스코어, 삼성전자와 함께 기술자문으로 참여
- 삼성전자는 갤럭시 스마트폰에 한은 CBDC 지갑 애플리케이션(앱)을 탑재하고 온라인은 물론 오프라인 환경에서도 정상적인 결제가 이뤄질 수 있도록 기술 지원

최근 실적 및 주요 재무지표

	2019년	2020년	2021년(전망)
매출액	107,196억 원	110,174억 원	128,870억 원(yoy 17%)
영업이익	9,901억 원	8,716억 원	9,510억 원(yoy 9%)

	2021년 상반기	
매출액	63,122억 원	PER 18.9배, PBR 1.8배, ROE 10%, 부채비율 40%
이익	4,418억 원	

드림시큐리티

PKI인증 | 전자지갑 | 분산신원증명(DID)

시가총액	2,700억 원

주요 주주	범진규 외 7인 37%
주 매출처	렌탈 82%, 보안 솔루션 18%

- PKI 기반의 보안 및 인증솔루션을 제공
- 한국은행의 CBDC 모의실험 사업에서 카카오 그라운드X 협력사로 참여
- CBDC 전자지갑 및 키 관리 분야 개발

최근 실적 및 주요 재무지표

	2019년	2020년
매출액	288억 원	1,584억 원
영업이익	18억 원	131억 원

	2021년 상반기	
매출액	944억 원	PER 45배, PBR 3.8배, ROE 9%, 부채비율 144%
이익	64억 원	

코나아이

스마트카드 | 콜드월렛 | 지역화폐

시가총액	5,500억 원

주요 주주	조정일 외 5인 29%, 미래에셋자산운용 6%, 국민연금 5%
주 매출처	S/W개발 42%, 코나카드 35%

- 국내 스마트카드 시장 1위
- 국내 최초 디지털자산 보관/거래 가능한 신용카드 타입의 콜드월렛 '크립토코나' 출시
- 한국은행의 CBDC 모의실험 사업에서 카카오 그라운드X 협력사로 참여

최근 실적 및 주요 재무지표

	2019년	2020년
매출액	1,220억 원	1,378억 원
영업이익	-26억 원	190억 원

	2021년 상반기	
매출액	860억 원	PER 22배, PBR 5.7배, ROE 30%, 부채비율 707%
이익	205억 원	

신한지주(신한은행)

디지털 자산 수탁 | NFT 수탁

시가총액	19조 원

주요 주주	국민연금 9%, BlackRock 5%
주 매출처	이자수익 50%, 신탁운용수익 24%, 수수료 13%

- 신한은행은 LG CNS와 함께 CBDC 시범 플랫폼 구축
- CBDC 플랫폼을 통해 은행은 중개기관으로 참여해 CBDC를 지급함과 동시에 조회·결제·송금·환전·충전 등 전반적인 서비스 제공 가능

최근 실적 및 주요 재무지표

	2019년	2020년	2021년(전망)
매출액	157,074억 원	147,740억 원	145,524억 원(yoy -1%)
영업이익	50,463억 원	49,297억 원	58,972억 원(yoy 19%)

	2021년 상반기	
매출액	71,258억 원	PER 4.8배, PBR 0.4배, ROE 9%, 부채비율 1191%
이익	32,391억 원	

핵심 키워드

디지털 위안화(DCEP)
중국 중앙은행(인민은행)이 발행하는 디지털 화폐로 민간 모바일 결제 시스템과 달리 인터넷 없이도 결제가 가능하다. 상용화를 앞두고 베이징을 포함한 주요 도시에서 시범 운용되고 있다.

디지털 지갑(=암호화폐 지갑, 전자 지갑)
암호화폐, 디지털 자산, 디지털 화폐를 보관/거래/관리하기 위해 공개키와 개인키를 저장하는 가상의 지갑이다. 공개키는 계좌번호, 개인키는 계좌의 비밀번호로 이해할 수 있다. 디지털 지갑은 물리적 형태가 없고, 스마트폰에 앱을 통해 심겨지는데, CBDC 결제를 위해서는 인터넷이 없는 상태에서도 작동해야 한다. 삼성은 갤럭시 스마트폰에 CBDC를 위한 전자지갑을 심고, 송금과 결제가 이루어지는 전 과정을 개발/시험하고 있다. 디지털 지갑은 작동 방식에 따라 핫 월렛과 콜드 월렛으로 구분된다.

핫월렛
현재 디지털 지갑 대부분이 사용하는 방식으로 인터넷 연결을 기반으로 작동한다. 거래내역 확인, 개인암호 입력, 결제 등 모든 과정에서 온라인 상태를 유지해야 한다.

콜드월렛
핫월렛과 반대로 인터넷 연결 없이 오프라인 상태에서도 사용 가능한 디지털 지갑이다. 마그네틱 보안전송, NFT등의 기술로 실제 상용화되었으며, 보안 측면에서도 핫월렛보다 뛰어난 것으로 알려졌다.

금융 포용
개발도상국의 경우 CBDC 도입 움직임이 활발한데, 이는 금융에서 소외된 빈곤층에게 CBDC를 통한 재정정책이 수월하기 때문이다. 즉, 금융 포용은 제도권 금융 시스템에서 소외된 빈곤층에게 금융 접근성을 높여주고, 정부의 지원이 효율적으로 전달되도록 하는 것이다. 경제성장을 위해서는 수요를 지속적으로 자극해야 하는데, 빈곤층이 많고 금융에서 소외된 계층이 많다면 경제성장도 한계에 부딪힌다. 이러한 이유에서 CBDC 도입은 각국의 경제성장을 위한 중요 수단으로 인식되고 있다.

인터넷 플랫폼

1 플랫폼 기반의 경제 활동은 디지털 전환, 4차 산업혁명과 맞물리면서 급속히 성장 중
2 국내외 시가총액 상위 기업들 대부분은 인터넷 플랫폼 비즈니스 모델을 일찍이 채택하고 진화를 거듭함. 이런 기업들이 가파른 성장을 향유해오면서 성장기업으로 분류됨
3 암호화폐, NFT, 메타버스, AI, 콘텐츠, 클라우드 등 신성장 테마와 관련된 사업을 완성도 있게 만들고, 기존 플랫폼과 연결해 경쟁력 있는 자체 생태계 구축, 시너지 창출이 가능한 기업은 기존의 인터넷 플랫폼 기업

관련 키워드 락인 효과(Lock-in effect) 네트워크 효과(Network effect) 디지털 광고

플랫폼 경제는 계속 진행 중

국내외 인터넷 플랫폼 기업들이 급성장하면서 지금은 플랫폼 경제가 시장을 지배했다고 해도 과언이 아니다. 최근 불거진 플랫폼 기업들에 대한 규제 이슈도 결과적으로는 소수의 기업에 의한 플랫폼 경제의 지나친 확장에 있다고 볼 수 있다. 최근에는 플랫폼도 다양한 비즈니스 형태로 진화하면서 섹터별로 플랫폼 구축을 시도하고 있지만, 플랫폼 비즈니스의 원형은 인터넷 플랫폼 비즈니스로 보는 것이 자연스럽다. 국내 기업 중에는 네이버, 카카오가 대표적이고, 해외에서는 메타, 알파벳(구글), 아마존, 애플, 마이크로소프트 등을 예로 들 수 있다.

플랫폼 경제는 IT와 디지털 기술을 활용해 온라인 상에서 수요자와 공급자가 상품이나 서비스를 거래할 수 있는 플랫폼 기반의 경제 활동을 의미한다. 그리고 플랫폼에서 이루어지는 모든 활동은 데이터로 누적되면서 새로운 서비스와 혁신이라는 부가가치를 창출하면서 플랫폼 기업의 규모를 더욱 팽창시킨다. 때문에 인터넷 플랫폼을 자사의 비즈니스 모델로 일찍이 채택한 기업들은 현재 타 기업 대비 급격한 성장을 일구었고, 시총면에서도 월등히 앞선 결과로 이어졌다.

최근에는 인터넷 플랫폼 기업들이 성장과정에서 누적한 방대한 고객 데이터를 기반으로 새로운 사업과 연결/융합하면서 진화된 형태의 플랫폼 비즈니스를 추가하고 있다. 진화의 속도가 빨라지면서 인터넷 플랫폼이라는 경계가 모호해지고 있지만, 그만큼 시장과 경쟁자를 또 다시 앞 선채 성장의 발판을 다지고 있는 것이다. 지금까지 급성장을 가능케 한 플랫폼 경제는 디지털 전환, 4차 산업혁명의 본격화 과정에서 더 가속화되고, 확장되고 있는데, 인터넷 플랫폼 기업들은 최전선에서 이런 구조적 성장에 누구보다 강한 확신을 가지고 준비하고 있는 것이다. 플랫폼 비즈니스가 다양한 영역을 융합하면서 진화하고 있지만 현재까지 인터넷 플랫폼 기업에게 현금을 가져다 주는 주요 사업 영역을 보면, 1) 디지털 광고 2) 이커머스 3) 간편결제/송금 4) 콘텐츠(미디어, 게임, 웹툰 등) 부문으로 공통된 특징이 나타난다.

신성장 테마가 신성장 비즈니스로 완성되는 곳은 결국 인터넷 플랫폼

또한, 암호화폐, NFT, 메타버스, 인공지능, 결제, 콘텐츠, 클라우드 등의 영역을 기존 플랫폼과 연결하고, 시너지를 창출하기 위해 노력하고 있다는 것도 공통된 현상이다. 더 큰 플랫폼 생태계를 구축해서 이미 확보한Lock-in 이용자로 하여금 다른 플랫폼을 사용할 필요가 없도록 하는 전략인데, 이점에서 기존 인터넷 플랫폼 기업 외에 경쟁할 수 있는 기업이 나타나기 힘든 구조이다. 인터넷 플랫폼 기업이 최근 마주한 규제 이슈는 이처럼 구조적으로 독점적 위치에서 계속 성장할 수밖에 없는 환경을 대변한다. 즉, 규제에 대한 적응과 타협점을 찾아가는 과정을 거치더라도 인터넷 플랫폼의 확장과 진화, 구조적 성장 동력이 훼손될 가능성은 낮은 환경이다.

고객 데이터 플랫폼 글로벌 시장 전망

: 고객 데이터 플랫폼은 마케팅과 서비스에 있어서 고객의 활동 데이터를 수집하고 활용하는 플랫폼을 의미한다. 2025년까지 연평균 33% 성장할 전망이다.

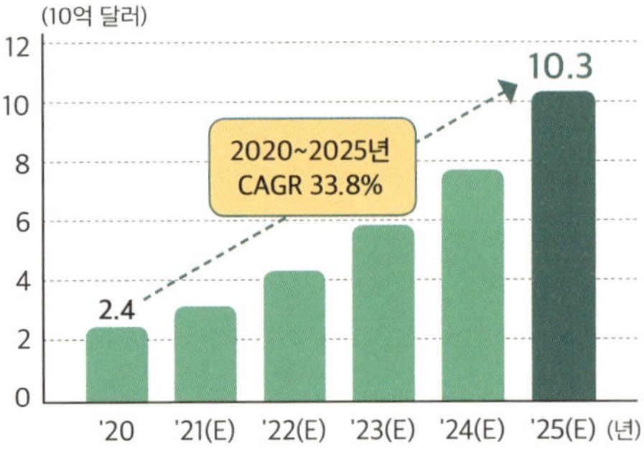

출처: Marketandmarket

디지털 커머스 플랫폼 글로벌 시장 전망

: 디지털 커머스는 인터넷 및 모바일 쇼핑에 더해 소셜커머스, ICT 관련 유통 거래를 모두 포괄하는 의미한다. 2027년까지 연평균 14% 성장할 전망이다.

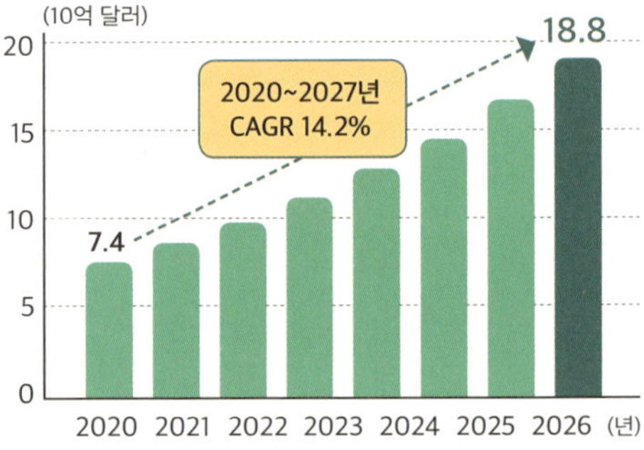

출처: Marketandmarket

플랫폼의 경제적 원리

: 이용자가 늘수록 네트워크 효과가 강화되면서 규모의 경제가 강화된다.

공급자 및 이용자 등의 참여자가 같은 플랫폼 내에서 상호작용이 활발해질수록 플랫폼의 가치는 상승

↓

참여자가 많아질수록 인당 운영 비용이 절감되고 네트워크 효과로 인한 이용자의 효용은 상승. 이로 인해 플랫폼 비즈니스는 소수의 대형 플랫폼 기업이 시장 지배력을 지속 강화하는 구조

↓

플랫폼 생태계 참여자는 하드웨어, 소프트웨어, 콘텐츠 등을 지속적으로 만들어내며 플랫폼의 가치를 강화, 플랫폼 기업은 여기서 새로운 사업 기회와 서비스를 제공하는 선순환 구조

플랫폼 융합이 활발한 5대 분야

인터넷 플램폼 기업은 5대 분야를 중심으로 자체 생태계를 구축하기 위해 노력 중이다.

분야	플랫폼이 미치는 영향
커머스	• 빅테크 기업의 전자상거래 플랫폼 시장 지배력 강화 • 기존 유통 기업들이 빅테크 유통 플랫폼에 종속되는 현상 심화
금융	• AI, 데이터 등 기술 기반 플랫폼 다양화로 기존 은행, 증권, 보험 등의 사업 영역에서 파괴적 혁신 촉진
모빌리티	• 5G, AI, 양자 기반 라이다, V2X 등 미래 기술 활용 • 퍼스널 모빌리티와 자동차 종합 서비스 제공
콘텐츠	• 플랫폼과 콘텐츠 간의 경계 파괴 가속화 • 빅테크 기업의 오리지널 콘텐츠 및 IP 확보, 데이터 기반 추천 기술 고도화로 플랫폼 주도의 경제 구축
클라우드	• 클라우드 플랫폼은 AI를 장착한 플랫폼인 서비스형 인공지능(AIaaS)으로 진화하며 추가 가치 창출

출처: 하이투자증권

플랫폼 이용자 락인(Lock-in) 효과와 플랫폼 가치 상승 구조

: 한 가지 플랫폼에 익숙해지고(락인효과), 그 안으로 대부분의 이용자가 몰리면(네트워크 효과) 쉽게 승자독식 구조가 형성된다.

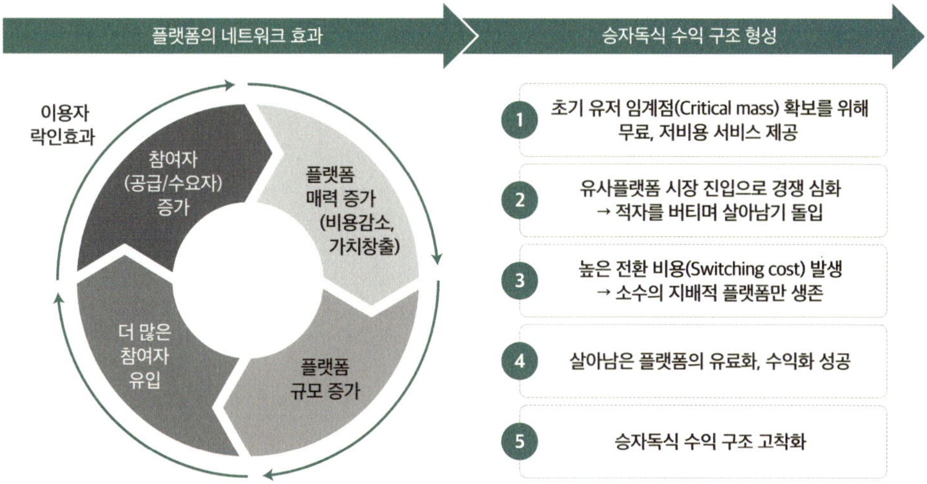

출처: 삼정KPMG 경제연구원

인터넷 플랫폼 기업의 영역 확대와 잠재적 타깃 시장 전망(음영은 현재 확장/침투 중인 영역)

: 금융, 콘텐츠, 결제, AI, 클라우드, 메타버스 등 성장 사업과 자체 플랫폼의 융합이 활발하게 진행 중이다

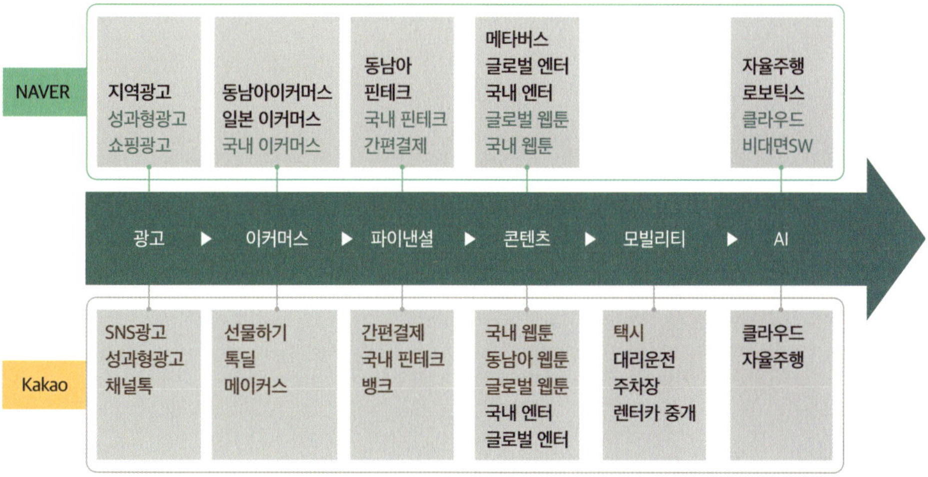

출처: 한화투자증권

국내외 주요 기업 및 ETF

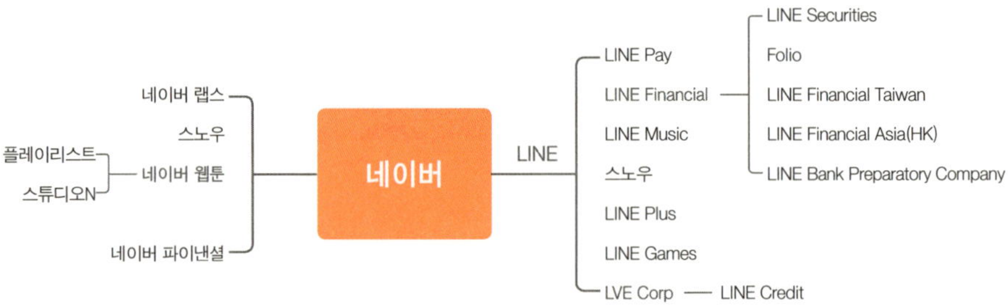

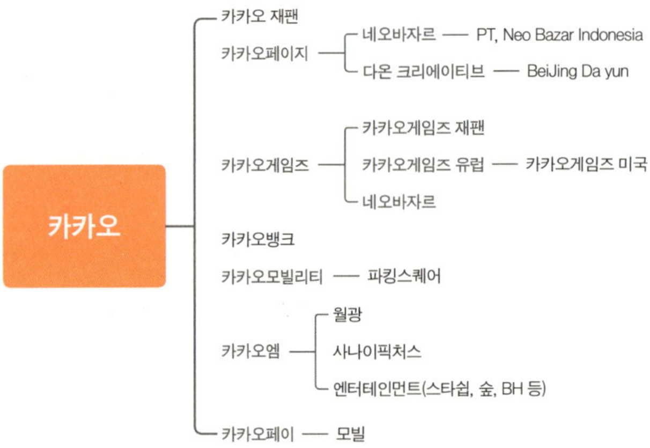

해외 대표 기업

알파벳

Alphabet

시가총액	2,070조 원

	2021년	2022년(전망)
매출액	약 233조 원	약 272조 원
순이익	약 74조 원	약 90조 원

- 압도적 플랫폼 경쟁력을 보유한 세계 최대 인터넷 기업
- 월간활성유저수(MAU) 10억 명 이상인 서비스만 9개 보유
- 검색 엔진 글로벌 1위, 디지털 광고 점유율 글로벌 1위, 모바일 OS 점유율 글로벌 1위, 동영상 플랫폼 이용자 및 사용시간 글로벌 1위, 맵 어플리케이션 1위 등 인터넷/모바일 플랫폼을 활용하여 이용자를 락인(Lock-in), 새로운 서비스로 기존 고객을 유입시키면서 고성장 지속
- 광고, 클라우드, 유튜브, 헬스케어, 자율주행 등 다양한 사업부를 플랫폼 생태계 안에서 연결하여 시너지 창출. 모든 사업부에 인공지능 기술을 융합하여 혁신과 신성장 동력 유지
- 최근 5 년간 연구개발비, 유무형자산 인수로 약 2,000억 달러를 사용하면서 플랫폼 생태계 혁신과 확장에 드라이브(온라인 시장 내 압도적인 지배력으로 안정적 현금흐름 창출이 가능하기 때문)

메타

Meta

시가총액	564조 원

	2021년	2022년(전망)
매출액	약 134조 원	약 160조 원
순이익	52조 원	약 61조 원

- 세계 인구 40%가 매일 접속하는 글로벌 최대 소셜 네트워크 플랫폼으로 일일활성유저수(DAU)가 27억 명
- 글로벌 상위 소셜 미디어 서비스 5개 중 4개(페이스북, 인스타그램, 왓츠앱, 메신저)를 보유. 전체 서비스의 월간활성유저수(MAU)는 35억 명
- 전사 매출의 98%가 플랫폼 활성유저를 강점으로 활용한 디지털 광고에서 창출
- VR 기기 Oculus 인수(2014년)를 필두로 메타버스 및 확장현실(XR; AR+VR+MR) 부문에 투자, 향후 5년 내 메타버스 플랫폼 기업으로 전환을 선언(최근 메타버스 생태계 대표 종목으로 부각)
- 소셜미디어의 구조적 성장, 메타버스 전환, 컨텐츠 유통 플랫폼 간의 시너지로 장기 성장 동력 확보

NAVER

스마트스토어 | N페이 | N쇼핑 | 네이버클라우드 | 제페토 | 웹툰

시가총액	65.7조 원

주요 주주	국민연금 9.9%, 자사주 9%, BlackRock 5%
총 매출액 중	서치플랫폼 52%, 커머스 20%, 핀테크 12%

- 국내 1위 인터넷 플랫폼, 국내 최대 규모 클라우드 서비스 제공, 이커머스 점유율 1위, 글로벌 메타버스 플랫폼 제페토 보유
- 기존 플랫폼과 결제, 금융, 콘텐츠, 클라우드, 인공지능, IT 인프라 서비스 등을 융합하면서 성장형 알짜 사업부 확대 및 시장 지배력 가속화
- 2022년까지 사업부별 연평균 성장률 전망은, 인터넷 플랫폼 14%, 커머스 39%, 핀테크 41%, 콘텐츠 30%, 클라우드 46%. 플랫폼 시너지 효과로 급성장 지속
- 클라우드 서비스는 모바일/웹서비스, 게임, 미디어, 금융 등 모든 분야로 활용

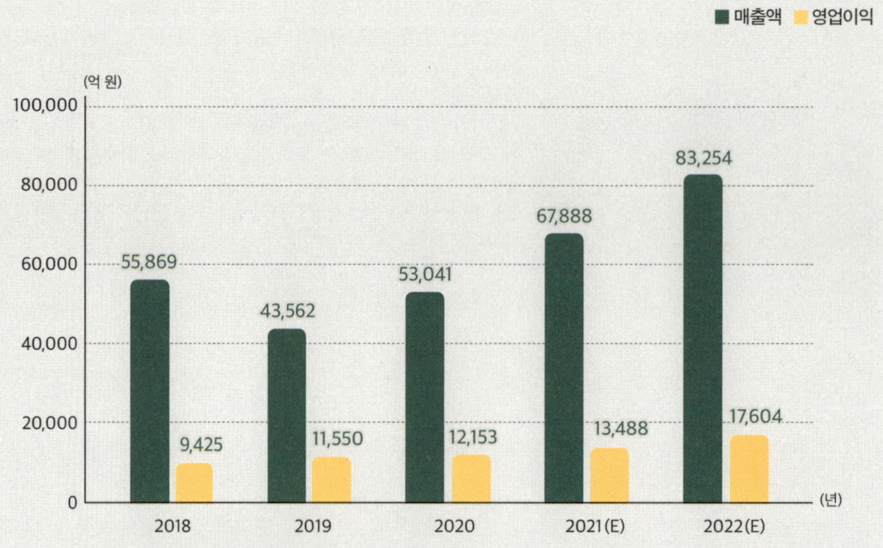

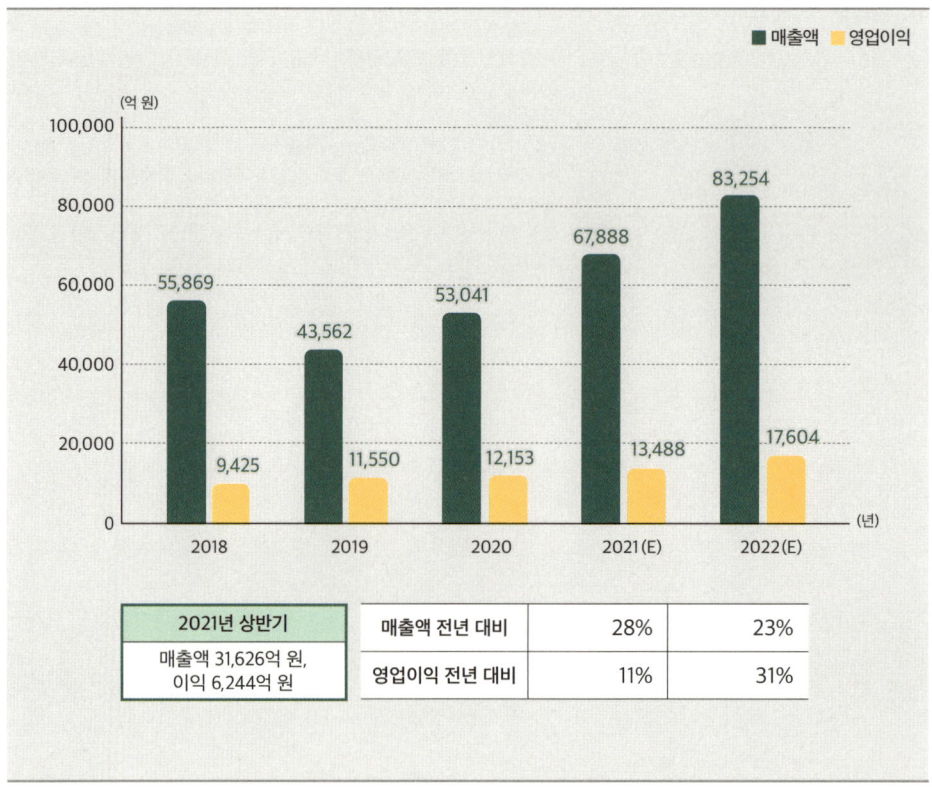

2021년 상반기
매출액 31,626억 원, 이익 6,244억 원

매출액 전년 대비	28%	23%
영업이익 전년 대비	11%	31%

*2021.09. 기준

카카오

카카오페이 톡비즈 비즈보드 그라운드X

시가총액	57조 원	주요 주주	김범수 외 65인 24%, 국민연금 8%,
		총 매출액 중	플랫폼 53%, 콘텐츠 46%

- 국내 1위 메신저 카톡 플랫폼(사용자 5,200만 명)을 활용해 이커머스, 금융, 결제, 광고 등으로 플랫폼 생태계 구축
- 카카오페이는 결제액 상승뿐 아니라 금융상품, 대출한도증대 수익 등 매출 구성 다변화되며 안정적인 성장세 지속
- 비즈보드, 톡채널, 알림톡으로 이어지는 광고 매출 선순환. 본격 성장 전망
- 관계형 커머스를 지향하는 마케팅 플랫폼으로 광고주 유입 가속화, T블루 택시 매출 고성장, 페이 거래액 증가세 지속
- 2022년까지 사업부별 연평균 성장률 전망은, 플랫폼 36%, 톡비즈 50%, 신사업 27%, 게임 콘텐츠 32%, 유료 콘텐츠 40%. 플랫폼 시너지 효과로 급성장 지속
- 자체 암호화폐 발행부터 NFT 지갑, NFT 자산 거래 플랫폼까지 전방위 생태계 구축

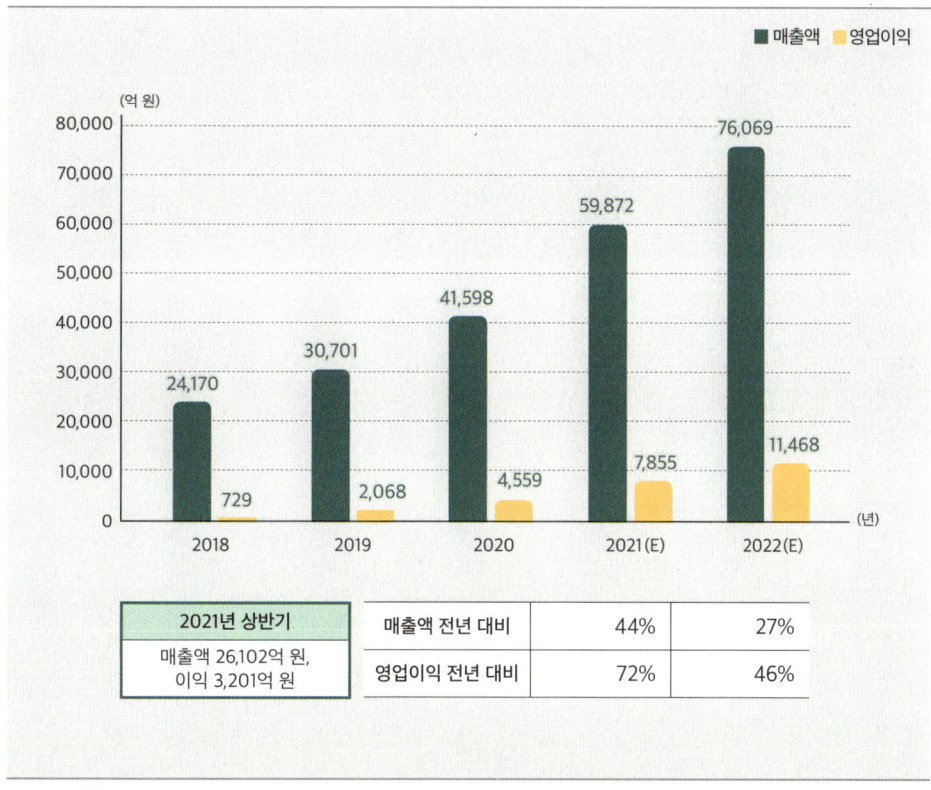

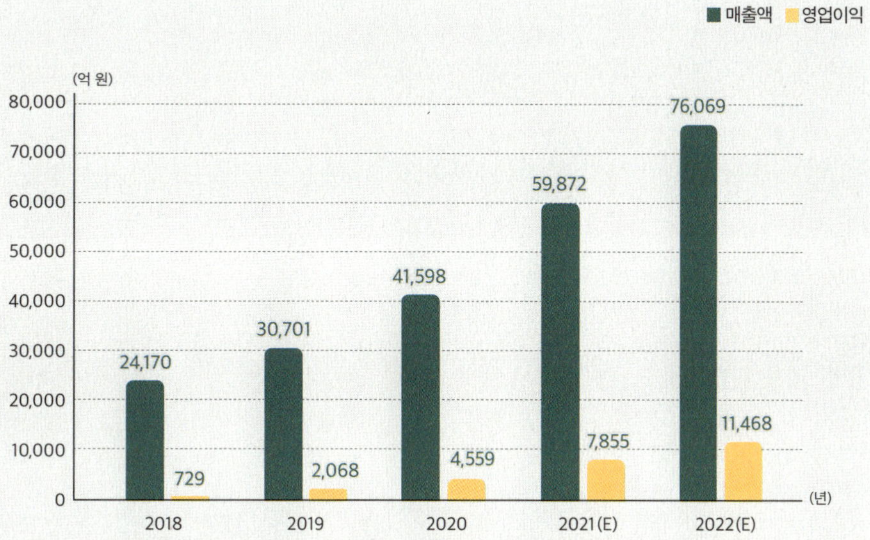

2021년 상반기
매출액 26,102억 원, 이익 3,201억 원

매출액 전년 대비	44%	27%
영업이익 전년 대비	72%	46%

*2021.09. 기준

핵심 키워드

락인 효과(Lock-in effect)
특정 상품, 서비스, 플랫폼을 먼저 이용해 일단 익숙해지면, 다른 유사한 서비스나 플랫폼을 접하더라도 쉽게 옮기지 않고 기존 서비스나 플랫폼에 머무는 현상을 의미한다. 애플폰에 익숙해진 스마트폰 이용자는 쉽사리 삼성 스마트폰을 구입하지 않는 경우가 대표적인 예이다. 플랫폼 기업은 확장성과 네트워크 효과가 성장의 핵심이므로 사용자 수를 늘리기 위해 공격적인 전략을 취한다. 이때 단순히 사용자가 늘어나는 것은 의미가 없고, 늘어난 사용자끼리 연결되고 상호작용이 활발해져야 한다. 이를 위해서는 기업이 제공한 서비스나 제품, 플랫폼에 사용자로 하여금 오래 머물고, 많은 시간을 보내게 만들어야 락인 효과가 극대화된다. 플랫폼 기업 같은 성장주의 가치나 성장성을 평가할 때 시간점유율이 항상 언급되는 이유다.

네트워크 효과(Network effect)
사용자가 늘어날수록 사용된 플랫폼이나 제품의 가치가 더 커지는 것을 말한다. 메타나 카카오톡, 배달의 민족과 같이 다수가 사용할수록 고객의 만족도가 높아지며, 더 많은 사용자를 끌어들이게 된다. 사용자들이 더 유입될수록 사용자 간의 연결(상호작용)도 기하급수적으로 늘어나는 데, 여기서 기업의 매출과 이익도 함께 증가한다.

디지털 광고
제품이나 서비스를 광고하면서 디지털미디어를 활용함과 동시에 소비자와 양방향으로 소통하는 형태의 광고를 의미한다.

의료기기 · 원격의료

1 의료기기 산업은 분류에 따라 매우 포괄적인 분야까지 포함하는 산업으로 그중 구조적 성장이 확인되는 치과용 의료기기(임플란트), 미용 의료기기, 엑스레이(X-Ray) 부문에 집중
2 글로벌 미용 의료기기 시장은 소득 수준 증가, 수요 연령층 확대, 기술 발달 및 가성비 향상으로 구조적 성장 중
3 원격의료가 주목받은 이유는 고령화로 인한 의료수급 불균형과 의료비용 상승 때문으로 대부분 국가에서 나타나는 현상. 이에 각 정부는 규제에서 돌아서 친 원격의료로 전환 중

관련 키워드 디텍터 침습 비침습 체외진단 의료기기 항원검사 항체검사

임플란트 시장이 견인하는 치과용 의료기기의 고속 성장

그랜드뷰 리서치Grand View Research에 따르면 2020년 36억 달러 규모인 치과용 임플란트 시장은 2028년까지 연평균 11%씩 늘어날 전망이다. 주요 성장 동인으로는 세계 인구의 빠른 고령화이다. 노화에 따라 치아 결손이 동반되는데 미국국립보건원에 의하면 65세 이상 인구는 평균 8개 이상의 치아 결손이 있다고 한다. 과거에는 비용과 안전성 문제로 임플란트 시술이 보편화되지 않았으나, 현재는 임플란트 시술 성공률이 95%를 넘고, 틀니와 브릿지 등의 대체 시술 대비 편의성과 만족도가 높아 선호가 높아지고 있다. 임플란트 공급은 상위 7개 업체가 글로벌 시장 80%를 점유하고 있는데, 국내 기업으로는 오스템임플란트와 덴티움이 각각 8%, 5% 가량 점유율을 보인다. 특히 한국은 임플란트 시술 인구가 1만 명당 600명을 넘어 세계 1위 수준이고, 시술 가능 치과 의사 비율도 70%를 넘어 세계 1위이다. 임플란트의 매출총이익률은 70%를 상회하고, 신규 경쟁사의 유입이 어렵다는 측면 역시 관련 기업의 향후 성장을 견고히 하고 있다.

내수와 수출 모두 탄탄한 성장세, 미용 의료기기

글로벌 미용 성형 시장은 구조적으로 성장 중이다. 소득 수준의 증가, 수요 연령층의

확대, 기술 발달에 따른 실제적 시술 효과, 안티에이징에 대한 관심이 시장을 키우고 있다. 최근에는 필수 소비의 성격으로 변화하는 양상도 나타나고 있는데, 과거에는 성형수술이나 특정 부위의 레이저 수술이 중심이었다면, 지금은 RF(고주파), HIFU(초음파) 등의 최소침습/비침습 시술이 인기를 끌며 전체 시장을 키우고 있다. 연평균(20~24F) 성장율로 보면, 글로벌 미용 성형 시장은 11% 이상의 고성장이 전망된다.

이처럼 고속 성장하는 미용 성형과 직결된 것이 바로 미용 의료기기 분야다. 특히 국내 미용 의료기기 시장은 2014~2020년 연평균 19.7%씩 성장했는데, 같은 기간 글로벌 시장이 12.5%씩 성장한 것을 감안하면 매우 가파른 성장이다. 이는 한국이 전 세계에서 성형과 미용에 대한 수요가 높은 편이기 때문이다. 국제미용성형외과학회ISAPS에 따르면 인구 1,000명당 연간 성형수술 건수는 13.5건으로 한국이 가장 많다. 국내 수요만 탄탄한 것이 아니다. 국내 기업의 기술은 세계적인 수준으로 전체 생산의 50~60%가 수출되고 있다. 백신 보급이 조기에 이루어진 미국, 유럽, 중국 지역은 국내 미용 의료기기 수출이 가장 많은 곳인데, 이들 국가에서 보이는 리오프닝 및 경기 회복세는 성장스토리에 힘을 더해준다.

고령사회를 준비하는 현실적 대안, 원격의료

2020년은 원격의료 산업에 상징적인 한 해가 되었다. 코로나19로 인해 원격의료가 자연스럽게 일상화되기 시작한 것이다. 이는 관련 기업의 매출로 이어졌는데, 미국과 중국의 대표적인 원격의료 업체가 2020년 거둔 매출은 10억 달러를 넘는다. 하지만 코로나19 이후에도 원격의료의 성장은 가능할지 짚어봐야 한다. 중장기 성장성은 몇 가지 이유로 탄탄하다. 무엇보다 원격의료는 고령화로 인한 의료수급 불균형, 의료비용 상승 문제를 해결할 수 있는 현재로서 유일한 수단이다. 급속한 고령화가 몰고오는 의료수요 불균형과 의료지출 증가는 매우 심각한 사회 문제인데 단적인 예로 한국에서 65세 이상 인구는 전체 건강보험 급여 적용대상의 13%에 불과하지만, 전체 급여 비용의 40%를 사용한다. 2026년이면 전체 인구 가운데 65세 인구가 20%를 넘는 초고령사회로 진입할 전망인데, 이렇게 되면 노령층이 사용하게 될 급여 비용은 현재 40%에서 절반을 훨씬 넘어서게 된다. 정부를 포함해 국민이 부담해야할 경제적 비용이 기하급수적으로 늘어나는 것이다.

또한, 급증하는 의료수요에 비해 의료공급이 제때 이루어지기도 어렵다. 의사 1명당 통상 10년 이상의 수련 과정이 필요하기 때문이다. 최근 여러 국가에서 의료 수요와 공급 불균형 문제가 대두되고 있는 이유다. 이런 배경에서 원격의료는 어쩔 수 없는, 그러나 가장 빠른 효과를 가져올 대안으로 주목받고 있으므로 정부의 규제완화 소식과 함께 지속적인 성장이 기대된다. 2021년 3월, 아마존은 미국 전역에 자사 직원들을 대상으로 원격의료 서비스를 확대 제공한다는 뉴스를 발표했는데, 산업의 성장성을 확인한 빅테크 기업의 신규진입도 이미 시동을 걸었다고 볼 수 있다.

글로벌 의료기기 시장 규모

: 2027년까지 연평균 5.2% 성장할 전망이다.

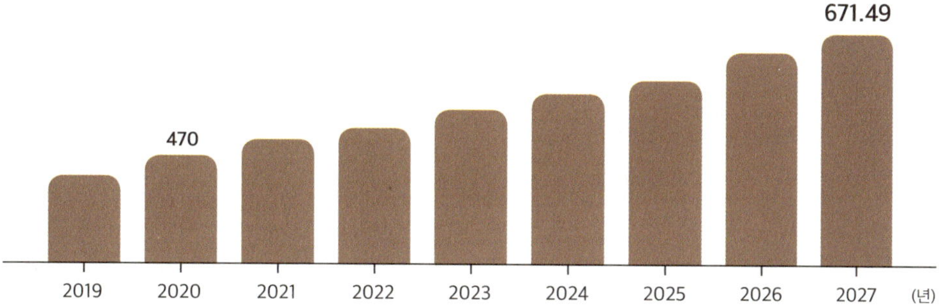

(단위: 10억 달러) 출처: PRECEDENCE RESEARCH

글로벌 미용 의료기기 시장 규모

: 2028년까지 연평균 6% 성장할 전망이다.

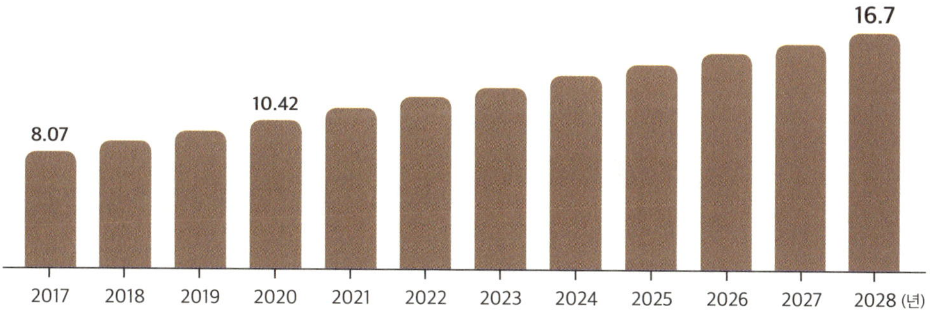

(단위: 10억 달러) 출처: Zion Market Research

글로벌 임플란트 시장 규모

: 2028년까지 연평균 6.5% 성장할 전망이다.

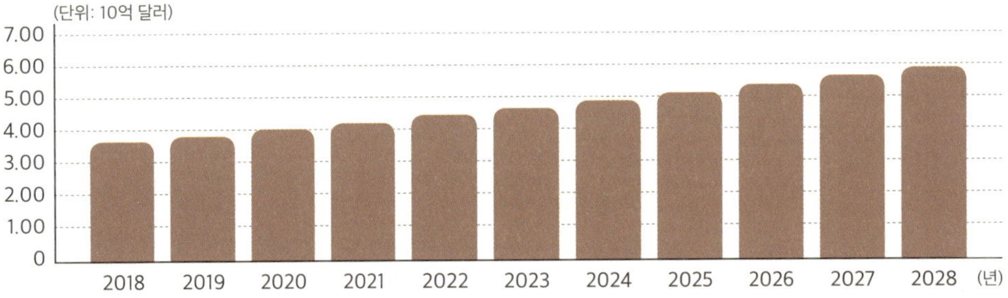

출처: GlobalData, Medical Devices Intelligence Centre

글로벌 임플란트 업체 시장점유율(2020)

: 국내 임플란트 기업은 글로벌 시장점유율을 지속 확대할 것으로 예상된다.

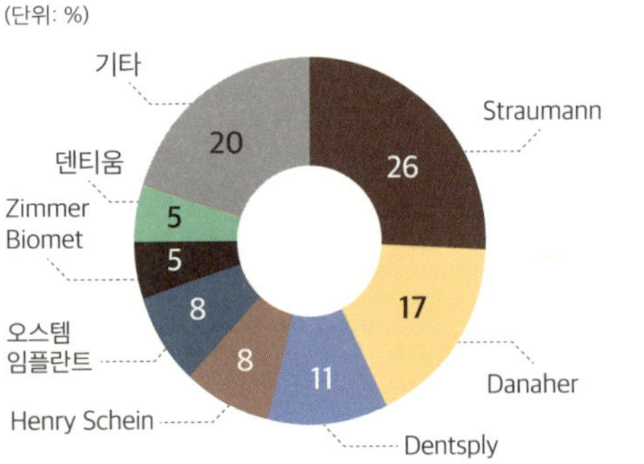

출처: Straumann

글로벌 엑스레이(X-Ray) 시장 규모

: 엑스레이 산업은 장비 노후화에 따른 교체 수요 및 신흥국 시장 성장세로 2025년까지 연평균 6.1% 성장할 전망이다.

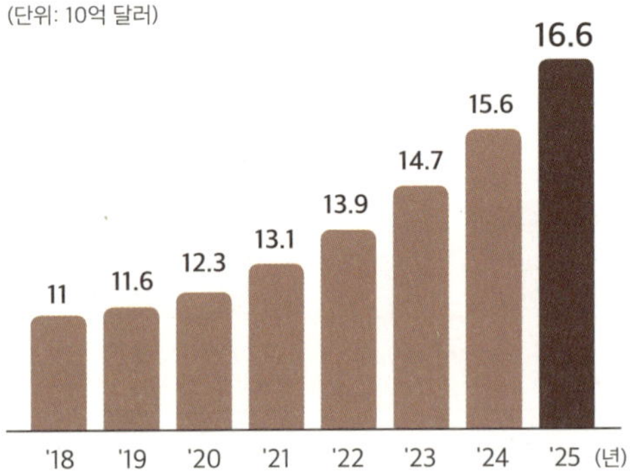

출처: Global Market Insights

연령대별 결손치아 개수

: 65세 이상 인구는 평균 9개의 결손치아가 발생하는데 급속한 인구 노령화는 전체 임플란트 수요의 가파른 증가를 의미한다.

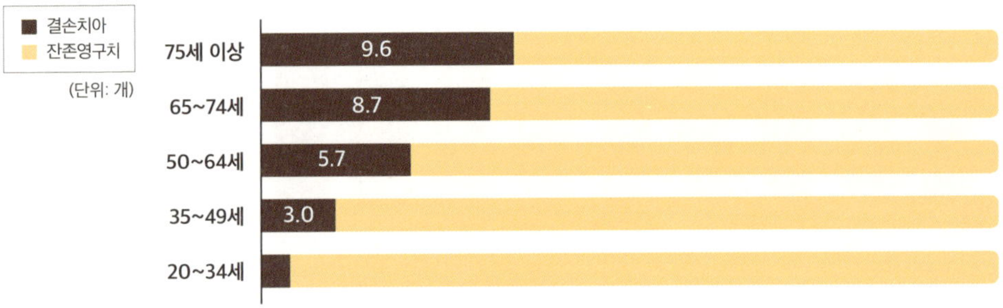

출처: 미국국립보건원

글로벌 디텍터 시장 규모

: 디텍터 산업은 장비 노후화에 따른 교체 수요와 신흥국 시장 성장세로 2022년까지 연간 5~8% 성장이 기대되는 분야다.

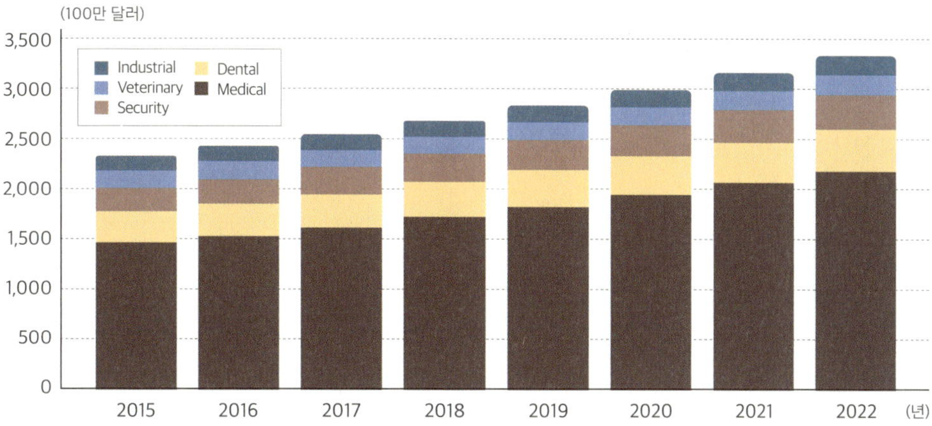

출처: Medical Equipment Market Size & Growth

체외진단 분류

: 의료기기 분야에 체외진단 기기와 진단키트가 포함되어 있다. 코로나19가 확산될 당시 분자진단, 면역화학진단 관련 기업의 진단키트 수출이 급등했다.

구분	세부기술
분자진단	• 인체, 바이러스의 핵산(DNA, RNA)를 검사하여 분석. 면역결핍 바이러스, 암유전자, 유전질환 검사에 활용 • 코로나 진단키트에 활용 (유전자 검출, 정확도 95% 이상, 무증상 감염 진단 가능, 검사비용 높음)
현장진단	환자 옆에서 즉각 검사를 통해 신속한 결과 파악, 심근경색, 혈액응고 검사에 활용
면역화학 진단	• 항원-항체 반응을 이용해 임상면역학, 화학적으로 질환을 진단. 임신, 빈혈, 알러지, 각종 암마커 진단 활용 • 코로나19 진단키트에 활용 1) 항원검사: 정확도 50~70%, 무증상 감염 불확실, 검사비용 낮음, 분자진단 검사가 어렵고 대규모 확산 시 빠른 대응용 2) 항체검사: 정확도 95%, 감염 후기에 검사, 검사비용 낮음, 감염 종료 후 역학조사 용도에 적합
자가혈당측정	병원 방문 없이 식사, 운동, 약물 등에 의해 혈당변화를 스스로 진단, 개인혈당 모니터링에 활용
혈액진단	혈액 내 적혈구, 혈소판 수, 농도를 측정하여 혈액 변화를 진단. 백혈병, 빈혈, 자가면역질환 진단 모니터링에 활용
임상 미생물학적 진단	미생물 감염여부, 미생물 정보 및 항생제 감수성 등을 진단
조직진단	인체의 조직을 떼어내어 질병의 유무, 병리학적으로 판별
지혈진단	혈액 응고 진단. 출혈성 질환 및 혈소판 장애, 자가면역상태 확인 등에 활용

출처: 한국보건산업진흥원

안면 리프팅 시술 비교

: 2000년대 중반 이후 다양한 에너지가 치료에 도입되면서 최소침습, 비침습 시술 시장에 혁신과 성장이 본격화되었다. 고주파, 초음파는 레이저보다 깊이 피부에 도달 가능하다. 이후 안면거상술, 지방제거술 등 수술적 기법에 부담을 느끼는 고객과 수술까지 필요 없는 고객을 중심으로 최소침습 및 비침습 시술이 부각되기 시작했다.

	안면거상술	히알루론산 필러	실리프팅	고주파 (RF)	집속초음파 (HIFU)
시술 방식	물리적으로 피부를 절개해 늘어진 피부를 제거하고 당긴 후 봉합	피부 볼륨이 부족한 부분에 필러 주입	피부 내 표면이 거칠게 처리된 특수한 녹는 실을 삽입해 처진 부위를 거상	고주파 에너지를 진피층과 피하지방층까지 전달해, 피부조직을 손상시켜 피부 조직이 서로 당겨지는 구축 현상과 콜라겐 신합성을 유도	고강도 초음파 에너지를 근막 층까지 전달해, 피부조직을 손상시켜 피부조직이 서로 당겨지는 구축현상과 콜라겐 신합성을 유도
시술 종류	침습	최소침습	최소침습	비침습	비침습
시술 부위	얼굴전면	팔자주름, 눈밑, 이마	턱선, 광대, 심부볼	얼굴 전면, 목	얼굴 전면, 목
시술 주기	1년	1년	6개월~1년	3개월~1년	3개월~1년
시술 시간	3~4시간	30분	30분	15분~20분	15분~20분
단점	• 직접적 리프팅 효과 • 회복 기간 필요 • 타깃 계층이 한정	• 일부 부위만 부분적 리프팅 효과	• 회복기간 필요 • 필러나 안면거상술 대비 짧은 유지기간	• 몇 주 후 효과 발생 • 시술 빈도가 비교적 잦음 • 피부 손상 가능성 • 통증으로 인해 마취 크림이 필요한 경우 발생	• 몇 주 후 효과 발생 • 시술빈도가 비교적 잦음 • 통증으로 인해 마취크림이 필요한 경우 발생
글로벌 제품 비용	약 200~500만 원	20~25만 원	50~60만 원	190만 원	100~120만 원
국내 제품 비용	약 200~500만 원	10~15만 원	10~20만 원	25~30만 원	25~30만 원

출처: 미용 의료기기 산업자료

외국인 환자 유치 현황

: 코로나19 이전까지 국내 의료 서비스를 받기 위해 방문하는 외국인은 해마다 급증하는 추세였다.

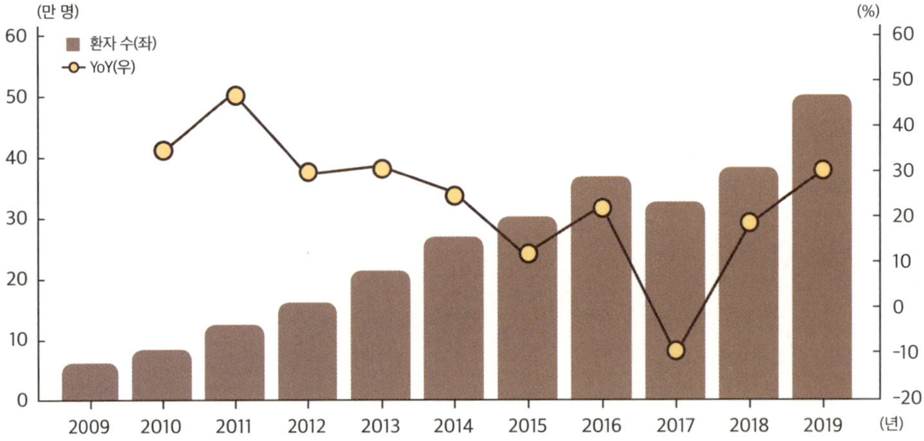

출처: 한국보건산업진흥원

국내 방문 외국인 환자 진료과목 통계(2019)

: 성형외과와 피부과를 합산할 경우 전체 35%로 미용의료 부문이 압도적 비중을 차지하고 있다.

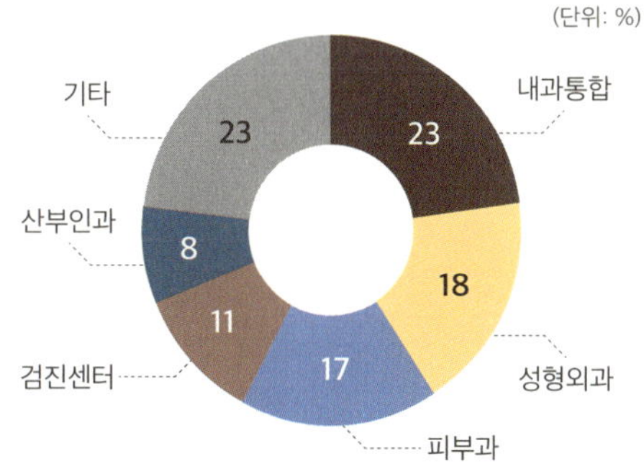

출처: 한국보건산업진흥원

65세 이상 인구 의료비용 비중

: 국내 65세 이상 인구는 전체 건강보험 급여 적용대상의 13%에 불과하지만, 전체 급여 비용의 40%를 차지하고 있다.

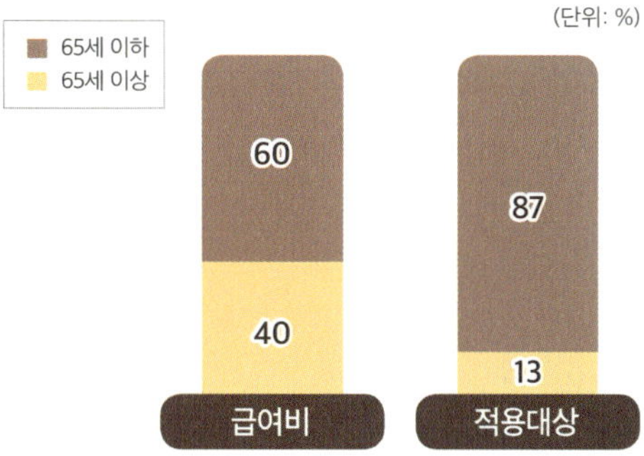

출처: 건강보험심사평가원

65세 이상 인구의 만성질환 비율

: 65세 이상의 인구는 70% 이상이 1개 이상의 만성질환을 보유하고 있어 더 많은 의료비용을 지출하고 있다.

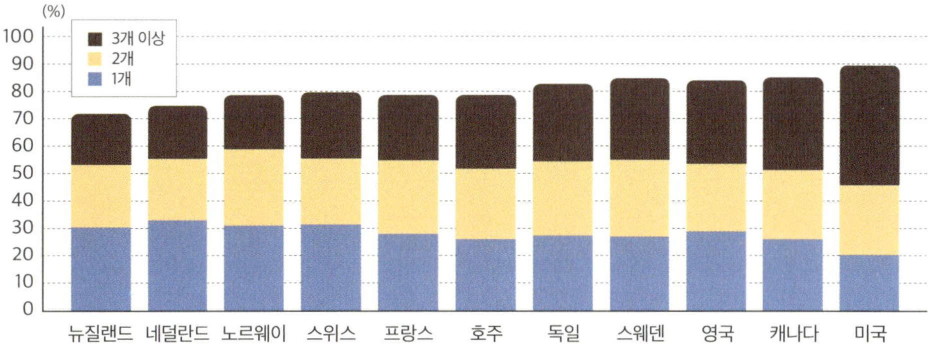

출처: Statista

주요국 고령화 추이(좌)와 GDP 대비 의료비용 추이(우)

: 주요국 가운데 한국의 고령화 속도가 가장 빠르다. 고령화 속도는 결국 만성질환 보유 65세 노령인구의 급증을 동반하므로 GDP대비 의료비용 지출이 과대해지는 사회적, 경제적 문제를 초래할 수 있다.

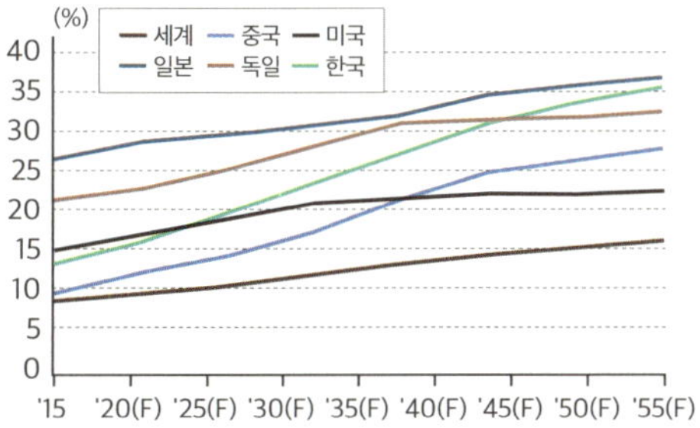

출처: UN

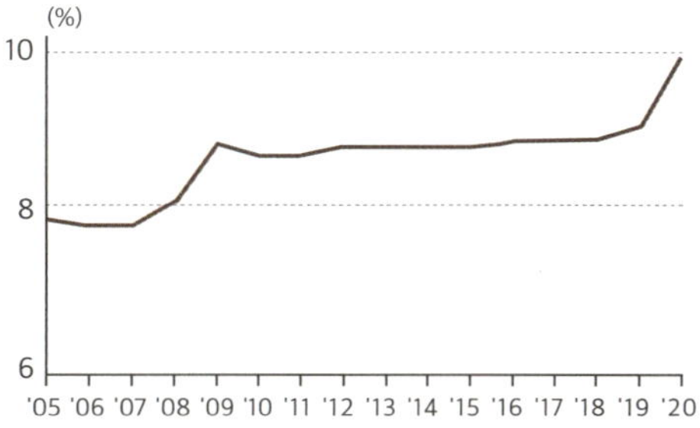

출처: OECD

중국 원격의료 시장 규모

: 한국과 비슷한 속도로 인구 고령화가 빠르게 진행되는 중국은 의사의 수까지 태부족이다. 이런 상황에서 원격의료 시장은 급성장하기 시작했다.

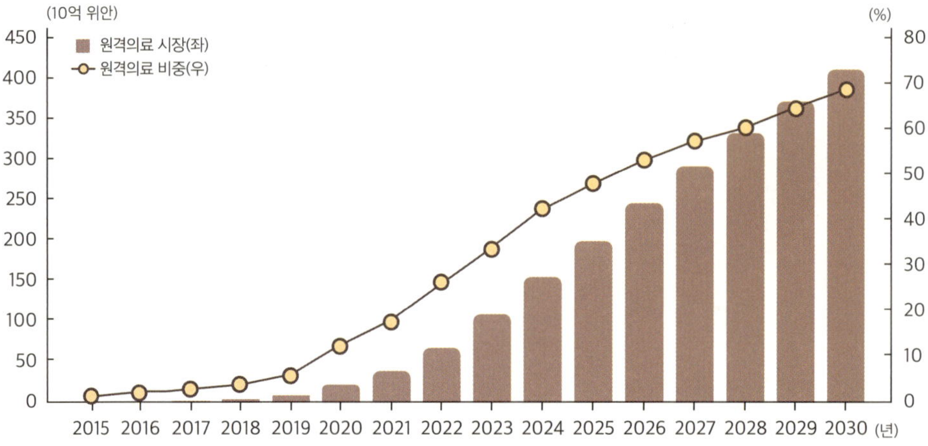

출처: Frost & Sullivan

미국 내 의사 공급 부족 현상

: 미국 의사 수 역시 수요/공급 불균형 심화 추세다. 2033년에는 최대 14만 명의 의사가 부족할 수 있는 상황도 예견된다.

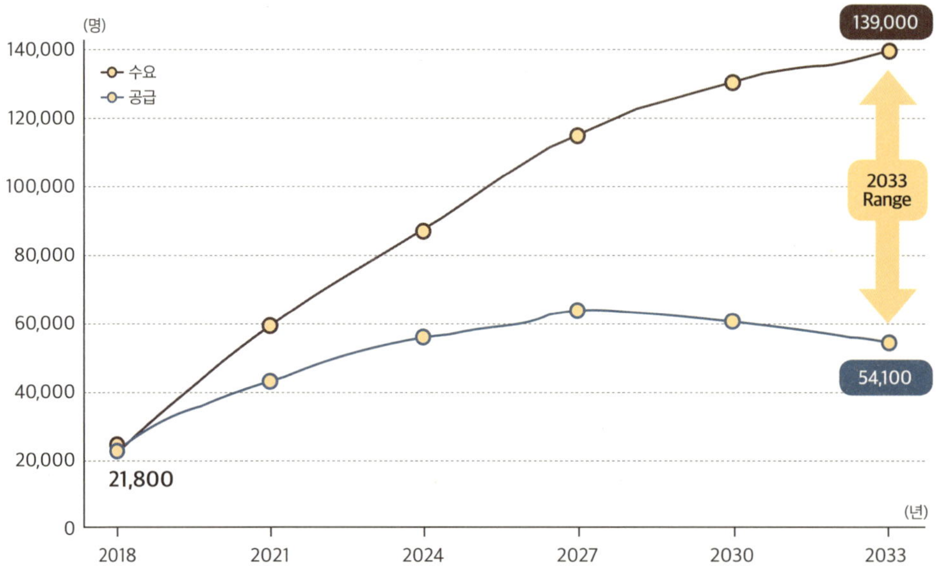

출처: AAMC

주요 원격의료 업체들의 매출 성장률 비교

: 각국 정부의 규제가 친 원격의료로 전환하는 추세여서 관련 주요 기업의 매출 성장은 가파르게 증가하는 중이다. 중국은 원격의료 공보험 급여 혜택을 구체화하는 등 디지털 헬스를 육성하기 위한 정책을 시행 중이다. 미국 하원에서는 원격 진료 보장 범위 확대를 위한 법안이 제출된 상태다.

(단위: 100만 위안, 100만 달러)

기업명		2020년 매출	2021년 예상 매출	2022년 예상 매출	2021년 매출 성장률	2022년 매출 성장률
중국	Ping An Good Doctor	6,866	9,038	12,000	2%	33%
	Alibaba Health	9,596	16,790	26,931	75%	60%
	JD Health	19,383	26,909	39,093	45%	45%
미국	Teladoc	1,094	1,987	2,578	82%	30%
	American Well	245	267	340	9%	27%

출처: Bloomberg, 미래에셋증권

원격의료 주요 플랫폼

: 현재 원격의료 플랫폼들은 각기 다른 장단점을 보유하고 있어 특정 모델이 압도적으로 우월한 위치에 있지 않다. 따라서 향후 플랫폼에 다양한 솔루션이 추가되고, M&A를 통한 확대가 이루어질 때 락인효과가 강하게 형성되는 플랫폼에 주목할 필요가 있다.

비즈니스 모델	사례	설명	주도 세력	강점	약점
지불자 모델	Teladoc Health	의사와 환자를 매칭시켜주는 플랫폼	민간기업	• 규모의 경제를 이룩하기 쉬움 • 구독료라는 안정적인 매출 발생 • 내부 고객에 대한 크로스 셀링 기회	• 반복성 진료 역량(만성질환) • 내부 B2B 고객 관리
의료 공급자 모델	Amwell Epic	병원에 원격의료용 플랫폼을 제공	민간기업	• 반복 진료와 1차 진료에 유리함	• 규모의 경제 구축이 어려움
건강보험 모델	United Health Cigna	건강보험이 원격의료를 수직계열화	건강 보험사	• 타깃팅이 잘된 대규모 고객 보유 • 병원과의 파트너십(in-network) • 막대한 의료 데이터와 의약품 배송이 가능한 PBM 보유 • 수익이 나지 않아도 전략적 목적으로 활용 가능	• 비연관 다각화로 주력사업이 아님 • 해외 진출이 어려움
온라인 의약품 배송 모델	Ali Health Amazon	인터넷 기업이 트래픽과 배송망을 활용해 온라인으로 의약품 배송	인터넷 기업	• 강력한 모기업의 트래픽과 배송망 활용 가능 • 일반 의약품이나 건강기능식품 등에서 꾸준한 매출 확보 가능함	• 의료서비스 역량이 낮음
의료기기 모델	Medtronic Abiomed Dexcom	의료기기를 활용한 원격 모니터링	의료기기 기업	• 해외 확장이 용이함	• 고객군이 해당 제품 사용자로 한정됨
인터넷 병원 모델	Ping An Health	원격의료가 가능한 온라인 병원 라이선스를 발급받은 병원이 민간기업과 제휴해 원격진료 서비스 제공	민간기업/병원	• 의료 공급자 모델보다 더 적극적인 병원 연계가 가능함 • 온라인과 오프라인의 통합 솔루션 제공이 용이함	• 라이선스를 기반으로 진행되어 사업 확장이 빠르게 진행되기 어려움 • 중국에서 초진은 원격진료가 금지되어 있음
정신질환 모델	Better-help	정신질환에 집중하는 모델	민간기업	• 정신질환은 보험급여가 안 되는 경우가 많아 B2B뿐 아니라 B2C 확장에도 용이함 • 원격의료 전환이 가장 용이함	• 정신질환에 대한 인식이 시장 확장에 중요함 • 경쟁이 치열해 규모의 경제확보가 어려움

출처: 미래에셋증권

테마 밸류 체인

의료기기
치과(덴탈)
X-Ray
바텍
레이
제노레이
임플란트, 치과용 의료기기 및 재료
디오
덴티움
덴티스
오스템임플란트
신흥
오스코텍
메타바이오메드
나이벡
X-Ray
디알젬
제노레이
디알텍
부품(디텍터)
뷰웍스
레이언스
디알텍
s/w
제이엘케이
뷰노
인피니트헬스케어
AI의료기기
AI영상진단
딥노이드
뷰노
제이엘케이
AI신약개발
신테카바이오
심장 제세동기
메디아나
씨유메디칼
안과
휴비츠
인터로조
초음파진단기
피제이전자
리노공업
인공호흡기
멕아이씨에스
환자감시장치
멕아이씨에스
메디아나
체외진단/바이오센서
씨젠, 바디텍메드, 아이센스
엔케이맥스, 마크로젠, 제놀루션
녹십자엠에스, 나노엔텍, 파나진
랩지노믹스, 디엔에이링크
지노믹트리, 미코바이오메드
엔젠바이오, EDGC, 클리노믹스
인트론바이오, 테라젠이텍스,
에스디바이오센서
바이오니아, 파나진, 진매트릭스
휴마시스, 피씨엘, 마이크로디지탈
엑세스바이오, 퀀타메트릭스, 젠큐릭스
수젠텍, 싸이토젠, 피플바이오, 퓨쳐켐
수술/시술/치료
원익, 루트로닉, 고영, 세종메디칼
큐렉소, 메타바이오메드, 세운메디칼
셀루메드, 유앤아이, 엘앤케이바이오
오스테오닉, 티앤알바이오팹, 코렌텍
인트로메딕, 엘앤씨바이오, 티앤엘
이노테라피, 한스바이오메드, 엠아이텍
체성분분석기, 자동혈압계
인바디
셀바스헬스케어
재활
네오펙트
큐렉소
뇌/신경
리메드
웨어러블
이오플로우
스마트의료, 의료정보, 자동화, 시스템
유비케어
이지케어텍
비트컴퓨터
케어랩스
제이브이엠
드림텍
뷰노
외장재 및 구조물
파버나인
미용(에스테틱)
클래시스
제이시스메디칼
하이로닉
이루다
비올
루트로닉
필러
바이오 플러스
케어젠
휴젤
제테마
파마리서치
휴메딕스
메디톡스
원격의료
유비케어
이지케어텍
라이프시맨틱스
소프트센
인바디
뷰웍스
인피니트헬스케어
인성정보
비트컴퓨터
제이엘케이
케어랩스
딥노이드

글로벌 주요 기업 및 ETF

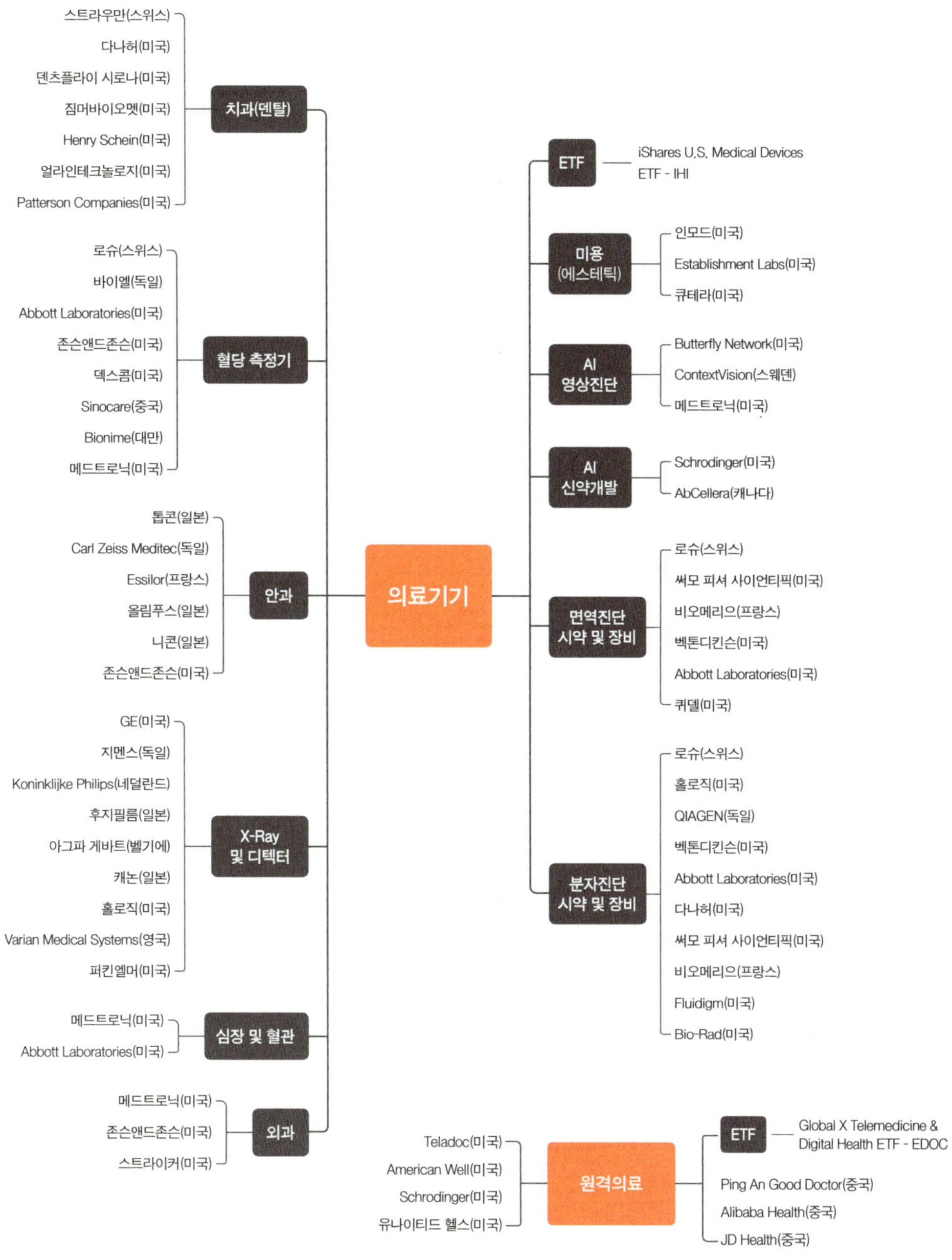

해외 대표 기업

메드트로닉 Medtronic

시가총액	190조 원

	2021년	2022년(전망)
매출액	약 35조 원	약 38조 원
순이익	약 4조 원	약 7조 원

- 세계 최대 의료기기 기업으로 160여 개 국가에 의료기기와 의료 기술 솔루션을 제공. 특히 심혈관, 최소 침습 치료 분야에 강점 보유
- 2018년 이스라엘의 의료용 로봇 업체 마조 로보틱스를 인수하며 수술용 로봇 시장 진출(CE 검토 진행 중, FDA IDE 승인)
- 의료기기 사업 분야 및 매출 비중: 1)심장/혈관 37%, 2)최소 침습 28%, 3)재건 치료 27%, 4) 당뇨 8%
- 2021년 품목별 전년대비 성장률: 심장박동기 및 제세동기 20%, 외과수술 29%, 수술도구 44%, 호흡기/소화기/비뇨기 7%, 신경계 29%, 두경부/척추 19%, 신경조절 42%, 전문치료 40%

핵심 기업 소개

오스템임플란트

임플란트 국내 1위 | 중국 수출 | 디지털 덴티스트리(치과산업)

시가총액	1조 9,000억 원	주요 주주	최규옥 외 2인 20%, Lazard Asset Management 8%
		총 매출액 중	치과용 임플란트 78%, 치과용 기자재 17%

- 글로벌 임플란트 시장 점유율 4위, 국내 1위(27개국, 29개 해외 법인을 통해 전세계 89개 국가에 수출)
- 글로벌 임플란트 시장은 코로나19 이전 수준을 상회하는 구조적 고성장을 보이며 가장 빠른 회복세를 보인 업종
- 중국 시장 내 점유율 최상위 수준. 중국 임플란트 시장은 향후 성장 잠재성이 세계에서 가장 큰 곳으로 구조적 성장에 따른 직접 수혜 전망
- 보수적인 충당금 내부 설정을 통한 높아진 이익 가시성을 감안하면 중장기적 기업 가치 상승이 기대

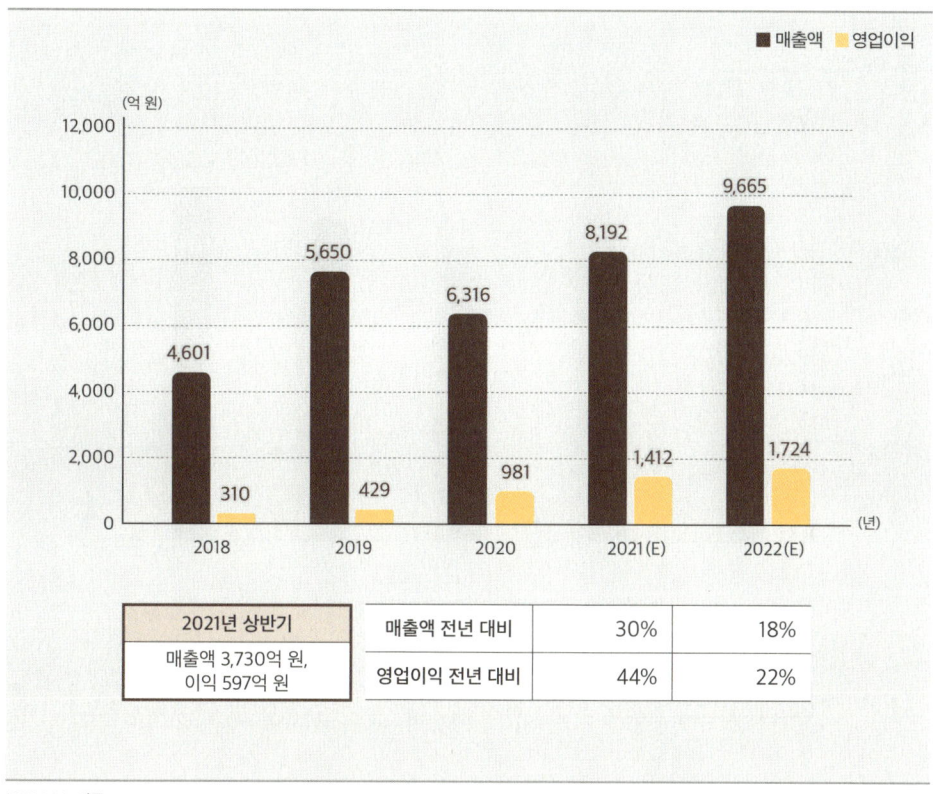

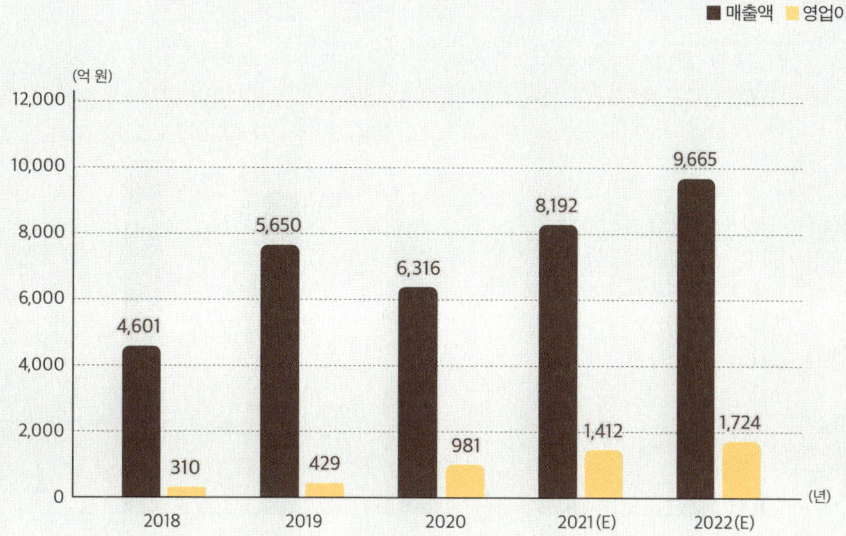

2021년 상반기
매출액 3,730억 원, 이익 597억 원

매출액 전년 대비	30%	18%
영업이익 전년 대비	44%	22%

*2021.09. 기준
*2021년 말 횡령 이슈로 인해 2022년 1월 초 거래정지 중. 관련 이슈에 추후 주목할 필요가 있음.

바텍

덴탈 이미징 | 진단영상장비 | 덴탈 의료기기

시가총액	6,000억 원

주요 주주	바텍이우홀딩스 외 4인 53%, Fidelity Management & Research 6%
총 매출액 중	덴탈 이미징 100%

- 디지털 엑스레이 시스템(Digital X-ray System)을 개발해 판매하는 덴탈 의료기기 전문 기업
- 저가형~고가형 모델 전 라인업을 갖추고 있으며 특히 가격경쟁력이 중요한 아시아 시장 및 서구권에서 높은 점유율을 유지
- 고성장 디지털 덴티스트리 시장 내 자체 설비 및 Open CAD/CAM 구축, 핵심 장비 '구강스캐너'와 핵심 소재 '지르코니아' 자체 개발
- 주력 제품인 엑스레이 장비(2D, 3D, CBCT)는 글로벌 선도업체 제품과 호환
- 중국 시장 내 프리미엄 Green 시리즈 제품에 대한 신규 제조 허가 및 증설 효과, 미국 시장 내 프리미엄 제품(GreenX) 출시를 통한 ASP 상승으로 성장세 유지

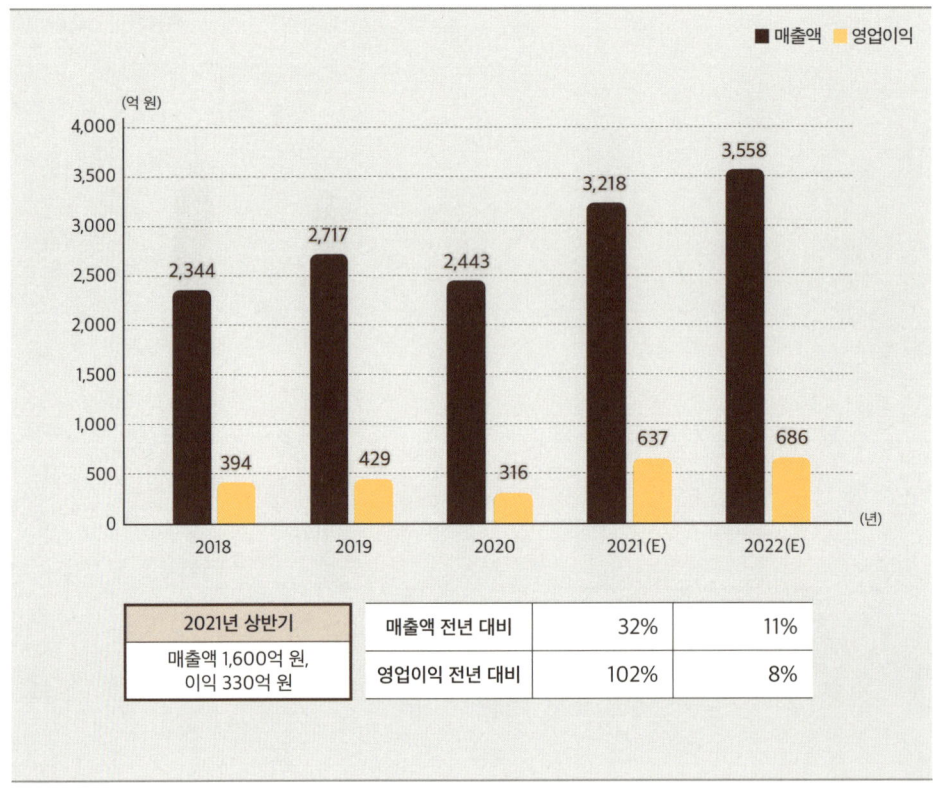

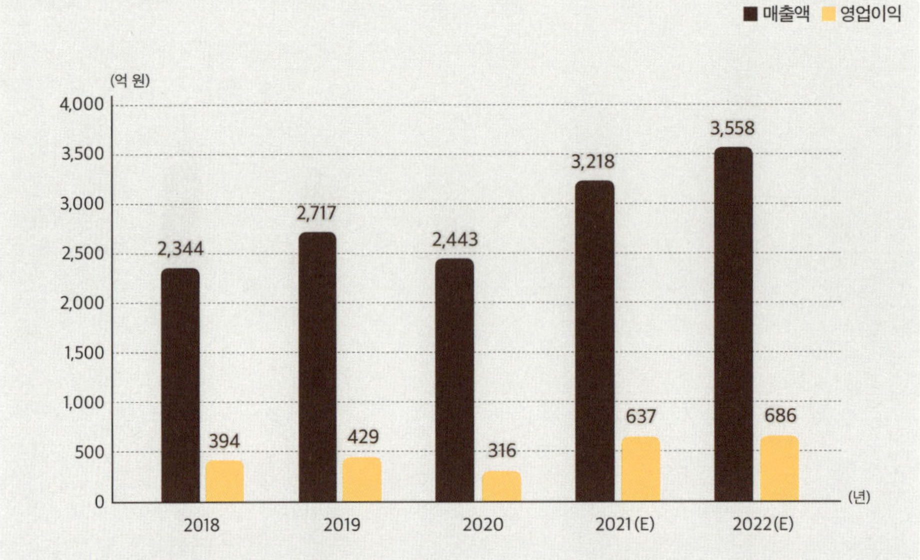

2021년 상반기
매출액 1,600억 원, 이익 330억 원

매출액 전년 대비	32%	11%
영업이익 전년 대비	102%	8%

*2021.09. 기준

클래시스

피부미용 | 슈링크 | 집속초음파(HIFU) | 리프팅 | 피하지방 감소

시가총액	1조 3,700억 원

주요 주주	정성재 외 6인 73%
총 매출액 중	소모품 49%, 클래시스 브랜드 43%, 클루덤 브랜드 5%

- 집속초음파(HIFU) 기술을 바탕으로 슈링크(울트라포머3) 개발 및 판매를 통해 글로벌 HIFU 리프팅 시술 선도 기업
- 수출 비중은 2020년 기준 54.8%로 글로벌 50개 국가 이상에 진출
- 클래시스 브랜드의 대표 장비 슈링크는 동사의 캐시카우로 병원 보급률이 높음.(2020년 말 누적 판매 6,000대 돌파, 판매 후 사용자 확대 및 시술 횟수 증가에 따른 소모품 판매 증가)
- 국내 의료기기 상장 업체 중 가장 독보적인 수익성을 보유(전체 매출총이익률 60% 이상. 소모품의 경우 매출총이익률 90%에 육박하는 고마진 품목인데, 소모품의 판매 비중이 전체 매출에서 49% 차지)
- 소모품(카트리지)은 동사의 글로벌 장비 침투율 증가와 소비자 인지도 확산의 선순환 효과로 최근 3년간 급증세

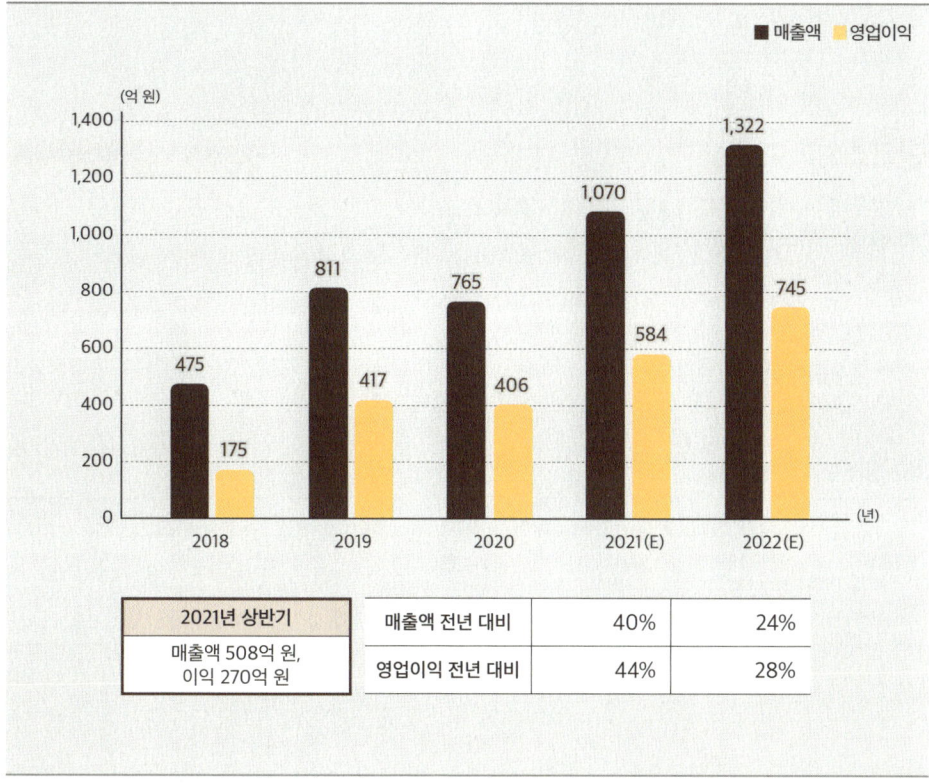

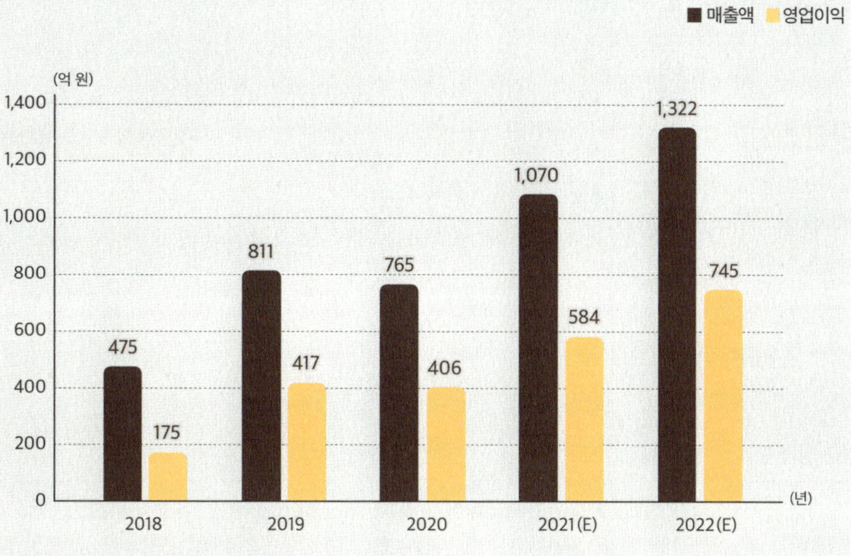

2021년 상반기
매출액 508억 원, 이익 270억 원

매출액 전년 대비	40%	24%
영업이익 전년 대비	44%	28%

*2021.09. 기준

덴티움

임플란트 · 임플란트 국내 2위

시가총액	8,100억 원

주요 주주	자사주 22%, 정성민 외 6인 19%, 국민연금 6%
주 매출처	치과용 임플란트 86%, 치과용장비 6%

- 임플란트 제조기업으로 국내 유일 15년 이상의 장기 임상데이터를 보유, 70여 개국 수출
- 글로벌 임플란트 수요의 핵심인 중국 향 매출 비중 49.5%로 중국 시장 급성장에 따른 직접적 수혜
- 중국, 러시아향 영업이익률 20% 상회

최근 실적 및 주요 재무지표

	2019년	2020년	2021년(전망)
매출액	2,526억 원	2,297억 원	2,851억 원(yoy 24%)
영업이익	447억 원	396억 원	636억 원(yoy 60%)

	2021년 상반기	
매출액	1,263억 원	PER 15배, PBR 2.2배, ROE 19%, 부채비율 118%
이익	275억 원	

덴티스

임플란트 · 투명교정 플랫폼

시가총액	1,500억 원

주요 주주	심기봉 외 11인 31%
주 매출처	치과용 임플란트 50%, 장비 외 30%, LED 수술등 14%

- 임플란트, 의료용 LED 수술 등, 3D프린터 제조기업
- 자체 투명교정장치 플랫폼 런칭, 고성장 중인 투명교정 시장 대응 및 주가 리레이팅 가능(국내 최초 교정 소프트웨어 출시. 2020년 미국 FDA로부터 승인받으면서 기술력 입증)

최근 실적 및 주요 재무지표

	2019년	2020년
매출액	604억 원	467억 원
영업이익	78억 원	-120억 원

	2021년 상반기	
매출액	381억 원	PER -31배, PBR 6.4배, ROE -19%, 부채비율 202%
이익	39억 원	

디오

임플란트 | 디오나비

시가총액	6,700억 원

주요 주주	디오홀딩스 외 9인 31%, Kabouter Management 7%, 자사주 5%
주 매출처	치과용 임플란트 90%, 의료기기 9%

- 임플란트와 치과용 기자재 및 의료기기 제조업체를(글로벌 탑티어급 기술력)
- 2014년 세계 최초로 디지털 임플란트 시스템 '디오나비' 출시
- 풀아치 솔루션과 보철 사업 론칭 등 사업영역 확대로 임플란트 시장 성장률을 상회하는 성장세

최근 실적 및 주요 재무지표

	2019년	2020년	2021년(전망)
매출액	1,272억 원	1,201억 원	1,568억 원(yoy 30%)
영업이익	348억 원	300억 원	480억 원(yoy 60%)

	2021년 상반기	
매출액	717억 원	PER 17배, PBR 3.1배, ROE 20%, 부채비율 92%
이익	214억 원	

레이

구강 스캐너 | 투명교정 | 디지털 치료 솔루션

시가총액	3,800억 원

주요 주주	레이홀딩스 외 8인 34%
주 매출처	디지털 치료 솔루션 63%, 디지털 진단 시스템 36%

- 치과용 영상진단시스템 및 디지털 치료솔루션 개발
- 21년 DDS 인수 → 디지털 치료솔루션 핵심인 3D 구강 스캐너 출시(식약처와 CE 인증)로 디지털 덴티스트리 풀라인업 구축
- 투명교정 브랜드 레이스마일러를 2020년 중국, 2021년 6월 한국에 런칭

최근 실적 및 주요 재무지표

	2019년	2020년	2021년(전망)
매출액	731억 원	552억 원	943억 원(yoy 70%)
영업이익	129억 원	46억 원	180억 원(yoy 291%)

	2021년 상반기	
매출액	386억 원	PER 30배, PBR 4.7배, ROE 17%, 부채비율 55%
이익	52억 원	

제이시스메디칼

안면미용 포텐자 고주파

시가총액	5,000억 원

주요 주주	강동환 외 3인 31%
주 매출처	미용 의료기기 53%, 소모품 44%

- 에스테틱 의료기기 전문 업체로 초음파(HIFU), 레이저(Laser), 고주파(RF), 광선조사기(IPL) 장비 및 소모품 제조
- 피부과 안면 미용의료 장비를 모두 갖춤
- RF의 POTENZA는 미국 FDA 승인, 글로벌 업체 사이노슈어(Cynosure)와 협업으로 북미/유럽 시장에서의 중장기 성장세 기대(2020년 기준, 수출 비중 82%)

최근 실적 및 주요 재무지표

	2019년	2020년	2021년(전망)
매출액	368억 원	508억 원	816억 원(yoy 60%)
영업이익	27억 원	114억 원	222억 원(yoy 94%)

	2021년 상반기	
매출액	383억 원	PER 56, PBR 11배, ROE 29%, 부채비율 86%
이익	113억 원	

파마리서치

안면미용 필러 리쥬란힐러 콘쥬란

시가총액	8,700억 원

주요 주주	정상수 외 5인 39%, 국민연금 5%
주 매출처	의료기기 45%, 의약품 35%, 화장품 15%

- 조직 재생 활성 물질 PDRN과 PN을 주성분으로 재생 치료와 의료 미용산업을 영위
- 리쥬란힐러, 리엔톡스(보톡스), 리쥬비엘(필러), 화장품 등 안면 미용 필수적인 포트폴리오 보유
- 콘쥬란은 국내 관절염 통증 완화 및 기능 개선에 유일한 수술 대안으로 동사의 확실한 성장 동력

최근 실적 및 주요 재무지표

	2019년	2020년	2021년(전망)
매출액	839억 원	1,087억	1,522억 원(yoy 40%)
영업이익	191억 원	334억 원	544억 원(yoy 62%)

	2021년 상반기	
매출액	733억 원	PER 19배, PBR 3.1배, ROE 17%, 부채비율 15%
이익	262억 원	

뷰웍스

X-ray 디텍터 | 머신비전

시가총액	4,100억 원	주요 주주	김후식 외 8인 28%, Fidelity Management & Research 9%, Templeton Asset Management 7%, 자사주 5%
		주 매출처	의료용 이미징 솔루션 87%, 산업용 이미징 솔루션 24%

- 디지털 X-ray 디텍터 및 산업용 카메라 제조
- 사업비중은 정지영상 디텍터(의료용) 42%, 동영상 디텍터(치과용) 11%, 산업용 디텍터 9%로 구분되며 동사의 캐쉬카우 역할
- 향후 산업용 디텍터의 성장 기대감도 높음

최근 실적 및 주요 재무지표

	2019년	2020년	2021년(전망)
매출액	1,360억 원	1,603억 원	1,913억 원(yoy 19%)
영업이익	264억 원	291억 원	380억 원(yoy 30%)

	2021년 상반기	
매출액	912억 원	PER 12배, PBR 1.9배, ROE 18%, 부채비율 24%
이익	181억 원	

뷰노

원격의료 | AI 의료기기 | AI 헬스케어

시가총액	2,100억 원	주요 주주	이예하 외 12인 34%, 녹십자홀딩스 6%
		주 매출처	VUNO Med-DeepASR 42%, VUNOMed-CXR, VUNO Med-BoneAge 16%, VUNOMed-Dental 14%

- 국내 1호 AI 의료기기 상용화(주요 병원 및 전문의와 협업으로 방대한 의료 데이터 확보)
- 자체 딥러닝 엔진 VUNO Net 기반으로 1) 엑스레이, MRI, CT 등 영상 진단 보조, 2) 조직 슬라이드의 디지털 스캔 영상 분석 및 세포 검출/분류/정량화, 3) EMR, 심전도 등 생체 신호 데이터 기반 진단 보조, 4) 음성인식 기반 의료차트 자동 작성

최근 실적 및 주요 재무지표

	2019년	2020년
매출액	2억 원	13억 원
영업이익	-60억 원	-97억 원

	2021년 상반기	
매출액	7억 원	PER N/A, PBR 7.9배, ROE N/A, 부채비율 28%
이익	-88억 원	

이지케어텍

원격의료 의료정보시스템

시가총액	2,200억 원

주요 주주	서울대병원 외 6인 38%
주 매출처	의료정보시스템 49%, 의료정보시스템 유지보수 50%

- 국내 독보적 경쟁력을 갖춘 의료정보시스템 전문기업으로 서울대병원 전산팀에서 분사
- 의료 관련 빅데이터 분석, 스마트/AI 의료 솔루션 등을 공급
- 2021년 LG전자와 기술 협업, 원격진료 솔루션 출시
- 국내 상위 10개 병원 기준 50% 시장 점유율

최근 실적 및 주요 재무지표

	2019년	2020년
매출액	647억 원	769억 원
영업이익	-21억 원	-40억 원

	2021년 상반기	
매출액	375억 원	PER -47배, PBR 6배, ROE -12%, 부채비율 54%
이익	17억 원	

핵심 키워드

디텍터(검출기)
디텍터는 디지털 X-Ray를 구현함에 있어 피사체를 통과한 엑스선을 감지해 사람이 이를 볼 수 있도록 변환하는 장치다.

침습
피부를 관통해 들어가는 방식의 시술/수술을 의미한다. 넓은 의미로는 세균 등이 체내에 들어가 조직 내로 들어가는 것도 일컫는다.

비침습
피부를 관통하지 않거나 신체의 어떤 구멍도 통과하지 않고 질병을 진단하거나 치료하는 방법이다. 예를 들어 초음파 검사 따위와 같이 신체에 상처를 내지 않고 행하는 검사를 비침습적 검사라고 한다. 미용과 관련해서는 고주파, 초음파 등을 활용한 시술이 대표적인 비침습 시술이다.

고강도 집속 초음파(HIFU) 시술
집속된 초음파를 이용해 피부 안쪽의 조직을 응고시키면서 주로 눈썹 리프팅, 바디 윤곽 시술에 활용된다.

고주파(RF) 시술
미세바늘을 이용해 피부 안쪽에 고주파 에너지를 발생하고, 진피 세포의 응고와 콜라겐 재생을 유도한다(미세 절연침을 이용해 여드름 치료에 활용하기도 한다).

레이저 시술
파장의 종류에 따라 피부 색소병변 치료에 활용하거나, 조직의 절개, 파괴, 제거에 활용되기도 한다.

아이피엘(IPL) 시술
펄스형태의 빛을 방출하여 다양한 피부질환 치료에 활용된다.

체외진단 의료기기
통상 체외진단의료기기(In Vitro Diagnostics Devices)는 질병 진단과 예후 판정, 건강상태의 평가, 질병의 치료효과 판정, 예방 등의 목적으로 인체로부터 채취된 조직, 혈액, 소변 등 검체를 이용한 검사에 사용되는 의료기기로 사용되는 시약을 포함한 기기를 모두 의미한다. 특히 코로나19를 통해 목격했듯이 체외진단 산업은 전염병 발생시 확진자 구분은 물론 질병 예방에 기여함으로써 사회적 비용 감소, 국민 건강증진, 건강권 확보와 직결된다. 따라서 주요 국가들은 판매 전 제품의 인증과 허가를 요하고 있다. 한국의 체외진단 관련 기업들은 코로나19 진단키트를 통해 세계적 기술력을 인정받은 바 있다. 전 세계 체외진단 시장은 4.5%의 연평균 성장률(CAGR)로 성장해 2026년에는 880억 달러에 이를 것으로 예상된다.

항원검사
통상 인체에 침입하는 바이러스를 항원, 외부에 침입한 항원에 대응하기 위해 인체에서 만드는 물질을 항체로 명명한다. 따라서 항원검사는 바이러스 의심환자의 검체 내 항원이 진단키트에 탑재된 항체와 결합, 감염여부를 진단하는 방식이다.

항체검사
바이러스 감염 후 인체에서 만들어진 항체를 진단키트에 있는 항원과 결합, 감염 여부를 진단하는 방식이다. 항체검사는 민감도는 높일 수 있으나 특이도가 불확실하다. 증상발현 이후 7일 이후 항체 생성 이후 검사 가능하여 감염초기 활용이 어렵다.

반려동물

1 반려동물을 자신처럼 아끼는 MZ세대가 경제력을 갖추면서 반려동물 산업의 성장을 주도
2 보유 가구 비중의 증가와 펫 당 지출 비용 증가 추세는 안정적 성장에 기여하는 요인으로, 향후 글로벌 펫케어 시장 규모는 연평균 6.1%씩 성장해 2027년 3,500억 달러 도달 전망
3 성장 섹터인 동시에 경기 방어적 특징, 코로나19가 성행한 2020년에도 펫케어 산업은 전년 수준을 초과하는 성장률을 기록

관련 키워드 펫코노미(Petconomy) 펫 휴머니제이션(Pet Humanization) 펫테크(Pet-tech)

주변에 많아진 반려동물, 애견샵, 애완용품점! 다 이유가 있었다

글로벌 마켓 인사이트GMI에 의하면 반려동물 관련 산업인 펫케어 시장은 2020년 2,300억 달러에서 2027년 3,500억 달러 규모에 연평균 6.1%로 성장할 것으로 전망하고 있다. 이 중 미국을 중심으로 한 북미 지역이 997억 달러 규모(2020년 기준)로 전체 시장의 약 50%를 차지한다. 실제로 미국 내 반려동물을 키우는 가구 수는 전체 가구의 약 67%(8,490만 가구)로 전체의 2/3가구가 반려동물을 키우는 셈이다. 한국에서도 반려동물 산업이 빠르게 성장하고 있는데, 2020년 기준 한국의 반려동물 양육 가구는 604만 가구로, 전체 가구의 30%에 이른다. 세계 공통적으로 나타나는 현상인 1인 가구 증가, MZ 세대의 소비력 증가 및 반려동물 친화 성향, 급증하는 노령화 인구의 반려동물 양육 증가세는 시장의 지속적인 성장을 암시하고 있다.

펫코노미(Petconomy)와 펫 휴머니제이션(Pet Humanization)

반려동물을 위해 소비하는 경제활동, 즉 '펫코노미(Pet과 Economy의 합성어)'는 반려 동물 양육 가구의 세계적 증가 추세에 발맞춰 다양한 상품과 서비스가 등장하면서 본격화되었다. 펫푸드만 해도 단순 사료를 넘어 신선식품, 디저트, 건강식, 일용품, 비타민 등으

로 다양화 및 고급화되었고, 서비스 역시 반려동물 전용 보험, 금융, 장례 서비스 상품 등이 출시되면서 펫코노미를 확대하고 있다. 이는 반려동물을 단순한 애완동물이 아닌 가족의 일원으로 인식하는 펫 휴머니제이션Pet Humanization 트렌드가 MZ세대를 중심으로 확산되었고, 실제 경제력을 갖춘 MZ세대가 자신의 반려동물을 위해 관련 상품과 서비스에 소비하는 것을 아끼지 않기 때문이다. 경제활동의 주체로 부상한 MZ세대는 2019년 미국 인구 가운데 이미 50%를 넘었고, 2030년이면 노동 가능인구의 70%를 차지할 예정이다. 이런 세대 변화는 미국을 필두로 모든 국가에서 진행 중이므로 반려동물 시장의 성장 역시 사실상 미국 시장과 비슷한 성장 궤도를 따를 것으로 전망된다.

펫케어 산업에 내재된 특징

반려동물 관련 산업이 성장해온 궤적을 보면 개인의 소득 수준 증가와 노령 인구 비중이 중요한 성장 모멘텀으로 작용해온 선진국형 산업이다. 유럽과 북미 지역을 놓고 볼 때 반려견은 1마리당 평생 3,000~4,000만 원, 반려묘는 2,000~3,000만 원의 소비를 일으켰다. 국내에서는 1마리당 약 2,000만 원의 비용을 지출하고 있는데, 지속적으로 늘어나는 반려동물의 수와 향후 소득 수준의 증가에 따라 추가로 지출될 비용을 감안하면 국내 시장의 성장세가 기대된다. 또한, 반려동물에 지출하는 항목을 보면 상당부분이 사료와 의료비 등의 필수재 성격이므로 경기에 따른 변동이 적은 편이다. 이미 펫 휴머니제이션 인식하에 가족으로 생각하는 반려동물을 두고 경기가 어렵다고 식사량을 줄이거나 값싼 사료로 대체, 혹은 질병 치료를 외면하는 경우가 드물기 때문이다. 실제로 경기 침체기였던 2001년, 2008년 당시와 코로나로 전세계 경기가 큰 타격을 받았던 2020년에도 펫케어 시장은 거의 영향을 받지 않고 성장세를 이어갔다.

반려동물 섹터, 그중 더욱 주목해야 할 펫 헬스케어 서비스

펫 휴머니제이션 시대에서 펫케어 산업은 프리미엄화가 진행되고 있다. 과거에는 반려동물에 단순히 먹이를 주는 사료와 제한된 의료 서비스를 제공했다면 이제는 반려동물의 만족도를 높이는 제품과 서비스로 소비가 몰리고 있다. 따라서 반려동물 시장의 성장을 지켜보되 특히 헬스케어 서비스의 프리미엄화에 주목할 필요가 있다. 사후 치료보다는 미리 질병을 예방해주는 의약품, 헬스케어, 보험 부문과 즐거움을 제공하는 웰니스 및 프리미엄 제품이 좋은 예이다. 단, 미국에 있는 관련기업들의 실적 성장이 먼저 가시화되었으므로 이를 참고하여 순차적으로 접근하는 것이 좋다.

글로벌 펫케어 시장 규모

: 2027년까지 연평균 6% 성장할 전망이다.

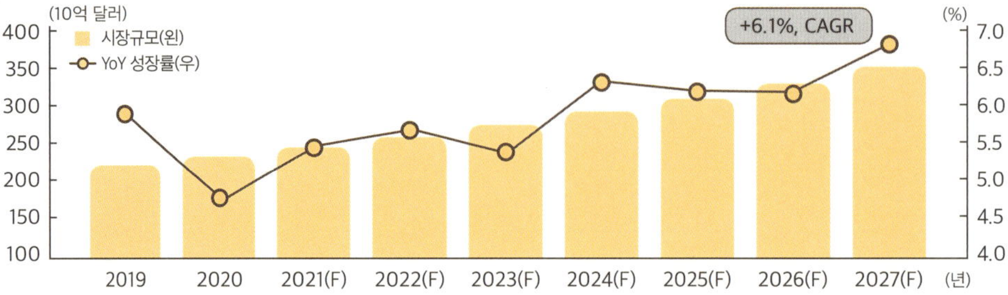

출처: 산업자료, 미래에셋증권 리서치센터

국내 반려동물 연관산업 시장 전망

: 2019년 약 3조 원에서 2026년 6조 원으로 2배 성장할 전망이다.

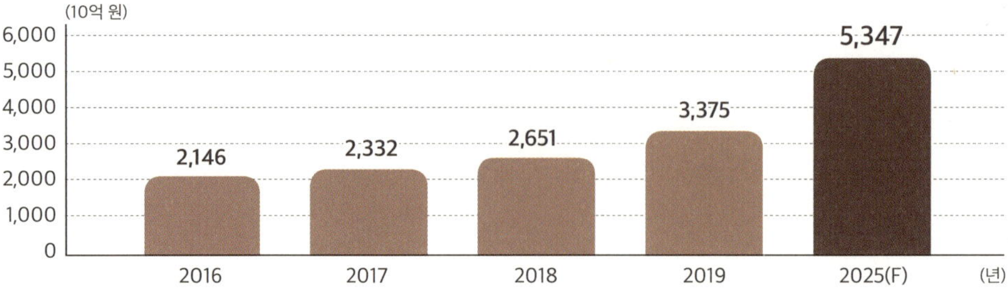

출처: 미래생명자원

글로벌 펫테크 시장 규모

: 2027년까지 연평균 25% 성장할 전망이다.

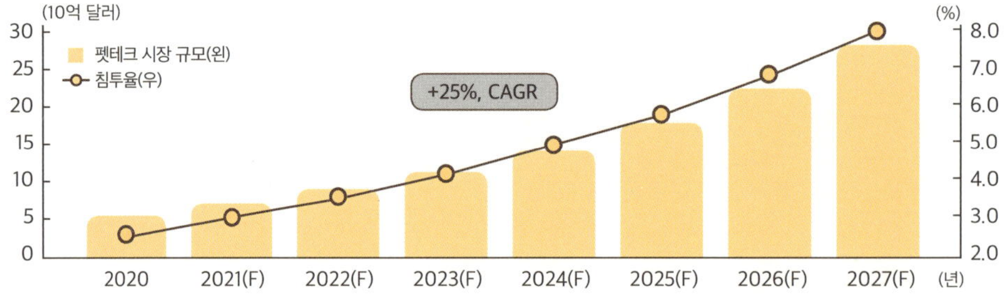

출처: 산업자료, 미래에셋증권 리서치센터

글로벌 펫보험 시장 규모

: 2027년까지 연평균 13% 성장할 전망이다.

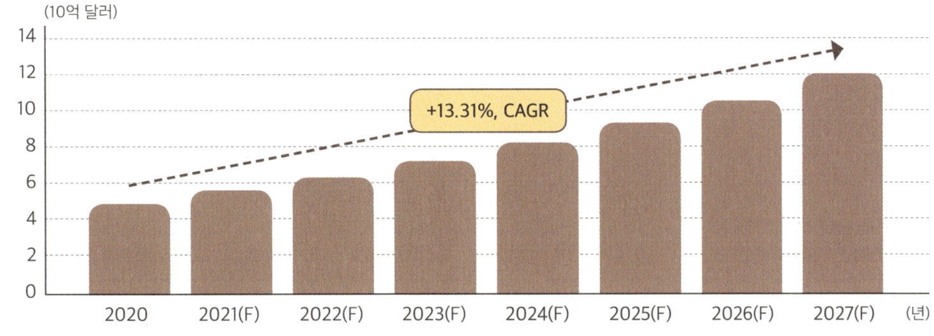

출처: 산업자료, 미래에셋증권 리서치센터

글로벌 펫푸드 시장 규모

: 2025년까지 연평균 5% 성장할 전망이다.

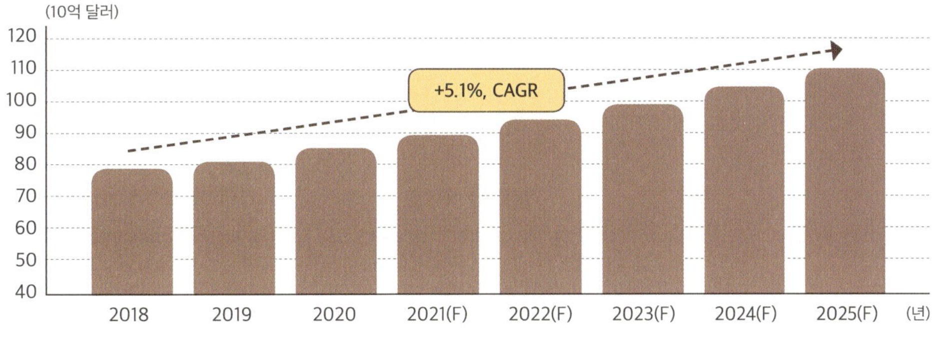

출처: 산업자료, 미래에셋증권 리서치센터

글로벌 펫 헬스케어(가축+펫) 시장 규모

: 2027년까지 연평균 4.7% 성장할 전망이다.

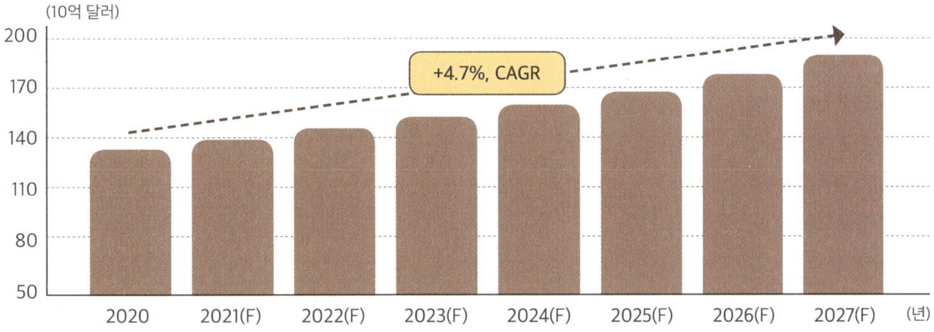

출처: Global Market Insight, 미래에셋증권 리서치센터

Z세대, M세대, 베이비부머세대의 인식 비교(2021)

: 1) 반려동물을 나의 가장 친한 친구로 여기고, 2) 내 아이와 같이 대한다는 응답 비율은 Z세대, M세대, 베이비부머세대 순서로 높았다.. 이는 경제의 주체가 되고 있는 MZ세대에 의한 반려동물 산업의 성장을 암시한다.

Percentage of Pet Parents Agreeing that	GenZ (Up to 24 years)	Millennials (25 years to 40 years)	Baby Boomers (57 years to 75 years)
"My pet is **my best friend**"	79%	72%	71%
"I treat my pet **like any child**"	80%	69%	68%

출처: IDEXX Pet Owner Research Study

국내 반려동물 월양육비 지출항목(2021)

: 북미에서는 헬스케어 부문, 국내에서는 펫푸드 부문 지출이 가장 많다.

	전체	반려동물 유형별			반려동물 월양육비 규모별		
	(1000)	반려견 (690)	반려묘 (170)	둘다 (140)	10만 원 미만 (369)	~20만 원 미만 (380)	20만 원 이상 (251)
사료비	33.4	32.4	40.5	30.9	45.8	36.2	27.8
간식비	17.8	18.3	17.2	15.3	18.3	19.5	16.4
일용품 구매	11.1	10.8	16.0	7.2	11.5	11.9	10.5
컷/미용비	10.0	11.6	3.1	8.9	8.4	10.0	10.5
펫관련 위생서비스 이용	5.8	5.8	5.5	6.2	3.2	4.2	7.7
장난감 구매	5.6	5.1	6.6	7.5	3.9	5.4	6.3
패션/잡화 구매	4.1	4.3	2.6	4.5	3.9	3.3	4.6
펫관련 컨텐츠 구매	2.9	2.6	2.4	5.5	1.2	2.1	4.0
반려동물 보험료 납입	2.4	2.3	1.8	3.2	0.9	1.5	3.4
돌봄 대행 서비스 이용료	2.2	2.0	1.7	4.3	0.8	2.0	2.8
반려동물 교육/훈련비	2.0	2.1	0.9	2.8	0.7	1.3	2.9
CCTV나 IoT시스템 이용/대여료	1.8	1.5	1.6	3.5	0.5	1.3	2.5

출처: KB경영연구소

국내 반려동물 주인 이용중인 앱(좌)과 이용 희망 앱(우)(2021)

: 향후 이용 희망 앱으로는 헬스케어 부문이 크게 증가할 예정이다.

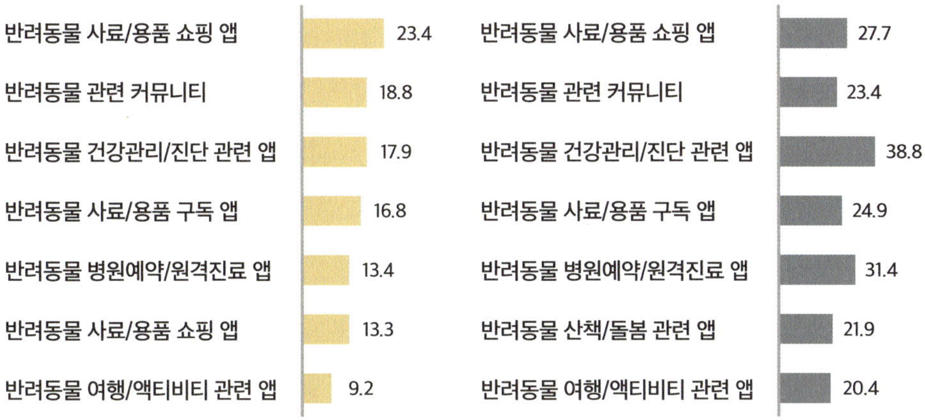

출처: KB경영연구소

반려동물 용품 구입시 고려 사항

: 구입 시 가장 중요한 것은 안전성, 성분/품질, 반려동물의 기호 순서다.

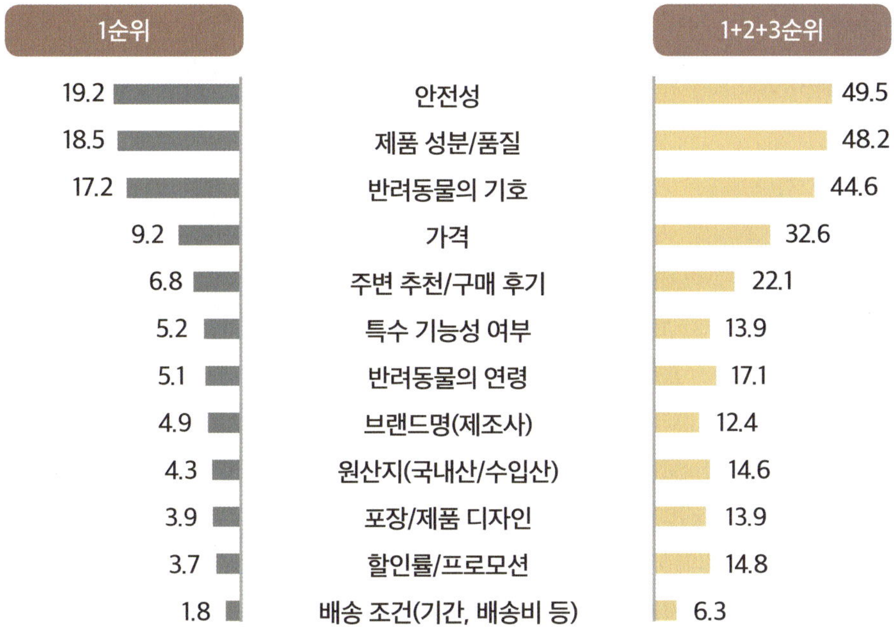

출처: KB경영연구소

국내외 주요 기업

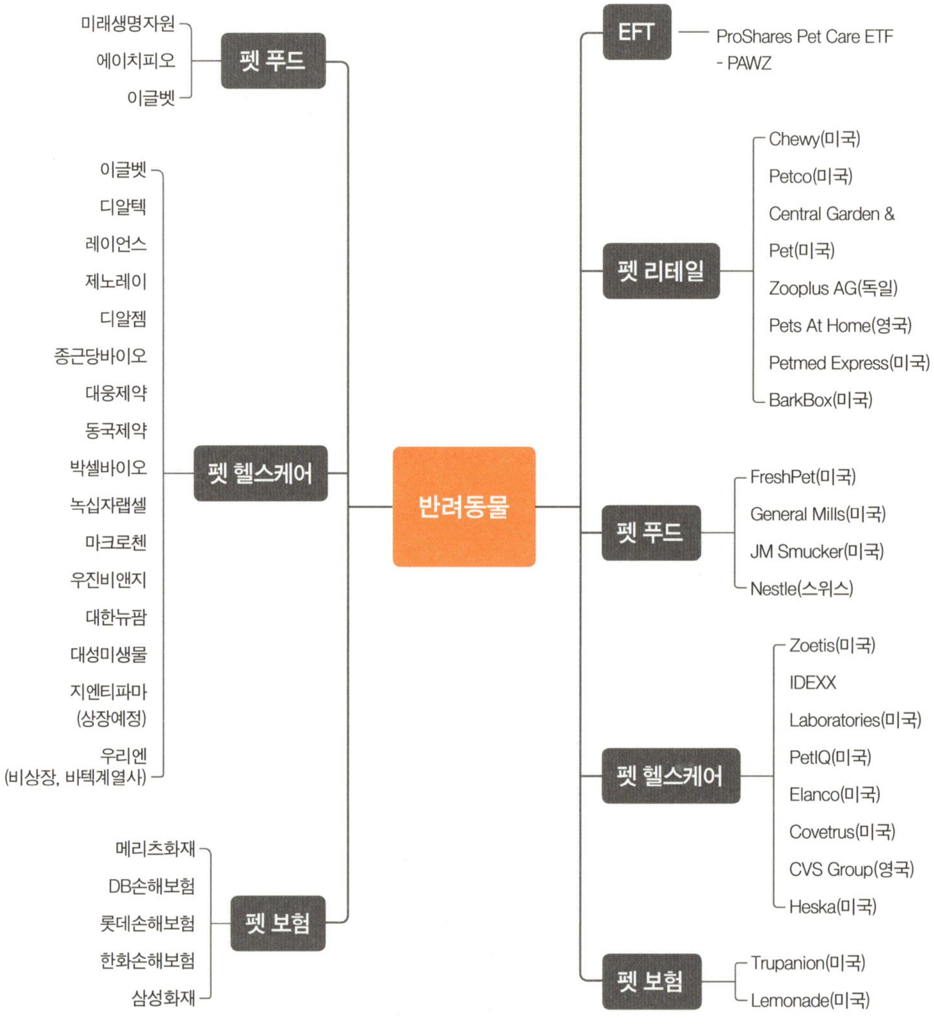
반려동물
펫 푸드
미래생명자원
에이치피오
이글벳
펫 헬스케어
이글벳
디알텍
레이언스
제노레이
디알젬
종근당바이오
대웅제약
동국제약
박셀바이오
녹십자랩셀
마크로젠
우진비앤지
대한뉴팜
대성미생물
지엔티파마 (상장예정)
우리엔 (비상장, 바텍계열사)
펫 보험
메리츠화재
DB손해보험
롯데손해보험
한화손해보험
삼성화재
EFT
ProShares Pet Care ETF - PAWZ
펫 리테일
Chewy(미국)
Petco(미국)
Central Garden & Pet(미국)
Zooplus AG(독일)
Pets At Home(영국)
Petmed Express(미국)
BarkBox(미국)
펫 푸드
FreshPet(미국)
General Mills(미국)
JM Smucker(미국)
Nestle(스위스)
펫 헬스케어
Zoetis(미국)
IDEXX Laboratories(미국)
PetIQ(미국)
Elanco(미국)
Covetrus(미국)
CVS Group(영국)
Heska(미국)
펫 보험
Trupanion(미국)
Lemonade(미국)

해외 대표 기업

Trupanion

시가총액	4.1조 원

	2021년	2022년(전망)
매출액	약 8,100억 원	약 1조 원
영업이익	약 -400억 원	약 -240억 원

- 북미 최대 펫 보험 전문기업으로 연평균 23%씩 성장하는 북피 펫 보험 시장의 최대 수혜주(북미 펫 보험 시장의 고성장은 현재 침투율이 아직 1~2%에 불과, 이를 감안하면 향후 10년 이상 지속될 장기 트렌드)
- 병원에 보험금 청구와 지급이 편리하고 소프트웨어가 최대 강점
- 경영진은 현재 성장기 초입인 북미 펫 보험 시장 에서의 점유율 확대에 중점, 매출 증가세에 따라 2025년 흑자전환 가능 전망

Freshpet

시가총액	6.9조 원

	2021년	2022년(전망)
매출액	약 5,200억 원	약 6,800억 원
영업이익	약 -120억 원	약 300억 원

- 펫푸드계 혁신을 일으킨 신선 냉장 펫푸드 기업으로 2만 3,000곳이 넘는 오프라인 채널에서 반려동물 전용 프리미엄 냉장식품을 냉장고에 진열하여 판매(신선 냉장 펫푸드 1위 기업)
- 2021년 예상 CAPA는 6억달러 규모(+74%, YoY), 2023년 14억 달러 규모로 확대 전망
- 2018년 이후 20% 후반의 매출 성장률 유지, 경영진은 2020년부터 2025년까지 연평균 31% 성장률을 목표

미래생명자원

펫푸드 | 푸드트리 | 옵티펫

시가총액	830억 원	주요 주주	김성진 외 6인 60%, 자사주 5%
		주 매출처	사료(펫푸드 포함) 83%, 식품 16%

- 사료 부문에서 특수가공원료, 기능성 원료, 기능성 첨가제, 프리믹스 첨가제, 반려동물 건강기능식품, 식품 부문에서는 계란, 기능성소재 및 영유아식 제조 및 유통 사업을 영위
- 2019년 쿠팡, 에스틴, 카길 등과 반려동물 건강기능식품 ODM 계약
- 2019년 자체 브랜드 '옵티펫' 론칭하여 펫푸드를 비롯한 반려동물 용품 판매

최근 실적 및 주요 재무지표

	2019년	2020년
매출액	501억 원	475억 원
영업이익	15억 원	14억 원

	2021년 상반기	
매출액	264억 원	PER 106배, PBR 2.7배, ROE 2%, 부채비율 79%
이익	8억 원	

에이치피오

펫푸드 | 건기식 | Denps

시가총액	2,900억 원	주요 주주	이현용 외 5인 70%
		주 매출처	유산균 50%, 비타민 28%

- 건기식 연구/제조/판매를 주사업으로 영위
- 2021년 4분기, 지분 100% 자회사 코펜하겐레서피를 통해 프리미엄 반려동물 식품 사업 진출(해외 브랜드를 선호하는 국내 펫푸드 시장에서 글로벌 최상위 원료를 사용한 북유럽 기반의 프리미엄 펫푸드 전략 활용)
- 북유럽 기반의 프리미엄 브랜드 'Denps'를 바탕으로 건기식 시장에서 안정적인 포지셔닝

최근 실적 및 주요 재무지표

	2019년	2020년
매출액	516억 원	1,428억 원
영업이익	101억 원	257억 원

	2021년 상반기	
매출액	814억 원	PER N/A, PBR 2.6배, ROE 35%, 부채비율 11%
이익	148억 원	

이글벳

펫푸드 | 반려동물용 의약품(동물의약품) | 동물백신

시가총액	1,050억 원	주요 주주	강승조 외 3인 38%, 한국증권금융5%
		주 매출처	동물약품 59%, 동물약품제조 39%

- 동물약품을 주사업으로 하며, 반려동물용 약품과 펫푸드, 부외품을 함께 제조 및 수입하여 판매
- 반려동물 사업부의 연간 매출은 2012년 이후 2020년까지 연평균 25% 성장
- 2021년 상반기 순이익은 전년대비 158% 증가. 해당 호실적은 반려동물 사업부의 매출향상에 기인

최근 실적 및 주요 재무지표

	2019년	2020년
매출액	344억 원	404억 원
영업이익	19억 원	35억 원

	2021년 상반기	
매출액	201억 원	PER 25배, PBR 2.7배, ROE 11%, 부채비율 25%
이익	32억 원	

대한뉴팜

반려동물용 의약품(동물의약품) | 유전개발사 투자

시가총액	1,600억 원	주요 주주	이완진 외 6인 40%
		주 매출처	인체의약품 51%, 동물의약품 31%

- 바이오 기술 기반 동물의약품 전문회사로 반려동물 의약품(항균제, 구충제, 일반 치료제 등 8종)을 함께 개발 및 생산
- 반려동물 줄기세포를 이용한 신약개발 진행

최근 실적 및 주요 재무지표

	2019년	2020년
매출액	1,341억 원	1,495억 원
영업이익	207억 원	248억 원

	2021년 상반기	
매출액	836억 원	PER -18배, PBR 2.4배, ROE -14%, 부채비율 123%
이익	138억 원	

우진비앤지

펫푸드 | 동물의약품 | 반려동물 유산균 | 동물백신

시가총액	650억 원	주요 주주	강재구 외 6인 22%
		주 매출처	동물약품 제조 84%, 동물약품 수입 상품 외 16%

-동물약품 및 미생물 제제 등의 제조/판매를 주 사업으로 영위
- 2019년 유기농 펫푸드 업체 오에스피 지분 취득하며 펫푸드 사업 본격화
- 반려동물 사업다각화로 턴어라운드 성공

최근 실적 및 주요 재무지표

	2019년	2020년
매출액	326억 원	395억 원
영업이익	20억 원	7억 원

	2021년 상반기	
매출액	177억 원	PER -56배, PBR 2.3배, ROE -4%, 부채비율 70%
이익	-2억 원	

마크로젠

유전체 분석 | 마이크로바이옴 | 진단키트

시가총액	3,100억 원	주요 주주	서정선 외 10인%, 자사주 7%
		주 매출처	DNA Sequencing 84%, Oligo/PCR 7%

- 유전자 및 유전체 분석, 올리고 합성, 마이크로어레이 서비스를 주 사업으로 영위
- 반려동물 유전자분석 서비스 '마이펫진' 출시
- 국내 최대 규모의 건강한 반려견의 장내미생물 분석 데이터 구축

최근 실적 및 주요 재무지표

	2019년	2020년
매출액	1,028억 원	1,126억 원
영업이익	37억 원	72억 원

	2021년 상반기	
매출액	634억 원	PER 4.5배, PBR 1.9배, ROE 59%, 부채비율 42%
이익	93억 원	

디알텍

디지털 X-ray　디텍터　의료기기

시가총액	870억 원

주요 주주	윤정기 외 1인 9%, JW홀딩스 5%
주 매출처	간접방식 디텍터 60%, 맘모 디텍터 10%

- X-ray 시스템의 핵심 장비인 디지털 X-ray 디텍터와 영상처리 엔진 및 관련 소프트웨어 개발/판매
- 동물용 진단영상 촬영장치 '익스프리머' 미국 내 판매 호조(세계 최대 반려동물 시장 미국에서 동물용 디텍터 시장점유율 1위)
- 전 세계에서 유일하게 직접·간접용 디텍터를 모두 생산

최근 실적 및 주요 재무지표

	2019년	2020년
매출액	478억 원	553억 원
영업이익	14억 원	-55억 원

	2021년 상반기	
매출액	363억 원	PER -46배, PBR 2.3배, ROE -5%, 부채비율 114%
이익	35억 원	

레이언스

디지털 X-ray　디텍터　의료기기

시가총액	2,200억 원

주요 주주	바텍 64%, 자사주 5%
주 매출처	디텍터 및 센서 90%

- X-ray 디텍터 생산/판매를 주사업으로 영위하며 관련 SW 개발/판매(의료용, 덴탈용, 동물용, 산업용)
- 동물병원 관리시스템 및 의료영상기기 사업을 영위하는 자회사 우리엔 보유
- 동물용 디지털 X-ray 디텍터 생산

최근 실적 및 주요 재무지표

	2019년	2020년	2021년(전망)
매출액	1,262억 원	1,015억 원	1,376억 원 (yoy 35%)
영업이익	228억 원	84억 원	257억 원 (yoy 206%)

	2021년 상반기	
매출액	682억 원	PER 13배, PBR 0.9배, ROE 8%, 부채비율 20%
이익	131억 원	

메리츠화재

펫보험 펫퍼민트

시가총액	3.5조 원

주요 주주	메리츠금융지주 외4인 56%, 국민연금 7%
주 매출처	보험료수익 82%, 이자수익 5%

- 손해보험상품 및 관련 부대사업을 영위
- 펫보험 브랜드 펫퍼민트 출시, 국내 펫보험 시장 점유율 1위

최근 실적 및 주요 재무지표

	2019년	2020년
매출액	101,180억 원	111,326억 원
영업이익	3,528억 원	6,080억 원

	2021년 상반기	
매출액	58,124억 원	PER 4.6배, PBR 0.9배, ROE 20%, 부채비율 970%
이익	4,019억 원	

핵심 키워드

펫코노미(Petconomy)
반려동물(pet)과 경제(economy)를 합친 신조어로 반려동물과 관련된 시장 및 산업을 의미한다.

펫 휴머니제이션(Pet Humanization)
반려동물을 단순히 애완용이 아니라 가족의 일원으로 인식하고, 그렇게 대하는 문화를 의미한다. 특히 반려동물을 키우는 세대가 베이비부머 세대에서 MZ세대로 이동하면서 펫 휴머니제이션 트렌드도 더욱 강화되고 있고, 그에 따라 반려동물 관련 산업도 성장 모멘텀이 강화되고 있다.

펫테크(Pet-tech)
반려동물(pet)과 기술(technology)을 합친 신조어로 4차 산업혁명의 주요 기술인 사물인터넷(IoT), 인공지능(AI), 빅데이터 등의 첨단 기술이 반려동물과 관련된 제품, 기기, 서비스에 활용되는 것을 의미한다. 실제로 글로벌 최대 정보기술 전시회인 CES 2021에서는 두 종류의 펫테크 상품(펫펄스, 마이큐 펫포털)이 공개되면서 큰 관심을 모았다.
1) 펫펄스는 AI를 활용해 반려견의 음성을 해석, 감정을 읽어주고 주인의 스마트폰 앱으로 내용을 전송해주는 기기이다. 2) 마이큐 펫포털은 반려동물의 집 안팎 출입을 스마트폰으로 실시간 모니터링하고 상황에 맞게 출입을 통제할 수 있는 기능을 제공한다.

건강기능식품 · 마이크로바이옴

1 건강기능식품(일명 '건기식') 시장은 세계적으로 급속히 진행되고 있는 고령화와 함께 MZ세대의 건강기능식품 소비 증가, 전염병에 대한 면역력 인식 전환 등으로 성장세 지속. 특히 GDP 증가는 건강에 대한 관심과 건강기능식품 구매력 확대로 이어지면서 시장 성장과 정비례

2 비타민을 넘어 국내 건강기능식품 매출 규모 2위에 진입한 프로바이오틱스는 마이크로바이옴 기술의 한 부분으로 최근에는 마이크로바이옴이 치료제를 만드는 미래 유망기술로 부각되며 글로벌 연구와 투자가 몰리는 현상에 주목

관련 키워드 OEM ODM 마이크로바이옴 프리바이오틱스 프로바이오틱스

코로나19, 고령 인구 증가, 신규 소비층 유입, 규제완화: 건강기능식품은 구조적 성장 중

국내 건강기능식품 산업은 2010년 이후로 연평균 10% 이상 꾸준히 성장해왔다. 2020년 코로나19를 계기로 건강에 대한 관심이 더욱 확산된 환경에서 그 성장세는 좀 더 강해질 것으로 기대된다. 실제로 전염력이 높은 코로나19로 인해 면역력의 중요성이 더 부각되자, 면역력 증진을 위한 건강기능식품 소비가 급증했다. 향후 코로나19 확산세가 둔화되더라도 수요 확대 흐름은 지속될 것으로 예상된다.

WHO 는 코로나19가 절대 사라지지 않을 가능성이 있다고 언급했고, 현재 개발된 백신도 다양한 변이 바이러스의 등장과 함께 지속적인 접종이 필요하다. 언제든 감염될 수 있다는 사람들의 인식이 자리 잡으면서 건강기능식품 제품이 일상화되었고, 재구매율도 증가할 수밖에 없는 상황이다. 실제로 2009년 신종플루, 2015년 메르스 확산 당시에도 건강기능식품에 대한 관심은 수그러들지 않고, 재구매율로 이어지면서 시장은 꾸준히 성장했다. 당시 건강기능식품 시장은 2009년 신종플루 당시에는 전년 대비 19% 성장, 2015년 메르스 당시 12% 성장했다. 그런데 그 이후에도 2018년까지 연평균 11% 성장을 이어갔다. 2015년 58% 수준이던 국내 건강기능식품 경험률은 2019년 78%로 증가했고, 2020년에는 80%를 넘어섰다. 가구당 구매액도 2015년 26만 원에서 2019년 30만 원으로 13% 증

가했다.

또한 고령인구의 증가와 소비 연령층 확대도 건강기능식품 시장의 구조적 성장을 이끌고 있다. 한국은 건강기능식품을 주로 소비하는 고령 인구가 OECD 국가 중 가장 빠르게 증가하고 있다. 2048년에는 OECD국가 중 가장 고령화가 심한 국가가 될 수 있다는 전망도 나오고 있다. 국가 차원의 대책이 필요한 사회현상이지만, 건강기능식품 업체에는 구조적으로 수요층이 늘어나는 기회요인이다.

또한, 건강기능식품 소비층이 젊은 연령층으로 확산되는 것도 주목할 만한 변화다. 건강기능식품 시장을 활성화시킨 또 다른 요인으로, 젊은 층의 소비를 빼놓을 수 없다. 통계를 보면 2019년 20대 건강기능식품 섭취율은 47%로 전년 대비 18% 급증했고, 30대는 같은 기간 11% 증가했다. 이렇듯 건강기능식품의 침투율이 젊은 연령대로 급격히 확대되고 있다. 뷰티 트렌드가 변화하고 있기 때문이다. 최근 들어 뷰티 트렌드는 외부에 바르는 화장품에서 섭취를 통한 이너 뷰티로 자신의 건강과 실리를 모두 챙기려는 문화가 대세가 되고 있다.

건강기능식품의 성장세를 더욱 강화시킬 수 있는 추가 요인은 바로 정부의 규제 완화다. 대형마트와 백화점 등에서 건강기능식품의 자유판매 허용 등 신고 절차를 생략하는 시장진출입 활성화, 건강기능식품 원료 범위를 안전성이 확보된 일부 의약품 원료로 확대하는 신제품 개발 촉진, 일반 식품의 기능성 표시 허용 등 표시제 개선, 마케팅 경쟁력 제고, 개인 맞춤형 건강기능 식품 추천 판매 승인을 통한 건강기능식품 소포장 판매 허용 등 정부가 완화한 규제환경으로 건강기능식품 산업은 성장에만 집중할 수 있게 되었다.

화장품부터 치료제까지, 본격 성장하는 마이크로바이옴

2008년부터 미국과 유럽을 중심으로 마이크로바이옴에 관련된 연구와 투자가 본격화되었다. 최근에는 유망 신기술 분야 중 하나로 입지를 확고히 다지면서 관련 시장도 급성장하고 있다. 2019년 약 94조 원에서 2023년 약 126조 원으로 크게 성장할 분야로 전망되는 가운데, 암, 비만, 당뇨병, 피부질환 등에 적용되는 치료제부터 진단제품, 건강기능식품, 화장품까지 다양한 분야로 확대 적용될 것이다. 특히 장내 미생물이 인체와 상호작용을 통해 면역계에 영향을 주는 것으로 밝혀지면서 면역질환과 관련된 연구가 활발하다. 이에 따라 마이크로바이옴을 활용한 치료제 시장은 2018년 65억 원에 불과했으나, 2024년에는 11조 원에 이르며 17배 가까이 급성장할 것으로 전망된다.

글로벌 건강기능식품 시장 전망

: 2025년까지 연평균 각각 7.9% 성장할 전망이다.

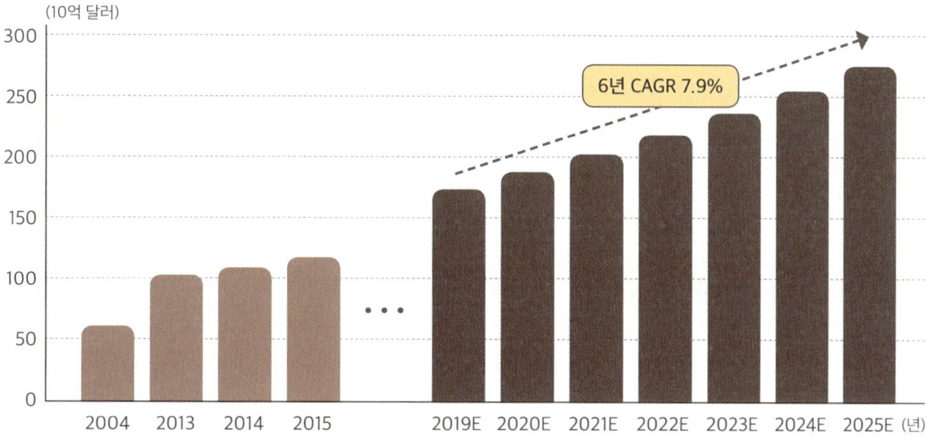

출처: Technavio, Statista

글로벌 마이크로바이옴 시장 전망

: 2026년까지 연평균 각각 7.6% 성장할 전망이다.

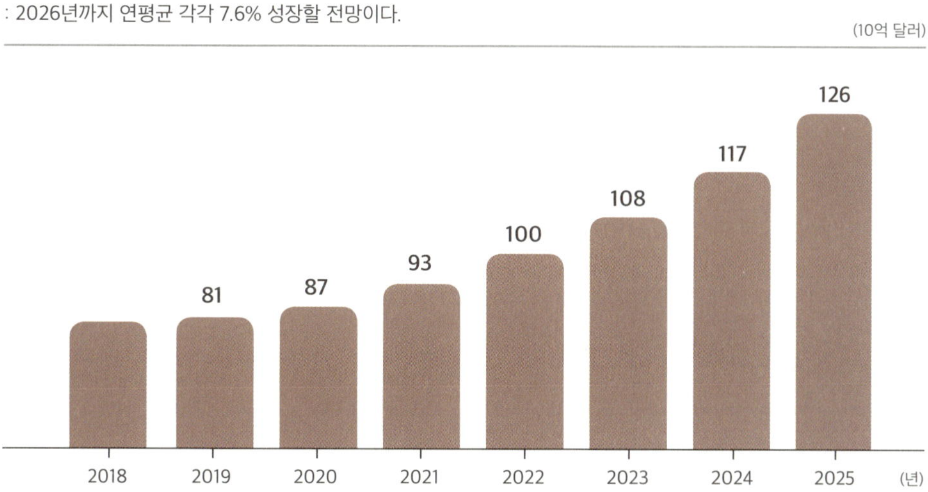

출처: Global Microbiome Industry, Frost & Sullivan

주요국 고령화 도달 기간

: 대한민국은 65세 인구비중이 14% 이상으로 늘어나는 고령사회 진입과 20% 이상으로 늘어나는 초고령사회 진입 기간이 주요국 중 가장 짧다. 이는 급속한 고령화가 진행중인 것으로 건강기능식품 주요 소비층의 급증을 의미한다.

	고령자 비율 도달 연도			소요기간	
	7%	14%	20%	7%→14%	14%→20%
한국	2000	2018	2026	18	8
일본	1970	1994	2006	24	12
미국	1942	2014	2030	72	16
영국	1929	1976	2020	47	44
프랑스	1864	1979	2019	115	40

출처: 통계청

국내 인구수 추이와 고령화 비율

: 2000년 이후부터 고령화가 급속히 진행되며 2026년이면 전체 인구 가운데 65세 인구가 20%를 넘는 초고령사회로 진입할 전망이다. 이는 의료비용 급증에 대처하는 한 수단으로 건강기능식품 섭취가 사회적으로 장려될 가능성이 크다.

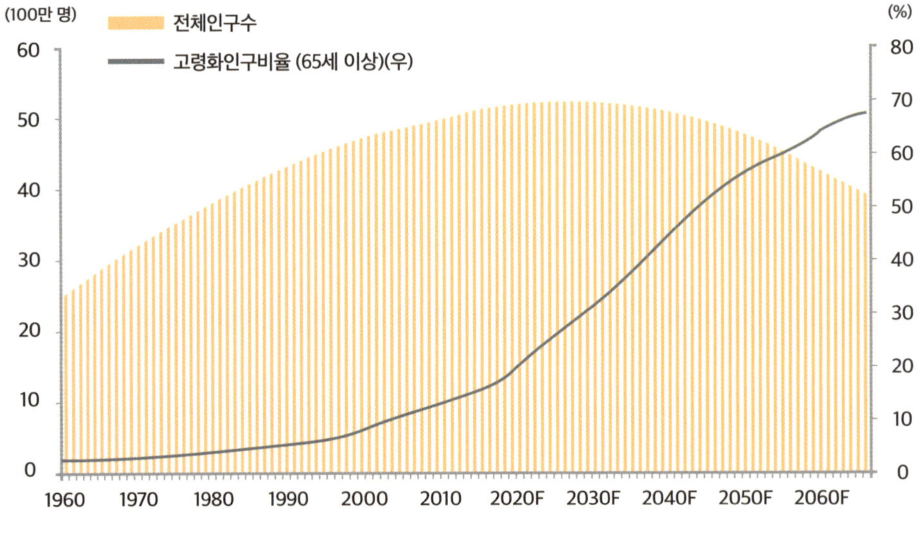

출처: 통계청

구매력 기준 GDP와 건강기능식품 구매액

: 통상 GDP 증가와 건강기능식품 구매액은 정의 상관관계를 나타낸다. 이는 생활의 질이 좋아질수록 건강에 대한 관심이 높고, 관련 지출을 늘리는 속성 때문이다.

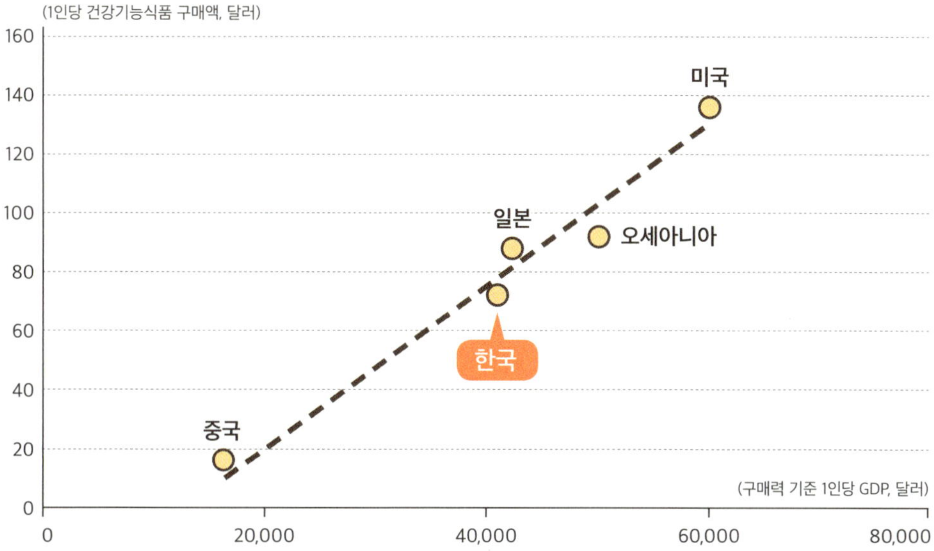

출처: 한국건강기능식품협회

구매력 기준 한국인 1인당 GDP 증가 추이

: 1인당 GDP는 결국 소득 수준의 향상을 의미한다. 향후 국내 GDP는 점진적으로 증가할 것으로 전망되므로 건강기능식품의 인당 구매액 역시 함께 증가할 것으로 예상된다.

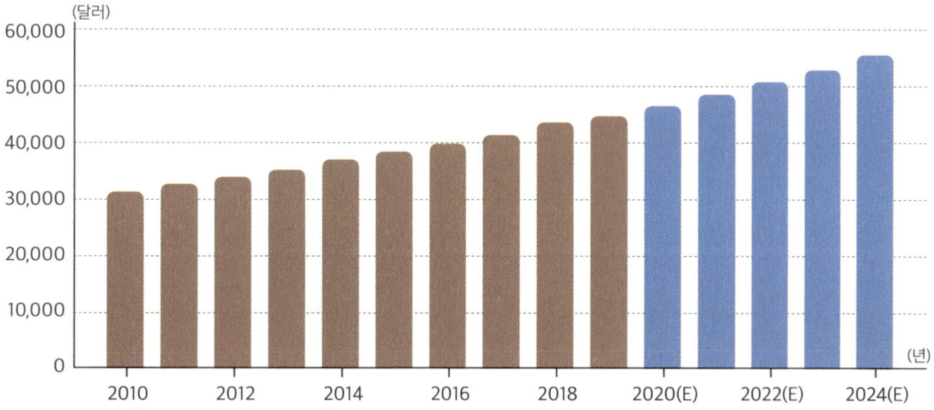

출처: IMF

건강기능식품의 밸류체인과 주요기업

: 밸류체인 내에서는 ODM/OEM(Original Development Manufacturing 제조자개발생산 / Original Equipment Manufacturing, 주문자상표부착생산) 업체의 경쟁력이 향후 더욱 강화될 전망이다. 진입장벽이 낮은 브랜드 업체간 경쟁은 다양한 채널을 통한 마케팅 비용 우려와 함께 심화될 가능성이 크지만, ODM/OEM 업체는 늘어나는 고객(브랜드 업체)의 요구에 따라 일부 기업들이 생산을 모두 담당하는 구조이므로 꾸준한 실적 성장이 예상된다.

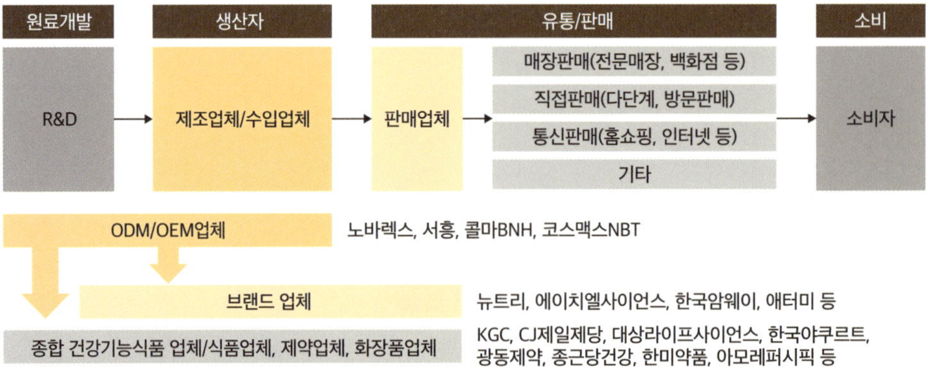

출처: 식품의약품안전처, 한국농수산식품유통공사

건강기능식품과 유사품목 비교

: 건강기능식품은 인체에 유용한 기능성 원료를 함유하고 있다는 면에서 일반 건강식품 및 건강보조식품과 구분된다.

	구분	정의	관련법
식품	건강기능식품	• 인체에 유용한 기능성 원료(성분)을 사용해 제조한 식품	건강기능식품법
	건강식품, 건강보조식품, 기타가공품(일반식품)	• 전통적으로 건강에 좋다고 여겨져 널리 섭취되어온 식품 (식약처로부터 안전성과 기능성을 인증받지 않음)	식품위생법
의약품	의약외품	• 질병을 치료·경감·처치·예방 목적으로 사용되는 섬유·고무 제품 또는 이와 유사한 것 (인체에 대한 작용이 약하거나 직접 작용하지 않음) • 살균·살충 용도로 사용되는 제제	약사법
	일반의약품	• 질병을 치료·경감·처치·예방 목적으로 사용되는 물품. 사람이나 동물의 구조와 기능에 약리학적 영향을 줄 목적으로 사용	약사법
	전문의약품	• 질병을 치료·경감·처치·예방 목적으로 사용하며 의사의 처방전에 의해 사용	약사법

출처: 식품의약품안전처, 한국농수산식품유통공사

마이크로바이옴과 인체의 상관 관계

: 인간 질병의 90% 이상이 장내 마이크로바이옴과 관련 있다는 연구결과를 주목해야 한다. 이는 그동안 해결하지 못한 여러 질병을 마이크로바이옴을 통해 해결할 수 있다는 가능성으로 해석해 다양한 치료제 연구가 국내외에서 활발히 진행 중이다.

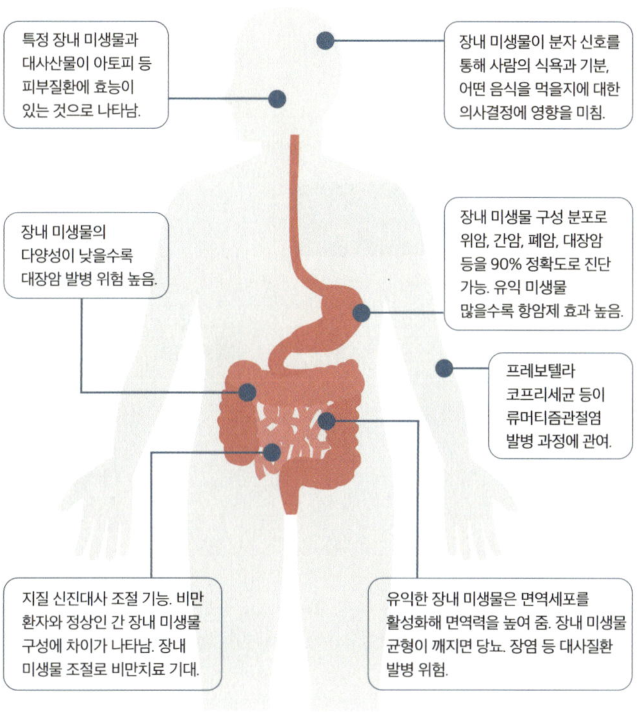

출처: 한국생명공학연구원

마이크로바이옴 기술별 시장 전망

: 마이크로바이옴 기술 중 시장이 큰 순서는 1) 프리바이오틱스, 2) 프로바이오틱스, 3) 표적항균제 순이다.

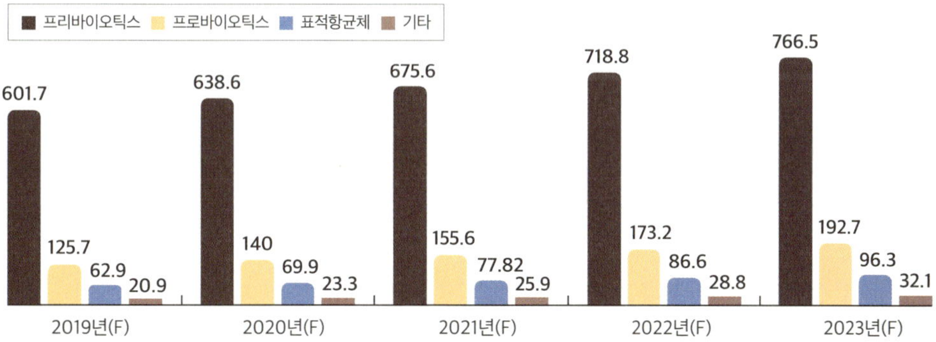

출처: Global Microbiome Industry, Frost & Sullivan

마이크로바이옴의 활용 분야

: 마이크로바이옴은 치료제, 진단, 화장품, 농업, 수의학까지 다양한 산업 전반에 응용되고 있다. 합성 및 바이오 의약품에 비해 안전성이 우수해 신약 개발 성공 가능성이 높다. 반면에 개발 비용은 낮고, 개발 기간도 비교적 짧다.

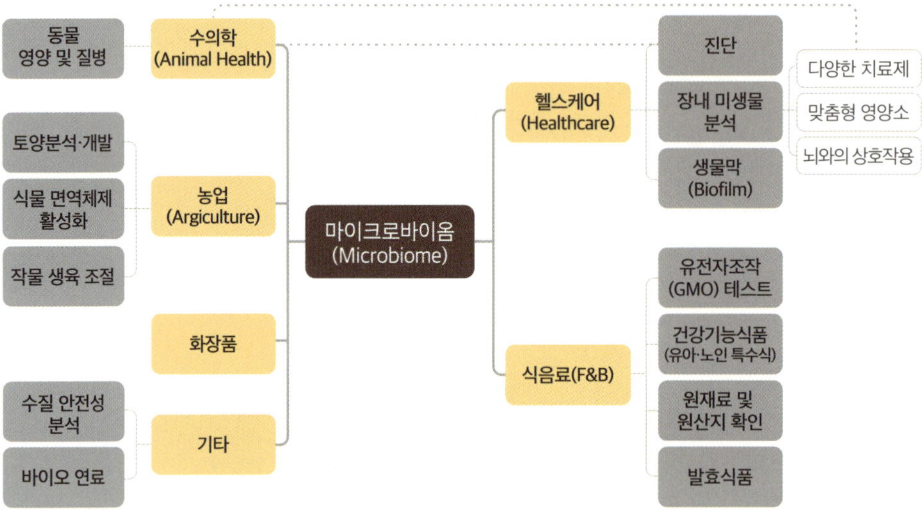

출처: 삼성KPMG

마이크로바이옴 활용 산업별 시장 전망

: 프리바이오틱스와 프로바이오틱스는 유제품 중심으로 상용화되어 있으므로 식음료 산업과 접목된 시장의 규모가 가장 크다.

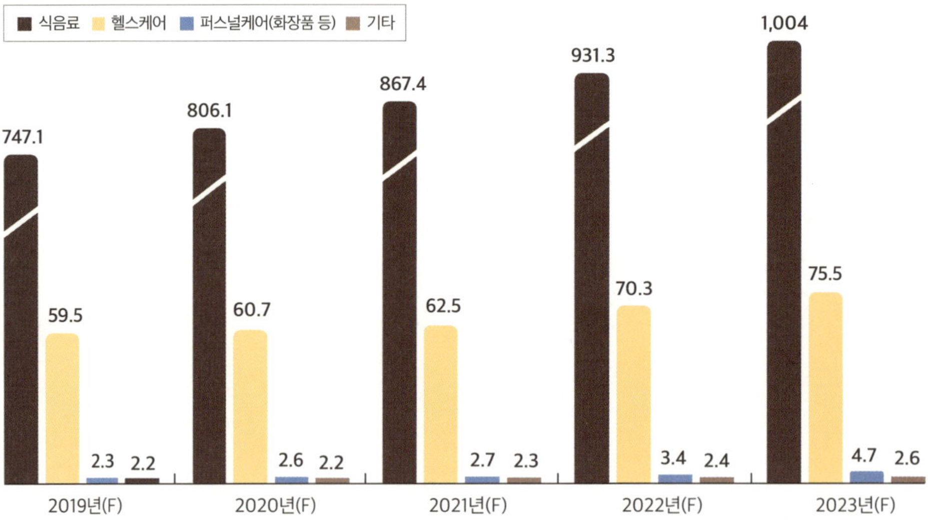

출처: Global Microbiome Industry, Frost & Sullivan

국내외 주요 기업 및 ETF

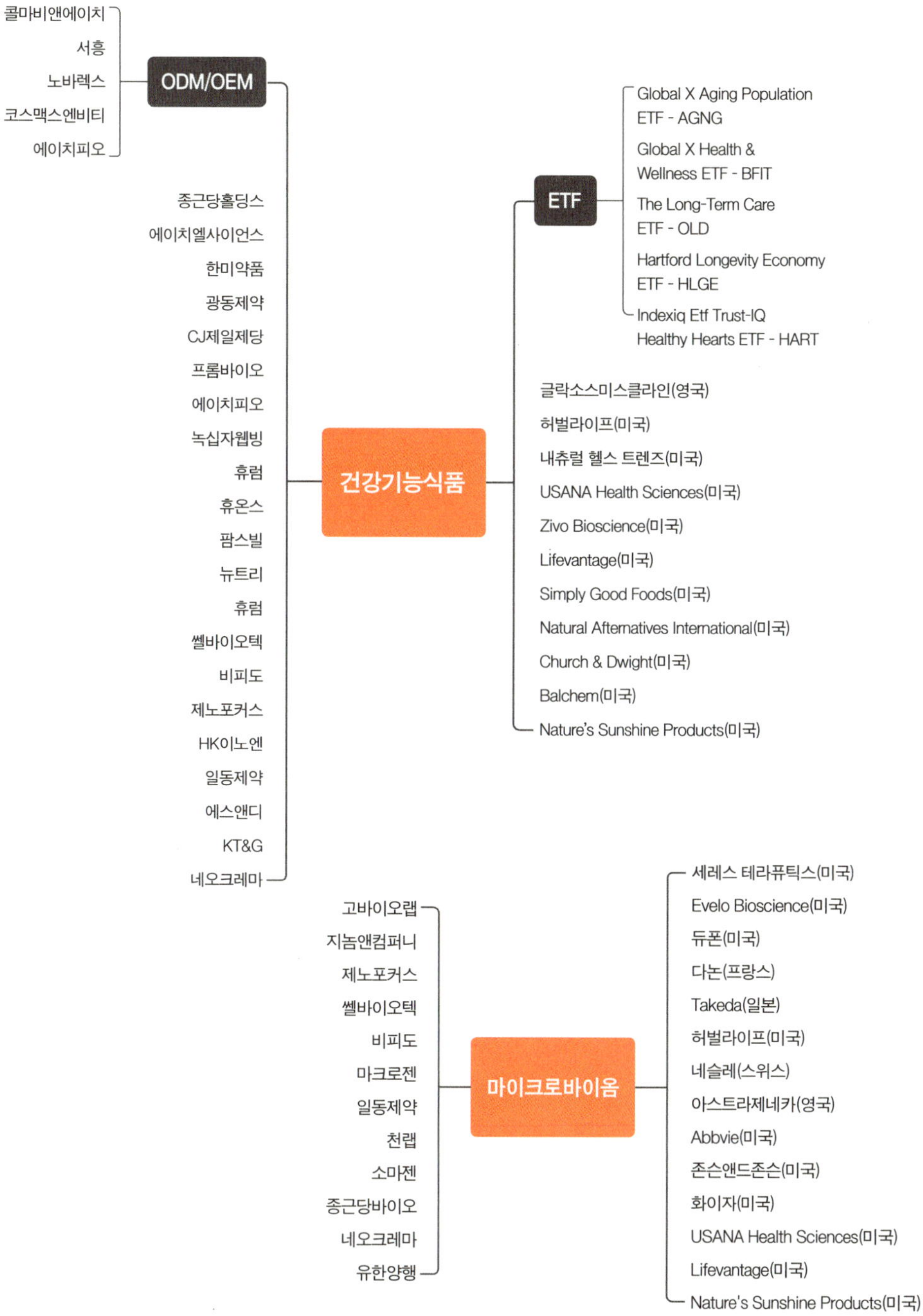

해외 대표 기업

세레스 테라퓨틱스

시가총액	7,300억 원

	2021년	2022년(전망)
매출액	약 370억 원	약 1,290억 원
영업이익	약 1,700억 원	약 2,040억 원

- 마이크로바이옴 치료제 플랫폼 기업으로 업계 내 가장 앞선 선두 기업
- 네슬레, 아스트라제네카, MD 앤더슨 암센터 등과 파트너십 체결
- 세계 최초로 감염성 장염질환 타깃 마이크로바이옴 치료제 임상 3상에 성공해 가장 빠른 행보를 보임(세계 최초 경구용 마이크로바이옴 치료제로 2021년 내 판매허가 신청, 2022년부터 판매 개시될 것으로 예상)
- 동사의 마이크로바이옴 치료제 상용화는 업계 최초의 마일스톤 사례로 향후 마이크로바이옴 업계를 주도하는 기업으로 부각될 가능성이 큼

콜마비앤에이치

건강기능식품과 화장품 OEM/ODM | 애터미

시가총액	9,600억 원	주요 주주	한국콜마홀딩스 외 4인 53%, 한국원자력연구원 6%
		총 매출액 중	건강기능식품 59%, 화장품 36%

- 천연물 기반 건강기능식품 및 화장품의 OEM/ODM 사업과 관련 핵심 소재 개발 전문 기업
- 글로벌 비타민 브랜드 센트룸 3개 품목 2021년부터 국내 생산 시작
- 2020년부터 고객사 애터미를 통한 중국 향(向) 매출 확대 지속
- 중국 공장 완공, 2022년부터 가동 시 현지 신규 고객사 유입 기대
- 2021년 '헤모힘'을 생산하는 공장 CAPA는 총 4,000억 원에서 5,000억 원까지 확대. 헤모힘 매출 역시 전년 대비 35% 성장
- 건강기능식품을 생산하는 국내 음성공장 생산 CAPA는 기존 2,000억 원에서 3,000억 원으로 증설

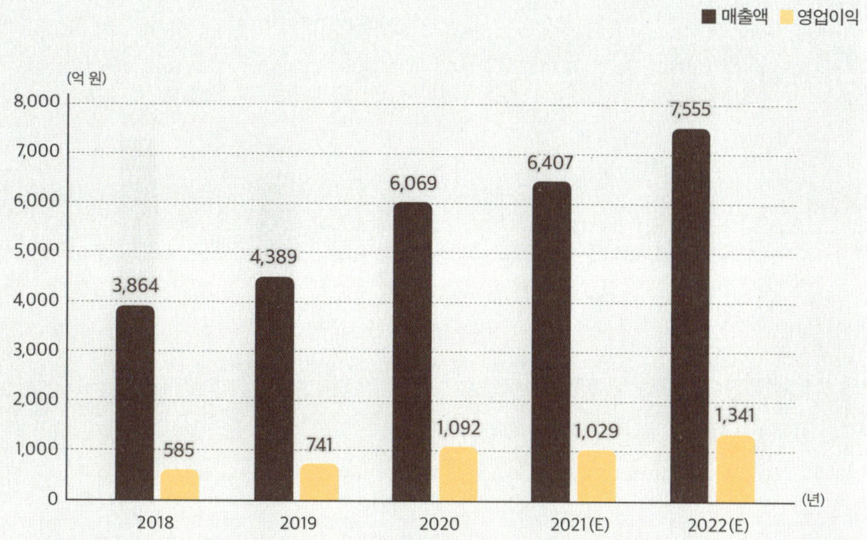

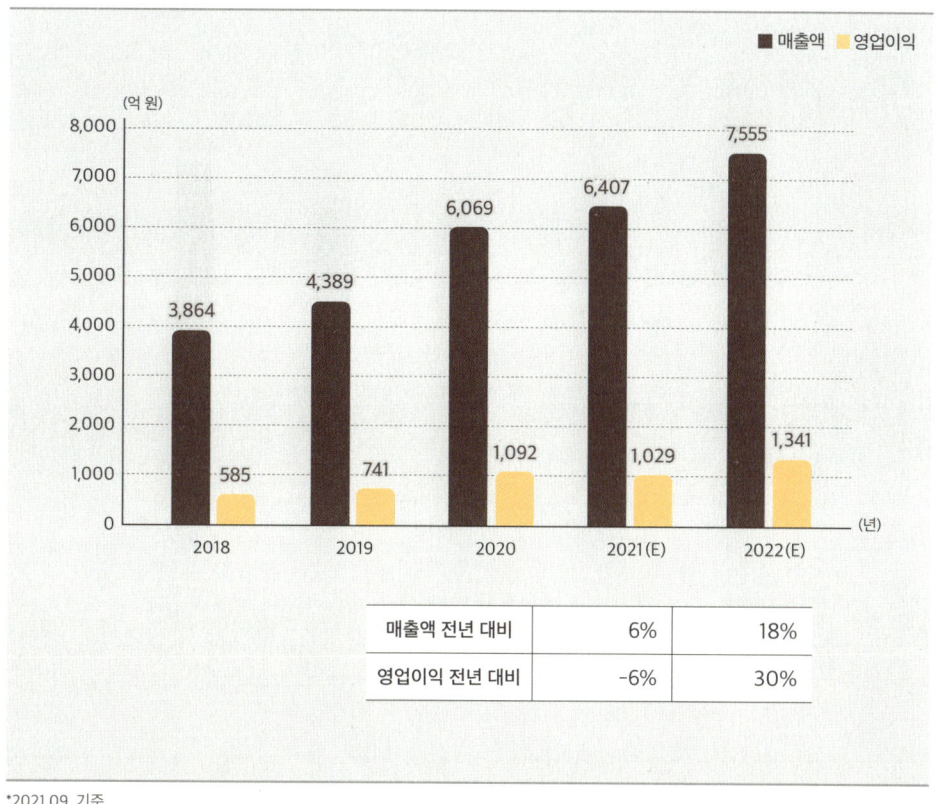

매출액 전년 대비	6%	18%
영업이익 전년 대비	-6%	30%

*2021.09. 기준

서흥

하드캡슐 젤라틴캡슐

시가총액	5,400억 원	주요 주주	양주환 외 5인 52%, 국민연금공단 9%
		총 매출액 중	캡슐(건강기능식품) 42%, 캡슐(하드캡슐) 29%, 원료(젤라틴 등) 15%, 캡슐(의약품) 10%

- 하드캡슐 및 건강기능식품, 화장품 OEM/ODM 전문 기업
- 국내 유일 하드캡슐 제조 업체로 국내 시장 점유율 1위(95%), 글로벌 3위(7%). 국내 독점적 위치에서 오랜 기간 확보한 고객사 레퍼런스로 경제적 해자 구축
- 글로벌 M/S 증가 및 추세적인 수요 증가에 대응하기 위해 공격적인 증설
- 건강기능식품 OEM/ODM 사업은 꾸준히 성장폭을 확대(2017년 YoY 9% → 2018년 17% → 2019년 22% → 2020년 35%)
- 2021년은 기저효과로 인해 성장률 자체는 전년대비 감소하겠으나 절대 수치상 매출과 영업이익은 고성장 지속 전망

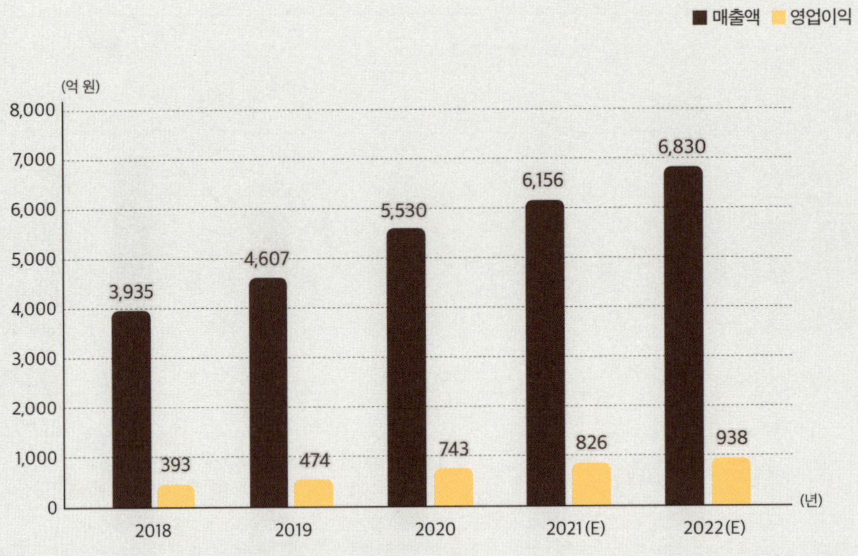

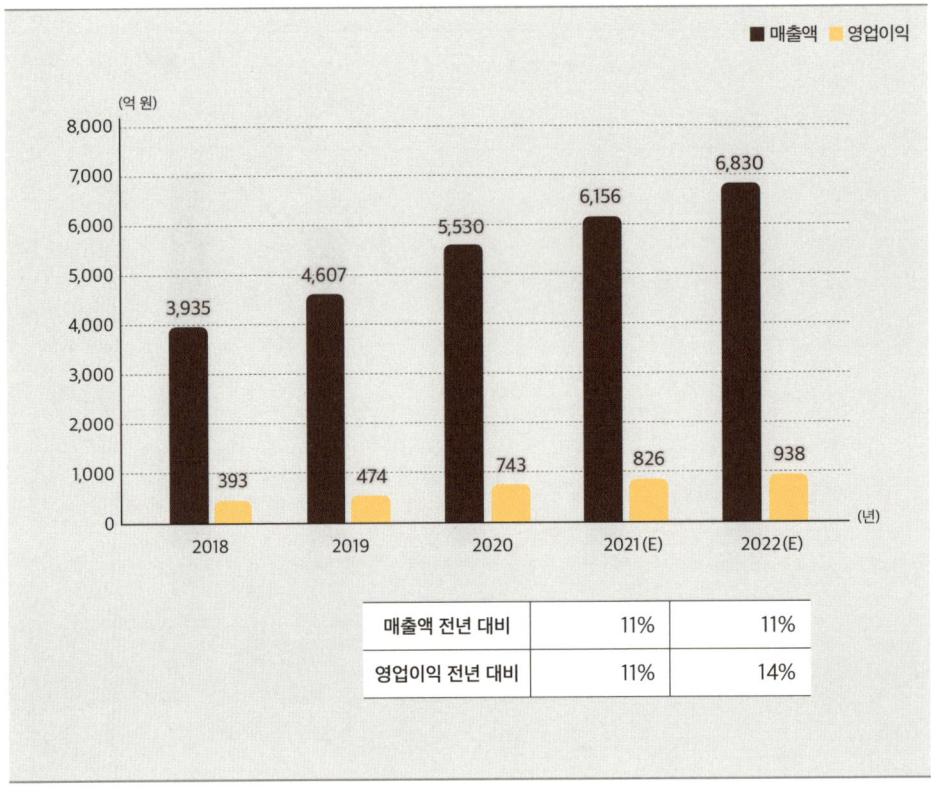

매출액 전년 대비	11%	11%
영업이익 전년 대비	11%	14%

*2021.09. 기준

고바이오랩

마이크로바이옴 치료제

시가총액	4,500억 원	주요 주주	고광표 외 9인 37%
		총 매출액 중	기술이전 43%, 프로바이오틱스 29%, 프로바이오틱스(ODM) 26%

- 마이크로바이옴 기반의 신약 개발 전문 기업
- 신약 개발 플랫폼 기술인 스마티옴(Smartiome)을 통해 발굴한 생균 및 균주 유래 유효 물질 기반의 면역질환, 뇌 질환 치료제를 개발 중
- 쌍둥이 대조군 기반의 코호트, 암 환자 코호트, 지방간 환자 코호트 등 대규모 데이터를 통해 특정 질환과 관련된 5,000종의 미생물 라이브러리 및 플랫폼 구축(한국인 3,000명 이상의 마이크로바이옴 정보)
- 아시아에서는 동사가 유일하게 마이크로바이옴 치료제로 글로벌 임상 2상에 진입해 기술적으로 가장 빠른 행보를 보임
- 2021년내 임상 2상 파이프라인 3종을 확보할 전망(건선, 염증성장질환, 천식 or 아토피)

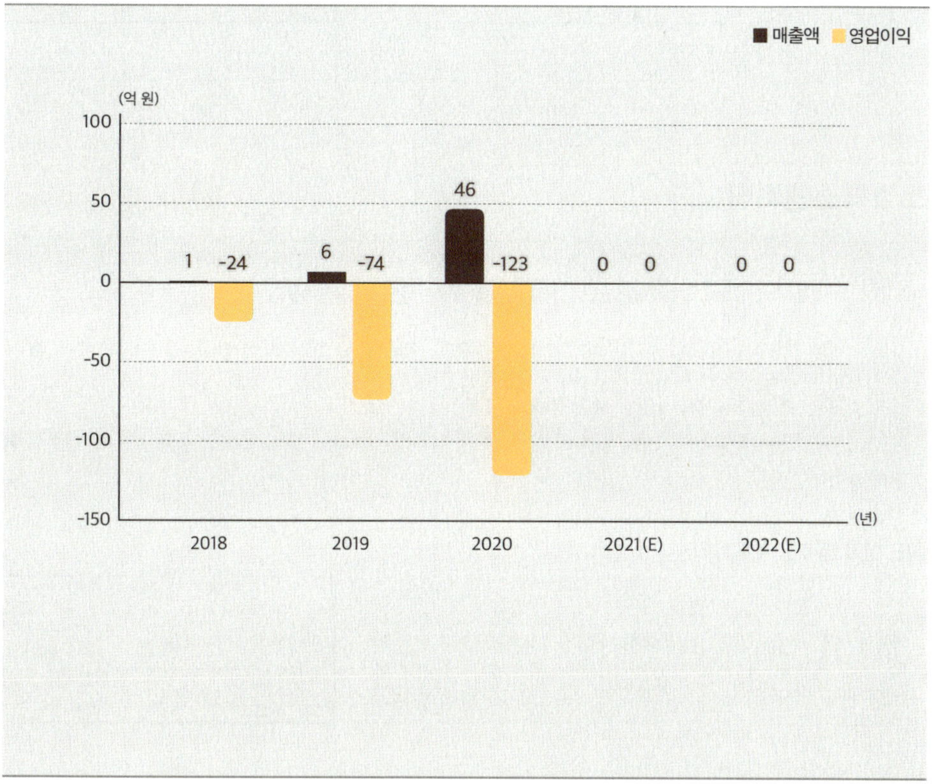

*2021.09. 기준

노바렉스

건강기능식품 OEM/ODM

시가총액	3,700억 원	주요 주주	권석형 외 8인 37%, 자사주 11%, KB자산운용 5%, 국민연금 5%
		주 매출처	건강기능식품 98%

- 건강기능식품 ODM/OEM 전문 기업으로 국내 최다 37건의 개별인정원료 등록 건수를 보유
- CJ제일제당, 종근당, 암웨이 등 대기업과 제약사 등 257여 개 고객 레퍼런스 보유
- 2021년 오송 신공장 준공으로 CAPA가 2배 증가, 총 4,000억 원의 CAPA 생산 시설
- 단일 품목 매출 의존도 낮고, 다양한 제품군 및 고객사를 통한 안정적 실적 성장

최근 실적 및 주요 재무지표

	2019년	2020년	2021년(전망)
매출액	1,591억 원	2,228억 원	2,783억 원(yoy 25%)
영업이익	163억 원	270억 원	334억 원(yoy 23%)

	2021년 상반기	
매출액	1,313억 원	PER 13배, PBR 2.3배, ROE 21%, 부채비율 90%
이익	147억 원	

코스맥스엔비티

건강기능식품 OEM/ODM

시가총액	1,700억 원	주요 주주	코스맥스비티아이 외 9인 39%, 브이아이자산운용 6%
		주 매출처	건강기능식품 42%, 건강지향식품 56%

- 건강기능식품 OEM/ODM 전문 제조기업
- 한국, 중국, 미국, 호주에 글로벌 생산체제 구축
- 전 세계 건강기능식품 시장의 1/3을 차지하는 미국에서 현지법인 통해 신규 고객 영업 집중. 고객사 확보로 인한 매출 증가 전망

최근 실적 및 주요 재무지표

	2019년	2020년	2021년(전망)
매출액	1,943억 원	2,668억 원	3,095억 원(yoy 16%)
영업이익	-99억 원	-23억 원	128억 원(흑자전환)

	2021년 상반기	
매출액	1,504억 원	PER 44배, PBR 2.7배, ROE 6%, 부채비율 425%
이익	54억 원	

휴온스

건강기능식품 | 점안제 | CMO | 보툴리눔 톡신

시가총액	5,400억 원	주요 주주	휴온스글로벌 외 8인 45%, Fidelity Management & Research 9%
		주 매출처	전문의약품 50%, 뷰티/헬스케어 35%, CMO 14%

- 건강기능식품, 전문의약품, 의료기기를 아우르는 토탈 헬스케어 기업
- 전문의약품 사업으로 구축한 유통/영업망을 건강기능식품 사업에 활용할 수 있는 강점
- 코로나 전에는 전문의약품 중심으로 성장했으나 이후에는 뷰티/웰빙사업 중심 성장 중

최근 실적 및 주요 재무지표

	2019년	2020년	2021년(전망)
매출액	3,650억 원	4,067억 원	4,450억 원(yoy 9%)
영업이익	484억 원	541억 원	579억 원(yoy 7%)

	2021년 상반기	
매출액	2,109억 원	PER 13배, PBR 2.0배, ROE 16%, 부채비율 59%
이익	262억 원	

에이치피오

프리미엄 건강기능식품 | TruVitamin | 덴마크유산균이야기

시가총액	2,900억 원	주요 주주	이현용 외 5인 70%
		주 매출처	유산균 50%, 비타민 28%

- 북유럽 기반의 프리미엄 브랜드 'Denps'를 바탕으로 건강기능식품 시장에서 안정적인 포지셔닝
- 타사 대비 고가 제품을 판매함으로써 10% 후반대의 높은 영업이익률 유지
- 건강기능식품 시장 내 가장 성장성 높은 프로바이오틱스 제품이 절반을 차지하고 있어 시장 성장에 따른 수혜가 지속될 전망

최근 실적 및 주요 재무지표

	2019년	2020년
매출액	516억 원	1,428억 원
영업이익	101억 원	257억 원

	2021년 상반기	
매출액	814억 원	PER 13배, PBR 4.0배, ROE 35%, 부채비율 26%
이익	148억 원	

종근당바이오

프로바이오틱스 | 발효 원료 의약품

시가총액	2,300억 원	주요 주주	종근당홀딩스 외 1인 39%
		주 매출처	Potassium Clavulanate 33%, 프로바이오틱스 12%

- 50여 년 발효기술 기반 항생제, 면역억제제 등의 원료의약품과 프로바이오틱스 원료/완제를 생산
- 업계 최고 수준의 시설과 규모의 프로바이오틱스 공장 증설, 기능성 유산균 개발, 배양공정 최적화, 코팅기술, 효능검증 등 수행

최근 실적 및 주요 재무지표

	2019년	2020년
매출액	1,372억 원	1,246억 원
영업이익	154억 원	76억 원

	2021년 상반기	
매출액	710억 원	PER 70배, PBR 2.6배, ROE 3%, 부채비율 77%
이익	-36억 원	

지놈앤컴퍼니

마이크로바이옴

시가총액	4,700억 원	주요 주주	박한수 외 4인 15%, 배지수 외 7인 13%, 디에스씨인베스트먼트 11%, 한국투자글로벌제약산업육성사모 5%
		주 매출처	마이크로바이옴 치료제 100%

- 마이크로바이옴 치료제로 고형암 임상 1상을 진행 중이고, 위암 치료제는 2021년~2022년 사이 임상 2상에 들어갈 예정
- 미국 비상장 기업 인수를 통해 마이크로바이옴 CDMO 사업 진출
- 미국 공장 준공(2023년), 가동화 시 2024년 매출 약 500억 원, 2025년 약 1,000억 원으로 성장 기대

최근 실적 및 주요 재무지표

	2019년	2020년
매출액	N/A	2억 원
영업이익	-138억 원	-266억 원

	2021년 상반기	
매출액	2억 원	PER -29배, PBR 5.4배, ROE -84%, 부채비율 6%
이익	-151억 원	

쎌바이오텍

프로바이오틱스 | 듀오락 | 마이크로바이옴

시가총액	1,500억 원

주요 주주	자사주 24%, 정명준 외 4인 24%, Fidelity Management & Research 5%
주 매출처	완제품 84%, 원말 13%

- 프로바이오틱스 전문 제조업체로 건강기능식품 브랜드 듀오락, 락토클리어 등의 브랜드 보유(덴마크, 싱가폴, 프랑스 등으로 수출)
- 마이크로바이옴 대장암 치료제 개발 중(21년 임상 1상 시작, 23년까지 임상 2상 진입 계획)

최근 실적 및 주요 재무지표

	2019년	2020년	2021년(전망)
매출액	460억 원	456억 원	465억 원(yoy 2%)
영업이익	58억 원	37억 원	58억 원(yoy 58%)

	2021년 상반기	
매출액	221억 원	PER 24배, PBR 1.3배, ROE 6%, 부채비율 6%
이익	19억 원	

제노포커스

마이크로바이옴 | 진단시약

시가총액	2,000억 원

주요 주주	김의중 외 3인 34%
주 매출처	Acetylphytosphingosine 69%, Lactase 18%, Catalase 18%

- 마이크로바이옴 신약 GF-103(황반변성, 염증성장질환 타겟) 미국 임상 1상 IND 진행 예정
- 약 2,500L 규모 마이크로바이옴 생산시설 착공(2023년 가동 예정), 중장기 성장동력 확보
- 기능성 화장품 및 건강기능식품 원료(NPY, MK-7, Vitamin K2) 수요 증가에 따른 실적 성장 지속

최근 실적 및 주요 재무지표

	2019년	2020년
매출액	149억 원	188억 원
영업이익	-29억 원	-47억 원

	2021년 상반기	
매출액	121억 원	PER -21배, PBR 5.4배, ROE -22%, 부채비율 137%
이익	-14억 원	

천랩

마이크로바이옴 플랫폼 | 유전체 분석 | 진단키트

시가총액	1,400억 원	주요 주주	CJ제일제당 15%, 종식 외 11인 14%, Shanghai ZJ Bio-Tech 9%
		주 매출처	미생물 정보 플랫폼/솔루션 & 마이크로바이옴 관련 용역 85%

- 유전체 분석 기반 핵심 기술과 BT/IT 융합 기술 보유. 미생물 유전체 빅데이터 기반 마이크로바이옴 정밀 분류 플랫폼 기업
- 마이크로바이옴 기술 및 치료제 시장 성장과 함께 동사의 DB 플랫폼 수요 증가
- 치료제 후보 균주(CLCC1) 임상 1상 준비

최근 실적 및 주요 재무지표

	2019년	2020년
매출액	48억 원	53억 원
영업이익	-45억 원	-85억 원

	2021년 상반기	
매출액	26억 원	PER N/A, PBR 5.7배, ROE -26%, 부채비율 112%
이익	-51억 원	

핵심 키워드

OEM(Original Equipment Manufacturing)
주문자의 위탁 및 설계를 받아 제품을 생산하고, 주문자의 상표를 부착하여 납품하는 방식을 의미한다.

ODM(Original Development Manufacturing)
단순히 생산만 하는 OEM과 달리 생산설비는 물론 설계와 개발 능력을 보유한 제조 업체가 주문자가 원하는 제품을 개발해주고, 생산까지 해주는 방식을 의미한다. ODM은 상품 개발에도 관여하기 때문에 상당한 기술력이 필요한데, 그에 대한 부가가치를 얻을 수 있으므로 OEM보다 진화된 형태로 이해할 수 있다.

마이크로바이옴(Microbiome)
사전적으로는 '미생물(Microbe)과 생태계(Biome)의 합성어'다. 쉽게 이해하자면 병원균을 포함해 체내에 있는 모든 미생물의 총합인데, 약 95% 가량이 장내 존재하기 때문에 장내 미생물로 표현하기도 한다. 무게로는 인간 체중의 1~3% 를 차지하고, 다음과 같은 역할을 한다.

① 영양분 흡수: 사람이 지닌 마이크로바이옴의 종류와 구성에 따라 같은 영양분도 흡수 양상이 달라짐
② 약물대사 조절: 인체에 들어온 약물이나 발암 물질로부터 보호하는 기능을 수행
③ 면역작용 조절: 인체의 면역체계와 상호작용을 하면서 외부의 병원성 미생물로부터 인체를 보호
④ 발달 조절: 마이크로바이옴에서 생성된 물질이 뇌 발달 및 신경에 영향을 주어 인간 행동까지 영향을 줌

마이크로바이옴의 95%는 장 등의 소화기관에 존재하기 때문에, 장내 마이크로바이옴이 실질적인 연구의 대부분이라고 해도 과언이 아니다. 때문에 장내 마이크로바이옴은 '제 2의 장기'로 불리며, '건강한 장내 미생물=건강한 신체'라는 등식이 생겼다. 구글 벤처스의 설립자 빌 마리스(Bill Maris)는 '마이크로바이옴은 헬스케어의 가장 큰 게임체인저'가 될 것이라고 했고, 빌 게이츠는 세계를 바꾸게 될 세 가지로 '마이크로바이옴, 치매 치료제, 면역항암제'를 함께 언급하기도 했다. 이미 많은 글로벌 기업과 빅파마는 마이크로바이옴을 10년 후 먹거리로 보고 관련 투자를 지속해오고 있다.

프리바이오틱스(Prebiotics)
비소화성 물질로 프로바이오틱스의 영양분이 되어 장내 유익한 미생물의 성장과 활성을 돕는 미생물이다. 프로바이오틱스와 함께 섭취했을 때 효과가 더 좋은 것으로 알려졌고, 올리고당 등의 탄수화물, 식이섬유 형태가 대부분이다. 프리바이오틱스와 프로바이오틱스는 모두 마이크로바이옴 기술 중 일부이다.

프로바이오틱스(Probiotics)
적당량을 섭취했을 때 인체에 이로움을 주는 살아 있는 세균을 총칭하는 용어다. 현재까지 알려진 대부분의 프로바이오틱스는 유산균으로 알려져 있으며 비피더스균, 락토바실러스 등이 대표적이다. 2018년까지 국내 건강기능식품 분야 시장 규모 3위였던 프로바이오틱스는 2019년 비타민을 넘어 2위로 올라섰다. 2020년에도 20% 가량 성장한 8,856억 원 규모를 기록했는데, 2021년에는 1조 원을 넘보고 있다. 업계에선 머지않아 프로바이오틱스가 건강기능식품 부동의 1위인 홍삼 시장도 넘어설 것으로 전망한다.

스마트그리드 · 스마트팩토리 · 스마트팜 · IoT

1 그린뉴딜의 성공을 위해서는 전력 생태계를 플랫폼으로 구축하는 에너지 디지털화, 즉 스마트그리드가 핵심
2 생산인구 감소 등 노동 생산성 향상이 절실한 환경에서 최첨단 산업(4차 산업혁명, 인공지능, 클라우드, IoT 등)과 제조업 융합은 필수인 시대 돌입. 국내외 선진국 중심으로 제조업 강국 기조와 언택트 생산 환경 확산으로 스마트팩토리 도입은 더욱 가속화
3 20세기 인류를 식량난에서 구한 것이 질소비료라면, 스마트팜은 21세기 식량난과 탄소배출 문제를 함께 해결할 수 있는 중요 기술로 인식, 확산 추세

관련 키워드 AMI ESS EMS 스마트팩토리 솔루션 애그테크(Ag-tech)

스마트그리드

스마트그리드Smart Grid는 전력망에 정보통신기술ICT을 접목해 발전소-송배전 시설-전력 소비자를 연결하고 정보를 공유함으로써 전력 시스템 전체를 하나의 유기체로 만들어 에너지 효율을 극대화할 수 있는 차세대 전력 인프라를 의미한다. 지능형 전력수요관리, 신재생 에너지 연계, 전기차 충전 등이 모두 스마트그리드 안에서 가능해진다.

2008년, 한국 정부가 8대 신성장동력 사업에 스마트그리드를 선정하면서 사업이 본격화되었다. 현재는 2025년까지 총사업비 35조 8,000억 원을 투입해 지능형 스마트그리드 구축, 신재생 에너지 확산 기반 구축 등을 통한 미래 에너지 전환 사업을 진행하고 있다. 정부와 한국전력은 2024년까지 주택·아파트 322만 호에 가정용 AMI를 보급할 예정이기도 하다. 세계 스마트그리드 시장 규모는 2017년 약 141조 원이었지만 2030년에는 약 1,000조 원에 이를 것으로 전망될 만큼 향후 성장세가 기대되는 분야다.

스마트팩토리

스마트 팩토리는 공장이 스스로 판단하고 이에 따라 작업을 수행할 수 있는 지능화 및 디지털화된 미래형 공장이다. 4차 산업혁명의 주요 분야 중 하나로, 하드웨어 시스템부

터 클라우드, 인공지능 등 최상위 소프트웨어 시스템이 융합되는 종합 시스템 산업으로 이해할 수 있다. 따라서 기술진입장벽이 높고 비용면에서 정부 의존도가 높다. 현재는 미국, 독일, 일본 등 제조 선진국 중심으로 기술 개발과 글로벌 표준화 전략에 집중하면서 시장을 주도하고 있다. 한국은 '디지털 뉴딜' 정책을 통해 2022년까지 스마트공장 3만 개 보급, 2025년까지 분야별 선도 스마트공장 100개를 구축하기로 하고 관련 사업을 진행하고 있다. 세계 스마트팩토리 시장은 2018년 793억 달러 규모였지만, 2023년에는 1,338억 달러로 연평균 11% 가량 성장하면서 확대될 전망이다.

스마트팜

스마트팜은 정보통신기술ICT을 활용해 작물과 가축의 생육환경을 실시간으로 관측하고, 최적의 상태로 관리하는 원격/자동화 농장으로 애그테크Ag-tech의 한 분야다. 스마트팜 도입으로 노동력, 에너지, 시간, 비용은 줄고, 생산성과 품질은 향상된다. 전 세계 인구는 꾸준히 증가했지만, 도시화로 인해 농지와 농업 인구는 계속 감소하면서 식량위기에 대한 문제인식도 증가하고 있다. 더욱이 기후변화와 코로나 사태는 식량을 수입에 의존하는 것만으로 단순히 해결될 문제가 아니라는 경각심마저 불러일으켰다.

탄소세가 점차 도입되는 상황에서 글로벌 온실가스 배출 중 10%는 농업에서 발생하고 있는 점도 변화를 필요로 하는 대목이다. 이러한 맥락에서 스마트팜은 ESG 투자의 대안인 동시에 인간이 직면한 다양한 문제를 직접적으로 해결할 수 있어 향후 성장성이 부각되는 가운데 관련 투자를 늘리는 대형 VC(벤처캐피털)도 증가하는 추세이다.

사물인터넷

사물인터넷IoT이란 정보통신기술을 기반으로 사람-사물-인프라 간 상호 소통하는 연결 기술을 의미한다. 스마트그리드, 스마트 팩토리, 스마트홈, 스마트시티, 스마트헬스케어, 웨어러블 디바이스(갤럭시 워치, 애플 워치), 자율주행 등이 모두 사물인터넷을 기반으로 한다. 수많은 사물과 공간, 사람이 초연결되는 과정에서 IoT 센서와 IoT의 네트워크에 연결되는 디바이스 및 데이터 역시 급증하고 있다. 글로벌 IoT 시장 규모는 2017년 1,100억 달러에서 출발해 2025년에는 1조 5,670억 달러로 약 5배 성장할 것으로 전망된다.

글로벌 스마트그리드 시장 규모

: 2025년까지 연평균 22% 성장할 전망이다.

(단위: 10억 달러)

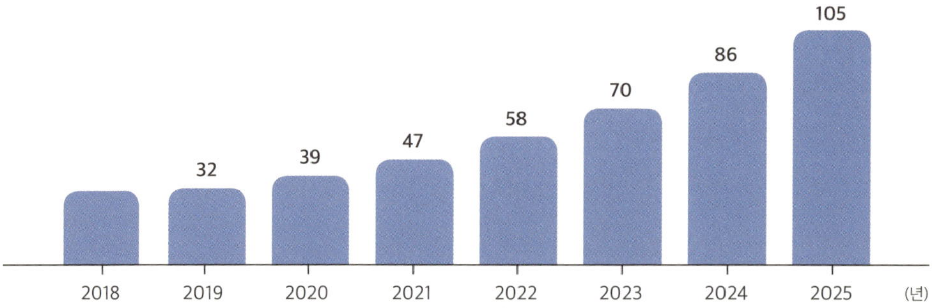

출처: Adroit Market Research

글로벌 스마트팩토리 시장 규모

: 2025년까지 연평균 10% 성장할 전망이다.

(단위: 10억 달러)

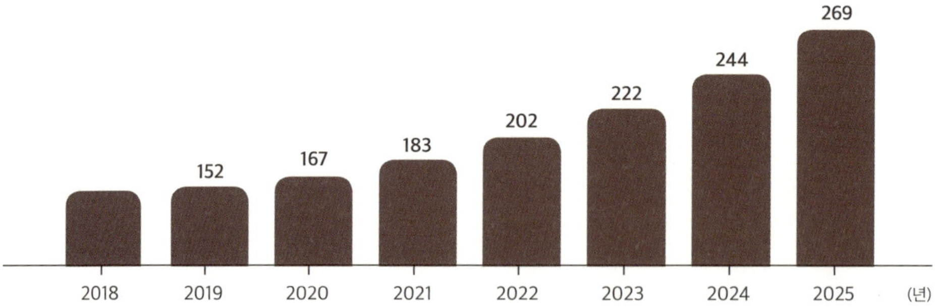

출처: Valuates Reports

글로벌 스마트팜 시장 규모

: 2025년까지 연평균 12% 성장할 전망이다.

(단위: 10억 달러)

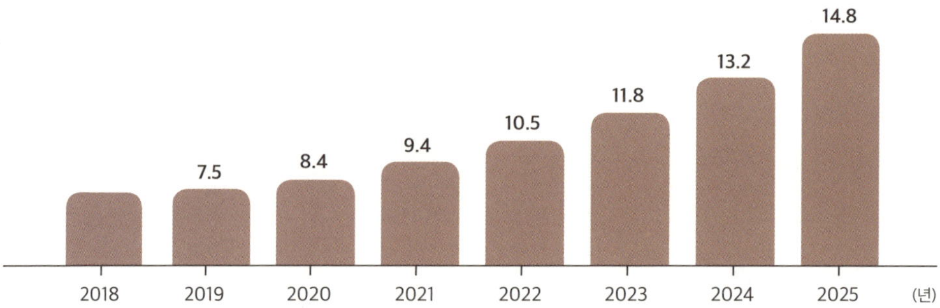

출처: Verified Market Research

글로벌 IoT 시장 규모

: 2025년까지 연평균 39% 성장할 전망이다.

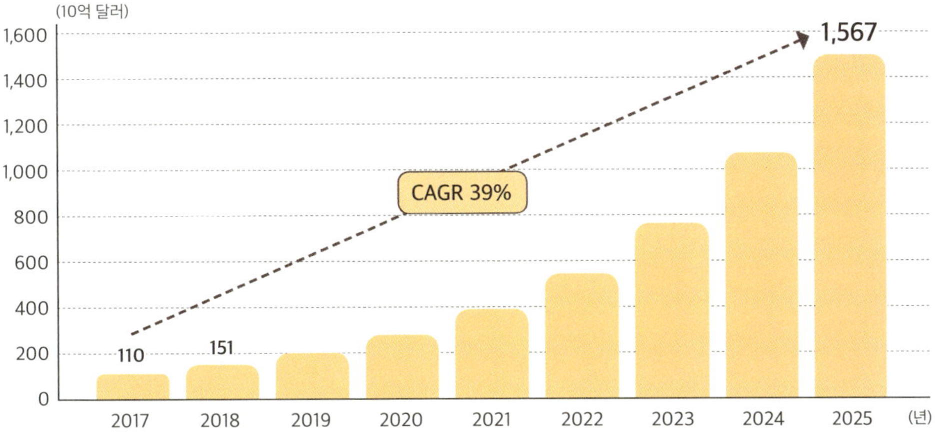

출처: IoT Analytics Research

스마트그리드 구성 및 조감도

: 스마트그리드는 스마트팩토리, 스마트팜, 신재생에너지의 발전/저장/송전, 전기차 충전 인프라 등을 연결하고 구현하는 차세대 인프라 시스템으로 전체가 하나의 유기체처럼 효율적으로 작동해 에너지 이용효율을 극대화한다.

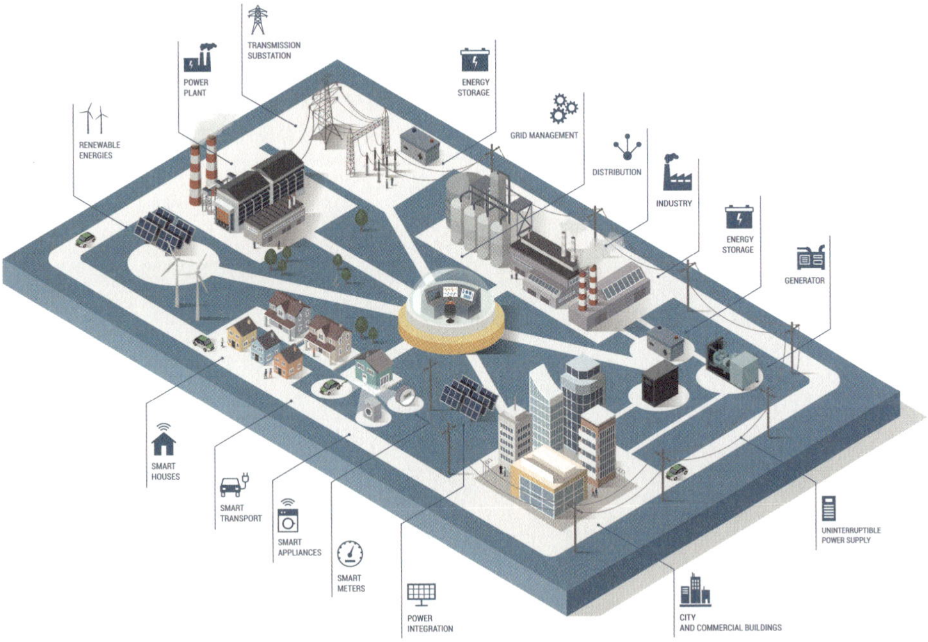

출처: ISGAN

스마트팩토리 개념도

: 기존 제조 공정에 최신 기술을 도입, 융합하는 스마트팩토리로 인해 제조업의 패러다임이 변화하고 있다. 스마트팩토리의 주요 기반 기술들로는 빅데이터, 인공지능, 로보틱스, 클라우드, 3D 프린팅, IoT, 사이버 보안 기술 등이 있다. 이러한 기반 기술들을 바탕으로 각 공정에서 수집되는 데이터를 처리해 가장 효율적인 제조 프로세스가 운영된다. 한국은 제조업 비중이 30%에 달하고, 주력 제조업 기반 수출 의존도가 높은 구조이므로 스마트팩토리 도입과 확산이 빠르게 진행되고 있다.

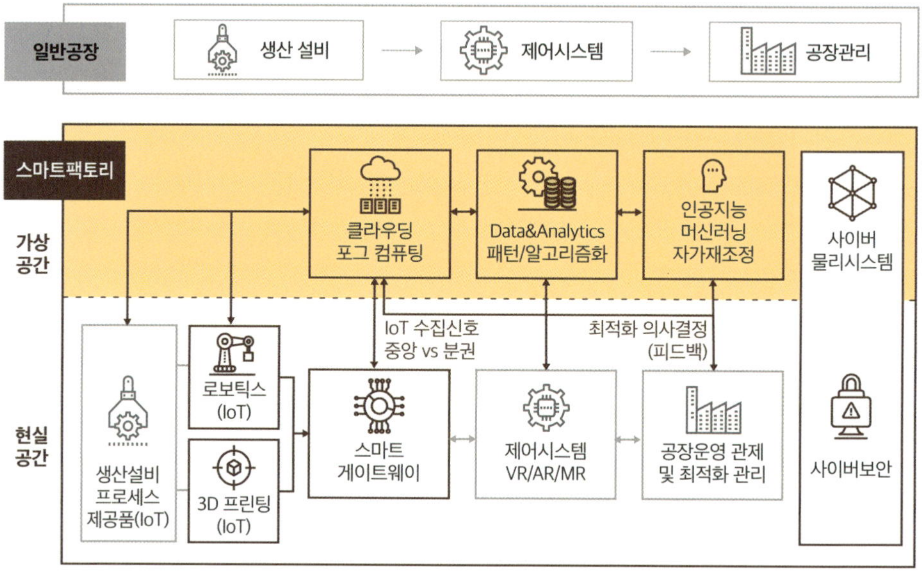

출처: 삼정KPMG

스마트팜 개념도

: 스마트팜은 용도에 따라 온실, 과수원, 노지(논/밭), 축사 등 다양한 설계와 운영이 가능하다. 첫번째 그림은 논과 밭 등의 노지에 구축된 스마트팜, 두번째 그림은 축사에 맞게 설계된 스마트팜이다.

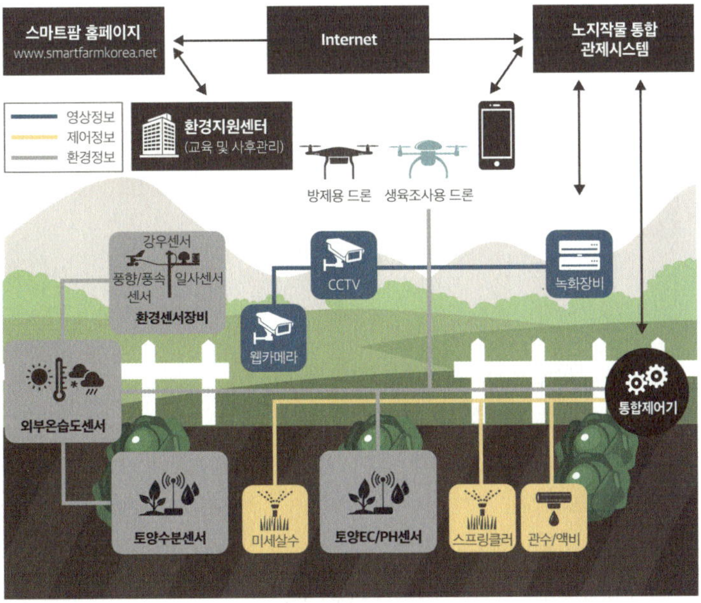

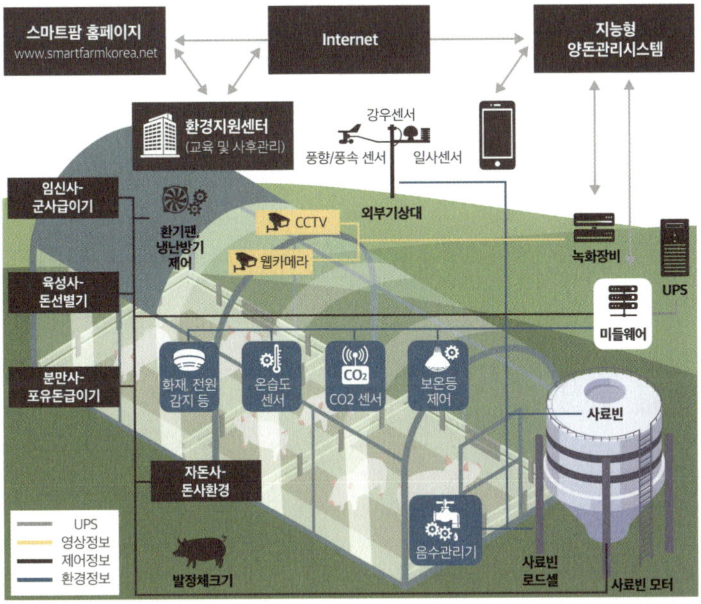

출처: 농림수산식품교육문화정보원

테마 밸류 체인

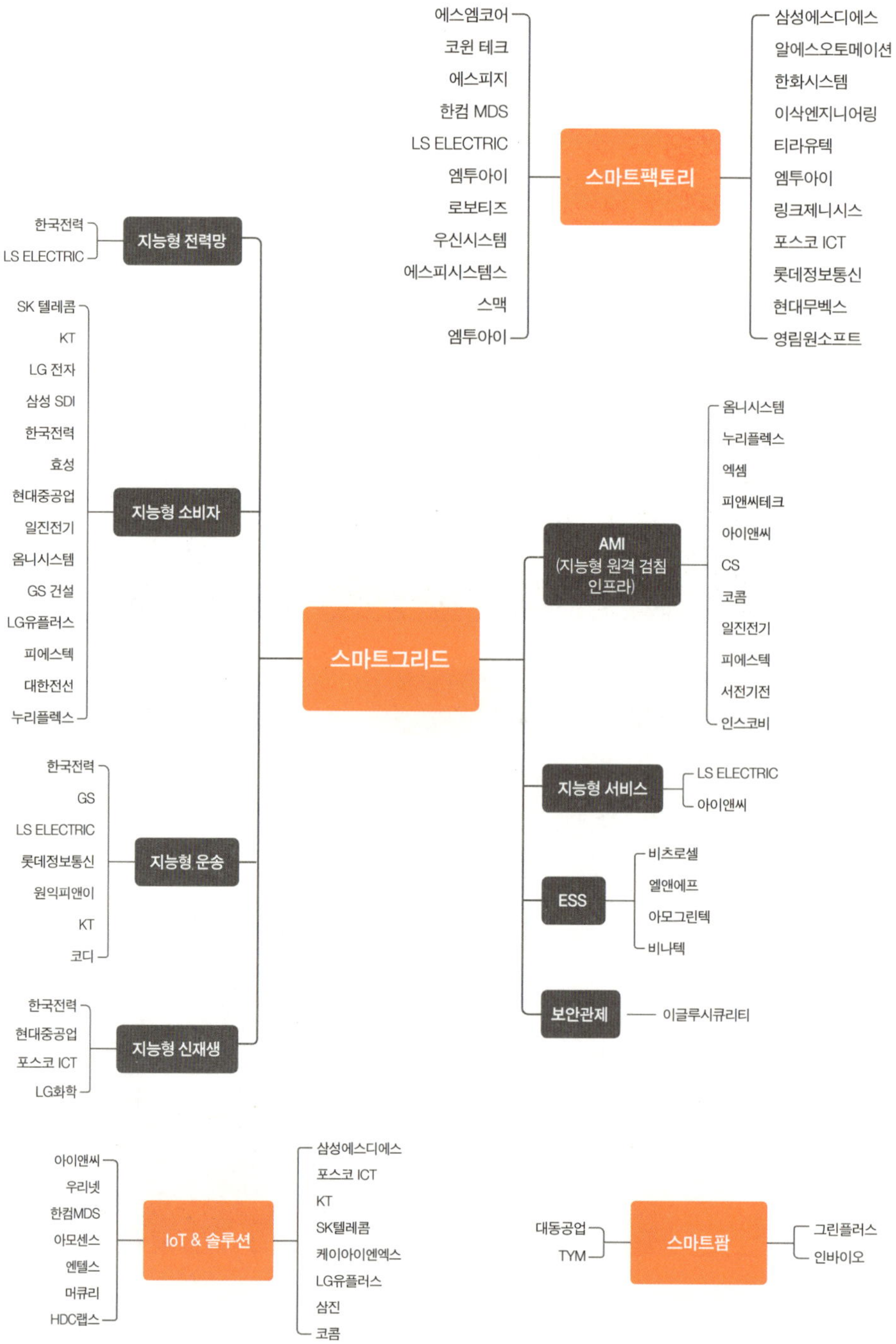

스마트팩토리
에스엠코어
코윈 테크
에스피지
한컴 MDS
LS ELECTRIC
엠투아이
로보티즈
우신시스템
에스피시스템스
스맥
엠투아이
삼성에스디에스
알에스오토메이션
한화시스템
이삭엔지니어링
티라유텍
엠투아이
링크제니시스
포스코 ICT
롯데정보통신
현대무벡스
영림원소프트
스마트그리드
지능형 전력망
한국전력
LS ELECTRIC
지능형 소비자
SK 텔레콤
KT
LG 전자
삼성 SDI
한국전력
효성
현대중공업
일진전기
옴니시스템
GS 건설
LG유플러스
피에스텍
대한전선
누리플렉스
지능형 운송
한국전력
GS
LS ELECTRIC
롯데정보통신
원익피앤이
KT
코디
지능형 신재생
한국전력
현대중공업
포스코 ICT
LG화학
AMI
(지능형 원격 검침
인프라)
옴니시스템
누리플렉스
엑셈
피앤씨테크
아이앤씨
CS
코콤
일진전기
피에스텍
서전기전
인스코비
지능형 서비스
LS ELECTRIC
아이앤씨
ESS
비츠로셀
엘앤에프
아모그린텍
비나텍
보안관제
이글루시큐리티
IoT & 솔루션
아이앤씨
우리넷
한컴MDS
아모센스
엔텔스
머큐리
HDC랩스
삼성에스디에스
포스코 ICT
KT
SK텔레콤
케이아이엔엑스
LG유플러스
삼진
코콤
스마트팜
대동공업
TYM
그린플러스
인바이오

글로벌 주요 기업 및 ETF

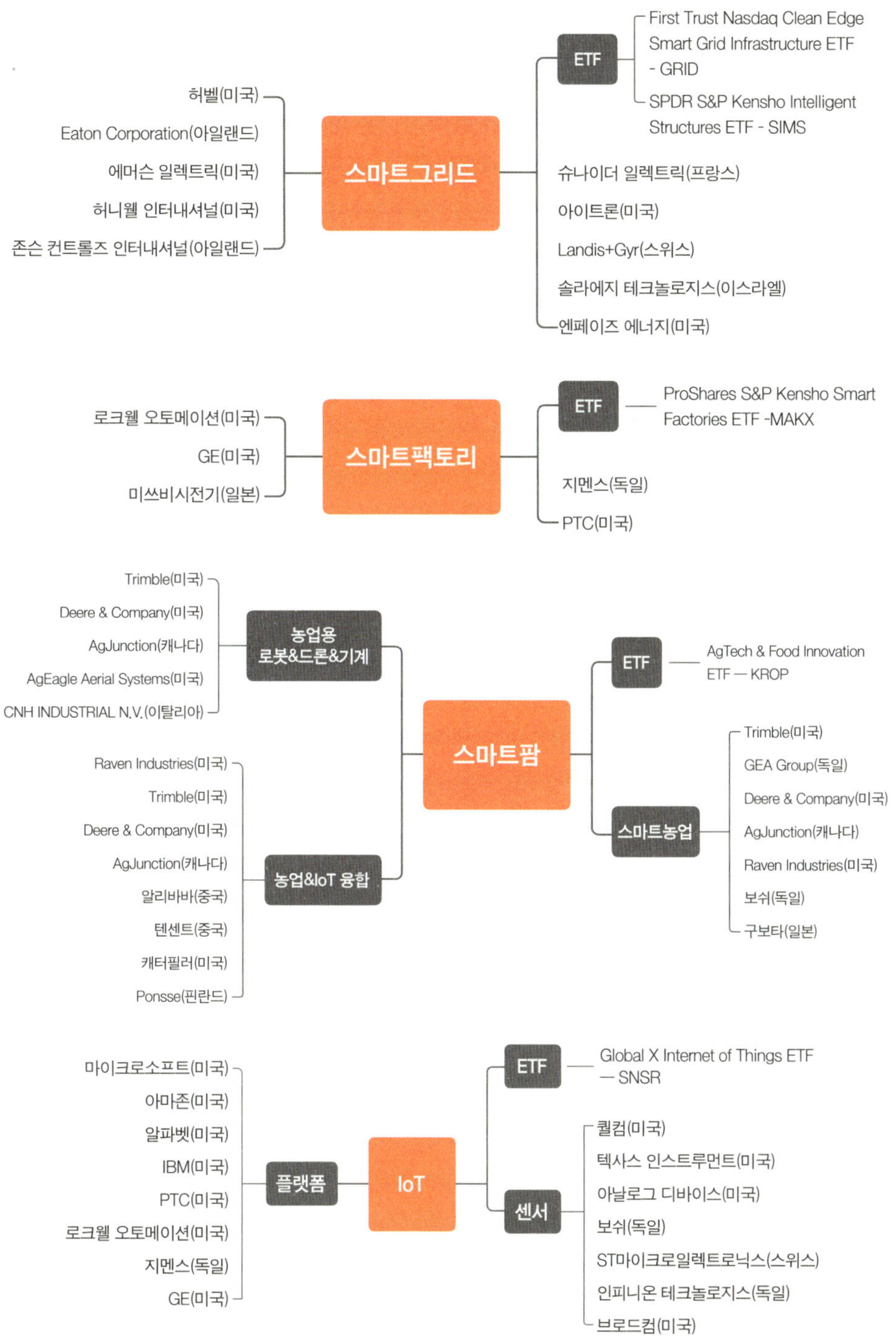

해외 대표 기업

PTC

시가총액	16조 원

	2021년	2022년(전망)
매출액	약 2조 원	약 2조 2,000억 원
영업이익	약 4,500억 원	약 5,200억 원

- 산업용 IoT, CAD(컴퓨터지원설계), AR(증강현실), PLM(제품수명관리), SLM(서비스수명관리) 소프트웨어 및 솔루션 제공 기업
- 전사 규모로 산업용 IoT 솔루션을 구축할 수 있도록 설계된 플랫폼 씽웍스(ThingWorx) 출시. 공정 최적화, 제조 경영 개선, 현장 서비스 현대화 등에 강점. 가트너 발간 IoT 플랫폼 매직쿼드런트 보고서에서 PTC는 가장 높은 비전 완성도를 인정받으며 리더 기업으로 등재됨
- 글로벌 실물 경기 회복, 산업 현장의 디지털 트랜스포메이션 가속화, 스마트팩토리 도입 경쟁 심화로 신규 수주 중장기 확대 기대(2024년까지 IoT, AR 솔루션은 각각 26%, 58% 고성장 전망)

LS ELECTRIC

스마트그리드 · 스마트에너지 · 전력배전

시가총액	1조 9,000억 원	주요 주주	LS 46%, 국민연금 11%
		총 매출액 중	산전부문 77%

- 2003년 LG그룹으로부터 분리된 기업으로 전력솔루션, 자동화기기의 제조 및 판매와 스마트 그리드, 신재생 에너지 솔루션 등 그린에너지 사업을 영위
- 지능형 분전반 및 스마트 계량 시스템 시범 운영 경험, AMI 개발
- 국내외 신재생에너지 및 스마트그리드 정책 확대에 따라 지속적인 수주 전망
- 디지털 스마트에너지 통합 관리 서비스 'LS GridSol Care' 등 차세대 전력 관리 기술 공개, 글로벌 최고 수준의 경쟁력 보유
- 2018년 북미 최대 ESS 기업 Parker Hannifin의 EGT(Energy Grid Tie) 사업부 인수, 2020년 두산퓨얼셀, 한화파워시스템과 '연료전지 연계형 감압발전 사업모델' 개발 착수, 현대자동차와 함께 '수소연료전지 발전 시스템 개발 및 공급 관련 상호 협력' MOU 체결

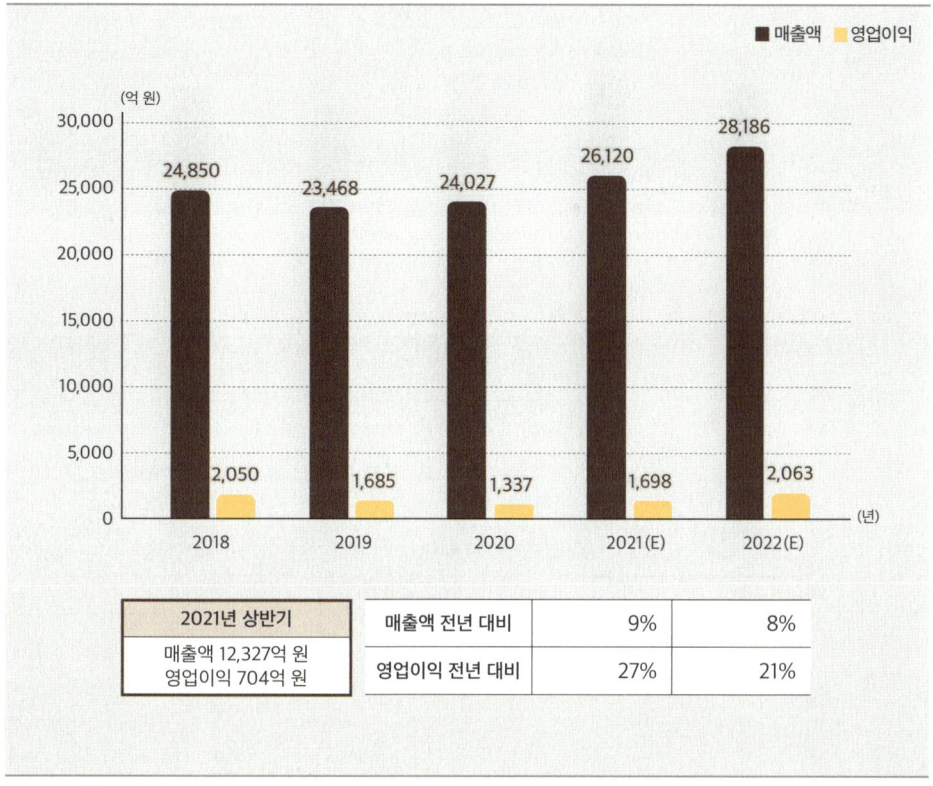

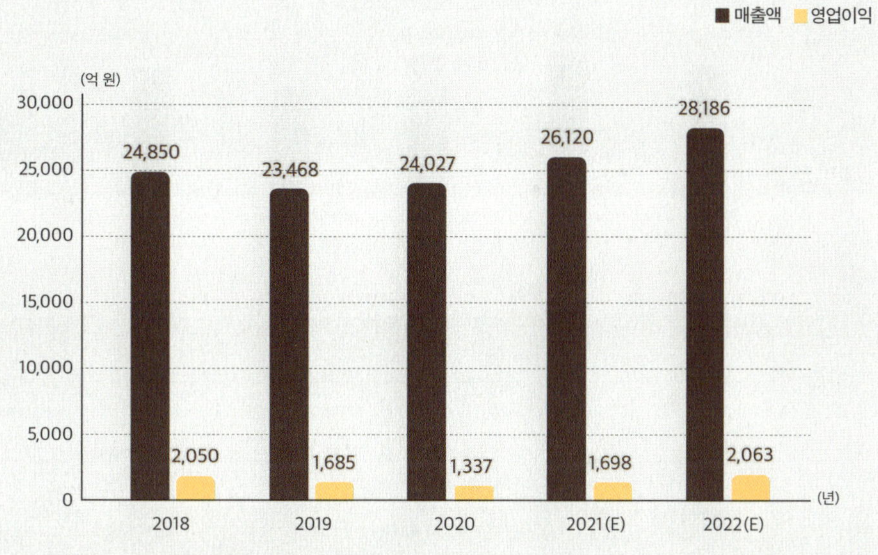

2021년 상반기
매출액 12,327억 원 영업이익 704억 원

매출액 전년 대비	9%	8%
영업이익 전년 대비	27%	21%

*2021.09. 기준

포스코ICT

스마트팩토리 | 물류 자동화 | 디지털 뉴딜

시가총액	9,800억 원

주요 주주	포스코 외 3인 66%
총 매출액 중	엔지니어링 53%, 용역수익 33%

- 포스코 그룹의 SI(전산시스템 구축 및 관리)업체로 스마트팩토리, 물류자동화, 스마트홈 솔루션을 제공
- 세계 최초 연속공정 스마트팩토리 솔루션 'PosFrame' 개발 등 기존 SI 기업들과 차별화된 엔지니어링 기술 보유
- 일반 SI 업체의 역할이 MES(기기 제어/자동화 최적화 소프트웨어 시스템)구축과 ERP 연계인 반면, 동사는 설비를 고객사에 맞게 최적화하는 엔지니어링 서비스
- 한진의 대전 메가 허브 물류 센터의 자동화 시스템 구축, 인천공항 BHS(Baggage Handling System) 사업 독점 수주 등 우수한 레퍼런스 확보
- 정부의 '디지털 뉴딜' 정책 및 기업의 생산성 제고를 위한 수요 확대로 스마트팩토리 수주 증가세

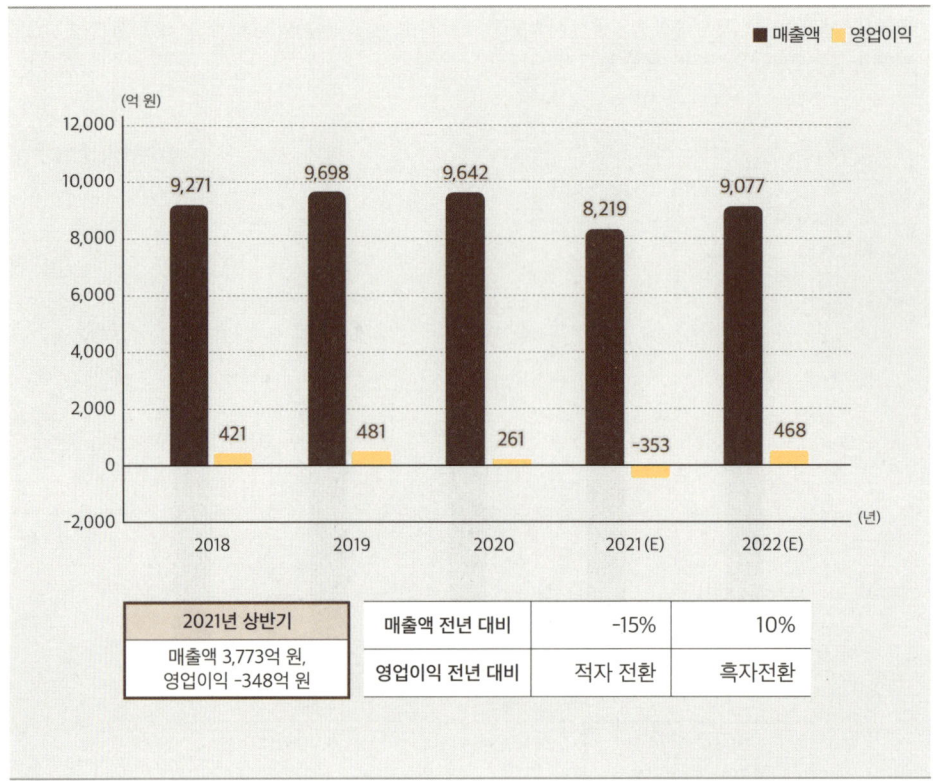

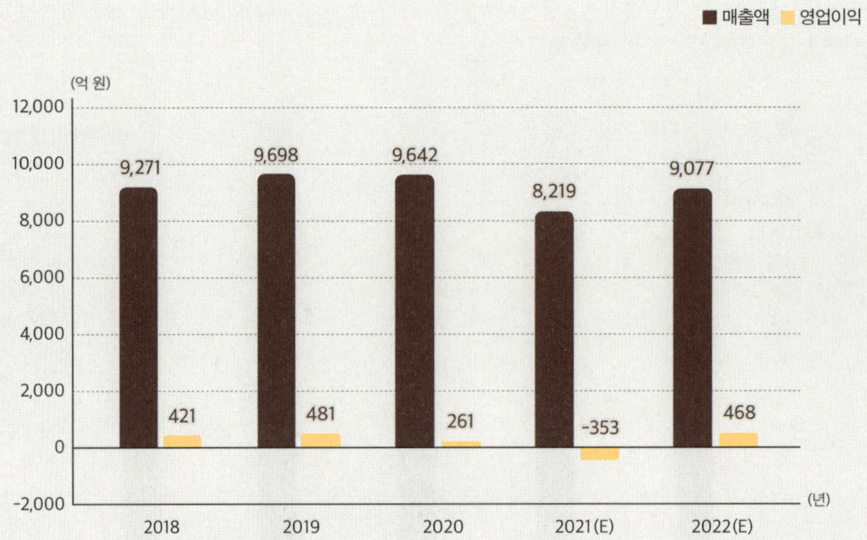

2021년 상반기
매출액 3,773억 원, 영업이익 -348억 원

매출액 전년 대비	-15%	10%
영업이익 전년 대비	적자 전환	흑자전환

*2021.09. 기준

그린플러스

스마트팜 첨단온실 알루미늄

시가총액	1,700억 원

주요 주주	박영환 외 9인 37%
총 매출액 중	압출 35%, 온실시공 29%, 온실자재 17%

- 스마트팜 설계, 자재, 시공까지 원스톱 서비스가 가능한 국내 1위 업체
- 세계 인구는 현재 78억 명 도달, 2050년 98억 명에 달할 것으로 예측. 식량 공급을 위해서는 농업생산력을 최소 70% 이상 증대시켜야 한다는 국제 사회의 컨센서스에 더해 탄소배출도 감소해야 하는 환경 → 동사의 성장은 장기적으로 유효
- 2021년부터 정부 스마트팜 혁신밸리 사업이 실적에 반영되기 시작하면서 36% 매출 증가. 향후에도 지속적인 사상 최대 실적 기대
- 국내 스마트팜 시장은 정부 주도의 스마트팜 확산정책을 바탕으로 성장 가속화. 국내 스마트팜 구축 시장은 2022년, 10조 원을 돌파하면서 지속 성장할 것으로 추정(M/S 9%)됨에 따라 국내 1위 업체인 동사를 중심으로 수주가 이어질 전망

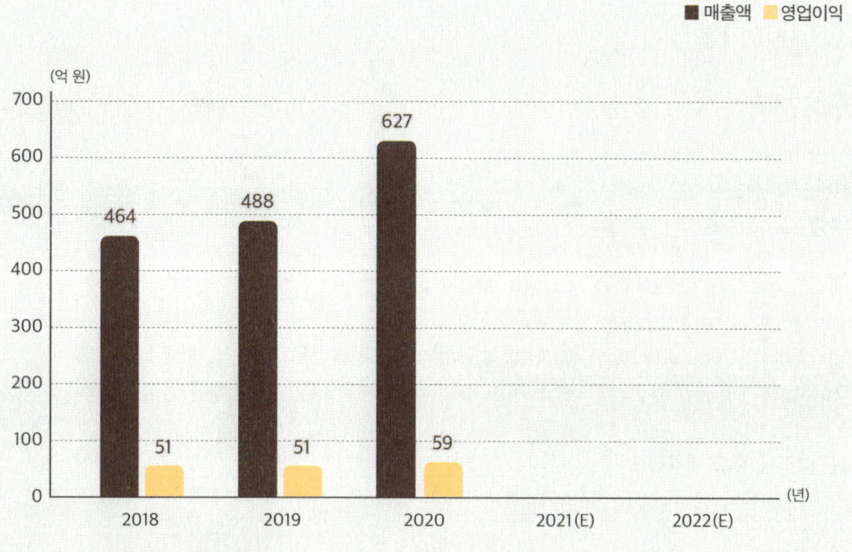

2021년 상반기
428억 원, 영업이익 30억 원

*2021.09. 기준

누리플렉스

스마트그리드 | 그린뉴딜 | AMI | 스마트미터링

시가총액	930억 원	주요 주주	NuriFlex Holdings 외 5인 37%, 자사주 6%
		주 매출처	스마트미터링 81%, 마이크로그리드 솔루션 12%

- 국내 AMI 부문 1위 기업
- AMI제조부터 소프트웨어까지 토탈 솔루션 제공이 가능한 업체는 국내에서 동사가 유일
- 정부의 스마트전력플랫폼 사업(아파트 500만 호 대상 전통 계량기를 AMI로 교체)에 단독 수주 성공

최근 실적 및 주요 재무지표

	2019년	2020년
매출액	1,479억 원	1,100억 원
영업이익	116억 원	29억 원

	2021년 상반기	
매출액	450억 원	PER 23배, PBR 1.6배, ROE 7%, 부채비율 79%
이익	60억 원	

아이앤씨

팹리스 | 스마트에너지 | IoT

시가총액	730억 원	주요 주주	박창일 29%
		주 매출처	멀티미디어(DAB칩) 51%, 스마트에너지 26%, 무선(Wi-Fi 모듈) 17%

- 통신반도체 설계 기술을 바탕으로 스마트 에너지 및 IoT 솔루션 등을 제공하는 팹리스 업체
- 2020년 4차 사업까지 진행된 한국전력의 AMI 보급/구축 사업에서 전체 물량의 43%를 수주
- 2023년까지 5~6차 AMI 보급사업 예정으로 동사의 실적 턴어라운드 및 사상 최대 실적 기대
- 2021년 국가 공공망 및 산업망 SoC칩 개발 국책 과제 업체로 선정, 지속 성장 가능성 가시화

최근 실적 및 주요 재무지표

	2019년	2020년
매출액	456억 원	229억 원
영업이익	43억 원	-56억 원

	2021년 상반기	
매출액	109억 원	PER -9.6배, PBR 1.9배, ROE -18%, 부채비율 35%
이익	-39억 원	

코윈테크

스마트팩토리 | 2차전지 생산 공정

시가총액	2,300억 원	주요 주주	이재환 외 10인 24%, 정갑용 외 7인 12%, 정준효 6%
		주 매출처	2차전지 74%, 석유화학 등 15%

- 2차전지 생산 공정에 특화된 스마트팩토리 자동화시스템 전문기업
- LG 화학, 삼성 SDI, SK이노베이션, 무라타 등 글로벌 탑티어 고객사 선점, 현재 진입한 경쟁사가 전무한 상태로 향후 2차전지 시장의 성장과 함께 동사의 독주 예상
- 2차전지, 반도체/디스플레이, 석유/화학 등 다양한 산업으로 1,200건 이상의 공급 실적

최근 실적 및 주요 재무지표

	2019년	2020년	2021년(전망)
매출액	911억 원	454억 원	1,268억 원(yoy 179%)
영업이익	208억 원	6억 원	132억 원(yoy 2100%)

	2021년 상반기	
매출액	519억 원	PER 22배, PBR 2.3배, ROE 11%, 부채비율 46%
이익	34억 원	

엠투아이

스마트팩토리 | HMI

시가총액	1,500억 원	주요 주주	코메스인베스트먼트 외 1인 57%
		주 매출처	스마트 HMI 96%

- 스마트팩토리 필수 요소인 스마트 HMI(Human Machine Interface), 스마트 SCADA(Supervisory Control And Data Acquisition) 및 이를 기반으로 한 스마트팩토리 솔루션 전문기업
- 국내 최초 산업용 HMI 개발. 반도체, 디스플레이 산업에서 풍부한 레퍼런스 확보. 최근에는 2차전지, 제약/바이오 분야로 고객사 다변화 및 매출 급증으로 영업레버리지 효과 본격화

최근 실적 및 주요 재무지표

	2019년	2020년
매출액	247억 원	332억 원
영업이익	67억 원	108억 원

	2021년 상반기	
매출액	198억 원	PER 19배, PBR 3.1배, ROE N/A, 부채비율 12%
이익	68억 원	

비츠로셀

리튬 일차전지 | AMI

시가총액	3,200억 원

주요 주주	비츠로테크 외 6인 39%, Fidelity Management 6%, Highclere 5%
주 매출처	리튬 일차전지 96%

- 리튬 일차전지 제조 기업, 국내 시장점유율 70%로 1위
- AMI 등 스마트미터기향 리튬 일차전지 매출 비중 60%
- 그린뉴딜, 스마트그리드 등 정부의 지원 정책과 에너지 효율화를 위한 AMI, 스마트미터기 보급 확대에 따라 동사의 수혜

최근 실적 및 주요 재무지표

	2019년	2020년
매출액	1,334억 원	1,132억 원
영업이익	253억 원	182억 원

	2021년 상반기	
매출액	564억 원	PER 24배, PBR 2.1배, ROE 9%, 부채비율 22%
이익	114억 원	

이삭엔지니어링

스마트팩토리 | 공장자동화 | 스마트에너지

시가총액	1,000억 원

주요 주주	김창수 외 4인 60%, 나우아이비캐피탈 외 1인 6%
주 매출처	산업자동화 솔루션 69%, 디지털팩토리 솔루션 15%

- 스마트팩토리 솔루션 공급 업체
- SK하이닉스, 현대제철, 현대차, 포스코, 삼성전자, 한전 등 대형 고객사 확보
- 산업자동화 솔루션, 디지털팩토리 솔루션, IoT플랫폼 솔루션, 초고압예방진단 솔루션 등 다양한 제품 라인업, 다양한 산업에서 고객사 유입
- 2020년부터 이차전지 산업향 매출 발생

최근 실적 및 주요 재무지표

	2019년	2020년
매출액	328억 원	448억 원
영업이익	33억 원	53억 원

	2021년 상반기	
매출액	102억 원	PER 16배, PBR 4.3배, ROE 30%, 부채비율 83%
이익	11억 원	

현대오토에버

스마트팩토리 | 차량 S/W | 현대차그룹

시가총액	3조 1,000억 원	주요 주주	현대차 외 5인 75%
		주 매출처	ITO부문 57%, SI부문 42%

- 싱가포르 글로벌 혁신센터(HMGICS)를 시작으로 지능형 제조 플랫폼 도입을 밝히고, 스마트팩토리 플랫폼 사업을 본격화
- 국내 외 공장에 스마트팩토리 전환이 시작되면 현대 계열사 공장 총 135개, 공장 당 약 390억 원 수주 금액 추정해 큰 폭의 매출 성장 기대

최근 실적 및 주요 재무지표

	2019년	2020년	2021년(전망)
매출액	15,718억 원	15,626억 원	20,184억 원(yoy 29%)
영업이익	802억 원	868억 원	1,232억 원(yoy 42%)

	2021년 상반기	
매출액	8,713억 원	PER 37배, PBR 4.4배, ROE 12%, 부채비율 57%
이익	451억 원	

티라유텍

스마트팩토리 | SCM | MES | 설비자동화

시가총액	600억 원	주요 주주	김정하 50%, SK 13%
		주 매출처	MES 51%, 플랫폼 20%, CAD/CAM 15%

- 스마트팩토리 솔루션 개발 및 시스템 구축 기업
- 스마트팩토리용 공급망관리(SCM), 생산관리(MES), 설비자동화(FA) 소프트웨어 강점
- 삼성, SK, LG 등 대기업(비중 약 70%) 중심 안정적인 매출처 확보
- 2차전지, 반도체, 디스플레이 산업 중심으로 대기업 투자 진행에 따른 수혜 예상

최근 실적 및 주요 재무지표

	2019년	2020년
매출액	285억 원	346억 원
영업이익	22억 원	-13억 원

	2021년 상반기	
매출액	189억 원	PER -19배, PBR 3.7배, ROE -18%, 부채비율 46%
이익	-48억 원	

아모센스

무선충전 | IoT 디바이스

시가총액	2,600억 원

주요 주주	김병규 외 5인 63%
주 매출처	소재 35%, 모듈 36%, IoT 6%

- 무선충전 차폐시트, 무선충전 안테나, IoT 디바이스, 자동차 전장 모듈 등 소재부품 기업
- 센서, 모듈, 플랫폼까지 자동차 및 IoT 토탈 솔루션 공급. 저전력 장거리 IoT 통신기술 탑재, 다양한 사용 환경에 최적화된 IoT 센서 디바이스 개발(수소센서모듈, 전장 디지털키 상용화 예정)
- 아마존, 구글, 현대차, 삼성전자 등 우수한 고객 레퍼런스 확보

최근 실적 및 주요 재무지표

	2019년	2020년
매출액	620억 원	436억 원
영업이익	17억 원	-102억 원

	2021년 상반기	
매출액	222억 원	PER -13배, PBR 4.5배, ROE -36%, 부채비율 140%
이익	-36억 원	

핵심 키워드

AMI(Advanced Metering Infrastructure)

스마트그리드는 크게 AMI(지능형 검침 인프라), ESS(에너지 저장 시스템), EMS(에너지 관리 시스템)으로 구성되는데 그중 가장 핵심이 되는 분야가 바로 AMI다. AMI는 전기사용량 측정을 사람이 검침하던 방식에서 디지털화된 자동검침 설비를 이용해 양방향 측정이 가능한 지능형 원격검침 시스템이다. 즉, 전기 이용자와 공급자 모두 언제 어디서나 실시간으로 전기사용량 정보를 얻을 수 있는데, 이로써 공급자는 계절과 시간대별로 전력 수요에 따라 요금을 탄력적으로 부과할 수 있고, 이용자는 전기요금 선택권을 보장받을 수 있다. 정부는 2019년부터 모든 가정과 산업 단위에 AMI를 보급하기로 하고, 관련 구축사업이 활발히 진행되고 있다. AMI 시장규모는 2028년까지 연평균 17%씩 성장할 것으로 전망된다.

ESS(Energy Storage System)

ESS는 생산된 전기를 저장장치(배터리 등)에 저장했다가 전력이 필요할 때 공급해 전력 사용 효율 향상을 도모하는 시스템이다. ESS의 사용으로 전력의 수급 균형과 가격 경쟁력 및 에너지 효율을 높일 수 있으며, 전력 예비력을 확보해 전력 피크 및 대규모 정전 사고에 효과적으로 대응할 수 있다. 또한 스마트 그리드 구축에 필수적인 분산형 전력시설(마이크로 그리드)을 위해 ESS는 필수불가결한 요소로 신재생 에너지로부터 얻어진 전력을 저장하여 필요시에 사용할 수 있도록 해준다. 스마트그리드의 핵심 장비다.

EMS(Energy Management System)

에너지 관리 시스템인 EMS는 에너지 효율을 높이도록 제어하는 일종의 IT소프트웨어를 의미한다. EMS를 통해 전기를 필요한 만큼만 생산, 공급, 사용함으로써 효율을 높일 수 있다. 또한, 청정 신재생에너지원으로부터 발전된 전기를 전력계통과 연계 운용하여 경제성과 수급 안정성을 확보하게 된다. 종류별로는 가장 상위의 국가용(K-EMS), 지역용(마이크로그리드 EMS), 공장에 적용하는 FEMS(Factory EMS), 상업용 건물에 적용하는 BEMS(Building EMS), 가정에 적용 하는 HEMS(Home EMS)로 나누어진다.

스마트팩토리 솔루션

스마트팩토리 솔루션은 공장 자동화를 목표로 하는 스마트팩토리 구현을 위해 IoT, 인공지능, 클라우드, 빅데이터, CPS 등의 첨단 기술을 적용한 플랫폼 기술을 총칭한다. 즉, 유기체로서 스마트팩토리가 작동하도록 센서, 정밀제어, 네트워크, 데이터 수집·분석 등 다양한 기술이 융합될 수밖에 없는데, 이런 큰 범위의 솔루션을 구현하기 위해 각종 S/W와 H/W가 포함된다. 또한, ① 에너지/비용/시간 단축을 위한 생산성 향상 기술과 ② 제품 생애 주기별 관점에서 '시장조사→생산→판매→서비스 제공' 등 전 과정 네트워크화를 통해 고객 맞춤형 생산 기술력이 요구된다.

애그테크(Ag-tech)

농식품산업에 첨단기술이 융합된 개념으로 농업생명공학, 거래 플랫폼, 바이오에너지, 농기계, 농장 관리 소프트웨어, 물류 추적, 스마트팜 등 농업과 관련된 전/후방 산업을 넓게 포함한다.

코로나19 백신 · 코로나19 치료제 · 원격 산업

1 코로나19 백신, 코로나19 치료제 대량생산 과정에서 국내 CMO 기업들의 존재감 부각
2 글로벌 빅파마들의 발 빠른 백신, 치료제 개발로 인해 국내 제약 바이오 기업들의 백신, 치료제 개발 기대감은 점차 줄어듦
3 코로나19 확산 또는 종식 여부와 상관없이, 원격 근무 산업은 매년 지속적으로 발전할 전망

관련 키워드 코로나19 백신 치료제 CMO 경구용 치료제 mRNA 진단 키트 원격 근무 재택 근무 협업 툴

2019년 12월 중국 우한에서 처음으로 발견된 호흡기 감염질환의 신종 바이러스인 코로나19는 각국간 여행, 무역을 통해 전 세계로 매우 빠르게 퍼져나갔다. 결국 세계보건기구(WHO)는 홍콩독감, 신종플루에 이어 사상 세 번째로 코로나19에 대해 팬데믹을 선포했다.

2020년에 이어 2021년에도 이어지고 있는 팬데믹 장기화로 인해 전 세계인들의 생활 패턴과 경제는 엄청난 변화의 소용돌이에 직면하게 되었다. 초유의 각국 국경 폐쇄, 경제 활동 셧다운, 기업 재택근무 및 비대면 업무, 마스크 착용 의무화 그리고 재난지원금과 정부의 막대한 현금 살포 등이 이뤄졌지만 여전히 코로나19는 변이를 일으키며 기세가 줄지 않았다. 2021년 11월 기준 전 세계의 코로나19 확진자는 2억 5,000만 명을 넘어서게 되었다.

이렇게 실물 경제가 파탄났고 많은 사람들이 코로나19로 고통을 받게 되었지만 주식시장에선 코로나19로 인한 수혜 분야를 찾게 되었는데, 많은 분야들 중 코로나 백신 및 치료제 그리고 원격 근무 관련 분야에 특히 관심이 집중되었다.

CMO와 진단 키트, 국내 제약바이오 기업들의 희망

코로나19 바이러스가 발견된 후 빠른 속도로 전파되어 미국에도 영향을 미치자 당시

미국 대통령이었던 도널드 트럼프는 오퍼레이션 워프 스피드Operation Warp Speed 전략을 즉시 시행하며 공격적인 백신 개발 지원에 앞장섰다. 백신 임상 시험이 끝나기도 전에 미리 백신 개발사들에게 비용을 지급하면서 빠른 개발을 독려했는데 이 과정에서 화이자와 모더나가 진행한 mRNA 계열의 백신이 개발되며 빠르게 전 세계에 공급되었다. 또한 미국 제약사 길리어드 사이언스가 개발한 에볼라 치료제 렘데시비르가 코로나 치료제로 FDA 정식 사용 승인을 받았고 후발 기업들이 게임 체인저로 불리는 경구용 치료제 개발에 힘을 쏟고 있는데 2021년 11월 기준으로 화이자와 머크의 경구용 치료제가 주목받고 있다.

한국 제약사들은 많은 기업들이 백신과 치료제 개발전에 뛰어들었고 한미약품, 에스티팜, GC녹십자가 구성한 차세대 mRNA 백신 플랫폼 기술 컨소시엄(K-mRNA 컨소시엄)이 출범해 개발을 진행하고 있다. 하지만 아쉽게도 셀트리온의 코로나 항체치료제 렉키로나주 외에는 기술력 및 자금력 부족으로 속도가 더딘 상황에서 해외 빅파마들의 선제적인 백신, 치료제 개발 및 출시로 시간이 지날수록 개발 기대감에 따른 수혜 기대감이 줄어들고 있다.

다만, 의약품 위탁생산 분야에서는 삼성바이오로직스, SK바이오사이언스 등이 발빠르게 백신 개발 해외 기업들과 협력 관계를 맺으며 존재감이 부각되고 있다. 또한 코로나19 확진자 증가로 인해 진단 키트 수요가 폭발하면서 씨젠, 에스디바이오센서 등 기존 진단 키트를 제조하던 기업들은 조 단위의 연매출을 달성하는 기업으로 1~2년만에 퀀텀 점프를 하게 되었다.

IT 기술의 발전과 함께 폭발적으로 저변이 확대된 원격 산업

코로나19의 등장은 노동환경과 일하는 방식을 획기적으로 변화시켰다. 같은 공간에 많은 사람들이 머무를 수 없다 보니 재택 근무 또는 화상회의를 통해 업무를 진행할 수밖에 없었는데, 각종 IT 기술이 접목된 프로그램들을 통해 무리 없이 업무를 진행할 수 있게 되자 많은 사람들이 원격 근무의 장점에 공감하게 되었다. 고용노동부 조사에 따르면 2020년 한국 기업의 약 절반이 재택근무를 운영했고 코로나19 종식 이후에도 재택근무를 희망하는 기업은 약 52%로 나타났다. 일Work와 휴가Vacation의 합성어인 워케이션에 대한 관심도 늘어나고 있기에, 코로나19 확산, 종식 여부와 상관없이 원격 근무 산업은 매년 지속적인 발전세를 보일 전망이다. 재택근무의 경우 제대로 된 업무성과를 내기 힘든 점이 고려되고 있으나 IT 대기업들이 각자 출시한 협업 툴을 통해 비효율 요소를 제거하고 업무 생산성을 향상시키고 있다.

국내 코로나19 백신, 치료제 개발 지원 예산

2021년 예산에서 총 2,627억 원이었던 지원 예산이 2022년에는 2배 가량 증가된 5,265억 원으로 편성되었다. 더욱 빠르게 국산 제품이 출시될 수 있도록 정부 차원의 독려가 이뤄지고 있다.

(단위: 억 원)

	2022년 정부예산안	2021년 본 예산
코로나19 치료제·백신 개발 등	3,210	1,528
연구·생산 인프라 구축	1,063	564
방역물품·기기 고도화	302	345
기초연구 강화	690	190
합계	5,265	2,627

출처: 보건복지부

글로벌 협업 툴 시장 전망

코로나19 발생 이전에도 협업 툴 시장은 발전을 이어갔으나 2020년 초 코로나19 팬데믹 이후 업무 환경이 크게 바뀌며 협업 툴 시장은 코로나 종식과 상관없이 지속 성장할 전망이다.

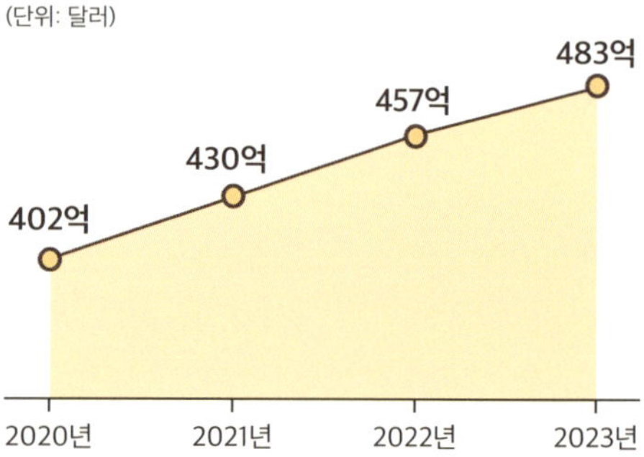

출처: IDC

코로나 백신의 종류

RNA 백신으로 화이자와 모더나, 바이러스 벡터 백신으로 아스트라제네카와 얀센 그리고 불활화 백신으로 중국의 시노팜과 시노백 등으로 분류된다.

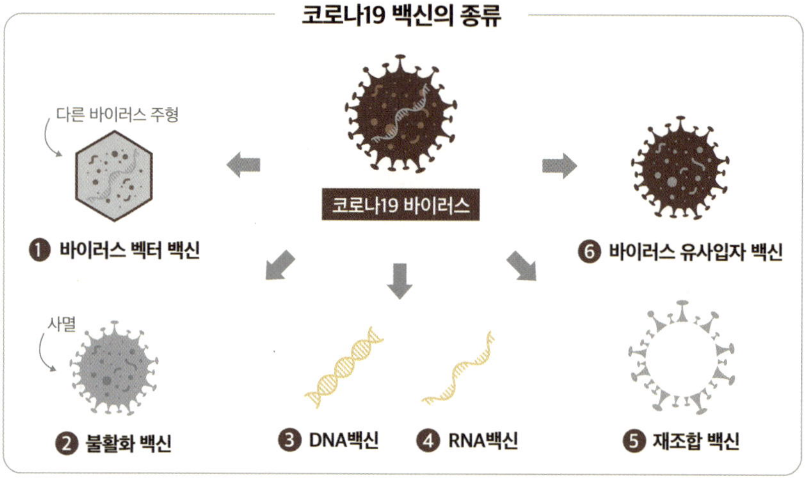

출처: 식품의약품안전처

코로나 백신이 작동하는 원리

백신 재료
인체세포에 결합하는 스파이크를 만드는 바이러스 유전자

▼

백신을 맞는다
바이러스 유전자가 인체로 들어가 스파이크 단백질 생산

▼

면역반응이 일어난다
스파이크에 결합하는 중화 항체와, 바이러스에 감염된 세포를 죽이는 T세포를 생산

▼

바이러스 퇴치
실제 코로나 바이러스가 인체에 침투하면 중화 항체와 T세포가 공격해 퇴치

출처: 네이처

글로벌 주요 코로나 백신 개발 및 국내 위탁 생산 현황

단계	백신 제조사	계약 상대	계약 사항
FDA 정식 승인	화이자		
긴급승인	아스트라제네카	SK바이오사이언스	CMO(원액 및 완제)
	모더나	삼성바이오로직스	CMO(DP, 완제)
		GC녹십자	백신 허가 및 국내 유통
	얀센		
	스푸트니크	한국코러스 컨소시엄	CMO(원액 및 완제)
		휴온스 컨소시엄	CMO(원액 및 완제)
3상	노바백스	SK바이오사이언스	CDMO(원액 및 완제)
	SK바이오사이언스		

국산 코로나19 치료제 개발 현황

단계	치료제 제조사	진행 사항
국내 정식 허가	셀트리온	
3상	종근당	3상 모집
	신풍제약	3상 계획 승인
2상	대웅제약	2b상 결과 도출(경구용)
	부광약품	2-2상 결과 도출(경구용)
	엔지켐생명과학	2상 결과 도출(경구용)
	동화약품	2상 진행(경구용)
	크리스탈지노믹스	2상 승인(경구용)
	진원생명과학	2상 계획 승인(경구용)
	한국유나이티드제약	2상 진행
	이뮨메드	2상 진행
	샤페론	2상 결과 도출
	GC녹십자웰빙	2a상 승인
	제넥신	2상 모집
1상	뉴젠테라퓨틱스	1상 종료(경구용)
	텔콘RF제약	1상 승인

코로나 진단키트 비교

	유전자 증폭 (RT-PCR) 방식	신속 진단키트	
		신속 PCR	신속 항원진단법
진단 방식	검체의 DNA를 증폭해 양을 측정하는 검사	검체의 DNA를 증폭해 양을 측정하는 검사	항원, 항체 이용
소요 시간	3~6시간	1~2시간	15~30분
민감도	민감도 95% 이상	민감도 80~90%	10~60%로 천차만별
용도	기본 검사법	응급용	선별 검사용
허가 사용처		응급용	선별진료소

테마 밸류 체인

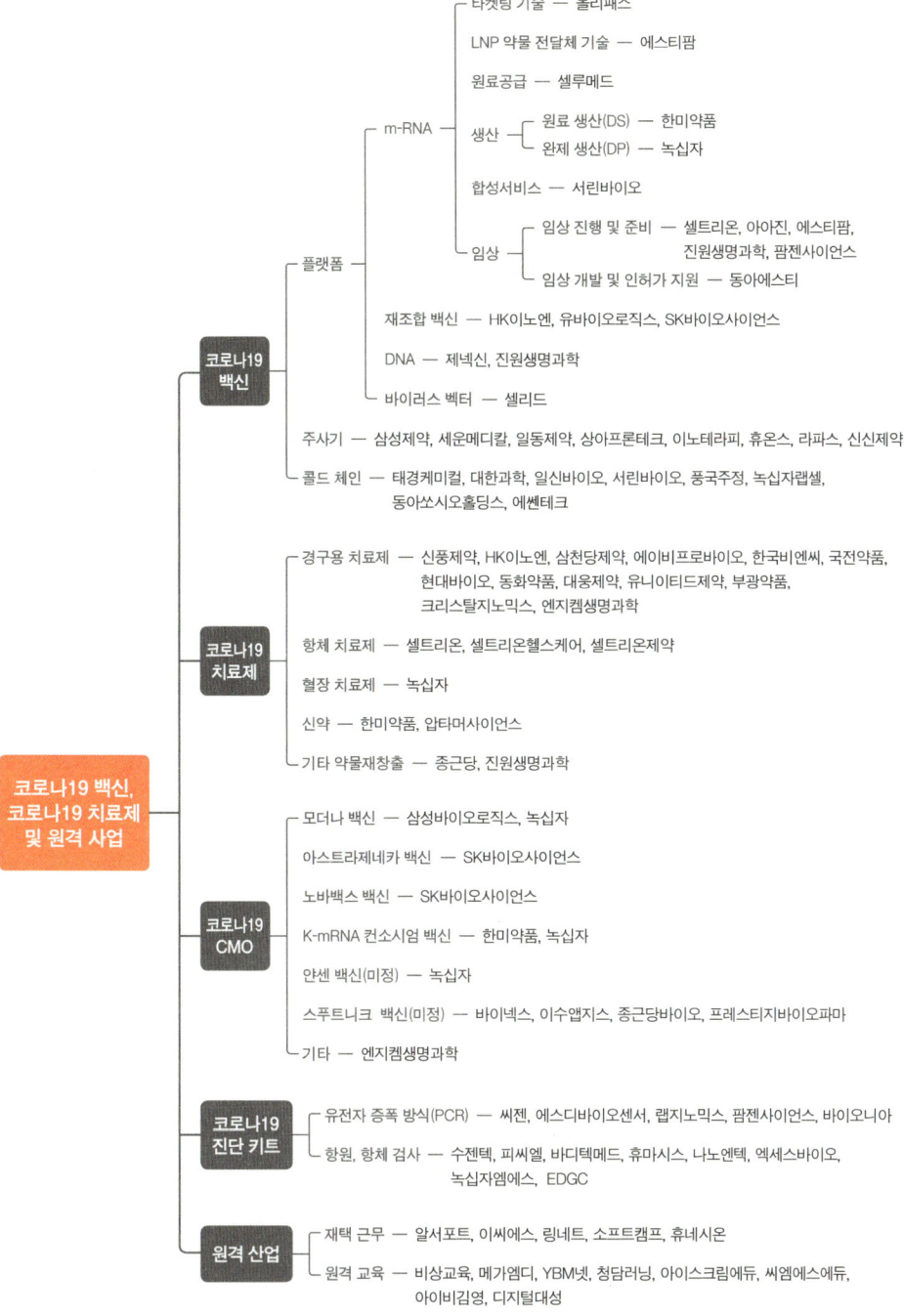

- **코로나19 백신, 코로나19 치료제 및 원격 사업**
  - **코로나19 백신**
    - 플랫폼
      - m-RNA
        - 타켓팅 기술 — 올리패스
        - LNP 약물 전달체 기술 — 에스티팜
        - 원료공급 — 셀루메드
        - 생산
          - 원료 생산(DS) — 한미약품
          - 완제 생산(DP) — 녹십자
        - 합성서비스 — 서린바이오
        - 임상
          - 임상 진행 및 준비 — 셀트리온, 아이진, 에스티팜, 진원생명과학, 팜젠사이언스
          - 임상 개발 및 인허가 지원 — 동아에스티
      - 재조합 백신 — HK이노엔, 유바이오로직스, SK바이오사이언스
      - DNA — 제넥신, 진원생명과학
      - 바이러스 벡터 — 셀리드
    - 주사기 — 삼성제약, 세운메디칼, 일동제약, 상아프론테크, 이노테라피, 휴온스, 라파스, 신신제약
    - 콜드 체인 — 태경케미컬, 대한과학, 일신바이오, 서린바이오, 풍국주정, 녹십자랩셀, 동아쏘시오홀딩스, 에쎈테크
  - **코로나19 치료제**
    - 경구용 치료제 — 신풍제약, HK이노엔, 삼천당제약, 에이비프로바이오, 한국비엔씨, 국전약품, 현대바이오, 동화약품, 대웅제약, 유니이티드제약, 부광약품, 크리스탈지노믹스, 엔지켐생명과학
    - 항체 치료제 — 셀트리온, 셀트리온헬스케어, 셀트리온제약
    - 혈장 치료제 — 녹십자
    - 신약 — 한미약품, 압타머사이언스
    - 기타 약물재창출 — 종근당, 진원생명과학
  - **코로나19 CMO**
    - 모더나 백신 — 삼성바이오로직스, 녹십자
    - 아스트라제네카 백신 — SK바이오사이언스
    - 노바백스 백신 — SK바이오사이언스
    - K-mRNA 컨소시엄 백신 — 한미약품, 녹십자
    - 얀센 백신(미정) — 녹십자
    - 스푸트니크 백신(미정) — 바이넥스, 이수앱지스, 종근당바이오, 프레스티지바이오파마
    - 기타 — 엔지켐생명과학
  - **코로나19 진단 키트**
    - 유전자 증폭 방식(PCR) — 씨젠, 에스디바이오센서, 랩지노믹스, 팜젠사이언스, 바이오니아
    - 항원, 항체 검사 — 수젠텍, 피씨엘, 바디텍메드, 휴마시스, 나노엔텍, 엑세스바이오, 녹십자엠에스, EDGC
  - **원격 산업**
    - 재택 근무 — 알서포트, 이씨에스, 링네트, 소프트캠프, 휴네시온
    - 원격 교육 — 비상교육, 메가엠디, YBM넷, 청담러닝, 아이스크림에듀, 씨엠에스에듀, 아이비김영, 디지털대성

글로벌 주요 기업

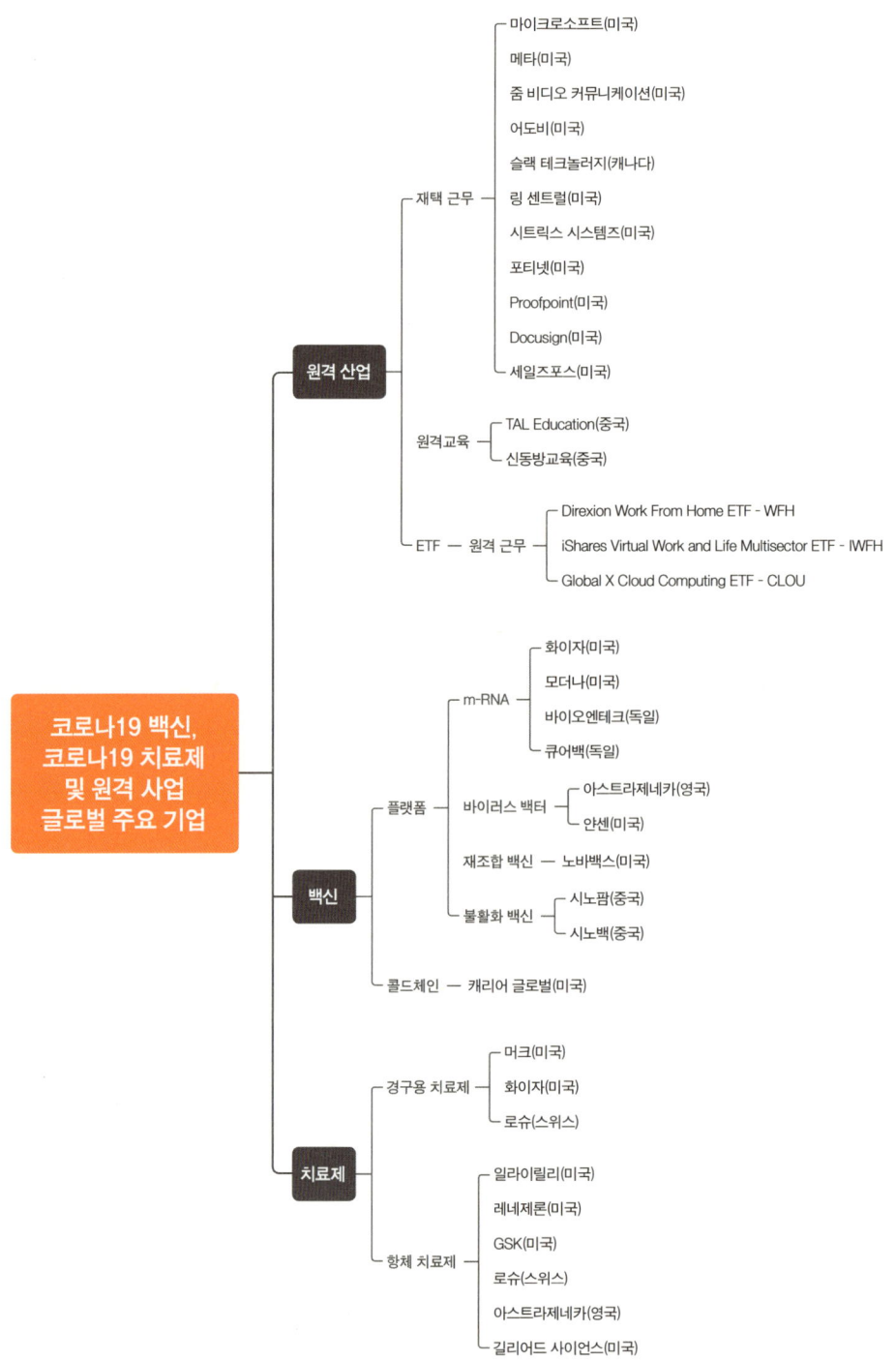

코로나19 백신, 코로나19 치료제 및 원격 사업 글로벌 주요 기업

- **원격 산업**
  - 재택 근무
    - 마이크로소프트(미국)
    - 메타(미국)
    - 줌 비디오 커뮤니케이션(미국)
    - 어도비(미국)
    - 슬랙 테크놀러지(캐나다)
    - 링 센트럴(미국)
    - 시트릭스 시스템즈(미국)
    - 포티넷(미국)
    - Proofpoint(미국)
    - Docusign(미국)
    - 세일즈포스(미국)
  - 원격교육
    - TAL Education(중국)
    - 신동방교육(중국)
  - ETF — 원격 근무
    - Direxion Work From Home ETF - WFH
    - iShares Virtual Work and Life Multisector ETF - IWFH
    - Global X Cloud Computing ETF - CLOU
- **백신**
  - 플랫폼
    - m-RNA
      - 화이자(미국)
      - 모더나(미국)
      - 바이오엔테크(독일)
      - 큐어백(독일)
    - 바이러스 백터
      - 아스트라제네카(영국)
      - 얀센(미국)
    - 재조합 백신 — 노바백스(미국)
    - 불활화 백신
      - 시노팜(중국)
      - 시노백(중국)
  - 콜드체인 — 캐리어 글로벌(미국)
- **치료제**
  - 경구용 치료제
    - 머크(미국)
    - 화이자(미국)
    - 로슈(스위스)
  - 항체 치료제
    - 일라이릴리(미국)
    - 레네제론(미국)
    - GSK(미국)
    - 로슈(스위스)
    - 아스트라제네카(영국)
    - 길리어드 사이언스(미국)

해외 대표 기업

화이자

시가총액	282조 원

	2021년	2022년(전망)
매출액	약 92.8조 원	약 81.4조 원
영업이익	약 24.3조 원	약 21.3조 원

- 글로벌 의약품 매출 1, 2위를 번갈아 기록하고 있는 거대 제약사
- 일반인들에게 잘 알려진 비아그라, 센트룸 등을 포함해 자가면역질환 치료제 엔브렐, 젤잔즈 제조
- 코로나19 mRNA 백신을 통해 재차 기업가치를 신장시키는 중. 미국, 유럽 등 백신 부스터샷 수요 증가 전망
- 백신 없이도 견고한 매출 창출하는 안정적 사업구조 및 연간 3~4%의 배당을 지급하는 배당주 성격 보유

줌 비디오

시가총액	89조 원

	2021년	2022년(전망)
매출액	약 3.1조 원	약 4.7조 원
영업이익	약 0.7조 원	약 1.1조 원

- 코로나19 팬데믹으로 재택근무 수요 증가로 기업 가치 확대
- 2020년 줌의 소프트웨어 주 고객층은 개인. 대규모 계약을 하는 기업 고객 신장 위한 전략 강화
- 줌콜, 줌룸, 줌포홈 등 재택근무 소프트웨어들을 구독형으로 판매
- 2021년 7월, 클라우드 콜센터 기업 Five9을 147억 달러에 인수. 고객 관리 데이터 확보 및 관리 역량 강화 목적

셀트리온

램시마 | 트룩시마 | 허쥬마 | 바이오시밀러 | 코로나19 치료제(렉키로나)

시가총액	34조 원

주요 주주	셀트리온홀딩스 외 70인 22%, 국민연금공단 7%
총 매출액 중	바이오시밀러 81%, 케미칼의약품 18%

- 류머티즘 관절염 치료제 램시마로 고속 성장한 각종 단백질 치료제 개발, 생산 기업
- 코로나19 항체 치료제 렉키로나, 미국 및 유럽 진출로 매출 확대 기대감
- 2021년 10월, 휴마시스와 공동개발한 항원 검사키트, FDA 긴급사용승인 획득
- 2021년 하반기, 결장직장암 치료제 아바스틴 바이오시밀러 FDA 판매허가 신청. 트룩시마, 허쥬마에 이은 세 번째 항암 바이오시밀러 확보할 전망
- 자가면역질환 및 기타 치료제 바이오시밀러 라인업 보유(램시마, 트룩시마, 허쥬마, 유플라이마 등)

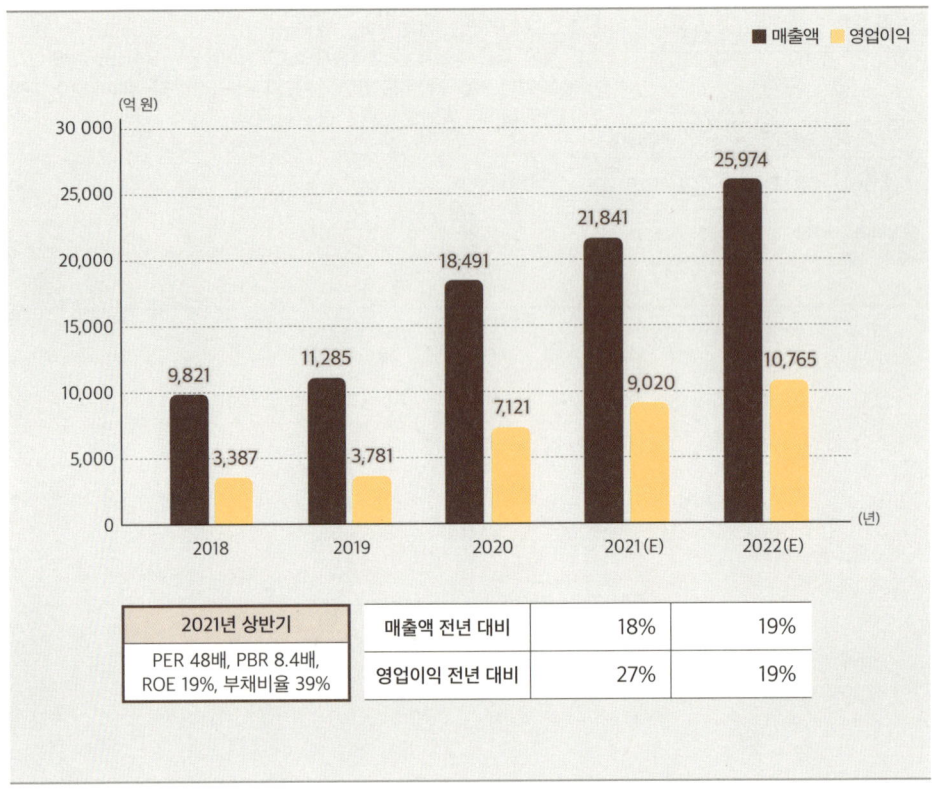

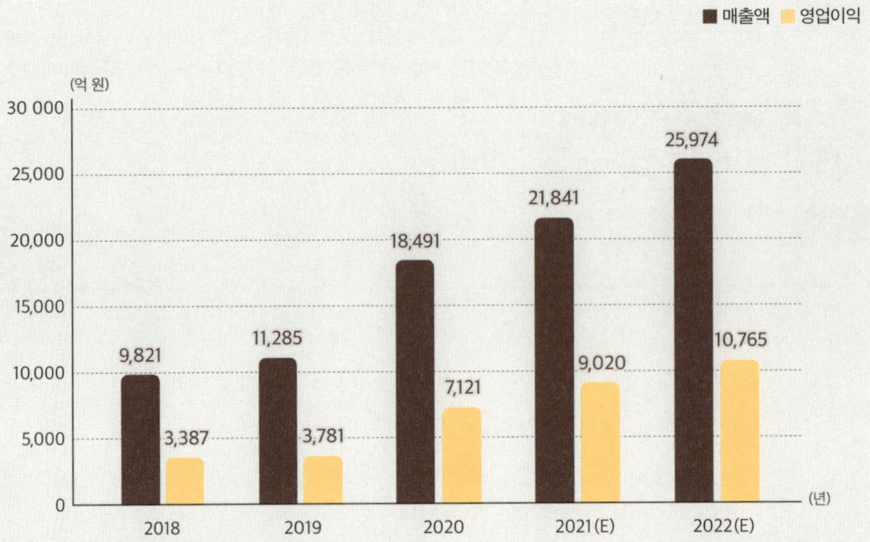

2021년 상반기
PER 48배, PBR 8.4배, ROE 19%, 부채비율 39%

매출액 전년 대비	18%	19%
영업이익 전년 대비	27%	19%

*2021.09. 기준

삼성바이오로직스

CMO | CDMO | 바이오시밀러 | 플릭사비 | 베네팔리 | 임랄디

시가총액	57조 원	주요 주주	삼성물산 외 4인 75%, 국민연금공단 5%
		총 매출액 중	CDMO 제품 90%, CDMO 서비스 10%

- 생산 capa 기준 글로벌 1위(36만 리터) 의약품 위탁 제조, 생산 기업
- 4공장 증설 완료되면 압도적인 생산량 이어갈 전망(증설 완료 시 총 62만 리터)
- 모더나 코로나19 mRNA 백신 충진포장 위탁생산 계약 체결
- 코로나19 항체 치료제 관련, 글로벌 제약사와 CMO 계약 추진 계획
- 세포, 유전자 치료제 등 차세대 치료제 CDMO 진출 계획
- 자회사 삼성바이오에피스가(지분 50%) 자가면역질환 치료제 바이오시밀러 라인업 보유(플릭사비, 베네팔리, 임랄디)

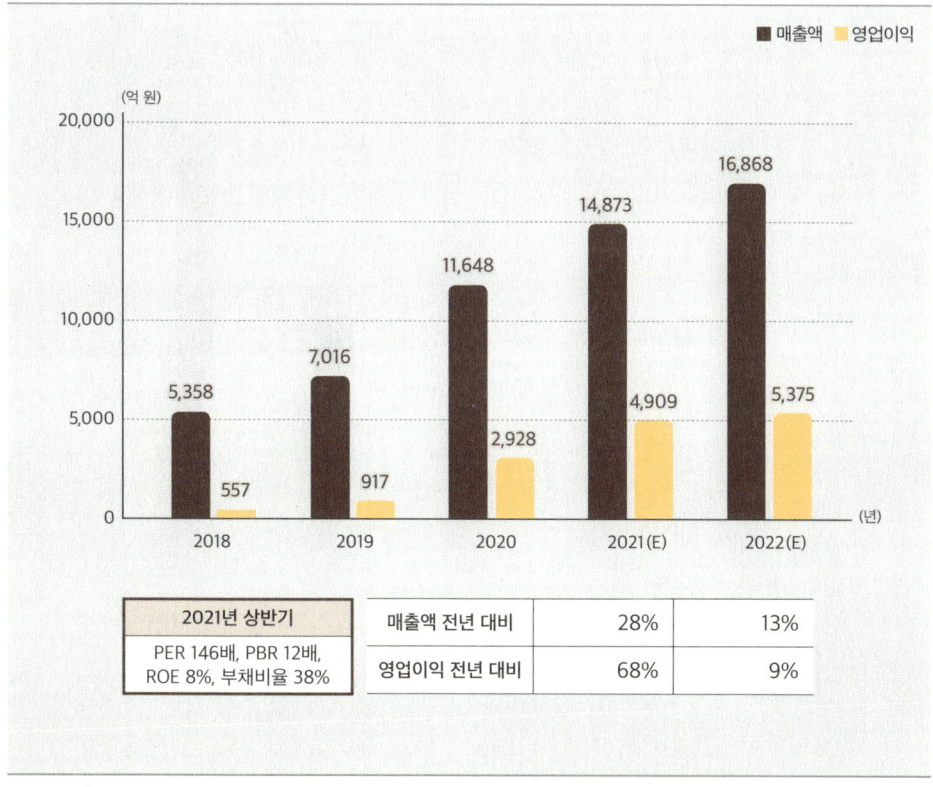

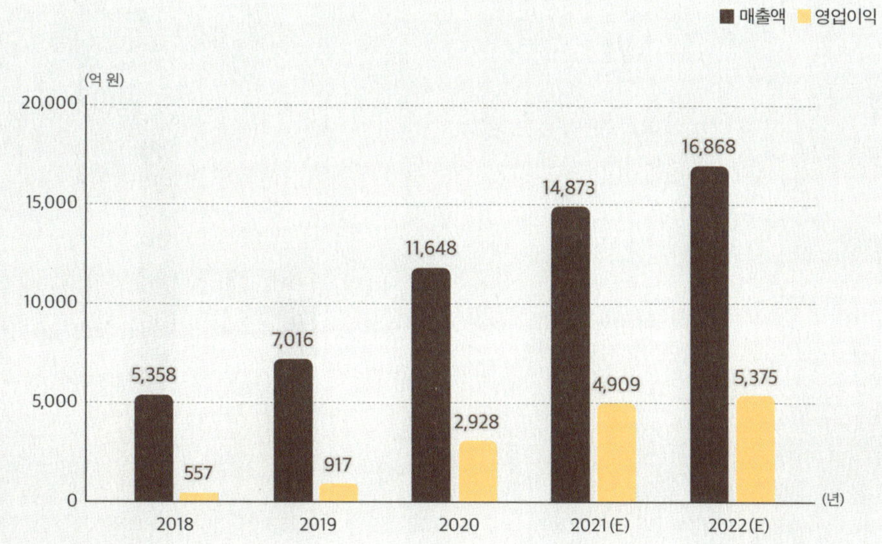

2021년 상반기			
PER 146배, PBR 12배, ROE 8%, 부채비율 38%	매출액 전년 대비	28%	13%
	영업이익 전년 대비	68%	9%

*2021.09. 기준

SK바이오사이언스

대상포진 백신 | 아스트라제네카 | 노바백스 | CEPI | 안동 L 하우스

시가총액	17조 원	주요 주주	SK케미칼 68%
		총 매출액 중	CDMO 86%

- SK케미칼에서 물적 분할된 백신 및 바이오의약품 연구개발, 생산, 판매 기업
- 대상포진 백신 스카이조스터, 국내 점유율 46% 수준
- 아스트라제네카, 노바백스의 코로나19 백신 CMO 수주
- 노바백스 백신의 WHO 긴급사용 등재 가능성 확대 기대감
- CEPI 코로나19 백신 위탁생산 계약, 2022년 말까지 연장
- 자체 코로나19 임상 3상 중인 백신 GBP510 가치 전망 상향. 정부의 선 구매 추진
- 2024년 완공 예정인 안동 신공장 증설로 대량 생산에 따른 프리미엄 부여될 것

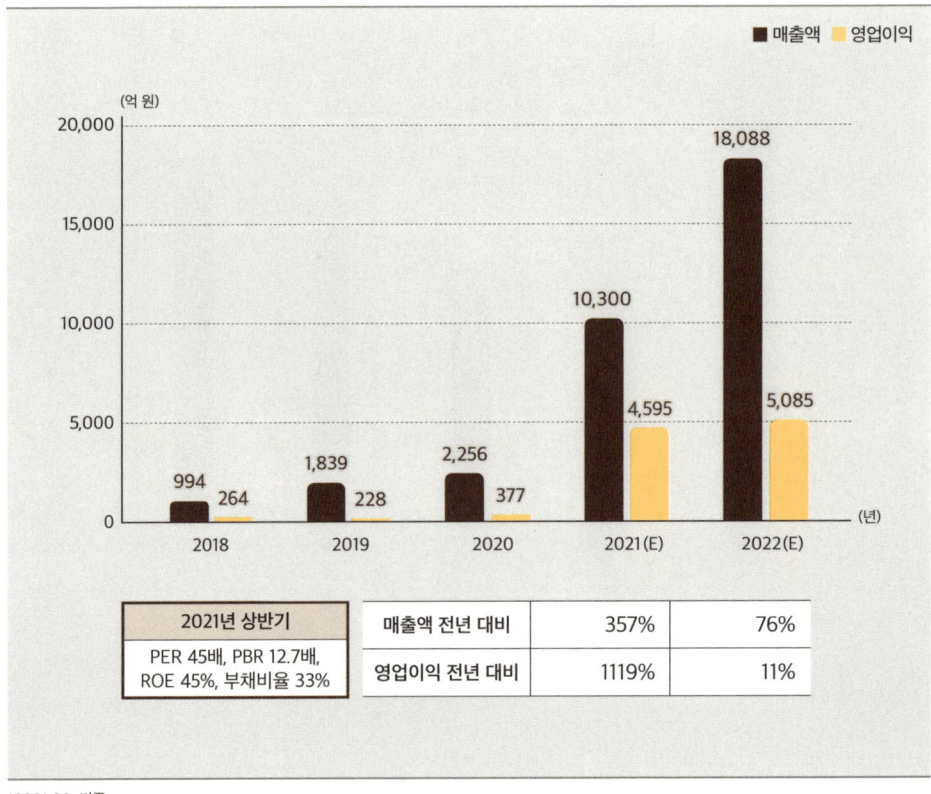

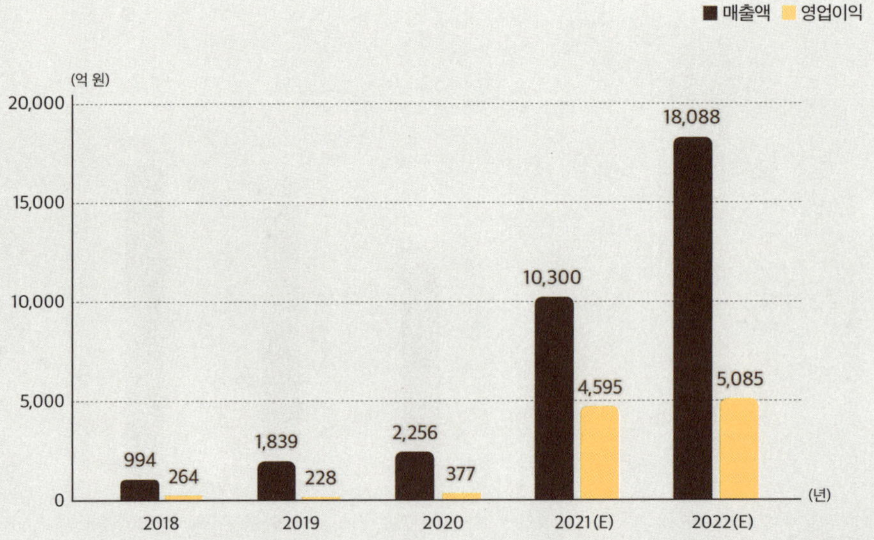

2021년 상반기
PER 45배, PBR 12.7배, ROE 45%, 부채비율 33%

매출액 전년 대비	357%	76%
영업이익 전년 대비	1119%	11%

*2021.09. 기준

녹십자

클라지아 | 코로나19 백신 | CMO

시가총액	30,443억 원

주요 주주	녹십자홀딩스 외 6인 51%
주 매출처	혈액제제류 27%, 일반제제류 22%

- 혈액 및 백신제제 및 OTC 의약품 제조 판매
- 인도 기업의 당뇨병 치료 바이오시밀러 클라지아 출시
- CEPI와 5억 도즈 규모 코로나19 백신 CMO 계약
- 얀센 코로나19 백신 CMO 계약 전망

최근 실적 및 주요 재무지표

	2019년	2020년	2021년(전망)
매출액	13,571억 원	15,041억 원	15,856억 원(yoy 5%)
영업이익	417억 원	503억 원	1,003억 원(yoy 99%)

	2021년 상반기	
매출액	6,698억 원	PER 34배, PBR 2.5배, ROE 7%, 부채비율 75%
이익	161억 원	

에스티팜

mRNA | LNP | 캡핑 기술 | K-mrna 컨소시엄

시가총액	15,858억 원

주요 주주	동아쏘시오홀딩스 외 4인 46%
주 매출처	신약 API 60%, 제네릭 API 27%

- 올리고 및 저분자 신약 CDMO, 제네릭 CMO 사업
- mRNA 주요 합성기술을 모두 보유한 유일한 기업. LNP 전달체 기술 이용권리 확보
- K-mRNA 컨소시엄에 참여. 백신 임상 1상 진입 목표

최근 실적 및 주요 재무지표

	2019년	2020년	2021년(전망)
매출액	933억 원	1,241억 원	1,785억 원(yoy 43%)
영업이익	-267억 원	-188억 원	86억 원(흑자전환)

	2021년 상반기	
매출액	677억 원	PER 280배, PBR 5.2배, ROE 1%, 부채비율 57%
이익	-16억 원	

진원생명과학

DNA 백신 | 경구용 치료제 | 플라스미드

시가총액	12,162억 원	주요 주주	박영근 외 5인 8%
		주 매출처	플라스미드 58%, 패브릭 37%

- 핵산 의약품 설계, 체내 전달기술 보유 및 자회사 VGXI를 통한 대량 생산시설 보유
- 다수의 감염병 백신 개발 경험
- 한미사이언스와 mRNA 백신 대규모 생산 관련 계약

최근 실적 및 주요 재무지표

	2019년	2020년
매출액	412억 원	415억 원
영업이익	-82억 원	-185억 원

	2021년 상반기	
매출액	220억 원	PER -99배, PBR 21배, ROE -30%, 부채비율 39%
이익	-94억 원	

HK이노엔

컨디션 | 헛개수 | 케이캡 | 머크 | 세포 유전자 치료제

시가총액	19,713억 원	주요 주주	한국콜마 외 2인 47%
		주 매출처	전문의약품 89%

- 컨디션, 헛개수 등 160여 개 전문의약품 보유
- 세포 유전자 치료제 관련, 다수 파이프라인 보유 및 GMP 인증시설 보유
- 역류성 식도염 신약 케이캡의 시장 점유율 상승 전망
- 코로나19 경구 치료제 개발 중인 머크 사의 유통 담당

최근 실적 및 주요 재무지표

	2019년	2020년	2021년(전망)
매출액	5,399억 원	5,984억 원	8,039억 원(yoy 34%)
영업이익	725억 원	870억 원	783억 원(yoy -10%)

	2021년 상반기	
매출액	3,717억 원	PER 40배, PBR 2.0배, ROE 3%, 부채비율 109%
이익	160억 원	

유바이오로직스

콜레라 백신 | 유비콜 | 코로나19 백신 임상

시가총액	18,513억 원

주요 주주	김덕상 외 5인 10%
주 매출처	유비콜/유비콜플러스 90%

- 감염병 예방 백신 전문 기업
- 콜레라 백신 치료제 유비콜 매출 비중 높음
- 합성 항원 방식의 코로나19 백신 임상 진행 중

최근 실적 및 주요 재무지표

	2019년	2020년
매출액	331억 원	285억 원
영업이익	98억 원	-60억 원

	2021년 상반기	
매출액	161억 원	PER -15배, PBR 20배, ROE -154%, 부채비율 124%
이익	-63억 원	

태경케미컬

드라이아이스 | 액체탄산 | 콜드체인 | 신선식품 | 배달

시가총액	1,508억 원

주요 주주	태경비케이 외 2인 58%
주 매출처	탄산가스 93%

- 드라이아이스, 액체탄산, 수산화마그네슘 등 제조
- 코로나 화이자, 모더나 백신의 냉장 유통, 보관 필요성으로 동사의 제품, 콜드체인으로 부각
- 신선식품 시장 확대로 동사 제품 수요 증가 전망

최근 실적 및 주요 재무지표

	2019년	2020년
매출액	418억 원	471억 원
영업이익	12억 원	77억 원

	2021년 상반기	
매출액	264억 원	PER 18배, PBR 1.4배, ROE 8%, 부채비율 13%
이익	65억 원	

서린바이오

삼성바이오로직스 | 모더나 | mRNA 서비스

시가총액	2,021억 원

주요 주주	황을문 외 3인 28%, 한국증권금융 5%
주 매출처	상품 92%, 헬스케어기기 5%

- 바이오 연구, 임상, 생산공정에 필요한 원부재료, 장비, 소모품 등 공급
- 주요 공급품으로 세포배양 배지, 혈청, 항체 등
- 삼성바이오로직스에 시약 등 원재료 납품 이력 주목
- 국내 유일 mRNA 합성 서비스 공급

최근 실적 및 주요 재무지표

	2019년	2020년
매출액	544억 원	651억 원
영업이익	18억 원	45억 원

	2021년 상반기	
매출액	390억 원	PER 31배, PBR 2.9배, ROE 9%, 부채비율 36%
이익	42억 원	

한미약품

ETC | 랩스커버리 | 라이센스 아웃 | 에페글레나타이드

시가총액	3.2조 원

주요 주주	한미사이언스 외 3인 41%, 신동국 외 1인 9%, 국민연금공단 8%
주 매출처	총 매출액 중, 의약품 97%(정제 39%, 캡슐제 15%, 시럽제 14% 등)

- 대규모 라이센스 아웃으로 제약바이오 시장 선도
- 바이오의약품 반감기 늘려주는 랩스커버리 기술
- 이중항체 플랫폼 '팬텀바디' 자체 개발로 중국에서 고형암 임상 1상 진행
- K-mRNA 컨소시엄에서 원료 생산 담당

최근 실적 및 주요 재무지표

	2019년	2020년	2021년(전망)
매출액	11,137억 원	10,759억 원	11,483억 원
영업이익	1,039억 원	490억 원	1,140억 원

	2021년 상반기	
매출액	5,496억 원	PER 60배, PBR 4.1배, ROE 7%, 부채비율 122%
이익	459억 원	

바이넥스

코로나19 백신 | 스푸트니크V | CMO | CAR-T 치료제

시가총액	4,748억 원

주요 주주	바이넥스홀딩스 외 2인 11%, 광동제약 외 1인 5%
주 매출처	제약업 60%, 바이오사업 40%

- 케미컬의약품 판매 및 바이오의약품 CMO 영위
- 러시아 코로나 백신 스푸트니크V 생산 컨소시엄 참여
- 美 바이오기업 지분 확보로 CAR-T 치료제 사업 진출

최근 실적 및 주요 재무지표

	2019년	2020년
매출액	1,253억 원	1,330억 원
영업이익	113억 원	161억 원

	2021년 상반기	
매출액	612억 원	PER 72배, PBR 3.6배, ROE 5%, 부채비율 42%
이익	38억 원	

대웅제약

나보타 | 균주 소송 | 우루사 | 코로나19 경구용 치료제

시가총액	15,063억 원

주요 주주	대웅 외 5인 57%, 국민연금공단 6%
주 매출처	제품 29%, 상품 26%

- 우루사, 임팩타민 및 의약품 상품 매출 등 영위
- 메디톡스와의 미국 보툴리늄톡신 균주 소송 종료
- 코로나19 경구용 치료제 코비블록 개발, 임상 진행 중

최근 실적 및 주요 재무지표

	2019년	2020년	2021년(전망)
매출액	11,134억 원	10,554억 원	10,248억 원(yoy -3%)
영업이익	447억 원	170억 원	841억 원(yoy 395%)

	2021년 상반기	
매출액	5,593억 원	PER 93배, PBR 3.3배, ROE 3%, 부채비율 107%
이익	413억 원	

씨젠

코로나19 진단 키트

시가총액	28,620억 원

주요 주주	천종윤 외 23인 30%
주 매출처	분자진단 시약 80%, 장비 18%

- 유전자 분석으로 질병 원인 감별하는 분자진단 시약 개발
- 코로나19 발생 이후 막대한 진단키트 수요에 따른 기업 실적 대폭 성장
- 포스트 코로나19에 독감 진단키트 및 M&A 행보 등 기대

최근 실적 및 주요 재무지표

	2019년	2020년	2021년(전망)
매출액	1,220억 원	11,252억 원	12,638억 원(yoy 12%)
영업이익	224억 원	6,762억 원	6,175억 원(yoy -8%)

	2021년 상반기	
매출액	6,555억 원	PER 5.7배, PBR 2.7배, ROE 58%, 부채비율 40%
이익	3,381억 원	

에스디바이오센서

코로나19 진단 키트

시가총액	48,538억 원

주요 주주	조영식 외 17인 64%
주 매출처	Standard Q 91%

- 체외 진단, 현장 진단, 자가혈당 측정 분야 등 영위
- 코로나19 팬데믹 특수로 실적 대폭 성장
- 백신 접종률이 상대적으로 낮은 아프리카 및 기타 지역 수출 기대감

최근 실적 및 주요 재무지표

	2019년	2020년	2021년(전망)
매출액	737억 원	16,862억 원	30,671억 원(yoy 81%)
영업이익	9억 원	7,383억 원	14,430억 원(yoy 95%)

	2021년 상반기	
매출액	19,595억 원	PER 4.2배, PBR 2.3배, ROE 78%, 부채비율 41%
이익	9,667억 원	

랩지노믹스

코로나19 진단 키트 | 검체 진단

시가총액	2,782억 원	주요 주주	진승현 외 1인 12%
		주 매출처	분자진단 48%, 진단키트 37%

- 진단 키트, 진단 서비스 및 신약 개발 사업 영위
- 코로나19 검체 진단 서비스 매출 비중 높음
- 위드 코로나에도 진단 건수는 증가할 전망
- 분자 진단 업체 중 유일하게 미국에 키트 수출 중

최근 실적 및 주요 재무지표

	2019년	2020년	2021년(전망)
매출액	332억 원	1,195억 원	2,006억 원(yoy 67%)
영업이익	11억 원	549억 원	930억 원(yoy 69%)

	2021년 상반기	
매출액	879억 원	PER 3.5배, PBR 2.3배, ROE 54%, 부채비율 32%
이익	402억 원	

알서포트

원격 지원 | 원격 제어 | 재택근무

시가총액	3,798억 원	주요 주주	서형수 외 1인 45%
		주 매출처	Remote View 57%, Remote Call 34%

- 원격 지원, 원격 제어 분야 아시아 점유율 1위 기업
- 코로나19 발생 이후 재택근무 수요 증가로 동사의 원격 서비스 수요 증가
- 국내 비대면 의료 구체화, 공공기관 화상회의 증가 이슈에 수혜 전망

최근 실적 및 주요 재무지표

	2019년	2020년	2021년(전망)
매출액	285억 원	464억 원	559억 원(yoy 20%)
영업이익	58억 원	185억 원	232억 원(yoy 25%)

	2021년 상반기	
매출액	301억 원	PER 14배, PBR 4.4배, ROE 35%, 부채비율 18%
이익	133억 원	

청담러닝

청담어학원 | 중국 사교육 규제 | 바운시 | 메타버스

시가총액	2,623억 원

주요 주주	김영화 외 6인 29%
주 매출처	영어교육사업 51%, 수학 45%

- 청담어학원, April 어학원 등 운영. 영어, 수학 중심
- 중국 사교육 규제 영향을 영어회화 중심 놀이학교 프로그램으로 대응 전망
- 교육 메타버스 플랫폼 '바운시'로 신성장동력 확보 기대

최근 실적 및 주요 재무지표

	2019년	2020년	2021년(전망)
매출액	1,750억 원	1,800억 원	2,127억 원(yoy 18%)
영업이익	226억 원	169억 원	354억 원(yoy 109%)

	2021년 상반기	
매출액	1,051억 원	PER 13배, PBR 2.9배, ROE 19%, 부채비율 95%
이익	168억 원	

핵심 키워드

mRNA 백신
인체에 직접 항체를 주입하는 것이 아닌 항체의 정보를 담고 있는 유전 물질을 인체에 주입해 세포 안에서 항체를 형성할 수 있도록 하는 기술을 활용한 백신이다. 기존 백신에 비해 개발 기간이 짧고 장기간 면역 반응이 가능하며 합성이 쉽기에 생산이 빠른 장점이 있다.

콜드 체인
mRNA 계열 백신인 화이자는 영하 70도, 모더나는 영하 20도에서 저장과 유통이 되어야 하는 상황으로 인해 저온 유통 기술을 접목시켰다. 견고한 냉장고와 빛이 들어가지 않는 밀폐 시약병을 이용하며 온도를 유지시켜 줄 모니터링 기술이 중요하다.

항암제 · 치료제

1 항암제의 지속적인 발전으로 현재 면역항암제가 활발히 쓰이고 있으며 CAR-T, NK세포(자연살해세포) 치료제 등이 부각받고 있음
2 글로벌 제약 시장에서 가장 규모가 큰 분야는 자가면역질환. 애브비, 화이자, 암젠 등 빅 제약회사들의 주 무대
3 한국 제약바이오 기업은 자가면역 질환 바이오시밀러에 대응하고 있고 향후 ADC(항체-약물접합체), 줄기세포 치료제 분야에서의 실력 발휘 목표

관련 키워드 면역항암제 CAR-T 세포 치료제 NK 세포 치료제 대사항암제 줄기세포 자가면역 질환

기술 및 의학의 발달로 인간의 평균 수명은 점차 증가하고 있지만 아직도 암은 주요 사망원인 압도적 1위로 치명적이다. 암과의 전쟁은 거의 50년 전에 시작됐지만 여전히 정복하지 못했다. 그동안 새로운 약물과 특정 암세포를 목표로 하는 치료법은 눈부시게 발전했으나 아직도 암은 공포의 대상이다. 암뿐 아니라 자가면역질환 등 수많은 질병에 맞서 글로벌 제약사들이 치료제를 개발하며 평균 수명 100세 시대를 위한 노력을 지속하고 있다.

항암제의 발전

항암제란 암세포의 특이적인 성질을 주로 공략하거나 호르몬을 조절해 암세포의 발육이나 증식을 억제하는 역할을 담당한다. 항암제는 암세포를 직접 죽이는 데 효능이 있지만 좋은 정상세포까지 죽이게 되어 부작용이 심각한 1세대 화학항암제 이후 정상세포는 그대로 두고 암세포만을 공격하는 2세대 표적항암제가 대두되었다. 다만 장기간 사용하면 항암제에 대한 내성이 생겨 이를 해결하기 인해 3세대인 면역항암제가 개발되었다. 이는 자신의 몸속 면역세포를 활성화해 암세포를 죽이는 방식으로, 단독 처방이 어렵다는 단점이 있지만 치료 중 통증을 완화하기 때문에 부작용이 거의 없다는 장점이 있다. 여기서 더 나아가 면역세포 치료제가 CAR-T, NK 세포 치료제로 분화하며 발전을 거듭하고 있

다. 또한 최근엔 암세포를 굶어 죽이는 4세대 대사 항암제가 연구되고 있다.

면역세포 치료제와 ADC의 고성장성 주목

면역세포 치료제는 백혈구 속의 T세포를 채집한 뒤 몸 밖에서 강화, 변형시켜 다시 몸에 주사해 암 세포를 죽일 수 있도록 하는 면역 항암제인데 키메릭항원수용체(CAR)-T세포 치료제, NK(자연살해)세포 치료제 등으로 구분할 수 있다. CAR-T 세포 치료제는 암환자 혈액에서 T세포를 추출해 바이러스 등을 이용하여 T세포 표면에 암세포를 인식할 수 있는 단백질을 만든 후 환자에게 다시 주입하는 방식의 치료제다. 이는 혈액암에서 완치 수준의 치료 효과를 보이고 있으나 대량 배양이 어렵고 비싸며 즉각적인 투여가 어렵다는 단점이 있다. 여기서 NK세포 치료제는 CAR-T의 부작용을 줄이며 대량 배양이 가능한데, 암 세포의 발생, 증식, 전이 억제와 더불어 암의 재발에 관여하는 암 줄기세포를 효과적으로 제거할 수 있는 장점으로 부각받고 있다.

차세대 신약 플랫폼으로 떠오르고 있는 항체, 약물 접합체로 불리는 ADC 신약 개발도 이어지고 있는데 이는 암세포를 선택적으로 선별하는 항체에 항암 치료용 약물을 결합해 암세포를 효과적으로 제거하는 장점이 있다. 국내에선 한미약품, 레고켐바이오 등이 개발에 도전하고 있는데 글로벌 ADC 시장 규모는 2020년 4조 원대에서 2027년에 22조 원으로 5배 이상 급성장할 수 있는 분야여서 전 세계적으로 개발 열풍이 불 전망이다.

치료제의 발전

글로벌 제약 시장에서 가장 규모가 큰 분야는 자가면역질환이다. 자가면역질환이란 면역계의 자가항원에 대한 부적절한 반응이 일어나는 것인데 체내의 면역세포 및 항체가 이상 작용하여 역으로 자신의 신체를 공격하는 질환을 말한다. 주로 당뇨, 류마티스 관절염, 크론병 등을 유발한다. 해당 치료제 글로벌 1위는 애브비의 휴미라, 2위는 화이자-암젠-다케다의 엔브렐인데 이 의약품들은 전체 제약 시장 매출로도 1,2위이고 수많은 바이오시밀러가 기존 시판 및 임상 진행 중일 만큼 경쟁이 상당히 심하다. 다만 성공한다면 막대한 이익을 거둘 수 있는 시장이다. 자가면역질환 치료제 시장은 2018년 27조 원 규모에서 2024년엔 33조 원 규모로 확대될 전망이다.

줄기세포치료제는 다양한 조직 세포를 생산할 수 있는 잠재력을 지닌 세포로 재생이 불가능한 세포로 분화해 대체하거나 재생될 수 있도록 유도하는 것을 말한다. 줄기세포치료제는 현재 치료가 불가능한 난치성 질환의 해결책으로 떠오르고 있다. 임상실험을 진행하거나 타겟이 되는 환자 수가 적어 치료제 개발에 많은 비용과 시간이 필요하기에 해당 치료제는 임상 3상을 조건으로 선 허가 후 임상이 진행되기도 한다. 아직 시장 초기 국면이지만 글로벌 제약사들의 투자로 시장은 크게 확대될 전망인데 2019년 15조 원 가량에서 2025년엔 약 27조 원 규모로 연평균 10% 가량의 성장성을 보일 전망이다.

글로벌 항암제(+면역 항암제) 시장 전망

: 항암제 시장이 2018년~2024년 연평균 11% 성장하는 동안 면역 항암제는 16%씩 성장할 전망이다.

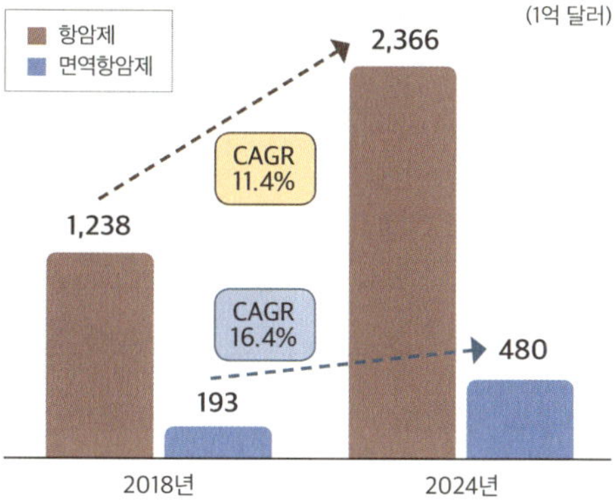

출처: Evaluate Pharma

글로벌 의약품 시장 전망

: 2020년 9,400억 달러에서 연 평균 7%씩 고성장 기록하며 2026년엔 1조 4,320억 달러에 이를 전망이다.

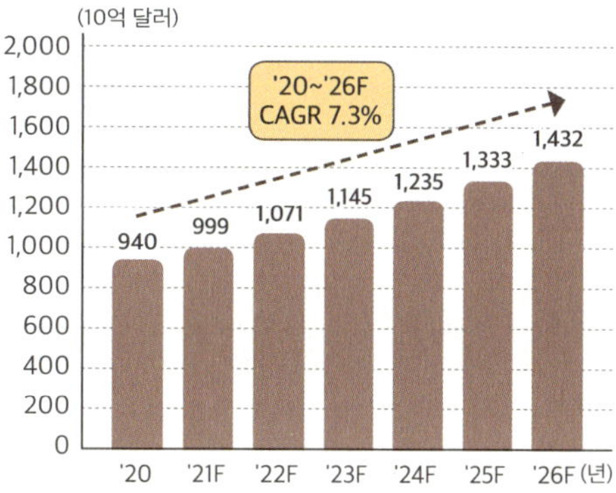

출처: Evaluate Pharma

항암제 발전 단계

: 현재 3단계 면역 항암제가 널리 쓰이고 있으며 암세포를 굶겨 죽이는 방법인 대사 항암제가 연구 개발 중이다.

	1단계 화학 항암제	2단계 표적 항암제	3단계 면역 항암제	4단계 대사 항암제
내용	세포 분열을 억제하는 독성물질을 주입해 암세포 공격	암세포를 표적해 정밀 타격	우리 몸의 면역체계를 이용해 세포 주변 환경을 공격	암세포에 필요한 에너지원을 차단
단점	멀쩡한 세포도 공격	내성이 생기고 전이 암 환자에게 효과 떨어져	독성은 적지만 효능 있는 환자 수 많지 않음	시판 치료제가 한 개밖에 없어 보다 많은 연구 필요

글로벌 매출 TOP 항암제

: 2024년에 전망되는 매출액순으로 머크의 키트루다, BMS의 옵디보, 화이자의 입랜스 등이 상위권을 이룰 전망이다.

제품명	기업명	주요 적응증	매출액 (백만 달러)
키트루다	머크	비소세포폐암	17,606
옵디보	BMS/오노	흑색종	11,430
입랜스	화이자	유방암	9,808
임브루비카	애브비/얀센	혈액암	9,337
레블리미드	셀젠/BMS	혈액암	7,860
타그리소	아스트라제네카	비소세포폐암	5,447
다잘렉스	얀센	다발성골수종	5,148
퍼제타	로슈	유방암	4,975

주요 질환별 시장 점유율과 2024년까지의 연평균 성장률 전망

: 주요 질환 중 항암제가 약 20% 정도의 높은 점유율을 차지하고 있으면서 추후 성장률도 가장 높게 전망되고 있다. 인간의 평균 수명이 증가되는 데 암이 가장 큰 장애물이며 아직도 완치가 어려운 상황이기에 글로벌 빅 파마들은 앞으로도 항암제 시장에 막대한 투자를 할 전망이다.

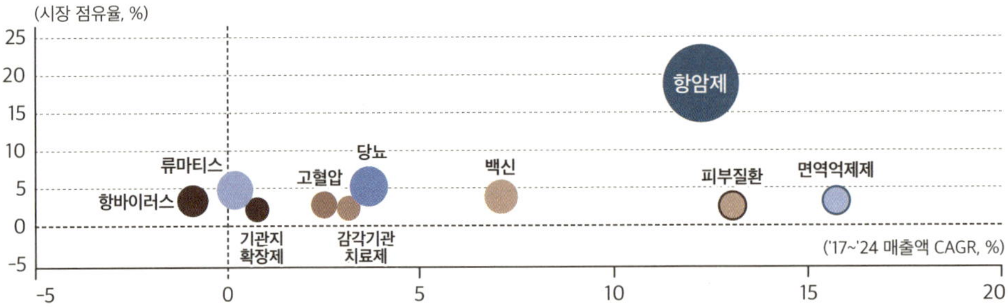

출처: Evaluate Pharma, 메리츠종금증권 리서치센터

세포치료제의 분류

: 줄기세포, 면역세포, 체세포로 나눌 수 있으며 줄기, CAR-T, NK 세포에 주목할 필요가 있다.

순위	종류	세부 유형 예시	적용질환 예시
줄기세포	배아 줄기세포	조혈모 줄기세포(HSC) 중간엽 줄기세포(MSC)	심혈관질환 척수손상 관절염, 당뇨
	역분화 줄기세포		
	성체 줄기세포		
면역세포	T세포	종양침윤 T세포(TIL) CAR-T세포 TCR-T세포	백혈병, 림프종 간암, 폐암 전립선암 자가면역질환
	NK세포	CAR-NK	
	수지상 세포	유전자 조작 수지상세포	
체세포	피부세포	표피, 진피	피부화상, 흉터
	연골세포	연골	퇴행성관절염

우리 몸의 면역 세포

: 면역세포는 외부로부터 이물질이나 세균, 바이러스 등의 항원이 우리 몸으로 침입했을 때 작용하는 방어 시스템을 뜻한다.

NK세포 기반 면역항암제 매출 전망

: NK세포는 다양한 면역 수용체를 통해 비정상적인 세포와 정상세포를 구분 지어, 비정상 세포만으로 골라 파괴하는 세포를 말한다. 이는 2026년까지 연평균 16%의 고성장을 이룰 전망이다.

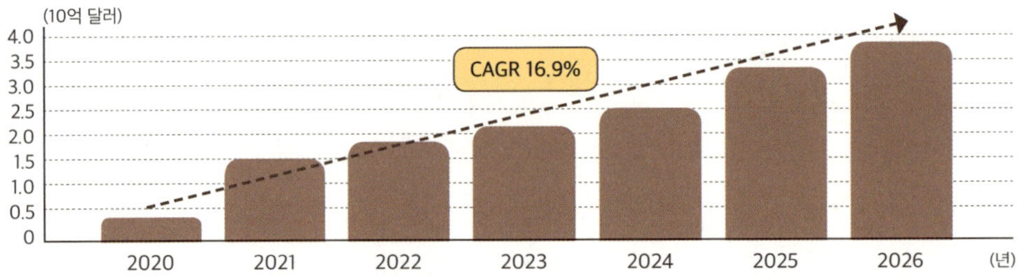

출처: Alied Market Research, 2019

글로벌 CAR-T 치료제 시장 규모

: CAR-T는 환자의 혈액에서 추출한 면역세포인 T세포를 배양한 뒤 유전자를 조작해 만드는 치료제다. 2020년 대비 2026년까지 약 10배 이상 성장할 전망이다.

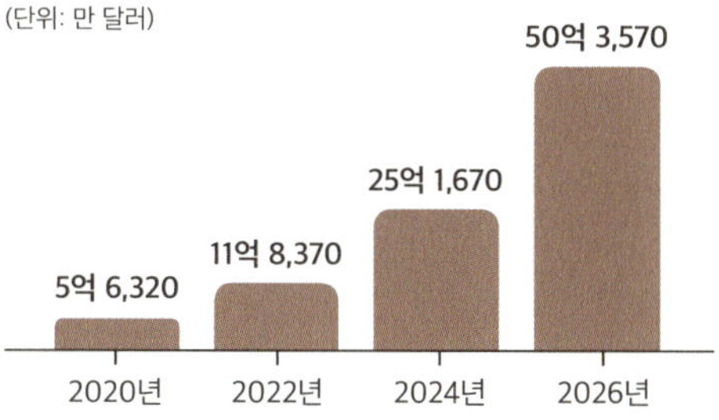

출처: 생명공학정책연구센터

글로벌 이중항체 치료제 시장 규모

: 이중항체는 면역세포와 암세포에 동시 작용하는 항체로서 면역세포는 강화시켜 주면서 암세포를 공격한다. 단일 항체보다 뛰어난 효능 및 병용투여법의 단점을 해결할 수 있다.

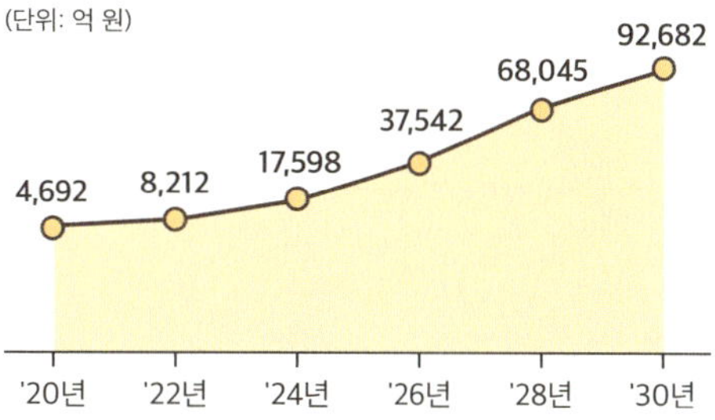

출처: 루츠애널리시스

글로벌 줄기세포 시장 전망

: 인체 내 다양한 신체 기관 조직으로 변신 가능한 재생세포다. 죽지 않고 끝없이 반복해 분열하는 세포인 줄기세포 시장은 2018년 대비 2025년에 약 5배 성장을 전망하고 있다.

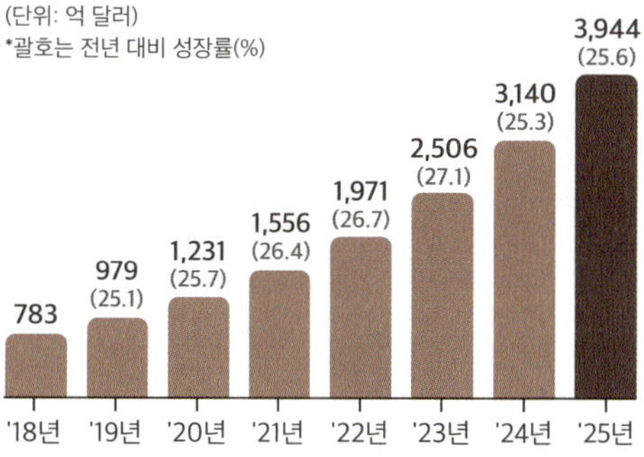

출처: 잉크우드리서치

NK세포의 특장점

: 비정상적인 세포를 제거하며 T세포가 공격할 수 없는 암세포를 공격한다. 또한 암세포의 전이를 방지하는 장점이 있으며, 기존 항암치료와 병행 시, 시너지 효과가 발생한다.

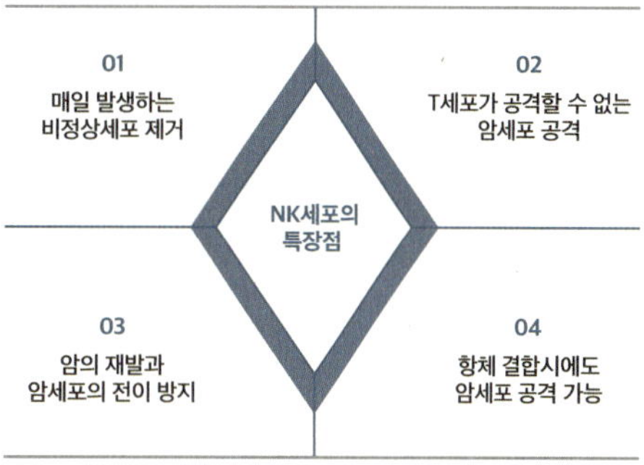

줄기세포로 치료 가능한 대표적인 병

: 파킨슨 병, 퇴행성 관절염 및 류마티스 등의 적응증에 줄기세포가 쓰이며 알츠하이머에도 적용되고 있다.

1. 파킨슨병	2. 퇴행성 관절염	3. 류마티스
뇌의 신경전달 물질인 도파민이 소실되면서 운동조절장애가 생기는 질환	뼈의 관절면을 감싸고 있는 관절 연골이 마모되어 통증과 뼈의 변형이 오는 질환	비정상적인 면역작용으로 생기는 염증 때문에 관절이 파괴되고 변형이 오는 병

세대별 유전자 가위 구분 및 설명

: 비정상 유전자를 잘라내고 정상 유전자를 붙여 넣어 치료한다는 개념으로 특정 유전자를 편집하는 유전자 가위 기술이 발전 중이다. 현재 3세대가 각광받고 있다.

구분	1세대 유전자 가위	2세대 유전자 가위	3세대 유전자 가위	4세대 유전자 가위
DNA 절단 기능	Fok1	Fok1	CAS9	아거노트
기술	징크 핑거(ZFN)	탈렌(TALEN)	크리스퍼 카스9	NgAgo
시기	2000년대 초반	2000년대 중반	2012년~	2016년 5월
DNA 절단 성공률	낮음	높음	높음	3세대 비해 낮음
가격	고가	고가	저가	저가
기타	과정 복잡	과정 복잡	간단하고 대량생산 가능	3세대보다 간단

크리스퍼 유전자 가위 원리

: 1세대 징크핑거와 2세대 탈렌과 달리 단백질 구조가 복잡하지 않고 DNA 절단이 정확한 반면, 오작동에 대한 보호장치가 없어 돌연변이를 발생시킬 확률이 있다는 점은 단점으로 지목된다.

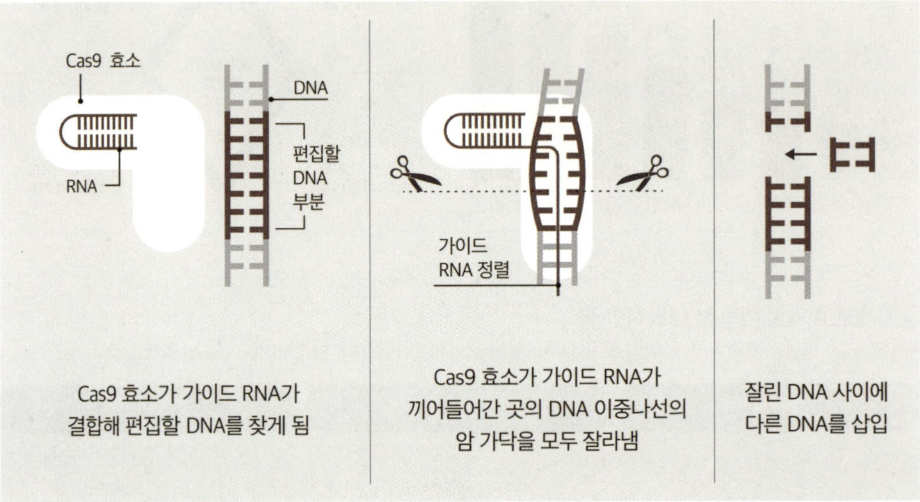

출처: 기초과학연구원

자가면역질환

: 세균, 바이러스, 이물질 등 외부 침입자로부터 내 몸을 지켜줘야 할 면역세포가 이상 반응을 일으켜 자신의 몸을 공격하는 병을 뜻한다. 희귀병이었으나 점차 질환 환자 증가 추세에 있다.

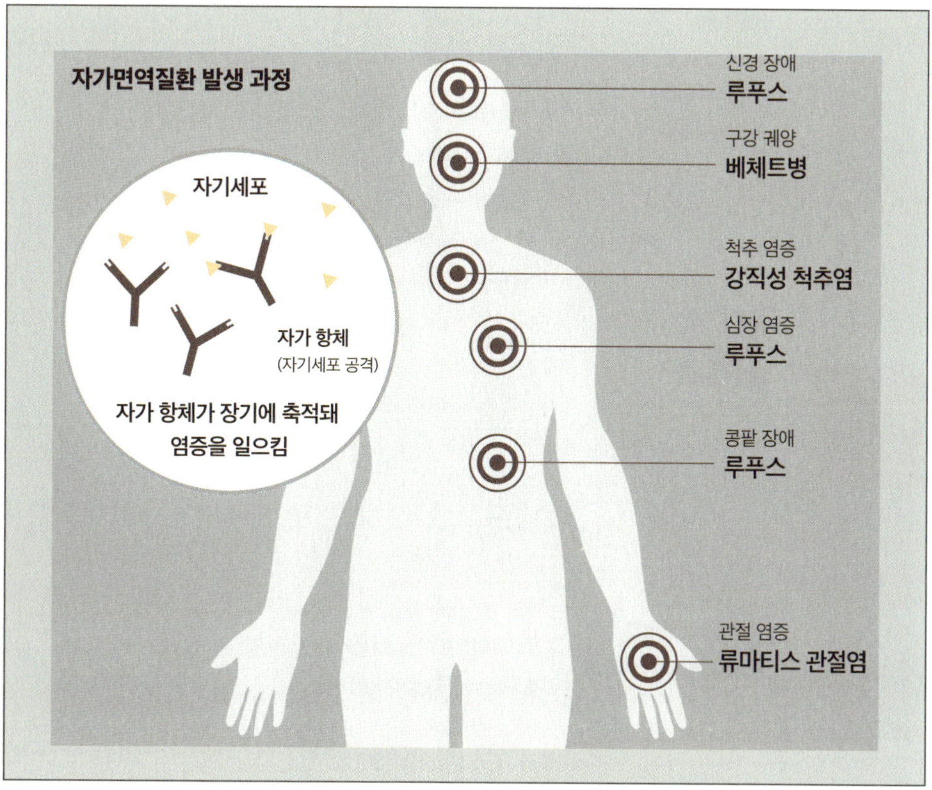

글로벌 대표 면역질환 치료제의 2020년 매출 순위

: 자가면역 질환 치료제는 대표적으로 TNF-알파 억제제, JAK 억제제 및 인터루킨 억제제 등으로 구분할 수 있으며 TNF-알파 억제제쪽이 적응증도 많으며 매출 규모도 큰 상황이다.

TNF-알파 억제제		JAK 억제제		인터루킨 억제제	
휴미라(애브비)	약 21조 원	젤잔즈(화이자)	약 2.6조 원	스텔라라(얀센)	약 8.5조 원
엔브렐(암젠)	약 5.5조 원	린버크(애브비)	약 0.8조 원	듀피젠트(사노피)	약 4.7조 원
레미케이드(얀센)	약 4.1조 원	올루미언트(릴리)	약 0.7조 원	코센틱스(노바티스)	약 4.4조 원

테마 밸류 체인

- **항암제, 치료제**
  - **ADC** — 레고켐바이오, 알테오젠, 에이비엘바이오, 펩트론
  - **이중항체** — 한미약품, 에이비엘바이오, 앱클론, 유한양행, 파멥신
  - **세포 치료제**
    - 줄기세포
      - 치료제 — 한독, 에스씨엠생명과학, 네이처셀, 안트로젠, 코아스템, 차바이오텍, 파미셀
      - 제대혈 — 강스템바이오텍, 메디포스트, 차바이오텍
    - 면역세포
      - NK세포 — 엔케이맥스, 녹십자셀, 녹십자랩셀, 박셀바이오, 차바이오텍, 일양약품
      - CAR-T — 앱클론, 유틸렉스, 바이넥스, 헬릭스미스, HK이노엔, 메디포스트, 코디엠
      - T세포 — 유틸렉스, 보령제약, 바이젠셀, 네오이뮨텍, 제넥신
      - B세포 — 셀리드
  - **자가면역 치료제** — 삼성바이오로직스, 셀트리온, LG화학, HK이노엔, 녹십자, 동아에스티, 한올바이오파마
  - **유전자 치료제**
    - 치료제 — 티움바이오, 헬릭스미스, 코오롱생명과학, 파나진, 이연제약
    - 유전체 분석 — EDGC, 신테카바이오, 소마젠, 씨젠, 마크로젠
    - 유전자진단 — 엑세스바이오
    - 유전자 정보, 발굴 — 디엔에이링크, 제노포커스
    - 플라스미드 — 진원생명과학

글로벌 주요 기업

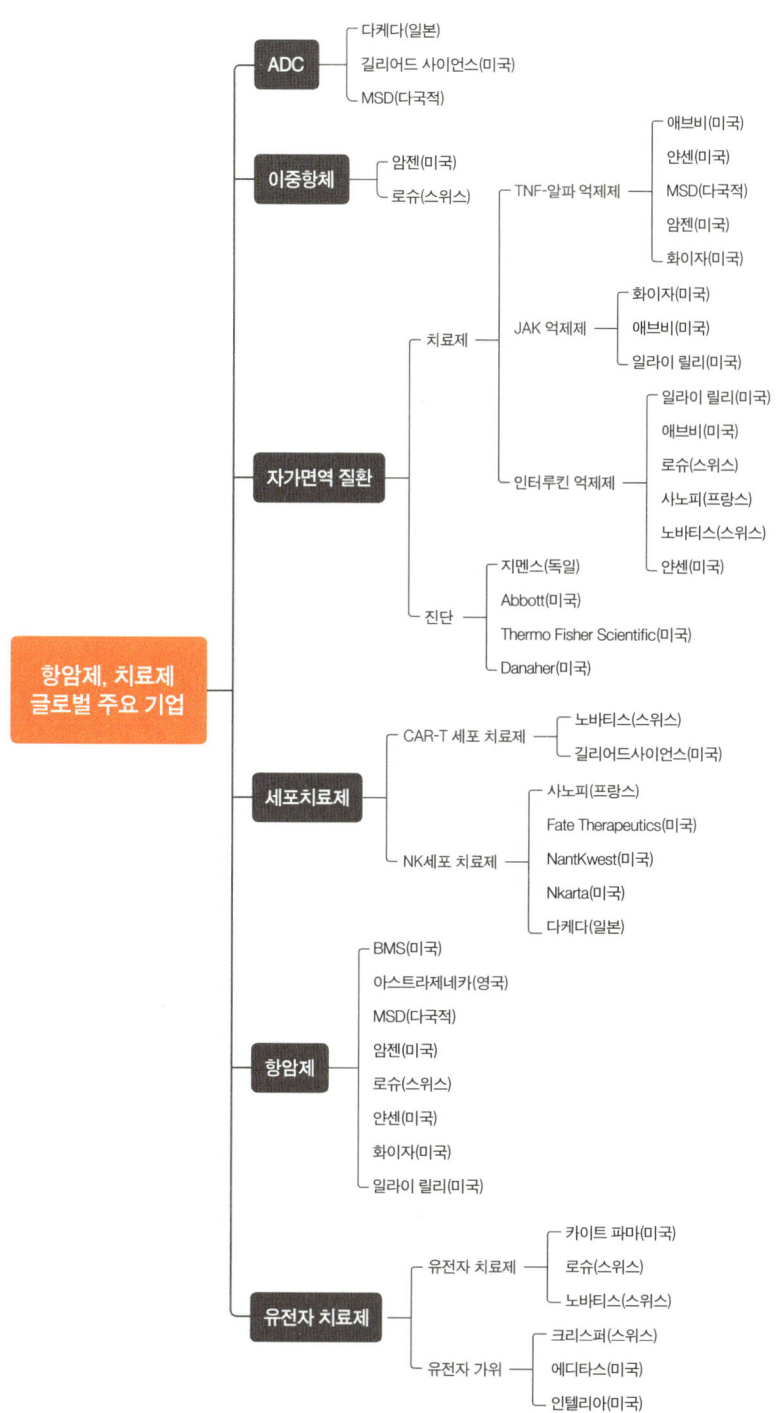

- **항암제, 치료제 글로벌 주요 기업**
  - **ADC**
    - 다케다(일본)
    - 길리어드 사이언스(미국)
    - MSD(다국적)
  - **이중항체**
    - 암젠(미국)
    - 로슈(스위스)
  - **자가면역 질환**
    - 치료제
      - TNF-알파 억제제
        - 애브비(미국)
        - 얀센(미국)
        - MSD(다국적)
        - 암젠(미국)
        - 화이자(미국)
      - JAK 억제제
        - 화이자(미국)
        - 애브비(미국)
        - 일라이 릴리(미국)
      - 인터루킨 억제제
        - 일라이 릴리(미국)
        - 애브비(미국)
        - 로슈(스위스)
        - 사노피(프랑스)
        - 노바티스(스위스)
        - 얀센(미국)
    - 진단
      - 지멘스(독일)
      - Abbott(미국)
      - Thermo Fisher Scientific(미국)
      - Danaher(미국)
  - **세포치료제**
    - CAR-T 세포 치료제
      - 노바티스(스위스)
      - 길리어드사이언스(미국)
    - NK세포 치료제
      - 사노피(프랑스)
      - Fate Therapeutics(미국)
      - NantKwest(미국)
      - Nkarta(미국)
      - 다케다(일본)
  - **항암제**
    - BMS(미국)
    - 아스트라제네카(영국)
    - MSD(다국적)
    - 암젠(미국)
    - 로슈(스위스)
    - 얀센(미국)
    - 화이자(미국)
    - 일라이 릴리(미국)
  - **유전자 치료제**
    - 유전자 치료제
      - 카이트 파마(미국)
      - 로슈(스위스)
      - 노바티스(스위스)
    - 유전자 가위
      - 크리스퍼(스위스)
      - 에디타스(미국)
      - 인텔리아(미국)

해외 대표 기업

화이자

시가총액	282조 원

	2021년	2022년(전망)
매출액	약 92.8조 원	약 81.4조 원
영업이익	약 24.3조 원	약 21.3조 원

- 글로벌 의약품 매출 1, 2위를 번갈아 기록하고 있는 거대 제약사
- 일반인들에게 잘 알려진 비아그라, 센트룸 등을 포함해 자가면역질환 치료제 엔브렐, 젤잔즈 제조
- 코로나 mRNA 백신을 통해 재차 기업가치를 신장시키는 중. 미국, 유럽 등 백신 부스터샷 수요 증가 전망
- 백신 없이도 견고한 매출 창출하는 안정적 사업구조 및 연간 3~4%의 배당을 지급하는 배당주 성격 보유

길리어드 사이언스

시가총액	100조 원

	2021년	2022년(전망)
매출액	약 29.5조 원	약 28.4조 원
영업이익	약 8.4조 원	약 8.3조 원

- 글로벌 블록버스터 의약품 타미플루를 포함해 에이즈, 호흡기 및 심혈관 질환 환자용 의약품 파이프라인 보유
- 현재까지 출시된 에이즈 치료제 중 가장 강력한 효과를 보이는 제품 '빅타비' 제조
- 2011년 에이지 치료제 글로벌 1위 달성 후 C형 간염 치료제 개발로 기업가치 레벨 업
- 코로나19 중증 치료제용 렘데시비르의 FDA 임상 3상 진행 중이며 2022년 경구용 치료제 허가신청서 제출 목표

애브비

시가총액	228조 원

	2021년	2022년(전망)
매출액	약 66.4조 원	약 70.4조 원
영업이익	약 14.2조 원	약 17.7조 원

- 자가면역질환 치료제로 압도적 1위이자 동시에 글로벌 의약품 매출 1위 차지하는 '휴미라' 제조
- 자가면역질환 치료제의 TNF-알파 억제제 중 가장 많은 14개의 적응증 보유
- 휴미라의 유럽 특허기간 만료 및 미국 특허가 2023년에 만료. 타사 바이오시밀러 제품의 시장 진입 우려
- 보툴리늄톡신 글로벌 강자 앨러간 인수로 보톡스 및 안과질환 등 뷰티 미용 부분 진출

존슨앤존슨

시가총액	497조 원

- 제약회사 얀센, 의료기기 분야의 존슨앤존슨메디컬, 화장품 분야 컨슈머 그리고 아큐브렌즈 생산하는 비전케어 등 4가지 비즈니스 영역 보유
- 1961년 벨기에의 얀센을 인수했으며 대표 제품 타이레놀로 친숙한 기업
- 무려 59년간 배당 지급을 이어가고 있는 대표적 배당주

	2021년	2022년(전망)
매출액	약 111.4조 원	약 115.6조 원
영업이익	약 29.6조 원	약 31.7조 원

일라이 릴리

시가총액	255조 원

- 인슐린, 항암제, 항우울제 등의 주력 상품을 제조. 페니실린, 인슐린을 최초로 대량 생산한 회사
- 당뇨 치료제, 코로나19 항체치료제, 비소세포폐암 치료제, 건선 치료제 등의 주요 품목들 매출 신장 중
- 자가면역 질환 치료제의 JAK 저해제 올루미언트, 렘데시비르와의 병용요법으로 코로나 치료제로의 가능성 확인
- 현재 전 세계에서 가장 가치가 높은 신약 연구 개발 프로젝트인 2형 당뇨병 치료제 개발 중

	2021년	2022년(전망)
매출액	약 32.2조 원	약 32.9조 원
영업이익	약 7.5조 원	약 8.9조 원

삼성바이오로직스

CMO　CDMO　바이오시밀러　플릭사비　베네팔리　임랄디

시가총액	57조 원

주요 주주	삼성물산 외 4인 75%, 국민연금공단 5%
총 매출액 중	CDMO 제품 90%, CDMO 서비스 10%

- 생산 capa 기준 글로벌 1위(36만 리터) 의약품 위탁 제조, 생산 기업
- 4공장 증설 완료되면 압도적인 생산량 이어갈 전망(증설 완료 시 총 62만 리터)
- 모더나 코로나19 mRNA 백신 충진포장 위탁생산 계약 체결
- 세포, 유전자 치료제 등 차세대 치료제 CDMO 진출 계획
- 자회사 삼성바이오에피스가(지분 50%) 자가면역질환 치료제 바이오시밀러 라인업 보유

* 플릭사비(레미케이드 바이오시밀러)

* 베네팔리(엔브렐 바이오시밀러)

* 임랄디(휴미라 바이오시밀러)

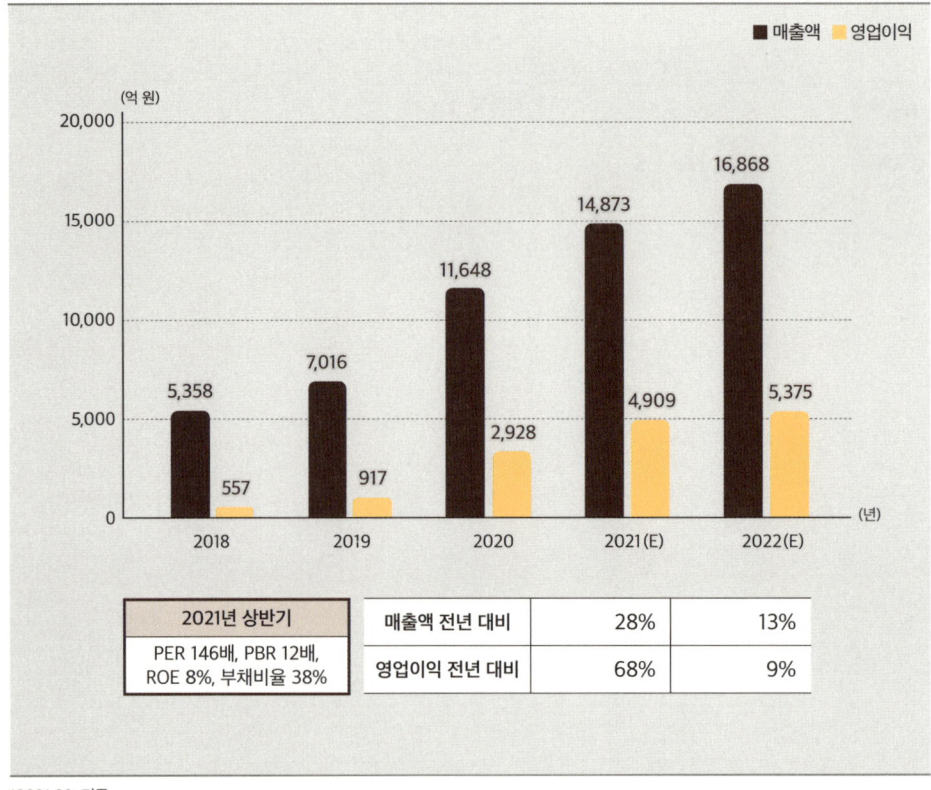

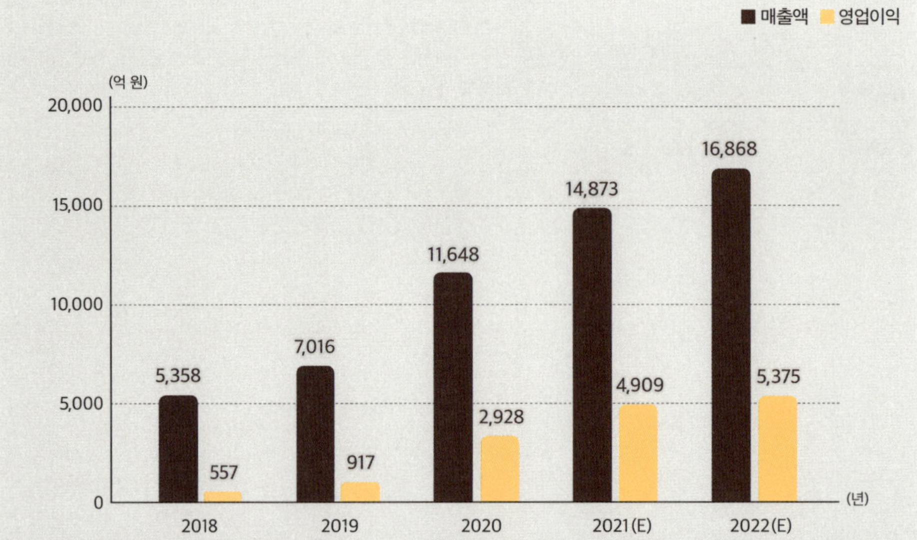

2021년 상반기
PER 146배, PBR 12배, ROE 8%, 부채비율 38%

매출액 전년 대비	28%	13%
영업이익 전년 대비	68%	9%

*2021.09. 기준

셀트리온

램시마 | 트룩시마 | 허쥬마 | 바이오시밀러 | 코로나19 치료제

시가총액	34조 원	주요 주주	셀트리온홀딩스 외 70인 22%, 국민연금공단 7%
		총 매출액 중	바이오시밀러 81%, 케미칼의약품 18%

- 류마티스 관절염 치료제 램시마로 고속 성장한 각종 단백질 치료제 개발, 생산 기업
- 코로나 항체치료제 렉키로나, 미국 및 유럽 진출로 매출 확대 기대감
- 2021년 하반기, 결장직장암 치료제 아바스틴 바이오시밀러 FDA 판매허가 신청. 트룩시마, 허쥬마에 이은 세 번째 항암 바이오시밀러 확보할 전망
- 자가면역질환 및 기타 치료제 바이오시밀러 라인업 보유

* 램시마(자가면역치료제, 레미케이드 바이오시밀러)
* 트룩시마(혈액암 치료제, 맙테라 바이오시밀러)
* 허쥬마(유방암 치료제, 허셉틴 바이오시밀러)
* 유플라이마(류마티스 관절염, 휴미라 바이오시밀러)

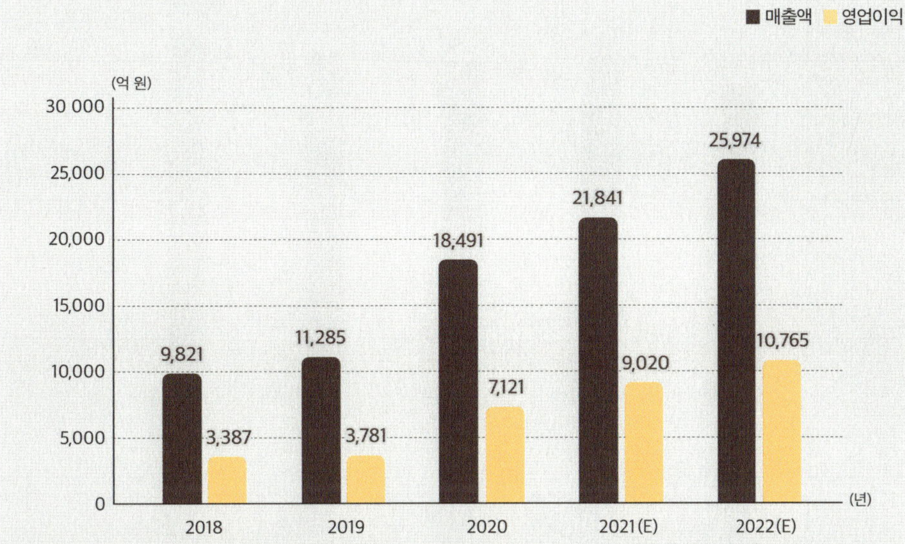

2021년 상반기
PER 48배, PBR 8.4배, ROE 19%, 부채비율 39%

매출액 전년 대비	18%	19%
영업이익 전년 대비	27%	19%

*2021.09. 기준

한미약품

ETC | 랩스커버리 | 라이선스 아웃 | 에페글레나타이드 | 포지오티닙

시가총액	3.2조 원	주요 주주	한미사이언스 외 3인 41%, 신동국 외 1인 9%, 국민연금공단 8%
		총 매출액 중	의약품 97%(정제 39%, 캡슐제 15%, 시럽제 14% 등)

- 전문의약품(ETC) 내수 1위. 2015년 대규모 라이선스 아웃 이후 제약바이오 시장 선도
- 대표적 신약 파이프라인으로 항암, 염증, 섬유증, 대사성 질환, 희귀 질환 등 진행
- 바이오의약품의 단점인 짧은 반감기를 늘려 투여 횟수와 투여량을 감소시키는 랩스커버리 기술로 지속적인 기술수출 진행
- 북경한미, 이중항체 플랫폼 '팬텀바디' 자체 개발로 중국에서 고형암 임상 1상 진행
- 혁신 신약 벨바라페닙 및 폐암 신약 개발 중인 포지오티닙의 효능 입증으로 항암신약 개발에 탄력

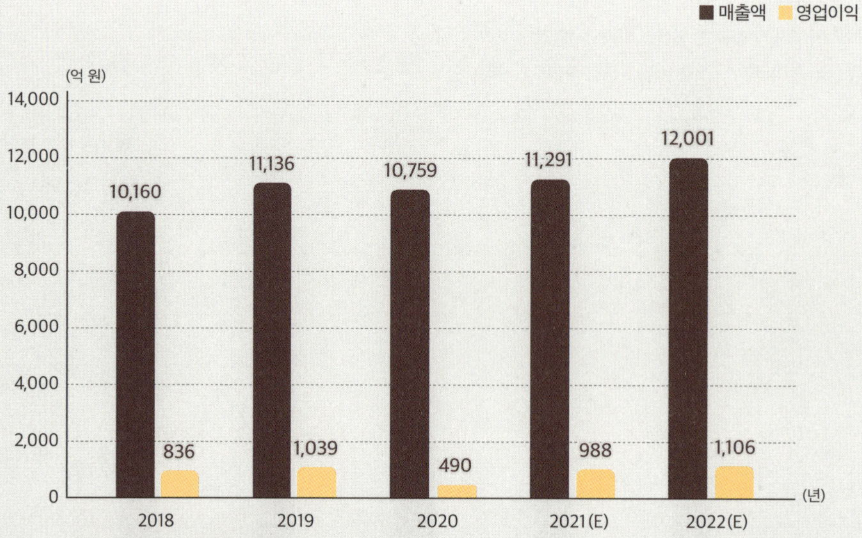

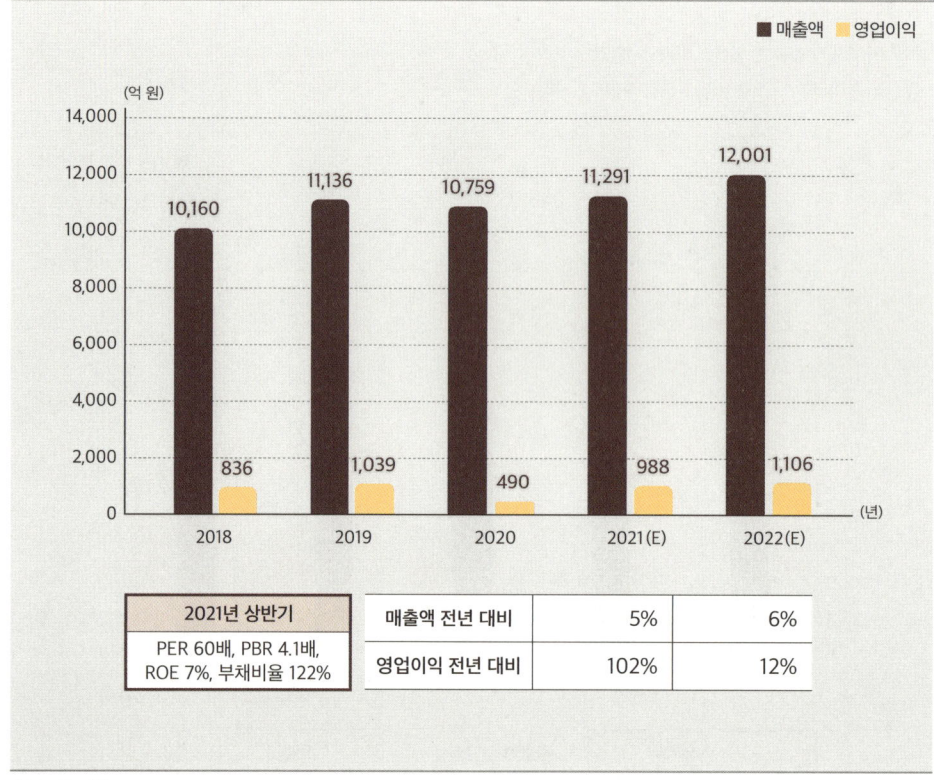

2021년 상반기
PER 60배, PBR 4.1배, ROE 7%, 부채비율 122%

매출액 전년 대비	5%	6%
영업이익 전년 대비	102%	12%

*2021.09. 기준

제넥신

신약 개발 / 네오이뮨텍 / 하이루킨 / 툴젠

시가총액	16,068억 원

주요 주주	한독 외 1인 15%
주 매출처	기술이전 86%, 연구용역 14%

- Hybrid Fc 플랫폼 기술 기반으로 항암면역치료제, 차세대 단백질 신약 등 연구개발
- 미국 관계사 네오이뮨텍과 하이루킨-7 공동 개발 중
- 유전자 가위 자회사 툴젠의 코스닥 이전상장 기대감

최근 실적 및 주요 재무지표

	2019년	2020년
매출액	113억 원	185억 원
영업이익	-445억 원	-392억 원

	2021년 상반기	
매출액	346억	PER 43배, PBR 3.1배, ROE 9%, 부채비율 10%
이익	27억 원	

엔케이맥스

NK세포 / NK365 / NK Vue Kit / 머크

시가총액	7,407억 원

주요 주주	박상우 외 8인 17%
주 매출처	NK365 38%, NK Vue KIT 30%

- 면역력 측정 및 관리하는 건기식 제조
- NK세포 활용하여 암 등 다수의 난치질환에 대한 치료제 개발 중. 머크와 협력
- 코로나 치료제 임상 공동연구 참여

최근 실적 및 주요 재무지표

	2019년	2020년
매출액	87억 원	104억 원
영업이익	-241억 원	-412억 원

	2021년 상반기	
매출액	59억 원	PER -10배, PBR 4.6배, ROE -44%, 부채비율 82%
이익	-222억 원	

알테오젠

히알루로니다아제 | 항체 | 허셉틴 바이오시밀러

시가총액	29,585억 원	주요 주주	박순재 외 6인 25%
		주 매출처	히알루로니다아제 57%

- 피부, 안과용 치료제 및 체내 반감기 증가 기술 보유
- 바이오의약품 정맥주사의 피하주사제 전환 개발
- 항체 시장의 성숙화로 동사의 수혜 전망

최근 실적 및 주요 재무지표

	2019년	2020년	2021년(전망)
매출액	292억 원	424억 원	720억 원(yoy 70%)
영업이익	-23억 원	1억 원	180억 원(yoy 17900%)

	2021년 상반기	
매출액	182억 원	PER 177배, PBR 20배, ROE 12%, 부채비율 44%
이익	-120억 원	

에이비엘바이오

이중항체 | 플랫폼 기술 | 그랩바디-B | 기술수출

시가총액	8,812억 원	주요 주주	이상훈 외 11인 31%
		주 매출처	기술이전 수익 100%

- 이중항체 기반 항체치료제 연구, 개발
- 면역관문 조절 및 항암 관련 신규 타깃 발굴, 퇴행성뇌질환 치료제 개발 기술 중심 신약 개발
- BBB 항체 투과율 높인 독자 플랫폼 기술 '그랩바디-B', 대규모 기술수출 기대

최근 실적 및 주요 재무지표

	2019년	2020년
매출액	40억 원	81억 원
영업이익	-404억 원	-596억 원

	2021년 상반기	
매출액	41억 원	PER -23배, PBR 13배, ROE -45%, 부채비율 7%
이익	-231억 원	

펩트론

펩타이드 | 지속형 당뇨 치료제 | 파킨슨병

시가총액	2,382억 원

주요 주주	최호일 외 7인 9%
주 매출처	기술수출 66%, 펩타이드소재 17%

- 펩타이드 합성기술 개발 및 신물질 발굴 기업
- 게임 체인저 지속형 당뇨 치료제 PT401, 403 보유
- 글로벌 약 5조 원 파킨슨병 치료제 시장의 빈집털이. 펩트론이 최대 기대 파이프라인 보유

최근 실적 및 주요 재무지표

	2019년	2020년
매출액	18억 원	31억 원
영업이익	-127억 원	-176억 원

	2021년 상반기	
매출액	50억 원	PER -14배, PBR 3.7배, ROE -35%, 부채비율 58%
이익	-70억 원	

레고켐바이오

ADC | 기술수출 | 콘쥬올

시가총액	11,366억 원

주요 주주	김용주 외 8인 12%
주 매출처	의약산업 98%

- 항생제, 항암제 ADC 등 분야 신약 후보물질 개발
- 2013년 상장 후 총 10건의 기술이전 계약 맺음
- 동사의 ADC 기술 '콘쥬올' 과 에이비엘바이오의 차세대 항체 플랫폼 접목한 물질 전임상 결과 발표 예정

최근 실적 및 주요 재무지표

	2019년	2020년
매출액	575억 원	494억 원
영업이익	84억 원	-298억 원

	2021년 상반기	
매출액	99억 원	PER -34배, PBR 15배, ROE -36%, 부채비율 30%
이익	-292억 원	

유한양행

레이저티닙 | 렉라자 | 이중항체

시가총액	41,634억 원

주요 주주	유한재단 외 1인 15%, 국민연금 11%
주 매출처	약품사업 72%(안티푸라민, 비타민씨 등)

- 연매출 1조 원 이상의 국내 대표 전통 제약회사
- 대표 파이프라인으로 표적항암제 레이저티닙 및 비알콜성지방간염 치료제 등 보유
- 항암치료 신약 개발 중인 면역항암 이중항체 임상 기대

최근 실적 및 주요 재무지표

	2019년	2020년	2021년(전망)
매출액	14,804억 원	16,199억 원	17,508억 원(yoy 8%)
영업이익	125억 원	843억 원	874억 원(yoy 3%)

	2021년 상반기	
매출액	8,123억 원	PER 39배, PBR 2.1배, ROE 5%, 부채비율 30%
이익	373억 원	

차바이오텍

줄기세포 | NK세포 | 세포, 유전자 치료제 | CDMO

시가총액	11,449억 원

주요 주주	차광열 외 17인 31%
주 매출처	의료서비스 62%, 화장품 10%

- 줄기세포 기반 치료제 개발 주력 기업
- NK세포 대량 배양기술로 항암 면역세포치료제 임상 1상 진행 중
- 텍사스에 세포, 유전차 치료제 CDMO 사업 진출

최근 실적 및 주요 재무지표

	2019년	2020년
매출액	5,346억 원	6,647억 원
영업이익	58억 원	-24억 원

	2021년 상반기	
매출액	3,478억 원	PER -48배, PBR 4.1배, ROE -8%, 부채비율 102%
이익	51억 원	

메디포스트

줄기세포 제대혈 건기식 카티스템

시가총액	3,790억 원	주요 주주	양윤선 외 3인 7%
		주 매출처	제대혈은행 45%, 줄기세포치료제 32%

- 줄기세포 치료제, 제대혈 은행 및 건기식 사업 영위
- 미국 의약품 기업에 투자 후 CAR-T 치료제 개발 중
- 동사의 주력인 무릎 골관절염 줄기세포치료제 카티스템의 주사제 제형의 해외진출 시도

최근 실적 및 주요 재무지표

	2019년	2020년
매출액	458억 원	486억 원
영업이익	-81억 원	-24억 원

	2021년 상반기	
매출액	268억 원	PER -47배, PBR 3.6배, ROE -8%, 부채비율 61%
이익	-21억 원	

유틸렉스

항암제 항체치료제 앱티엔티

시가총액	3,593억 원	주요 주주	권병세 외 7인 37%
		주 매출처	기술료수익 62%, 장비임대 37%

- 차세대 면역 기반 항암제 개발 바이오 벤처 기업
- T세포, CAR-T 세포 치료제 및 면역 항체치료제 기술 보유
- 앱비앤티 세포치료제 임상 2상 진행 기대

최근 실적 및 주요 재무지표

	2019년	2020년
매출액	4억 원	20억 원
영업이익	-183억 원	-249억 원

	2021년 상반기	
매출액	0억 원	PER -16배, PBR 7.7배, ROE -50%, 부채비율 50%
이익	-182억 원	

앱클론

CAR-T 치료제

시가총액	2,353억 원

주요 주주	이종서 외 4인 17%
주 매출처	용역서비스 77%, 상품 22%

- 난치성 질환 대응 항체신약 개발하여 기술 수출
- 2018년, 중국 바이오 기업에 NEST 플랫폼 기술 활용한 신규 항체기술 이전하며 기술력 인정받음
- 2021년, CAR-T 치료제 후보물질 임상 IND 식약처 제출. 승인 기대감

최근 실적 및 주요 재무지표

	2019년	2020년
매출액	144억 원	28억 원
영업이익	43억 원	-66억 원

	2021년 상반기	
매출액	19억 원	PER -35배, PBR 15배, ROE -36%, 부채비율 51%
이익	-72억 원	

헬릭스미스

엔젠시스 플라스미드 DNA CAR-T 항암제

시가총액	8,190억 원

주요 주주	김선영 외 12인 10%
주 매출처	건기식 86%, 기술이전 13%

- 플라스미드 DNA 플랫폼 이용한 유전자 치료제 개발
- 세포, 유전자치료제 생산 공장 설립
- DNA 기술 기반 유전자 치료제 VM202(엔젠시스)
- 차세대 파이프라인으로 CAR-T 면역항암제 개발 중

최근 실적 및 주요 재무지표

	2019년	2020년
매출액	45억 원	43억 원
영업이익	-417억 원	-711억 원

	2021년 상반기	
매출액	8억 원	PER -16배, PBR 4.3배, ROE -29%, 부채비율 48%
이익	-224억 원	

HK이노엔

컨디션 | 헛개수 | 케이캡 | 머크 | 세포 유전자 치료제

시가총액	19,713억 원

주요 주주	한국콜마 외 2인 47%
주 매출처	전문의약품 89%

- 컨디션, 헛개수 등 160여 개 전문의약품 보유
- 세포 유전자 치료제 관련, 다수 파이프라인 보유 및 GMP 인증시설 보유
- 역류성 식도염 신약 케이캡의 시장 점유율 상승 전망
- 코로나 경구 치료제 개발 중인 머크사의 유통 담당

최근 실적 및 주요 재무지표

	2019년	2020년	2021년(전망)
매출액	5,399억 원	5,984억 원	8,039억 원(yoy 34%)
영업이익	725억 원	870억 원	783억 원(yoy -10%)

	2021년 상반기	
매출액	3,717억 원	PER 40배, PBR 2.0배, ROE 3%, 부채비율 109%
이익	160억 원	

셀리드

항암제 | 백신 | 코로나19

시가총액	7,143억 원

주요 주주	강창율 외 16인 27%
주 매출처	기술이전 수익 100%

- 항암면역치료 및 감염성 질환 예방백신 개발 기업
- 표적항암제, 면역항암제 관련 플랫폼 기술 보유
- 바이러스 벡터 방식의 코로나 백신 임상 진행 중

최근 실적 및 주요 재무지표

	2019년	2020년
매출액	0억 원	0억 원
영업이익	-350억 원	-53억 원

	2021년 상반기	
매출액	9억 원	PER -159배, PBR 26배, ROE -16%, 부채비율 30%
이익	-51억 원	

티움바이오

희귀 | 난치성 질환 | 신약 창출 시스템 | 기술수출

시가총액	4,014억 원

주요 주주	김훈택 외 7인 36%
주 매출처	용역매출 100%

- 희귀, 난치성 질환 치료제 연구개발
- 합성신약 및 바이오 신약 창출 시스템 통한 신약 연구
- 기술이전을 통한 마일스톤 수령으로 수익 창출 기업
- CDO 전문 자회사 프로티움 보유

최근 실적 및 주요 재무지표

	2019년	2020년
매출액	11억 원	10억 원
영업이익	-80억 원	-133억 원

	2021년 상반기	
매출액	9억 원	PER -24배, PBR 7.1배, ROE -25%, 부채비율 5%
이익	-51억 원	

핵심 키워드

ADC
항체(antibody)와 약물(drug)이 링커(linker)로 연결되는 의약품으로 항체의 표적화 능력과 약물의 세포 독성을 이용한 기술이다. ADC 기술은 암세포를 선택적으로 선별하는 항체에 항암 치료용 약물을 결합해 암세포를 효과적으로 제거하는 장점이 있다. 특히 ADC 파이프라인(신약 후보물질)은 희귀의약품이나 혁신신약, 패스트트랙으로 대부분 지정돼 상대적으로 빠른 개발이 가능한 게 특징이다.

이중항체
면역세포와 암세포에 동시 작용하는 항체다. 면역세포는 강화시켜주면서 암세포를 공격하는 항체라고 보면 된다. 이중항체는 단일 항체보다 효능이 뛰어나다고 알려져 있다. 자연계에는 없는 인공 항체이며 이중항체 신약은 약 100여 개가 넘는 플랫폼 기술이 연구개발 되고 있다. 2017년 로슈의 혈우병 치료제 헴리브라를 포함한 소수의 신약만이 시판허가를 받은 상태다. 대표적인 이중항체 플랫폼 기술로는 암젠의 바이트(BiTE), 로슈의 크로스맵(CrossMab) 등이 있다.

제대혈
출산과정 중 신생아의 탯줄에서 채취한 혈액을 뜻한다. 난치성 질환 치료에 효과적인 조혈모세포와 중간엽 줄기세포가 다량 함유돼 의학적 가치가 높고 이식 시에 거부반응도 적어서 합병증 위험도 낮기에 의학적 가치가 부각되고 있다.

CAR-T
Chimeric Antigen Receptor T-cell. 체내의 면역세포를 꺼내 항체의 바이러스 벡터를 활용해 암세포에 특이적인 CAR를 발현시킨 뒤, 다시 넣어주는 방식의 새로운 항암제다. 현재 백혈병, 림프종 등의 혈액암에서 완치 수준의 치료 효과를 나타내는 것으로 확인되고 있다. 이후 고형암으로 적용 범위 확대를 위한 연구가 진행 중이다.

T세포, B세포
T세포 또는 T림프구는 비정상적인 세포를 죽이거나 B세포가 항체를 생산할 수 있도록 도와 주고 면역기 능을 조절하는 역할을 담당하고 있다. T세포가 기능을 잃어버리면 에이즈같은 질병이 유발될 수 있다.

B세포는 림프구 중 항체를 생산하는 세포인데 면역 반응에서 외부로부터 침입하는 항원에 대항하여 항체를 생성한다.

플라스미드
Plasmid. 염색체와는 별개로 존재하며 자율적으로 증식하는 유전자를 통칭하는 용어다. 바이러스 운반체 기반 유전자 치료제의 원료 물질로 이용되어 글로벌 유전자 치료제 의약품 생산의 근간을 이루는 주요 물질이기도 하다. mRNA 백신 제조 시 핵심 원료로 부각되고 있다.

바이오시밀러 · CMO

1 바이오시밀러는 오리지널 의약품 대비 짧은 개발 기간, 낮은 비용, 높은 성공 확률의 장점으로 존재감 확대 중
2 블록버스터급 오리지널 의약품들의 특허 만료, 미국의 의료 보험 재정 적자 위한 정책 및 새로운 분야 확대로 산업 고성장 전망
3 CMO는 수익성이 높고 수주가 성사될 경우 생산처를 바꾸기 어렵기에 지속적인 매출 창출 가능. 코로나19 백신으로 최근 레벨 업

관련 키워드 특허 만료 · 자가면역질환 치료제 · CDO · CDMO · CRO

바이오시밀러란?

바이오시밀러는 특허가 만료된 바이오 의약품(단백질 의약품, 항체 의약품, 백신 등)의 복제 의약품을 뜻한다. 효능은 유사하지만 오리지널 바이오 의약품 대비 약 가격은 25~70% 정도로 저렴해 경쟁력을 갖추고 있어 주목받고 있다. 바이오 신약은 높은 개발 비용과 장기간의 개발 기간 그리고 낮은 성공 확률로 위험 요소가 크지만 바이오시밀러는 레퍼런스로 삼는 오리지널 의약품이 있고 임상 2상이 면제되기에 상대적으로 짧은 개발기간과 낮은 비용, 높은 성공 확률을 강점으로 갖고 있다. 이런 장점들로 인해 전 세계 바이오 의약품 산업에서 바이오시밀러의 존재감이 갈수록 커지고 있다.

고속 성장가도 달릴 바이오시밀러 시장

지난 2016년부터 2020년까지 5년간, 휴미라, 엔브렐, 레미케이드, 아바스틴, 란투스, 리툭신, 뉴라스타 등 블록버스터급 의약품들의 특허 만료에 따라 수많은 기업들이 바이오시밀러 분야에 뛰어들며 시장이 크게 확대되었다. 따라서 2020년대에는 시장 성장세가 더욱 가파를 전망이다.

세계 바이오 의약품 시장의 50%를 차지하는 거대 시장인 미국에서 기대감이 매우 큰

데, 미국 대통령 조 바이든은 오바마 케어Obama Care를 부활시키겠다는 의지를 내보이며 의약품 가격 상한선, 바이오시밀러 제품 수입 확대, 미국 전문의약품 시장에 여러 복제약이 유통되도록 제도 개선을 시행할 전망이기 때문이다.

미국뿐 아니라 유럽 등 선진국에서는 의료비 지출 부담을 낮추기 위한 정책 지원이 확산되고 있는데 의료 보험의 재정 적자를 줄이는 방편으로 오리지널보다 저렴한 바이오시밀러 처방을 권고하고 있다. 향후 10년 이내에 특허 만료가 될 약 100조 원을 상회하는 바이오 약품들에 대해서만 바이오시밀러로 대체해도 할인율에 따라 30~50조 원의 비용을 절감할 것으로 기대하고 있다.

글로벌 시장조사기관 프로스트앤드설리반의 분석에 따르면 바이오시밀러 시장은 2017년 약 12조 원에서 2023년 58조 원으로 연평균 30%의 고성장세를 보일 전망인데, 1세대 바이오시밀러 시장이 자가면역 질환치료제로 대상이 확대된 데 이어 항암제, 희귀질환 치료제, 안과용 치료제, 세포 및 유전자 치료제 시장으로 범위가 확장되면서 시장의 크기는 급속도로 더욱 커질 전망이다.

존재감을 키워가는 의약품 위탁생산 사업

CMOContract Manufacturing Organization라는 용어로 대표되는 의약품 위탁생산 사업은 반도체의 파운드리와 비슷하게 의약품의 대량 생산에 집중하는 산업이다. 성장성을 주목받던 차에 코로나19 백신 CMO의 사업성이 확인되자 후발 주자들의 신규 진입이 연이어 이어지고 있다.

매년 FDA에 유전자 치료제 개발을 위한 임상 승인계획 신청이 200여 건씩 들어가는데 개발이 완료돼 시판되기 시작하면 CMO는 공급이 수요를 따라가지 못하는 상황이 올 수 있다. 변이 바이러스를 표적으로 하는 항체치료제가 새롭게 개발되면서 CMO 수주 가능성도 늘어날 전망에 세계 CMO 1위 삼성바이오로직스는 대규모 수주에 대응하기 위한 지속적인 공장 추가 건설로 생산능력을 확대시키고 있다.

이처럼 CMO 시장이 커지는 가장 큰 이유는 수익성인데 통상 바이오 의약품 CMO의 수익률은 20~40%로 알려져 있다. CMO 사업 수주를 하려면 배양설비, 유전자 발현 기술, 미생물 발효, 동물세포 배양 기술을 확보해야 하며 수율도 고려해야 하지만 한 번 수주를 따내면 생산처를 바꾸는 게 어려운 것이 어렵기에 큰 하자가 없는 한 지속적인 매출을 확보할 수 있다.

글로벌 바이오시밀러 시장 전망

: 2016년부터 2026년까지 약 10년간 연평균 34%의 고성장을 이룰 전망이다.

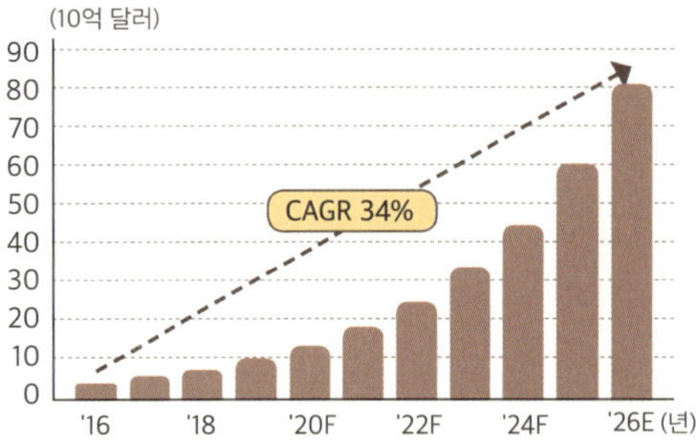

출처: Frost&sullivan, 셀트리온, IQVIA, KB증권

글로벌 CMO 시장 전망

: 현 항체치료제 중심에서 코로나 백신, 치료제 CMO 및 세포 치료제 산업으로 확산으로 2019년 대비 2025년에 약 2.5배 성장할 전망이다.

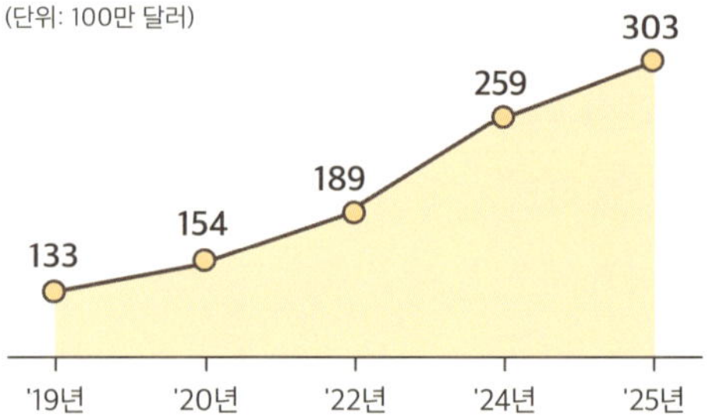

출처: Evaluate Pharma

바이오시밀러와 제네릭의 구분

: 바이오시밀러는 바이오 의약품의 복제 제품이며 제네릭은 케미칼(합성의약품)의 복제 제품을 뜻한다.

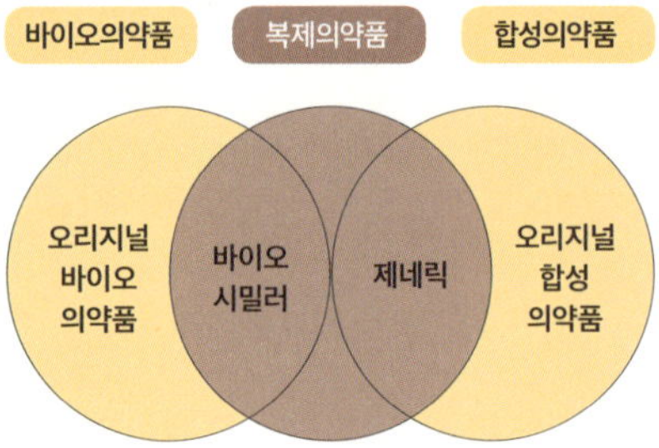

	바이오시밀러	제네릭
생산	살아 있는 세포, 조직 이용	공식화된 화학 반응
허가 절차	1상~3상 중 2상만 생략. 나머진 신약 개발과 거의 비슷	생물학적 동등성 시험
구조	복잡	단순
분자 크기	매우 큼	작음
안정성	환경에 따라 구조 변경 가능. 불안정	안정
임상 기간	2~4년	6개월 정도
개발 비용	1,000억 ~ 1,500억 원 수준	100억 원 미만

의약품 아웃소싱 산업 밸류체인

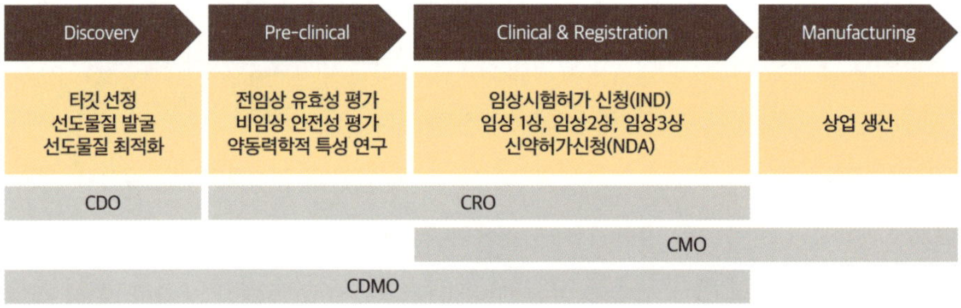

출처: 산업자료, 이베스트투자증권 리서치센터

바이오 의약품의 비교

: 바이오신약, 바이오시밀러 및 바이오베터로 구분. 바이오베터는 특허를 인정해주며 오리지널의 특허와 상관없이 시장 출시 가능하다.

특징	바이오신약(Biologics)	바이오시밀러(Biosimilar)	바이오베터(Biobetter)
유사성	오리지널과 동일	유사하지만 오리지널과 동일하지 않음	오리지널보다 우수
개발 비용	20~30억 달러	1~3억 달러	2~5억 달러
약물 개발 기간	약 10~12년	약 5~7년	약 5~7년
규제	지금까지 미국 시장에서 바이오시밀러의 상호 교환 가능한 지정이 부족하여 보호됨	국가별 별도의 승인 트랙	오리지널 의약품보다 우수하므로 별도의 호환성 지정 필요 없음
의약품 가격	일반적으로 특허 독점기간 동안 높은 가격으로 책정	오리지널 의약품의 50~70%	안전성, 효능이 우수해 바이오시밀러 대비 20~30% 높음

바이오 의약품의 비교

: 바이오신약, 바이오시밀러 및 바이오베터로 구분. 바이오베터는 특허를 인정해주며 오리지널의 특허와 상관없이 시장 출시 가능하다.

1세대	2005년 ~2009년	* 생물학적 제제와 단백질 의약품 복제약이 주를 이룸 * 주로 박테리아, 효모 등을 배양 추출해 제조 * 분자 구조가 단순해 저비용으로 제품개발 가능
2세대	2010년 ~2019년	* 정교화된 분석, 제조 기능이 필요한 항체의약품 복제약으로 발전 * 항체 반응 이용해 제조 * 분자 구조가 크고 복잡해 개발이나 평가가 어렵고 고액의 임상 비용 필요
3세대	2020년~2026년	* 단클론항체, 재조합단백질 복제약 포함해 세포치료제, 유전자치료제의 복제약 등

주요 오리지널 의약품의 바이오시밀러 정리

: 블록버스터급 오리지널 의약품에 대한 삼성바이오에피스, 셀트리온 및 국내외 주요 기업들의 임상 파이프라인이다.

오리지날	적응증	삼성바이오에피스			셀트리온	한국	해외
		한국	유럽	미국			
레미케이드(머크,얀센)	자가면역질환	레마로체	플릭사비	렌플렉시스	램시마 (미국-인플렉트라)	에이프로젠	산도즈, 화이자
맙테라(로슈,바이오젠)	혈액암				트룩시마		산도즈, 암젠, 화이자
허셉틴(로슈)	유방암 치료제	삼페넷	온트루잔트	온트루잔트	허쥬마	동아에스티, 알테오젠	암젠, 밀란, 화이자, 호스피라
엔브렐(암젠,화이자)	자가면역질환	에톨로체	베네팔리	에티코보		LG화학	산도즈
스텔라라(얀센)	자가면역질환	SB17(글로벌 임상 3상)			CT-P43(임상 3상)	동아에스티	암젠, 바이오테라
휴미라(애브비)	자가면역질환	아달로체	임랄디	하드리마	유플라이마	LG화학	암젠, 베링거잉겔하임, 산도즈, 화이자
아바스틴(로슈)	대장암, 폐암 외	온베브지	에이빈시오		CT-P16(허가 신청)		암젠, 베링거잉겔하임, 화이자
아일리아(리제네론,바이엘)	황반변성	SB15(임상 3상)			CT-P42(임상 3상)	삼천당제약, 알테오젠	암젠, 밀란
루센티스(로슈, 노바티스)	황반변성 외		바이우비즈	바이우비즈		종근당, 일동제약	포마이콘, 바이오에크, 엑스브랜, 루핀
프롤리아(암젠)	골다공증 외	SB16(임상 3상)			CT-P41(임상 3상)		
솔리리스(알렉시온)	희귀용혈성질환 외	SB12(임상 3상)				이수앱지스	
졸레어(제넨텍, 노바티스)	알레르기성 천식				CT-P39(임상 3상)		
란투스(사노피)	당뇨병					녹십자	일라이릴리, 밀란
옵디보(BMS)	면역항암제					이수앱지스	
네스프(암젠, 교와하코기린)	빈혈					종근당, 동아에스티, HK이노엔	

국내외 주요 CMO 기업 생산 능력 전망

동물세포 설비 (단위: 10,000 L)	2018	2019	2020	2021 (전망)	2022 (전망)	2023 (전망)
삼성바이오로직스 (Samsung Biologics)	18	36	36	36	36	62
셀트리온(Celltrion)	14	19	19	19	19	19
바이넥스(Binex)	1	1	1	1	1	1
프레스티지바이오로직스 (Prestige Biologics)	0	0	0	3	10	10
론자(Lonza)	26	29	33	33	33	33
우시바이오 (Wuxi Biologics)	4	5	5	15	25	32
캐털란트(Catalent)	0	0	0	1	1	1
후지필름(Fuji Film)	13	13	13	13	13	25

CDMO의 사업 범위 및 가치 창출

바이오 의약품 CDMO 사업 범위	
연구개발	세포주 개발, 세포은행 구축 및 원료 분석 서비스 제공
임상 시험	비임상 및 임상시험, 샘플 생산, 품질시험, 생산 최적화 및 스케일업(Scale-up) 서비스 제공
제품 생산	대량 생산, 제조공정 프로세스 및 완제품 검증 서비스 제공
CDMO 사업의 가치 창출	
부가가치 창출	연구개발 단계 기술을 제공함으로써 생산 외 부가가치를 창출
생산 시설 대안	시설 보유가 제한되는 중소 회사들의 생산 시설 대안
리스크 공유	공동 개발을 통해 제품 개발 리스크를 분담하고 성공 시 이익 공유
유통 적시성 제공	제품 보관 역할을 대행하고 유통망을 제공함으로써 상업화 실현

의약품 아웃소싱 산업 밸류체인

: 현재 항체의약품 중심의 CMO 사업은 코로나19 이후 세포, 유전자 분야로의 확장 및 CRO 서비스로의 진출로 확장될 전망이다.

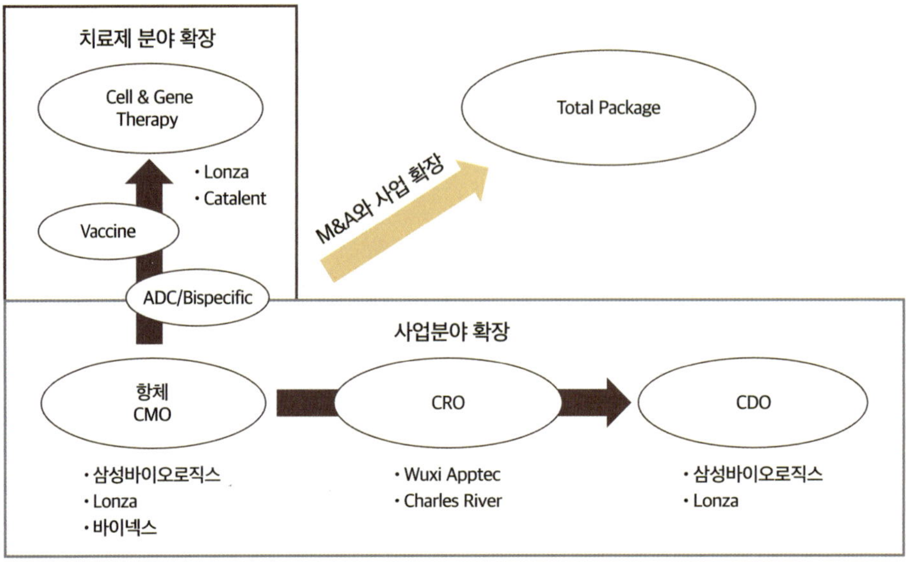

출처: KTB투자증권

테마 밸류 체인

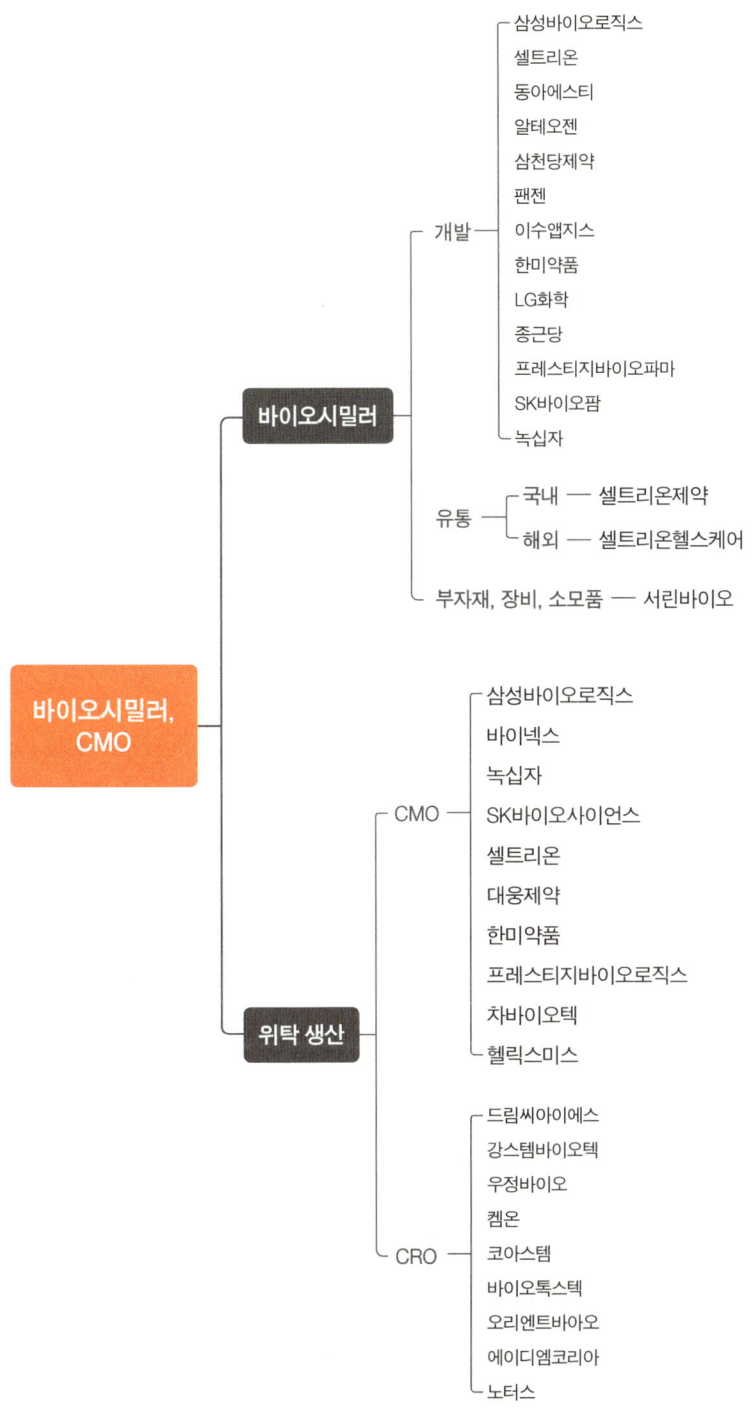

- 바이오시밀러, CMO
  - 바이오시밀러
    - 개발
      - 삼성바이오로직스
      - 셀트리온
      - 동아에스티
      - 알테오젠
      - 삼천당제약
      - 팬젠
      - 이수앱지스
      - 한미약품
      - LG화학
      - 종근당
      - 프레스티지바이오파마
      - SK바이오팜
      - 녹십자
    - 유통
      - 국내 — 셀트리온제약
      - 해외 — 셀트리온헬스케어
    - 부자재, 장비, 소모품 — 서린바이오
  - 위탁 생산
    - CMO
      - 삼성바이오로직스
      - 바이넥스
      - 녹십자
      - SK바이오사이언스
      - 셀트리온
      - 대웅제약
      - 한미약품
      - 프레스티지바이오로직스
      - 차바이오텍
      - 헬릭스미스
    - CRO
      - 드림씨아이에스
      - 강스템바이오텍
      - 우정바이오
      - 켐온
      - 코아스템
      - 바이오톡스텍
      - 오리엔트바아오
      - 에이디엠코리아
      - 노터스

글로벌 주요 기업

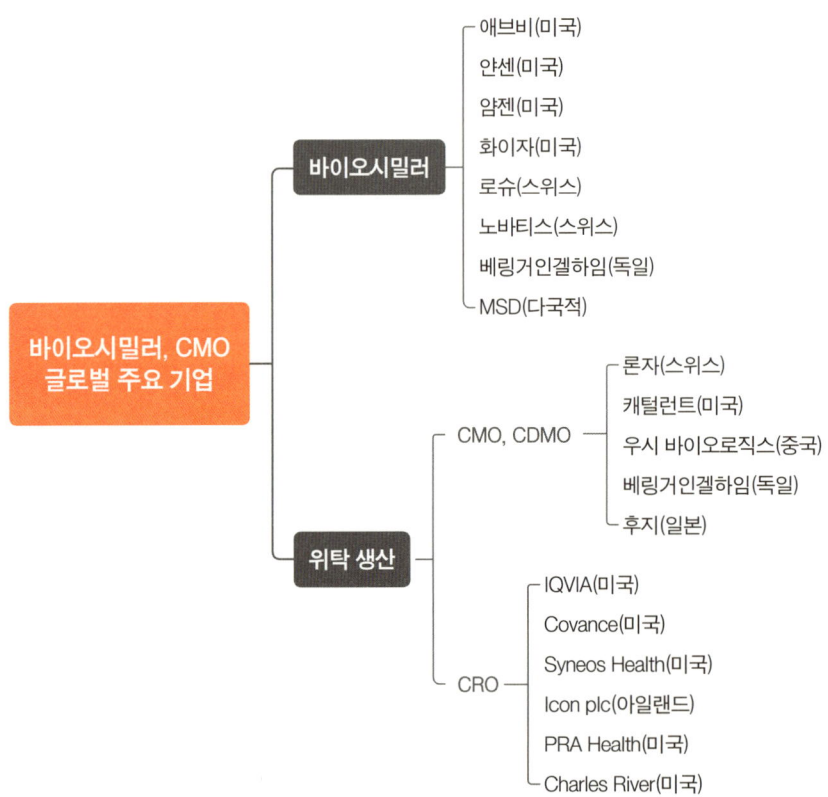

바이오시밀러, CMO 글로벌 주요 기업

- **바이오시밀러**
  - 애브비(미국)
  - 얀센(미국)
  - 암젠(미국)
  - 화이자(미국)
  - 로슈(스위스)
  - 노바티스(스위스)
  - 베링거인겔하임(독일)
  - MSD(다국적)
- **위탁 생산**
  - CMO, CDMO
    - 론자(스위스)
    - 캐털런트(미국)
    - 우시 바이오로직스(중국)
    - 베링거인겔하임(독일)
    - 후지(일본)
  - CRO
    - IQVIA(미국)
    - Covance(미국)
    - Syneos Health(미국)
    - Icon plc(아일랜드)
    - PRA Health(미국)
    - Charles River(미국)

해외 대표 기업

화이자

시가총액	282조 원

	2021년	2022년(전망)
매출액	약 92.8조 원	약 81.4조 원
영업이익	약 24.3조 원	약 21.3조 원

- 글로벌 의약품 매출 1, 2위를 번갈아 기록하고 있는 거대 제약사
- 일반인들에게 잘 알려진 비아그라, 센트룸 등을 포함해 자가면역질환 치료제 엔브렐, 젤잔즈 제조
- 블록버스터 오리지널 의약품인 레미케이드, 맙테라, 허셉틴, 아바스틴 및 휴미라 바이오시밀러 보유
- 코로나 mRNA 백신을 통해 재차 기업가치를 신장시키는 중. 미국, 유럽 등 백신 부스터샷 수요 증가 전망

암젠

시가총액	141조 원

	2021년	2022년(전망)
매출액	약 30.7조 원	약 32.0조 원
영업이익	약 7.2조 원	약 9.3조 원

- 류머티즘 관절염 치료제, 백혈병 치료제, 콜레스테롤 치료제 등 다수의 블록버스급 의약품 보유한 거대 제약사
- 암젠의 성장에 가장 큰 기여를 한 엔브렐(류머티즘 관절염 치료제)가 매출의 약 20% 담당
- 애브비의 암제비타, 로슈의 엠바시 및 칸진티 및 얀센의 아브솔라드 등 바이오시밀러 출시 후 점유율 확대 중
- 기존 핵심 오리지널 의약품들의 특허권 만료 또는 시장 경쟁 심화 등으로 매출 성장세 감소 중

론자

시가총액	66.6조 원

	2021년	2022년(전망)
매출액	약 6.2조 원	약 7.2조 원
영업이익	약 1.4조 원	약 1.7조 원

- 세포주 개발부터 무균 충전까지 바이오 의약품 개발 및 생산 전주기 서비스 제공하는 글로벌 대표 CMO 기업
- 세부적으로 CMO는 삼성바이오로직스에 이은 3위 기업이나, CDMO에선 글로벌 1위
- 항체의약품뿐 아니라 오픈 이노베이션을 통한 유전자, 세포 치료제 CDMO에 역량 확대
- 유전자 치료제 분야 장점을 살려 모더나의 코로나 mRNA 백신 10년간 CMO 수주

삼성바이오로직스

CMO | CDMO | 바이오시밀러 | 플릭사비 | 베네팔리 | 임랄디

시가총액	57조 원

주요 주주	삼성물산 외 4인 75%, 국민연금공단 5%
총 매출액 중	CDMO 제품 90%, CDMO 서비스 10%

- 생산 capa 기준 글로벌 1위(36만 리터) 의약품 위탁 제조, 생산 기업
- 4공장 증설 완료되면 압도적인 생산량 이어갈 전망(증설 완료 시 총 62만 리터)
- 모더나 코로나19 mRNA 백신 충진포장 위탁생산 계약 체결
- 세포, 유전자 치료제 등 차세대 치료제 CDMO 진출 계획
- 자회사 삼성바이오에피스가(지분 50%) 자가면역질환 치료제 바이오시밀러 라인업 보유

* 플릭사비(레미케이드 바이오시밀러)
* 베네팔리(엔브렐 바이오시밀러)
* 임랄디(휴미라 바이오시밀러)

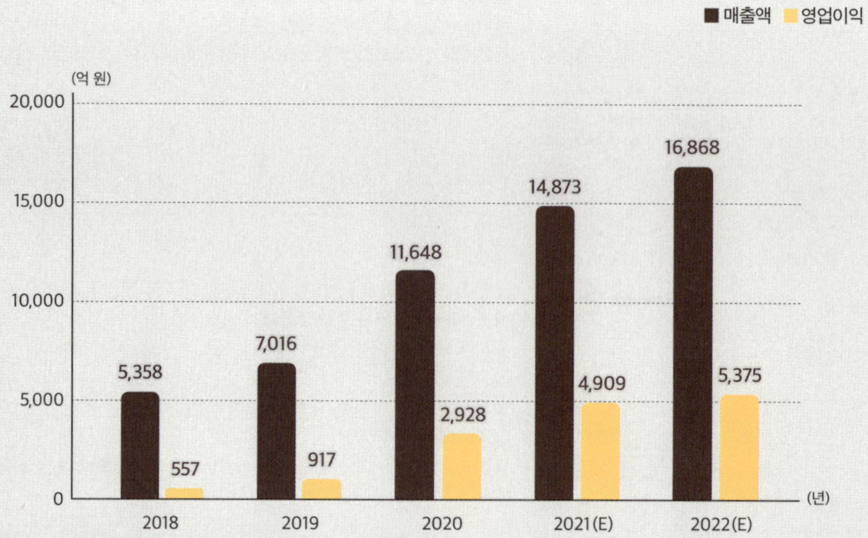

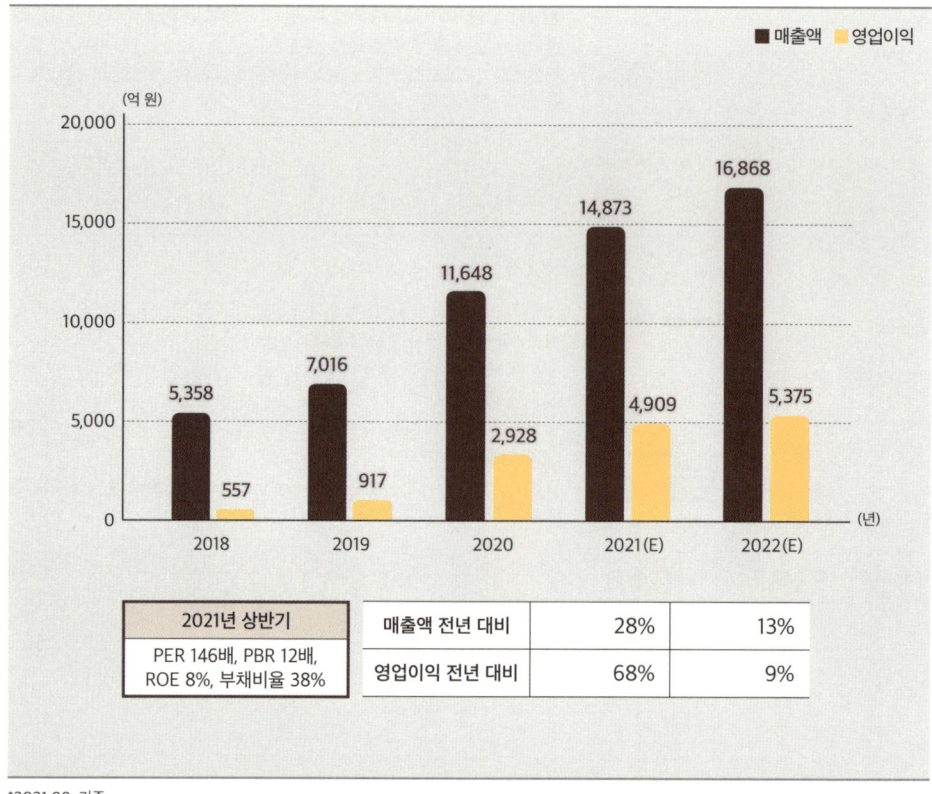

2021년 상반기
PER 146배, PBR 12배, ROE 8%, 부채비율 38%

매출액 전년 대비	28%	13%
영업이익 전년 대비	68%	9%

*2021.09. 기준

셀트리온

랩시마 | 트룩시마 | 허쥬마 | 바이오시밀러 | 코로나19 치료제

시가총액	34조 원

주요 주주	셀트리온홀딩스 외 70인 22%, 국민연금공단 7%
총 매출액 중	바이오시밀러 81%, 케미칼의약품 18%

- 류마티스 관절염 치료제 램시마로 고속 성장한 각종 단백질 치료제 개발, 생산 기업
- 코로나 항체치료제 렉키로나, 미국 및 유럽 진출로 매출 확대 기대감
- 2021년 하반기, 결장직장암 치료제 아바스틴 바이오시밀러 FDA 판매허가 신청. 트룩시마, 허쥬마에 이은 세 번째 항암 바이오시밀러 확보할 전망
- 자가면역질환 및 기타 치료제 바이오시밀러 라인업 보유

* 램시마(자가면역치료제, 레미케이드 바이오시밀러)
* 트룩시마(혈액암 치료제, 맙테라 바이오시밀러)
* 허쥬마(유방암 치료제, 허셉틴 바이오시밀러)
* 유플라이마(류마티스 관절염, 휴미라 바이오시밀러)

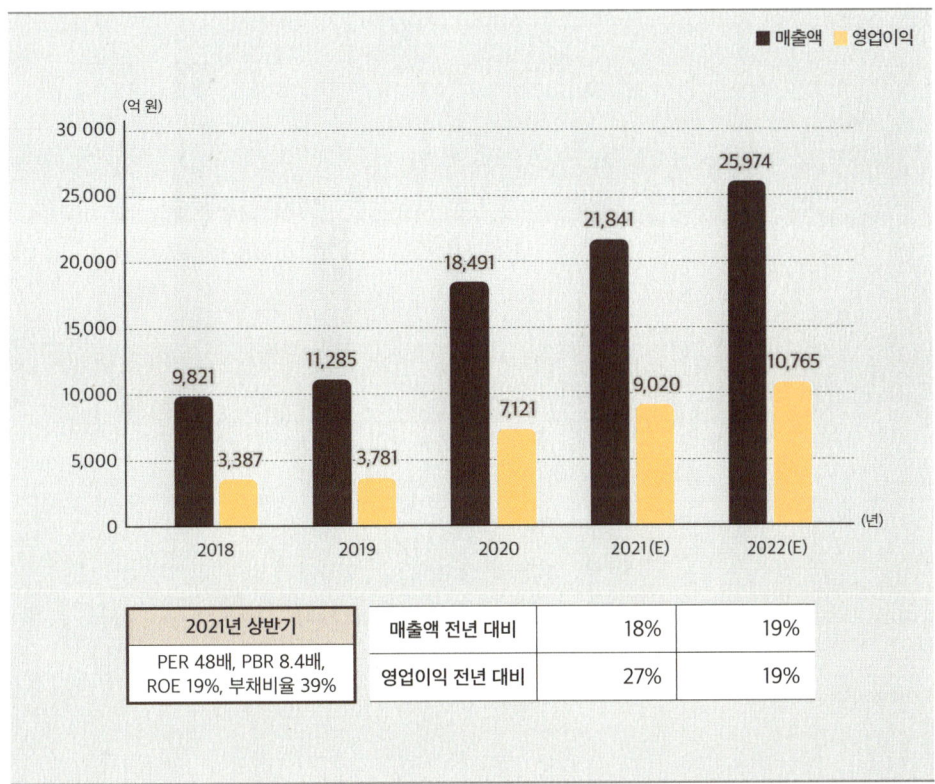

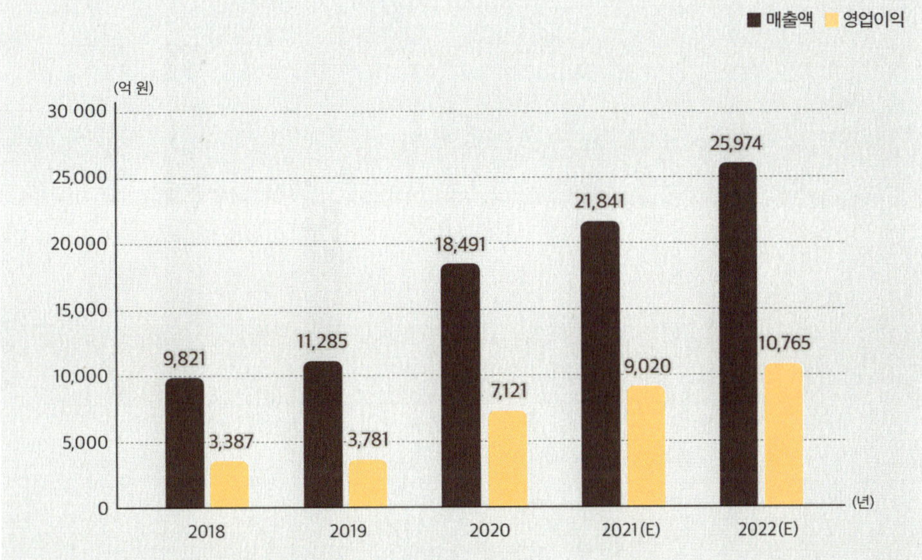

2021년 상반기
PER 48배, PBR 8.4배, ROE 19%, 부채비율 39%

매출액 전년 대비	18%	19%
영업이익 전년 대비	27%	19%

*2021.09. 기준

SK바이오사이언스

대상포진 백신 | 아스트라제네카 | 노바백스 | CEPI | 안동 L 하우스

시가총액	17조 원

주요 주주	SK케미칼 68%
총 매출액 중	CDMO 86%

- SK케미칼에서 물적 분할된 백신 및 바이오의약품 연구개발, 생산, 판매 기업
- 대상포진 백신 스카이조스터, 국내 점유율 46% 수준
- 아스트라제네카, 노바백스의 코로나19 백신 CMO 수주
- 노바백스 백신의 WHO 긴급사용 등재 가능성 확대 기대감
- CEPI 코로나19 백신 위탁생산 계약, 2022년 말까지 연장
- 자체 코로나19 임상 3상 중인 백신 GBP510 가치 전망 상향. 정부의 선 구매 추진
- 2024년 완공 예정인 안동 신공장 증설로 대량 생산에 따른 프리미엄 부여될 것

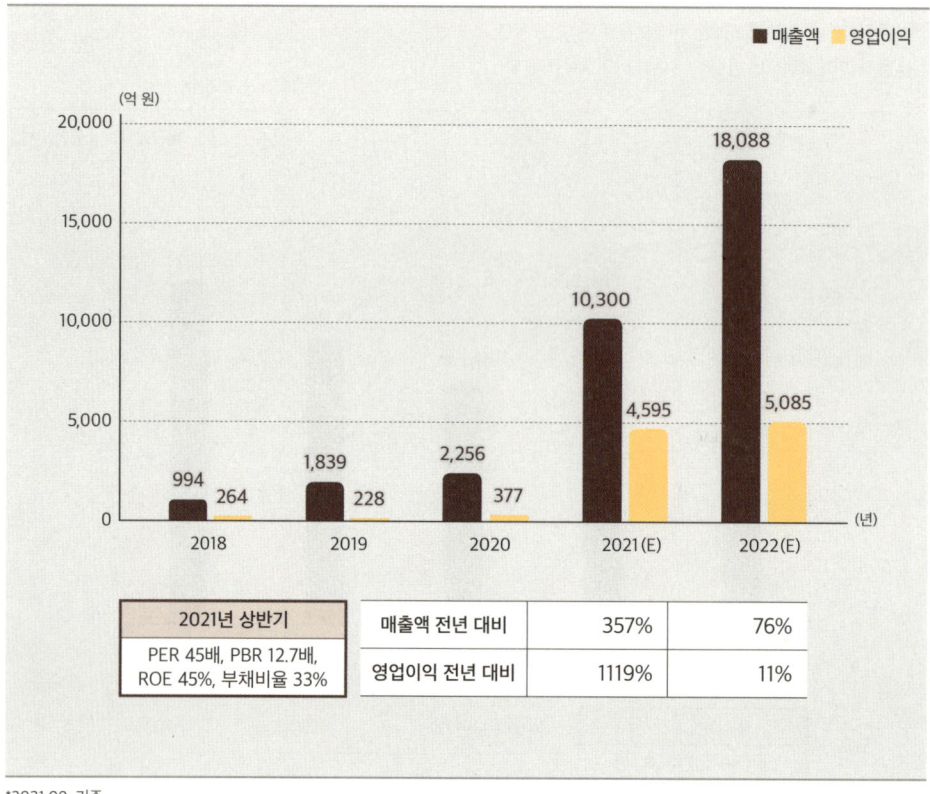

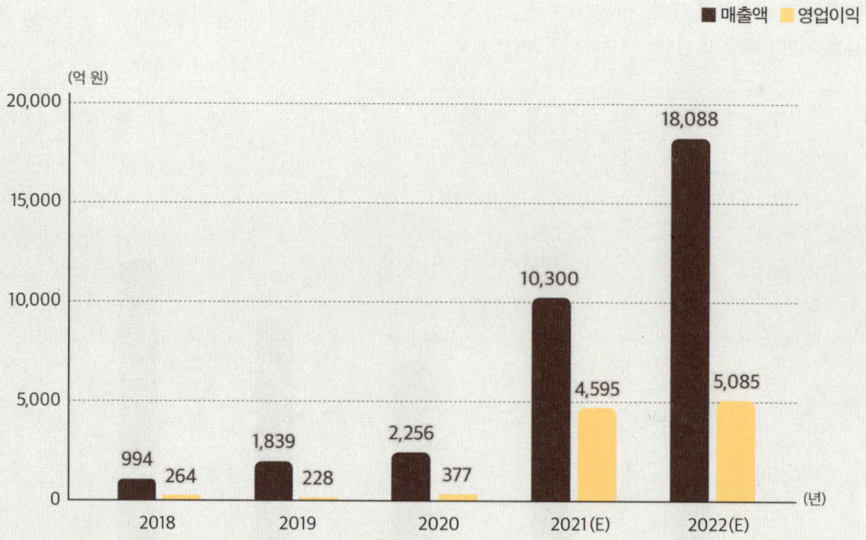

2021년 상반기
PER 45배, PBR 12.7배, ROE 45%, 부채비율 33%

매출액 전년 대비	357%	76%
영업이익 전년 대비	1119%	11%

*2021.09. 기준

알테오젠

히알루로니다아제 | 아일리아 | 허셉틴

시가총액	29,585억 원

주요 주주	박순재 외 6인 25%
주 매출처	히알루로니다아제 57%

- 피부, 안과용 치료제 및 체내 반감기 증가 기술 보유
- 아일리아, 허셉틴 바이오시밀러 등 개발
- 정맥주사의 피하주사 변환 ALT-B4 기술 보유

최근 실적 및 주요 재무지표

	2019년	2020년	2021년(전망)
매출액	292억 원	424억 원	720억 원(yoy 70%)
영업이익	-23억 원	1억 원	180억 원(yoy 17900%)

	2021년 상반기	
매출액	182억 원	PER 177배, PBR 20배, ROE 12%, 부채비율 44%
이익	-120억 원	

동아에스티

그로트로핀 | 박카스 | 스텔라라

시가총액	6,181억 원

주요 주주	강정석 외 13인 24%, 국민연금 9%
주 매출처	그로트로핀 21%, 모티리톤 16%

- 위점막보호제, 성장호르몬 등 전문의약품 사업 영위
- 항암보조치료제 큐로스팀 판매
- 스텔라라 바이오시밀러의 수익 창출 기대

최근 실적 및 주요 재무지표

	2019년	2020년	2021년(전망)
매출액	6,123억 원	5,867억	5,926억 원(yoy 1%)
영업이익	566억 원	340억	343억 원(yoy 1%)

	2021년 상반기	
매출액	2,884억 원	PER 24배, PBR 1.2배, ROE 4%, 부채비율 55%
이익	88억 원	

종근당

나파벨탄 | 네스프 | 루센티스

시가총액	12,683억 원

주요 주주	종근당홀딩스 외 5인 37%, 국민연금 9%
주 매출처	자누비아 11%, 케이캡 7%

- 전문의약품 중심 포트폴리오로 견조한 수익성 창출
- 빈혈치료제 네스프 바이오시밀러 생산. 일본, 동남아 진출 및 추후 미국, 유럽에서 허가 받기 위한 준비 중
- 황반병선 치료제 루센티스 바이오시밀러 임상 3상 중
- 코로나 치료제 나파벨탄, 임상 3상 돌입

최근 실적 및 주요 재무지표

	2019년	2020년	2021년(전망)
매출액	10,793억 원	13,030억 원	13,522억 원(yoy 3%)
영업이익	746억 원	1,239억 원	1,033억 원(yoy -16%)

	2021년 상반기	
매출액	6,394억 원	PER 18배, PBR 2.7배, ROE 15%, 부채비율 67%
이익	535억 원	

녹십자

클라지아 | 코로나19 백신 | CMO

시가총액	30,443억 원

주요 주주	녹십자홀딩스 외 6인 51%
주 매출처	혈액제제류 27%, 일반제제류 22%

- 혈액 및 백신제제 및 OTC 의약품 제조 판매
- 인도 기업의 당뇨병 치료 바이오시밀러 클라지아 출시
- CEPI와 5억 도즈 규모 코로나 백신 CMO 계약
- 얀센 코로나 백신 CMO 계약 전망

최근 실적 및 주요 재무지표

	2019년	2020년	2021년(전망)
매출액	13,571억 원	15,041억 원	15,856억 원(yoy 5%)
영업이익	417억 원	503억 원	1,003억 원(yoy 99%)

	2021년 상반기	
매출액	6,698억 원	PER 34배, PBR 2.5배, ROE 7%, 부채비율 75%
이익	161억 원	

서린바이오

삼성바이오로직스 | 모더나 | mRNA 서비스

시가총액	2,021억 원

주요 주주	황을문 외 3인 28%, 한국증권금융 5%
주 매출처	상품 92%, 헬스케어기기 5%

- 바이오 연구, 임상, 생산공정에 필요한 원부재료, 장비, 소모품 등 공급
- 주요 공급품으로 세포배양 배지, 혈청, 항체 등
- 삼성바이오로직스에 시약 등 원재료 납품 이력 주목
- 국내 유일 mRNA 합성 서비스 공급

최근 실적 및 주요 재무지표

	2019년	2020년
매출액	544억 원	651억 원
영업이익	18억 원	45억 원

	2021년 상반기	
매출액	390억 원	PER 31배, PBR 2.9배, ROE 9%, 부채비율 36%
이익	42억 원	

바이넥스

코로나19 백신 | 스푸트니크V | CMO | CAR-T 치료제

시가총액	4,748억 원

주요 주주	바이넥스홀딩스 외 2인 11%, 광동제약 외 1인 5%
주 매출처	제약업 60%, 바이오사업 40%

- 케미컬의약품 판매 및 바이오 의약품 CMO 영위
- 러시아 코로나 백신 스푸트니크V 생산 컨소시엄 참여
- 美 바이오기업 지분 확보로 CAR-T 치료제 사업 진출

최근 실적 및 주요 재무지표

	2019년	2020년
매출액	1,253억 원	1,330억 원
영업이익	113억 원	161억 원

	2021년 상반기	
매출액	612억 원	PER 72배, PBR 3.6배, ROE 5%, 부채비율 42%
이익	38억 원	

노터스

비임상 CRO · 반려동물 · HK이노엔 · 대웅제약

시가총액	1,852억 원

주요 주주	정인성 외 5인 48%
주 매출처	비임상 CRO 51%, 바이오인프라 20%

- 신약 등 신규 개발물질의 비임상 CRO 사업 영위
- 쿠팡에 반려동물 용품 공급 등 관련 비즈니스 시작
- HK이노엔과 수족구병 백신 개발 및 대웅제약과 코로나 치료제 개발 진행

최근 실적 및 주요 재무지표

	2019년	2020년	2021년(전망)
매출액	460억 원	585억 원	644억 원(yoy 10%)
영업이익	67억 원	88억 원	106억 원(yoy 20%)

	2021년 상반기	
매출액	292억	PER 20배, PBR 3.6배, ROE 16%, 부채비율 32%
이익	44억	

대웅제약

나보타 · 균주 소송 · 우루사 · 임팩타민 · 코로나19 치료제 · 탈모 치료제

시가총액	15,063억 원

주요 주주	대웅 외 5인 57%, 국민연금공단 6%
주 매출처	제품 29%, 상품 26%

- 우루사, 임팩타민 및 의약품 상품 매출 등 영위
- 바이오 의약품 제조, 개발, 품질시험, 인허가, 판매 등 올인원 패키지 제공
- 메디톡스와의 미국 보툴리늄톡신 균주 소송 종료

최근 실적 및 주요 재무지표

	2019년	2020년	2021년(전망)
매출액	11,134억 원	10,554억 원	10,248억 원(yoy -3%)
영업이익	447억 원	170억 원	841억 원(yoy 395%)

	2021년 상반기	
매출액	5,593억 원	PER 93배, PBR 3.3배, ROE 3%, 부채비율 107%
이익	413억 원	

이수앱지스

항체 치료제 | 옵디보 바이오시밀러 | 코로나19 백신

시가총액	3,650억 원

주요 주주	이수화학 외 7인 33%
주 매출처	파바갈 39%, 애브서틴 37%

- 항체치료제 클로티냅 생산, 판매
- 면역항암 치료제 옵디보의 바이오시밀러 연구개발 중
- 러시아 코로나 백신 스푸트니크V 시생산 위한 기술이전 개시

최근 실적 및 주요 재무지표

	2019년	2020년
매출액	210억 원	256억 원
영업이익	-158억 원	-132억 원

	2021년 상반기	
매출액	118억 원	PER -29배, PBR 8.2배, ROE -28%, 부채비율 138%
이익	-28억 원	

핵심 키워드

바이오 의약품
세포 배양, 유전자 재조합, 유전자 조작 등의 생명공학 방법을 직간접적으로 활용하여 만들어낸 신약을 뜻한다.

바이오시밀러
바이오 의약품에 대한 복제약을 뜻한다. 이미 품목허가를 받은 오리지널 의약품이 존재하고 오리지널 의약품에 대해 품질, 비임상, 임상 단계에서 비교 동등성 실험을 수행하게 되며 이를 통해 유사성을 입증한 의약품이다. 합성의약품과 달리 오리지널 의약품과 동일한 생산품을 만들기 어렵기에 바이오에 시밀러라는 용어를 사용한다.

바이오베터
새로운 기술을 적용하여 기존 바이오 의약품을 보다 우수하게 개량하여 가치를 향상시킨 의약품이다. 오리지널 의약품에 비해 효능, 투여횟수 등이 개선됨. 기존 바이오 의약품보다 더 낫다는 의미에서 베터(better)라는 단어를 사용한다. 바이오베터는 오리지널 의약품의 특허에 영향을 받지 않아 신약과 같은 높은 수익성을 갖고 이미 오리지널 의약품을 통해 시장성이 입증되어 있기 때문에 신약 개발 대비 사업 리스크가 적은 편이다.

CMO
Contract Manufacturing Organization. 의약품을 위탁 생산하는 의약품 전문 생산 사업으로 의뢰된 의약품을 대신 생산해주는 것을 뜻한다. 자체 생산보다는 위탁생산을 통해 효율화를 꾀하고자 할 때 선택하는 방안이다. 반도체 비메모리에서 파운드리 업체가 수행하는 업무 방식과 비슷하다.

CDMO
CMO와 CDO를 함께 일컫는 말이다. 신약 개발부터 생산까지 아웃소싱해 시간과 비용을 줄일 수 있게 해주는 비즈니스 형태다. CDMO 전문 업체는 대량생산을 통해 규모의 경제를 실현할 수 있다. 다국적 제약사들이 선택과 집중을 통해 신약은 자체적으로 생산을 하더라도 기존 블록버스터 품목은 위탁생산에 맡기고 있다. 위탁생산 비율이 현재 15%에서 향후 50%까지 증가할 전망이다.

CRO
Contract Research Organization. 임상시험 수탁기관이라 부르며 신약 개발 단계에서 제약사, 바이오 기업의 의뢰를 받아 임상시험 진행의 디자인과 컨설팅, 모니터링, 데이터 관리, 허가 등의 업무를 대행한다.

폴더블 · 5G(6G)

1 스마트폰 시장에서 중국의 추격을 뿌리치고 기존 플래그십 라인에 대한 돌파구를 위한 묘수로 폴더블폰이 대두
2 폴더블폰은 구부러져야 하기에 OLED 패널, 특수보호필름, 커버 윈도 그리고 힌지 등 부품이 필요
3 글로벌 5G 서비스의 확대에 따른 OTT 가입자 확대로 대면적 화면 사용이 용이한 폴더블폰의 니즈도 증가할 전망

관련 키워드 폴더블 롤러블 스트레쳐블 OLED CPI UTG 힌지 5G Stand Alone

새로운 폼팩터인 폴더블폰 세계 시장을 장악한 삼성전자

글로벌 스마트폰 시장의 판매량 측면에서 애플과 양강 체제를 이루던 삼성전자는 갤럭시 S 시리즈로 대변되는 대표 제품의 판매량이 매년 감소하면서 하드웨어 기술격차를 빠르게 좁히기 시작한 중국에 추격을 허용하게 되었다. 이에 삼성전자는 플래그십 라인에 대한 돌파구가 필요한 시점이었는데, 소비자들의 잠재 니즈를 이끌어 낼 수 있는 새로운 폼팩터인 폴더블폰을 통한 시장 주도 전략을 내세우기로 결정했다.

초기 갤럭시 폴드 1, 2 모델은 판매량이 저조해 많은 우려를 낳았지만, 2021년 8월 출시한 갤럭시 폴드 및 플립 3 시리즈의 성공적 출시로 삼성전자는 새로운 하드웨어의 초기 선점을 발빠르게 차지했을 뿐 아니라 첨단 기술 혁신 선두주자라는 브랜드 이미지 상승도 얻은 최적의 묘수가 되었다. 이에 위기 의식을 느낀 화웨이, 오포, 비보 등의 중국 기업들이 폴더블 기술을 선보였으나 기술적 한계에 봉착하고 수율도 끌어내지 못하면서 사실상 폴더블 시장에서 철수하게 되었다. 애플은 폴더블폰 시장이 더욱 확대되는 시점을 기다리느라 산업 진입 타이밍을 아직 고려하는 중이며 국내 경쟁자인 LG전자도 스마트폰 사업을 철수하게 되어 삼성전자가 글로벌 폴더블폰 시장의 지배력을 더욱 공고히 하게 되었다.

폴더블폰은 폴더블 기술에서 끝나는 것이 아니라 이후 폰을 돌돌 말 수 있는 롤러블 및 좌우 또는 위아래로 패널을 확장시켰다 줍힐 수 있는 스트레처블 기술까지 발전하는 단계의 초반 과정이다. 이에 폴더블 기술에서 압도적인 모습을 보였고 소비자들에게 명확히 이 부분을 각인시킨 삼성전자로선 판매량뿐 아니라 이익 측면에서도 글로벌 스마트폰 시장에서 애플을 바짝 뒤쫓기 위한 행보를 다시 시작할 기회를 잡았다고 평가된다.

폴더블폰 및 프리미엄 스마트폰에서 부각받는 기술들

폴더블폰은 패널이 구부러져야 하기에 기존 LCD 패널을 사용할 수 없고 유기물질로 구성된 OLED 패널을 사용해야 한다. 이런 변화로 인해 모바일 OLED 패널 수요 증가에 따른 장비, 소재 기업들의 매출은 크게 증가할 전망이다. 또한 폴더블폰은 패널을 보호하기 위한 커버 윈도가 필요한데, 휘어질 수 있는 투명 폴리이미드 필름이 폴더블폰 초기에 주로 쓰였으나 향후엔 긁힘에 강하고 투과도가 높으며 터치 감도도 좋은 UTG가 커버 윈도의 주력으로 사용될 전망이다. 또한 폴더블폰이 수십만 번 접었다 폈다 기능을 구현할 수 있도록 해주는 힌지도 부각될 전망인데 힌지는 폴더블 다음 기술인 롤러블, 스트레쳐블 폼팩터에서도 핵심으로 쓰일 기술이다.

5G 통신 서비스가 확대될수록 폴더블폰 시장 성장은 맥을 같이 할 것

폴더블폰의 주된 장점 중 하나는 접혔던 패널을 폈을 때 화면이 넓어진다는 것이다. 2021년에 출시된 갤럭시Z 폴드3는 펼치면 7.6인치 크기의 태블릿 사이즈로 변신하기에 큰 화면으로 OTT 및 기타 멀티미디어를 활용하는 데 제격이다. 아직 제대로 된 인프라 투자가 이뤄지지 못해 성장이 주춤한 5G 통신 서비스가 포스트 코로나 이후 2022년부터 본격적으로 투자가 이뤄지면서 글로벌 5G 서비스 커버리지 확대 및 5G 스마트폰 가입자가 크게 증가한다면, 실시간 빠른 스트리밍이 매우 중요한 OTT 및 고용량 멀티미디어를 즐기려는 소비자가 더 늘어날 것이고 이런 흐름에 폴더블폰의 글로벌 스마트폰 침투율은 2023년 2% 수준 전망에서 가파르게 점유율을 확대해나갈 전망이다.

삼성전자 폴더블폰의 글로벌 출하 전망

: 2020년에 폴드와 플립 제품이 본격 출시된 후, 글로벌 폴더블폰 시장을 선도하며 압도적인 점유율을 기록 중이다. 2023~2024년 애플의 폴더블 시장 진입 후 본격 경쟁할 전망이다.

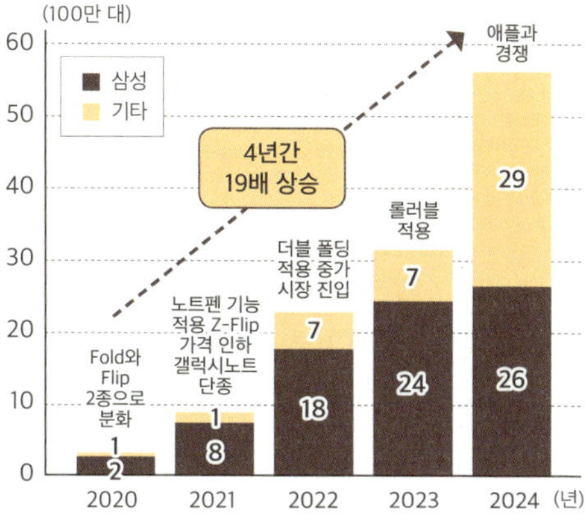

출처: 삼성증권

글로벌 5G 스마트폰 가입자 수 전망

: 2021년까지는 5G 가입자가 6억 명 수준이지만 2022년 이후 5G 인프라망의 대거 확충을 토대로 2026년엔 약 33억 명에 도달할 전망이다.

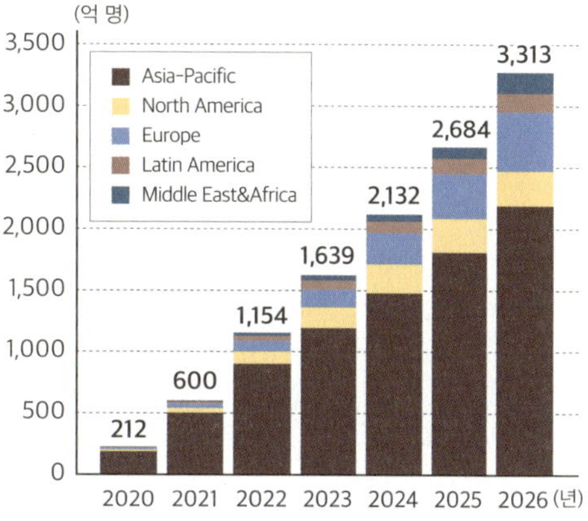

출처: Ericsson Mobility Report

LCD와 OLED 패널 구조 비교

: LCD는 백라이트에서 빛을 쏴 컬러 필터, 편광판을 통해 색을 구현하는 방식인데 이에 필요한 구성요소가 많으나, OLED는 TFT와 유기물 증착된 글래스 외엔 필요 없는 구조다.

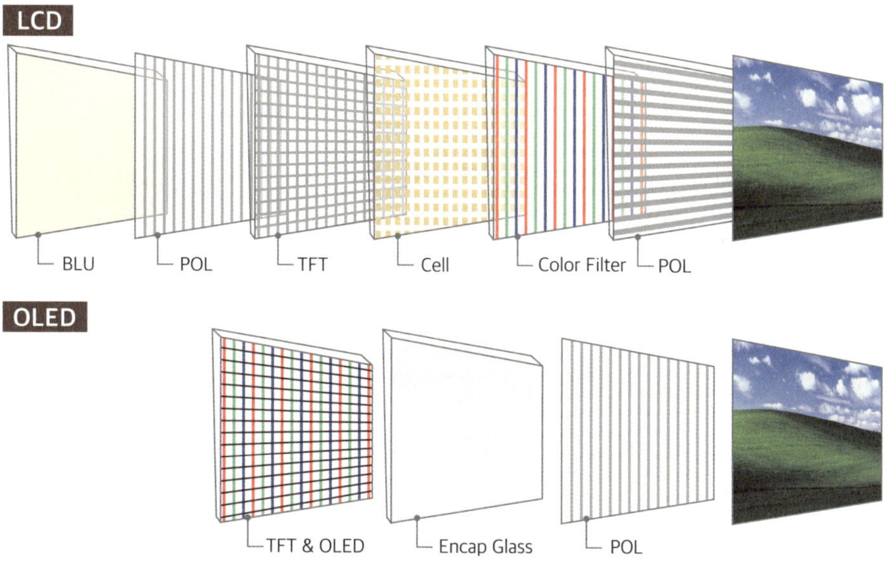

출처: LG디스플레이

OLED 패널 구조

: OLED에 전류를 가하면 빛을 내는 발광물질들로 이뤄진 발광층에서 전자와 정공이 만나 빛을 낸다. 이때 전자와 전공이 각각 효율적으로 이동할 수 있도록 돕는 보조층들이 함께 존재한다.

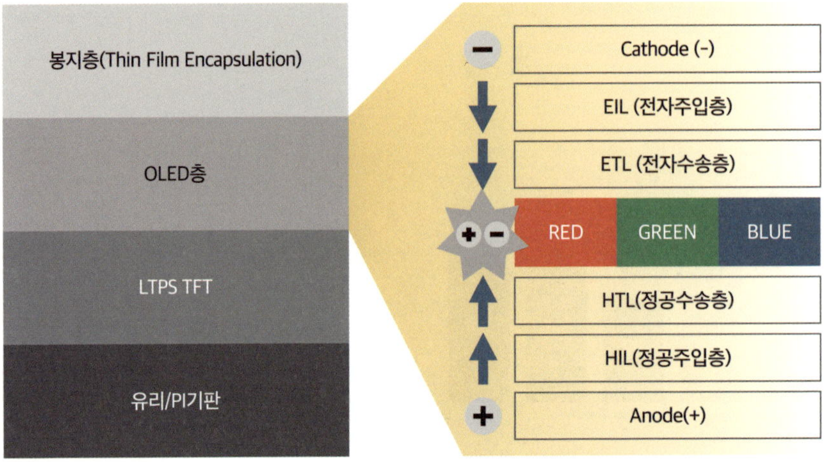

출처: 키움증권

플렉서블 디스플레이의 변화 과정

: 평평한 구조로만 구현되던 디스플레이 패널은 2015년경 구부릴 수 있는 형태로 구현된 후, 현재는 접을 수 있는 폴더블의 형태로 진화했다. 이후엔 말리는 형태로 발전할 것이다.

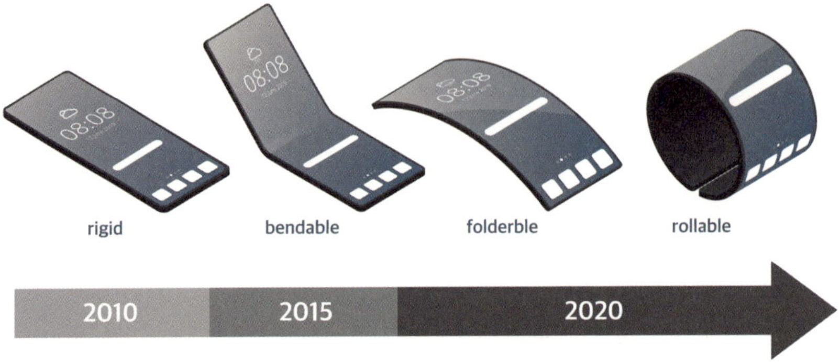

LCD의 비중을 잠식해가는 OLED 비중 전망

: OLED TV 수요 증가 및 폴더블, 플렉서블 OLED를 채용한 스마트폰 수요 증가로, 기존 디스플레이의 표준인 LCD의 비중을 빠르게 가져올 전망이다.

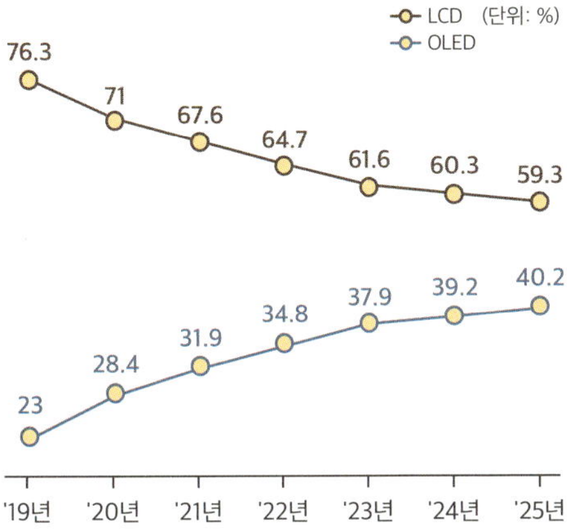

출처: 한국디스플레이산업협회

글로벌 스마트폰 전체 판매량 중 폴더플폰의 비중

: 기본적으로 첨단 기술이 집약된 폴더블폰은 프리미엄급으로 분류되어 고가에 판매되고 있고 삼성전자 이외엔 뚜렷한 양산 기업이 없기에 2023년까지의 침투율은 높지 않다.

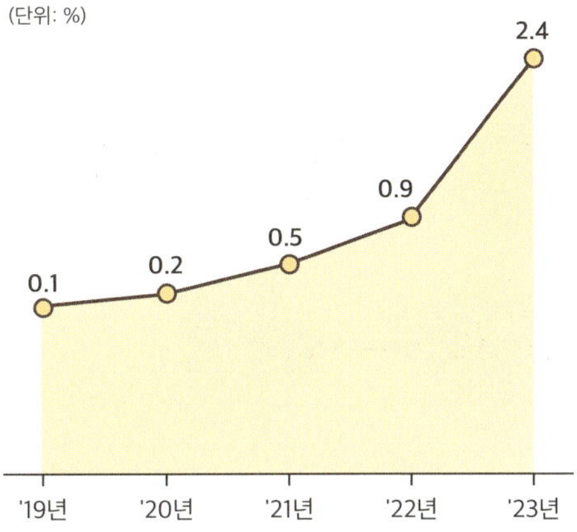

폴더블 OLED 패널 구조

: 기존 휘어지지 않는 OLED(Rigid OLED) 구조에서 폴더블은 휘어질 수 있어야 하기에 접착제는 액체형에서 OCA, 커버 윈도, 봉지기판, TFT 기판은 유리에서 각각 CPI/UTG, 필름 박막봉지, PI 소재로 교체되었다.

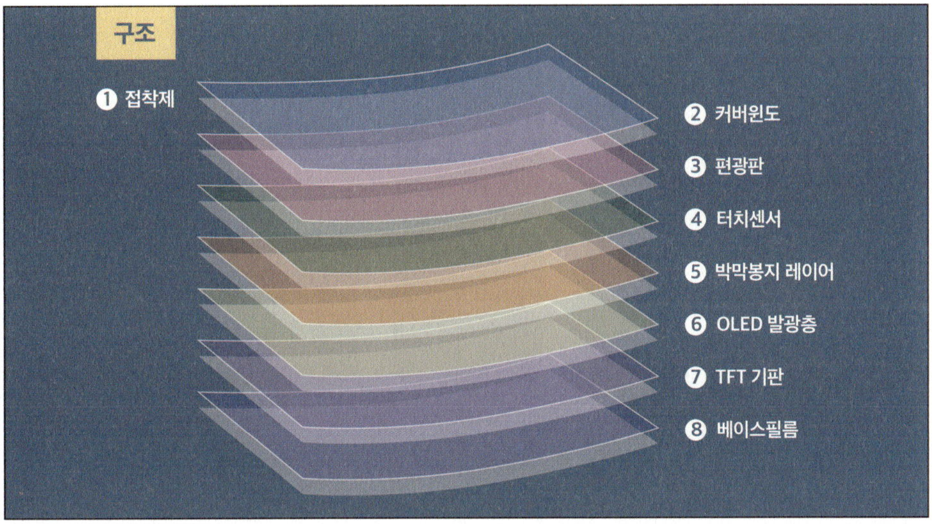

출처: 이데일리

폴더블폰의 수만 번 접었다 펴는 기능을 구현해 주는 핵심 부품, 힌지

: 폴더블폰의 화면을 접었다 펼 때의 패널이 맞닿는 충격을 최소화시켜 구동을 가능케 하며, 새로운 폼팩터 시대에 맞춰 폴더블뿐 아니라 롤러블, 익스팬더블 등 다양하게 적용될 부품이다.

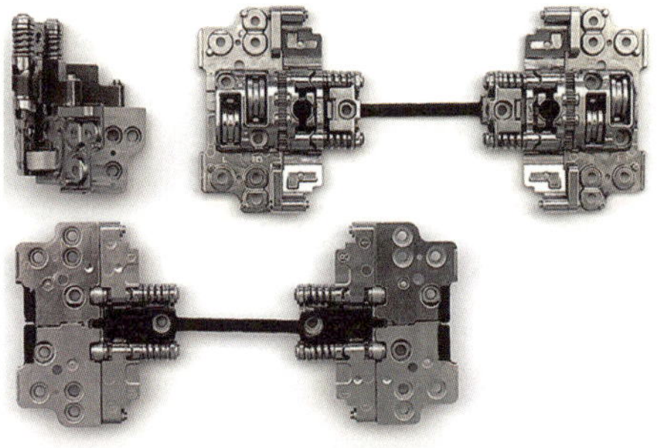

폴더블폰의 커버 윈도로 쓰이는 부품 비교

: 스크래치에 강점을 가지며 디자인 완성도가 상대적으로 높은 UTG의 사용 빈도가 점차 높아질 전망이다.

	CPI (투명 폴리이미드 필름)	UTG (초박막 강화유리)
장점	부러지거나 접었다 펴도 자국 없음	스크래치, 경도에 강점
		디자인 완성도 높음
단점	스크래치에 취약	유리 맞닿으면 파손 우려
	교체형 보호막 필요	현재 기술로 인폴딩 방식 구현 어려움

5G 이동통신 네트워크 구조

: 백본에서 전화국까지의 백홀 구간 그리고 기지국에서 디바이스 직전 중계기, 스몰셀까지 프런트홀 구간으로 이루어져 있다.

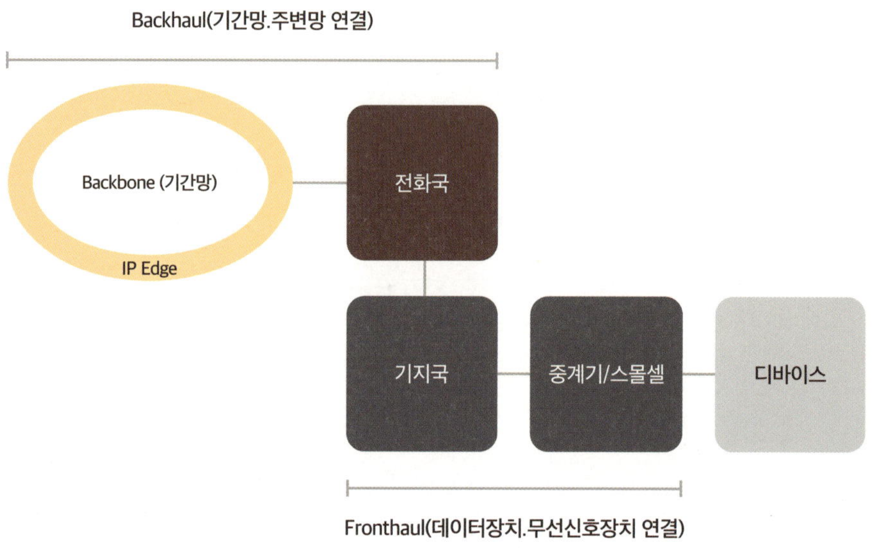

4G에서 5G로의 서비스 변화

: 초고속, 초저지연, 초연결이 강점인 5G 서비스의 커버리지가 넓어질수록, 스마트폰, 자동차, 스마트공장, 드론 등 다양한 분야에서 5G의 강점이 실생활에 적용될 전망이다.

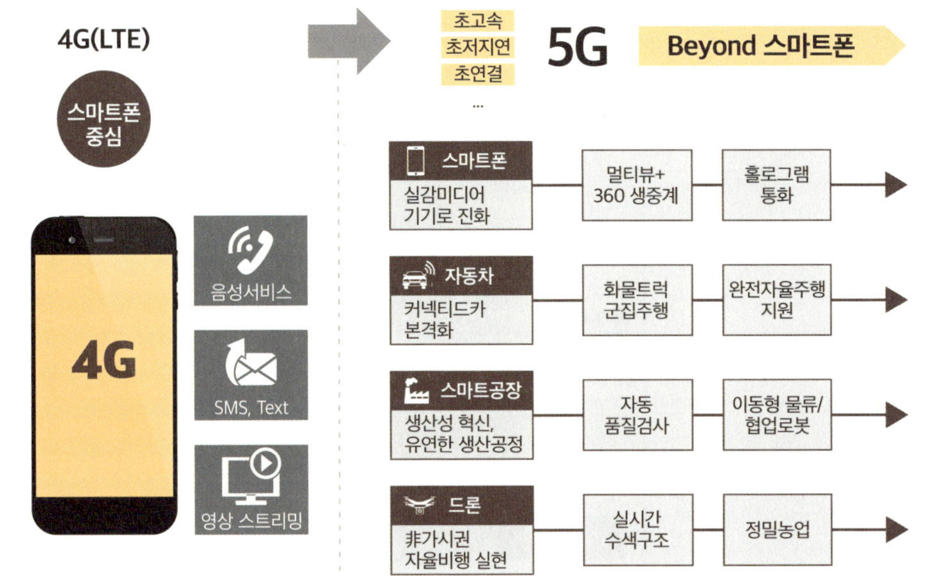

국내 5G 시장 규모

: 2021년까지는 국내 5G 시장 규모가 5.5조 원 수준이지만 제조, 금융, 자동차 분야에 활발히 적용되면서 2030년엔 42조 원 수준으로 크게 성장할 전망이다.

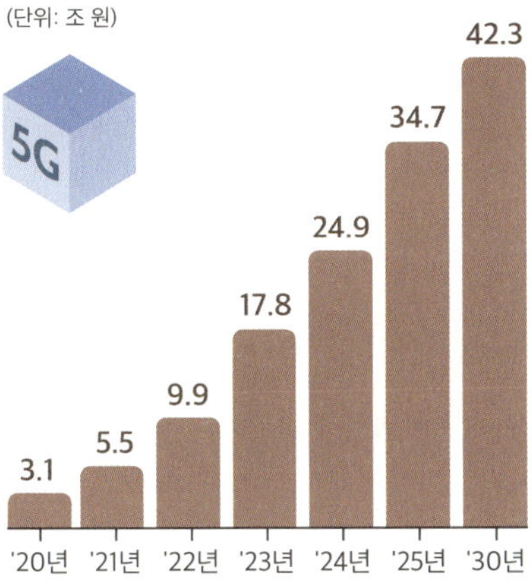

출처: KT경제경영연구소

5G의 다음 세대인 6G 서비스 특허 시장을 선도하는 중국

: 5G보다 10배~50배 이상 빠른 기술로 예상되는 6G 서비스는 자율주행차의 기반이 되고 모든 멀티미디어를 끊김 없이 사용할 수 있을 것으로 기대되며, 관련 특허 시장을 중국이 40% 수준으로 선도하고 있다.

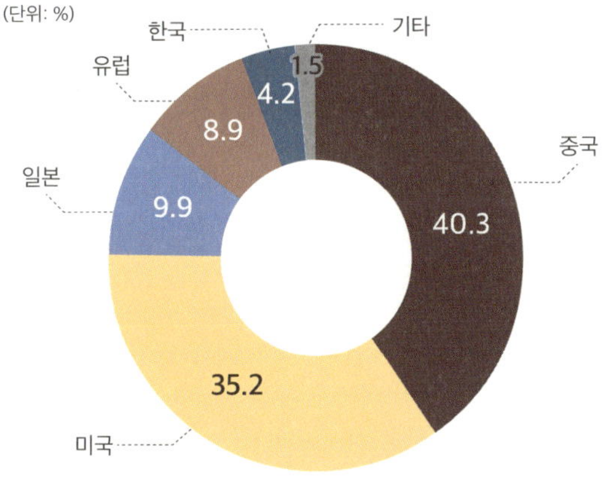

출처: Cyber Creative Institute via Nikkei Asia

테마 밸류 체인 - OLED

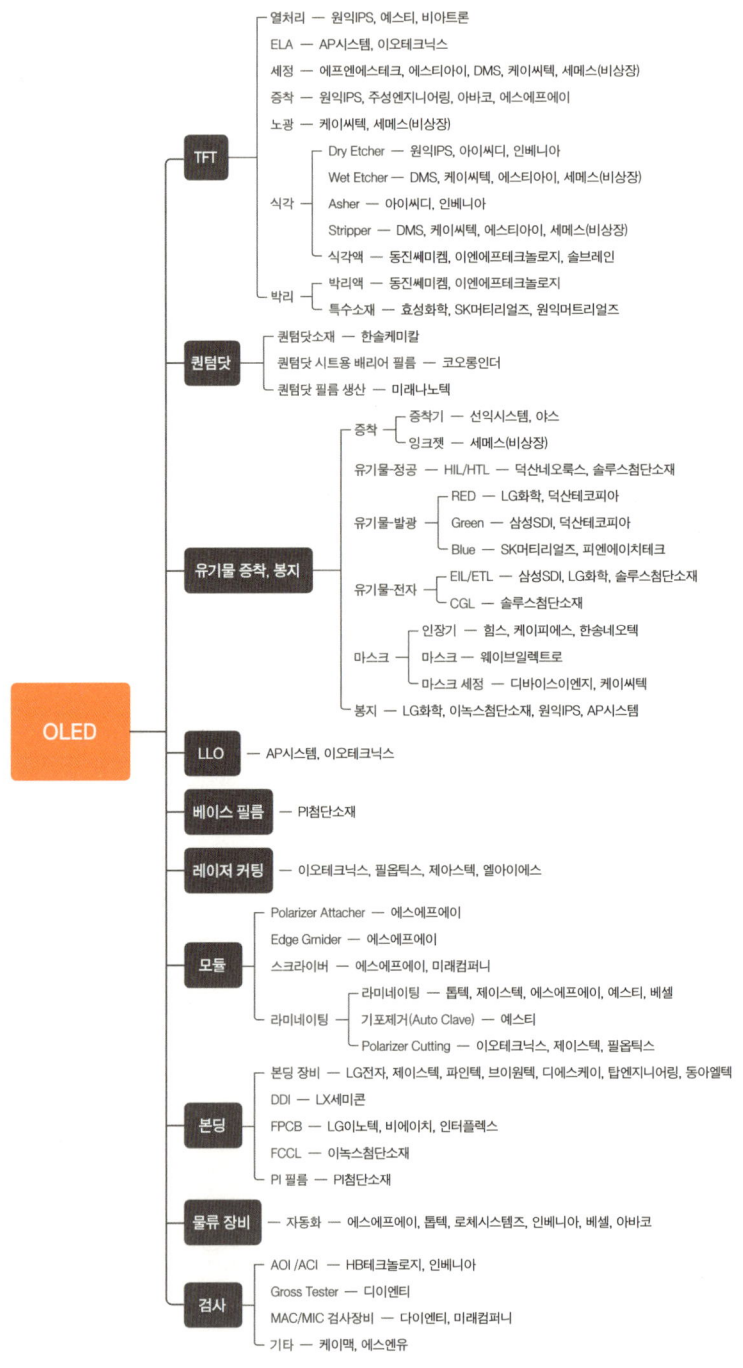

- OLED
  - TFT
    - 열처리 — 원익IPS, 예스티, 비아트론
    - ELA — AP시스템, 이오테크닉스
    - 세정 — 에프엔에스테크, 에스티아이, DMS, 케이씨텍, 세메스(비상장)
    - 증착 — 원익IPS, 주성엔지니어링, 아바코, 에스에프에이
    - 노광 — 케이씨텍, 세메스(비상장)
    - 식각
      - Dry Etcher — 원익IPS, 아이씨디, 인베니아
      - Wet Etcher — DMS, 케이씨텍, 에스티아이, 세메스(비상장)
      - Asher — 아이씨디, 인베니아
      - Stripper — DMS, 케이씨텍, 에스티아이, 세메스(비상장)
      - 식각액 — 동진쎄미켐, 이엔에프테크놀로지, 솔브레인
    - 박리
      - 박리액 — 동진쎄미켐, 이엔에프테크놀로지
      - 특수소재 — 효성화학, SK머티리얼즈, 원익머트리얼즈
  - 퀀텀닷
    - 퀀텀닷소재 — 한솔케미칼
    - 퀀텀닷 시트용 배리어 필름 — 코오롱인더
    - 퀀텀닷 필름 생산 — 미래나노텍
  - 유기물 증착, 봉지
    - 증착
      - 증착기 — 선익시스템, 야스
      - 잉크젯 — 세메스(비상장)
    - 유기물-정공 — HIL/HTL — 덕산네오룩스, 솔루스첨단소재
    - 유기물-발광
      - RED — LG화학, 덕산테코피아
      - Green — 삼성SDI, 덕산테코피아
      - Blue — SK머티리얼즈, 피엔에이치테크
    - 유기물-전자
      - EIL/ETL — 삼성SDI, LG화학, 솔루스첨단소재
      - CGL — 솔루스첨단소재
    - 마스크
      - 인장기 — 힘스, 케이피에스, 한송네오텍
      - 마스크 — 웨이브일렉트로
      - 마스크 세정 — 디바이스이엔지, 케이씨텍
    - 봉지 — LG화학, 이녹스첨단소재, 원익IPS, AP시스템
  - LLO — AP시스템, 이오테크닉스
  - 베이스 필름 — PI첨단소재
  - 레이저 커팅 — 이오테크닉스, 필옵틱스, 제이스텍, 엘아이에스
  - 모듈
    - Polarizer Attacher — 에스에프에이
    - Edge Grnider — 에스에프에이
    - 스크라이버 — 에스에프에이, 미래컴퍼니
    - 라미네이팅
      - 라미네이팅 — 톱텍, 제이스텍, 에스에프에이, 예스티, 베셀
      - 기포제거(Auto Clave) — 예스티
      - Polarizer Cutting — 이오테크닉스, 제이스텍, 필옵틱스
  - 본딩
    - 본딩 장비 — LG전자, 제이스텍, 파인텍, 브이원텍, 디에스케이, 탑엔지니어링, 동아엘텍
    - DDI — LX세미콘
    - FPCB — LG이노텍, 비에이치, 인터플렉스
    - FCCL — 이녹스첨단소재
    - PI 필름 — PI첨단소재
  - 물류 장비 — 자동화 — 에스에프에이, 톱텍, 로체시스템즈, 인베니아, 베셀, 아바코
  - 검사
    - AOI /ACI — HB테크놀로지, 인베니아
    - Gross Tester — 디이엔티
    - MAC/MIC 검사장비 — 다이엔티, 미래컴퍼니
    - 기타 — 케이맥, 에스엔유

글로벌 주요 기업 - OLED

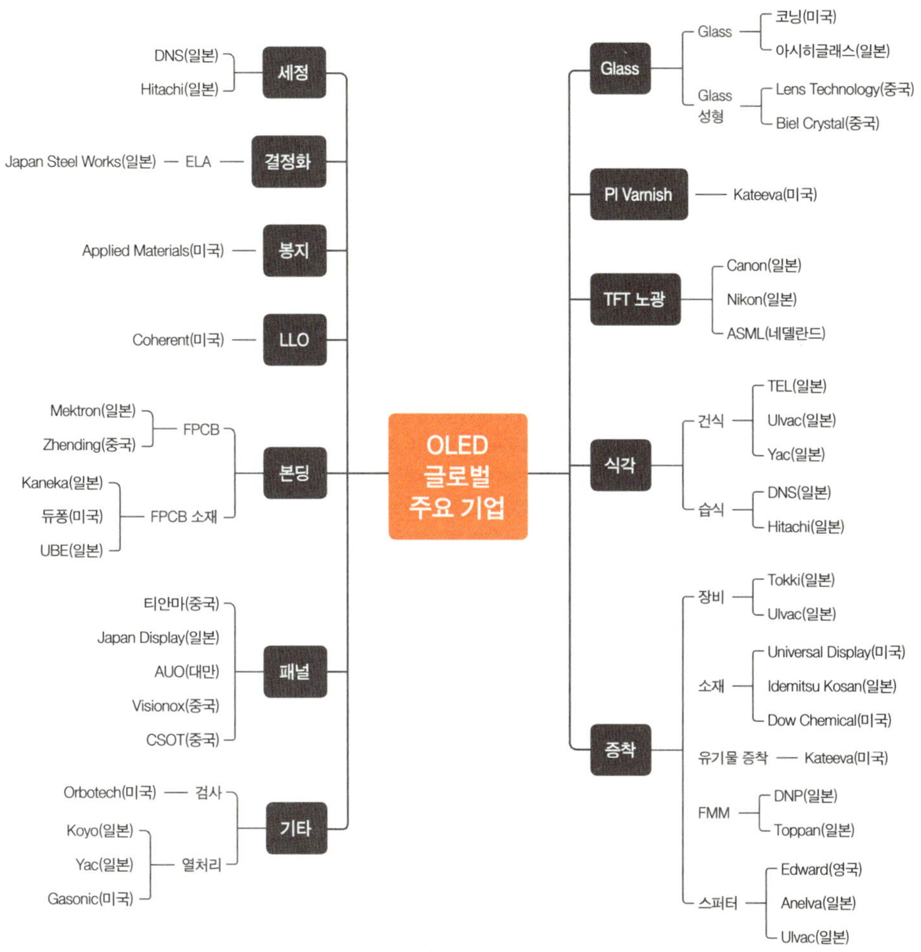

테마 밸류 체인 - 폴더블, 플렉서블

폴더블, 플렉서블

- **제조, 판매** — 삼성전자
- **카메라**
  - 카메라 모듈 — 삼성전기, LG이노텍, 파트론, 파워로직스, 캠시스, 엠씨넥스, 나무가, 해성옵틱스, 아이엠, 에이치엔티
  - 액츄에이터 — 자화전자, 엠씨넥스, 해성옵틱스, 아이엠, 하이소닉
  - 렌즈 — 해성옵틱스, 세코닉스, 엘컴텍
  - 이미지센서 — 삼성전자
  - 3D 센싱 / TOF 모듈 — LG이노텍, 나무가, 파트론
  - 광학필터 — 옵트론텍
- **힌지**
  - 내장힌지(메탈플레이트) — 파인테크닉스
  - 외장힌지 — KH바텍
- **유리**
  - UTG — 뉴파워프라즈마, 켐트로닉스, 도우인시스(비상장)
  - UTG 레이저 커팅장비 — 제이티
  - UTG 가공장비 — 하나기술
  - 강화보호유리 — 유티아이
- **필름**
  - 데코 필름 — 세경하이테크
  - CPI 필름 — 코오롱인더, SKC, PI첨단소재
  - 접착 필름 — 이녹스첨단소재
- **PCB** — 인터플렉스, 비에이치, 디케이티, 영풍
- **기타**
  - 은나노 와이어 — 원익큐브
  - 본딩 장비 — 파인텍
  - 접착테이프 OCA — 테이팩스
  - 투명 전극 — 상보

글로벌 주요 기업 - 폴더블, 플렉서블

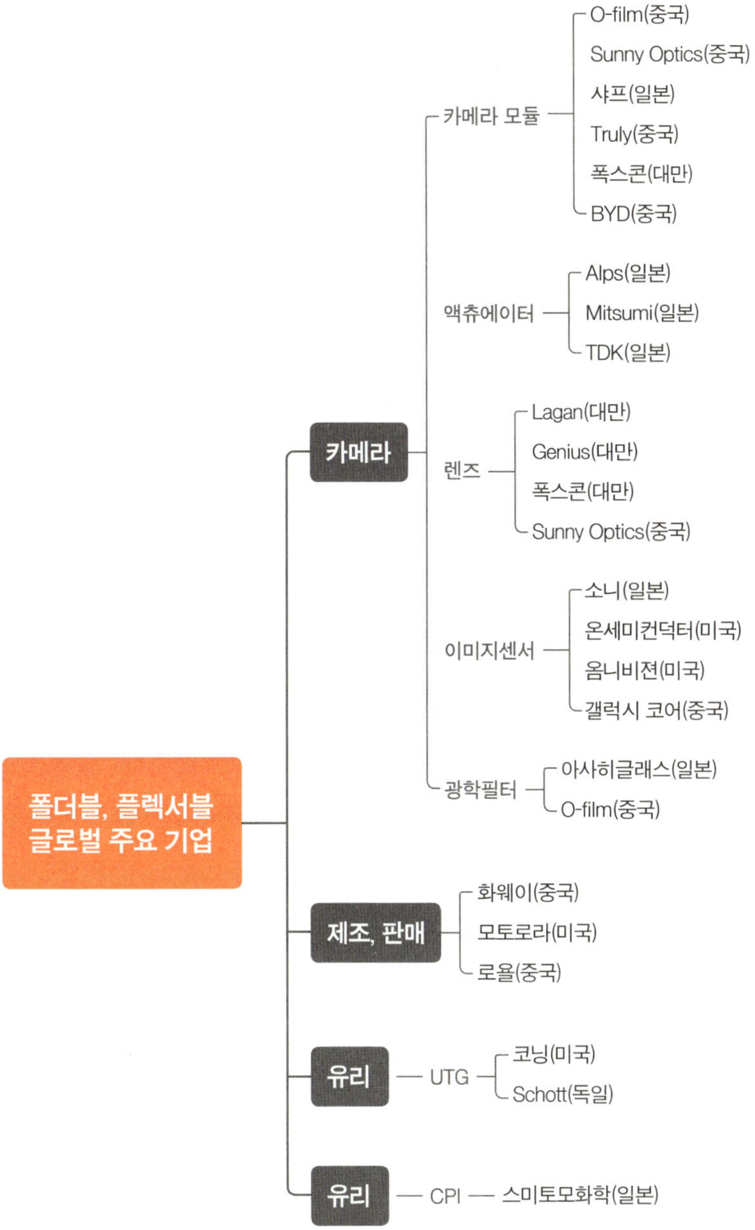

테마 밸류 체인 - 5G

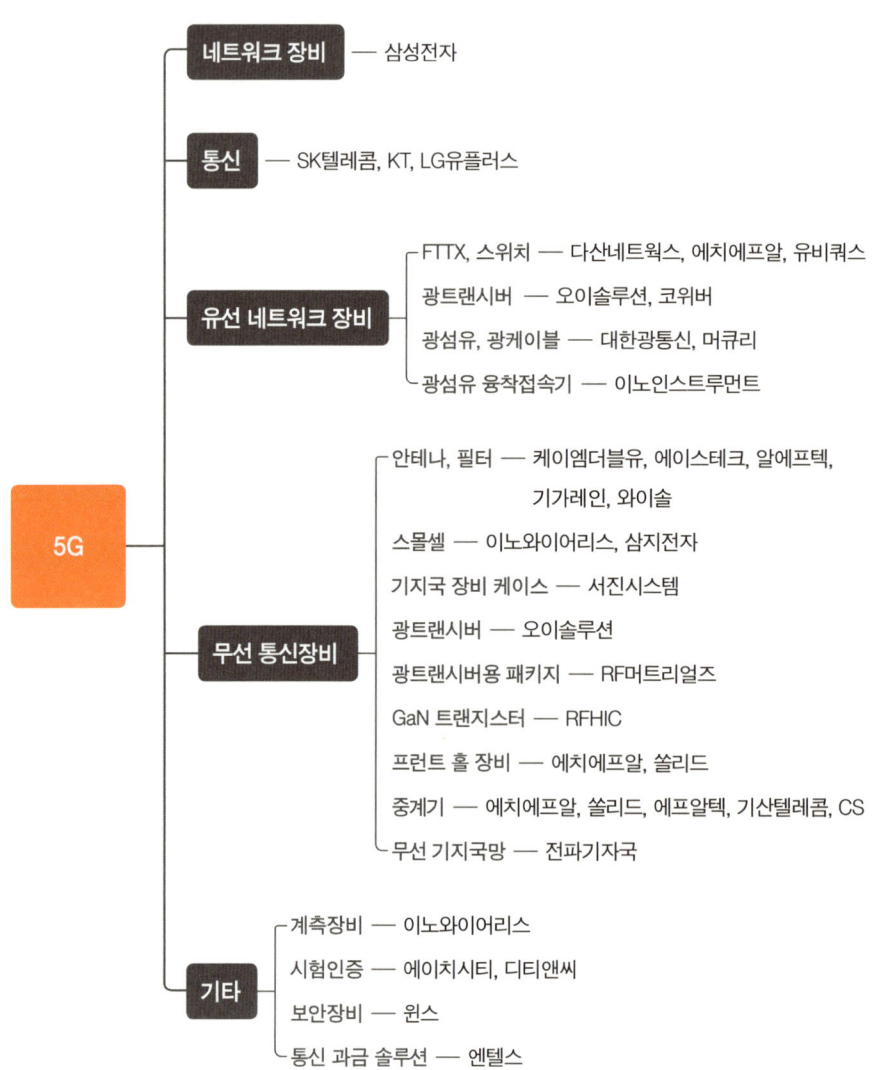

- 5G
  - 네트워크 장비 — 삼성전자
  - 통신 — SK텔레콤, KT, LG유플러스
  - 유선 네트워크 장비
    - FTTX, 스위치 — 다산네트웍스, 에치에프알, 유비쿼스
    - 광트랜시버 — 오이솔루션, 코위버
    - 광섬유, 광케이블 — 대한광통신, 머큐리
    - 광섬유 융착접속기 — 이노인스트루먼트
  - 무선 통신장비
    - 안테나, 필터 — 케이엠더블유, 에이스테크, 알에프텍, 기가레인, 와이솔
    - 스몰셀 — 이노와이어리스, 삼지전자
    - 기지국 장비 케이스 — 서진시스템
    - 광트랜시버 — 오이솔루션
    - 광트랜시버용 패키지 — RF머트리얼즈
    - GaN 트랜지스터 — RFHIC
    - 프런트 홀 장비 — 에치에프알, 쏠리드
    - 중계기 — 에치에프알, 쏠리드, 에프알텍, 기산텔레콤, CS
    - 무선 기지국망 — 전파기지국
  - 기타
    - 계측장비 — 이노와이어리스
    - 시험인증 — 에이치시티, 디티앤씨
    - 보안장비 — 윈스
    - 통신 과금 솔루션 — 엔텔스

글로벌 주요 기업 및 ETF - 5G

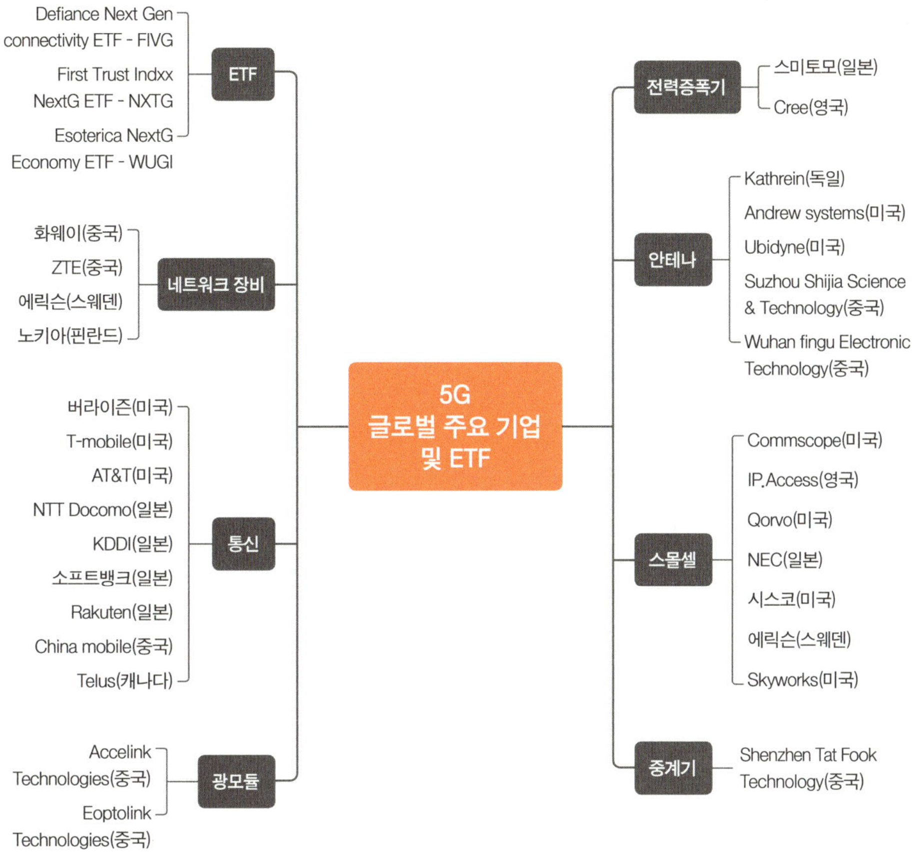

해외 대표 기업

유니버설 디스플레이

시가총액	9조 원

	2021년	2022년(전망)
매출액	약 6,500억 원	약 8,070억 원
영업이익	약 2,310억 원	약 2,970억 원

- OLED 패널 제조에 필수적인 Red, Green 인광 도펀트 시장 독점
- PPG 인더스트리에 도펀트 생산 위탁 후 생산된 제품을 삼성디스플레이, LG디스플레이, 중국 BOE 등에 납품
- OLED 관련 보유 특허, 2014년 약 3,000개에서 2021년 약 5,000개로 증가
- 2017년 인광 특허가 만료되었음에도 후발 주자가 동사의 소재 성능 및 효율을 따라오기 어려운 상황

코닝

시가총액	38조 원

	2021년	2022년(전망)
매출액	약 16.5조 원	약 17.3조 원
영업이익	약 2.4조 원	약 2.3조 원

- 글로벌 대표 특수 유리, 세라믹 제조 기업. 디스플레이, 광통신, 생명 과학 등 분야에 적용
- 2021년, 삼성 폴더블폰에 커버 윈도우 소재인 UTG 공급하기로 함(상품명: 벤더블 글라스)
- 삼성전자향 UTG 기존 공급사인 독일 쇼트(Schott) 사의 아성이 두텁지만 점차 삼성 향(向) 점유율 확대될 전망
- 애플은 스마트폰 시장에서 코닝의 강화유리인 고릴라 글라스에 의존 중. 애플의 폴더블폰 향후 출시 시 큰 수혜 전망

버라이즌

시가총액	254조 원

	2021년	2022년(전망)
매출액	약 158.1조 원	약 156.6조 원
영업이익	약 25.8조 원	약 25.9조 원

- 미국 전역에 서비스하는 미국 최대의 무선 통신 회사이자 최대 무선 데이터 공급 업체
- 미국 내 1등인 이동통신 사업, 인터넷 및 IPTV 사업 영위
- AOL과 야후를 인수합병하며 사업을 영위했던 미디어 분야 매각으로 5G 추가 투자를 위한 재원 마련 계획
- 동사의 5G 서비스 가입자가 OTT 플랫폼 디즈니플러스 콘텐츠를 시청할 수 있도록 파트너십 체결

덕산네오룩스

OLED 유기재료 / 삼성디스플레이 / 플렉서블 OLED / OLED TV

시가총액	1조 4,700억 원	주요 주주	이준호 외 9인 57%, 국민연금공단 5%
		총 매출액 중	OLED 재료 100%

- OLED 유기물 재료 및 반도체 공정용 화학제품 제조
- OLED 전자수송층, 레드 발광층, 발광 보조층, 정공수송층 등 제조
- 삼성디스플레이와 지속적인 거래 및 중국 BOE, CSOT, 티안마 등에 납품
- 국내 패널 업체들의 OLED TV 생산 확대, 스마트폰 업체들의 OLED 패널 채택 증가 및 중국 디스플레이 기업들의 플렉서블 OLED 패널 생산 확대에 수혜 전망

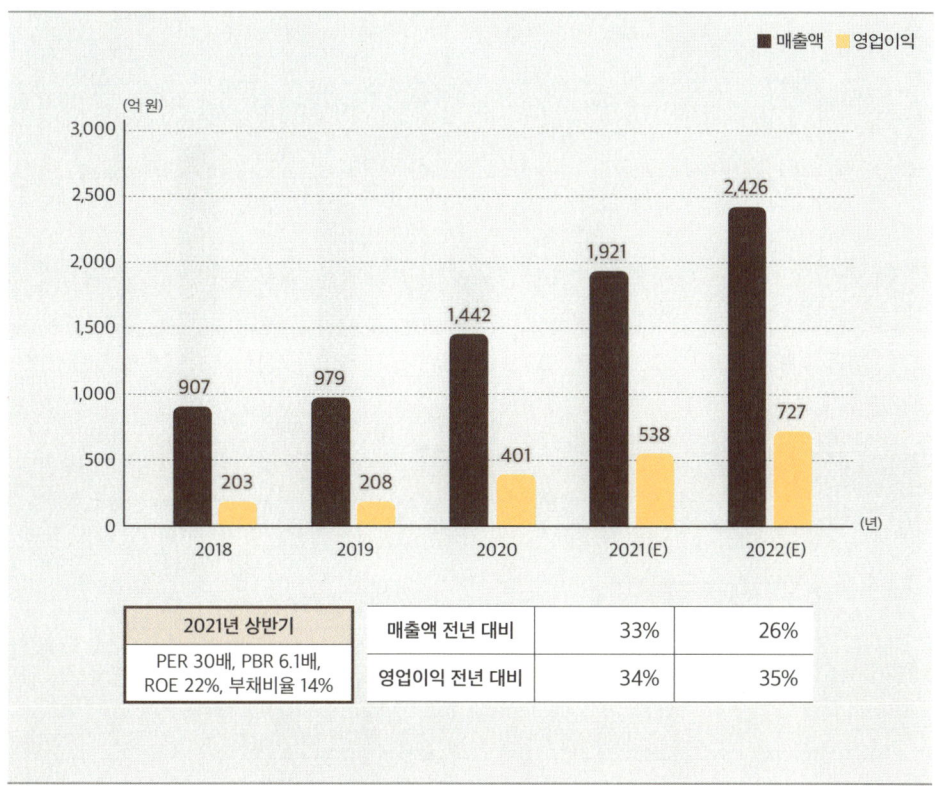

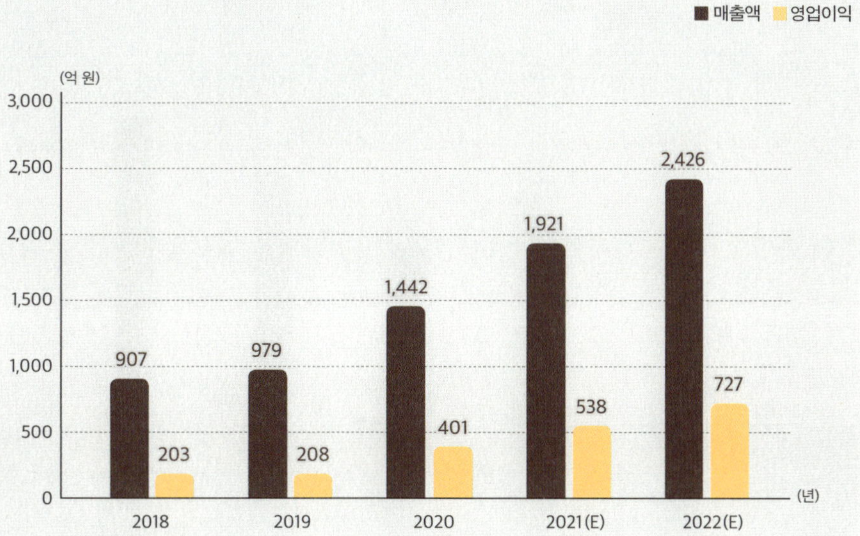

2021년 상반기
PER 30배, PBR 6.1배, ROE 22%, 부채비율 14%

매출액 전년 대비	33%	26%
영업이익 전년 대비	34%	35%

*2021.09. 기준

이녹스첨단소재

OLED 패널 | 디지타이저 | FPCB | 방열시트

시가총액	7,800억 원	주요 주주	이녹스 외 4인 31%, 국민연금공단 6%
		총 매출액 중	디스플레이용 OLED 소재 56%, FPCB용 소재 34%

- FPCB용 소재, 반도체 PKG용 소재 및 디스플레이용 OLED 소재 등 개발
- 삼성디스플레이 및 LG디스플레이를 주 고객사로 확보
- 갤럭시 스마트폰 시리즈에 OLED 패널용 소재 공급
- LG디스플레이의 OLED TV용 패널 추가 증설 행보에 수혜 전망
- 스마트폰 중심이었던 OLED 시장이 노트북, 태블릿, TV,자동차 등으로 확대되는 환경에 장기적 수혜 전망
- 디지타이저가 탑재된 고객사의 플래그십 스마트폰 모델 라인업 증가와 판매량 회복 기대

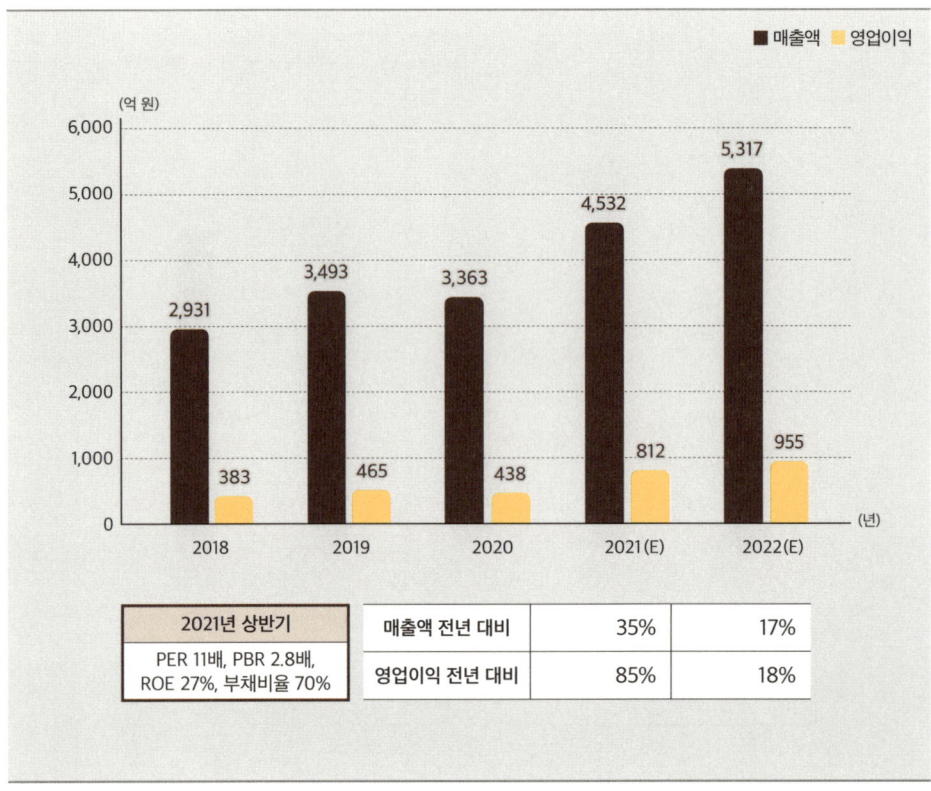

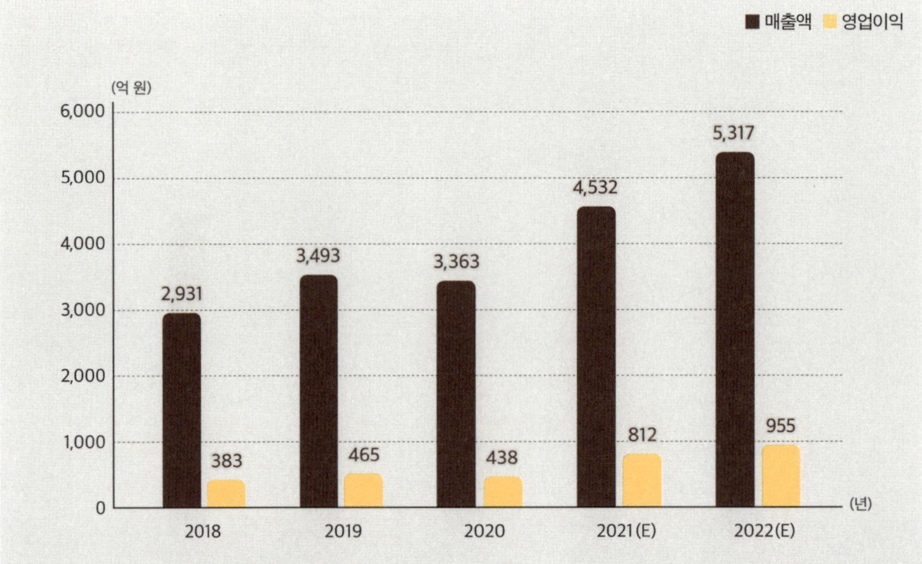

2021년 상반기
PER 11배, PBR 2.8배, ROE 27%, 부채비율 70%

매출액 전년 대비	35%	17%
영업이익 전년 대비	85%	18%

*2021.09. 기준

케이엠더블유

RF / 안테나 / 필터 / 삼성전자 / 노키아

시가총액	1조 5,200억 원	주요 주주	김덕용 외 1인 35%
		총 매출액 중	필터 45%, RRH 40%

- 국내 유일 5G용 Massive MIMO Radio 개발(안테나, 필터)
- 국내 이동통신 3사, 삼성전자, 노키아 및 ZTE 등에 네트워크 장비 부품
- 4차 산업혁명의 핵심 기술인 5G 업황 활성화에 장기 성장 전망
- 코로나, 기술 및 자금 측면에서 5G 인프라 확충 지지부진한 부분에 이익 급감
- 향후 한국, 미국, 일본, 중국 등 글로벌 선진국들의 5G 인프라 활성화에 수혜

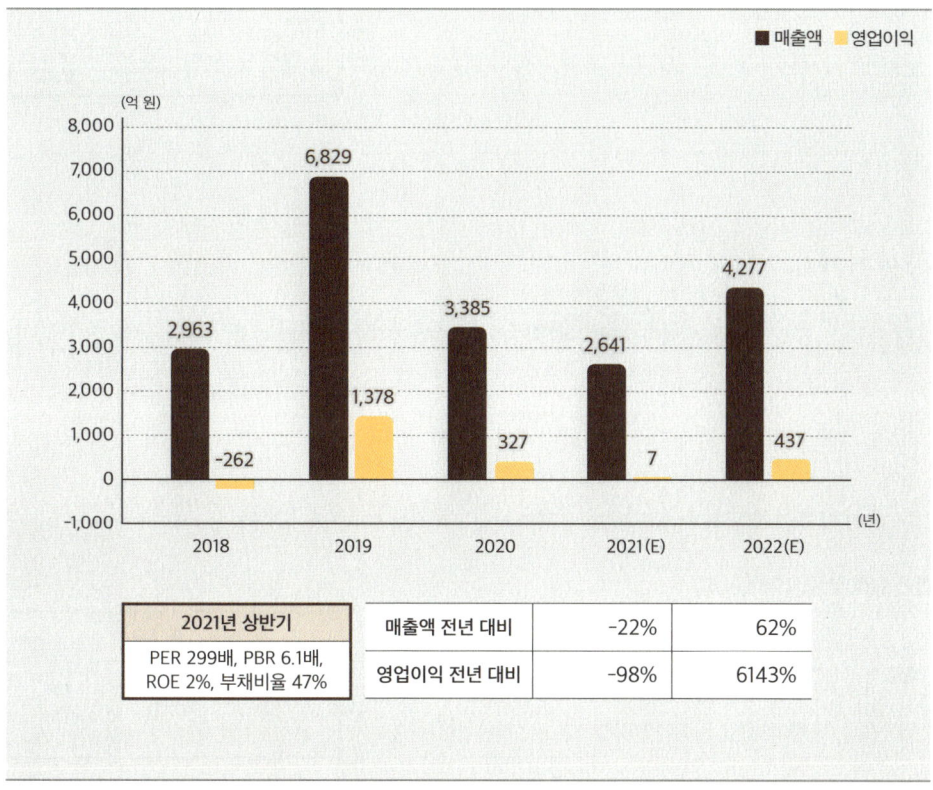

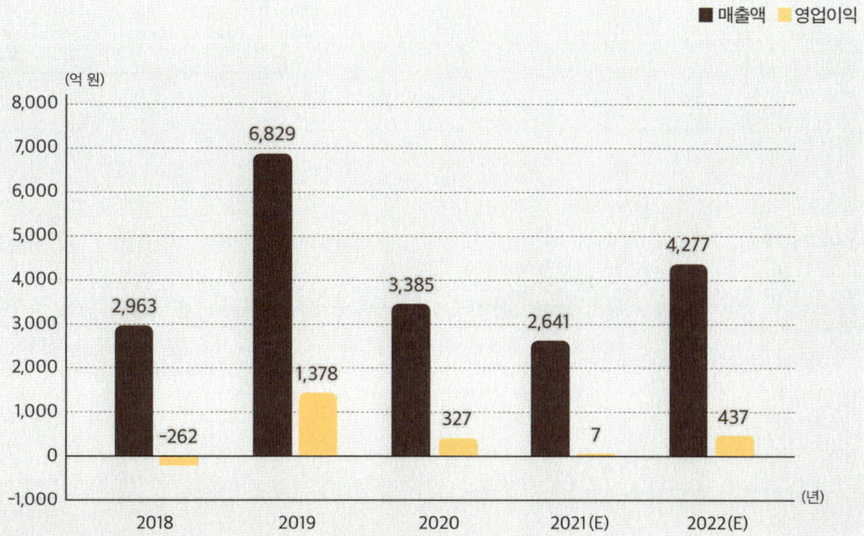

2021년 상반기
PER 299배, PBR 6.1배, ROE 2%, 부채비율 47%

매출액 전년 대비	-22%	62%
영업이익 전년 대비	-98%	6143%

*2021.09. 기준

삼성전자

갤럭시폴드 | 플립 | 모바일 OLED | 5G 장비

시가총액	4,184,818억 원	주요 주주	삼성생명 외 17인 21%, 국민연금 9%
		주 매출처	IM 부문 44%, 반도체 29%

- 갤럭시폴드, 플립 시리즈로 세계 폴더블폰 시장 선도
- 자회사 삼성디스플레이, 모바일 OLED 패널 점유율 세계 1위
- 세계 5G 통신장비 시장 TOP 4위권

최근 실적 및 주요 재무지표

	2019년	2020년	2021년(전망)
매출액	2,304,009억 원	2,368,070억 원	2,764,737억 원(yoy 17%)
영업이익	277,685억 원	359,939억 원	527,697억 원(yoy 47%)

	2021년 상반기	
매출액	1,290,601억 원	PER 13배, PBR 1.8배, ROE 14%, 부채비율 36%
이익	219,496억 원	

삼성전기

PCB | 카메라모듈 | MLCC | 5G 장비 기판

시가총액	121,377억 원	주요 주주	삼성전자 외 5인 23%, 국민연금 10%
		주 매출처	컴포넌트 47%, 모듈 34%

- 반도체용 PCB, 카메라모듈 및 MLCC 등 제조
- 갤럭시 폴더폰에 카메라 모듈 납품. 1억 화소급 담당
- 폴더블폰 및 5G 장비 수요 증가로 동사의 고성능 MLCC 및 기판 공급량 증가 전망

최근 실적 및 주요 재무지표

	2019년	2020년	2021년(전망)
매출액	77,183억 원	82,087억 원	97,967억 원(yoy 19%)
영업이익	7,409억 원	8,291억 원	14,458억 원(yoy 74%)

	2021년 상반기	
매출액	48,474억 원	PER 12배, PBR 1.8배, ROE 16%, 부채비율 52%
이익	6,708억 원	

LG이노텍

카메라 모듈 | 3D 센싱 | RFPCB | LG그룹 전장

시가총액	47,808억 원

주요 주주	LG전자 40%, 국민연금 10%
주 매출처	광학솔루션 70%, 기판 13%

- 모바일향 고성능 카메라 모듈 및 3D 센싱 모듈 제조
- 모바일 포함 IT 기기에 쓰이는 기판 제조(RFPCB)
- 고능성 카메라 수요 증가 및 카메라 탑재량 증가 업황에 최대 수혜 전망

최근 실적 및 주요 재무지표

	2019년	2020년	2021년(전망)
매출액	79,754억 원	95,418억 원	126,209억 원(yoy 32%)
영업이익	4,764억 원	6,810억 원	11,483억 원(yoy 68%)

	2021년 상반기	
매출액	54,250억 원	PER 5.9배, PBR 1.4배, ROE 28%, 부채비율 130%
이익	4,987억 원	

LX세미콘

DDI | OLED TV | 공급 부족 | 팹리스

시가총액	17,972억 원

주요 주주	LX홀딩스 외 2인 33%
주 매출처	System IC 100%

- 디스플레이 패널 구동 시 필수인 Driver IC 설계
- OLED TV, 모바일 등 주요 전방산업 수요 확장으로 매출 지속 확대 중
- 글로벌 8인치 웨이퍼 단종 이슈로 DDI 공급부족 지속될 전망

최근 실적 및 주요 재무지표

	2019년	2020년	2021년(전망)
매출액	8,671억 원	11,619억 원	18,914억 원(yoy 62%)
영업이익	473억 원	942억 원	3,659억 원(yoy 288%)

	2021년 상반기	
매출액	8,549억 원	PER 6.0배, PBR 2.2배, ROE 44%, 부채비율 45%
이익	1,548억 원	

AP시스템

레이저 장비 | OLED | 반도체 | ELA | RTP

시가총액	3,698억 원

주요 주주	APS홀딩스 외 3인 25%
주 매출처	제품 100%

- OLED, 반도체 분야에서 쓰이는 레이저 및 기타 장비 제조
- 특히 OLED 패널 해상도 높이는 LTPS 결정화 ELA 장비 글로벌 1위
- 웨이퍼 표면 평평하게 해주는 RTP 장비로 추가 성장

최근 실적 및 주요 재무지표

	2019년	2020년	2021년(전망)
매출액	4,621억 원	5,918억 원	5,705억 원(yoy -3%)
영업이익	284억 원	463억 원	599억 원(yoy 29%)

	2021년 상반기	
매출액	2,585억 원	PER 8.5배, PBR 2.0배, ROE 27%, 부채비율 137%
이익	285억 원	

한솔케미칼

라텍스 | 과산화수소 | 실리콘 음극재 | 전구체 | OCA

시가총액	41,033억 원

주요 주주	조동혁 외 7인 15%, 국민연금 13%
주 매출처	정밀화학 28%, 2차전지소재 28%

- 라텍스, 과산화수소, 전자재료, 전구체 등 생산
- 폴더블폰과 플렉서블 OLED 패널 필수 소재 OCA 공급
- 2차전지 실리콘 음극재 양산 설비 투자 이슈

최근 실적 및 주요 재무지표

	2019년	2020년	2021년(전망)
매출액	5,443억 원	6,193억 원	7,814억 원(yoy 26%)
영업이익	1,112억 원	1,519억 원	2,184억 원(yoy 43%)

	2021년 상반기	
매출액	3,643억 원	PER 24배, PBR 5.7배, ROE 27%, 부채비율 60%
이익	1,061억 원	

덕산테코피아

OLED | 반도체 전구체 | 전해액 첨가제 | 모노머

시가총액	4,677억 원

주요 주주	덕산산업 외 1인 51%
주 매출처	OLED 소재 58%, 반도체 소재 35%

- OLED 소재 중간체 및 반도체 전구체 주력 생산
- 2차전지 전해액 첨가제 공급으로 사업 영역 확장
- 플렉서블 디스플레이 수요 증가함에따라 전용 CPI 소재인 모노머를 동사가 합성해서 공급 중

최근 실적 및 주요 재무지표

	2019년	2020년	2021년(전망)
매출액	618억 원	784억 원	1,222억 원(yoy 56%)
영업이익	134억 원	140억 원	268억 원(yoy 91%)

	2021년 상반기	
매출액	565억 원	PER 19배, PBR 2.5배, ROE 14%, 부채비율 11%
이익	120억 원	

이오테크닉스

레이저 어닐링 | 레이저 마킹

시가총액	12,393억 원

주요 주주	성규동 외 10인 31%, 국민연금 7%
주 매출처	레이저마커 및 응용기기 100%

- 반도체 및 디스플레이 공정에서의 절단 장비 제조
- 반도체 미세공정 심화 시, 후공정 서비스 수요 증가에 따른 동사의 레이저 마킹 장비 사용처 다양화
- OLED 패널의 레이저 커팅 담당하며, 전방 기업의 산업 투자 확대에 따른 동사 장비 수요 증가 전망

최근 실적 및 주요 재무지표

	2019년	2020년	2021년(전망)
매출액	2,065억 원	3,251억 원	4,120억 원(yoy 26%)
영업이익	71억 원	385억 원	853억 원(yoy 121%)

	2021년 상반기	
매출액	1,975억	PER 18배, PBR 2.6배, ROE 15%, 부채비율 17%
이익	455억	

솔루스첨단소재

2차전지 | 동박 | 헝가리 | 미국 진출 | OLED 소재

시가총액	25,053억 원

주요 주주	스카이레이크 53%
주 매출처	전지박 64%, 첨단소재 35%

- OLED 소재 및 2차전지 동박 생산
- 헝가리에 국내 유일의 2차전지 음극재 동박 공장 설립
- 삼성디스플레이향 OLED 핵심 소재인 a-ETL 소재 독점 공급

최근 실적 및 주요 재무지표

	2019년	2020년	2021년(전망)
매출액	700억 원	2,902억 원	4,166억 원(yoy 43%)
영업이익	102억 원	304억 원	334억 원(yoy 10%)

	2021년 상반기	
매출액	1,810억 원	PER 122배, PBR 10배, ROE 8%, 부채비율 72%
이익	24억 원	

파트론

지문인식 | 카메라 모듈 | 전장 | 5G | 웨어러블

시가총액	5,004억 원

주요 주주	김종구 외 10인 26%
주 매출처	휴대폰 용 부품 83%

- 스마트폰 지문인식, 카메라 모듈 제조
- 전장용 부품, 5G용 무선 부품, 웨어러블 사업으로 미래 성장 동력 갖춰가는 중
- 특히 전장용의 경우 2018년부터 유의미한 매출 창출 진행 중

최근 실적 및 주요 재무지표

	2019년	2020년	2021년(전망)
매출액	12,546억 원	11,793억 원	12,858억 원(yoy 9%)
영업이익	1,052억 원	419억 원	649억 원(yoy 55%)

	2021년 상반기	
매출액	6,318억 원	PER 10배, PBR 1.3배, ROE 13%, 부채비율 49%
이익	304억 원	

엠씨넥스

카메라 모듈 | 전장 | 지문인식 | 자율주행

시가총액	7,446억 원	주요 주주	민동욱 외 6인 28%
		주 매출처	휴대폰용 80%, 자동차용 18%

- 삼성전자향 스마트폰 카메라 모듈 납품을 필두로 전장 및 지문인식 시장 진출
- 글로벌 스마트폰 기업들의 하이엔드급 카메라 모듈 채용 흐름에 중장기 수혜 전망
- 자율주행 열화상 카메라 분야 진출 계획

최근 실적 및 주요 재무지표

	2019년	2020년	2021년(전망)
매출액	12,677억 원	13,113억 원	9,755억 원(yoy -25%)
영업이익	1,131억 원	592억 원	192억 원(yoy -67%)

	2021년 상반기	
매출액	4,439억 원	PER 29배, PBR 2.7배, ROE 9%, 부채비율 70%
이익	38억 원	

PI첨단소재

PI 필름 | 플렉서블 OLED | FPCB | 2차전지

시가총액	16,005억 원	주요 주주	코리아PI홀딩스 외 1인 54%
		주 매출처	PI 필름 100%

- 글로벌 PI 필름 판매량 기준 1위
- 플렉서블 OLED 패널에 유리를 대체하는 기본 물질 소재로 PI 필름 적용 중
- FPCB 및 2차전지 배터리 포장 용도로로 PI 수요 확대

최근 실적 및 주요 재무지표

	2019년	2020년	2021년(전망)
매출액	2,237억 원	2,618억 원	3,249억 원(yoy 24%)
영업이익	336억 원	600억 원	900억 원(yoy 50%)

	2021년 상반기	
매출액	1,517억 원	PER 23배, PBR 4.8배, ROE 22%, 부채비율 41%
이익	423억 원	

코오롱인더

폴더블폰 CPI MEA 수소차 타이어코드

시가총액	25,333억 원

주요 주주	코오롱 외 9인 35%
주 매출처	산업자재 43%, 패션 19%

- 타이어코드, 화학, 필름, 전자재료 및 패션사업 영위
- 폴더블폰 시장 확대로 동사의 CPI 필름 수요 증가 전망
- 수소차 막전극접합체(MEA), 전해질막, 아라미드 등 고성장성 업황에서의 사업 기대

최근 실적 및 주요 재무지표

	2019년	2020년	2021년(전망)
매출액	44,072억 원	40,361억 원	46,992억 원(yoy 16%)
영업이익	1,729억 원	1,524억 원	3,388억 원(yoy 122%)

	2021년 상반기	
매출액	22,745억 원	PER 11배, PBR 1.2배, ROE 10%, 부채비율 115%
이익	1,727억 원	

비에이치

RF-PCB 전장 5G 아이폰

시가총액	6,082억

주요 주주	이경환 원 외 5인 22%
주 매출처	FPCB RF 61%, 다층 24%

- 삼성디스플레이에 OLED향 RF- PCB 핵심 공급
- 향후 전기차, 5G 장비에서도 적용되어 수요 증가 전망
- 아이폰 내 점유율 확대로 아이폰의 OLED 채용 스토리에 수혜

최근 실적 및 주요 재무지표

	2019년	2020년	2021년(전망)
매출액	6,549억 원	7,214억 원	8,962억 원(yoy 24%)
영업이익	626억 원	340억 원	531억 원(yoy 56%)

	2021년 상반기	
매출액	3,012억 원	PER 12배, PBR 1.5배, ROE 14%, 부채비율 83%
이익	-160억 원	

KH바텍

폴더블폰 힌지

시가총액	5,493억 원

주요 주주	남광희 외 3인 25%
주 매출처	알루미늄 44%, 조립모듈 27%

- 폴더블폰의 이음새 역할 담당하는 힌지 생산
- 글로벌 1위 폴더블폰인 갤럭시 시리즈의 힌지 주요 공급사
- 전 세계에서 유일하게 힌지 대량생산 및 공급 이력 갖춤. 중화권 및 애플 폴더블폰 시장 본격 진입 시 수혜

최근 실적 및 주요 재무지표

	2019년	2020년	2021년(전망)
매출액	2,036억 원	1,850억 원	3,215억 원(yoy 73%)
영업이익	70억 원	35억 원	265억 원(yoy 657%)

	2021년 상반기	
매출액	802억 원	PER 25배, PBR 2.6배, ROE 11%, 부채비율 81%
이익	18억 원	

RFHIC

GaN 전력증폭기 트랜지스터 화웨이

시가총액	8,687억 원

주요 주주	조덕수 외 9인 36%
주 매출처	GaN 전력증폭기 26%, 트랜지스터 21%

- RF 신호를 증폭시켜주는 전력 증폭기 생산
- 증폭기 내 트랜지스터를 GaN(질화갈륨) 소재를 활용해 경박단소화 시킴
- 화웨이의 GaN 트랜지스터 채택 비중 확대에 최대 수혜

최근 실적 및 주요 재무지표

	2019년	2020년	2021년(전망)
매출액	1,078억 원	705억 원	1,199억 원(yoy 70%)
영업이익	179억 원	-30억 원	106억 원(흑자전환)

	2021년 상반기	
매출액	514억 원	PER 73배, PBR 4.1배, ROE 5%, 부채비율 61%
이익	29억 원	

쏠리드

프런트 홀 | 무선중계기 | 인빌딩 | 오픈랜

시가총액	4,045억 원	주요 주주	정준 외 2인 10%
		주 매출처	유무선통신장비 90%

- 5G 프런트 홀 장비, 이동통신 중계시스템 제조
- 국내 이동통신 3사를 주요 고객으로 확보. 미국, 일본, 유럽 중심으로 사업영역 확대 중
- 자회사 쏠리드랩스를 통한 오픈랜 사업 확대에 따른 중기적 수혜 전망

최근 실적 및 주요 재무지표

	2019년	2020년	2021년(전망)
매출액	2,293억 원	1,729억 원	1,989억 원(yoy 15%)
영업이익	-35억 원	-169억 원	-6억 원(적자 축소)

	2021년 상반기	
매출액	760억 원	PER -109배, PBR 2.6배, ROE -2%, 부채비율 119%
이익	-58억 원	

오이솔루션

광트랜시버

시가총액	3,602억 원	주요 주주	박찬 외 4인 29%
		주 매출처	광통신용 모듈 99%

- 5G 통신 광트랜시버 국내 점유율 1위
- 5G 상용화에 따른 트래픽 급증에 수혜
- 또한, 자율주행차, 인공지능, IoT, VR 등 컨텐츠 수요 증가 시 광트랜시버 수요 증가 전망

최근 실적 및 주요 재무지표

	2019년	2020년	2021년(전망)
매출액	2,103억 원	1,032억 원	1,094억 원(yoy 6%)
영업이익	583억 원	73억 원	88억 원(yoy 20%)

	2021년 상반기	
매출액	565억 원	PER 22배, PBR 2.2배, ROE 10%, 부채비율 34%
이익	32억 원	

에이스테크

노키아 에릭슨 안테나 필터 전장

시가총액	6,406억 원	주요 주주	구관영 외 8인 22%
		주 매출처	RF 부품 53%, 기지국안테나 31%

- 노키아, 에릭슨 등 고객사에 RF 부품 공급
- 모바일 기지국 안테나 세계 5위 및 RF 필터 세계 2위
- 현대차그룹에 차량용 안테나 공급하며 전장 시장 진출

최근 실적 및 주요 재무지표

	2019년	2020년	2021년(전망)
매출액	3,786억 원	2,108억 원	3,576억 원(yoy 69%)
영업이익	27억 원	-614억 원	94억 원(흑자전환)

	2021년 상반기	
매출액	1,111억 원	PER 61배, PBR 7.9배, ROE 14%, 부채비율 306%
이익	-168억 원	

서진시스템

함체 메탈케이스 전기차 ESS

시가총액	6,492억 원	주요 주주	전동규 외 12인 31%
		주 매출처	통신장비 부품 25%, ESS 21%

- 통신장비, 휴대폰, 반도체 장비의 함체, 구조물 제조
- 폴더블폰 등 신기술 적용 도입으로 메탈케이스 산업 지속 성장 전망
- 전기차, ESS 시장 진출로 사업 다각화 추진 중

최근 실적 및 주요 재무지표

	2019년	2020년	2021년(전망)
매출액	3,924억 원	3,219억 원	6,479억 원(yoy 101%)
영업이익	544억 원	49억 원	601억 원(yoy 1126%)

	2021년 상반기	
매출액	2,724억 원	PER 13배, PBR 2.1배, ROE 16%, 부채비율 212%
이익	142억 원	

핵심 키워드

TFT
Thin Film Transistor. 박막 트랜지스터. 전류의 흐름을 제어하는 얇은 막으로 구성된 전기적 스위치 역할의 반도체 소자를 뜻한다. OLED 패널에서 TFT는 각 화소를 켜고 끄는 전원 스위치 역할을 담당하는데, OLED에서는 LCD 패널에서 필요한 TFT들 외에 구동 TFT, 보상 TFT가 각각의 보조 화소마다 필요하다. TFT의 종류로는 비결정질 실리콘(a-Si), 다결정 실리콘(LTPS), 산화물(Oxide) 그리고 LTPS와 Oxide의 혼합인 LTPO 등으로 분류된다.

ELA
Excimer Laser Annealing. OLED 패널의 해상도를 높이는 LTPS(저온 폴리실리콘) 결정화 공정에 필요한 핵심 디스플레이 장비다.

유기물(정공, 전자)
OLED는 스스로 빛을 내는 자체 발광형 유기물질을 뜻한다. 전류를 가하면 발광 물질들로 이뤄진 발광층(EML)에서 전자와 정공이 만나 빛을 생성하는데 전자와 정공의 효율적인 이동을 돕는 보조층이 전자 수송층(ETL), 전공 수송층(HTL)이다.

인장기
OLED 디스플레이를 만들 때 유기물증착 공정을 위한 핵심 장비다. FMM(Fine Metal Mask)의 처짐 없이 정확한 위치에 고정시켜 준다. OLED 생산 수율에 직접적인 영향을 주는 장비다.

LLO
Laser Lift Off. OLED 기판으로 사용하는 폴리이미드(PI)필름을 캐리어 글라스에서 떼어낼 때 이 장비를 사용한다. 레이저를 조사해 캐리어 글라스와 PI필름을 분리하는 과정에서 필름 특성이 변하거나 손상되지 않는 것이 중요하다.

FPCB
Flexible Printed Circuit Board. 연성인쇄회로기판. PCB란 여러 개의 전기배선을 하나의 기판에 형성해 부품 조립을 용이하게 하는 전자기기 부품이다. 인체로 비유하면 피가 흐르는 통로인 혈관에 해당한다. 전자기기의 각종 부품이 서로 상호작용하도록 연동시키는 역할이다. 기존 PCB 대비 FPCB는 경박단소화가 가능하다. 모바일 기기에 적용되는 PCB는 차지하는 공간은 동일하거나 더 작아야 하며 처리 정보량은 더 많아야 하는데 이에 FPCB는 성능 및 공간 효율성 모두를 충족시킬 수 있다.

PI
Polyimide. 내열성이 뛰어나고 금속에 필적하는 강도를 가진 소재며 이를 필름 형태로 제조한 것이 PI 필름이다. 스마트폰, 배터리, 모터 등 다양한 산업에 적용된다.

카메라 모듈
이미지 센서를 활용하여 렌즈를 통해 들어오는 빛 신호를 RGB 전기신호로 변환해 스마트폰 등 디지털 영상기기의 화면에 디스플레이 해주는 부품이다. 프리미엄 스마트폰 및 전기차, 자율주행차 등에서 카메라 수요가 증가함에 따라 카메라 모듈 시장은 장기적 성장세가 전망된다.

이미지 센서
CMOS Image sensor. 카메라 렌즈로 들어온 빛을 디지털 신호로 변환해 이미지로 보여주는 시스템 반도체를 뜻한다. 스마트폰 분야를 넘어 보안, 로봇, 자율주행, 증강현실, 가상현실 등 다양한 분야에서 인간의 눈을 대체하는 카메라가 필수로 자리 잡으면서 이미지 센서 시장이 가파르게 성장 중이다. 글로벌 1위는 일본의 소니이며 삼성전자가 2위로 뒤쫓고 있다.

3D 센싱. TOF
피사체 또는 공간의 거리를 측정해 대상의 입체감을 선명히 표현할 수 있는 기술이다. 3D 센싱 주요 기술 중 LG이노텍 등 한국 기업은 Time of Flight(TOF) 기술을 적용 중인데, 송신부에서 레이저를 방사하여 피사체에 반사되어 수신부까지 돌아오는 시간을 계산하여 거리를 측정하고 이후 카메라로 찍은 사진과 합성하여 3D 이미지를 확보하는 방식을 사용한다.

힌지
Hinge. 폴더블폰에서 화면을 접었다 펼 때 패널이 맞닿는 가운데 부분을 이어주는 부품을 뜻한다. 향후 더블 폴더블폰, 롤러블폰 등에도 필수로 들어가기에 지속적인 수요가 증가할 예정이다.

UTG
Ultra Thin Glass. 폴더블 패널 위에 씌우는 초박막 유리다. 유리는 일반적으로 단단한 성질을 띠고 있어 구부리거나 접으면 깨지지만 두께를 얇게 하면 필름처럼 유연해져서 접었다 펼 수 있다. 단 충격에 깨지지 않도록 특수 가공이 필요하다. UTG는 심미적 디자인도 뛰어나 기존 커버 윈도 소재로 주목받던 투명 폴리이미드 필름을 밀어내고 폴더블 디스플레이의 핵심 소재로 떠오르고 있다.

광트랜시버(Transceiver)
트래픽 증가할 때 증설해야 할 광통신 핵심 제품이다. 송신기를 뜻하는 트랜스미터와 수신기를 뜻하는 리시버의 합성어다. 대용량 라우터 및 스위치 등의 광통신 장치에서 전기 신호를 광신호로 바꿔 광섬유를 매체로 송신하며, 반대로 송신된 광신호를 수신하여 다시 전기신호로 바꿔주는 광송신 및 광수신 기능을 담당하는 모듈이다.

GaN 트랜지스터
기존 소재인 실리콘보다 극한 환경에서도 효율적인 성능을 유지할 수 있다. 데이터 트래픽이 몰리거나 고출력을 요하는 상황이 발생하면 성능이 저하되고, 물성 변화 현상 나타날 가능성이 높은데 이는 GaN 소재로 보완할 수 있다.

스몰셀
자체 데이터 처리 능력이 있어 기지국과의 연결이 없어도 역할을 할 수 있는 소형 기지국을 뜻한다. 도심 밀집 지역 및 지하에 배치되어 50미터 이내 반경을 커버하며 음역지역을 해소하기 위한 피코셀 및 5~10미터 반경을 커버하기 위해 가정이나 카페 등에 설치되는 펨토셀 등으로 구분된다.

Massive MIMO
Massive Multi Input Multi Output. 대량 다중입출력 안테나라는 뜻이다. 전파를 받기도 하고 보내기도 하는 안테나 여러 개를 한데 묶은 기술인데 많게는 64개(64T64R) 안테나가 사용된다.

프런트 홀
5G의 빠른 속도의 서비스를 제공하기 위해 서비스 커버리지를 확대해주며, 서비스가 닿지 않는 지역까지 서비스를 제공해주는 기술이며 5G 네트워크의 핵심이다.

무선충전·키오스크

1 무선충전은 스마트폰을 시작으로 다양한 기기에 확대 적용되는 추세. 특히 전기차에 무선충전 기능이 탑재되고, 관련 충전 인프라를 위한 연구와 실증 사업이 활발히 진행 중. 국내에서는 2021년말부터 2022년 사이 무선충전 전기차가 보급될 전망으로 산업의 성장도 본격화 될 전망

2 코로나19 이전 2018년부터 통계적으로 언택트 소비 문화는 큰 트렌드로 자리 잡음. 동시에 기업의 인건비 부담과 고객 편리성, 대기 시간 축소를 위해 키오스크 도입이 크게 증가

관련 키워드 무선충전 차폐시트 | 초음파 방식의 무선충전 | RF 방식의 무선충전

무선충전, 이제는 전기차로 적용 중

사람들의 스마트기기 사용시간이 증가하면서 잦은 충전의 불편함을 해결하기 위해 무선충전(무선전력전송) 방식의 기기가 크게 인기를 끌었다. 하지만 무선충전 기술은 단순히 스마트폰 충전에 국한된 기술이 아니다. 스마트기기는 물론 IoT 기기, 인프라 측면에서 전기자동차, 중장기적으로는 철도와 항공/우주(우주태양광 발전) 분야에도 무선충전 기술 적용이 시도되고 있다. 또한 여러 나라에서 국가 과제로 선정하여 관련 기술에 대한 연구가 활발하다. 스마트폰 분야에서는 무선충전 기능이 중저가 스마트폰에도 탑재됨에 따라 관련 부품 및 주변기기를 생산하는 업체의 수혜가 실적으로 이어지고 있다.

한편 전기차 보급이 빠르게 늘면서 충전 인프라 시장도 급변하고 있는데, 가장 크게 주목받고 있는 혁신 기술은 무선충전 분야다. 이미 전기차 생산 업체들은 무선충전 기능 탑재를 위한 연구를 지속해왔고, 최근에는 상용화 및 양산 경쟁이 치열해졌다. 해당 기술을 보유한 기업이 시장에서 계속 부각될 수밖에 없는 시기인 것이다. 2018년 BMW는 무선충전 기능을 탑재한 전기차를 발표했고 현대자동차 역시 2018년 스위스 제네바 모터쇼에서 미국 와이트리시티Witricity 사의 무선충전 기술을 적용한 콘셉트 카를 선보인 적이 있다. 당시 양사 모두 무선충전 전기차를 소개했을 뿐 양산화하지는 않았다. 하지만 현대자동

차는 최근 출시한 전기차 GV60에 무선충전 기능을 실제로 탑재할 예정이다.

한국 정부도 전기자동차 분야의 무선충전에 대한 국제표준화, 개발기술의 실증 등에 대한 지원사업과 무선충전 인프라 구축사업을 추진하고 있다. 그간 과학기술정보통신부와 산업통상자원부는 민간 기업과 함께 무선충전기술개발 연구를 진행해왔고, 실증사업을 통해 완속부터 급속충전까지 다양한 무선충전 기술을 확보해왔다. 무선충전 기능을 탑재한 현대자동차의 GV60 출시는 이런 민관협력에 의한 결과물이라고 할 수 있다.

정부는 2021년, 기존 사업과 별도로 급속충전기 사업에 1,200억 원, 완속충전기 사업에 740억 원을 추가로 예산을 편성해 전기차 무선충전 인프라 구축에 속도를 내고 있다. 무선충전이 대중화되기 위해서는 전송거리, 효율, 안전성 등에 대한 기술과 전송방식의 국내외 표준화에 있다. 기술 표준화는 결국 시장을 지배할 수 있는 기회로 국가별 표준화 경쟁 역시 치열한 상황이다.

코로나19 이전부터 대세가 된 언택트 소비문화와 키오스크의 꾸준한 성장세

키오스크kiosk는 옥외에 설치된 대형 천막이나 현관을 뜻하는 페르시아어에서 유래했는데, 현재는 판매나 기타 서비스 업무를 터치스크린을 통해 제공하는 무인자동화기기를 의미한다. 은행 ATM 기기부터 무인 정산기, 각종 증명서 발급기, 정보조회기, 티켓 발권기, 식당용 키오스크에 이르기까지 우리의 일상에 널리 퍼져 있다. 이처럼 다양한 장소에서 키오스크 도입이 보편화되면서 시장도 꾸준히 성장하고 있는데, 이는 해마다 증가하는 시간당 최저임금에 대한 사용자의 부담과 효율적인 서비스에 대한 요구를 동시에 해결할 수 있기 때문이다.

또한 코로나19 이전인 2018년부터 이미 언택트Untact 소비 문화가 하나의 소비 트렌드로 자리 잡은 현상도 주요 원인이다. 사회 전반에 인간관계에서 오는 피로감이 누적되고, 불필요한 대면 접촉 없이 비대면으로 소비하고 싶은 니즈가 커지면서 사람들은 온라인/모바일 쇼핑을 선호하게 되었고, 마찬가지로 오프라인 매장에서 키오스크 이용을 선호하게 되었다. 이런 배경에서 키오스크 도입은 더욱 다양화 및 전문화 되면서 2020년 기준으로 2027년까지 시장은 두 배 가까이 성장할 것으로 전망된다.

글로벌 무선충전 시장 전망

: 2026년까지 연평균 14% 성장할 전망이다.

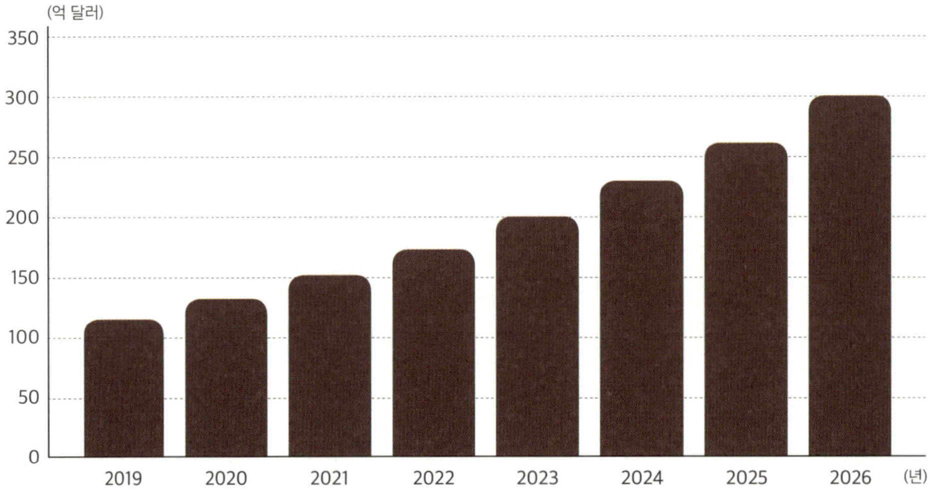

출처: Global Market Insight

글로벌 키오스크 시장 전망

: 2020년 기준으로 2027년까지 시장은 약 두 배 성장할 것으로 전망된다.

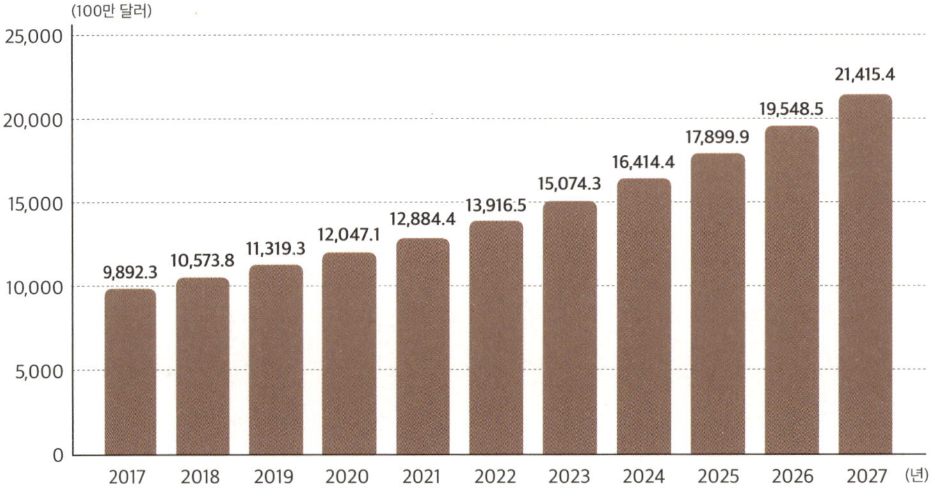

출처: statista

무선충전 방식 분류

: 자기유도방식은 저전력 휴대기기에 이미 상용화 및 보편화된 반면, 자기공명방식은 전기차 충전기 인프라에 핵심 기술로 활용되기 시작했다. 최근에는 자기공명방식을 활용한 전기차 무선충전이 시범사업을 넘어 상용화 단계로 진입했다.

	자기유도방식(스마트폰 등)	자기공명방식(전기차, 전자기기 등)	전자기파방식
개념도	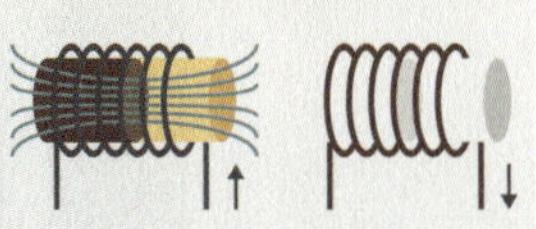	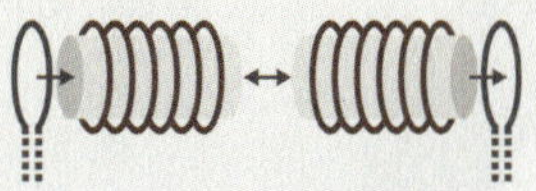	
동작원리	송.수신 코일 간의 자기 유도현상	송.수신 코일 간의 자기 공명현상	마이크로웨이브 대역에서 송.수신 안테나 간의 방사특성 이용
특징	**전송거리** 수 mm내 **효율** 수 mm 내 90% **주파수** 125kHz~13KHz **전송전력** 저출력(수w)	**전송거리** 수 cm~수 m **효율** 1m 내 90%, 2m 내 40% **주파수** 수십~수백 MHz **전송전력** 중출력-고출력 (수십W~수kW)	**전송거리** 수 m~수십 km **효율** 10~50% **주파수** 수 GHz **전송전력** 고출력(수십W)
장단점	기술 성숙도 높음, 인체 무해, 고효율, 단순 구조, 소형화 가능, 전송거리 짧음, 발열현상	긴 전송거리, 기술 성숙도 높음, 인체 무해, 고효율, 소형화 진행중, 발열 현상	연구 단계, 인체 유해, 저효율, 고출력/원거리 가능

출처: IITP, KDB산업은행

전기차 무선충전에 자기공명 방식이 적절할 이유

1) 충전 효율이 90%이상으로 에너지 손실이 적음, 2) 주차 공간에 진입만 하면 충전 가능 범위, 3) 플러그인과 비슷한 속도로 빠르게 충전 가능, 4) 바닥에 매립한 충전기기는 아스팔트, 시멘트, 쌓인 눈 등에도 문제없이 충전 가능, 5) 차량 높이를 감안할 때 대부분 모든 차종을 충전 가능, 6) 양방향 전력 전송 가능

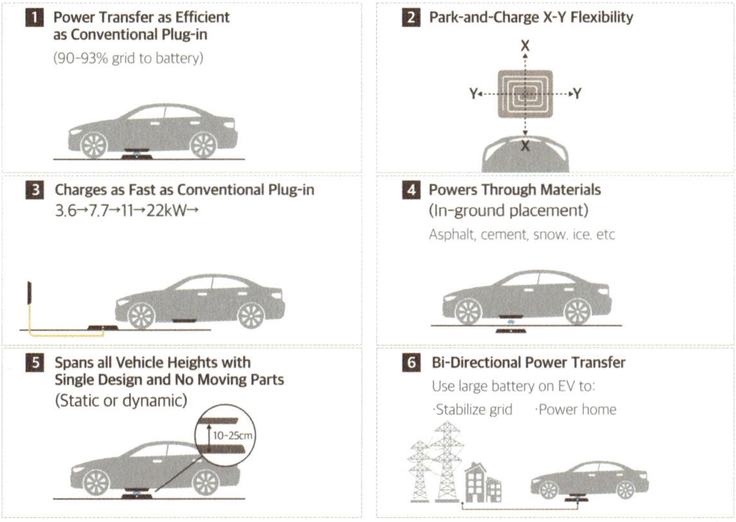

출처: WiTricity Corporation

키오스크 편리성 조사(2019)

: 고객 대부분은 대면 서비스보다 키오스크 서비스가 더 편리하다고 답했다.

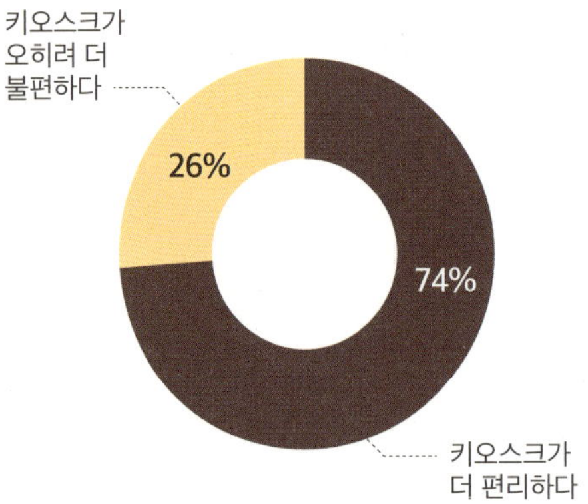

출처: IITP

키오스크 선호 이유 조사(2019)

: 특히 여성과 10~20대 중심으로 키오스크 선호도가 높다.

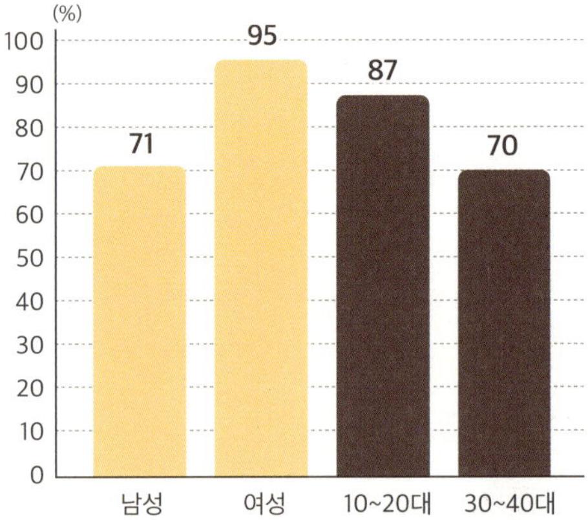

출처: IITP

키오스크 선호 이유 조사, 복수 응답(2019)

: 2018년 무렵부터 언택트 소비 문화는 젊은 층 중심으로 보편화되고 있다.

이유	구분	%
대기 시간이 짧아서	시간 단축을 통한 편익	87
처리 시간이 짧아서		60
직원과 대면하지 않아서	개인주의 및 비대면 소비 트렌드 등 고객 성향 변화	28
개인 인적사항 노출이 없어서		22
사람보다 기계를 더 선호해서		3

출처: IITP

국내외 주요 기업

무선충전

국내
- 현대차
- 만도
- 아모센스
- 켐트로닉스
- 아모텍
- 에디슨EV
- 이랜텍
- 동양이엔피
- 유아이엘
- LS
- 알에프텍
- 삼화전자
- 한솔테크닉스
- LG전자
- 알엑스

해외
- WiTricity Corporation(미국, 비상장)
- Plugless Power(미국, 비상장)
- Ossia(미국, 비상장)
- Electreon(이스라엘, 비상장)
- Powermat Technologies(이스라엘, 비상장)
- 퀄컴(미국)
- 콘티넨탈 AG(독일)
- Elix Wireless(캐나다, 비상장)
- Hella(독일)
- HEVO Power(미국, 비상장)
- Mojo Mobility(미국, 비상장)
- 보쉬(독일)
- 텍사스 인스트루먼트(미국)
- Bombardier(캐나다)
- 도시바(일본)
- 도요타(일본)
- ZTE(중국)

키오스크

국내
- 한국전자금융
- 케이씨티
- 한네트
- 윈스
- 케이씨에스
- 메이텍티앤
- 로지시스
- 씨아이테크
- 푸른기술

해외
- NCR(미국)
- Cantaloupe(미국)
- Zebra Technologies(미국)
- Everi Holdings(미국)
- Phreesia(미국)
- PAR Technology(미국)
- Creative Realities(미국)
- Rent-A-Center(미국)
- Shift4 Payments(미국)
- AUO(중국)
- Olea Kiosks(미국, 비상장)
- KioWare(미국, 비상장)
- Kiosk Group(미국, 비상장)
- Pyramid Computer(독일)

해외 대표 기업

WiTricity(비상장)

- MIT에서 독립, 2007년 설립된 무선충전 관련 기업으로 전기자동차 무선충전 기술을 선도
- 2019년 퀄컴의 무선충전 지재권 인수, 자기공명방식의 무선충전 특허 1,500건 보유
- 도요타, 앱티브 등에 전기차 무선충전 기술라이선스 체결
- 현대자동차가 전기차에 옵션으로 추가할 무선충전 기능은 동사의 기술을 바탕으로 함(현대자동차와 기술 협력)

Zebra Technologies

- 물건이나 자산에 고유 식별 번호(바코드, RFID)를 부여하고, 이를 인식할 수 있는 시스템을 구축하며 관련 기기와 키오스크를 제공
- 유통 창고 관리, 전자 상거래, 운송 분야에서 동사의 제품 수요는 지속적으로 늘어나면서 외형 성장 지속
- 미국의 제조업 투자 확대와 기업의 디지털 전환 및 인공지능을 통한 관리 부문 수요가 확대 되면서 동사의 수요는 지속 확대

현대자동차

E-GMP | 아이오닉 | GV 시리즈 | 전기차 | 수소차

시가총액	44.6조 원	주요 주주	현대모비스 외 6인 29%, 국민연금 8%, 자사주 5%
		총 매출액 중	차량부문 77%, 금융부문 16%

- '전기차 무선충전 서비스' 실증특례 승인(과학기술정보통신부)
- 국내 최초 상용 전기차에 무선충전 기술을 적용, 2021년 4분기 중 무선 충전 가능한 전기차(GV60) 85대를 생산해 실증사업 시행 예정
- 무선충전 실증사업의 구조는 주차장 바닥에 무선 충전 인프라 시스템 구축, 차량이 해당 시스템에 진입 시 비접촉 형태로 충전되는 형태
- 현대차는 리더십 교체 이후 2019년 신차 사이클부터 상품 경쟁력과 시장 대응력이 한 단계 업그레이드. 전기차 전용플랫폼(E-GMP) 첫 적용 된 아이오닉 5의 국내외 판매 호조 등 주요 시장에서의 점유율 확대
- 수소 비전(Hydrogen Wave) 통해 향후 수소차를 기반 트램/기차/배/UAM 등 다양한 운송수단으로 확장 예정(수소차 넥쏘는 세계 최대 판매 기록, 수소트럭 엑시언트는 유럽으로 수출 중)

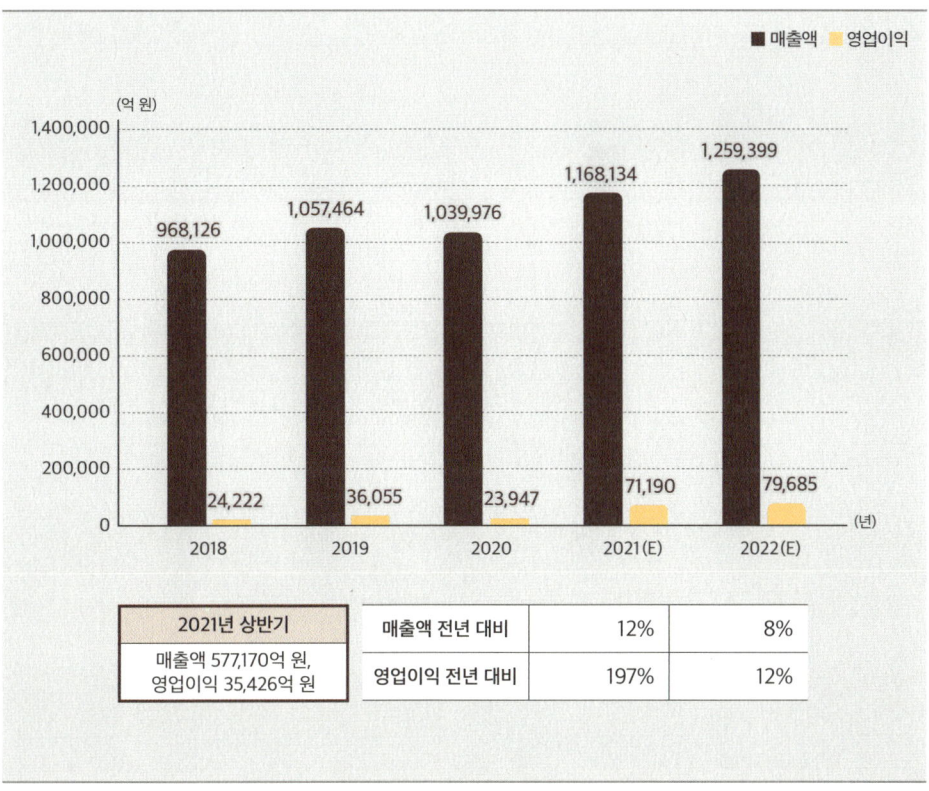

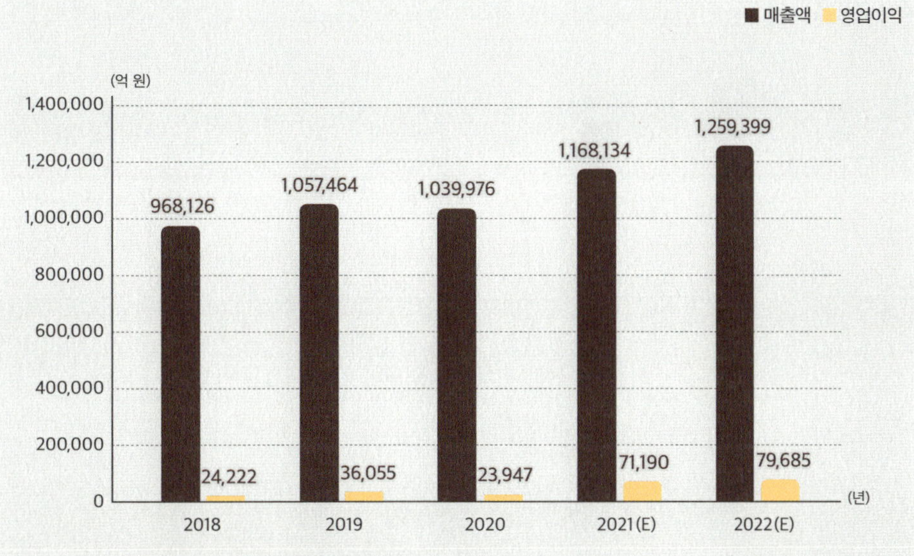

2021년 상반기
매출액 577,170억 원, 영업이익 35,426억 원

매출액 전년 대비	12%	8%
영업이익 전년 대비	197%	12%

*2021.09. 기준

아모센스

무선충전 차폐시트 | IoT 솔루션

시가총액	2,600억 원	주요 주주	김병규 외 5인 63%
		총 매출액 중	소재 35%, 모듈 36%, IoT 6%

- 무선충전 차폐시트, 무선충전 안테나, 자동차 전장 등 소재/모듈 전문 기업
- 2015년 갤럭시 S6에 차폐시트를 적용한 무선충전 기술 세계 최초 상용화 및 이후 공급 지속(2021년 기준 무선충전 관련 314건의 국내외 특허 보유)
- 삼성전자, 현대차, 아마존, 구글 등 우수한 고객 레퍼런스 확보
- 동사는 배터리 용량 증가 및 빠른 충전 속도 조건에도 시트의 얇은 두께 유지와 발열 특성을 개선한 차폐시트를 개발하여 공급
- 최근 크게 성장하고 있는 무선이어폰, 스마트워치 등 웨어러블 기기의 무선충전 모듈 공급
- 자동차 및 산업용 무선충전 사업화 진행 중
- 차세대 차량용 디지털 키, 모바일 트래커, 전기차용 기판, 차량용 AI 스피커, IoT 제품 등 다양한 품목에서 매출 확대 기대

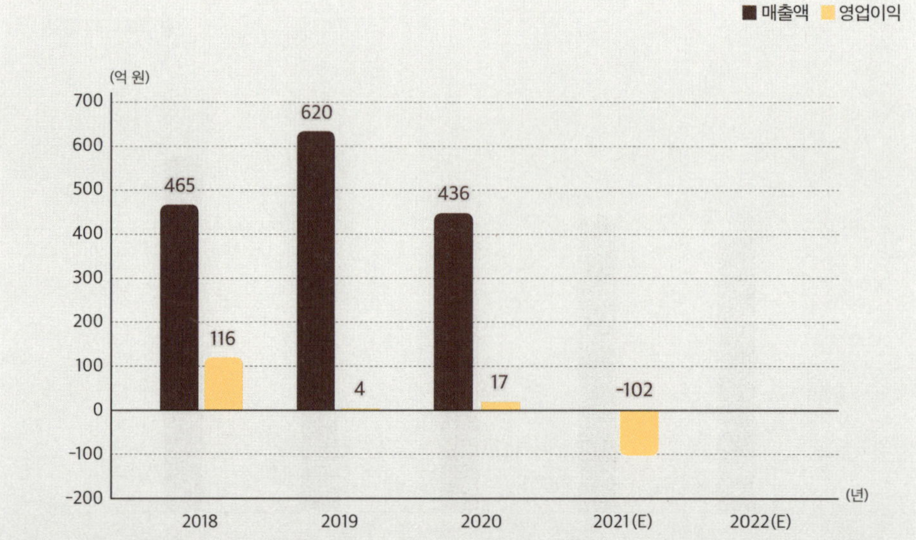

2021년 상반기
매출액 222억 원, 영업이익 -36억 원

*2021.09. 기준

켐트로닉스

무선충전 자율주행 ADAS V2X

시가총액	3,800억 원

주요 주주	김보균 외 10인 28%
총 매출액 중	전자 56%, 화학 43%

- 전자부품, 무선충전, 디스플레이, 케미칼, 자율주행 등의 사업을 영위
- 2019년 삼성전기의 무선충전 관련 사업 인수
- 2021년 산자부 산하 한국전자기술연구원(KETI)과 'V2X 기술 및 무선충전 분야 핵심소재 기술개발을 위한 업무협약' 체결
- 삼성전자 스마트폰 무선충전기(TX) 세트업체로 납품 지속
- 국내 협력 지능형 교통 시스템 C-ITS 선두주자로 판교, 세종, 서울, 제주도, 대구 등 주요 지자체의 C-ITS 구축 실증사업에 핵심 업체로 참여
- 2020년 하반기 르노삼성, 지리자동차 등을 고객사로 둔 ADAS 기술 전문업체 '비욘드아이'를 인수해 전장용 카메라 센서 기술 확보(자율주행의 핵심 기술인 V2X 통신과 전장 기술의 융합을 통한 자율주행 토탈 솔루션 기틀 마련)

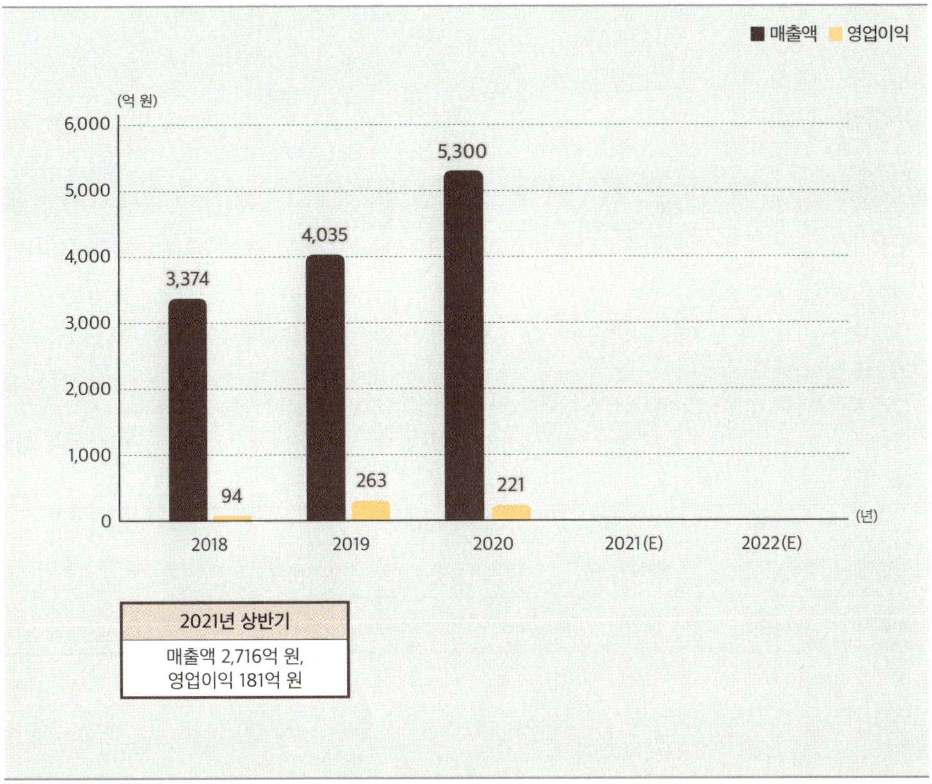

*2021.09. 기준

아모텍

무선충전 모듈 | 무선충전 차폐시트 | MLCC

시가총액	3,100억 원	주요 주주	김병규 외 4인 25%, 앨트웰텍 외 2인 11%, 미래에셋자산운용 10%, 국민연금 7%
		주 매출처	안테나 58%, EMC 20%, BLDC모터 18%

- 신소재 기반 IT(모바일)과 자동차 전장 핵심 부품을 생산, 새로운 성장 동력으로 MLCC 진출
- 삼성 폴더블폰 Z Flip향 무선충전 모듈 공급 중, 차후 출시되는 준프리미엄 모델도 공급 예정
- 새로운 성장 동력인 MLCC 사업은 양산 임박. 21년 4분기부터 본격적으로 매출 발생, 외형 성장 기여 예상

최근 실적 및 주요 재무지표

	2019년	2020년	2021년(전망)
매출액	2,486억 원	2,239억 원	2,365억 원(yoy 5%)
영업이익	70억 원	-49억 원	-102억 원(적자 확대)

	2021년 상반기	
매출액	1,005억 원	PER N/A, PBR 1.7배, ROE -4%, 부채비율 142%
이익	-90억 원	

이랜텍

배터리팩 | 무선충전기

시가총액	2,600억 원	주요 주주	이세용 외 11인 38%, 정호원 5%
		주 매출처	휴대폰용 케이스 45%, 배터리팩 12%

- 삼성 스마트폰 향 무선충전기 공급
- 2021년부터 LG에너지솔루션과 협업으로 인도 시장 전기자전거(E-bike)용 배터리팩 납품 시작(400~500억 원 매출 인식 예상)
- LG전자의 북미지역 향 ESS 배터리팩을 동사가 생산, 기존 삼성 SDI 향 물량에 이어 수주 증가세

최근 실적 및 주요 재무지표

	2019년	2020년	2021년(전망)
매출액	7,290억 원	6,257억 원	6,535억 원(yoy 4%)
영업이익	363억 원	150억 원	242억 원(yoy 61%)

	2021년 상반기	
매출액	2,934억 원	PER 43배, PBR 2.0배, ROE 4%, 부채비율 174%
이익	42억 원	

한솔테크닉스

파워보드 무선충전기

시가총액	2,200억 원	주요 주주	한솔홀딩스 20%
		주 매출처	파워보드 48%, 휴대폰 25%, 솔라10%

- 삼성 스마트폰 향 무선충전기 공급
- TV 핵심부품인 파워모듈 생산, 휴대폰 EMS(단순 임가공)를 영위
- LED 사업은 동사의 모듈을 장착한 전자칠판, 터치키오스크, ATM 등 적용 품목 다각화(수익성 좋아 향후 매출 확대 시 이익 증가에 기여)

최근 실적 및 주요 재무지표

	2019년	2020년
매출액	9,722억 원	11,949억 원
영업이익	255억 원	325억 원

	2021년 상반기	
매출액	6,571억 원	PER 12배, PBR 0.9배, ROE 9%, 부채비율 111%
이익	64억 원	

동양이엔피

무선충전기

시가총액	1,600억 원	주요 주주	김재수 외 5인 40%
		주 매출처	SMPS 100%

- 전원공급장치(SMPS) 생산 전문 기업
- 2015년 한국전자통신연구원(ETRI)로 부터 무선충전시스템 기술을 이전 받음
- 현대차에 스마트폰 무선충전기 제품 공급 이력
- 전기차용 급속 무선충전 플랫폼 개발을 위한 국책과제 주관기업으로 수행(KAIST, 전기연구원, 자동차연구원 등이 함께 참여)

최근 실적 및 주요 재무지표

	2019년	2020년
매출액	4,827억 원	4,614억 원
영업이익	293억 원	410억 원

	2021년 상반기	
매출액	2,470억 원	PER 7.2배, PBR 0.5배, ROE 7%, 부채비율 34%
이익	122억 원	

만도

ADAS | 전기차 무선충전

시가총액	2.9조 원	주요 주주	한라홀딩스 30%, 국민연금 10%
		주 매출처	한국 54%, 중국23%, 미국 15%

- 자동차부품(제동장치, 현가장치, 조향장치 등) 생산 전문 기업으로 현대차그룹의 ADAS 부품 공급
- '전기차 충전서비스용 자율주행 기반 11kW 급 유무선 충전로봇시스템 상용화 기술 개발' 국책과제에 기술개발 부문 참여

최근 실적 및 주요 재무지표

	2019년	2020년	2021년(전망)
매출액	59,819억 원	55,635억 원	62,001억 원(yoy 11%)
영업이익	2,186억 원	887억 원	3,072억 원(yoy 246%)

	2021년 상반기	
매출액	29,890억 원	PER 12배, PBR 1.6배, ROE 13%, 부채비율 191%
이익	1,485억 원	

에디슨EV(구 쎄미시스코)

초소형 전기차 | 전기차 무선충전 | 쌍용차

시가총액	2,100억 원	주요 주주	에너지솔루션즈 16%, 이미경 외3인 6%
		주 매출처	전기차 71%, 반도체/디스플레이 28%

- 반도체/디스플레이 검사장비, 전기차 생산 기업
- '전기차 충전서비스용 자율주행 기반 11kW 급 유무선 충전로봇 시스템 상용화 기술 개발' 국책과제 주관 기업으로 선정
- 관계사 에디슨모터스의 전기버스 생산 기술 등 향후 관계사와 전기차 부문 시너지 기대

최근 실적 및 주요 재무지표

	2019년	2020년
매출액	171억 원	136억 원
영업이익	-78억 원	-74억 원

	2021년 상반기	
매출액	140억 원	PER -22배, PBR 13배, ROE -47%, 부채비율 93%
이익	-5억 원	

한국전자금융

CD VAN | 키오스크 | 무인주차장

시가총액	1,900억 원

주요 주주	NICE홀딩스 35%, 비지에프네트웍스 12%, 자사주 11%
주 매출처	금융/VAN 81%, 현금수송 13%, 키오스크 13%

- CD VAN, 금융기관 및 일반용 자동화기기 사업을 영위
- 자동화기기 관련 다양한 제품 라인업 보유(키오스크, POS, 무인주차장, 무인편의점, 스마트 ATM, 교통, 병원, 공항 등)

최근 실적 및 주요 재무지표

	2019년	2020년
매출액	2,789억 원	2,722억 원
영업이익	156억 원	118억 원

	2021년 상반기	
매출액	1,157억 원	PER 66배, PBR 1.4배, ROE 2%, 부채비율 203%
이익	53억 원	

케이씨티

키오스크 | 무인자동화기기

시가총액	1,100억 원

주요 주주	한국컴퓨터지주 57%
주 매출처	제품 69%, 용역 22%, 임대 8%

- 자동화기기 전문 기업
- 분야별 다양한 제품 라인업 보유(Smart ATM, mini CD기, 공과금 수납기, 야외용 키오스크, 안내 키오스크, 금융 영업점 창구 통합 단말기, 카드발급기, 신분증 스캐너, 무인마권 발매기, 토토 발매기, 로또 발매기, 무인관세 수납기 등)

최근 실적 및 주요 재무지표

	2019년	2020년
매출액	201억 원	205억 원
영업이익	13억 원	9억 원

	2021년 상반기	
매출액	30억 원	PER -182배, PBR 4.6배, ROE -2%, 부채비율 58%
이익	-5억 원	

핵심 키워드

무선충전 차폐시트

차폐시트는 무선충전 효율을 높이고, 자기장을 차폐(차단)해 회로 오작동 방지 및 인체 유해성을 낮추는 부품이다.

무선충전의 원리는 송신부의 코일에서 발생한 교류 자기장에 전류를 유도시켜 전력을 공급하는 것인데, 이때 에너지 전달 과정에서 에너지 손실 가능성이 있다. 전자파 차폐가 제대로 이루어지지 않는다면, 1) 누설된 자기장이 금속의 표면에서 맴돌이 전류를 일으켜 열을 발생시키거나, 2) 전자기기의 각종 신호처리 회로부에 자기장 간섭을 야기, 오작동을 일으킬 수 있고, 일정 수준을 넘어설 경우 인체에도 유해하다. 따라서 전파기파 차폐 역할을 하는 차폐시트는 무선충전 기능에 필수적인 부품이다.

RF방식의 무선충전

RF방식은 RF(Radio Frequency), 무선주파수로 에너지를 전송하므로 원거리 전송이나 이동 중 충전이 가능하다는 점과 상시 충전에 따른 전력 저장장치의 용량절감, 다양한 이동통신 기기의 소형화가 큰 장점이다.

미국의 오시아(Ossia)는 코타(Cota) 시스템을 개발해 수신기 내에 위치한 저전력 비콘으로 주변환경을 인지해 원하는 방향으로 에너지를 집중시킬 수 있다. 이는 2.4GHz 대역의 RF 신호를 사용해 각종 모바일 기기(스마트폰, 태블릿 PC, 노트북 등)에 최대 1W의 전력을 무선으로 전송할 수 있다. 최대 전송거리는 10미터 수준인데, 여러 모바일 기기를 동시에 충전 가능하지만 9미터 거리에서 12% 수준의 효율이 나온다는 단점이 있다.

초음파 방식의 무선충전

현재 가장 많이 사용되는 방식은 자기유도방식과 자기공명방식이다. 반면 초음파 방식은 인체 피부에 99.9% 반사되므로 무해하다는 장점이 있어 인체 삽입형 의료기기 충전용으로 개발되고 있다.

이는 송신기로부터 에너지를 초음파로 변환, 전송한 이후, 수신된 초음파로부터 전기에너지를 복원해 사용하는 방식이다. 인체 삽입형 의료기기의 충전을 위해 자기유도 혹은 자기공명 방식과 비교 시 초음파 방식은 소자크기 대비 전달효율이 높고, 생체에 적합한 티타늄 기반의 금속 패키징, 낮은 피부의 열 흡수 등의 장점을 가지고 있어 지속적인 성장 가능성이 있다. 국내 연구진에 따르면, 초음파 구동에 의해 체내에서 마찰전기를 생성, 의료기기 전원을 공급하는 충전 기술이 제시된 바 있다.

마이크로 LED

1 OLED 디스플레이 패널의 단점을 보완할 수 있는 차세대 패널로 부상 중인 마이크로 LED
2 고해상도 구현, OLED 대비 긴 수명, 대형화 용이하다는 장점 덕에 상업용으로 넓은 범위에서 실적용 가능
3 삼성전자, LG전자 및 애플 등의 적극적 행보. 스마트폰, 웨어러블 기기, 초대형 공공 디스플레이 등으로 고속 성장세 전망

관련 키워드 디스플레이 대형화 고해상도 플렉서블 웨어러블

2000년대 후반 이후 광범위한 용도로 사용되어온 LCD 디스플레이의 단점을 보완하기 위해 OLED 디스플레이 패널이 발전하여 스마트폰, 태블릿을 넘어 TV 사이즈로 활발히 사용되며 LCD를 대체하고 있다. 휘어질 수 있고 투명한 형태로도 만들 수 있을 만큼 장점이 많은 OLED지만 점차 단점도 부각되어가면서 이를 대체하기 위한 차세대 디스플레이에 주목하고 있다. 그 선두에서 마이크로 LED가 높은 성장률을 보일 것으로 전망되고 있다.

마이크로 LED란?

기존 LED 소자보다 100분의 1 크기로 매우 미세한 소자로 이루어진 LED를 뜻하며 빛의 삼원색인 RGB의 마이크로 LED 소자를 디스플레이 패널에 직접 붙여 픽셀을 구성한다. 컬러 필터 없이 소자들이 스스로 빛을 내서 색을 구현하는데 고해상도 구현이 가능하고 높은 휘도와 빠른 응답속도, 우수한 명암비, 높은 색재현율 그리고 수명이 길다는 장점을 가지고 있다. 작은 규모의 기판을 만들고 모아서 다시 키우고 키운 것을 모아 다시 키우는 형태이기에 자유자재로 크기를 정할 수 있다. 이런 특성으로 플렉서블 기능을 구현하여 웨어러블 디바이스에 적용 가능하며 100인치 이상의 초대형 공공 디스플레이에도 적용이 가능하다.

대세인 OLED 패널보다 나은 점

패키징해 기판과 결합하는 OLED와 달리 마이크로 LED는 기판에 박아서 유리만 씌우면 되기에 편광판 혹은 컬러필터가 필요 없어 OLED보다 더 얇게 만들 수 있다. 그리고 유기물을 사용하는 OLED와 달리 무기물을 사용하기에 번인Burn in(화면 잔상) 현상이 아주 느리게 진행되고 수명을 더 길게 유지할 수 있다. 또한 OLED 패널은 대형화하기 쉽지 않지만 마이크로 LED는 쉽게 대형화할 수 있기에 상업용으로 넓은 범위에서 사용 가능할 것이다.

향후 전망

글로벌 TV 시장의 강자 삼성전자가 마이크로 LED 시장에 먼저 뛰어들어 본격 양산하고 있고 2021년 내 77~99인치 마이크로 LED TV를 생산할 계획을 갖고 있다. LG전자도 마이크로 LED 사이니지를 공개하면서 글로벌 패권을 잡은 OLED TV에 이은 차세대 성장동력으로 행보를 갖춰갈 전망이다. 애플은 마이크로 LED 제조 기술을 확보하기 위한 적극적 행보를 보이며 자사의 스마트워치 및 AR 기반 웨어러블 기기인 스마트 글래스에 해당 기술을 적용할 계획이다.

시장조사업체 DSCC는 2020년 글로벌 마이크로 LED TV 매출을 5,000만 달러로 추정하면서 2026년에는 2억 2,800만달러에 이를 것으로 예상했고, 옴디아는 2027년이 되면 마이크로 LED 디스플레이 출하량이 1,600만 대에 이를 것으로 전망했다. 이 가운데 1,000만대가 스마트워치용, TV용은 300만대 수준에 이를 것으로 관측했다. 글로벌 LED 전문매체 LED인사이드는 마이크로 LED가 현재 높은 제조 비용으로 인한 가격 문제만 해결된다면 향후 스마트폰과 태블릿, 웨어러블 기기 등 디스플레이가 활용되는 모든 완제품으로 적용 범위가 확대될 것으로 내다봤다.

글로벌 마이크로 LED TV 시장 매출액 전망

: 2022년 7,000만달러 대비 2026년 약 2억 2,800만 달러 수준으로 220% 이상 성장할 전망이다.

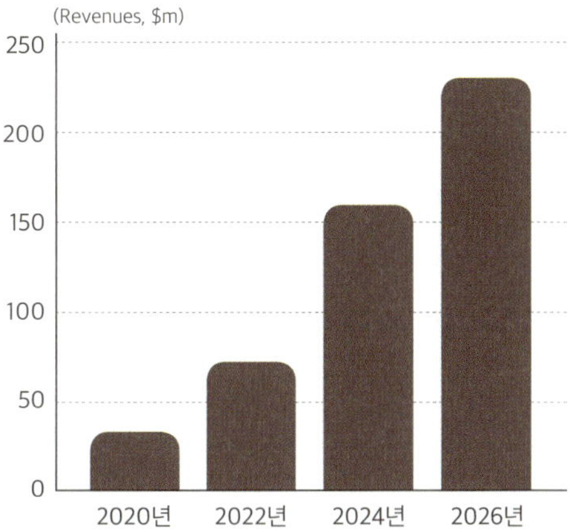

출처: DSCC

글로벌 마이크로 LED 디스플레이 출하량 전망

: 마이크로 LED가 적용될 것으로 전망되는 기기수는 2027년 약 1,600만 대로 2021년 대비 약 50배~60배 이상 고속 성장할 전망이다.

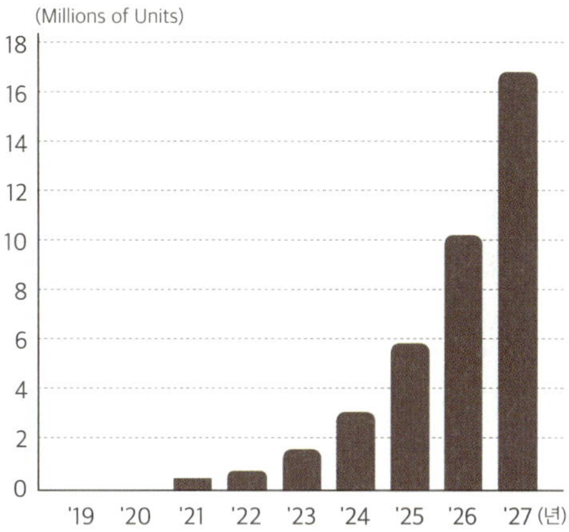

출처: 옴디아

주력으로 사용되고 있는 LCD, OLED와의 패널 구조 비교

: 마이크로 LED는 컬러 필터, 편광판이 필요 없고 OLED에 쓰이는 유기물질 봉지재가 필요 없기에 얇게 만들 수 있는 장점이 있다.

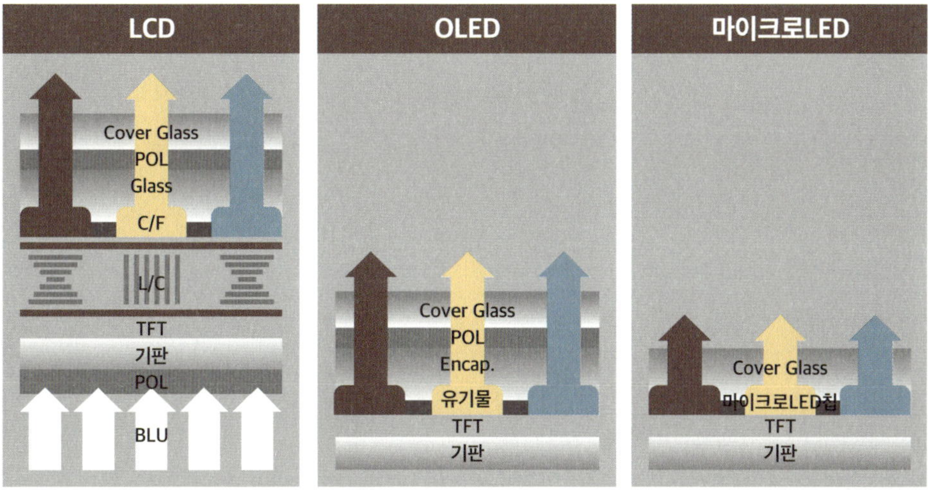

출처: 삼성디스플레이 뉴스룸

각 기술별 특징

TV 기술	특징
브라운관(CRT)	형광면에 전자 빔으로 TV 영상을 그리는 특수 진공관 방식
액정표시장치 (LCD)	고체와 액체 중간 물질인 액정에 전기를 가해 영상 표시
	브라운관 대비 두께와 무게 10분의 1 수준
	액정 자체가 빛을 내지 못해 백라이트 사용
발광다이오드 (LED)	LCD TV의 일종. 광원으로 CCFL 대신 LED 사용
	화질이 향상되고 저전력, 친환경적 특성
유기발광다이오드 (OLED)	형광성 유기화합물 기반 발광 소자를 사용하는 자발광 TV
	액정과 달리 스스로 빛을 내기 때문에 백라이트가 필요 없음
	두께가 얇아지고 특수유리나 플라스틱을 이용해 구부리거나 휠 수 있음
마이크로 LED	마이크로미터 크기 초소형 LED 사용
	백라이트와 컬러필터가 필요 없이 LED 자체가 광원이 되는 자발광 TV
	빛을 내는 LED를 이어붙여서 크기와 형태에 제약이 없음

마이크로 LED와 OLED의 비교

: 마이크로 LED는 OLED 대비 수명이 길고 전력 소비가 낮음. 또한 대형화가 OLED 대비 용이하며 잔상 현상이 상대적으로 느리게 진행된다.

구분	마이크로 LED	OLED
광원	자체발광	자체발광
수명	장기	중기
생산설비	기존 LED 설비 업그레이드	신규 설비
반응속도	나노세컨드	미크론세컨드
가격	비쌈	보통
전력소비	낮음	보통

마이크로 LED의 주요 적용처

: 메타버스 산업 개화로 빠르게 성장할 AR/VR 디바이스에 적용 가능하며 애플과 삼성이 주도하는 스마트 워치에도 적용 가능하다. 또한 공공 대형 디스플레이에도 적합하다.

출처: LG디스플레이 블로그 디스퀘어 blog.lgdisplay.com

삼성이 주도하는 마이크로 LED TV

: 삼성전자가 2020년에 마이크로 LED 기술을 적용해 공개한 110인치 가정용 TV다. 2021년 내 77, 88, 99인치 마이크로 LED TV를 생산할 계획이다.

출처: 테크월드 뉴스

테마 밸류 체인

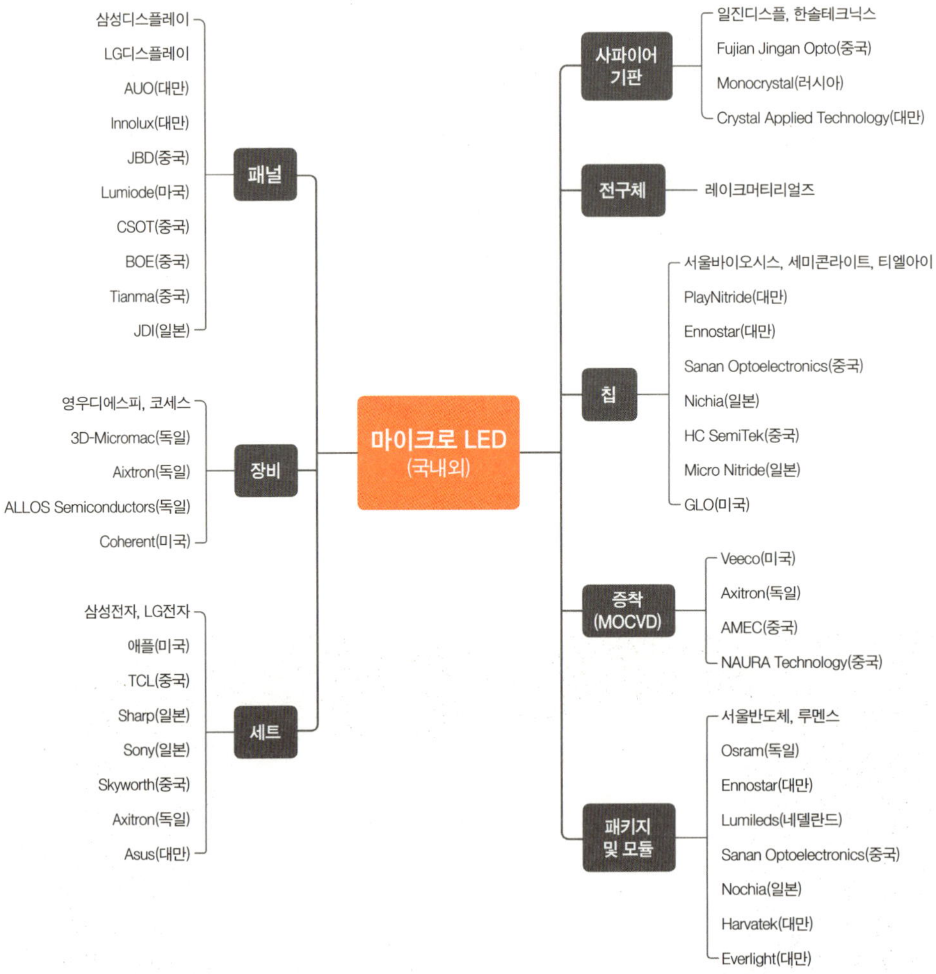
마이크로 LED
(국내외)
패널
삼성디스플레이
LG디스플레이
AUO(대만)
Innolux(대만)
JBD(중국)
Lumiode(미국)
CSOT(중국)
BOE(중국)
Tianma(중국)
JDI(일본)
장비
영우디에스피, 코세스
3D-Micromac(독일)
Aixtron(독일)
ALLOS Semiconductors(독일)
Coherent(미국)
세트
삼성전자, LG전자
애플(미국)
TCL(중국)
Sharp(일본)
Sony(일본)
Skyworth(중국)
Axitron(독일)
Asus(대만)
사파이어
기판
일진디스플, 한솔테크닉스
Fujian Jingan Opto(중국)
Monocrystal(러시아)
Crystal Applied Technology(대만)
전구체
레이크머티리얼즈
칩
서울바이오시스, 세미콘라이트, 티엘아이
PlayNitride(대만)
Ennostar(대만)
Sanan Optoelectronics(중국)
Nichia(일본)
HC SemiTek(중국)
Micro Nitride(일본)
GLO(미국)
증착
(MOCVD)
Veeco(미국)
Axitron(독일)
AMEC(중국)
NAURA Technology(중국)
패키지
및 모듈
서울반도체, 루멘스
Osram(독일)
Ennostar(대만)
Lumileds(네덜란드)
Sanan Optoelectronics(중국)
Nochia(일본)
Harvatek(대만)
Everlight(대만)

해외 대표 기업

엔노스타

Ennostar

시가총액	2조 원

	2021년	2022년(전망)
매출액	약 6,762억 원	약 6,157억 원
영업이익	약 -1,590억 원	약 -3,436억 원

- 2021년 초, 대만 LED 개발업체인 에피스타(Epistar)와 렉스타(Lextar)가 합병해 공식 출범
- LED 밸류체인에서 에피택시, 칩, 패키징, 모듈 등 대부분을 커버
- 애플 스마트 워치용 미니, 마이크로 LED 공급사
- 애플에서 약 4,000억 원 규모의 생산 시설 증강용 투자 받음
- 2022년 1분기에 미니 LED 칩 생산량을 20~30% 늘리겠다는 계획

삼성전자

반도체 | 갤럭시 스마트폰 | 프리미엄 TV | 마이크로 LED TV

시가총액	460조 원

주요 주주	삼성생명 외 17인 21%, 국민연금공단 9%
총 매출액 중	IM 부문 44%, 반도체 29%, CE 부문 19%

- 글로벌 1위 D램, 낸드플래시, 스마트폰 판매량, TV 판매 및 2위권의 파운드리 기업
- 2018년 상업용 마이크로 LED TV 출시 및 2019년 가정용 출시
- 현재 마이크로 LED를 TV로 제조 및 판매하는 글로벌 유일 기업
- 2021년 내, 77, 88, 99인치 마이크로LED TV 생산 계획
- 베트남 공장에서 현재 110인치 제작 중 및 전용 생산라인 추가 증설 추진
- 비싼 가격을 낮추기 위해 마이크로 LED TV에 LTPS TFT 적용하여 저변 확대 계획

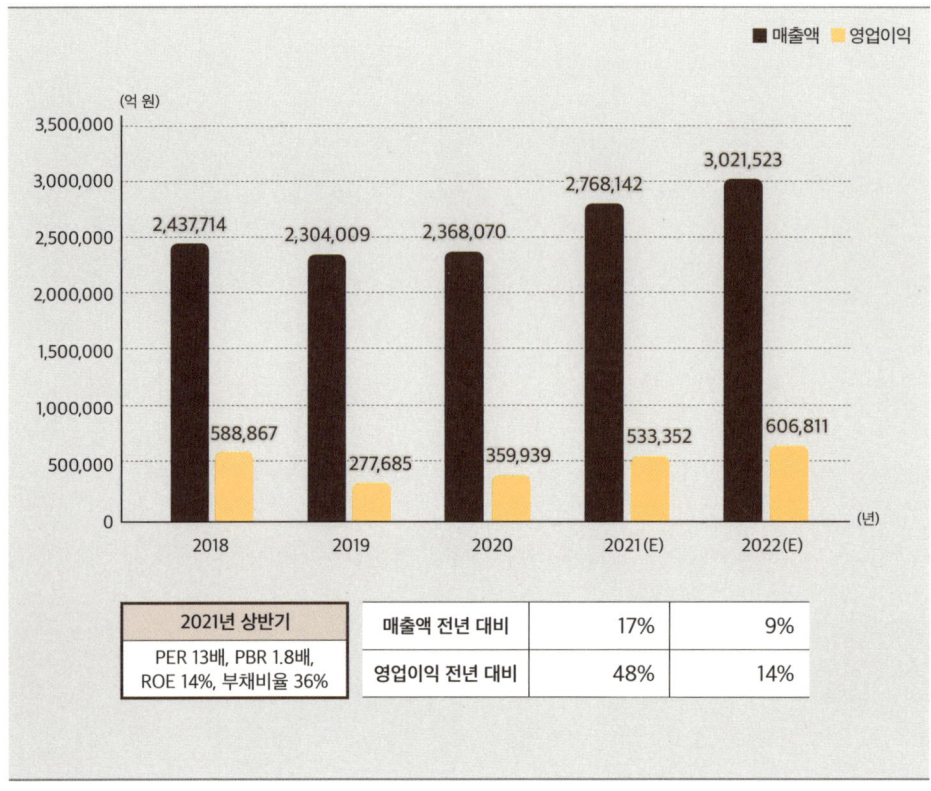

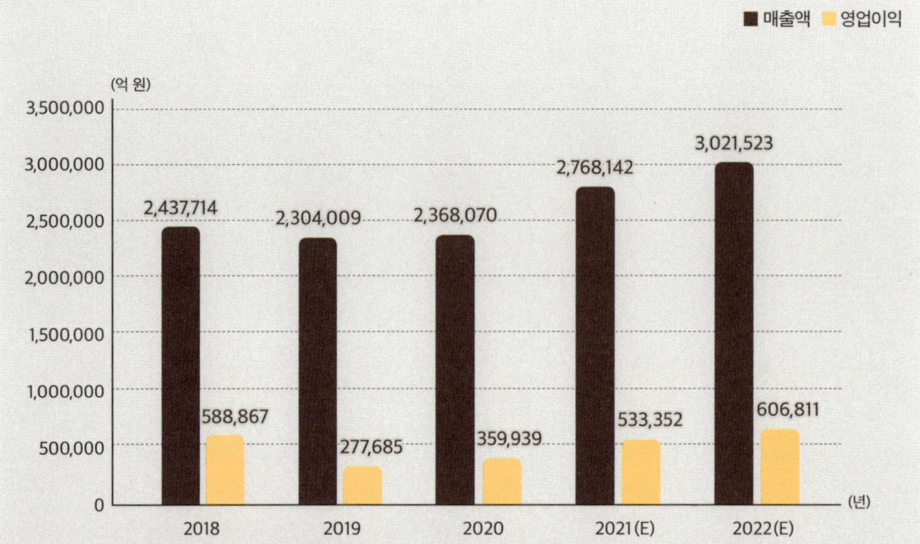

2021년 상반기
PER 13배, PBR 1.8배, ROE 14%, 부채비율 36%

매출액 전년 대비	17%	9%
영업이익 전년 대비	48%	14%

*2021.09. 기준

한솔테크닉스

전자제품 모듈 | 태양광 | LED | 삼성전자

시가총액	2,350억 원	주요 주주	한솔홀딩스 20%
		총 매출액 중	파워보드 39%, 휴대폰 24%, LCM 20%

- TV 등에 쓰이는 파워모듈과 태양광모듈, LED소재 등 IT 부품 공급업을 주력으로 영위
- 리스크가 높은 산업들로 구성되어 있으나 다각화된 사업구조로 안정성, 수익성 확보
- 월 약 400만 대 가량의 휴대폰 조립 사업 생산 능력 보유
- 기존 TV용 파워보드 및 휴대폰 조립 관련 삼성전자와의 지속적인 협력 중
- 전체 매출 중 삼성전자의 비중 약 70% 수준
- 삼성전자가 글로벌 산업을 이끌고 있는 마이크로 LED 분야에서도 지속 협력 전망

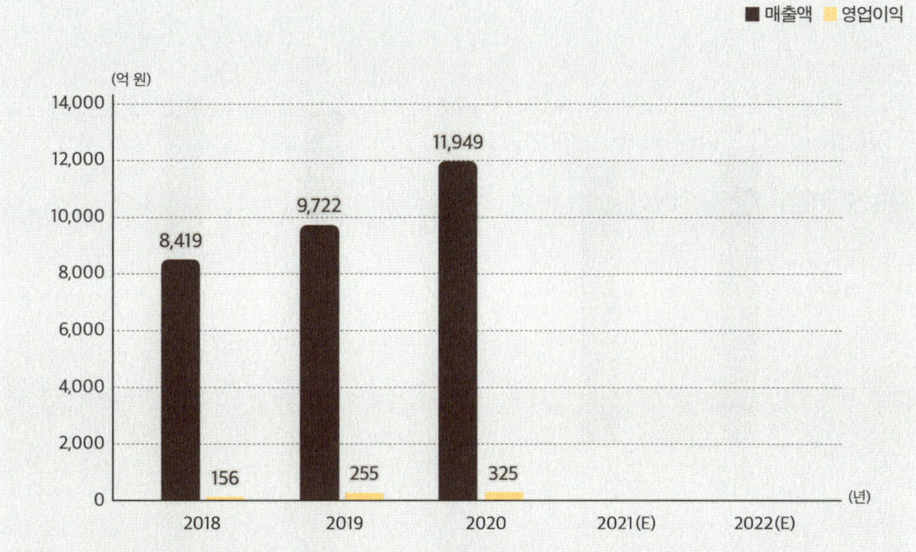

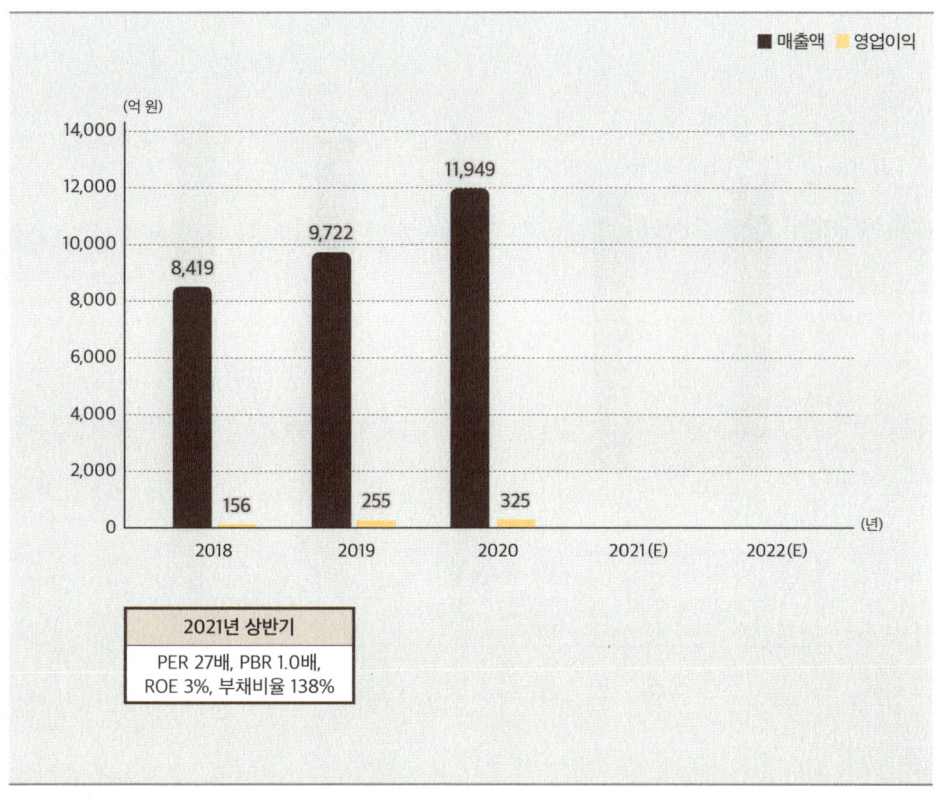

2021년 상반기
PER 27배, PBR 1.0배, ROE 3%, 부채비율 138%

*2021.09. 기준

서울반도체

MLCC | LED 조명 | LED 헤드램프 | 전기차

시가총액	9,500억 원

주요 주주	이정훈 외 2인 31%, 국민연금공단 5%
총 매출액 중	LED 제조 68%

- 콘덴서 전문 제조 기업. 전력용 콘덴서, 단층 및 적층 세라믹 콘덴서 등 생산
- 일반조명, IT 등 광범위한 분야에 적용되는 LED 제품을 통해 글로벌 LED 시장에 진출
- 동사가 보유한 LED 관련 특허 약 1만 2,000개를 바탕으로 마이크로 LED 시장 공략
- 전기차 向 수요 대응 위해 LED 헤드램프의 발열에 따른 효율 감소를 개선
- 글로벌 자동차 양산 모델 약 102개가 동사 기술 적용 및 글로벌 TV 수요의 20%에도 적용
- 도시바로부터 썬라이크 기술 사업권 양도받아 약 6조 원 규모 글로벌 조명시장에 도전

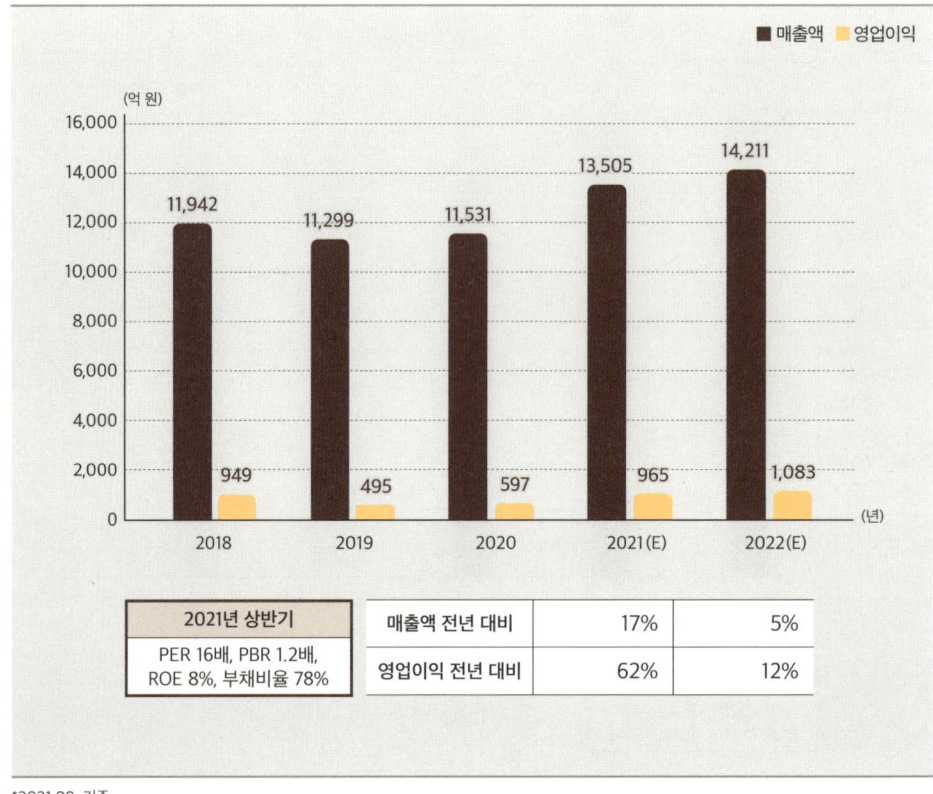

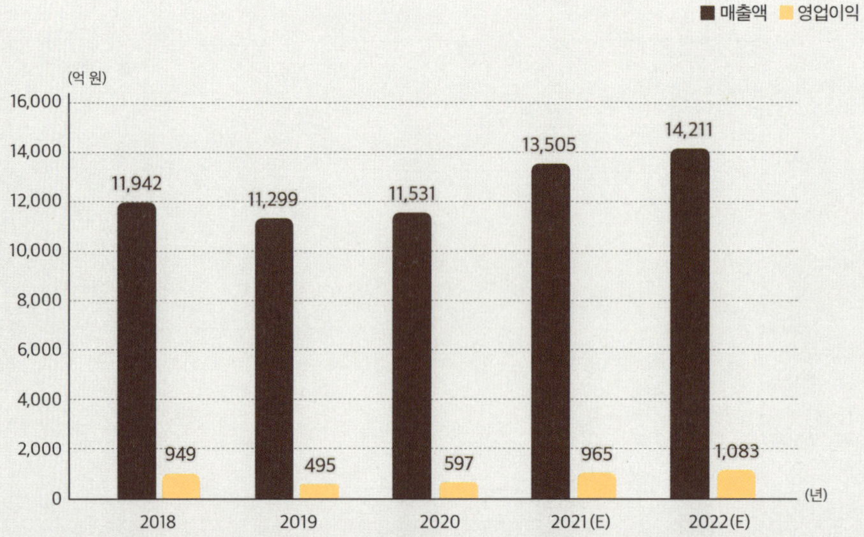

2021년 상반기
PER 16배, PBR 1.2배, ROE 8%, 부채비율 78%

매출액 전년 대비	17%	5%
영업이익 전년 대비	62%	12%

*2021.09. 기준

일진디스플

사파이어 웨이퍼

시가총액	1,389억 원

주요 주주	허진규 외 7인 45%
주 매출처	사파이어 제조 78%

- LED 기판 재료로 쓰이는 사파이어 제조
- 동사의 사파이어 웨이퍼 → 대만 엔노스타(Ennostar)가 칩 제조 → 삼성전자, 애플로 이어지는 구조
- 마이크로 LED 시장 본격 개화 시, 동사의 사파이어 소재 수요 급증 전망

최근 실적 및 주요 재무지표

	2019년	2020년
매출액	957억 원	669억 원
영업이익	-308억 원	-305억 원

	2021년 상반기	
매출액	473억 원	PER -3배, PBR 4.3배, ROE -108%, 부채비율 275%
이익	-175억 원	

서울바이오시스

LED 칩 초소형 칩 양산

시가총액	6,288억 원

주요 주주	서울반도체 외 31인 63%
주 매출처	LED 제조 100%

- LED 칩 제조 전문. 마이크로 LED 양산 준비 완료
- LED 칩 글로벌 시장 점유율 5위권
- 직경 70㎛ 마이크로 LED 양산 성공으로 삼성전자와의 협력 기대

최근 실적 및 주요 재무지표

	2019년	2020년	2021년(전망)
매출액	3,506억 원	4,313억 원	5,286억 원(yoy 22%)
영업이익	103억 원	274억 원	506억 원(yoy 84%)

	2021년 상반기	
매출액	2,530억 원	PER 24배, PBR 3.1배, ROE 13%, 부채비율 186%
이익	238억 원	

에스엘바이오닉스

LED 칩 | 패널 | 넥스턴바이오

시가총액	425억 원

주요 주주	에스엘홀딩스컴퍼니 12%
주 매출처	LED 칩 74%

- LED 에피 웨이퍼 및 칩 설계, 생산 기업
- VR, AR 구현 가능한 마이크로 LED 패널 생산 성공
- 넥스턴바이오와 바이오 사업 협력

최근 실적 및 주요 재무지표

	2019년	2020년
매출액	242억 원	286억 원
영업이익	-41억 원	-33억 원

	2021년 상반기	
매출액	136억 원	PER -4배, PBR 0.9배, ROE -20%, 부채비율 54%
이익	-53억 원	

레이크머티리얼즈

촉매 | LED 전구체

시가총액	3,195억 원

주요 주주	진동 외 15인 43%
주 매출처	반도체 46%, LED 25%

- 반도체, LED, 태양광, 화학 촉매 관련 소재 공급
- LED 사업 주요 고객사: 삼성전자, 서울반도체, 엔노스타
- LED 에피 증착용 전구체 글로벌 1위

최근 실적 및 주요 재무지표

	2019년	2020년	2021년(전망)
매출액	349억 원	465억 원	820억 원(yoy 76%)
영업이익	26억 원	47억 원	207억 원(yoy 340%)

	2021년 상반기	
매출액	357억 원	PER 19배, PBR 5.6배, ROE 33%, 부채비율 134%
이익	94억 원	

영우디에스피

OLED | 마이크로 LED 검사 | 공정 장비

시가총액	1,032억 원

주요 주주	박금성 외 3인 19%
주 매출처	디스플레이 검사장비 100%

- OLED, LCD 검사장비 제조
- 삼성디스플레이 및 중국 BOE, CSOT 등의 OLED 투자에 수혜
- 한국광기술원과 마이크로 LED 검사, 공정장비 개발 공동 추진 MOU 체결

최근 실적 및 주요 재무지표

	2019년	2020년
매출액	975억 원	1016억 원
영업이익	136억 원	79억 원

	2021년 상반기	
매출액	535억 원	PER 39배, PBR 2.2배, ROE 6%, 부채비율 43%
이익	61억 원	

코세스

반도체 | OLED 장비 | 레이저 리페어

시가총액	2,081억 원

주요 주주	박명순 외 3인 51%
주 매출처	반도체 제조, 자동화 장비 43%

- 반도체 후공정, 레이저 및 OLED 장비 제조
- 마이크로 LED 레이저 리페어 장비 양산 중
- 패널의 수율과 생산성 개선에 중요한 역할 담당

최근 실적 및 주요 재무지표

	2019년	2020년
매출액	656억 원	638억 원
영업이익	77억 원	95억 원

	2021년 상반기	
매출액	277억 원	PER 22배, PBR 5.4배, ROE 29%, 부채비율 138%
이익	56억 원	

핵심 키워드

사파이어 기판
LED 기판용으로 사파이어가 가장 널리 쓰이고 있다. 사파이어는 극저온에서 초고온까지 상변태 없이 안정적이고 다이아몬드 다음으로 단단하며 산과 알칼리에도 강하다. 또한 빛의 투과성이 가장 뛰어나고 금속과 맞먹는 열전도성을 지니고 있다. 용도에 따라 다양한 형태로 가공할 수 있는 특성 또한 LED 기판용으로 많이 쓰이는 이유 중 하나다.

MOCVD
금속 유기 화학 증착기(Metal-Organic Chemical Vapor Deposition). 금속 유기 원료를 사용해 기판 위에 박막을 형성하는 화학증착 공정을 담당하는 장비. LED칩 생산을 위해 반드시 필요한 핵심 장비다.

에피(Epi) 성장
에픽터시(Epitaxy, 어떤 결정의 특정면 위에 다른 종류의 결정의 특정면이 외견상 붙어 서로 겹쳐서 성장하는 현상)를 뜻한다. 기판을 씨앗 삼아 단결정으로 이뤄진 LED 웨이퍼 상에 얇은 박막을 성장시키는 결정성장 방법 중 하나다. 웨이퍼 위에 특정 방향을 가진 결정구조를 키우는 기술. 에픽택시얼 성장(Epitaxial growth)이라고도 한다. 전기차, 빅데이터, 디스플레이 등에 쓰이는 화합물 반도체를 이용한 전자나 광전자 소자 구현에 있어서 필수적인 공정이다.

탄소나노튜브(CNT)

1 지난 수십 년간 모든 전자제품의 기본이었던 실리콘보다 더 높은 성능 구현이 가능한 CNT가 부상
2 전기, 열전도율이 높고 강철보다 100배 단단하며 가늘고 가벼운 특징
3 고성장 산업인 2차전지 배터리 양극재, 음극재의 도전재 및 전기차 히터 소재로 수요가 급증할 전망
4 핵심 키워드: 양극재 도전재, 음극재 도전재, CNT 히터

관련 키워드 양극재 도전재 음극재 도전재 CNT 히터

지난 수십 년간 실리콘은 모든 전자제품의 기본이 되었다. 실리콘을 통해 제품은 소형화되고 내구성 또한 강화되었다. 하지만 1991년 일본 연구소에서 발견된 탄소나노튜브(이하 CNT)가 실리콘을 대체해 더 높은 성능을 구현할 수 있는 가능성이 있다는 점이 확인되어 각국에서 CNT를 적극적으로 개발하기 시작했다.

CNT란?

아름답고 가장 단단한 보석 중 하나인 다이아몬드의 구성 원소기도 한 탄소는 우주에서 4번째로 많은 질량을 차지하며 모든 생명체의 주요한 구성을 담당하고 있다. 탄소는 원자 배열이 크게 다른 여러 가지 동소체가 존재하는데 크게 흑연, 풀러렌, 그래핀 그리고 CNT로 구분할 수 있다.

탄소+나노(나노미터)+튜브(원통 구조) 3개의 단어를 합한 용어인 CNT는 탄소 6개로 이루어진 육각형들이 서로 연결되어 관 모양을 이루는 원통(튜브) 형태를 이루고 있다.

CNT는 전기, 열전도율이 구리, 다이아몬드와 동일하고 강도는 강철의 100배에 달하며 가늘고 가벼운 특징을 가지고 있다. 전자파를 흡수할 수도 있고 화학적으로 안정된 재료이기에 대부분의 약품에 반응하지도 않는다. 발광효율도 높은 특징을 통해 반도체, 2차전

지, 바이오, 디스플레이, 자동차 등 다양한 산업군에 적용될 수 있는 장점을 가지고 있다.

2차전지 배터리 성능 향상을 촉진시켜줄 CNT

배터리 양극과 음극에 있는 도전재는 전자 이동을 촉진시키는 역할을 하는데 소량만 사용되지만 리튬 2차전지의 성능을 향상시키는 데 매우 중요한 역할을 담당한다. 현재 도전재는 주로 탄소 분말인 카본블랙Carbon black을 활용하고 있지만 CNT가 양극 도전재로 사용되면 도전재 사용량을 약 30% 줄이고 그 공간을 양극재로 더 채울 수 있기에 배터리 용량과 수명을 늘릴 수 있다.

또한 음극재의 경우 기존의 천연, 인조 흑연에 실리콘을 혼합해 기존 배터리 대비 약 30%의 효율성을 향상시킬 수 있는 실리콘 음극재가 차세대 기술로 부각되고 있는데, 실리콘 음극재 도전재에 CNT를 적용하면 음극재가 첨가된 실리콘에 의해 팽창하는 것을 보완해주고 충전 시간을 단축시켜주는 효과를 낼 수 있다.

이에 주요 배터리 업체들은 2022~2023년경부터 양극재용 CNT 도전재와 실리콘 음극활물질 음극재용 CNT 도전재를 점진적으로 확대 적용할 계획이며 LG화학은 CNT 공장 3개를 가동하며 적극적인 증설에 앞장서고 있다

전기차 주행거리를 늘려줄 CNT

전기차는 내연기관이 없기에 내부의 고전압 전력을 활용해 실내 난방을 하는 PTC 히터를 사용하게 되는데, 열 전달율이 우수한 CNT를 발열체로 사용하는 CNT 히터로 교체하게 되면 기존의 PTC 히터 대비 3배 높은 열 전달 효율을 낼 수 있고 전력도 더 적게 소모할 수 있다. 이에 전기차가 CNT 히터를 적용하면 효율적인 열 관리를 통해 전기차 주행거리를 늘릴 수 있을 것으로 전망되며 현대기아차가 이를 위해 차세대 전기차에 CNT 히터 도입을 검토하고 있다.

글로벌 탄소나노튜브 시장 규모

: 2019년 3,000톤에서 2024년 1만 3,000톤으로 약 4.3배 급증할 전망이다.

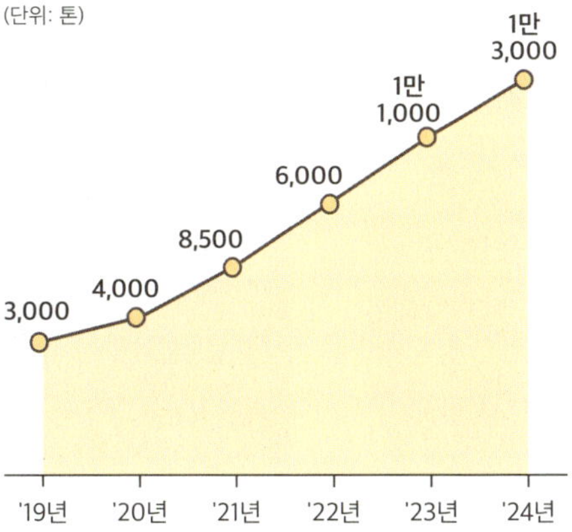

출처: 업계추정

탄소나노튜브의 다양한 활용처

: 가벼우면서 강하고 화학 안정성이 높은 특징으로 항공기, 자동차, 2차전지, 반도체 등 산업 전반에 두루 사용될 전망이다.

탄소 결합 구조에 따른 분류

: 연필심으로 우리에게 친숙한 흑연, 높은 가치를 자랑하는 보석인 다이아몬드, 강철보다 강도가 높고 구리보다 낮은 저항을 가진 차세대 신소재 그래핀 그리고 CNT 등으로 분류한다.

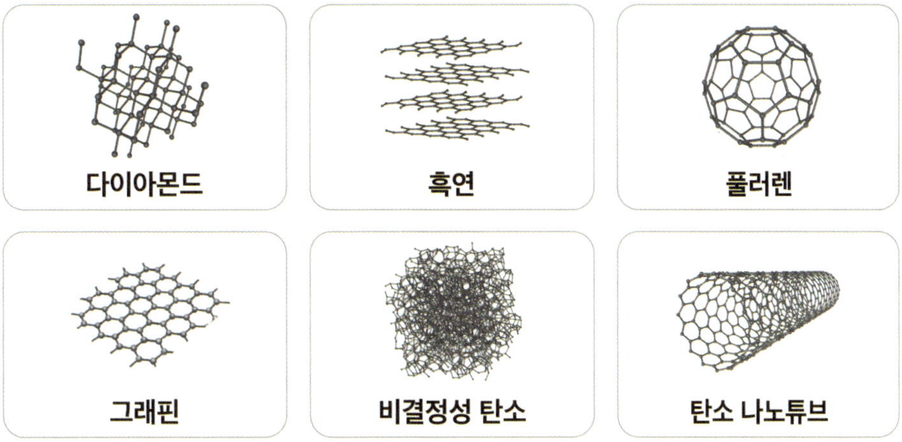

CNT - 2차전지 양극재 도전재에 적용

: 2차전지 내 전자 이동을 촉진시키는 역할인 도전재를 기존의 카본블랙에서 CNT로 교체할 경우, 기존 대비 약 70~80% 가량 적은 도전재 첨가로도 동일한 성능을 구현할 수 있음. 이에 적게 사용되는 도전재 공간에 양극재를 더 투입할 수 있게 되어 배터리 용량이 증가하는 원리다.

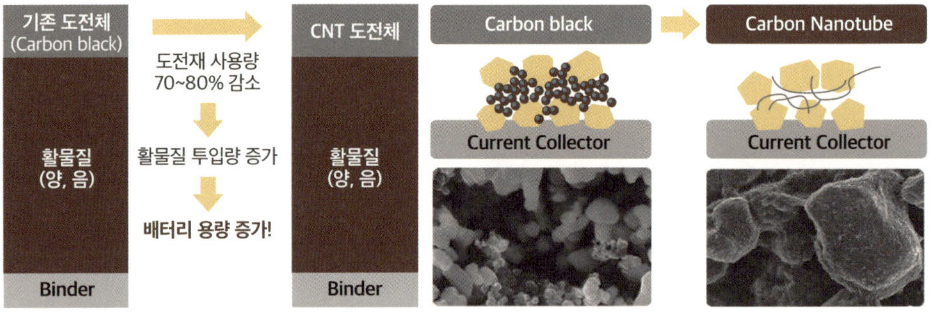

출처: NTP, 하이투자증권

CNT - 2차전지 음극재 도전재에 적용

: 최근 많은 배터리 업체들이 에너지 용량 및 충전 시간 개선을 위해 실리콘 음극활물질을 확대 적용하고 있다. 이때 음극재에 실리콘을 첨가하는데, 팽창하게 되는 실리콘을 CNT가 잡아주는 역할을 담당한다.

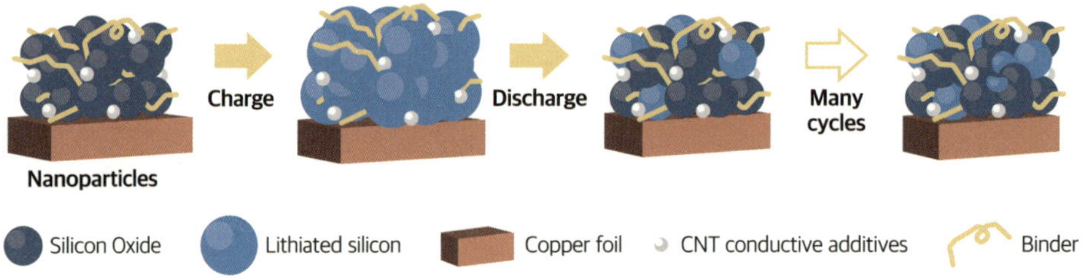

출처: J. Phys. Chem. C, 하이투자증권

테마 밸류 체인

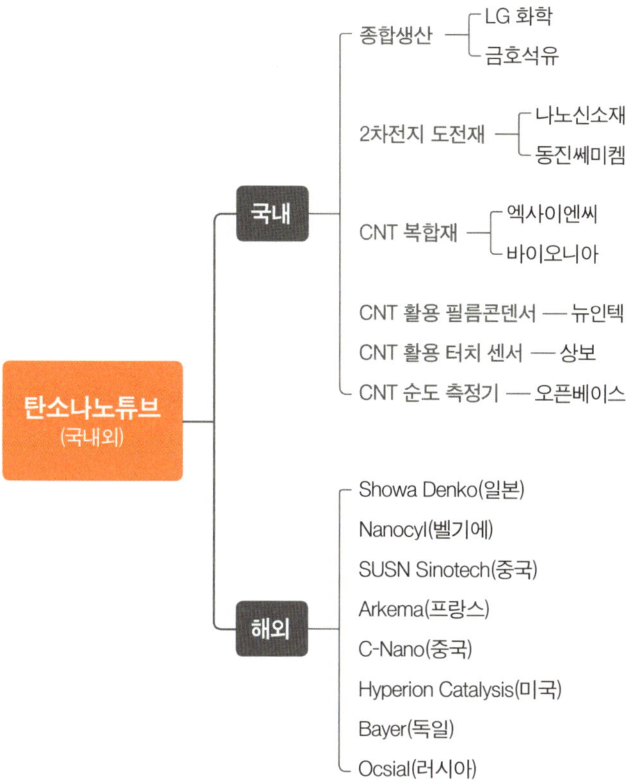
탄소나노튜브
(국내외)
국내
종합생산
LG 화학
금호석유
2차전지 도전재
나노신소재
동진쎄미켐
CNT 복합재
엑사이엔씨
바이오니아
CNT 활용 필름콘덴서 — 뉴인텍
CNT 활용 터치 센서 — 상보
CNT 순도 측정기 — 오픈베이스
해외
Showa Denko(일본)
Nanocyl(벨기에)
SUSN Sinotech(중국)
Arkema(프랑스)
C-Nano(중국)
Hyperion Catalysis(미국)
Bayer(독일)
Ocsial(러시아)

LG화학

2차전지 양극재 도전재 | 3공장 증설

시가총액	53조 원	주요 주주	LG 외 3인 33%, 국민연금공단 7%
		총 매출액 중	석유화학 44%, EV 전지 44%, 첨단소재 7%

- ABS 세계 1위 및 2차전지 배터리 제조 세계 2위 기업
- 2021년 CNT 3공장 건설로 연간 2900톤 생산
- 2021년 대비 2025년까지 CNT 생산량 3배 이상 확대 계획
- 자체 생산한 CNT를 사용하여 동사의 2차전지 배터리의 용량 및 수명 확대 가능
- CNT는 배터리 제조 비용 감축 및 성능 향상을 동시에 추구하는 트렌드에 적합
- 반도체 공정 트레이, 자동차 정전도장 외장재 등의 전도성 컴파운드 및 면상발열체, 고압케이블, 건축용 고강도 콘크리트 등으로 CNT 시장 확대 전망

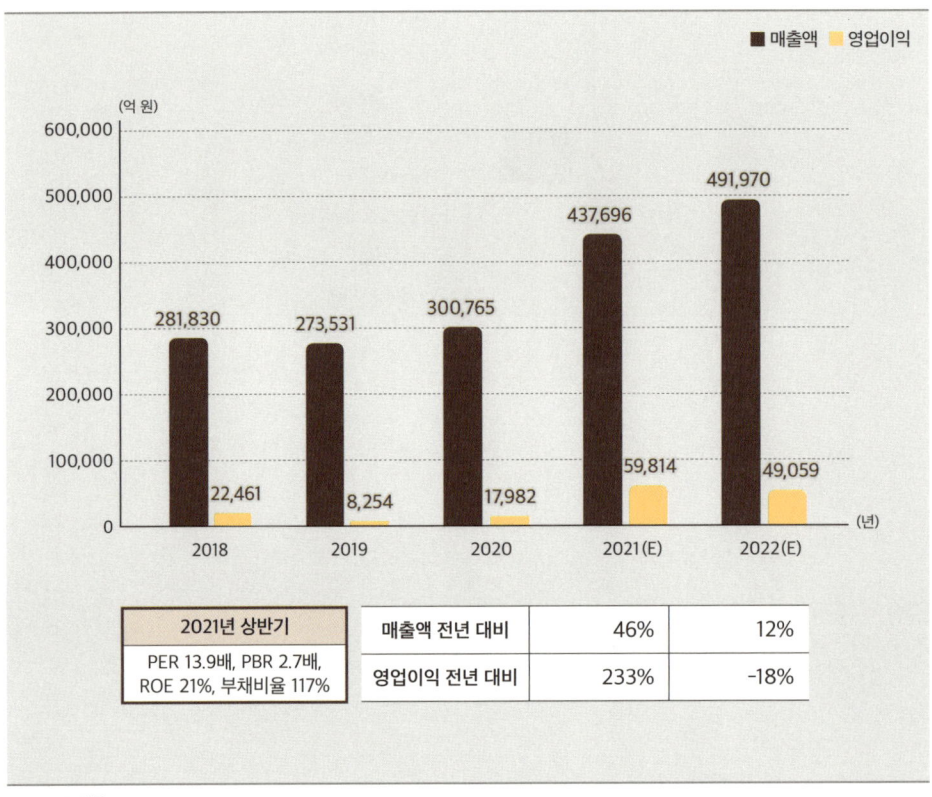

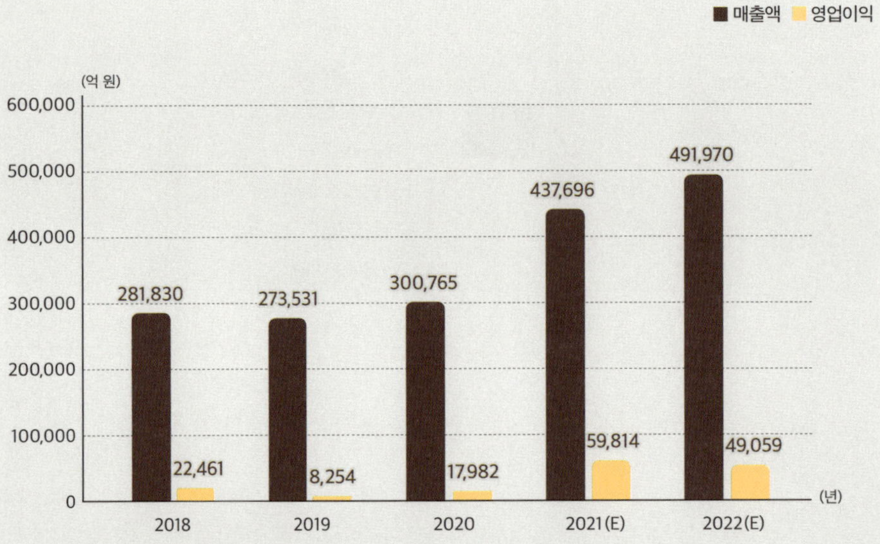

2021년 상반기
PER 13.9배, PBR 2.7배, ROE 21%, 부채비율 117%

매출액 전년 대비	46%	12%
영업이익 전년 대비	233%	-18%

*2021.09. 기준

나노신소재

2차전지 CNT 도전재 | 생산 capa 확대

시가총액	4,372억 원	주요 주주	박장우 외 11인 31%
		주 매출처	디스플레이 소재 34%, 반도체 식각액 19%

- 디스플레이 업황 약화로 CNT 도전재 사업 진입
- 향후 도전재 수요 전망에 생산 capa 확대 중
- 2022~2023년 CNT 도전재 적용 본격화 전망

최근 실적 및 주요 재무지표

	2019년	2020년
매출액	489억 원	485억 원
영업이익	51억 원	15억 원

	2021년 상반기	
매출액	292억 원	PER 84배, PBR 3.4배, ROE 4%, 부채비율 14%
이익	24억 원	

동진쎄미켐

반도체 | 감광액 | 음극재 도전재 | 노스볼트

시가총액	15,913억 원	주요 주주	동진홀딩스 외 4인 35%
		주 매출처	감광액 50%, 화학제품 40%

- 반도체 감광액 및 다수 화학제품 생산
- 동사의 스웨덴 법인, 노스볼트와 음극재 공급 10년 계약 체결
- 음극재 CNT 도전재 및 독자 개발 음극재 동시 공급 전망

최근 실적 및 주요 재무지표

	2019년	2020년
매출액	8,753억 원	9,378억 원
영업이익	1,049억 원	1,263억 원

	2021년 상반기	
매출액	5,263억 원	PER 19배, PBR 3.0배, ROE 16%, 부채비율 112%
이익	570억 원	

금호석유

합성고무 | 합성수지 | 2차전지 CNT

시가총액	61,088억 원

주요 주주	박철완 외 17인 25%, 국민연금공단 8%
주 매출처	합성고무, 합성수지 71%

- 합성고무, 합성수지 등 석화제품 전문 기업
- 2021년 1Q 기준, 연간 120톤 CNT 생산능력 보유
- 타이어, 합성고무용 CNT 첨가제 및 2차전지용 CNT 품질 승인 완료

최근 실적 및 주요 재무지표

	2019년	2020년	2021년(전망)
매출액	49,615억 원	48,095억 원	82,527억 원(yoy 71%)
영업이익	3,654억 원	7,422억 원	24,631억 원(yoy 231%)

	2021년 상반기	
매출액	40,536억 원	PER 3.5배, PBR 1.1배, ROE 47%, 부채비율 64%
이익	13,662억 원	

기업명	시가총액(억)	핵심 사업 내용
바이오니아	19,917	대덕연구개발지구지원본부의 '나노금속 CNT복합체 생산공정 개발' 과제에 선정되어 수행
대유플러스	1,675	탄소나노튜브와 알루미늄을 혼합한 스마트 알루미늄사업에 진출
상보	1,167	탄소나노튜브 터치센서를 비롯하여 투명전극필름 제품 등으로 터치스크린용 CNT 터치센서와 CNT 터치키를 생산
뉴인텍	1,086	CNT를 활용한 차세대 초고압 플라스틱 필름콘덴서를 세계 최초로 개발
오픈베이스	1,085	국내 최초로 나노튜브 순도 측정기를 개발한 나노기술 전문 기업 나노베이스가 관계사
엑사이엔씨	527	탄소나노튜브의 전기저항성, 열전도성 등의 특성을 이용한 발열 및 CNT복합재 분야의 연구를 진행 중이며 제품 상용화 성공

핵심 키워드

2차전지 CNT 도전재

배터리 양극, 음극 내 전자 이동을 촉진시키는 역할을 한다. 전극에 소량만 사용되지만 리튬 2차전지 성능 향상에 매우 중요한 역할을 한다. 양극재, 음극재의 에너지 밀도 개선을 극대화 시켜준다.

기존 카본블랙 대신 CNT 사용 시, 사용량을 1/5 수준으로 줄여주며 고가의 바인더 사용량도 줄일 수 있다. 음극재에서는 실리콘 음극재의 팽창을 잡아주는 보완재로 사용 가능하다.

단일벽, 다중벽 CNT

- 단일벽(Single walled CNT)
- 다중벽(Multi walled CNT)

CNT는 대롱을 이루는 벽의 개수에 따라 단일벽(SWCNT)와 다중벽(MWCNT)으로 구분한다. SWCNT는 MWCNT와 비교해 전기 전도도, 비표면적 등에서 월등히 우수함. 물성치는 뛰어나지만 생산이 어려워 단가가 비싸다. MWCNT는 물성치는 상대적으로 SWCNT대비 떨어지지만 생산성이 뛰어나고 단가가 저렴한 장점. 2차전지 양극재용 도전재에는 MWCNT가 주로 쓰인다. LG화학은 2025년 MWCNT 생산능력을 현재 대비 3배 확장하겠다는 계획이다.

CNT의 다양한 응용처

- 우주항공: 낙뢰보호, 결빙방지, EMI 차폐, 접착제, 항공기 브레이크 시스템, 난연제, 전도성 케이블
- 자동차: EMI 차폐, ESD 차폐, 내마모성, 열차단제, 접착제, 타이어 엘라스토머, 열발산재료, 히터
- 센서: 방사선 센서, 가스/화학 센서, 적외선 센서, 압력 센서
- 에너지: 기체분리, 연료전지, 태양전지, 슈퍼커패시터, 2차전지, 납축전지
- 전기전자: 메모리 디바이스, 광스위치, 전력케이블, 투명도전체
- 원유, 가스: 유전관리센서, 부식방지 코팅, 드릴링유체, 흡착제
- 생체의료: 조영제, 바이오센서, 약물전달, 의료기기 코팅, 검출계량센서, 백신캐리어, 줄기세포 치료
- 기타: 스마트 직물, 3D 프린터 필라멘트, 멤브레인, 윤활유

보툴리눔톡신

1 매우 강한 독성으로 인해 국제적 규제가 따르며 후발 주자들이 시장에 쉽게 진입하기 어려움
2 FDA 허가를 처음으로 받은 앨러간의 보톡스가 주름 치료 적응증을 허가 받으며 매년 20% 이상의 급성장 기록
3 국내 기업들은 미국, 유럽, 중국 및 신흥국에서 임상 시험 진행하며 해외 진출 활성화를 목표로 삼고 있음

핵심 키워드 보톡스 균주 출처 논란 해외 임상

보툴리눔톡신은 자연계에서 가장 강력한 신경 독소이며 1g으로 100만 명을 죽일 수 있는 독극물로 알려져 있다. 이렇듯 치명적인 물질이지만 1973년 안과의사인 앨런 스콧Alan Scott 박사가 보툴리눔톡신을 원숭이 사시 치료에 성공하고 미국 FDA가 인간의 사시 치료에 관해 제한적 허가하면서 시판이 시작되었으며 현재는 안과, 치과, 재활의학과 등 치료 목적뿐 아니라 주름 개선 효과 등 미용 목적으로도 널리 사용되고 있다.

독성이 매우 강해 사람의 생명, 국가 안보와 관련될 수 있기에 보툴리눔톡신을 제조, 획득, 보유, 비축 및 이전해 사용할 때 모두 신고하거나 수출입 허가 신고를 해야 하며 국제적인 규제로 인해 후발 주자들이 시장에 진입하기 어렵다. 제조 과정에서도 맹독성 단백질 원료인 이유로 제조 시 바이오세이프티 레벨3Biosafety level 3 기준 건물 및 장비가 필요하다.

특히 한국에서는 미용 목적의 수요가 높은데 2000년대 초에 30~40대 여성이 주로 성형외과에서 주름제거를 목적으로 1회 시술당 100만 원 가량을 지출했으나 최근엔 남녀노소 누구나 저렴한 비용으로 미용, 치료 목적으로 보툴리눔톡신을 사용하고 있다.

세계 최초의 제품, 보톡스

보툴리늄톡신이라 하면 생소한 용어지만 보톡스는 매우 친숙하다. 보톡스는 1989년 미국 앨러간이 미 식품의약국FDA의 허가를 받아 판매한 최초의 보툴리늄톡신으로 상품명이 곧 성분을 대표하는 이름으로 자리 잡은 사례다. 출시 후 한참 지난 2002년, 보톡스가 피부 주름 치료에 효과가 있다는 임상 적응증 허가를 받으면서 매년 20% 이상의 고속 성장을 이어왔다.

국내외 보톡스 기업들

국내 보툴리늄톡신 시장은 2006년에 메디톡스가 가장 먼저 시작했고 후발로 대웅제약이 진입했는데 양사간의 오랜 균주 출처 관련 소송이 진행되는 사이 2015년 휴젤이 국내 1위로 올라선 상황이다. 2021년 6월 메디톡스가 대웅제약의 미국 파트너사 이온 바이오파마와 합의하며 미국 소송 건은 종결되었고 국내는 아직 소송 진행 중인데 양사는 시설투자, 해외 진출을 위한 자금을 오랜 기간의 막대한 소송 비용으로 지출한 아쉬움이 큰 만큼 사업을 빠르게 재정비할 필요가 있다. 그 외 국내 다수의 기업들이 사업을 하고 있으며 해외엔 앨러간(애브비) '보톡스', 독일 멀츠 '제오민', 프랑스 입센 '디스포트', 중국 란주연구소 'BTX-A' 등 4곳이 있다.

향후 전망

보툴리늄톡신은 '황금알을 낳는 거위'로 통한다. 피부미용 시장에 안착해 시장 규모가 해마다 커지고 있기 때문이다. 보툴리늄톡신은 1990년대 이후 매출이 줄곧 상승세를 유지하는 몇 안 되는 의약품 중 하나다. 시장분석기업 글로벌 마켓 인사이트에 따르면 글로벌 보툴리눔톡신 시장은 연평균 7~9%씩 성장해 지난 2019년 기준 49억 달러(약 5조 4,000억 원)에서 오는 2026년까지 89억 달러(약 9조 8,000억 원)으로 커질 것으로 전망인데 국내 시장에선 국산 기업들이 약 80%의 점유율을 차지하고 있으나 가장 큰 시장인 미국에서는 앨러간, 프랑스 입센, 독일 멀츠가 점유율 97%를 차지하는 독점 구조를 이루고 있다.

이런 환경에서 국내 업체들은 상대적으로 수익성이 높은 글로벌 선진국 시장 침투를 지속적으로 시도하는 중이며, 이 밖에 중국, 동남아, 중동, 중남미 등 수요가 빠르게 증가하는 시장 진입을 위해 본격적인 파트너십 구축 및 국가별 임상을 진행 중이다.

글로벌 보툴리늄 톡신 시장 규모 전망

: 프랑스 기업 입센의 자체 전망 자료이며, 2020년 51억 달러에서 2023년 65억 달러로 3년간 약 27% 성장할 전망

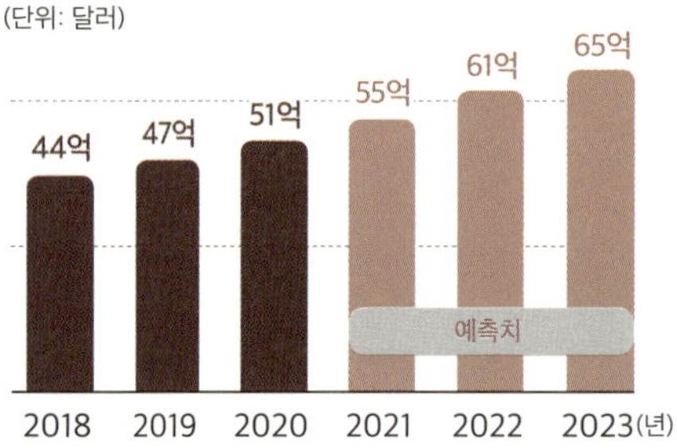

*2020년 이후는 예측치

식약처로부터 허가받은 국내 보툴리늄톡신 기업

기업명	대표 제품명	점유율	식약처 허가일
메디톡스	메디톡신	39%	2006년 3월
휴젤	보툴렉스	40%	2009년 3월
대웅제약	나보타	10%	2013년 11월
휴온스	리즈톡스	10%	2016년 10월
종근당	원더톡스		2019년 8월
파마서치바이오	리엔톡스		2019년 2월
제테마	더톡신		2020년 6월

중국 보툴리늄톡신 미용 시장

: 포스트 코로나 이후 중국의 내수 경제 활성화 정책으로 중국 의료미용 시장 규모의 가파른 성장세에 동행하여, 보툴리늄 톡신 미용시장도 2019년 대비 2028년 약 5배 성장할 전망

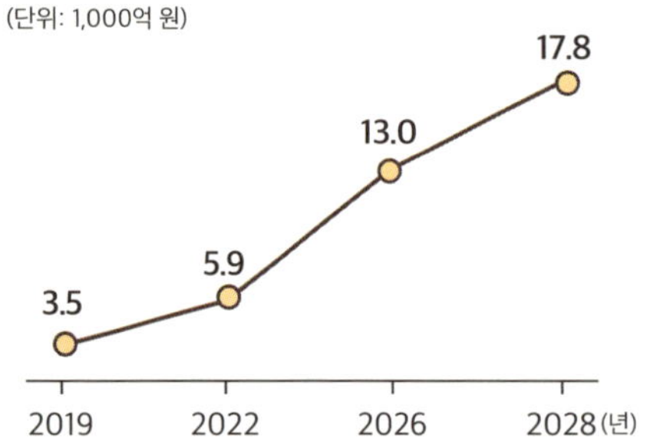

*2022년부터 추정치

출처: 삼성증권

보툴리늄톡신의 적용 가능 분야

: 크게 치료와 미용 분야에서 주름제거, 사각턱 교정, 사시, 안면마비, 뇌성마비 등 다양한 적응증에서 사용될 전망

구분	질병
재활의학과	소아 뇌성마비, 뇌졸중 후 근육 강직, 근막동통증후군
신경과	소아 뇌성마비, 뇌졸중 후 근육강직, 편두통, 요통 등
비뇨기과·부인과	전립선 비대증, 요실금
소화기과	식도 근육 경련
안과	사시, 반측안면경련
피부과, 성형외과	주름제거, 사각턱·종아리 교정 등

테마 밸류 체인 - 보툴리눔톡신

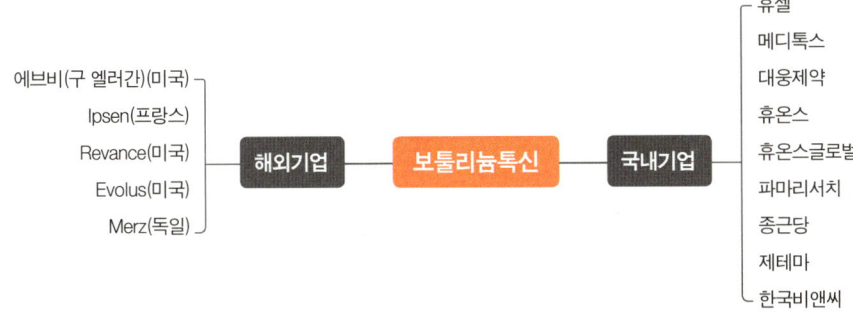

보툴리눔톡신

해외기업
- 에브비(구 엘러간)(미국)
- Ipsen(프랑스)
- Revance(미국)
- Evolus(미국)
- Merz(독일)

국내기업
- 휴젤
- 메디톡스
- 대웅제약
- 휴온스
- 휴온스글로벌
- 파마리서치
- 종근당
- 제테마
- 한국비앤씨

해외 대표 기업

애브비

abbvie

시가총액	227조 원

	2021년	2022년(전망)
매출액	약 66.3조 원	약 70.4조 원
순이익	약 14.2조 원	약 17.7조 원

- 글로벌 판매 1위 블록버스터급 자가면역치료제 약품 '휴미라 ' 를 보유하고 있는 빅파마(Big Phama)
- 2020년 5월 앨러간을 인수해 글로벌 1위 보툴리눔톡신 제품 '보톡스' 확보함
- 보톡스의 추가 적응증 확보 위한 임상 3상 진행 중
- 2023년 미국 물질특허가 만료되는 휴미라를 잇는 블록버스터 후보 '스카이리지', '린보크' 매출 성장세 주목

휴젤

국내 보툴리눔톡신 1위 | GS 인수 | FDA 공장 실사 | EMA 품목허가 | 중국 필러

시가총액	2.1조 원

주요 주주	GS를 포함한 다국적 컨소시엄 46.9%
총 매출액 중	보툴리눔톡신 58%, 필러 29%

- 2016년 이후 국내 보툴리눔톡신 점유율 과반을 차지한 1위 기업
- 2020년, 국내 기업 중 최초로 중국 시장 진출 전 품목허가 획득
- 중국 보툴리눔톡신 시장, 2025년 1조 7,500억 원 규모 성장 전망에 도전
- 미국 FDA의 동사 공장 실사 및 EMA 품목허가 승인 전망으로 추가 성장 동력 기대
- GS가 외국 자본과의 컨소시엄을 통해 (GS는 약 1,700억 원 투자) 동사 인수. 시너지 기대
- 2022년 초 중국 필러 품목허가 획득 목표인 점도 기업 가치 할증 요인이 될 것

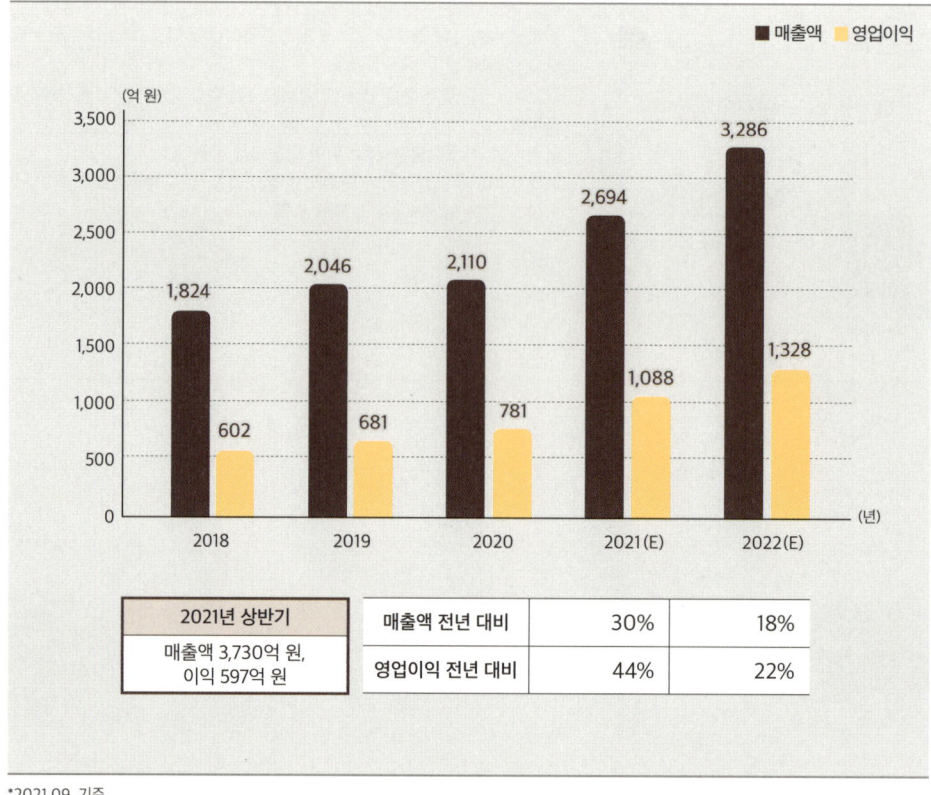

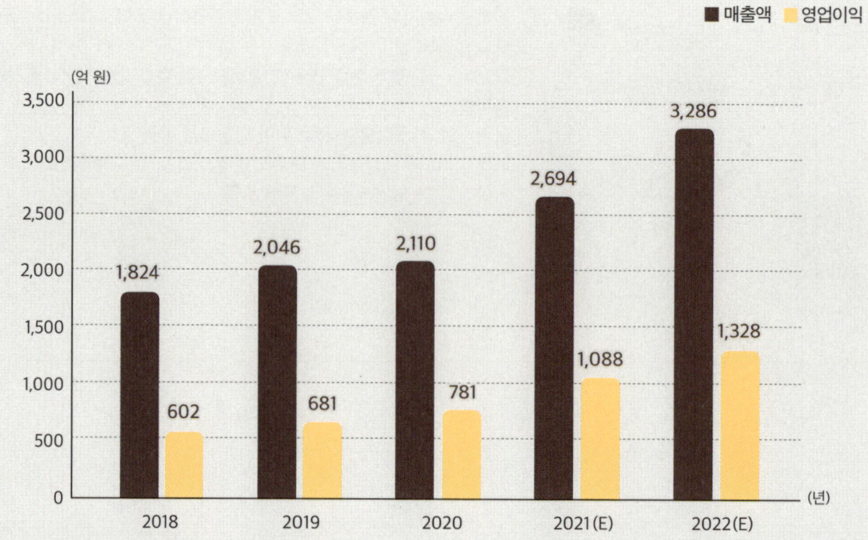

2021년 상반기	매출액 3,730억 원, 이익 597억 원

매출액 전년 대비	30%	18%
영업이익 전년 대비	44%	22%

*2021.09. 기준

메디톡스

FDA 임상 · 균주 출처 소송 · 식약처 판매정지 · 허가취소

시가총액	9,850억 원

주요 주주	정현호 외 7인 19%
총 매출액 중	보툴리늄톡신 및 필러 78%

- 국내 대표 보툴리늄톡신 및 필러 제조 기업
- 애브비(구 앨러간)의 동사 파이프라인 권리 반환 및 계약종료 이슈 발생
- 동사가 그간 진행 사항 및 권리로 2022년에 FDA 임상 3상 BLA 제출 전망
- 동사가 약 13% 지분 보유 중인 미국 에볼루스를 현지 유통 파트너사로 선정 후 진행 전망
- 동종 업종 국내 타 기업 대비 균주 출처 논란에서 자유로운 점은 밸류 할증 요인
- 대웅제약과의 미국 소송 종료 후, 나보타 미국 매출 및 향후 유럽 매출의 로열티 확보
- 단, 국내 보툴리늄톡신 6개 제품 모두 허가 취소 위기에 몰린 부분 해소 필요

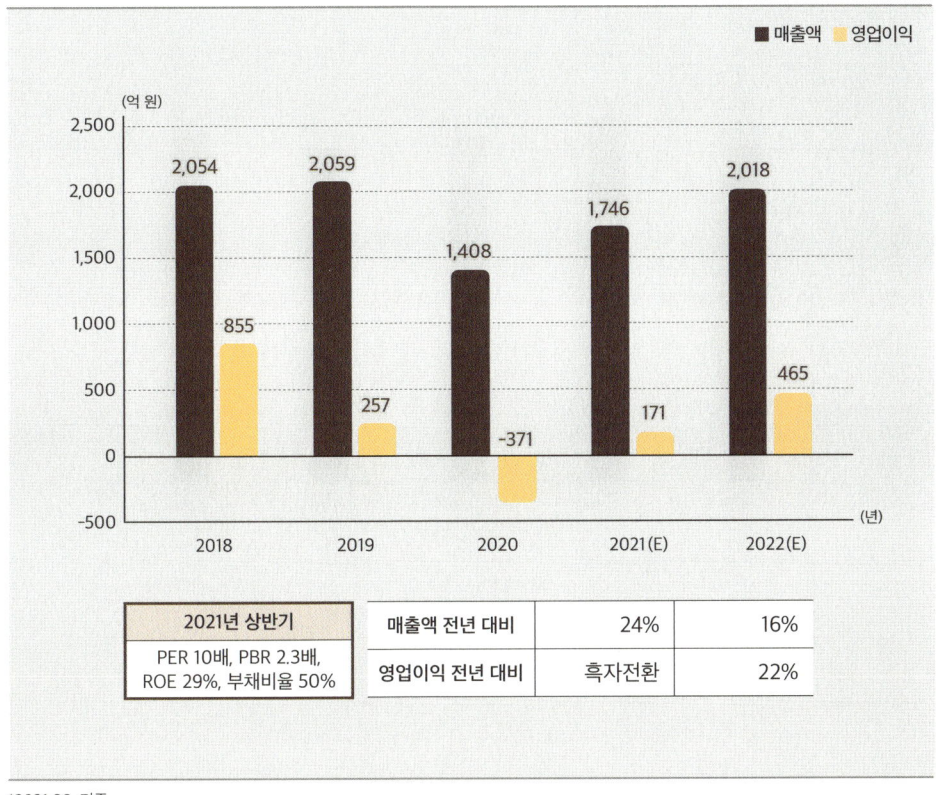

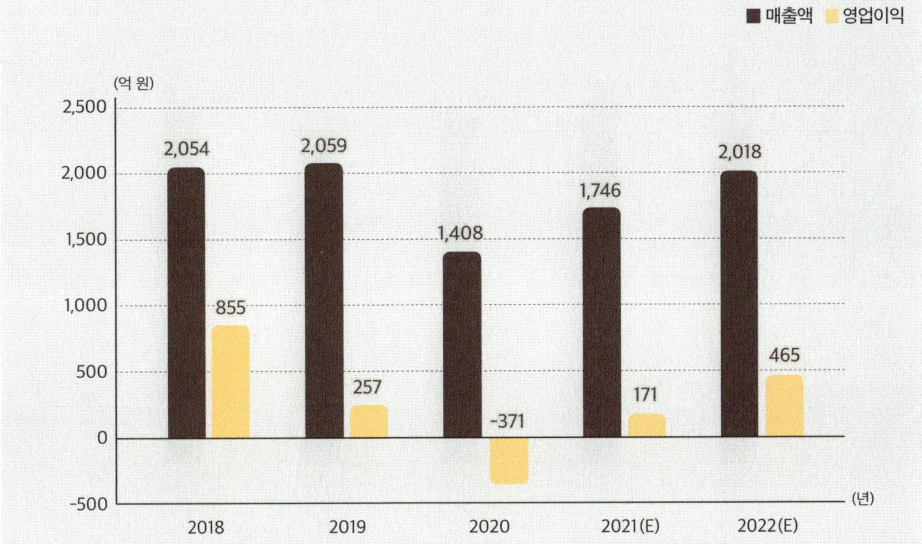

2021년 상반기
PER 10배, PBR 2.3배, ROE 29%, 부채비율 50%

매출액 전년 대비	24%	16%
영업이익 전년 대비	흑자전환	22%

*2021.09. 기준

대웅제약

나보타 | 우루사 | 코로나 치료제 | 탈모 치료제 | 한올바이오파마

시가총액	1.6조 원

주요 주주	대웅 외 5인 57%, 국민연금공단 6%
총 매출액 중	제품 29%, 상품 26%, 우루사 8%, 크레스토 8%

- 우루사, 임팩타민 및 의약품 상품 매출 등 영위하는 대형 제약회사
- 미국 FDA에서 허가받은 국내 유일 보툴리늄톡신 제품 '나보타(미국 수출명 주보)' 보유
- 메디톡스와의 균주 출처 관련 미국 소송 종료로 미국 시장 공략 이어갈 것
- 2022년 상반기 유럽, 하반기 중국 출시 계획이며 브라질, 태국 중심으로 공급 확대 전략
- 보툴리늄톡신의 미용뿐 아니라 안검하수, 탈모 등 여러 치료 목적으로 적응증 넓힐 계획
- 주력 매출 제품 외 코로나19 치료제, 탈모치료 주사제, 자회사 한올바이오파마 관련 이슈 관심

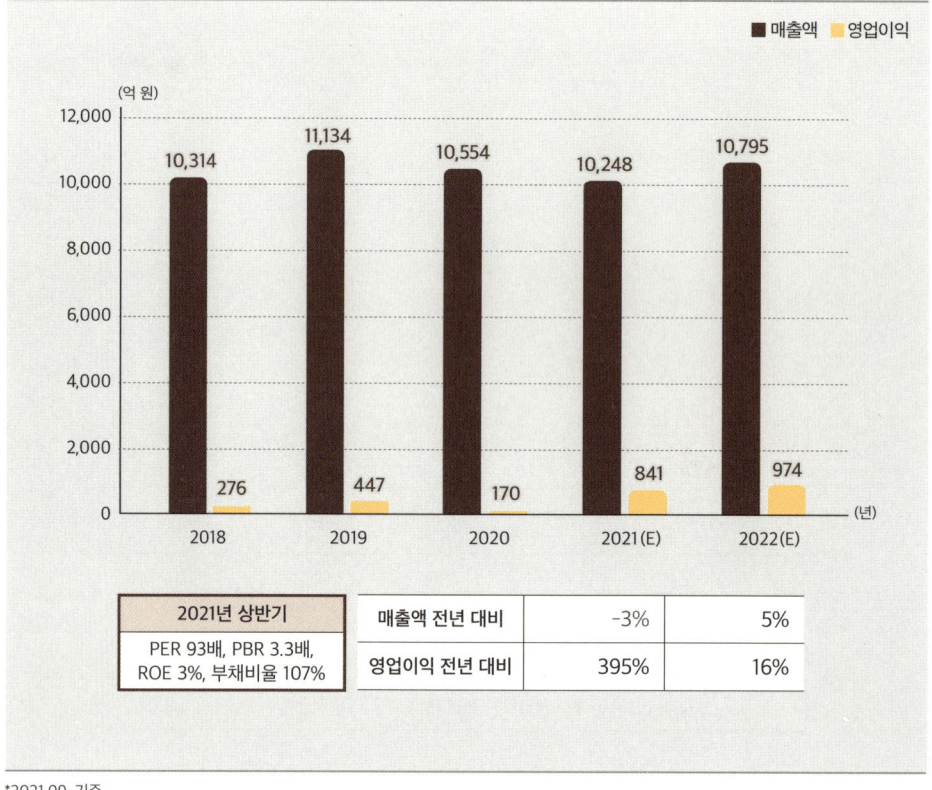

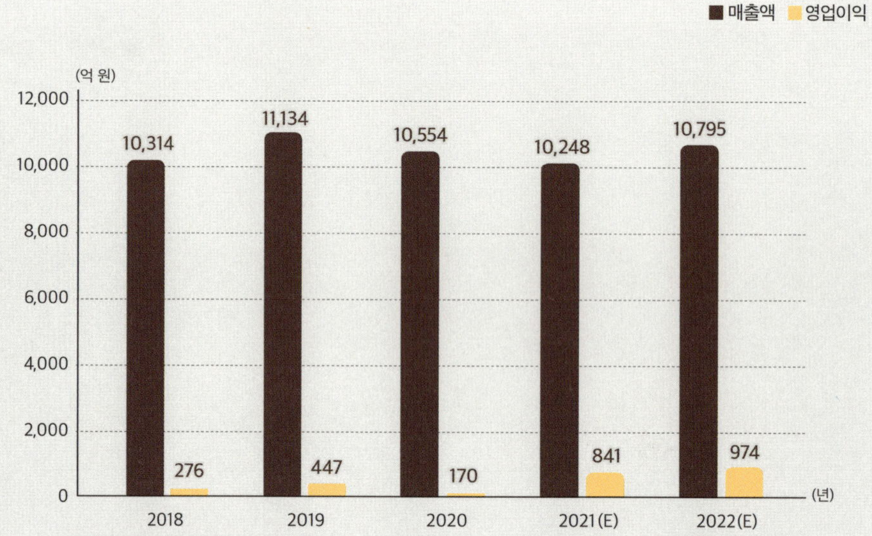

2021년 상반기
PER 93배, PBR 3.3배, ROE 3%, 부채비율 107%

매출액 전년 대비	-3%	5%
영업이익 전년 대비	395%	16%

*2021.09. 기준

폐기물 산업

1 글로벌 경제 규모 확대, 언택트 문화, 1인 가구 증가 등으로 막대하게 증가된 폐기물을 처리할 매립지 부족
2 정부 규제와 님비(NIMBY) 현상으로 인해 폐기물 매립지 증가가 어렵기에 재활용, 소각 등 산업 부상
3 안정적 이익 창출 및 ESG 경영을 목표로 PEF 및 대기업 자본의 폐기물 산업 진입 활발

관련 키워드 매립지 부족 / 소각 / 처리 단가 상승 / M&A / 폐기물 업사이클링 / 에너지화

글로벌 경제 규모가 빠르게 확대되면서 삶의 질이 풍족해졌지만 반면에 각종 폐기물이 급격히 증가하게 되었다. 특히 산업구조의 고도화, 소비자들의 다양한 구매 욕구, 1인 가구 증가 확대로 인해 최근 몇 년 사이 폐기물의 양은 급속도로 증가했다. 특히 코로나19로 인한 언택트 문화가 확산되며 온라인 쇼핑 및 택배 물량이 폭증해 폐기물은 감당하지 못할 정도로 빠르게 늘어나고 있다. 인류가 생산활동을 이어가고 도시화가 고도화되면 쓰레기 처리 문제는 앞으로도 끊임없이 제기될 수 밖에 없다. 세계은행은 글로벌 폐기물 발생량이 2030년까지 연평균 1.8%씩 그리고 2050년까지 연평균 1.5%씩 증가할 것으로 전망하고 있다.

공급 확장이 어려운 폐기물 산업

국내에서 발생한 폐기물 중 일부는 중국 및 태국, 필리핀 등에 수출했으나 2017년 중국이 폐기물 수입을 전면 금지하면서 한국은 본격적으로 폐기물 처리에 골머리를 앓기 시작했다. 이에 폐기물의 기본적인 밸류체인인 재활용, 소각, 매립 각 단계의 발전에 관심이 집중되기 시작했다.

그중 매립으로 폐기물을 처리하는 과정은 이제 한계점에 이르게 되었다. 한국은 국토

면적이 좁은 데다 산지 비중이 약 62%(남한 기준)로 높기 때문에 매립지 공급과 관련해선 문제에 봉착할 수밖에 없다. 코로나19로 인해 2021년 가정용 쓰레기가 2020년 대비 약 30%나 급증하며 수도권 매립지의 매립 가용량이 한계에 다다르고 있다. 2026년부터 인천광역시 매집장 종료 후 더 이상 쓰레기를 받지 않겠다 선언하며 국내 매립지 부족 현상은 더욱 심화될 전망이다.

쓰레기 매립장 건설은 정부가 허가권을 갖고 총량이나 오염물질 배출 등을 제한하는 규제사업이다. 또한 매립지 부지 선정도 어렵고 주민 동의를 얻는 데만 수년이 걸리며 평균 건설기간이 7년이나 걸리기에 매립 단계로 폐기물을 처리하긴 어렵다는 판단이다. 이에 신규 사업자는 진입이 어려우며 기존 매립 업체 그리고 재활용, 소각(및 스팀) 단계가 앞으로 각광을 받을 전망이다.

큰손들이 관심 갖는 폐기물 산업

폐기물 처리 수요는 급증하는 데 반해 공급은 님비 현상, 기술력, 정부 허가 규제 등으로 부족해 기존 폐기물 업체들은 소각, 매립 단가 상승 및 물량의 안정적 증가로 인한 수혜를 누리고 있다. 또한 이런 추세는 전 세계 환경 규제 강화 및 매립지 공급 부족으로 더욱 가속화 될 수밖에 없다는 전망이다. 이런 환경에서 기업들은 폐기물 산업에 집중하기 시작했다.

폐기물 처리업은 장기적으로 안정적인 이익 창출이 가능한 산업이긴 하나 신규 진입이 어렵다 보니 사모펀드(PEF)와 대기업 자본이 기존 업체들을 공격적으로 인수하기 시작했다. 또한 고령화 및 코로나19로 인해 의료폐기물 시장이 확대되고 있고 매립 대신 소각, 재활용 등 이익률과 성장성이 높은 친환경 밸류체인으로 확장될 길이 열려 있으며 폐기물 산업은 ESG 경영에 일조할 수 있는 매력도 있기 때문이다. 폐기물을 얼마나 많이 수용할 수 있는지, 누가 폐기물 에너지 사업에서 이익을 확보하는지에 따라 산업 점유율 확보 성패가 달려 있는데, 현재는 공격적인 인수합병(M&A)을 통한 폐기물 확보가 이뤄지고 있다. 점진적으로는 친환경 패키징, 플라스틱 업사이클링 및 폐기물 에너지 등 산업이 고도화되어 관련 업체에 안정적 이익을 안겨줄 것으로 전망한다.

SK건설에서 사명을 변경한 SK에코플랜트는 폐기물 처리업체 인수에 공격적인 행보를 보이고 있다. 태영그룹의 자회사인 TSK코퍼레이션은 사모펀드와 손을 잡고 폐기물 사업 규모를 키우고 있다. 또한 아이에스동서는 코스닥 상장사인 인선이엔티와 코엔텍을 계열사로 두고 있고 전통 사모펀드인 IMM 인베스트먼트 및 한앤컴퍼니 및 MBK파트너스 역시 폐기물 산업에서 인수합병을 통한 기회를 노리고 있다.

국내 폐기물 시장 규모

: 매년 지속적으로 증가될 수밖에 없는 구조이며 안정적이며 장기적 성장 이뤄질 전망이다.

(단위: 억 원)

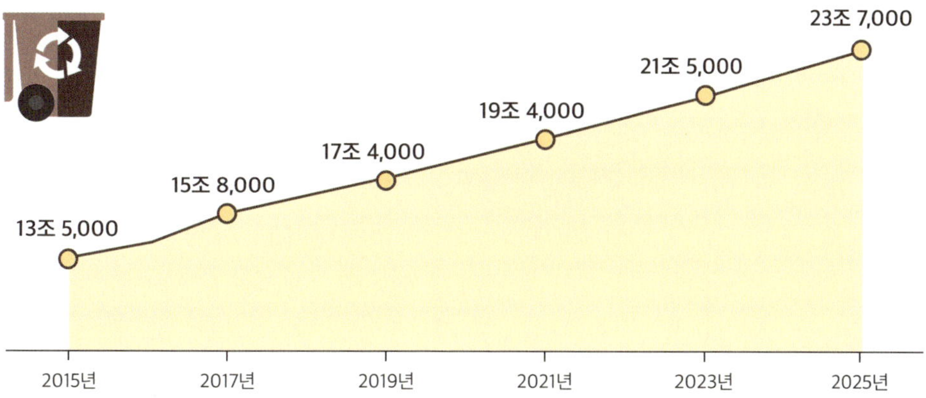

*2019년 부터 전망치

출처: 신영증권, 환경부, 국제통화기금(IMF)

연도별 국내 폐기물 발생 추이

: 1인 가구 증가, 언택트 문화 확대, 의료폐기물 확대로 폐기물 발생량 지속적으로 증가할 전망이다.

(단위: 1일당 t)

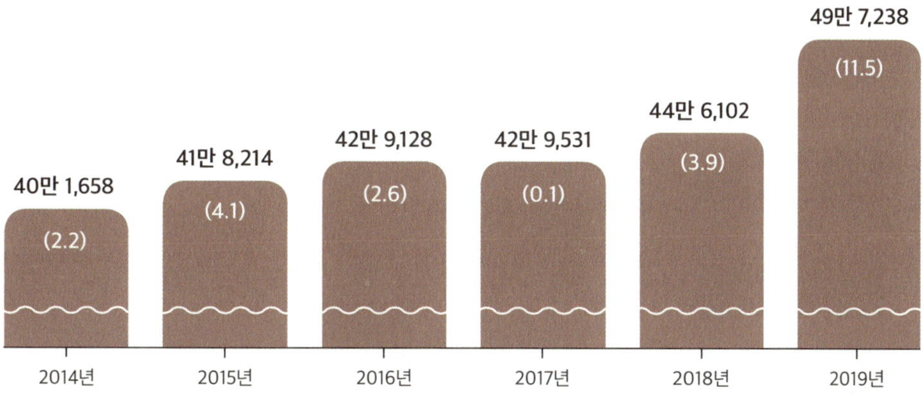

*괄호안은 전년대비 증감률(%)

출처: 환경부, 한국환경공단

폐기물의 분류

: 생활폐기물 및 사업장폐기물(산업)로 분류할 수 있으며, 생활, 건설, 의료폐기물의 양이 크게 증가될 전망이다.

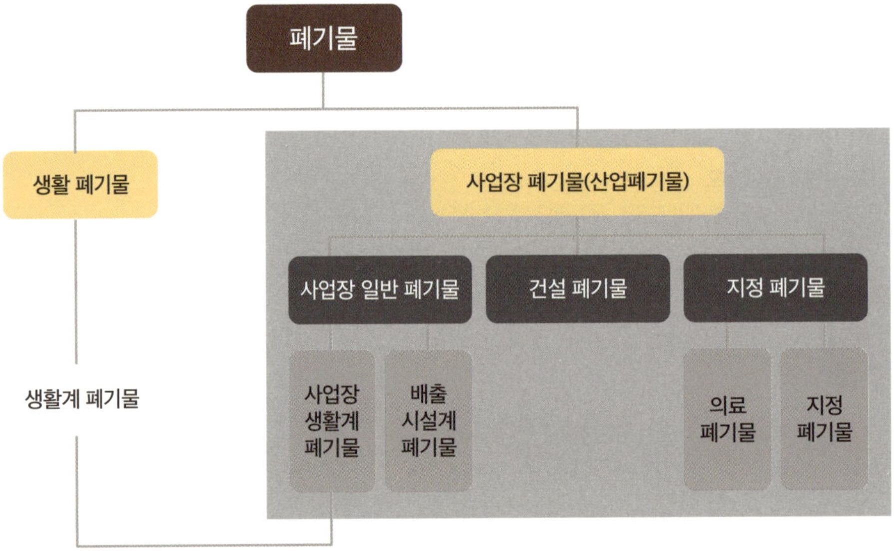

폐기물 처리 과정

: 대다수 폐기물은 향후에도 재활용 과정을 먼저 거칠 것이며 그렇지 못한 폐기물의 경우에는 매립 및 소각 그리고 소각 이후 스팀 과정으로 진행될 전망이다.

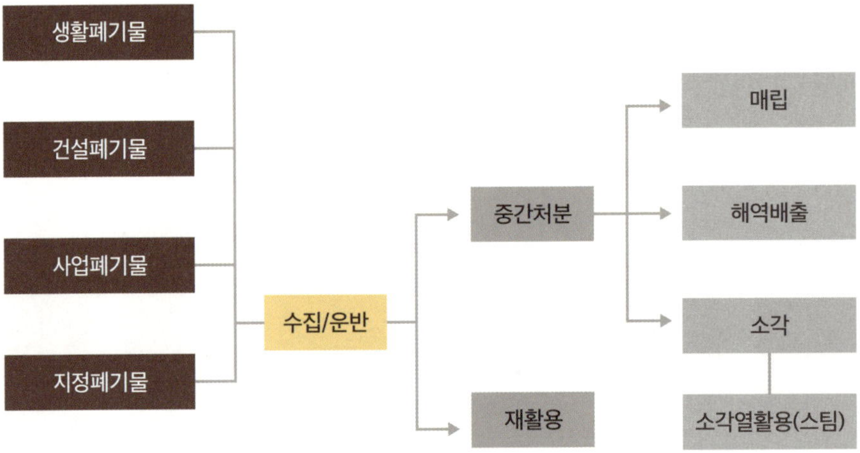

폐기물 산업의 특성

: 폐기물 산업은 공공 복지를 위한 사회간접자본의 성격을 띠며 정부 정책 및 법령의 규제가 존재한다. 이에 신규 진입자의 진입이 어려우며 허가가 나더라도 주민 반발에 가로막힐 수 있다. 폐기물 종류에 따른 다양한 처리기술과 설비가 필요하기에 초기 투자자본 지출이 높고 기술적 난도가 높다.

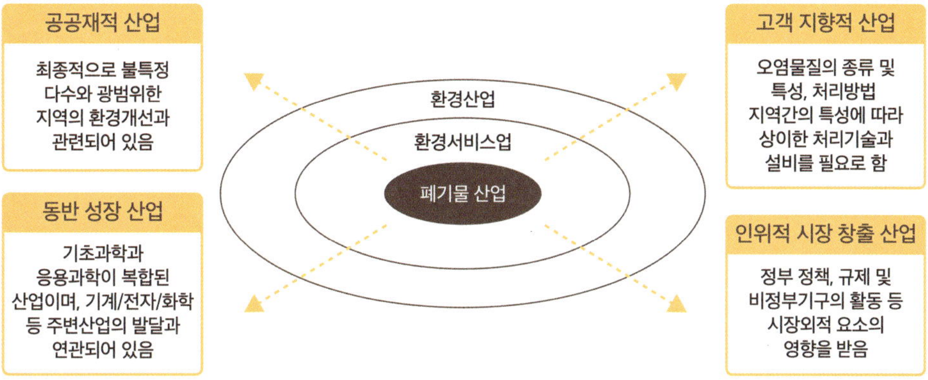

출처: 환경부, 키움증권

폐기물 처리방식별 비중

: 재활용 비중이 높아지는 가운데 매립 비중은 기존 매립지 수용능력 저하 및 신규 매립지 공급 부족으로 줄어들고 있다. 향후 소각 비중이 높아질 전망이다.

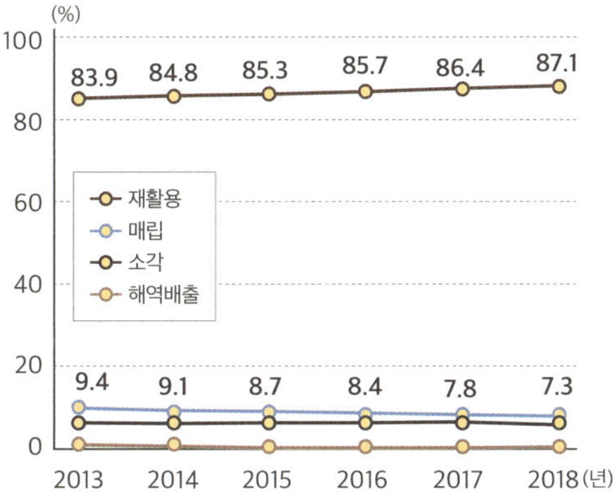

출처: 환경부, SK증권

국내 폐기물별 비중(2019년 기준)

: 음식물 쓰레기, 폐지 및 플라스틱 등이 높은 비중을 차지. 언택트 문화 확산 및 1인 가구 증가로 해당 품목들의 비중은 더욱 높아질 전망이다.

(단위: 톤/일)

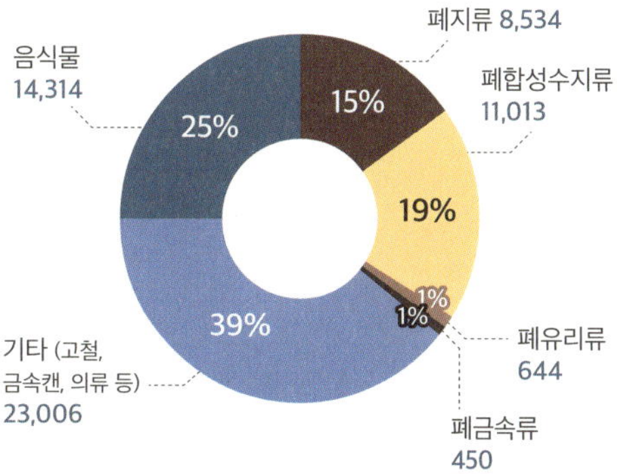

*재활용가능/불가능 합산 재분류

출처: 환경부, SK증권

폐기물 처리 과정에서의 부가가치 창출

: 일반적으로 이익률이 가장 높은 사업부는 스팀(80~90%) → 매립(60~70%) → 소각 20% 순서로 진행된다. 스팀 분야는 보일러 시스템으로 가동되는데 소각 과정 중 부수적인 산물로 원가가 거의 발생하지 않기에 이익률이 높다. 매립 사업은 매립 현장에 포크레인 장비 기사 같은 인력 소수만 필요하기에 인당 생산성이 높다. 다만, 매립은 성장 한계가 뚜렷하다.

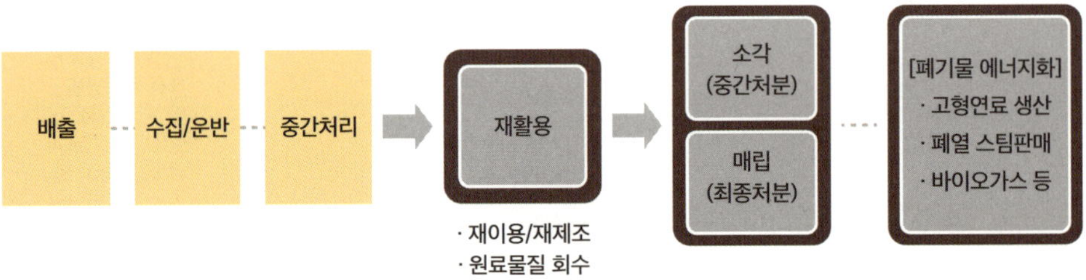

국내 대표 폐기물 처리 기업 와이엔텍의 소각, 매립처리 단가 추이

: 폐기물 산업은 최근 몇 년 사이 급격하게 공급(매립지, 소각 시설 등)이 부족해진 사업으로, 폭증하는 수요에 대응할 수 있는 인프라가 부족하다. 따라서 기존 업체의 소각처리, 매립처가 단가가 지속 우상향하는 구조다. 향후에도 해당 분야의 단가는 추가 상승할 전망이기에 사모펀드, 대기업 자본 등이 공격적인 M&A로 시장에 진입하고 있다.

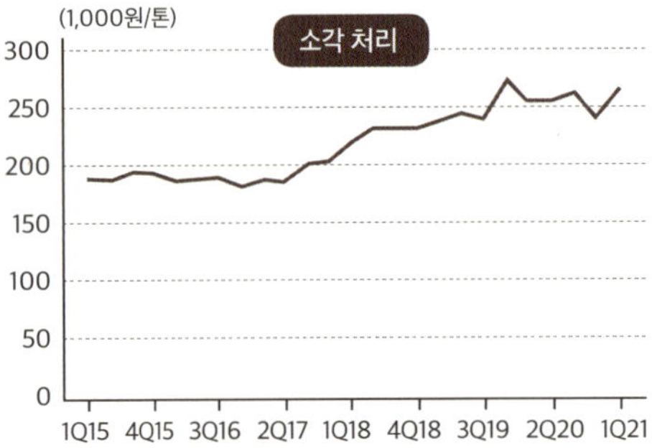

출처: 와이엔텍, SK증권

폐기물 업체 주요 M&A(2020년, 2021년)

: 글로벌 최대 사모펀드인 콜버그 크래비스 로버츠(KKR), 한국의 중견 사모펀드 운용사인 E&F 그리고 SK건설이 2021년 사명을 변경한 SK에코플랜트가 공격적인 M&A를 진행 중이다.

2020년			
일시	매물	인수주체	매각가
6월	코엔텍	IS동서, E&F PE	5,000억 원
8월	ESG	KKR	9,000억 원
	EMC홀딩스	SK에코플랜트	1조 원
10월	TSK코퍼레이션	KKR	4,408억 원

2021년			
일시	매물	인수주체	매각가
6월	새한환경	SK에코플랜트	4,108억 원
	대원그린에너지		
	클렌코		
	디디에스		
7월	도시환경		2,100억 원
	이메디원		
	그린환경		

테마 밸류 체인

- **폐기물 산업**
  - **폐기물 처리**
    - 생활폐기물 — 코엔텍, 와이엔텍, 인선이엔티, KG ETS
    - 지정폐기물 — 티와이홀딩스, KC그린홀딩스, 코엔텍, 와이엔텍, 인선이엔티, KG ETS
    - 건설폐기물 — 인선이엔티
    - 사업장폐기물 — 코엔텍, 와이엔텍, 인선이엔티, KG ETS
  - **M&A 통한 외형 확대** — SK에코플랜트(비상장), 아이에스동서, 티와이홀딩스
  - **기존 업체 지분 인수** — 에스에이티 , 서희건설
  - **해외 기업**
    - 폐기물 관리 서비스
      - Waste Management(미국)
      - Biffa(영국)
      - Cleanaway Waste Management(호주)
      - 녹색 중력 환보(중국)
    - 고체 폐기물 처리
      - Republic Services(미국)
      - Casella Waste Systems(미국)
      - Waste Connections(캐나다)
  - **ETF** — VanEck Vectors Environmental Services ETF - EVX

해외 대표 기업

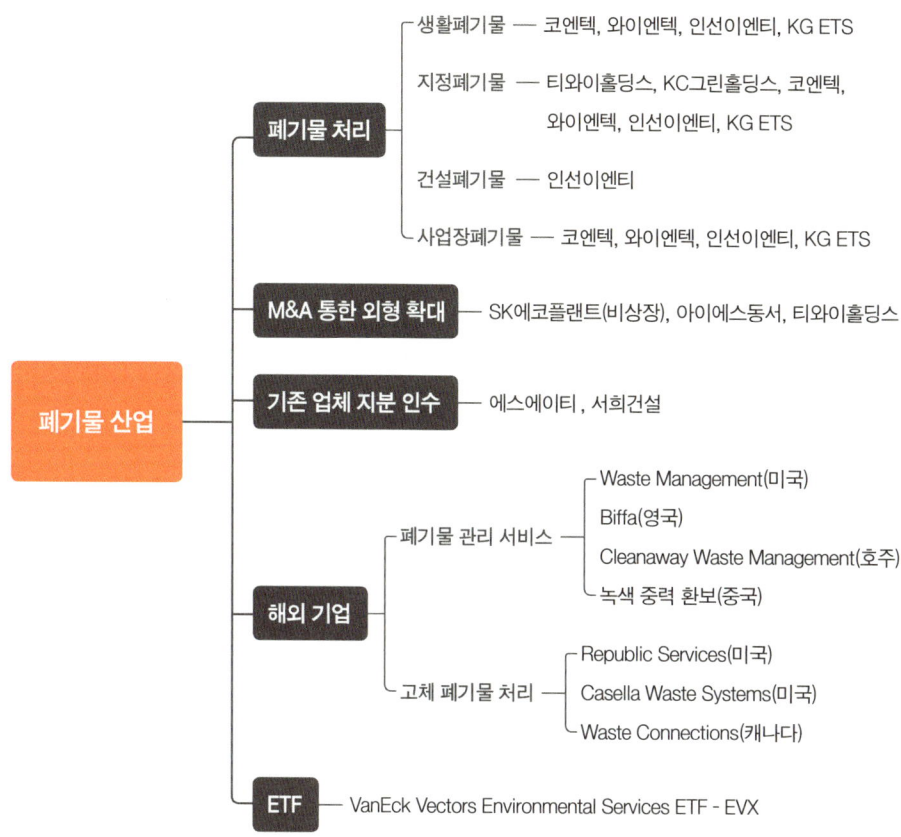

웨이스트매니지먼트

시가총액	76조 원

	2021년	2022년(전망)
매출액	약 20.4조 원	약 21.5조 원
영업이익	약 2.1조 원	약 2.6조 원

- 북미 전역에서 폐기물 수거, 이송, 재활용, 자원 회수, 폐기 서비스 등 폐기물 관리 서비스를 제공하는 기업
- 위험물 매립지를 포함 총 249개의 매립지 및 302개의 집하장, 124개의 매립가스 에너지 시설 보유
- 빌 게이츠 소유 투자회사 및 게이츠 재단이 투자 중이며 2020년 말 기준, 빌&멀린다 재단의 2번째 투자 규모
- 폐기물 처리 전체 사이클에 참여. 수거 폐기물의 약 70%를 자체 매립지에 매립하여 수익 증진
- 총 매출액 중, 폐기물 수거 부문 55%, 매립 부문 21%, 집하 부문 10%

와이엔텍

호남 · 여수 산단 · 대기업 고객 확보 · 소각로 증설

시가총액	2,366억 원

주요 주주	박용하 외 4인 45%
총 매출액 중	중간처리 40%, 최종처리 22%, 레미콘 14%

- 여수산업단지 및 호남 지역 내 폐기물 처리업 분야 선두주자
- 폐기물 외 골프장, 화물운송, 레미콘 사업 등 다각화된 포트폴리오 보유
- 우수한 폐기물 처리능력 및 지리적 이점을 통한 경쟁우위 확보
- 광양 포스코, 현대 및 LG 계열사 등 대기업 중심이며 여수 인근 화학 업체가 주요 고객
- 광주, 전남지역에서 수집 운반부터 중간처리, 최종 처리를 이르기까지 일괄처리 시스템을 구축
- 고 이익률 사업인 스팀, 매립 단가, 경쟁사보다 낮기에 가격 인상에 따른 마진 확대 기대
- 소각로 증설로 이익률 증가될 전망. 매립 대비 소각 단가가 높으며 스팀 이익으로 확대 가능함

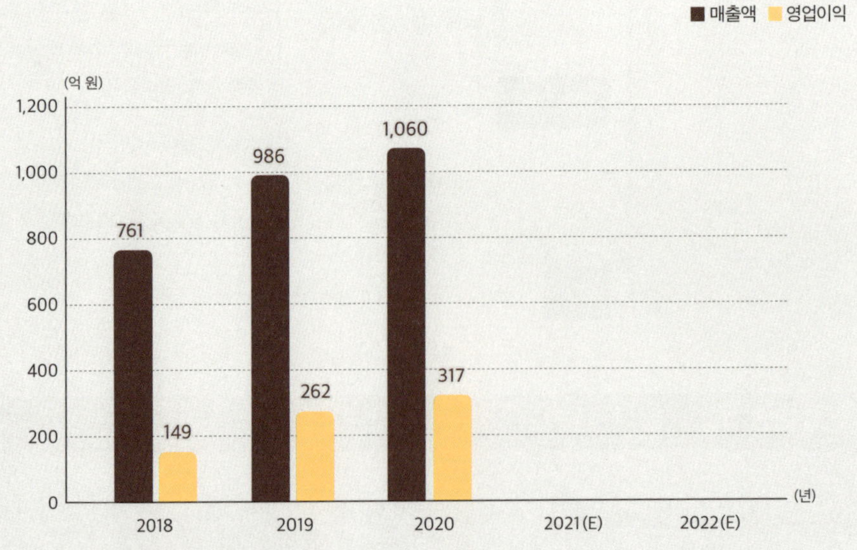

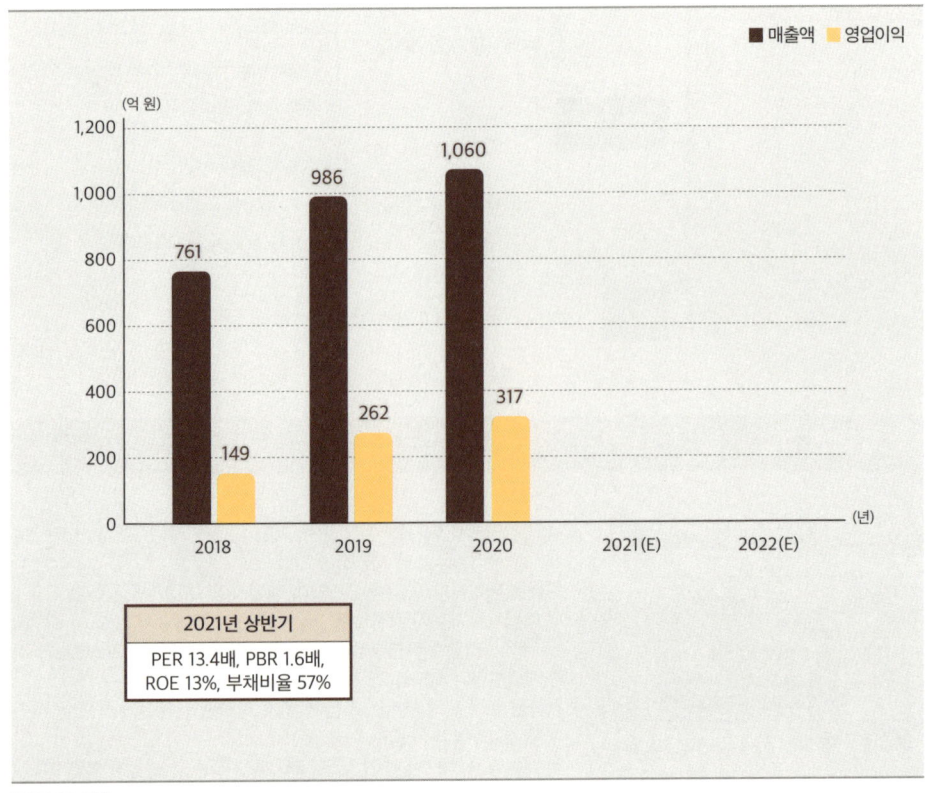

2021년 상반기
PER 13.4배, PBR 1.6배, ROE 13%, 부채비율 57%

*2021.09. 기준

인선이엔티

건설폐기물 1위 | 아이에스동서 | 폐자동차 해체 | 폐배터리 사업

시가총액	5,425억 원

주요 주주	아이에스동서 44%
총 매출액 중	건설폐기물 48%, 자동차 재활용판매 31%

- 건설폐기물의 수직계열화를 이루고 있는 국내 1위 건설폐기물 업체
- 건설업체 아이에스동서가 동사 지분 44.9% 보유
- 아이에스동서가 인수한 코엔텍, 새한환경 등과의 중장기 시너지 기대
- 폐자동차 해체 기술 및 시스템에 대한 특허권 보유 및 환경성적표지 인증 획득
- 폐자동차에서 확보한 자제 이용, 경쟁사 대비 높은 단가에 거래(자회사 인선모터스)
- 국내 전기차의 교체주기 도래 시, 폐배터리 사업에서의 실적 기여 기대

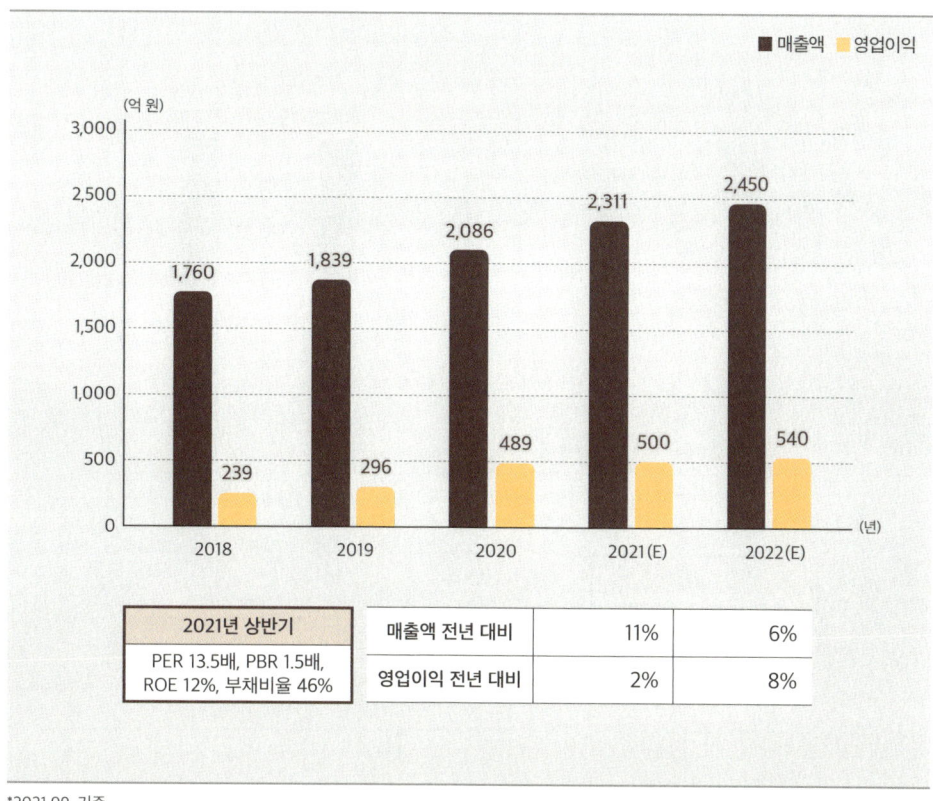

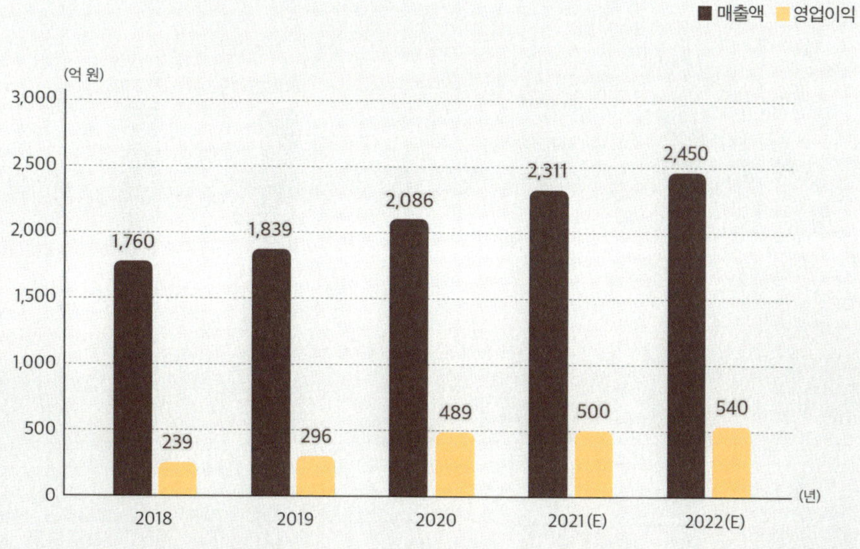

2021년 상반기
PER 13.5배, PBR 1.5배, ROE 12%, 부채비율 46%

매출액 전년 대비	11%	6%
영업이익 전년 대비	2%	8%

*2021.09. 기준

KG ETS

산업 및 지정 폐기물 처리 | KG동부제철 | 시흥 폐기물 에너지화 사업 | 매각 이슈

시가총액	6,228억 원

주요 주주	KG케미칼 외 5인 46%
총 매출액 중	소각 및 스팀 44%, 바이오증유 28%, 신소재사업 27%

- 수요가 가장 많은 수도권 지역의 생활 및 산업 폐기물 소각 처리 기업
- 국내 유일의 유해성이 높은 폐시약류를 처리하는 등 지정폐기물을 처리할 수 있는 기술력 보유.
- 폐기물 소각 과정에서 나오는 열과 증기를 열병합발전 에너지로 활용
- 시흥 폐기물 소각열 에너지화 사업의 우선 협상자로 선정. 친환경 사업 확대될 전망
- 자회사 KG스틸(지분 51% 보유)이 보유한 KG동부제철의 철강업 호조에 따른 수혜 기대
- 지정폐기물 처리 단가 상승 및 사화산업단지향 스팀 판매량 증가로 이익 확대 전망
- 2021년 9월 기준, 동사의 폐기물사업부 매각 추진에 다수의 PEF 및 대기업 자본 관심

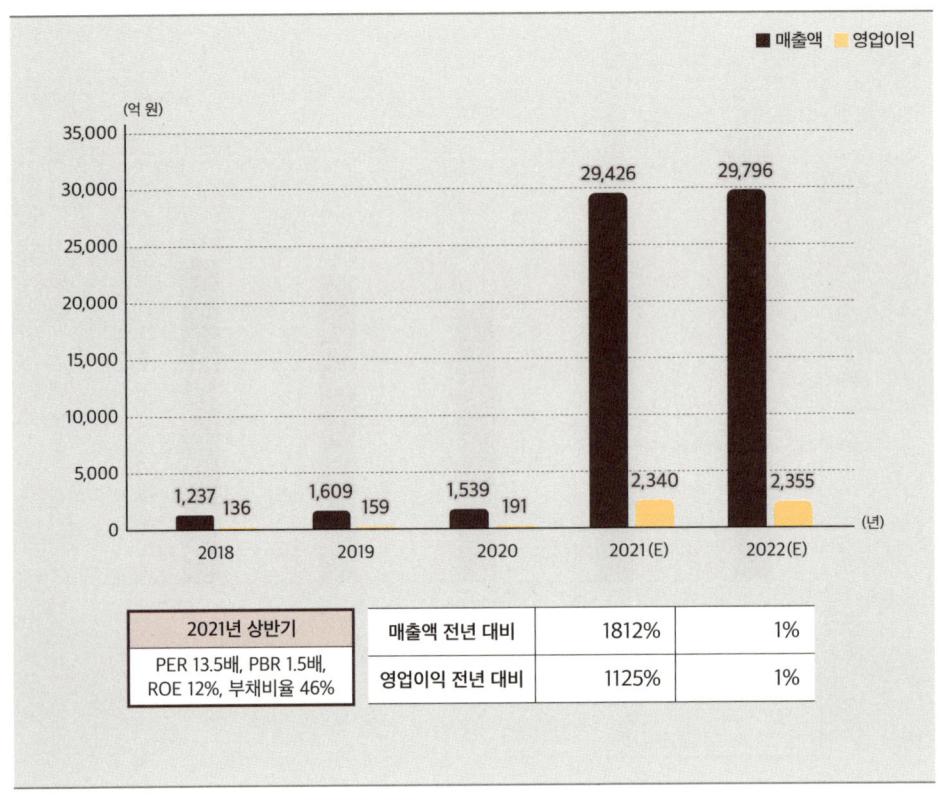

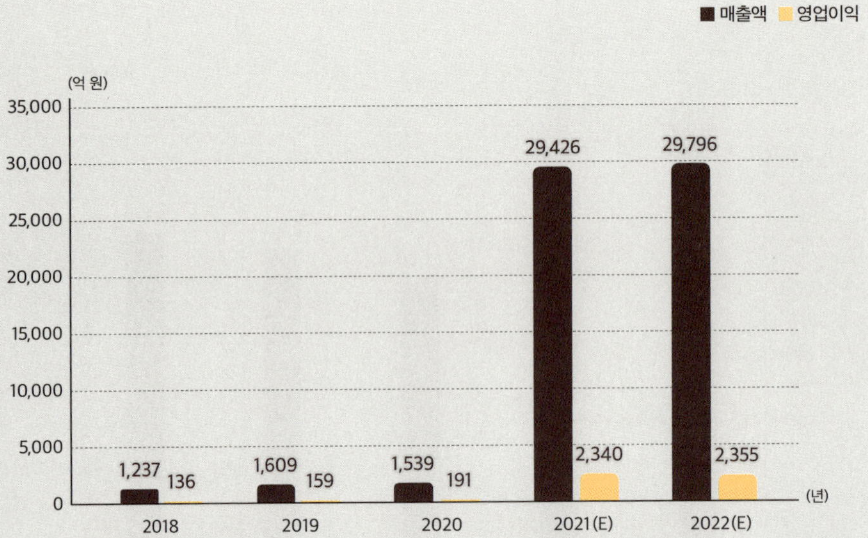

2021년 상반기
PER 13.5배, PBR 1.5배, ROE 12%, 부채비율 46%

매출액 전년 대비	1812%	1%
영업이익 전년 대비	1125%	1%

*2021.09. 기준

아이에스동서

에일린의 뜰 | 인선이엔티 | 코엔텍 | 부동산 분양

시가총액	15,601억 원	주요 주주	아이에스지주 44%, 국민연금공단 8%
		주 매출처	건설 65%, 환경 17%

- 타일, 콘크리트 파일 등 생산하는 건설사(에일린의 뜰)
- 폐기물 처리 기업을 연달아 인수
- 부동산 분양, 도급, 폐기물 처리 등 사업 다각화

최근 실적 및 주요 재무지표

	2019년	2020년	2021년(전망)
매출액	7,706억 원	12,004억 원	16,327억 원(yoy 36%)
영업이익	715억 원	2,090억 원	2,709억 원(yoy 29%)

	2021년 상반기	
매출액	6,455억 원	PER 13.3배, PBR 1.2배, ROE 9%, 부채비율 178%
이익	915억 원	

코엔텍

울산 폐기물 | 아이에스동서 | 자체 매립지 보유

시가총액	4,470억 원	주요 주주	이앤아이홀딩스 59%
		주 매출처	소각 47%, 스팀 31%

- 울산지역 산업폐기물 처리 업체
- 자체 매립지 보유, 고온 및 일반 소각 시설로 이익 창출
- 2020년, IS동서, E&F PE 컨소시엄이 동사 지분 59% 인수

최근 실적 및 주요 재무지표

	2019년	2020년
매출액	711억 원	708억 원
영업이익	284억 원	310억 원

	2021년 상반기	
매출액	338억 원	PER 20.8배, PBR 3.5배, ROE 16%, 부채비율 28%
이익	153억 원	

티와이홀딩스

태영건설 TSK코퍼레이션 합병 이슈

시가총액	11,670억 원	주요 주주	윤석민 외 3인 42%, 국민연금공단 12%
		주 매출처	방송 68%, 레저 31%

- 태영건설에서 투자부문을 인적분할해 설립한 지주사
- 국내 폐기물 산업 강자 TSK코퍼레이션 지분 62.6% 보유
- 자회사와 ESG, ESG 청원과의 합병 추진 중

최근 실적 및 주요 재무지표

	2020년	2021년(전망)
매출액	929억 원	2,920억 원(yoy 214%)
영업이익	16억 원	38억 원(yoy 137%)

	2021년 상반기	
매출액	1,281억 원	PER 9.2배, PBR 1.1배, ROE 11%, 부채비율 40%
이익	-18억 원	

핵심 키워드

생활폐기물
일상생활에서 발생하는 폐기물 중 산업활동에 의해 발생하는 사업장폐기물 이외의 일반폐기물을 지칭한다.

지정폐기물
사업장폐기물 중, 폐산, 폐알칼리 등 주변 환경을 오염시킬 수 있거나 인체에 위해를 끼칠 수 있는 유해물질로 지정된 폐기물을 말한다. 보관, 수집, 운반, 처리 등 기준이 다른 폐기물에 비해 엄격히다. 폐기물의 배출에서부터 처리까지의 전 과정이 투명하게 드러날 수 있도록 하는 처리증명제도의 적용을 받고 있다.

사업장폐기물
산업폐기물로도 불린다. 사업장 일반폐기물과 지정폐기물, 건설폐기물로 나뉘며 유해성 유무에 따라 유해폐기물과 일반폐기물로 구분된다. 폐기물의 약 90%는 일반폐기물이며 유해폐기물은 그 유해로 인해 취급, 처리, 처분에 있어서 특별한 법적 규제를 받는다.

건설폐기물
건설현장에서 발생하는 5톤 이상의 폐기물(공사 시작부터 완료 시까지 발생하는 것만 해당)을 가리킨다. 고층빌딩 건설에 의한 도시 재개발과 고속도로, 교량공사 등으로 발생하는 건설 폐재, 폐플라스틱, 금속 쓰레기 등이 여기에 포함된다.

매립
폐기물 사업자의 기업 가치를 결정하는 가장 큰 요소다. 매립한 쓰레기에서 발생될 수 있는 오염 가능성을 사전에 차단해 방지하는 기술이 중요하다. 폐기물 무게에 따라 매립 가격이 결정되기에 폐기물 업체는 매립 공간을 적게 차지할 수 있으면서 무게가 많이 나가는 물질을 선호하는 경향이 있는데 민원 발생을 줄이는 게 중요하기 때문에 악취를 줄이고 민원 문제 해결에 도움을 줄 수 있는 에어돔 시설인 폐쇄형 폐기물 매립 시설로 발전 중이다. 신규 건설은 정부 허가 및 민원 발생 등으로 어렵다.

스팀
폐기물 소각 과정에서 발생하는 열을 활용해 지역난방, 산업시설, 발전시설 등에 사용하여 부수적인 매출을 창출하는 과정을 뜻한다. 특히 화학 관련 업체에서 스팀을 필요로 하는데 에너지원으로 원유를 사용하는 것보다 스팀이 더 싼 가격에 이용할 수 있어 원가를 낮출 수 있기 때문이다.

2022 미래지도

초판 1쇄 발행 2021년 12월 12일
초판 4쇄 발행 2022년 2월 3일

지은이 이상우
발행인 장지웅
편집 선우지운
리서치 이종찬 조성일
마케팅 이상혁
진행 이승희
디자인 여름과 가을

펴낸곳 여의도책방
인쇄 한영문화사
출판등록 2018년 10월 23일(제2018-000139호)
주소 서울시 영등포구 여의나루로 60 여의도포스트타워 13층
전화 02-6952-2431
팩스 02-6952-4213
이메일 esangbook@lsinvest.co.kr

ISBN 979-11-91904-10-9 (03320)

2022 미래지도

특별부록 1 성장주 밸류체인 스페셜에디션

여의도
책방

01

K-뉴딜: 디지털 뉴딜

메타버스·VR·AR·XR
NFT(Non-Fungible Token)
블록체인(암호화폐)
AI(인공지능)
클라우드
CBDC(중앙은행 디지털화폐)
전자결제
자율주행
OLED
폴더블·플렉서블
5G
스마트그리드
마이크로 LED
사이버보안
로보틱스
인터넷 플랫폼
스마트팩토리
스마트팜
IoT(사물인터넷)
무선충전
키오스크

메타버스·VR·AR·XR

테마 밸류 체인

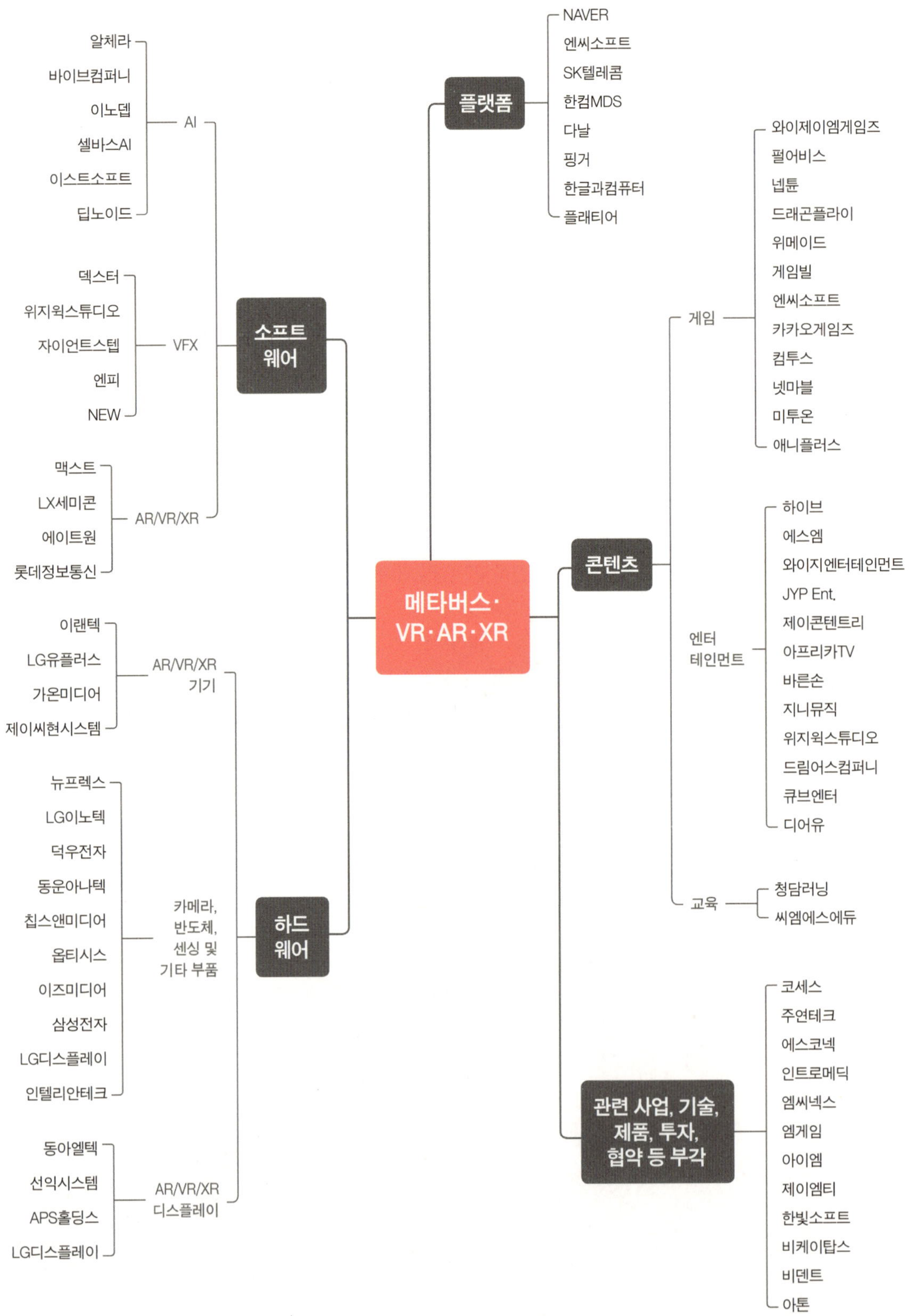

글로벌 주요 기업 및 ETF

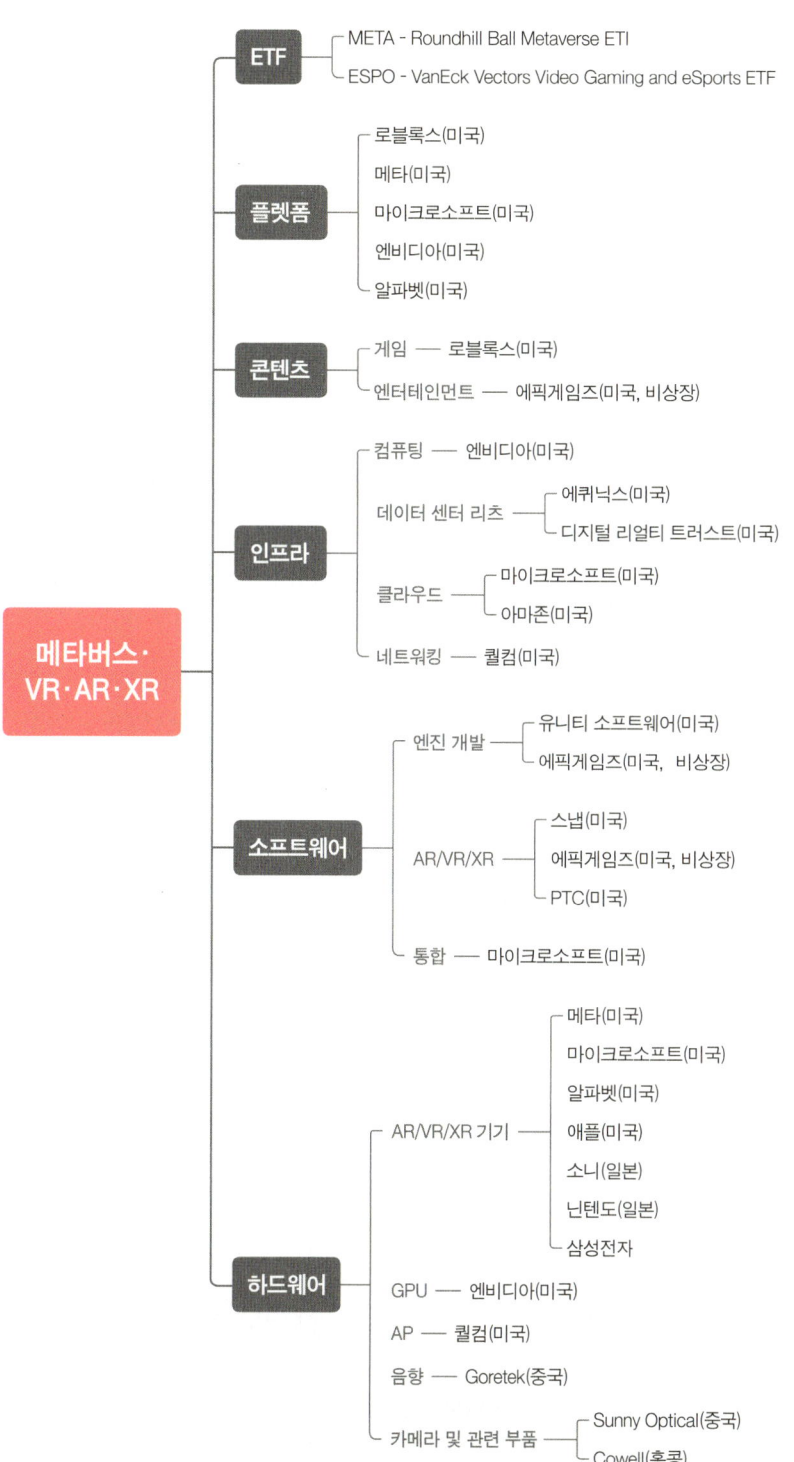

- 메타버스·VR·AR·XR
  - ETF
    - META - Roundhill Ball Metaverse ETF
    - ESPO - VanEck Vectors Video Gaming and eSports ETF
  - 플렛폼
    - 로블록스(미국)
    - 메타(미국)
    - 마이크로소프트(미국)
    - 엔비디아(미국)
    - 알파벳(미국)
  - 콘텐츠
    - 게임 — 로블록스(미국)
    - 엔터테인먼트 — 에픽게임즈(미국, 비상장)
  - 인프라
    - 컴퓨팅 — 엔비디아(미국)
    - 데이터 센터 리츠
      - 에퀴닉스(미국)
      - 디지털 리얼티 트러스트(미국)
    - 클라우드
      - 마이크로소프트(미국)
      - 아마존(미국)
    - 네트워킹 — 퀄컴(미국)
  - 소프트웨어
    - 엔진 개발
      - 유니티 소프트웨어(미국)
      - 에픽게임즈(미국, 비상장)
    - AR/VR/XR
      - 스냅(미국)
      - 에픽게임즈(미국, 비상장)
      - PTC(미국)
    - 통합 — 마이크로소프트(미국)
  - 하드웨어
    - AR/VR/XR 기기
      - 메타(미국)
      - 마이크로소프트(미국)
      - 알파벳(미국)
      - 애플(미국)
      - 소니(일본)
      - 닌텐도(일본)
      - 삼성전자
    - GPU — 엔비디아(미국)
    - AP — 퀄컴(미국)
    - 음향 — Goretek(중국)
    - 카메라 및 관련 부품
      - Sunny Optical(중국)
      - Cowell(홍콩)

NFT(Non-Fungible Token)

테마 밸류 체인

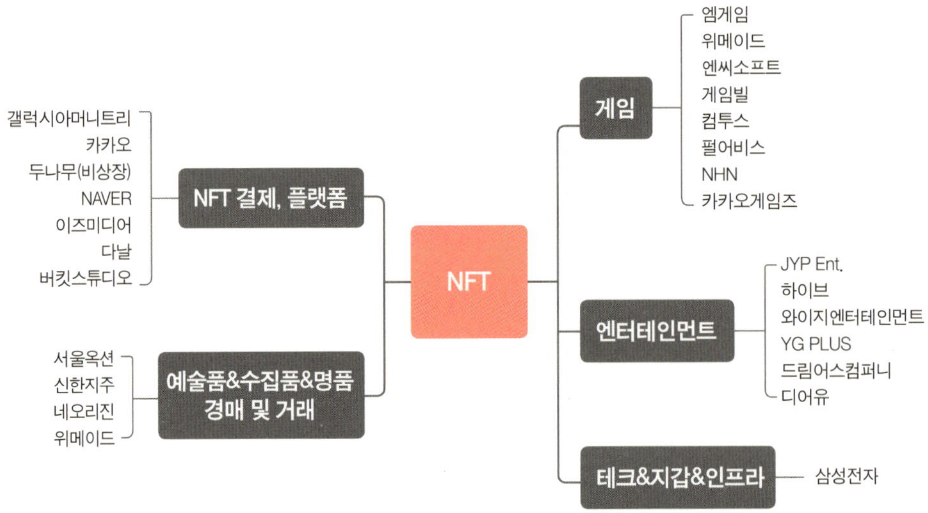

글로벌 주요 기업 및 ETF

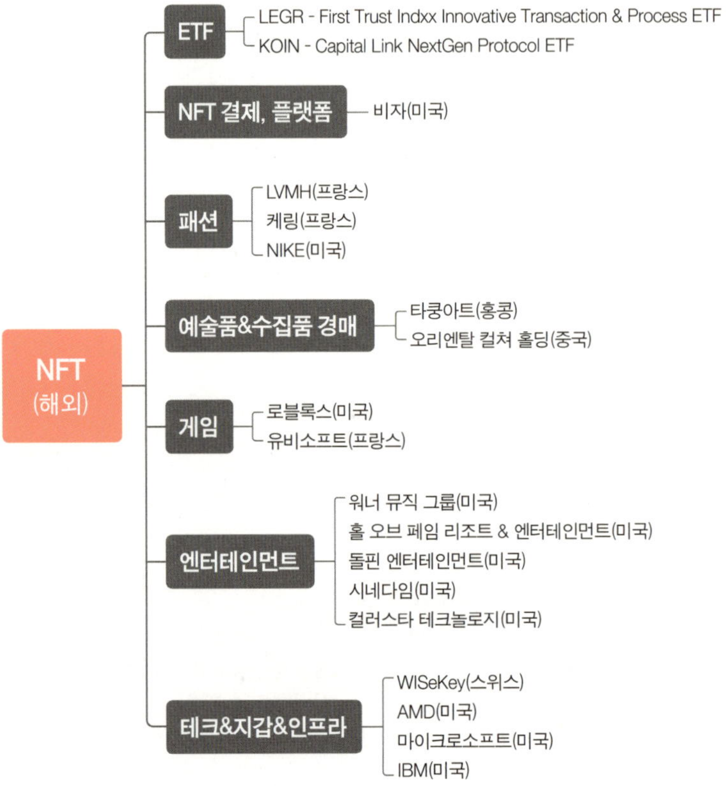

블록체인(암호화폐)

테마 밸류 체인

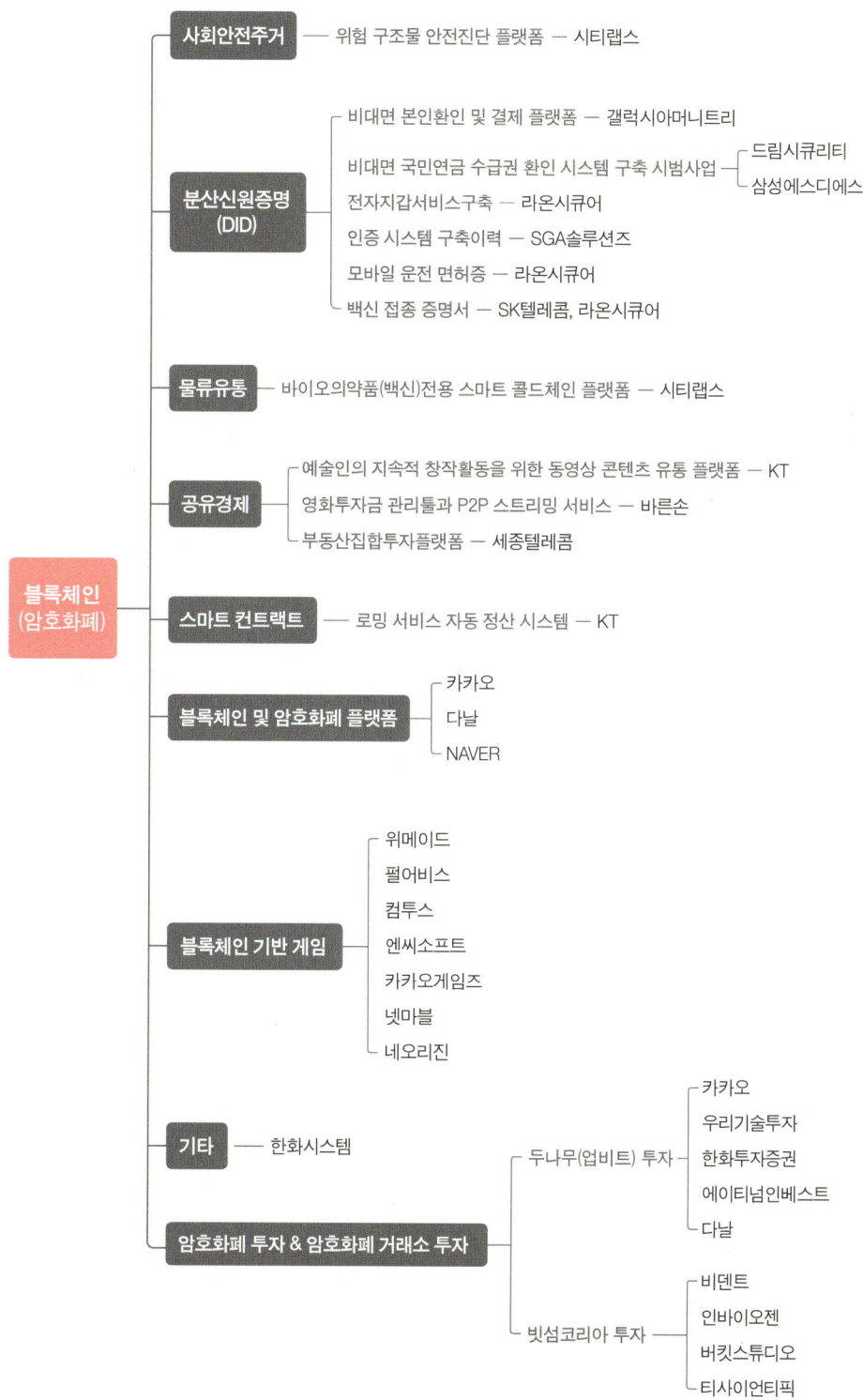

- 블록체인(암호화폐)
  - 사회안전주거
    - 위험 구조물 안전진단 플랫폼 — 시티랩스
  - 분산신원증명(DID)
    - 비대면 본인확인 및 결제 플랫폼 — 갤럭시아머니트리
    - 비대면 국민연금 수급권 확인 시스템 구축 시범사업
      - 드림시큐리티
      - 삼성에스디에스
    - 전자지갑서비스구축 — 라온시큐어
    - 인증 시스템 구축이력 — SGA솔루션즈
    - 모바일 운전 면허증 — 라온시큐어
    - 백신 접종 증명서 — SK텔레콤, 라온시큐어
  - 물류유통
    - 바이오의약품(백신)전용 스마트 콜드체인 플랫폼 — 시티랩스
  - 공유경제
    - 예술인의 지속적 창작활동을 위한 동영상 콘텐츠 유통 플랫폼 — KT
    - 영화투자금 관리툴과 P2P 스트리밍 서비스 — 바른손
    - 부동산집합투자플랫폼 — 세종텔레콤
  - 스마트 컨트랙트
    - 로밍 서비스 자동 정산 시스템 — KT
  - 블록체인 및 암호화폐 플랫폼
    - 카카오
    - 다날
    - NAVER
  - 블록체인 기반 게임
    - 위메이드
    - 펄어비스
    - 컴투스
    - 엔씨소프트
    - 카카오게임즈
    - 넷마블
    - 네오리진
  - 기타
    - 한화시스템
  - 암호화폐 투자 & 암호화폐 거래소 투자
    - 두나무(업비트) 투자
      - 카카오
      - 우리기술투자
      - 한화투자증권
      - 에이티넘인베스트
      - 다날
    - 빗썸코리아 투자
      - 비덴트
      - 인바이오젠
      - 버킷스튜디오
      - 티사이언티픽

글로벌 주요 기업 및 ETF

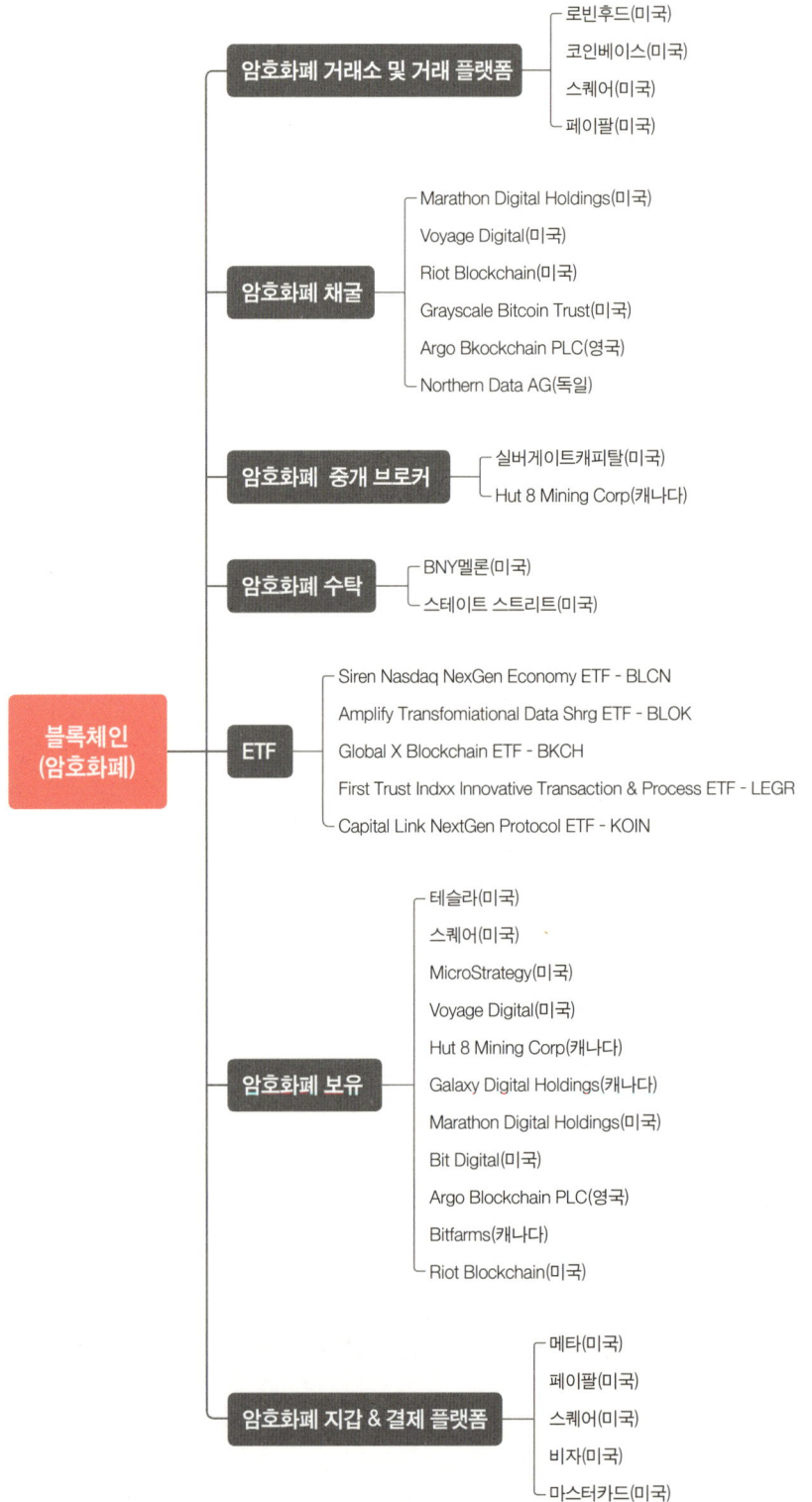

- 블록체인(암호화폐)
  - 암호화폐 거래소 및 거래 플랫폼
    - 로빈후드(미국)
    - 코인베이스(미국)
    - 스퀘어(미국)
    - 페이팔(미국)
  - 암호화폐 채굴
    - Marathon Digital Holdings(미국)
    - Voyage Digital(미국)
    - Riot Blockchain(미국)
    - Grayscale Bitcoin Trust(미국)
    - Argo Bkockchain PLC(영국)
    - Northern Data AG(독일)
  - 암호화폐 중개 브로커
    - 실버게이트캐피탈(미국)
    - Hut 8 Mining Corp(캐나다)
  - 암호화폐 수탁
    - BNY멜론(미국)
    - 스테이트 스트리트(미국)
  - ETF
    - Siren Nasdaq NexGen Economy ETF - BLCN
    - Amplify Transfomiational Data Shrg ETF - BLOK
    - Global X Blockchain ETF - BKCH
    - First Trust Indxx Innovative Transaction & Process ETF - LEGR
    - Capital Link NextGen Protocol ETF - KOIN
  - 암호화폐 보유
    - 테슬라(미국)
    - 스퀘어(미국)
    - MicroStrategy(미국)
    - Voyage Digital(미국)
    - Hut 8 Mining Corp(캐나다)
    - Galaxy Digital Holdings(캐나다)
    - Marathon Digital Holdings(미국)
    - Bit Digital(미국)
    - Argo Blockchain PLC(영국)
    - Bitfarms(캐나다)
    - Riot Blockchain(미국)
  - 암호화폐 지갑 & 결제 플랫폼
    - 메타(미국)
    - 페이팔(미국)
    - 스퀘어(미국)
    - 비자(미국)
    - 마스터카드(미국)

AI(인공지능)

테마 밸류 체인

글로벌 주요 기업 및 ETF

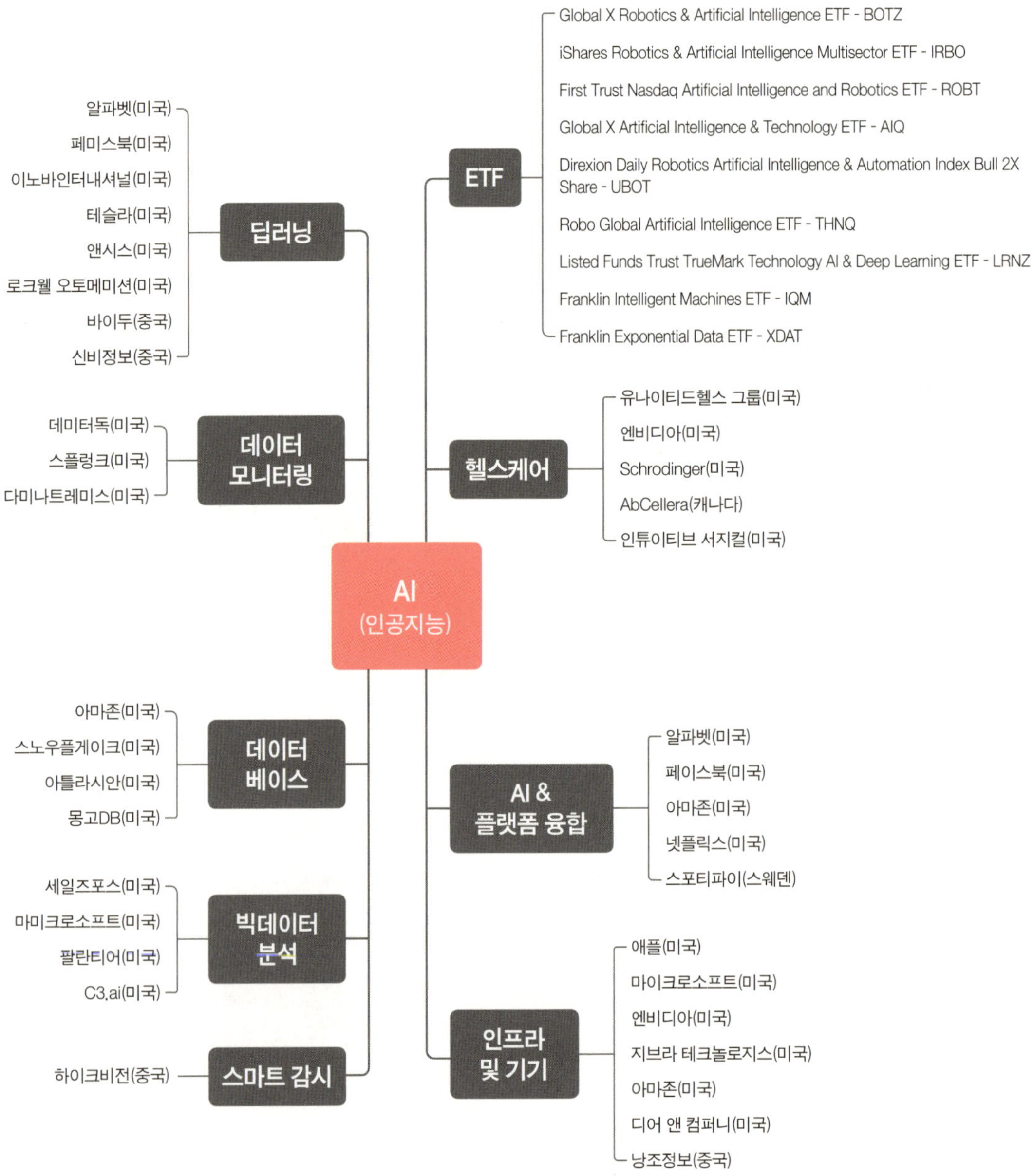

클라우드

테마 밸류 체인

클라우드
PaaS
나무기술
NAVER
비트컴퓨터
삼성에스디에스
한화시스템
LG 헬로비전
카카오
KT
SK C&C(비상장)
효성 ITX
데이타솔루션
솔트룩스
롯데정보통신
NHN
SaaS
가비아
나무기술
NAVER
더존비즈온
비트컴퓨터
삼성에스디에스
영림원소프트랩
이노뎁
카카오
KT
SK C&C(비상장)
티맥스소프트(K-OTC)
한글과컴퓨터
폴라리스오피스
다우데이타
다우기술
효성ITX
알서포트
포시에스
웹케시
솔트룩스
롯데정보통신
엠로
NHN
이지케어텍
IaaS 및 데이터센터
가비아
나무기술
NAVER
비트컴퓨터
삼성에스디에스
한화시스템
LG헬로비전
카카오
케이아이엔엑스
KT
SK C&C(비상장)
다우기술
티맥스소프트(K-OTC)
효성ITX
파이오링크
데이타솔루션
솔트룩스
롯데정보통신
NHN
엣지 클라우드
SK텔레콤
KT
LG유플러스
현대오토에버
관리 및 보안
안랩
한화시스템
소프트캠프
휴네시온
파수
KT
SK C&C(비상장)

글로벌 주요 기업 및 ETF

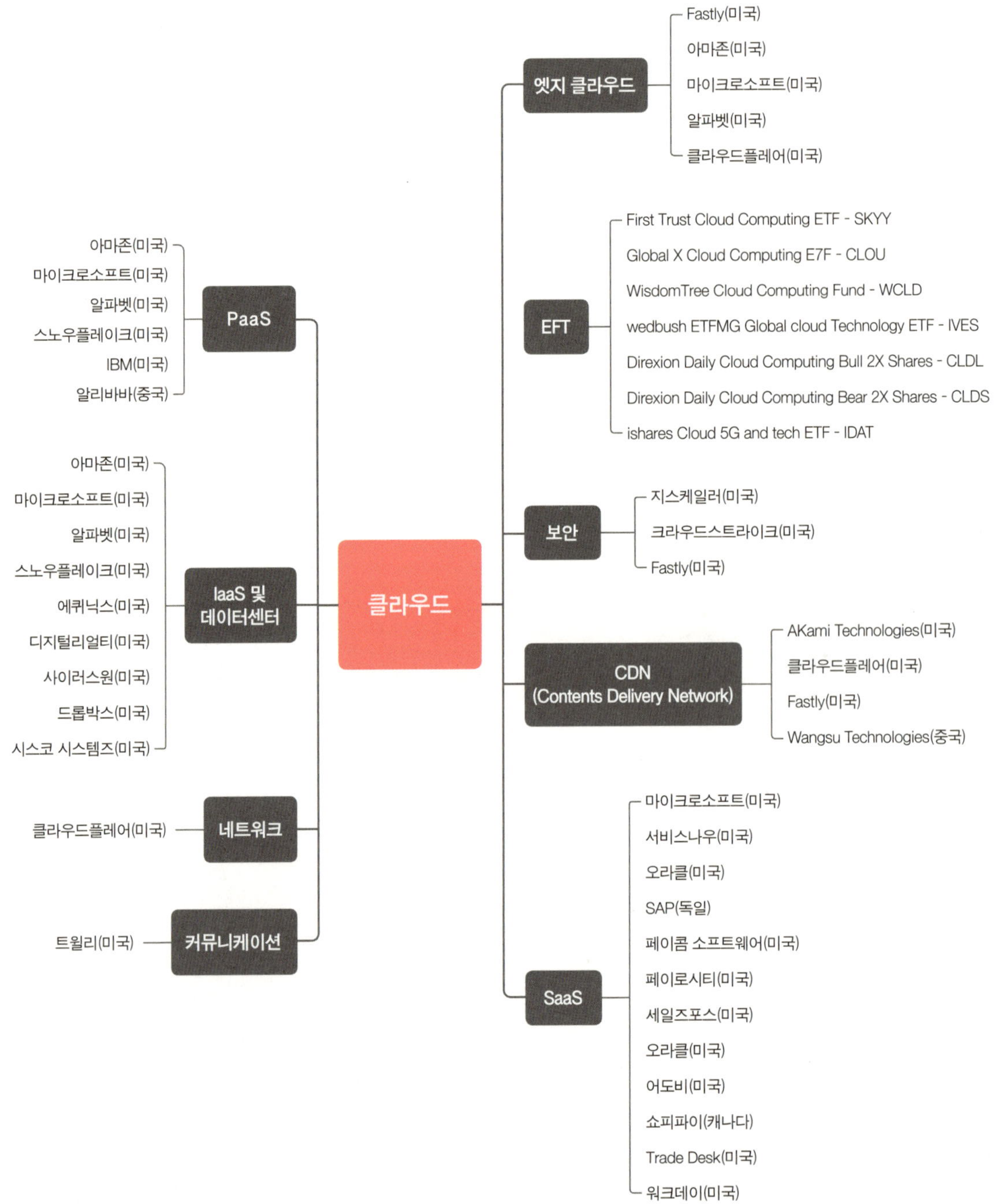

CBDC(중앙은행 디지털화폐)

테마 밸류 체인

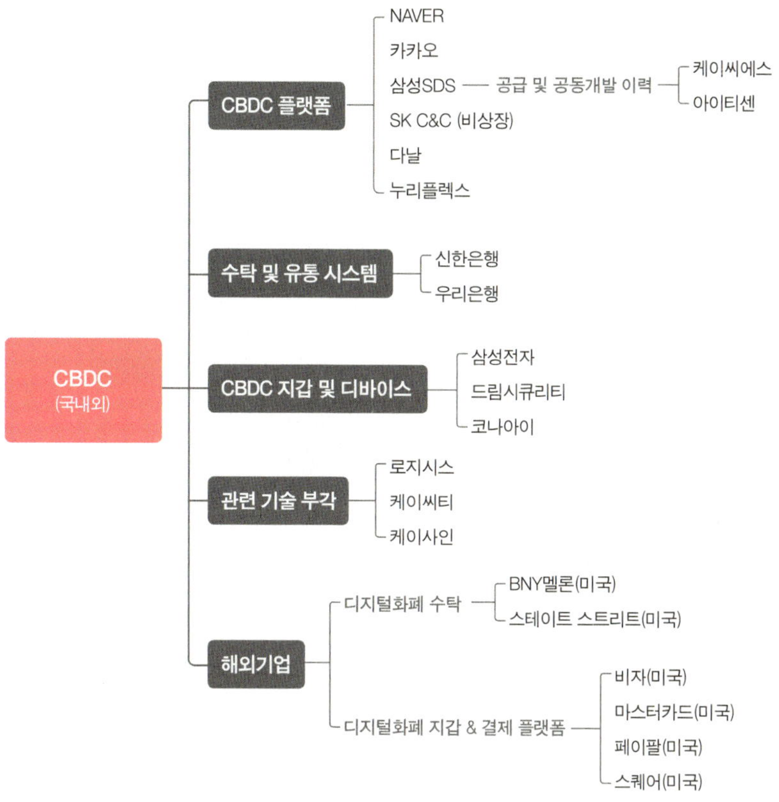

전자결제

테마 밸류 체인

전자결제
PG
NHN 한국사이버결제
나이스정보통신
KG이니시스
KG모빌리언스
세틀뱅크
다날
카카오뱅크
갤럭시아머니트리
VAN
나이스정보통신
NHN 한국사이버결제
KG이니시스
한국정보통신
다우데이타
마이데이터
하나금융지주
카카오뱅크
쿠콘
아톤
핑거
NICE평가정보
유비벨록스
민앤지
간편결제
카카오페이
KG모빌리언스
NHN한국사이버결제
세틀뱅크
다날
SK텔레콤
삼성전자
LG 전자
NAVER
이커머스 플랫폼
카카오
NAVER
SK텔레콤(11번가)
다나와
카페24
이마트
코리아센터
쿠팡
플래티어
O2O
갤럭시아머니트리
KG이니시스
나이스정보통신
NHN한국사이버결제

글로벌 주요 기업 및 ETF

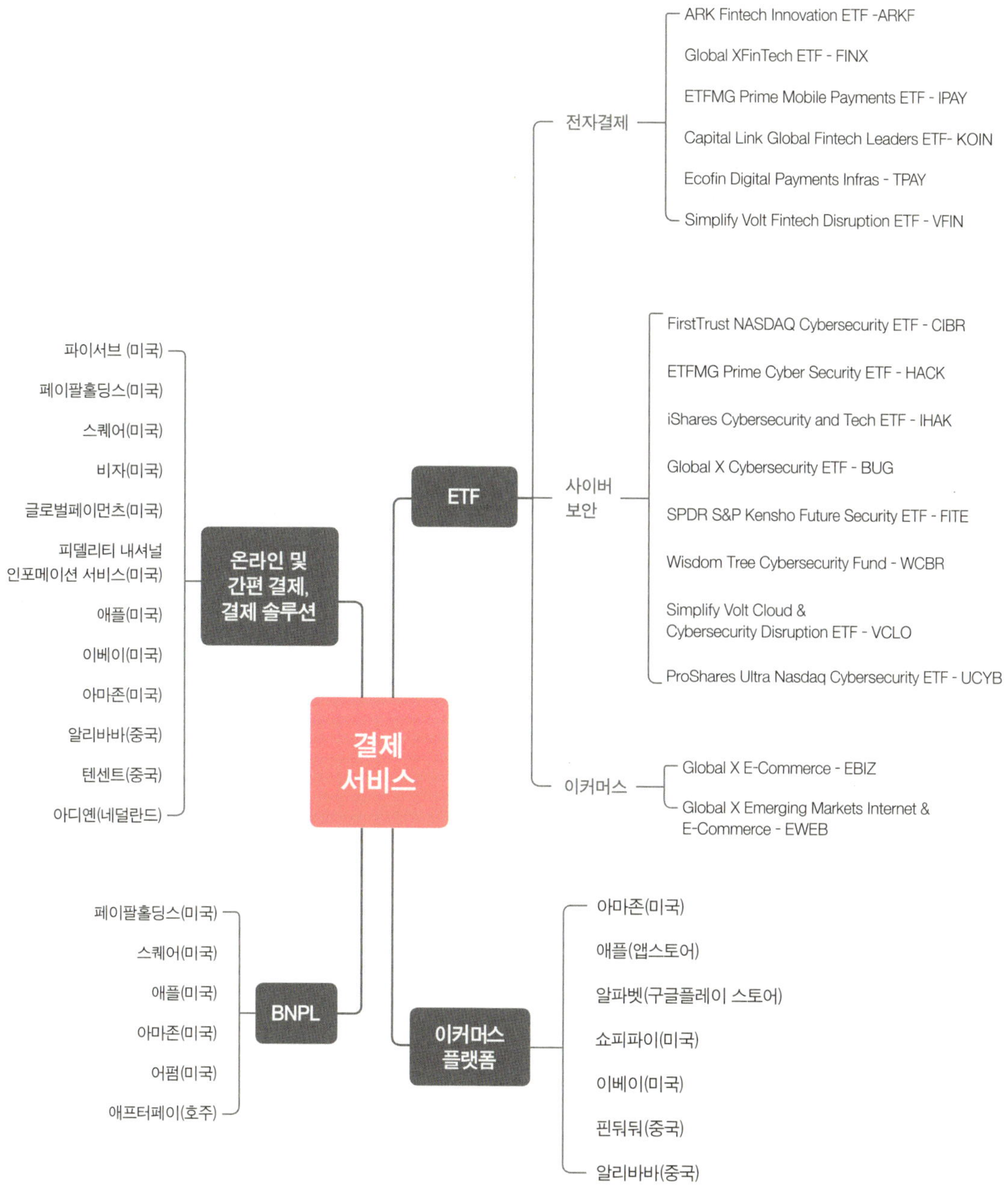

자율주행

테마 밸류 체인

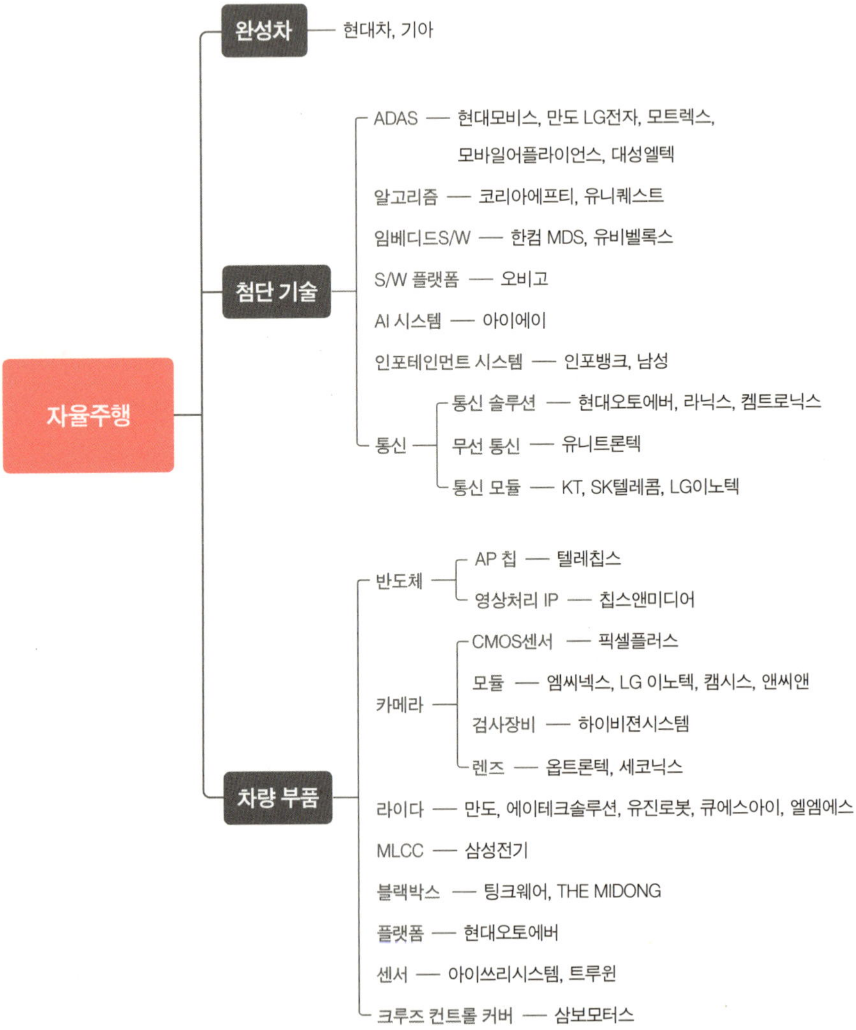
자율주행
완성차
현대차, 기아
첨단 기술
ADAS
현대모비스, 만도 LG전자, 모트렉스,
모바일어플라이언스, 대성엘텍
알고리즘
코리아에프티, 유니퀘스트
임베디드S/W
한컴 MDS, 유비벨록스
S/W 플랫폼
오비고
AI 시스템
아이에이
인포테인먼트 시스템
인포뱅크, 남성
통신
통신 솔루션
현대오토에버, 라닉스, 켐트로닉스
무선 통신
유니트론텍
통신 모듈
KT, SK텔레콤, LG이노텍
차량 부품
반도체
AP 칩
텔레칩스
영상처리 IP
칩스앤미디어
카메라
CMOS센서
픽셀플러스
모듈
엠씨넥스, LG 이노텍, 캠시스, 앤씨앤
검사장비
하이비젼시스템
렌즈
옵트론텍, 세코닉스
라이다
만도, 에이테크솔루션, 유진로봇, 큐에스아이, 엘엠에스
MLCC
삼성전기
블랙박스
팅크웨어, THE MIDONG
플랫폼
현대오토에버
센서
아이쓰리시스템, 트루윈
크루즈 컨트롤 커버
삼보모터스

글로벌 주요 기업 및 ETF

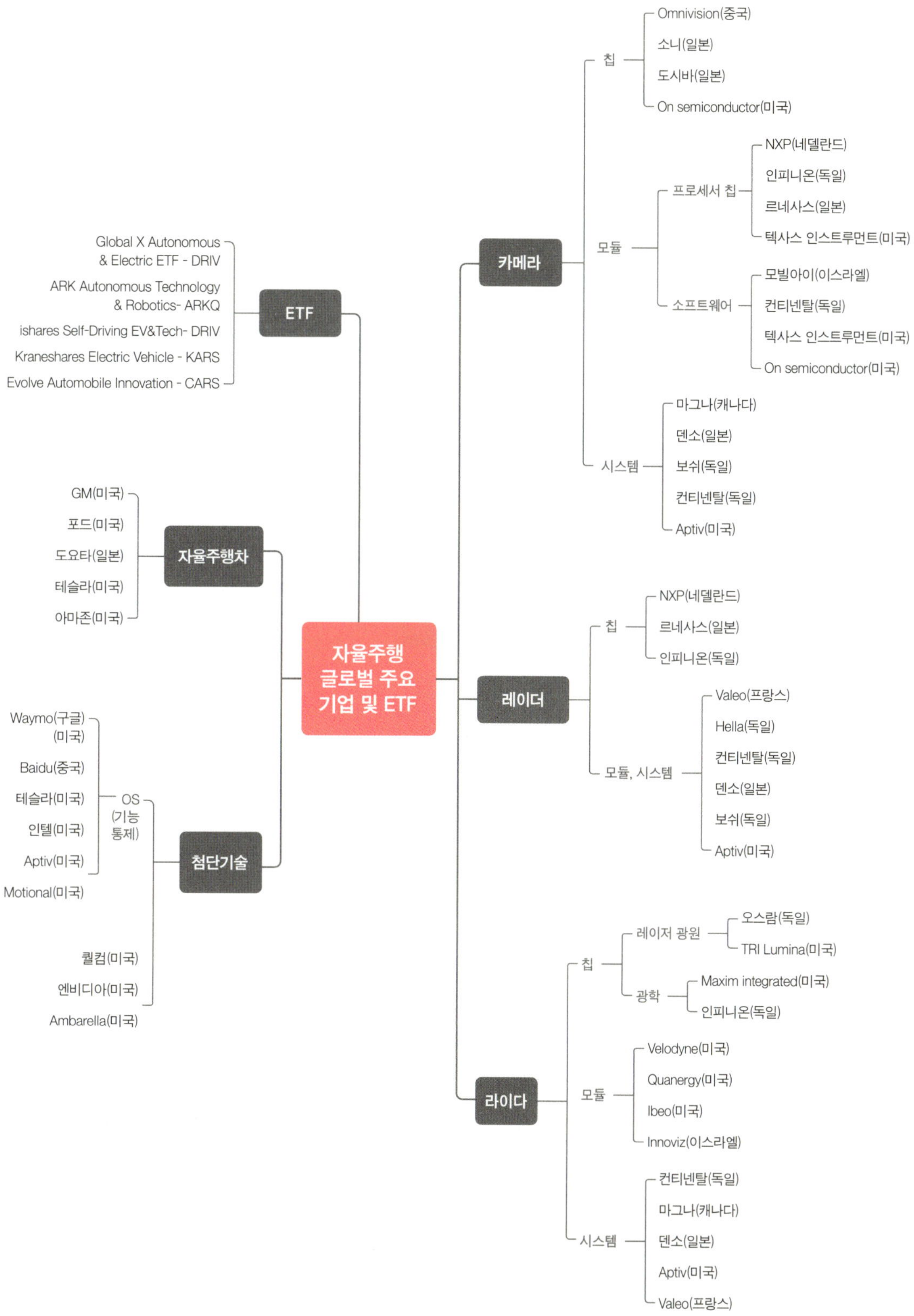

OLED

테마 밸류 체인

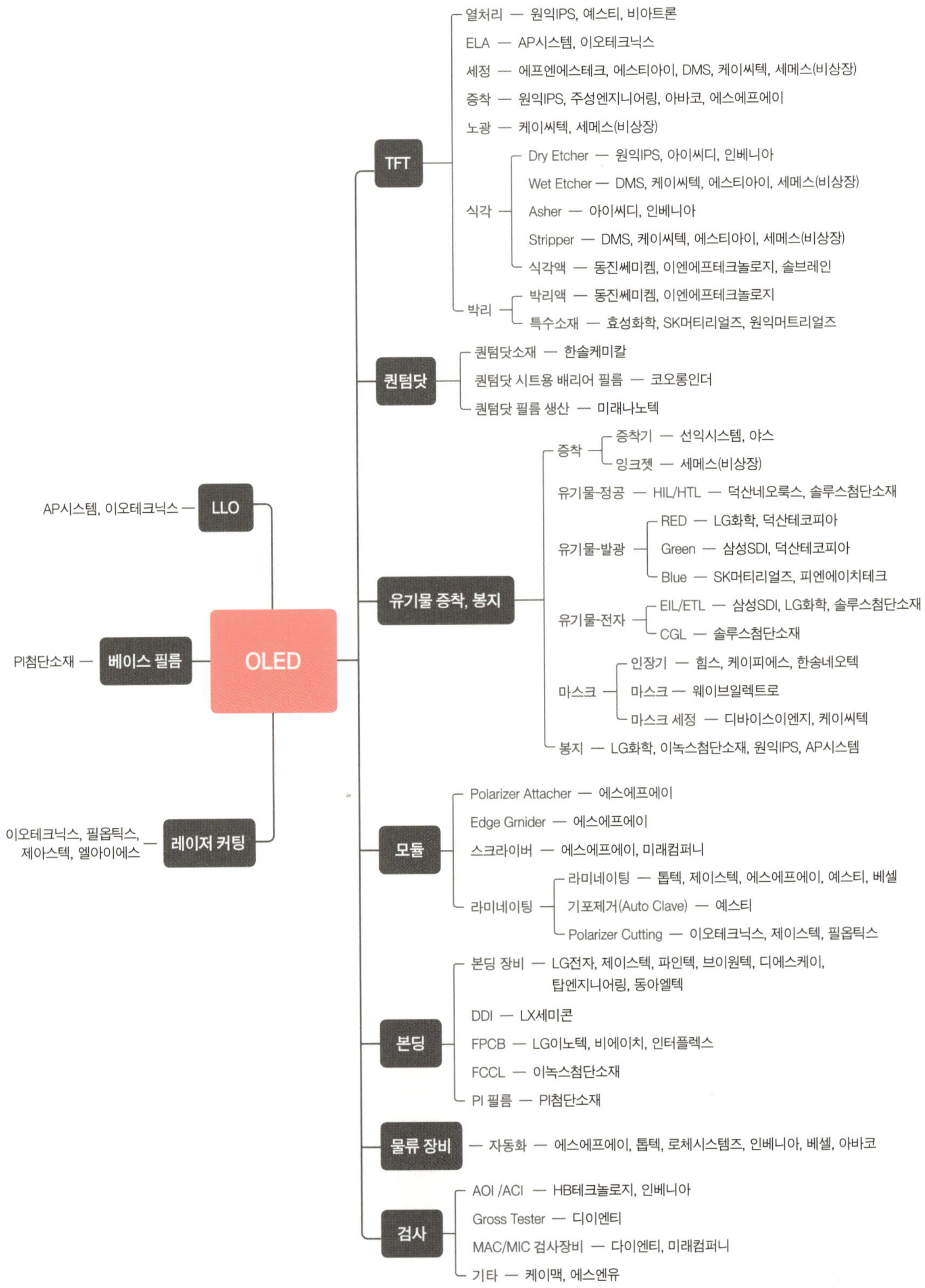
OLED
LLO
AP시스템, 이오테크닉스
베이스 필름
PI첨단소재
레이저 커팅
이오테크닉스, 필옵틱스,
제아스텍, 엘아이에스
TFT
열처리 — 원익IPS, 예스티, 비아트론
ELA — AP시스템, 이오테크닉스
세정 — 에프엔에스테크, 에스티아이, DMS, 케이씨텍, 세메스(비상장)
증착 — 원익IPS, 주성엔지니어링, 아바코, 에스에프에이
노광 — 케이씨텍, 세메스(비상장)
식각
Dry Etcher — 원익IPS, 아이씨디, 인베니아
Wet Etcher — DMS, 케이씨텍, 에스티아이, 세메스(비상장)
Asher — 아이씨디, 인베니아
Stripper — DMS, 케이씨텍, 에스티아이, 세메스(비상장)
식각액 — 동진쎄미켐, 이엔에프테크놀로지, 솔브레인
박리
박리액 — 동진쎄미켐, 이엔에프테크놀로지
특수소재 — 효성화학, SK머티리얼즈, 원익머트리얼즈
퀀텀닷
퀀텀닷소재 — 한솔케미칼
퀀텀닷 시트용 배리어 필름 — 코오롱인더
퀀텀닷 필름 생산 — 미래나노텍
유기물 증착, 봉지
증착
증착기 — 선익시스템, 야스
잉크젯 — 세메스(비상장)
유기물-정공 — HIL/HTL — 덕산네오룩스, 솔루스첨단소재
유기물-발광
RED — LG화학, 덕산테코피아
Green — 삼성SDI, 덕산테코피아
Blue — SK머티리얼즈, 피엔에이치테크
유기물-전자
EIL/ETL — 삼성SDI, LG화학, 솔루스첨단소재
CGL — 솔루스첨단소재
마스크
인장기 — 힘스, 케이피에스, 한송네오텍
마스크 — 웨이브일렉트로
마스크 세정 — 디바이스이엔지, 케이씨텍
봉지 — LG화학, 이녹스첨단소재, 원익IPS, AP시스템
모듈
Polarizer Attacher — 에스에프에이
Edge Grnider — 에스에프에이
스크라이버 — 에스에프에이, 미래컴퍼니
라미네이팅
라미네이팅 — 톱텍, 제이스텍, 에스에프에이, 예스티, 베셀
기포제거(Auto Clave) — 예스티
Polarizer Cutting — 이오테크닉스, 제이스텍, 필옵틱스
본딩
본딩 장비 — LG전자, 제이스텍, 파인텍, 브이원텍, 디에스케이,
탑엔지니어링, 동아엘텍
DDI — LX세미콘
FPCB — LG이노텍, 비에이치, 인터플렉스
FCCL — 이녹스첨단소재
PI 필름 — PI첨단소재
물류 장비
— 자동화 — 에스에프에이, 톱텍, 로체시스템즈, 인베니아, 베셀, 아바코
검사
AOI /ACI — HB테크놀로지, 인베니아
Gross Tester — 디이엔티
MAC/MIC 검사장비 — 다이엔티, 미래컴퍼니
기타 — 케이맥, 에스엔유

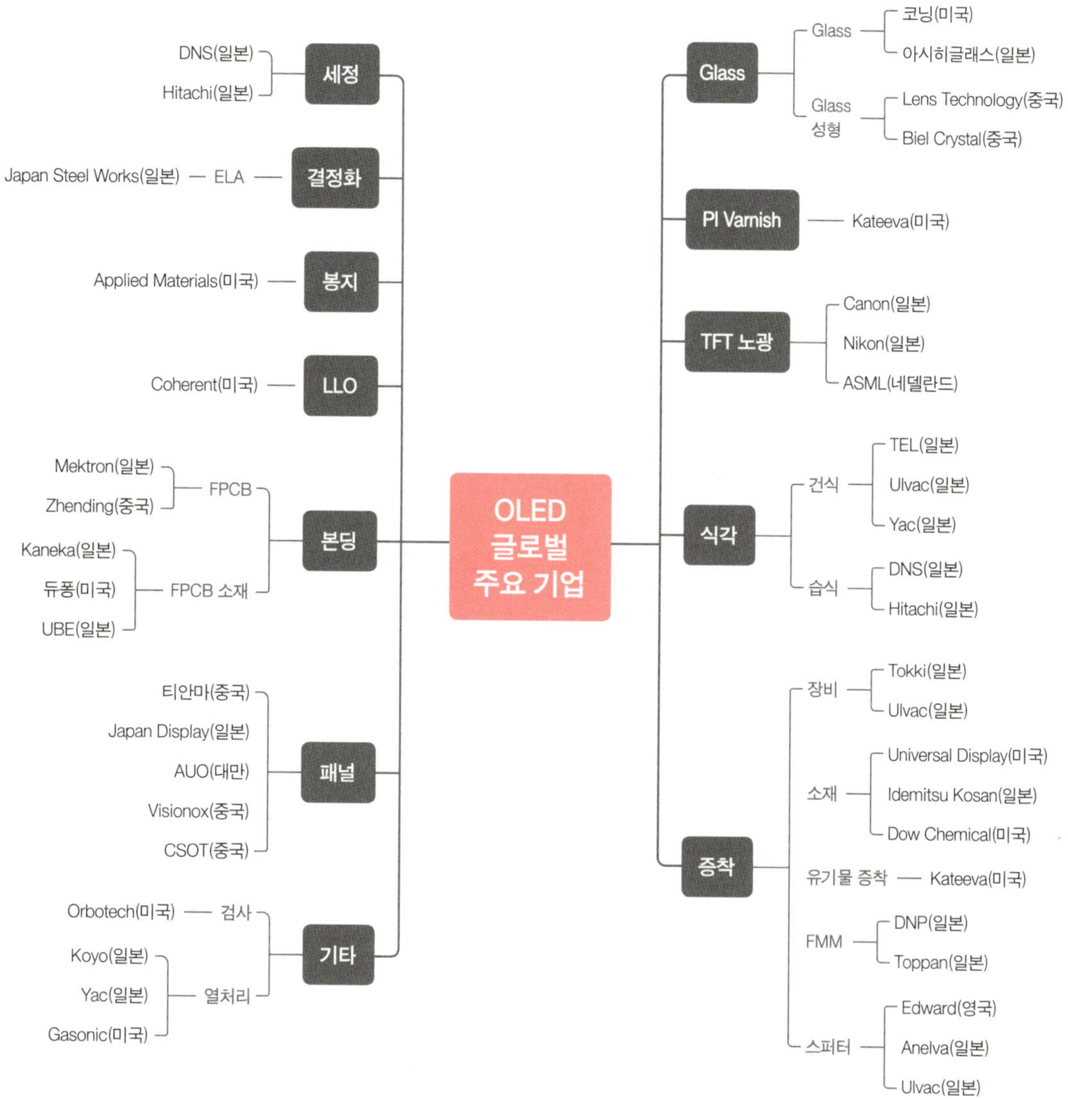
OLED 글로벌 주요 기업
세정
DNS(일본)
Hitachi(일본)
결정화
Japan Steel Works(일본) — ELA
봉지
Applied Materials(미국)
LLO
Coherent(미국)
본딩
Mektron(일본)
Zhending(중국)
FPCB
Kaneka(일본)
듀퐁(미국)
UBE(일본)
FPCB 소재
패널
티안마(중국)
Japan Display(일본)
AUO(대만)
Visionox(중국)
CSOT(중국)
기타
Orbotech(미국) — 검사
Koyo(일본)
Yac(일본)
Gasonic(미국)
열처리
Glass
Glass
코닝(미국)
아사히글래스(일본)
Glass 성형
Lens Technology(중국)
Biel Crystal(중국)
PI Varnish
Kateeva(미국)
TFT 노광
Canon(일본)
Nikon(일본)
ASML(네덜란드)
식각
건식
TEL(일본)
Ulvac(일본)
Yac(일본)
습식
DNS(일본)
Hitachi(일본)
증착
장비
Tokki(일본)
Ulvac(일본)
소재
Universal Display(미국)
Idemitsu Kosan(일본)
Dow Chemical(미국)
유기물 증착 — Kateeva(미국)
FMM
DNP(일본)
Toppan(일본)
스퍼터
Edward(영국)
Anelva(일본)
Ulvac(일본)

폴더블·플렉서블

테마 밸류 체인

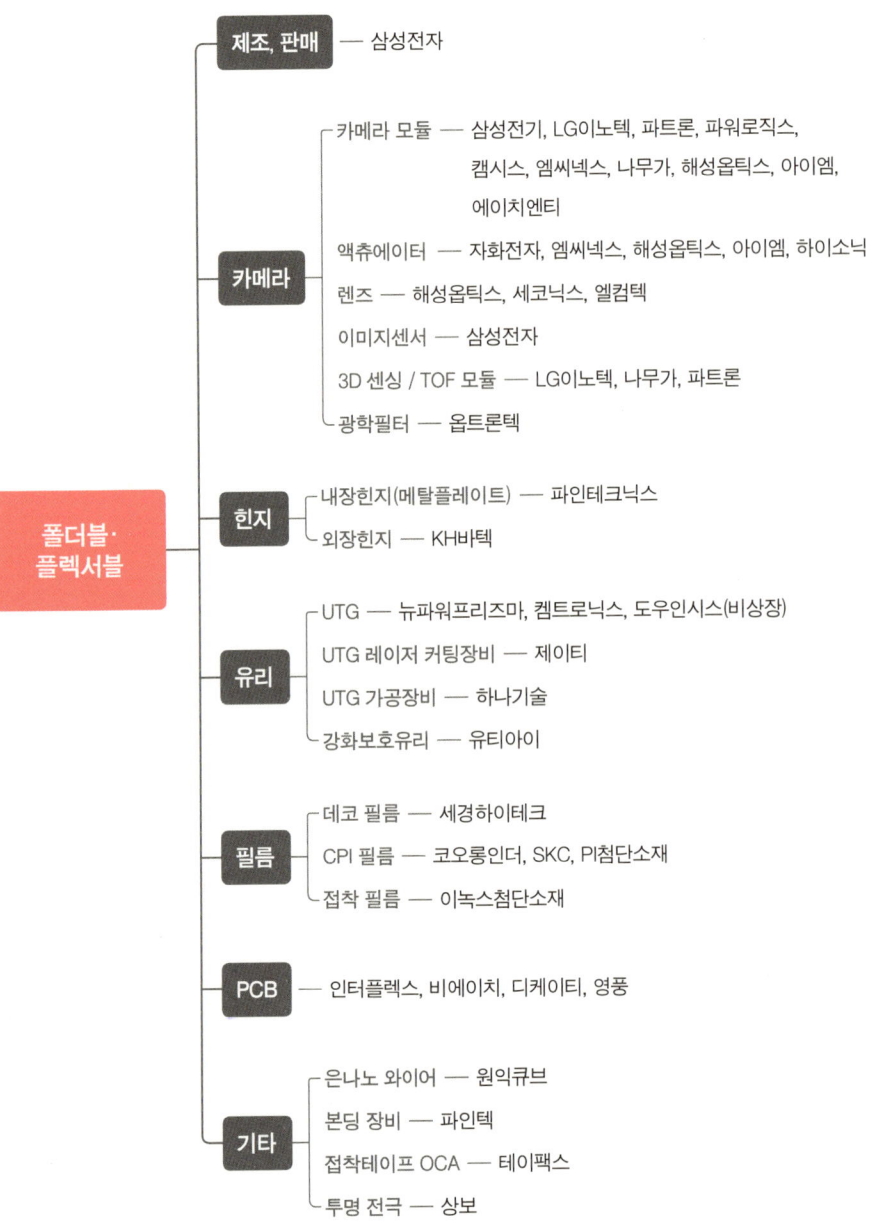

- 폴더블·플렉서블
  - 제조, 판매 — 삼성전자
  - 카메라
    - 카메라 모듈 — 삼성전기, LG이노텍, 파트론, 파워로직스, 캠시스, 엠씨넥스, 나무가, 해성옵틱스, 아이엠, 에이치엔티
    - 액추에이터 — 자화전자, 엠씨넥스, 해성옵틱스, 아이엠, 하이소닉
    - 렌즈 — 해성옵틱스, 세코닉스, 엘컴텍
    - 이미지센서 — 삼성전자
    - 3D 센싱 / TOF 모듈 — LG이노텍, 나무가, 파트론
    - 광학필터 — 옵트론텍
  - 힌지
    - 내장힌지(메탈플레이트) — 파인테크닉스
    - 외장힌지 — KH바텍
  - 유리
    - UTG — 뉴파워프리즈마, 켐트로닉스, 도우인시스(비상장)
    - UTG 레이저 커팅장비 — 제이티
    - UTG 가공장비 — 하나기술
    - 강화보호유리 — 유티아이
  - 필름
    - 데코 필름 — 세경하이테크
    - CPI 필름 — 코오롱인더, SKC, PI첨단소재
    - 접착 필름 — 이녹스첨단소재
  - PCB — 인터플렉스, 비에이치, 디케이티, 영풍
  - 기타
    - 은나노 와이어 — 원익큐브
    - 본딩 장비 — 파인텍
    - 접착테이프 OCA — 테이팩스
    - 투명 전극 — 상보

글로벌 주요 기업

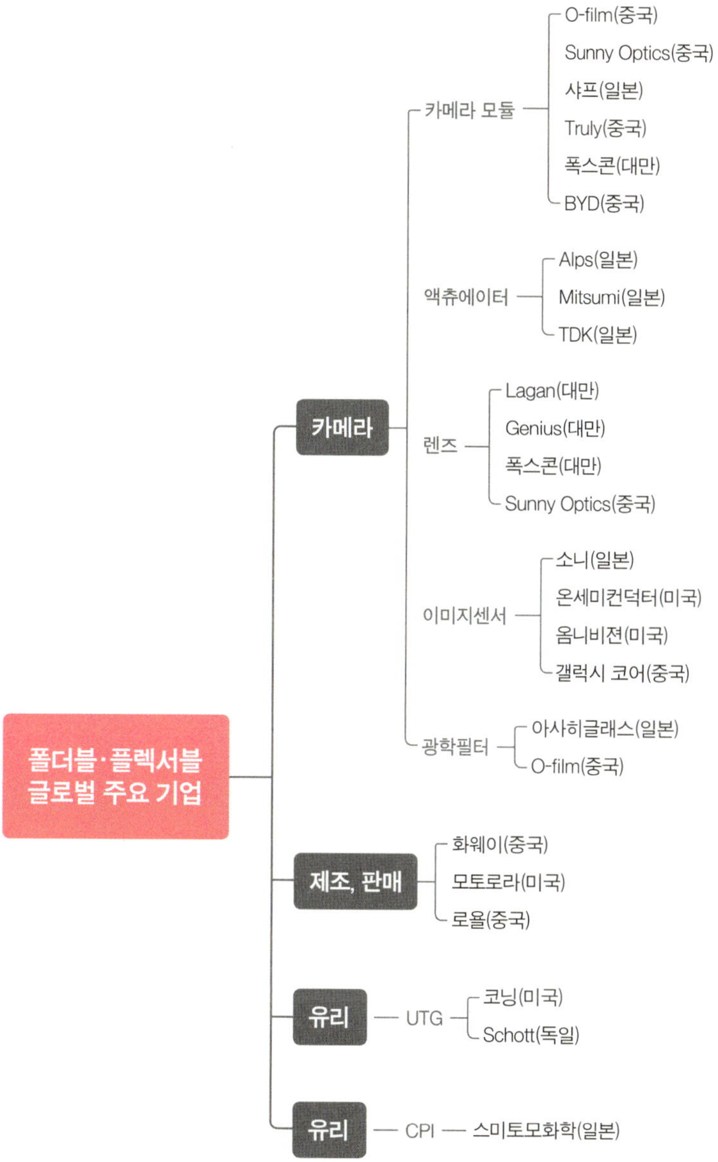
폴더블·플렉서블
글로벌 주요 기업
카메라
카메라 모듈
O-film(중국)
Sunny Optics(중국)
샤프(일본)
Truly(중국)
폭스콘(대만)
BYD(중국)
액츄에이터
Alps(일본)
Mitsumi(일본)
TDK(일본)
렌즈
Lagan(대만)
Genius(대만)
폭스콘(대만)
Sunny Optics(중국)
이미지센서
소니(일본)
온세미컨덕터(미국)
옴니비젼(미국)
갤럭시 코어(중국)
광학필터
아사히글래스(일본)
O-film(중국)
제조, 판매
화웨이(중국)
모토로라(미국)
로욜(중국)
유리
UTG
코닝(미국)
Schott(독일)
유리
CPI
스미토모화학(일본)

테마 밸류 체인

- 5G
  - 네트워크 장비 — 삼성전자
  - 통신 — SK텔레콤, KT, LG유플러스
  - 유선 네트워크 장비
    - FTTX, 스위치 — 다산네트웍스, 에치에프알, 유비쿼스
    - 광트랜시버 — 오이솔루션, 코위버
    - 광섬유, 광케이블 — 대한광통신, 머큐리
    - 광섬유 융착접속기 — 이노인스트루먼트
  - 무선 통신장비
    - 안테나, 필터 — 케이엠더블유, 에이스테크, 알에프텍, 기가레인, 와이솔
    - 스몰셀 — 이노와이어리스, 삼지전자
    - 기지국 장비 케이스 — 서진시스템
    - 광트랜시버 — 오이솔루션
    - 광트랜시버용 패키지 — RF머트리얼즈
    - GaN 트랜지스터 — RFHIC
    - 프런트 홀 장비 — 에치에프알, 쏠리드
    - 중계기 — 에치에프알, 쏠리드, 에프알텍, 기산텔레콤, CS
    - 무선 기지국망 — 전파기자국
  - 기타
    - 계측장비 — 이노와이어리스
    - 시험인증 — 에이치시티, 디티앤씨
    - 보안장비 — 윈스
    - 통신 과금 솔루션 — 엔텔스

5G
글로벌 주요 기업
및 ETF
ETF
Defiance Next Gen connectivity ETF - FIVG
First Trust Indxx NextG ETF - NXTG
Esoterica NextG Economy ETF - WUGI
네트워크 장비
화웨이(중국)
ZTE(중국)
에릭슨(스웨덴)
노키아(핀란드)
통신
버라이즌(미국)
T-mobile(미국)
AT&T(미국)
NTT Docomo(일본)
KDDI(일본)
소프트뱅크(일본)
Rakuten(일본)
China mobile(중국)
Telus(캐나다)
광모듈
Accelink Technologies(중국)
Eoptolink Technologies(중국)
전력증폭기
스미토모(일본)
Cree(영국)
안테나
Kathrein(독일)
Andrew systems(미국)
Ubidyne(미국)
Suzhou Shijia Science & Technology(중국)
Wuhan fingu Electronic Technology(중국)
스몰셀
Commscope(미국)
IP.Access(영국)
Qorvo(미국)
NEC(일본)
시스코(미국)
에릭슨(스웨덴)
Skyworks(미국)
중계기
Shenzhen Tat Fook Technology(중국)

스마트그리드

테마 밸류 체인

글로벌 주요 기업 및 ETF

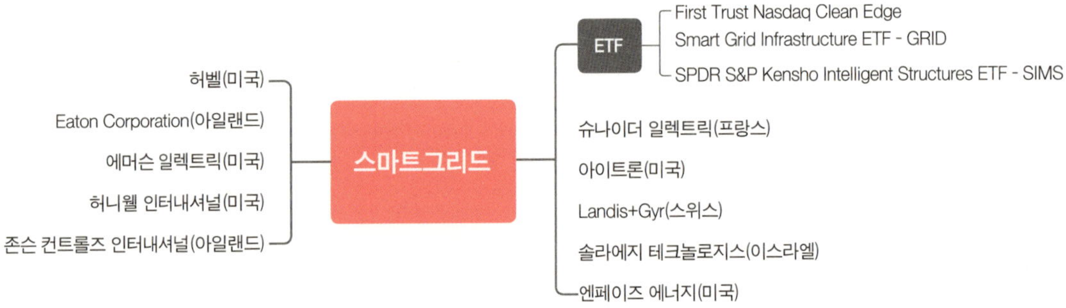

마이크로 LED

테마 밸류 체인

사이버보안

테마 밸류 체인

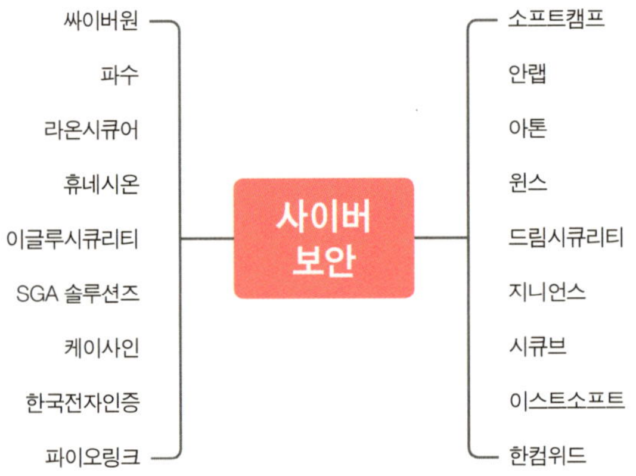

글로벌 주요 기업 및 ETF

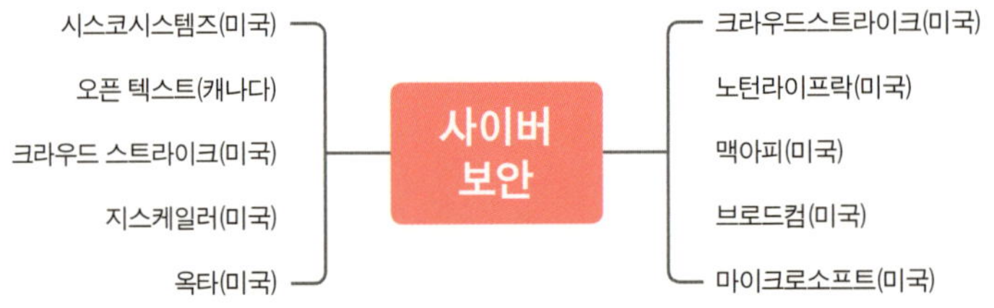

로보틱스

테마 밸류 체인

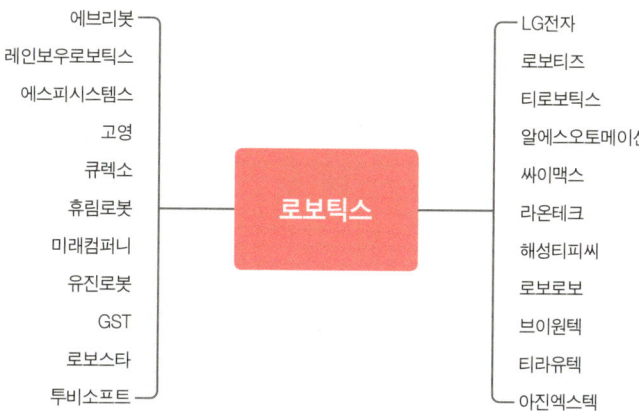

로보틱스

- 에브리봇
- 레인보우로보틱스
- 에스피시스템스
- 고영
- 큐렉소
- 휴림로봇
- 미래컴퍼니
- 유진로봇
- GST
- 로보스타
- 투비소프트

- LG전자
- 로보티즈
- 티로보틱스
- 알에스오토메이션
- 싸이맥스
- 라온테크
- 해성티피씨
- 로보로보
- 브이원텍
- 티라유텍
- 아진엑스텍

글로벌 주요 기업 및 ETF

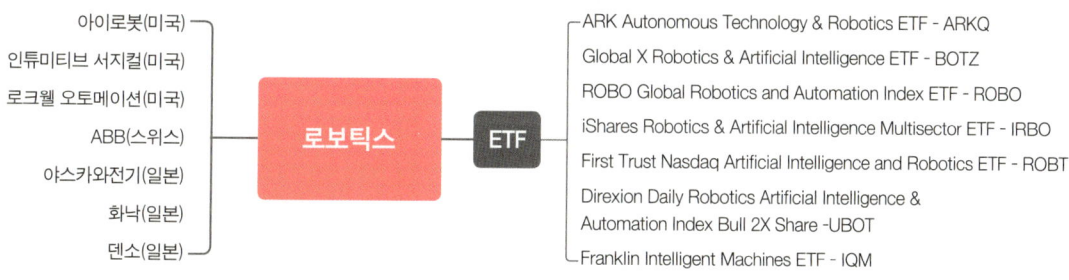

로보틱스

- 아이로봇(미국)
- 인튜이티브 서지컬(미국)
- 로크웰 오토메이션(미국)
- ABB(스위스)
- 야스카와전기(일본)
- 화낙(일본)
- 덴소(일본)

ETF

- ARK Autonomous Technology & Robotics ETF - ARKQ
- Global X Robotics & Artificial Intelligence ETF - BOTZ
- ROBO Global Robotics and Automation Index ETF - ROBO
- iShares Robotics & Artificial Intelligence Multisector ETF - IRBO
- First Trust Nasdaq Artificial Intelligence and Robotics ETF - ROBT
- Direxion Daily Robotics Artificial Intelligence & Automation Index Bull 2X Share -UBOT
- Franklin Intelligent Machines ETF - IQM

인터넷 플랫폼

국내외 주요 기업 및 ETF

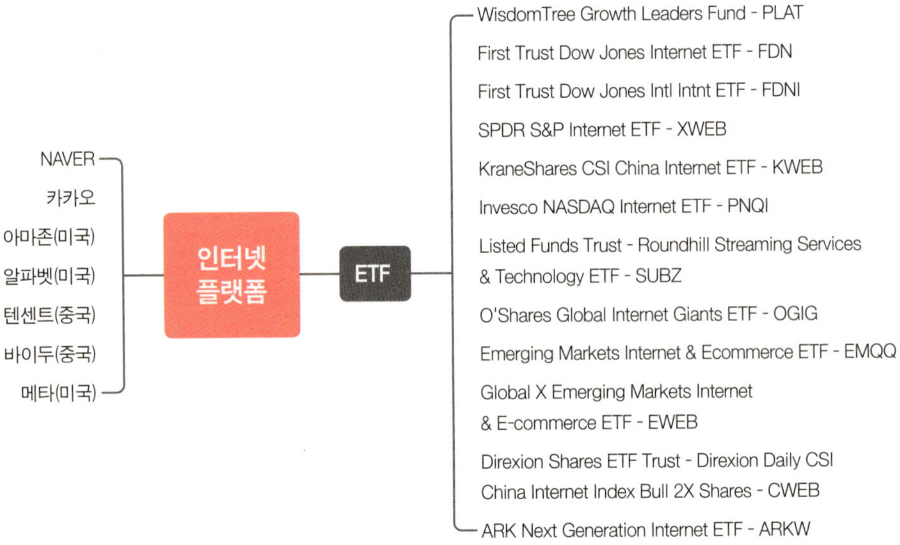

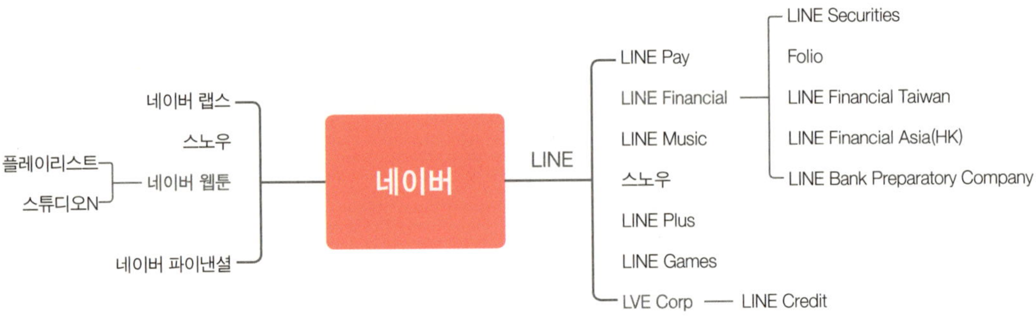

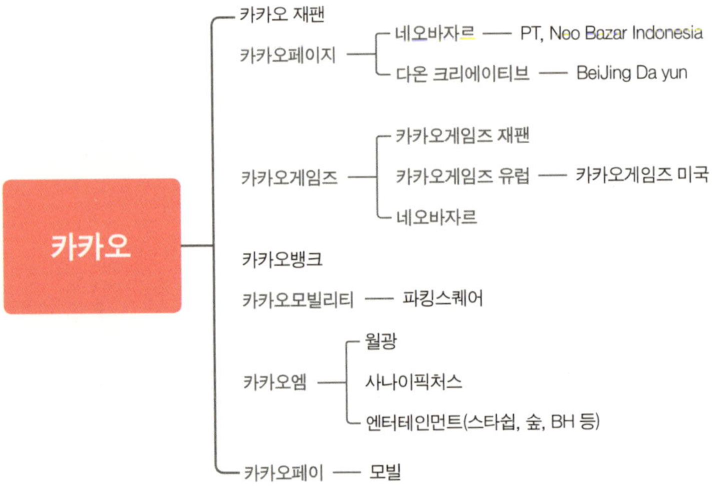

스마트팩토리

테마 밸류 체인

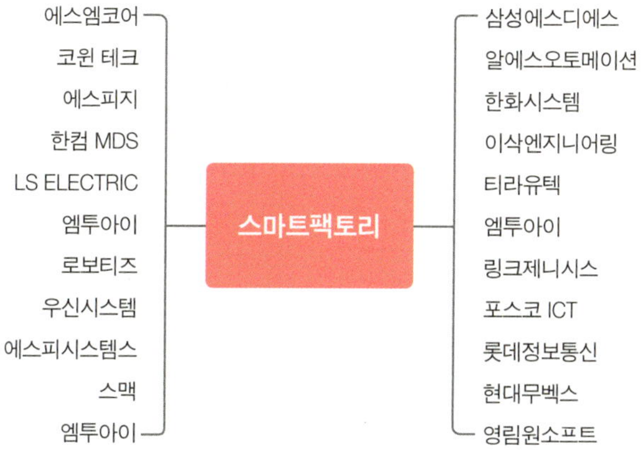

글로벌 주요 기업 및 ETF

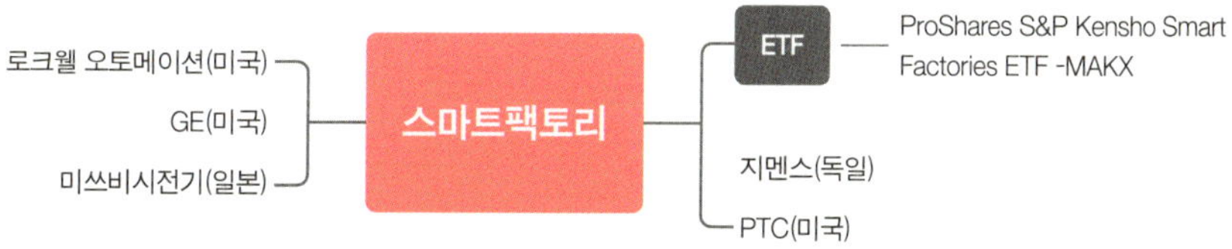

스마트팜

테마 밸류 체인

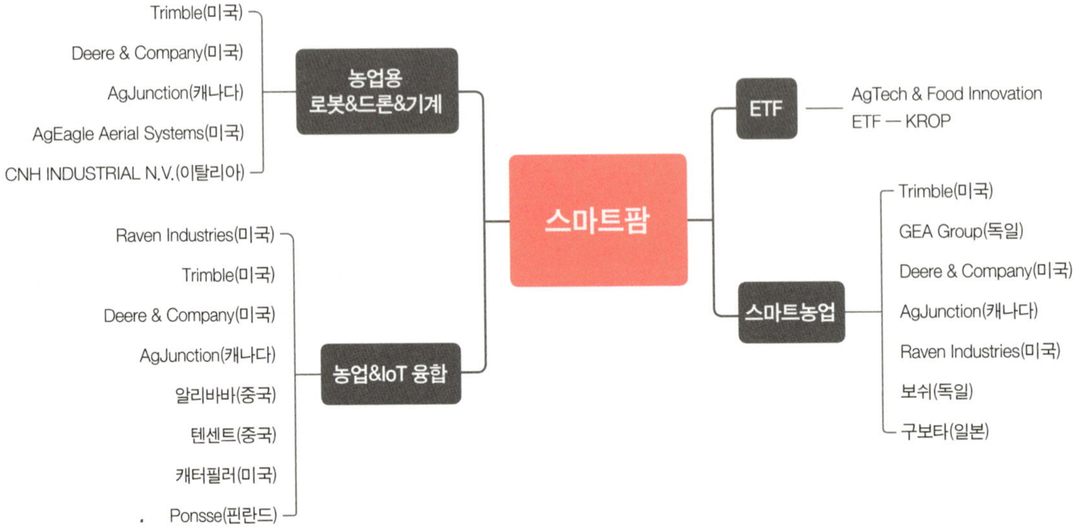

글로벌 주요 기업 및 ETF

IoT(사물인터넷)

테마 밸류 체인

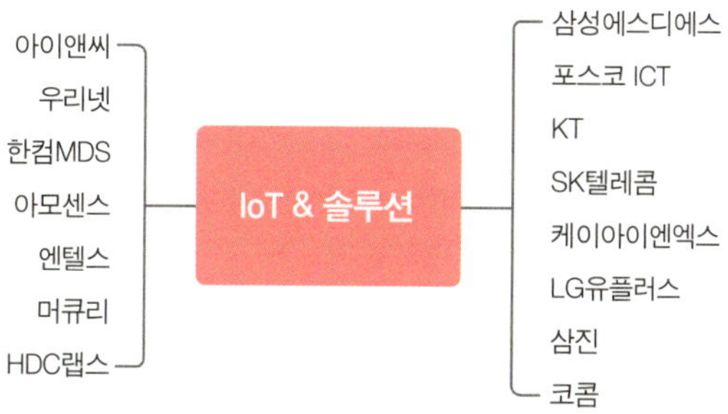

글로벌 주요 기업 및 ETF

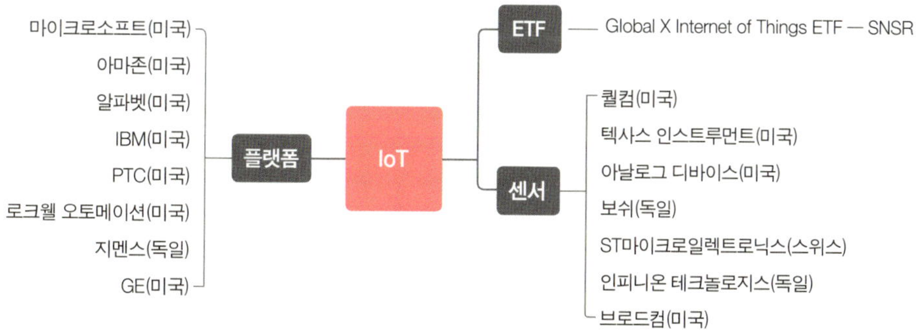

무선충전

국내외 주요 기업

무선충전

국내:
- 현대차
- 만도
- 아모센스
- 켐트로닉스
- 아모텍
- 에디슨EV
- 이랜텍
- 동양이엔피
- 유아이엘
- LS
- 알에프텍
- 삼화전자
- 한솔테크닉스
- LG전자
- 얍엑스

해외:
- WiTricity Corporation(미국, 비상장)
- Plugless Power(미국, 비상장)
- Ossia(미국, 비상장)
- Electreon(이스라엘, 비상장)
- Powermat Technologies(이스라엘, 비상장)
- 퀄컴(미국)
- 콘티넨탈 AG(독일)
- Elix Wireless(캐나다, 비상장)
- Hella(독일)
- HEVO Power(미국, 비상장)
- Mojo Mobility(미국, 비상장)
- 보쉬(독일)
- 텍사스 인스트루먼트(미국)
- Bombardier(캐나다)
- 도시바(일본)
- 도요타(일본)
- ZTE(중국)

키오스크

국내외 주요 기업

키오스크

국내:
- 한국전자금융
- 케이씨티
- 한네트
- 윈스
- 케이씨에스
- 메이텍티앤
- 로지시스
- 씨아이테크
- 푸른기술

해외:
- NCR(미국)
- Cantaloupe(미국)
- Zebra Technologies(미국)
- Everi Holdings(미국)
- Phreesia(미국)
- PAR Technology(미국)
- Creative Realities(미국)
- Rent-A-Center(미국)
- Shift4 Payments(미국)
- AUO(중국)
- Olea Kiosks(미국, 비상장)
- KioWare(미국, 비상장)
- Kiosk Group(미국, 비상장)
- Pyramid Computer(독일)

02

K-뉴딜: 그린 뉴딜

태양광

풍력

전기차

2차전지

수소차

수소생산·이동·판매

탄소배출권

SMR(소형 원자로)

CCUS(탄소 포집 및 저장)

ESG

폐기물 산업

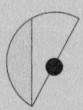

태양광

테마 밸류 체인

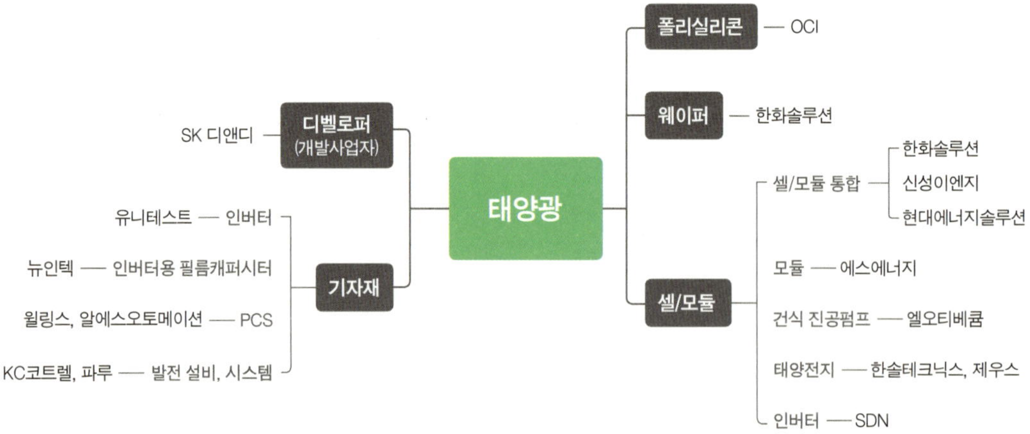

글로벌 주요 기업 및 ETF

풍력

테마 밸류 체인

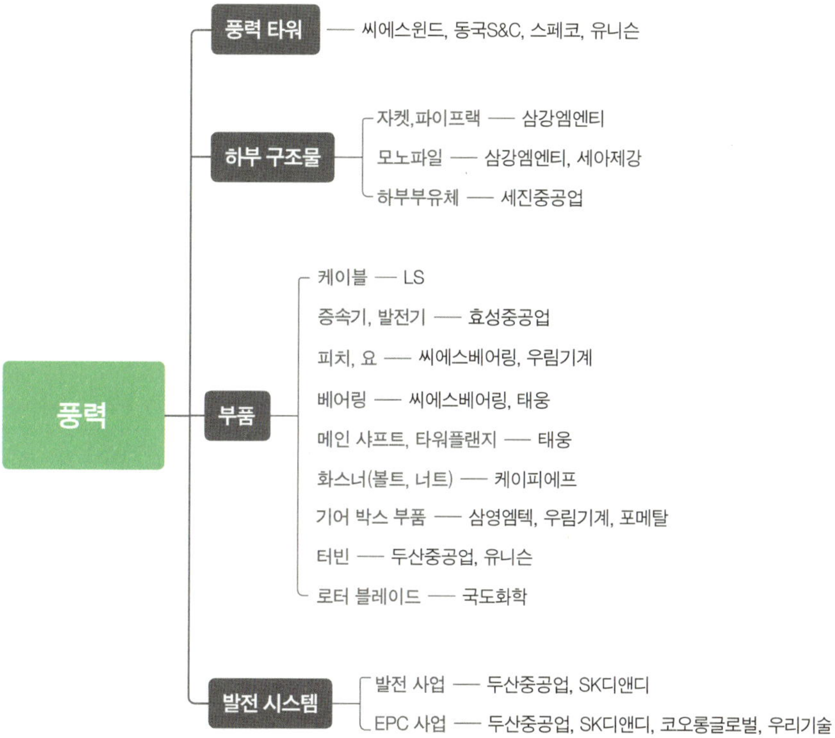
풍력
풍력 타워
씨에스윈드, 동국S&C, 스페코, 유니슨
하부 구조물
자켓,파이프랙
삼강엠엔티
모노파일
삼강엠엔티, 세아제강
하부부유체
세진중공업
부품
케이블
LS
증속기, 발전기
효성중공업
피치, 요
씨에스베어링, 우림기계
베어링
씨에스베어링, 태웅
메인 샤프트, 타워플랜지
태웅
화스너(볼트, 너트)
케이피에프
기어 박스 부품
삼영엠텍, 우림기계, 포메탈
터빈
두산중공업, 유니슨
로터 블레이드
국도화학
발전 시스템
발전 사업
두산중공업, SK디앤디
EPC 사업
두산중공업, SK디앤디, 코오롱글로벌, 우리기술

풍력 글로벌 주요 기업 및 ETF

- **ETF**
  - First Trust Global Wind Energy ETF - FAN
  - IShares Global Clean Energy ETF- ICLN
- **디벨로퍼**
  - Orsted(덴마크)
  - RWE(독일)
  - SSE(영국)
  - Northland Power(캐나다)
  - Lampell(UAE)
  - NextEra Energy(미국)
- **발전 시스템**
  - 베스타스(덴마크)
  - GE Energy(미국)
  - Enercon(독일)
  - Nordex(독일)
  - Goldwind(중국)
  - Senvion(독일)
  - United Power(미국)
- **터빈**
  - 베스타스(덴마크)
  - 지멘스 가멘사(스페인)
  - Goldwind(중국)
  - Dongfang Electric(중국)
  - Ming Yang Smart Energy(중국)
  - Nordex(독일)
  - Enercon(독일)
- **타워**
  - 트리니티(미국)
  - Titan Wind Energy(중국
  - Gestamp(스페인)
  - 천순풍력에너지(중국)
- **부품**
  - 블레이드
    - TPI Composites(미국)
    - Toray(일본)
    - Weihai guangwei(중국)
    - LM Wind Power(덴마크)
  - 케이블
    - Prysmian(이탈리아)
    - 동방케이블(중국)
    - VNKT(덴마크)
    - Nexans(프랑스)
    - 강소충천테크놀로지(중국)
    - 강소형통광전자(중국)

전기차

테마 밸류 체인

- 전기차
  - 인프라
    - 충전기 제작 설치 — GS, SK네트웍스, 포스ICT, 원익피앤이, 에스트래픽, 피에스텍
    - 급속 충전 기술 — 에이프로
    - 급속 충전기 — 한국전력, 에스피지, 휴맥스, 수성이노베이션, 코디
    - 충전기전압 제어 — 와이엠텍
    - 충전결제, 정산 플랫폼 — 차지인
  - 전기차제조
    - 공조
      - 공조 시스템 — 한온시스템, 현대위아, 세원
      - PTC 히터 — 자화전자, 우리산업
    - 전장 부품
      - PCU, ECU — 현대모비스, LG전자
      - MLCC — 삼성전기, 삼화콘덴서, KEC
    - 차량부품
      - 원단, 시트, 에어백 — 두올
      - 핫스탬핑 — 명신산업, 엠에스오토텍
      - 구동모터, 드라이브유닛 — 현대모비스, LG전자, SNT모티브
      - 샤프트 — 디아이씨
      - 배터리모듈, 가스켓 — 동아화성
      - 감속기 — 우수AMS, 디아이씨
      - 인버터 — 성창오토텍
      - BMS, 전력변환 부품 — 영화테크
      - OBC(완속충전장치) — 만도, 영화테크, 대우부품
      - 에어컨/냉각수 호스 — 화승코퍼레이션
      - 전동식 워터펌프 — 지엠비코리아
      - 인덕터, 저항기 — 아비코전자
      - 고전압 케이블, 커넥터 — 한국단자, 유라테크
      - 전동컴프레서 — 코다코
      - 커패시터 — 삼화전기, 뉴인텍
      - 인버터 어셈블리 — 성창오토텍
      - 케이블 — LS
      - 경량화 — 코오롱플라스틱, 에코플라스틱, 현대EP, 성우하이텍

2차전지

테마 밸류 체인

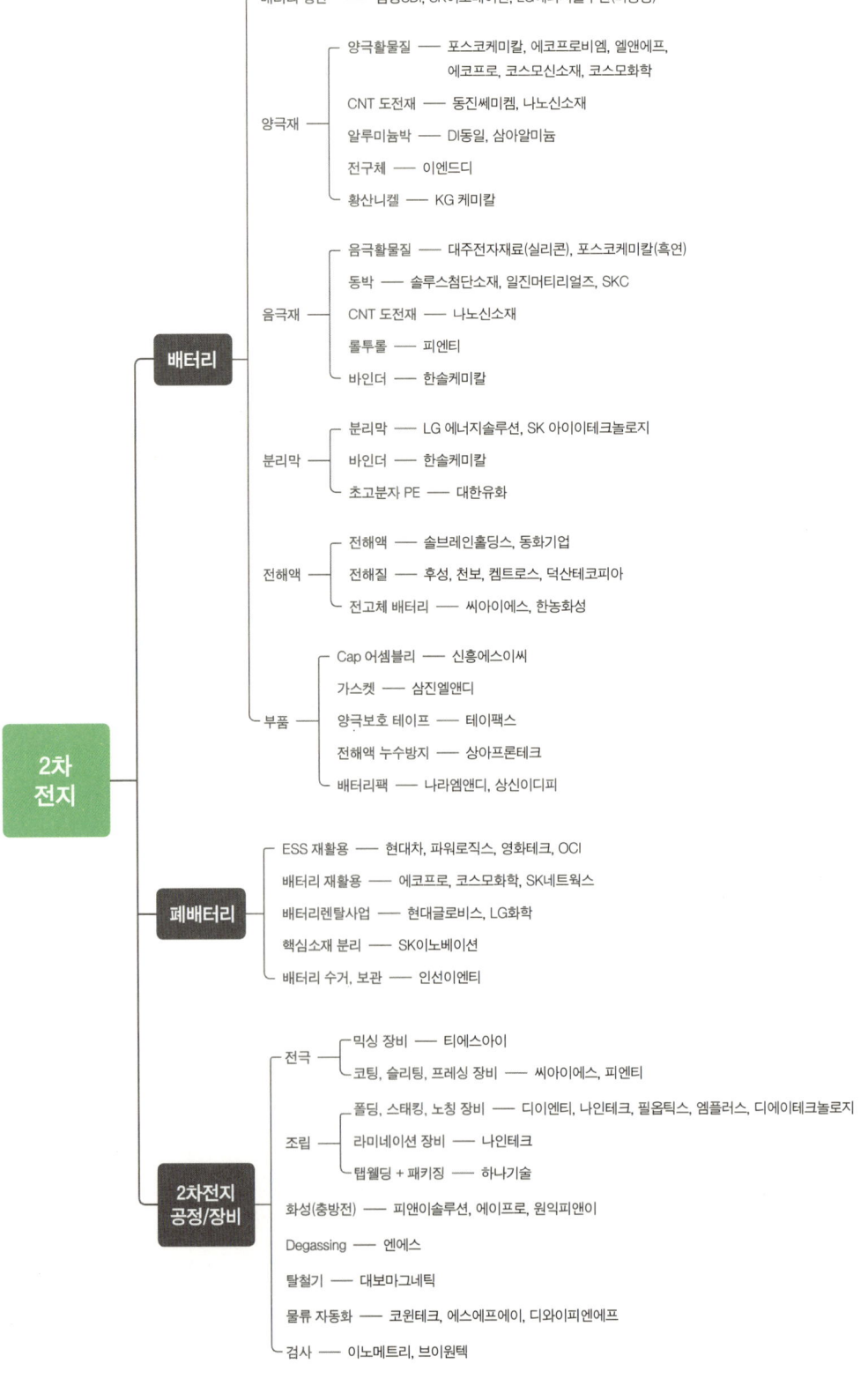

- **2차 전지**
  - **배터리**
    - 배터리 생산 — 삼성SDI, SK이노베이션, LG에너지솔루션(비상장)
    - 양극재
      - 양극활물질 — 포스코케미칼, 에코프로비엠, 엘앤에프, 에코프로, 코스모신소재, 코스모화학
      - CNT 도전재 — 동진쎄미켐, 나노신소재
      - 알루미늄박 — DI동일, 삼아알미늄
      - 전구체 — 이엔드디
      - 황산니켈 — KG 케미칼
    - 음극재
      - 음극활물질 — 대주전자재료(실리콘), 포스코케미칼(흑연)
      - 동박 — 솔루스첨단소재, 일진머티리얼즈, SKC
      - CNT 도전재 — 나노신소재
      - 롤투롤 — 피엔티
      - 바인더 — 한솔케미칼
    - 분리막
      - 분리막 — LG 에너지솔루션, SK 아이이테크놀로지
      - 바인더 — 한솔케미칼
      - 초고분자 PE — 대한유화
    - 전해액
      - 전해액 — 솔브레인홀딩스, 동화기업
      - 전해질 — 후성, 천보, 켐트로스, 덕산테코피아
      - 전고체 배터리 — 씨아이에스, 한농화성
    - 부품
      - Cap 어셈블리 — 신흥에스이씨
      - 가스켓 — 삼진엘앤디
      - 양극보호 테이프 — 테이팩스
      - 전해액 누수방지 — 상아프론테크
      - 배터리팩 — 나라엠앤디, 상신이디피
  - **폐배터리**
    - ESS 재활용 — 현대차, 파워로직스, 영화테크, OCI
    - 배터리 재활용 — 에코프로, 코스모화학, SK네트웍스
    - 배터리렌탈사업 — 현대글로비스, LG화학
    - 핵심소재 분리 — SK이노베이션
    - 배터리 수거, 보관 — 인선이엔티
  - **2차전지 공정/장비**
    - 전극
      - 믹싱 장비 — 티에스아이
      - 코팅, 슬리팅, 프레싱 장비 — 씨아이에스, 피엔티
    - 조립
      - 폴딩, 스태킹, 노칭 장비 — 디이엔티, 나인테크, 필옵틱스, 엠플러스, 디에이테크놀로지
      - 라미네이션 장비 — 나인테크
      - 탭웰딩 + 패키징 — 하나기술
    - 화성(충방전) — 피앤이솔루션, 에이프로, 원익피앤이
    - Degassing — 엔에스
    - 탈철기 — 대보마그네틱
    - 물류 자동화 — 코윈테크, 에스에프에이, 디와이피엔에프
    - 검사 — 이노메트리, 브이원텍

글로벌 주요 기업 및 ETF

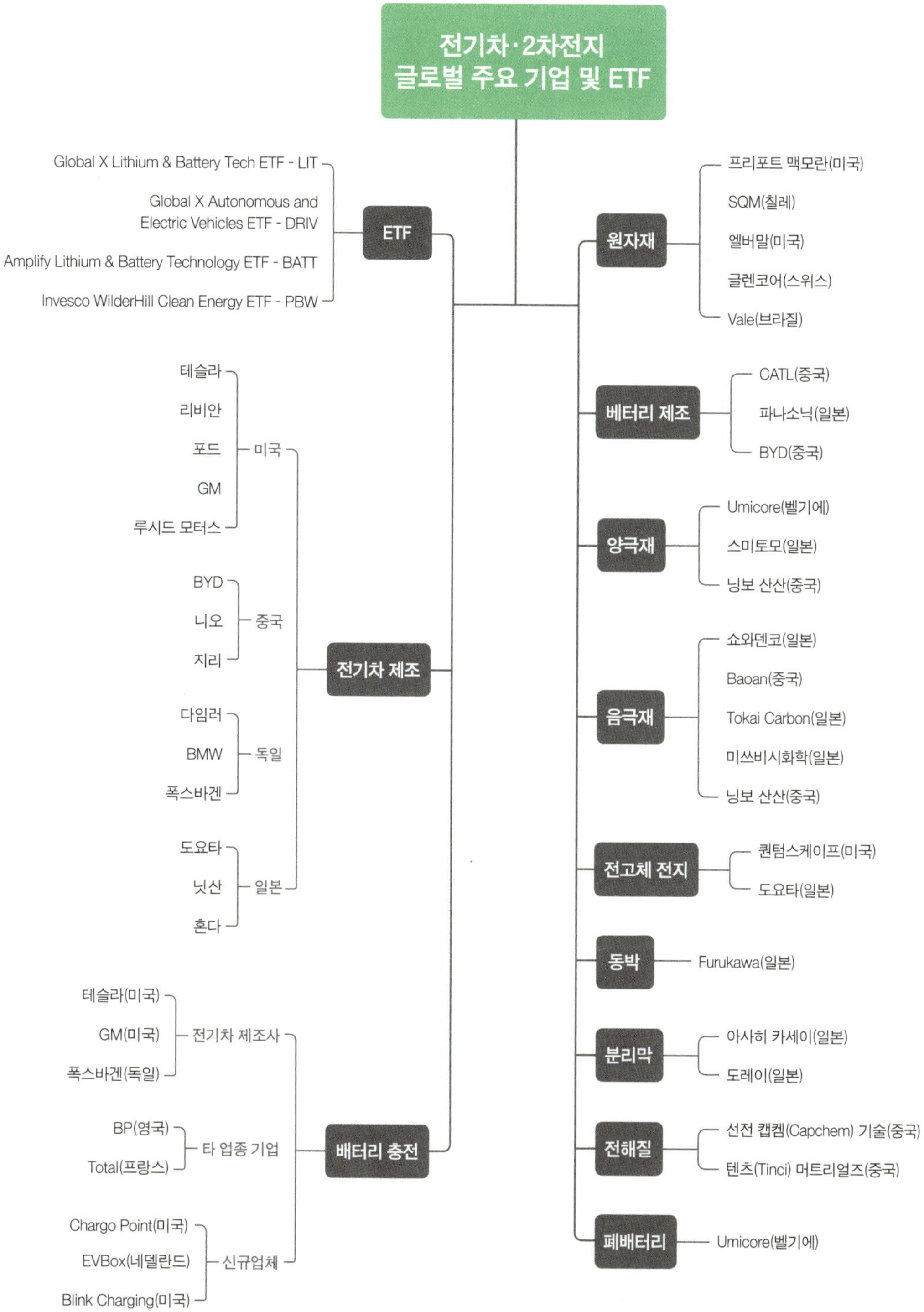

수소차

테마 밸류 체인

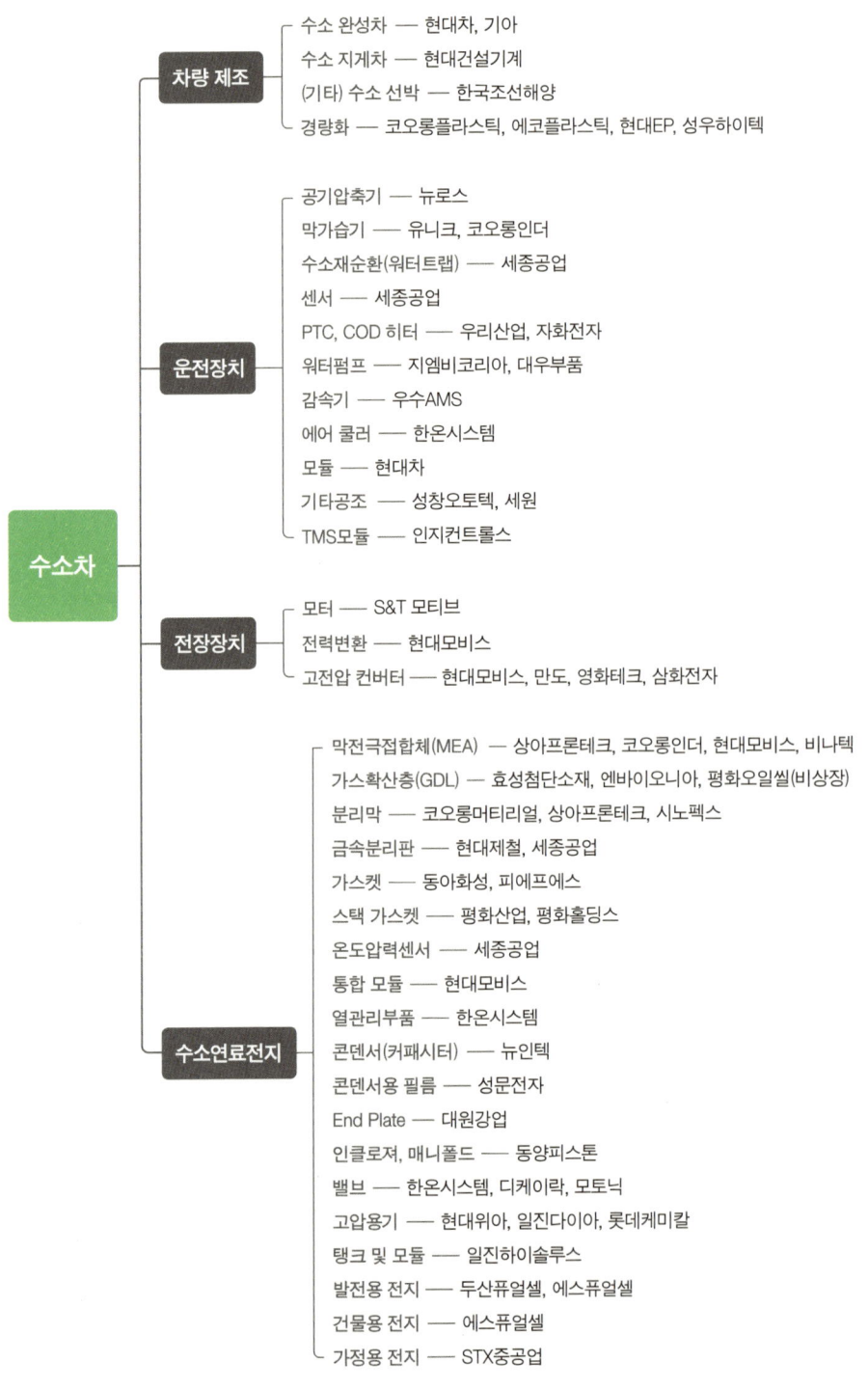

- 수소차
  - 차량 제조
    - 수소 완성차 — 현대차, 기아
    - 수소 지게차 — 현대건설기계
    - (기타) 수소 선박 — 한국조선해양
    - 경량화 — 코오롱플라스틱, 에코플라스틱, 현대EP, 성우하이텍
  - 운전장치
    - 공기압축기 — 뉴로스
    - 막가습기 — 유니크, 코오롱인더
    - 수소재순환(워터트랩) — 세종공업
    - 센서 — 세종공업
    - PTC, COD 히터 — 우리산업, 자화전자
    - 워터펌프 — 지엠비코리아, 대우부품
    - 감속기 — 우수AMS
    - 에어 쿨러 — 한온시스템
    - 모듈 — 현대차
    - 기타공조 — 성창오토텍, 세원
    - TMS모듈 — 인지컨트롤스
  - 전장장치
    - 모터 — S&T 모티브
    - 전력변환 — 현대모비스
    - 고전압 컨버터 — 현대모비스, 만도, 영화테크, 삼화전자
  - 수소연료전지
    - 막전극접합체(MEA) — 상아프론테크, 코오롱인더, 현대모비스, 비나텍
    - 가스확산층(GDL) — 효성첨단소재, 엔바이오니아, 평화오일씰(비상장)
    - 분리막 — 코오롱머티리얼, 상아프론테크, 시노펙스
    - 금속분리판 — 현대제철, 세종공업
    - 가스켓 — 동아화성, 피에프에스
    - 스택 가스켓 — 평화산업, 평화홀딩스
    - 온도압력센서 — 세종공업
    - 통합 모듈 — 현대모비스
    - 열관리부품 — 한온시스템
    - 콘덴서(커패시터) — 뉴인텍
    - 콘덴서용 필름 — 성문전자
    - End Plate — 대원강업
    - 인클로져, 매니폴드 — 동양피스톤
    - 밸브 — 한온시스템, 디케이락, 모토닉
    - 고압용기 — 현대위아, 일진다이아, 롯데케미칼
    - 탱크 및 모듈 — 일진하이솔루스
    - 발전용 전지 — 두산퓨얼셀, 에스퓨얼셀
    - 건물용 전지 — 에스퓨얼셀
    - 가정용 전지 — STX중공업

수소생산·이동·판매

테마 밸류 체인

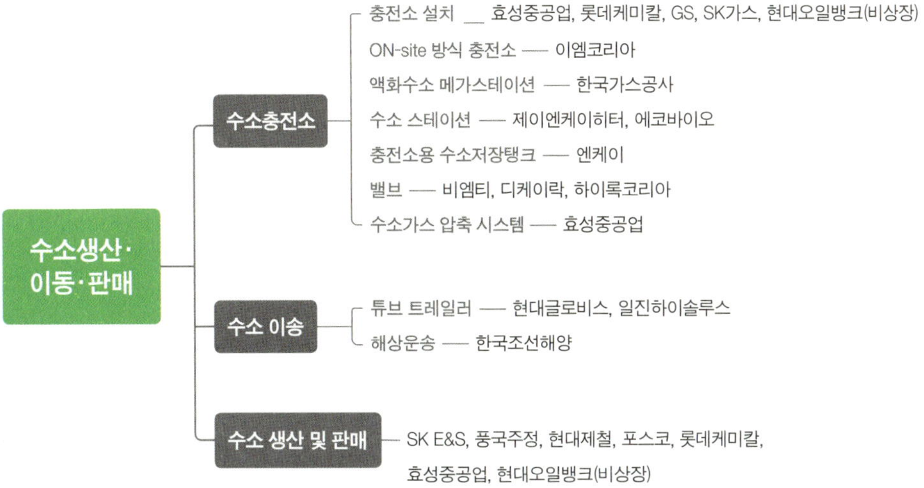

글로벌 주요 기업 및 ETF

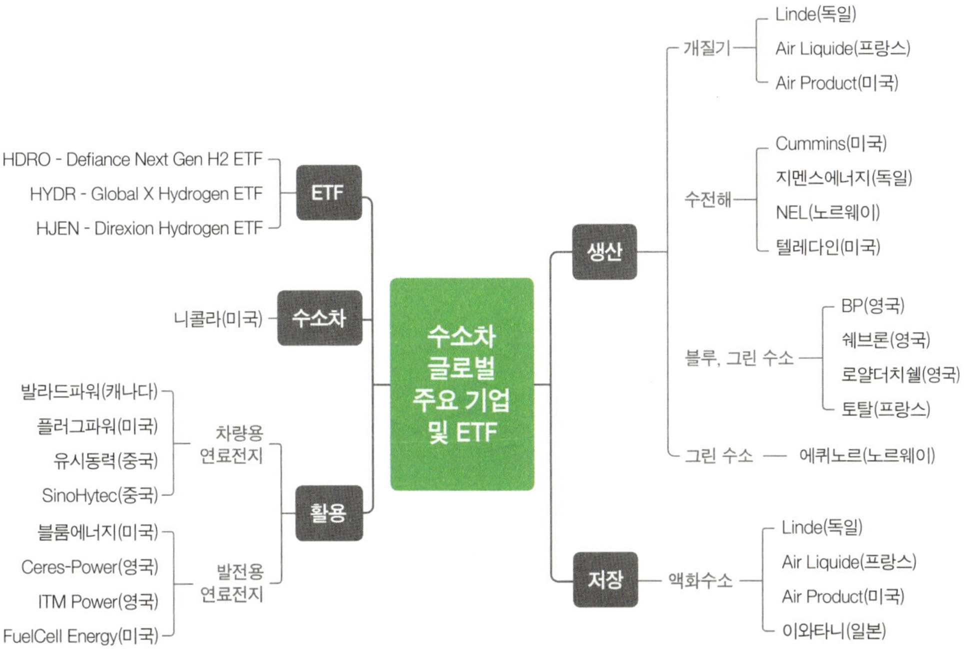

탄소배출권

테마 밸류 체인

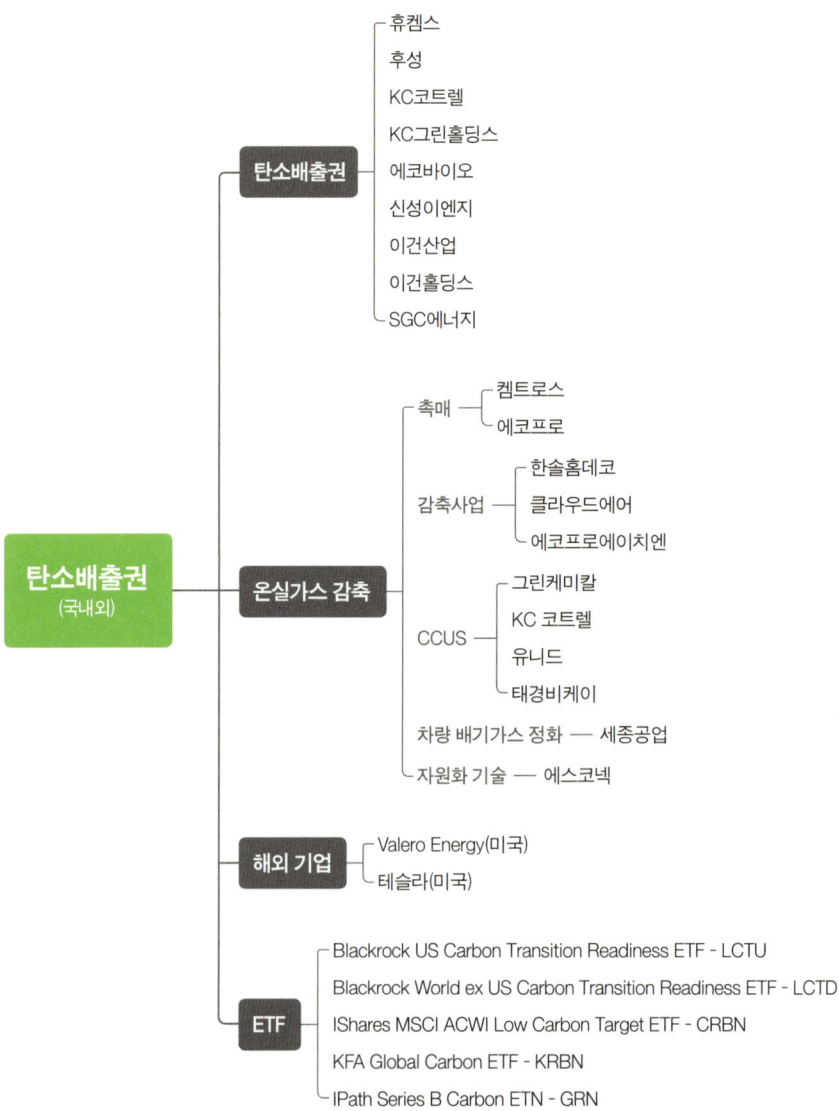

- 탄소배출권 (국내외)
  - 탄소배출권
    - 휴켐스
    - 후성
    - KC코트렐
    - KC그린홀딩스
    - 에코바이오
    - 신성이엔지
    - 이건산업
    - 이건홀딩스
    - SGC에너지
  - 온실가스 감축
    - 촉매
      - 켐트로스
      - 에코프로
    - 감축사업
      - 한솔홈데코
      - 클라우드에어
      - 에코프로에이치엔
    - CCUS
      - 그린케미칼
      - KC 코트렐
      - 유니드
      - 태경비케이
    - 차량 배기가스 정화 — 세종공업
    - 자원화 기술 — 에스코넥
  - 해외 기업
    - Valero Energy(미국)
    - 테슬라(미국)
  - ETF
    - Blackrock US Carbon Transition Readiness ETF - LCTU
    - Blackrock World ex US Carbon Transition Readiness ETF - LCTD
    - IShares MSCI ACWI Low Carbon Target ETF - CRBN
    - KFA Global Carbon ETF - KRBN
    - IPath Series B Carbon ETN - GRN

SMR(소형 원자로)

테마 밸류 체인

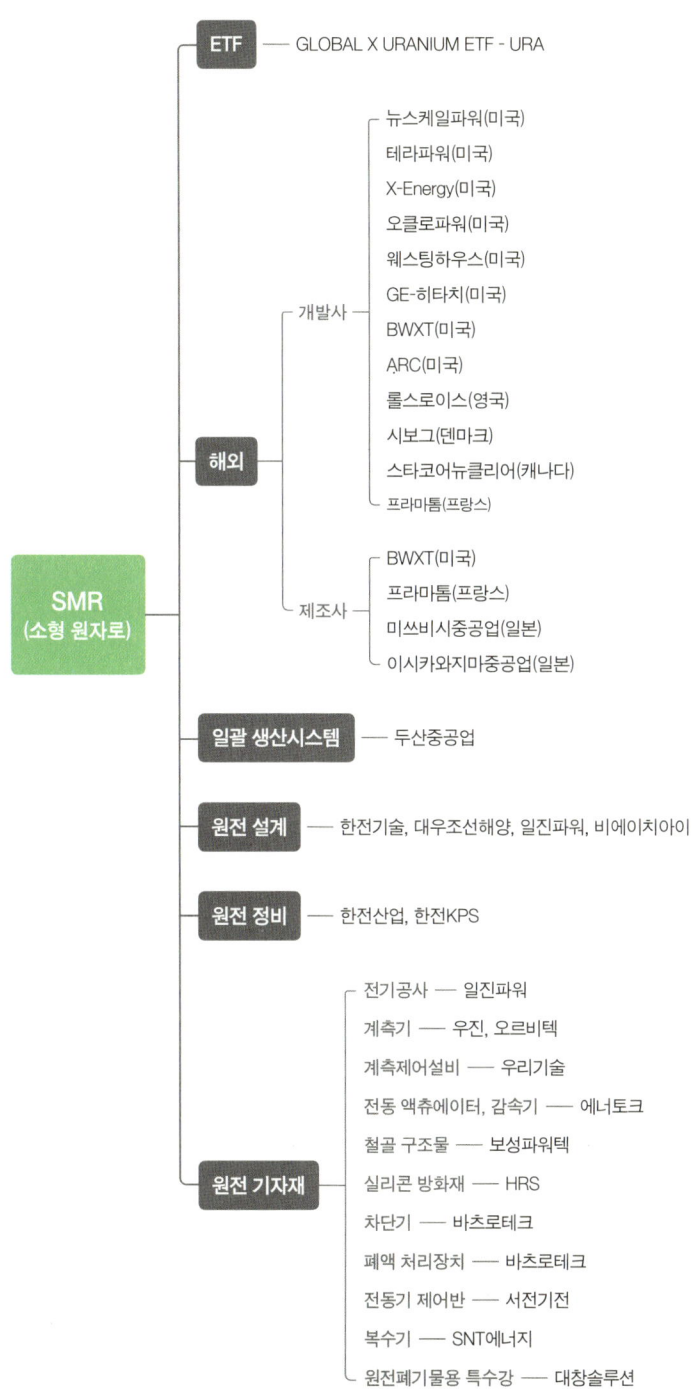

- SMR (소형 원자로)
  - ETF — GLOBAL X URANIUM ETF - URA
  - 해외
    - 개발사
      - 뉴스케일파워(미국)
      - 테라파워(미국)
      - X-Energy(미국)
      - 오클로파워(미국)
      - 웨스팅하우스(미국)
      - GE-히타치(미국)
      - BWXT(미국)
      - ARC(미국)
      - 롤스로이스(영국)
      - 시보그(덴마크)
      - 스타코어뉴클리어(캐나다)
      - 프라마톰(프랑스)
    - 제조사
      - BWXT(미국)
      - 프라마톰(프랑스)
      - 미쓰비시중공업(일본)
      - 이시카와지마중공업(일본)
  - 일괄 생산시스템 — 두산중공업
  - 원전 설계 — 한전기술, 대우조선해양, 일진파워, 비에이치아이
  - 원전 정비 — 한전산업, 한전KPS
  - 원전 기자재
    - 전기공사 — 일진파워
    - 계측기 — 우진, 오르비텍
    - 계측제어설비 — 우리기술
    - 전동 액츄에이터, 감속기 — 에너토크
    - 철골 구조물 — 보성파워텍
    - 실리콘 방화재 — HRS
    - 차단기 — 바츠로테크
    - 폐액 처리장치 — 바츠로테크
    - 전동기 제어반 — 서전기전
    - 복수기 — SNT에너지
    - 원전폐기물용 특수강 — 대창솔루션

CCUS(탄소 포집 및 저장)

테마 밸류 체인

- **CCUS (탄소 포집 및 저장)**
  - **탄소 포집**
    - 포집 설비 — 한전기술, 현대오일뱅크(비상장)
    - 탄산칼륨 제조 — 태경비케이, 유니드
    - 포집 플랜트 설계 — DL이앤씨
    - 플랜트건설 — KC 코트렐
    - 촉매 — 켐트로스
  - **포집 후 생산**
    - 블루수소 — 롯데케미칼, SK E&S(비상장)
    - 건축자재 — 현대오일뱅크(비상장)
    - 고부가가치 소재 — 그린케미칼
  - **해외 기업**
    - 탄소 포집장치 — Aker Carbon Capture(노르웨이)
    - 탄소 포집설비 — 엑손모빌(미국)
    - 프로젝트 수행 — 로열더치쉘(네덜란드)
    - 탄소 포집기술 개발 — Global Thermostat(미국)
    - EOR — Denbury(미국)
    - CCUS 실증사업 진행
      - 중국석유(중국)
      - 중국석유화학(중국)
    - 친환경 콘크리트 개발 — CarbonCure(캐나다)

ESG

글로벌 주요 기업 및 ETF

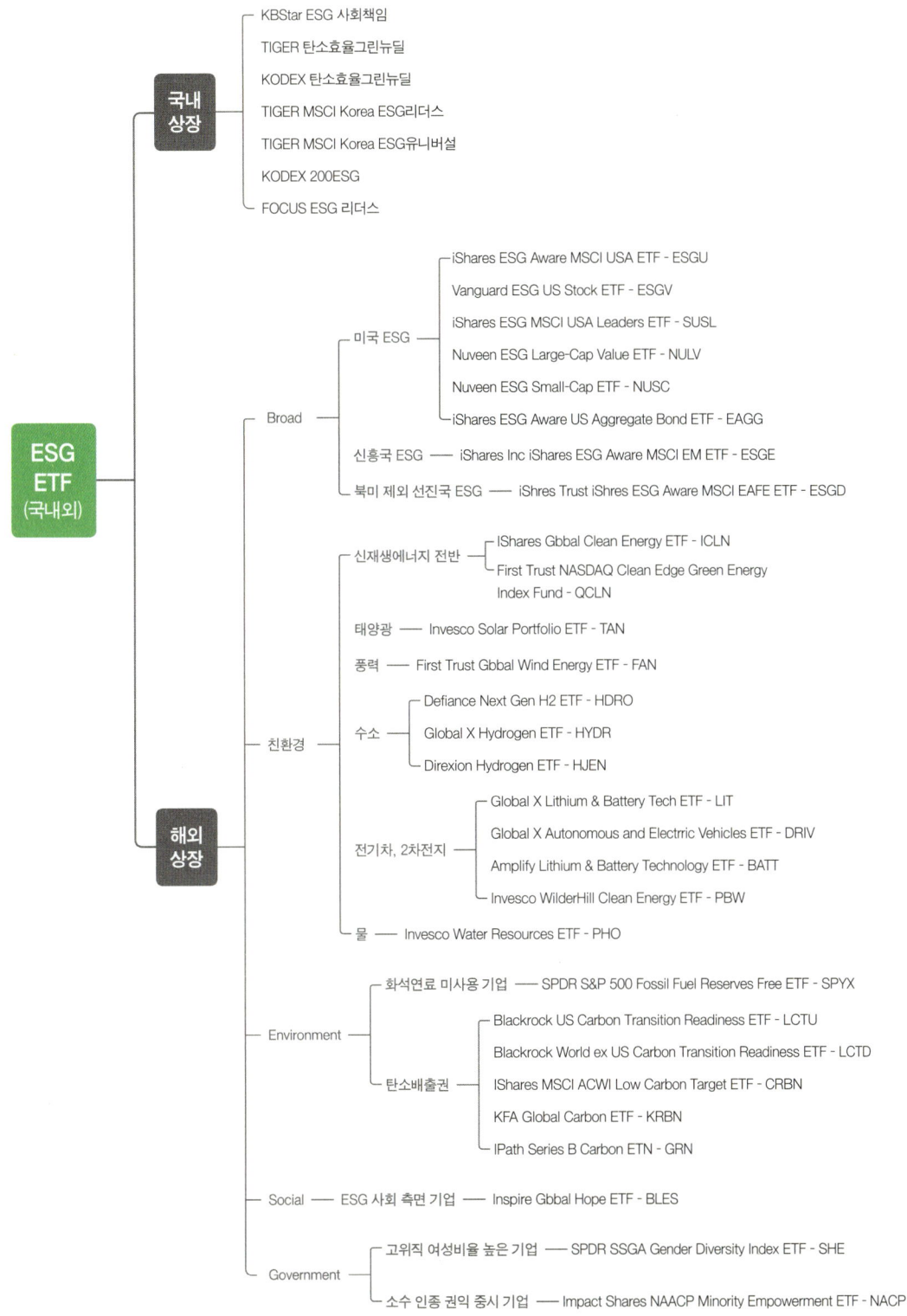

- **ESG ETF (국내외)**
  - **국내 상장**
    - KBStar ESG 사회책임
    - TIGER 탄소효율그린뉴딜
    - KODEX 탄소효율그린뉴딜
    - TIGER MSCI Korea ESG리더스
    - TIGER MSCI Korea ESG유니버설
    - KODEX 200ESG
    - FOCUS ESG 리더스
  - **해외 상장**
    - Broad
      - 미국 ESG
        - iShares ESG Aware MSCI USA ETF - ESGU
        - Vanguard ESG US Stock ETF - ESGV
        - iShares ESG MSCI USA Leaders ETF - SUSL
        - Nuveen ESG Large-Cap Value ETF - NULV
        - Nuveen ESG Small-Cap ETF - NUSC
        - iShares ESG Aware US Aggregate Bond ETF - EAGG
      - 신흥국 ESG
        - iShares Inc iShares ESG Aware MSCI EM ETF - ESGE
      - 북미 제외 선진국 ESG
        - iShres Trust iShres ESG Aware MSCI EAFE ETF - ESGD
    - 친환경
      - 신재생에너지 전반
        - IShares Gbbal Clean Energy ETF - ICLN
        - First Trust NASDAQ Clean Edge Green Energy Index Fund - QCLN
      - 태양광
        - Invesco Solar Portfolio ETF - TAN
      - 풍력
        - First Trust Gbbal Wind Energy ETF - FAN
      - 수소
        - Defiance Next Gen H2 ETF - HDRO
        - Global X Hydrogen ETF - HYDR
        - Direxion Hydrogen ETF - HJEN
      - 전기차, 2차전지
        - Global X Lithium & Battery Tech ETF - LIT
        - Global X Autonomous and Electrric Vehicles ETF - DRIV
        - Amplify Lithium & Battery Technology ETF - BATT
        - Invesco WilderHill Clean Energy ETF - PBW
      - 물
        - Invesco Water Resources ETF - PHO
    - Environment
      - 화석연료 미사용 기업
        - SPDR S&P 500 Fossil Fuel Reserves Free ETF - SPYX
      - 탄소배출권
        - Blackrock US Carbon Transition Readiness ETF - LCTU
        - Blackrock World ex US Carbon Transition Readiness ETF - LCTD
        - IShares MSCI ACWI Low Carbon Target ETF - CRBN
        - KFA Global Carbon ETF - KRBN
        - IPath Series B Carbon ETN - GRN
    - Social
      - ESG 사회 측면 기업
        - Inspire Gbbal Hope ETF - BLES
    - Government
      - 고위직 여성비율 높은 기업
        - SPDR SSGA Gender Diversity Index ETF - SHE
      - 소수 인종 권익 중시 기업
        - Impact Shares NAACP Minority Empowerment ETF - NACP

폐기물 산업

테마 밸류 체인

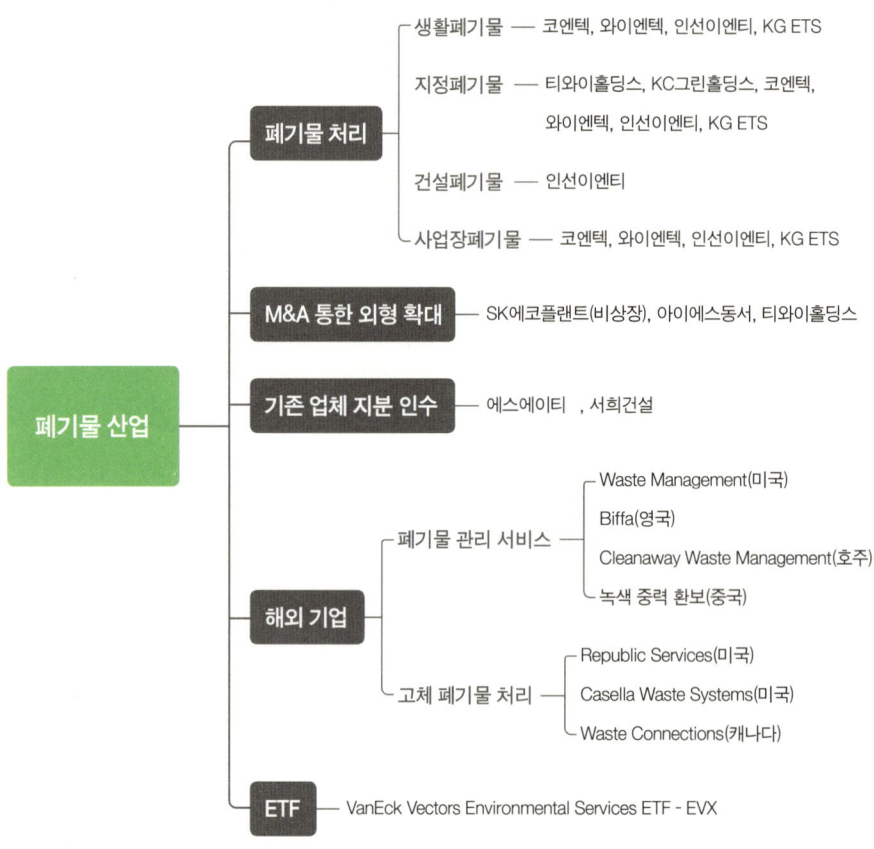

- **폐기물 산업**
  - **폐기물 처리**
    - 생활폐기물 — 코엔텍, 와이엔텍, 인선이엔티, KG ETS
    - 지정폐기물 — 티와이홀딩스, KC그린홀딩스, 코엔텍, 와이엔텍, 인선이엔티, KG ETS
    - 건설폐기물 — 인선이엔티
    - 사업장폐기물 — 코엔텍, 와이엔텍, 인선이엔티, KG ETS
  - **M&A 통한 외형 확대** — SK에코플랜트(비상장), 아이에스동서, 티와이홀딩스
  - **기존 업체 지분 인수** — 에스에이티 , 서희건설
  - **해외 기업**
    - 폐기물 관리 서비스
      - Waste Management(미국)
      - Biffa(영국)
      - Cleanaway Waste Management(호주)
      - 녹색 중력 환보(중국)
    - 고체 폐기물 처리
      - Republic Services(미국)
      - Casella Waste Systems(미국)
      - Waste Connections(캐나다)
  - **ETF** — VanEck Vectors Environmental Services ETF - EVX

03

K-반도체

반도체 전공정

반도체 후공정

반도체 전공정

테마 밸류 체인

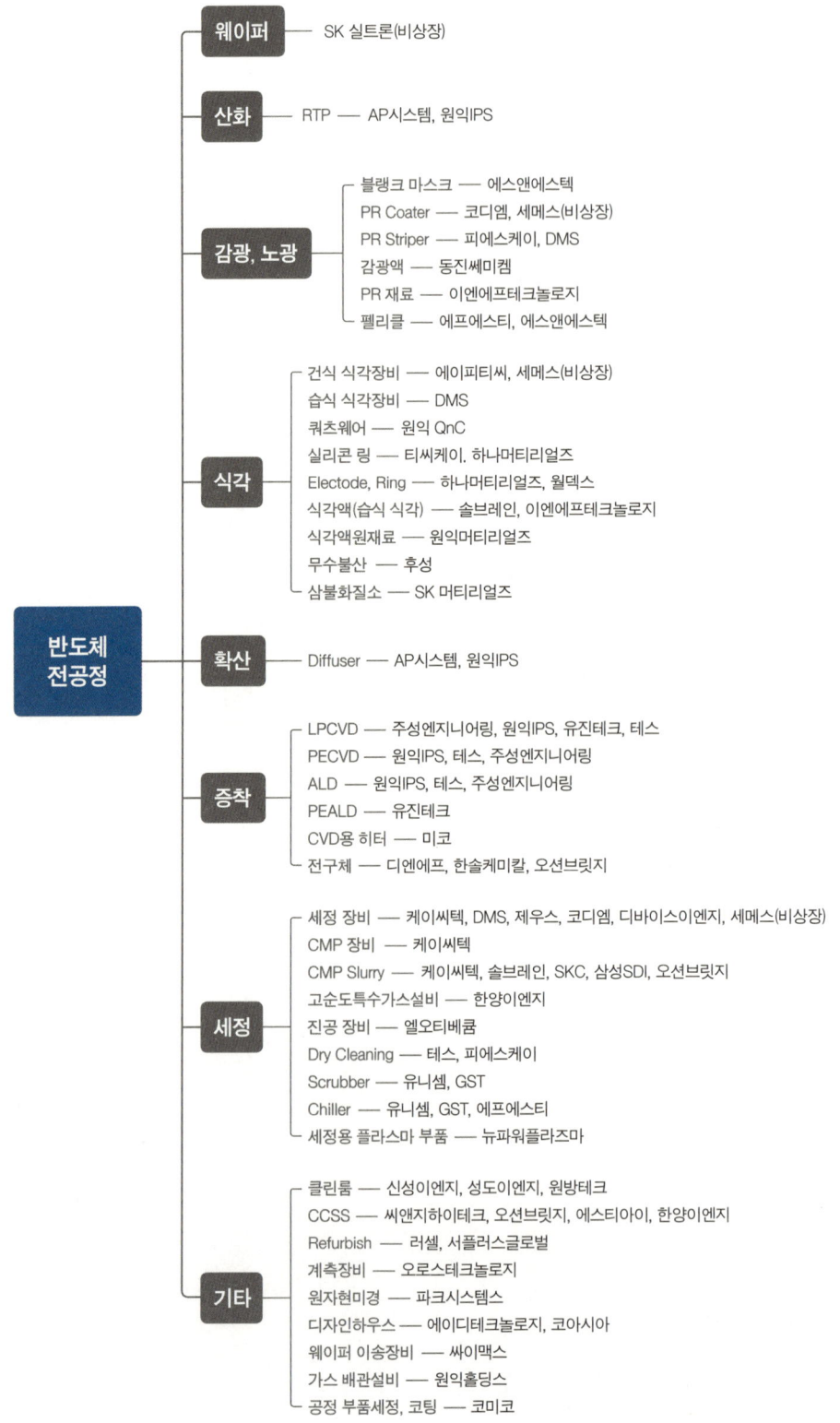

- 반도체 전공정
  - 웨이퍼 — SK 실트론(비상장)
  - 산화
    - RTP — AP시스템, 원익IPS
  - 감광, 노광
    - 블랭크 마스크 — 에스앤에스텍
    - PR Coater — 코디엠, 세메스(비상장)
    - PR Striper — 피에스케이, DMS
    - 감광액 — 동진쎄미켐
    - PR 재료 — 이엔에프테크놀로지
    - 펠리클 — 에프에스티, 에스앤에스텍
  - 식각
    - 건식 식각장비 — 에이피티씨, 세메스(비상장)
    - 습식 식각장비 — DMS
    - 쿼츠웨어 — 원익 QnC
    - 실리콘 링 — 티씨케이. 하나머티리얼즈
    - Electode, Ring — 하나머티리얼즈, 월덱스
    - 식각액(습식 식각) — 솔브레인, 이엔에프테크놀로지
    - 식각액원재료 — 원익머티리얼즈
    - 무수불산 — 후성
    - 삼불화질소 — SK 머티리얼즈
  - 확산
    - Diffuser — AP시스템, 원익IPS
  - 증착
    - LPCVD — 주성엔지니어링, 원익IPS, 유진테크, 테스
    - PECVD — 원익IPS, 테스, 주성엔지니어링
    - ALD — 원익IPS, 테스, 주성엔지니어링
    - PEALD — 유진테크
    - CVD용 히터 — 미코
    - 전구체 — 디엔에프, 한솔케미칼, 오션브릿지
  - 세정
    - 세정 장비 — 케이씨텍, DMS, 제우스, 코디엠, 디바이스이엔지, 세메스(비상장)
    - CMP 장비 — 케이씨텍
    - CMP Slurry — 케이씨텍, 솔브레인, SKC, 삼성SDI, 오션브릿지
    - 고순도특수가스설비 — 한양이엔지
    - 진공 장비 — 엘오티베큠
    - Dry Cleaning — 테스, 피에스케이
    - Scrubber — 유니셈, GST
    - Chiller — 유니셈, GST, 에프에스티
    - 세정용 플라스마 부품 — 뉴파워플라즈마
  - 기타
    - 클린룸 — 신성이엔지, 성도이엔지, 원방테크
    - CCSS — 씨앤지하이테크, 오션브릿지, 에스티아이, 한양이엔지
    - Refurbish — 러셀, 서플러스글로벌
    - 계측장비 — 오로스테크놀로지
    - 원자현미경 — 파크시스템스
    - 디자인하우스 — 에이디테크놀로지, 코아시아
    - 웨이퍼 이송장비 — 싸이맥스
    - 가스 배관설비 — 원익홀딩스
    - 공정 부품세정, 코팅 — 코미코

반도체 후공정

테마 밸류 체인

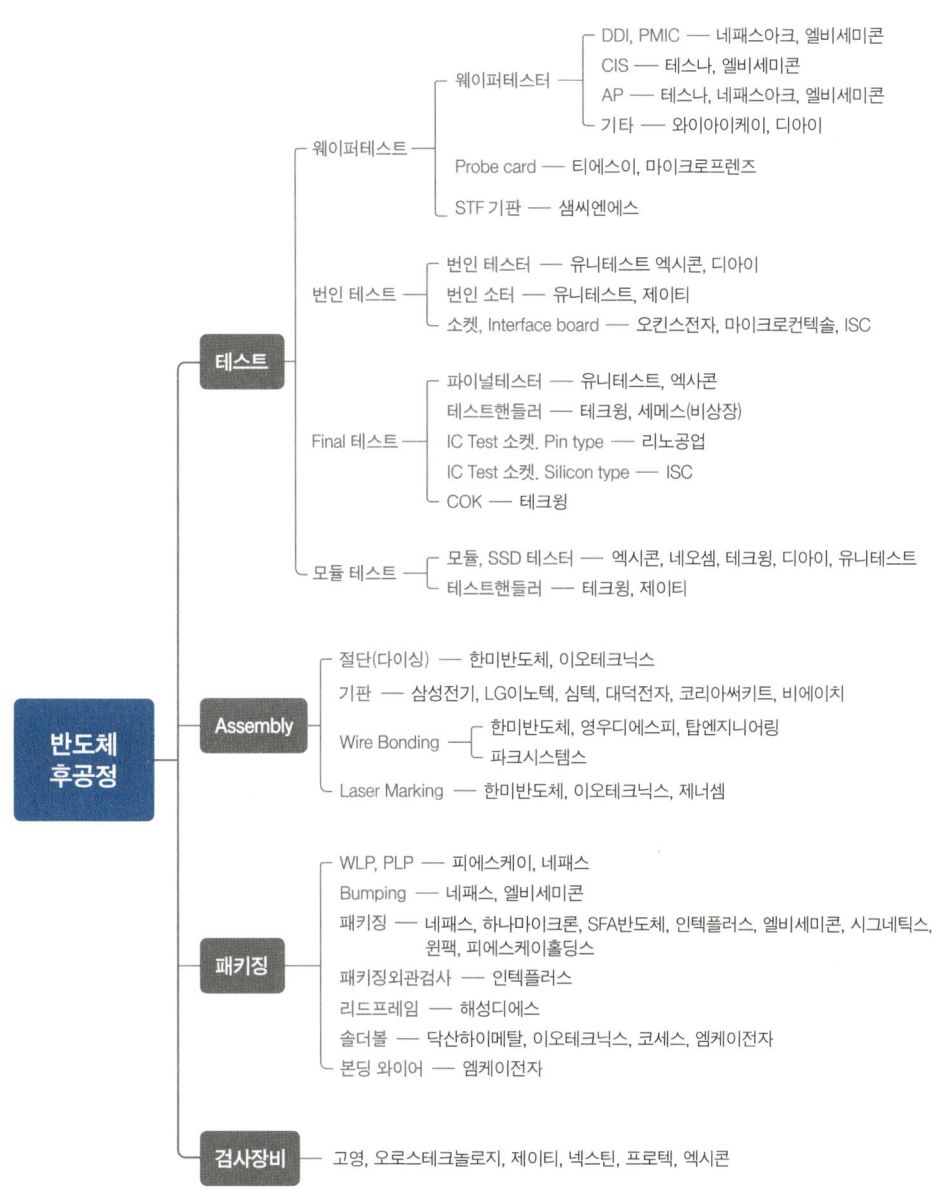

- **반도체 후공정**
  - **테스트**
    - 웨이퍼테스트
      - 웨이퍼테스터
        - DDI, PMIC — 네패스아크, 엘비세미콘
        - CIS — 테스나, 엘비세미콘
        - AP — 테스나, 네패스아크, 엘비세미콘
        - 기타 — 와이아이케이, 디아이
      - Probe card — 티에스이, 마이크로프렌즈
      - STF 기판 — 샘씨엔에스
    - 번인 테스트
      - 번인 테스터 — 유니테스트 엑시콘, 디아이
      - 번인 소터 — 유니테스트, 제이티
      - 소켓, Interface board — 오킨스전자, 마이크로컨텍솔, ISC
    - Final 테스트
      - 파이널테스터 — 유니테스트, 엑사콘
      - 테스트핸들러 — 테크윙, 세메스(비상장)
      - IC Test 소켓. Pin type — 리노공업
      - IC Test 소켓. Silicon type — ISC
      - COK — 테크윙
    - 모듈 테스트
      - 모듈, SSD 테스터 — 엑시콘, 네오셈, 테크윙, 디아이, 유니테스트
      - 테스트핸들러 — 테크윙, 제이티
  - **Assembly**
    - 절단(다이싱) — 한미반도체, 이오테크닉스
    - 기판 — 삼성전기, LG이노텍, 심텍, 대덕전자, 코리아써키트, 비에이치
    - Wire Bonding
      - 한미반도체, 영우디에스피, 탑엔지니어링
      - 파크시스템스
    - Laser Marking — 한미반도체, 이오테크닉스, 제너셈
  - **패키징**
    - WLP, PLP — 피에스케이, 네패스
    - Bumping — 네패스, 엘비세미콘
    - 패키징 — 네패스, 하나마이크론, SFA반도체, 인텍플러스, 엘비세미콘, 시그네틱스, 윈팩, 피에스케이홀딩스
    - 패키징외관검사 — 인텍플러스
    - 리드프레임 — 해성디에스
    - 솔더볼 — 덕산하이메탈, 이오테크닉스, 코세스, 엠케이전자
    - 본딩 와이어 — 엠케이전자
  - **검사장비** — 고영, 오로스테크놀로지, 제이티, 넥스틴, 프로텍, 엑시콘

- **기타**
  - 시스템반도체 파운드리 — DB하이텍
  - 시스템반도체 팹리스 — LX세미콘
  - 전력반도체 — 예스티

반도체

글로벌 주요 기업 및 ETF

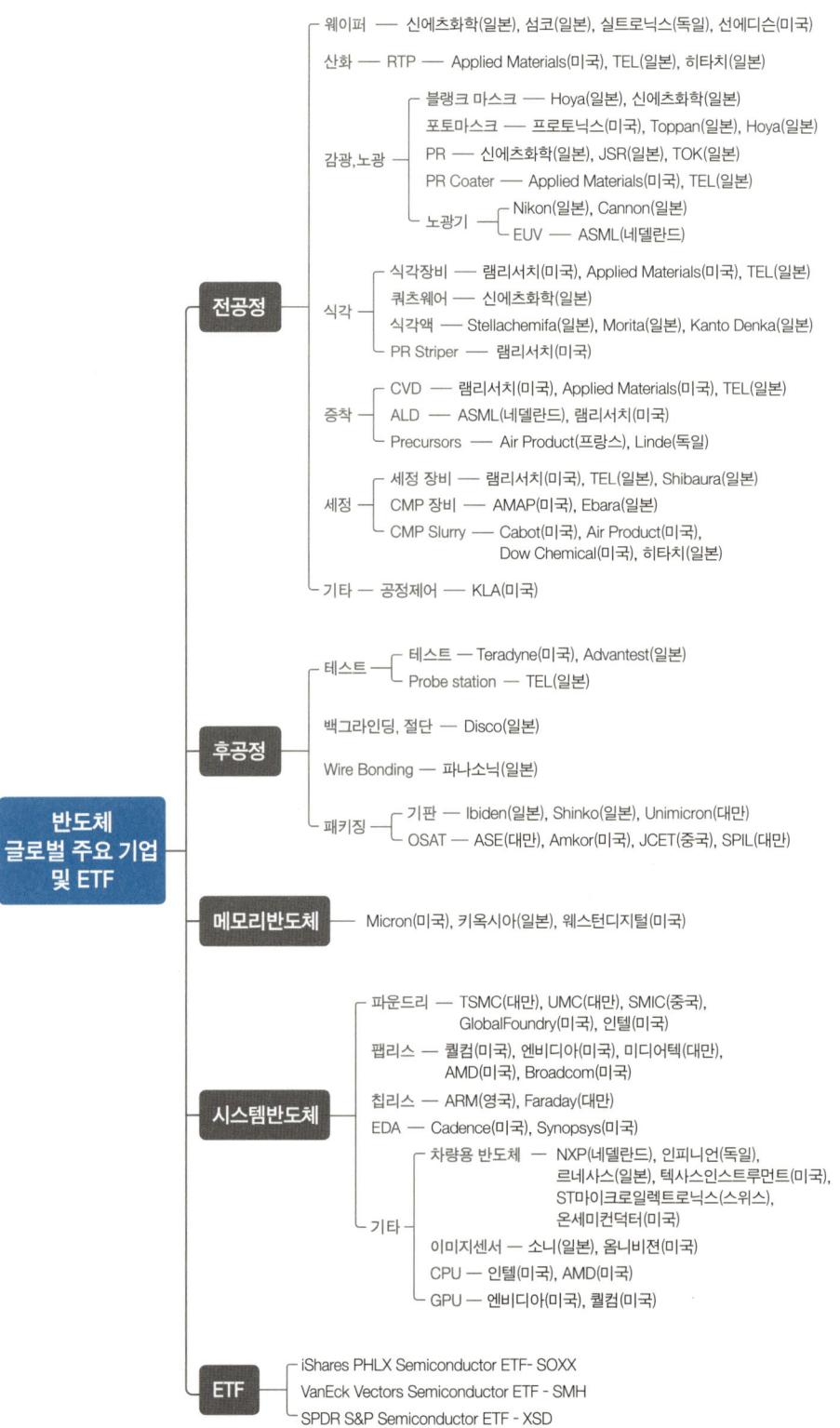

- **반도체 글로벌 주요 기업 및 ETF**
  - **전공정**
    - 웨이퍼 — 신에츠화학(일본), 섬코(일본), 실트로닉스(독일), 선에디슨(미국)
    - 산화 — RTP — Applied Materials(미국), TEL(일본), 히타치(일본)
    - 감광,노광
      - 블랭크 마스크 — Hoya(일본), 신에츠화학(일본)
      - 포토마스크 — 프로토닉스(미국), Toppan(일본), Hoya(일본)
      - PR — 신에츠화학(일본), JSR(일본), TOK(일본)
      - PR Coater — Applied Materials(미국), TEL(일본)
      - 노광기
        - Nikon(일본), Cannon(일본)
        - EUV — ASML(네델란드)
    - 식각
      - 식각장비 — 램리서치(미국), Applied Materials(미국), TEL(일본)
      - 쿼츠웨어 — 신에츠화학(일본)
      - 식각액 — Stellachemifa(일본), Morita(일본), Kanto Denka(일본)
      - PR Striper — 램리서치(미국)
    - 증착
      - CVD — 램리서치(미국), Applied Materials(미국), TEL(일본)
      - ALD — ASML(네델란드), 램리서치(미국)
      - Precursors — Air Product(프랑스), Linde(독일)
    - 세정
      - 세정 장비 — 램리서치(미국), TEL(일본), Shibaura(일본)
      - CMP 장비 — AMAP(미국), Ebara(일본)
      - CMP Slurry — Cabot(미국), Air Product(미국), Dow Chemical(미국), 히타치(일본)
    - 기타 — 공정제어 — KLA(미국)
  - **후공정**
    - 테스트
      - 테스트 — Teradyne(미국), Advantest(일본)
      - Probe station — TEL(일본)
    - 백그라인딩, 절단 — Disco(일본)
    - Wire Bonding — 파나소닉(일본)
    - 패키징
      - 기판 — Ibiden(일본), Shinko(일본), Unimicron(대만)
      - OSAT — ASE(대만), Amkor(미국), JCET(중국), SPIL(대만)
  - **메모리반도체** — Micron(미국), 키옥시아(일본), 웨스턴디지털(미국)
  - **시스템반도체**
    - 파운드리 — TSMC(대만), UMC(대만), SMIC(중국), GlobalFoundry(미국), 인텔(미국)
    - 팹리스 — 퀄컴(미국), 엔비디아(미국), 미디어텍(대만), AMD(미국), Broadcom(미국)
    - 칩리스 — ARM(영국), Faraday(대만)
    - EDA — Cadence(미국), Synopsys(미국)
    - 기타
      - 차량용 반도체 — NXP(네델란드), 인피니언(독일), 르네사스(일본), 텍사스인스트루먼트(미국), ST마이크로일렉트로닉스(스위스), 온세미컨덕터(미국)
      - 이미지센서 — 소니(일본), 옴니비젼(미국)
      - CPU — 인텔(미국), AMD(미국)
      - GPU — 엔비디아(미국), 퀄컴(미국)
  - **ETF**
    - iShares PHLX Semiconductor ETF- SOXX
    - VanEck Vectors Semiconductor ETF - SMH
    - SPDR S&P Semiconductor ETF - XSD

04

K-콘텐츠

게임

엔터테인먼트·미디어 콘텐츠·웹툰

게임

테마 밸류 체인

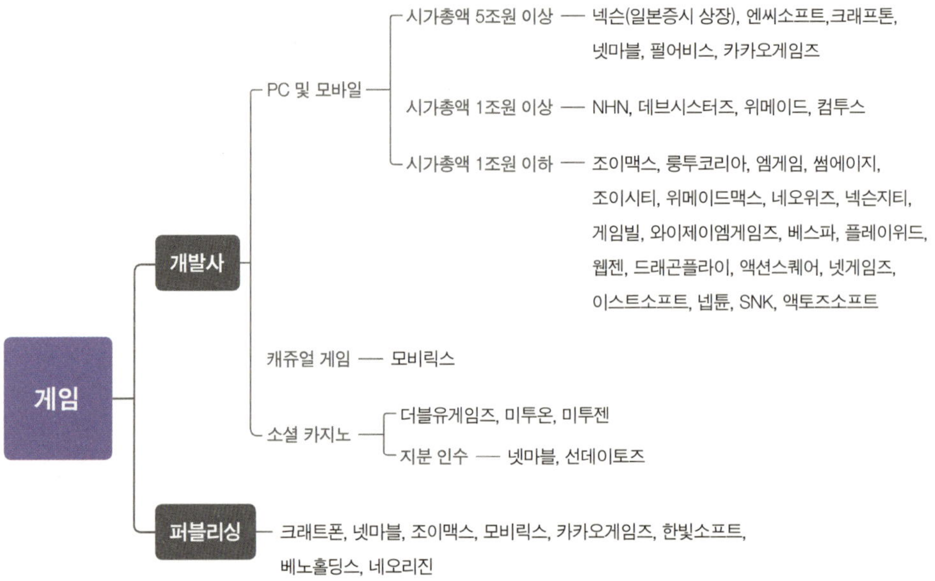

글로벌 주요 기업 및 ETF

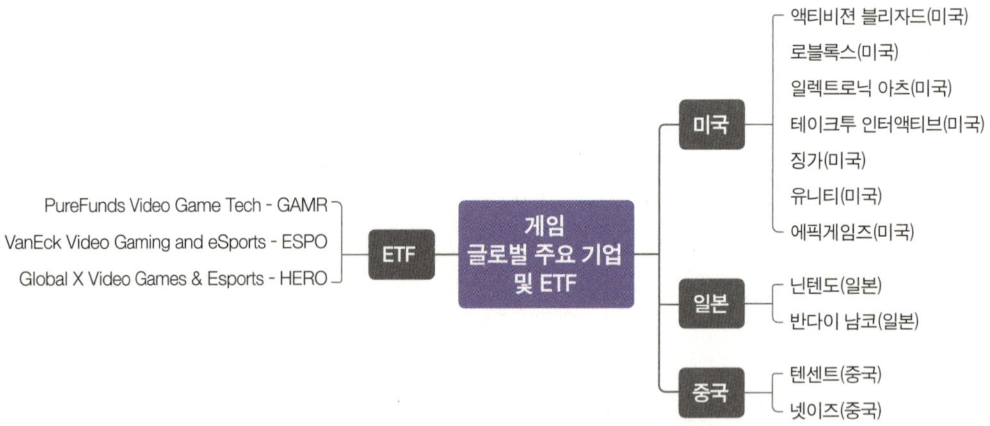

엔터테인먼트·미디어 콘텐츠·웹툰

테마 밸류 체인

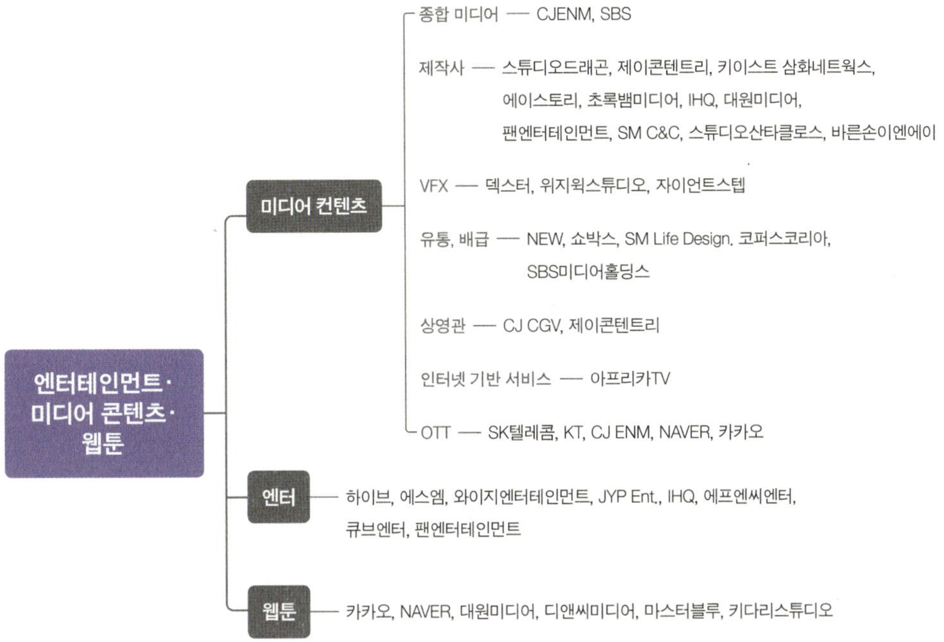
엔터테인먼트·미디어 콘텐츠·웹툰
미디어 컨텐츠
종합 미디어 — CJENM, SBS
제작사 — 스튜디오드래곤, 제이콘텐트리, 키이스트 삼화네트웍스, 에이스토리, 초록뱀미디어, IHQ, 대원미디어, 팬엔터테인먼트, SM C&C, 스튜디오산타클로스, 바른손이엔에이
VFX — 덱스터, 위지윅스튜디오, 자이언트스텝
유통, 배급 — NEW, 쇼박스, SM Life Design, 코퍼스코리아, SBS미디어홀딩스
상영관 — CJ CGV, 제이콘텐트리
인터넷 기반 서비스 — 아프리카TV
OTT — SK텔레콤, KT, CJ ENM, NAVER, 카카오
엔터
하이브, 에스엠, 와이지엔터테인먼트, JYP Ent., IHQ, 에프엔씨엔터, 큐브엔터, 팬엔터테인먼트
웹툰
카카오, NAVER, 대원미디어, 디앤씨미디어, 마스터블루, 키다리스튜디오

글로벌 주요 기업 및 ETF

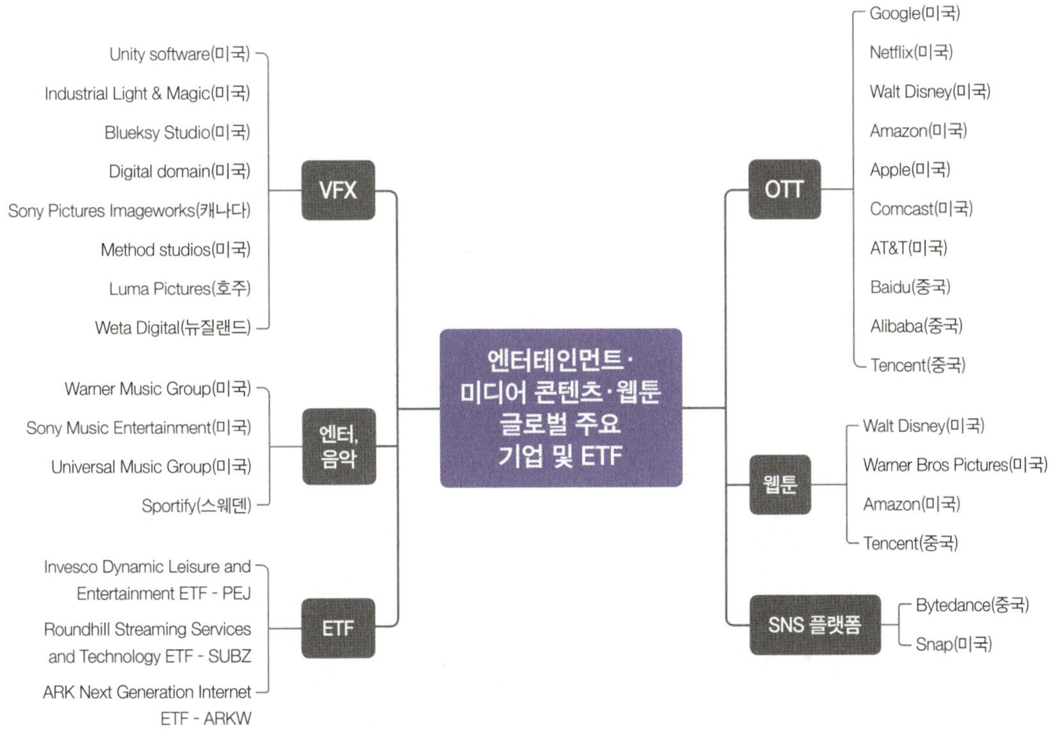
엔터테인먼트·미디어 콘텐츠·웹툰 글로벌 주요 기업 및 ETF
VFX
Unity software(미국)
Industrial Light & Magic(미국)
Blueksy Studio(미국)
Digital domain(미국)
Sony Pictures Imageworks(캐나다)
Method studios(미국)
Luma Pictures(호주)
Weta Digital(뉴질랜드)
엔터, 음악
Warner Music Group(미국)
Sony Music Entertainment(미국)
Universal Music Group(미국)
Sportify(스웨덴)
ETF
Invesco Dynamic Leisure and Entertainment ETF - PEJ
Roundhill Streaming Services and Technology ETF - SUBZ
ARK Next Generation Internet ETF - ARKW
OTT
Google(미국)
Netflix(미국)
Walt Disney(미국)
Amazon(미국)
Apple(미국)
Comcast(미국)
AT&T(미국)
Baidu(중국)
Alibaba(중국)
Tencent(중국)
웹툰
Walt Disney(미국)
Warner Bros Pictures(미국)
Amazon(미국)
Tencent(중국)
SNS 플랫폼
Bytedance(중국)
Snap(미국)

05

K-바이오/헬스케어

원격의료

코로나19 백신·코로나19 치료제·원격 산업

바이오시밀러·CMO

의료기기

항암제·치료제

마이크로바이옴

건강기능식품

보툴리늄톡신

원격의료

테마 밸류 체인

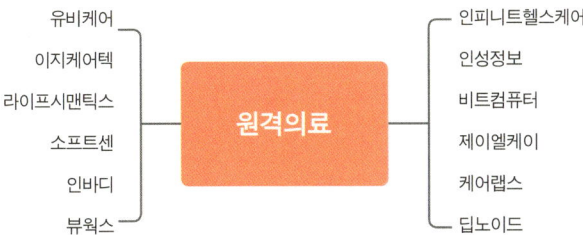

- 원격의료
  - 유비케어
  - 이지케어텍
  - 라이프시맨틱스
  - 소프트센
  - 인바디
  - 뷰웍스
  - 인피니트헬스케어
  - 인성정보
  - 비트컴퓨터
  - 제이엘케이
  - 케어랩스
  - 딥노이드

글로벌 주요 기업 및 ETF

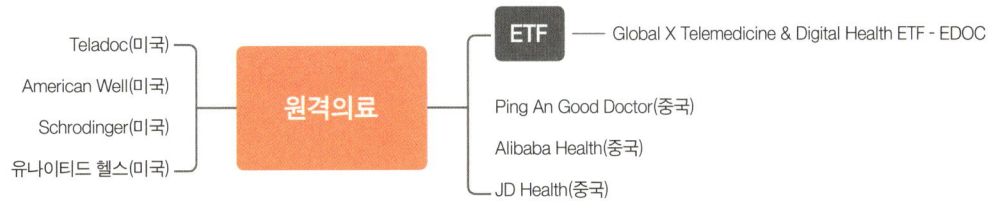

- 원격의료
  - Teladoc(미국)
  - American Well(미국)
  - Schrodinger(미국)
  - 유나이티드 헬스(미국)
  - ETF — Global X Telemedicine & Digital Health ETF - EDOC
  - Ping An Good Doctor(중국)
  - Alibaba Health(중국)
  - JD Health(중국)

코로나19 백신·코로나19 치료제·원격 산업

테마 밸류 체인

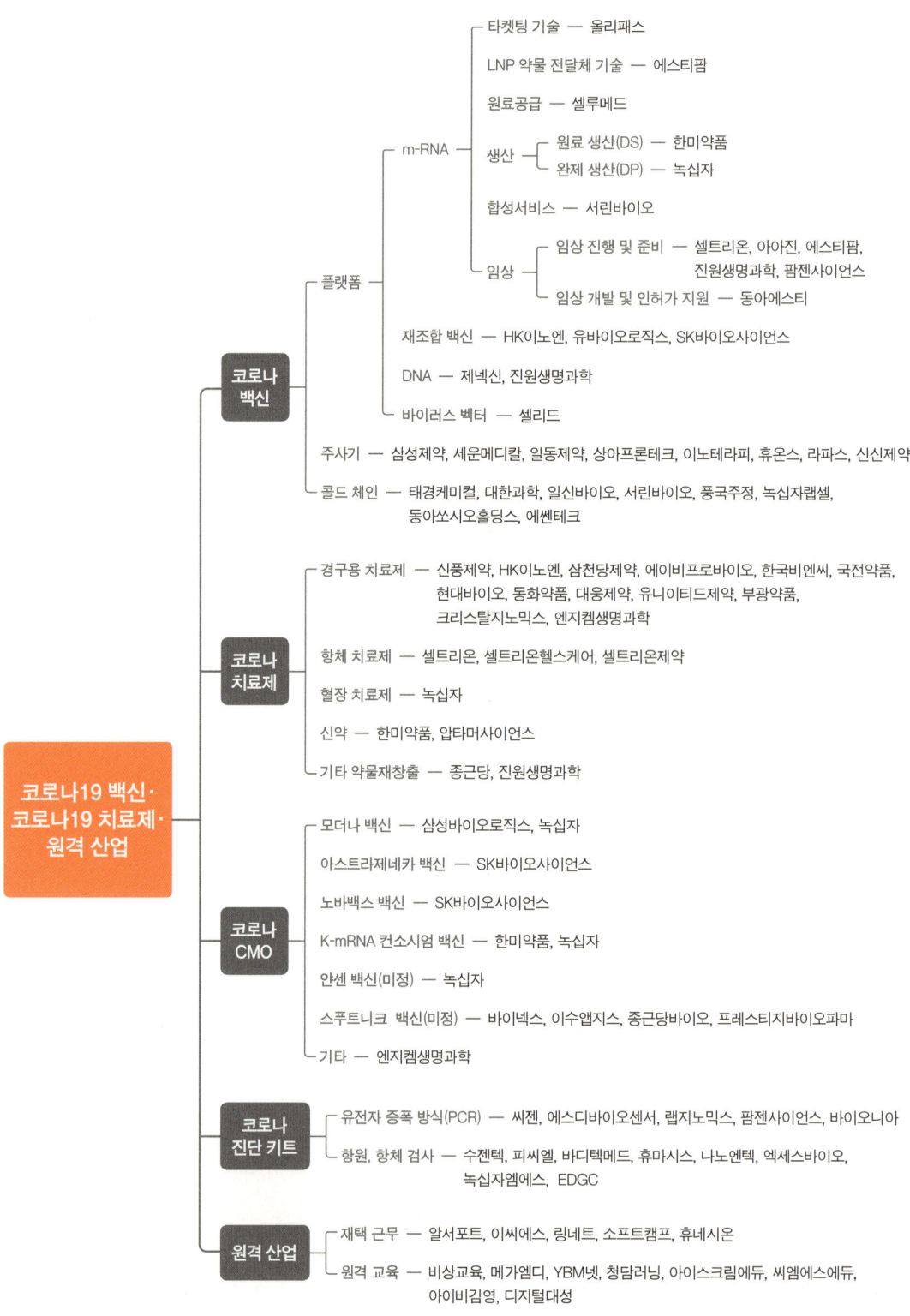

- 코로나19 백신·코로나19 치료제·원격 산업
  - 코로나 백신
    - 플랫폼
      - m-RNA
        - 타켓팅 기술 — 올리패스
        - LNP 약물 전달체 기술 — 에스티팜
        - 원료공급 — 셀루메드
        - 생산
          - 원료 생산(DS) — 한미약품
          - 완제 생산(DP) — 녹십자
        - 합성서비스 — 서린바이오
        - 임상
          - 임상 진행 및 준비 — 셀트리온, 아아진, 에스티팜, 진원생명과학, 팜젠사이언스
          - 임상 개발 및 인허가 지원 — 동아에스티
      - 재조합 백신 — HK이노엔, 유바이오로직스, SK바이오사이언스
      - DNA — 제넥신, 진원생명과학
      - 바이러스 벡터 — 셀리드
    - 주사기 — 삼성제약, 세운메디칼, 일동제약, 상아프론테크, 이노테라피, 휴온스, 라파스, 신신제약
    - 콜드 체인 — 태경케미컬, 대한과학, 일신바이오, 서린바이오, 풍국주정, 녹십자랩셀, 동아쏘시오홀딩스, 에쎈테크
  - 코로나 치료제
    - 경구용 치료제 — 신풍제약, HK이노엔, 삼천당제약, 에이비프로바이오, 한국비엔씨, 국전약품, 현대바이오, 동화약품, 대웅제약, 유니이티드제약, 부광약품, 크리스탈지노믹스, 엔지켐생명과학
    - 항체 치료제 — 셀트리온, 셀트리온헬스케어, 셀트리온제약
    - 혈장 치료제 — 녹십자
    - 신약 — 한미약품, 압타머사이언스
    - 기타 약물재창출 — 종근당, 진원생명과학
  - 코로나 CMO
    - 모더나 백신 — 삼성바이오로직스, 녹십자
    - 아스트라제네카 백신 — SK바이오사이언스
    - 노바백스 백신 — SK바이오사이언스
    - K-mRNA 컨소시엄 백신 — 한미약품, 녹십자
    - 얀센 백신(미정) — 녹십자
    - 스푸트니크 백신(미정) — 바이넥스, 이수앱지스, 종근당바이오, 프레스티지바이오파마
    - 기타 — 엔지켐생명과학
  - 코로나 진단 키트
    - 유전자 증폭 방식(PCR) — 씨젠, 에스디바이오센서, 랩지노믹스, 팜젠사이언스, 바이오니아
    - 항원, 항체 검사 — 수젠텍, 피씨엘, 바디텍메드, 휴마시스, 나노엔텍, 엑세스바이오, 녹십자엠에스, EDGC
  - 원격 산업
    - 재택 근무 — 알서포트, 이씨에스, 링네트, 소프트캠프, 휴네시온
    - 원격 교육 — 비상교육, 메가엠디, YBM넷, 청담러닝, 아이스크림에듀, 씨엠에스에듀, 아이비김영, 디지털대성

글로벌 주요 기업 및 ETF

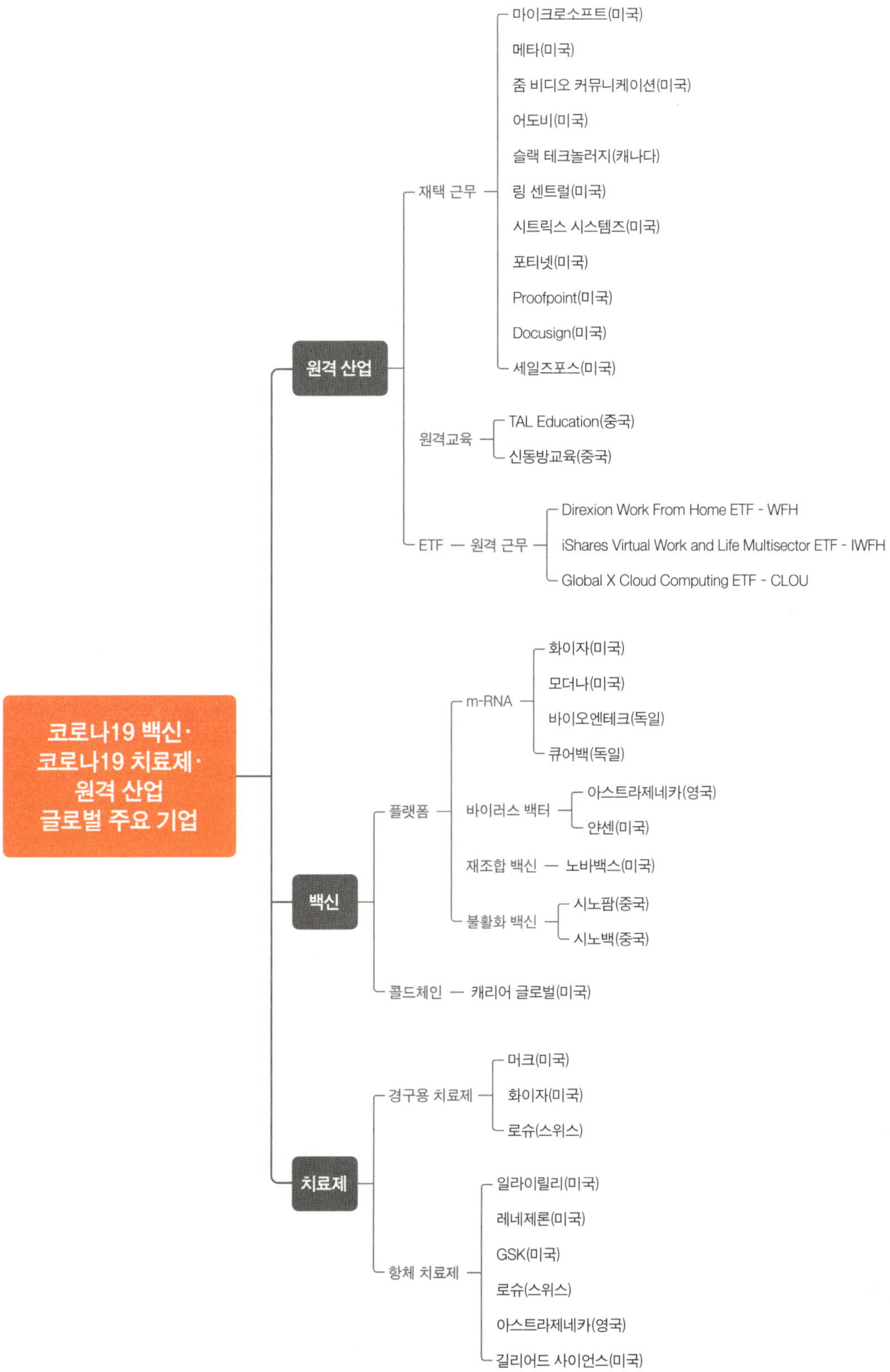

바이오시밀러·CMO

테마 밸류 체인

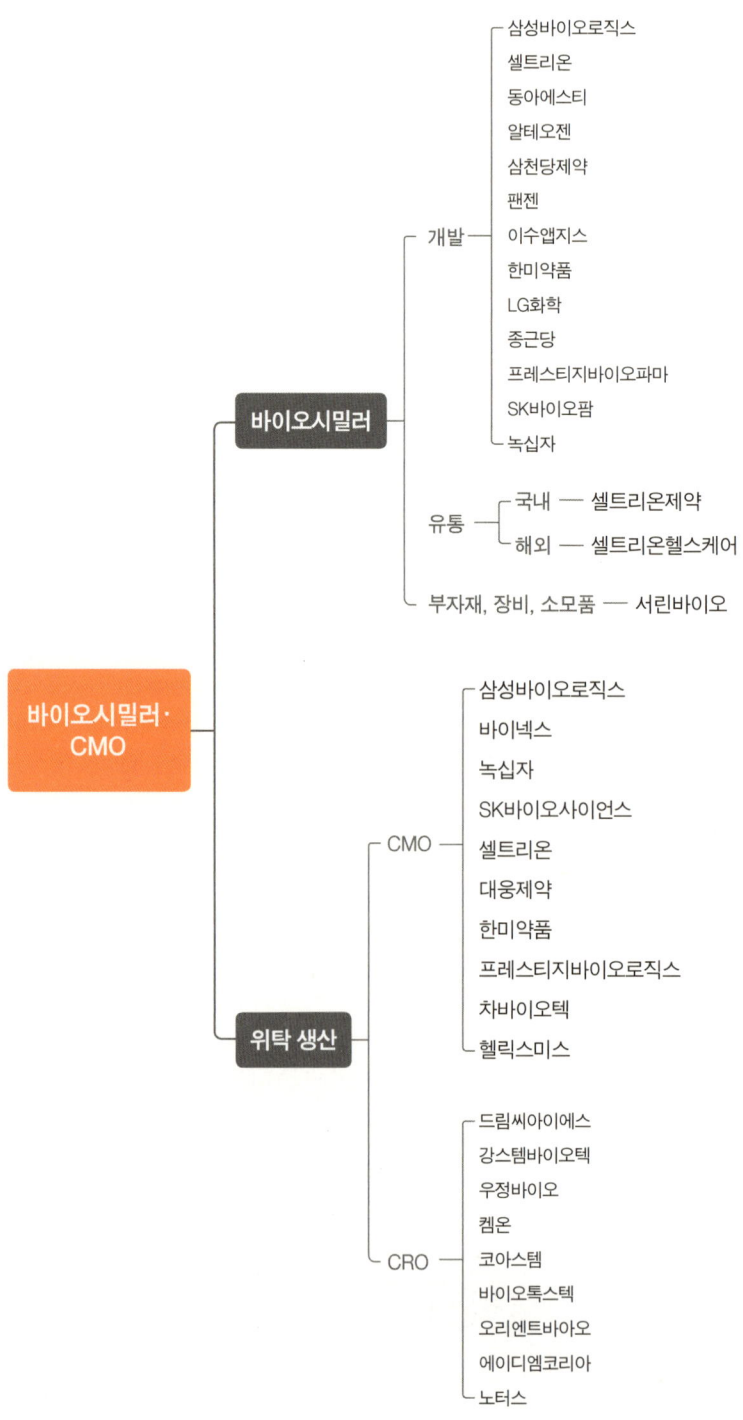

- 바이오시밀러·CMO
  - 바이오시밀러
    - 개발
      - 삼성바이오로직스
      - 셀트리온
      - 동아에스티
      - 알테오젠
      - 삼천당제약
      - 팬젠
      - 이수앱지스
      - 한미약품
      - LG화학
      - 종근당
      - 프레스티지바이오파마
      - SK바이오팜
      - 녹십자
    - 유통
      - 국내 — 셀트리온제약
      - 해외 — 셀트리온헬스케어
    - 부자재, 장비, 소모품 — 서린바이오
  - 위탁 생산
    - CMO
      - 삼성바이오로직스
      - 바이넥스
      - 녹십자
      - SK바이오사이언스
      - 셀트리온
      - 대웅제약
      - 한미약품
      - 프레스티지바이오로직스
      - 차바이오텍
      - 헬릭스미스
    - CRO
      - 드림씨아이에스
      - 강스템바이오텍
      - 우정바이오
      - 켐온
      - 코아스템
      - 바이오톡스텍
      - 오리엔트바이오
      - 에이디엠코리아
      - 노터스

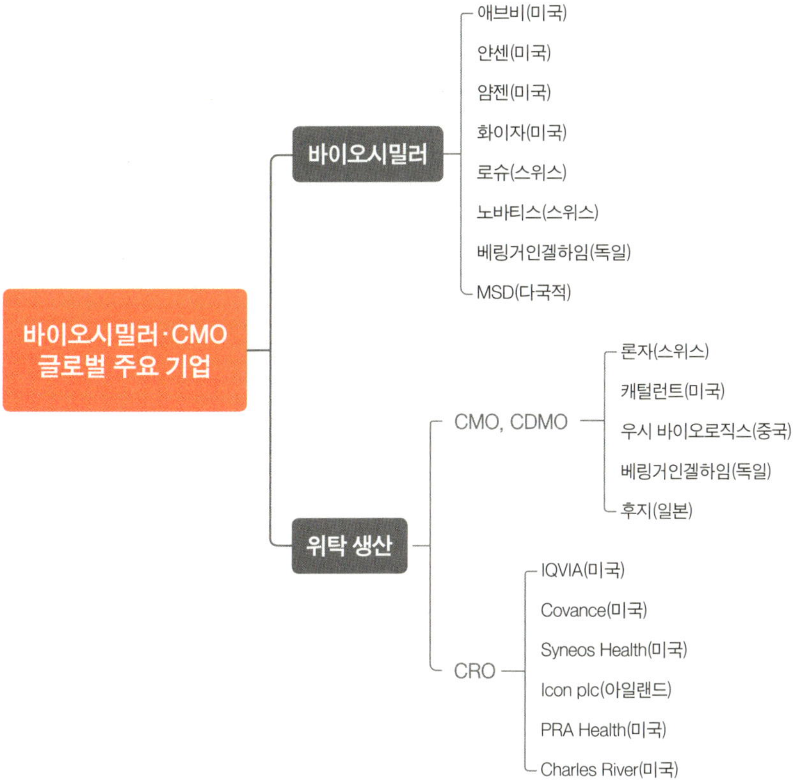
바이오시밀러·CMO
글로벌 주요 기업
바이오시밀러
애브비(미국)
얀센(미국)
암젠(미국)
화이자(미국)
로슈(스위스)
노바티스(스위스)
베링거인겔하임(독일)
MSD(다국적)
위탁 생산
CMO, CDMO
론자(스위스)
캐털런트(미국)
우시 바이오로직스(중국)
베링거인겔하임(독일)
후지(일본)
CRO
IQVIA(미국)
Covance(미국)
Syneos Health(미국)
Icon plc(아일랜드)
PRA Health(미국)
Charles River(미국)

의료기기

테마 밸류 체인

의료기기
수술/시술/치료
원익, 루트로닉, 고영, 세종메디칼
큐렉소, 메타바이오메드, 세운메디칼
셀루메드, 유앤아이, 엘앤케이바이오
오스테오닉, 티앤알바이오팹, 코렌텍
인트로메딕, 엘앤씨바이오, 티앤엘
이노테라피, 한스바이오메드, 엠아이텍
체성분분석기, 자동혈압계
인바디
셀바스헬스케어
재활
네오펙트
큐렉소
뇌/신경
리메드
웨어러블
이오플로우
스마트의료, 의료정보, 자동화, 시스템
유비케어
이지케어텍
비트컴퓨터
케어랩스
제이브이엠
드림텍
뷰노
외장재 및 구조물
파버나인
미용 (에스테틱)
클래시스
제이시스메디칼
하이로닉
이루다
비올
루트로닉
필러
바이오 플러스
케어젠
휴젤
제테마
파마리서치
휴메딕스
메디톡스
치과(덴탈)
X-Ray
바텍
레이
제노레이
임플란트, 치과용 의료기기 및 재료
디오
덴티움
덴티스
오스템임플란트
신흥
오스코텍
메타바이오메드
나이벡
X-Ray
디알젬
제노레이
디알텍
부품(디텍터)
뷰웍스
레이언스
디알텍
s/w
제이엘케이
뷰노
인피니트헬스케어
AI의료기기
AI영상진단
딥노이드
뷰노
제이엘케이
AI신약개발
신테카바이오
심장 제세동기
메디아나
씨유메디칼
안과
휴비츠
인터로조
초음파진단기
피제이전자
리노공업
인공호흡기
멕아이씨에스
환자감시장치
멕아이씨에스
메디아나
체외진단/바이오센서
씨젠, 바디텍메드, 아이센스
엔케이맥스, 마크로젠, 제놀루션
녹십자엠에스, 나노엔텍, 파나진
랩지노믹스, 디엔에이링크
지노믹트리, 미코바이오메드
엔젠바이오, EDGC, 클리노믹스
인트론바이오, 테라젠이텍스,
에스디바이오센서
바이오니아, 파나진, 진매트릭스
휴마시스, 피씨엘, 마이크로디지탈
엑세스바이오, 퀀타메트릭스, 젠큐릭스
수젠텍, 싸이토젠, 피플바이오, 퓨쳐켐

글로벌 주요 기업 및 ETF

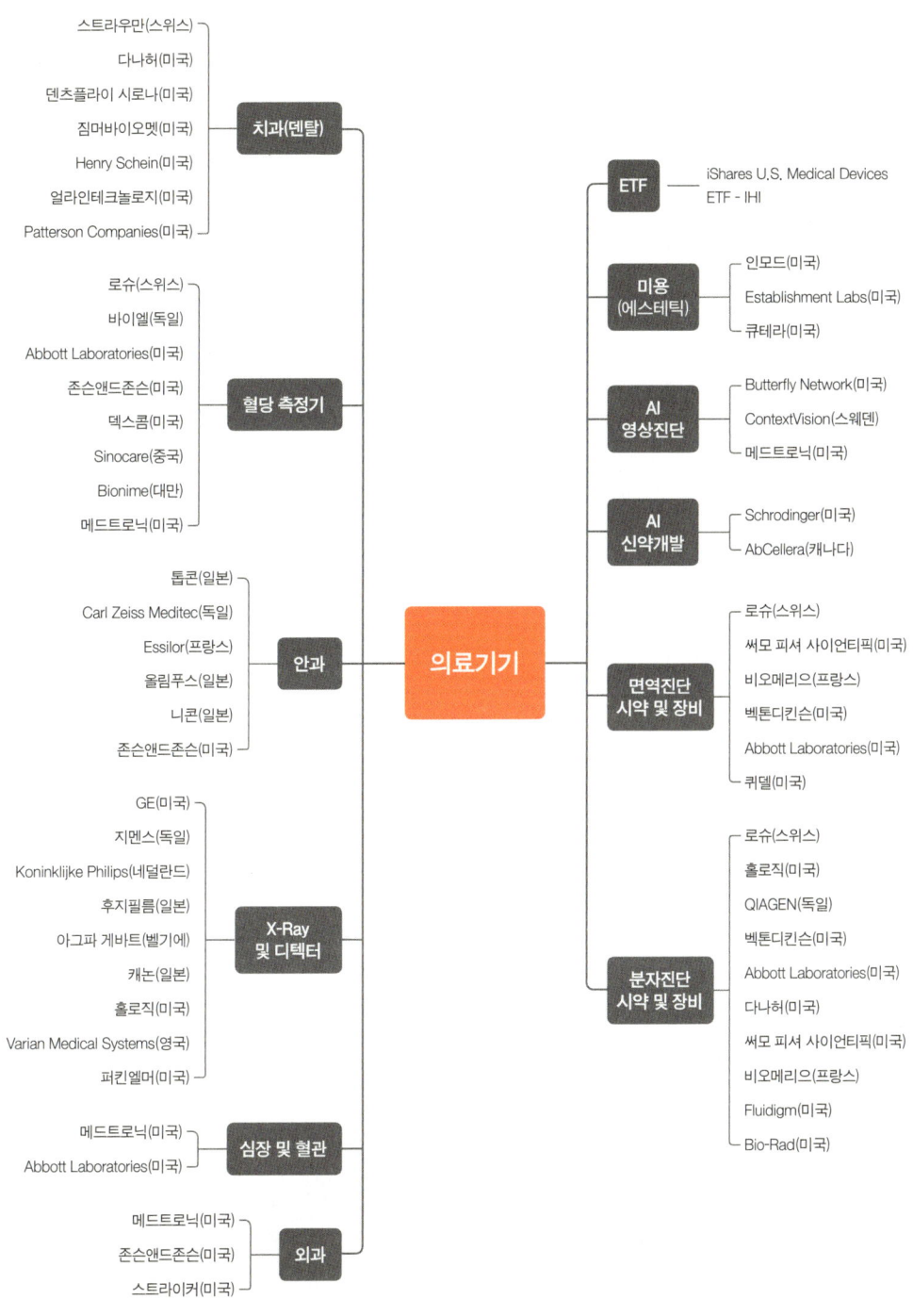

- 의료기기
  - 치과(덴탈)
    - 스트라우만(스위스)
    - 다나허(미국)
    - 덴츠플라이 시로나(미국)
    - 짐머바이오멧(미국)
    - Henry Schein(미국)
    - 얼라인테크놀로지(미국)
    - Patterson Companies(미국)
  - 혈당 측정기
    - 로슈(스위스)
    - 바이엘(독일)
    - Abbott Laboratories(미국)
    - 존슨앤드존슨(미국)
    - 덱스콤(미국)
    - Sinocare(중국)
    - Bionime(대만)
    - 메드트로닉(미국)
  - 안과
    - 톱콘(일본)
    - Carl Zeiss Meditec(독일)
    - Essilor(프랑스)
    - 올림푸스(일본)
    - 니콘(일본)
    - 존슨앤드존슨(미국)
  - X-Ray 및 디텍터
    - GE(미국)
    - 지멘스(독일)
    - Koninklijke Philips(네덜란드)
    - 후지필름(일본)
    - 아그파 게바트(벨기에)
    - 캐논(일본)
    - 홀로직(미국)
    - Varian Medical Systems(영국)
    - 퍼킨엘머(미국)
  - 심장 및 혈관
    - 메드트로닉(미국)
    - Abbott Laboratories(미국)
  - 외과
    - 메드트로닉(미국)
    - 존슨앤드존슨(미국)
    - 스트라이커(미국)
  - ETF
    - iShares U.S. Medical Devices ETF - IHI
  - 미용(에스테틱)
    - 인모드(미국)
    - Establishment Labs(미국)
    - 큐테라(미국)
  - AI 영상진단
    - Butterfly Network(미국)
    - ContextVision(스웨덴)
    - 메드트로닉(미국)
  - AI 신약개발
    - Schrodinger(미국)
    - AbCellera(캐나다)
  - 면역진단 시약 및 장비
    - 로슈(스위스)
    - 써모 피셔 사이언티픽(미국)
    - 비오메리으(프랑스)
    - 벡톤디킨슨(미국)
    - Abbott Laboratories(미국)
    - 퀴델(미국)
  - 분자진단 시약 및 장비
    - 로슈(스위스)
    - 홀로직(미국)
    - QIAGEN(독일)
    - 벡톤디킨슨(미국)
    - Abbott Laboratories(미국)
    - 다나허(미국)
    - 써모 피셔 사이언티픽(미국)
    - 비오메리으(프랑스)
    - Fluidigm(미국)
    - Bio-Rad(미국)

항암제·치료제

테마 밸류 체인

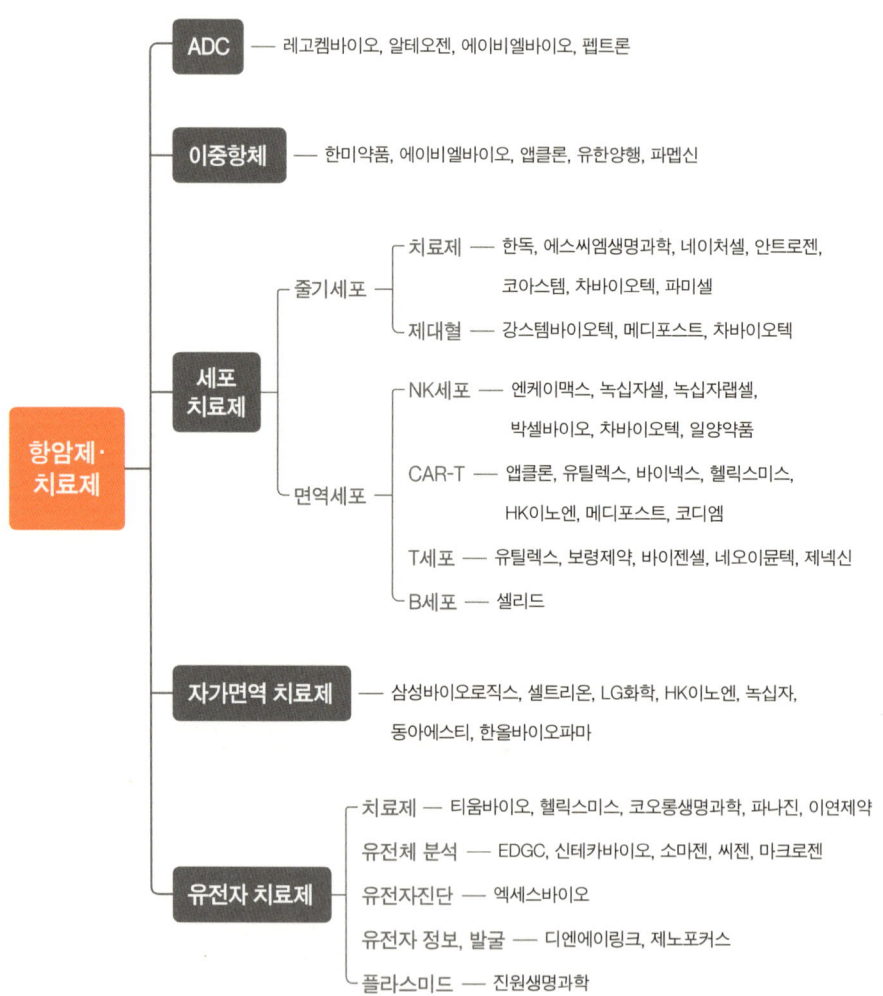

- 항암제·치료제
  - ADC — 레고켐바이오, 알테오젠, 에이비엘바이오, 펩트론
  - 이중항체 — 한미약품, 에이비엘바이오, 앱클론, 유한양행, 파멥신
  - 세포 치료제
    - 줄기세포
      - 치료제 — 한독, 에스씨엠생명과학, 네이처셀, 안트로젠, 코아스템, 차바이오텍, 파미셀
      - 제대혈 — 강스템바이오텍, 메디포스트, 차바이오텍
    - 면역세포
      - NK세포 — 엔케이맥스, 녹십자셀, 녹십자랩셀, 박셀바이오, 차바이오텍, 일양약품
      - CAR-T — 앱클론, 유틸렉스, 바이넥스, 헬릭스미스, HK이노엔, 메디포스트, 코디엠
      - T세포 — 유틸렉스, 보령제약, 바이젠셀, 네오이뮨텍, 제넥신
      - B세포 — 셀리드
  - 자가면역 치료제 — 삼성바이오로직스, 셀트리온, LG화학, HK이노엔, 녹십자, 동아에스티, 한올바이오파마
  - 유전자 치료제
    - 치료제 — 티움바이오, 헬릭스미스, 코오롱생명과학, 파나진, 이연제약
    - 유전체 분석 — EDGC, 신테카바이오, 소마젠, 씨젠, 마크로젠
    - 유전자진단 — 엑세스바이오
    - 유전자 정보, 발굴 — 디엔에이링크, 제노포커스
    - 플라스미드 — 진원생명과학

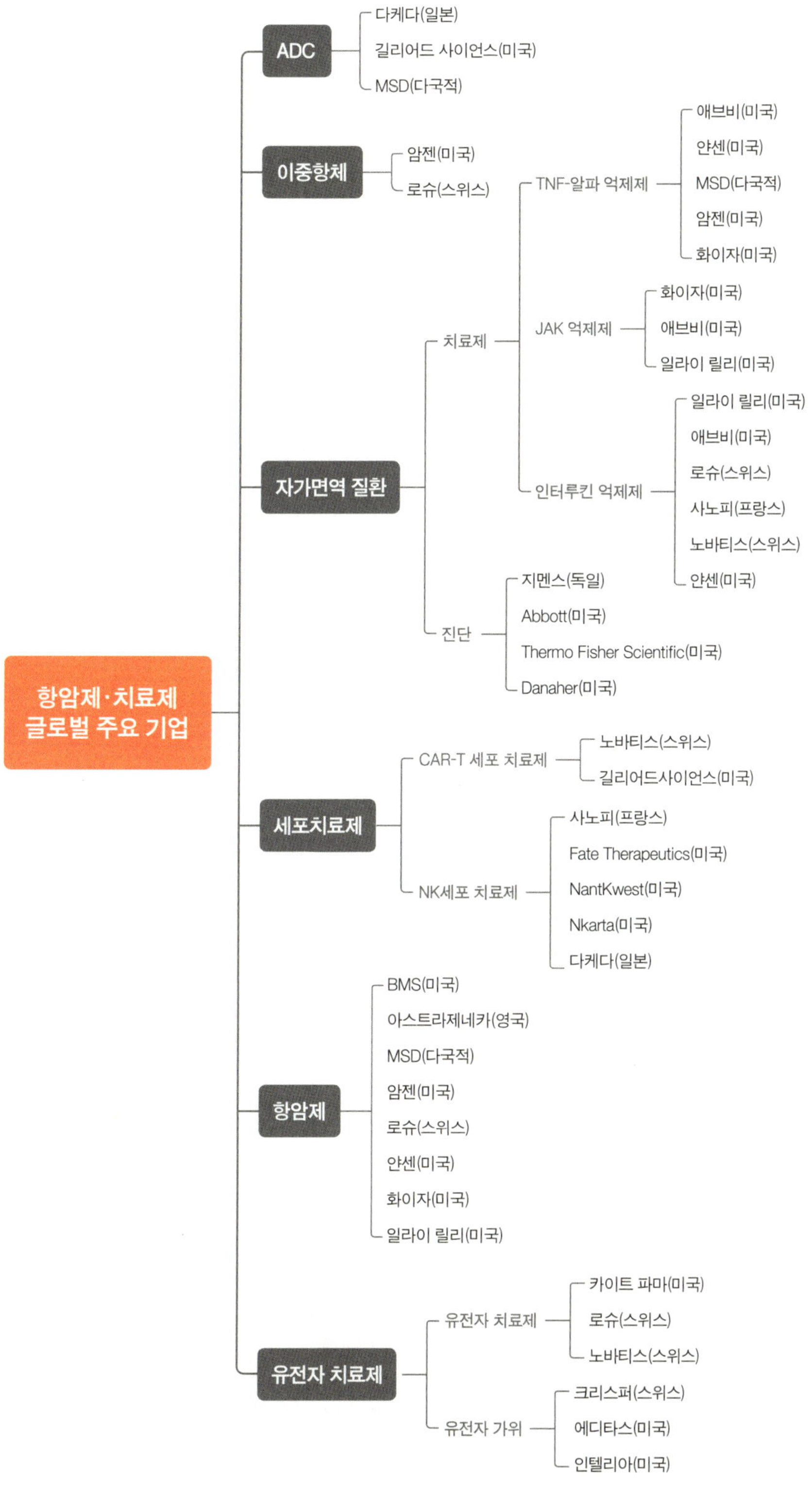
항암제·치료제 글로벌 주요 기업
ADC
다케다(일본)
길리어드 사이언스(미국)
MSD(다국적)
이중항체
암젠(미국)
로슈(스위스)
자가면역 질환
치료제
TNF-알파 억제제
애브비(미국)
얀센(미국)
MSD(다국적)
암젠(미국)
화이자(미국)
JAK 억제제
화이자(미국)
애브비(미국)
일라이 릴리(미국)
인터루킨 억제제
일라이 릴리(미국)
애브비(미국)
로슈(스위스)
사노피(프랑스)
노바티스(스위스)
얀센(미국)
진단
지멘스(독일)
Abbott(미국)
Thermo Fisher Scientific(미국)
Danaher(미국)
세포치료제
CAR-T 세포 치료제
노바티스(스위스)
길리어드사이언스(미국)
NK세포 치료제
사노피(프랑스)
Fate Therapeutics(미국)
NantKwest(미국)
Nkarta(미국)
다케다(일본)
항암제
BMS(미국)
아스트라제네카(영국)
MSD(다국적)
암젠(미국)
로슈(스위스)
얀센(미국)
화이자(미국)
일라이 릴리(미국)
유전자 치료제
유전자 치료제
카이트 파마(미국)
로슈(스위스)
노바티스(스위스)
유전자 가위
크리스퍼(스위스)
에디타스(미국)
인텔리아(미국)

마이크로바이옴

글로벌 주요 기업 및 ETF

마이크로바이옴

- 고바이오랩
- 지놈앤컴퍼니
- 제노포커스
- 쎌바이오텍
- 비피도
- 마크로젠
- 일동제약
- 천랩
- 소마젠
- 종근당바이오
- 네오크레마
- 유한양행

- 세레스 테라퓨틱스(미국)
- Evelo Bioscience(미국)
- 듀폰(미국)
- 다논(프랑스)
- Takeda(일본)
- 허벌라이프(미국)
- 네슬레(스위스)
- 아스트라제네카(영국)
- Abbvie(미국)
- 존슨앤드존슨(미국)
- 화이자(미국)
- USANA Health Sciences(미국)
- Lifevantage(미국)
- Nature's Sunshine Products(미국)

건강기능식품

글로벌 주요 기업 및 ETF

건강기능식품

- **ODM/OEM**
  - 콜마비앤에이치
  - 서흥
  - 노바렉스
  - 코스맥스엔비티
  - 에이치피오
- 종근당홀딩스
- 에이치엘사이언스
- 한미약품
- 광동제약
- CJ제일제당
- 프롬바이오
- 에이치피오
- 녹십자웰빙
- 휴럼
- 휴온스
- 팜스빌
- 뉴트리
- 휴럼
- 쎌바이오텍
- 비피도
- 제노포커스
- HK이노엔
- 일동제약
- 에스앤디
- KT&G
- 네오크레마

- **ETF**
  - Global X Aging Population ETF - AGNG
  - Global X Health & Wellness ETF - BFIT
  - The Long-Term Care ETF - OLD
  - Hartford Longevity Economy ETF - HLGE
  - Indexiq Etf Trust-IQ Healthy Hearts ETF - HART
- 글락소스미스클라인(영국)
- 허벌라이프(미국)
- 내츄럴 헬스 트렌즈(미국)
- USANA Health Sciences(미국)
- Zivo Bioscience(미국)
- Lifevantage(미국)
- Simply Good Foods(미국)
- Natural Alternatives International(미국)
- Church & Dwight(미국)
- Balchem(미국)
- Nature's Sunshine Products(미국)

보툴리눔톡신

테마 밸류 체인

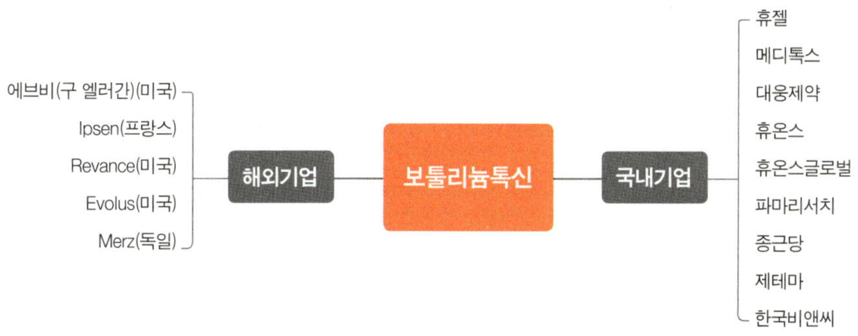

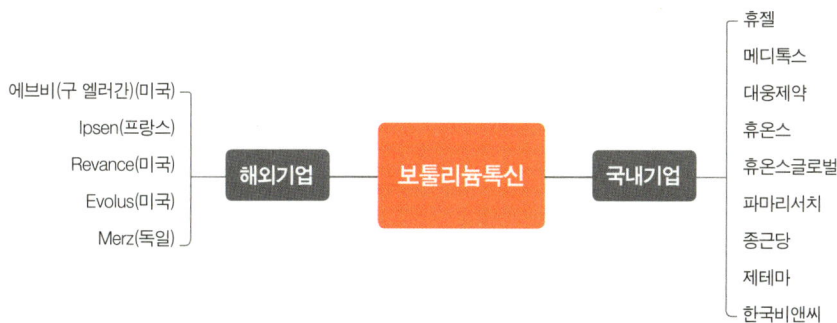

06

기타

우주

UAM(도심항공교통)

반려동물

CNT(탄소나노튜브)

우주

테마 밸류 체인

- 우주
  - 위성활용 서비스 및 장비
    - 위성통신
      - 인텔리안테크
      - 한화시스템
      - STX엔진
      - KMH
      - 휴니드
      - 머큐리
      - 휴맥스
      - 홈캐스트
      - 디엠티
    - 위성항법
      - 파인디지털
      - 인포마크
      - 모바일어플라이언스
      - EMW
  - 지상장비
    - 지상국 및 시험시설
      - 쎄트렉아이
      - KCI
      - 한양이엔지
    - 발사대 및 시험시설
      - 신성이엔지
      - 하이록코리아
      - 한양이엔지
      - 한국조선해양
      - 두산중공업
      - 현대중공업
  - 위성체 제작
    - LIG 넥스원
    - 한국항공우주
    - 쎄트렉아이
    - 한화시스템
    - 써니전자
    - 아이쓰리시스템
    - AP위성
    - 뷰웍스
  - 발사체 제작
    - 한국항공우주
    - 켄코아에어로스페이스
    - 한화에어로스페이스
    - 한화
    - 코텍
    - 퍼스텍
    - 하이록코리아
    - 한양이엔지
    - 현대로템
    - 이엠코리아

글로벌 주요 기업 및 ETF

- 우주
  - Trimble(미국)
  - 아마존(미국)
  - 알파벳(미국)
  - Joby Aviation(미국)
  - Loral Space & Communications(미국)
  - Gilat Satellite Networks(이스라엘)
  - Viasat(미국)
  - Garmin(미국)
  - Rocket Lab(미국)
  - Astra Space(미국)
  - Redwire(미국)
  - Kratos Defense & Security Solutions(미국)
  - Velo3D(미국)
  - ETF
    - ARK Space Exploration & Innovation ETF-ARKX
    - Procure Space ETF-UFO
    - SPDR S&P Kensho Final Frontiers ETF-ROKT
  - Lockheed Martin(미국)
  - L3Harris Technologies(미국)
  - 스페이스X(미국, 비상장)
  - 블루 오리진(미국, 비상장)
  - Aerojet Rocketdyne Holdings(미국)
  - 보잉(미국)
  - Maxar Technologies(미국)
  - 버진 갤럭틱(미국)
  - Iridium Communications(미국)
  - Thales(프랑스)
  - Eutelsat(프랑스)
  - Spirit Aero Systems(미국)
  - Orbcomm(미국)

UAM(도심항공교통)

테마 밸류 체인

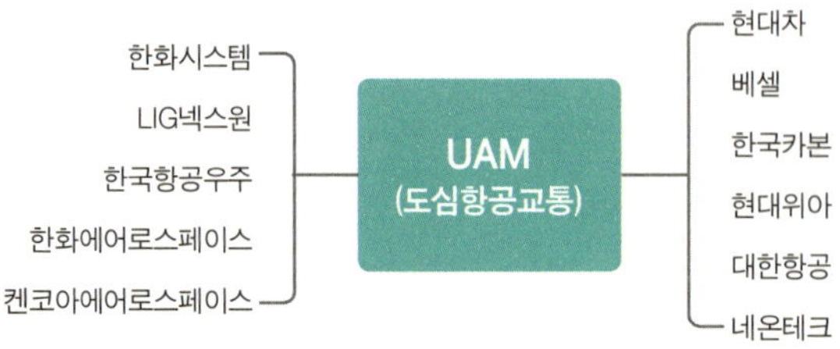

글로벌 주요 기업 및 ETF

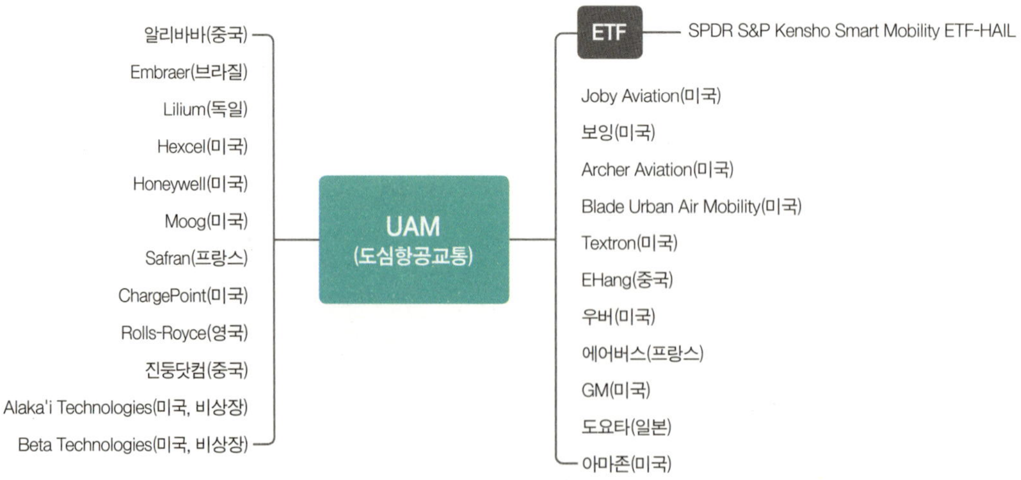

반려동물

테마 밸류 체인

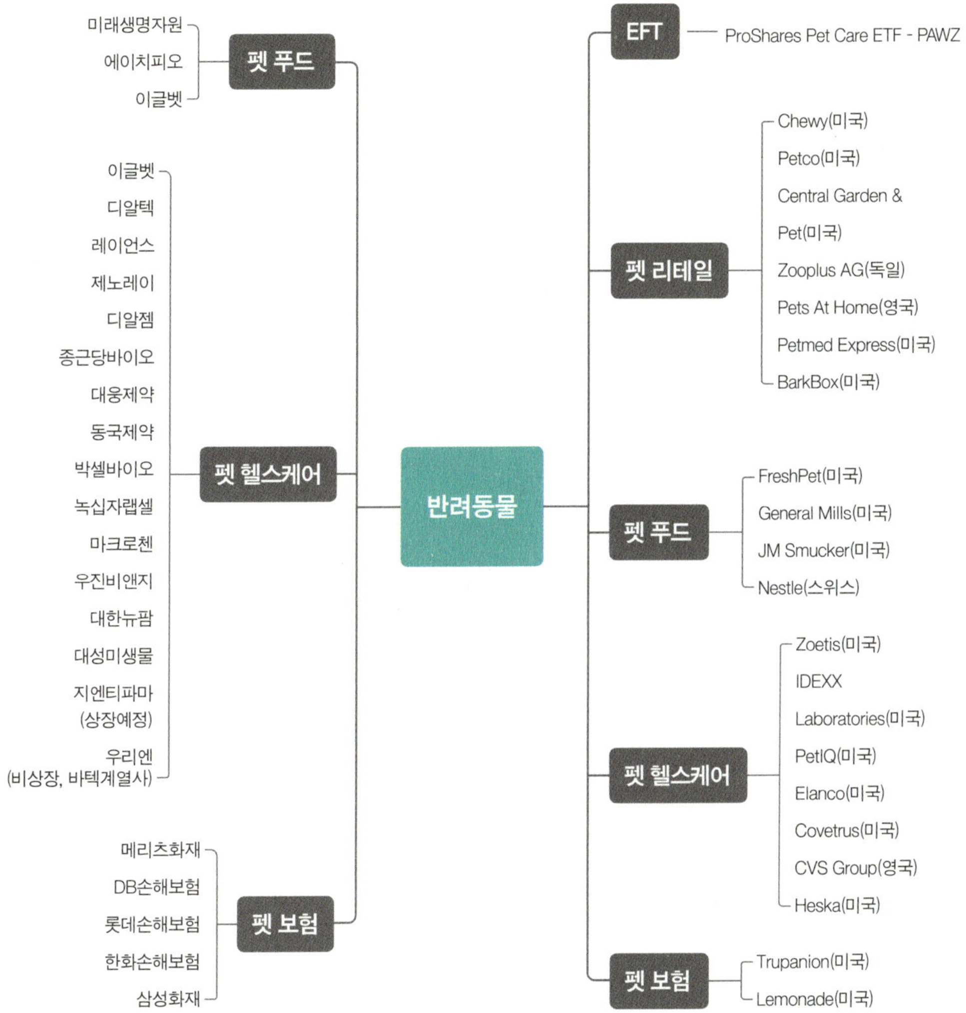
반려동물
펫 푸드
미래생명자원
에이치피오
이글벳
펫 헬스케어
이글벳
디알텍
레이언스
제노레이
디알젬
종근당바이오
대웅제약
동국제약
박셀바이오
녹십자랩셀
마크로젠
우진비앤지
대한뉴팜
대성미생물
지엔티파마 (상장예정)
우리엔 (비상장, 바텍계열사)
펫 보험
메리츠화재
DB손해보험
롯데손해보험
한화손해보험
삼성화재
EFT
ProShares Pet Care ETF - PAWZ
펫 리테일
Chewy(미국)
Petco(미국)
Central Garden & Pet(미국)
Zooplus AG(독일)
Pets At Home(영국)
Petmed Express(미국)
BarkBox(미국)
펫 푸드
FreshPet(미국)
General Mills(미국)
JM Smucker(미국)
Nestle(스위스)
펫 헬스케어
Zoetis(미국)
IDEXX Laboratories(미국)
PetIQ(미국)
Elanco(미국)
Covetrus(미국)
CVS Group(영국)
Heska(미국)
펫 보험
Trupanion(미국)
Lemonade(미국)

CNT(탄소나노튜브)

테마 밸류 체인

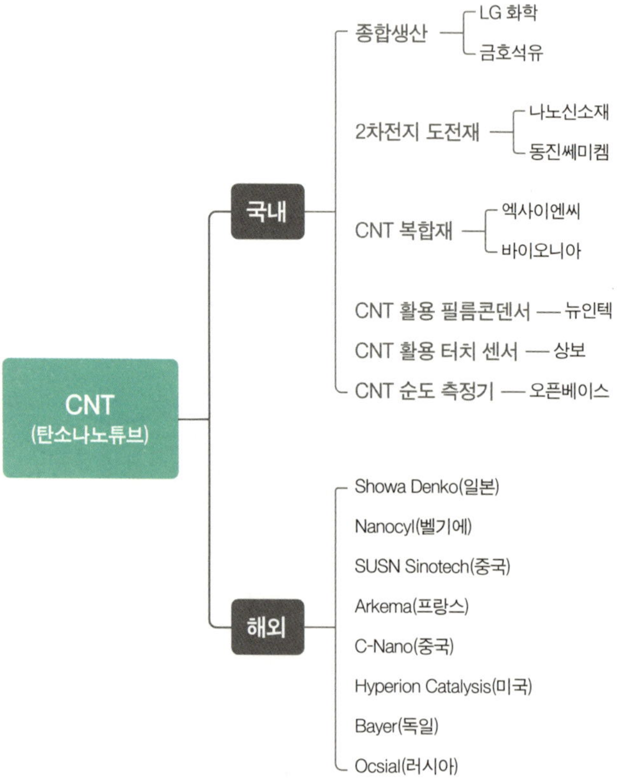

2022 미래지도 특별부록 1
: 성장주 밸류체인 스페셜에디션

초판 1쇄 발행 2021년 12월 12일
초판 4쇄 발행 2022년 2월 3일

지은이 이상우
발행인 장지웅
편집 선우지운
리서치 이종찬 조성일
마케팅 이상혁
진행 이승희
디자인 여름과 가을

펴낸곳 여의도책방
인쇄 한영문화사
출판등록 2018년 10월 23일(제2018-000139호)
주소 서울시 영등포구 여의나루로 60 여의도포스트타워 13층
전화 02-6952-2431
팩스 02-6952-4213
이메일 esangbook@lsinvest.co.kr

* 여의도책방은 (주)미래용역의 출판 브랜드입니다.